니진스키

현대 예술의 거장

# 니진스키

## 인간을 넘어선 무용

리처드 버클 지음 | 이희정 옮김

❖ 을유문화사

**현대 예술의 거장**

## 니진스키
인간을 넘어선 무용

**발행일** 2021년 3월 25일 초판 1쇄

**지은이** 리처드 버클
**옮긴이** 이희정
**펴낸이** 정무영
**펴낸곳** (주)을유문화사

**창립일** 1945년 12월 1일
**주소** 서울시 마포구 서교동 469-48
**전화** 02-733-8153
**팩스** 02-732-9154
**홈페이지** www.eulyoo.co.kr

ISBN 978-89-324-3147-5 04680
ISBN 978-89-324-3134-5 (세트)

# 추천의 글

유형종 음악·무용 칼럼니스트, 무지크바움 대표

작고하신 문필가 이덕희 선생은 대학 선배 전혜린과의 친분을 바탕으로 쓴 평전『전혜린』으로 가장 알려져 있지만, 음악가와 무용에 대한 제대로 된 책이 드물었던 시절에 탁월한 저술을 여러 권 남긴 공로로 더 기억되어야 마땅한 분이다. 그중 1989년에 출판된『불멸의 무용가들』은 노베르부터 발란친까지 열다섯 명의 역사적 무용가들을 다루었는데, 니진스키 편의 첫 문단은 이렇게 시작한다.

리처드 버클의『니진스키』는 여태까지 나온 니진스키 연구서 가운데 가장 완벽한 전기로 평가받고 있지만, 니진스키 연구의 결정판이라 할 이 저서 속에서 저자는 "니진스키의 수수께끼는 아직도 해결되지 않았다"고 고백했다. "그는 참으로 하나의 신비이며 아마도 영원히 신비로 남아 있을지도 모른다." 5백 페이지가 훨씬 넘는 이 방대한 전기를 끝맺으면서 버클은 니진스키의 신비에 찬 생애를 다음과 같이 요약했다. "10년은 자라고, 10년은 배우고, 10년은 춤추고,

그리고 나머지 30년은 암묵 속에 가려진 60평생."

특히 길지도 짧지도 않았던 그의 삶을 압축적으로 표현한 끝 문장은 니진스키를 설명하는 글마다 인용되곤 하는 걸 봐 왔기에 버클의 책이 더욱 궁금했지만, 두꺼운 책이라는 설명에 감히 엄두를 내지 못했다. 그런데 그 고전적 명저를 1천 페이지가 넘는 번역서로 만나게 되었으니 감개무량하다. 게다가 미리 일독한 소감은 과연 평판을 뛰어넘는다고 외칠 만했다. '현대 예술의 거장' 시리즈로 먼저 출간된 옌스 말테 피셔의 두꺼운 책 『구스타프 말러』를 읽는 기분과 비슷했다고 할까? 가장 흥미로운 인간과 그의 지역, 그의 시대에 대한 정보를 시시콜콜한 가십까지 죄다 섭렵하는 쾌감이 있었다.

니진스키는 무용 역사상 가장 사람들의 관심을 끄는 매력적 존재로 꼽힌다. 사실 그 이유는 별로 객관적이지 않다. 안무가로서 19세기의 전통을 혁신한 인물이지만 작품은 극소수에 불과하고 그나마 니진스키의 손길을 제대로 느낄 수 있을 만큼 원형에 가깝게 남아 있는 것이라곤 《목신의 오후》가 유일하다. 가장 복잡하고 긴 《봄의 제전》의 경우에는 니진스키 안무를 원형에 가깝게 복원했다는 설명과 함께 가끔 공연되곤 하지만, 아무리 엄정한 고증을 거쳤어도 워낙 자료가 제한된 탓에 후대 안무가의 상상력이 더 많이 반영된 제한적 복원일 뿐이다. 따라서 안무가로서 니진스키의 역사적 중요성은 러시아 황실 발레의 완성자 마리우스

페티파는 물론 쥘 페로, 오귀스트 부르농빌, 후배인 조지 발란친 등을 넘어설 수 없다고 생각한다. 발레 뤼스에서 선임자였던 미셸 포킨도 니진스키 예찬론자의 시각에서는 그보다 못한 안무가였다고 낮춰 보겠지만 적어도 전성기에는 니진스키 못지않은 혁신가요, 그 이상의 완성도 높은 작품들을 남긴 천재였다.

물론 니진스키는 안무가이기에 앞서 경이로운 무용수였다는 점에서 더욱 대단하다. 그의 춤을 본 사람들이 남긴 글을 보면 하나같이 당대의 다른 발레리노와는 전혀 차원이 다른, 그야말로 무대 위를 날아다니는 듯한 놀라운 도약과 긴 체공시간, 작은 움직임에서도 각별한 표현력을 발휘하는 예술성의 소유자로 찬사를 보낸다. 하지만 춤추는 니진스키는 글과 사진, 드로잉 속에서 존재하는 전설일 뿐이다. 동영상으로 남은 것이라곤 겨우 몇 초씩의 편린에 불과해서 신비롭기는 할지언정 그 전설을 눈으로 확인하기엔 턱없이 부족하다. 게다가 니진스키는 발레 무용수다운 신체적 아름다움을 갖추지 못했다. 20세기 초의 인류는 현대인보다 키가 작았지만 니진스키는 그걸 감안해도 무대 위의 스타로는 작은 신장이었다. 게다가 머리는 크고 다리는 굵었으며, 여기저기에 울퉁불퉁 튀어나온 근육을 갖고 있었으니 우리가 상상하는 훤칠한 키에 팔다리가 쭉 빠진 미남 발레리노와는 전혀 딴판의 외모였다. 그런데도 관객을 사로잡았다니 참으로 불가사의하다는 것이다.

그렇다면 니진스키가 우리를 잡아당기는 힘에는 또 다른 무언가가 작용한 것이 아닐까. 그렇다. 버클이 썼듯이 니진스키가 지상 최고의 무용수와 안무가로서 활약한 기간은 겨우 10년 남짓에 불과했는데, 갑자기 아무런 활동을 하지 못한 채 광인이라는 족쇄를 차고 인생의 절반을 보냈다는 점에 대해 연민이 더해졌으리라. 바꿔 말해 니진스키는 안타까운 비극의 주인공이 되어 버린 것이다. 그리스 비극의 본질을 논한 최고의 고전인 아리스토텔레스의 『시학』에 따르면 비극의 전형적인 주인공은 높은 지위와 고귀한 품성을 지닌 인물인데, 악의 때문이 아니라 '하마르티아', 즉 대단하지 않은 결함, 우연, 숙명, 외부의 힘 또는 그 결합에 의해 나락으로 떨어진다. 그 추락의 낙차와 고통, 반향이 클수록 더욱 비극적이 된다.

19세기 말과 20세기 초의 유럽에서는 유난히 정신병의 발현이 심했는데 그중에서도 니진스키의 발병은 가장 충격적 사례였다. 그 긴 세월 동안 그는 병원이나 요양소에서만 갇혀 보낸 것이 아니라 수시로 자택에 나와 지냈고 아내 로몰라와 함께 공연장에도 불쑥 나타나곤 했다. 로몰라는 그런 식으로 남편과 자신이 대중의 관심에서 멀어지지 않도록 애를 썼다. 그런 와중에 니진스키는 폭력적이지 않고 착한 아이 같았으며, 충분히 잘 거동했고, 옛 친구들을 잘 기억하지 못했지만 의식은 있었다.

버클의 책은 니진스키 삶의 모든 것을 그와 관련된 여러 사람의 일기장을 들여다보듯 정교하게 살핀다. 분량만 방대한 것이 아니다. 버클은 직접 수집한 훨씬 더 많은 자료 중에서 무분별한 찬사나 신비주의를 부추기는 것들은 대부분 버리고 믿을 만한 것들을 선별했으므로 거의 대부분의 내용에 신뢰를 보내도 좋을 것 같다. 버클 이전에 니진스키를 다룬 책들은 그를 잘 안다고 자부하는 저자가 자신의 시각과 정보를 바탕으로 저술했으므로 제한되거나 편향된 면이 있다. 예컨대 1933년에 출판된 최초의 평전인 아내 로몰라의 책은 니진스키의 삶을 영화로 만들 목적으로 쓰였다. 로몰라는 심지어 남편의 일기를 자의적으로 편집하여 출판하기도 했다. 반면 버클은 니진스키와 직접 친분은 없었지만 기존의 모든 자료들을 취합하고 진위와 과장 여부를 판별하여 선택했다. 이렇게 힘든 작업을 완수한 리처드 버클에 대해 좀 더 알고 싶다면 저자 서문 다음에 실린 클레멘트 크리스프의 머리말을 읽으면 된다.

이 책의 초판은 1971년에 나왔는데, 버클은 1933년에 처음으로 니진스키의 삶에 매료되었다고 한다. 1950년경부터는 집필을 본격적으로 구상하여 방대한 자료들을 수집해 나갔다. 타인의 책이나 편지, 메모 등의 자료를 인용문 형태로 발췌하여 수록한 내용만도 엄청나게 방대한데, 이런 구성은 사실 독자가 읽기에는 상당한 부담이 될 수 있다. 간단하게 설명하면 될 것을 근거를 밝혀 길게 서술했기 때문이다. 버클은 자신의 주관적 단정은 가급적 피하고 니진스키를 직접 만나고 관찰한 사람들의 서술을 이용함으로써 최대한 객관적 시선을 유지한다. 또한 인용문의 출처를 주석으로 세세히 밝혀 신뢰도도 높였다. 버클은 니진스키를 정확히 이해하기 위해 누구를 어떤 식으로 만나 이야기를 들었는지에 대해서도 서문에 밝혔는데 그 면면이 놀랍다. 가족과 친구들은 물론이요, 20세기 초부터 발레 뤼스가 소멸되는 1929년 이후까지 활동하는 러시아와 유럽의 유명 예술가들이 다수 망라되었기 때문이다. 지금은 땅 위에서 사라진 니진스키 동시대 인물들과의 수많은 인터뷰를 통해 버클은 글을 읽는 것만으로는 획득할 수 없는 무용 천재의 진정한 면모를 발견할 수 있었다. 게다가 우리는 이 모든 것을 취합한 버클의 책을 통해 니진스키라는 한 사람에 대해서만이 아니라 20세기 전반의 유럽 예술사에 대해 살아 숨 쉬는 설명과 증언을 듣는 셈이다. 교과서적 설명에 비해 얼마나 더 생생하고 사실적인가에 대해서는 더 말할 나위도 없다.

물론 이 책을 다 읽고 나서도 아쉬운 점이 없지는 않다. 니진스키의 그 놀라운 신체적 능력의 비결은 어디에 있는지, 왜 만난 지 얼마 되지도 않고 언어도 잘 통하지 않는 로몰라에게 청혼했는지, 그의 정신적 문제의 진짜 근원은 어디에 있는지 여전히 모호하다. 풍부한 내용을 실어 놓았지만 명확하지 않다면 그중 무엇이라고 단정하지 않는 이 책의 시선 때문이리라. 어떤 책들은 저자의 추론을 독자에게 주입하는 데 반해 버클의 책은 판단을 독자에게 맡긴다고 보면 될 것 같다. 사실 니진스키의 높은 점프의 비밀, 결혼의 이유, 발병 원인은 어느 것 하나 시원하게 밝혀진 것이 없다. 버클이 그중 무엇이라고 단정하지 않는 것에는 지적 추론의 과정을 독자 스스로 밟아 보게 하는 순기능이 있다.

책이 너무 방대하고 정보량이 많기 때문에 니진스키에 대해 이미 상당한 지식을 갖고 있지 않다면 읽기 힘들다고 생각할 수 있겠다. 니진스키 연보라도 실었다면 어떨까 싶지만 버클은 책의 체제 전체를 원형대로 충실하게 살리느라 그만둔 것 같다. 대신 마지막에 실린 역자 후기에 니진스키와 그 예술에 대한 개괄적 설명이 잘 요약되어 있다. 그 내용부터 충분히 숙지하고, 책 앞부분에 수록된 주요 인물들의 정보를 확인하면서 이 책을 일독한다면 니진스키와 그의 시대에 대해 누구보다도 광범위하고 정확한 정보를 얻게 될 것이다.

번역자 이희정 선생은 오페라와 발레 감상 동호회를 함께한 적이 있는 사이로, 늘 무용과 음악 등의 원서를 찾아 읽으며 정확한 지식을 축적해 낸 숨은 인재라는 걸 잘 알고 있다. 오래전 일이지만 2004년 영국의 시대음악 지휘자 존 엘리엇 가디너가 예술의 전당 초대로 잉글리시 바로크 솔로이스츠와 몬테베르디 합창단을 이끌고 내한하여 헨리 퍼셀의 17세기 영국 오페라《디도와 에네아스》를 공연한 적이 있다. 당시 프로그램 북의 해설 집필을 의뢰받았는데, 오페라의 대본에 고풍스러운 영어 표현이 너무 많아 따로 이희정 선생에게 번역을 부탁했다가 그 정확하고 깔끔한 솜씨에 놀란 기억이 생생하다. 그동안 이희정 선생이 일과 연구로 바쁘다고 생각한 바람에 거의 연락도 못 하고 지냈지만 이 책의 방대하고 어려운 번역을 짧은 기간에 해낸 것을 보고 다시 한번 감탄했다. 이 책은 어학 실력만으로는 좋은 번역이 어렵고, 발레 전반과 당시 문화사에 대한 정확한 지식과 감각을 갖고 있어야 제대로 작업할 수 있었을 텐데 이번에 그 솜씨를 제대로 발휘한 것 같다. 이 책의 출간이 훌륭한 저술가 겸 번역자를 발굴한 계기가 되리라 믿는다.

　이 책을 인상적으로 읽었다면 니진스키가 직접 안무했거나 발레리노로서 추었던 주요 작품을 눈으로 확인하고 싶은 욕망이 생기는 것이 당연하다. 이때 보아야 할 영상 자료들을 소개한다. 우선 안무작으로는 《목신의 오후》가 가장 중요하다. 초연 당시의 사진 자료가 풍부하게 남아 있고 니진스키의 춤으로는 그나마 조금 긴 영상 자료도 있어서 거의 원형 그대로 공연 가능한 작품이다. DVD나 블루레이로는 제대로 출시된 것이 없지만 과거 레이저디스크와 비디오테이프 시절에 좋은 영상이 두 종류 있었다. 하나는 루돌프 누레예프가 미국의 조프리 발레단과 촬영한 〈니진스키에 대한 헌정〉(1980)이란 영상에, 다른 하나는 〈파리 오페라 발레단이 춤추는 댜길레프〉(1990)란 영상에 수록되어 있다. 지금은 유튜브에서 찾으면 되지만 화질이 아쉽다. 《봄의 제전》은 니진스키 초연 당시의 무대와 의상은 확인 가능한 반면 안무는 남아 있지 않다. 오늘날 공연되는 《봄의 제전》 중 다수는 피나 바우쉬를 위시한 다른 안무가들이 스트라빈스키의 음악을 이용하여 새로 만든 것이다. 그러던 중 1987년 미국의 조프리 발레단이 니진스키의 오리지널 안무를 오랜 기간 추적 연구한 무용가 밀리센트 호드슨의 복원 판본으로 공연했다. 이 자료도 유튜브에서 찾을 수 있다. 호드슨의 작업은 상당한 신뢰를 얻고 있으며, 니진스키가 원래 몸담았던 러시아의 마린스키 발레에서도 이를 채택했다. 그 2008년 실황이 훌륭한 화질과 음질의 블루레이와 DVD로 발매되어 있다.

발레리노로서 니진스키가 전설적 공연을 펼친 역으로는 미셸 포킨이 안무한《셰에라자드》의 황금 노예,《장미의 정령》과《페트루슈카》의 타이틀 롤이 대표적이다. 이중《장미의 정령》과《페트루슈카》는 위에 언급한 조프리 발레단과 파리 오페라 발레단 영상에 각각 포함되어 있고, 역시 화질은 아쉽지만 유튜브에서 찾을 수 있다.《셰에라자드》의 경우는 볼쇼이 발레 출신들이 중심이 된 프로젝트 팀의 영상과 마린스키 발레의 실황이 상업용으로 발매되어 있고 둘 다 훌륭하지만, 마린스키 발레의 주역으로 활동하는 한국 발레리노 김기민이 출연한 영상도 유튜브에서 찾을 수 있다. 정식 촬영된 영상은 아닌데도 김기민과 상대역 빅토리아 테레시키나의 춤은 아주 훌륭하다.

끝으로 니진스키를 직접 다룬 발레 작품도 소개한다. 독일 함부르크 발레단의 미국 출신 예술감독 존 노이마이어가 안무한《니진스키》(2000)가 바로 그것이다. 이 작품에는 댜길레프와 로몰라는 물론 니진스키의 부모와 형 스타니슬라프, 여동생 브로니슬라바가 모두 등장한다. 이 작품에 가족이 전부 나오는 이유는 니진스키의 정신적 문제를 비중 있게 다루고 싶었기 때문이다. 만약 니진스키의 전설을 일구어 낸 발레 작품들을 나열하는 것으로 이 작품이 구성되었다면 볼거리는 풍부한 반면 드라마로서의 가치는 떨어졌을 것이다. 1919년 1월, 스위스 생모리츠의 호텔에서 있었던, 니진스키의 마지막 공연에서 시작되는 이 발레는 니진스키가 댜길레프를 발견하면서 화려했던 발레 뤼스 시절의 여러 작품을 회고하는 것으로 1막이 진행된다. 반면 2막은 니진스키의 복잡한 내면이다. 어린 시절부터 겪었던 가족들의 문제,《봄의 제전》초연 당시의 혼란, 제1차 세계 대전의 악몽, 불행했던 형의 죽음 등이 복합적 원인으로 제시된다. 니진스키의 눈에 미쳐돌아가는 것은 자신이 아니라 자신을 둘러싼 세상이다. 니진스키에 대해 피상적으로만 알고 있는 관객에게는 2막이 도대체 무슨얘기인지 혼란스럽겠지만 이 책을 읽은 독자에게는 큰 감동을 줄것이라 생각한다. 초연 당시부터 발레 팬들에게 큰 궁금증을 불러일으킨 화제작이었는데, 함부르크 발레의 2017년 실황이 영상물로 발매되었다.

세실 비턴Cecil Beaton에게
활기찬 이웃, 용기를 주는 친구

# 감사의 말

이 책을 위해 여러모로 도와준 로몰라 니진스키에게 감사를 전하고 싶다. 그녀는 빅터 골란츠 출판사Victor Gollancz Ltd에서 출간한 저서 『니진스키Nijinsky』, 『니진스키 최후의 나날들The last Days of Nijinsky』과 조너선 케이프 출판사Jonathan Cape Ltd에서 출간한 『바슬라프 니진스키의 일기The Diary of Vaslav Nijinsky』에서 광범위하게 인용할 수 있도록 친절하게 허락해 주었다.

비탈레 포킨Vitale Fokine에게도 여러모로 감사한다. 비탈레 포킨은 부친 미셸 포킨Michel Fokine의 회고록에서 내가 선택한 부분을 인용하도록 허락했을 뿐 아니라 미셸 포킨 회고록의 러시아판 작업을 하던 연구자들이 밝혀낸 정보에 대해서도 상세한 설명을 해 주었다. 게다가 자신의 의견까지 들려 주었다.

또한 다음에 열거하는 출판사들이 저작권을 소유하고 있는 자료들을 사용할 수 있도록 허락해 준 점에 대해서도 깊은 감사를 전한다.

콘스터블 출판사Constable & Co. Ltd: 그리고리예프 저 『댜길레프 발레단 1909~1929 *The Diaghilev Ballet 1909~1929*』

샤토와 윈두스 출판사Chatto & Windus Ltd: 브누아 저 『회고록 제2권 *Memoirs, Vol. II*』

퍼트넘 출판사Putnam & Co. Ltd: 브누아 저 『러시아 발레에 대한 회상 *Reminiscences of the Russian Ballet*』

## 철자법과 날짜에 대한 설명

러시아어 이름의 철자를 일관되게 쓰려고 시도했다. 러시아 철자는 표음식이어서 특이하게 보이기는 하지만 'Benua' 대신 'Benois', 'Bureman' 대신 'Bourman'이라고 일관되게 표기했다.

날짜는 서양력(그리고리우스 력), 즉 신력을 적용했다.

# 주요 인물

**가브리엘 아스트뤽Astruc, Gabriel** 유대계 프랑스인 음악출판업자. 후일
  국제예술 후원 위원회를 설립했다. 서구에서 러시아 발레단의 성공을 가능하게
  만들었던 기획자.

**그레퓔 백작부인Greffuhle, Comtesse** 이름난 미인이며 파리 사교계의 여왕.
  파리 콘서트협회 의장이며 서구에서 최초로 댜길레프를 후원했다.

**드미트리 데 건스부르그 남작Gunsbourg, Baron Dmitri de** 유대계 러시아인
  자산가이며 예술 후원자. 댜길레프 발레단의 후원자.

**레오니드 마신Massine, Leonide(본명은 미아신Miassine)** 모스크바 출신 무용수.
  니진스키가 차지했던 댜길레프의 사랑과 발레단의 안무가로서 지위를
  이어받았다.

**레온 박스트Bakst, Leon(본명은 로젠베르크Rosenberg)** 화가 겸 무대 디자이너.
  댜길레프의 가까운 친구이며 그의 가장 유명한 발레 작품 중 다수를
  디자인했다.

**레이날도 안Hahn, Reynaldo** 프랑스 작곡가. 댜길레프는 발레《푸른 왕》의
  음악을 안에게 의뢰했다.

**레이디 오톨린 모렐Morrell, Lady Ottoline** 블룸즈버리 여주인이며 댜길레프와
  니진스키의 친구.

**레이디 줄리엣 더프Duff, Lady Juliet** 레이디 리펀Lady Rippon의 딸. 러시아
  발레단의 가장 열렬한 영국인 후원자 중 한 사람.

**로몰라 드 풀츠키Pulszky, Romola de** 헝가리 태생, 열렬한 예술 지지자. 나중에
니진스키의 부인이 되었다.

**리펀 후작부인Ripon, The Marchioness of** 영국인으로서는 최초로 러시아
발레단의 후원자가 되었다.

**마리 램버트Rambert, Marie(본명은 미리엄 람베르그Miriam Ramberg)** 폴란드-
러시아계 무용수. 러시아 발레단 멤버로 짧게 있었고 니진스키의 친구.

**마틸다 크체신스카야Kchessinskaya, Matilda** 상트페테르부르크 출신 발레리나,
차르 니콜라스 2세의 황태자 시절 애인이었고 니콜라스 2세가 차르가 된
이후에는 여러 대공과 관계했다. 댜길레프의 친구이자 적인 그녀는 1911년과
1912년 잠깐씩 댜길레프 발레단 공연에 출연했다.

**미샤 세르트Sert, Misia(본명은 고뎁스카Godebska)** 타데 나탄손Thadee Natanson,
알프레드 에드워즈Alfred Edwards, 호세마리아 세르트Jose-Maria Sert와 열거한
차례로 결혼했다.

**미셸 포킨Fokine, Michel** 《아르미드의 관Le Pavillon d'Armide》(1907)부터
《다프니스와 클로에Daphnis et Chloe》(1912)까지 니진스키가 주역을 한
대부분의 작품을 만든 혁신적인 안무가 겸 무용수. 댜길레프 발레단에서
1909년부터 1914년까지, 1913년만 제외하고 활약했다.

**바슬라프 포미치 니진스키Nijinsky, Vaslav Fomitch** 토마스와 엘레오노라
니진스키의 둘째 아들.

**브로니슬라바 포미니치나 니진스카Nijinska, Bronislava Fominichna** 토마스와
엘레오노라 니진스키 사이에 세 번째 자식이며 외동딸. 댜길레프 발레단의
멤버. 나중에 코체톱스키Kotchetovsky와 결혼.

**블라디미르 알렉산드로비치 러시아 대공Vladimir Alexandrovitch, Grand Duke
of Russia** 알렉산더 3세Alexander III의 동생이며 니콜라스 2세Nicholas II의
가장 큰 삼촌. 황실 가족 중에 유일하게 댜길레프가 서방 투어하는 예술기획을
지지했다.

**세르게이 그리고리예프Grigoriev, Sergei** 댜길레프 발레단 멤버이며
1909년부터 1929년까지 발레단 관리자. 루보프 체르니체바Lubov
Tchernicheva의 남편.

**세르게이 파블로비치 댜길레프Diaghilev, Sergei Pavlovitch** 러시아 귀족. 러시아 회화, 음악, 오페라, 발레를 처음으로 서유럽 무대에 소개했다. 니진스키의 연인. (댜길레프의 이름은 이 책에서 세르게이, 세르주 등으로 나오는데, 번역에서는 '세르게이'로 통일했다.—옮긴이)

**아나톨 부르만Bourman, Anatole** 니진스키의 황실 발레 학교 같은 반 친구, 1911년부터 댜길레프 발레단 단원. 나중에 클레멘토비치Klementovitch와 결혼. 도로시 라이먼Dorothy Lyman과 함께 니진스키의 생애에 관한 책을 집필했다.

**아돌프 볼름Bolm, Adolf** 댜길레프 발레단에서 1909년부터 1917년까지 수석 캐릭터 무용수로 활동했다.

**안나 파블로바Pavlova, Anna** 상트페테르부르크 출신 발레리나. 두 번의 짧은 기간 동안 댜길레프 발레단 멤버로 활약했다.

**알렉산드르 브누아Benois, Alexandre** 상트페테르부르크 출신 화가, 예술역사가, 무대 디자이너. 원래 댜길레프의 멘토. 훗날 그는 널리 알려진 《페트루슈카》를 비롯하여 댜길레프를 위하여 다수의 작품을 디자인했다.

**에밀리아 마르쿠스Markus, Emilia** 헝가리의 가장 유명한 여배우. 로몰라 드 풀츠키의 어머니.

**엔리코 체케티Cecchetti, Enrico**(마에스트로) 1890년부터 1909년까지 상트페테르부르크를 수시로 왕래하면서 활약한 밀라노 출신의 발레 무용수 겸 발레 마스터. 댜길레프 발레단의 발레 마스터였고 니진스키를 가르쳤다.

**엘레오노라 니콜라이예브나 니진스카야Nijinskaya, Eleonora Nicolaievna** 폴란드 태생. 결혼 전 성은 베레다Bereda. 토마스 니진스키와 결혼하기 전까지 바르샤바 오페라하우스의 무용수. 스타니슬라프Stanislav, 바슬라프, 브로니슬라바의 어머니.

**이고르 스트라빈스키Stravinsky, Igor** 댜길레프가 발탁한 러시아 작곡가. 《불새L'oiseau de feu》, 《페트루슈카Petrushka》, 《봄의 제전Le Sacre du Printemps》 등 댜길레프 발레단 작품의 음악을 작곡했다.

**이사도라 덩컨Duncan, Isadora** 위대한 음악가들의 음악에 맞추어 자유로운 형식으로 춤을 춘 미국 출신의 무용 선구자.

**장 콕토Cocteau, Jean** 프랑스의 문인, 《푸른 왕Le Dieu bleu》의 대본 작가.

**클로드 드뷔시Debussy, Claude** 프랑스 작곡가. 그의 음악 「목신의 오후」를
가지고 니진스키가 안무하였으며 댜길레프가 그에게 발레《유희Jeux》의
음악을 의뢰했다.

**타마라 카르사비나Karsavina, Tamara** 상트페테르부르크 출신 발레리나.
1909년부터 1914년까지, 그리고 제1차 세계 대전 이후 다시 댜길레프
발레단의 멤버로 활약했다. 대부분의 작품에서 니진스키의 파트너.

**토마스 니진스키Nijinsky, Thomas** 폴란드 태생의 무용수 및 안무가. 엘레오노라
베레다의 남편이며 스타니슬라프, 바슬라프, 브로니슬라바 니진스카의 아버지.
자신의 발레단으로 러시아 전역을 투어했다.

**파벨 드미트리예비치 리보프 공작Lvov, Prince Pavel Dmitrievitch**
상트페테르부르크의 호사가, 운동선수와 예술가의 후원자. 니진스키를 제일
처음 흠모한 남자 팬. 니진스키에게 댜길레프를 소개했다.

**페오도어 샬랴핀Chaliapine, Feodor** 러시아 성악가. 그의 시대에 가장
뛰어난 베이스. 댜길레프가 서방에서 공연한 오페라《보리스 고두노프Boris
Godunov》에 출연함으로써 서구 무대에 처음 알려졌다.

# 초판 서문

이 책은 수많은 사람이 협력한 팀워크의 결과다. 처음 이 책을 집필하기 시작했을 때 내가 해내야 하는 가장 많은 부분은, 1933년 로몰라 니진스키가 남편의 삶에 대한 책을 펴낸 이후, 그 책에 등장한 댜길레프와 니진스키의 협력자들이 적은 수많은 회고록과 기사들을 한데 모으는 것이라고 예상했다. 이런 작업을 통해 거짓으로부터 진실을 걸러내고 증거를 정리하는 작업만으로도 또 다른 전기물이 등장해야만 하는 타당성을 보여 주는 듯했다. 니진스키와 작업을 같이 했거나 동시대에 살았던 수많은 사람과 공동 작업을 하는 범위가 이렇게 광범위해질 줄은 상상도 못 했다.

니진스키의 친구들, 친척들, 동료들, 계승자들과 나눈 나의 대화 중 일부는 우리 집 근처 혹은 저 먼 곳에서 다양하게 이루어졌다. 마리 램버트와 나눈 대화는 런던의 홀랜드 파크Holland Park, 큐 가든Kew Garden 그리고 캠든 힐Campden Hill에 위치한 그녀의 집에서 이루어졌다. 카르사비나와의 대화는 햄스테드Hampstead에 위치한 그녀의 예쁜 집에서 이루어졌다. 마신은 스트랫퍼드어폰에이번Stratford-upon-Avon에 있는 팰컨Falcon 호텔에서 이틀 연속으로 나와 저녁식사를 같이하면서 자신이 기억하는 바를 털어놓았다. 페테르부르크에서는 나탈리아 두딘스카야 덕분에 니진스키가 어린 시절 수업을 받았던 환경을 볼 수 있었다. 두딘스카야는 니진스키가 수업을 받던 그 발레 학교를 지금 이끌어 가고 있다. 피에르 블라디미로프Pierre Vladimirov와는 뉴욕 아메리칸 발레 학교School of American Ballet에 위치한 그의 사무실에서, 그리고 루드밀라 숄라와는 샌프란시스코에 위치한 윌리엄 크리스턴슨William Christensen 발레 학교에서 대화를 나누었다. 브로니슬라바 니진스카를 처음 보았을 때 그녀는 로스앤젤레스 근처 퍼시픽 팰리세이즈Pacific Palisades에 위치한 그녀의 아담한 집 앞의 바위에 걸터앉아 있었다. 그 모습을 보았을 때 나는 지구의 끝에 다다랐으며, 그녀가 니진스키에 관한 진실을 털어놓을 최후의 보루인 것처럼 느꼈다. 브로니슬라바의 두 번째 남편은 10년 전에 세상을 떠났고, 그녀의 청력은 매우 약했으며, 그녀는 영어를 하지 못했다. 더욱이 그녀는 오빠에 관한 책을 오랜 기간 적고 있었다. 그런데도 그녀는 나의 질문에 답을 해 주느라고 이틀을 할애했으며 내가 몰랐던 사실을 이야기해 주었다. 그녀를 만나기 얼마 전에 나의 친구 타마라 투마노바Tamara Toumanova가 니진스카의 딸 이리나 니진스카레츠Irina Nijinska-Raetz를 나에게 소개해 주었고 이리나가 통역을 해 줘서 인터뷰를 할 수 있었다.

이 인터뷰를 한 지 2년 뒤에 니진스카는 플로렌스의 '마지오 무지칼레 피오렌티노Maggio Musicale Fiorentino'•에서 발레 공연을 하기 위해 작업을 했다. 그때 대담한 이리나는 20만 단어로 된 내 책 전부를 러시아어로 번역하여 아주 큰 소리로 니진스카에게 읽어 주었다. 이는 주로 밤에 호텔 방에서 이루어졌는데 근처 방에 투숙한 사람들은 이 소리가 시끄러워서 벽을 쾅쾅 치면서 항의했다. 그 후에 나는 이리나와 니진스카를 파리에서 만나 두 모녀가 설명하는 사항과 수정할 부분을 데이비드 더길David Dougill [**]에게 받아 적게 하면서 대화를 나누었다. 그때 이리나는 발레 테크닉에 대한 묘사는 이 책의 성격상 비중을 그렇게 많이 둘 필요가 없을 듯하며 그런 설명은 모두 생략되는 것이 낫겠다는 현명한 조언을 해 주었다. 그녀의 의견을 적극적으로 수용하여 내가 할 수 있는 범위 내에서 발레 테크닉에 관한 설명은 최소 분량으로 축소했다.

로몰라 니진스키는 제르민Jermyn 스트리트에 있는 캐번디시Cavendish 호텔에서 꼬박 일주일을 머물면서 부지런하게 나의 책을 전부 읽었다. '2천 기니 경마Two Thousand Guineas'에서 말 '니진스키'가 우승을 했던 날 오후 그녀는 코번트 가든Covent Garden에 있는 내 집을 방문했고 경마 소식에 대해 흥분을 감추지 못했다. (그녀는 월도프Waldorf 호텔 근처의 텔레비전 하우스에서 컬러텔레비전으로 경마를 보았다. 월도프 호텔은 니진스키가 처음 런던에 왔을 때 묵었던 호텔이었다.) 그녀는 내 책을 읽은 후의 견해에 관해 상세한 설명을

• 이탈리아 피렌체에서 매년 5~6월에 열리는 오페라 중심의 예술축제*
•• 영국의 무용 평론가로 1968년~1975년까지 리처드 버클의 연구 조수로 활동*

타자로 쳐서 주었다. 나는 그녀의 제안과 수정을 모두 받아들였다. 몇 달 후 1970년 여름 동안 나는 로몰라 니진스키, 브로니슬라바 니진스카, 이리나 니진스카레츠와 캐번디시 호텔에서 더 많은 대화를 나누었다. 이때의 대화를 책 내용에 적용하여 광범위하게 다시 수정했다. 로몰라 니진스키는 나중에 이 책의 최종 원고를 다시 읽고 확인했다.

이고르 스트라빈스키는, 로버트 크래프트Robert Craft*를 통해, 나의 질문에 대한 답과 여러 군데를 체크하여 보냈다. 그도 특정한 챕터에 대해서는 의견을 제시했다. 그리고리예프 또한 여러 상세한 질문에 대해, 그의 부인 체르니체바에게 답을 기록하도록 해서 나에게 보냈다. 내가 가장 아쉽게 생각하는 점은 책을 준비하는 동안 그리고리예프와 스트라빈스키가 세상을 떠났다는 사실이다.

이렇게 도움을 준 친구들, 니진스키의 동료, 그의 파트너들, 니진스키《봄의 제전Le Sacre du Printemps》의 작곡가, 과거 황실 발레 학교 시절에 클래식 발레 전통의 굳건한 수호자, 그의 누이, 조카와 부인에게 말로는 다 표현하기 힘든 감사를 보낸다.

나를 돕기 위해 혹은 편지에 답을 하느라 시간을 할애한 댜길레프 발레단의 다른 멤버들은 두브롭스카Doubrovska, 소콜로바, 로포호바Lopokhova, 고인이 된 힐다 베윅Hilda Bewicke(아르파 부인), 마리아 차벨스카Maria Chabelska, 이드지콥스키Idzikovsky, 돌린Dolin, 뛰어

---

• 미국의 지휘자이자 작가*

난 지휘자였던 고故 에르네스트 앙세르메Ernest Ansermet 등이다.

내가 니진스키 전기를 집필할 계획을 세웠던 20년 전에, 그사이 세상을 떠난 유명 인사들을 미리 알았더라면 그들에게서 얼마나 더 많은 증언을 모을 수 있었을까! 알렉산드르 브누아와 장 콕토에게 꼭 물어봤어야 하는 질문들! 그러나 이런 과정에서 나는 레이디 줄리엣 더프와 우정을 나누게 되었다. 또한 그녀와 대화를 나누면서 나의 기억을 되살렸을 뿐 아니라 그녀가 댜길레프에 대해 쓴 에세이의 존재에 대해서도 알게 되었다. 이 에세이는 그녀가 세상을 떠날 당시까지 출간되지 않았다.

나는 1968년 세상을 떠난 밸런타인 위고(결혼 전 성은 그로스 Valentine Hugo née Gross)를 한 번도 만나지 못했다. 그러나 그녀의 남편이었던 장 위고Jean Hugo•가 그녀의 수많은 스케치와 기록들을 보여 주었다. 그녀는 니진스키가 공연한 모든 역할을 가장 부지런하게 기록한 것은 물론이며 그의 생애에 대해 글을 집필하려고 계획했었다. 그녀의 계획은 실현되지 못했지만, 그녀 유산의 도움으로 만들어진 이 책이 그녀에게 인정받기를 바란다.

나의 오랜 친구 에리히 알포트Erich Alport에게도 너무나 큰 빚을 지고 있다. 알포트의 초청으로 그와 함께 러시아로 갔는데 그때는 나 자신이 이 책을 쓰게 될 줄을 몰랐다. 이 여행 덕분에 니진스키 책을 쓰면서 레닌그라드의 지리에 대해 내가 직접 묘사할 수 있었다. 친절하면서도 끈질기게 나에게 미국 여행을 권한 링컨

---

• 화가, 작가, 연극 디자이너 겸 일러스트레이터•

커스틴Lincoln Kirstein• 덕분에 나는 미국 여행을 하게 되었다. 이 여행 동안 캘리포니아도 방문하게 되었으며 뉴욕 링컨 센터 내 공연예술 도서관과 박물관Museum and Library of Performing Arts에서 아스트뤽의 자료도 발견하게 되었다.

공연 분야에 가장 통달했고 대담한 공연기획가였던 가브리엘 아스트뤽은 파리에서 초창기 러시아 발레단을 성공할 수 있게 한 장본인이다(하지만 이에 대한 대가도 톡톡히 치렀다). 링컨 센터 내에 보관되어 있던 그와 댜길레프가 주고받았던 서신의 존재는 커스틴이 없었더라면 나는 전혀 알 수 없을 소중한 자료였다. 이 자료의 내용은 여러 중요한 상황을 명확하게 정리해 주었고, 사건이 일어난 정확한 날짜를 알려 주는 등 러시아 발레단 역사를 연구하는 데 있어 단독 자료로는 가장 소중한 단서가 됨을 증명했다. 가브리엘 아스트뤽의 딸인 루시엔 아스트뤽Lucienne Astruc과는 댜길레프 전시회Diaghilev Exhibition 이후 친구가 되었다. 그녀는 나중에 런던 공연 예술 박물관London Museum of Theatre Arts으로 가게 되는 많은 귀중한 문서를 나에게 주었다.

수많은 무용수가 러시아 발레단의 작품 안무에 대해 여러 설명을 해 주었다. 카르사비나는 나를 위해 《아르미드의 관》 장면을 묘사하면서 직접 마임과 춤으로 표현해 주었다. 숄라와 윌작Wilzak 또한 나에게 도움 되는 작품 설명을 해 주었다. 페스티벌 발레Festival Ballet 바실리 트루노프Vassili Trunoff는 축음기 레코드의 음

---

• 발레 감식가, 작가, 조지 발란친을 미국으로 초빙하여 그와 함께 뉴욕 시티 발레단을 창설*

악만 듣고도 발레 《세에라자드Schéhérazade》에 관한 기억을 떠올려서 내가 적은 설명을 수정해 주었다. 또한 발레 램버트Ballet Rambert의 어맨다 노트Amanda Knott는 《목신의 오후L'Aprés-midi d'un faune》를 묘사한 내 글을 트루노프처럼 수정해 주었다.

장 위고는 댜길레프 발레단 초창기 시절, 파리 사교계에 관해서도 유용한 정보를 주었다. 니진스키는 고갱의 그림 컬렉션을 보고 매우 흥미로워했는데, 장 위고의 부인*은 그 계기를 마련해 준 사람이 누구인지 알아내기 위해 수고를 아끼지 않았다. 필리프 줄리언Philippe Jullian**은 친절하게도 발레 뤼스 첫 시즌인 1909년 최초의 총 리허설에 참석한 수많은 사람의 명단을 확인하는 데 큰 도움을 주었다. 프랑스에 있는 친구들에게도 진심으로 감사한다. 나탈리아 두딘스카야는 나에게 마린스키Marinsky에서 니진스키가 맡은 배역 명단을 주었을 뿐 아니라 극장가의 예전 사진들도 제공했다. 그녀의 도움에도 감사한다.

브로니슬라바 니진스카의 소개로 유명한 발레 역사가 베라 크라숍스카야Vera Krasovskaya와 연락이 닿았다. 그녀는 내가 적은 니진스키의 초창기 시절을 읽어 보고는 그녀가 아니었으면 나로서는 접근 불가능했던 레닌그라드에서만 알 수 있는 사실들을 말해 주었다. 그녀는 특정한 관점에서 러시아인을 설명할 때 어떻게 표현하는지에 대해 알 수 있었던 귀하고 유용한 정보를 알려 주

---

* 장 위고의 첫 번째 부인은 밸런타인 위고 그로스였고, 여기서 위고 부인은 두 번째 부인 로레타 위고Lauretta Hugo*
** 일러스트레이터, 예술 역사가 및 전기 작가*

었다. 게다가 그녀는 특정 공연, 예를 들면 니진스키가 발레 학교 졸업하기 전에 오페라《돈 조반니Don Giovanni》에 출연했다는 내용 등에 대한 사실을 알아내기 위한 수고도 마다하지 않았다. 이런 그녀의 노력 덕분에 내 책에서 처음으로 발표하게 되는 소중한 정보들을 얻을 수 있었다. 나는 그녀에게 엄청난 신세를 졌고 무한한 감사를 보낸다.

공연예술 박물관과 도서관 분야에서 뉴욕 공립 도서관 댄스 컬렉션의 큐레이터인 즈느비에브 오즈월드Genevieve Oswald와 그녀의 스텝뿐만 아니라, 국립 도서관Bibliothèque Nationale, 병기창 박물관Bibliothèque de l'Arsenal, 파리 오페라 박물관Bibliothèque de l'Opéra, Paris, 대영 박물관 열람실British Museum Reading Room, 콜린데일 소재 대영 박물관 신문 도서관BM Newspaper Library, Colindale, 코번트 가든 로열 오페라 하우스Royal Opera House, Covent Garden 등의 여러 도서관과 스텝에게 감사를 전한다.

미국에서 조사는 내가 시작을 했지만 끝맺음은 브라이언 블랙우드Brian Blackwood•가 했다. 그는 파리에서도 모든 자료조사를 했다. 데이비드 더길은 런던의 모든 자료를 조사했다. 두 동료는 이 책에 대한 작업을 신속히 진행하여 책이 빨리 출간될 수 있도록 하는 데 헤아릴 수 없는 도움이 되었다.

블랙우드에게 처음 도움을 부탁한 분야는 음악이었다. 그는 다

---

• 『세르게이 댜길레프의 검정 노트The black notebook of Serge Diaghilev』의 저자. 댜길레프는 예술단의 모든 공연계획이나 진척 상황 등을 이 노트에 적어 두었다.*

길레프 발레의 음악적인 측면에 집중한 책을 준비하고 있었다. 그런데도 그는 1969년부터 1970년 사이 시간을 내어 음악에서 이론적으로 부족한 나의 글을 보충해 주었다. 일단 니진스키가 춤추었거나 창작한 발레의 안무에 관해 설명을 어느 정도는 하는 것으로 가닥을 잡고 나니 그 작품의 음악에 대해서도 안무와 유사한 정도는 설명을 하지 않으면 아쉽게 여겨지겠다는 판단이 섰다. 그런 연유로 우리는 함께 작품에 대한 설명 작업을 하기 시작했다. 하지만 이 책이 발레의 테크닉 교본이 아닌 것처럼 음악 교과서도 아니어서 어느 정도까지 설명해야 할지를 정하기가 난감했다. 만약 이 책이 블랙우드의 책이었으면 그는 당연히 훨씬 더 상세한 부분까지 음악을 다룰 수 있었고 다루었을 것이었다. 그런 점에서 만약 음악에 대한 설명이 부족하다고 느끼거나 음악가가 보기에 겉멋만 들어 부정확하게 얼버무린 듯이 보인다면 그것은 나의 책임이며 비난은 내가 받아야 마땅하다. 블랙우드는 런던대학교London University에 위치한 상원 음악 도서관Music Library of the Senate House에서 《아르미드의 관Le Pavillon d'Armide》, 《푸른 왕Le Dieu bleu》과 같은 거의 잊힌 발레 음악을 피아노 악보로 나에게 연주해 주었다. 이 음악들은 녹음조차 된 적이 없다.

《봄의 제전》처럼 꼭 다루어야 하는 가장 주요한 음악이면서 설명을 하기가 가장 까다로운 악보의 경우 블랙우드가 처음에 분석을 준비했다. 내 의견을 몇 가지 첨부하고, 그런 후에는 또 글의 반은 삭제했다. 스트라빈스키와 크래프트가 초안을 읽었고 몇몇 부분을 지적해 주었으며 적어도 하나 정도의 특정 문구는 괜찮다고 했다. 그러나 나는 그 정도로는 전혀 만족할 수가 없었다. 블랙우드가 부재중이었을 때, 시골집의 이웃인 작곡가 토마스 이스트우드Thomas Eastwood와 함께 이틀 밤을 꼬박 할애하여 발레 음반을 다시 들었고 우리는 음악에 대해 더 완전한 묘사를 할 수 있게 되었다. 이렇게 하여 《봄의 제전》 음악에 관한 설명은 블랙우드, 이스트우드와 나의 것이 혼재되어 있었다. 이렇게 적은 초안을 스트라빈스키와 크래프트에게 다시 수정할 부분을 확인하기 위해 보냈다.

도싯Dorset에서 어느 일요일 오후, 나의 동료 데즈먼드 쇼테일러 Desmond Shawe-Taylor가 리스트의 「헝가리 광시곡 14번」의 음반을 틀어 주었다. 그때 같이 음악을 들었던 존 브라이슨John Bryson과 함께 만약 이 곡을 가지고 댜길레프가 발레를 만들었다면 어떤 발레로 만들었을까 하는 이야기를 나누었다. 브라이슨은 내가 계획하는 〈댜길레프와 셰익스피어〉 전시회의 개최 협력자였다.

다음에 열거하는 여러 친구는 도움이 될 만한 추측 혹은 여러 상세한 정보를 알려 주었다. 고故 안토니오 간다릴라스Antonio Gandarillas, 알렉산더 체렙닌Alexander Tcherepnine, 필립 다이어Philip Dyer (어린 시절 댜길레프가 머리를 쓰다듬어 주기도 했으며 댜길레프 전시회 할 때는 나의 조수였고 지금은 우리가 이제 막 시작한 공연 예술 박물관의 의상 담당자), 나의 동료 펠릭스 아프라하미언Felix Aprahamian, 모나코 공국의 언론센터 책임자인 나디아 라코스테Nadia Lacoste, 버드버그Budberg 남작부인, 니진스키 둘째 딸의 전 남편인 미클로스 데 자카츠Miklos de Szakats, 레이디 다이애나 쿠퍼Lady Diana Cooper,

타실로 폰 바츠도르프Tassilo von Watzdorf 남작, 로널드 크라이튼 Ronald Crichton, 나이절 고슬링Nigel Gosling, H. S. 이드H. S. Ede, 해럴드 로젠탈Harold Rosenthal, 레이먼드 맨더Raymond Mander와 조 미첸손Joe Mitchenson, 리처드 데이비스, 존 피터John Peter, 로열 메일 라인즈Royal Mail Lines, Ltd의 스튜어트 니콜Stuart Nicol, 덩컨 그란트Duncan Grant, 보리스 코흐노Boris Kochno.

나는 윌트셔Wiltshire의 한적한 오두막에서 이 책의 대부분을 집필했다. 책을 적는 동안 우체부 말고는 때때로는 며칠간 누구도 만나지 않을 때도 있었다. 몇몇 친절한 이웃들이 나에게 용기를 북돋워 주고 해 질 녘에 나를 반갑게 맞아주지 않았다면, 어쩌면 괜한 감상에 젖어 이 책 쓰기를 포기했을 수도 있다. 그런 점을 알고 있었기에 이웃 친구들인 존 애런델 부부John Arundell(애런델 부인은 레이디 리펀의 증손녀이며 레이디 줄리엣 더프의 손녀)와 그들의 자녀들, 줄리언 브림Julian Bream 부부, 토마스 이스트우드 부부, 에드먼드 페인Edmund Fane 부인, 세실 비턴에게 기쁜 마음으로 감사한다. 특히 비턴은 열정을 가지고 나의 작업을 계속 주시했으며 나는 그의 부지런함에 감탄했다.

데이비드 더길은 꾸준하게 타자를 치고 모든 챕터마다 여러 버전으로 다시 타자를 쳤으며, 끝없이 삽입하고, 책 분량의 다섯 배정도로 수정도 많이 했다. 우리가 마감 시한을 몇 번이나 넘긴 후에, 우리의 작업이 다 끝나갈 무렵 더길은 이전에는 출판된 적이 없는 러시아 발레단의 북미 투어에 대한 세부 사항과 언론 공고문을 합하여 끝에서 두 번째 챕터의 초안 전체를 마련했다. 주석에 대해서도 우리는 같이 작업을 했는데 그가 없었다면 이 주석들을 완성할 수 있다고는 절대 장담하지 못할 일이었다. (여러 군데에서 알아 온 정보들이었고 일부는 어디서 알게 된 정보인지 잊어버렸다.) 결국 더길은 혼자서 색인을 완성하여 그동안의 노력에 완벽한 끝맺음을 했다.

1970년 1월과 2월, 우리가 최종 마무리를 위해 박차를 가했던 기간에 블랙우드, 더길과 나는 코번트 가든에 있는 내 집과 인접한 장소에서 작업했다. 이때 네 번째 멤버로 마거릿 파워Margaret Power를 맞이하게 되었다. 우리 모두 그녀의 합류에 기뻐했고 영광스럽게 생각했다. 그녀는 나와의 우정으로 우리 팀에 합류하게 되었다. 그녀는 니진스키에 관해 기억하는 내용을 헌신적으로 타자하고 삽입하고 고치고, 더 정확히 표현하자면 비판도 하고 개선하기도 했다. 이 나라에서 중견 발레 애호가에 속하는 파워는 지난 전쟁 막바지에 비엔나에서 니진스키 부부와 친구가 되었다. 그녀는 나중에 영국에서 니진스키가 치료하는 데도 많은 도움을 주었으며 그의 사후 니진스키 부인과는 친구로 지냈다. 여러 가지 의미로 그녀는 우리 작업에 내려진 축복과도 같은 존재였다.

본래 니진스키의 발병으로 책을 끝내려고 했다. 하지만 불가피하게 마지막에 보태는 부분이 생겨 우리는 분발하지 않을 수 없었다. 바이든펠드 앤드 니컬슨 출판사Weidenfeld & Nicolson의 앤서니 고드윈Anthony Godwin의 요청으로 니진스키의 죽음까지를 책 내용에 포함하기 위해 한 챕터를 더 늘리게 되었다. 이 부분은 1970년 여름 동안 썼다.

1953년 여름 니진스키의 두 번째 장례식이 치러질 무렵 나는 댜길레프 전시회를 위해 전시물을 모으고 있었다. 이 전시회는 1954년 에든버러 페스티벌Edinburgh Festival 때 댜길레프 서거 25주년을 기념하여 개최할 예정이었다. 당시에 니진스키와 댜길레프 시절에 관심이 많은 발레 비평가로 알려져 있다는 이유만으로 나에게 이 전시회를 준비해 달라는 요청이 들어왔다. 주최 측에서는 발레 뤼스의 디자인 작품과 초상화를 모아서 벽에 거는 정도로 나에게 부탁을 했다. 그러나 일이 진행될수록 나는 점점 더 발레 뤼스와 관련된 작품을 찾아내는 데 몰두하여, 전시할 물품을 구하기 위해 필요한 연락을 취했다. 그리하여 레이디 줄리엣 더프, 알렉산드르 브누아 같은 댜길레프의 과거 친구들 혹은 협력자들의 도움을 많이 받게 되었다. 전시회 준비 과정에서 차츰 그 당시로는 새롭게 여겨지던 진열 방법을 구상하기 시작했으며 그 결과 나의 인생에서 두 번째 경력인 전시 디자이너로서 자리를 잡게 되었다. 소더비Sotheby 경매회사에서 1968년과 1969년에 걸쳐 댜길레프 의상 판매를 할 때 내가 의상 카탈로그를 제작해 주었다. 이 의상 판매는 드라마, 오페라와 발레 섹션을 가진 런던의 공연 예술 박물관* 설립과 직접적으로 연결된다. 나는 이 박물관이 코번트 가든Covent Garden과 가까운 곳에 자리 잡기를 희망했다. 우리는 니진스키 자신이 가지고 있던 의상 중 일부, 밸런타인 그로

---

* 이 박물관은 '시어터 뮤지엄Theatre Museum'이라 불렸으며 빅토리아 앤드 앨버트 뮤지엄 Victoria and Albert Museum의 한 부분이다(1979).

스가 그린 그의 초상화와 그가 동작을 연구하는 모습을 담은 스케치 그리고 그의 위대한 발레《봄의 제전》의상들을 모았다. 이들은 그동안 거의 사용을 하지 않았으므로 여전히 너무나 깨끗했다. 내가 반평생 전에 리버풀 거리 역에서 로몰라가 적은 니진스키의 전기물 표지를 장식한《장미의 정령 Le Spectre de la rose》속 그의 사진을 처음 본 후* 수많은 일이 지속해서 일어났다. 이 자료들을 모두 전시하는 우리의 박물관이 세워지므로 그동안 지속적으로 기울였던 수많은 노력이 증명되었다.

---

* 버클은 1933년 리버풀 거리에서 본 니진스키의 사진 때문에 발레에 관심을 가지기 시작했다.*

# 제2판 서문

이번 문고판으로 출판된 니진스키 전기는 새로운 사실도 일부 포함되면서 수정을 여러 군데 했다. 정말 운 좋게 초판본을 읽고 제대로 나에게 정보를 알려 주는 리뷰어들을 만났다. 그들 중 일부, 특히 데임 레베카 웨스트Dame Rebecca West, 사체베럴 시트웰 경 Sir Sacheverell Sitwell의 경우는 니진스키에 대한 회상을 들려주기까지 했다. 나는 이번 개정판을 내면서 기꺼이 이런 내용을 포함했다. 사체베럴 경은 편지로 내가 알렉산드르 브누아의 책에서 알게 된 사실 중에서 유일한 실수를 지적해 주었다. 그 내용인즉슨 1913년 바덴바덴에서 바흐 발레를 구상할 때 댜길레프가 니진스키에게 바로크 건축물을 보여 주려고 데리고 간 곳은 스위스에 있는 아인지델른 수도원Einsiedeln이 아니고 피어첸하일리겐 Vierzehnheiligen 성당임이 틀림없다는 사실이었다. 낯선 독자에게서도 도움을 받았다. 피커딜리Piccadilly 광장에서 어느 젊은이가 나에게 오더니 말하기를 "《라 실피드La Sylphide》에서 입었던 탈리오니 의상은 시세리Cicéri 디자인이 아니고 외젠 라미Eugène Lami가 디자인한 것이 확실합니다." 물론 그의 말이 맞았다. 고맙네, 친구. 올레그 케렌스키Oleg Kerensky가 1973년 발표한 책 『안나 파블로바 Anna Pavlova』의 내용을 읽고는 내가 파블로바의 모친이 유대인이 라고 잘못 생각하고 있었음을 알게 되었다. 유대인은 파블로바의 알려지지 않은 외할아버지였다. 나는 이런 실수를 수정했다. 링 컨 커스틴은 1974년 1월 내 책을 다시 읽고 여러 유용한 글을 주 었다.

내가 마음에 새겨야 하는 심각한 비판들도 있었다. 『댄싱 타임 스Dancing Times』에 실린 메리 클라크Mary Clarke의 글(매우 관대한 평) 에는 발레 작품들에 대해 내가 지루할 만큼 길게 묘사했다고 지 적했다. "발레의 연기와 그에 수반되는 음악을 글로 옮기려고 애 쓰는 것은 노력한 데 비해 보상이 거의 없다." 나는 동의한다. 이 런 묘사를 한 부분을 거의 삭제하고 싶었지만 출판사는 이를 허 락하지 않았다. 출판사의 말은 다음과 같다. "사람들은 언제나 지 루한 부분을 건너뛰고 읽을 수 있지만 그런 부분이 책을 더욱 완 벽하게 만듭니다." 그런 부분을 펭귄 판에서는 부록으로 다룰까 하는 생각도 했지만, 이는 속임수가 될 수도 있겠다는 결론에 도 달했다. 그리하여 그런 묘사 중 일부라도 줄이려고 노력했다.

또 다른 비판은 댜길레프에 대한 내용이 너무 많다는 점이었 다. 동의한다. 본래 이 책의 제목을 '댜길레프와 니진스키Diaghilev and Nijinsky'라고 하길 원했지만 그렇게 못하게 되었다. 지금은 공 연예술 박물관과 도서관에 전시되어 있는 아스트뤽에 관한 귀한 자료를 처음 발굴했을 때 너무 흥분한 나머지 그 자료의 내용을 과다하게 포함했다는 점을 인정한다. 그러나 그 자료들은 너무나 흥미로웠다. 역사적인 관점에서 생각해 볼 때 특정 분야 책에서는 예술적인 완성도를 갖춘 형식보다도 다큐멘터리 자료의 축적이 우선한다고 생각한다. 어떤 비평가들은 이 책에서 니진스키에 대한 내용이 충분하지 않다고 평가했다. 이에 대해 말할 수 있는 점은 내가 발견할 수 있었던 모든 것을 쏟아부었다는 사실이다. 나의 친구로서 알렉산더 블랜드Alexander Bland는 『옵서버The Observe』에 기고한 글에서 니진스키의 수수께끼는 여전히 풀리지 않았다고 지적했다. 실제로 니진스키는 미스터리며 풀리지 않은 의문으로 남아 있다. 어떤 비평가들은 나의 책에서 니진스키를 한 인간으로서 조명하는 데는 실패했지만 무용수로서는 완벽하게 묘사했다고 판단했다. 한편 『타임스The Times』의 유명한 비평가 존 퍼시벌John Percival은 앞글과는 반대로 생각했다. 나는 두 판단 모두 옳다고 생각한다. 그런 논란에도 불구하고 내가 생각하는 니진스키는 어떤 무용수인가에 관해 단락을 추가했다. 그리고 니진스키의 춤을 봤던 레베카 웨스트Rebecca West와 니진스키의 춤을 보지는 않았지만, 무엇이 무용수들을 움직이게 하는가에 대해 잘 알고 있는 알렉산더 블랜드의 글을 인용했다(783쪽 이하 참조).

니진스키의 성적인 부분에 대해 연구하고픈 욕구가 강했던 올레그 케렌스키는 『가디언Guardian』에 실은 글에서 내가 "니진스키가 누구와 했는지는 이야기했지만 무엇을 했는지는 이야기하지 않았다"라며 불만스러워했다. 나는 오히려 이 문제에 대해서는 패트릭 캠벨 부인Mrs. Patrick Campbell*의 널리 알려진 견해에 더 동의하는 편이다.

니진스키의 둘째 딸 타마라 베닝거Tamara Weninger는 나의 책에 대한 리뷰를 신문 『애리조나 리퍼블리컨The Arizona Republican』에 실었다. 그녀는 니진스키를 '미소 짓는 다정한 아버지'로 기억하며 내가 왜 본인이나 본인의 언니 키라와 논의하지 않았는지 의문스럽다고 했다. 나는 그녀가 니진스키 발병 이후 태어났기 때문에 아버지에 대해 잘 모를 것으로 생각했다. 그렇다 하더라도 내가 적어도 키라 니진스키와 논의는 했었어야 한다는 점은 동의한다. 이번 개정판에는 키라 니진스키가 말한 내용을 포함하게 되어 마음이 흡족하다.

발레 무용수 리디아 로포호바Lydia Lopokhova와 결혼한 위대한 경제학자 메이너드 케인스Maynard Keynes의 동생 제프리 케인스Geoffrey Keynes 경은 나에게 니진스키에 관한 편지를 보냈는데 그는 루퍼트 브룩Rupert Brooke**과 함께 니진스키의 공연을 보러 갔다고 밝혔다. 이는 비록 간단한 정보라 할지라도 이 책에 포함할 가치가 있다고 판단했다. (하지만 데일 해리스Dale Harris가 뉴욕의 『토요리뷰Saturday Review』에 실은 글에서는 이 내용을 가십거리로 접근했다고 나를 몹시 힘들게 했다.) 그 후 어느 날 시골에서 세실 비턴 경(이 책을 헌정한 사람)과 점심을 먹을 때 캐슬린 네스비트Cathleen Nesbitt•**

---

을 만나서 몹시 행복했다. 그녀는 자신이 루퍼트 브룩과 러시아 발레단 공연에 어떻게 가게 되었는지를 이야기해 주면서 그 공연 이후 그가 니진스키에 대해 말한 것을 회상했다. 그녀가 자신의 회상 내용을 내 책에 포함할 수 있도록 허락해 준 것에 대해 감사한다. 코스타 아킬로풀로스Costa Achillopoulos•는 생모리츠에 있었던 니진스키의 마지막 리사이틀에 대해서도 많은 이야기를 해 줘서 크게 도움을 받았다. 존 가이슬러John Geissler는 친절하게도 쾰른에서 니진스키와 인터뷰한 글을 번역해서 나에게 보내 주었다.

여기 덧붙인 글 중에 중요한 것들 일부를 추려 본다. 후고 폰 호프만스탈Hugo von Hofmannsthal이 댜길레프가 의뢰한 발레 음악 때문에 리하르트 슈트라우스Richard Strauss에게 보낸 더 많은 편지. 슈트라우스는 발레《오레스테스Orestes》는 작곡하지 않았고 발레《요셉Joseph》을 작곡했다. 1909년부터 1914년까지 브라이언이 집필한 댜길레프의 발레 음악에 관한 책이 아직 출판되지는 않았지만 이제 완성되었는데 그 속에 등장하는 악보와 관련한《유희Jeux》의 연기에 관한 자세한 설명, 니진스키의 결혼과 댜길레프의 반응에 대한 새로운 내용이 일부 있다. 이 '새로운 내용'은 이전에는 그냥 모르고 지나친 것인데 이번에는 내가 인식해서 알게 되었다. 그것은 부에노스아이레스에서 결혼 피로연 초대장에 적힌(그 초대장은 소콜로바가 나에게 빌려 주어 하드커버 판에는 복사하여 삽입함) 날짜는 9월 19일이었지만 실제로 결혼식과 결혼 피로연이 일어

---

• 그리스 출신, 영국에서 주로 활동한 사진작가•

난 날은 9월 10일이었다는 사실이다. 나는 소콜로바에게 전화했다. 초대장이 인쇄된 후 누군가가 다시 생각해 보고 결혼 날짜를 앞당겼고, 짐작건대 극장 게시판에 날짜 바뀐 것을 공고한 사실은 우리 둘 다 분명히 알게 되었다. 이런 점으로 미루어보아 니진스키의 결혼 소식에 대한 댜길레프의 반응이 어떠했는지를 더 많이 추측하게 되었다. 그러나 너무나 슬프게도 우리가 이런 대화를 나눈 지 얼마 뒤에 소콜로바는 세상을 떠났다.

이 전기에 대해 많은 찬사를 표하여서 나를 감동하게 한 유명한 사람 중 일부를 자랑스럽게 언급하고자 하는데 특히 두 사람의 칭찬 문구를 인용하지 않을 수가 없다. 로몰라 니진스키는 "나는 바슬라프가 이 책을 틀림없이 좋아할 거라는 걸 안다"고 했다. 브로니슬라바 니진스카는 세상을 떠나기 바로 직전 크리스마스카드에 이 책을 "대단하다"고 표현했다. 이런 찬사는 더 잘해야겠다고 결심하게 해 준다.

새로운 판을 출판사에 보내기 직전 이리나 니진스카레츠가 고 故 브로니슬라바 니진스카의 『회상록Memoirs』을 읽어 보라고 주었다. 이 책에는 니진스키의 소년 시절과 어릴 때 가족들이 함께 투어 다니던 시절이 나와 있다. 니진스키의 어린 시절에 대해 알지 못해서 몇 개의 추측 문장으로 처리했었는데, 니진스카의 『회고록』덕분에 그 시절에 대해 특별하고도 매혹적인 세부 사항으로 보충할 수 있었다. 내 책을 풍요롭게 하기 위해 이 책의 내용을 인용하고 싶은 마음이 가득했지만, 이 놀라운 책이 곧 출판될 것이기 때문에 자제해야 했다.

# 제3판 서문

펭귄의 첫 번째 문고판을 위해 책을 개정했지만 여전히 날짜가
틀린 부분을 간과했었는데 이번에는 이런 부분을 고쳤다.

  지난해(1978) 나는 댜길레프의 일생에 관한 책을 완성했다. 그
리고 로몰라 니진스키가 죽었다. 이고르 마르케비치는 댜길레프
가 마지막으로 총애하던 문하생이었으며, 그의 첫 번째 부인이
니진스키의 첫 딸 키라였다. 마르케비치는 댜길레프 생애 마지막
즈음에 관해 나에게 중요한 정보를 알려 주었다. 1978년 5월 내가
솔즈베리Salisbury 종합병원에서 허벅지 수술을 받고 퇴원했을 때,
스위스에 있는 마르케비치의 비서에게서 전화가 왔다. 비서는 나
에게 로몰라 니진스키가 파리의 한 호텔에서 죽어가고 있다고 말
하며, 그녀를 도와주라는 마르케비치의 부탁을 전했다. 마르케비
치 자신도 당시에 스위스 병원에 입원해 있었다. 유명한 마에스
트로에 비하면 파리에 아는 사람이라고는 거의 없는 나이지만 윌
트셔Wiltshire에 있는 오두막에서도 의학적으로나 재정적으로 파
리의 로몰라를 도와야 한다고 생각했다. 하지만 이는 도저히 실

현 가능한 일 같지 않았다. 물론 마르케비치가 알 수는 없었지만, 이 당시 나는 수술 직후라 목발을 짚는 것은 물론이고 86세 된 어머니가 나의 손과 발이 되어 주는 상황이었다. 그러나 내가 니진스키 가족과 연관이 될 수밖에 없는 운명임은 분명했다. 나는 보리스 코흐노에게 전화했지만 그는 파리에 있지 않았다. 세르주 리파르에게 연락하는 것은 불가능했다. 세르주는 자신이 묻힐 자리로 니진스키 묘지의 옆자리를 보존해 두었고 로몰라는 그 자리에 절대 묻혀서는 안 된다는 사실을 확인시켜 주기 위해 어떤 수고도 마다하지 않았던 사람이었다. 로몰라 니진스키는 내가 뭔가 도움을 주기도 전에 세상을 떠났다.

로몰라가 살아 있는 동안 그 유명한 니진스키의 일기는 거의 신성한 텍스트로 간주하여 누구도 접근하지 못하게 했다. 나는 로몰라의 유언 집행자 중 한 사람인 마르케비치에게 로몰라가 최근에 런던의 크리스티 경매회사로 그 일기의 원본을 팔아 달라고 보낸 사실을 알릴 수 있었다. 그녀의 죽음 때문에 그 경매는 자연적으로 연기되었다.

니진스키의 여동생 브로니슬라바의 인생 말년에 나는 그녀를 사랑하고 찬미하게 되었는데 그녀는 출간된 오빠의 '일기'에서 여러 부분이 가짜라고 말했다. 로몰라 생전에는 이 일기의 원본을 복사할 수가 없었다. 당시 나는 런던으로 갈 수 없는 상황이라 크리스티 경매에 연락해서 오리지널 원고의 영역본을 나에게 보내 달라고 부탁했다. 그리하여 그 일기에서 필요한 부분을 참고하여 내가 쓰고 있던 댜길레프 책을 수정할 수 있었다. 유언집행자로서 마르케비치는 나에게 위임장을 줘서 니진스키 일기의 원본 건을 내가 원하는 대로 하도록 했지만, 크리스티 경매사들은 매우 비협조적이었다. 그런 일이 있고 난 뒤에 마르케비치는 니진스키 일기에 대한 경매 건을 소더비로 넘겼다. 소더비에서 일기의 원본은 1979년 7월 24일 4만 5천 파운드에 팔렸다. 나는 아직도 그 일기를 본 적이 없었다. 이제 로몰라가 많은 부분을 숨겼다는 것이 드러났다.

브로니슬라바는 나에게 로몰라가 1930년대 적은 니진스키의 생애에 대한 글은 영화로 만들 의도였다고 알려줬다. 로몰라는 많은 돈을 벌기 원했다. 누가 그녀를 비난할 수 있겠는가? 그녀는 병든 남편을 돌보아야 했다. 그러나 그녀가 댜길레프에 대해 과장되게 나쁘게 적은 내용과 관심을 일으키기 위한 충격적인 내용을 많이 실은 것은 영화계에서 필요로 하는 요소를 충족시키기 위함이었다. 그녀의 재능, 추진력과 의지에도 불구하고, 그리고 그녀가 한 군데 이상의 영화 스튜디오에 이 글의 저작권을 팔았음에도 불구하고, 영화를 만들고 싶어 하던 그녀의 소망이 생전에 이루어지지 못한 것도 얼마나 신기한 일인지. 그러나 아마도 영화가 만들어졌다면 그 영화는 그녀의 까다로운 요구 조건을 많이 충족시켜야 했을 것이다. 혹시라도 만약 누군가가 배짱을 부려 그녀의 허락 없이 영화를 만들었다면 그녀는 소송에 열중하였을 것이다. 법정으로 끌고 가는 것은 그녀가 즐기는 놀이였다.

로몰라는 니진스키의 생애 마지막 즈음에는 그가 완쾌되었고 다시 일을 할 수 있을 만큼 건강하다고 썼다. 이는 그녀가 니진스키를 미국에 데려가기 위해 입국 허락을 받으려고 꾸며 낸 이야기였다. 미국은 정신병을 앓고 있는 사람에게 입국을 허락하지 않았다. 니진스키가 점차 얌전해졌을지는 몰라도 그는 전혀 정상적이지도 않았고 지적이지도 않았다. 사심 없이 헌신적이었던 마거릿 파워는 1977년 10월 세상을 떠났다. 그녀는 비엔나에서, 미테르질Schloss Mittersill 성과 영국에서 자기가 니진스키를 방문했던 내내 그를 치료하기 위해 도왔다고 말했다. 바슬라프가 그녀를 좋아했고 그녀도 그를 사랑했지만, 그는 그녀와 단 한 마디의 말도 나누지 않았다. 두 사람은 종종 득점 없는 탁구 게임을 같이 하고는 했다. 바슬라프는 물건 쌓기를 좋아했고 쌓은 후에는 그것들을 무너뜨렸다. 마거릿은 그에게 가운데가 비어 있는 색깔이 칠해진 벽돌을 사다 주었다. 그는 물건 던지기를 좋아했고 한번 시작하면 멈추려고 하지 않았다. 리파르가 무덤을 팠을 때 니진스키의 시신을 확인해야 했던 사람도 마거릿(내가 언급했듯이)이었으며 시신을 충실하게 지키면서 파리로 함께 여행한 사람도 그녀였다. 그녀가 파리 북역에 도착했을 때 리파르는 그녀를 맞이할 준비를 전혀 하지 않고 있었다. 그러나 리파르는 다음 날 묘소에서는 많은 준비를 하여 텔레비전 카메라 앞에서 장관들과 포즈를 취하고 연설도 했다. 로몰라는 미국에서 전보를 쳐서 마거릿이 지출한 모든 비용을 자기가 갚겠으니 그녀보고 붉은 장미를 무덤에 뿌려 달라고 부탁했다(사실은 관이 결코 마거릿 앞에서 내려지지 않았지만). 마거릿은 언제나처럼 자기 돈을 들여 로몰라가 부탁한 대로 했다.

로몰라는 평상시 스타일대로 사람들 눈에 띄는 시끌벅적하고 화려한 방식으로 (덧붙이자면 그녀는 동성애 기질이 훨씬 강했다) 오랜 기간 아픈 남편을 돌보았다. 그런 점에서 성실하고 사심 없는 마거릿 파워가 결코 잊혀서는 안 된다.

# 머리말

## 클레멘트 크리스프Clement Crisp

한 사람의 발레 비평가가 무용계에 이렇게 지속적인 영향을 끼치는 경우는 드물다는 표현으로는 모자란다. 활동하는 비평가라면 누구나 알듯이 공연과 창작에 대한 논평은 일시적이지만 검토 중인 작업에 즉각적인 영향을 미칠 수 있다. 예리한 비평가는 실력 없는 안무가나 부진한 무용수가 도시에서 쫓겨나는 모습을 보고 싶어 하기도 한다. 그러나 한편으로는 이들의 공정하지 못한 평론 또한 번성하고 있는 것도 현실이다. 이런 상황에서 예술에 대한 감식력을 지속시키고, 진지하게 이해를 넓혀 나가는 것은 대단히 드문 경우다. 리처드 버클은 이 책을 통해 앞에 언급한 업적을 이루었다. 일반 대중과 무용에 대한 전문적인 통찰력을 지닌 사람들 모두에게 끼친 그의 영향력은 1950년대 이후 작가와 감식가로 활동한 지 반세기가 지나도 여전히 유효하다.

리처드 버클은 예외적일 만큼 재능이 많은 사람이다. 그는 1930년대에 발레 공연을 보기 시작했는데 보자마자 발레에 사로잡히는 경험을 하게 된다. 나는 발레를 보고 그러한 효과가 즉시 나타나는 경우에는 절대 치유될 수 없음을 알고 있다. 젊은 시절에 공연을 본다면 남은 생애 동안 이 '무정한 미인La Belle Dame Sans Merci (1819)'•에게서 헤어 나오지 못할 것이다. (프레더릭 애슈턴Frederic Ashton은 소년 시절 안나 파블로바 공연을 본 것에 대해 다음과 같이 말했다. "그녀는 나의 혈관에 치명적인 약을 주입했다." 그리고 그의 운명은 정해졌다.) 버클도 그렇게 빠져들어 20대 초반의 나이에 대담하게 『발레Ballet』라는 소규모 잡지를 발간했다. 그러나 유럽에서 1939년 전쟁이 발발하여 불가피하게 발간을 중지할 수밖에 없었다. 버클은 유럽의 혼란기에 6년간 군대에서 복무하고 사회로 복귀하여 잡지를 다시 시작할 계획을 하고 있었다.

1946년 1월, 영국은 6년간의 전쟁, 폭격, 온갖 배급의 부족함을 치른 후 나라를 다시 원상으로 복구하기 위해 고군분투하는 상황이었다. 이런 시기에 출판업을 다시 하기에는 적절하지가 않았다. 그러나 사회적인 측면에서 보면 발레는 전쟁 전보다 전쟁 중에 훨씬 더 광범위한 계층의 많은 관객에게 큰 인기를 얻었다. 민간인들은 공습이 계속되는 런던과 지방 도시에서 이리저리 옮겨 다녀야 했고, 민간인과 군인들 모두 공습과 물자 부족으로 지쳐가는 일상에서 발레를 보면서 임시방편으로라도 확실한 즐거움을 추구할 필요가 있었기 때문이다.

그리하여 니넷 디 밸루아Ninette de Valois는 자신의 새들러스 웰스

---

• 영국의 시인 존 키츠의 발라드 제목, 숲에서 만나 아름다운 여인에게 매혹된 기사의 이야기. 크리스프는 여기서 이 여인을 발레에 비유했다.*

발레단Sadler's Wells Ballet 상주극장을 마련했는데 그곳은 새 단장을 한, 그리고 이 발레단이 마땅히 옮겨야 했던 코번트 가든 로열 오페라 하우스였다. 그때 30세의 버클은 자신의 잡지를 다시 출간하기 시작했다. 잡지 『발레』는 모든 형식의 발레와 춤에 열심인 독자들(나의 학창 시절처럼)에게 하나의 계시였으며, 영감을 주었고, 교육의 장이 되었다. 그렇게 힘든 세월 동안에도 사그라지지 않았던 감사와 기쁨으로 나는 『발레』의 이런 면을 기록할 수 있다. 이 잡지는 외관과 방식이 우아했고, 개성 만점의 유머와 감탄스러울 만큼 무용계 소식에 정통했으며, 정보가 가득했다. 이 잡지가 이렇게 만들어질 수 있었던 것은 시릴 보몬트, 에드윈 덴비Edwin Denby, 아이버 게스트Ivor Guest 같은 저명한 필진이 있었던 덕분이었다. 버클 또한 눈으로 확인할 수 있는 요소에 대해서는 결코 실패하는 법이 없는 수준 높은 식견을 지니고 있었다. 그리하여 이 잡지에는 루시안 프로이트Lucian Freud(조지 발란친의 아름다운 머리 초상화를 그림)의 초기 드로잉과 프랑스 무대 디자이너들의 작품을 포함한 화려한 삽화가 실렸다.

　버클은 무용수 혹은 안무가 그리고 예술 감독을 사귀는 데 거리낌이 없었고, 그러다 보니 친구들의 범위가 넓었다. 프레더릭 애슈턴이 1948년 안무한 《발레 전경Scènes de ballet》의 무대와 의상을 프랑스의 아주 감각적인 예술가 앙드레 보르페어André Beaurepaire에게 맡긴 것도 버클의 충고에 따른 것이었다. 버클 본인은 물론 잡지 『발레』를 동원하여 이제 갓 자리를 잡기 시작한 뉴욕 시티 발레단•이 1950년 코번트 가든에서 투어 공연하는 데 혼신의 힘을 다해 도운 것은 오로지 그만이 해낼 수 있었던 일이다. 이를 계기로 링컨 커스틴과 버클은 아주 친한 친구가 되었다. 그리하여 버클은 당시 뉴욕에서 활동하던 상징적 사실주의 화가인 폴 캐드머스Paul Cadmus, 앤드루 와이어스Andrew Wyeth, 벤 샨Ben Shahn 의 회화 작품으로 커스틴이 기획한 1950년 런던 전시회가 이루어지도록 많은 도움을 주었다. 잡지『발레』는 발란친 안무에 대해 가장 열렬한 옹호자가 되었다.『발레』는 뉴욕 시티 발레단과 그들의 작품 미학을 널리 알리기 위해 발란친의 안무에 대해 설명했다. 그리하여 관객들이 작품을 이해하고 관심을 가지도록 하면서 발레단의 공연을 도왔다.

하지만 잡지를 그렇게 높은 수준으로 계속 발행할 수가 없었다. 잡지는 적자에 허덕이다가 결국 1952년 발행이 중단되었다. 비록 잡지는 경영난으로 중단되었지만, 당시 설립된 지 얼마 안 되었던 에든버러 페스티벌**의 감독 이안 헌터Ian Hunter는『발레』의 발행인인 버클에게 베네치아에서 1929년 세상을 떠난 댜길레프 서거 25주년 추모 전시회 개최를 논의할 정도로 이 잡지의 중요성은 충분히 인정받았다. 이 전시에 대해 처음 의뢰를 받았을 때 버클이 다소 꺼리는 부분이 있긴 했다. 전시회에 대한 버클의 생각은 1955년 그가 발표한 책『댜길레프를 찾아서』에 적혀 있다. 그는 전시 기획에 대한 본인의 화려한 이력을 이 책에서 설명

---

• 뉴욕 시티 발레단은 1948년 10월 창단되었다.*
•• 에든버러 페스티벌은 1947년 설립되었다.*

해 두었는데 "무대 세트처럼 나열해 둔 전시회를 정말 좋아하지도 않고 인정할 수도 없다"고 했다. 전통적인 전시회와는 다른 생각을 지닌 버클이었으나 어쨌든 이 전시회 작업에 참여하기로 했다. 가장 주요한 점은 전시할 물품의 중요한 컬렉션이 존재한다는 것(세르주 리파르가 워즈워스 아테네움Wadsworth Atheneum 박물관에서 인수한 유명한 발레 뤼스 디자인 수집품들)과 수많은 댜길레프의 협력자들과 동료들, 심지어는 무용수들까지도 아직 생존한 이들이 많다는 점이었다. 알렉산드라 다닐로바, 데임 얼리셔 마코바Dame Alicia Markova, 안톤 돌린, 리파르 같은 예술가들은 아직도 무대에서 공연하고 작품을 창작하고 있었다. 니넷 디 밸루아, 마리 램버트는 발레단 감독을 하고 있었다. 또 다른 단원들은 무용을 가르치고 있었다. 런던에 상주하던 발레 뤼스의 주역 발레리나 타마라 카르사비나는 버클에게 그녀의 정신과 매너, 그녀의 모든 것이 예술적인 통합력과 우아한 고귀함을 상징하는 존재였다. 버클은 댜길레프의 가장 주요한 협력자들인 스트라빈스키, 발란친, 코흐노, 니진스카 및 지지자들과 상의를 했다. 그리고 바슬라프 니진스키는 영령이 되어 정신병원에 존재하고 있었다. 이런 노력으로 말미암아 댜길레프 전시회는 일단 전시 물품 자체도 풍부했다. 또한 그는 전시회를 처음 의뢰받은 대로 나열만 하는 것이 아니라 창의적인 우아함과 호감을 주는 방법으로 전시장을 꾸며서 그의 시대에, 가장 앞선 감각적인 열정을 보여 주었다. 이 전시는 상트페테르부르크와 파리에서 댜길레프의 발레 뤼스와 관련한 첫 번째 전시를 이룬다고 격려하던 주위 사람들을 부끄럽지 않게 했다.

그 후 10년간, 버클은 그의 시대에 가장 재치 있고 가장 통찰력 있는 발레 비평가로 활동했다. 하지만 댜길레프 전시 기획자라는 영혼이 그의 주위를 맴돌았다. 사람들의 기억 속에 사라졌던 발레 뤼스의 무대 의상들과 무대 물품들이 저장고에서 나와 경매에서 팔리려고 했을 때 버클은 다시 이 사업과 인연을 맺게 되었다. 런던에서 그는 극장 박물관(현재는 빅토리아 앤드 앨버트 뮤지엄 Victoria and Albert Museum의 한 부분으로서 존재) 설립에 대한 구상을 하면서 이런 물품을 경매하지 말고 박물관에 보존하자는 투쟁과 협상에 뛰어들었다. 1960년대가 끝나갈 즈음, 불가피하게 보이는, 바슬라프 니진스키 전기 발간을 위한 위원회가 열렸다.

책의 주제인 일생 그 자체가 비극적이며, 여러 전설이 뒤섞여 있었다. 특히 유리한 항변만 하는 부분들과 추측, 가족의 관심사(로몰라 니진스키가 남편의 치료를 위해 재정적인 도움을 얻으려는 노력, 브로니슬라바 니진스카의 아주 중요한 증언) 등 경력이 급작스럽게, 거의 희생양처럼 끝이 난 인물을 둘러싼 신화 창작이 필연적으로 혼재되어 있었다. 니진스키, 그 존재는 이제 저 멀리 사라졌고 버클에게는 무대와 의상 디자인, 강렬하게 니진스키를 떠올리게 하는 드 마이어 남작이 찍은 사진들, 그의 춤에 대한 전설, 그의 무대 존재감의 대단함, 비록 흐려지긴 했어도 계속 맴도는 《목신의 오후》의 장면에 대한 상상 정도가 남아 있다. 당시 발레계는 니진스키의 다른 안무 작품들의 '재구성'을 중요하게 생각하지 않았기 때문에 몇 십 년 후 더 이상 공연되지 않는 상황을 태평스럽게 니진스키의 탓으로만 돌렸다. 로몰라가 그 이전에 쓴 전기물에 존재하는 연구들은 사실이라고 하기에는 미심쩍고 지엽적이었다. 그중에서도 특히 1930년대 초 로몰라가 발표한 니진스키 생애에 관한 책* 집필에 관여한 링컨 커스틴은 간단명료하고도 심각하게 로몰라 니진스키의 설명 중 일부분에 대해서는 분노를 표현했다. 커스틴을 분노하게 한 내용인즉 로몰라와 관련이 있는 심령술사 '마'가렛'Ma'Garett이 책에 개입한 일이었다. 이 심령술사는 영혼의 안내자(조그만 파랑새Little Blue Bird)를 내세워 니진스키에 대해 불가사의한 정보를 계속 제공한 것으로 알려졌다. 나는 몇 년 후 니진스키 부인을 파리에서 만났다. 그녀는 나에게 자신이 "바슬라프의 바흐 발레를 무대에 곧 올릴 것"이며 그런 후 스페인의 공작과 결혼할 예정이라고 알려 주었다. 나는 당연히 감동을 받았다. 하지만 버클이 전기를 적으면서 해야 할 과업은 여러 가지였다. 우선 잘못 알려진 편파적인 허구 이야기에서 사실을 골라내고, 황실 발레 학교에서 소년 때 무용을 처음 시작한 것부터 니진스키의 인생 행로를 정확히 적어야 하는 것, 그의 예술적 삶의 세부 사항들과 그의 안무와 인간관계에 대해 뻔히 알 수 있는 사실들을 신화처럼 두루뭉슬하게 만들고 있던 혼란스러움을 싹 걷어내고, 사실과 허구를 잘 분리하는 것이 그가 해야 할 작업이었다. 댜길레프와의 관계도 마찬가지였다. 타

---

* 로몰라는 1934년 남편의 전기물인 『니진스키Nijinsky』를 출간했다. 이 책의 대부분은 링컨 커스틴이 대필을 해 주었다.*

마라 카르사비나, 마리 램버트, 리디아 소콜로바 등 니진스키와 함께 작업했던 예술가들은 다행스럽게도 아직 런던에서 만날 수 있었다. 이 책의 서문에 버클이 밝혔듯이 버클의 다음 조치는 니진스키의 다양한 가족 구성원들에게 책을 보내 최종 확인을 받는 작업이었다.

얼마만큼의 교정을 거쳤든 간에 버클의 이야기는 비극적이면서 영광스러운 삶에 대해 이상적이면서 방대하고 통찰력 있는 설명으로 남아 있다. 니진스키의 마지막 날과 버클이 그의 장례식에서 관을 드는 사람이 될 수 있었던 과정을 다시 언급하는 마지막 페이지는 니진스키의 삶에 대해 폭넓게 이해한 그가 바치는 헌사로 여겨진다.

버클은 이 전기를 출판하고 5년이 채 안 되어 댜길레프에 대해서도 이와 비슷한 수준의 책이 출간되어야 한다는 피할 수 없는 요구에 직면했다. 이렇게 연계된 두 권의 책은 버클이 학자이자 비평가로서, 읽기 편하면서도 예술적인 이해를 광범위하게 도와주는 적절한 글을 쓴 작가로서 상징했던 모든 것의 총체로 인정받을 것이다. 니진스키와 댜길레프를 위한 그의 광범위한 연구 영역은 두 전기물에 적은 그의 서문을 읽어 보면 대강 가늠할 수 있다. 두 권의 서문을 읽어 보면 참고자료, 참고인, 니진스키와 댜길레프의 친구 및 지인들, 가족들, 그들이 처한 사회 계층과 야망에 대한 정보와 세상에서는 가면으로 숨기고 있던 인간성, 그 자체의 미스터리 등을 놀라울 정도로 광범위한 영역으로 판단할 수 있다. 버클은 책 속에 등장하는 미묘한 차이에 공감하면서 니진스키, 댜길레프, 발레 뤼스에 완전히 빠져들었다. 그런데도 그는 인물과 사건을 한결같이 정확히 구분하여 매의 눈으로 보고 수많은 사연을 묘사하는 글로 책을 집필했다. 니진스키, 댜길레프와 그들의 업적에 관한 수많은 책이 있는데 더 나중에 나온 책들은 최근에야 접근이 가능해진 러시아의 기록 보관소에서 많은 자료를 찾아내어 집필에 도움을 받은 것으로 알려졌다. 내가 읽은 그 어떤 글도 주제에 대한 공감이라는 측면에서는 버클의 글을 따라올 수 없었다. 이 책은 저자가 사회적, 역사적 배경을 충분히 이해하면서 우리가 모르던 것을 알려 주는 상세한 설명과 예술적인 이해의 관대함이 듬뿍 실려 있다. 이 책은 버클이 우리를 위해 생명을 다시금 불어넣은 주역들에게 걸맞은 내용으로, 더 이상의 칭찬은 불가능하다.

## 일러두기

1. 본문 하단에 나오는 각주는 기본적으로 원주이고 문장 끝에 * 표시되어 있는 것은 옮긴이 주다.
2. 무용, 오페라 작품 명은 《 》로, 영화, 연극, 전시, TV프로그램 명은 〈 〉로, 노래, 책의 챕터, 시, 그림, 단편소설은 「 」로, 책, 잡지, 신문, 논문 등은 『 』로 표기했다.
3. 주요 인물, 무용, 오페라, 신문, 잡지 명은 첫 표기에 한하여 원어를 병기했다. 한글 표기는 기본적으로 국립 국어원의 표기 원칙을 따랐다.
4. 본문에 실린 도판은 원서 도판을 기준으로 삼되, 국내 시장 상황과 저작권자 확인이 불가능한 경우를 고려해 일부를 삭제하거나 교체했다. 저작권자의 연락이 닿지 않은 일부 도판의 경우 저작권자가 확인되는 대로 별도의 허가를 받을 예정이다.

# 차례

1898년 8월 20일 중년의 폴란드 여성 엘레오노라 니콜라예브나 니진스카야는 아홉 살 난 둘째 아들을 데리고 페테르부르크 황실 발레 학교Imperial Ballet School에 갔다. 그녀는 둘째 아들이 발레 학교에 합격하기를 희망했다. 첫째 아들은 정신이 온전하지 못했고, 셋째는 일곱 살 난 딸이었다. 남편이 가족을 버린 뒤로 그녀의 삶은 녹록하지 않았다. 그러나 둘째 아들이 황실 발레 학교에만 입학할 수만 있다면 그녀의 삶은 훨씬 나아질 수 있었다. 이는 그녀에게 단지 자신이 부양해야 하는 식구를 한 명 줄인다는 의미만은 아니었다. 그녀는 예술을 성취하고 명예를 얻는 것에 대해 생각하고 있었다. 그녀도 한때는 훌륭한 무용수였으나 자신의 가족들을 돌보기 위해 무대를 떠났다. 그녀의 남편 토마스Thomas는 그녀와 마찬가지로 폴란드인이었으며 뛰어난 무용수였다. 하지만 그는 모스크바와 페테르부르크의 황실 극장 무대에는 한 번도 서

지 않았다. 토마스는 비록 황실 발레 학교 출신은 아니었지만 만약 본인이 원했다면 황실 극장 무대에 설 수 있었을 것이다. 그러나 토마스는 방랑하는 삶을 즐겼고 공연 투어를 하면서 더 많은 돈을 벌었다.[1] 하지만 이렇게 번 돈이 엘레오노라에게는 거의 가지 않았다.

폴란드 사람들은 러시아 제국 내에서도 별로 혜택을 받지 못하는 국민이었다. 러시아 제국의 마지막에서 두 번째 황제이며 1861년 농노 해방을 실행했던 관대한 알렉산더 2세Alexander II*는 1881년 폴란드 사람에게 암살당했다. 당시의 황제는 매우 보수적이었다.

소년 바슬라프가 만약 황실 학교의 학생이 된다면 정부 행정 체계의 가장 낮은 단계에 발을 들여놓는 것이다. 그는 하급 사관후보생과 대등한 위치가 될 것이다. 또한 7~8년 후 황실 발레 학교를 졸업하고 마린스키 극장의 발레단에 입단한다면 군무corps de ballet부터 시작해서 코리페coryphé, 세컨드 솔리스트second soliste, 퍼스트 솔리스트first soliste. 프리미어 당쇠르premier danseur**까지 차례로 승급할 것이다. 주역 무용수로서 바슬라프는 부와 명성을 얻을 수 있을 것이다. 러시아 제국의 사회 구조는 차르를 중심으로 계층별 피라미드 구조였다. 정부 기관에 종사하는 일원이 아닌

---

* the last Emperor but one, the liberal-minded Alexander II(원문), 알렉산더 2세(재위 1855~1881) 이후 알렉산더 3세(재위 1881~1894), 마지막 차르는 니콜라스 2세(재위 1894~1917). 알렉산더 2세는 마지막에서 세 번째 차르인데 원문에는 두 번째 차르로 적혀 있다.*
** 전문발레단의 무용수 등급*

일반 백성들은 누구에게도 관심을 받지 못하고 어둠의 나락으로 떨어지며 아무런 존재 가치가 없게 된다. 차르가 통치하는 백성의 90퍼센트는 아무런 존재 가치가 없다.

　모자母子가 걸어 온 극장가Teatralnaya Ulitsa는 이탈리아 출신의 건축가 로시Rossi가 건설했다. 이는 세상에서 가장 아름다운 거리 중의 하나이며 가장 균형 있게 설계된 거리다. 약 180미터 길이의 거리 양쪽으로 건물들이 늘어서 있고 양쪽 구역은 마치 쌍둥이처럼 닮았다. 극장가의 북쪽 끝에는 연극이 공연되는 화려한 알렉산드린스키 극장Alexandrinsky Theatre이 자리하고 있으며 다른 한쪽은 폰탄카Fontanka강 부두로 열려 있는 공간이다. 폰탄카강은 페테르부르크 시내를 굽이굽이 흐르는 강 중의 하나인데, 이런 수로들은 고전주의 방식으로 건설된 페테르부르크의 규격화된 도시 모습에 낭만성을 풍부하게 더해 주고 있다. 이는 마치 에든버러의 뉴타운에 있는 워터 오브 리스Water of Leith강과도 같은 역할을 한다. 또 이들에 비해 역할이 약간 미미하긴 해도 뉴욕 맨해튼의 경우 질서 정연한 빌딩들과는 달리 브로드웨이가 오랜 인디언의 발자취를 느끼게 해 주는 역할을 하고 있다. 극장가 건물들의 1층 아치 장식은 부조 장식의 석고판으로 연결되어 있으며 그 위층도 아치 장식으로 반복하고 있다. 이 건물들의 주층主層의 큰 창문들은 물론 2층의 반원주형 창문들까지 아치형으로 테를 둘러 장식하고 있다. 위층의 아치 장식들은 겹으로 된 처마 장식을 지지하기 위해 서로 맞물려 있는 여러 쌍의 도리아식 기둥에 의해 각각 분리되어 있다. 이렇게 반복되는 장식의 단조로움은 거리의 양쪽 끝에 각각 네 개의 아치에 장식한 삼각형 페디먼트_pediment*의 돌출 장식에 의해 어느 틈엔가 변화를 주고 있다. 18세기 후반에서 19세기 초에 지어진 페테르부르크의 대부분 건물처럼 로시 구역의 건물들도 분홍빛을 띠는 황토색으로 칠해져 있다. 전체 건물들이 이렇게 부드러운 색조를 띠고 있는 것과는 대비되게 흰색으로 칠해진 기둥과 장식들은 금세 도드라져 보인다. 이 극장가 거리는 과시하거나 행진하는 거리가 아니며 번화한 큰 대로도 아니다. 오히려 거리의 맨 끝에 버티고 서 있는 알렉산드린스키 극장의 존재 때문에 마치 옥스퍼드대학의 사각형 뜰이나 평화롭게 담이 쳐진 샬러츠빌Charlottesville의 제퍼슨 극장 Jefferson Theater에서처럼 신학대학교의 분위기가 느껴진다. 이 거리는 훈련과 연구를 위한 장소다. 북쪽을 바라보면서 좌측에 있는 건물은 교육부 건물이다. 우측은 극장과 발레 학교 학생들을 위한 건물이다.

내가 몇 년 전 역사적인 발자취를 더듬어 그곳을 방문했을 때 했던 것처럼, 틀림없이 모자는 발레 학교의 아치형 입구에서 잠시 멈추고는, 제복을 입은 수위에게 길을 물었을 것이고, 그 수위는 비스듬히 절반 좌측의 대각선 방향으로 정원을 가로질러 구석의 문으로 향하는 길을 알려 주었을 것이다. 건물 안에는 그때도 나이 든 관리인이 있었을까? 대리석 계단의 발치에 있는 나무들과 벽 위에 명판들이 있었을까? 두렵긴 하지만 기대로 가득한 여

---

• 주로 서양 고대 건축물에서 정면 상부에 있는 박공 부분*

극장가, 페테르부르크. 알렉산드린스키 극장의 뒤쪽 풍경. 발레 학교로 들어가는 입구는
오른쪽으로 내려가면 나온다.

마린스키 극장, 페테르부르크

러 어린이와 부모가 발레 학교 안으로 쏟아져 들어오고 있었다. 대략 100~150명[2] 정도 되는 소년들이 부모 혹은 한 부모와 함께 왔다. 계단 꼭대기에 위치한 붐비는 사무실에서 그들은 리허설 룸으로 가라는 안내를 받는다. 이 리허설 룸은 평소에는 발레 학교 상급반 소녀들만 발레 수업을 받는 곳이다.

리허설 룸은 양쪽에 배치된 큰 창문을 통해 나무들을 볼 수 있는 쾌적하고 큰 방이다. 바닥은 마린스키 극장의 무대에 맞추느라 경사져 있다. 그런 까닭에 학생들은 황실 발레단에 입단하기 전부터 이미 약간의 경사진 바닥에 익숙해진다. 한쪽의 깊숙한 벽면은 전체가 거울로 처리되어 있다. 발레 수업을 하는 모든 방에는 수평봉barre이 설치되어 있고 무용수들은 수평봉에 한 손을 대고 몸을 지지하면서 정식 리허설 전에 몸을 풀고 다른 세 면을 돌면서 연습한다. 리허설 룸의 네 벽면의 맨 위에는 갤러리처럼 차르의 초상화들, 과거의 발레리나들과 유명한 발레 교사들의 초상화들이 걸려 있다.[3]

입학시험을 치르기 위해 온 소년들은 발레 교사들, 의사들, 발레 마스터들로 구성된 심사관들의 심사를 받기 위해 줄을 선다. 심사위원장은 83세의 스웨덴 출신 크리스티안 요한센Christian Johannsen이다. 요한센은 덴마크의 안무가 오귀스트 부르농빌August Bournonville의 제자였다. 오귀스트 부르농빌은 프랑스-이탈리아계 오귀스트 베스트리스Auguste Vestris의 제자였으며 오귀스트 베스트리스는 그의 아버지 가에타노 베스트리스Gaetano Vestris에게서 발레를 배웠다. 가에타노 베스트리스는 스위스-프랑스계 장조르주

노베르Jean-Georges Noverre 문하에서 수업을 받았다. 장 조르주 노베르는 비엔나에서 후일 루이 16세의 왕비가 되는 마리 앙투아네트의 어린 시절에 발레를 가르쳤으며 파리에서는 글루크Gluck와 협업하여 《토리드의 이피제니Iphigénie en Tauride》를 제작했다.

토마스의 명성 때문에 심사관들은 이미 니진스키라는 이름을 잘 알고 있었다. 그렇다고 해도 입학시험에서는 학생이 잘하는 것보다 더 중요한 요소는 없었다. 바슬라프는 시험장에서 뒤쪽에 있었는데 아직은 엄마의 어린 아들에 불과했다. 다행히도 남학생 상급반 교사인 니콜라스 레가트Nicolas Legat가 그를 주목했다.[4]

"심사위원들이 그를 처음 보았을 때 그다지 좋게 보지는 않았다. 그는 태도가 매우 서툴렀고 몸이 연약해 보였다. 그러나 의사가 검진하는 동안 나는 그의 허벅지 근육의 구조를 보고 충격을 받았다. (…) 니진스키에게 몇 걸음 나아가서 점프해 보라고 했다. 그의 도약은 경이로웠다. '저 아이는 훌륭한 무용수로 자랄 수 있다'고 나는 말했고 그는 다른 시험을 더 치르지 않고 입학시험에 통과했다."

행복한 엄마와 아들! 인생의 기회가 그들 앞에 활짝 열렸다. 비록 발레 학교 처음 2년이 끝나면 지금 뽑힌 15명의 소년 중에서 10명만이 학교에 남게 되겠지만 엘레오노라는 자기 아들이 통과하리라는 것을 확신했다. 1898년 입학한 발레 학교 남학생 중에 마지막 학년까지 마치고 졸업한 학생은 6명뿐이었는데 이 중 5명은 모두 비극적인 최후를 맞게 된다. 일리오도르 루키아노Iliodor Lukiano는 21세의 나이로 음독자살했고, 조지 로사이George Rosaï는

21세의 나이로 폐렴에 걸려 죽었다. 그리고리 바비치Grigori Babitch
는 23세의 나이로 질투심 많은 남편에게 살해당했고, 미하일 페
오도로프Mikhail Feodorov는 폐결핵으로 26세에 죽었으며,[5] 니진스
키는 31세에 정신이상자가 되었다. 오로지 아나톨 부르만Anatole
Bourman만이 홀로 장수하여 그의 위대한 발레 학교 동기에 관해
후대의 전기 작가들에게 논란거리를 제공하는 형편없는 전기를
썼다.

엘레오노라는 바르샤바의 장롱 제조업자의 딸이었다.[6]• 그녀
는 큰언니를 따라 바르샤바 극장의 발레 학교에 입학했고, 발레
단에 입단했다. 그녀의 가족이나 남편의 가족 중에는 무용계에
종사했던 전통은 없었다.•• 토마스 니진스키의 아버지는 1863년
폴란드 봉기에서 애국자로 게릴라 운동을 하며 싸웠고 그 결과
얼마 안 되었던 재산마저 탕진했다.[7] 토마스는 출중한 미남이었
다. 그는 클래식 발레와 캐릭터 댄스 모두에서 뛰어난 무용수였
으며 재능 있는 안무가였고 자신의 무용 그룹을 이끌고 있었다.
두 사람의 결혼 이후 토마스와 엘레오노라는 러시아 전역을 광범
위하게 투어했다. 그들이 결혼한 후 6년간 세 자녀인 스타니슬라
프Stanislav, 바슬라프, 브로니슬라바가 태어났으며 아이들은 부모
와 함께 투어를 했다. 바슬라프는 신력New Style 1888년 3월 12일
(구력Old Style 2월 28일)•• 태어났으나,[8] 생후 2년 4개월이 되어서야

---

• 엘레오노라 베레다의 아버지가 좋은 집안에서 태어났다거나 권총 자살을 했다는 것은 사실이
아니다.
•• 토마스가 무용수 집안 출신이라는 말은 사실이 아니다.

세례를 받았다. 엘레오노라는 군 복무와 관련한 이유로 아들의 출생을 실제보다 늦게 바르샤바의 가톨릭 성당에 등록했다. 출생지보다 643킬로미터 정도 떨어진 곳에서 세례를 받는 아이는 많지 않았다. 바슬라프와 브로니슬라바는 같이 세례를 받았다. 동과 서로 나누어진 광활한 땅의 전체를 여행하고 어두운 북극지방에서부터 카스피 해안의 햇빛이 찬란한 포도밭까지 여행하는 어린이는 거의 없었다. 피카소의 「청색 시대」 그림에 등장하는 춥고 황량한 풍경뿐인 곡예사 가족과 같은 모습을 상상해 볼 수 있다. 그러나 실제로 바슬라프 가족들의 삶은 그런 풍경보다 훨씬 더 다채롭고 활기찼다. 아이들은 변화무쌍하게 분장을 한 부모를 극장의 한쪽에서 바라보았고 어떨 때는 부모와 함께 공연하기도 했다. 그들의 생활이 비록 작은 도시의 싸구려 호텔들을 전전하기는 했지만, 그들은 러시아 사람들과 풍경을 보고 듣고 느꼈다. 이런 생활은 훗날 바슬라프와 브로니슬라바가 스트라빈스키의 음악에 맞추어 창작하게 되는 두 발레 작품의 근원이 되었다.《봄의 제전》과 《결혼Les Noces》은 자연 그대로의 러시아에 관해 묘사한 우리 시대의 대서사시로 꼽는다.

　아마 스타니슬라프가 제대로 성장했다면 무용가 겸 안무가가 되었을 것이다. 그러나 스타니슬라프는 여섯 살이 되던 해, 바르샤바에서의 어느 날에 창문에서 떨어져 머리가 땅에 부딪혔다.

---

❖ 러시아는 율리우스력(구력)을 사용하다가 1918년 레닌의 결정으로 그레고리우스력(신력)을 받아들였다. 율리우스력은 오늘날 전 세계 보편 달력인 그레고리우스력보다 13일이 늦다.*

그때부터 스타니슬라프는 정신에 이상 징후를 보이면서 발육이 더뎌졌다. 엘레오노라는 스타니슬라프의 이런 문제가 태어나기 전부터 어쩌면 잠복해 있었을 수도 있다고 생각했다. 왜냐하면 엘레오노라가 스타니슬라프를 임신해서 산달이 가까워졌을 때 코카서스의 산중 마을에서 산적들에게 니진스키 가족이 공격을 받았다. 이 사건은 산달이 가까웠던 엘레오노라에게는 너무나 큰 충격이었고 그녀는 3일 동안 말을 할 수가 없었다.[9] 엘레오노라와 토마스의 집안 어느 쪽도 선조 중에 정신 병력은 없었다. 그러나 토마스는 주체할 수 없는 열정을 지닌 사람이었고 그럴 때는 정신이 나간 사람처럼 보일 때가 있었다. 바슬라프가 이런 기질을 그대로 이어받았다.[10]

바슬라프는 아버지를 닮아 광대뼈가 올라갔고 비스듬히 눈꼬리가 치켜 올라가서 폴란드인임에도 마치 타타르의 피를 물려받은 것처럼 보였다. 바슬라프의 그 유명한 점프도 아버지에게서 이어받은 것이다. 바슬라프와 브로니슬라바뿐 아니라 이 남매의 딸들도 그 유명한 점프와 얼굴 모습을 이어받았다. 바슬라프는 어머니로부터는 상냥하고 다정한 기질을 이어받았다. 엘레오노라는 "더할 나위 없는" 엄마였다.[11]

토마스는 너무나 매력적인 남자여서 부인에게만 충실하기가 힘들었다. 그는 애인 루미안체바Rumiantseva를 그의 무용 그룹에 데리고 들어와서 또 다른 가정을 꾸렸다. 엘레오노라는 무대 경력을 포기하고 아이들을 데리고 남편을 떠나 페테르부르크에 정착했다(그러나 엘레오노라는 토마스와 이혼하지는 않았다).[12] 엘레오노라가 장남 스타니슬라프를 치료하기 위해 의사를 구하는 데도 페테르부르크가 훨씬 용이했다. 소년은 시계 제조업자의 수습생으로 들어갔으나 일에 집중할 수가 없었다. 엘레오노라는 장남이 결코 직업을 가질 수 없다는 사실을 인정해야만 했다. 스타니슬라프는 점점 더 상태가 악화하여 결국 국립 정신병원에 수용되었다. 엘레오노라와 브로니슬라바는 매주 그를 방문했지만 바슬라프는 형을 만나러 가기를 두려워했다.

토마스 니진스키는 바슬라프가 6~7세쯤 됐을 때 가족들을 보러 페테르부르크에 적어도 한 번은 왔다. 부자는 네바강에서 수영을 했는데, 토마스가 바슬라프에게 수영을 가르친다고 물에 빠뜨려서 그는 강바닥 아래까지 내려갔다가 밧줄을 잡고 겨우 목숨은 구했다.[13]

니진스키 가족은 모호바야Mokhovaya 거리에 있는 플랫으로 이사했다. 모호바야 거리는 네바강을 따라 길게 늘어선 세르구엡스카야Serguevskaya 거리와 폰타카강 위의 시메오놉스키Simeonovsky 다리 사이로 남북으로 뻗은 거리다. 니진스키 가족의 집은 피터 대제가 건설한 화사한 여름 정원Summer Garden에서 채 5분도 되지 않은 거리였다. 이 아름다운 정원은 차이콥스키의 오페라 《스페이드의 여왕Queen of Spades》의 오프닝 장면의 배경이기도 하다. 이웃에는 귀족들이 많이 살았지만 페테르부르크에서 귀족 저택의 웅장한 정면은 부수적인 뜰과 다세대 주택을 안 보이게 감추어 준다. 궂은 날이면 엘레오노라는 아이들을 데리고 근처에 있는 스티글리츠Stieglitz 박물관이나 알렉산더 3세 박물관, 또는 라스트렐리Rastrelli가 건축한 붉은색 겨울 궁전에 딸린 에르미타주Hermitage에 전시된 황실 보물들을 보러 갔다.[14]

1890년대 러시아는 17세기 시절의 인구수 그대로에 소수의 19세기 지식인 계층으로 구성되어 있었다. 러시아의 종교인 그리스정교는 아주 복잡 미묘했고 차르는 폭정을 일삼았으며 백성들은 무지했다. 그러나 지난 한 세기 동안 자유에 대한 사상이 서서히 싹트기 시작했고 이는 예술계에 서서히 불어오는 변화와도 연관이 있었다. 러시아 문학의 아버지 푸시킨Alexander Pushkin의 시 문학과 희곡들은 그를 추종하는 문학가들에게 영향을 주었을 뿐 아니라 여러 음악가에게도 영향을 주어 그의 작품으로 오페라와 발레를 만들었다. 이런 연유로 푸시킨이 자유사상을 설파하다가 코카서스 지방으로 추방당했던 사실은 의미심장하다.

1825년 푸시킨을 억압했던 니콜라스 1세의 즉위부터 댜길레프를 반대했던 니콜라스 2세 차르가 1917년 폐위될 때까지 그사이 러시아 제국의 예술 분야에서 르네상스가 일어났다. 이 시기의 마지막 10년 동안 수많은 공연이 러시아가 아닌 파리와 서유럽에서 활발히 일어남으로써 예술 르네상스의 정점에 이르렀고, 이들 공연에서 최고의 예술가는 바슬라프 니진스키였다.

1852년 고골Nikolai Gogol의 죽음과 19세기 말 사이에 투르게네프Ivan Turgenev의 『아버지와 아들Fathers and Sons』, 톨스토이Leo Tolstoy의 『전쟁과 평화War and Peace』, 『안나 카레니나Anna Karenina』, 『크로이처 소나타The Kreutzer Sonata』, 도스토옙스키Fyodor Dostoevsky의 『죄

와 벌*Crime and Punishment*』,『백치*The Idiot*』,『악령들*The Devils*』,『카라마조프의 형제들*The Brothers Karamazov*』, 체호프Anton Chekhov의『갈매기*The Seagull*』,『반야 삼촌*Uncle Vanya*』등이 발표된다. 같은 시기에 작곡가 글린카Mikhail Glinka가 죽었다. 발라키레프Mily Balakirev는 성악곡들과 교향곡들을 작곡했다. 보로딘Borodin은《이고르 공Prince Igor》을, 무소륵스키Musorgsky는《보리스 고두노프》와《호반시치나Khovanshchina》를, 림스키코르사코프Nikolai Rimsky-Korsakov는 대부분의 오페라와 교향시들을, 차이콥스키Pyotr Ilyich Tchaikovsky는 그의 모든 작품을 작곡했다. 1880년대와 1890년대 당시 러시아 제국의 화단을 지배하던 보수적인 도덕주의와 국수적인 색채가 농후한 아카데미즘에 반기를 들던 일군의 화가들이 '이동파'•를 결성했다. 대의명분을 위해 자신들의 개성을 억제하려고 하지 않던 이들이 몰고 온 예술의 새로운 물결은 '예술을 위한 예술Art for Art's sake'이라는 원칙으로 방향이 기울었으며, 이런 이들을 '데카당스Decadents'••라고 불렀다. 이동파에서 가장 걸출한 화가 일리야 레핀Ilya Repin은 사실주의풍의 화가로 역사화, 풍속화, 초상화 부문에서 뛰어났다. 레핀은 후기로 가면서 종전의 아카데미즘이나 스토리가 있는 그림에서 점차 인상주의 방향으로 기울었다. 레핀의 제자 발렌틴 세로프Valentin Serov는 오페라《유디트Judith》와 그외 여러 오페라를 작곡한 음악가•의 아들이었다. 발렌틴 세로프

---

• 러시아어로 Peredvijniki, 영어로는 Peripatetics. 이 그룹의 화가들이 이동하면서 전시회를 개최하여 이동파라고 불렀다.

•• 억압된 사회 상황에 대한 지식인들의 반발로 개인의 정신적 자유를 추구하는 운동•

는 이동파와 데카당스 사이에서 가교 역할을 했다. 세로프의 작품은 마네Edouard Manet, 사전트John Singer Sargent, 휘슬러James Whistler의 작품 분위기까지도 풍기고 있다. 이삭 레비탄Isaak Levitan의 풍경화들은 컨스터블John Constable과 인상주의자들을 이어 주는 가교로 등장했다. 그는 코로Cammille Corot, 부댕Eugene Boudin과 비교되어 왔다. 모스크바의 젊은 풍경화가 알렉산드르 골로빈Alexandre Golovine과 콘스탄틴 코로빈Konstantin Korovine은 전문 화가로서는 처음으로 극장 예술에 참여하게 되었다. 코로빈처럼 과감하고 자유로운 터치로 그림을 그린 미하일 브루벨Mikhail Vrubel은 '표현주의'라는 용어가 생겨나기도 전부터 러시아의 생활을 원래대로 완벽하게 표현한 화가였다. 서쪽의 수도♯♯에서 알렉산드르 브누아는 비어즐리Aubrey Beardsley에게서 영향을 받은 레온 박스트와 함께 극장 예술 디자인 분야에 중심이 되어 리더 역할을 했다. 온화한 성품의 브누아는 번뜩이는 예술적인 재능을 지니지는 않았지만, 향수를 불러일으키는 시골과 도시 풍경들, 특히 페테르부르크와 그 근교 궁전들, 프랑스의 베르사유 궁전을 떠올리게 하는 그림을 잘 그렸다. 그의 친구 콘스탄틴 소모프Konstantin Somov 역시 과거에 대한 향수를 지니고 있었다. 그는 러시아의 콘더Conder• 라고 불렸을 수도 있다. 반면 니콜라스 레리흐Nicolas Roerich의 그림에 등장하는 비현실적인 이미지와 고고학적인 환상은 소모프와 박스트 두 화가

---

♯• 알렉산드르 세로프Alexandre Serov*

♯♯ 상트페테르부르크*

• 영국 출신 화가인 찰스 콘더Charles Conder*

와 일맥상통하면서 순수한 색채를 사랑하는 그의 화풍과도 잘 어울렸다. 한편으로 레리흐의 작품은 고갱의 상징주의에 버금가는 그림으로도 보일 수 있다.

러시아 황실 극장들은 연간 4개월의 긴 여름휴가가 끝나면 9월 중에 다시 시즌이 시작되었다. 황실 발레 학교도 똑같은 시기에 방학하며 이 극장들이 시즌을 시작하는 날 개학을 했다. 발레 학교에서 처음 2년간은 어린 학생을 정규 학생(기숙 학생)으로 받아들일 것인지를 정하는 시험 기간이며 이 시기에는 어린 학생들이 집에서 통학했다. 바슬라프는 걸어서 학교에 다녔는데 집에서 도보로 20분 거리였다.[15]

새로 입학한 통학생들은 발레 학교의 모자만 지급받았다. 이 모자에는 사관후보생들의 모자처럼 에나멜 가죽으로 만들어진 모자챙이 달렸고 은으로 된 황실의 독수리 문장이 새겨져 있었다. 어린 통학생들은 선배들을 부러운 시선으로 바라보면서 어떻게든 선배들처럼 제대로 된 교복을 입기 위해 열심히 연습하리라고 결심했다. 기숙사생들에게는 세 종류의 교복이 있었다. 매일 입는 옷은 검은색, 휴일에는 어두운 푸른색, 여름에는 회색 리넨 복장이었다. 기숙사생들이 입는 몸에 붙는 재킷의 칼라에는 군복과 같은 무늬가 새겨져 있었다. 그 무늬는 종려나무 잎으로 테가 둘러쳐져 있는 은색 리라들 위에 왕관이 얹혀 있었고 이들은 칼라 양쪽 가장자리에 수 놓여 있다. 코트는 두 벌인데 하나는 아스트라칸으로 만든 칼라가 달린 겨울용이고 하나는 여름용인데 이 코트 역시 군복 스타일로 더블브레스트 스타일에 발목 길이이며

알렉산드르 브누아 (레온 박스트 페인팅, 1898)

레온 박스트 (B. 쿠스토디에프 페인팅, 1910)

안나 파블로바 (자신의 집에서, 1905)

은색 단추가 달려 있었다. 그 외 부츠와 구두, 여섯 벌의 속옷이 지급되었다. 바슬라프는 이 모든 교복을 받았을 때 자신이 매우 중요한 인물이 되었다는 것을 알았을 것이다.

발레 클래스에서 소년들은 흰색 셔츠와 검정 바지를 입었다. 바슬라프는 엄격한 의미에서 초보자는 아니었다. 그는 부모에게서 클래식 발레의 기본 동작인 다섯 가지 포지션과 몇 가지 기초 스텝을 이미 배웠다.[16] 처음부터 그의 동급생들은 이 폴란드 출신이 자기들보다 훨씬 우수하다는 것을 명백히 알게 되었다. 바슬라프가 가장 즐거운 시간은 아침 클래스였다. 어린 학생들 모두 자기들이 가장 잘하는 것을 최고로 즐기는 시간이었기 때문이었다. 오전의 이 발레 클래스가 끝나고 오후가 되면 프랑스어, 역사, 수학 수업을 하는데 바슬라프는 학과 공부에는 뒤처지는 편이었다. 통학생들은 점심 도시락을 가지고 다녔다. 바슬라프는 점심시간이나 레크리에이션 수업은 전혀 즐겁지 않았다, 왜냐하면 그는 다른 친구들에게서 이방인 취급을 당했기 때문이었다. 그는 폴란드인이고, 말수가 적었으며 자신을 표현하는 데도 서툴고 유머 감각도 없어 무시를 당했다. 그는 타타르인과 몽골인을 연상하게 하는 외모 때문에 놀림을 받아서 '꼬마 일본인Japonczek'이라는 별명이 붙을 정도였다. 바슬라프는 반 친구들의 이런 놀림을 가만히 참고 있지 않았다. 그는 언제나 그런 놀림에 대해 재빠른 방어 태세를 취했다. 그러다 보니 싸움도 잦았으며 친구들의 면상에 주먹을 날리기가 일쑤였다. 학창 시절 그의 생활 태도에 대한 평점은 언제나 매우 낮은 점수였다. 동급생들 사이에 무슨 문제가 생기면 로사이, 부르만, 바비치와 그 외 동급생들은 언제나 바슬라프 탓이라고 비난했다. 그러나 바슬라프가 자초지종을 일러바치지 않았기에 그는 종종 벌을 받고는 했다. 학창 시절 8년 동안 그는 친구가 한 명도 없었다.[17]

그러나 그의 스승들은 바슬라프의 가능성을 알고 있었다. 그는 미남에 유쾌하고 인기가 많은 세르게이 레가트Sergei Legat의 클래스에서 수업한 지 얼마 지나지 않아 세르게이의 형인 니콜라스Nicolas의 클래스로 승급했다. 니콜라스는 입학시험에서 바슬라프의 점프를 알아본 장본인이었다.[18] 레가트는 수업 시작하기 전 1분간 교실의 모든 창문을 열게 했다. 소년들은 수평봉을 따라 줄을 서서 그들의 교사가 연주하는 바이올린에 맞추어 동작했다. 부르만이 적기를,• "10분 동안 우리 피가 얼어붙는 듯했다! 우리는 몸을 따뜻하게 유지하기 위해 계속 동작을 해야 했다. 우리 몸의 열기에서 나오는 수증기가 주변을 감쌀 때까지 동작해

---

• 아나톨 부르만의 책 『니진스키의 비극The Tragedy of Nijinsky』에 관한 나의 입장을 분명히 밝히고자 한다. 이 책은 로몰라 니진스키가 니진스키의 일생에 관한 책을 펴낸 지 3년 뒤에 발간되었다. 책을 쓰는 사람들은 언제나 돈이 필요하기 때문에 쓴다. 그렇기에 부르만이 자신의 책 편집자인 D. 라이먼D. Lyman에게 자신의 회상을 가능한 주목을 받는 내용으로 부풀리도록 한 것에 대해 너무 혹독하게 비난해서는 안 된다. 라이먼의 목적은 부르만과 니진스키의 관계를 사실보다 훨씬 더 친하게 보이게 하고 니진스키 생애에서 중요한 사건 때마다 부르만이 목격한 것으로 만드는 것이었다. 그 책 발간 이후 가장 최근에 나온 니진스키 전기(1957)의 작가 프랑소와즈 레이스 Françoise Reiss는 부르만의 책 내용을 사실로 받아들였다. 그리하여 말도 안 되는 일화들을 가지고 그녀의 이야기에 활기를 불어넣을 수 있었다. 브로니슬라바 니진스카는 그 내용의 수많은 에피소드는 완전히 꾸며 낸 이야기라고 나에게 정확히 확인해 주었다. 그렇지만 부르만은 가끔 진실을 이야기하지 않을 수 없었다. 그런 부분은 내 글에 인용했으며 학창 시절의 사소하고 상세한 내용은 믿을 만했다. 왜냐하면 그런 학창 시절 부분은 책의 다른 부분과는 달리 라이먼이 지어내기가 어렵기 때문이었다.

야 하는데 이는 마치 입안에 하얀 수증기를 품고 있는 듯이 보이기도 했다. 그때 얼마나 추웠는지 기억이 난다. 우리처럼 동작할 수 없었던 레가트는 학생들에게 소리치면서 규칙을 언급하고 템포를 강조하면서 정확하게 박자를 세고 바이올린의 현을 퉁겨가며 참을성 있게 가르쳤다. 그는 언제나 행복하게 웃으면서 레슨을 즐겁게 만들었고 우리를 친구로서 교사로서 사랑했다."[19]

레가트 형제는 파벨 게르트Pavel Gerdt 이후 마린스키 발레단의 남성 수석 무용수들이었다. 또한 그들은 실력 있는 풍자 만화가였고 동료 예술가들의 모습을 담은 수채화 그림 집을 발간하여 페테르부르크를 깜짝 놀라게 했다. 소년들의 마임 수업은 게르트에게서 가르침을 받았다. 이 유명한 남자는 32년간 마린스키 발레단의 수석 무용수premier danseur를 맡았다. 그는 클래식 발레, 파트너링, 마임 등 남자 무용수에게 필요한 모든 부문에서 고르게 잘했다. 그는 8년 전 발레《잠자는 미녀La Belle au bois dormant》초연•에서 남자 주역 데지레Désiré 왕자를 맡았었다. 작곡가 차이콥스키는 세상을 떠났지만 안무가 마리우스 페티파Marius Petipa는 여전히 마린스키 발레단의 최고 권력자였다. 그는 50여 년 전 프랑스에서 페테르부르크로 건너와서 60개가 넘는 발레 작품을 자기 혼자 무대에 올렸다.

남학생들의 교실과 기숙사는 맨 위층에 있었다. 여학생들의 교실과 기숙사는 아래층에 있었는데 여학생들은 여교장 바르바라

---

• 1890년 1월 마린스키 극장에서 초연*

이바노브나 리호셰르스토바Varvara Ivanovna Lihosherstova의 엄격한 감시 속에서 마치 수녀들처럼 유폐된 생활을 했다. 남학생들과 여학생들은 그들이 합반하는 볼룸댄스 과목이나 왈츠를 추는 시간에 서로 말하는 것조차 금지되어 있었다.

최근 몇 년 동안 러시아 발레계에 혁신적이라고 할만 사건들이 생기고 있었다.[20] 페테르부르크 학교는 언제나 스타일과 예술성에서 높은 긍지를 지니고 있었다. 모스크바의 예술가들은 기교적인 면과 극적인 효과에 더 치중했다. 1880년대와 1890년대에 마린스키 발레단에서 활동하던 이탈리아 출신 게스트 무용수들은 힘과 현란한 기교로 페테르부르크 관객들을 사로잡았다. 이들 중 뛰어난 무용수들을 꼽아 보면 발레《잠자는 미녀》 초연에서 파랑새 역을 맡았던 엔리코 체케티와 오로라 공주역의 카를로타 브리안자Carlotta Brianza, 32회전 푸에테fouettés를 처음 구사하여 도시를 들썩거리게 했던 피에리나 레냐니Pierina Legnani 등이다. 푸에테는 여성 무용수가 채찍으로 팽이를 돌리듯이 자신의 한 발로 다른 다리를 차는 스텝으로 같은 장소에서 한발의 발끝으로 섰다 디뎠다 하면서 몸을 세우는 동작이다. 러시아의 모든 무용수는 이탈리아 발레 테크닉을 배우고 싶어 했다. 니콜라스 2세가 황태자 시절일 때 그의 애인이었고, 여러 명의 대공이 좋아했던 유명한 발레리나 마틸다 크체신스카야가 이 테크닉을 구사하는 데 성공하자 국가적인 경사로 여겨질 정도였다. 1898년 발레 학교에서는 체케티를 교사로 채용하여 요한슨의 클래스에 더하거나 대체 수업으로 발레단의 무용수들을 훈련하는 '최고 과정

클래스'를 이끌도록 했다. 이탈리아 발레의 힘과 러시아 스타일의 결합은 이제 성장하는 다음 세대 무용수들에게 엄청난 영광을 안겨 주었다. 그들 중에서도 니진스키는 가장 반짝이는 별이 되었다.

2년 동안 바슬라프는 아침에 학교에 가고 저녁에 집으로 돌아왔다. 원한다면 폰타카강을 따라 걸어갈 수도 있었다. 모호바야 거리로 가다가 오른쪽으로 돌면 그는 시메오놉스키 다리 옆에 서게 된다, 그는 강의 곡선을 따라 오른쪽으로 가면서 황태후가 사는 아니치코프 궁전Anichkov Palace 옆의 아니치코프 다리를 지나 걸어가다가 극장가 맨 아래쪽에 위치한 체르니셰프 다리Chernishev Bridge에 도착했을 것이다. 그 길 아니면, 청동 말 조련사 조각이 있는 아니치코프 다리에 도착한 후 오른쪽으로 돌아서 하나로 이어진 넵스키대로Nevskii Prospekt로 가서 알렉산드린스키 극장의 정원을 지나 미케신Mikeshin이 제작한 캐서린 대제의 조각상을 지났을 수도 있다. 이 길이 좀 더 짧은 길이다. 그러나 만약 강 쪽으로 향하는 길을 건너기 전에 모호바야 거리 끝에서 멈추어 서서 그가 왼쪽을 흘깃 돌아보았다면 시메오놉스카야와 리테이니 거리Liteiny Prospekt의 한 귀퉁이를 보았을 것이다. 리테이니 거리의 어느 건물에는 미래에 그를 엄청난 성공의 길로 인도할 한 남자가 살고 있었다. 그 건물의 꼭대기 층에는 댜길레프, 브누아, 박스트, 누벨 등 훗날 니진스키에게 영광을 안겨 주는 모든 협력자가 그들의 잡지『예술 세계Mir Iskustva』를 구상하고 있었다.

노브고로도Novgorod주에 위치한 셀리스체프Selistchev 병영에서 1872년 태어난 세르게이 파블로비치 댜길레프Sergei Pavlovitch Diaghilev는 태어난 지 며칠 만에 어머니를 잃었다. 황실경비대 장교였던 그의 아버지는 엘레나 파나예바Elena Panaeva라는 여인과 재혼했다. 파나예바는 매우 따스하며 교양 있는 여인이었다. 댜길레프는 새어머니 덕분에 페테르부르크와 페름에서 어린 시절을 보낼 때 배다른 아우들, 사촌들과 함께 생기 넘치고 음악을 사랑하는 분위기 속에서 지내게 되었다. 1898년경 그는 훗날 예술계에 중요한 역할을 하게 될 친구들 그룹의 리더가 되었다. 이 친구들 그룹은 처음에는 댜길레프보다 두 살이 많은 알렉산드르 니콜라이예비치 브누아를 중심으로 모였다.

브누아는 러시아인의 피가 한 방울도 섞이지 않으면서도 이 그룹의 일원이었다. 브누아의 부계는 프랑스와 독일, 모계는 이탈리아 베네치아 출신이었다. 브누아는 피터 대제가 만든 서구풍의 도시 페테르부르크와 이 도시의 보물들 연대기를 주제로 한 회화와 글 분야에서 가장 이상적인 해석자로 인정받았다. 그의 부친과 외조부는 두 사람 모두 건축가였으며 마린스키 극장 건축에 공헌했다. 브누아는 품위가 있었고 학구적이면서도 재미있는 사람이었다. 그는 모든 형식의 예술과 그 예술을 작품에 적용하는 데 관심이 많았다. 1898년 당시 그는 결혼 4년 차였으며 댜길레프와는 8년 동안 우정을 쌓고 있었다. 브누아는 댜길레프를 처음 만났을 때를 다음과 같이 묘사한다.

세르게이 댜길레프와 그의 유모 (레온 박스트 페인팅, 1905)

내가 처음 댜길레프는 만난 때는 1890년 여름 시작 즈음이었다. 나는 20세, 그는 18세였다. 당시 그는 고향 페름을 떠나 대학에 입학하려고 상트페테르부르크에 왔고 그의 사촌 디마 필로소포프Dima Filisofov, 발레치카 누벨Valetchka Nouvel 그리고 나도 같은 대학에 입학할 참이었다. 우리 셋은 메이 학교K. May school를 이제 막 졸업했다. 디마는 이미 시골로 떠났지만 시골로 가기 전에 누벨과 나에게 그의 사촌을 돌봐 달라고 부탁했다. 디마의 사촌은 필로소포프가의 시골 장원으로 가는 길에 상트페테르부르크에 들러 며칠 동안 머물 것이라고 했다. 우리는 처음 만나서 금세 친해졌다. 저녁이 다 가기 전에 서로를 벌써 "너"라고 불렀다. 누벨과 내가 이 신참자에게서 가장 인상적이었던 면은 낙천적인 분위기, 큰 얼굴과 건강한 피부색 그리고 웃을 때면 하얗게 고른 이가 완전히 드러나 보일 정도로 큰 입을 가졌다는 점이었다. 디마의 사촌은 연신 미소를 지었고, 미소만큼 자주는 아니었지만 옆 사람에게까지 전염이 될 정도의 큰 웃음을 지었다. 요약하자면 세르게이는 우리에게 단순하고 촌스러워 보이는 면이 있기는 했지만 좋은 동료로서 인상을 심어 주었다. 물론 우리가 그를 처음부터 매우 가깝게 받아들인 것은 그가 필로소포프가의 가까운 친척이라는 점이 유일한 이유이긴 했다. 우리가 이제 환영한 이 사람이 몇 년 뒤 우리 팀의 대장이 되어 다양한 예술 분야에서 우리의 꿈이 실현되도록 우리를 도와 주었다! 다름 아닌 러시아에서 예술 르네상스를 이룩하고자 하던 우리의 꿈을 위해!

우리의 일원으로 그를 받아들였을 당시의 세르게이 댜길레프는 아직은 점진적으로 발전하는 단계에 불과했으며 우리 중의 한 명이 되었을 뿐이었다. 우리는 어머니의 성실한 아들처럼 진정제를 먹은 듯이 조용하고 다들 점잖은 편이었고 강의에 참석하는 것을 좋아했으며 공연 예술에 흠뻑 빠져 있었다. 우리는 우리의 실제 나이보다 더 성숙해 보였다. 그런 반면 디마의 사촌은 좀 유치하고 행동이 거친 경향을 보일 때도 있었다. 예를 들면 그는 계속 사람을 툭툭 치는 버릇이 있었고, 우리가 추호도 받아들이지 않을 제안을 하면서 우리에게 싸움을 거는 경우도 있었다. 어떻든 우리보다 훨씬 강한 '힘센 세르게이'에게 반대할 가능성이 없다는 점을 우리는 깨달았다.

댜길레프는 싸움꾼 기질을 가지고 태어났다. 나이가 들면서 댜길레프의 젊은 시절 순진함이 모두 사라지고 우리들의 우정이 깊어질수록 우리 관계에서도 일종의 주도권 투쟁은 명백해졌다. 우리가 우정을 쌓던 초창기에는 내가 세르게이의 가장 주요한 멘토였다. 그 시절 댜길레프는 자신이 알게 된 어떤 정보라도 나에게 끈질기게 물었다. 이런 댜길레프의 탐구욕은 나를 기쁘게 했으며 스승으로서 본능적으로 큰 보람을 느꼈다. 그러나 그 시절에도 그의 태도는 너무나 자연스럽게 변했다. 모르는 사안에 대해 처음에는 매우 고분하고 순종적인 태도로 물어봤지만, 그를 의기소침하게 만들고 사기를 저하시켰던 무지함의 충격에서 벗어나면 이를 즐기면서 댜길레프의 태도는 아주 호전적으로 바뀌었다. 학생은 갑자기 거만해졌고 그는 학문적인 가르침을 구하던 태도에서 스승에 대해 냉소적인 착취자로 바뀌었다. 싸움은 종종 모든 관계가 끝장나는 결과를 가져온다. 나는 종종 그에게 분노하여 편지를 썼고 그에게서는 애매모호한 변명의 글이 올 뿐이었다. 그러나 이런 관계는 늘 감동적인 화해와 세르게이의 눈물로 마무리되곤 했다. 왜냐하면 댜길레프가 싸움꾼으로 변할 때 이외에는 근본적으로 활동가이며, 감정이 풍부했고, 무엇보다 친구들과 다투고 나면 자신이 매우 힘들어했기 때문이었다.

우리를 한데 묶어준 요소는 무엇보다 음악이었다. 우리는 전문 음악인이나 월등히 뛰어난 기교를 지닌 사람은 아니었지만 열정적인 음악 애호가들이었다. 그러나 세르게이 자신은 예술에 온전히 헌신하기를 원했다. 그도 우리와 마찬가지로 줄곧 법을 공부하면서 이탈리아 오페라단Italian Opera의 유명한 바리톤 가수인 코토니Cotogni에게서 성악 레슨을 받았다. 음악 이론에 관해서는 무소륵스키나 차이콥스키에 필적할 만큼 마스터하기 위해서 그는 음악 이론의 최정점에 있다고 할 수 있는 림스키코르사코프에게 바로 가서 직접 가르침을 받았다. 그렇다고 우리의 음악 취향이 언제나 같을 수는 없었다. 음악에서 우리가 가장 가치 있게 생각하는 부문은 독일 사람들이 'Stimmung(슈티뭉)'라고 부르는 '분위기'이며, 이 점 이외에 주제의 암시와 극적인 힘도 중시했다. 바흐의 수난곡들, 글루크, 슈베르트, 바그너와 러시아 작곡가들,《이고르 공》을 작곡한 보로딘과 림스키코르사코프, 또한 누구보다도 차이콥스키는 우리가 신처럼 추앙하는 작곡가였다. 차이콥스키의《스페이드의 여왕》이 상트페테르부르크에서 처음 공연되었을 때 이 작품에 등장하는 호프만 스타일의 요소들, 특히 늙은 백작부인의 침실 장면을 보고 완전 황홀경에 빠졌다. 우리는 활기가 부족하고 진부한 면이 없지는 않았지만, 차이콥스키의 유명한 성악곡들Romances도 무척 좋아했다. 이 로망스들은 댜길레프가 특히 좋아하는 작품이었다. 그가 음악에서 가장 가치를 두는 부문은 폭넓은 멜로디였으며, 특히 성악가가 목소리의 감각적인 면을 제대로 표현할 수 있는 부분을 중시했다. 댜길레프는 초창기 수습 시절 때만 해도 우리들의 비판을 수용하면서 체념한 듯 농담을 뱉었다. 하지만 그가 음악에 대해 점점 알게 되면서, 그리고 특히 예술 역사 전반에 걸쳐 지식을 습득하면서 그는 자기확신을 갖게 되었다. 그는 좋아하는 부분에 대해 왜 좋아하는지 정당한 근거

를 댈 수 있을 정도로 배우게 되었다. 이제 그는 우리의 공격을 이겨
내는 것은 물론 토론을 할 때도 강력하게 논박하는 시기를 맞이하게
되었다.

조형예술에 대한 그의 태도는 사뭇 달랐다. 그는 회화, 조각, 건축의
분야에서 창작하고 싶어 하는 야망은 없었다. 이들 중 어떤 분야에
대해서도 그는 시도해 보려 하지 않았고 그저 애호가의 역할로 만족
했다. 댜길레프는 그 분야의 전문가 지인들(특히 박스트, 세로프, 나)
의 의견을 절대적인 진리로 신뢰했다. 하지만 이런 태도를 견지하던
댜길레프가 무관심에서 열정으로, 이 분야 일자무식꾼에서 예사롭
지 않은 전문가로 건너뛴 사실은 우리를 놀라게 했다. 우리가 목도
한 댜길레프의 변신은 어떤 방식이냐 하면 작업을 수행할 때 마음에
결심을 품고 지칠 줄 모르는 열의로, 개인 소장품은 물론이거니와
국립 자료보관소와 박물관을 샅샅이 뒤지면서 단지 몇 달 만에 18
세기 러시아 회화에 관해 미술사가가 되어가는 과정과 흡사했다.

비록 그의 창조적 재능이 어떤 종류인가를 분석하기는 쉽지 않지
만, 댜길레프를 창작의 천재라고 확실히 부를 수 있을 것이다. 그가
실현한 분야는 회화도 조각도 아니고, 전문적인 글쓰기도 아니었
다. 왜냐하면 그의 식견이나 판단력이 우수하다고 증명될 만큼 통
찰력을 지닌 비평적 에세이는 거의 없었기 때문이다. 무엇보다 세르
게이는 글 쓰는 작업을 싫어했다. 그는 자신이 특별한 재능이 있다
고 믿었던 음악에 대한 일종의 소명 의식은 얼마 지나지 않아 사라
졌다. 그는 어떠한 예술 분야에서도 실연을 하거나 직접적인 창조자
가 되지는 않았다. 그렇지만 그의 전체 활동이 창조적임은 부인할
수 없다. 우리가 출판한 신문으로부터 '예술 세계'로 알려진 운동이
시작되었다. 만약 댜길레프가 '예술 세계' 운동에 기여한 화가들, 음

악가들과 안무가들의 리더가 되어 그들을 통솔하지 않았더라면 그렇게 서로 시너지 효과를 일으키고 대단한 효과를 주고받으면서 작업이 가능했으리라고 믿기는 어렵다. 세계적인 명성을 얻은 이후에도 우리 세대의 예술가들에게 부족한 요소가 한 가지 있었다. 우리는 투쟁하는 능력과 힘들고 어려운 일을 헤쳐 나가는 정신이 부족했다. 댜길레프는 소위 의지력이라고 부르는 이 점에 대해 누구보다 월등한 능력을 지녔으며 그러기에 우리는 댜길레프가 특별한 능력을 지녔다고 말할 수 있다.(⋯) 사람을 이끌고 조종하는 데 강력한 능력을 지닌 이 남자는 창조적인 예술가들을 그의 전제적인 지휘봉 아래에 두고 예술가들을 순종적인 공연자들로 만들어 자신들의 예술적 이상을 실현하도록 했다.[21]

이보다 몇 달 전에 브누아는 그의 형 알베르트Albert의 집에서 레온 박스트를 만났다. 박스트의 본명은 로젠베르크Rosenberg였다.

1890년 3월 어느 날 위층에 있는 알베르트의 스튜디오에 들어갔는데 내가 모르는 젊은 남자와 마주하게 되었다. 알베르트는 그를 재능 있는 젊은 예술가라면서 나에게 소개했다. 그러나 이 말은 알베르트가 화가를 소개할 때 늘 하는 말이라 크게 관심을 두지 않았다. 로젠베르크의 외모는 평범했다. 그의 평범한 외모는 오히려 근시 안경, 밝은 붉은색 머리와 그의 굴곡진 입술 위로 제멋대로 자란 빈약한 수염으로 인해 더욱더 초라하게 보일 정도였다. 그에게서는 내성적이면서도 환심을 얻으려는 자세가 느껴졌고, 그의 태도가 심한 정도는 아니었지만, 썩 유쾌하게 여겨지지 않았다. 로젠베르크는 때때로 미소 지었고 너무 자주 크게 웃었다. 그는 당시 유명 화가였던 형의 집에서 대접받던 그 순간, 가장 행복한 시간을 보내고 있음이 명백했다. (…)

우리는 레부슈카 로젠베르크에게 호의적인 감정을 가지게 되었는데 여기에는 일말의 동정심이 혼재되어 있었다. 그는 발레치카 누벨과 나에게 자신의 인생이 얼마나 힘들었는지를 말해 주었다. 그의 부유한 아버지(내 추측으로는 주식중개인이었던 것 같음)는 기본적인 생활을 할 정도의 재산도 남기지 않고 갑자기 세상을 떠났다. 그의 아버지가 세상을 떠났을 때는 자식들에게 기초교육 정도를 제대로 시켰을 시기였다. 그는 자신뿐 아니라 어머니, 할머니, 두 명의 여형제 그리고 아주 어린 남동생까지 모두 책임져야 하는 상황이었다. 그런데도 그는 교외생external student*으로 입학한 예술 아카데미 Academy of Arts를 계속 다니고 싶어 했다. 그는 아카데미에서 작업에 많은 시간을 할애했지만, 예술작품을 만드는 데 필요한 재료를 살 돈이 부족했다.[22]

브누아가 위에서 언급한 친구 그룹의 다른 멤버는 화가 콘스탄틴 소모프Konstantin Somov, 예술 장르 중에서도 특히 음악 쪽에 전문성을 보이는 월터 누벨Walter Nouvel, 추상적이고 형이상학적인 분야에 관심이 더 많았던 댜길레프의 사촌 디마 필로소포프 등이었다. 이들은 모두 브누아와 같은 학교에 다녔다. 댜길레프, 필로소포프와 누벨은 동성애자였다. 댜길레프와 필로소포프는 함께 서유럽을 광범위하게 여행했다. 이 여행에서 댜길레프는 렌바흐

---

• 대학에 등록은 되어 있으나 정규 과정에 출석하지는 않았다.*

Lenbach와 리버만Liebermann 등의 유명 화가들을 만나고, 바그너의 오페라를 듣고, 플로렌스와 베네치아의 귀중한 유적들을 보고 그림과 고가구를 사는 데 주력했다. 그는 박물관 건립을 꿈꾸고 있었다. 적어도 당분간은 그는 멋지게 살려고 했다.

이 그룹 멤버들 간의 형제애는 돈독하여 서로를 약칭 혹은 애칭으로 불렀다. 세르게이는 세료자Serioja, 레온은 레부시카Levushka, 알렉산드르는 슈라Shoura, 드미트리는 디마, 발터는 발레치카Valetchka, 콘스탄틴은 코스티아Kostia.

1898~1899년 사이에 댜길레프와 그의 친구들은 모스크바의 백만장자이며 모스크바 예술극단의 후원자인 사바 마몬토프Sava Mamontov와 대규모 그림 수집가였던 테니셰바Tenisheva 공주의 후원으로 정기간행물『예술 세계Mir iskusstva』를 창간했다. 이는 러시아에서는 완전히 새로운 시도였다.『옐로 북The Yellow Book』*,『사보이The Savoy』** 같은 간행물을 보고 착안하여 만들었을 가능성이 높은 이 잡지는 아트지에 내용은 줄을 쳐서 장식하여 망판網板으로 고급스럽게 제작했다. 하지만 앞에서 예를 든 영국 출판물들과 달리『예술 세계』에는 시문학이나 소설을 다루지 않았다.『예술 세계』에 고대와 모던 러시아 예술, 건축, 외국 예술, 음악, 문학, 철학과 연극에 관한 그들의 관점을 발표함으로써『예술 세계』는 이 그룹을 위한 대변자 역할을 했다. 동료들 간에 관점이

---

• 1894~1897 사이 런던에서 발행되던 문학 중심의 계간지*
•• 1896년 1년간 8회 간행한 문예비평지*

항상 일치하지는 않았다. 창간호를 발간할 때 브누아가 파리에 있었는데 그는 댜길레프가 신의고주의Neo-archaistic 건축과 성상 화가 바츠네초프Vaznetzov를 중요하게 다룬 것을 보고는 질려 했다. 최초의 후원자들은 1년 후에는 후원을 거두어들였으나 또 다른 후원자로 대체가 되었고 출판은 1904년까지 계속되었다. 몇 년 세월이 흐르면서 신비주의의 경향을 보이던 필로소포프가 댜길레프에게 끼치던 영향은 점차 비주얼 예술 전문가인 브누아가 댜길레프에게 끼치는 영향력으로 바뀌었다. 음악 부문은 알프레드 누록Alfred Nourok이 이끌었는데 그는 화려한 작품보다는 심각한 작품을 선호했다. 기사 중에 흥미로운 것은 모차르트에 대한 그리그Edvard Grieg의 글과 바이로이트에 있던 바그너에 대한 니체의 글들이었다. 『예술 세계』는 많은 논란을 불러일으키면서 이들에게 '데카당스'라는 별칭을 안겨 주었다. 예를 들면 레핀의 경우는 이들과 완전히 결별했는데도 댜길레프는 몇 달 후 레핀의 작품에 대해 한 호를 할애할 정도로 비중 있게 다루었다. 대체로 판단하면 러시아의 모든 비평가는 이 잡지에 공헌했고 모든 중요한 러시아 화가들의 작품은 이 잡지에서 다루었다. 『예술 세계』그룹은 1899년에서 1901년 사이에 페테르부르크 내의 여러 박물관에서 러시아, 핀란드, 독일, 영국 회화 전시회도 기획했다.

『예술 세계』편집 사무실은 리테니 거리와 시메오넵스카야 거리 코너에 있는 큰 집의 꼭대기 층에 위치한 세르게이 댜길레프의 아파트였다. (…) 영예로운 이곳에는 렌바흐가 그린 석 점의 초상화

(1895년 구입), 멘젤Menzel의 드로잉 두 점, 한스 헤르만Hans Herrman 과 바르텔즈Hans von Bartels가 그린 수채화 몇 점, 퓌비 드 샤반Puvis de Chavannes의 파스텔로 그린 초상화, 다냥 부브레Dagnan-Bouveret의 스케치 몇 점이 걸려 있었다.

세료자의 식당에는 (…) 자코비언 스타일Jacobean style*의 의자들이 있었다. 거실은 우리 편집자들의 서재로도 사용되었다. 그곳에는 블뤼트너Blüthner 악기사에서 제조한 피아노 옆에 매우 무거우면서 도금 장식과 벨벳 천으로 씌워진 몇 개의 안락의자들, 오토만ottoman,** 이탈리아제 자그마한 고가구 벽장들로 장식되어 있었다. 벽장들 위에는 도나텔로Donatello가 조각한 니콜로 다 우차노Niccolo da Uzzano의 흉상을 아주 근사하게 복사한 작품, 폼페이 청동 제품, 그리고 댜길레프를 위해 서명이 되어 있는 예술가들, 작가들, 음악가들의 수많은 사진이 놓여 있다. 그들 바로 가까이 구노Charles Gounod와 졸라Émile Zola, 멘젤과 마스네Jules Massenet가 서 있다. 이들은 당시 젊은 댜길레프가 여러 명사에게 자신의 존경심을 표현할 필요가 있다고 느끼면서 획득한 1895년 여행의 전리품이었다. (…)

16세기 풍으로 멋진 디자인의 검은색 넓은 테이블은 '편집자의 책상'으로서 역할을 했다. 이 테이블은 이탈리아에서 세료자가 가지고 온 것으로 빌헬름 폰 보데Wilhelm von Bode**:조차 이 제품을 보고 매우 부러워했다는 얘기도 있다. 세료자는 테이블 맨 윗자리, 벨벳 천으로 만들어진 눈길을 끄는 안락의자에 앉았다. 그의 앞에는 글 쓸 자료들이 놓여 있고 그중에는 풀과 가위가 있다. 가위는 그때부터

---

* 잉글랜드 제임스 1세 시대의 양식*
** 위에 부드러운 천을 댄 기다란 상자 같은 가구*
**: 미술사학자이자 박물관 큐레이터*

도 작품에서 자신이 직접 축약하고 손보는 것을 좋아하던 세료자를 위한 물건이었다. 댜길레프는 리뷰에 실린 사진들을 잘라내기를 아주 좋아했다. (…) 뜰이 바라보이는 방들은 어두컴컴했는데 오히려 집무실로 사용하기에는 적당해 보였다. 수많은 서류가 쌓여 있고 불쌍한 디마 필로소포프는 이것을 다 정리했다. 디마는 오피스 매니저를 자청했다. 스태프들, 교사, 모든 방문객을 접대하는 총비서의 역할이다. 디마는 열심히 해도 빛도 안 나는 일들을 동시에 다 하는 것을 자발적으로 떠맡았다. 디마는 외국에서 도착한 큰 사이즈의 복제품들은 포장을 풀어 뒤쪽 방으로 가지고 가서 분류하고 숫자를 세어 확인하고 벽장 위에 그들을 전시해 두었다. 우리의 또 다른 순교자, 세료자의 폭정에 대한 다음 희생자인 레부시카 박스트는 드로잉에 고급스러운 제목을 고안해 내고 사진을 다시 손질하여 이들에게 좀 더 예술적인 특성을 부여하려고 애쓰느라 하루를 다 보냈다. 성격 좋고 느긋한 레부시카였지만 때로는 갑자기 화를 내고 반항했다. 그러나 대부분은 기꺼이 (게다가 오, 얼마나 운치 있게 작업을 하는지!) 먹물과 백악가루를 섞느라 여념이 없었다. 여전히 경제적으로 힘든 그는 이 작업을 해서 돈을 벌었다.

편집 스태프들의 회의는 언제나 식당에서 이루어졌다. 그러나 『예술 세계』 회의는 다른 신문사들의 회의와는 완전 딴판이었다. 한 가지 명확한 사실은 사모바르samovar*에서 물이 끓는 소리를 배경음악으로 차를 마시며 하는 이 회의는 스텝들에게 편안하면서 비공식적인 분위기를 안겨 주었다. 세료자의 나이 든 유모가 항상 차를 따랐다. 이 유모는 댜길레프가 갓난아기 때부터 몇 년간 그의 어머니를

---

• (특히 러시아에서) 찻물을 끓이는 큰 주전자*

대신했었고 댜길레프는 이 유모를 진정으로 사랑했다. 우리는 언제나 한 명씩 그 유모한테 가서 악수하는 것이 관습이었다. 나는 언제나 그녀에게 키스했다. 왜냐하면 나이 들고 다소 슬퍼 보이기는 하지만 자애로운 이 여인에게 진정 애정이 느껴졌기 때문이었다. 그렇다고 세료자가 유모에 대한 사랑 때문에 하녀인 유모를 '전통적이며 오히려 고압적이라고 할 만한 방식으로' 다루지 않은 것은 아니었다. 그러나 그녀의 감정에 상처 주지 않으면서 그는 유모를 꾸짖고 농담처럼 그녀에게 소리를 치기도 했다. 이런 방식이기에 유모는 댜길레프를 편하게 용서하고, 그보다 더 짓궂은 경우라 하더라도 그를 용서할 준비가 항상 되어 있었다. 이 나이 든 여인은 자신이 이전에 돌보았던 아이가 자라서 자신을 포옹하기 시작하고, 또 짓궂은 기분일 때는 자신을 거칠게 다루기도 했을 때 얼마나 대견했을까. 유모는 결코 우리들의 대화에 끼어드는 법이 없었다. 아마도 그녀는 젊은이들이 무엇을 하려는지, 또 쉴 새 없이 왁자지껄하게 토론하고 때로는 억제할 수 없는 웃음을 터뜨리는 이들을 이해하지 못했을 것이다. 문맹인 시골 여인이 회화, 음악, 종교, 철학 혹은 미학을 어떻게 이해할 수 있겠는가? 그런데도 그녀는 자신의 방식으로 우리와 함께 어울리는 것을 즐겼음이 명백하다. 그녀는 세료자가 여러 친구와 함께 있는 모습만 봐도 즐거워했고 그녀는 아마 세료자가 점점 중요한 사람이 되어간다는 사실, 거의 세료자의 아버지 댜길레프 장군처럼 중요한 인물이 되어 감을 느꼈을 수도 있다. 차는 언제나 크렌델리와 소시키*, 둥글게 자른 레몬 조각과 함께 준비되었다. 아주 드물긴 하지만 댜길레프가 숙녀들에게 특식으로 다져서 소금

---

* 크렌델리Krendeli: 8자형 모양의 비스킷, 소시키soushki: 반지 모양의 비스킷

에 절인 소고기로 만든 샌드위치를 식사에 더해서 접대하는 때도 있지만 대부분은 그런 음식까지 필요하지는 않았다. 댜길레프는 좀처럼 집에서 식사하지 않았고 점심이나 저녁에 친구들을 초대하지도 않았다. 댜길레프가 누군가를 접대해야 할 때에는 레스토랑으로 초대했다. 왜냐하면 상트페테르부르크의 프랑스 레스토랑에서는 집에서보다 훨씬 더 좋은 식사와 술을 마실 수 있기 때문이었다.

나이 든 유모 이외에 댜길레프 집의 특징적인 부분은 바실리 주이코프Vassili Zhuikov라는 남자 하인이었다. (…) 바실리의 외모는 유모만큼 생생하게 기억나지는 않는다. 그는 작고, 평범하지만 영리하게 보였다. 그의 까만 수염은 군인을 연상하게 하였고 하인으로서는 오히려 부적합해 보이기도 했다. 그러나 바실리는 완벽한 하인이라고 평할 수 있다. 그러나 그는 대체로 보면 주인이나 다른 사람에게 굽신거리지는 않았다. 오히려 바실리는 행동거지가 매우 독립적이었으며 때때로 거의 주제넘게 굴기도 했다. 바실리의 '전문적인' 재능은 주인에 대한 무한한 헌신 안에서 자기의 재능을 표현했다는 점이다. 댜길레프는 바실리의 이러한 능력을 단번에 감지했다. 댜길레프는 누군가의 재능을 간파하는 데 놀라운 능력을 지니고 있었다. 댜길레프는 바실리를 보고는 즉각 자기에게 필요한 하인임을 알았다. 비록 외관상으로는 그의 마음에 꼭 들지는 않았지만.[23]

1899년 댜길레프의 친구인 매력적이고 문화 예술을 사랑하는 세르게이 볼콘스키 공작Prince Sergei Volkonsky이 황실 극장 감독으로 임명되자마자 그는 자신의 친구들을 황실 극장에서 일하도록 했다. 댜길레프는 감독의 부조수junior assistant가 되었다. 필로소포프는 알렉산드린스키 극장의 레퍼토리 위원회 위원으로 임명되었다. 브누아는 에르미타주 극장에서 공연할 타네프Taneev의 오페라 《큐피드의 복수Cupid's Revenge》 프로덕션의 디자인을 맡았다. 박스트는 프랑스 연극 〈후작의 심장Le Cœur de la Marquise〉을 맡았다. 소모프는 프로그램 디자인을 했다. 댜길레프의 첫 임무는 황실 극장의 연간 보고서를 편집하는 것이었다. 언제나 흑백으로 촌스럽게 제작되었던 이 보고서는 댜길레프가 맡아 제작한 1900년에는 놀라운 변신을 거듭했다. 전 황실 극장 감독 프세볼로쥬스키Vsevolojsky의 작품에 대한 기사들, 18세기 디자이너 곤차고Gonzago, 알렉산드린스키 극장의 건축에 관한 기사들을 함께 실어 화려하고 멋진 간행물이 되었다. 차르까지도 인정했다.

그러나 이들 그룹은 이렇게 각자 맡은 바보다 더 큰 이상을 품고 있었다. 그들은 들리브Delibes가 음악을 작곡한 발레 《실비아Sylvia》를 새로이 제작하는 계획을 세웠다. 브누아가 1막 디자인과 총연출을 맡고, 2막은 코로빈, 3막은 브누아의 조카 유진 란서레이Eugene Lanceray가 디자인을 맡았다. 박스트는 세로프가 미리 디자인한 의상 한 벌만 제외하고는 다른 의상 디자인을 모두 맡기로 했다. 프레오브라옌스카야Preobrajenskaya와 레가트 형제가 주역을 맡기로 했다.[24]

마린스키 극장과 발레 학교는 1.6킬로미터 넘게 떨어져 있지만 8학년이 시작되면 발레 학교 학생들은 오페라와 발레 공연에 출연했다. 사람들이 북적거리는 무대 뒤에서 무대 광경이 바라보이는 곳에 서 있으면서 극장은 이제 그들 삶의 일부가 된다. 발레 학교 학생들은 노아의 방주로 알려진 마차를 타고 발레 학교와 극장을 왕래했다. 발레 공연은 수요일과 일요일(멋진 공연이 되는 일요일)이었으며 리허설은 언제나 금요일에 이루어졌다. 5층에 있는 드레스 룸으로 가서 남학생들은 의상을 갈아입고 분장을 하고 환한 조명 아래서 거대한 무대 위로 나아가면 황실 가족들과 사교계 인사들로 가득한 파란색과 은색 빛의 객석과 마주한다. 무대 위에는 학생들이 잘 아는 선생님들, 게르트, 니콜라스와 세르게이 레가트가 왕자와 영웅으로 변신해 있고 무대에서 그들은 전설적인 발레리나들과 함께 파트너를 이루어 춤을 추며 객석의 갈채 또한 함께 받는다.

1900년 12월 파벨 게르트는 크체신스카야와 함께 페티파 안무의 《라 바야데르La Bayadere》에서 춤을 추면서 베네피트 나이트 a benefit night●를 개최했다. 1901년 1월 레냐니Legnani는 고별 공연을 했다. 레냐니의 고별 공연은 한 번의 예외 상황●●만 제외하고는 페테르부르크에서 열린 이탈리아 출신 게스트 아티스트의 마지막 공연이었다. 2월에는 스캔들이 있었다. 그러나 발레 학교 2학년생들에게까지는 전혀 그 스캔들에 대해 알려지지 않았을 것이다.

볼콘스키는 《실비아》 프로덕션 때문에 난관에 부딪혔다. 황실 극장의 각 부서장은 그런 큰 프로덕션을 젊은이들에게 맡겨서는 안 된다며 심하게 반대했다. 이 불운한 극장 감독은 모든 사람이

---

● benefit performance라고도 하는데, 이 공연은 극장 측에서 공연자에게 보너스를 주는 한 방법이다. 이 공연의 수익은 보통은 공연자에게 모두 혹은 비율을 정해서 지급했다.●
●● 1901년 겨울 카를로타 잠벨리가 공연한 경우●

만족하도록 상황을 수습하려고 애를 쓰다가 결국 댜길레프에게 극장의 상급자들과 공연의 영광을 함께 나누라고 요청했다. 그러나 볼콘스키는 이는 단지 형식상의 문제이고 예술적으로는 모든 것이 처음 시작하던 그대로 진행될 것이라는 점을 약속했다. 댜길레프는 완고했고 극장 감독의 이런 제안을 거부했다. 댜길레프는 볼콘스키의 권력으로 이 작업을 밀고 나갈 수 있다고 생각했다. 댜길레프는 볼콘스키에게 황실 극장의 연간보고서 편집을 중단하겠다고 위협했다. 성격이 온화한 이 공작은 갑자기 크게 화를 내면서 댜길레프에게 연간보고서 편집을 계속하라고 명령을 내렸다. 댜길레프는 즉시 친구들이 《실비아》 스케치 작업을 하고 있던 자신의 집으로 돌아가서 이 소식을 알렸다. 모두 경악했다. 황실 극장 소속이던 모스크바의 예술가 코로빈은 당장 그의 직업을 잃을까 두려워했다. 그리고 이들 중 좀 더 나이가 들었고 현명한 세로프는 점점 말수가 적어지면서 댜길레프의 타협하지 않은 성격에 실망하는 것이 역력해 보였다. 그러나 필로소포프와 브누아는 극장 감독에게 항의의 편지를 썼다. 댜길레프는 확실하게 연간 보고서 편집을 거절한다는 편지를 썼다.

볼콘스키는 이 문제를 해결하기 위해 그가 할 수 있는 일은 다 했다. 심지어 볼콘스키는 그의 모스크바 동료인 텔리아콥스키 Teliakovsky와 함께 댜길레프의 집을 방문하여 두 시간 동안 친구들과 이 문제에 관해 상의했다. 그러나 댜길레프는 완강했다. 댜길레프가 이렇게 막무가내로 완강하게 버틴 이유 중 하나는 크체신스카야의 애인인 세르게이 미하일로비치 대공 Grand Duke Sergei

Mikhailovitch이 자신의 든든한 후원자였기 때문이었다. 대공과 크체신스카야는 둘 다 볼콘스키를 싫어했다. 바로 그날 세르게이 대공은 댜길레프 편을 들어 주기 위해 차르를 만나러 차르스코예 셀로Tsarskoe Selo로 가는 기차를 탔다. 그러나 다음 날 차르는 댜길레프를 해고하는 명령서에 서명했다. 이틀 후 댜길레프는 볼콘스키가 사임한다는 기사를 기대하면서 『정부 신문Government Gazette』을 펼쳤을 때 자신의 해고 소식이 실린 기사를 보았다. 그것도 '3 조항under Article 3'*으로 댜길레프가 해고당했다. 이 등급은 가장 불명예스러운 행동으로 해고당할 때 매겨지는 등급이었다. 이는 실로 엄청난 충격이었다. 러시아 극장가의 운명을 좌지우지하겠다는 그의 포부는 흔적도 없이 사라졌고 결국 러시아 바깥세상으로 나아가서 위대한 결과를 이루게 된다.[25]

이 사건의 후속편이 있다. 4월 크체신스카야는 페티파가 밍쿠스Minkus 음악으로 안무한 발레《카마르고La Camargo》의 주역으로 처음 춤을 추었다. 이 역은 페테르부르크 무대에서 떠난 레냐니 Legnani가 독점하던 역이었다. 그런데 키가 아주 작았던 크체신스카야는 이 역에 알맞은 18세기의 둥글게 부풀려진 스커트를 입지 않으려고 했다. 크체신스카야는 발레 감독의 명령을 안 듣고 짧은 튀튀를 입고 등장했다. 극장 측에서는 당시 극장에서 규정을 지키지 않았을 경우에 적용하는 통상적인 조치인 소액의 벌금을 그녀에게 물게 했다. 그녀의 벌금 소식이 게시판에 고지되었다.

---

• 이 등급은 가장 불명예스러운 사유로 해고되는 경우이며, 연금도 지급되지 않았다.*

대공을 애인으로 두고 막강한 권력을 휘두르고 있는 이 여인은 이 조치가 너무나 과하다고 여겼다. 그녀는 대공을 통해 차르에게 읍소했고 벌금은 면제되었다. 볼콘스키는 7월에 사임했다.[26]

그해 봄 프랑스 대통령의 국빈 방문이 있었고 크체신스카야는 차르스코에 셀로의 공원에 있는 극장에서 《백조의 호수Le Lac des Cygnes》를 추었다. 그날 공연에 대해 훗날 그 공연에 참여했던 발레 학교 졸업반 여학생이 그날 저녁을 묘사했다.

갈라 공연이 차르스코예 셀로의 중국 극장Chinese theatre에서 이루어졌다. 중국 극장은 중국 마을Chinese Village에 있는데 이곳은 캐서린 대제가 품위를 지키는 범위 내에서 변화를 준 결과물이다. 이 극장은 1778년 지어졌고 보수 유지가 잘되어 있었다. 이 극장은 고대의 탑 같은 전나무들 사이에 위치했다. 내부는 참으로 매력적이었다. 박스 석을 장식하는 칠기판들, 붉은색과 금색의 로코코 스타일 의자, 도자기 꽃으로 장식된 청동 샹들리에 등, 이 모든 것은 18세기의 고급스러운 중국풍이었다. 저녁 내내 박수가 없었다. 보석을 주렁주렁 매단 관객들은 침묵했고 수많은 촛불이 비추는 조명 아래서 마치 활인화처럼 가만히 앉아 있었다. 황실 가족과 궁정 귀족들도 자리했다. 공연 후 참가한 모든 예술가는 차르에게서 선물을 받았는데 황실 공연 때는 언제나 그랬다.[27]

관찰력이 뛰어난 이 소녀는 몇 년 후 니진스키의 파트너가 되었고 니진스키처럼 당대 영광스러운 예술가 중 한 사람이 되었다. 타마라 플라토노브나 카르사비나Tamara Platonovna Karsavina는 무용수와 비잔틴 제국 황제 시대부터 내려오는 귀족 집안의 딸 사이에서 태어났다. 이 여인에게는 드물게 놀라운 능력이 같이 혼재되어 있었다. 그녀는 아름다웠을 뿐 아니라 지성적이고 천성이 착했다. 그녀는 상아빛 창백한 피부에 크고 까만 눈동자를 지녔으며 유머 감각 또한 뛰어났다. 위에서 묘사한 공연이 끝나고 몇 주 후에 타마라는 졸업 시험에 통과했고 여름휴가가 시작되기 직전에 마린스키 극장에 데뷔했다. 《어부와 진주Le Pêcheur et la perle》에서 카르사비나가 미셸 포킨과 파트너를 이루어 파드되를 추었다.

포킨은 카르사비나보다 다섯 살 위였다. 미남이고 지적이고 탐구심이 강했으며 이때 이미 전통 클래식 발레의 인위적 요소에 대해 불만을 느꼈고 새로운 춤의 혁신에 대한 꿈을 꿈꾸었다. 그와 카르사비나는 사랑에 빠졌다. 그녀는 포킨을 다음과 같이 묘사했다.

미셸 포킨은 1898년 마린스키 극장 무대에서 그의 경력을 시작했다. 그가 졸업하기 몇 년 전부터 이미 발레단의 나이 많은 멤버들은 그를 유망한 무용수 감으로 주시했다. 뛰어난 도약, 활기찬 동작, 표현력이 월등한 두 팔, 젊은 바이런 같은 두상.
여학생들은 불꽃 같은 마음으로 전부 흥분했다. 예술가의 스튜디오와 우리 숙소가 연결되어 있는 통로는 사용하지 못하게 되어 있음에도 여학생들이 그 통로를 이용해 몰래 들어가 그가 연습하는 것을 엿본 흔적을 많이 발견했다. 그리고 우리가 좋아하는 별명을 그에게 얼마나 많이 붙여 주었던가! 스승님이 나에게 포킨이 나의 데뷔 무대에서 파트너가 되는 것을 기뻐했다는 이야기를 전해 들었을 때 나의 행운이 믿기지 않았다. 4년 선배라는 것은 우리의 위계질서로는 상당히 큰 의미가 있다. 무대에 데뷔한 첫해 동안 점심 휴식 시간 때 그가 차를 가지고 내 옆에 올 때면 나는 으쓱해졌다. 샌드위치를 먹으면서 예술에 대해 논의하고, 아니 그보다 그는 말하고 나는 듣고, 황홀해하면서도 그의 대담한 관점에 조금 놀라기도 했다. 그는 나를 위해 나의 가방을 들어 주면서 도심지에서 몇 킬로미터 떨어진 집까지 바래다 주었다. 우리는 거리가 너무 짧다고 생각했다. 예술에 관해 얘기를 했다, 대부분은……. 가는 길에 그는 종종 나를 박물관에 데리고 가서 자신이 좋아하는 그림들을 보여 주었다. 그 당시 그는 회화와 음악을 같이 공부하고 있었다. 폭풍(얼마나 자주 왔던가!)은 우리의 평화로움이 얼마가지 못하도록 방해했다. 선천적으로 충동적인 기질을 지닌 그는 젊은 시절의 광적인 예민함으로 가득했다.[28]

1901년 가을과 겨울 동안 파리 오페라의 밀라노 출신의 스타 발레리나 카를로타 잠벨리가 《코펠리아Coppélia》, 《지젤Giselle》, 《파키타Pakhita》의 주역으로 마린스키 극장에서 여러 번 공연했다. 그런데 《코펠리아》의 마지막에 푸에테 도는 것을 여덟 번만 했으며 푸앵트pointe * 대신에 드미푸앵트demi-pointe ** 로 춤을 춘 것에 대해 불만들이 터져 나왔다. 잠벨리는 크체신스카야를 지지하는 궁정 사람들과 발레 애호가들 사이에 적대적인 파벌이 형성되어 있음을 알고 있었다. 그러나 그 와중에 비평가 스베틀로프는 그녀의 가벼움, 도약과 우아함에 대해 칭찬했다. 그녀는 지젤 역을 체

* 발끝으로 서는 자세*
** 발뒤꿈치를 약 45도로 올린 발의 자세*

《어부와 진주》에 출연한 타마라 카르사비나와 미셸 포킨

케티 문하에서 배웠다. 잠벨리는 러시아에서는 각각의 발레리나들을 위해, 그 발레리나가 다른 발레 작품과 다른 작곡가의 음악으로 직접 선택한 화려한 바리아시옹variation•을, 그날 공연하는 발레에 삽입하는 것이 전통이라는 사실을 발견하고는 깜짝 놀랐다. 페티파는 발목까지 러그를 덮고 앉아서 그녀가 연습하는 모습을 지켜보고는 "파리에서는 어떻게 춤추는지 보여 주시오"라고 말했다.『페테르부르크 가제트Peterburg Gazette』에서 인터뷰할 때 나이든 요한슨은 아주 비호감의 말투로 그녀와 탈리오니Taglioni를 비교했다. 그러나 보통 사람들은 탈리오니와 비교당하는 그 자체가 잠벨리에게는 엄청난 자랑거리였다고 생각했다. 잠벨리는 다음 시즌에 마린스키 무대로 돌아오면 거금의 급료를 주겠다는 제의를 받았지만 거절했다. 그녀는 마린스키 무대에서 공연한 마지막 외국인 게스트 아티스트였다.[29]••

니진스키는 1902년 즈음 클래스를 옮겼다. 니진스키가 기숙학생으로 받아들여진 후 1년 남짓해서 미하일 오부호프Mikhail Obukhov의 클래스로 옮겼다. 오부호프는 니진스키의 발전을 매우 자랑스러워했다. 니진스키는 이제 자신을 향한 질시와 다른 학생들의 잔인한 행패에 대해 스스로 방어를 할 수 있었다. 부르만의 글을 보자.

---

• 발레의 독무 부문*
•• 크체신스카야는 자신의 회고록에서 잠벨리의 공연은 생략했고, 1901년 1월 은퇴한 레냐니에 대해 적어 두었다. 그녀는 레냐니가 외국에서 초청한 마지막 게스트 아티스트라고 했다.

오부호프는 우리가 그의 클래스에서 공부하는 동안 매우 극단적일 정도로 칭찬의 효과에 대해 불신한다고 거침없이 말했다. 나는 한 번도 그가 학생에게 열광적으로 칭찬하는 것을 들은 적이 없다. "제법 잘하는군" 정도가 그가 말하는 최고의 칭찬이었다. 그가 매기는 점수는 보통 다른 교사의 경우와는 달랐다. 12점이 최고점인데 오부호프는 8~9점 이상을 주는 법이 없었다. 단지 바슬라프만은 예외로 11점을 받았다. "왜 내가 너희들 중 누군가에게 12점을 줘야 하지?" "아마 세상에는 여기보다 좋은 학교가 있을 것이고 마땅히 최고점을 받을 만한 무용수들도 있긴 할 거야. 하지만 이 클래스에는 완벽하게 잘하는 학생은 없어!"라고 화를 내면서 내뱉었다. 그렇지만 그는 제자들 중에서 가장 높은 점수를 바슬라프에게 주면서 바슬라프의 천재성을 인정했다. 또한 그는 니진스키에게 준 점수로 나타낸 것보다 훨씬 더 예리한 관찰력으로 니진스키가 필요한 인물임을 감지했다.[30]

1902년 초 고르스키Gorsky 버전의 《돈 키호테Don Quichotte》가 마린스키 극장에서 공연되었다. 이 공연은 새로 부임한 황실 극장 감독 텔리아콥스키가 황실 발레단을 좌지우지하던 페티파를 좌시하지 않겠다는 첫 번째 신호탄이었다. 이 공연에서 카르사비나는 큐피드 역을 맡았다. 이 작품의 디자이너는 『예술 세계』의 주요 멤버이며 브누아의 친구인 코로빈이었다. 하지만 브누아는 잡지에 이 공연에 대해 혹독한 비판을 가한 평을 실으면서 텔리아콥스키와 그의 작품들에 대한 공격을 개시했다.

《돈 키호테》의 모스크바 프로덕션은 걸작이며, 그 프로덕션의 제작자 고르스키는 발레의 새로운 지평을 열었다는 소문이 계속 돌았다. 이번 공연은 소문이 사실과 다르다는 것을 증명했다. 전형적인 아마추어 공연 같이 혐오감을 불러일으킬 만큼 구성력이 부족한 이번 프로덕션으로 인해 고르스키의 발레에 대한 새 비전은 퇴색했다. 군중들을 무대 위에서 부산스럽게 움직이게 하고 발작적이고 아무 목적 없이 동작을 취하게 하는 것이 그가 말하는 '새로움'이었다. 연기, 극적인 효과와 무용수들에 관해 언급해 보자면 이는 똑같이 진부하여 작품의 질을 저하했다. 《돈 키호테》는 결코 황실 무대에서 장식품에 불과한 적이 없었다. 그러나 이제는 무가치한 작품이 되어 평판이 거의 엉망인 지경에 이르렀다.[31]

댜길레프가 천명한 편집 정책에도 불구하고, 그의 묵인 하에 『예술 세계』의 주요 멤버인 브누아와 박스트는 황실 극장 감독이 의뢰한 일거리를 거절하지 않았다. 브누아는 《신들의 황혼》 프로덕션의 디자인을 맡기로 했다. 박스트는 알렉산드린스키 극장에서 하는 두 개의 그리스 연극 〈히폴리투스Hippolytus〉와 〈오이디푸스Oedipus〉, 에르미타주 궁전 공연을 위한 발레 《요정 인형Die Puppenfee》에 참여하기로 한 것을 철회하지 않았다.

비록 확고하고 압도적인 영향력을 지닌 그들의 동료이자 편집자(댜길레프)가 이를 어떻게 받아들였는지는 모르겠지만, 텔리아콥스키는 이들을 초청함으로써 『예술 세계』 그룹의 정책에 대해 공감한다는 것을 표시했다. 댜길레프는 이들 동료의 행위를 '배신'으로 판단하여 극도로 분개했다. 댜길레프의 마음에는 이들을 배반자로 분류했다. 하지만 댜길레프는 이들에게서 최상의 결과를 얻기 위해 표를 내지는 않았다. 이런 사건들이 훗날 댜길레프가 이 두 사람을 종종 독단적으로 대하는 이유가 되었을 것이다. 예술적인 문제의 성패가 달린 경우 댜길레프는 기질적으로 무자비하다고 할 만큼 과감하게 결정했다. 1901년 댜길레프는 폰타카 11번지의 플랫으로 이사를 했다. 댜길레프의 플랫 바로 옆에는 파니나Panina 백작부인의 집이었고 맞은편에는 세레메테프Sheremetev 백작의 집이었다. 『예술 세계』의 본부가 이동한 것이다.[32]

마틸다 크체신스카야는 차르가 결혼하고 난 후, 앞에서 살펴본 바와 같이 세르게이 미하일로비치 대공의 친구로 지내다가 1900년 자신의 무대 데뷔 10주년 갈라 공연 직후 세르게이 미하일로비치의 5촌인 열 살 연하●의 안드레이 미하일로비치 대공Grand Duke Andrei Vladimirovitch과 관계를 갖기 시작했다. 1901년 가을 안드레이 대공과 이탈리아 여행을 다녀온 마틸다는 자신이 임신한 사실을 알게 되었다. 그녀는 1902년 1월 고르스키의《돈 키호테》에서 춤을 추었다. 그녀는 2월에는 조그만 에르미타주 극장에서 공연한《뒤프레 씨의 학생들Les Élèves de Monsieur Dupré》에서 춤을 추었다. 이 공연 때 마틸다는 누가 봐도 임신한 사실이 티가 났다. 그녀는 무대 바로 앞에 아주 가까이 앉아있던 과거 자신의 애인인 차르가 대공 중 누군가의 아기를 임신한 자신의 옆모습을 보지

---

● 크체신스카야(1872~1971)와 안드레이 대공(1879~1956)은 일곱 살 차이*

않도록 무척 애를 썼다.[33]

에르미타주 극장은 다리 옆의 그림 갤러리와 가까이 있었다. 내부는 콰렌기Quarenghi가 디자인한 중국풍 로코코 양식의 기다란 대기실이 있었다. 건물 양쪽에는 창문들이 네바강과 모이카강을 연결해주는 운하 쪽으로 있었다. 차이콥스키의 오페라《스페이드의 여왕》에서 여주인공 리자가 투신하는 곳도 이 강이다.* 극장은 반원형이며 하얀 벽을 배경으로 분홍 대리석 각주가 있는데 고전적이면서 참으로 예쁘게 장식되어 있다. 그 당시 아주 아늑한 극장이었으며 황실 가족과 궁정 귀족들만을 위한 공연을 했다. 무대는 널찍하고 깊었으며 무대 뒤는 정교한 기계 장치를 끌고 다닐 수도 있고 한 무리의 군인들이 저 아래 길에서 행군하여 올 수도 있을 만큼 널찍하고 경사진 길이 있었다.** 카르사비나는 마린스키 극장의 저녁 공연에 고정 출연자이면서 1년에 2~3번 정도 열리는 에르미타주 극장의 특별 공연에도 고정 출연자였다. 그녀는 이 무대에 서면 관객들이 어떻게 보였는지를 묘사해 두었다. 바슬라프는 이 극장에서 고정 출연으로 인해 자신이 제국주의 위계질서의 한 부분에 속해 있다고 느꼈고, 이를 자신의 인생에 더욱 예외적인 경우라고 느꼈다.

---

* 푸시킨의 원작 소설에서는 주인공이 투신하지 않는다.
** 1967년 10월 4일 에리히 알포트Erich Alport와 나는 아직 완전히 복구되지 않은 이 극장을 크라민스키Kraminsky 교수 덕분에 보게 되었다. 크라민스키 교수는 전쟁이 할퀴고 간 레닌그라드를 복구하는 데 전력한 지성인이며 영감이 가득한 혁신자였다. 나는 아래쪽으로 경사진 어두운 면을 경이롭게 바라보았다.

황실 가족들이 전부 러시아의 전통의상을 입고 참가하는 가장무도회가 개최된 밤이었다. 황후 알렉산드라 페오도로브나Alexandra Feodorovna의 의상은 밀로슬랍스카야Miloslavskaya*가 입었던 러시아 민속 의상 차림이었다. 그날 밤 군무 중 한 명으로 참가한 나는 다른 무도회 참가자들보다 수수한 차림을 해야 했는데 내 앞에 펼쳐진 휘황찬란한 광휘에 완전히 빠져들었다. 언뜻 구분이 어려운 이 관객 속에서 나는 혹시라도 누군가를 구분하려고 무진 애를 쓰면서 쳐다보았다. 그중 내 앞에 세 사람은 차르와 두 명의 황후들이었고 이들은 쉽게 구분이 되었다. 무거운 티아라tiara를 착용한 젊은 황후는 망사로 된 스카프로 자신의 머리를 모두 감쌌는데 이 모습은 마치 엄격한 아름다움을 간직한 성상처럼 보였다. 그녀는 머리를 빳빳하게 들고 있었는데 나는 그 모습을 보면서 저녁 만찬에서 고개를 숙여 음식을 먹기가 어렵겠다는 생각했다. 나는 공연 중간 휴식 시간에 무대 커튼 사이의 구멍으로 그녀를 더 잘 볼 수 있었다. 그런 까닭에 커튼 뒤에서 구멍 사이로 객석을 보는 것은 경쟁이 치열했다. 그녀의 드레스는 두꺼운 양단으로 만들었고 천위에 보석이 박혀 있었다.[34]

《라 바야데르》에서 크체신스카야의 역할은 여주인공 니키아Nikia이며 니키아는 신의를 저버린 애인에게 실망하여 뱀에게 물려서 쓰러져 죽을 때까지 춤을 추는 극적인 솔로 춤이 포함되어 있었다. 그러나 이제 이 역은 4년 전 발레 학교를 졸업한 소녀가 꿰찼고 이 소녀는 이미 상당한 관심을 받고 있었다. 안나 파블로바Anna Pavlova의 생애는 투쟁의 연속이었다. 그녀는 군인 마트비

---

• 차르 알렉시스 1세의 황후(1624~1669)*

파블로프Matvey Pavlov와 결혼한 세탁부의 사생아였다. 그녀의 생부는 라자르 폴리아코프Lazar Poliakov라는 유명한 가문의 부유한 유대인으로 알려져 있다.[35] 그녀는 몸이 너무 허약하여 힘들었다. 하지만 파블로바는 천상의 가벼움을 지녔고 우아한 아치 모양의 발등과 서정적인 팔놀림, 연기할 때 우러나오는 감탄스러운 열정 등 그녀만이 지니고 있던 특출한 재능은 얼마 지나지 않아 그녀와 동년배들 사이에서 단연 두각을 나타내게 되었다. 지독한 가난 때문에 자신이 할 수 있는 모든 수단을 동원해서라도 자신의 포지션을 확고히 해야 했던 점은 이해가 된다. 처음에 그녀는 극장장 텔리아콥스키의 조카인 마린스키 극장의 무대 매니저와 사랑에 빠졌다. 그다음에는 비평가 발레리언 스베틀로프Valerien Svetlov와 사랑하는 사이가 되었다. 스베틀로프는 글로써 그녀의 명성을 높이는 데 일조했다.[36]

바슬라프는 《호두까기 인형Casse-noisette》, 《탈리스만La Talisman》, 《곱사등이 망아지Koniok-gorbunok》 같은 작품에 출연했다. 《곱사등이 망아지》의 경우는 러시아 전래동화를 주제로 한 작품이었다. 바슬라프와 15명의 소년과 16명의 소녀가 짝을 이루어 춤을 추는 《파키타》에서 그는 폴란드 마주르카를 추었다.[37] 보통 때는 최고반 여학생들의 수업이 이루어지는 1층의 커다란 교실에서 이 공연 준비를 위한 총연습을 했다.[38] 이럴 때면 서로 말도 걸지 못하는 이웃끼리 같이 연습하는 데 대해 일종의 흥분이 감지되었다. 대부분의 남학생은 여학생 중에 누구를 마음에 두고 있는 것처럼 보였지만 실제로 남학생과 여학생이 말이라도 해 볼 기회는 아주 드물었다.

발레 학교 여학생 담당의 여교장인 바르바라 이바노바 리호세르스 토바는 언제나 근심 가득한 표정이었다. 그녀는 항상 무언가 잘못된 것을 발견했다! 그녀의 원칙은 궁정 예절만큼이나 완고했다. 바르바라 이바노바는 매의 눈으로 학생을 뚫어지게 쳐다보았다. 혹시라도 남학생이 자기 파트너한테 너무 자주 말을 건다든지 다른 사람이 웃는다든지 하는 경우에는 디저트를 일주일간 금지하거나 방문특권이 눈 깜짝할 사이에 사라져 버렸다. 그녀는 극도의 걱정과 질투심을 섞어서 어린 소녀들을 보호했다. 그녀는 남학생과 여학생 사이에 희롱하거나 농담 주고받는 것을 일절 금지했으며 이 규칙을 어긴 학생에 대해서는 어떠한 변명도 받아들이지 않았다. 벌은 확실했고 자비를 기대할 여지는 없었다.[39]

바슬라프는 부끄러움이 많고 내성적이었지만 악동 기질을 종종 보여 주었다. 어떤 이가 텔리아콥스키의 부감독인 크루펜스키 Krupensky에게 바슬라프는 '나쁜 영향을 끼치는 학생'이라고 일렀다. 어느 날《탄호이저Tannhäuser》공연에서 남학생들이 악마로 분장했는데, 바슬라프는 그로테스크한 분장을 하여 완전히 변신했다. 무대 옆쪽에서 크루펜스키 옆을 지나갈 때마다 그는 집게손가락으로 자신의 귀를 덮고는 고개를 좌우로 씰룩거리면서 호른소리를 내고 혀를 내밀었다. 오페라 공연이 끝난 후 크루펜스키는 소년들을 전부 무대로 소집하여 "누가 혀를 내밀었지?" 하고물었다. 아무도 대답하지 않았다. 바슬라프는 자기가 했다고 나서기가 두려웠다. 그 일로 남학생반 전체 클래스는 벌을 받았고 휴일도 사라졌다. 바슬라프가 지도교사에게 "제가 했습니다"라고 고백을 하니 그 지도교사는 "알고 있었다"고 대답했다.[40]

어느 날 남학생들은 쇠로 만든 악보대 위에서 점프하며 놀았는데 니진스키가 점프하려고 돌았을 때 로사이가 나사를 죄어서 점프할 수 없는 높이로 만들어 버렸다. 바슬라프는 떨어져서 심하게 상처를 입었고 몇 주간 병원에 입원했다. 또 다른 때에는 싸움 때문에 바슬라프는 학교에서 정학을 당하고 한동안 집에 있어야 했다.[41]

교사들은 자신의 학생들을 하나하나 세심하게 살펴보고는 학생들의 잠재 능력을 일깨우는 데 관심을 쏟았다. 바슬라프는 특별히 독서를 좋아하지는 않았지만 음악을 좋아했고 피아노 악보를 읽는 것보다 음악을 귀로 듣고 외워서 연주했다. 그는 플루트, 발라라이카, 아코디언을 배웠다. 바슬라프의 어머니는 아들이 아코디언 연주하는 것을 좋아하지 않았는데 그녀가 생각하기로는 아코디언은 너무 평범했다.[42]

가톨릭 신부가 종종 바슬라프를 방문했지만[43] 학교 예배당에서 열리는 그리스 정교 예배에도 바슬라프는 참석했다. 그리고 그는 학교의 바실리 신부Father Vassili와 사이가 좋았다.[44] 어느 날 고해성사 시간에 카톨릭 신부가 러시아와 폴란드 간의 정치에 관한 이야기를 했다. 바슬라프는 혐오감을 느끼면서 다시는 고해성사를 하러 가지 않았다.[45]

1903년 타마라 카르사비나는 《깨어나는 플로라Le Réveil de flore》에서 처음으로 주역을 맡아 춤을 추었다.

나는 즐겁게 작품 준비를 시작했다. 이 작품은 극적인 구성은 없었고 순수한 춤을 추는 역이었으며 내가 여태까지 추었던 것보다 훨씬 높은 수준의 발레 기교가 필요한 역할이었다. 요한슨에게 혼나면서 배운 1년이 헛된 시간이 아니었다. 나는 이제 상당히 어려운 기교를 다 습득했다. 봄이 되면서 힘든 시기가 끝이 났다. 그런 생각이 나에게는 위로가 되었다. 내 정신은 봄이 되면 항상 들떠 있었다. (…) 마리우스 페티파도 좋아했다. "애야, 잘했다"라고 말했다. 모든 것이 순조로웠다, 말하자면 리허설까지는. 당시 내가 과로한 것은 틀림없었다. 내 발가락에는 물집이 생겼고 나의 기운은 점차 떨어지기 시작했다. 공연 일이 다가오면서 무대 위의 내 친구들이 나에게 성공의 중요성에 대해 깊이 강조했고 그에 따르는 마음가짐이 들면서 끔찍한 두려움이 엄습했다. 덜 친절한 이들은 내가 너무 일찍 큰 비중의 역을 맡았다고 말들이 많았다. 용기와 낙담은 둘 다 나의 정신적인 균형에는 치명적이었다. 실패할 수도 있다는 생각이 한 번 들기 시작하자 나의 자제력을 완전히 망가지고 있었다. 최면에 걸린 듯했다. (…) 공연 날 저녁 나는 완전히 비참한 상태였다. 목은 부어올랐다. 내가 시험에 들었다는 느낌이 들었다. 내 눈앞의 모든 것이 어지럽게 보였다. 나는 불안정했고 균형을 맞출 수가 없었으며 다리는 떨렸다. 공연이 끝나자 우레와 같은 박수가 나왔고 꽃다발이 무대를 가득 메웠다. 그래도 나는 즐겁지 않았다. 내가 판단하기로는 실패였다. 내 마음속에 도사리고 있는 유일한 희망은 관객들이 내가 미끄러진 것을 몰랐을 수도 있다는 것, 그래서 관객들이 나에

게 환호를 보내고 있다는 것이었다.[46]

카르사비나의 엄격한 선생이자 원로인 요한슨은 그해에 세상을 떠났다.

기류가 달라졌다. 마린스키 극장의 아래층에 앉아서 관람하는 후원자들은 대대로 내려오는 박스 석 소유자들이었는데 이들만을 위한 공연이 따로 있었다. 텔리아콥스키는 이 공연 횟수를 줄였고 이 정책은 발레 공연 때 중산층 관객들이 늘어나는 결과를 가져왔다. 이런 관객들은 귀족적인 전통 관객들보다 훨씬 자유로운 사고방식의 소유자들이었다. 이들은 마리우스 페티파 프로덕션의 레퍼토리들에 대해 문제를 지적하기 시작했다.[47] 텔리아콥스키는 이미 모스크바에서 화가 골로빈과 코로빈을 데리고 왔고 이들은 전문 화가로서는 처음 오페라와 발레 무대를 위해 디자인한 예술가들이었다. 텔리아콥스키는 러시아 음악가들의 작품을 황실 극장 무대에 올리려고 노력했다. 당시에 귀족들은 차이콥스키 음악을 제외하고 자국의 음악가들 작품은 웃음거리로 여겼다. 이제 그는 페티파를 물러나게 하고 대신 이미 황실 발레 학교에서 학생들을 가르치고 있는 고르스키에게 발레단 감독을 맡기려고 계획했다. 원로 발레 마스터는 신작《마법의 거울The Magic Mirror》을 만들어서 황실 무대에 안무가로 데뷔한 지 50주년이 되는 해를 기념하기로 했다. 음악은 코레셴코Koreshchenko가 맡았으며, 새 질서의 신호탄인 골로빈이 디자인한 무대로 1903년 2월 9일 갈라 공연을 하기로 했다. 텔리아콥스키는 일기에 다음과 같이 썼다.

신작 발레가 예정되어 있던 공연은 모든 좌석이 매진되었다. 이 신작은 거의 2년 동안 사람들의 입에 오르내리면서 관심의 대상이었고 유명한 페티파를 위한 기념공연이었다. 곧 있을 신작의 이야기는 모든 사람이 재미있어했다. 황실의 박스 석은 황실 가족들로 가득했다. 정확히 여덟 시가 되자 마리아 페오도로브나 왕후Maria Feodorovna와 젊은 황후를 대동하여 차르가 도착했다. 정부 고위 각료들의 박스 석은 상류사회의 초대된 인사들로 넘쳐났다. 그들은 3명의 차르*를 섬긴 방랑시인**과 인사를 나누고 '제국의 장엄함'에 헌정하는 또 다른 노래*•를 볼 겸, 매력적인 신작이 '어떤 반응을 받는지'도 볼 겸해서 극장에 왔다. ("자, 당신은 오늘 밤 우리에게 어떤 작품을 보여 줄 것인가요?"라고 궁정 장관이 물었다.)

그러다가 갑자기, 객석에서는 황홀한 탄성 대신 휘파람, 고함, 시끄러운 소리가 났다. 인터미션 시간에는 객석에서 거의 폭풍우가 몰아치는 장면이 연출되었다. 이런 소음은 공연 내내 수그러들지 않았다. 드디어 일부 관객들이 "커튼"이라고 소리쳤다. 최고의 축하 공연은 일순간 급변하여 시끄러운 스캔들이 되었고 이 소동은 프로덕션의 운명을 결정짓게 되었다. 황실 가족석에서도 이 프로덕션이 못마땅했다. 장관도 이 발레가 마음에 안 들었다.

---

• 마리우스 페티파는 1847년 러시아 상트페테르부르크로 건너와 황실 발레단 수석 무용수로 시작하여 1905년 발레 마스터로 은퇴했다. 정확히 말하자면 4명의 차르, 니콜라이 1세, 알렉산드르 2세, 알렉산드르 3세, 니콜라이 2세의 황실 발레단에서 봉직했으며 발레 마스터(1871년 임명)로는 뒤의 3명 차르 시대에 봉직했다.*

•• 페티파를 일컬었는데 그가 프랑스인이라 그렇게 비유했다.*

*• 페티파와 발레 작품을 방랑시인과 노래로 비유했다.*

페티파가 무너졌다. (…) 적의에 가득 찬 서클에서는 벌써 후임자에 대해 논의가 되고 있었고 『증권거래소 신문Birjevye Vyedomosti』에서는 다음과 같이 화제를 불러일으키는 기사를 실었다. "발레 단원들은 신임발레단 감독 A. 고르스키에게 익숙해질 것이다. 그는 자신의 안무작 《곱사등이 망아지》와 《백조의 호수》를 무대에 올릴 것이다. 그는 이 두 작품을 완전히 다르게 올릴 것이며 원작에 훨씬 근접한 방식으로 올릴 것이다."[48]

레가트 형제는 자신들이 마린스키에서 안무하기 시작했다. 하지만 아직 새내기 안무가에 불과했기에 자신들이 에르미타주에서 공연할 발레 작품의 안무를 위해 초청받고는 놀랐다.[49] 에르미타주에서 공연할 발레는 《요정 인형The Fairy Doll》으로 2년 전부터 계획을 세우던 작품이었다. 니콜라스와 세르게이는 두 명의 피에로를 맡았고 크체신스카야는 인형 역으로 춤을 추었다. 그리고 박스트는 매력적인 장난감 가게의 디자인을 맡았다.

이 작품에 대해 브누아는 다음과 같이 썼다.

박스트는 우리의 고향인 상트페테르부르크에 대한 열정과 애정을 가지고 자신의 어린 시절에 대해 개인적인 회상을 하면서 즐거운 아이디어를 떠올렸다. 페테르부르크의 모든 어린이는 장난감 가게가 밀집해 있는 페테르부르크 아케이드를 알고 있다. (…)
우리의 친구는 유명한 러시아의 예술 후원자 P. M. 트레티아코프 P. M. Tretiakov의 딸인 젊은 과부 루보프 파블로브나 그리첸코Lubov Pavlovna Gritzenko와 사랑에 빠졌고 그녀 역시 박스트를 사랑하게 되었다. 박스트가 온갖 핑계를 대면서 언제나 마린스키 극장 스튜디오

에서 둘은 만났다. 그는 스튜디오 같은 낯선 장소에서도 애인을 그
리기로 마음먹었다. 두 사람이 만나면 언제나 특별한 결과물이 생긴
다. 박스트는 실제로 루보프 파블로브나를 그렸는데, 그 '초상화'는
장난감 가게에서 파는 장난감 인형 중 하나로 등장했다. 이 초상화
장난감은 온갖 종류의 다른 장난감들, 드럼, 굴렁쇠, 마차, 광대 인형
등과 함께 천장에 매달려 있었다. 황실 가족들은 에르미타주 극장에
서 공연할 때 이 초상화 장난감을 알아보았다. 정확히 말하자면 알
아보지 않을 수가 없었다. 왜냐하면 우아한 미소를 띠고 있는 '루보
프 파블로브나'는 가장 눈에 띄는 곳에 매달려 있었다. 나중에 이 발
레가 마린스키 극장에서 공연될 때 여러 다른 장난감 사이에서 너무
나 다르게 파리에서 유행하던 검정 드레스와 큰 챙이 있는 모자를
쓴 낯선 인형을 의문스럽게 바라보던 사람들은 사랑에 빠진 예술가
의 기발한 창조력에 엄청 즐거워했다. 루보프 파블로브나의 가족이
며 우리의 위대한 친구 보트킨S. S. Botkine*은 특히나 농담을 즐겼다.
"저기 봐! 천장에 매달려 있는 루바를 봐!" 보트킨은 계속 킥킥거리
면서 너무 웃다가 눈물이 날 지경이었다. 이 일 이후 얼마 지나지 않
아 두 연인은 결혼했다. 양쪽 모두 많은 어려움이 있었지만 결혼을
했다. 루보프 파블로브나가 유대인과 결혼하겠다고 알렸을 때 그녀
의 모스크바 친척들은 분노하면서 반대했고 그녀는 이를 물리치느
라 힘들었다. 반면 레부시카는 당시 러시아 법에 따라 유대인이 기
독교인과 결혼하려면 개종을 해야 했는데 조상들의 믿음을 바꿀 결
심을 할 수가 없었다.[50]

---

• 루보프의 언니 알렉산드라 트레티아코프의 남편*

1904년 러일 전쟁이 발발했다. 처음에는 누구도 심각하게 생각하지를 않았다. 그러나 몇 달 후 러시아인들에게 수치를 안겨 주면서 전쟁은 끝이 났고, 이 과정에서 보여 준 국가의 무능과 부패는 국민들의 간담을 서늘하게 만들었다. 1월 마틸다 크체신스카야는《고집쟁이 딸La Fille mal gardeé》,《백조의 호수》를 추면서 "고별 공연"을 했다.[51] 그러나 말이 고별 공연이지 이는 "이 보 전진을 위한 일 보 후퇴" 정책일 뿐이었다. 왜냐하면 그녀는 이후 10년간 간헐적으로 무대에서 공연했다.

차르와 황후 부부는 공주만 여러 명 있었는데 8월 황후는 왕위 계승자인 아들을 낳았다. 나라에 큰 경사가 났고 발레 학교도 이 날은 휴일이었다. 비운의 로마노프 왕조에 사악한 요정이 최후의 저주로 혈우병이라는 선물을 세례식 때 안겨다 주었다.

농부들의 유통 구조에서 야기된 식량 결핍의 시대, 실직의 시대, 데모의 시대였다. 정치적인 불안의 술렁거림도 발레 학교의 벽을 뚫지는 못했다. 그러나 1905년 1월 8일 일요일 노동자 연합의 창설자 가폰 신부Father Gapon가 수많은 군중이 뒤따르는 가운데 차르에게 진정서를 제출하기 위해 겨울 궁전으로 대표단을 이끌고 왔다. 이때 차르는 겨울 궁전에서 32킬로미터 떨어진 차르의 평상시 거처인 차르스코예 셀로에 있었다. 군대는 노동자들에게 포문을 열었다. 이 사건이 '피의 일요일Bloody Sunday'에 벌어진 대학살이었다.

바슬라프는 학교에서 몇 권의 책을 가지고 어머니를 보러 집으로 가는 길이었다. 알렉산드린스키 정원을 벗어나던 중에 넵스키

대로 쪽으로 쏟아져 들어가는 군중들 사이에 옴짝달싹 못 하게 되었고 겨울 궁전 쪽으로 휩쓸려 갔다. 무거운 납을 단 채찍을 들고 있던 코사크 기병대의 돌격이 있었고 바슬라프는 이마를 맞아 피가 얼굴을 타고 흘렀다. 차르가 해결하지 못한 기아의 문제 때문에 그의 옆에서는 사람들이 넘어지고 죽어 갔다. 바슬라프는 겨우 그 상황에서 도망을 쳤다. 그와 같은 클래스 친구 바비치의 열일곱 살 난 예쁜 누나는 난리 통에 행방이 묘연했다.[52] 브누아는 새벽녘 바실리옙스키Vassilievsky섬에 있는 집으로 돌아가기 위해 썰매를 타러 갔을 때 성난 군중들에게 두들겨 맞을 뻔했다. "당신 지금 무슨 짓을 하는 거야? 사람들을 치고 갈 거야?"[53]

그날 밤 마린스키 극장에서는 프레오브라옌스카야의 자선 공연이 있었다. 그날 밤은 춤을 추지 않았던 카르사비나는 일등석에서 공연을 관람했다. 프레오브라옌스카야는 《나비의 변덕Les Caprices du papillon》 공연에서 매력적이고 월등한 실력을 보여 주었다. "마지막 막이 진행되고 있을 때 극장 안에 무시무시한 소문이 돌았다. 폭도들이니 시가지를 전부 부수었다. 폭도들이 오고 있다. (…) 그들이 이미 알렉산드린스키 극장을 부수어서 공연은 멈추었다. 공포는 확산했다. 극장은 재빨리 비어 갔다. 무대 위에는 어떤 움직임도 없었다."[54]

다음 날 아침 바슬라프는 부르만, 로사이, 바비치와 함께 바비치 누이의 시신을 찾으러 나섰지만 결국 찾지 못했다.[55]

1900년 차르의 초상화를 그린 적이 있었던 발렌틴 세로프는 이번 학살 사건에 충격을 받은 수많은 지성인 중 한 명이었다. 페테르부르크 수비대에게 발포를 명령한 사람은 차르의 맨 위 삼촌인 대공 블라디미르이었다. 그는 미술 아카데미의 교장이었으며 세로프 또한 미술 아카데미의 일원이었다. 화가는 그에게 공개적으로 항의 서한을 보냈다. 이 서한은 발표되지 않았고 세로프는 사임했다.

군중 집회를 막기 위해, 시위에서 죽은 사람들은 새벽이 되기 전에 묻어야 한다는 칙령이 내려졌다. 이때 페테르부르크를 방문했던 이사도라 덩컨에 의하면 베를린에서 페테르부르크에 도착했을 때 끝없는 장례 행렬과 마주했단다. 이사도라는 글에서 자신의 기차가 예정보다 열두 시간 늦게 도착하지 않았더라면 인생의 전환점이 되었던 이 경험을 겪지 못했을 것이라고 밝혔다.

역에는 나를 마중 나온 사람이 아무도 없었다. 기차에서 내렸을 때 영하 10도였다. 이렇게 추운 날씨를 겪은 적이 없었다. 살찐 러시아 마부는 장갑 낀 주먹으로 자신의 팔을 계속 치면서 혈관에 피가 통하도록 하고 있었다. 나는 짐을 든 하녀와 역을 나와 말 한 필이 끄는 마차를 타고 마부에게 유로파 호텔로 가자고 했다. 러시아에서 깜깜한 새벽에 온전히 나 혼자 호텔로 가는 도중 갑자기 에드거 앨런 포Edgar Allan Poe의 상상 속에 등장하는 무시무시한 존재와 똑같은 것을 목격했다. 멀리서 내가 본 것은 긴 행렬이었다. 깜깜한 중에 애도하는 무리가 오고 있었다. 남자들은 연이어 짐(관) 아래로 몸을 구부리고 있었다. 마부는 말의 속도를 낮추어 말이 걸어가도록 하면서 몸을 굽혀 성호를 긋고 있었다. 나는 흐릿한 새벽에 공포가 가득함을 느꼈다. 마부에게 이들이 누구냐고 물었다. 나는 러시아어를 알지 못하지만 그는 나에게 그럭저럭 상황을 전달해 주었다. 그 전날 겨울 궁전 앞에서 사살당한 노동자들이라고 (…) 그들은 무장도 안 했고 차르에게 자신들의 고통을 덜어 달라고 (부인들과 자식들을 굶기지 않기 위해) 호소하러 갔다가 사살당했다고. 나는 마부에게 멈추라고 말했다. 슬픔에 가득 찬 끝이 없는 행렬들이 지나갈 때 눈물이 내 얼굴을 타고 내려와서 뺨에 얼어붙었다. 그런데 왜 새벽에 이들을 묻는가? 뒤늦게 이유를 알고 보니 혁명이 일어날 수밖에 없었겠다는 생각이 들었다. 도시에서 한낮에 이런 장례 광경이 펼쳐지는 것이 적당치 않기 때문이란다. (…) 끝없이 치밀어 오르는 분노를 삼키면서 순교한 동료들의 관을 매고 가던 가난하고 슬픔에 가득 찬 노동자들을 지켜보았다.[56]

그러나 이 이야기에는 착오가 있는 듯하다. 이사도라는 1904년 12월, '피의 일요일' 사건이 일어나기 1~2주 전 페테르부르크에 도착했다.[57] 물론 그녀는 유로파 호텔 창가에서 이 행렬을 보았을 수도 있다. 이사도라라는 젊은 미국인은 전통 발레를 경멸했고 놀라우리만치 표현력 뛰어났다. 그녀는 현혹될 만큼 보기에 명료한 자연주의 춤이라는 새로운 방식을 고안해 2~3년 이내에 서유럽의 무대를 정복했다. 이제 그녀는 러시아 무대를 정복하기 위해 왔다. 싸구려 얇은 천으로 만든 옷과 맨발로 추는 춤만큼이나 특별한 점은 그녀는 '무용 음악'으로 춤을 추지 않았고 위대한 음악가들의 음악으로 춤을 추었다는 사실이다. 이사도라는 12월 26일 러시아의 우아하고 대단한 관객들이 자리한 무대인 귀족의 전당Hall of Nobles*에서 첫 공연을 했다.

화려한 장식과 무대를 갖춘 멋진 발레를 즐기던 호사가들은 얇은 튜닉 차림의 이 젊은 무용수가 단순한 푸른색 커튼 앞에 등장하여 쇼팽 음악에 맞추어 춤을 추었을 때 그녀의 춤이 얼마나 생경했을지! 첫 작품을 추었을 때부터 우레와 같은 박수가 터져 나왔다. 내가 동경하던 무대에서 나의 영혼은 프렐류드의 비극적인 음악을 느꼈다. 나의 영혼은 뇌성 같이 울리는 폴로네이즈에 맞춰 갈구하고 반항했다. 나의 영혼은 새벽에 보았던 순교자들의 장례 행렬을 생각하면서 당연히 느꼈던 분노에 눈물 흘렸다. 이 영혼은 감동적인 갈채를 받으면서 부유하고 제멋대로인 귀족 관객들을 일깨웠다. 얼마나 신기한 일인가!

다음 날 이사도라는 "가장 매력적이고 자그마한, 온몸을 모피로 감고 다이아몬드 귀걸이와 진주 목걸이를 한 숙녀"의 방문을 받았다. 그녀는 크체신스카야였다.

그날 저녁 비싼 털로 따뜻하게 감싼 화려한 마차를 타고 나는 오페라를 보러 갔다. 첫 번째 줄의 박스 석에서는 꽃, 봉봉 사탕과 페테르부르크에서 잘나가는 세 부류의 멋진 부잣집 젊은이들을 보았다. 나는 여전히 하얀 튜닉 차림에 샌들을 신고 있었다. (…) 나는 발레와 대척점에 있었다. (…) 그러나 나는 나풀나풀 날아다니는 크체신스카야의 요정과 같은 자태에 손뼉을 치지 않을 수가 없었다. 그녀는 인간이라기보다 사랑스러운 한 마리 새 또는 나비 같아 보였다.

---

• 상트페테르부르크에 있은 음악 연주장*

이사도라는 파블로바 주역의 《지젤》도 보러 갔고 공연 후 파블로바의 집에서 박스트와 브누아와 함께 저녁을 같이했다. 박스트는 이사도라의 운명을 이야기했고, 그녀는 댜길레프와 무용에 대해 격렬한 토론을 벌였다.[58]

당시 댜길레프는 많은 주목을 받았던 〈러시아의 역사적 초상화 전시회Exhibition of Russian Historical Portraits〉로 축하받는 시기였다. 1904년 여름 내내 댜길레프는 러시아 전역을 여행했다. 그는 시골 장원들을 방문하여 지주들에게는 혁명의 기운이 감도는 지금의 정치 상황으로는 도시에 이 그림들을 보관하는 것이 더욱 안전하다고 설득했다. 그는 지주들의 혁명에 대한 두려움을 이용하면서 오랫동안 숨겨 두었거나 잊힌 그림들을 발굴하고, 다락방을 뒤졌다.[59] 과거 러시아를 대표하는 3천여 점의 초상화들로 거대한 전시회가 개최되었다. 타우리드 궁전Taurid Palace에 위치한, 메아리가 울릴 정도의 거대한 전시장에 정치가, 대공, 성직자, 궁정미인 등의 초상화는 그룹별로 구분되어 전시되었다. 궁전 주위에는 캐노피 아래 초상화의 주인공들이 섬겼던 군주들, 전제적인 피터Peter, 지성적인 캐서린Catherine, 정신이상자 파울Paul, 이상주의자 알렉산더 1세Alexander I 등의 전신 초상화가 있다. 박스트는 전시장 중간에 조각으로 장식된 각주가 있는 홀을 겨울 궁전처럼 격자무늬로 장식했다. 이 전시회장에 대해 브누아가 쓴 글. "황금색으로 수놓은 코트를 입은 왕들, 근사하게 차려입은 궁중의 여인들, 이제는 모두 공동묘지에 있는 이들, 헛되고 헛된 인생의 다채로운 조합, 대리석 흉상들 사이에 녹색 잎으로 장식하여 훨씬

더 편안한 분위기에서 전시를 즐길 수 있도록 하였지만 뭔가 짓
누르는 기운이 전시장 안에 팽배하다."[60] 몇 년 후 댜길레프가 사
체베럴 시트웰에게 "왕관을 한쪽으로 비딱하게 쓴 미친 차르 파
울의 초상화들이 전시된 룸 때문에 생겨난 경고와 불길한 예감"
에 대해 이야기했다.[61]

총궐기가 있을 것이라는 풍문이 돌았다. 브누아 가족은 차르
가 참석하는 공식적인 전시회 오프닝을 하기 전에 베르사유로
떠났다.

개회식을 직접 본 사람들과 그에 관한 편지를 보내 온 사람들에게
서 나중에 개회식에 관해 들었다. 전통적인 형식의 개회식이었다.
차르가 황실 가족들을 대동하고 도착했다. 그는 천천히 선조들의
끝없는 초상화 행렬을 보면서 걸어 지나갔다. 댜길레프, 니콜라이
미하일로비치 대공Grand Duke Nicolai Mikhailovitch, 다시코프 공작Prince
Dashkov이 설명을 했다. 니콜라스 2세Nicholas II는 약 두 시간 동안 전
시회를 본 후 마지막에 그의 삼촌, 댜길레프, 다시코프에게 고마워
했다. 그러나 차르는 모두 자기와 가까운 사람들의 초상화였음에도
그림에 대해 개인적인 견해는 한마디도 말하지 않았다. 전시회의
모든 것이 러시아제국의 과거, 왕관을 쓴 그의 선조들, 그들의 협력
자와 관계자에 대해 말하고 있었다. 차르는 역사에 관심이 많은 것
으로 알려졌고, 그는 이 장대한 전시회에서 어떤 식으로든 인상을
받았을 것이다. 아마도 이런 차르의 태도는 감정을 명확하게 표현
하지 못하는 정서 마비 상태 때문이었을 것이다. 혹은 그의 선조들
얼굴에서 신랄한 꾸짖음과 다가올 재앙에 대한 끔찍한 경고를 보았

을지도 모른다.[62]

그러나 과거 러시아제국 절정기 초상화들을 모았던 댜길레프는 자신의 앞날에 대해 맹세를 했다. 이 초상화들 대부분은 파기될 운명이었다. 타우리드 궁전은 캐서린 여제가 총애하는 파티옴킨Patiomkin이 코카서스 지방을 정복한 뒤에 지었다. 댜길레프를 영광스럽게 만든 타우리드 궁전에서 개최된 연회에서 그는 다음과 같이 말했다.

헌납받은 이 모든 작품으로 총결산을 하였고, 모든 결산이란 종말을 의미한다는 사실에는 의심의 여지가 없습니다. 나하고는 별개로 오늘의 대연회는 어떤 의미에서 우리가 지금까지 살아 온 목표의 종말이라고 생각합니다. 아마도 여기 참석하신 분들은 내 생각에 동의하게 될 것입니다. 결산과 종말에 대한 사고들이 각자의 마음속에 점점 화두로 떠오를 것입니다. 이는 내가 작업하는 동안 계속 맴돌던 생각이었습니다. 타우리드 궁전의 아름다운 홀에 다시 살아나오게 만든 다양한 사람들의 긴 초상화 행렬이 화려한, 하지만 안타깝게도! 우리 역사에서 지나간 시대의 거창한 결산에 불과하다고 느껴지지 않나요? 나는 초상화를 모으기 위해 지난 여름내 러시아 전역을 헤맨 오랜 여행을 하였기에 이에 대한 의견을 당당하게 밝힐 권리를 얻었습니다. 역사를 결산할 시간이 우리 앞에 도래했다고 확신하게 된 것은 많은 작품을 거두어들인 탐험을 끝낸 직후였습니다. 나는 우리에게서 이미 오래전 사라졌던 우리 조상들의 화려한 초상화뿐 아니라 인생의 황혼기를 보내고 있는 그 후손들에게서 더욱더 생생한 초상화를 보았습니다. 한 시대의 종말은 그 시대의 사라진 광휘를 두려워하면서 여기, 우울하고 어두침침한 궁전에서 실체를 드러내고 있습니다. 과거의 초상화 행렬이 주는 부담감을 더욱 견디기 어려워하는 그저 평범한 신민들 덕분에 오늘날까지 그 시대가 존재했습니다. 이제 지나간 시대는 우리에게뿐 아니라 역사 속의 한 페이지로서도 마지막입니다. (…)

우리는 역사를 총결산하면서, 우리가 창조하겠지만, 우리를 완전히 사라지게 할 새로운 미지의 문화를 접하게 되는 가장 위대한 순간의 증인입니다. 아름다운 궁전의 폐허가 된 벽을 향해서, 또한 새로운 미학의 새로운 계명을 위해 두려움 혹은 불안함과 함께 축배를 듭니다. 앞으로 닥쳐올 투쟁으로 인해 삶의 품격을 훼손해서는 안 되며, 죽음은 부활만큼이나 빛나고 아름다워야 한다는 것이 구제 불능의 감각주의자인 나의 유일한 소망입니다.[63]

이처럼 페트로니우스 아르비터Patronius Arbiter*가 말했다. 스파르타쿠스Spartacus의 비장한 분위기가 느껴진다.

예술가들과 지성인들은 한순간에 이사도라의 광풍에 빠져든 반면, 젊은 발레 무용수들이 그녀의 발레 기교가 턱없이 부족함에 충격을 받았을 것이라는 점은 충분히 이해할 만했다.[64] 그녀는 극장가에 와서 클래스를 지켜보고 자신이 시범도 보였다. 바슬라프는 처음에는 깜짝 놀랐으나 후에는 그녀를 매우 존경하게 되었다. 그러나 당시 그녀의 영향을 가장 즉각적으로 받은 이는 미셸

---

* 로마의 정치가이며 소설가, 문학, 협상, 연예, 종교, 미학에 모두 뛰어난 르네상스 맨으로 비유된다. 댜길레프를 비유한 표현*

포킨이었다.[65] 몇 년 동안 발레의 새로운 형식을 탐구하고 있던 그의 앞에 훌륭한 음악에 맞춘 움직이는 여신이 등장한 것이다. 전통으로부터의 해방과 그 창의력을 발산할 수 있는 순간이 온 것이었다. 그는 4월 발레 학교 학생들의 공연에서 안무할 기회를 잡았다. 그는 그리스 주제의 자료를 찾으러 공립 도서관에 갔다. 흰 수염을 기른 나이가 많은 도서관 관장 블라디미르 바실리예비치 스타소프Vladimir Vasilievich Stasov는 예술과 음악 분야에서 유명한 비평가였다. 스타소프는 발레 무용수가 관계 자료를 구하면서 특히 발품을 많이 팔아야 하는 이러한 주제에 관심을 가진 사실에 매우 깊은 인상을 받았다. 극장 도서관에서 포킨은 1896년 레프 이바노프Lev Ivanov가 안무한 예전 발레《아시스와 갈라테아Acis and Galatea》의 대본을 찾았다. 이 발레의 음악은 카들레츠Kadletz가 작곡했다. 그러나 발레 학교 교장은 포킨이 전통 발레 스타일을 내팽개치는 것을 허락하지 않았다.

나는 클래식과 그리스 예술 사이에 연결고리가 있을 수 있다는 점을 증명하려고 애쓰지 않았다. 이미 나 자신의 구상에 완전히 몰입해 있었다. 낙담하면서 교장 사무실을 나왔다. 하지만 여전히 나의 스타일로, 엄격히 말하자면 전통에 충실하다고만 할 수는 없는 발레를 안무하고 있었다. 여학생들은 토슈즈를 신었지만 의상은 클래식 발레 의상과 그리스 의상의 혼합 디자인이었다. 작품의 군데군데 전통 발레와는 차이가 있는, 발레 움직임이 아닌 조형적 움직임이 삽입되었다. 그루핑도 특이하게 비대칭이었다. 일부 공연자들은 각기 다른 높이에, 흙더미, 나무토막, 나무 위에 있었다. 무대 바닥 위 다른 소품들 위에도 그루핑으로 배치했는데 이 바닥은 잔디밭처럼 보이도록 했다. 이렇게 함으로써 통상적인 수평 라인의 그루핑과는 차별화했다. 목신牧神의 춤은 완전히 새롭게 보였다. 이 장면에서는 내마음대로 안무할 수 있었다. 목신은 야수와 비슷했다. 목신으로 나온 무용수들은 발레 스텝으로 춤추지 않았으며 발레 장면의 맨 끝에 구르기 동작을 했는데, 이는 클래식 스쿨과는 전혀 동떨어졌지만 동물들 춤의 분위기와는 상당히 어울렸다.

포킨의 소품 발레는 여학생 제자들의 실력을 뽐내는 데 주력한 작품이었기에 작품에 출연하는 남학생들은 보조 역할이었다. 그러나 포킨은 그 와중에도 어느 남학생이 '도약과 동작이 월등함'을 발견했다. 포킨이 "너 이름이 뭐니?" 하고 물으니 그는 "니진스키입니다"라고 답했다. 서로에게 명성을 안겨다 줄 두 사람의 만남은 이렇게 시작되었다. 《아시스와 갈라테아》는 니진스키가 출연한 포킨의 수많은 발레 중 첫 작품이었다. 이 공연에서 포킨은 엘레나 스미르노바Elena Smirnova와 조지 로사이를 위해 특별히 '폴카'를 안무했다.[66]

포킨과 카르사비나는 헤어졌다. 포킨은 그녀에게 결혼하자고 사정하고 또 사정했다. 그러나 그녀의 어머니는 딸이 무용수와 결혼하는 것을 원하지 않았다. 미셸은 타마라에게 같이 도망가자고 사정했다. 그녀는 그를 사랑했지만 어머니의 말에 순종했다.[67] 그녀는 병을 얻었고 수업을 받은 적이 있던 이탈리아 밀라노로 보내졌다. 포킨의 사랑은 그의 제자 중 한 명인 베라 안토노바Vera

Antonova에게로 옮겨갔다. 갸름한 얼굴에 검은색 눈동자를 지닌 베라는 포킨을 사랑했다. 둘은 1905년 결혼했다.

결국 반동의 기운이 발레단에도 퍼졌다. 무용수들은 자치권을 요구하면서 청원에 서명했다. 카르사니바는 다음과 같이 썼다.

1905년 가을은 지금도 악몽처럼 생생하게 떠오른다. 잔인한 10월이 되어 바다에서 오싹하도록 추운 바람이 불어오고 진눈깨비가 내리고 도시는 불길한 예감이 드는 사악한 고요함으로 감돌고 있었다. 며칠 동안 트램은 다니지 않았고, 시위는 빠른 속도로 호응을 얻고 있었다. 나는 시위대를 피해 우회로로 다녔다. 그들은 나 혼자 가는 길은 심문도 안 하고 보내 주었지만 시위대의 야영지를 볼 때면 내 마음은 매번 마음이 가라앉았다. 나의 얇은 구두는 물에 젖었다. 내 발은 감각이 없어졌다. 차라리 심한 감기에 걸려 드러누워 버려 지금의 이 시련으로부터 자유롭게 되었으면 하는 희망의 반짝임만이 유일한 나의 위안거리였다. 내가 생각하기로는 음모라고 여겨지는 회합에 참여하기 위해 포킨의 집으로 갔다. (…) 그날 밤 도시 전체가 정전이었다. (…) 내가 도착했을 때 (…) 우리 회합의 결의안은 정교하게 작성되었다. (…) 멤버들은 새로운 소식을 가지고 한 명, 한 명 늦게 도착했다. 철도는 멈추었다. 노동자들의 회합을 막기 위해 바실리옙스키 오스트로프Vassilievsky Ostrov섬의 다리는 올려 두었다. 포킨은 전화가 작동하는지를 알아보려고 수화기를 들었다. 교환원은 무응답이었다. (…) 두 명의 어린 무용수, 소년에 불과한 그들의 얼굴이 빨개져서 흥분하여 들어왔다. 그들은 정찰대를 조직했다. 그들은 우리의 결의에 대해 솔직하게 감탄을 하면서 쉼 없이 이야기를 했다. "밖에서 형사들을 보았어요"라고 그들은 주절주절했다. 서로 말하느라 말이 끊어지기도 하면서 "연두색 오버코트와 덧신을 신은 두 명은 형사가 틀림없어요"라고 했다. 우리는 비밀경찰을 명백히 구분하는 방법으로는 날씨와 상관없이 신고 있는 그들의 덧신이었고 이는 항상 놀림감이었다. (…) 다음 단계로 우리가 하려는 것은 마린스키 극장에서 마티네 공연을 못 하게 하는 것이었다. 《스페이드의 여왕》이 예정되어 있었다. 그 오페라에는 많은 무용수가 등장했다. 나의 임무는 여성 분장실로 가서 무용수들을 철수시키는 것이었다. 이 임무는 정말 싫었고 게다가 나는 설득력 있는 언변도 없었다. 몇 사람은 극장을 떠났다. 대다수는 시위를 거부했다. 며칠 내에 궁정 장관의 회람용 편지가 발레단에 배포되었다. 우리의 행동은 규정을 어기는 것으로 간주했다. 발레단에 남아 있기를 원하는 모든 사람은 진술서에 서명하라는 내용이었다. 곤경에 빠진 우리를 저버리고 대다수는 그들이 선출한 대표자들에게 서명을 제출했다.[68]

불발된 시위는 비극적인 결과를 낳았다. 바슬라프의 이전 스승이기도 했던 세르게이 레가트는 주위의 설득으로 청원문 원본에 서명했는데, 이 일로 자신이 차르를 배반했다는 죄책감에 시달리게 되었다. 게다가 당시 같이 살고 있던 마리 페티파Marie Petipa와의 불행한 관계 때문에 그의 고통은 더욱 가중되었다. 어느 광란의 밤이 지난 뒤 그는 스스로 자신의 목을 찔렀다.[69]

10월 13일 페테르부르크에서 최초의 노동자위원회가 구성되었다. 러시아 철도의 마비를 가져온 시위와 계속되는 농민 봉기로 인해 결국 차르는 10월 17일 물러났다. 각료이사회 산하에서 근무할 선출된 의회 혹은 두마Duma*가 조직되었다. 비테 백작

Count Witte을 초대 수상으로 러시아의 최초 의회가 결성되었다. 두마는 댜길레프가 전시회를 열었던 타우리드 궁전에서 개최되었다.

러시아의 내부 상황을 언뜻 살펴보면, 댜길레프의 다음 행보는 1906년 파리에서 지난 2세기 동안의 러시아 회화와 조각의 대규모 전시회 개최였다. 파리 프티 팔레Petit Palais의 추계 살롱전 Salon d'Automne이 열리는 홀에서 댜길레프는 성화, 18세기 초상화들, 레비츠키Dmitry Levitsky와 보로비콥스키Vladimir Borovikovsky의 풍경화, 브룰로프Karl Bryullov의 신고전주의 작품, 브루벨, 세로프, 박스트, 브누아, 소모프, 아니스펠트Boris Anisfeld, 도부친스키Matislav Dobujinsky, 레리흐, 코로빈, 말리아빈Filipp Maliavin, 라리오노프Mikhail Larianov 등 『예술 세계』에 참여한 예술가들의 많은 작품을 전시했다. 그리고 성화는 박스트가 황금색 양단 위에 걸었는데 이를 두고 브누아는 이렇게 걸면 전형적인 댜길레프 방식대로 눈에 확 띄는 효과가 있겠지만 그림들을 쳐다보기가 어렵다고 생각했다. 타우리드 궁전의 전시회처럼 조각은 겨울 정원에 전시했다. 브누아는 댜길레프가 이동파와 이 전시에 관심을 안 가진 화가들을 배제했기 때문에 이 전시회가 진정으로 러시아 회화를 대표한다고는 생각하지 않았다.[70] 블라디미르 대공이 댜길레프를 후원하는 위원회를 이끌었다.

위원회의 또 다른 멤버로는 부유하고 아름다운 그레퓔 백작부

---

• 제정러시아 의회•

인도 있었는데 그녀는 파리 사교계의 여왕이며 음악협회 의장이었다. 음악협회는 능력이 뛰어나고 창의력 풍부한 음악출판업자 가브리엘 아스트뤽Gabriel Astruc이 그해 설립했다. 그녀가 처음 댜길레프를 만났을 때 그녀는 댜길레프에 대해 뭔가 특이한 면이 있다고 생각하면서 그가 야심만 가득한 사람이 아닌가 하여 꺼렸다. 그러나 댜길레프가 그녀의 컬렉션에 관해 이야기하는 것을 듣고 깊은 인상을 받았다. 댜길레프가 피아노에 앉아 '음악은 신선하며 전부 멋지고 사랑스럽다'는 것을 알려 주는 러시아의 노래들을 피아노로 치면서 다음 해에는 러시아 음악 축제를 계획하려 한다고 말했다. 그녀가 주저 없이 지원하겠다고 하면서 미래에 열릴 러시아 시즌의 토대가 마련되었다. [71]

니진스키는 이제 발레 학교 8학년이며 상급반 학생이었다. 그는 여전히 말수가 적고 자기를 내세우지 않았다. 여전히 학과 공부는 느렸고, 여전히 학급에서 가장 행복했다. 그는 문학보다 음악에 더 끌렸지만, 종종 책에 푹 빠질 때가 있었다. 그와 브로니슬라바는 러시아어로 번역된 『데이비드 카퍼필드David Copperfield』*를 같이 읽었으며, 멋진 빨간빛과 황금색 표지에 매료되어 『돈 키호테Don Quixote』**도 읽는 시도를 했다. 바슬라프가 가장 좋아하는 작곡가는 림스키코르사코프와 바그너였다. 그는 한 번도 틀리지 않고 「탄호이저」 서곡의 피아노 버전을 칠 수 있었다. 그는 악보를

---

• 영국 작가 찰스 디킨슨의 자전적 소설*
•• 스페인 작가 미구엘 세르반테스의 소설*

읽는 능력은 여전히 취약했으나 누군가가 어떤 화음을 치면 그는 악보를 보지 않고도 곡이름을 알았다.[72] 그가 무용과 음악 이외 다른 과목에서 시험에 통과할 수만 있었다면, 그의 특출한 실력 때문에 오로지 6년 공부를 한 후에는 학교를 나오지 않아도 되었을 수가 있었다. 그는 자신보다 어린 학생들에게는 언제나 친절하고 다정했으며 아무리 신입생이라 할지라도 그는 절대로 "너"라고 부르는 법이 없었다. "너"는 당시 상급반 학생들 사이에서 습관처럼 아래 학년 학생을 부르는 호칭이었다. 그는 언제나 "당신"이라고 호칭했으며 그들을 동급생과 같이 대우했다.[73]

발레 학교 교사들과 학생들은 학생 중에 뛰어난 무용수가 있다는 것을 알았다. 그러나 얼마나 뛰어난지는 아직 알 수가 없었다. 바슬라프가 뛰어난 점은 그들이 자랑스럽게 생각하는 기교적인 비르투오지는 물론 그가 춤을 출 때 구사하는 방식과 스타일, 표현력에서도 뛰어났다. 기교적인 비르투오지는 무용수들에게는 제2의 천성으로 여겨진다. 페테르부르크에서는 발레 기교는 그 자체로 끝이 아니었다.[74]

바슬라프의 스승 오부호프보다 그를 더 자랑스럽게 여기는 사람은 없었다. 카르사비나는 다음과 같이 썼다.

어느 날 아침 다른 때보다 내가 일찍 갔다. 남학생들은 이제 막 연습을 끝내고 있었다. 나는 편하게 연습하는 모습을 바라보다가 믿을 수 없는 광경을 보았다. 도약을 하는 어느 소년이 다른 학생들의 머리 위로 높이 치솟았고 마치 공중에서 머무는 듯이 보였다. "저 학생은 누군가요"라고 나는 그 학생의 스승인 미하엘 오부호프에게 물었다. "니진스키. 저 조그만 악동 녀석은 음악에 빠져들지 않아." 그러고는 니진스키에게 혼자 앞으로 나오라고 해서 어떤 스텝을 나에게 보여주도록 했다. 어느 천재가 내 앞에 있었다. 그가 춤을 보여줬을 때 나는 이 모든 것이 실제 상황이 아닌 것 같았고 있을 수 없는 일이라고 느꼈다. 그 소년은 자신의 실력에 대해 의식하지도 않았고 평범하고 오히려 수줍어했다. 스승이 헤어질 때 한 말은 "조용히 해라", "너는 날아다니는 곡예사 같아", "이제 모두 해산." 가방에서 떨어져 나온 완두콩처럼 소년들은 급히 후다닥 뛰쳐나갔고 이런 종종거림은 아치형 천장의 복도에 희미한 반향을 남겼다. 나는 미하엘에게 이 뛰어난 소년에 대해 왜 아무도 이야기하지 않는지 물었다. 미하엘은 껄껄 웃으면서 "곧 알게 될 거야, 걱정 마라"는 말을 남겼다.[75]

오부호프는 자신의 뛰어난 제자를 대중에게 선보이기로 했다. 그때까지 니진스키는 마린스키에서 공연할 때 군무 중 눈에 띄지 않은 역으로 공연을 했다. 오부호프는 졸업도 하지 않은 바슬라프를 발레단의 주역 멤버들과 함께 추는 춤에 참가하도록 하기 위해서는 작품의 안무를 손봐야 했다. 이런 작업은 당연히 어려움이 없을 수가 없었다. 바슬라프가 출연한 작품은 오페라《돈 조반니》에 삽입된 8인무°였다. 바슬라프와 같이 춘 무용수들은

---

• 부르만은《돈 조반니》에 출연한 사실에 대해 기록했는데 그의 글에서는 크야시트, 레가트, 오부호프와 니진스키 사인무로 기록했다. 그는 오부호프가 니진스키를 리드하여 박수를 받도록 앞으로 이끌었다고 했다. 무대 옆에 등장하여 이렇게 인사받는 것은 가능했다.

프레오브라옌스카야, 트레필로바Trefilova, 바가노바Vaganova, 에고로바Egorova, 아드리아노프Andrianov, 볼름Bolm과 레온티예프Leontiev였다. 니진스키는 트레필로바를 서포트했다.[76] 이 공연은 1906년 1월 31일 열렸다. 어린 소년은 더 높이 점프를 하지 말아야 하고 다른 남성 무용수보다 피루엣을 더 많이 돌지 말아야 한다는 것을 지키기는 불가능했다. 그리하여 니진스키는 처음으로 세상의 박수 소리를 듣게 되었다.[77] 3월 6일 8인무는 반복되었고 단지 파트너만 트레필로바에서 파블로바로 바뀌었다.[78] 위대한 두 무용수는 처음으로 함께 무대에 섰다.

《아시스와 갈라테아》에서 포킨의 성공은 예기치 않은 결과를 가져왔다. 그는 알렉산드린스키 극장의 제작자 알렉산더 아키모비치 사닌Alexander Akimovich Sanine의 초청을 받았다. 알렉시스 톨스토이Alexis Tolstoi의 연극 〈이반 뇌제의 죽음The Death of Ivan the Terrible〉에 등장하는 어릿광대들의 춤을 안무해 달라는 것이었다. 포킨은 무척 기뻤지만 자신은 마린스키 발레단의 공식적인 발레 마스터가 아니므로 황실 극장 집행부에서는 아마도 니콜라스 레가트가 이 작업을 해야 한다고 주장할 것이라는 말을 사닌에게 했다. 사닌은 이 문제를 자신이 나서서 해결하기로 마음먹었다. 그러나 포킨이 예상한 바와 같이, 황실 극장 부감독이면서 제작 부문의 책임자인 깐깐한 알렉산더 드미트리비치 크루펜스키는 사닌에게 황실 극장 집행부의 허락 없이는 협력자들을 마음대로 선택할 수 없다고 말했다. 놀랍게도 이 사건으로 사닌은 사임을 하고 이 내용을 신문사에 알렸다.[79]

이 사건 직후인 1906년 4월 포킨은 자선공연을 위해 안톤 루빈스타인Anton Rubinstein 음악으로《포도나무La Vigne》라는 발레를 안무했다. 이 작품은 크야시트, 마리 페티파, 카르사비나, 포키나, 파블로바, 그리고 포킨이 여러 종류의 포도나무로 의인화하여 등장했다. 이 공연 이후 포킨은 원로 마리우스 페티파에게서 다음과 같은 글이 새겨진 명함처럼 생긴 카드를 받고 매우 기뻐했다.

친애하는 동료 포킨.
그대의 안무를 보고 무척 기뻤소.
그대가 계속 안무를 한다면
그대는 훌륭한 발레 마스터가 될 것이오.
그럼 이만.[80]

포킨은 이후 당시 시의회 의원이던 빅토르 당드레Victor Dandré의 방문을 받았다. 당드레는 후일 안나 파블로바의 매니저 겸 남편[**]이 된다. 이때 당드레는 마린스키 극장에서 아동학대 방지 협회를 돕는 자선공연을 위해 포킨에게 작품을 의뢰했다. 이 공연을 위해 포킨은 두 작품을 준비했는데 하나는《유니스Eunice》라는 2막짜리 발레이며, 이 작품은 시엔키에비치Sienkievitch의 로마 시대를 배경으로 한 소설 『쿠오 바디스Quo Vadis』에서 주제를 가져왔다. 그리고 또 하나 작품은 쇼팽의 피아노곡을 글라주노프Glazunov가

---

• 포킨의 영어판 책(92쪽)에서 인용했는데 메시지가 약간 부정확하게 인용되었다.
•• 두 사람이 정식으로 결혼했는지는 확실치 않으며, 처음 두 사람 관계는 사업상 관련이 있었다.

관현악으로 편곡한 음악을 가지고 안무한《쇼피니아나Chopiniana》
였다.《유니스》의 음악은 셰르바셰프Shtcherbashev 작품이었는데 로
마풍이 아닌 왈츠가 포함되어 있어 안무가의 의욕을 상실하게 만
들기도 했다. 게다가 포킨은 황실극장 무대에서 무용수들이 맨발
로 춤을 추려면 허락을 받아야 하는 사실을 전혀 생각하지 못했
다. 하지만 이런 상황에서도 포킨은 최선을 다했고 가능한 한 고
대 로마풍이면서 클래식 발레와는 다르게 안무했다. 그는 클래식
발레의 기본 동작인 푸앵트, 피루엣pirouettes•, 앙트르샤entrechats••
혹은 바트망battements••을 포함하지 않은 춤을 고안했다. 무용수들
의 하얀색 타이츠 위에 브로니슬라바 니진스카는 발톱, 장밋빛 뒤
꿈치와 무릎을 그려 넣었다.[81] 나이는 들었지만 여전히 미남인 파
벨 게르트는 페트로니우스Petronius 역, 크체신스카야는 노예 유니
스 역으로 출연했으며 악테 역을 맡은 파블로바는《7개 베일의 춤
The Dance of Seven Veils》에서 공연했다. 포도주를 담는 자루와 춤을 추
는 장면, 볼거리가 풍부한 횃불을 들고 추는 춤이 등장했다. 이집
트인의 삼인무는 베라 포키나, 줄리아 시에도바Julia Siedova, 루트콥
스카야Rutkovskaya가 추었다. 이들은 몸을 어두운색으로 칠하고 눈
을 가늘고 길게 분장하였으며 황실 극장 무대에서 처음으로 튀튀
Tutus를 입지 않고 무대에 오른 '이집트인들'이 되었다.[82] 니진스
키는 비중이 적은 역할이었다.

---

• 한쪽 다리로 몸의 중심을 잡고 팽이처럼 도는 '회전하는 스텝'*
•• 무용수가 수직으로 공중으로 뛰어올라 빠르게 다리를 앞뒤에서 서로 교차시켜 부딪치는 스텝*
•• 한쪽 발에 체중을 두고, 다른 쪽 발로 빠르고 힘차게 공중으로 다리를 던지듯 차는 자세*

1907년 2월 23일 공연을 하기 전 원로 발레 애호가들 중 니콜라스 미하일로비치 베소브라소프와 포킨 사이에 어려운 문제가 좀 있었다. 베소브라소프는 정식 국회의원으로서 명예 장군의 칭호도 받은 사람이었다. 그는 다정한 성격에 외모는 살집이 있는 흰머리의 노신사인데 발레계에서 상당한 영향력을 지닌 사람이었다. 그는 피루엣을 얼마나 잘하느냐에 따라 최종 실력이 판가름난다고 생각했다. 또한 무용수를 재정적으로 돕기 위한 공연에서는 자리 배정을 솜씨 있게 조절하여 수준 높은 관객들이 좌석을 위해 최고의 경비를 지불하도록 하는 데 전문가였다. 그는 포킨의 개혁이 너무 급격히 진행되며 그 범위가 너무 나아갔다고 생각했다. 베소브라소프는 "처음에는 군무에 한정하여 그대의 무용 실험을 계속하게. 발레리나가 무대 위에서 튀튀를 입지 않고 나오는 것은 불가능해"라고 젊은 안무가에게 충고했다. 포킨은 그의 말을 존중했지만 그런 충고를 듣고도 이전과 똑같이 작업을 계속했다. 하지만 공연 후에는 그에게 축하를 건넨 최초의 한 명이 베소브라소프였다.[83]

쇼팽의 발레에서 C 샵(#) 단조 왈츠는 파블로바와 오부호프가 추었다. 포킨의 글.

이 안무는 휘황찬란한 분위기를 완전히 배제하고 다른 여타 파드되와는 완전 다르게 안무했다. 앙트르샤, 공중회전 또는 피루엣은 한번도 구사하지 않았다. 발레리나는 파트너의 손을 잡고 느리게 회전하는 춤을 추었다. 그러나 이 회전은 동작이 회전에만 한정된 것이 아니고 위치와 그루핑을 바꾸기 위해 사용된 것이라 피루엣이라고 할 수 없다. 안무할 때 나는 어떤 한계도 두지 않았다. 요약하자면 쇼 팽의 시적이고 서정적인 왈츠 음악으로 눈요깃거리의 테크닉을 생 각할 수는 없었다. 관객들이 낭만적인 2인무로 만족하든 말든, 발레 리나가 환호를 받든 말든 염두에 두지 않았다. 어차피 이런 시도는 성공하지 못하리라 생각했다. 아마도 이렇게 내 방식대로 안무한 작 품이기 때문에 나의 안무작 중에 가장 성공한 작품 중 하나로 인정 받게 되었을 것이다.[84]

단순하게 보이지만 이 춤은 정확히 추기가 지극히 어려웠다. 이 발레에서 다른 춤으로는 먼저 폴란드 민속 의상을 입고 추는 웅장한 폴로네이즈가 있었다. 녹턴의 경우는 알렉시스 불가코프 Alexis Bulgakov가 쇼팽으로 분장하여 영혼이 된 수도승들에게 시달 림을 당하다가 애인의 환영을 보고 위로를 받는 장면으로 처리했 다. 마주르카는 나이 든 신랑의 젊은 아내로 시에도바가 등장하 여 그녀의 진짜 애인과 사랑의 도피 행각을 벌였다. 타란텔라의 경우는 베라 포키나가 주역으로 미셸과 포키나가 카프리섬에서 신혼여행 하는 동안 서로 축하를 나누는 장면에서 추었다.[85]

몇 년 전 브누아는 텔리아콥스키와 사이가 좋았을 때 테오필 고 티에Théophile Gautier의 한 소설에서 아이디어를 얻어, 후에 『아르 미드의 관』라고 불릴 발레 작품을 제작하려고 계획했다. 브누아 는 림스키코르사코프의 제자이며, 자신의 조카사위인 작곡가 니 콜라스 체렙닌Nicolas Tcherepnine에게 이 발레 음악을 맡기려고 했다. 두 사람은 같이 작품 제작에 대해 의논하려고 극장 감독을 보러 갔다. "왈츠가 있나? 왈츠가 포함되는 것이 가장 중요해!"라고 텔리아콥스키가 말했다. 작품에 왈츠를 포함했고 브누아는 대본료까지 받았는데도 브누아와 텔리아콥스키가 다투게 되어 이 프로젝트는 무산되었다.[86] 1907년 초 포킨은 체렙닌이 편곡한 발레 조곡을 어느 연주회에서 들었고 포킨은 무대 뒤로 가서 이 음악의 작곡가가 누구인지를 찾았다. 체렙닌은 기뻤고 안무가는 그의 음악을 좋아했다. 그런 일이 있었던 직후 포킨은 마린스키 극장 의상부에서 의상을 빌려 그 조곡을 발레 음악으로 단막 발레《살아 있는 태피스트리 고블랭Le Gobelins animé*──생명을 얻은 고블랭 태피스트리》를 안무하여 1907년 4월 28일 발레 학교 공연에 포함시켰다. 이 프로덕션은 세 장면**으로 구성되어 있는데 이 작품을 기반으로 만들어질 미래의 발레 작품에서 이들은 디베르티스망divertissement:*의 중심이 되었다. 이 프로덕션에서 가장 큰 인기를 끈 것은 조지 로사이가 리더로 나온 어릿광대들의 춤이었다.[87] 만만하지 않은 크루펜스키가 의외로 이 발레를 보고는 좋아했고 브누아와 체렙닌이 본래 계획한 전체 작품(비록 조금은 축약을 했지만)을 손질하여 가을에 마린스키 무대에 올리기로 했다.

이 공연 다음 날인 1907년 4월 29일 니진스키는 마린스키 극장의 졸업 공연에서 다양한 작품에 출연하여 『페테르부르크 가제

---

• 염색업자 고블랭가에서 만든 직물로 짠 유명한 테피스트리*
•• 더 자세한 내용은 제2장에 나온다.
:* 이야기의 줄거리와 관계없이 하나의 구경거리로 삽입하는 춤*

트』에 실린 평론에 의하면 "저녁 내내 춤을 추었다."[88] 『극장과 음악Theatre and Music』의 비평가 코슬리야니노프Koslyanninov가 그날 공연을 보고 기록한 것을 보면 페티파의 《마법의 거울》에 나오는 '번개' 바리아시옹과 《파키타》[89]에 나오는 춤(아마도 그 유명한 삼인무인 듯함)에 등장하는 니진스키에 대해 썼다. 평론가들은 니진스키의 춤에 대해 극찬을 했다.[90] 숄라가 회상하기로는 그녀의 스승 중 한 사람인 클라비다 쿨리쳅스카Klavida Kulichevska가 안무한 인상적인 파드되 《왕자 정원사The Prince Gardener》에 자신과 니진스키가 함께 출연했다고 한다. 그녀의 의상은 스팽글을 바깥에 모두 달았고 그녀의 피루엣을 서포트 하던 니진스키는 엄지와 검지 사이가 베어서 그녀의 의상은 피로 뒤범벅이 되었는데 이를 불길한 징조라고 여겼다.[91] 브로니슬라바 니진스카는 《아르미드의 관》의 디베르티스망에서 스미르노바, 숄라 그리고 그다음 해에 발레 학교를 졸업하는 엘리자베트 게르트Elisaveta Gerdt (파벨의 딸)와 함께 춤추었다고 기억했다.[92] 니진스키는 그날 모든 작품에서 춤을 춘 듯했지만 인쇄물로 남아 있는 기록은 『극장과 음악』에 실린 두 가지 춤뿐이었다.

위대한 크체신스카야는 니진스키를 축하했고 그녀는 자신의 파트너로 니진스키를 원했다. 이는 비록 공식적으로는 쥐꼬리만 한 급여를 받는 군무에 속하지만, 그는 결코 군무를 추지 않을 것이며 솔로이스트로서 발레단 생활을 시작하게 됨을 의미했다. 그에게 행운이 다가왔다고 말하는 것과 진배없었다.[93]

이제 남아 있는 다른 지겨운 시험을 치러야 했다. 니진스키는

《파키타》중 투우사로 분장한 니진스키 (위 왼쪽)
교복을 입은 니진스키, 1900 (위 오른쪽)
《유니스》에 출연한 니진스키 (아래 왼쪽)
《샘》혹은 《돈 조반니》에 출연한 니진스키. 아마도 서구에서 최초로 출간된
니진스키 사진 (아래 오른쪽)

역사에서 낙제했다. 학교는 이를 묵인했다. 3일 후에 니진스키는 또 다른 테스트가 예정되어 있었다. 이 시험은 니진스키에게 시험 문제에 대해 통보해 준 그의 스승이 기획했다. 이번에는 통과했다.[94] 그의 학창 시절은 끝이 났다. 그렇다고 무용수로서 배움이 끝난 것은 결코 아니었다.

그러는 사이 댜길레프는 파리로 돌아가서 파리 오페라Paris Opéra에서 5월 16~30일 사이에 러시아 콘서트를 5회 개최했다. 글린카Mikhail Glinka에서 스크랴빈Alexander Scriabine까지 모든 러시아 작곡가들의 작품이 공연되었고 림스키코르사코프, 라흐마니노프Sergei Rachmaninov와 글라주노프는 자신들의 작품을 지휘까지 했다. 니키시Arthur Nikisch와 블루멘펠트Felix Blumenfeld도 이 공연에서 지휘했다. 리트빈Félia Litvinne, 샬랴핀, 체르카스카야Cherkasskaya, 즈브루에바Zbroueva, 페트렌코Petrenko, 스미르노바 등의 성악가들이 참여했다. 이 공연은 놀라운 프로그램으로 구성되었다. 그런데도 첫 번째 콘서트는 스캔들로 끝이 났다고 댜길레프는 만년에 회상했다.

프로그램의 맨 끝에서 두 번째 작품은《이고르 공》1막 중에 갈리츠키Galitzky 왕자 장면이었고 이 무대에서 샬랴핀은 파리 데뷔를 하였다. 이 장면이 워낙 특별나게 성공을 하였고 박수는 끝없이 이어지면서 관객들은 샬랴핀을 끝없이 불러냈다. 지휘하던 니키시는 이날 공연의 마지막 작품인 글린카의 「카마린스카야Kamarinskaya」를 연주하려고 준비하고 있었다. 니키시가 그의 손을 여러 번 들면서 시작할 준비를 했지만, 관객들은 이제 통제의 선을 넘어 조용히 있지를 않았다. 니키시는 급기야 매우 화가 나서 그의 지휘봉을 집어 던지고 오케스트라 핏에서 나가 버렸다. 관객들은 어찌해야 할지를 몰랐다. 관객들이 흩어지기 시작했다. 맨 위층 좌석에서는 소음이 계속되다가 갑자기 조용해지더니 위쪽에서 깊은 베이스 목소리로 "카-마-린스카-야! 집어치워!"라는 러시아 말 외침이 들렸다. 박스 석 내 옆에 앉아 있던 블라디미르 대공은 일어나서 대공비에게 말했다. "자, 이제 우리도 집에 갈 시간인 듯하오."[95]

브누아와 가족들은 2년 넘게 대부분 파리와 베르사유에서 살았다. 그림 그리는 작업 이외에도 브누아는 『러시아 회화 유파*The Russian School of Painting*』라는 책을 집필했고 미하일롭스키 궁전에 위치한 알렉산더 3세 박물관의 회화 목록을 정리했으며 여러 저널에 기사를 기고했다. 콘서트를 위해 파리에 있던 체렙닌은 브누아에게 발레《아르미드의 관》이 공연될 예정이라는 말을 전했다. 당연히 브누아가 디자인을 하게 되었다.[96]

브누아는 즉시 황실 발레단에 출입 허락이 떨어졌고, 그즈음 니진스키는 여름휴가에 들어갔다. 그러나 니진스키는 온전히 쉬지는 못했다. 6월에 기다리던 크체신스카야에게서 요청이 왔다. 크라스노예 셀로Krasnoe Selo의 군사훈련 기간에 열리는 공연에서 바슬라프는 크체신스카야의 파트너가 되었다. 여기 공연은 8백 석 규모 목조로 지어진 극장에서 부대 장교들과 그들 가족을 위해 이루어진다. 종종 대공들과 차르가 참석하긴 했지만 마린스키 같은 황실 극장의 공연 분위기와는 완전히 다른, 마치 소풍 온 것 같은 편안한 분위기였다. 니콜라스 2세가 황태자였을 때 크라스노예 셀로 시즌 동안 크체신카야와 13년간 연애를 계속했다.[97]

바슬라프가 크체신스카야와 춤을 춘다면 더는 돈 걱정을 하지 않아도 되는 안전한 처지가 될 수 있었다. 바슬라프 가족은 두데르호프Duderhof 호수 근처에 자그마한 집을 빌리기로 했다. 이 집은 크라스노예 셀로 근처이며 니진스키 가족들은 여름을 안락하게 즐기게 되었다. 어느 날 전혀 예기치 않게 초대받지도 않았는데 바슬라프의 동창생이며 이제 갓 발레 학교를 졸업한 부르만이 이 집에 머무르겠다고 왔다. 부르만은 크체신스카야가 바슬라프에게 관심이 있는 것을 알고 바슬라프와의 관계를 이용하여 덕을 보려고 했다.[98] 엘레오노라는 이를 아주 못마땅해했다. 부르만의 삼촌은 남작이었다. 그러나 부르만의 아버지는 술과 도박 때문에 가족에게 의절을 당하고 그는 이류 레스토랑에서 피아노 연주를 하며 살고 있었다. 아나톨은 아버지를 닮았다. 자신의 책에서 주장한 것처럼 그가 여름 내내 바슬라프의 집에 머물지는 않았다. 그는 일주일 머물렀다.[99] 그가 꾸며 낸 대부분의 놀라운 이야기는 믿을 수 없지만, 두데르호프의 시골집에서 보낸 즐거운 시절에 관한 이야기는 곧이곧대로 믿을 만했다. "우리는 온종일 웃고 발뒤꿈치에 날개를 단 것처럼 풀밭 위를 뛰어다녔다. 니진스키 모친이 우리를 위해 맛있는 폴란드 요리를 준비해 주는 동안 우리는 책을 읽고 끝없이 토론했다. (…) 니진스키 모친이 햇볕 아래 서서 '톨라Tola! 브로니아Bronia! 바초Vatzo!'라고 큰소리로 우리를 부르면 우리는 어린아이들 같이 뛰고 구르면서 완벽한 상차림의 모든 흔적을 다 없애기 위해 달려갔다. 그럴 때면 니진스키 모친은 인자한 미소를 지었다. (…)"[100] 반면에 브로니슬라바는 부르만이 거짓말도 잘하고 여자들과 성공한 연애담도 자랑삼아 떠벌리는 것을 싫어했다. 그녀는 부르만을 추잡하게 여겼으며 가능한 그와는 거리를 두었다.[101] 바슬라프는 도스토옙스키의 『백치*The Idiot*』[102]를 이즈음 읽었다. 아마도 바슬라프는 미시킨Myshkin 공작과 자신을 모호하게 동일시했을 것이다. 그리스도 같은 순수함, 온순하고, 본능적으로 이해심 많고 모든 것을 용서하는 미시킨, 그는 놀림당하고 오랫동안 고통받는 연인이자 친구이며 어린이들이 믿고 의지하는 자선가였다. 미시킨은 러시아에서 대공들의 신세가 초라해질 것을 예견했으며 인류는 '미'에 의해 구원받을 수 있다고 생각했다.

부르만에게는 도스토옙스키와 닮은 특징이 있었다. 그 역시 도스토옙스키처럼 작가로서 지닌 열정만큼이나 카드 게임에 빠졌다는 사실이다. 어느 날 부르만은 바슬라프에게 카드 빚을 갚기 위해 5백 루블이 꼭 필요하다면서 만약 그 돈이 없으면 자살할 수도 있다고 했다. 니진스키는 그런 돈이 없다고 했다. 부르만은 니진스키에게 그 돈을 빌려 달라고 부탁했다. 니진스키는 카드 게임 빚을 갚는데 그런 돈을 빌려 줄 수 없다고 말했다. "그렇다면 네가 전당포에 물건을 맡기고 빌려 줄 수 없니?"라고 그의 뻔뻔한 친구는 니진스키를 재촉하기까지 했다.[103]

크라스노예 셀로에서 군대 위문 공연을 하던 시기에 부르만과 니진스키는 크체신스카야와 대공들의 손님이 되어 근처 시골로

소풍도 가고, 아담한 극장 맞은편 레스토랑에서 파티도 하면서 즐겁게 지냈다. 차르 앞에서 솔로로 춤을 춘 덕분에 니진스키를 포함한 모든 무용수은 황실의 암호 비슷한 머리글자가 새겨진 멋진 금시계를 하사받았다(이 글자가 새겨진 시계를 지닌 사람은 페테르부르크에서 체포를 면할 수 있다고 알려졌다). 여름이 끝날 즈음 니진스키는 2천 루블이 넘는 돈을 저축했다.[104]

몇 년간 자신의 부인과 아이들을 만나지 않았던 토마스 니진스키는 무용수로서 아들의 명성이 점점 높아져 감을 듣고는 바슬라프에게 니즈니노브고로드Nijni-Novgorod에 있는 자신을 방문해 달라고 편지를 보냈다.* 가족을 버린 남편을 용서하지 않았던 엘레오노라는 마지못해 아들이 아버지를 방문하도록 허락했다. 아들이 갑자기 아버지를 보고 싶어 안달이 나서 바슬라프가 엄마를 설득했다.

니즈니노브고로드에서 이제 마흔을 바라보는 잘생긴 토마스가 아들을 기다리고 있었다. 부자는 금세 친해졌고 서로를 위해 춤을 추었다. 집으로 돌아온 바슬라프는 아버지가 자신보다 훨씬 대단한 무용수라고 가족에게 말했다. 그의 아버지는 아들에게 도저히 실연할 수 없을 것 같이 어려운, 토마스 자신이 고안한 스텝들을 보여 주었다. 토마스는 아들에게 커프링스를 몇 쌍 주면서 페테르부르크에 아들 공연을 보러 오겠다고 약속했다. 그러나 그

---

* 로몰라 니진스키가 언급한 카잔이 아니었다. 니진스카에 따르면 바슬라프가 볼가 지방을 여행하고 싶어 했으나 하지 못했다고 한다.

들은 다시는 만나지 못할 운명이었다.[105]

바슬라프가 걸어서 학교에 다니던 모호바야의 집 이후로 니진 스키 가족은 한 번 이상 이사를 했다. 이해 여름 시골에서 돌아오 자 엘레오노라는 볼쇼이 코뉴셴야Bolshoi Konyushennya대로에 있는 더 큰 아파트로 이사하면서 부를 과시했다. 볼쇼이 코뉴셴야대로 는 넵스키대로 북쪽에서 벗어나 있는 상업적으로 주요한 대로이 며 모이카 운하와 에르미타주 가까이 위치했다. 이 집은 최신 스 웨덴 가구를 팔던 상가 위에 있었고, 바슬라프가 페테르부르크에 서 지낸 마지막 집이었다.[106]

발레 학교의 상급반 남학생들은 오부호프에게 레슨을 받았고, 발레단 남자 무용수들은 니콜라스 레가트의 문하에서 레슨을 받 았다. 그러나 1902년 황실 발레 학교를 떠나 폴란드와 이탈리아 에서 발레 마스터로 활약하던 체케티가 이 즈음 페테르부르크로 돌아왔다. 체케티는 페테르부르크에서 잠깐 자신의 발레 학교를 경영했다. 한동안 파블로바가 체케티에게 수업받기를 원해 마 린스키 극장 근처 토르고바야Torgovaya 거리에 있는 그녀의 집에서 체케티는 레슨을 했다. 바슬라프 또한 레가트에게 수업을 받기보 다는 이탈리안 마에스트로 체케티에게 수업받길 원했다. 파블로 바는 니진스키가 자신과 같이 체케티에게 개인 레슨을 받도록 배 려해 주었다.[107]

바슬라프가 레가트에게 수업받기 싫은 또 다른 이유가 있었다. 레가트는 니진스키 가족을 적까지는 아니더라도 라이벌로 간주 했다. 레가트는 바슬라프가 점령하기 시작한 크체신스카야의 파트너 자리에 대해 질시했다. 게다가 무용수 안토니나 추마코바와 바슬라프의 연애도 질투했다. 레가트는 이전에 안토니나의 언니 올가와 연애했었다. 지금은 안토니나를 사랑했는데 스무 살이나 젊은 니진스키가 라이벌이 되었다.[108]•

니진스키의 또 다른 친구는 인나 니에슬루홉스카였다. 그녀는 니진스키와 같이 졸업했다. 눈이 예쁜 그녀는 교육도 잘 받았으며 당시 지성의 전당이었던 알렉산드린스키 극장 연출가가 아버지였다. 하루는 그곳의 파티에 바슬라프가 참석했을 때 인나는 이사도라의 춤은 진정한 무용 예술이라면서 그녀에 대한 예찬을 늘어놓았다. 니진스키는 그 말에 경악하여 그때부터 그녀와는 멀어졌다.•• 그는 브로니아에게 "나의 작업에 대해 아무것도 이해하지 못하는 사람과 어떻게 사귈 수가 있겠어?"라고 털어놓았다. 브로니아는 오빠에게 자신이 생각하기로 인나는 바슬라프에게 매력을 느끼고 있는 것 같다고 종종 말하곤 했다. 브로니아는 바슬라프가 이를 알아채고 주도권을 쥐면서 즉시 인나와 연애하게 된 것을 알게 되었다.[109]

경력의 초창기 단계에서조차 니진스키의 이름은 페테르부르

---

• 안토니나 츠마코바Antonina Tchumakova. 그 후에 레가트의 첫 번째 부인이 되었다. 그들의 딸은 키로프 발레단의 타티아나 레가트Tatiana Legat의 어머니. 타티아나 레가트는 실력이 월등하게 뛰어난 유리 솔로비에프Yuri Soloviev와 결혼했다.

•• 인나 니슬로코브스카Inna Niesloukhovska. 1909년 댜길레프 시즌 때 파리 시즌 공연을 했다. 그녀는 나중에 페테르부르크의 프랑스 대사관 비서관 세비녜 백작Comte de Chevigné과 결혼했다. 세비녜 백작은 댜길레프 중요 후원자 중 한 사람인 세비녜 백작부인Comtesse de Chevigné의 친척 (이 백작부인은 프루스트의 『잃어버린 시간을 찾아서』 중 게르망트 공작부인으로 영원한 생명을 얻었다.)

크에 알려지기 시작했다. 그 결과 페테르부르크의 부유한 사람들이 이 젊은 발레 영재에게 자녀들 무용 교습을 시키려는 수요가 많이 생겼다. 백만장자 제분업자인 사람 좋은 신야긴Sinyagin은 니진스키에게 자기 아들과 딸에게 사교 무용을 가르쳐 줄 수 있느냐고 물었다. 니진스키는 그 집 아이들에게 콰드리유, 갤롭, 왈츠, 폴카, 마주르카를 가르쳤다. 니진스키는 시간당 1백 루블을 요구했고 그렇게 받았다. 부르만은 반주자로 따라갔다.

그 가족은 전형적인 러시아 상인계급이었다. 주인 부부는 우리에게 세련되지 못한 태도로 인사를 했다. (…) 아이들은 여덟 살 소년과 아홉 살 소녀였다.• (…) 넓은 홀에서 레슨을 하는 동안 가족과 집안의 하인들 모두가 참관했다. 신야긴 부인은 살집이 있고 다이아몬드로 뒤덮인 손가락은 통통하고 짧았지만 얼굴은 아름다웠다. 집안 여자 친척들과 사촌들, 요리사, 말 사육사, 주방 설거지 담당자, 세탁부와 마부 등 그들은 모두 춤 수업에서 신야긴의 희망대로 되는 것을 보기 위해 그 자리에 있었다. (…) 수업 후 우리는 큰 식당으로 안내받아 갔는데, 앉아서 산해진미를 먹을 의자가 놓여 있었다. [110]

니진스키가 수업한 또 다른 집은 좀 더 귀족적이었다. 그는 부자들이 어떻게 사는지를 알게 되었다. 니진스키는 아마추어에게는 결코 클래식 발레를 가르치지 않았다. [111]

---

• 부르만은 아이들이 뚱뚱하고 춤이 서툴렀다고 말했다. 그러나 브로니슬라바는 부르만의 이야기가 대부분은 맞지만, 이 점에 관해 만약 아이들이 부르만 말대로 그랬다면 니진스키가 절대 그들을 자신의 학생으로 받아들이지 않았을 것이라고 했다.

마린스키 시즌은 9월 중에 시작했다. 바슬라프가 비록 군무 등급이어서 급여는 한 달에 65루블이었다. 하지만 크체신스카야의 후원과 이미 높아진 그의 명성 덕분에 극장의 행정 책임자들은 할 수 있는 한 바슬라프의 명성을 이용하려고 했다. 바슬라프에게는 솔로 배역들이 주어졌다. 10월 1일 리디아 크야시트와 《파키타》 파드되, 7일 엘레나 스미르노바와 《고집쟁이 딸》 파드되, 10월 중에 카르사비나와 《지젤》 파드되. 아마도 1막 패전트 파드되일 것이며 이 파드되 음악은 아당이 아니고 부르크뮐러 Burgmüller 음악이었다.[112] 이 공연 리허설 때 발레리나가 결코 잊을 수 없는 힘든 장면이 발생했다.

발레단 전체의 극장 리허설 전에 우리는 처음으로 함께 춤을 추었다. 나는 모든 예술가의 집중적인 관심을 알아챘다. 내가 느끼기에는 주위에서 우리 둘에 대해 호의적이지만 뭔가를 탐색하는 듯한 분위기였고 공연 때보다 더 예민해져 있음이 감지되었다. 우리의 춤이 끝났을 때 모두 손뼉을 쳤다. 프리마 발레리나들만 모여 있는 내실에 있던 첫 번째 그룹에서 분기탱천한 어느 발레리나가 나에게 달려왔다. "이런 몰염치하고 뻔뻔스럽기. 네가 거의 나체로 춤을 춘 여기가 어디라고 생각해?" 나는 무슨 일이 일어났는지 알 수가 없었다. 나의 드레스 상체 부분 끈이 풀렸고 내 어깨가 다 드러났는데 춤출 동안 몰랐다. 무대의 중간에 서서 그녀의 잔인한 입에서 나에게 쏟아지는 험한 욕설 공세에 무방비한 채로 어안이 벙벙하여 서 있었다. 연출가가 와서 그 청교도인을 데리고 나갔다. 그때 나를 동정하는 한 무리의 사람들이 나를 에워쌌다. 계속 흐르는 눈물 때문에 동료들이 내민 수많은 손수건으로도 모자라서 나의 얇은 모슬린 스커트로 눈물을 닦아야 했다. 프레오브라옌스카야가 내 머리를 쓰다듬으면서 "저 독사는 무시해. 저 여자를 잊고 오직 너의 아름다운 피루엣에 대해서만 생각해"라고 계속 말했다. 이 스캔들은 급속도로 퍼져 나갔고, 나는 다음 공연에서 기립박수를 받았다.[113]

그 독사는 파블로바였으며 그녀의 경력 내도록 카르사비나에 대한 질투는 계속되었다.[114]

11월 10일 니진스키는 《고집쟁이 딸》에서 다시 춤을 추었고 《왕자 정원사》에서는 크체신스카야와 함께 춤을 추었는데 마린스키 극장에서는 이때 처음으로 니진스키와 크체신스카야가 같이 춤을 추었다. 발레 학교 졸업 공연 때는 이 춤을 숄라와 함께 췄었고 숄라는 프리마 발레리나들에게 이 춤을 가르치고 있었다.[115] 12월 27일 니진스키는 시에도바와 함께 《칸다울 왕Le Roi Candaule》 중의 파드되를 추었다. 여기서 니진스키는 흑백의 혼혈 역을 맡아 얼굴을 검게 칠하고 깃털로 만든 관을 쓴 채 등장했다.[116]

파리에서 돌아온 브누아는 극장가 맨 끝 쪽 알렉산드린스키 극장 광장에 있는 크루펜스키의 집무실에서 그를 만났다. 이 부감독에 대한 브누아의 첫인상은 우호적이었다. "그는 젊고 유쾌했으며 아시리아 스타일의 짙은 수염을 한 통통한 남자였다." 야심만만한 크루펜스키는 《아르미드의 관》을 자신의 경력에 도움이 될 만한 대표 작품으로 생각하고 있음이 금세 명백해졌다. 브누아의 작업실은 알렉세이옙스카야Alexeyevskaya 거리에 있는 무대 배

경화 제작 스튜디오로 정해졌다. 그는 극장의 수석 배경화 화가
인 오레스테 알레그리Oreste Allegri의 조수들을 휘하에 두고 작업을
하게 되었다.[117]

역사를 쓰게 될 이 협력자들은 함께 모였다. 휴가에서 돌아온
포킨은 스튜디오로 가서 처음으로 브누아를 만났다. 브누아는 그
때의 일을 다음과 같이 설명했다.

그를 만나자마자 그의 유쾌함에 매료되었다. 그는 꾸밈, 허식, 젠체
하는 것이 결코 없었다: 오히려 내가 생각하기로는 진짜 재능의 확
실한 징표라고 여기는 순수함과 젊음의 매력을 지니고 있었다. 그가
자신에게 주어진 과제에 완전히 몰입해 있음은 누구나 알 수 있었
다. 우리 둘은 즉각 서로를 알아봤다. 그는 발레 학교 공연 때 아르미
드의 춤을 어떻게 안무했는지에 대해 나에게 말했다. 그의 아이디어
는 나의 그것과 완전히 일치했다. 이제 내가 그를 믿고 그에게 의지
할 수 있음이 명백해졌다.[118]

이제 1907년 9월, 포킨은 브누아를 데리고 발레 학교 리허설을
보러 갔다. 화가는 이 새로운 경험에 완전히 압도당했다.

발레 학교 리허설 룸에 내가 처음 갔을 때 거의 어안이 벙벙했음을
고백해야겠다. 나는 종종 무대 리허설에 참석한 적도 있고 여러 무
용수와도 알고 지냈다. 이런 점 때문에 내가 리허설 룸에 가더라도
그렇게 놀라지 않을 것이라고 확신했다. 그러나 내 앞에 펼쳐진 광
경은 예상을 완전히 뒤엎는 것이었다. 홀의 한쪽 벽면의 기다랗게

늘어선 유리창을 통해 들어오는 한낮의 햇살 덕분에 무용수들이 입은 얇은 모슬린 드레스가 바다처럼 넓게 퍼져 보여 더욱 천상적이고 투명해 보였고 마치 거품이 일렁이는 듯했다. 젊은 여인들, 아가씨들, 어린 소녀들은 화장이 아무 필요가 없었으며 그들의 젊은 신체와 얼굴은 싱그러움과 열정으로 빛이 났다. 이는 특별한 광경이었다. 드가가 그리기를 좋아했던 파리 오페라 발레단의 무용수들보다도 훨씬 매력적임은 확실했다. 드가의 발레 그림 속 분위기는 언제나 다소 침울했다. 무용수들이 연습하고 있는 동안 모르는 사람들의 시선으로 바라다본 무용수들. 드가 그림 속의 그들은 때때로 우아함과는 거리가 멀며 마치 고통받는 순교자들의 모습 같이 보이기도 했다. 그와는 반대로 여기는 모든 것이 즐겁고 자유롭게 보였으며 여러 사람이 있어도 편하게 숨 쉬고 있었다. 남녀무용수들이 그룹을 지어 벽을 따라 앉아 있거나 리허설 시작을 기다리면서 홀을 걸어 다니고 있었다. 적어도 순교자처럼 보인다거나 혹은 '직업의 희생자' 같이 보이지는 않았다.

포킨은 나를 발레단에게 소개했다. 내가 인사를 하자 그들은 궁정 예절의 규칙에 따라 공손하게 절을 했다. 이 의식이 끝난 직후 게르트, 크체신스카야, 솔리아니코프Solianikov 등의 수석 무용수들을 포함한 내가 아는 예술가들과 인사를 나누었다. (…) 그들 중 일부는 처음으로 가까이에서 보았는데 무용수들은 근사하고 매력적이었으며 의상과 하나가 된 듯이 보였다. 이 리허설 의상은 1830년대에 디자인되었고 리허설 동안 의무 복장이었다. 이 규정을 지키지 않은 유일한 무용수는 크체신스카야였는데 그녀는 튀튀를 입고 리허설 장에 나타났다. 그것도 정해진 튀튀의 길이보다 훨씬 더 짧은 튀튀를 입었다.

발레 학교 남학생들은 각기 다르게 그룹을 지어 서 있었으며 그들 역시 리허설용 의상과 발레 슈즈를 신고 있었다. 내가 그들 앞을 지나갈 때 그들이 너무 공손하게 절을 해서 내가 당황할 정도였다. 한 젊은이가 (…) 그들과 같이 서 있었다. 포킨이 그를 내 앞에 데려오기 전에는 나는 그를 알아보지 못했다. 포킨은 자신이 이 젊은이를 위해 특별히 아르미드의 노예 역을 안무하여 그의 월등한 재능을 내보이도록 했다면서 소개했다. 포킨은 그는 도약과 비상을 월등한 높이로 구사해서 관객들의 찬사를 받았는데, 그러한 테크닉을 힘들이지 않고 쉽게 구사했다면서 기대를 하고 있었다. 내가 이 놀라운 젊은이를 대면했을 때 오히려 놀란 점에 대해 고백해야겠다. 그는 키가 작고 오히려 몸집이 떡 벌어진, 가장 평범하고 특징 없는 얼굴을 한 어린 남자였다. 그는 동화 속의 영웅이라기보다는 상점 조수가 더 어울려 보였다. 그러나 이 인물이 바로 니진스키! 그때 그와 악수를 하면서는 별달리 기대한 바가 거의 없었지만 그는 그날로부터 2년이 채 안 되어 세계적인 명성을 얻었다. 그의 경력은 짧게 끝이 났지만, 그의 엄청난 업적은 천재의 후광으로 더 빛이 났다.

곧 조용히 하라는 지시가 떨어졌다. 체렙닌은 피아니스트 옆에 앉았고 무용수들은 자리를 잡고 리허설은 시작되었다. 리허설은 2장에 나오는 장면이었다. 고블랭 태피스트리 속의 물체들이 살아서 움직이기 시작했다.

그때 내가 얼마나 흥분에 사로잡혔는지를 묘사하기는 불가능하다. 이 작품을 위해 작곡된 음악에 맞추어 창작하고 꿈꾸어 온 공연이 내가 원하는 방식의 안무대로 앞에서 펼쳐졌다. 이 작품은 내가 승인함으로써 실질적으로 시작된 작품이었다. 18세기 예술에 심취했던 내가 원하는 바대로 정확하게 화려함으로 덧입힌 작품이 실현되었을 때의 그 행복함이란. 그러나 이와 동시에 본능적으로 어린 시절부터 나를 즐겁게 해주던 신비한 호프만 스타일의 분위기도 느껴졌다. 그 기념비적인 날 나는 오랜 기간 갈망하던 무언가가 결국 이루어졌을 때만이 느껴지는 (다소 고통을 수반하는 혼재된) 아주 드문 감정을 경험했다. (…) 무용수들의 얼굴 역시 행복감으로 빛이 나는 듯했다. 몇몇 예외의 경우를 제외하면 전체 발레 단원들은 새로운 방식으로 전례가 없는 승리를 그들에게 가져다줄 리더가 있다고 자부하면서 포킨을 존경했다.

그러나 기가 막힌 일이 도사리고 있었다. 알려지지 않은 어떤 이유로 크루펜스키는 이 작품 제작에 반대했으며 어려움을 지적하기 시작했다. 그는 브누아를 건방지게 대하기 시작했고 화가는 "화가 났다." 댜길레프가 마린스키 극장에 리허설을 보러 왔는데 30분 후에 경찰이 와서 정중하지만 단호하게 그에게 나가라고 요구했다. 브누아는 댜길레프가 이런 모욕적인 사건을 겪은 이후 황실 극장에 대한 복수를 맹세했음이 틀림없다고 생각했다. "분명 댜길레프는 자신이 세계적으로 유명한 예술 단체를 창조하는 것보다 더 좋은 방법은 생각해 낼 수가 없었다."

주역으로 예정되어 있던 크체신스카야의 경우, 아마도 황실 극장 이사회의 비위도 맞출 겸 프로덕션도 못 만들게 하려고 출연을 포기했다. 낙담의 순간이었다. 브누아와 포킨이 극장 감독의 박스 석에서 이 난국을 어떻게 타개할까를 의논하고 있을 때 파블로바가 흥분하여 상기된 얼굴로 들어왔다. 그러고는 등을 무대

쪽으로 향하게 하고 박스 석 가장자리에 앉아 자신이 아르미다 역을 추겠다고 했다. 그리고 나니 이번에는 게르트가 자기 나이 가 너무 많다면서 출연하지 않으려고 했다. 그래도 게르트는 설 득을 해서 본래대로 추도록 했다. 크루펜스키는 누비아인 수행원 이 들고 입장할 부채에 장식할 타조 털의 대금 지급을 거절했다. 드레스 리허설 때 무용수들은 익숙하지 않은 의상을 입어서 서로 를 알아보지 못했고 모든 것이 혼란 그 자체였다. 포킨은 완전 화 가 났다. 또 한 번의 리허설이 분명히 필요했다. 하지만 극장의 규 칙은 초연이 48시간 이내로 남은 상황에서는 취소할 수 없었다. 프로그램은 이미 제작이 완료되었다는 것이다. 브누아는 마지막 카드를 쓰기로 했다. 그는 당시 『페테르부르크 가제트』에 칼럼을 쓰고 있던 박스트의 형 이사이아 로젠베르크Isaiah Rosenberg에게 전 화를 걸어 그와 포킨이 황실 극장에게서 얼마나 심한 취급을 당 했는지를 다 얘기했다. 로젠베르크는 브누아에게 기사를 직접 쓰 도록 했다. 이 기사는 다음 날 신문에 실렸고 이는 완전 충격적인 일이었다. 결국 이사회는 항복했고 《아르미드의 관》은 초연이 일 주일 연기되었다.

브누아 발레의 초연은 1907년 11월 25일이었다. 이날 먼저 《백 조의 호수》 전막 공연이 이루어졌고 그다음에 《아르미드의 관》 초연을 했는데 새벽 한 시에 끝났다. 대성공이었다. 파블로바, 게 르트, 니진스키와 그 외 다른 솔로이스트들의 인사 후에 브누아, 체렙닌과 포킨이 무대로 불려 나왔다. 브누아로서는 이렇게 "자 만심 가득한 즐거움"을 누린 것은 처음이었다. 꽃다발을 팔에 가

득 안은 파블로바는 브누아에게 키스했다.[119]

그해 겨울 니진스키는 마린스키 극장에서 비중이 덜한 역을 추기 시작했다. 그는 《라이몬다Raymonda》 중 헝가리풍 춤grand pas hongrois, 《라 바야데르La Bayadere》 중 파 닥시옹pas d'action•, 《파키타》 중 파 드 트루아pas de trois••, 《곱사등이 망아지》 중 파드되 등을 추었다.[120]

1908년 3월 21일 황실 극장 행정부를 위한 자선 공연에서 포킨은 아렌스키Arensky 음악으로 이집트를 주제로 한 발레 《이집트의 밤Une Nuit d'Egypte》을 안무하고 《쇼피니아나》의 두 번째 버전을 공연함으로써 다양한 스타일로 안무할 수 있었음을 입증해 보였다. 《이집트의 밤》의 경우에는 극장 측에서 새로운 무대를 만들지 못하게 하여 오페라 《아이다》에서 무대 세트를 빌려와서 사용했지만 포킨은 이 작품에서 배경이 되는 시대와 어울리는 의상을 고집하면서 발레 의상의 개혁을 더 광범위하게 실현해 나갔다. 주역은 파블로바와 게르트가 맡았으며 두 명의 노예를 위한 춤에서 니진스키는 발레리나 프레오브라옌스카야와 파트너가 되는 영광을 누렸다. 쇼팽 발레 《쇼피니아나》의 경우 처음 버전은 쇼팽의 C 샵(#) 단조 왈츠에서 영감을 받았으며 두 번째 버전 《쇼피니아나》에서는 모리스 켈러Maurice Keller가 관현악으로 편곡한 쇼팽 음악으로 새로운 솔로와 앙상블 춤을 안무했는데 이 왈츠만은

---

• 무용 작품의 스토리를 전개하기 위해 무용수가 표현하는 팬터마임적인 연기를 뜻한다.*
•• 세 사람이 어울려 추는 춤*

《아르미드의 관》에 출연한 니진스키 (존 S. 사전트 드로잉, 1911)

《아르미드의 관》 최초 버전에 출연한 안나 파블로바와 니진스키

그대로 두었다. 무도회장, 쇼팽과 수도승들은 작품에서 사라졌다. 그들 대신 한 명의 시인과 실피들sylphs이 등장했다. 작품 예산이 너무 적어서 포킨은 과거 발레 중에서 찾아낸 가장 긴 스커트를 의상으로 하여 탈리오니의 이미지를 재창조했다. 박스트는 원작 《쇼피니아나》에서 파블로바를 위해 디자인했던 의상으로 이번 버전 의상도 만들었다. 결국 포킨은 튀튀를 작품에서 완전히 사라지게 했다. 머리 모양은 머리 한가운데를 기준으로 머리를 양 갈래로 나눈 백색 의상의 실피들을 파블로바, 프레오브라옌스카야와 카르사비나가 이끌었다. 검정 벨벳 튜닉을 입은 니진스키는 시인으로 분했다. 이 역은 힘든 역할이었다. 비르투오조 기교보다 분위기를 유지하는 능력이 더 중요한 역할이었고 니진스키는 발레 작품 전체를 관통하면서 대단히 성공적으로 역을 이끌었다.•[121] 이날 《쇼피니아나》에서 특이했던 것은 서곡으로 쇼팽의「군대 폴로네이즈」를 연주했다는 것이다.

　무소륵스키의 오페라 《보리스 고두노프》는 1874년 마린스키에서 초연했다. 작곡가가 마흔두 살의 나이로 알코올에 찌들어 가난하게 죽은 1881년까지 15회 공연되었다.[122] 그 후 이 작품은 레퍼토리에서 제외되었다가 20세기 초 림스키코르사코프가 편곡하고 일부 악절을 다시 편성하여 거칠고 원시적인 요소 중 많은 부분을 제거했다. 《보리스》는 샬랴핀에 의해 부활했다. 그러

---

• 《이집트의 밤》(나중에 《클레오파트라》로 개명함)과 두 번째 버전 《쇼피니아나》(나중에 《레 실피드》가 됨)는 2장에 더 자세한 설명이 첨부되어 있다.

나 《보리스 고두노프》는 페테르부르크에서는 자주 공연해 봐야 한 해에 한 번 남짓이었고 그나마도 샬랴핀이 등장하는 장면만 박수를 받았다. 레퍼토리 중에 가장 인기 없는 오페라였으며 농민 폭도들과 가짜 드미트리가 등장하는 숲속 장면은 혁명의 의미를 내포하고 있어서 기득권들은 이 오페라를 자기들의 레퍼토리로 받아들이지 않았다. 궁정과 상류 사회에서는 오페라 《보리스》 공연에 냉담했으며 쿠치키스티koutchkisti라고 알려진 자유사상을 지닌 소수의 지식인층만이 이 오페라를 좋아했다.

댜길레프는 무소륵스키의 《보리스 고두노프》를 사랑했다. 댜길레프가 어린 시절 시인 파나예프Panaev의 증손녀이자 성악가인, 유쾌한 숙모 파나예바Panaeva가 하인들에게 "나는 오늘 노래하러 갈 것이니 무소륵스키를 부르는 걸 잊지 마"라고 말하던 것을 평생토록 기억하고 있었다. 작곡가는 숙모의 고정 반주자로 자신의 작품이 아닌 다른 곡들도 반주했다. 댜길레프는 《보리스 고두노프》 프로덕션을 1908년 여름 파리에서 공연하기로 결심했다.

우선 악보 문제가 제기되었다. 댜길레프는 말년에 이에 대해 다음과 같이 썼다.

1874년 《보리스 고두노프》 최초 프로덕션에서 여러 가지 사건이 있었던 것은 널리 알려진 일이다. 피멘의 방 장면과 백치The Innocent가 등장하는 혁명 장면은 금지되었다. 황실 극장 측에서는 오페라에 무소륵스키가 삽입한 폴란드 장면을 고집했다. 다시 복사되거나 출판된 적이 없는 (1927년 당시까지) 무소륵스키 자필 악보(림스키코르사코프가 손을 대기 전 오페라 최초 프로덕션들에 사용되었던 악보)에는 피멘의 방 장면은 포함되지 않았다. 그러나 림스키코르사코프의 악보들에서는 그 장면이 발견되었다. 오페라 마지막 장면에서 보여 준 무소륵스키의 뛰어난 아이디어는 보리스의 죽음이 아니라 혁명과 백치의 노래 장면이었다고 많이 말했다. 림스키코르사코프 버전의 제1개정판에는 이렇게 되어 있다. 그러나 무소륵스키의 자료를 보면 오페라는 보리스의 죽음으로 끝나며 마지막 페이지에 작곡가는 '오페라의 끝'이라고 써 두었다.

내가 파리에서 《보리스 고두노프》를 공연하기로 하자 이 작품이 처음 공연될 때부터 압력을 받아 왔던 몇몇 장면을 림스키코르사코프는 복원시켰는데 그중에는 파리에서 큰 관심을 불러일으킨 유명한 벨 소리 장면이 포함되었다. 나는 작품의 길이 때문에 겁이 났고 공연순서 때문에 걱정했다. 나의 친구들과 나는 장면 순서 바꿈에 대해 림스키코르사코프와 수없이 논의했다. 또 다른 문제 중에는 두 번의 군중 장면을 분리하고 대관식으로 막을 끝내기 위해 (연대기 순으로 가능하며* 극의 관점에서는 매우 효과적) 피멘의 방 장면 이후 대관식을 배치할 수 있을까를 생각했다. 파리에서 처음 공연할 때 나는 오페라가 너무 길어질 것이 두려워 여관 장면과 마리나의 침실 장면도 삭제했다. 대부분 사람은 프랑스인들은 어찌 되었건 결코 이해하지 못할 것이라고 했다! 림스키코르사코프가 행한 다른 개정 작업에 더해서 너무 짧다고 여긴 대관식 장면, 카리용carillon **을 연주하는 일부 장면을 정교하게 완성해 달라고 림스키코르사코프를 설득했다. 림스키코르사코프는 이 작업에 온전히 몰입했다. 그가 세상을

---

* 브누아는 댜길레프의 이 안에 동의하지 않았다. (『회고록 II』 252쪽)
** 많은 종을 음계 순서대로 달아 놓고 치는 악기*

떠나기 전에 그에게서 마지막으로 들은 말은 러시아에서 파리에 있던 나에게 보낸 전보에서 "내가 새로 한 작업이 어떠냐?"고 전보로 물어온 말이었다.[123]

브누아는 피터 대제 이전의 과거 러시아와 건축에서 등장하는 모스크바의 오리엔탈풍은 그의 취향이 아니라고 느꼈기에 무대 장치 담당을 거절했다. 그는 좀 더 유럽 스타일인 폴란드 장면을 디자인하는 것으로 만족했다. 모스크바 출신의 화가 코로빈과 골로빈 역시 이 오페라의 디자인 작업에 참여를 거부했다. 이는 아마도 당시에는 댜길레프와 텔리아콥스키는 관계가 없었음에도 자신들의 후원자인 텔리아콥스키의 노여움을 살까 봐 두려워했던 것 같다. 그러나 골로빈은 이 오페라의 전체적인 디자인 컨셉을 기획할 때는 참여했고 제작은 다른 예술가들이 했다.[124]

러시아 역사와 성상화 전문가인 빌리빈Ivan Bilibine은 의상 디자인과 자문에 참여했다. 빌리빈의 지시에 따라 댜길레프와 브누아는 비단, 양단, 과거에 머리에 쓰던 장식물과 전통 의상을 구하려고 타타르 지방과 페테르부르크 시장의 유대인 가게를 샅샅이 뒤졌다.[125] 게다가 댜길레프는 "수 세기 동안 농부들이 간직하고 있던 아름답고 오래된 손으로 만든 사라판Sarafan•을 대량 구매하도록" 빌리빈을 북쪽 지방으로 보냈다. 빌리빈은 북쪽 지방의 여러 군데를 여행한 적이 있어 그쪽 상황을 잘 알고 있었다.[126] 과거부

---

• 몸에 꼭 맞고 소매가 없는 몸통부와 길이가 긴 스커트가 하이웨이스트의 절개선으로 결합된 러시아의 여자용 민속 의상*

터 전해 내려오던 이 보물들을 블라디미르 대공의 검수를 받기 위해 자그마한 에르미타주 궁정 극장(브누아가 폴란드 장면을 그린 곳)의 무대 위에서 펼쳐 보였다. 블라디미르 대공은 그전 해에 러시아 콘서트와 마찬가지로 이 해에도 댜길레프가 기획할 수 있도록 후원해 준 사람이었다.[127]

알렉산더 2세의 다섯 아들 중 둘째 아들이며 차르의 삼촌인 블라디미르는 키가 컸고 목소리도 컸고 유쾌한 성격이었다. 27명의 대공 중에서 예술 후원은 이 사람이 유일했다. 그는 네 살배기 황태자와 차르의 유일한 친동생 미하엘 알렉산드로비치Michael Alexandrovitch 다음으로 제국 내에서 네 번째로 영향력 있는 인물이었다. 그는 60세였다. 차르의 여동생 제니아Xenia와 결혼한 그의 사촌 알렉산더 미하일로비치는 글에서 블라디미르 대공에 대해 다음과 같이 언급했다.

블라디미르 대공은 고대 성상화를 수집했고 그는 1년에 두 번은 파리를 방문했다. 그리고 차르스코예 셀로에 있는 화려한 궁전에서 정성 들인 파티를 여는 것을 좋아했다. 그는 특이한 행동을 많이 해서 따뜻한 마음씨가 묻혀 버리기도 했다. 블라디미르 대공과 만나는 이 방인은 러시아에서 귀한 분의 거침없이 소리치는 목소리에 깜짝 놀라게 됨은 확실했다. 그는 자기보다 어린 대공들을 엄청나게 무시했다. 우리 중 누구도 프랑스 요리의 섬세함 혹은 예술을 주제로 토론할 준비를 하지 않으면 그와의 대화에 응할 수가 없었다.[128]

대공은 솔직하지도 않고 말수도 적은 그의 조카 니콜라스 2세와는 닮은 점이 거의 없다. 대공과는 정반대인 차르의 비밀스러운 의뭉함은 그의 때 이른 즉위 이후 덩치도 크고 고압적이며 멋진 삼촌들에 대한 방어기제로 인한 부분이 많으리라 추측해 볼 수 있다. 대공의 부인 마리 파블로브나Marie Pavlovna는 메클렌부르그Mecklenburg 출신의 공주로 활달하고 지성적이며 멋진 여인이었다. 니콜라스 2세 황후가 해야 할 일을 안 하고 뒷전으로 물러나 있는 상황과는 달리 대공비는 상류사회의 리더로서 활동에 매진했다. 그녀의 궁전은 냉담하고 자존심 높고 부끄러움 많은 황후의 궁전보다 훨씬 더 사교계와 예술계의 중심 역할을 했다. 블라디미르 대공 부부는 황후를 싫어했다. 블라디미르 대공은 황후 알렉산드라 페오도로브나 앞에서, 조카며느리인 황후의 입을 열게 하려고 고타 연감Almanach de Gotha*을 인용하면서 족보에 대한 실수를 범했을 만큼 필사적인 노력을 해야 했던 사실에 대해 엄청나게 투덜거렸다.[129]

블라디미르 대공은 안드레 대공Grand Duke André의 아버지였으며 안드레 대공은 크체신스카야의 친구였다가 후에 크체신스카야와 결혼을 했다. 블라디미르 대공은 타마라 카르사비나가 발레 학교 학생 시절일 때 그녀의 춤을 처음 본 이후부터 타마라의 대단한 미래를 내다보았고 그녀에 대한 아버지 같은 관심은 여러 해 동안 지속되었다. 그는 바르바라 이바노바에게 어린 카르사비

---

• 유럽의 왕가·귀족의 족보 등을 기재한 자료*

나의 사진을 자신에게 보내 달라고 요청하여 한때 발레 학교에서 이 사건으로 한바탕 소동이 일어나기도 했다. 여교장 이바노바는 당연히 대공의 말에 복종해야 하지만 카르사비나의 사진만 골라 내면 그녀의 학생에게 자만심을 심어 줄까봐 우려했다. 다른 스 태프들과 상의한 끝에 학교에 있는 모든 여학생의 사진을 보내기로 했다.[130]

황태후는 댜길레프가 《보리스 고두노프》(이하 보리스)를 파리에 가져가서 공연한다는 소식을 듣고는 "그대가 파리 관객들에게 이보다 더 지루함을 안겨 줄 수 있을까?"라고 말했다.[131] 댜길레프는 다음과 같이 썼다.

> 황실 극장 측은 이번 경우에 가능한 모든 도움(블라디미르 대공이 뒤 에서 후원해 주었기 때문에 가능했던 도움)을 주려고 했다. 합창단은 모 스크바 볼쇼이 극장에서 데려다 쓸 수 있게 해 주었고 우리 가수들 은 최고였다. 다시 말해, 샬랴핀, 스미르노프, 유기나Yougina, 즈브루 에바, 페트렌코 등이 있었고, 무대 기술팀은 당대 무대 기술의 마법 사라고 불리던 K. F. 발츠K. F. Valz를 리더로 하여 모스크바에서 데리 고 왔다. 우리 지휘자는 F. M. 블루멘펠트였다.
>
> 우리는 파리 오페라 측과 합의를 했다. 《보리스》 공연을 위해 그들 이 극장을 우리 마음대로 사용하면 되고 그 대신 공연 후 무대 세트 와 의상은 모두 파리 오페라 측에 넘기기로 했다. 이렇게 한 의도는 파리 오페라의 레퍼토리가 하나 더해져서 프랑스어로 공연하기 위 함이었다. (그 뒤에 부임한 파리 오페라 감독들이 이 프로덕션을 뉴욕 메 트로폴리탄 오페라하우스에 팔았기 때문에 파리 오페라에서 프랑스어로

된《보리스》의 공연은 절대 일어나지 않았다. 나의 파리 시즌 이후 유럽에서 다시《보리스》를 공연하기 전에 이 공연은 미국으로 갔다.)

그렇게 사전에 합의하고 호기심 많고 기대에 가득 차서 우리를 기다리고 있는 파리로 향했다. 그러나 우리는 파리 오페라 관리들의 완고한 관료주의에 맞닥뜨려 엄청난 어려움에 직면했다. 우리가 도착했을 때《보리스》같이 복잡한 오페라를 이렇게 짧은 시간 내에 준비하여 올리는 것은 불가능하다고 했다. 극장 자체의 레퍼토리만 해도 리허설 시간을 가득 채우고도 부족하다는 것이었다. 그러고는 이렇게 복잡한 장치를 설치한 무대에서 가수들의 리허설이 불가능하다고 했다. 내가 무엇을 요청하든지 간에 그들의 대답은 한결같이 "들어본 적도 없다! 불가능하다!"는 것이었다.

결국 우리가 오케스트라와 리허설을 시작했을 때 (겨우 2~3회 리허설이 허락되었을 뿐이었다) 무대 장치를 설치하는 소음 때문에 나는 금화 20프랑을 준비하여 샬랴핀과 다른 주역 가수들이 리허설할 때 그들에게 팁으로 쥐여 주었다. 이 방법만이 망치질을 멈추고 한잔하러 가게끔 그들을 내보낼 수 있었다. 공연 3일 전 그들은 우리 무대 세트를 공연 당일에만 설치해 줄 수 있다고 말했다. 일곱 세트나 설치해야 하는데 말이다.[132]


브누아는 이 비상 사태를 다르게 기억하고 있었고 댜길레프가 쓰지 않은, 당시 댜길레프가 취한 즉각적인 조치에 대해 기록해 두었다.


거의 공식적이라고 할 수 있는 리허설이 있던 날, 총연습 48시간 전 페트로만Petroman이 놀란 얼굴로 달려오더니 문제가 생겼고 우리 잘못이라고 말했다. 무대 장치의 크기가 무대에 비해 작아서 바닥에 닿질 않기 때문에 3~4일 정도 걸리는 대규모 수정이 필요하다는 것이었다. 여기서 댜길레프는 자신의 진정한 모습을 보여 주면서 난국을 헤쳐나갔다. 댜길레프는 매우 차분하게 공연은 연기할 수가 없으며 무대 장치 없이 오페라를 준비하겠다고 선언했다. 페트로만은 스캔들이 일어날 것이 너무 두려워 불가능을 가능으로 (…)

그러나 이 사건 이후에도 우리는 드레스 리허설을 할 수 있을지 확신을 할 수가 없었다. (…) 일부 합창 부분은 리허설이 충분치가 못했고 나머지 부분들은 자정이 되어서야 겨우 테스트할 수 있었는데 완전히 통제가 안 되는 야단법석이었다. 이 또한 잊을 수 없는 깊은 인상을 받았다. 파리 오페라의 거대한 무대, 오로지 촛불 하나만 밝힌 채 무대 위에서 북적거리는, 거리에서 배회하던 악취를 풍기던 수상쩍은 2백 명의 사람들은 더럽고 수염은 비뚤게 붙이고는 귀족들의 털코트와 모자를 급하게 껴입었다. 이들 스스로 자신들의 모습에 놀란 것은 당연했다. 배고프지만 태평스러운 '배우들'은 즐겁게 일하기로 마음을 먹고는 지켜야 하는 모든 사항에는 둔감한 듯이 노래와 춤을 시작했다. 실패는 불가피해 보였고 우리의 대담무쌍한 댜길레프조차 걱정을 했다.

그러다가 극장에 또 다른 기적이 일어났다. 댜길레프는 라루Larue에서 공연 관계자들을 저녁 식사에 초대하여 내일 공연을 할 것인가, 말 것인가를 결정할 작전 회의를 열었다. 보잘것없는 소도구 담당자들부터 예술가들, 샬랴핀이 누구보다 신뢰하는 말더듬이 분장사까지 전체 팀이 소집되었다. 댜길레프는 문제 해결을 위해 이런 민주적인 방식을 택할 수밖에 없는 상황에 대해 틀림없이 두려움을 느꼈을 것이다![133]

댜길레프는 이렇게 썼다. "협력자들과 미팅을 했다. (…) 러시아에서 온 무대 기술자들을 포함하여 모든 사람이 그 자리에 있었다. 가장 목청을 높여 말한 이는 발츠였고, 그는 무대 기술자들과 가발 제작자 페오도어 그리고리예비치 자이카Feodor Grigorievitch Zaika의 지지를 받았다. 나는 자이카를 볼 때마다 호프만의 드로셀마이어가 생각이 났다. 이들은 공연 연기는 우리의 기획을 망친다는 것을 의미한다면서 점점 더 흥분 상태가 되었다. 나는 모험을 하기로 했고 쇼를 계속하기로 했다."

《보리스》를 공연하기 전날 밤 모든 이들이 늦게 잠자리에 들었다. 다음 날 이른 시각 댜길레프는 미라보 호텔 자기 방의 문을 누군가가 두드리는 소리에 잠이 깼다.

"누구세요?"

"들어가도 되나요? 샬랴핀입니다."

"무슨 일인가요, 페오도어 이바노비치?"

"혹시 당신 방에 소파가 있나요? 나는 혼자서 도저히 견딜 수가 없습니다."

"그래서 그 거인은 내 방 작은 소파에 웅크린 채 잠을 설치면서 밤을 보냈다"[134]라고 댜길레프는 썼다.

브누아는 이렇게 기록했다.

대관식, 폴로네이즈, 혁명 장면은 댜길레프의 감독 하에 오후에 세 번씩 리허설을 했다. 주역 가수들은 그들 각자의 파트를 피아노 반주로 리허설 했으며 화가들은 배너와 성화에 마지막 손질을 했고

30명의 재봉사는 바느질하고 수선하고 다림질을 했다. 나는 미친 사람처럼 전속력으로 밑으로 내려갔고 (엘리베이터도, 전화도 없었음) 댜길레프는 멋진 프로그램의 교정을 보고 있었다.[135]

폴로네이즈는 파리 오페라의 발레 무용수들이 추기로 되어 있었지만, 리더는 페테르부르크에서 온 무용수 알렉산드라 바실리예바Alexandra Vasilieva와 미하일 알렉산드로프Mikhail Alexandrov, 두 명이 맡았다. 바실리예바는 발레애호가 베조브라소프의 파트너이며 경력이 풍부한 무용수였다. 알렉산드로프는 미남자이며 자신이 차르 알렉산더 2세의 사생아[136] *라고 믿고 있는 허영심 많은 남자 무용수였다. 잠시 후에 살펴보겠지만, 그는 니진스키 생애에 결정적인 역할을 한 사람으로 추정된다.

결국 댜길레프와 그의 친구들은 러시아에서 그려진 무대 세트가 걸리고 함께 어우러진 모습, 처음으로 조명이 들어온 광경을 보았다. 파리에서는 이전에 결코 볼 수 없었던 다양한 색상과 화려한 의상을 입은 귀족들, 궁수들, 농부들과 성직자들로 구성된 거대한 군중들이 그들 앞에서 움직였다. 이 프로덕션은 공연 시작 몇 분 전에 준비가 완료되었다.

댜길레프는 다음과 같이 썼다.

---

• 크체신스카야의 말에 의하면 미하일 알렉산드로프는 차르 알렉산더 2세의 귀천상혼한 두 번째 부인, 유리옙스카야 공주Princess Yurievskaya의 남형제인 돌고루콥 공작Prince Dolgoroukov의 아들이라고 했다. 니진스카 역시 크체신스카야의 말이 맞다고 생각했다.

커튼이 오르기 전에 바꿀 시간이 없었다. 첫째 장면 끝 무렵 관객들은 작품을 즐기기 시작했다. 무대 옆 양쪽 날개 쪽에서 보이지 않은 수도승들의 합창과 함께 등장하는 피멘의 방은 선풍을 일으켰다. 그리고 대관식 장면이 공연되는 동안 우리는 《보리스》가 대성공할 것임을 확신했다. 내가 연출했던 엑스트라 배우들로 구성된 행렬들의 입장 장면은 차마 직접 볼 수가 없었다. 두 번째 휴식 시간 동안 우리의 성공에 깜짝 놀라던 무대 담당자들은 내가 연미복을 입고 흰 장갑을 낀 채 폴란드 정원 장면을 위해 울타리들을 옮기고 벤치를 놓는 모습을 보자 달려와서 나를 도왔다. 무대의 분수 작동 때문에 물을 아껴야 해서 나는 물 한 모금도 마실 수가 없었지만 (동원할 수 있는 물은 다 끌어다가 소방수들을 위해 비축하고 있었다) 그렇다고 이런 것이 폴란드 장면의 성공을 퇴색하게 하지는 않았다. 스미르노프에 완전히 반한 프랑스의 숙녀들은 곧 그가 부르는 "그 말을 한 번 더 해 주시오, 마리나! o povtori, povtori, Marina!"에서 후두음 r을 발음하는 노랫소리를 듣게 되었다. 《보리스》의 광란 장면에서 샬랴핀이 부를 때 남긴 인상은 완전히 관객들을 감동의 도가니 속에 빠뜨리면서 열광시켰다. 내가 지시해 만든 수북이 쌓인 눈을 배경으로 혁명 장면을 표현하였는데, 여기서 등장하는 백치의 에피소드, 썰매 위에 똑바로 선 사기꾼 드미트리가 지나가는 장면과 횃불을 휘두르면서 노래하는 거대한 합창 앙상블은 관객들이 가장 좋아하는 장면으로 강한 인상을 남겼다. 전체 공연에서 차질이 난 것은 마지막 휴식 시간의 길이였다. 이는 발츠가 크레믈린의 그레이트 홀Great Hall of the Kremlin이 등장하는 장면의 무대 세트에 무겁고 거대하고 화려한 샹들리에를 달아야 한다고 고집을 피웠기 때문이었다. 이때 관객들은 점점 조급해지더니 발을 구르기 시작했다. 그러나 보리스가 세상을 하직하는 장면 중에, 특히 금욕적인 수도사들이 긴 촛불을 들고 입장할 때 그리고 보리스가 그의 자녀들에게 마지막 당부를 할 때 관객들은 넋이 나갔다. 서방에서 러시아 오페라의 미래는 확실했다. 그날 밤 오페라 공연이 끝나고 샬랴핀은 그랑 불바르grands boulevards* 를 따라 나와 함께 나란히 걸으면서 "오늘 밤 우리는 뭔가 중요한 일을 해내었습니다. 그것이 뭔지는 모르겠지만 우리는 정말로 뭔가 중요한 일을 해내었습니다!"라는 말을 반복했다.[137]

몇 년이 지난 후 브누아 역시 그날 밤의 흥분을 회상한다.

새벽녘에 헤어지기 싫어하는 댜길레프와 팔짱을 끼고 함께 호텔로 돌아온 것을 생생히 기억한다. 그리고 방돔Vendôme 광장에 도착하여 각주 위에 서 있는 또 다른 정복자**를 도전의 눈빛으로 쳐다보면서! 우리는 각자의 방에 도착했을 때조차도 마당을 사이에 두고 있던 내가 묵고 있는 오리엔트 호텔과 댜길레프가 묵고 있는 미라보 호텔까지 서로 이름을 부르기 시작했다. 태양은 이미 중천에 떴고 댜길레프의 사촌 파프카Paffka 역시 약간의 취기가 올라 내 방으로 와서 창문을 통해 댜길레프와 내가 대화하는 것을 들었고 그도 역시 이름을 부르기 시작했다. 결국 사람들이 창문으로 모두 내다보았고 시끄러운 소리에 짜증을 내었다. 수위가 우리들의 방문을 두드리기 시작했다. 나는 겨우 파프카를 창문에서 떼어내서 내 방의 소파 위에 그를 자도록 했다.[138]

---

• 파리의 마들렌에서 바스티유에 이르는 큰 거리*
•• 나폴레옹 1세*

댜길레프는 이렇게 기록했다.

우리의 이 기획을 러시아에서 얼마나 미심쩍게 생각했는지를 인정하지 않을 수 없는 대표적인 사례가 있다. 나를 그렇게 좋아하는 블라디미르 알렉산드로비치 대공조차도 우리의 첫 공연을 보러 파리에 오지를 않았다는 사실이다. 그는 《보리스》의 성공을 알려 주는 수많은 전보를 받고서는 비로소 부인과 함께 급행열차를 타고 극장으로 바로 왔다. 대공은 진심으로 행복해하고 자랑스러워했다. 대공은 이 프로젝트에 대해 나에게 용기를 준 유일한 사람이었으며 그는 열과 성을 다해 내가 이 기획을 할 수 있도록 도와 주었다. 대공은 마땅히 이런 성공을 누려야 하는 사람이었다. 그는 우리 공연의 높은 수준에 놀랐다. 그는 전체 예술단과 무대 스탭들을 위해 자신이 머무르고 있는 콘티넨털 호텔에서 파티를 열었고 "《보리스》가 이렇게 성공한 것은 나나 댜길레프 때문이 아니다. 여러분 모두가 해낸 것이다. 우리는 오로지 기획을 했을 뿐이다. 당신들이 성공하도록 공연을 한 것이다"라는 짤막한 연설을 했다. 합창단은 이 연설을 잘못 이해하여 대공이 나에게 불만이 있다고 생각했다.

블라디미르 대공은 페테르부르크로 돌아가기 전 나에게 "2만 루블이 모자란다는 것이 사실이냐? 나에게 사실을 말해 주면 내가 차르에게 모자라는 금액을 보상해 주라고 부탁하겠다"고 말했다. 나는 대공에게 그건 사실이 아니라고 말했다. 그는 웃으며 "아마도 그대가 나에게 글로 알려 주는 게 더 낫겠지?"라고 했다. 나는 그 이야기에는 사실이 하나도 없다고 주장했다. 그는 일어나서 나에게 오더니 팔을 들어 성호를 그으면서 "그대를 모든 악의 음모자들로부터 구원해 주는 축복이 있기를!"이라고 말하고는 나를 껴안았다.[139]

다길레프는 1908 파리 시즌에서 러시아 오페라가 성공함으로써 얻은 소중한 결과로 가장 친한 친구 중 한 명이 되는 여인을 만났다. 그녀의 태어날 때 이름은 고뎁스카Godebska, 반은 폴란드, 반은 벨기에 핏줄을 타고 태어난 미샤Misia였다. 그녀는 20대 초반에는 활달하고 매력적인 여인으로 말라르메Stéphane Mallarmé, 로트렉Henri de Toulouse-Lautrec, 르누아르Auguste Renoir, 보나르Pierre Bonnard, 뷔야르Édouard Vuillard의 친구였으며 이들 중 마지막 네 사람은 모두 미샤를 그렸다. 그 당시 미샤는 프랑스의 일간지 『마탱Le Matin』의 부유한 사주 알프레드 에드워즈Alfred Edwards와 결혼을 했다. 얼마 지나지 않아 그녀의 남편은 호세마리아 세르트José-Maria Sert로 바뀌었다.

미샤는 《보리스 고두노프》를 자신의 두 번째 사랑이라고 선언했다. 드뷔시의 《펠레아스와 멜리장드Pelléas-Mélisande》가 그녀의 첫 번째 사랑이었다.

첫날 공연 때 기둥 사이에 있는 큰 박스 석으로 몇몇 친구들을 초대했다. 그러나 나는 1막 중간에 음악에 너무나 감동해서 갤러리로 나가서 끝날 때까지 계단 위에 앉아 있었다. (…) 무대는 금색으로 치장되어있었다. 샬랴핀의 목소리는 무소륵스키의 감동적인 음악 너머로 힘이 넘치면서 아름답게 솟아올랐다. (…) 극장을 떠날 때는 내 인생에서 무언가가 변화했다는 사실을 감지할 정도로 내 마음은 동요했다. 음악은 항상 나와 함께 있었다. (…) 나는 이 작품을 지속적으로 홍보하였고 내가 사랑하는 모든 사람을 이 음악 속으로 끌어당겼다. (…) 매일 공연을 보는 것으로 만족하지 않았고 팔리지 않은 모든 입장권을 나에게 가져 오라고 해서 안 팔리는 좌석이 없도록 했다. 댜길레프는 이로 말미암아 재정적인 성공도 가능하다는 환상을 가지게 되었다.

이 글의 일부는 과장된 면도 있지만 미샤는 실제로 댜길레프의 가장 확고한 후원자였음을 증명해 보였다. 미샤는 다음과 같이 썼다.

첫날 공연하고 바로 직후의 어느 날 저녁 프루니에Prunier에서 세르트와 내가 식사를 할 때 댜길레프를 보았다.[•] 세르트는 그를 알았고 댜길레프를 나에게 소개해 주었다. 댜길레프는 《보리스》공연에 대해 내가 열광하자 금세 나에게 마음을 열었다. 우리는 새벽 다섯 시까지 같이 있으면서 헤어져야 한다는 사실이 견딜 수 없을 만큼 아쉬웠다. 다음 날 그가 나를 보러 왔고 우리의 우정은 댜길레프가 세상을 떠날 때까지 지속되었다.[140]

세르트 부부는 댜길레프 발레단이 가장 어려운 시기에 몇 번이나 구원의 손길을 내밀면서 그들의 우정을 흔치 않은 방법으로 증명해 보였다.

---

• 거의 언제나 정확하게 기록하는 브누아에 의하면 《보리스》첫날 공연 이후 축하 모임이었다. "우리(브누아가 뜻하는 '우리'는 댜길레프, 살랴핀도 참석한 듯하고, 댜길레프의 사촌 파벨 코리부트쿠비토비치와 브누아 자신을 의미한다고 봄)는 미샤 에드워즈, 베나르다키Bénardaky 부인과 함께 카페 드 라 페de la Paix에서 지극히 친밀한 사적인 모임으로 성공을 축하했다(『회고록 II』 252쪽)." 댜길레프를 만나기 전에 미샤 세르트가 《보리스》를 들은 것 같다(M. 세르트: 『두 명 혹은 세 명의 뮤즈 Two or Three Muses』 111,112쪽).

부르만에 의하면 페테르부르크 상류사회의 부자들에게 매춘 알선업자로 고용된 남자가 발레단에 있었고 그는 이 부자들에게 발레단의 소녀 무용수들을 소개해 주었다. 이렇게 연결이 되면 그 소녀 무용수들은 극장에 값비싼 보석으로 치장하고 등장했다고 했다.[141] 부르만은 발레단 내 매춘 알선업자를 다른 이름으로 말했지만 그가 《보리스》에서 폴로네이즈 장면을 이끈 알렉산드로프라는 증거가 있다.[142] 그와 그의 공범자는 니진스키와 부르만을 어느 친구와 만나게 하려고 만찬에 초청했다. 그들이 부르만을 초청한 이유는 불분명한데, 그들이 생각하기에는 니진스키가 수줍음이 많아서 부르만 없이 혼자 오지 않을 것으로 생각한 것 같다. 만찬은 페테르부르크의 가장 고급 레스토랑 중의 하나인 쿠바트Cubat에서 이루어졌다. 이 레스토랑은 개인 룸으로 연결되는 높은 회랑에서는 홀 전체가 내려다보였다. 만찬의 주역은 파벨 드미트리예비치 리보프 공작이었다.•

이 공작은 1912년 제3두마 의장을 역임한 유서 깊은 가문 출신의 예술계 일원이었다. 서른 살의 그는 키가 훤칠하고 미남이었으며 크고 푸른 눈을 가졌고 외눈박이 안경을 쓰고 있었다. 그는 니진스키가 춤추는 것을 보았으며 그에게 완전히 반했다. 하지만 니진스키는 아직 여자를 유혹하는 방법을 배우지 않았고 성적으

---

• 부르만은 알렉산드로프를 '바실레프Vasilev'라고 불렀다. '바실레프'의 공범자는 '구트만' Guttmann이라고 이름 지었고, 리보프는 '미하일드미트리 공작Prince Michail-Dmitri'이라고 불렀다. 부르만이 공범자의 이름을 '구트만'이라고 지었던 이유는 크체신스카야의 친구인 고치남작 Baron Gotch이 '구트만'이라고 생각했기 때문이다.

로 매우 순진하다는 얘기를 두 매춘 알선자에게서 듣고, 그는 니진스키가 어떤가를 시험해 보기 위해 독창적인 방법을 떠올렸다(부르만의 이야기를 믿는다고 치면). 그는 자기 조카, 그가 세밀화를 그렸던 아름다운 공주가 니진스키에게 반했다면서 니진스키에게 반지를 사 주고 싶어 한다고 말했다. 어느 젊은이라도 그러한 낭만적인 상황에서는 속아 넘어갈 수도 있을 것이다. 만찬 후 두 사람은 보석상점 파베르제Fabergé를 방문했다. 그날 이후 "바슬라프는 한 번도 본 적 없는 공작 조카의 매력에 대해 공작과 얘기를 나누기 위해 둘만의 조용한 장소로 옮겨 다니는" 동안 더 많은 만찬에 참석하게 되었고, 더 많은 ─ 미국 출신의 흑인 클로드 홉킨스Claude Hopkins가 페테르부르크에서 최초로 탭댄스 공연을 선보인 아쿠아리움Aquarium 같은 ─ 나이트클럽을 방문했으며 더 많은 선물을 받고 더 많은 파티에 참석하게 되었다.[143]

다음은 부르만이 들려준 꺼림칙한 이야기다. 스포츠계의 큰 후원자인 리보프는 니진스키 가족에게 재정적으로 많은 도움을 준 좋은 친구였다. 엘레오노라는 그를 좋아했다. 그리고 브로니아가 발가락이 독으로 감염되었을 때 리보프는 브로니아를 의사에게 데리고 갔고 아마도 이는 브로니아의 경력을 구하게 된 사건이라고 할 수 있었다.[144]

남자들 간의 염문은 페테르부르크 상류 사회에서는 지극히 자연스러운 일로 받아들여졌다.[145] 그 시절 파리에서는 그렇지가 않았고 런던은 더욱 그런 관계에 대해 엄격했다. 아버지의 부재로 인해 니진스키가 정서적으로는 나이 든 남자의 보호해 주는 사랑이 필요했다 하더라도, 리보프 공작과의 관계 이후 육체적으로는 여성과의 관계를 더 좋아했다. 이런 사실을 고려해 보면 브로니아의 증언을 바탕으로 이 당시 상황을 언급하는 것이 정확할 듯 싶다.

니진스키는 그 이전에는 결코 그렇게 맵시 있는 옷을 입어 본 적도 없었고 그렇게 잘 먹고 잘 마신 적도 없었으며 그렇게 호화로운 집에서 살아본 적도 없었다. 그 당시 사진으로 판단해 보건대 공작의 찬사는 니진스키가 선천적으로 물려받은, 여성들에게 호감을 일으키는 기질을 발휘하게 했다. 춤을 추는 동안 다른 무용수들이 하는 것처럼 거울을 보면서 자신의 포즈를 교정할 필요가 없이 그는 자신의 사지가 취하는 형태의 패턴을 본능적으로 아는 것처럼,[146] 그는 자신의 튀어나온 광대뼈와 반은 육감적이고 반은 놀림감이 되는 신비로운 판신 같은 외모가 활달함이나 화려한 언변의 부족을 메꾸어 줄 수 있다는 사실도 쉽게 추정했다. 그는 머리 모양을 여러 가지 스타일로 계속 시도해 보았다. 결이 좋은 머리카락을 이용해 앞머리, 비스듬한 가르마, 정중앙에서 오른쪽으로 살짝 치우친 가르마 등 양옆으로 멋을 부렸다.[147]

파벨 드미트리비치는 무대 밖의 니진스키에게 실망했을까? 니진스키와의 우정이 몇 주 지속된 후 이 무용수는 자신의 타입이 아니라는 것을 깨달았을까? 흔히 크기가 중시되는 부위의 경우 니진스키는 작았다.[148] 우연히도 리보프의 집에서 니진스키는 처음으로 여성과 성관계를 한 것 같다. 그녀는 매춘부였으며 바슬라프는 겁을 먹어서 성관계를 멀리하게 되었다.*

두 사람의 관계는 몇 달간 지속되었지만 공작이 사랑에 빠지지 않은 것은 명백했다. 공작이 니진스키를 엄청난 부호인 폴란드인 티시키예비치 백작Count Tishkievitch에게 소개한 것을 보아도 공작은 질투 때문에 니진스키를 자기만의 사람으로 숨겨 두지는 않았다. 그러나 니진스키는 확실히 리보프를 사랑했다. 인정하건대 우리가 '해석'을 해야 하는 1918년 그의 일기장에 그는 이렇게 썼다. "어느 날 나는 러시아 공작과 만났고 그는 나에게 폴란드 백작을 소개해 주었다. (…) 이 백작은 나에게 피아노를 사 주었다. 나는 그를 사랑하지 않았다. 나는 공작을 사랑했고 백작을 사랑하지 않았다."[149] 브로니슬라바 니진스카에 의하면 니진스키에게 피아노를 사 준 사람은 티시키예비치가 아니라 리보프 공작이었다고 했다. 네 명의 자녀를 둔 기혼자인 백작은 폴란드의 빌나Vilna에서 브로니아의 부모를 수년 전부터 알았다. 백작은 브로니아에게 도덕에 관해 강의를 했고 소녀들이 향수 사용하는 것을 허락하지 않았다고 기억했다.[150] 짐작하건대 정확한 그녀의 기억들은 오빠의 '일기' 내용에 대한 정확성 또는 그의 일기를 편집한 사람**에 대해 의문을 제기하고 있다.

차르와 황후가 3년 전 라스푸틴Rasputin과의 만남으로 인해 로마노프Romanov 왕조를 파멸로 이끌고 간 것처럼, 공작과 만남 이후 바슬라프의 또 다른 유명한 만남은 전 세계 발레의 미래를 위해

---

• 이 내용은 바슬라프가 로몰라에게 한 말이었다. 브로니슬라바도 리보프의 집에서 일어났다는 이 경험에 대해 알고 있었지만 사실 여부에 대해서는 미심쩍게 생각했다.
•• 로몰라 니진스키를 가리킨다.*

매우 유익한 만남이 되었다.

댜길레프(당시 그는 비서로 채용한 알렉시스 마브린Alexis Mavrine이라는 젊은이와 사귀고 있었다)는 당연히 발레 학교를 졸업하기 전에도, 졸업한 이후에도 무대에서 공연하는 니진스키를 보았다. 니진스키는 러시아 예술계의 실력자로서 댜길레프를 알았다. 부르만에 의하면 이들의 첫 만남은 마린스키 극장의 공연 때 중간 휴식 시간이었다고 한다. 니진스키는 리보프 공작과 거울이 있는 큰 홀에서 왔다 갔다 하고 있었다. 오늘날에도 소비에트 시민들은 홀의 가운데 광택이 나는 세공한 마룻바닥은 비워 두고 벽을 따라 깔린 긴 카펫 위를 걸어 다닌다. 리보프는 그에게 댜길레프를 소개했다. 두 남자는 예외적일 만큼 대비가 되는 모습이었음이 틀림없다. 큰 머리와 인상적인 태도, 그에게 '친칠라'라는 별명처럼 검정 머리에 흰머리가 한 줄로 나 있고 외눈 안경을 겉멋으로 끼고 다니는 그의 모습은 실제보다 커 보였다. 5피트 4인치 키에 비스듬히 올라간 눈매와 좁고 경사진 어깨에서 솟아나 있는 근육질의 긴 목을 지닌 젊은이는 기본적으로 눈에 띄지 않은 외모였으며 그의 옆에서는 상대적으로 더 왜소해 보였다. 그날 저녁에 리보프와 니진스키가 쿠바트에서 개최되는 파티에 참석한다는 이야기를 댜길레프가 들었다. 부르만의 글에는 이 파티에서 니진스키와 댜길레프의 대화 내용이라면서 쓴 부분이 등장한다. 내용인즉 댜길레프는 그가 유럽에서 공연할 영광스러운 프로덕션에 대해 자랑을 늘어놓았고 니진스키는 모스크바 발레보다 페테르부르크 발레의 우월성에 대해 장광설을 늘어놓았다고 한다. 하지만 본질적으로 부르만의 글이 사실일 것 같지 않다. 예를 들면 니진스키가 그렇게 길게 자신에 대해 말을 늘어놓지 않는 성격이라는 것을 우리는 알고 있다. 그렇지만 부르만이 기록한 세부 사항을 살펴보면 1회 혹은 여러 차례의 만남에서 일어난 대화를 한 자리에서 일어난 것처럼 엮어 축약해서 쓴 것 같다. 부르만이 댜길레프를 사업가로 표현한 것을 댜길레프는 매우 불쾌하게 여겼다. 그 결과 댜길레프가 부르만에게 앙심을 품고 서유럽 공연 세 번째 시즌이 되어서야 자신과 계약을 했다고 기억했다. 이 부분의 자세한 사항은 부르만이 만들어 낸 것 같지는 않다.[151]

니진스키의 글을 보자.

리보프*는 나에게 댜길레프를 소개해 주었는데 그는 자신이 사는 유로파Europa 호텔로 오라고 했다. 자신감 넘치는 목소리 때문에 그가 싫었지만 행운을 찾으러 그에게 갔다. 나는 행운을 찾았다. 즉시 그가 나를 사랑하도록 허락했다. 나는 나뭇잎처럼 떨었다. 나는 그를 증오했다. 그러나 그러지 않은 척했다. 그렇게 하지 않으면 어머니와 나는 굶어 죽을 것이라는 것을 알기 때문이다.[152]

이제 우리는 이 지점에서 해석을 해 보자. 이 일기를 적을 당시는 니진스키의 정신 상태가 온전치 못했던 매우 어려운 시기였

---

• 출간된 『바슬라프 니진스키의 일기』에서는 번역자 혹은 편집자의 실수로 '리보프'를 '아이버 Ivor'로 잘못 썼다.

184

고 이 문장 속에는 사실이 하나도 없다는 것을 우리는 알고 있다. 여러 사건에서 나타난 증거로 보아 사실이 아닌 것을 그가 기록했음을 알 수 있다. 일기에서 논리를 찾는 것은 아니다. 하지만 몇 문장 속에서 글쓴이가 자신의 관점을 완전히 뒤집는다는 것도 알수 있다. 예를 들어 "나는 당신에게 아무런 존재가 아니므로 당신의 이름을 부를 수가 없습니다"로 시작하는 댜길레프에게 보내는 원망의 '편지'를 보면 마지막에 이렇게 적혀 있다. "나는 미약한 존재입니다. 당신에게 자장가를 지어드리고 싶습니다. (…) 자장가 (…) 평화롭게 주무세요, 주무세요, 평화롭게 주무세요." (이일기의 편집자 로몰라는 여기에 각주를 붙였다. "자장가는 시로 적혀 있었고 번역할 수가 없었다."[153]) 어느 쪽이 옳은 것인지는 잘 모르겠으나 일기를 썼던 1918년에는 아픈 니진스키가 댜길레프에게 배신감을 느꼈고, 더군다나 댜길레프의 사랑이 마신에게로 옮겨 갔기도 해서 더욱 그리 느꼈다. 니진스키의 일기 중 댜길레프와 관련된 대부분의 구절은 연인 간의 다툼 끝에 심하게 비난하는 소리 같이 들렸다. 이는 레딩 감옥Reading Gaol에서 쓴 저 유명한 편지 (『심연으로부터De Profundis』•라는 제목으로 기독교적인 사고에 부합하는 부분만 출간되었다)의 어느 끔찍한 부분을 떠올리게 한다. 나는 선하다, 당신은 나쁘다. 나는 옳다, 당신은 틀렸다. 연인과의 다툼을 떠올리며 자기 연민에 빠져 몇 번이나 굶어 죽는 주제를 언급하

---

• 동성애로 구속된 문인 오스카 와일드Oscar Wilde가 영국 버크셔주 레딩시의 감옥에서 수감 생활하면서 적은 옥중 기록*

였고 어린 시절의 가난도 댜길레프 탓으로 돌리게 되었다. 물론 1908년 당시 그가 어머니를 편안하게 부양할 수 없었을 것이라는 어떤 위험 징후도 없었다. 그래서 나는 니진스키의 일기 내용을 다음과 같이 해석했다. "내가 좋아했고 매력적이라고 생각한 리보프 공작과 나의 우정이 영원히 지속할 수 없음을 알게 되었을 때 나는 무척 우울했다. 그와 새로운 생활은 나에게 적어도 멋진 옷과 피아노를 가져다주었다. 내가 댜길레프에게 소개되었을 때 관계는 맺어졌으며 이것이 세상사 이치이며 내 운명이라는 생각에 익숙해지기 시작했다. 댜길레프는 나보다 나이가 정확히 두 배 많았다. 그의 목소리와 고압적인 태도가 싫었다. 하지만 내 경력에 그가 도움이 될 것임을 알고 있었다. 호텔 방에서 시작된 우리의 첫 관계는 그다지 성공적이지 못했다."

니진스키를 대변하면서 댜길레프에게도 공정하려면, 설사 이 책의 뒤쪽에 이런 점에 관해 기대한 내용이 나온다 할지라도 여기서 꼭 덧붙여야 할 사항이 있다. "댜길레프의 수업과 그가 용기를 불어넣은 것이 나를 그 시대의 가장 위대한 예술가, 역사상 존재하는 가장 위대한 무용가로 만들었다는 사실과 비교해 보면, 우리 관계의 성적인 측면은 중요하지 않은 문제로 취급될 것임을 예견하지 못했다. 그 호텔의 침실에서, 어느 한 인간이 다른 인간에게 의존할 수 있는 최대치로 댜길레프에게 의존할 수밖에 없을 거라고 내가 상상이나 했겠는가?"

1908년 11월 혹 12월 그렇게 두 남자는 처음 만났고 두 남자의 우정은 10년 전 오스카 와일드°와 알프레드 더글러스Alfred Douglas

사건 이후 가장 악명 높은 관계가 되었다. 그들의 결합이 2세를 가질 수는 없었지만 그 대신 걸작들을 탄생시켰다. 그리고 전 세계를 무대로 무용과 음악 그리고 회화의 역사를 변화시켰다.

---

• 댜길레프는 파리에서 1898년 와일드를 만났다. 추방당한 시인은 마지막으로 거래한 출판업자 스미더즈Smithers(비어즐리의 출판업자이기도 함)에게 댜길레프에 대해 글을 적어 보냈다. "당신 혹시 오브리의 드로잉 복제품Mlle de Maupin을 가지고 있나? 여기 젊은 러시아인이 있는데 오브리의 예술에 대해 아마추어치고는 대단한 식견을 지니고 있고 작품을 하나 갖고 싶어 한다네. 그는 대단한 수집가이며 부자라네. 그러니 당신이 그에게 복사본을 보내고 가격을 말해 보게. 그렇게 해서 오브리 드로잉 작품에 관해 그와 흥정을 해 보게. 그의 이름은 세르게이 드 댜길레프, 파리 생 오노레가, 생 제임스 호텔에 묵고 있다네(『오스카 와일드의 편지The Letters of Oscar Wilde』, 734쪽)."

제2장

**1909**

댜길레프는 무슨 이유로 러시아 발레를 서방에서 공연하기로 했는가?

그 이유에 대해서는 논란이 있을 수 있다. 몇 가지 이유를 꼽아보자면, 유명한 크체신스카야를 필두로 파블로바, 카르사비나 그리고 스무 살의 니진스키와 같은 천재적인 젊은 예술가들이 포진한 월등한 마린스키 발레단의 존재는 파리 시즌을 불가피하게 만들었다. 또는 포킨의 새로운 구상은 러시아 바깥의 새로운 관객들을 틀림없이 찾아 나섰을 것이다. 또는 박스트, 브누아처럼 한 세기 만에 등장한 가장 상상력 풍부한 무대 디자이너들이 국제적인 명성을 얻을 운명이었을 것이다. 그렇다면 소규모 캐릭터 무용수들의 해외 공연을 제외하고 어떤 발레단이 그 이전에 해외 공연을 한 적이 있는가? 사실은 두 번 있었다. 밀라노 무용가들이 만조티Luigi Manzotti의《엑셀시오르Excelsior》를 파리와 런던에서

1880년대*에 공연했다. 또 한 번은 1908년 여름 동안 파블로바와 볼름이 소규모 발레단을 이끌고 스웨덴, 덴마크와 독일 투어를 한 적이 있다. 하지만 파리에서 발레는 낭만주의 시기에 전성기를 맞이했고 드가의 시대에 쇠락하기 시작하면서 이제는 시대에 뒤진 예술이 되었다. 그런데 다시 파리 관객들을 발레 예술에 관심을 가지도록 설득할 수 있다는 증거가 있는가? 크체신스카야는 파리 오페라에 1907년과 1908년 몇 번 게스트로 초빙되어 춤을 추었지만 별다른 찬사를 받지는 못했다. 이 당시만 해도 러시아에서 박스트와 브누아는 이제 막 창조하려는 경이로움의 신호만을 주었을 뿐이라는 것을 기억해야 한다.

로몰라 니진스키는 니진스키가 "1909년 초겨울" 서유럽에서 발레 공연을 하자며 댜길레프를 설득했다고 썼다.[1] 당드레는 1908년 겨울 페테르부르크에서 오찬을 하던 중 그와 파블로바가 "이 기회(파리에서 오페라 공연을 위해 위원회를 구성하는 기회)를 이용하여 발레도 공연할 수 있도록 힘써 보자"라고 말했고 이에 대해 "(댜길레프가) 우리의 제안을 놀라워했다"라고 언급하면서 자신들이 러시아 발레를 해외로 데리고 나오는데 어떻게 애를 썼는지 밝히고 있다.[2] 포킨은 1908년 여름휴가를 스위스에서 보내면서 부유한 아마추어 무용가인 이다 루빈스타인Ida Rubinstein에게 무용 레슨을 해주고 있을 때 브누아에게서 편지를 받았다. 내용인즉슨 브누아가 "세르게이 파블로비치 댜길레프를 설득하여 파리에 발레단을 데

---

• 엔리코 체케티가 수석 무용수로 활약

리고 갈 아이디어를 갖고 있다"면서《아르미드의 관》과 포킨의 다른 발레 작품들을 공연할 생각이라고 밝혔다.[3] 파리 공연장의 콘서트 기획자이며 음악협회 창설자 아스트뤽은 당시 러시아 오페라와 발레 공연까지 공연의 영역을 확대하는 데 관심이 있었다. 그는《보리스 고두노프》시즌 동안 댜길레프에게 그다음 해에 러시아 발레를 파리에서 공연하자는 부탁을 했으며 어떻게 성사가 되었는지 그 과정을 묘사했다.[4]

니진스키, 파블로바, 브누아와 아스트뤽이 그들의 대화를 회상하면서 제각각 러시아 발레 역사에서 결정적인 역할을 했다고 믿었던 것이 모두 옳을지도 모른다. 댜길레프는 어쩔 수 없이 사람들의 반응을 떠 보기도 했고, 자신이 가장 좋아하는 분야에 대해 반대하는 척도 해 보면서, 동료(브누아)의 마음속에 자신이 원하던 기획의 씨앗을 심었다. 그리하여 브누아는 댜길레프가 이미 마음속으로 결심하고 있던 계획을 실행하도록, 자신이 주도권을 쥐고 댜길레프를 설득했다고 판단했다.* 브누아가 먼저 댜길레프를 설득하여 발레 예술을 심도 있게 받아들이도록 한 것은 확실했다. 하지만 댜길레프가 마린스키 극장에서 포킨의 개혁 작품을 보고 깨달았을 때,《아르미드의 관》에서 새로운 통합과 표현력이 가능함을 보았을 때, 파블로바와 니진스키라는 두 천재 예술가가 머지않은 장래에 새로운 발레를 해석해 공연할 수 있겠다는 것을

---

* 이에 대한 보기는 파리에서《지젤》을 공연하자는 브누아의 제안에 대한 댜길레프의 반응이다 (318쪽). 나는 이 반응을 보고 위와 같은 결론을 내렸다. 그러나 소콜로바가 이 문장을 읽었을 때 "꼭 늙은이 같아요!"라고 소리쳤다.

깨달았을 때, 댜길레프는 텔리아콥스키가 지배하는 러시아의 황실 극장에서는 불가능한 새로운 예술적인 승리를 서방에서 누릴 수 있겠다고 확신했다. 가장 필수적인 요소는 파블로바와 니진스키였다. 그리고 이 두 사람이 자신들이 댜길레프를 설득하여 러시아 발레를 해외에서 공연하게 했다고 생각하게 만든 것도 댜길레프의 외교적인 능력이었다. 세 번째로 가장 필요한 사람은 안무가 포킨이었다. 그는 이미 브누아와 작업을 했고 둘은 잘 맞았으며 브누아는 포킨을 자기들 그룹에 소개했다. 네 번째 요소는 아스트뤽이었다. 파리 공연을 위해서는 그는 없어서는 안 될 사람이었다.

사실 댜길레프는 지난 몇 년간 러시아 발레단을 서방에서 공연하게 하자는 아이디어를 마음속에 품고 있었다. 1906년 모스크바에서 댜길레프는 프랑스 음악 비평가 로베르 브뤼셀Robert Brussel에게 3년 이내에 자신이 러시아 발레단을 파리로 데려갈 것이라고 말했다.[5] 마린스키 극장에서 1907년 11월 《아르미드의 관》 초연 이후 댜길레프는 브누아에게 "이 작품은 반드시 유럽 관객들에게 보여 줘야 한다"라고 말했다.[6] 《보리스》가 파리 공연에서 성공한 뒤에 즉각 이 모호한 생각과 계획을 구체화했다. 때가 온 것이다.

러시아 콘서트를 유치했던 가브리엘 아스트뤽은 1908년 여름 파이야르Paillard에서 개최한 만찬 석상에서 그는 러시아 발레의 영광스러운 공연을 파리에 꼭 보여 줘야 한다고 댜길레프를 설득했다. 다음은 아스트뤽이 그날 두 사람의 대화가 어땠는지를 기억하는 내용이다. 아스트뤽은 마린스키 발레단의 알렉산드라 바실리예바가《보리스 고두노프》의 폴란드 장면에서 추는 춤을 보고 얼마나 감탄했는지를 언급했다. 바실리예바는 폴란드 장면에 등장하는 폴로네이즈 군무 춤에서 리더로 활약했으며 파리 오페라 발레단의 무용수들에게 이 장면을 가르쳤다.

"당신은 무용을 아주 좋아하는 것 같습니다"라고 댜길레프가 말했다. "당신은 페테르부르크에 우리 황실 발레단의 공연을 꼭 보러 와야 합니다. 이곳 프랑스에서 당신네는 무용을 더 이상 존중하지 않고 있으며, 파리에서 발레는 요즈음 관객들이 본 것처럼 불완전합니다. 파리에는 뛰어난 발레리나들은 있지만 당신들은 남성 무용수들이 얼마나 잘하는지는 모르고 있습니다. 우리 남성 무용수들은 러시아에서 스타입니다. 우리의 바슬라프가 얼마나 뛰어난지를 당신은 알 수 없습니다.[•] 나는 베스트리스 이후 그와 같이 뛰어난 무용수는 없었다고 믿습니다."

"그는 혼자 춤을 추나요?"

"예, 하지만 종종 그와 실력이 거의 대등한 파트너 파블로바와 함께 추기도 합니다. 그녀는 클래식 발레와 캐릭터 무용 두 분야에서 모두 세상에서 가장 위대한 발레리나입니다. 그녀는 춤을 추는 게 아니라 탈리오니처럼 떠다닙니다. 또한 힘들이지 않고 옥수수밭 위를 걸어 다닌다고 말할 수도 있습니다."

"그렇다면 당신들은 재능 있는 무용수들을 발굴하고 잘 활용하는 뛰어난 제작자들과 발레 마스터가 있는 것이 분명하군요."

---

[•] 나는 이 대화에 대해 쓴 아스트뤽의 텍스트에서 정확하게 인용했다. 그러나 댜길레프는 니진스키와 개인적으로 몰랐던 시기였다.

"맞습니다. 클래식 발레의 희망을 전달해 주는 우리 모두의 마스터
인 노련한 체케티가 있습니다. 또한 역사상 위대한 발레 마스터들의
후예인 진정한 천재 미셸 포킨이 있습니다."

"니진스키, 포킨과 파블로바는 내년에 꼭 파리로 와야 합니다."

"하지만 파리 관객들은 무용으로만 구성된 저녁 공연에는 절대 오
지 않을 것입니다."[7]

댜길레프는 러시아 발레(그가 데리고 오려는 러시아 발레)로만 구
성된 저녁 공연도 파리 관객들을 매혹할 수 있다는 사실을 완벽
하게 잘 알았다. 하지만 댜길레프는 아스트뤽이 자신이 주도하여
댜길레프를 설득하고 러시아 발레단의 파리 공연을 성사시켰다
고 착각하게 하고 싶었다.

이 대화는 1908년 6월 2일에 오간 내용이다. 아스트뤽은 자신
의 파일에 그날 만찬을 하면서 오간 대화들을 갈겨쓴 기록을 보
관했다. 두 겹으로 접힌 종이 윗줄에 "파이야르, 앙탱가 2, 파리"
라고 적혀 있고, 그 기록에서 발레 뤼스의 탄생을 알 수 있다.[8]

먼저 아스트뤽은 댜길레프가 제안한 작품 제목들을 썼다. "아
르미드의 관, 체렙닌 음악, 파블로바 출연 — 무대 디자인과 대본
브누아(원문대로). 2막. 실비아Sylvia — 레오 들리브Leo Délibes. 3장."
그러나 "실비아"는 선을 그어 지우고 "지젤 (…) 2막"이라고 썼다.
이 메모를 보면 그들이 최초의 러시아 시즌에 했던 것처럼 발레를
공연하는 날은 오페라와 번갈아 할 의도임이 명백했다. 왜냐하면
여기 처음의 메모 다음에는 "림스키코르사코프의 모차르트와 살

리에리Mozart et Salieri — 안셀미Anselmi & 샬리아핀"이라고 적혀 있다. 그리고 이 시즌 공연을 위해 아스트뤽이 제안한 장소는 파리 오페라가 아니고 "사라 베르나르 극장. 1909년 5월"이었다.

그다음 아스트뤽은 이 시즌을 위해 후원을 할 가능성이 있는 사람들의 리스트를 만들었는데 그 일부는 댜길레프가 불러 준 대로였다. "뮈라 공주S. A. la Princesse Murat, 가네 후작부인Mse de Ganay, 셰비니 백작부인Csse de Chevigné, 푸탈레 백작부인Csse Ed de Pourtalès, 호헨펠젠 백작부인Csse de Hohenfelsen, 폴리냐크 공주Psse de Polignac, 시릴르 대공Grand Duc Cyrille, 카스텔란 백작부인Csse Jean de Castellane, 로스칠드 남작부인Bnne? de Rothschild?"

뒷면에는 총비용을 적어 두었다. 기획자로서 자신의 수고비 5만 프랑을 합쳐서 26만 5천 프랑. 16회 공연으로 회당 2만 프랑의 수입을 예상했고 수입은 총 32만 프랑으로 적혀 있다. 첫 페이지 맨 위의 주소 등이 인쇄된 부분의 작은 공간에는 댜길레프가 추천한 발레리나 이름이 적혀 있다. "파블로바 II. 프레오브라옌스카야. 겔처Gelzer. 트레필로바. 세도바Sedowa. 키악흐트Kiakcht." 마지막으로, '파이야르'라고 새겨진 글자 위의 좁은 공간에는 이렇게 썼다. "니진스키, 코슬로브Koslow, 모르드킨Mordkine, 아드리아노프Andrianov, 볼름, 포킨."

6월 4일[9] 아스트뤽은 에드몽 드 폴리냐크Edmond de Polignac 공주의 파티에서 블라디미르 대공부인(마리 파블로브나)에게 발레와 오페라 시즌에 관해 이야기를 꺼냈다. 그녀는 이 구상을 찬성했다. 댜길레프와 아스트뤽은 더 구체적인 이야기를 나누었다. 그다음 해 5월 러시아인들이 파리로 도착하기 거의 한 달 전까지는 여기서 투어를 할 예술단의 구성과 레퍼토리가 계속 변하기는 했지만 어쨌든 계약은 성사되었다.

계약에서 댜길레프가 러시아 시즌의 전체 재정에 책임을 지는 것으로 언급되어 있다. 대신 아스트뤽은 행정, 광고, 티켓 판매를 책임지기로 했다. 아스트뤽은 총 수익금의 2.5퍼센트만 받기로 했다. 댜길레프는 그를 잘 구슬려서 그가 통상적으로 받는 수고비의 절반만 받도록 했다.[10] 아스트뤽은 자신과 우호 관계를 유지하던 파리의 언론과 함께 댜길레프를 후원했다. 프랑스에서는 편집 기사면과 광고면의 구분이 영어권 나라들처럼 분명하게 나누어져 있지 않았다. 유명한 비평가들에게 의뢰했던 기사를 싣기 위해 어느 정도 지면을 남겨 두었다. 아스트뤽은 사실 계약에 명시하지 않은 수많은 일을 하느라 애를 많이 썼다. 예를 들면 러시아 예술단이 공연할 샤틀레 극장을 개보수할 때 무대 장식업자 및 좌석 덮개를 씌우는 사람들과 거래하는 일 등을 들 수 있다. 왜냐하면 러시아 시즌 공연이 예정된 곳은 애초 계획된 사라 베르나르 극장이 아니라 그 맞은편의 규모가 큰 샤틀레 극장이었기 때문이다. 이 극장은 대중적인 인기가 많은 볼거리 공연을 하는, 낡고 오래된 장소여서 개보수가 필요했다.

댜길레프 또한 시즌의 재정과 황실 극장의 예술가들은 물론 본래 프로덕션의 무대와 의상을 가지고 오는 것을 책임졌다. 뿐만 아니라 파리 상류사회의 리더들로 구성된 후원회를 결성했다. 이 후원회를 블라디미르 대공 부부가 이끌도록 하는 일까지 모두 댜길레프가 떠맡았다.

 댜길레프는 매년 휴가를 보내는 베네치아에서 페테르부르크
로 돌아가서 파리를 위한 레퍼토리를 준비하고 무용수들을 고용
했다. 이제 페테르부르크 전역은 겨울을 위해 2중 창문들을 위치
에 맞게 끼우는 계절이었다. 네바강의 얼음은 점점 두꺼워졌다.
객차, 마차 그리고 몇몇 자동차들은 끝없이 이어지는 궁전의 파
사드 아래 눈이 쌓인 길에서 속력을 내었다. 노랑과 흰색으로 칠
해진 해군본부의 황금색 첨탑과 인접한 성 이삭 대성당의 황금색
돔은 수 킬로미터 떨어진 곳에서도 보였다. 강 건너 외경심을 일
으키는 페트로파블롭스키Petropavlovsky 요새 (매일 총을 쏘아 정오를
알려 준다) 안에 교회의 더 높은 황금색 버팀 막은 얼어붙은 하늘
을 찌르는 듯했다.

 댜길레프의 최근 집은 자미아틴 페레울록Zamiatin Pereulok에 위치
했다. 영국 부두에서는 떨어져 있고 기병대 막사와 네바강 사이
에 위치하여 해군 본부에서 남서쪽으로 걸어서 5분 거리였다. 이
집은 이번 겨울 시즌의 중심지로 다음 해 봄 러시아 발레로 유럽
을 정복하는 데 참가하는 기획자들에게는 남은 생애 동안 자존심
과 환희로 기억되는 장소가 될 것이다. 페테르부르크의 일반적인
구조로는 맨 아래층 집이었다. 중요한 방들은 거리를 내다보고
있으며 하인들 숙소와 부엌, 욕실은 안쪽 뜰을 바라보고 있었다.
거실은 회색과 베이지색으로 도배되었다. 렌바흐와 레핀, 그리
고 다른 화가들의 그림이 있었고 그랜드 피아노가 있었다. 옆방
은 거실보다 약간 작은, 천으로 덮인 타원형 식탁이 있는 식당이

었다. 자코비언 스타일의 의자들은 폰탄카강 근처 전에 살던 댜길레프의 집에서 이사 올 때 버렸다. 여기는 예술위원회의 모임이 열리는 곳이었다. 댜길레프의 심플한 침실에는 전등이 성상화 앞에서 켜져 있다. 댜길레프의 유모는 이제 죽었고 댜길레프의 하인은 오로지 바실리 주이코프뿐이었다.[11]

『예술 세계』 시절의 동료들은 오페라와 발레가 함께하는 첫 시즌의 계획을 위해 모두 모였다. 박스트는 말쑥하게 차려입고 향수 냄새를 풍기며, 거꾸로 뒤집힌 붉은색 턱수염에 코안경을 끼고 언제나 스케치 묶음을 가지고 바삐 움직였다. 브누아는 수염을 길렀고 안경을 썼으며 열정적이다. 또 신사적인 말솜씨가 능란하며 약간 허리가 굽었고 반짝이는 눈을 가졌다. 약간 냉소적인 누벨은 이 대담한 기획에 대해 찬물을 끼얹는 경향이 있다. 이 그룹에는 종종 흰색의 앞머리를 내린 비평가 발레리언 스베틀로프,[12] 외교관이자 러시아 도자기와 회화 작품 수집가인 아르구틴스키 돌고루코프Argutinsky-Dolgoroukov 공작,[13] 성격이 화끈하고 오랜 발레 애호가이며 차를 무지무지하게 많이 마시는 베소브라소프,[14] 현존하는 가장 유명한 러시아 화가 레핀 이후로 댜길레프가 복종하는 유일한 남자인 성품이 조용한 발렌틴 세로프,[15] 키가 크고 흐느적거리듯이 행동하는 체렙닌, 타우리드 궁전 근처, 피터 대제 시대의 가구로 장식한 아름다운 집에 살고 있으며 박스트의 처제와 결혼했던, 상냥한 의사 세르게이 보트킨[16] 등이 멤버였다.*

이 당시에 브누아는 포킨을 이 그룹 회의 때 소개했다. 포킨이 없었으면 아무 일도 할 수가 없었다. 이 젊은 안무가는 매력적이었고 댜길레프의 특징인 카리스마를 지니고 있었다. 그는 파리 공연 레퍼토리에 자신의 안무 작품인《아르미드의 관》과《쇼피니아나》를 포함하려는 계획에 기뻐했다. 댜길레프는 포킨에게 러시아테마로 작품을 구상해 달라고 요청했다. 그들은 제3의 발레가 필요했다. 브누아는 포킨의 안무 작품인《이집트의 밤》을 제안했고 댜길레프는 관심을 보였다. 그러나 아렌스키 음악으로 파리에서 공연하기에는 빈약하다고 생각했다.[17]

황실 극장의 휴가 기간에 빌려온 예술가들로 구성한 예술단에는 관리자가 필요했다. 마린스키 극장의 관리를 예술단 관리자로 기용하려는 시도는 두 번이나 실패했다. 포킨은 자신의 친구인 그리고리예프를 추천했다. 그리고리예프는 포킨을 도와 지난 몇 년간 여러 발레를 무대에 올렸다. 덩치가 크고 헌신적이며 차분한 세르게이 레오니도비치 그리고리예프Sergei Leonidovitch Grigoriev, 그는 아틀라스처럼 이후 20년간 발레 뤼스의 모든 행정을 어깨에 짊어지고 이 기획을 이끌었다.

나는 매우 흥분하여 댜길레프를 만나러 갔다. 나는 그의 이름을 들은 지 여덟 번 만에 그를 처음 만났다. (…) 나는 긴장하면서 그의 집 초인종을 눌렀다. (…) 수염이 조금 난 한 남자가 나에게 들어오라고 하면서 잠시 기다리라고 말했다. 나는 오히려 댜길레프가 늦는 것이

---

• 그리고리예프(원문의 저자)는 세르게이 보트킨과 유진Eugene 보트킨을 혼동한 듯하다. 의사 유진 보트킨은 차르 니콜라스 2세의 궁정 주치의로 차르가 예카테린부르크에서 처형당했을 때 살해당했다. 그리고리예프가 두 사람을 혼동했다.

더 반가웠다. 기다리는 동안 나의 흥분을 가라앉힐 수가 있었기 때문이다. (…) 댜길레프가 들어왔고 우리는 악수를 했으며 그는 나에게 앉으라고 권했다. 인터뷰는 매우 간략했다. 그는 포킨이 나를 관리자로 추천했는데 내가 동의한다면 직위에 합당한 만큼의 급여를 지급하겠다고 말했다. 나의 첫 일은 예술가들에게서 계약서 서명을 받는 것이라고 했다. 나는 댜길레프가 제시하는 조건에 동의했고 계약서를 건네 받았다. (…) 그는 나에게 호기심 가득한 미소를 지어 보였다. 입만 웃고 있었고 얼굴의 나머지 부분은 완전히 심각함 그 자체의 표정이었다. (…) 그와 헤어지면서 나는 행복했다. 우리의 만남, 나에게 제시한 그의 제안, 그리고 파리를 방문하는 것, 이 모든 것이 내 인생을 바꾸어 놓았다. 일순간 모든 것이 흥미롭고 파란만장했으며 의미로 가득해 보였다.[18]

일주일 후 그리고리예프는 포킨을 따라 예술위원회의 미팅에 가게 되었다.

그들은 식당에 앉아 있었다. (…) 테이블 위 댜길레프의 오른쪽에 찻주전자가 놓여 있었고, 시종 바실리가 차를 따르고 있었다. 테이블 위에는 비스킷과 잼이 있었고 러시아 사탕이 담긴 접시가 여럿 있었다. 모든 멤버 앞에는 종이와 펜이 놓여 있었다. 댜길레프 앞에는 큰 연습장이 놓여 있었다. 그는 미팅을 이끌어 갔다. 포킨과 나는 모든 사람에게 소개되었다. (…) 내가 아는 사람은 브누아밖에 없었다.

그리고리예프는 박스트, 베소브라소프, 스베틀로프와 누벨을 묘사했다. "한 사람이 더 있었는데 그는 젊고 겸손하며 매력적이었다. 그의 이름은 마브린. 그는 댜길레프의 비서였다."[19]

이 회의에 참여한 사람들 중에 댜길레프, 브누아, 포킨 그리고 그리고리예프만 제외하고는 모두 담배를 피웠다.[20]

댜길레프는 《쇼피니아나》라는 제목을 《레 실피드Les Sylphides》로 바꾸고 싶다고 했다. 포킨과 논쟁이 벌어졌지만 결국 댜길레프가 원하는 대로 했다. 마린스키에서 이 작품이 공연될 때는 「군대 폴로네즈」를 먼저 연주했는데 이는 추상적인 발레 블랑Ballet Blanc의 작품이 되기 이전 관습이 남아서 그런 것이었으니 이 부분은 없앴다. 댜길레프는 이 부분을 프렐류드로 대체하기를 원했고 모든 멤버가 동의했다. 쇼팽의 작품들 역시 관현악 편곡을 다시 했다.* 브누아는 무대와 의상을 디자인했다(의상은 탈리오니 동판화를 보고 따라 했다).

또 다른 한 주가 지났고 위원회는 다시 모였다. 이번에는 댜길레프가 《이집트의 밤》에 대해 놀라운 결정을 발표했다. 《이집트의 밤》은 나중에 《클레오파트라》로 제목을 바꾸었다. 놀라운 결정이란 아렌스키의 서곡을 타네프의 오페라 《오레스테이아Oresteia》에서 가져온 음악으로 대체하겠다는 것이었다. 클레오파트라의 등장 장면은 림스키코르사코프의 《믈라다Mlada》에서 음악을 가져왔다. 바카날 장면은 글라주노프의 「사계」 중 「가

---

* 그리고리예프는 스트라빈스키도 참여했다고 여기서 언급했다. 그러나 댜길레프와 스트라빈스키는 1909년 2월 6일 처음 만났다.

을」에 맞추어 추기로 했다. 광란의 디베르티스망은 《호반시치나
Khovanshchina》의 페르시안 소녀들의 춤으로 끝을 맺기로 했다.

그는 놀란 우리의 얼굴을 쳐다보면서 잠시 멈추고는 웃으면서 계속
했다. "그다음에 발레의 마지막은 진부합니다. 이 부분은 바뀌어야
합니다. 클레오파트라에게 독살당한 젊은이는 다시 살아나는 대신
영원히 죽음을 맞이해야 합니다. 그의 신부는 그의 시체를 안고 울
어야 하고 그때 커튼이 내려와야 합니다. 그리고 우리는 그런 드라
마틱한 장면에 사용할 음악이 없기 때문에 니콜라이 니콜라예비치
(체렙닌)에게 그 부분의 음악을 작곡해 달라고 부탁할 것입니다." 체
렙닌은 깜짝 놀랐다. (…) 우리는 결국 포킨이 입을 열기 전까지 모
두 침묵한 채 앉아 있었다. 포킨은 "글쎄요, 여러 가지를 바꾸면 완
전히 새 작품이 되어 버립니다!" 댜길레프는 "그것은 중요하지 않습
니다. 내가 알고 싶은 것은 당신들이 이 아이디어를 마음에 들어 하
는가입니다." 우리는 모두 좋다고 대답했고 댜길레프는 계속했다.
"료부시카(박스트), 그대는 사랑스러운 무대를 디자인해 주어야 합
니다." 료부시카는 즉시 그가 상상하던 대로 장면의 계획을 밝히면
서 그만의 특이한 후두음 악센트로 묘사하기 시작했다. "나일강 둑
위에 거대한 사원이 있을 겁니다. 각주들, 무더운 날, 동방의 향기와
아름다운 육체를 가진 수많은 사랑스러운 여인들……." 댜길레프
는 마치 구제 불능의 꼬맹이처럼 머리를 끄덕였다. 우리 모두 웃음
을 터뜨렸다. (…) 댜길레프는 모두 옆방으로 옮기자고 부탁했다. 옆
방에서 댜길레프는 누벨과 나란히 피아노 앞에 앉았고 우리에게 수
정된 악보를 들어봐 달라고 했다. 나는 댜길레프가 피아노를 치는
줄 몰랐기에 그가 치는 것을 보고 있었다. 그는 매우 피아노를 잘 쳤

는데 피아노 치는 동안 계속 혀를 깨물었으며 특히 어려운 박자 부분에서 그랬다. 그는 종종 멈추고는 포킨에게 바뀐 악보의 패시지를 설명했다. 포킨은 악보를 들고 악보에 표시하고 있었다. 연주가 끝났을 때 모든 사람이 발레의 상세한 부분까지 말하기 시작했다. 누벨은 그만의 특이한 표정으로 웃으면서 우리가 방금 들었던 음악은 신통찮은 샐러드와 같다고 언급했다. 댜길레프는 이런 수정은 피할 수가 없었다고 대답했다. 그는 제3의 발레를 필요로 했다. 그리고 제3의 발레는 오로지 음악만 갖추어져 있었다. 그는 누벨의 비판은 거의 고려하지 않고 무시했다.[21]

물론 누벨의 판단이 옳았다. 《클레오파트라》는 뒤범벅이 되었다. 하지만 파리 시즌에서 큰 센세이션을 여러 차례 일으킨 원인이 되기도 했다. 까다로운 댜길레프는 1909시즌에서 공연하는 세 편의 발레 작품을 어느 의미에서는 만족하지 못했다. 《클레오파트라》는 여섯 명의 작곡가 음악으로 만든 놀라운 혼합물이었다. 《아르미드의 관》의 체렙닌 음악은 너무 구시대적이고 새로운 요소가 없었다. 《레 실피드》에 사용된 쇼팽의 왈츠, 마주르카와 프렐류드는 관현악으로 편곡했을 때 이 음악의 특성을 넘어서는 수준 높은 음악이었다. 파리 시즌을 오픈하기 4개월 전쯤에도 댜길레프는 자신이 공연하게 될 오페라에 훨씬 더 관심이 많았고 발레는 단지 메인 프로그램에 더해진 '한 조각의 맛난 케이크' 정도로 여겨졌다.

주역 무용수들이 계약하기 전에 이들의 배역을 정하는 것이 필요했다. 마틸다 크체신스카야가 이 투어에서 빠지게 되는 것은 당시로서는 상상할 수가 없었다. 그녀는 마린스키 발레단의 수석 무용수일 뿐 아니라 러시아에서 가장 영향력 있는 여성이었기 때문이었다. 하지만 그녀는 전통적인 스타일의 무용수였고 그녀 나름의 스타일이 완벽하게 갖추어져 있었다. 그렇기 때문에 포킨이 고안한 새로운 동작의 조형성에 자신을 맞출 수가 없었고 안무가는 그녀의 참여를 반대했다. 결국에 댜길레프는 크체신스카야가 《아르미드의 관》에서 춤을 출 수 있게 하자고 안무가를 설득했다. 이 작품은 결국 모두 (아무리 상상력을 발휘한다 해도) 짜깁기였고 혁신적인 작품도 아니었다. 포킨은 크체신스카야가 《레 실피드》에 참가하는 것을 거절했다. 안나 파블로바가 그 작품의 주역으로는 이상적이었다. 그리고 《클레오파트라》에서 버림받은 신부 타호르의 드라마틱한 역도 춤출 수 있는 파블로바였다. 누가 클레오파트라 역을 맡을 것인가?

포킨은 이다 루빈스타인이라는 제자가 있다고 말했다. "그녀는 키가 크고 아름답고 동작에 조형미가 있습니다. 그리고 내 판단으로는 이 역에 그녀가 가장 어울린다고 생각합니다." 이다 루빈스타인을 잘 아는 박스트는 포킨의 의견에 힘을 실어 주었다. 위원회의 다른 사람들도 베소브라소프 장군 각하만 제외하면 거의 동의하는 분위기였다. 그는 아주 엄격한 발레 애호가였기에 전문 발레 무용수를 제외하고는 누구도 이 발레단에 입단을 허용해서는 안 된다고 생각했다. (…) 그는 이런 상황이 옳은 것인지 확신하지 못해서 한동안 투덜거렸다.[22]

포킨은《아르미드의 관》에서의 보종시Beaugency 자작과《클레오 파트라》에서의 아문Amoun 역으로 영웅이 된다. 니진스키는《아르 미드의 관》에서는 아르미드가 아끼는 노예 역을 맡았으며《클레 오파트라》에서도 이와 비슷한 역을 맡았다. 댜길레프는 니진스 키가《레 실피드》중 시인 역을 맡기를 원했다. 아돌프 볼름은 오 페라《이고르 공》에서 폴로베치안 전사들 춤의 리더를 맡았다. 그 리고 파벨 게르트(황제 폐하의 솔로이스트)는《아르미드의 관》에서 늙은 후작-마술사 역을 맡았다.

우리가 알다시피 박스트와 보트킨의 부인은 자매지간인 트레 티아코프 공작의 두 딸이었다. 공작의 셋째 딸은 알렉산더 질로티 Alexander Siloti의 부인이었다. 질로티는 그의 이름을 내걸고 자신이 지휘하는 콘서트 시리즈를 개최했다. 1909년 2월 6일 질로티 콘 서트에서 댜길레프는 어느 젊은 작곡가의 관현악 작품을 들었다. 이 젊은 작곡가의 음악 「불꽃놀이Feu d'artifice」, 「장송곡Chant Funèbre」 중에서 앞의 작품은 그전 해의 콘서바토리에서 연주되었고, 뒤의 작품은 1909년 1월 31일 림스키코르사코프 추모 음악회에서 연 주되었다. 이 두 음악회에 댜길레프가 참석했었을 수도 있다. 질 로티 음악회에서 댜길레프가 새로 들은 작품은 이고르 스트라빈 스키Igor Stravinsky의 「환상적 스케르초Fantastic Scherzo」였다. 술고래이 며 무례한 글라주노프는 이 작품을 "재능 없고 오직 불협화음뿐" 이라고 평가했다. 하지만 댜길레프는 스트라빈스키의 새로운 음 악을 듣고 전율을 느꼈다. 이때부터 댜길레프는 벌써 발레와 협 업의 가능성을 예견하면서 서둘러 작곡가에게 자기소개를 했다.

립스키코르사코프의 헌신적인 학생이었던 스트라빈스키는 작은 키에 큰 코를 가졌다. 그와 댜길레프는 즉시 친구가 되었다. 댜길레프가 스트라빈스키에 최초로 의뢰한 작업은 《레 실피드》의 음악으로 사용할 쇼팽의 왈츠 브릴란테의 관현악 편곡이었다.

스트라빈스키는 댜길레프와 함께 바실리옙스키섬으로 브누아를 방문하러 갔다. 작곡가는 넵스키대로에 위치한 라이너Leiner 레스토랑(차이콥스키가 한 잔의 물을 마시고 콜레라에 걸렸다는 곳)에 들어가면서 "좌우로 샤를뤼스Charlus 남작* 같은 사람들에게 인사를 하는" 댜길레프의 모습을 보면서 즐거워했다. 콘서트 후 그들은 "식당에서 절인 생선, 캐비아, 흑해 굴과 가장 맛난 버섯으로 만찬"을 했다.[23]

댜길레프는 더 많은 무용수를 모집하러 모스크바로 떠났다. 그는 발레리나 베라 카랄리Vera Karalli, 키는 작지만 불같은 성격의 캐릭터 무용수 소피 페오도로바Sophie Feodorova, 소피의 자매이며 미인인 올가Olga 페오도로바, 잘생긴 미하일 모르드킨과 그 외 무용수들을 고용했다. 올가 페오도로바는 러시아 발레의 비밀스러운 내부 역사에서 일정한 역할을 하게 된다. 그 후 댜길레프는 파리로 가서 오페라와 발레 시즌에 관해 최종 합의를 했다. 댜길레프가 외국에 있었던 1909년 2월 22일 블라디미르 알렉산드로비치 대공이 세상을 떠났다.

---

• 이때는 프루스트의 소설이 아직 집필되기 전인데, 이 부분은 스트라빈스키가 나중에 적은 글에서 인용하였으므로 이 주인공 이름이 등장했다.
프루스트의 『잃어버린 시간을 찾아서』에 등장하는 프랑스 사교계 인물. 동성연애자*

파리 시즌은 대공이 황실로부터 받아주겠다는 10만 루블의 보조금에 전적으로 의지하고 있었다. 크체신스카야의 영향력 또한 계속 작용해 왔다. 그러나 댜길레프와 최근 대화에서 그녀는 자기 배역이 겨우 아르미드 하나뿐이라는 것을 알게 되었고 이에 충격을 받았다. 이제 그녀는 파리 시즌에는 출연을 안 하기로 했다. "내가 참가하지 않을 이 프로젝트를 위해 중재에 나설 수는 없었다. 그런 까닭에 황실 보조금을 신청했던 나의 요청은 집행되지 않아야 한다고 요구했다. 보조금을 얻기 위한 댜길레프의 모든 노력은 수포가 되었다."[24] 게르트 또한 가라앉고 있는 배에서 떠났다.

댜길레프가 위원회를 다시 소집했을 때 그는 황실 사무국으로부터 보조금을 취소한다는 통보를 받았다고 이야기해야만 했다. 댜길레프는 이 편지를 소리 내어 읽어 준 후 그는 테이블을 쾅 치면서 "나는 차르가 이런 식으로 행동하는 것이 제일 화가 나!"[25]라면서 울었다. 그는 이 문제의 해결책을 찾아 보겠으니 그들에게 며칠 뒤에 다시 모이자고 요청했다.

댜길레프는 즉시 파리로 가서 아스트뤽이 후원금 모금을 돕지 않으면 러시아 시즌의 개최가 불가능하다고 말했다. 댜길레프는 아스트뤽에게 자신이 러시아에서 5만 프랑의 개인 보조금을 가지고 있다고 말했는데,[26] 이는 이루어질 것이라는 기대와 낙관을 바탕으로 거짓말을 한 듯했다. 이 기획에서 댜길레프가 러시아에서 모금한 돈이 얼마든지 간에 그 돈은 무대와 의상비에 다 들어갔다. 흔들림 없는 프랑스의 기획자는 이 공연을 도와줄 몇몇 자산가에게 의뢰하여 5만 프랑의 지원을 약속받아 안전하게 확보했다. 이 지원의 조건은 시즌 평균 수입이 한 공연당 2만 5천 프랑 이하가 될 때만 적용하는 것이었다. 후에 이 후원자들은 정기관람권 형식의 문서에 서명을 하게 된다. 바질 자하로프Basil Zaharoff 경우와 같이 1만 프랑 전액을 약속받든지 혹은 앙리 드 로스차일드Henri de Rothschild, 니콜라이 드 베나르다키Nicolai de Benardaky, 막스 리용Max Lyon의 경우처럼 5천 프랑을 약속받는 경우였다. 그에 대한 보답으로 후원자들은 최종 리허설 때 무대 앞 일등석 1장, 첫 공연 때 1장, 전체 20개 공연에 극장으로 들어갈 수 있는 입장권(아마도 입석이었을 것), 무용 연습실foyer de la danse로 들어갈 수 있는 입장권 그리고 만약 수익이 생긴다면 수익의 25퍼센트를 지급하기로 했다.[27] 댜길레프는 재정적인 어려움을 니진스키에게 절대 의논하지 않았다(그리고 후에 마신에게도 절대 의논하지 않았다).[28] 그 당시만 해도 재정 의논을 할 만큼 그리고리예프를 신뢰하지도 않았다. 심지어는 브누아에게 조차 경비에 대해 가능한 말을 하지 않았다. 댜길레프의 전체 재정 상황을 알았던 유일한 친구는 누벨이었다. 물론 그조차도 댜길레프가 마음속에 어떤 생각을 품고 있는지를 다 알지는 못했다. 페테르부르크로 돌아간 댜길레프는 그의 위원회에서 그레필 백작부인과 에드워즈 부인이 자신들의 기획을 후원하기로 했다고만 말했다. 댜길레프는 이런 후원 관계 일이 아스트뤽의 유대인 친구들이 동의해서 이루어졌다는 사실은 언급하지 않았다.[29] 그리고리예프는 이때의 위원회 회의와 댜길레프의 모습을 묘사했다.

댜길레프는 매우 원기 왕성하고 역동적인 모습으로 도착했다. (…) 삭감된 예산을 생각해 보건대, 우리는 《이반 뇌제》 오페라 한 작품 정도만이 전막이 가능했으며 《루슬란과 루드밀라Ruslan and Liudmila》 (이하 루슬란)와 《이고르 공》의 경우는 각각 한 막만 공연할 수 있다고 보았다. 이렇게 각 막은 분산해 나누어서 두 개의 발레 작품과 함께 공연하게 될 것이다. (…) 그러나 우리가 여태까지 세 편의 발레 작품만 결정을 했으니 여전히 한 작품이 모자랐다. 세 편의 프로그램을 완성하기 위해 댜길레프가 마음속에 생각한 프로그램은 그랑 디베르티스망divertissement•이었다. 이 결정에 대해 누벨을 제외하고는 모두 환영했다. 누벨은 우리가 의도한 대로 오페라를 보여 줄 수가 없고 발레만으로는 파리 관객들에게 충분한 인상을 심어 줄 수 없기 때문에 전체 시즌을 포기하는 것이 낫다고 말했다. 댜길레프는 이 점에 대해 누벨에게 크게 화를 내었고 그는 페테르부르크, 모스크바와 파리에서 너무나 많은 계약서에 서명했다고 말했다. 누벨이 만족하지 않았다면 아마도 댜길레프는 우리가 원래 계획한 프로그램을 실현하기 위해 모금을 더 했을 것이다. 누벨은 이 논쟁 이후 조용해졌다. 게다가 누구도 그의 반대를 심각하게 받아들이지를 않았다. 우리는 모두 댜길레프가 반대자들 보란 듯이 지금의 이 어려움을 극복할 것이고 다 같이 기뻐하게 되리라 생각했다.[30]

댜길레프의 적들은 그와의 전투를 계속 이어 갔다. 4월 18일, 안드레 블라디미로비치 대공Grand Duke André Vladimirovitch은 그의 사

---

• 단순한 유희와 오락을 위한 무용, 이야기의 줄거리와 관계없이 하나의 구경거리로 삽입하는 춤. grand divertissement는 규모가 큰 디베르티스망을 뜻한다.*

촌인 차르에게 다음과 같은 편지를 썼다.

친애하는 니키

예상한 바대로 폐하의 전보는 댜길레프 사업 전체에 대참사를 가져
왔습니다. 그리고 지금 댜길레프는 자신의 끔찍한 상황을 벗어나기
위하여 가장 비열한 허위에서 완전한 거짓에 이르기까지 모든 속임
수에 의지하고 있습니다. 저가 입수한 정보에 따르면 내일 당신을
접견할 보리스는 댜길레프를 대신하여 폐하를 만나는 것이며, 댜길
레프의 어려움에 대해서도 매우 동조적입니다. 그런 까닭에 그는 폐
하께 당신의 후원을 재개하지 말아 달라고 부탁할 작정입니다. 왜
냐하면 댜길레프가 폐하의 후원을 더 원하지 않기 때문입니다. 대신
그는 공연단의 리허설을 위해 에르미타주 극장 사용을 계속 허락해
줄 것과 파리 시즌을 위해 마린스키 극장에서 사용하는 무대와 의상
을 빌려 달라고 부탁할 것입니다. 폐하께 말씀드리고 싶은 것은 폐
하께서 아주 교묘하게 던지는 그 미끼를 절대 삼키지 않으시기를 희
망하며, 에르미타주의 사용이건 무대 세팅의 사용이건 절대 허락지
마시기를 희망합니다. 이는 돌아가신 존경하는 제 아버님의 추억을
모욕하는 가장 불미스러운 사업을 묵인하는 일일 것입니다.[31]

댜길레프의 오페라를 위해 황실 극장의 무대와 의상을 사용할
수 있도록 허가한 건 철회되었다. (발레 작품들과《이고르 공》에서
춤추고 노래하는 장면은 모두 새로운 무대를 제작했다.) 이 소식을 듣
자마자 댜길레프는 3월 12일 아스트뢱에게 전보를 쳐서《보리스
고두노프》의 작년 프로덕션을 자기에게 되팔 수 있는지를 알아

봐 달라고 부탁했다.[32] 답은 '불가능'이었고 이틀 후 댜길레프가 다음과 같이 전보 친 내용을 발견할 수 있다. "사는 것이 절대 불가능하다면 빌리도록 노력해 주시오."[33] 댜길레프는 3월 셋째 주가 되어서야 《보리스 고두노프》를 자신의 레퍼토리에서 제외해야 한다는 사실을 인정하고 체념했다. 그의 오페라들은 전부 새로운 무대와 의상을 제작해야 했다. 이 시즌의 오픈까지는 두 달 남짓 남았다.

블라디미르 대공이 영향력을 발휘하여 브누아가 《보리스 고두노프》의 폴란드 장면을 위한 그림을 그렸던 아담한 에르미타주 극장은 발레 리허설을 위하여 디아길레프가 용도를 지정하였던 장소였다. 브누아는 이곳에서 작업을 무척이나 좋아했다.

나는 위대한 '겨울 궁전'의 한 부분인 에르미타주 극장을 '나만의' 무언가로 생각하면서 자랐다. (…) 겨울 운하를 넘어 베네치아 다리를 건너면 그 유명한 그림 갤러리부터 입구가 시작된다. 나는 그 갤러리를 자주 드나드는 사람이었고 그 당시는 그림 가이드북을 집필하는 중이었기에 매일 드나들었다. 예술역사학자로서 일하는 갤러리로부터 극장가의 화가로서 작업하는 즐거운 장소까지 전속력으로 건너는 일에는 특별한 매력이 있었다. 극장에 머무르는 그 자체가 행복했다. 콰렌기Quarenghi[•]의 걸작. 이상적인 비율에 탄복하며 위대한 여제가 귀족들과 친구들에 의해 둘러싸여 대관식을 하던 그날이 어땠을까를 상상해 보려고 노력했다.[34]

---

[•] 에르미타주 극장을 건축 설계한 이탈리아인[•]

훗날 카르사비나는 무용수들이 리허설을 할 때 궁정의 하인들이 차와 초콜릿을 그들에게 어떻게 제공했는지를 기억했다.[35]

차르가 자신의 사촌에게서 편지를 받은 지 2주 후인 4월 2일, 브누아는 그날도 눈길을 뚫고 기대에 가득 차서 에르미타주 극장의 리허설에 참여하려고 왔다.

예술가들은 이미 드레스 룸에 들어가서 리허설 준비를 하고 있었다. 의상 담당자들은 부풀려진 튤 드레스를 한아름 안고 미로 같은 복도를 종종걸음으로 바쁘게 다녔다. (⋯) 그러나 이때 갑자기 댜길레프의 비서 마브린이 나에게 와서 지금 각자의 소지품을 가지고 여기를 즉시 떠나야 한다는 소식을 전해 주었다. (⋯) 다행스럽게도 그 말을 들은 지 30분 후 마브린은 우리에게 안심할 만한 뉴스를 전해 주었다. 우리의 지칠 줄 모르는 리더는 페테르부르크 시내 전역을 돌아다니면서 리허설을 하기에 적당한 장소를 물색하였고 이미 적당한 장소를 찾은 듯하다는 것이다. 바로 예카테린스키Yekaterinsky 운하 위의 캐서린 홀로 모두 오라는 연락을 받았다. 이날 우리의 로맨틱한 대이동을 잊을 수가 없다. 마브린과 내가 이 행렬을 책임을 졌다. 마차에는 모든 예술가, 바스켓을 든 의상 담당자들이 탔고 또 다른 마차에는 무대 담당자들이 뒤따랐다. 긴 행렬은 전체 도시를 가로지르면서 길게 뻗어 있었다. 날씨는 우울하고 흐렸지만 다행히 비는 오지 않았다. 모험심이 가득한 분위기, 거의 소풍 가는 분위기는 우리가 쫓겨난 상황에서 느낀 일말의 창피함을 부드럽게 상쇄시켜 주는 듯했다. 잘 알려지지 않은 캐서린 홀에 도착했을 때 우리는 그 즉시 이 장소를 매우 좋아했고 정신도 충만해졌다. 새로이 단장한 건물의 독일 클럽에는 캐서린 2세의 멋진 전신 초상화가 내려다

보이는 인상적인 입구와 대단히 멋진 계단이 있었다. 이는 우리에게 아주 길조처럼 느껴졌다. 지금 막 그녀의 에르미타주에서 거절당하고 왔는데 여기 새로운 장소에서 유명한, 우아하고 지성적이며 인자한 미소를 띤 그녀가 우리를 반겨 주었다.[36]

그리고리예프는 이렇게 기록했다.

4월 2일 오후 4시 댜길레프 발레단의 최초 리허설이 이루어졌고 아마도 이는 역사적이라 불릴 만한 사건이었다.* 모든 위원이 참석했다. 내가 예술단의 모든 멤버**를 댜길레프에게 소개하였고, 그는 다음과 같이 연설했다. "여러분을 알게 되어 무척 기쁩니다. 나는 우리가 함께 조화를 이루면서 작업을 해 나갈 것이라고 믿습니다. 처음으로 파리에서 러시아 발레단이 공연하게 된 것을 기쁘게 생각합니다. 제 생각에 발레는 가장 사랑스러운 예술이며 유럽 어디에도 존재하지 않습니다. 성공하느냐는 오로지 여러분에게 달려 있습니다. 그리고 여러분이 성공할 것을 강력히 희망합니다." 이 연설은 많은 박수를 받았다. 그리고 댜길레프는 궁금한 사항이 많았던 발레단 멤버들에게 둘러싸였다.[37]

리허설을 한 처음 발레는 《이고르 공》 중의 폴로베치안 댄스였다. 먼 이국땅의 폴로브치 종족에 대해 아는 바가 하나도 없음을

---

• 댜길레프가 모은 발레 단원들은 정확히 표현하자면 1911년이 되기 전에는 '댜길레프 발레단'이라고 명명할 수가 없다.
•• 그러나 파블로바와 루빈스타인은 캐서린 홀에서 발레단이 리허설 할 때 참가하지 않았다. 그리고리예프도 이 점을 확인했다.

깨달은 포킨은 이 안무를 맡기를 꺼렸다. 그러나 댜길레프는 포킨에게 "그대는 완벽하게 해낼 수 있을 거야, 미하일 미하일로비치"라고 말했다. 포킨이 적기를 "다른 작품의 경우, 나는 작품의 역사, 종족, 음악과 문학적 요소를 모두 공부를 한 후 안무를 시작했다. 이번 경우는 보로딘의 악보만 겨드랑이에 끼고 리허설 장으로 갔다. 이것이 내가 안무를 위해 가진 무기의 전부였다."[38]

포킨의 작업 속도는 빨랐으며 그는 첫 번째 리허설에서 폴로베치안 소녀와 소년의 대규모 그루핑, 포로가 된 여인들의 춤, 폴로베치안 전사들의 습격 등을 구상했다. 마지막에는 단원들이 그를 에워싸고 박수를 보냈다.[39] 단원들은 어떤 어려움도 이겨 나가고 그들에게 극도의 자신감을 불어 넣어주는 영웅적인 고용주를 믿었다. 또한 포킨이 새로운 예술작품을 창조하는 작업에 참여하고 관계되어 있다는 자부심, 브누아와 박스트 같은 예술가들과 함께 세상에서 가장 비판적인 관객들에게 최고의 공연을 할 것이라 의식하면서 전체 발레단은 희망과 기쁨에 가득 찼다.

한편 댜길레프는 아스트뤽을 통해 파리의 퐁탄Fontanes 사에게 무대와 객석 사이의 공간과 샤틀레 극장의 6개 다른 층을 다시 치장하도록 주문했고, 파리의 벨자크Belsacq 사에게 좌석의 대부분을 천갈이하게 했다.[40] 아스트뤽은 공연 홍보를 위해 성악가들과 무용수들의 사진을 달라고 했다.[41]●

댜길레프는 그의 예술단 앞에서는 침착하고 확신에 찼지만, 내

---

● 원문에는 42로 표기되어 있으나 실수인 듯하다.*

적으로는 자신의 사업이 어느 정도 실현 가능한지, 아니면 전혀 가능하지 않은지에 대한 의구심이 팽배해 있었다. 그는 보리스 대공의 후원을 얻지 못했으며 너무 많은 적이 있었다. 아스트뤽 이 댜길레프의 이름을 공식적으로 발표는 했지만 때때로 시즌의 성공이 위험할지도 모른다는 기류가 감지되었다.[42] 그는 낙관주 의와 비관주의 사이에서 오락가락했다. 3월 31일 아스트뤽이 공 연단 규모를 물어 왔고 댜길레프는 "대사가 없는 엑스트라 역 100 명, 성악가 80명. 무용수 70명. 솔로이스트 30명"이라고 전보를 쳤다.[43] 4월 6일 즈음 몇 시간 내에 퐁탄 사의 견적에 동의하고 다 음 날 아스트뤽에게 5천 프랑의 선금을 보내겠다고 약속했다가 그는 파리에서 오페라 공연이 불가능하겠다는 결론을 내렸다. 댜 길레프는 전보를 쳤다. "올해는 오페라 없음. 뛰어난 발레단, 80명 의 강력한 최고의 솔로이스트들, 열다섯 번의 공연. 만약 당신이 일련의 티켓을 예약판매하는 데 필요하다면 레퍼토리는 확장할 수 있음. 우리는 프로그램당 세 개 발레 작품 공연 가능함. 우리 가 아당의 《지젤》을 공연할 수 있는 권리가 있나요? 대대적인 홍 보 시작."[44] 아스트뤽은 러시아에서 댜길레프가 얼마나 어려움을 겪고 있는지를 몰랐기 때문에 아마도 이 전보를 받고 댜길레프가 술에 취했다고 생각했음이 틀림없다. 아스트뤽은 오페라 없는 시 즌은 불가능하다고 거절했다. 이 답을 받자 댜길레프는 가능한 한 빨리 파리로 가서 아스트뤽과 이 문제를 상의하기로 했으며 가능하다면 샬랴핀과 동행하려 했다. 댜길레프가 오페라 공연이 없다고 알린 후 바로 그날 전보로 제랄딘 파라Geraldine Farrar가 보이토Boito의 《메피스토펠레Mefistofele》에서 노래를 부를 수 있는지를 물었다.[45] 러시아어로 부르지는 않지만 샬랴핀이 출연할 수 있는 역이 있는 오페라였다. 실상은 러시아 시즌 동안 이 공연은 열리지 않았다.

다시 페테르부르크로 돌아온 댜길레프는 캐서린 홀에서 윤곽을 드러내고 있는 포킨의 새로운 발레를 지켜보면서 크게 기뻐하였다. 이곳은 창문이 없고 극장 좌석의 열을 갖추고 있는 객석은 일반 극장과 다를 바가 없었지만 1층 바닥이 특이했다.[46] 리허설을 하는 동안 댜길레프는 무용수들을 위해 식사를 준비하라고 지시했다. 1층 앞쪽 무대에 가까운 일등석의 왼쪽에 놓인 긴 테이블로 식사를 옮겨 놓았다. 댜길레프 자신도 함께 식사했다. 이때 다른 동료들이 처음으로 니진스키와 댜길레프의 사이가 친밀하다는 것을 목격했다.[47]

브누아는 다음과 같이 썼다.

첫 파리 시즌 준비하는 이 행복한 분위기는 그다음에 이어지는 성공과도 많은 관계가 있다고 생각한다. 이런 분위기는 전체 발레단에 신선한 활력을 불어넣어 주었다. 발레 마스터부터 수석 무용수에서 제일 말단 군무 무용수까지 모든 이들은 솔직했고 점점 완벽하게 예술에 헌신했다. (…) 발레 마스터는 실로 발레단 전체와 그의 관계에서 오는 행복함으로 정신이 재충전되었다. 객석에서 창작 작업을 지켜보는 우리도 그들처럼 행복했다. 그 순간에 우리는 세계를 놀라게 할 작품이 만들어지고 있음을 느꼈다.[48]

좋든 싫든 댜길레프는 매일 새로운 문제와 맞닥뜨렸다. 아스트뤽은 프랑스 언론에 자신이 댜길레프를 휘어잡고 있다고 선전했고 댜길레프는 이런 홍보 방식에 불만이 많았다. 댜길레프는 아스트뤽이 수상쩍은 캠페인을 벌이는 것이 아닌가 하는 의심을 했고 그의 전보는 점점 내용이 거칠어졌다. 4월 23일 댜길레프는 아스트뤽이 3천 프랑을 더 사용하도록 허락했다. 러시아에서는 파리에서 공연될 오페라 중 몇 작품에 대한 저작권 때문에 문제가 발생했다. 댜길레프는 영향력을 행사하여 두마에서 이 문제를 검토하도록 했고 그다음에는 황실 회의에서 검토하도록 제기했다. 늦었지만 4월 27일에는 그는 세로프의 오페라 《유디트Judith》 중 광란의 장면과 피날레 송가 장면을 레퍼토리에 포함했고 리트빈, 샬랴핀, 스미르노프, 즈브루에바가 출연하도록 확정 지었다. 이건으로 인해 프로그램의 변화는 불가피해졌다. 28일, 그는 지휘자로 체렙닌 이외 에밀 쿠퍼Emile Cooper도 합류한다고 발표할 수 있었다. 같은 날 두 번째 전보에서 그는 광고 전단의 수정을 지시했다. 같은 날 세 번째 전보에서 《유디트》 작품을 1만 5천 프랑의 보험에 들도록 했다. 29일, 무대 장면을 그리는 스튜디오 빌리는 건으로 전보를 보냈다. 이날 두 번째 전보에서는 리트빈이 경쟁 기획사에서 기획하는 공연에 출연하도록 허락을 구했는데 댜길레프는 거절했다. 세 번째 전보에서 그는 광고 포스터에 대해 '누군가'와는 상의해야 한다는 아스트뤽의 우려를 접하고는, 아스트뤽 외에는 누구의 간섭도 받지 않고 이 문제를 해결하기로 했다.[49]

마린스키 극장 시즌은 5월 1일 종료되었다. 카르사비나는 독일에서 공연하기로 계약이 되어 있어서 독일에서 파리로 가기로 했다.[50] 파블로바 역시 투어 중이었고 1주 혹은 2주 뒤에 파리에 가기로 했다. 5월 2일 베소브라소프 '장군'의 인솔 하에 니진스키와 그 외 '침략자들'은 프랑스의 수도를 향해 출발했다. 어린 시절 러시아 전역을 여행했던 바슬라프는 이 여행 전에 러시아 바깥을 여행해 본 적이 없었다.[51]

5월 3일 댜길레프는 가브리엘 아스트뤽과 북 역에서 만났다. 그는 자신이 파리 도착할 때는 돈이 한 푼도 없을 것이라고 아스트뤽에게 알렸다. 러시아에서 마련한 모든 자금은 무대와 의상비로 모두 사용했으며 예술단에 줄 급여는 전적으로 아스트뤽에게 의지할 것이라고 알렸다.

아스트뤽은 자기가 그런 책임을 질 수는 없다면서 정기권과 선예매에서 받은 돈을 예술단의 급여 지급에 사용할 수 없다고 답을 했다. 왜냐하면 극장이 불이 나거나 데모가 일어난다면 혹은 샬랴핀이 아프기라도 하면 그는 24시간 이내에 돈을 배상해야 한다고 했다.

"그럴 경우에는 러시아 시즌 자체가 불가능하네"라고 댜길레프가 답했다.[52] 물론 두 사람 간에 타협이 이루어져야 했다.

러시아 사람들에게 파리는 파라다이스와 같은 의미였다. 마린스키 무용수 중 누구도 그 전에 파리에 와 본 적이 없었다. 페테르부르크에서 동료들이 모두 파리에 도착한 후 하루 혹은 이틀 뒤에 프라하에서 파리로 도착 예정이던 카르사비나는 프랑스 수도에 대한 자신의 감정을 다음과 같이 묘사했다. "나에게 파리는 천상의 즐거움, 방탕과 죄악의 도시였다. 또한 극도로 우아할 것이라는 내 생각은 너무 지나쳤다. 내 마음속 깊은 곳에서는 마치 무도회장의 바닥 같은 거리를 상상했으며 멋진 숙녀들이 실크 페티코트를 입고 사각사각하는 소리를 내면서 거리를 다닐 것이라고 상상했다. (…) 게다가 나는 파리에서 촌티 나는 것이 정말 싫었다."[53] 그녀는 오페라 애비뉴Avenue de l'Opéra와는 거리가 있는 에셸 l'Echelle가에 위치한 노르망디Normandy 호텔에서 머물렀다.[54] 댜길레프와 니진스키는 근처 올랑드Hollande 호텔에 묵었다.[55] 그리고 리예프와 대부분의 무용수는 극장에서 강을 건너 라탱가Quartier Latin의 여러 조그만 호텔에 나누어 묵었다. 그리고리예프 역시 자신의 내면에서 느꼈던 파리에 대한 감정을 상세히 묘사했다.

페테르부르크의 날씨는 춥고 습하다. 봄은 늦게 왔다. 파리의 햇볕이 따뜻하고 나무에 잎이 돋은 것을 알고는 모두 감탄했다. 나는 생 미셸Saint-Michel 거리에 있는 조그만 호텔에 묵었다. 거리로 나와 시내를 쳐다보았을 때 놀랄 만큼 행복한 감정이 밀려 왔다. 언제나 파리에 처음 왔을 때 느꼈던 감정이 내 기억 속에 남아 있다. 몇 분간 거리 모퉁이에서 멈추어 서서 이웃의 정원들을 쳐다보았다. 파리에 오고 싶었던 나의 꿈이 이루어진 것을 믿을 수가 없었다.[56]

엘레오노라 니진스키는 자녀들이 춤추는 것을 보기 위해 파리로 왔다. 브로니아 역시 발레단에 있었다. 그리고 엄마와 딸은 레프트 뱅크Left Bank 쪽에 묵었다.[57]

1900년 이후 브누아는 파리에 있을 때는 캉봉Cambon(지금은 샤넬의 메종 드 쿠튀르maison de couture가 자리하고 있음)가에 있는 가구가 딸린 조용한 집에 언제나 머물렀다. 식사는 로얄르Royale 거리의 베버Weber에서 하고는 했다. 지금 그는 러시아 예술 캠프의 창작 열기에 도취했다. 그는 너무나 기뻐서 함께 있는 무용수들을 뿌리치고 떠날 수도 없었고 극장으로부터 멀어질 수도 없었다. 짐머Zimmer 레스토랑은 실제로 극장 건물의 한 부분이었다. 아니면 근처 부이용 듀발Bouillon Duval이나 부이용 불랑Bouillon Boulant 같은 더 허름한 레스토랑에서 그는 스베틀로프 혹은 베소브라소프 혹은 알렉시스 마브린과 같이 무용수들과 함께 어울렸다. 석 달 전 모스크바의 메트로폴Metropole 호텔에서 댜길레프는 브누아에게 '그가 사랑에 빠질 가능성이 있는 유일한 여자'로 소피 페오도로바의 예쁜 여동생을 지목했다. 이제 브누아는 얼마 전까지만 해도 〈신문배달원의 모험Les Aventures de Gavroche〉이라는 난파선을 배경으로 한 멜로 드라마를 상연하던[58] 샤틀레 극장 근처에서 점심을 먹는 동안 댜길레프의 남자친구인 마브린 또한 댜길레프가 마음에 둔 그 여자와 사랑에 빠졌음을 알게 되었다. 그에게 '선택적 친화력'이라는 이론에 대해 생각할 기회를 주는 이 유희를 지켜보았다.[59]

러시아 사람들이 시즌을 준비한 지 2주가 지나고 있었다. 페테르부르크의 무용수들이 도착한 지 이틀 후에 도착한 모스크바의 무용수들은 포킨의 발레를 배워야 했다. 무대를 장식할 세트를 그리고 걸면서 프로덕션을 샤틀레 극장 무대에 맞추어야 했다. 극장 자체를 완전 다시 장식해야 했고 1층 객석의 앞 5줄은 오케스트라의 규모 때문에 제거했다. 이런 준비 과정으로 인해 파리 시내에 러시아 시즌에 관한 소문이 전설처럼 퍼질 수밖에 없었다. 홍보를 하는 데 있어 댜길레프의 특화된 방법은 그의 멋쟁이 친구들(응접실에서 사람들을 만나며 홍보해 줄 수 있는 사람들)을 리허설에 초청하는 것이었다. 그런데 포킨은 이 방식에 대해 완전히 분노하여 폭발했다.[60]

카르사비나는 다음과 같이 썼다.

샤틀레 극장은 거의 기초까지 바뀌는 지경이었다. (…) 파리에만 있을 수 있는 무뚝뚝한 무대 담당자들, 규칙만 따지고 있는 침체한 극장의 행정부는 우리를 거의 미친 사람 취급했다. (…) 무대 뒤에는 망치질하고 바느질하는 한 무리의 사람들, 이들은 지붕처럼 늘어뜨린 덮개가 있는 소파를 위한 작은 문을 만들고 있었다. 객석에서는 여러 사람이 묘안을 짜내고 있었다. 댜길레프는 "나는 저 구멍 같은 작은 문이 싫어. 그 대신 박스를 설치할 거야"라고 결정했다. 라이벌 그룹 간에 끼여서 우리는 리허설을 했다. 극장 내의 여러 소음 때문에 피아노 소리가 종종 제대로 들리지 않았다. 새하얗게 질리도록 화가 난 포킨은 어둠 속을 향해 외쳤다. "세르게이 파블로비치, 제발, 나는 이런 지독한 소음 속에서 작업할 수가 없어요." 어둠 속에서 댜길레프는 모두를 조용히 시키겠다고 약속했고 우리에게 계속하라고 간청했다. 우리는 새로운 방해꾼이 등장할 때까지 계속 리허설을 했다.[61]

오페라 가수들이 무대를 차지하면서 무용수들은 지붕 아래에 있는 답답한 스튜디오로 물러나야 했다.[62]

운명의 그날이 가까워 오자 제시간에 준비가 다 되는 것이 그 어느 때보다 불가능해 보였다. 포킨은 점점 말라가고 있었다. 바깥에 나가서 식사할 시간도 없었다. 카르사비나는 "우리는 온종일 극장 안에 있었다"고 회상했다. "댜길레프가 음식을 주문했다. 구운 닭고기, 파이 샐러드 등이 레스토랑에서 즉시 배달되었다. 비어 있던 포장용 상자는 아주 적당한 테이블로 변신했다. 피크닉 온 기분, 훌륭한 음식, 젊은이의 식욕, 그 자체로 즐거움이었다."[63]

리허설에 많은 시간이 소요되어 매일 하는 클래스를 열 수가 없을 정도였다. 이것은 직업 발레단의 일정으로 보면 아주 있을 수 없는 극단적인 생략이었다.[64] 무용수들은 스스로 워밍업을 해야 했다. 아무 의자나 등받이를 잡거나 플리에plies[•]와 바트망을 할 때는 지지해 줄 수 있는 적당한 높이의 무대 소품을 잡고 했다. 니진스키는 반드시 혼자서 클래스를 모두 진행했다. 종종 카르사비나는 그가 피루엣을 서포트 하는 연습을 할 수 있도록 파트너가 되어 주었다.[65] 무대 배경 막 뒤에 《아르미드의 관》의 마지막 장면에 필요한 한 무리의 양 떼들이 서성이고 있었다.[66]

세로프는 청회색 종이에 진회색과 흰색 분필로 《레 실피드》 중 파블로바의 모습을 섬세하게 그렸다. 막상 그 발레리나는 러시아

---

• 꼿꼿이 서서 무릎을 구부리는 동작*

시즌이 시작된 지 2주가 지나서야 파리에 등장했지만 이 그림을 거대하게 확대하여 러시아 시즌의 첫 번째 포스터로 만들었다. 브누아가 디자인한 튤로 만든 탈리오니 스타일의 긴 드레스를 입고 흰색 장미로 만든 화관을 쓴 파블로바의 옆모습이었다. 그녀는 백조와 같은 긴 목 위로 머리를 지탱하고 있으며 팔은 마치 공기를 누르는 듯 앞으로 들고 푸앵트한 발가락 바로 앞으로 떠다니는 듯한 옆모습이었다. 이 포스터가 파리 시내의 벽에 등장하면서 갑자기 출현한 러시아 발레단의 첫 번째 신호가 되었다.*

파리 시즌이 한창 진행 중이었다. 오늘날 우리는 프루스트의 눈으로 그 시즌을 볼 수밖에 없다. 작가가 주요 인사라고 생각하는 사람들은 댜길레프의 가장 우호적인 친구들이었다. 발레 뤼스처럼 그해 겨울 동안 둥지를 틀던 위대한 소설**은 그해 여름이 되어서야 겨우 시작되었다.[67] 무식한 말투와 매부리코를 지닌 세비니(본명은 로르 드 사드Laure de Sade) 부인은 프루스트의 작품에서 게르망테 공작부인Duchess de Guermantes의 모델이 된다. 나이 든 그라몽 공작Duc de Gramont은 게르망테 공작***의 모델이 되었다. 그라몽

---

* 지금은 이 포스터가 몇 장 안 남았다. 파리 오페라 박물관에 한 장이 있다. 나는 1939년 해머스미스에 있던 레가트의 스튜디오에서 한 장을 보았다. 에든버러예술대학에도 한 장이 있다. 이는 1954년 개최된 댜길레프 전시회를 기념하기 위해 레이디 줄리엣 더프가 기증했다. 나는 알렉산드린스키 극장과 극장가 사이의 코너에 위치한 레닌그라드 시어터 뮤지엄에서 아주 낡은 이 포스터를 한 장 보았다. 나도 복사본은 한 장 가지고 있는데 이는 가브리엘 아스트뤽의 딸인 루시엔 아스트뤽이 나에게 준 것이다. 이 복사본은 지금 리치먼드 파크에 있는 로열 발레 학교에 빌려 주었고, 이번에 새로 짓는 시어터 뮤지엄에 전시될 예정이다.

** 프루스트의 걸작 『잃어버린 시간을 찾아서』를 칭한다.*

*** 게르망테 공작과 공작부인, 게르망테 공주, 생루Saint-Loup, 샤를루스, 스완Swann, 오데트 Odette, 질베르트Gilberte 등은 모두 프루스트의 『잃어버린 시간을 찾아서』에 등장하는 인물*

공작은 마르게리테 로스칠드Marguerite de Rothschild와 두 번째 결혼을 했고, 그녀와의 사이에서 난 아들 기쉬Guiche는 그레퓔 부인의 딸과 결혼했으며, 그는 소설 속 생루의 모델이 되었다.[68] 매우 부자이며 허영기 많고 눈부시게 멋진 그레퓔 부인(본명 엘리자베드 드 쉬메Elizabeth de Chimay)은 게르망테 공주의 모델이 되었다. 그리고 그녀의 사촌인 로베르 드 몽테스키외Robert de Montesquiou는 예민한 공작새 같은 샤를루스 남작의 모델이 되었다.[69] 댜길레프 시즌의 재정보증인 중의 한 명은 러시아 출신 국외 거주자인 니콜라이 드 베나르다키Nikolai de Bénardaky였다. 그는 스완의 특징 중 일정 부분의 본보기를 제공했다. 그의 부인은 살롱을 가졌는데 이는 스완의 부인 오데트가 살롱을 가진 것으로 묘사된다. 니콜라이의 딸 마리Marie는 한때 프루스트의 불장난 같은 사랑의 대상이었는데 이 마리는 질베르트로 프루스트의 소설에 등장하면서 영원한 생명을 얻게 되었다.[70]

파리에는 러시아 귀족들이 득실거렸지만 대부분은 댜길레프가 차르의 승인을 받지 못했음을 알고 있었기에 그와는 소원했다. 영국 왕은 회녹색 수트와 밤색 부츠를 신고 나폴리로부터 도착했다. 에티엔 드 보몬트Etienne de Beaumonts는 디너 파티를 열었다. 이사도라는 게테리리크Gaieté-Lyrique에서 콜론 오케스트라와 리허설을 시작했다. 그녀의 연인은 미국의 백만장자 패리스 싱어Paris Singer였다. 파리스의 누나 에드몽 드 폴리냐크Edmond de Polignac 공주는 6월 8일 개최하는 무도회 초대장을 분홍과 흰색으로 꾸며서 발송했다. 사라 베르나르Sarah Bernhardt는 샤틀레 극장 바로 맞은편에 있는 그녀의 극장에서 연극에 출연했고, 레잔Réjane 또한 그녀의 극장에서 공연했다. 루시앙 기트리Lucien Guitry는 르네상스 Renaissance 극장에서 공연했다.[71]

러시아 시즌의 티켓 판매는 호조를 보였고 5월 10일 아스트뤽은 추가 공연을 하겠다고 발표했다.[72] 아스트뤽이 티켓을 팔고 댜길레프가 광고를 하고 사교계의 댜길레프 친구들은 리셉션, 개인이 주최하는 무도회, 낮에 하는 연극공연, 밤에 하는 음악회, 4~7시 행사 등을 개최하여 러시아 시즌을 소개했다. 이때만 해도 이런 친구들은 프루스트의 소설에 주인공의 모델이 되어 영원불멸의 주역이 되는 것과는 관련이 없었다. 그러는 동안 포킨은 무용수들과 작업을 했다.

음악 비평가 로베르 브뤼셀이 『르 피가로』에 쓴 기사에서 러시아 발레단의 샤틀레 극장에서 준비 상황과 며칠 전 페테르부르크와 모스크바 무용수들의 만남을 묘사했다

오늘 발레단 전체가 극장에 모였다. 모스크바에서 온 숙녀들은 붉은색 혹은 녹색의 리버티제 실크로 만든 짧은 튜닉을 입고 있었고 페테르부르크에서 온 숙녀들은 벌써 튀튀를 입고 있었다. 그들은 몇 년간 서로 만나지 못했다. 그들 중 일부는 어린 시절을 같이 보냈거나 발레 학교를 같이 다녔다. 서로 키스하고 수다 떨고 옛일을 회상하고 겉으로는 드러내지 않은 자신감에 차 있었으며 웃고 감탄하면서 발레 연습을 하며 어우러졌다. 잠자코 잘 있던 남자들은 발레리나들의 손등에 키스했다.

마치 펜싱 사범 같이 늘씬하고 높이 도약하던 젊은 남자는 면으로

만든 튜닉을 입고 있었는데 이 사람이 미셸 포킨, 발레 마스터이자 러시아 발레의 혁신가였다. 황갈색 눈과 아이보리색 피부를 지닌, 근사한 동방의 꿈들을 연상시키는 날씬한 소녀는 모스크바에서 온 베라 카랄리였다. 금발 머리에 동작이 깔끔하고 탄력을 지닌 무용수는 알렉산드라 발디나Alexandra Baldina였다. 외출복에 붉은 부츠를 신고 미셸 모르드킨Michel Mordkin과 같이 《향연Le Festin》에 나오는 차르다시를 연습하고 있는 무용수는 소피 페오도로바였다. 무한한 우아함이 풍기면서 하나로 규정하기 어려운 사색적인 미인은 타마라 카르사비나였다. (…) 남자들 중에 특출한 오늘날의 베스트리스라고 할 수 있는 니진스키가 있다. 그의 눈부신 테크닉은 유연한 감정 표현, 그리고 어디에서도 찾기 힘든 확연히 구분되는 제스처와 어우러진다.

포킨은 손뼉을 치면서 대화를 중지시키고 무용수들은 모두 자기 자리에서 준비한다. 그들은 체렙닌의 《아르미드의 관》을 리허설할 예정이다. 이 작품의 대본가이며 무대 디자이너인 알렉산드르 브누아도 말할 사항이 있다. 피아니스트 포메란체프Pomeranzev가 익숙하지 않은 악보를 즉석에서 연주하면 무용수들은 놀라운 테크닉으로 아찔한 춤을 추기 시작한다.

카르사비나, 발디나, 니진스키는 삼인무 리허설을 한다. 니진스키는 솔로 춤을 추면서 그의 놀라운 엘레바시옹elevation•을 선보인다. 우아한 카르사비나는 뒤이어 부드러우면서 신중한 바리아시옹을 선보인다. 그다음 거만한 카랄리는 아르미다의 춤을 선보인다. 마지막으로 무대는 남성 무용수들로 가득 찬다. 활기찬 로사이가 그

---

• 높이 뛰어오르는 동작*

의 환상적인 스텝을 선보이는 동안 뛰어난 무용수들이 광대들의 춤에서 함께 공연한다.

모든 무용수는 한 번 이상 리허설을 하고 예술적인 표현에서 가장 조그만 잘못(테크닉의 잘못은 아무도 범하지 않는다)이라도 하면 한참 동안 연습을 멈추어야 할 정도로 호된 질책이 뒤따른다. 포킨의 예리한 눈은 절대 놓치는 법이 없다. 포킨은 리허설에서 무용수들을 예의주시하고 격려하면서, 자신은 과장된 동작을 억제하면서 시범과 마임, 그리고 자신의 스텝을 모두에게 보여 준다. 이 모든 과정에서 포킨은 피아니스트에게서 무용수에게로 그리고 무용수에게서 피아니스트에게로 쏜살같이 움직인다.[73]

30대 시절 브뤼셀은 키는 작지만 매력 있었고 그는 카르사비나에게 푹 빠졌기 때문에 샤틀레 극장의 리허설을 멀리할 수가 없었다.[74] 포킨은 댜길레프의 파리 친구들 앞에서 작업해야 하는 것을 꺼렸다. 프루스트의 '동방에서 온 공주'•인 시인 안나 드 노아이유Anna de Noailles, 프루스트의 옥타브 장 콕토, 프루스트의 유어베레티에프 공주인 미샤 에드워즈 등 이들은 멈출 줄 모르고 재잘거렸다. 댜길레프는 그리고리예프에게 이들과 다른 방문객들을 지켜보고 그들이 무용수들의 작업을 방해하지 못하도록 감시하라고 지시했다. 그리고리예프는 이 임무가 절대 쉽지 않음을 알게 되었다. 젊은 콕토는 니진스키에게 매혹되어 그와 대화하

---

• 동방에서 온 공주, 옥타브Octave, 유어베레티에프Yourbeletieff 공주는 모두 프루스트의 『잃어버린 시간을 찾아서』에 등장하는 인물*

고 싶어 했고, 로베르 브뤼셀은 카르사비나와 대화하고 싶어 했다. 포킨은 브뤼셀에게 분노했다. 이는 포킨의 질투심도 작용했다. 포킨은 비록 지금은 베라와 결혼했지만 카르사비나와는 사랑하던 사이였고, 그녀를 사랑한 적이 있는 사람은 그녀를 영원히 사랑할 수밖에 없었다. 포킨은 화를 내면서 브뤼셀에게 극장에서 나가라고 명령했다. 브뤼셀은 매우 기분 나빠하면서 댜길레프에게 불평했다. 댜길레프는 애정 문제는 가볍게 여겼기 때문에 브뤼셀에게 "리허설을 책임지고 있던 사람들이 당신이 무용수들을 즐겁게 할 수 있는* 특별허가증을 가지고 있다는 사실을 몰랐던 것이 확실합니다"라고 친절하게 답해서 그의 분노를 풀어 줬다.[75]

무소륵스키에 관한 책을 집필한 적 있는 다른 음악 비평가 M. D. 칼보코레시M. D. Calvocoressi는 발레단에 살다시피 하면서 여성 무용수들의 심부름을 했다.[76]

5월 16일 에밀 쿠퍼의 지휘 아래 러시아 시즌에서 연주할 모스크바 오케스트라가 파리에 도착했다.[77] 총 리허설은 19일로 예정되어 있어 오케스트라 반주로 리허설을 할 시간이 얼마 없었다.

프루스트가 매일 아침 읽는 신문은 『르 피가로』와 『르 골루아 Le Gaulois』였는데 후자는 포부흐Faubourg의 지역 신문이었으며 『르 피가로』보다 더 우익계열이었다.[78] 5월 18일 『르 피가로』의 「극장 소식」 칼럼에서 프루스트는 다음과 같은 소식을 읽었다.

---

• 프랑스어 'distraire'는 '주의를 산만하게 하다'와 '즐겁게 하다'라는 두 가지 의미를 지닌다.

샤틀레 극장에서 정확히 저녁 여덟 시 반부터 '러시아 시즌' 초연의 총 리허설이 시작됩니다. (…) 공연장에서 옷차림은 극장에 알맞게 엄격하게 지켜 주십시오. (…) 막이 오른 뒤에는 입장이 제한됩니다.

아스트뤽과 댜길레프가 끌어들인 관객 구성의 면면을 보면 그 자체만으로도 예술 작품이었다. 둘은 꼭 필요했던 연극, 예술과 음악 비평가 이외에도 모든 주요 신문과 언론 기관의 편집장들을 초청했다. 댜길레프는 예술단의 미래를 주의 깊게 내다보면서 여러 기획자와 오페라 하우스의 감독들 참석을 확인했다. 그 면면을 살펴보면 파리 오페라의 브로상Leimistin Broussan, 오페라 코미크의 알베르 카레Albert Carré, 몬테카를로의 카밀 블랑Camille Blanc과 라울 갱스부르Raoul Guinsbourg, 뉴욕 메트로폴리탄의 가티 카사자 Gatti Casazza와 디플Dippel, 보스턴의 헨리 러셀Henry Russel 등이었다.

정치권과 외교계 참석 인사들도 그 면면을 보면 대표성을 지니고 있었다. 정중앙 박스 석에 외무성 장관 피숑Pichon과 러시아 대사 넬리도프Nelidov가 부부 동반으로 자리를 지켰다. 또한 노동성 장관 바르두Barthou(유고슬라비아의 알렉산더 왕과 함께 암살당하게 됨)가 부인을 동반, 교육부 장관 두메르그Doumerge, 재정부 장관 카이요Caillaux(1914년『르 피가로』편집장 칼메트Calmette를 살해하게 됨)가 부인을 동반해서 참석, 미술부 차관 두자르당보메츠Dujardin-Beaumetz(마드리드Madrid가에 콘서바토리를 설립했다), 1903년 프랑코-러시아 무역 조약 체결에 관여했던 에스투르넬 드 콩스탕 Estournelles de Constant도 참석했다.

박스 석 참석자의 면면을 살펴보자. 호텔 크리용Crillon에서 예술단 전체를 디너에 몇 번이나 초대했던 마담 그레퓔, 마담 세비니와 그녀의 딸인 마담 비숍스하임Bischoffsheim, 살롱을 소유하고 있던 마담 마들렌 르메르Madeleine Lemaire도 참석했다. 르메르는 장미꽃 그림을 그렸으며 그녀의 모습은 프루스트의 소설에서 마담 베르두랭Verdurin과 마담 빌파리지Villeparisis 속에 녹아들어 있다. 프루스트의 소중한 친구이자 안나 드 노아이유의 자매인 알렉산드르 드 쉬매Alexandre de Chimay 공주, 그리고 안나 노아이유의 대단한 친구이며 문학 살롱을 소유하고 있는, 사상과 학문에 관심이 많은 마담 불토Bulteau 등이 자리를 차지했다.

패션계에서는 마담 카롱Caron과 파캥Paquin 그리고 도이에Doeillet가 참석했다. 문학계에서는 장 리슈팽Jean Richepin, 조르주 캥Georges Cain, 레온와 루시엥 도데Léon & Lucien Daudet, 다니엘 르수아Daniel Lesueur(여류소설가) 그리고 옥타브 미르보Octave Mirbeau, 그림과 캐리커처를 그렸던 폴 엘루Paul Helleu, 댜길레프가 몇 년 전『예술 세계』에서 다룬 적이 있는 자크에밀 블랑슈Jacques-Emile Blanche, 셈Sem, 장루이 포랭Jean-Louis Forain, 조각 분야에서는 로댕Auguste Rodin, 음악계에서는 랄로Édouard Lalo, 포레Gabriel Fauré, 생상Camille Saint-Saëns, 라벨Maurice Ravel, 에두아르 콜론Edouard Colonne, 오페라계에서는 리트빈, 파라Farrar, 브레발Bréval, 카발리에리Cavalieri, 샬랴핀, 드 레스케Édouard de Reszke 그리고 앙리 시몽Henri Simon, 연극계에서는 극작가 프란시스 드 크로와세Francis de Croisset, 카일라베Gaston Arman de Caillavet, 쿨위Coolus, 앙리 드 로스차일드(필명 앙드레 파스칼

André Pascal, 러시아 예술단 후원자), 코메디 프랑세스 감독 클라르티 Clarétie, 세실 소렐, 이베트 길베르, 제인 마르낙, 루이즈 발티, 라헬 보와이에* 등이 참석했다.

1909년 당시에는 여배우와 화류계 여성의 구분이 언제나 뚜렷한 것은 아니었다. 프루스트가 사랑한 루이 드 모랑Louise de Mornand 이 참석했다는 사실은 흥미롭다. 콕토는 인생에서 여성을 사랑한 경우는 오로지 세 명뿐이었는데 그중 한 명인 마들렌 칼리어 Madeleine Carlier가 참석한 사실도 주목거리였다. 그녀는 콕토의 소설『활짝 벌리고*Le Grand Ecart*』속 여주인공으로 등장했다.

네 명의 유명한 무용수들이 참석했는데, 이들은 각자 너무나 달랐다. 혁신적인 이사도라 덩컨, 파리 오페라의 스타이면서 8년 전 페테르부르크에서《코펠리아》의 주역으로 춤을 추었던 카를로나 잠벨리, 파리 오페라의 예전 무용수였던 로지타 마우리Rosita Mauri 그리고 당시 오페라 코미크의 발레 미스트리스였고, 퓨남불 Funambules 극장에서 클래식 판토마임《드뷔로의 하루Deburau's day》에 주역으로 출연하고 있던 마리키타Mariquita 등이 참석했다.[79]

그러나 이 극장에는 더 많은 무용수가 있었다. 위에 열거한 것보다 훨씬 많은 여배우도 왔다. 아스트뤽은 극장 2층의 특별석 앞 줄에 아름다운 젊은 여인들만 앉게 하는 기가 막힌 아이디어를 생각해 냈다. 파리 오페라의 여자 무용수들과 코메디 프랑세스의

---

* 세실 소렐Cécile Sorel, 이베트 길베르Yvette Guilbert, 제인 마르낙Jane Marnac, 루이즈 발티 Louise Balthy, 라헬 보와이에Rachel Boyer 등은 당시 무대에서 여배우, 가수 등으로 활동했다.*

여배우들에게 티켓을 나누어 주었다. 연미복 차림이나 대머리의 신사들이 아름다운 반원 모양 2층 앞좌석의 모습을 방해하지 못하도록 했다. 그 자리에는 오로지 다이아몬드로 치장하고 어깨를 드러낸 미인들만이 있었다. 금발과 흑갈색 머리가 섞여 있었다. 마치 온실의 꽃바구니 같이 눈부신 이 광경은 파리의 유명 인사에게 엄청난 인상을 심어 주었다. 그날 이후 모든 극장의 2층 특별석은 발코니le balcon 석이라 부르지 않고 꽃바구니la corbeille 석이라고 불렀다.[80]

댜길레프는 객석의 벽, 통로 그리고 심지어는 일부 바닥까지 새로운 붉은 천으로 덮었다. 그리하여 이 낡고 오래된 극장은 환하게 새로운 장소로 변신하여 이에 대한 관객들의 기대감도 높여 주었다.

그러는 동안 백스테이지에서 니진스키는 본능적으로 자신이 추어야 하는 역할을 이해하고 그에 맞추어서 마치 다른 행성에 사는 거주자 같이 아르미드의 총애하는 노예로 변신하고 있었다. 브누아는 니진스키가 공연에서 행할 역할에 대해 리허설에서 증명할 필요가 없다는 것을 깨달았다. "니진스키는 한결같이 정확하게 모든 춤을 추었다. 하지만 그의 춤에는 기계적이고 자동적인 요소가 있었다. 마지막 리허설에서 그는 일종의 무기력함에서 깨어난 듯이 보였다. 그는 생각하고 느끼기 시작했다."[81]

니진스키는 샤틀레 극장에 여섯 시 반에서 일곱 시 사이에 도착했다. 그는 연습복으로 갈아입고 무대 뒤에서 혼자서 클래스를 했다. 그런 후 그는 30분 동안 씻고 분장했다. 의상이 걸려 있는 분장실에는 정확하게 규칙이 정해져 있다. 분장 때 사용하는 스틱은 군대처럼 정확하게 열을 맞추어 화장대 위에 놓여 있다. 결국 바실리는 니진스키가 분장할 때 도와주었다. 그는 흰색 터번을 착용했다. 그리고 의상 담당자 마리아 스테파노바Maria Stepanovna는 의상에 바느질이 필요한지를 보러 왔다.[82] 브누아는 이 장면을 묘사했다.

> 최후의 변용은 그가 의상을 입었을 때 일어났다. 다른 무용수들과는 달리 그는 언제나 아티스트의 디자인 스케치의 정확한 복사본을 요구했다. 보통 때는 다른 일에 무관심했던 바슬라프인데 이 순간이 되면 매우 까다롭고 변덕스럽게 변했다. (…) 그는 점점 자신이 거울 속에서 본 다른 존재로 변하기 시작했다. 그는 새로운 존재로 환생하였으며 실제로 예외적일 만큼 매력적이며 시성을 지닌 인간처럼 그 존재 속으로 몰입했다. 나의 견해로는 니진스키의 변용은 대부분 잠재의식 속에서 이루어지며 이는 그의 천재성을 입증하는 것이다. 오로지 천재만이 — 이 현상에 대해 자연스러운 설명을 적절히 할 수가 없다 — 니진스키가《아르미드의 관》에서 한 것처럼 로코코 시대의 안무적인 정수를 구현해 낼 수 있었다. 특히 내 발레의 파리 버전에서는 더욱더 그러했다.[83]

파리의 유명 인사들은 붉은 커튼의 이면에 대한 기대감으로 법석을 떨었는데 니진스키는 전혀 염두에 두지 않았다.

프로그램은 브누아의 발레로 시작했고 지휘는 에밀 쿠퍼가 아니고 작곡가 체렙닌이 직접 지휘를 했다. 페테르부르크 프로덕

선과는 몇 가지 차이가 있었다. 15분 정도가 잘렸고 몇 개의 춤은 카르사비나, 발디나와 니진스키를 위한 새로운 삼인무를 삽입하기 위해 재배치되었다. 브누아는 황실의 지원이 철회되면서 파리 시즌을 위해 모든 것을 새로이 만들어야 했을 때 무대와 의상을 대거 개선하기로 했다. "페테르부르크 버전에서는 라일락, 분홍, 노란색의 정교함에 문제가 있었으며, 두 번째 장면의 무대 배경은 디테일한 부분이 다소 잡다하게 섞인 것을 우려했었다. 이런 결점들을 이번 프로덕션에서는 수정했다." 페테르부르크 버전에서는 근사한 계단의 꼭대기 위에 바로크 양식의 조그만 신전으로 이어지는 아르미드의 정원에서 보이는 전정한 풍경은 비스듬했다. 하지만 여기 공연에서는 모스크바에서 온 무대의 마법사 발츠가 정원 풍경을 최대한으로 보이게 했으며 다른 쪽에는 물로 만든 거대한 피라미드 두 개를 설치하는 데 성공했다.[84] 조그만 신전은 촘촘한 나무들 속에 "가슴 높이 정도의 저 멀리 보이는 궁전으로 대체했다."[85]

파블로바는 유럽 투어 때문에 2주 동안 파리에 도착하지 않았다. 카랄리가 이날과 다음 날 아르미드 역을 추었다. 브누아가 이 공연을 보고 카랄리에 대해 "기교파이면서 매우 아름다운 여인, 그러나 개성이 부족한 창백한 무용수"라고 판단했다.[86] 본래 게르트가 맡기로 한 르네 드 보종시René de Beaugency 역을 모르드킨이 대신 맡았다. "그는 르네 드 보종시 역을 맡기에는 너무 강하고 힘이 넘치는 무용수였으며 나의 주인공이 가진 기본적인 특질인 시적인 부드러움이 부족했다. 그러나 파리에서 나의 발레는 솔리아니

236

코프Solianikov 대신 불가코프Bulgakov가 맡았던 후작 부분이 달라졌다. 이 역할의 뒷부분에서 고대의 후작은 화려한 마법사 히드라오트Hydraot로 변신했고 불가코프의 이 역할에 대한 해석은 대단한 성공을 거두었다.[87] 남녀주인공은 부족한 부분이 있었으나 이 발레는 전혀 그 점에 구애받지 않고 성공했다. 다 알다시피 가장 위대한 성공이 그들에게서 이루어진 것이 아니기 때문이었다.

브누아는 '18세기 프랑스의 최고 전성기'를 영광되게 하는 것으로 그의 발레를 구상했다. 프랑스, 독일 그리고 베네치아인의 후손으로서, 그리고 프랑스식 이름을 가진 브누아는 파리 사람들을 보면서 그들보다 자신이 훨씬 베르사유의 귀족 스타일을 잘 이해하고 있다는 사실에 자존감을 높이 가졌다.

로코코 시대의 특징을 나타낼 때면 파리의 극장에서 언제나 사용되던 퇴폐적인 달콤함에 익숙해진 사람들(예를 들면 오페라 코미크에서 공연되는 《마농Manon》의 프로덕션)은 우리의 색채가 너무 강렬하고 우리 무용수들의 우아함이 너무 가식적이란 것을 알아챘다. 그러나 실제로 베르사유, 세브르산 도자기Sévres china, 태피스트리, 궁전의 번쩍이는 방과 건축학적으로 설계된 정원을 이해하는 사람들에게 우리의 《아르미드의 관》은 하나의 계시였다. 우리의 가장 열광적인 친구 중에는 로베르 드 몽테스키외, 앙리 드 레니에Henri de Régnier*가 있었다.[88]

---

* 에레디아Hérédia의 사위이며 고답적인 시인으로 베르사유에 관한 그의 시들을 담은 시집 『물의 도시La Cité des eaux』를 7년 전에 출간했다.

정확히 말하자면《아르미드의 관》은 바로크와 로코코 양식, 루이 14세와 루이 15세, 17세기와 18세기의 혼합이었다. 하지만 시간이 흐르면서 베르사유 그 자체가 되었다.

프로덕션에서 러시아의 요소는 무대 장면을 칠한 자유로운 회화 기법에서 드러난다. 러시아 디자이너들과 배경 화가들은 파리 오페라와 오페라 코미크에 종사하는 현재 그들의 상대 파트너들보다 이전 시대인 인상주의자들의 활력에서 영감을 받았다. 이 활력은 클래식 발레 어휘를 구사하는 러시아 무용수들의 춤에 포함되어 있는 잠재된 열정과 일맥상통했다. 1909년 파리 오페라에서 클래식 발레는 프랑스 출신의 교태 부리는 대부분의 발레 무용수들과 약간 명의 이탈리아 출신 비르투오지 무용수들로 구성되어 있었다. 물론《아르미드의 관》음악에는 러시아 요소가 있고 작품 중 광대들은 진짜 러시아 캐릭터 댄스를 추었다.

하지만 클래식 발레를 더욱 풍부하게 만든 요소는 낭만주의였다. 이 점은 브누아 본연의 역설적이고 전형적인 요소였다. 브누아가 자신의 발레를 떠올리게 된 동기는 테오필 고티에의 「옴팔레Omphale」였다. 이 작품은 로코코 양식의 건축물을 배경으로 움직이는 보베Beauvais산 태피스트리를 다루고 있다 하더라도* 낭만적인 호프만 스타일이다. 이는 신비롭고 에로틱한 귀신 이야기다. 브누아의 작품은 그 시대의 전통적인 발레 요소를 제거했으며 문학 혹은 연극과 관계가 있다. 첫 장면에서는 시간의 춤을 제

---

* 브누아는 개인적인 이유 때문에 보베를 고블랭으로 바꾸었다.

외하면 춤이 없고 마지막 장면에도 아예 춤이 없다. 《마술 피리》처럼 미스터리와 유머가 섞인 마임 극이 안무의 근간을 마련하고 있다.

체렙닌이 지휘대에 오른다.[89] 희미하게 우르릉거리면서 귀신이 나올듯하게 큰 북의 연주가 들려온다. 클라리넷과 현악기 군이 신비로운 서주를 시작한다. 어두운 화음은 피아니시시모로 연주하고 희미한 조명 아래 커튼은 올라가고 바로크 양식의 건물 내부가 등장한다. "큰 창문들은 반짝거리는 대리석 기둥들과 번갈아 놓여 있다. 큰 창문 각각의 위에 화려한 채광창이 있다. 중앙 틈새 위에 있는 석고 모형은 구름 위에 놓여 있는 우의적인 사물을 상징하면서, 동시에 기능적으로는 마법의 고블랭 위에 걸쳐져 있는 깃털로 장식된 웅장한 캐노피를 받치고도 있다."[90] 고블랭 태피스트리 앞에는 시간과 사랑의 형상 그리고 도금으로 멋지게 보이는 거대한 시계가 서 있다. 이 형상들은 움직이지 않는 무용수들이 연기한다. 오른쪽에는 커튼으로 가려진 벽감 안에 침대와 화장대가 있다. 사악한 늙은 후작과 날이 저물어 파빌리온에 묵으려고 손님으로 찾아온 르네René 자작이 짐을 끌고 있는 시동을 데리고 등장한다. 한편 창문을 통해서 등불이 보이고 하인들이 파빌리온을 연다. 구식이면서 지나치게 과장된 예절을 갖춘 주인은 루이 14세 말의 의상을 입고 있다. 주인은 젊은 르네를 환영한다. 르네의 옷차림은 이 내용의 배경이 세기말에 가까울 것이라는 점을 암시한다. 르네는 케이프 달린 자신의 외투를 벗고 옷에 떨어진 비를 털어 낸다. 나뭇가지 모양의 촛대를 하인이 가져오고 시동(그리고리예프가 분함)은 짐을 푼다. 후작은 촛대를 하나 들고 르네에게 태피스트리를 보여 준다. 이 장면에서 후작이 설명할 때 오래된 관습적인 수화(포킨이 가장 반대함)를 사용하지 않고 마임으로 연기한다. 후작은 태피스트리에 담겨 있는 그림이 상징하는 바를 설명한다. 후작은 수행원들에게 둘러싸여 슬프게 스카프를 쥐고 앉아 있는 저 숙녀는 오래전에 죽은 자신의 딸이며, 그녀에게 구애하다가 세명의 남자가 목숨을 잃었다고 들려준다. 르네는 그녀의 아름다움에 매혹당한다. 주인은 인사하고 나간다. 르네는 잠자러 벽감 속으로 사라진다. 달빛이 환하게 방을 비춘다. 처음에는 태피스트리를 보고 반해서 르네는 잠을 이룰 수가 없었지만 결국 잠이 든다. 시간(혹은 토성)의 형상은 한 시간짜리 모래시계를 거꾸로 돌려놓고, 짤막한 마임 장면에서 사랑(큐피드)은 시간을 꼼짝 못 하게 압도한다. 자정이 되어 종이 치자 열두 시(소녀들이 소년 분장을 하고 등장함)는 시계에서 내려와서 하프와 첼레스타가 연주하는 화음에 정확하게 맞추어 기계적으로 안단티노 속도의 춤을 춘다. 반음계 주제가 흘러나온다. 이 소리에 르네가 일어나서 태피스트리를 보다가 다시 잠이 든다. 이 주제가 다시 들린다. 르네는 두렵다. 그는 도망갈까 생각하다가 자신이 너무 바보 같아서 도망가기가 꺼려진다. 고블랭 태피스트리는 액자 속으로 말려서 들어간다. 태피스트리에서와 같이 스카프를 쥐고 같은 자세로 그녀의 시종들에게 둘러싸여 있는 후작 딸이 고블랭의 뒤에 보인다. 후작의 딸은 실은 마법사 아르미드다. 아르미드는 상상 속에 등장한 연인 리날도Rinaldo의 목에 자신의 스카프를 두르지만 리날도가 환영일 뿐이라는 것을 알게 된다. 가련한 아르미드는 그 환영이 사라진, 왼쪽에 있는 여인들에게 물어본다. 그들은 슬픈 표정을 지으며 희망이 없는 제스처로 답한다. 그녀는 오른쪽에 있는 남자들에게 같은 질문을 하지만 왼쪽의 여인들이 답한 것과 똑같은 부정적인 말을 들을 뿐이다. 희망과 절망이 교차함을 표현하는 오르락내리락하는 구슬픈 가락에 맞추어 아르미드는 액자에서 내려오고 리날도를 본 듯하다가 절망에 휩싸여서 머리를 흔든다. 그녀는 여인들에게 하프를 연주해 달라고 한다. 그녀의 탄식 장면은 슬픔에 잠겨 무릎을 꿇는 것으로 끝이 난다.

그러는 동안 르네는 실내복을 움켜쥐고 아르미드의 뒤쪽으로 살짝 몰래 기어간다. 이제 중요한 순간이 온다. 그녀가 바닥에 무릎을 꿇었을 때 르네는 팔을 뻗어 땅바닥에서 그녀를 일으켜 세운다. 그녀는 르네를 오랫동안 보지 못한 리날도로 착각하여 황홀감에 젖어 그에게 인사를 한다. 르네의 잠옷이 덫에 걸려 벗겨지자 르네가 입고 있는 루이 14세 시대의 위풍당당한 영웅적인 로마 스타일의 복장이 드러난다. 일순간 바로크 스타일의 전체 외관도 드러나면서 르네는 광채가 나는 모습으로 아르미드에게 몸짓을 하며 서 있다. 그와 동시에 오케스트라는 고조되는 광란의 곡을 연주한다. 파빌리온의 벽들이 사라지고 환한 햇살 아래 야외에 있다. 숲이 이루는 자연적인 아치가 틀 모양을 이룬다. 이 부분이 작품에서 로맨틱-로코코-전원풍이 등장하는 유일한 장면으로 프라고나르Fragonard 또는 위베르 로베르Hubert Robert •의 작품에서 영감을 받은 듯하다. 이 아치는 아르미드 정원의 화려한 대칭을 돋보이게 한다. 이 아치는 곡면과 첨탑(오벨리스크)에서도 시도했다. 춤추는 장소는 반원형의 어두운 장식 정원에 한정되어 있으며, 그에 비해 저 멀리 물결 모양의 숲에 솟아 있는 아르미드의 궁전은 포르티코portico** 뒤에 원형으로 서 있다. 이 궁전은 유바라Juvara**가 설계한 환상적인 피에몬테Piedmont 지방의 궁전들을 떠올리게 한다. 특히 이 무대는 알프스를 뒤 배경으로 하여서 더욱더 그러하다. 페테르부르크에 있는 사차로프Sacharov가 디자인한 해군본부처럼 첨탑과 나선형 탑이 궁전의 지붕을 장식하고 있다. 정돈된 나무들은 티에폴로Tiepolo가 자신의 그림에서 피라미드를 활용한 것처럼 첨탑 모양으로 등장한다. 무대 양쪽에 놓인 두 개의 큰 분수(물은 근처 센 강에서 길러옴)는 음악에 맞추어 첨벙거렸으며 뾰족한 형태로 물을 내뿜고 있었다. 이 점이 베르사유와 다르다.

뒤쪽 계단 꼭대기에는 웅장한 형상이 서 있다. 늙은 후작은 강력한 마법사 히드라오트 왕으로 변신했다. 그는 긴 늑골 모양의 장식이 달린 황금색 망토를 입고 푸른 타조 깃털로 덮인 우뚝 솟은 주교 모자 같은 머리 장식을 했다. 그는 자신이 마술을 부려 이렇게 변장했음을 표시하느라 긴 지팡이를 흔들면서 천천히 계단을 내려왔다. 아르미드는 무대를 가로질러 리날도를 안내한다.

---

* 프랑스 화가들. 낭만주의 풍경화의 선구자들*
** 특히 대형 건물 입구에 기둥을 받쳐 만든 현관 지붕*
** 건축가이며 이탈리아 북부 피에몬테 지방의 궁전을 다수 설계했다.*

더 많은 신하가 등장하고 둥글게 그룹을 형성한다. 화려한 융단의 색깔을 핑크와 녹색이 압도적으로 많이 차지하도록 한 것은 이 색감이 극장의 높은 곳에서 가장 잘 보이기 때문에 포킨과 브누아가 일부러 그렇게 만들었다. 더 인원이 많아진 무용수들의 그룹이 무대로 나왔다. 이 그룹에는 큰 깃털 부채를 든 누비아인들도 포함되어 있다. 아르미드는 옷의 가장자리에는 금색 술로 장식되었고, 보석이 박힌 엷은 청색 망토를 입고 있으며 안에는 평범한 흰색 모슬린 스커트를 입고 있다. 그녀의 흰색과 금색으로 된 터번은 진주로 장식되어 있다. 궁정 신하들은 행렬을 지어 행진한다. 여자 마법사는 그녀의 연인과 함께 디베르티스망을 보기 위해 그를 왼쪽 연단으로 안내한다.

뒤이어 여덟 명의 남자 무용수와 여덟 명의 여자 무용수가 브라스 풍의 우아한 왈츠에 맞추어 춤을 춘다. 갑자기 등장한 자일로폰의 연주에 맞추어 여덟 명의 여자 무용수(포키나, 브로니슬라바 니진스카, 숄라와 체르니체바가 포함됨)가 춤을 춘다. 이 춤은 동양풍의 그로테스크한 바카날이 포함되어 있다. 또한 다리를 절룩거리고 기괴하게 보이는 여섯 괴물들이 나무 부스러기로 만든 가발과 몇 개의 아름다운 가면을 발견했다. 이 괴물들은 가면과 가발의 도움으로 외모를 꾸며서 몇몇 젊고 어여쁜 마녀들을 속여서 좀 더 격식을 차린 안식일에 참가하도록 유도하여 다 같이 행복하게 떠났다. 이들의 춤은 무대 전체를 가로지르는 행렬 형식으로 다양하게 선보인다. 이들 춤 중에는 트럼펫이 울려 퍼지면서 현악이 연주되는 장엄한 헨델 방식의 곡이 연주될 때 위풍당당하게 무용수들이 재편성을 이루는 것도 있었다.

대부분 장관을 이루는 작품인데 삼인무는 아르미드의 친구 중 발디나와 카르사비나, 아르미드의 총애하는 노예 니진스키가 춘다. 니진스키의 흰색, 노란색과 은색이 어우러진 의상은 실크로 만든 장식용 줄, 레이스 러플과 족제비 꼬리털로 장식되어 있다. 이 의상은 부케Bouqet•가 디자인했던 18세기 궁전에서 남성 무용수들의 춤 의상을 단순화한 것이다. 부케 디자인의 남성 무용수들 의상은 톤레tonnelet•• 혹은 치마 안에 철사를 넣어 부풀려서 만든 스커트들과 반바지였다. 루이 14세 시절 무용수들이 로마병정 같이 양식화된 의상을 입을 때 같이 착용하던 킬트kilt•••를 과장되게 발전시킨 디자인이었다. 니진스키는 머리에는 타조 털로 장식된 흰색 터번을 썼다. 그의 목 주변 턱까지 보석으로 만든 밴드를 하고 있었다. 두 명의 숙녀는 보라색과 황금색 의상을 입고 있었다. 제프리 위트워스Geoffrey Whitworth의 글. "제일 처음 니진스키가 분홍과 녹색, 푸른빛이 가득한 아름다운 장면 속으로 호기심을 가득 품고 조신하게 등장했을 때 실로 황홀한 순간이었다."[91] 세 사람이 함께 추는 삼인무의 오프닝 섹션은 애처로운 음색의 잉글리시 호른이 경쾌한 가락을 연주하면서 공연되었다. 파리 관객들은 무용수들이 날아오르고 착지하고, 박자에 맞추다가 회전하는 것을 보면서 어느 순간 갑자기 자신들이 그 이전에는 이런 수준

---

• 프랑스의 공연 의상 디자이너 겸 화가•
•• 18세기 무렵 주역급 남성 무용수들이 입었던 짧은 형태의 스커트•
••• 스코틀랜드 남자들의 전통의상으로 격자무늬 모직으로 된 스커트형 남자용 하의•

의 춤을 본 적이 없다는 것을 깨달았다. 점점 감탄의 중얼거림이 나오기 시작했다. 이 장면의 마지막에 무용수들이 무대를 떠나고 니진스키가 마지막으로 나갔고 그가 솔로 춤을 추기 위해 다시 등장하기 전이었다. 오늘 밤 관객들의 반응이 애정 가득함을 느끼고는 이에 고무된 니진스키는 걸어서 나가는 대신 도약으로 무대를 떠나기로 마음먹었다. 그는 위로 위로 솟아올랐고 마치 나무 꼭대기로 날아가는 듯이 보였다. 아무도 그가 내려오기 시작하는 것을 보지 못했다. 당시 파리 사람들은 아무도 그런 도약을 보지 못했다. 믿기지 않아서 튀어나온 "헉" 하는 감탄사는 우레 같은 박수 소리로 바뀌었다.[92] 베스트리스가 프랑스로 돌아온 것이다.

니진스키의 솔로를 위한 음악은 경쾌하고 자신 있게 오케스트라 전체가 연주했지만, 진부한 가락이었고 전형적인 남성 바리아시옹을 위한 음악이었다. 그는 하프 푸앵트로 일어서서 무대를 가로질러 도약했다. 이 높은 점프와 피루엣을 번갈아 구사했다. 그러고는 그는 더 단순하지만 특이하게 우아한 동작, 다시 말해 그의 왼팔은 뒤쪽으로 쭉 뻗어 확장시키면서 앞으로 기울여 그의 왼쪽 다리를 그의 오른손으로 쓰다듬는 동작을 구사한다. 이 동작은 나중에 수없이 많이 따라 하는 작품이 등장한다. 레브랑스révérence* 를 정형화하여 고안한 이 동작은 카브리올cabriole** 과

---

• 상반신·무릎을 구부리고 하는 절과 같은 고전 무용의 동작*
•• 높이 뛰어올라 공중에서 두발을 부딪치게 하는 동작, 앞, 옆, 뒤로 가능하다.*

교차로 다른 방향에서 두 번 반복했다. 니진스키가 춤을 출 때 그는 객석에서 익숙하지 않은 소음 같은 소리를 들었고 불안해졌다. 소음은 점점 커졌다. 그의 춤 마지막에 환호의 소리가 터져 나왔다.[93]

총애받는 노예 역은 춤추는 역이다. 포킨이 니진스키의 뛰어난 발레 테크닉을 뽐내게 하려고 그의 발레에 삽입한 장면이다. 이 장면은 극적인 진행이나 르네의 이야기에서 하는 역할은 없다. 하지만 니진스키는 어떤 강렬한 느낌을 투영시킴으로써 전체 장면을 변형시킨다. 제프리 위트워스의 글을 다시 인용한다.

> 활기 가득하고 광채가 나는 소년은 신비로움을 표현하는 해설자이기도 했다. 그의 존재가 빛을 발하면서 '아르미드'는 비길 데 없는 멋진 유형으로 멋진 동작을 구사할 뿐 아니라 우리 자신과는 완전히 다른, 낯선 외계인처럼 등장하여 최고의 춤을 보였다. 믿건대, 아르미드의 궁전은 나날이 자신들의 법, 자신들의 방식, 자신들의 기획과 같이 확고하고 안정된 조직의 일부분이 된다. (…) 이런 효과가 일어날 수 있는 비법은 (…) 일정 부분 니진스키가 기여한다. (…) 니진스키가 춤을 출 때는 확실하게 다른 모든 상황을 잊게 만든다.[94]

그다음은 우아하고 장중하게 시작하여 점점 종국으로 치닫는 발디나의 솔로 춤으로 이어진다. 음악은 가운데 짧은 멈춤이 간간이 포함되어 있고 이 순간에는 그녀가 눈에 띄는 자세를 취할 수 있게 했다.[95]

카르사비나의 춤은 첼레스타와 종(《호두까기 인형》 중 사탕 요정의 솔로와 비슷함)으로 연주하는 곡에 맞춘 유쾌하고 짧은 알레그로 춤이었다. 그녀의 날렵한 발놀림, 시적인 포르 드 브라port de bras*, 빛나는 이국적 아름다움과 그녀의 얼굴을 더욱더 환하게 비추는 마력을 지닌 미소가 한데 어우러져서 파리 상류사회의 예리한 관객들에게 즉각적인 인상을 심어 주었다. 피루엣, 들고 있는 팔을 향해 고개를 뒤로 젖힌 채, 한 번 위로, 한 번 아래로 팔을 벌린다. 그다음에는 두 팔이 에폴르망épaulement** 자세로 바뀐다. 그러고는 마지막에 두 팔은 대폭 기울여 앙쿠론en couronne*✱ 자세를 취한다. 음악과 에폴르망이 결합하여 전체 장면은 주문을 거는 걸작으로 발전한다. 그녀는 눈썹을 치켜올린 채 장난스럽게 그녀의 앞으로, 손가락이 허리에 거의 닿을 정도로 허리 높이에 팔을 고정하고 대각선으로 경쾌한 스텝을 구사하며 마무리 짓는다. 그런 다음 18세기의 동작으로 휴식을 취한다.✱✱ 체렙닌은 코다 음악을 시작하기 전에 한 번 더 박수가 잦아들기를 기다려야 했다.[96]

니진스키는 클라리넷과 현악기가 연주하는 멋진 가락에 맞추어 도약했다. 두 소녀는 니진스키보다는 느린 속도를 춤을 추었고 그 후 세 사람은 다 같이 전체 오케스트라의 포르티시모 반주에 맞추어 종지부에 삼인무의 화려한 춤을 춘다.

---

• '팔의 움직임' 또는 '움직이는 기법'을 말한다.*
•• 한쪽 어깨는 앞으로 내밀고 다른 어깨는 뒤로 빼는 동작, 어깨의 움직임*
*✱ '왕관 같은 모양'이란 뜻. 두 손을 머리 위로 올려 동그랗게 모은 동작을 가리킨다.*
✱✱ 이 춤에 대해 카르사비나는 의자에 앉은 채 시범을 보였는데 여태 본 추상적인 춤 가운데 가장 표현적인 동작 중의 하나였다.

관객들은 이 광경에 넋이 나갔고 최고 기량의 클래식 발레를 보고 감탄했다. 마지막 장면이 끝나기 전에 러시아 발레단은 한 가지 더 관객을 놀라게 할 비장의 무기를 지니고 있었다. 파리 관객들이 처음 보는 러시아 캐릭터 댄스다. 디베르티스망 끝에 등장하는 광대들의 무용은 탬버린과 트라이앵글이 리듬을 연주하는 변덕스럽고 희극적인 가락에 맞춘 초고속의 특이한 춤이다. 포킨에 의하면 테크닉 면에서는 그가 고안한 무용 중에서 가장 어려운 춤이라고 한다. 이 춤은 니진스키의 발레 학교 동료인 로사이가 리더를 했다. 이 춤은 구두 수선공의 스텝을 취하고 기는 자세로 회전하고, 무릎으로 앙트르샤를 구사하면서 공중으로 높이 도약한 후 한쪽 무릎으로 착지한다. 다른 여섯 명의 소년은 그들이 공중에서 턴을 할 때 4분의 2박자의 빠른 리듬에 맞추어 다리를 꼬고 바닥에 털썩 앉았다가 그 후 즉시 서로 발을 잡기 위해 다시 도약하는 등 불가능할 정도로 힘들게 보이는 동작을 구사했다.[97] 클라이맥스가 되기 전부터 이미 이 장면에서 관객을 열광시켰고, 로사이는 니진스키만큼이나 대단한 찬사를 즐기게 되었다.•

카랄리는 그녀의 왕좌로부터 내려와서 플롯과 하프, 벨이 연주하는 곡으로 우아한 알레그레토 춤을 춘다. 이 춤은 그녀가 스카프 스텝을 구사하면서, 마법의 금빛 스카프와 듀엣을 춘다. 웅장한 선율에 맞춘 듀엣 다음에 이어 그녀는 자신의 스카프를 르네

---

• 포킨은 니진스키보다 로사이가 더한 찬사를 받았다고 주장했다. 물론 캐릭터 댄스의 더욱 눈에 띄는 기교적인 동작은 클래식 발레의 예술성보다 훨씬 더 많은 박수를 받는 경우가 종종 있다. (이는 브로니슬라바 니진스카의 말)

에게 두르면서 주문을 거는 데 성공한다. 궁정 신하들의 전체 왈츠가 끝난다. 어깨 위에 긴 옷자락을 걸치고는 아르미드와 리날도는 글리산도 주법으로 연주하는 하프의 엄숙한 선율에 맞추어 마치 그들의 결합을 축하하는 것 같은 장엄한 행렬을 한다. 이때 꼬마 시동들은 그들 뒤에서 옷자락을 정돈하면서 행렬을 한다.

이 장면에서 "여러 종류의 아름다운 걸음걸이"[98]가 등장한다. 이제 불빛이 희미해지고 장면은 파빌리온의 내부로 바뀐다. 카랄리와 모르드킨은 파빌리온의 벽으로 인해 가려져 있던 뒤쪽의 계단으로 올라간다. 두 사람은 시종 몇 명을 거느리고 고블랭의 액자 속으로 들어간다. 아르미드가 황금색 스카프를 애인에게 둘러준 것만 제외하면 액자 속에서 형성된 그룹은 시작할 때와 똑같다. 불빛은 점점 희미해지자 말려져 있던 진짜 '고블랭' 태피스트리가 그들을 숨기기 위해 내려오면서 펴진다. 물론 여기 태피스트리 그림에서 보면 리날도는 존재하지 않는다.

르네가 잠이 든 것으로 추정되는 커튼이 쳐진 벽감이 보이는 무대는 약 3분간 아무도 없이 비어 있었다. 사실 이때 르네는 여행복으로 옷을 갈아입고 있었다. 무대가 비어 있을 때 막간 곡으로 체렙닌의 「일출」과 「전원곡」이 연주되었다. 먼저 호른이 연주되고 플루트와 오보에가 합주한다. 마치 들리브의 《실비아》에서 풍경을 묘사할 때처럼 곡이 연주되는데 이는 파빌리온이 숲속 깊은 곳에 있음을 암시한다. 갑자기 심벌즈와 벨이 부딪치면서 해가 떠오를 때까지 하프가 점점 빠르게, 그리고 더 크게 아르페지오를 연주한다. 양치기들의 파이프 소리가 들리며 창문 너머로 양치기가 양 떼를 몰고 지나갈 때 음악의 어우러짐이 점점 두텁게 확장된다. 음악은 양치기들이 저 멀리 사라질 때 점점 약해지면서 끝이 난다. 체렙닌의 잘 짜인 이 음악은《전원 교향곡》과《트리스탄과 이졸데》의 마지막 막을 연상시키며《다프니스와 클로에 Daphnis et Chloë》(이날 객석에 라벨이 있었음)를 예견하게 하고 있다.

이제 드라마는 결말로 가고 있다. 바이올린 트레몰로 연주로 르네의 떠나는 길을 서둘러 준비하는 하인들의 부산스러움을 표현하고 있다. 그러는 중에도 베이스 클라리넷이 연주하는 왜곡된 선율과 늙은 후작을 상징하는 이전에 들렸던 선율을 첼로가 연주함으로써 사악한 기운이 근처에 맴돌고 있음을 암시하고 있다. 늙은 후작은 르네에게 인사를 한다. 르네는 아직도 자기가 꿈이라고 믿는 상황에서 영향을 받고 있다. 그런 후 후작은 시계에 걸려 있는 황금색 스카프를 지목한다. 르네는 경악하면서 자기가 이제 실제로 마녀 아르미드의 노예라는 사실을 깨닫게 된다. 그는 이맛살을 찌푸렸다. 금관이 주를 이루는 두려운 분위기의 반음계 곡이 연주되면서 르네는 후작의 발치에 죽어서 넘어졌다.

《아르미드의 관》위로 커튼이 내려왔을 때 폭풍과 같은 박수가 울려 퍼졌고 수 분간 환호는 계속되었다. 모르드킨은 카랄리를 안내했고 니진스키는 카르사비나와 발디나를 안내했다. 남성 무용수들은 그들의 파트너 없이는 절대 관객의 갈채에 답을 하지 않는다. 공연장에 불이 켜지면 앞 좌석에 있던 신사들은 늘 하듯이 일어서서, 자신들이 쓰고 있던 실크 모자를 재빨리 벗는다. 그들은 오페라글라스를 들어 박스 석에 앉은 숙녀들을 흘금흘금 살

피다가 자신들의 눈을 사로잡은 숙녀에게 모자를 들어 올렸다.[99] 캐리커처리스트 셈은 특별석에 앉아 있던 63명의 미녀 중 한 명에게 말을 걸기 위해 극장의 앞쪽으로 갔다. 그러나 아스트뤽은 어떤 남성도 극장의 2층 앞 좌석을 장식하고 있는 다이아몬드로 치장한 숙녀들의 통일성을 저해하지 못하게 하라고 명령했다. 그리하여 셈은 파리시의 경관에게 점잖게 물러나 달라는 요구를 받았다.[100] 장루이 보두아이에Jean-Louis Vaudoyer가 훗날 이날 공연을 기억한 바에 의하면 러시아 발레단 공연을 보고 모든 관객이 모두 감동을 한 것은 아니라고 했다.[101] 보두아이에가 무슨 말을 하는지 충분히 상상할 수 있다. 파리 오페라의 일부 무용수들과 이사도라 덩컨은 의구심을 품고 있었다. 그러나 대다수의 관객은 러시아 발레단 공연으로 인해 탈리오니 시대에 그랬던 것처럼 발레는 심각한 예술이라는 것과 남성 무용수들이 뛰어난 예술가가 될 수 있음을 알게 되었다. 로베르 드 몽테스키외는 자신이 지배하는 파리 상류층에서 권위로 통하는 황금으로 맨 윗부분이 만들어진 지팡이를 흔들면서[102] 엄청나게 큰 목소리로 러시아 발레단의 완벽함을 극찬했다. 댜길레프에 의하면 장 콕토는 이 자리에서 저 자리로 옮겨 다니면서 설교를 했다. 다이아몬드로 제작한 초크 스타일의 목걸이를 한 마담 셰비녜Chevigné는 사람들을 즐겁게 해 주었다.

댜길레프의 이 시즌 레퍼토리는 치밀한 계획의 결과라기보다는 본래 만들어 놓은 작품을 임시변통으로 만들거나 그것을 윤색한 것이다. 만약 그 사실을 몰랐다면《아르미드의 관》바로 다음에 《이고르 공》 중에 「폴로베치안 댄스」가 등장하는 막을 배치한 것에 대해 기막힌 솜씨로 프로그램을 짠 댜길레프에게 경의를 표해야 했다. 이 두 작품만큼 서로 다른 작품도 없으며 러시아 발레의 넓은 영역을 보여 주기 위해 이보다 더 치밀하게 계산할 수도 없었다. 러시아 발레는 동화 속에 등장한 베르사유 궁전의 광휘를 보여 주다가 관객들을 마법의 양탄자에 태워 저 먼 아시아 초원 지대의 고독 속으로 데려갔다.

광활함과 황량함의 효과를 주기 위해 니콜라스 레리흐는 무대의 양쪽 가장자리를 없애 버리고 곡선으로 된 화폭 위에 무대 배경을 그렸다. 고든 크레이그Gordon Craig*는 무대 디자인을 수평보다 수직으로 다루었지만 레리흐가 디자인한 장면의 흡인력과 단순함에서도 크레이그 스타일의 중요한 요소가 있었다. 얼룩덜룩한 황금빛 하늘에 대부분은 핑크빛 구름이 그려져 있다. 이와는 대비되게 여러 개의 구불구불한 회색 초록빛 낮은 언덕들이 윤곽을 드러냈다. 넓고 구불구불한 강이 언덕들을 가르며 폴로베치아인들의 적갈색 벌집 모양의 텐트들이 언덕들을 반쯤 가리고 있다. 이 모습은 광대한 대륙의 황량한 중심부를 불러들이기에는 최고다.

커튼이 오르는 순간부터 관객들은 페르시아, 타타르와 중국 사이의 어디쯤 전쟁 중인 부족이 드문드문 보이는, 미지의 땅이 드러내는 완전한 낯섦에 사로잡혔다. 칸의 딸 혼차코브나

---

• 영국의 무대미술가 겸 판화가*

Khontchkovna에게 시중을 드는 소녀들의 나른한 오프닝 송에서 보로딘 음악의 동양적인 색채가 명백히 드러난다. 춤추는 소녀들뿐 아니라 노래하는 소녀들도 있다. 나른한 노래와는 대조적으로 빠른 곡이 등장하면서 소피 페오도로바가 리더 하여 한 무리의 소녀들은 춤을 춘다. 막의 마지막에 포킨이 안무한 광란의 춤 장면이 등장할 때까지는 이 장면이 유일한 춤 장면이다. 페트렌코는 혼차코브나에게 사랑을 갈구하는 카바티나에게 「이제 햇살은 사라졌다」를 부른다. 러시아 죄수들 일부는 노동에서 돌아와서 이 노래에 이끌린다. 혼차코브나는 죄수들에게 물을 주라고 하녀들에게 명령하고 그들은 감사의 노래를 한다. 폴로베치안 병사들이 순찰을 한다. 밤이 되었다. 이제 이고르 공의 아들 블라디미르가 등장한다. 블라디미르역은 테너 스미르노프가 맡았다. 그와 폴로베치안 공주는 사랑에 빠졌다. 그는 아리아 「해는 저물어 가고」를 부르고 이어 두 사람이 듀엣을 부른 뒤 둘은 헤어진다. 이고르 공은 포로가 된 자신의 처지를 한탄한다. 이고르 역은 바리톤 차르노프Charnov가 맡았다. 오블루Ovlour는 이고르에게 도망가는 것을 도와주겠다고 감언이설로 꾀지만 그는 거절한다. 이제 위대한 칸 혼차크Khontchak가 등장한다. 혼차크는 베이스 자파로예츠Zaparojetz가 맡았다. 혼차크 족장은 이고르에게 어떤 소원이라도 들어주겠다면서 포로 생활을 하는 데 어려움이 있으면 이야기해 달라고 하지만 이고르는 자신이 바라는 것을 오로지 자유뿐이라고 선언한다. 칸은 만약 이고르가 자기에게 더 이상을 전쟁을 일으키지 않겠다는 맹세를 하면 기꺼이 원하는 대로 하겠다고 한다. 하지만 이고르는 이를 약속할 수가 없다. 칸은 이고르의 영웅다운 솔직함에 감동하여 그의 부족 사람들, 아이들, 포로 노예들을 전부 불러 모아 이고르를 위해 춤을 추도록 한다. 이 장면에서 포킨의 안무는 앞으로 수년간 유럽과 미국에서 큰 반향을 일으키게 된다. 야만적인 한 무리의 사람들이 무대를 가득 메운다. "사나운 모습, 그들의 얼굴은 검댕과 진흙으로 얼룩져 있고, 그들이 입은 초록색 코트는 얼룩덜룩한 빨강과 황토색으로 얼룩져 있다. 그들은 밝은 색조의 줄무늬 바지를 입고 있다. 무대 위의 캠프는 인간들이 거주하는 캠프라기보다 야생동물의 은신처를 떠올리게 했다."[103]

제일 먼저 주홍과 보라색 베일을 쓴 동방의 노예 소녀들이 등장하여 관능적인 선율에 맞추어 파도가 일렁이듯이 춤을 춘다. 음악의 처음 선율은 오보에와 잉글리시 호른으로, 그 후에는 바이올린 파트가 합해져서 연주하고 목관과 하프가 반주한다. 부족의 사나운 남자들이 더 빠른 춤을 춘 후에 팀파니의 두드리는 소리가 나자 칸의 전사들이 등장한다. 아돌프 볼름이 이끄는 이 전사들은 합창단과 오케스트라 총주에 맞추어 달려 나와 도약하고 그들의 활을 휘두른다. 숨 가쁘고 불규칙하게 음악이 시작되면서 현악기로 비명을 지르듯 높은 소리를 내고 목관의 음계가 가장 높은 음역까지 올라간다. 노예 소녀들은 빙빙 맴돌고 작품 끝에 전사들은 그들 어깨너머로 소녀들을 내동댕이친다. 무릎에 나무 보호대를 하고 손에는 나무 추를 들고 있어서 도약할 때마다 이것들을 부딪히고 제자리 뛰기도 하고 발을 뒤로 차면서 소년들은 의기양양하게 춤을 춘다. 이제 두 번째로 전사들이 등장하면서 수는 더 늘어나고 다시 합창단과 조화를 이룬다. 이때부터 적당한 선율에 맞추어 소년들, 소녀들, 노예들과 전사들은 빠르게 연속적으로 번갈아 춤을 춘다. 칸을 찬양하는 가수들은 최저 음을 유지하면서 무용수들에게 빠른 리듬의 노래를 불러 준다. 장면은 동작과 음향 모두 극대화된 클라이맥스로 끝을 맺는다. 전사들의 우두머리 볼름은 관객들을 향해 돌진하면서, 공중에서 회전하고 요란한 소리를 내면서, 무릎으로 바닥에 털썩 주저앉으면서 인사를 한다.

이어지는 휴식 시간에는 관객들이 거꾸로 무대를 습격했다. 카르사비나는 다음과 같이 회상했다. "뭔가 특별한 일이 나와 내 주변에 일어났음을 깨달았다. 이를 두고 뭐라고 명명할 수는 없지만, 거의 두렵다고 할 만큼 전혀 예상치 못한 대단한 일이 벌어졌다. 그날 밤 나의 모든 감각에 대한 기억은 희미하다. 무대와 객석 사이의 가장 익숙한 장벽이 무너졌다. 무대 측면 문의 기발한 잠금장치와 엄중한 주의사항은 아무 소용이 없었다. (⋯) 무대는 관객들로 붐볐고 움직일 공간조차 없었다."[104] 카르사비나와 니진스키에게는 마지막 디베르티스망 공연을 위해 분장할 시간이 한 시간(《이고르 공》 2막의 공연 시간) 있었다. "공연이 시작되기 전에 우리가 항상 하는 스텝과 리프팅 연습을 하기 위해 니진스키와 나는 관객들에게서 피해야 했다. 수많은 사람이 우리를 쫓아 오고 있었다. (⋯) '그는 천재야', '그녀도!' 이렇게 감탄하며 속삭이는 소리가 들렸다."[105] 왁자지껄한 소리 가운데 레이날도 안이 루시엥 도데와 만났고 혀짤배기소리로 "푸아투Poitou*의 춤이 정말 예뻐요"[106]라고 했다.

《향연》은 디베르티스망으로 구성되었다. 하지만 여러 러시아 음악가들의 음악으로 파드되 한 작품만 제외하고는 캐릭터 춤, 러시아 여러 지방의 민속춤으로 구성되어 통일감을 주었다. 발레처럼 프로그램을 구성했기 때문에(파리의 모든 관객은 페테르부르크와 모스크바에서는 그것이 모든 공연의 전통적인 피날레일 수도 있다는 것을 알았다), 포킨은 자신의 무용수들이 각각 작품마다 인사하는 것을 허락하지 않았다. 《향연》의 무대는 코로빈이 디자인한 《루슬란》** 1막을 사용했다. 코로빈이 마린스키 무대를 위해 디자인한 것인데 파리 공연을 위해 중세 러시아의 연회장을 배경으로 새롭게 제작했다. 의상 디자인은 박스트, 브누아, 빌리빈과 코로빈이 맡았다. 처음에 발레단은 림스키코르사코프의 오페라 《금계Coq d'or》 마지막 막에 나오는 행진곡에 맞추어 무대 위로 행렬을 지어 천천히 걸어 나왔다. 그다음은 《루슬란》에 등장하는 조지아 지방의 민속춤 레스긴카Georgian Lesghinka인데 페티파가 안무했던 것을 포킨이 개작하여 포키나와 열 명의 남자 무용수들이 추었다. 그다음은 카르사비나와 니진스키의 파드되인데 이 춤은 본래 크체신스카야가 파리에 왔으면 그녀가 출 작품이었고, 프로그램 제목에는 신기하게 "불새L'Oiseau de feu"***라고 되어 있었다. 그런데

---

• 프랑스 중서부의 도시 이름*
•• 글린카의 오페라 《루슬란과 루드밀라》*

정확히는 페티파가 안무한 발레《잠자는 미녀La Belle au bois dorment》
마지막 막에 등장하는 "파랑새 파드되Blue Bird Pas de deux"였다.

박스트의 환상적인 의상은 타는 듯이 붉은 타조 깃털을 가지고
머리 장식과 치마에 장식하여 카르사비나를 새(페티파의 원래 디
베르티스망에서는 남성 무용수가 파랑새 역할을 했음)로 바꾸어 놓았
다. 니진스키는 수염을 기르고 터번을 쓰고 진주와 토파즈가 박
힌 녹색을 띠는 노랑과 금색 튜닉을 입었다. 눈부신 안무와 함께
시작되자마자 깊은 인상을 주었다. 포킨은 공연 후 생생하게 이
장면을 묘사했다. "두 사람이 등장하자 오, 하나님! 나는 이런 관
객을 결코 본 적이 없었다. 아마 객석의 의자가 불이 난 것으로 착
각할 정도였다."[107] 카르사비나는 균형을 잡고, 회전하고 파 드 부
레pas de bourrée**로 새의 날갯짓을 했다. 니진스키는 무대를 대각선
으로 가로지르면서 놀라운 카브리올과 브리제 볼레brisés volés*를
구사하면서 회전하고 흔들었다. 가차 없는 포킨의 지시 사항에
전부 복종해서 이 춤의 뒤에 이어지는 기립박수를 모른 척하기는
어려웠다.

글라주노프 음악을 편곡하여 음악으로 사용한 고르스키Gorsky

---

** 포킨은 이 파드되 제목이 '불새'가 된 이유가, 댜길레프가 '불새'라는 발레를 한다고 알려졌기 때문
에 이 작품의 제목을 '불새'라고 했다고 생각했다. 그러나 나는 그 말을 믿을 수가 없다. 왜냐하
면 댜길레프가 처음에는 리아도프, 그 뒤 스트라빈스키에게《불새》를 의뢰한 시기는 1909년 말
경이었기 때문이다.
** 미끄러지는 스텝의 대표적인 것 중 하나. 모이를 줍는 참새처럼 가볍고 잘게 발을 옮기는 스텝
이다. 좌우로 걸어 다니면서 몸의 방향을 바꿔 무용수의 위치를 이동시키는 중요한 스텝*
• 도약하는 순간에 두 다리가 던져져서 굴절 선을 그리는 동작을 '브리제'라고 하며 이 브리제를 나
르는 듯 공중에서 구사하는 동작*

안무 차르다스Czardas*는 모르드킨과 격정적인 소피 페오도로바가 추었다. 올가 페오도로바와 크렘네프는 무소륵스키의《소로친스크 축제The Fair at Sorochinsk》에 나오는 호파크Hopak**를 추었다. 글링카의《차르의 생애A Life of the Tsar》중 마주르카는 네 커플이 추었다. 로사이는 이날 솔로 춤을 두 번 추었는데《호두까기 인형Casse-noisette》에 나오는 광대들의 춤 장면 음악으로 솔로 트레파크Trepak***를 추었다. 카랄리와 모르드킨은 그 유명한 '그랑 파 클래식 헝가리Grand Pas Classic Hongrois'를 추었다. 이 작품은 페티파 안무. 글라주노프 음악의 전막 클래식 발레《라이몬다Raymonda》에 등장하는 장면이며 니진스키는 여기서 조역으로 등장했다. 피날레는 차이콥스키 2번 교향곡 중 행진에 맞추어 춤을 추었다. 프로그램은 끝이 났다.

그러나 그날 밤은 끝나지 않았다. 카르사비나는 다음과 같이 썼다.

모두 행복한 혼돈이었다. 사람들은 다시 밀려들었다. 옷을 멋지게 차려입은 누군가가 내 팔에서 피가 뚝뚝 떨어지는 것을 자신의 가볍고 얇은 손수건으로 멈추게 해 주었다. 나는 니진스키의 보석 달린 튜닉 때문에 다쳤다. 댜길레프는 조심스럽게 사람들 사이를 걸으면서 "그녀가 어디 있나요?" 하고 소리쳤다. "나는 그녀를 안아 줘야

---

* 헝가리의 민속 무용, 또는 음악. 원래는 집시의 음악과 무용*
** 우크라이나 지방의 4분의 2박자 민속 무용*
*** 우크라이나 지방의 3박자 춤곡*

해." 그날부터 그는 항상 우리를 그의 자식들이라고 불렀다. 누군가가 니진스키에게 점프할 때 당신처럼 공중에 머무르는 것이 힘들지 않느냐고 물었다. 처음에는 니진스키가 그 질문을 못 알아들었지만 곧 매우 친절하게 "아닙니다! 아닙니다! 어렵지 않습니다. 당신도 그냥 높이 뛰고서 그 위에서 잠깐만 멈추면 됩니다"라고 했다.[108]

니진스키는 의상을 벗고 분장을 지웠다. 그러고는 저녁을 먹으러 갔고 유명해졌다.

다음 날 아침 새벽이 밝았고 덥지만 아름다운 날이었다. 『르 피가로』에서는 제국 시절 베르사유에서 개최되던 축제에 비유하면서 샤틀레 극장의 유명한 관객들의 면면과 극장의 변신에 대해 감탄했다.[109] 그러나 비평 자체는 19일 공식적인 초연 이후로 미루었다. 그런데 총 리허설 때와 공식적인 초연 날에서 달라진 점은 로사이의 부상이었다. 로사이는 광대들의 춤에서 다리를 다쳐 트레파크에는 출연을 못 하게 되었다. 예수승천일인 20일 목요일은 공연이 없었다.

『르 피가로』에 실린 브뤼셀의 기사는 대부분 음악에 관한 내용이었다. 그러나 그는 "마담 카르사비나가 지닌 섬세한 테크닉, 음악에 대한 놀라운 감각은 표현력 넘치는 우아함, 시적인 분위기와 결합했다. 《불새》에서의 성공은 공연을 멈추게 할 정도"였다는 평을 남기고 있다. 브뤼셀은 이어 니진스키에 대해서는 뛰어난 유연함과 발군의 현란한 테크닉을 지녔다는 칭찬을 했다.[110] 다른 평론가들은 니진스키를 "베스트리스", "무용의 신", "천재"[111]라고 칭했다. 아마도 댜길레프의 귀띔을 받은 듯한 어느 평론가는 발레의 테크닉을 묘사하면서 니진스키가 앙트르샤디스 entrechat-dix*와 트리플 투르 앙 레르tours en l'air**를 어떻게 구사할 수 있는지를 묘사했다.[112] 『코메디아Commedia』에는 앙리 고티에빌라 Henri Gauthier-Villars(콜레트Colette의 남편)가 글을 썼다.

금발의 여왕과 같은 발다나, 거부할 수 없는 매력을 지닌 마드모아젤 카르사비나, 페오도로바 자매의 마력, 니진스키는 앙트르샤에서 모든 기록을 깨뜨리는 기적 중의 기적을 보여 줬다. 만약 내가 니진스키의 이런 공연에 대해 찬사를 표현하지 않아도 된다면 이 여성 무용수들 모두에게 찬사를 보냈을 것이다. (…) 어제 그가 천천히 우아하게 도약을 했을 때 4.5미터의 탄도에 비유하였고 무대 가장자리에 소리 없이 착지했을 때 숙녀들은 믿을 수 없다는 듯 "아!"라는 탄성을 질렀다. 진정 감탄사를 내뱉게 하는 도약이었다.[113]

총 리허설과 초연이 끝나자 비록 발레 두 작품이 리허설 중이긴 해도 비로소 예술단이 파리를 돌아다니면서 즐길 여유가 생겼다. 니진스키는 혼자서 매일 아침 풀 클래스를 이어나갔으며 리허설을 하고 늦은 점심을 먹었다. 그 후 니진스키는 댜길레프와 루브르박물관을 가거나, 박스트와 누벨 등과 같이 파리의 숲으로 드라이브를 하러 가거나 연락을 받거나 잠을 잤다. 공연 후 댜길레

---

* 공중에 떠서 양발을 서로 엇갈리게 하는 동작을 5번 교차 (옮긴이주)
** '공중에서의 회전'이라는 뜻. 몸을 곧게 하고 공중으로 솟구쳐서 두 번 이상 회전한 다음 제자리로 내려서 회전과 도약을 겸한 화려한 스텝. 트리플 투르 앙 레르는 공중에서 세 번 회전*

260

프는 친구들(브누아, 박스트, 레리흐, 누벨, 베소브라소프, 스베틀로프, 아르구틴스키)을 언제나 라루 혹은 비엘Viel에서 접대했으며 니진스키는 이 그룹에 합류하기 시작했다. 니진스키는 연장자들이 새로운 프로젝트와 시즌에 대해 논의하는 것을 듣고만 있었다.[114]

그러는 동안 러시아 발레단의 역사를 바꾸는 사랑의 도피 행각이 벌어졌다. 카랄리가 테너 소비노프Sobinov와 도망을 갔고 마브린이 올가 페오도로바와 도망을 갔다. 카랄리의 도망이 카르사비나의 성공과 모종의 관련이 있지 않을까 하고 추측해 볼 수는 있다. 카랄리가 카르사비나를 질투했다고 다들 생각했다.[115] 결국 카랄리는 계약을 위반하는 일 없이 테너와 사랑에 빠질 수 있었다. 카르사비나는 발레단의 스타가 되었고 5월 25일, 파블로바가 파리에 도착하기 6일 전 그녀는 볼름의 상대인 아르미드 역에 출연했다. 볼름은 리허설을 하면서 파트너링partnering이 너무 서툴다고 포킨한테 계속 혼이 났다. 카르사비나는 삼인무에서 포킨의 친척 알렉산드라 페오도로바로 대체되었다. 그러나 아르미드 역에서 카르사비나는 삼인무에 등장하는 그녀의 솔로 춤을 그대로 추게 되었는데 이 춤이 카르사비나에게 가장 어울렸기 때문이었다. 카르사비나는 이 춤이 발레에서 가장 효과적인 안무라고 생각했다. 페오도로바는 다른 역을 추었다. 마브린은 떠나야 할 다른 이유가 많았다. 마브린의 경우 댜길레프가 한때 마음에 두었던 여인과 열정적인 사랑을 즐기는 한 댜길레프의 공인된 남자친구로서 계속 지내기가 난감한 상황임은 명백했다. 이때 댜길레프는 이미 알렉시스보다는 바슬라프에게 훨씬 더 관심을 두고 있었다. 하지만 어찌 되었건 댜길레프는 애인의 배반 때문에 자존심에 상처를 입었다. 댜길레프는 후일 마브린을 용서하고 올가 페오도로바를 다시 고용하게 된다.

봄과 여름 사이, 이 매혹적인 계절의 파리에서 러시아 예술의 승리와 무용수들이 누리는 어마어마한 칭찬은 모든 것을 도취시켰다. 누군가가 사랑에 빠지고 도피 행각을 벌이지 않는다고 하더라도 일상적이지 않은 변덕스러움 정도는 충분히 느꼈을 것이고 아마도 엄청 비싼 모자 정도는 샀을 것이다. 모스크바에서 온 무대 기계 장치의 책임자이며 무대 기계에 관한 못 하는 것이 없는 발츠는 수염도 염색하고 높은 힐을 신고 다니면서 완전히 여성을 꾀는 데는 선수였다. 그는 샹제리제의 두아앵Le Doyen에서 좋아하는 무용수들을 포함하여 스무 명을 초청하여 만찬을 열었다.[116] 이렇게 분위기가 고조된 상황에서 사랑은 꽃피고 한 남자의 열정은 한 사람에게서 다른 사람에게로 향할 수 있었다는 것도 재미난 사실이다. 모든 것이 즐거워 보이고 바람직하게 보이는 상황에서 우리가 어딘가에 흠뻑 빠져들 기회의 요소들이 있다. 댜길레프는 그 어느 때보다도 내성적이고 진지한 니진스키에게 끌렸지만, 자신의 새로운 스타인 카르사비나에게도 어느 정도 끌렸다. 카르사비나는 아름다울 뿐 아니라 지적이었기에 댜길레프는 상당히 호감을 느꼈다.[117] 햇살이 아름답게 비치는 어느 날 아침 그녀는 텅 빈 어두운 무대 위에서 연습하고 있었다. 이때 댜길레프가 와서 "우리는 모두 아르미드 숲의 마녀로 살고 있어. 러시아 시즌을 둘러싼 바로 이 분위기가 우리를 도취시키고 있는

듯해"라는 말을 남겼다.[118]

보트킨 박사는 카르사비나를 베르사유로 데리고 갔다. 발레리나가 수업에서 배운 아폴로의 숲이었다. "정식으로 난 진입로의 갈라진 산책로에서는 작렬하게 비추는 태양조차도 이곳의 무성한 나뭇잎 사이로 분수의 대리석만 드리울 뿐이었다." 카르사비나는 수많은 구애자가 있음에도 불구하고 도덕적으로 고결했다. 최근에 그녀가 알게 된 삶의 다른 면, 즉 댜길레프의 동성애 기질을 걱정했다. "조화의 변덕스러움에 지나지 않는 현상에 대해 추악한 이름을 붙이려는 잘못된 판단"이라고 보트킨은 말했다. 보트킨은 다양한 인맥을 가지고 있었고 이를 통해 바람직한 삶을 사는 동성애자가 많다는 사실을 알게 되었기에 카르사비나에게 그 예들을 들려주었다. "보트킨은 나에게 그 대상이 무엇이든지 간에 그것을 아름답게 만드는 것이 사랑의 본질이라는 것을 알게 해 주었다. 댜길레프가 지닌 사랑의 본질은 일편단심이며 진실하고 깊은데 댜길레프는 그것을 무관심함으로 꾸민 가면 아래에 숨기고 있었다."[119]

브리앙Briand이 프랑스 외무성에서 러시아 예술단을 위해 개최하는 공식적인 파티는 예외적으로 발레 단원이 전부 참석했다. 하지만 다른 경우에는 발레단 공연에 필요한 업무의 경우를 제외하면 러시아 발레단 공연을 하는 동안 사교계에 나갈 수 있는 무용수는 이다 루빈스타인, 카르사비나 그리고 니진스키가 유일했다. 몽테스키외는 이다의 헌신적인 기사가 되어 그녀를 데리고 널리Neuilly에 있는 자신의 파빌리온으로 갔다. 카르사비나의 삶에는 찬미자가 넘쳐 났다. 로베르 브뤼셀은 차를 빌려 자신의 집에 있는 모든 쿠션을 가지고 자리를 편하게 하여 카르사비나를 태워 퐁텐블로Fontainebleau로 데려갔다. 또 다른 남자친구는 볼테르Voltair 부두에 있는 미샤 에드워즈의 집 파티에 그녀를 에스코트해서 갔다. 부끄러움 많고 예의 바르며 풋내기였던 프루스트는 그녀를 자신의 집으로 데리고 갔다. 압도적으로 남성이 많은 댜길레프의 모임에서도 카르사비나만은 배제하지 않고 초청했다. 카르사비나는 이런 모임에 참석했다가 니진스키가 에마뉘엘 비베스코 Emmanuel Bibesco의 고갱 컬렉션에 완전히 반한 모습을 보았다. "저 강인함을 봐!"라고 니진스키는 말했다.[120] 바슬라프는 폴리네시아의 신비함을 지닌 화가에게 금방 친근감을 가졌다. 고갱은 훗날 바슬라프가 안무가가 되었을 때 그의 사고에 큰 영향을 주게 된다.

러시아 발레단의 성공 요인 중 일부는 주역 남성 무용수의 기적 같은 춤에 있었기 때문에 그는 화제가 될 수밖에 없었다. 낭만주의 시대 이후 발레리나는 뮤즈로서, 여신으로서 숭배 받는 존재였다. 남성의 우아함과 아름다움에 대해 찬미하는 것은 일부 사람들에게는 들어본 적도 없고 생각해 본 적도 없었다.[121] 그전 해에 카이저의 궁전에서 오일렌베르그Eulenberg 백작*의 수치스러운 추문은 사람들의 뇌리에 아직도 생생했으며 오스카 와일드가 파

---

• 독일 황제 빌헬름 2세의 친한 친구이며, 황제에게 막강한 영향력을 끼쳤는데 쿠노 폰 몰트케 Kuno von Moltke공작과 동성애 사건을 일으켰다.*

리에서 생애를 끝낸 지 겨우 9년이 흘렀을 뿐이었다. 1838년 테오필 고티에는 자신의 시대에 역겨운 근육질 남성 무용수를 개탄하였다. 그는 남성 무용수를 자신이 사랑하는 발레라는 천국의 침입자로 간주하면서 지나친 남성성을 이유로 그들을 싫어했다.[122] 그가 만약 자신의 단편에서 영감을 받은 발레에 등장하는 중성적인 니진스키를 보면 어떻게 생각할까? 사실 남성 무용수의 매력으로 여성 무용수를 희생시키고 관객들을 유혹하는 동성애 음모론(댜길레프는 하룻밤 사이에 파리 동성애 그룹의 리더가 되면서 우쭐해졌다[123])이나, 남성 무용수 아니 그보다 댜길레프가 지금 사랑에 빠진 니진스키를 떠받드는 음모론이 있다면 고티에 또한 그런 결탁에서 완전히 자유로울 수는 없었을 것이다. 이 발레의 대본가인 브누아는 고티에의 단편소설 「옴팔레Omphale」를 원작으로 《아르미드의 관》(이하 아르미드) 대본을 집필했다. 부베 태피스트리에는 오래전에 죽은 후작과 헤르쿨레스Hercules•로 변장한 후작, 옴팔레가 나타나 있다. 이제 헤르쿨레스는 3년간 호된 노동으로 시련을 받아야 하는 형에 처했고 그는 옴팔레의 하인이 되기를 선택했다. 그는 사랑하는 정부를 기쁘게 하기 위해 (혹은 일부 사람들의 생각대로 자신이 즐기기 위해) 여성으로 변장하여 임무를 수행했다. 이는 사자의 가죽과 곤봉으로부터 의심할 여지 없는 변화를 일으켰다. 고티에의 상상을 담은 태피스트리에서 후작 헤르쿨레

---

• 제우스신과 인간 여인 알크메네 사이에서 태어났다. 불 같은 성격 때문에 친구를 죽이고 신들의 노여움을 사서 리디아에서 3년간 노예 생활을 하게 되었는데 리디아의 여왕이 옴팔레였다.*

스는 실크로 만든 스커트를 두르고 목은 리본과 장미 모양의 장식 띠, 진주로 만든 로프로 꾸미고 있다. 그는 아마를 잣고 있는데 그의 손가락은 "기이한 우아함으로 가득하다." 밤에 후작이 파빌리온에 기거하고 있는 젊은이에게 삶의 실체를 가르치기 위해 태피스트리에서 나왔을 때 후작이 그녀에게 "그런데 당신의 남편은 뭐라고 말할까요?"라고 묻자 그녀는 웃으면서 "아무 말도…… 그는 어떤 남편보다 이해심이 많은 사람입니다!"라고 했다. 후작이 진주로 치장한 여성 복장을 하고 등장하기로 한 사실로 판단해 보건대, 그의 취향이 로코코 양식을 선호하는 것을 분명하게 알 수 있다. 그렇다면 발레《아르미드》의 완성된 대본에 니진스키의 발레 실력을 자랑할 목적으로 배역을 삽입해야 했을 때 의식적이든 무의식적이든 고티에의 소녀 취향과 여성화된 헤르쿨레스를 기억하고 있던 브누아는 작품의 새로운 등장인물을 '아르미드의 총애하는 노예'라고 불러야 하지 않았을까? 그리고 브누아가 니진스키를 위해 디자인한 의상은 고티에가 글로만 묘사한 후작의 의상과 관계가 있지 않았을까? 알쏭달쏭한 음모에 대한 결정적인 하나의 증거는 브누아와 고티에 같은 이성애 신사들조차 자신들도 모르게 끌려들어 갔다는 것이다! 브누아는 과거의 거장 중 누구를 가장 좋아하는가? 티에폴로Tiepolo였다. 브누아가 틀림없이 보았을 비첸차Vicenza 근처 빌라 발마라나Valmanara를 장식한 프레스코화 중에 리날도와 아르미드의 이야기를 묘사한 작품이 두 점 있다. 티에폴로의 리날도는 몹시 감상적으로 여성스럽게 그려져 있지만, 목걸이를 하는 사람은 아르미드다. 브누아는 아르미드의 진주와 그에 추가로 다이아몬드를 더해서 니진스키를 장식했다. 턱 바로 아래까지 목걸이로 장식했기에 아르미드와 같은 목걸이임을 알 수 있다. (이는 패션의 시작이었다. 카르티에Cartier 가 이를 따라 했다.) 니진스키가 샤틀레 극장 무대에 처음 등장하는 바로 그 순간, 가장 동성애를 연상시키는 니진스키의 이 모습은 수 세기 동안 불안정한 상황에 있던 동성애 문제를 빠르게 표면으로 등장시켰다. 니진스키가 이 무대에서 보여 준 성적 정체성의 애매모호함, 그의 매력, 여성의 우아함이 겸비된 남성의 힘, 프릴로 장식되고 스커트를 입은 의상, 보석으로 만든 초커 목걸이 등은 관객들을 매료시켰다.

댜길레프에게는 자신이 겪은 이 모든 시련 이후에 러시아 시즌의 성공을 기뻐해야 하는 또 다른 이유가 있었다. 그에 반대하는 러시아 궁정의 음모, 차르와 대공들의 적의, 크체신스카야의 반대, 보조금의 철회, 기금 모금에 대한 논쟁 등에도 불구하고 그는 페테르부르크가 믿지 않았던 가능성을 증명해 보였다. 브누아, 박스트, 포킨과 자신에 의해 탄생한 새로운 발레는 중요한 예술 형식이며 세계를 놀라게 했다는 점이다. 그는 전 러시아를 통치하는 차르를 꼼짝 못 하게 했다. 그리하여 그는 세계에서 가장 위대한 인물이 되었다! 그리고 이제 니진스키는 댜길레프를 영광된 빛(혹은 그와 유사한 존재)으로 볼 것이다. 찬탄은 사랑으로 변할 수 있을까? 육체적인 욕망 없이 사랑하며 살아갈 수 있을까?

엘레오노라 니진스키는 매일 밤 극장에 왔다. 카르사비나는 바슬라프가 항상 어머니에게 공손하게 키스하면서 폴란드어로 "안

녕히 주무세요"라고 말하는 모습을 보며 감동했다. 어머니는 딸의 보호자 겸해서 파리로 왔고* 아들이 댜길레프와 함께 나갈 때 어머니는 브로니아와 함께 공연이 끝나면 조용히 나갔다.[124]

　러시아 시즌에 샬랴핀이 처음 등장한 림스키코르사코프의 오페라 《프스코비티안카Pskovitianka》는 5월 25일 댜길레프가 《이반 뇌제Ivan le Terrible》로 개명했다. 기획자 아스트뤽은 1909 러시아 시즌에서는 화제의 중심인 샬랴핀에게 가장 많이 의지하고 있었다. 이때 샬랴핀의 개런티는 나머지 예술단 모두 개런티를 합한 것과 맞먹었다. 그러나 샬랴핀의 성공이 아무리 대단했다고 해도 전체적으로 보아 발레의 성공이 더욱 월등했음이 입증되었다. 《이반 뇌제》는 댜길레프 시즌에서 유일한 전막 오페라였으며 춤 장면은 없다. 여기서 이전에 글쓴이들의 오류를 고쳐야 할 필요가 있다. 1909년 파리에서 러시아 시즌을 보았고 당시 그에 대해 언론이 실린 글 내용의 진위를 물어볼 만한 사람이 지금은 없기에 이 작업이 무례하게 보일 수도 있었다. 그러나 전체 프랑스 언론이 공모하여 거짓말을 했을 리는 없다. 그리고리예프는 시즌 오프닝 때 샬랴핀이 노래를 했다고 적어 두었지만, 샬랴핀은 《이고르 공》에서는 노래를 하지 않았다. 샬랴핀은 모든 시즌에서 《이고르 공》에는 출연하지 않았다. 그리고리예프가 언급한 것처럼 파블로바

---

* 이 표현은 카르사비나의 글에서 인용한 것이다. 그러나 브로니슬라바 니진스카는 다음과 같이 말했다. "엄마는 결코 보호자로 온 것이 아니었다. 엄마는 제대로 교육받은 소녀는 어떻게 행동해야 하는 지를 언제나 잘 알고 있다고 믿었기 때문이었다. 나를 '보호해 준' 이들은 바슬라프와 댜길레프였다!"

와 포킨은 초연 때 《아르미드》에서 춤을 추지 않았다. 이때는 파블로바가 파리에 도착하지도 않았다. 카랄리가 모르드킨과 위에서 언급한 대로 총 리허설은 물론 초연 때도 춤을 추었다.[125] 카르사비나는 파블로바가 그 전에 파리에 도착해서 파리에서 발레가 어떤 반응을 받는지를 보려고 기다렸다고 생각한 것은 흥미롭다.[126] 만약 카르사비나의 말이 사실이라면 파블로바는 발레 역사(혹자는 예술 세계 전체라고도 함)에 영향을 끼치는 실수를 범한 것이다. 왜냐하면 카르사비나는 언론에서 엄청나게 칭찬을 받았으며, 파블로바가 전혀 얼굴을 보이지 않던 2주간 파리에서 찬사를 제일 많이 받은 사람이었다(파블로바는 러시아에서 이미 프리마 발레리나였고 카르사비나는 프리마가 아니었다). 『극장가 *Theatre Street*』처럼 과거를 상기하여 적은 책에서 정확한 날짜와 숫자까지 기대하지는 않는다. 그러나 마담 카르사비나가 "파블로바는 잠깐 모습을 드러냈을 뿐이고 몇 번의 공연 후에 우리를 떠났다"[127]고 말한 것은 잘못이다. 왜냐하면 파블로바는 파리에 도착해서 시즌 끝까지 머물렀고 여섯 번 춤을 추었는데 《아르미드》, 《레 실피드》, 《클레오파트라 Cléopâtre》의 주역으로 등장했다. 카르사비나는 파블로바가 늦게 도착함으로써 자신이 파리를 정복할 수 있게 되었다는 뻔한 사실과 댜길레프의 낙관적인 의견을 기억했다면 그녀는 몇 년 후에 일어난 불쾌한 사건들을 설명하기가 더 쉽다는 것을 알았을지도 모른다. 파블로바는 카르사비나를 언제나 질투해 왔고, 이후로도 계속 질투를 하게 되었다. 이는 참으로 어리석은 짓인데 이 두 사람은 완전히 다른 예술가였으며 파블로바는 천상의 신성을 지녔다. 사실 파블로바가 모든 찬사의 첫 수확을 받기 위해서는 시즌 처음부터 등장할 수도 있었을 것으로 보이며 만약 그랬다면 그녀는 결코 댜길레프와 헤어지지도 않았을 것이고 그녀 자신의 발레단을 꾸리지도 않았을 것이다.•

6월 2일 오페라와 발레를 섞은 두 번째 프로그램의 총 리허설을 했다. 6월 4일 파리에서 공식 초연을 한 프로그램은《루슬란》의 1막,《레 실피드》,《클레오파트라》로 이루어졌다. 파리 시즌에 포킨의 두 번째 버전《쇼피니아나》(댜길레프가 "레 실피드"로 이름을 바꿈)를 공연하자고 재촉한 사람은 브누아였다. 댜길레프는 체질적으로 본래 악보를 그대로 두지 못했고 그는 쇼팽의 피아노 작품을 리아도프, 글라주노프, 타네프, 소콜로프, 스트라빈스키에게 새로운 관현악 버전으로 의뢰했다. 브누아는 월터 스콧Walter Scott 경의 작품을 연상시키는 달빛 비치는 폐허가 된 고딕 성당의 작은 빈터를 배경으로 하는 무대 디자인을 했다. 브누아가 디자인한 의상의 경우도 마치 떠다니는 듯한 하얀 드레스는 외젠 라미가《라 실피드La Sylphide》(1832)에서 탈리오니를 위해, 그리고 고티에가《지젤》의 그리시를 위해 디자인한 드레스를 떠올리게 했다. 브누아는 니진스키를 위해 자신이 디자인한 의상이 그다지 마음에 들지 않았다.

내가 무대에서 그 의상을 보았을 때는 하찮은 희극 같이 보였다. 이

---

• 가능성은 있었지만 결코 그런 일은 일어나지 않았다. 데임 마리 램버트에 의하면 파블로바는 자신이 대장이 되어야 했고 그 사실을 스스로 잘 알고 있었다고 지적했다.

의상은 블랙 벨벳 재킷과 아동복 스타일의 목깃, 밝은색 타이 그리고 긴 파마와 하얀 가발로 구성되었다. 약간 희화한 그의 모습은 오래된 구슬 달린 머리망 혹은 색칠한 전등갓을 쓴 듯이 보였다. 수놓아진 머리 망과 색칠한 전등갓을 만들었던 우리 할머니들의 꿈속에나 나타날 법한 우스꽝스럽고 실제로 존재하지 않을 듯한 방랑하는 가수의 모습 그대로였다.[128]

그렇지만 니진스키에게 종종 일어나는 놀랍고 불가해한 본능은 의상이 어떻든 간에 그가 춤을 추는 역할을 위해 존재하게 만들어 버렸다. 그는 안무와 자신이 맡은 역할이 의상과 어떻게 관계되는지를 이해했다. 그와 의상은 하나가 되어 그 역할이 불가분의 관계가 되도록 하면서 공연을 마쳤다.

이 프로그램의 드레스 리허설은 이랬다. "공연장은 꽉 찼다. (…) 사람들은 발코니의 계단과 좌석의 통로에 앉았다. 모든 사람은 호기심이 가득했다. 커튼이 오르자 (…) 극장 안의 모든 이들은 찬탄과 놀라움으로 숨도 제대로 쉬지 못했다. (…) 무용수들은 푸른색 진주 같았다."[129]

《아르미드》의 중간 막처럼 포킨의 《레 실피드》도 춤의 시리즈였다. 하지만 얼마나 다른가! 《아르미드》에서는 클래식 발레가 태어난 베르사유 궁전의 격식을 갖춘 광휘를 그대로 그리고 있다면, 두 번째 《레 실피드》는 1830년대의 번민하던 꿈을 상기시켰다. 《아르미드》에서는 기교적인 비르투오소가 필수적이었다. 후자는 완전히 달랐다. 우리가 살펴본 바대로 《레 실피드》는 그 전

해에 페테르부르크 마린스키 극장에서 최종 형식으로 처음 공연되었는데 이 작품은 전체적으로 그 이전의 발레 무대에서 보던 작품과는 상이했다. 춤은 춤 속으로, 그룹은 그룹 속으로 녹아들었다. 전통적인 스텝이 사용은 되었지만 모든 형식은 팔 동작으로 표현하였고 비르투오소 발동작은 모두 생략되었다. 이 작품이 추구하는 바는 테크닉의 나열이 아니라 분위기를 창출하는 것이었다. 그런데도 춤추기가 극도로 어려우며 포즈를 지탱할 때는 상당한 힘과 경험을 해야 했다.

이 작품 이전에는 수석 무용수들이 결코 군무를 같이 추는 경우가 없었다. 무용수가 등을 관객들에게 보이는 경우도 없었다. 남성 솔로가 공중에서 더블 턴을 하지 않은 적이 없었다. 프레파라시옹préparation•과 연속적인 피루엣으로 끝을 마무리하지 않은 적이 없었다. 이사도라가 시작한 새로운 시대의 공기를 포킨이 본능적으로 어떻게 호흡하는가 하는 예는 특별히 계획적으로 안무를 변경하지 않아도 그가 안무한 각각의 솔로 춤이 다르게 끝맺고 있다는 점이다. 처음 왈츠에서 카르사비나는 피루엣으로 끝을 맺었고 관객 쪽으로 그녀의 등을 보이면서 토슈즈 스텝으로 멈추었다. 처음 마주르카에서 파블로바는 무대에서 뛰어나갔다. 두 번째 마주르카에서 니진스키는 점프 후에 한쪽 무릎을 꿇고 허공 쪽으로 그의 오른손을 뻗었다. 프렐류드에서 발디나는 마치 저 멀리서 들리는 나이팅게일의 소리(이 부분에서 포킨은 "오케스트라

---

• 무용수가 회전이나 점프를 하기 전에 준비하는 예비 동작을 말한다.•

에게 더욱더 부드럽게 연주해 달라고 부탁"[130]이라는 메모를 적어 두었다)를 감지한 듯 관객과 마주하고 입술에 손을 대고 꼼짝도 안 하고 토슈즈로 서 있었다.

《레 실피드》에 관해 이상화시켜서 적기는 너무 쉬웠다. 남자 무용수는 시인 혹은 쇼팽이었고 둘은 똑같은 스타일이다. 그러나 세 명의 여성 주역과 열여섯 명의 군무는 춤만 추었는데 무용수 그 이상이었다. 그들은 시인이 상상 속에서 꾸며낸 허구의 존재 혹은 요정이다. 그들은 물, 나무, 구름, 안개, 꽃장식과 비교되어 왔다. 이 작품에서 간간이 환희에 대한 감정 표출이 있기는 하지만 사실 멜랑콜리가《레 실피드》에서 압도적인 분위기라면, 이 발레를 위한 모토로 키츠의 「우울에 대한 송가Ode to melancholy」의 한 구절을 가지고 오는 것도 나쁘지 않다. "작별을 고하느라 늘 입술에 손을 대고 있는 환희와 더불어." 갈망, 희망, 실망, 후회.

짧은 「프렐류드(Op. 28, 7번)」는 사용된 쇼팽 음악 중에 가장 사색적인 곡이며 커튼이 오르기 전부터 연주가 된다. 달콤한 「녹턴(Op. 32, 2번)」이 시작될 때 첫 번째 그룹이 나타나고 파블로바와 카르사비나는 그들의 머리를 니진스키의 어깨에 기댄다. 군무와 발디나는 그들의 발쪽으로 엎드린다. 일부 군무들은 중심 쪽으로 기울이면서 중심 그룹의 양쪽에 줄을 선다. 다른 무용수들은 가장자리에 있다가 거의 즉시 앞으로 뛰면서 움직이기 시작한다. 이 발레는 군무들의 패턴과 움직임이 수석 무용수들의 춤만큼 중요하다. 그들은 작품들 사이사이에 조용하게 다시 그룹을 재편성하면서 작품 전체에 자연스러운 연속성을 부여한다. 이런 부분은 과거 스타일의 디베르티스망과 차별화되며, 연속성을 부여하는 만큼 관객들이 손뼉을 칠 수 있는 여지는 줄어든다.* 오프닝의 「녹턴」에서 니진스키는 파블로바를 리프팅하고, 아라베스크arabesque**에서 그녀를 서포트하거나 발끝으로 서서 포즈를 취하거나 서 있거나 한다. 그동안 그의 팔은 그의 머리 위로 화관처럼 휘어져 있거나 무릎을 꿇고 간절함을 표현한다. 발디나가 파블로바와 니진스키의 팔로 만들어진 아치 사이로 뛰어가는 동안 깡충거리고, 절하고, 머리를 숙이고, 무릎을 꿇는다. 그들의 등을 관객들에게 내보인 채 물결 모양으로 팔을 움직이고, 발끝으로 종종 걷다가 회전하고 팔로 공기를 가르면서 평행선을 이루다가 마침내 반원을 만든다.

카르사비나는 처음 솔로로 「왈츠(Op. 70, 1번)」를 추며 「녹턴」의 마지막에 군무를 추기로 했다. 이 군무는 두 줄로 움직이며 관객들에게는 수직으로 보이게 된다. 여기서 카르사비나는 무아지경의 솔로를 추는데 포킨은 그녀의 춤이 "보기 드문 낭만주의"[131]의 향취를 물씬 풍긴다고 판단했다. 경쾌한 리듬에 맞추어 그녀는 도약하고 쉬르 레 푸앵트sur les pointes**로 뒤로 물러났다가 그녀의 팔을 펄럭이면서 떠다니는 듯했다. 그녀가 입에 손을 갖다 대었을 때는 마치 꼬마 요정 나라의 뿔 피리를 불러 모으는 듯했다.

---

* 데임 마리 램버트에 의하면 (포킨이 발레단을 비웠던 1913년 발레단에 있었음) 그때도 니진스키는 《레 실피드》에서 그의 독무를 춘 후에 박수갈채를 받았다. (매리 클라크: 『머큐리의 무용수들 Dancers of Mercury』, 64쪽)

** 한쪽 다리로 서서 밸런스를 잡고 다른 한쪽 발을 뒤로 뻗은 포즈*

** 토슈즈를 신고 발가락 끝으로 수직이 되게 서는 것*

그러고는 마치 공기 속에 커튼을 치려는 듯 두 팔을 크게 벌린다. 그녀는 애티튜드attitude*로 회전하고 팔로 앙 쿠론 자세를 취한 다음 제스처로 크게 동작을 일으키고, 무대를 둥글게 돌면서 등을 돌리고 팔은 허공에 떠 있고 그녀의 오른쪽 어깨를 응시하며 끝이 난다.

반주 없이 군무들은 무대 사각의 3면에 열을 이루면서 첫 번째 「마주르카(Op. 33, 2번)」를 준비한다. 이 작품은 일종의 무궁동perpetuum mobile**이다. 파블로바는 실피의 전형적인 주저함을 내보이면서 등장한다. 군무는 다른 방향으로 포르 드 브라를 구사하면서 무대 전체는 세 개 대각선을 이룬 후 반원을 만든다. 소녀들은 가운데 아치 모양을 이루며 섰다가 무릎을 굽혔다가를 반복하고 아치를 통해 발레리나는 네 번째에 등장하면서 만족해하고 춤을 추기 시작한다.

"고요한 밤에 광기에 빠진 여자"처럼[132] 그녀는 소용돌이치는 팔 동작을 하면서 를르베relevé***로 깡충 뛰다가 무대에서 사라지기 전에 아라베스크 자세를 취하기 위해 잠시 멈춘다. 이는 무대에서는 퇴장하지만 다른 장소에서 다른 분위기로 계속 춤추는 것을 명백하게 암시하고 있다. 반주 없이 군무는 그들의 팔로 그녀가 길을 가도록 재촉한 후 중앙으로 돌아와서 꽉 짜인 그룹을 형

---

* 몸은 한쪽 다리로 받쳐지고 다른 한쪽 다리는 무릎을 90도로 꺾어서 뒤로 들어 올리는 포즈*
** 처음부터 끝까지 쉴 새 없이 같은 길이의 빠른 속도로 연주되는 것으로 여기서는 음표 대신 무용 동작을 빗대고 있다.*
*** 제자리에서 발끝으로 섰다가 내리는 동작*

성한다.

좀 더 느린, 완만한 선율의 「마주르카(Op. 67, 3번)」가 시작되면 니진스키는 "자신을 음악의 파고에 맡겨 버린 듯이 보였다." 니진스키는 느린 주테jeté*와 전체 몸동작으로 제스처를 구사하며 대각선으로 앞으로 나아가 카브리올 회전으로 무대 앞을 가로지르고 앙트르샤로 뒤로 물러선다. "그는 선율의 홍수를 즐거움으로 삼았다. 음악을 반주로 삼은 것이 아니고 음악과 함께, 혹은 음악에 이끌려 춤을 추었다. 사실은 거의 음악 위에 군림하는 춤이었다."[133] 종국에 그는 완전히 몰입한 시선으로 꿇어앉으며 오른팔은 갈망하듯 앞으로 동작을 취한다. 그러면서 왼손등으로 한 타래의 머리를 쓸어 낸다. 그는 일어나서 무대를 떠난다. 군무는 그들의 등을 돌려 무대 세 면의 벽에 바짝 붙인다. 그 후 그들은 세 그룹으로 움직이고 각 그룹은 네 명의 무릎 꿇은 소녀들로 이루어져 있으며 한 그룹은 무대 중앙에 위치한다.

약간 빠른 속도의 프렐류드가 반복적으로 흐르고 발디나는 점프도 없이 재빨리 등장하여 팔 동작을 하면서 빙글거리며 돈다. 그녀는 손부터 발끝까지 큰 제스처를 하고 자신의 가슴에 팔을 대각선으로 얹어서 아라베스크 팡세arabesque penchée** 포즈를 취한다. 그녀는 앞쪽 발끝으로 포즈를 취하고 입술에 손을 대고 소리

---

* 도약을 하기 위해 반쯤 구부린 드미 플리에demi-plié로 시작해서 한쪽 다리를 던지듯 그 방향으로 도약하고, 다시 그 발로 내리는 스텝을 말한다.*

** 아라베스크의 변형. 무용수가 지면 쪽으로 몸을 기울이는데, 이때 쳐든 뒷발부터 아래쪽으로 낮게 쭉 뻗친 한 손 혹은 두 손까지 이어지는 라인이 사선을 이룬다. 팔을 뒤로 뻗은 채 할 수도 있다.*

를 듣는다. 군무는 반원형을 취하는데 소녀들은 둘씩 짝을 지어 서로 안정되게 기대고 있다.

　다음 「왈츠(Op. 64, 2번)」는 파블로바와 니진스키의 2인무다. 처음 등장하는 긴 음에 맞추어 관객이 볼 수 없는 무대 뒤쪽에서부터 발레리나는 리프팅 상태였다가 나무에서 내려오는 것처럼 무대에 등장한다. 파블로바는 속이 비치는 롱스커트에 푸앵트한 발끝이 보인다. 이 안무가 음악과 가장 근접한 형태다. 그녀는 경쾌하게 춤추고 그는 그녀를 갈망한다. 그는 허공으로 그녀를 들어 올리고, 그녀의 아라베스크에서 서포트 하고, 애티튜드 할 때 회전시키고 무릎을 꿇고 그녀의 손을 그의 어깨 위에 받아들인다. 더 빨리 춤을 출 때 그녀는 경쾌한 스텝으로 그의 뒤를 따르고 그는 점프하고 뒤집어 회전한다. 그는 아라베스크 상태의 그녀를 이쪽저쪽 차례로 들어 올린다. 이제 벌써 둘씩 서로 마주 보며 두 줄로 늘어선 군무는 손을 턱에 대고 서로 기대고 있다. 니진스키가 파블로바의 팔목을 스칠 듯 했을 때 그의 자력에 반쯤 끌려 파블로바는 그를 쫓아 뒤로 달려간다. 두 사람은 앞뒤로 왔다 갔다 하면서 춤추고 그는 달려가다가 한발로 떠 있는 듯 멈춘다. 그러고는 그는 오른팔을 들고 사정하는 듯 갈구하면서 그녀 뒤를 따른다.

　스트라빈스키가 편곡한 마지막 작품 발스 브릴란테는 군무가 천천히 달려 나와 원을 그린다. 두 줄을 지어 앞으로 갔다가 뒤로 움직이다가 대각선 형태로 회전한다. 그룹 사이에서 니진스키는 신나고 활기찬 선율에 맞추어 점프하며 파블로바는 빠져나간다.

군무는 바람에 날리는 듯한 팔 동작으로 둥글게 춤을 춘다. 탐구하듯이 선회하는 선율은 처음 음악의 반복으로 이어진다. 무대의 모든 무용수가 동작을 멈추었다가 더 빠른 속도로 동작을 하며 발레는 오프닝 할 때와 같은 그룹이 다시 형성되면서 끝이 난다. 니진스키는 두 발레리나가 머리를 그의 어깨에 기댄 채 함께 뒤에 서 있다. 무용수들의 줄은 커튼이 내려올 때 뒤로 물러난다.

《레 실피드》는 최초의 추상 발레다. 뒤이어 공연된 《클레오파트라》는 《이고르 공》과 《아르미드의 관》만큼이나 대비되는 작품이다. 《클레오파트라》의 경우 주역으로 등장하는 발군의 아름다움을 지닌 신비에 쌓인 사교계 여성에 관해 홍보를 계속해 왔다. 물론 이 사람은 이다 루빈스타인이었다. 그러니 관객들은 호기심을 가질 만한 이유가 충분했다. 루빈스타인은 미라처럼 온몸을 칭칭 감은 채 석관에 실려 무대에 등장했다. 이 아이디어는 브누아가 림스키코르사코프의 오페라 《믈라다Mlada》를 듣다가 갑자기 떠오른 것이다. "완전히 닫힌 관 속에서 사막의 모래를 지나 여행하는 여왕이 눈앞에 그려졌다. 신과 같이 고귀한 여왕의 신체에 흠집을 내려고 덮개를 뚫고 침투하는 모래를 막기 위해서는 미라처럼 감싸기로 했다."[134] 브누아는 샤틀레 극장 무대 윗에서 루빈스타인이 관 속에 시체 같이 누워 있는 것을 발견했다. 브누아는 "음, 이다 르보브나, 기분은 어때요?" 하고 물었고 "괜찮아요, 감사합니다. 그런데 움직일 수가 없네요"라고 그녀가 대답했다.[135]

멜로 드라마의 테마를 지닌 《클레오파트라》는 여섯 명의 다른 작곡가의 작품을 짜깁기해서 음악으로 사용했다. 오늘날 우리가

《레 실피드》에 출연한 니진스키와 타마라 카르사비나 (위, 아래 왼쪽)
발레 학교 졸업 후 댜길레프를 처음 만났을 당시의 니진스키, 1908 (아래 오른쪽)

생각하기에는 우스꽝스럽다는 생각이 들지만 1909년 당시에는 아무런 문제가 없었다. 포킨은 자신이 추구하는 무용극(댄스 드라마)의 이상을 이루기 위해서는 과거 발레의 전통과 완전히 결별해야 함을 그 어느 때보다 더 깨달았다. 《클레오파트라》는 발레가 아니었다. 아무도 푸앵트 슈즈를 신지 않았고 누구도 다섯 가지 포지션 중의 하나로 서지 않았으며 클래식 발레의 팔 동작을 구사하지 않았다. 이 작품의 새로움은 과장될 수가 없었다. 그러나 브누아는 이 작품의 모순점을 완전히 인지했다.

이집트의 젊은 신사들은 사원의 노예들에게 구애하지 않으며, 사랑의 편지를 화살에 꽂아 여왕의 발 아래 쏘지 않는다. 파라오의 딸들은 사원의 문턱에서 사랑놀이에 빠지는 꿈을 꾸지 않으며 그들을 경배하러 온 사람들의 면전에서 자신들의 애인에게 독약을 먹이지 않는다. 마지막으로 클레오파트라가 그리스 출신 무용수를 데리고 있었다 해도 신 앞에서 광란의 바카날 춤을 추도록 절대 허락하지 않았을 것이다. (⋯) 그러나 《클레오파트라》는 객석을 꽉 채웠다. (⋯) 이 작품의 성공은 샬랴핀의 성공을 능가했다.[136]

다양한 음악의 힘, 박스트의 무대 디자인, 포킨의 안무적인 창의력과 공연자들의 특출한 재능은 드라마를 확실하게 보여 주었다.

자줏빛 황혼에 물든 나일강을 엿볼 수 있는 거대한 기둥과 분홍빛의 신들과 함께한 박스트의 무대 세팅은 웅장한 구상이었다. 이 무대가 파리에 심었던 인상은 너무나 강렬하여 이국주의 Exoticism의 새로운 시대를 활짝 열었다.

항아리를 든 한 무리의 소녀들이 뒤따르고 타호르 역의 파블로바는 그녀의 연인 아문을 만나러 온다.[137] 활로 무장을 한 포킨은 잘생기고 영웅의 풍모를 지녔다. 둘은 춤을 추면서 서로의 사랑을 표현하고 고승으로부터 축복을 받는다. 전령이 클레오파트라가 왔음을 알린다. 의기양양한 음악에 맞추어 무대 위에는 화려한 행렬이 등장한다. 수염을 기른 남자들이 페인트를 칠한 한 석관을 가지고 등장한다. 석관 옆에는 클레오파트라의 노예 카르사비나와 니진스키가 석관과 함께 등장한다. 이들 노예는 "다정하고 근심 걱정 없는 피조물로 막강한 여왕의 왕좌 아래에서 자랐고 여왕에게 절대적으로 헌신하고 있다"[138]는 인상을 심어 준다. 석관이 열리고 미라의 관이 등장하며 여기서 클레오파트라의 칭칭 감긴 신체를 들어 올린다. 각기 다른 색의 열두 개 베일이 의식을 치르듯이 그녀의 몸에서 벗겨지고 여왕은 마지막 베일을 큰 동작으로 벗어 던진다. 이다 루빈스타인의 고혹적인 아름다움을 파리에 드러내는 순간이다. 이다의 창백한 얼굴은 황금과 보석으로 장식된 터키 블루 색의 가발로 테를 두른 것처럼 보였다. 니진스키는 쏜살같이 앞으로 기어갔다. 클레오파트라는 한 손을 그의 머리 위에 얹고 혼자 일어서서 천천히 소파 쪽으로 갔다. 그녀의 신하들은 그녀 주위에 모였고 커다란 부채가 흔들거리기 시작했다.

그러는 동안 아문은 클레오파트라의 매력에 완전히 빠졌고 타호르는 불안해하면서 그를 지켜보았다. 아문은 여왕의 소파에 다가갔고 니진스키는 그를 향해 마치 개처럼 이빨을 드러내며 으르

렁거렸다. 여왕은 그를 만나겠다는 표시를 하지 않았다. 타호르는 아문을 여왕으로부터 데리고 나왔다. 그때 클레오파트라의 눈은 두 연인을 쫓아갔다. 타호르가 이끄는 제 의식의 춤이 시작되었다. 갑자기 클레오파트라의 발치에 화살이 날아든다. 온 궁정은 깜짝 놀란다. 그러나 여왕은 무표정하게 그녀의 앞을 응시한다. 아문은 숨길 수 없는 화살을 지니고 있어서 체포된다. 클레오파트라가 그를 마주보기 위해 일어섰을 때 그는 열정적으로 그녀를 응시한다. 노예 소녀 카르사비나는 아문이 그의 사랑을 여왕에게 호소하는 화살에 부착된 메시지를 읽었다. 타호르는 여왕에게 애원하고 여왕은 거룩한 무관심으로 타호르를 대한다. 여왕은 아문에게 만약 아침에 독약을 먹겠다면 여왕과 하룻밤을 지낼 수 있다고 말한다. 그는 동의한다. 다시 타호르는 아문과 격렬하게 다툴 때 파블로바는 그녀의 뛰어난 극적인 재능을 보여 준다. 타호르의 애원이 소용없다고 밝혀지자 그녀는 비탄에 잠긴 채 사막을 향해 서서히 걸어간다.

아문의 목에 팔을 두른 채 클레오파트라는 그를 자신의 소파로 데리고 간다. 둘은 꽃으로 뒤덮여 있고 그들의 포옹은 그 속에 가린 채 보이지 않는다. 이제 여왕의 하녀들이 흔드는 휘장으로 상황을 드러낸다. 소파에서 사랑의 즐거운 황홀감은 이제 다른 사람들이 춤으로 표현하도록 했다. 첫째, 글린카의 《루슬란》에 등장하는 터키 춤곡에 맞추어서 카르사비나와 니진스키는 황금색 베일을 가지고 서로 결합하는 작품을 공연한다. 니진스키가 그녀를 좌우로 리프팅할 때 베일은 공중에서 고리 혹은 아치를 묘사한다. 카르사비나는 발끝으로 뒤로 뛰면서 스카프를 끌고서 그녀가 회전할 때 그녀 위로 던진다.[139] 이때 글라주노프「사계」중「가을」의 음악에 맞추어 바카날 춤이 등장한다. 포킨은 고대 그리스에 대한 자신의 모든 감정을 담아 이 바카날 춤을 안무했다. 이 요란한 춤에서 사티로스에게 소녀들이 쫓기고 있다. 소피 페오도로바가 육감적인 자세로 얼어붙은 듯 멈추어 있을 때 포키나는 소용돌이처럼 무대를 휩쓴다.[140] 속도가 빨라지면서 모두가 소용돌이처럼 회전하고 소녀들은 모든 것을 포기한 듯한 자세로 바닥으로 몸을 던지고 사티로스는 음탕하게 소녀들 위에 매달렸다. 많은 사람이 이 장면을 보고 충격을 받았다.[141]

글라주노프의 바카날 사용을 댜길레프에게 추천한 사람은 브누아였다. 브누아는 이 장면이《폴로베치안 댄스》와《광대들의 춤(아르미드의 관)》과 함께 포킨의 가장 훌륭한 안무 중 하나라고 여겼다. 브누아는 이 작품을 "고대 세계의 빛나는 아름다움을 표현한 멋진 환영"이라고 묘사했다.[142] 이날 지휘를 했던 체렙닌은 열광적인 관객들로 인해 몇 분을 지체했다. 공연을 계속할 가망이 없다고 낙담한 무용수들은 드라마가 아직 끝나지 않았음에도 박수를 받는 것이 더 낫다고 생각했다. 이는 포킨의 공연 원칙에 반대되는 것이었다. 베일에 가려진 소파에서 그는 무대 안쪽에서 벌어진 논쟁에 대해 증언했다. 포킨 자신의 말을 들어 보자.

유감스럽게도 나는 고대 그리스 바카날 축제의 여사제들이 수염 난 목신牧神들과 손을 잡고 줄을 지어 인사를 하러 나오고 있는 것을 보았다. 나는 재빨리 클레오파트라의 포옹에서 벗어나 호랑이처럼 급히 뛰어갔다. 나의 지시를 어기고 장면의 통일성을 파괴하는 다른 무용수들을 만나러 무대 날개 쪽으로 뛰어갔다. 나도 내가 무슨 짓을 하려는지 몰랐다. 생각할 시간이 없었다. 내가 몇 걸음을 옮겼을 때 갑자기 박수 소리가 뚝 끊어졌다. 무덤처럼 고요함이 뒤따랐다. 나의 그리스인들은 당혹해하며 무대 뒤로 돌아왔다. 그 후 잠깐 무용수들을 혼내는 자세를 취한 후, 나는 울먹이는 약혼녀의 다가오는 모습을 보는 체하다가 돌아서면서 다시 클레오파트라의 팔에 몸을 던졌다.[143]

고승은 독약이 든 컵을 가져왔다. 클레오파트라는 무대 중간에 컵을 놓았고 아문은 그녀 앞으로 끌려왔다. 그는 그녀의 눈에서 혹시나 자비심이 있는가를 찾아보았으나 그녀는 완강했다. 그는 컵을 비웠다. 독약은 효력을 발생했다. 그녀가 그의 눈에서 고통을 관찰하기 위해 무표정하게 그의 턱을 치켜들자 그는 생명을 잃고 땅에 쓰러진다. 그녀는 가학적인 기쁨을 즐기기 위해 잠깐 서 있다. 그런 후 그녀의 수행원들에게 손짓하여 노예들에게 몸을 기대어 사원을 떠난다. 고승은 아문의 시체를 검정 천으로 덮어 준다. 새벽에 해가 뜨기 시작한다. 타호르는 애인을 찾기 위해 몰래 거대한 사원에 숨어들어 온다. 그녀는 아문의 시체를 찾아 입술에 키스하고 그의 팔을 안는다. 그때 그의 죽음은 돌이킬 수 없음을 깨닫는다. 그녀는 자신의 가슴을 치면서 그를 향해 자신의 몸을 던진다.

《클레오파트라》는 인기를 끄는 작품이었다. 아스트뤽과 댜길레프는 샬랴핀 혼자서는 객석을 모두 채울 수가 없는《이반 뇌제》라는 긴 오페라 공연 뒤에 이 작품을 공연하기 시작했다. 프로그램 중에 바뀐 것이 있었다. 추가 공연이 발표되었다. 계획한 대로 세로프의 오페라《유디트》가 6월 6일 레퍼토리에 더해졌다. 샬랴핀과 리트빈이 노래했다. 프로그램은《아르미드의 관》으로 인해 완벽하게 구성되었다. 정말 묘하게도 글린카의《루슬란》은《유디트》에 비해 훨씬 우수한 음악임에도 불구하고《루슬란》은 초연 이후 모든 공연이 취소되었고《유디트》가《루슬란》을 대신했다.[144] 이는《루슬란》에는 샬랴핀이 맡을 배역이 없었기 때문인게 틀림없었다.

댜길레프의 바람은 다음 해에는 러시아 예술단이 파리 오페라에서 공연하는 것이었다. 댜길레프는 이런 계획을 마음에 품고 샤틀레 극장 시즌이 끝난 다음 날, 러시아 예술가들을 화려한 가르니에Garnier 극장에서 개최되는 프랑스 예술가 협회Société des Artistes Français를 돕기 위한 특별 갈라 공연에 출연하도록 했다. 가르니에 극장은 그전 해에《보리스 고두노프》공연으로 대성공을 거둔 극장이었다. 낮 동안 리허설이 있었고 파블로바가 매우 세련된 외출복 차림으로 리허설 장에 왔다. 그녀가 드레스 자락을 부여잡고서 자신의 마주르카 동작을 설명했을 때 포킨은 카르사비나에게 "이것이 햇살인지, 우리 시즌의 성공작인지, 그녀의 여름 드레스인지 모르겠어. 하지만 나는 그녀의 외모가 이전에 저렇게 우아하게 보인 적은 없었다고 생각해"라고 말했다.[145]《레 실피드》이외에도 발레단은《향연》을 공연했고 샬랴핀은《보리스 중에 두 개의 막을 러시아 합창단과 함께 공연했다. 이 공연은 당연히 성공할 수밖에 없었다. 댜길레프는 자신의 무용수들(실제로는 아직 그의 무용수들이 아니고 차르의 무용수들)이 처음으로 유명한 공연장의 무대에 선 것을 기뻐했다. 댜길레프는 메사제Messager, 브루상Broussan과 1910 러시아 시즌을 위해 협상에 들어갔다. 파티에서 댜길레프가 러시아 예술단에게 감사를 표했다. 프랑스의 교육부 장관은 파블로바, 카르사비나, 포킨, 니진스키 그리고 그리고리예프에게 러시아 발레단의 업적을 기리는 뜻에서 '교육 공로 훈장Palmes Académique'을 수여했다.[146]•

그러나 이처럼 기쁜 일이 많은 와중에도 댜길레프가 완벽하게 즐겁지 않은 까닭이 두 가지 있었다. 하나는 재정적인 문제였고 또 다른 하나는 니진스키가 아프다는 사실이었다. 이미 파리 오페라 갈라 때 목이 아파서 고통을 많이 받았던 니진스키였다. 그는 다음 날로 예정된 개인 파티에서는 춤을 출 수가 없는 지경이었다.

『코메디아』에서 칭한 것처럼 "잊을 수 없는 예술적인 밤"의 파티가 보아Bois 거리에 위치한 에프루시Ephrussi 부부의 저택에서 성대하게 열렸다. 전기 조명으로 이 저택의 정원에 있던 수많은 나무를 비추고 있었으며 러시아 무용수들은 《향연》의 캐릭터 춤을 추었다. 스미르노프는 「토스카」의 마지막 막에 나오는 테너 아리

---

• 그리고리예프는 이 수여자들을 열거하면서 카르사비나 이름을 빠뜨렸다. 그녀는 페테르부르크 행 기차에서 침대칸을 원할 때는 언제나 이 리본을 달고 있었다.

아와 림스키코르사코프의 「5월의 밤」에 나오는 테너 아리아, 몇몇 인기 있는 러시아 노래들을 불렀다. 《레 실피드》는 완벽한 세팅으로 공연했다.[147] 댜길레프는 이날 출연료를 니진스키는 1천 프랑, 카르사비나는 5백 프랑을 받도록 주선했다. 앞에서 살펴본 바대로 니진스키는 출연하지 못했다. 아스트뤽은 카르사비나에게 완전히 빠져 있었고 마담 에프루시는 카르사비나의 열렬한 찬미자였다. 아스트뤽은 카르사비나에게 넌지시 여주인이 그녀에게도 출연료를 똑같이 1천 프랑 주고 싶어 한다고 알려 줬다. 당시 1천 프랑은 어마어마한 액수였다. 카르사비나에 대한 에프루시의 찬미는 끝이 없었다. 그녀는 카르사비나가 사용할 화장대를 하얀 장미로 치장해 두었다.[148]

댜길레프는 그의 친구 닥터 보트킨을 불러 니진스키를 진찰해 달라고 부탁했다. 장티푸스  열이라는 진단이 나왔고 아마도 수돗물을 마셨기 때문인 것 같다고 했다. 호텔 측에서는 전염을 두려워했다. 댜길레프는 가구가 모두 구비된 조그만 플랫을 빌려 병자를 간호하기 시작했다. 이때 댜길레프가 둘이 같이 살아야 한다고 했고 니진스키는 이 제안을 받아들였다.[149]

스베틀로프는 샤틀레 극장에서 러시아 예술단이 짐 옮기는 것을 보러 갔다.

거대하고 깊은 무대는 어둡고 울적하며 황량했다. 푸른 블라우스를 입은 몇몇 여성 노동자들은 무대 세트를 포장하고 있었다. 무대 뒤에 그리고리예프가 예술가들에게 마지막 급료를 지불하고 있었다.

러시아 예술단의 성공을 위해 열정적으로 기여했던 비평가 칼보코레시는 무용수들에게 도움이 되었다.* 그는 6주 동안 시즌의 마지막까지 심지어는 러시아어로 자신을 표현하려고 노력도 많이 했다. 그는 계속 무대를 오르내리면서 도왔고 무용수들의 아쉬움을 털어놓는 대상이 되었다. 그는 우울했다. 온 사방에서 여성들이 그를 "칼보씨" 혹은 "칼보"라고 불렀다.[150]

눈부시게 빛나는 파리 사람들의 환호를 받았고 니진스키와 사랑에 빠진 댜길레프는 한 달 동안 주문에 걸리듯이 지냈고 모든 것이 가능해 보였다. 돈 문제는 그의 행복을 방해할 가장 마지막 문제 같이 생각되었다. 그러나 6월 15일 이미 아스트뤽은 경고장을 날렸다. 그 날짜로 40만 5천 프랑이라고 아스트뤽은 댜길레프에게 알리면서 며칠 뒤 시즌이 끝나면 아마도 50만 프랑에서 51만 프랑이 될 공산이 크다고 했다. 그러나 총 경비는 60만 프랑이었다. 재정적인 책임에 대해서는 전부 부인하면서도 아스트뤽은 파리 현지 스폰서로서 댜길레프에게 도덕적인 책임을 느꼈다. 그는 댜길레프에게 이 대금을 어떻게 다 갚을 거냐고 물었다.[151]

채권자들의 압력은 거의 파리 오페라 갈라 공연에 참가하는 것을 방해할 정도였다. 또다시 아스트뤽의 신용으로 이 난국을 타개했다.[152] 갈채를 즐기는 동안 발레단의 그 누구도 (니진스키나 그리고리예프조차도) 댜길레프가 다음 날이면 직면해야 하는 재정적자를 알지 못했다.**

• 칼보코레시는 니진스키를 데리고 수영복을 사러 가기도 했다. (『칼보코레시』 210쪽)

6월 20일 댜길레프는 아스트뤽에게 미지불된 채무 전표를 주었고 재정 상황이 결국 알려졌다. 여기에 나타난 총액은 8만 6천 프랑이었다. 공연당 평균 티켓 수익이 2만 5천 프랑을 넘었기 때문에 어떤 돈도 건네줄 의무가 없는 보증인 중의 한 명은 관대하게 1만 프랑을 갚아 주었다. 그러나 댜길레프의 채권자들은 아스트뤽에게 항의를 하기 시작했다. 아스트뤽은 재빨리 행동을 취하여 유일하게 돈이 될 만한 댜길레프의 자산인 러시아 시즌의 의상과 무대 세트를 차지했다. 이들을 저당 잡혀서 모나코 은행으로부터 2만 프랑의 융자를 받았다. 이 물품들은 융자금을 일정 기간 내에 갚지 못하면 카지노로 넘긴다는 조건으로 융자가 이루어졌다. 아스트뤽은 이와 동시에 부채 채무자의 재산 차압을 하여 올랑드 호텔에 있던 댜길레프의 소유품을 공식적으로 압류했다. 샤틀레 극장 객석의 천을 새로 씌웠던 벨사크Belsacq는 이미 스스로 이런 조치를 한 상태였다. 댜길레프는 호텔에도 갚을 돈이 몇천 프랑이 있었다. 아스트뤽은 다음으로 파리 상업재판소에 댜길레프의 파산 절차를 밟기 시작했다.[153] 결국 댜길레프는 10월 7일 아스트뤽에게 1만 5천 프랑을 상환하기로 청구서에 서명했다.[154]

파블로바는 파리에 머무르면서 파리 오페라에서 갈라 공연(이 공연에 참여하기 위해 크체신스카야도 러시아에서 왔다)의 초청자로

---

** 그리고리예프는 책을 출간했던 1953년에도 이 사실을 알지 못했다. 그렇기 때문에 그는 "우리의 첫 파리 시즌 성과는 예술적으로나, 재정적으로 모두 대단히 만족스러웠다"라고 썼다.

출연했다.[155] 카르사비나는 런던 콜리세움Coliseum 뮤직홀에서 춤을 추기로 계약했다. 그녀의 에이전트 마리넬리Marinelli는 그녀에게 니진스키도 데려오도록 애를 써 달라고 부탁했다. 카르사비나가 니진스키에게 마리넬리의 부탁을 전했지만 니진스키는 자신은 이미 수많은 제의를 받았지만 모두 거절했다고 말했다.[156] 카르사비나 자신도 오스트레일리아와 미국을 비롯한 많은 곳에서 제의를 받았다. 그녀가 영국을 택한 이유는 디킨스Charles Dickens•를 사랑했기 때문이었다.[157] 그리하여 카르사비나는 런던에서 빛난 최초의 러시아 스타가 되었다. 때는 파블로바, 모르드킨, 크야쉬트, 볼름과 프레오브라옌스카야가 오기 1년 전이며, 포킨과 니진스키가 오기 2년 전이었다. 로사이와 《아르미드》에서 광대 역으로 나온 무용수들 역시 런던에서 계약했다.[158] 브누아는 그럴 여유가 없었음에도 러시아에서 부인을 데리고 와서 파리 러시아 시즌의 기쁨을 같이 나누었다. 그들은 이제 집으로 돌아갔다. "페터호프Peterhof 와 오라니엔바움Oranienbaum 공원들을 산책할 때면 마치 '캠프'와 '아르미드의 마법'의 멜로디가 소나무들의 바스락거리는 소리 사이로 들리는 듯했다. 소피 페오도로바의 리더로 폴로베치안 처녀들이 무대 위에 허리케인처럼 확 들이닥쳤고 볼름의 거친 도약이 어땠는지에 대해 생생하게 내 아이들에게 이야기해 주었다. 나의 이야기가 너무 인상적이어서 아이들은 스스로 이 무대를 재현하려고 했고 성공했다."[159]

---

• 영국의 유명한 소설가•

댜길레프와 니진스키는 카를스바트Carlsbad로 떠났다. 제3의 인물이 동행하는 것을 언제나 반겼기에 이들의 신혼여행*에는 오랜 친구 박스트도 데리고 갔다. 아마도 댜길레프는 새로운 애인 하고만 여행 갔으면 지겨울지도 모른다고 생각했을 수도 있다. 바로 옆에 러시아 교회가 있던 빌라 쉬플러Schüffler는 소나무 숲 한 가운데 위치한 언덕에 서 있었다. 바슬라프는 치료제를 복용하지 않았다. 그는 아무런 작업도 하지 않았고 정기적으로 마사지만 받았다. 그들은 숲으로 드라이브를 하러 갔고 바슬라프는 어린 시절 여행할 때 갔던 코카서스 지방의 나르잔Narzan이라는 온천을 기억해 냈다.[160]

세상으로부터 2주간을 완전히 격리되어 생활한 후 이들은 한시적으로 헤어졌다. 댜길레프는 사업상 파리로 갔고 박스트는 바슬라프를 에스코트하며 베네치아로 가서 댜길레프가 그들과 합류할 때까지 며칠 머물렀다. 바슬라프는 티롤과 알프스를 관통하는 기차 여행을 좋아했다. 그는 기차 칸의 창문에서 떨어질 줄 모르고 온종일 산악 풍경을 보며 즐거워했다.[161]

첫 시즌이 성공을 거두면서 댜길레프는 이번 시즌은 오로지 시작일 뿐이라는 강한 확신이 들었다. 자신에게 돈은 한 푼도 없었지만 댜길레프는 로렌초 데 메디치Lorenzo the Magnificent**가 된 기분이었다. 그는 라벨에게 《다프니스와 클로에》, 드뷔시에게는 《마

---

• 데임 마리 램버트는 이 표현에 동의하지 않았다.
•• 이탈리아 피렌체 공화국의 권력자이면서 르네상스의 열렬한 후원자*

스크와 베르가마스크Masques et Bergamasques》음악을 의뢰했다. 그는
또 장 콕토, 레이날도 안과 논의를 한 결과 다음 해 제작할《푸른
왕Le Dieu bleu》을 시작하게 된다. 칼보코레시의 제의를 받아들여
댜길레프가 가브리엘 포레에게 발레 음악을 의뢰했다. 하지만 포
레는 자신의 오페라《페넬로페Pénélope》를 작곡 중이어서 이 계획
은 무산되었다.[162] 이제 댜길레프는 드뷔시와 이야기를 하려고 파
리로 갔다. 1909년 7월 30일 드뷔시가 루이 랄루아Louis Laloy*에게
보낸 편지에서 자신이 랄루아가 집필한 행진 부분을 표절한 것에
대해 변명을 늘어놓고 있으며,《마스크와 베르가마스크》의 대본
은 자신이 직접 썼다고 해명하고 있다. 당시 랄루아는 댜길레프의
발레 작품을 위해 시나리오 집필을 하고 싶어 했다. 드뷔시는 이
일의 차례를 다음과 같이 정리했다.

1. 당신이 댜길레프를 나에게 소개하기 위해 데려왔습니다. 우리는
분명히 아무 데도 가지 않고 계속 논의했습니다. 2. 나는 댜길레프
를 뒤랑Durand(음악 출판업자)의 집에서 만났습니다. 우리는 P. J. 툴
레P. J. Toulet**와 (더 복잡한 문제에 관해) 협업이 어느 정도 가능한지에
대해 논의했습니다. 그와 동시에 댜길레프는 3일 후 베네치아로 안
무가를 만나러 떠나는데 그는 시나리오를 그 안무가에게 보여 주고
싶어 했습니다. 3. 우리는 약 50분 길이의 디베르티스망에 관해서만
논의를 하였고, 나는 세상을 깜짝 놀라게 하거나 당신을 귀찮게 하

---

• 프랑스의 음악학자, 작가*
•• 프랑스의 시인, 소설가. 문예란 집필가*

는 것이 아무런 의미가 없음을 알았기에 내가 시나리오를 썼습니다. 무용 패시지를 연결하는 정도 이상의 다른 구성은 제공하지 않은 단순한 시나리오였습니다. 댜길레프는 시나리오를 마음에 들어 하였고 시나리오를 보자 즉시 니진스키와 카르사비나가 이 작품을 추어야 한다고 말했습니다. 전체 작업이 얼마나 수월하게 진행이 되었는지 당신도 알 것입니다. (…) 그리하여 작업은 잘 진행되고 있습니다. 우리는 우리말을 할 줄 알고 내가 원하는 바를 정확히 이해할 러시아인들과 거래를 하고 있습니다. 당연히 나는 니진스키의 다리가 작품의 상징으로 표현되거나 카르사비나의 미소가 칸트의 철학을 설명해 줄 것이라고는 예견하지 않습니다. 나의 의도는 디베르티스망을 위해 제대로 된 발레 음악을 작곡하는 그 자체를 즐기는 것입니다.[163]

3일 뒤에 드뷔시는 랄루아에게 편지를 썼다. "키플링Kipling•이 말하기를 러시아인은 셔츠를 입을 때까지는 매력적인 사람이라고 했죠. (…) 우리 러시아 친구는 사람들에게서 자신이 원하는 것을 얻는 가장 좋은 방법은 그들에게 거짓말을 하는 것이라고 생각합니다. 그는 자신이 생각하는 만큼 예리하지 않을 수도 있습니다. 그리고 이는 내가 친구들과 노는 게임이 아닙니다. 그러나 댜길레프가 무슨 일을 꾸미고 있든 간에 당신과 나 사이에 변한 것은 아무것도 없습니다."[164] 드뷔시는 댜길레프를 좋아하지 않았다. 그러나 그는 랄루아에 대한 자신의 행동을 변명하려고 댜

---

• 영국의 소설가, 시인•

길레프를 희생양으로 이용하는 것은 분명해 보이며, 그런 까닭에 속임수는 한쪽만 쓰는 것이 아니었다.

《마스크와 베르가마스크》는 결코 세상의 빛을 보지 못했다. 그러나 이 편지 왕래에서 드러난 재미난 사실은 댜길레프가 최초의 러시아 시즌 때부터 니진스키를 안무가로 만들려는 계획을 하고 있었다는 사실이다.* 왜냐하면 베네치아에서 댜길레프를 기다리고 있던 사람은 포킨이 아니고 니진스키였기 때문이다.

베네치아로 떠나기 전에 댜길레프는 아스트뤽에게서 발레 음악 악보를 돌려받기 위해 조심스럽게 노력했다.[165] 8월 6일 댜길레프가 올랑드 호텔에서 아스트뤽에게 쓴 글을 보면 당시에 보트킨 박사의 소유였던 파블로바가 그려진 포스터의 세로프 원본 스케치를 돌려 달라고 부탁하는 내용을 발견할 수 있다.[166]

댜길레프는 베네치아로 가면서 바슬라프에게 그가 가장 사랑하는 도시의 아름다움을 보여 주겠다는 기대에 부풀어 있었다! 그들은 베네치아 리도 그랜드 호텔에서 머물렀다.** 댜길레프와 박스트는 니진스키를 산 로코 대회당Scuola de San Rocco과 교회들로 데리고 다녔다. 니진스키는 석호에서 수영했다. 박스트는 대형 유화 스케치로 주홍색 수영복***을 입고 손수건을 머리에 묶고 머리를 약간 옆으로 숙여 쭉 뻗은 자신의 왼팔을 바라보고 있는, 태양에 그을린 황금색 목신 같은 니진스키를 그렸다. 댜길레프

---

* 브로니슬라바 니진스카는 이 사실을 믿지 않았다.
** 20년 후 댜길레프는 이 호텔에서 세상을 떠난다.
*** 이 수영복은 틀림없이 칼보코레시와 같이 가서 산 것이다.

는 절대 수영을 하지 않았다. 그는 바다를 무서워하기도 했고 한편으로는 젊고 늘씬한 사람만이 대중들 앞에서 자신의 몸을 드러내야 한다고 생각했다. 저녁 때 그들은 거대한 산마르코San Marco 광장의 아케이드에 속해 있는 멋진 카페 플로리안Florian의 야외 테이블에 앉아 사람들과 비둘기들을 보았다. 판다를 체인에 묶어서 데리고 다니는 화려한 카사티 후작부인Marchesa Casati의 궁전에서 파티가 있었다. 그 파티에서 니진스키는 단눈치오Gabriele D'Annunzio●와 이사도라를 만났다. 단눈치오는 니진스키에게 춤을 추라고 부탁했고, 이사도라는 니진스키의 아기를 갖고 싶다는 제안을 했는데 니진스키는 두 사람의 제안을 모두 거절했다. 밤이 되자 친구들은 곤돌라로 석호를 건너 숙소로 돌아갔다.[167]

마린스키 극장 시즌은 9월 1일에 시작되었다. 바슬라프는 적어도 1주 전부터는 다시 연습을 시작해야 했다. 댜길레프와 니진스키는 8월 19일에 파리로 갔다.[168] 댜길레프는 부채 문제 때문에 파리에 남았고 이 사실은 페테르부르크에서 곧 소문이 퍼져 다 알려졌다. 댜길레프는 의기양양하게 페테르부르크로 귀환할 수도 있었지만, 당시 상황은 그렇게 되지 않았다. 댜길레프가 돈 문제에 관해서 일절 말하지 않아서 모르고 있던 니진스키는 클래스와 리허설을 시작했고 어머니에게 독일과 이탈리아 여행에 관해 이야기를 늘어놓았다. 한편 댜길레프는 다음 시즌을 파리 오페라에서 할 계획으로 구상하면서 1909시즌의 빚도 갚아야 했다.

---

● 이탈리아 출신 문학가●

댜길레프는 파리 오페라와 협상하는 건에 관해 분별 있게, 그러나 오히려 부정직하게 아스트뤽에게 숨겼다. 아스트뤽이 댜길레프가 자기를 속이고 파리 오페라와 논의를 한다는 사실을 알았을 때 재정 문제에 대한 걱정은 복수심에 불타는 분노로 바뀌었다. 댜길레프가 파리 오페라와 직접 거래를 했다면 아스트뤽은 없어도 되었을 수 있다. 파리에서 러시아 시즌의 승리를 확고히 하기 위해 아스트뤽이 한 모든 일을 생각해 보건대 댜길레프의 이런 행동은 극악무도한 배신 행위처럼 느껴졌다. 아스트뤽은 이 사건 때문에 러시아 시즌에 두 배로 타격을 주는 기획을 했다. 바로 다음 해 러시아 예술단 공연 날짜와 똑같은 시기에 샤틀레 극장에서 카루소가 출연하는 이탈리아 오페라와 뉴욕 메트로폴리탄 오페라 공연을 계획한 것이다. 파리 오페라에서는 댜길레프와 아스트뤽의 공연일이 자신들과 겹치는 것을 피하고자 둘 다에게 공연을 화요일, 목요일 그리고 토요일에 할 것을 요구했다. 그들은 이제 직접 맞붙은 경쟁 상대가 되었다. 아스트뤽은 러시아 기득권층에 댜길레프의 이름을 더럽히려고 온갖 노력을 다하면서 댜길레프가 다시는 황실 극장의 예술가들을 파리로 데려와서 공연하지 못하기를 희망했다.

그의 첫 계획은 샬랴핀과 댜길레프를 떼어놓는 것이었다.

파리에서 아스트뤽, 모스크바의 샬랴핀에게, 1909년 10월 9일
존경하는 나의 친구에게,
방금 당신의 전보를 받았습니다. 그리고 핵심 내용에 대해 충격받았

음을 인정하지 않을 수 없습니다.

5개월 전부터 편지와 전보를 통해 정기적으로 반복해서 당신에게 보낸 물음에 대한 답을 내가 얼마나 애타게 기다렸는데 당신이 보낸 간결한 전보를 받고 친구로서 느낀 것은 실망뿐이 아닙니다. 나의 친애하는 페디아, 내가 이 문제에 대해 얼마나 중요하게 여기는지를 당신은 알아야 합니다. 실제적인 문제를 제외하고라도, 우리 사이의 우정을 고려한다면 당신이 다른 누구와 계약을 하기 전에 저에게 꼭 알려 주어야 한다고 생각합니다.

질문: 당신은 누구와 계약을 했습니까?

나의 친애하는 친구 페디아, 만약 당신이 나에게 알리지 않고 세르게이 댜길레프와 계약을 했다면 큰 실수를 범할 수 있다고 당신에게 말해야 합니다. (…) 러시아 시즌이 파리에서 일어날 수 있었던 것은 온전히 나의 노력 덕분입니다. 왜냐하면 오로지 나 혼자만 시즌이 일어날 것이라고 러시아에 있는 댜길레프에게 신뢰를 주었기 때문입니다.

(아스트뤽은 그다음으로 러시아 시즌의 재정적인 문제를 이야기한다.)

나에게 감사의 뜻을 표하면서도 댜길레프가 한 짓은 나와 경쟁이 되는 새로운 시즌을 기획한 것입니다. 댜길레프는 내가 작년 한 해 동안 파리와 런던에서 러시아 예술단 공연을 하기 위해 기울였던 모든 노력을 이용하여 그는 직업윤리에 어긋나는 방식으로 이득을 취할 것입니다.

이런 상황에서 나는 이 스캔들을 끝내기 위해 가장 과감한 조처를 할 의도를 가지고 있다는 점을 당신에게 경고해야 합니다. 당신도 아시다시피 나는 그럴 수 있는 무기를 가지고 있습니다. 그리고 때가 되면 내가 사용할 수 있는 더욱 치명적인 사항들도 있습니다. 전쟁은 불가피하며 나는 오늘 전쟁을 선포합니다.

당신은 경고를 받아 왔습니다. 거취를 결정하시기를……. 당신 경력
의 초창기에 일정 부분 역할을 했으며 그들과의 행복한 기억을 가지
고 있을 보이토, 토스카니니Toscanini 그리고 가티카사자, 이 사람들
이 당신의 결심에 다소 영향을 끼치지 않을까 생각했었습니다. 그러
나 이 모든 것이 허사로 돌아가는 듯합니다. 나는 더는 당신에게 영
향력을 끼치려고 하지 않겠습니다. 그러나 말을 해야 할 한 가지 사
항이 있습니다. 당신의 결정은 그들과 나, 모두를 슬프게 합니다.

당신의 벗,

가브리엘[169]

그다음 아스트뤽은 러시아 궁정을 통해 조직적으로 댜길레프
를 공격하기 시작했다. 그는 궁정 장관 프리데릭스Friederickx 백작
에게 편지로 차르에게 러시아 시즌에 관한 보고서를 제출할 수
있는지를 물어보았다.[170] 수상인 모솔로프 장군General Mossolov[171]•
에게서 긍정적인 답을 받았다. 11월 둘째 주 아스트뤽은 며칠 동
안 파리에 있었던 니콜라스 미하일로비치 대공에게 댜길레프와
의 사건에 관해 이야기했다.[172] 11월 18일 아침에 그는 파리의 호
텔에서 머무르고 있던 크체신스카야의 연인 안드레이 블라디미
로비치 대공을 방문했다.[173]

아스트뤽이 차르에게 보내려고 작성한 대형 인쇄용지 약 11쪽
에 달하는 보고서[174]는 앞에서 말한 바와 같이 러시아 시즌의 재

---

• 흥미로운 회고록을 집필했다. 참고문헌을 볼 것

정적인 측면을 다루었다(그리고 사실 재정 문제가 그 모든 일의 발단이다). 재정 보고서의 내용에는 아스트뤽은 자신의 신용으로 러시아 시즌을 재정적으로 가능하게 했다는 점(실제로 그랬다), 홍보와 관객동원에 성공한 것도 자신의 신용으로 가능했다는 점, 아스트뤽 자신이 파리 작가 및 연극 작곡가 협회와 협상하여 댜길레프를 위해 저작권료의 50퍼센트 감액을 성사시켰고 그리하여 댜길레프는 2만 5천 프랑을 절약할 수 있었다는 점, 그리고 자신은 2.5퍼센트의 최소 비용을 받는 것에 동의했다는 점을 지적하면서 댜길레프가 자신이 해야 할 일은 어느 것도 이행하지 않았다고 비난했다. 그는 댜길레프가 모든 서류에 '러시아 황제 폐하 대사관 개인사무국 담당관Attaché à la Chancellerie personnelle de Sa Majesté l'Empereur de Russie'으로 서명한 것을 보았다. 그리고 그 보고서에는 세세한 스캔들에 대한 내용도 포함되었다.

어느 날 아침 아스트뤽은 댜길레프의 '공인된 대리인' M에게 1만 프랑을 건네주려던 참이었다. 바로 그때 그는 "급하고 개인적인" 사항이라는 표시가 적힌 편지를 받았고 읽어 보니 다음과 같이 적혀 있었다. "친애하는 친구여. 돈을 지급할 때마다 내 카드가 없이는 내 비서 중 한 개인에게는 절대 돈을 주지 마시오. 당신의 벗, 세르게이 댜길레프." 아스트뤽은 갑자기 누군가를 불신하는 내용에 놀라서 댜길레프에게 부연 설명을 해 달라고 요청했지만, 답을 받지 못했다. 하지만 며칠 뒤에 아스트뤽은 러시아 예술단의 회계사 역할을 했으며 믿고 돈 심부름을 시키던 댜길레프의 믿을 수 있는 동료이자 아주 가까운 친구가 그 편지를 받았던 그날 저녁에 파리에서 갑자기

사라졌다는 이야기를 들었다. 온갖 추측을 불러일으킬 수 있는 사건이었다.

물론 이 내용은 댜길레프의 비서 겸 애인이었던 마브린과 그의 애인 올가 페오도로바의 도피 행각에 관한 사항이었다.

앞으로 몇 년간 댜길레프와 아주 밀접하고 성공적으로 협력하게 되는 아스트뤽은 1909, 1910년 겨울 동안 러시아 황실에 댜길레프의 명예를 손상한 건에 대해 최종적으로는 본인이 책임져야 했다는 것도 묘한 상황이었다. 앞에서 언급한 경우의 일은 치열한 극장 세계의 전형적인 경우이긴 하다.* 차르가 댜길레프를 믿지 않았고, 대공 중에 누구도 블라디미르 대공이 댜길레프와 나누었던 우정을 나누지는 않았다. 그리고 블라디미르 대공의 부인 마리 파블로브나가 남편이 죽은 후에는 댜길레프의 반대편으로 돌아섰다. 그렇다고 해도 댜길레프는 파리 시즌의 영광스러운 결과를 러시아로 가져왔을 때 여전히 황실에서 보조금을 받아내었을 가능성은 충분히 있다. 하지만 아스트뤽은 댜길레프의 이런 작업을 불가능하게까지는 아니더라도 아주 힘들게 만들었다. 그런 연유로 댜길레프의 인생 말년에 코호노와 리파르를 위해 그의 기획 초창기 시절에 대한 단편적인 회상을 적으면서 댜길레프는 러시아 발레 시즌 공연을 위해 차르에게서 단 1루블도 받지 않았다고 언급할 수 있었다.

---

* 내가 이 내용을 제롬 로빈스(유명 안무가)에게 이야기했을 때 그가 한 말이다.

아스트뤽은 상트페테르부르크에서 지인들과 자신의 계획을 쉽게 실행에 옮기기 위하여, 그리고 러시아에서는 편지가 종종 세상에 알려지기도 하고 검열을 받기도 하여 자신과 관계되는 가까운 사람들을 지칭하는 암호를 만들었다.[175] 여기서 눈여겨보아야 할 것은 니진스키에 대한 암호는 없었다는 사실이다. 그는 이미 니진스키는 다길레프와 떼려야 뗄 수 없는 사이였고 니진스키를 이 전쟁 게임의 볼모로 이용하려는 시도는 아예 염두에 두지도 않았다는 것이다. 암호명 중에 일부는 다른 이들보다 비밀스러움이 덜했다. 프랑스 말로 방랑자라는 의미의 '세미노Chemineau'는 다길레프를 뜻하는 암호로 정했다. 그와는 반대로 아스트뤽 자신은 몰리에르의 연극 〈유식한 여자Les Femmes Savantes〉에 등장하는 사람 좋은 부르주아 계층의 정직한 사람인 '크리잘Chrysale'이라는 암호를 정했다.

12월 8일 쥘 마르탱Jules Martin이 상트페테르부르크에서 바빌라스Babylas(프리데릭스 백작)에게 보여 줄 다길레프 자료 일체에 대해 글을 썼다. 그는 멜라니Mélanie(크체신스카야)를 본 적이 있고, 에밀Emile(세르게이 대공)과 조셉Joseph(안드레 대공)과는 오랫동안 이야기를 나누었다. 그리고 그는 곧 재클린Jacqueline(블라디미르 대공부인)을 보게 되며 그녀에게 방랑자(디아길레프)의 행동에 대한 전모를 이야기하게 된다. 다길레프는 페테르부르크에서 후원금 모금에 실패했다. 그는 파리 오페라에 갚아야 할 1만 프랑이 더해졌기에 매우 힘든 상황이었다. 다길레프는 계획하고 있는 런던 시즌의 경비에 대해 선금으로 많은 금액을 받을 것을 기대하고 있었다. 마르탱은 파리에서 댜길레프의 가장 주요한 보증인은 가네 Ganay 후작이며 후작보다는 보증 액수가 적지만 셰비녜 백작부인 도 주요 보증인이라고 (잘못된) 이야기를 들었다. 마르탱은 막심 (황실극장 집행부)을 그다음 날 볼 예정이었으며 피에르(차르)와 바빌라스는 2주 후에 돌아올 (크리미아반도의 리바디아Livadia에서) 예정이었다.[176]

그런 와중에 댜길레프는 12월 중순에 파리로 가서 베아른Béarn 백작부인의 근사한 집무실에서 마담 가네, 마담 셰비녜, 미샤 에 드워즈, 아스트뤽 등과 모여 자신들의 차이점에 대해 토론했다. 세르트와 로베르 브뤼셀도 그 미팅에 참석했다. 아스트뤽은 그 미팅의 결론들을 요약하여 12월 23일 자로 브뤼셀에게 편지를 보 냈다.

파리에서 아스트뤽, 파리의 브뤼셀에게, 1909년 12월 23일
친애하는 친구,
지난 며칠 동안 세르게이 댜길레프, M. 세르트, 당신과 나, 그리고
심각한 의견 차이로 헤어진 두 명의 이전 협력자를 화해시키고 싶어
안달이 난, 두 명을 같이 아는 공동 친구*의 친절한 개입으로 인해
다 같이 회의한 결과 이제 내 입장에서 문제를 정리할 조건을 상세
하게 제시해 봅니다.
나의 친구들이 고려하는 곤란한 상황은 다음과 같습니다.
1. 나는 내년 5월 6월 샤틀레 극장에서 이탈리아 오페라 시즌을 계

---

• 여성인 듯하다.

획하고 있다. 이 공연은 뉴욕 메트로폴리탄 오페라단, 합창단, 군무가 올 것이며 그들의 무대와 의상을 가지고 공연할 것이다. 이 사실은 꽤 오래전 파리 언론에 모두 발표했다.

2. 세르게이 댜길레프, 그는 똑같은 시기에 파리 오페라에서 러시아 오페라와 발레 시즌을 열 계획이다. 이 시즌은 작년에 샤틀레 극장에서 나의 도움으로 열었던 시즌과 유사하다.

샤틀레 극장에서 우리의 공연을 위해 내가 선택한 날들은 뉴욕 쪽과 상의하여 정한 날이다. 5월 19일부터 6월 25일 사이의 화, 목, 토요일이다. 이날들은 파리 오페라에서 공연하는 날과 충돌을 피하고자 정해진 것이다. 이는 확실히 나의 시즌에는 불리할 것이다.

댜길레프가 정한 날들도 필연적으로 화요일, 목요일 그리고 토요일이다. 왜냐하면 그 요일들은 파리 오페라 자체 공연이 없는 날들이고, 그래서 댜길레프에게 공연장을 빌려 줄 수 있었다.

마침내 합의를 위한 원칙을 정하는 여러 방법에 대해 오랜 숙고 끝에 다음과 같이 합의를 했다.

1. 댜길레프는 파리 오페라와 계약을 파기할 수 없고 그의 시즌은 1911년으로 연기할 수도 없다.

2. 댜길레프는 공연을 3주나 연기할 수가 없다. 왜냐하면 파리 시즌 전후로 런던과 공연 계약이 있기 때문이다.

우리 문제의 유일한 해결책은 댜길레프가 제시한 안이다. 즉, 나는 내 계획을 망치는 것에 동의해야만 했다. 그리고 샤틀레에서 나의 공연일을 화요일, 목요일, 토요일에서 월요일, 수요일, 금요일로 바꾸었다.

심각한 타격에도 불구하고 나는 할 수 있다. 파리 오페라의 시즌 티켓 구매 관객들은 우리 공연에 못 오게 되는 위험이 도사리고 있다.

나의 잠재적 수입에서 그 극장의 매출액(5월은 하룻저녁 공연에 2만 2천 프랑)을 제외해야 하는 위험이 도사리고 있지만 내가 제안받은 변경 사항에 대해 동의하고자 한다.

동의하는 것에 대한 나의 조건은 다음과 같다.

1. 댜길레프는 샬랴핀이 나의 공연에 참여할 것을 약속했다. 샬랴핀은 5월 19일과 6월 25일 사이에 보이토의 오페라 《메피스토펠레》 세 공연과 로시니의 《세비야의 이발사The Barber of the Seville》 세 공연에 출연할 것(메피스토펠레와 바질리오 역).

2. 댜길레프가 러시아 시즌의 행정, 정기권, 티켓 판매, 홍보 등등은 나에게 맡길 것이며 조건은 메트로폴리탄 오페라단과 나의 계약 조건에 따를 것, 즉 모든 공연의 전체 매출액 중 5퍼센트를 나에게 지불할 것, 공공보조금과 구빈세를 주는 방식처럼 밤마다 지불할 것, 여기에 더해 만약 수익이 발생한다면 마지막 공연 후 일주일 이내 전체 수익의 25퍼센트를 지급해야 함.

3. 오늘 즉시 24,711프랑을 지불할 것이며 여기에 더해 댜길레프가 지난 러시아 시즌으로 나에게 여전히 빚지고 있는 비용과 이자를 합해서 지불할 것.

4. G. 아스트뤽과 컴퍼니는 러시아 시즌의 파리 대표로 지명되었으며 이 회사 직원의 급여는 댜길레프가 지불한다.

5. 상기 조건의 이행을 보장할 수 있는 재정적인 보증은 (…).

당신의 매우 친애하는,<br>가브리엘 아스트뤽

추신: 참고로 우리의 첫 회의 이후 나는 뉴욕에 전보를 쳤음. "샬랴핀이 《메피스토펠레》 3회, 《이발사》 3회 공연할 수 있도록 희망함."

나는 다음과 같은 답을 받음. "샬랴핀 건은 10일 이내 반드시 결정되어야 함. 더 늦게 결정이 되면 계획을 바꾸기가 불가능함, 가타-카사자."[177]

이리하여 댜길레프와 아스트뤽은 다시 친구가 되었다. 그들의 협업은 러시아 발레가 그 운명을 완수하기 위해서도 필요했다. 새로운 동료 드미트리 드 건스부르그가 댜길레프의 부채를 아스트뤽에게 갚아 주었다.

여전히 러시아와 미국, 양쪽 시즌의 운명은 샬랴핀에게 달린 듯이 보였다. 1910년 1월 5일 아스트뤽은 로베르 브뤼셀을 러시아로 보내 위대한 남자 샬랴핀과 상의하고 그의 협력을 확인하도록 했다. 브뤼셀은 상사인 『르 피가로』의 가스통 칼메트Gaston Calmette가 페테르부르크에서 그가 너무 오래 머무르면 화를 낼 것이란 것을 알기는 했지만, 사랑하는 카르사비나를 다시 볼 기회를 반겼다. 협상의 과정은 페테르부르크와 모스크바의 브뤼셀과 파리의 아스트뤽 사이에 주고받은 전보뿐 아니라 일부는 페테르부르크에 있는 마리 파블로브나 대공부인의 비서인 엘터Elter 남작과 모스크바에 있는 샬랴핀에게 보낸 전보들로 궤적을 짚어 볼 수 있다.[178] 그러나 브뤼셀은 다음 시즌에 참여하는 건에 대해 샬랴핀을 설득할 수가 없었다.

파리로 돌아와서 브뤼셀은 지금의 상황을 요약하여 아스트뤽이 초안을 작성한 편지를 댜길레프에게 보냈다. 댜길레프가 아스트뤽에게 부채를 갚고 나자 그들의 관계는 지속될 수 있었다. 아스트뢱은 매우 즐거워하면서 그의 수완과 인맥 등이 워낙 방대하여 이탈리아 시즌과 러시아 시즌이 비록 동시에 공연하였지만 모두 성공시킬 수 있음을 보여 주었다. 댜길레프가 자신의 레퍼토리를 알려 주면 홍보를 시작할 수 있었고 입장권은 즉시 팔렸다.

사실 파리 오페라에서 열리는 러시아 시즌에는 오페라가 없을 예정이었다. 발레만으로 하는 첫 번째 댜길레프 시즌은 전체적으로 보아 샬랴핀의 비협조가 제일 큰 원인이었다. 그가 없으면 너무 위험부담이 커서 가수들과 여러 정교한 프로덕션의 큰 오페라단을 데리고 올 수가 없었다. 그러나 발레 레퍼토리의 정확한 구성은 1909 시즌처럼 여러 시행착오를 거친 후에야 정해졌다.

제3장

**1910**

1910년 1월부터 3월까지는 댜길레프가 1년 전 새로운 러시아 발레단을 이끌고 서방으로 나가겠다고 결심한 그때보다도 더욱더 댜길레프와 그의 영향력이 예술에 중요하게 작용했던 시기다. 우리는 댜길레프가 이 석 달 동안 직면한 어려움에 대한 증거를 가지고 있다. 그는 지난 시즌에 진 빚을 갚아야 했고 다음 시즌을 위해 보조금을 모아야 했다. 그는 발레와 오페라 사이에서 고민했다. 그는 니진스키를 최고의 슈퍼스타로 만들고자 했다. 1909 시즌의 주된 성공은 발레 공연이었다. 그러나 발레는 댜길레프 인생에서 오페라보다 늦게 찾아왔고 오페라가 더 상위 예술이라는 기존 관념을 떨칠 수가 없었다. 게다가 파리 오페라 측에서 발레 단독으로 하는 러시아 시즌을 받아들일까? 그리고 샬랴핀 없이 파리로 오페라를 가져갈 수 있을까? 만약 발레가 단독으로 파리 오페라에서 받아들여진다면 이전 레퍼토리를 보강하기 위해 어떠한 신작을 가져가야 할까? 크체신스카야가 걸림돌이었다. 만약 그녀가 파리에 가는 데 동의한다면 그녀가 주역으로 춤추는 전통 레퍼토리 중 하나는 공연해야 했다. 그녀가 파리로 같이 간다면 황실로부터 보조금을 확실히 받을 수 있다. 그러나 포킨은 자신의 발레에 크체신스카야가 출연하는 것을 원치 않았고, 페티파 같은 다른 안무가의 작품을 레퍼토리에 삽입하는 것도 원치 않았다.[1] 새로운 발레 작품과 캐스팅은 아주 민감한 사안이었다. 크체신스카야는 재정 확보에 중요한 도움을 줄 수 있지만 파블로바, 니진스키와 카르사비나는 예술적인 완성도를 위해서 꼭 필요했다.

댜길레프가 처음 발레에 관심을 두게 된 것은 브누아 때문이었다. 또 댜길레프를 설득하여 러시아 발레를 파리로 가지고 가자고 설득하는 데 가장 결정적인 역할을 한 이도 브누아였다. 브누아는 포킨과 우정을 나누었고 "오페라에 대한 이야기는 있을 수가 없었다"[2]고 주장했다. 누벨은 이와는 다른 관점이었으리라 추측할 수 있다.

1년 전 새로운 발레 레퍼토리에 관해 논의한 이후 모든 이는 《곱사등이 망아지》보다는 좀 더 환상적이면서 덜 유치한 러시아 민속 테마, 혹은 러시아 전래동화를 발레로 만들고 싶어 했다. 몇 달 동안 포킨의 마음속에 어느 테마가 빙빙 맴돌았다. 그는 아파나시예프Afanasiev의 동화 모음을 읽었고 그중 일부를 시나리오로 만들기 시작했다.[3] 브누아는 이렇게 썼다.

다 같이 노력을 하여 가장 적절한 주제를 찾기 시작했다. 그러나 얼마 지나지 않아, 발레를 만들기에 아주 적합한 하나의 이야기는 존재하지 않았고 몇 개의 동화를 총합하여 시나리오를 적자고 결론 내렸다. 음악은 체렙닌이 작곡하기로 했고 춤은 포킨이 안무하기로 했다. 주제의 기본 요소는 젊은 시인 파티옴킨의 작품에서 영감을 받았다. 이런 요소들을 가지고 하는 작업은 체렙닌, 포킨, 화가 스텔레츠키Steletzky, 골로빈과 내가 참여한 회의에서 맡아 했다. 뛰어난 작가 레미조프Remizov는 아주 괴짜이기도 하지만 러시아의 모든 것을 사랑하는 사람이기도 해서 우리의 아이디어에 완전히 반했다. 그와 함께한 두 번의 회의에서 그의 말투는 우리의 협동 작업에 생명을 불어넣는 듯했다.[4]

피터 리븐Peter Lieven 공작이 기억하는 레미조프.

그는 작고 특이하고 지극히 못생긴 남자였다. 멋대로 자란 참새를 닮았고 항상 따뜻한 옷으로 칭칭 감싼 남자였다. (…) 그는 친구들에게 다양한 이야기를 들려줘서 놀라게 했고 이해할 수 없는 낯선 소리를 즉흥적으로 내는 데는 일가견이 있었다. "사악한 생물체, 일부는 꼬리가 있고 일부는 꼬리가 없는데 그들은 벨리보시키 bellyboshkies"라고 말했다. 벨리보시키가 무엇인지는 아무도 몰랐다. 그러나 이 괴상한 단어는 매우 매력적으로 들려서 악랄한 마법사의 뒤를 따르는 벨리보시키의 춤이 만들어졌다.[5]

포킨은 이 신작 시나리오의 가장 중심 리더였으며 그가 남긴 모든 공적은 종국에는 인정받게 된다. 포킨은《불새Firebird》가 어떻

게 만들어졌는지를 적은 그의 글에서 다른 협력자들의 이름은 거
명하지 않았다.

우리는 브누아의 집에서 차를 마시기 위해 저녁 시간에 종종 만났
다. 차를 마시는 중간에 나는 《불새》의 내용을 읊었다. 새로운 발레
에 익숙하지 않은 일부 예술가들이 방문할 때마다 나는 그 대본을
반복해야 했다. (…) 그리고 나는 발레를 묘사했고 나 자신의 상상
속에서 황홀해했다. 설명할 때마다 더 자세한 사항을 덧붙였다.[6]

댜길레프와 브누아가 활동하는 그 위원회의 '신참 소년' 스트
라빈스키의 회상은 포킨과는 다르다. "포킨은 항상 《불새》의 대
본가로 인정을 받았다. 하지만 내 기억으로는 우리 모두가, 그리
고 특히 댜길레프의 중요한 조언자인 박스트가 이 시나리오 계획
에 공헌했다."[7]

그리고리예프는 포킨을 위해 아파나시예프의 책들만 빌렸을
뿐이라 하더라도 공동 저자로서 자신의 기여를 어느 정도는 주장
했다. 세월이 흐른 뒤 그리고리예프가 쓴 글. "나는 러시아 동화집
여러 권을 입수했다. 그리고 우리끼리 여러 버전의 흥미로운 분
야를 나누어 각자 이야기를 발전시켰다. 우리 둘이서 이 작업을
하는 데 2주가 걸렸다."[8] 결국에 브누아도 글을 적었는데 체렙닌
은 "불가해할 정도로 분위기 변화를 잘 시켰지만 그 당시 그는 전
반적으로 발레에 대해 냉담한 태도였기에" 관심을 잃었다.[9] 이 점

은 오히려 다행이었다.

이미 베네치아에서 휴가 동안 댜길레프는 그의 나이 든 교수 리아도프Liadov에게 편지를 썼다. "저는 러시아 주제의 발레를 원합니다. 이전에는 결코 본 적이 없는 발레입니다. 파리 오페라와 런던 드루리 레인에서 이 작품을 1910년 5월 반드시 공연해야 합니다. 우리는 모두 이제 우리 시대의 주요 작곡가로서 가장 비범한 재능을 지닌 당신을 바로 떠올립니다."[10] 1909년 가을 댜길레프의 집에서 위원회 초창기 회의를 하던 중에 댜길레프가 포킨의 시나리오를 받아서 리아도프에게 작곡을 의뢰했다. 리아도프는 작곡하는 속도가 매우 느렸다. 골로빈이 몇 주 뒤에 리아도프를 거리에서 만났을 때 그에게 작곡은 잘되어가고 있냐고 물어보니 리아도프가 대답했다. "그럼, 오선지는 사다 놨어."[11]● 댜길레프는 뭔가 이런 상황을 예견했음이 틀림없었다. 왜냐하면 그는 평소 사전숙고하듯 — 어떤 이들은 댜길레프의 이런 면을 이중성이라고도 한다 — 젊은 스트라빈스키와 새로운 동화 발레를 논의했기 때문이다. 리아도프는 《불새》건을 포기했다. 12월에 댜길레프는 스트라빈스키에게 전화를 걸어 그에게 《불새》 작곡을 맡기기로 한 사실에 대해 말했다. 스트라빈스키는 자신은 이미 작곡을 시작했다고 말을 해서 댜길레프를 놀라게 했다.[12] 스트라빈스키가 기억하기를 "서주의 일곱 개 마디에 바순과 클라리넷이 등장하는

● 그는 이때 너무 겸손하게 말했다. 사실 그는 몇몇 악보 스케치를 하고 있었다(알렉산더 체렙닌과 대화).

부분까지는 다른 파트의 악보처럼 시골에서 작곡했다." 그는 3월에 작곡을 마치고 한 달 뒤 오케스트레이션을 완성했다. 완성본(몇 군데 다시 손질하는 것을 제외하고)은 4월 중순 파리로 보냈다.[13]

스트라빈스키는 이 발레의 주제에는 그다지 끌리지 않았다.

스토리가 있는 모든 발레처럼 이 작품에는 내가 작곡하기를 꺼리는 묘사적인 음악이 필요했다. 내가 별로 좋아하지 않는다고 하더라도 당시에는 아직 작곡가로서 나 자신을 입증해 보인 작품도 없었고 나의 협력자들의 예술 미학을 비판할 정도가 아니었다. 그러나 당시 나 자신의 이성적 판단보다 27세라는 내 나이가 더 객기를 부리게 해서 예술 협력자들을 오만하게 비판했다. 무엇보다도 내가 견딜 수 없었던 점은 내 음악이 림스키코르사코프를 모방하였을 거라는 평이었다. 특히 그때는 림스키코르사코프에게 반항을 하던 시절이었기 때문에 더 그랬다. 작곡을 완성하기 위해 결코 열심히 한 것이 아니라고 말했던 부분은, 사실을 고백하자면, 내가 꺼리던 주제를 제대로 할 수 있을까 하는 점에 대해 확신을 하지 못했기에 사전방어 차원에서 한 말이었다. 그러나 댜길레프는 외교적인 수완을 발휘하여 모든 것을 수습했다. 그는 어느 날 포킨, 니진스키, 박스트와 브누아를 대동하고 우리 집에 왔다. 그들 다섯 명은 나의 재능에 대한 믿음을 보여 주었고 나 역시 나 자신을 믿기 시작했으며 그 믿음을 받아들였다.[14]

작품을 의뢰받기 한 달 전부터 벌써 작업을 시작한 이 작곡가는 몹시 수줍음을 타고 있었다.

이때만 해도 새와 같은 파블로바가 불새 역을 출 것으로 예상했다.[15] 만약 댜길레프가 파블로바가 이 역을 맡지 않으리라는 것을 더 빨리 알았더라면 그는 틀림없이 니진스키를 위한 새 작품을 만들었을 것이었다.

스트라빈스키는 자신이 림스키코르사코프와 한데 묶여서 '러시아 수출품'으로 취급당할까 봐 두려워했다. 흥미로운 사실은 댜길레프가 러시아 색채와 민속 문화를 바탕으로 한 예술 작품에 대해 '수출 드라이브'를 걸기 시작한 바로 그때 젊은 작곡가는 그런 위험을 감지할 수밖에 없었다. (그는 슬라브풍이 과도하게 넘쳐 날 것을 우려하면서 예견했던 상황들, 예를 들면 망명한 백러시아인들, 파리의 나이트클럽 '셰에라자드'에서 근무하는 황실근위대의 전직 장교들, 뉴욕의 러시아식 찻집의 번성 등은 거의 스트라빈스키가 예견한 것과 같았다.) 댜길레프는 림스키코르사코프의 오페라《사드코》뿐 아니라 교향시《셰에라자드》도 발레 형식으로 파리에서 공연하기를 희망했다. 그 이유는 다음과 같이 몇 가지가 혼재되어 있다.《클레오파트라》와《향연》에 삽입한 림스키코르사코프 음악은 파리에서 특별히 효과가 있었다. 림스키코르사코프의 화성은 러시아의 드뷔시라고 불릴 만큼 러시아 5인조 중에서 가장 발전된 형태로 인정받았다. 또 얼마 전에 세상을 떠난 댜길레프 자신의 스승에 대한 애잔한 마음과 함께 순수하게 림스키코르사코프의 음악을 좋아하기 때문이기도 했다.

친구들이 전막 혹은 일부라도《사드코》를 공연할 생각을 하고 있었기 때문에, 포킨은《불새》의 대본을 수정하는 것에 동의했다.

이 오페라는 영웅이 살트리psaltry 혹은 치타zither*의 일종인 마법의 구슬리gusli를 연주하면서 바다 왕국에 사는 사람들을 매혹시킨다. 포킨은 그의 발레에서 주역인 이반 왕자가 카체이Kastchei의 불경스러운 궁전에서 사람들을 복종시킬 때도 똑같은 방법을 택할 의도였다. 브누아는 포킨에게 구슬리 대신 불새의 가슴에 있는 깃털로 대신하라고 설득했다.[16] 포킨의 대본에서 더 중요한 변화가 있었다. 안무가의 글. "스트라빈스키가 원하는 대로 양보하면서 대관식 대신 즐거운 행렬의 춤을 대신하자는 제안에 동의했다. 행렬은 본래 발레의 끝 장면에 배치하려 했었다."[17]

《불새》는 언제나 작곡가와 안무가 사이의 밀접한 협력으로 만들어진 가장 초기의 본보기로 인용되어 왔다. 포킨은 자신의 회고록을 출간(1961)하기 훨씬 전에 링컨 커스틴에게 음악과 안무가 어떻게 상호작용을 했는지를 이야기해 주었다. 그리고 이 내용을 아널드 하스켈Arnold Haskell[18]은 널리 퍼뜨렸다.

스트라빈스키는 왕자가 정원으로 들어가는 입구 장면에서 아름다운 선율을 부여했는데 (…) 그런데 포킨은 이 부분을 마땅치 않게 생각했다. "안 돼요, 안 돼요" 하고 그가 말했다. "당신은 왕자를 테너처럼 등장시켰어요. 왕자가 처음 성을 침입하는 장면에서 왕자는 머리만 보여 줄 뿐이니까 그 구절을 빼세요. 그다음, 정원에 있던 마법의 말이 기이한 휙 소리를 다시 내고 그 후 왕자가 그의 손을 다시 보여 주면, 전체 선율이 연주되도록 해 주세요."[19]

---

• 현악기의 일종*

포킨이 마지막에 언급한 문장은 음악은 단지 춤의 반주일 뿐이어야 한다는 그 당시 자신의 이론(스트라빈스키는 이런 부분 때문에 힘들어하기도 했다)을 강조하고 있다. 하지만 포킨의 이 글은 음악에서 자신이 큰 영향력을 끼쳤다고 과도하게 묘사하고 있는 것으로 추측된다.

스트라빈스키는 연주하고 나는 왕자 역할을 분석했다. 피아노를 벽으로 삼아 나는 왕자 역할을 연기했다. 스트라빈스키는 영원한 악의 존재 카체이의 정원을 묘사하기 위한 배경으로 신비한 트레몰로를 연주하면서 나에게는 왕자의 선율 부분들을 반주해 주었다. 나중에는 내가 공주 역할도 하면서 머뭇거리고, 사과도 집고 (⋯) 그런 후에는 카체이 역할, 카체이의 악의 수행단 역할 등을 혼자서 계속했다. 이 모든 역은 스트라빈스키의 손끝에서 자유자재로 흘러나오는 피아노 소리로부터 가장 다채로운 표현으로 등장했다.[20]

자유자재로 흐른다! 스트라빈스키가 즉흥적으로 반주를 했고 나중에 그것을 악보로 옮겼다고 생각해야 할까? 그럴 리가 없다. 스트라빈스키의 말은 다음과 같다.

나는 정확한 요구를 선호한다. (⋯) 포킨과 나의 협업에 관해 말하는 것보다는, 내가 음악 작곡에 필요한 정확한 방법을 알 수 있을 때까지 우리가 대본을 같이 연구한 것에 대해 말하는 것이 더욱 의미가 있다. 에피소드별로 무용 반주로서 음악의 역할에 대해 매일 아침 반복되는 그의 지겨운 설교에도 불구하고 나는 포킨에게서 많

은 것을 배웠고 그 이후로 나는 똑같은 방법으로 안무가들과 협업을 했다.[21]

브누아는 고티에와 낭만주의 시대에 대한 애정을 품었기에《지젤》을 파리에 가져가자고 하는 것은 너무나 당연했다. 고티에의 테마를 가지고 카를로타 그리시Carlotta Grisi 와 쥘 페로Jules Perrot가 춤을 춘 이 유명한 발레가 처음 세상의 빛을 본 시기는 1841년 파리였다.• 《지젤》은 파블로바의 위대한 배역이었다. 브누아가 위원회에서 지적하기를 러시아 발레 학교는 프랑스로부터 이식되어 발전한 것이기 때문에 러시아인들이 프랑스에 감사하는 의미로 파리에서《지젤》을 공연해야 한다고 했다. (물론 브누아는 자신이《지젤》무대와 의상 디자인을 맡기를 갈망하고 있었다.) 베소브라소프 장군과 스베틀로프, 이 두 사람도 브누아의 의견에 찬성했다.

그러나 댜길레프는 얼굴을 찌푸리면서 말했다. "물론 슈라 말이 옳아요. 그러나《지젤》은 파리에 너무나 잘 알려져 있어요.•• 그러니 관객들이 흥미를 느끼지 않을 것 같아요. 하지만 나도 염두에는 두겠어요." 다음 미팅에서 댜길레프는 브누아에게 "《지젤》에 관해 어떻게 생각해요, 슈라? 당신은 아직도《지젤》을 고집해요?"라고 물었다. "실은 아직도 그래"라고 브누아가 대답했다. "나는 우리의 레퍼토리에 다양성을 부여하고 우리 무용수들이 가장 최고의 기량

---

• 《지젤》 초연 때 남자 주역은 루시엠 페티파Luciem Petipa
•• 1868년 이후 파리에서 한 번도 공연이 되지 않고 있었다.

을 보여 줄 수 있도록 해야 한다고 확신해. 게다가 나는 지젤의 무대를 디자인하고 싶어!" 댜길레프는 다 알고 있다는 듯 미소를 지으며 《지젤》을 그의 공책에 화려하게 장식한 큰 글자체로 썼다.*

그리고리예프는 그 질문에 대해 댜길레프는 이미 결정을 했다고 생각했다.[22] 아마도 댜길레프는 포킨의 새로운 친구 브누아가 《지젤》을 고집한다면 기존의 발레와 전통적인 마임은 과거의 산물이라고 생각하는 자기주장이 강한 포킨도 반대를 덜할 것이라는 생각을 했다. 《지젤》은 사실 댜길레프가 파리로 가져가려고 계획한 초창기 작품 중의 하나였다. 1908년 여름, 파이야르에서 아스트뤽이 적은 메모가 이를 증명해 준다.

댜길레프는 칼보코레시에게 애덤의 《지젤》 악보 저작권이 어떻게 되어 있는지를 알아봐 달라고 부탁했다.

우리에게 수많은 난관이 있었다. (…) 누구에게 저작권이 있는지를 몰랐다. 결국 우리는 베르사유의 골목길에 살고 있던 《지젤》 악보 저작권 관리자인 음악 출판업자를 찾아내었다. 우리는 그를 만나러 갔다. 그가 《지젤》이라는 존재를 까맣게 잊고 있었음이 분명하다고 확신한다. 그는 기뻐하면서 우리가 공연하는 데 필요한 권한을 주었고 하늘로부터 뚝 떨어진 공연 저작료를 버는 새로운 경험을 기대하고 있었다.[23]

---

* 화려하게 장식한 큰 글자체의 《지젤》 옆에 나란히 "카니발Carnaval"이라는 단어가 댜길레프의 블랙 노트 83쪽에 처음으로 등장했다. 그러나 《지젤》은 그 앞 페이지에서 7번이나 등장했다.

새로운 레퍼토리를 위한 계획, 디자인, 잠정적인 캐스팅을 하느라 분주한 사이에 어느덧 1909년 크리스마스가 지나가고 1910년 새해가 다가왔다. 물론 이 작업은 발레뿐 아니라 오페라도 포함해야 하는지 말아야 하는지, 파리에서 동의할 수 있는 조건인지, 아스트뤽과의 화해 건과 부채를 갖는 문제 등에 달려 있다. 무용수들과 계약은 3월이 되어서야 하게 되었고,[24] 리허설은 4월이 되어서야 시작하게 되었다.[25] 그러는 동안 니진스키, 카르사비나, 포킨, 그리고리예프 그리고 나머지 멤버들은 마린스키 극장에서 그들의 의무를 이행하고 있었다. 니진스키는 거의 매주 화요일과 일요일에 출연하였고 그의 역할은 《쇼피니아나》에서 시인, 《이집트의 밤》에서 노예, 《아르미드의 관》에서 노예, 《잠자는 미녀》에서 파랑새, 《고집쟁이 딸》에서 3막 파드되, 《부적Talisman》의 그랑 파 닥시옹grand pas d'action*에서 바람의 신 바유**를 했고, 그 외에도 전통 발레 중에서 수많은 파드되와 파 드 트로와에 출연했다.[26] 니진스키는 1910년에 들어와서는 위원회의 회의에 대부분 참석을 했지만, 그는 어머니와 살았고 댜길레프와 같이 살지는 않았다.[27]

《불새》와 마찬가지로 《셰에라자드》의 저작권도 협력자들은 후일에 각기 다르게 기억을 하고 있었다. 전체적인 구상은 브누아가 했음이 확실했다. 발레에 동기부여만 살짝 한 림스키코르사코프의 교향시는 『아라비안나이트Arabian Nights』 중의 에피소드

---

• 무용극의 스토리를 전개하기 위해 무용수가 표현하는 팬터마임적인 연기*
•• 원문에는 Vayn으로 표기되어 있는데 아마도 바유(Vayu 혹은 Vayou)의 오타인 듯하다.*

를 원작으로 하고 있다. 수년 전 브누아가 이 음악을 처음 들었을 당시에는 림스키코르사코프의 이름을 모르던 시절이었고《셰에라자드》의 격동적인 4악장,「바그다드에서의 축제: 바다」를 듣고 "하렘의 쾌락과 그들의 잔인한 형벌"을 떠올렸다.[28] 처음부터 박스트가 이 작품의 무대와 의상 디자인을 해야 한다는 점에는 동의했다.[29] 그러나 위원회에서 이 작품 얘기가 논의되기 전에도, 댜길레프가 이 음악을 피아노 악보로 몇 번이나 연주했고 이는 브누아의 상상력을 자극했다.[30]

브누아는 1909 파리 시즌 동안《클레오파트라》의 공동작가로 인정되지 않은 점 때문에 상처를 받았다. 클레오파트라의 등장 장면과 옷을 벗는 아이디어는 브누아의 안이었다. 이제《셰에라자드》의 시나리오가 떠올랐을 때 브누아는 악보 위에다가 자신의 아이디어를 필기했다. "나는 순전히 나의 기억을 돕기 위해서 적어 두었다. 그러나 작업이 한창 진행되던 어느 날 저녁 아르구틴스키와 함께 집으로 돌아올 때 나는 반 농담 삼아 그에게 말했다. '이번에는 나의 기록들이 적혀 있으니 이 작업을 내가 창조한 것이라는 점을 보장해 줄 것이네.'"[31] 그가 그렇게 적은 것은 저작료를 염두에 두었건 아니건 간에 저작료 관점에서 한 행동은 아니었다.[32] 하지만 그는 발레 대본의 저작자로서 적어도 프랑스에서는 모든 공연에 대한 로열티를 받을 수 있다는 사실을 알게 되었다. 작가협회에서는 매우 적극적으로 공연한 작품의 저작권을 저작자가 행사하도록 했다. 그러나 브누아는 너무 낙관적이었다.

그 당시 친구들에게 불려간 포킨은 그 친구들과 스토리에 대해 논의했는데 박스트가 작가라는 인상을 받았다.[33] 박스트는 불륜을 저지른 부인네들을 자루에 넣어 바다에 던지기를 원했다. 그러나 아무도 이런 끝맺음은 원치를 않았다. 포킨이 지적했다. "가장 비극적인 순간에 무용수들을 자루 속에 숨기는 것은 가장 효과적인 장면을 포기하는 것입니다. 그 자루는 너무 무거워지고 보기에도 별로입니다. 게다가 예술가들이 안에 들어 있는 자루를 던지는 것은 위험합니다. (…) 관객들이 보는 앞에서 불륜을 저지른 부인네들과 애인들을 대규모로 학살하는 것이 훨씬 더 매혹적인 장면을 연출할 수 있습니다." 이 제안에 모두 동의했다.[34] 이다 루빈스타인은 왕비 조베이다Zobeïda를 맡기로, 《아르미드의 관》에서 인상적인 후작 역을 맡았던 불가코프는 샤Shah를 맡아 마임을 하기로, 니진스키는 왕비의 애인인 흑인 노예 역을 맡기로 했다. 누벨은 댜길레프에게 말했다. "희한하게도 니진스키는 당신의 발레에서 계속 노예 역만 맡게 되는군. 《아르미드의 관》, 《클레오파트라》, 이제는 다시 《셰에라자드》! 언젠가 당신이 그를 해방시켜 주기를 바라네."[35]

신작에 관한 모든 계획에 친구들은 완전히 집중하였고 즐겁게 일했다. 하지만 댜길레프는 1월, 2월, 3월의 석 달 동안 점점 의심과 투쟁, 절망이 늘어나는 시기였다. 그는 몇 달 동안 끊임없이 외국에서 또 다른 러시아 시즌을 개최하는 구상을 포기하려고 했음이 틀림없었다. 니진스키에 대한 그의 사랑과 니진스키에게 드뷔시, 라벨, 스트라빈스키의 음악으로 그 이전의 어느 때보다 더 훌륭한 춤과 연기를 할 수 있는 배역을 만들어 주고 싶은 열렬한 희망만이 그를 계속 지탱해 주었음을 짐작할 수 있다. 댜길레프는 카르사비나에게 파리 오페라에서 계획된 시즌에 대해 미리 알려 주지 않았다. 그녀는 봄에 콜리세움 계약 건으로 다시 런던으로 돌아왔다. 이 계약은 카르사비나가 파리에서 러시아 동료들과 같은 무대에서 공연하는 것을 못 하게 되어 있었다. 카르사비나 건은 아주 큰 타격이었다. 댜길레프는 그녀의 실력과 발레단을 빛나게 하는 그녀의 존재가 필요했을 뿐 아니라 그녀는 파리 오페라와 계약할 때 댜길레프가 의무적으로 꼭 데리고 와야 하는 예술가 중 한 명이었다. "양쪽으로 괴로움을 겪었다"고 카르사비나가 당시의 상황을 적어 두었다. 카르사비나는 런던 계약에서 벌어들일 재정 문제는 기꺼이 포기하려고 했지만, 문제는 그녀의 서명으로 계약이 묶여 있었다. 그녀는 "댜길레프의 압력을 뿌리치기가 쉽지 않았기 때문에" 이제 전화 소리만 들어도 무서워지기 시작했다.[36] 1월 중순 우리가 앞에서 본 바대로 브뤼셀은 샬랴핀의 출연을 성사시키는 데 실패했고 그러니 전체 기획이 엉망이 되었다. 2월 1일 파블로바는 자신은 런던 팰리스 극장 뮤직홀 공연에 참여해야 해서 파리에서는 공연을 못 한다고 말했다.[37] 그리하여 파블로바의《불새》와《지젤》이 날아갔다. 그녀의 결정은 말할 필요도 없이 금전적인 이유가 제일 컸고 니진스키와 카르사비나가 없는 무대에서, 자신이 고른 전통 발레 레퍼토리여야 자신이 더욱 빛날 수 있다는 것을 알았다. 또한 그녀가 스트라빈스키의 음악을 싫어한다는 점이 거취를 결정하는 데 일정 부분 역할을 했다. (댜길레프는 파블로바의 집에서 하는 파티에 스트라빈스키를 데려갔는데 그녀는 새로운 음악을 이해하지 못했다.)[38] 그리하여 카르사비나가《불새》를 추게 된다. 그러나 카르사비나가 파리에서 공연이 가능할지는 순전히 런던 콜리세움의 오즈월드 스톨Oswald Stoll과의 계약에 달려 있었다. 댜길레프는 이 소식을 처음에는 아스트뤽에게 전하지 않고 아스트뤽의 비위를 맞추면서 자신이 돈을 벌 방법을 강구하느라 머리를 쥐어짰다.《클레오파트라》가 인기 작품인 것을 알기 때문에 댜길레프는 2월 2일 아스트뤽에게 전보를 쳐서 샤틀레 극장에서 메트로폴리탄 오페라단의 이탈리아 오페라 시즌 동안 5만 프랑에 3회 공연을 제안했다. 2월 8일 아스트뤽은《레 실피드》,《클레오파트라》,《향연》등의 세 개 작품, 3회 공연 4만 5천 프랑에 동의했다. 조건은 크체신스카야, 파블로바, 카르사비나, 루빈스타인, 니진스키와 포킨이 전부 출연할 것이며 이 작품들은 샤틀레에서만 공연하고 파리 오페라에서는 공연하지 않는 조건이었다. 이것은 불가능한 조건이었다. 당연히 댜길레프는 파리 오페라 시즌 레퍼토리의 반을 포기할 수도 없었고 파블로바와 크체신스카야도 출연할 수 없었다. 그리하여 아스트뤽은 이 계약을 취소했다. 파블로바의 불참이 확정된 후 크체신스카야를 만나러 곧장 간 댜길레프는 아스트뤽에게 "여기는 잘되고 있음.《지젤》은《잠자는 미녀》의 축약 버전으로 대체됨"이라는 전보를 쳤다. 2월 11일 댜길레프는 대담하게 "모든 것이 제대로 되고 있음"이라는 전보를 쳤다.[39] 그러나 댜길레프의 수많은 문제 중에 가장 큰 문제는 림스키코르사코프의 부인과 아들이 발레로《셰에라자드》를 공연하는 방식에 대해 가능한 모든 방법을

동원하여 딴지를 걸었다는 것이다.[40]

언제나처럼 타마라 카르사비나에게 헌신적인 보트킨 박사는 자신의 조수 혹은 간호사를 그녀에게 매일 보내서 그녀의 건강을 확인하고 때로는 주사를 놓을 때도 있었다. 이제 카르사비나는 자신의 소유로 뚱뚱한 마부와 말 한 필로 된 썰매가 있었다. 어느 추운 날 저녁 박사는 그녀와 차를 마시면서 말했다. "지금 너무 행복합니다. 방금 제 위에서 치료해야 할 궤양을 발견했습니다. 내 존재는 온전히 기쁨으로 노래하고 있어요." 그녀는 자신의 썰매로 극장 가는 길에 그가 저녁을 먹던 집 앞에 내려 주었다. 다음 날 그녀는 보트킨 박사가 죽었다는 소식을 들었다.[41] 보트킨의 죽음은 댜길레프, 브누아와 그의 친구들에게는 개인적인 아픔일 뿐 아니라 이들 예술 기획의 장래에도 큰 타격이었다. 그것은 아르구틴스키 공작에게도 큰 슬픔이었다. 보트킨과 아르구틴스키는 어느 골동품을 두고 둘이 서로 탐을 내었고 보트킨이 결국 샀는데 이 때문에 다툼을 벌인 뒤 서로 말을 하지 않는 사이가 되었다. 이제는 두 사람이 화해할 기회가 사라졌다.[42] 보트킨은 부유한 트레티아코프 집안의 딸과 결혼을 한 것은 물론, 수도에 영향력 있는 사람을 많이 알았고 기금을 모금하는 데 항상 도움을 주었으며 영향력을 행사했다.[43] 댜길레프 기획의 실상은 모든 상황이 잘 풀려가기는커녕 모든 게 엉망이 되어 가고 있었다. 모든 일이 말썽이었다.

2월 11일 페테르부르크에서 아스트뤽과 연락하는 사람 중 한 명인 시드롭스키Schidlovsky가 아스트뤽에게 보낸 편지 내용은 다음과 같다. 아스트뤽이 러시아 훈장(브뤼셀은 이미 하나 받았음)을 받을 가능성이 있다. 댜길레프는 페테르부르크에서 기금 모금에 완전히 실패했고, 크체신스카야는 파리 시즌의 출연을 거절했다. 대공비 마리 파블로브나는 댜길레프를 둘러싼 모든 스캔들 때문에 그녀는 더 후원을 하지 않겠다고 했으며, 파리 시즌이 성사되기는 불가능할 것 같다는 것이었다.[44] 이 편지를 읽은 후 아스트뤽이 댜길레프에게 파리 오페라에서 총리허설과 초연일 날짜를 정했냐고 물어보는 전보를 치면서 무슨 생각을 했을까?[45] 2월 16일 댜길레프는 아스트뤽에게 이 두 날을 알려주면서 캐스팅과 작품 제목은 알리지 않았다(5월 22일과 24일로 알렸는데 꼭 이 날짜를 지키지는 않았다).[46]

그러는 사이에 《불새》의 대본이 집필되고 있었다.

1월에 브뤼셀이 왜 드미트리 건스부르그가 댜길레프와 아스트뤽 사이의 화해를 방해하고 싶어 한다고 믿게 되었는지 우리는 알게 되었다. 아마추어 발레 애호가인 드미트리는 자신을 발레단의 지도자로, 또 다른 댜길레프이면서 재력까지 겸비한 사람으로 생각하고 있는 듯했다. 아마도 그는 만약 아스트뤽이 댜길레프 발레단의 공연을 못 하게 할 수 있다면 아스트뤽은 건스부르그 발레단에게 더 많은 기회를 마련하리라 생각했다. 댜길레프는 건스부르그를 믿었을까? 이런 부류의 질문은 탁상공론에 불과하다. 왜냐하면 머리 좋은 사기꾼을 매우 높이 사고 있는 댜길레프는 자신이 믿지도 않고 좋아하지도 않은 사람과도 같이 일을 하고 불리한 전세를 역전시키는 능력을 충분히 갖추고 있었기 때문이다.[47] 그의 놀라운 외교력, 달리 표현하자면 대의를 위한 위선이라고도 말할 수 있는 능력으로 발레단을 20년 동안 유지하면서 수많은 걸작의 창조가 가능하도록 했다. 이제 댜길 레프는 건스부르그의 돈을 받아내기 위해, 그를 매료시키고 살 살 구슬려서 자신이 예술 기획 분야에서 공동의 제왕이라고 착 각하게 했다. 건스부르그가 워낙 똑똑해서 잘못 판단하거나 속 지 않을 수도 있지만, 댜길레프는 새로운 작품이 거의 건스부르 그의 영감에서 창조된 것이라고 그를 설득할 수 있었다. 러시아 예술을 서유럽으로 가지고 가기 위해서는 적어도 지성, 취향, 명 성, 세계적인 유대인 커넥션, 사업 경험과 자금이 필수적이라는 것을 아는 건스부르그로서는 적어도 댜길레프처럼 '유일한 창시 자'는 아니더라도 그가 상류사회에서 댜길레프에게 대접을 받는 자체에 만족했을 수도 있다. 댜길레프가 2월 14일 아스트뤽에게 5천 프랑을 갚고 3월 10일에는 17,432프랑의 어음을 발행할 수 있었던 것도 당시의 여러 상황을 살펴보건대 틀림없이 건스부르 그 덕분이었다.[48]

댜길레프는 다가올 시즌의 투어와 프로그램의 조합 등에 관 해 곡예를 부리듯 런던과 뉴욕[49] 측과 계속 협상하면서 그의 프로 젝트를 재정적으로 점점 실현 가능하도록 만들었다. 그는 또 러 시아 발레단(오페라는 결국 3월 중순 최종적으로 포기했다)이 파리 로 가기 전에 베를린과 파리 공연 이후에는 브뤼셀 공연을 할 수 있도록 계약을 맺었다. 오페라가 없는 프로그램에서 댜길레프는 《불새》, 《셰에라자드》, 《지젤》 이외에도 두 편의 신작 프로덕션

이 필요함을 깨달았다. 《지젤》은 파블로바가 거절했지만 계속 진
행해서 공연하기로 했다. 댜길레프 그룹은 파블로바 대신 카르사
비나와 니진스키를 주역으로 내세웠다. 브누아는 두 주역을 위한
낭만적인 의상 두 세트를 디자인하여 이미 스케치가 모두 끝이
난 상황이었다. 파블로바가 빠지므로 어쩔 수 없이 지젤을 카르
사비나에게 맡기게 되었지만 워낙 주요한 배역이라 카르사비나
의 지젤에 대해 그룹들은 우려를 표명했다. 하지만 결과적으로는
《지젤》의 주역으로서 파리에서 카르사비나는 대성공을 거두었
다.[50] 그때까지만 해도 카르사비나는 그녀의 마임 연기에 대한 천
재성을 발현할 기회가 거의 없었다. 포킨은 그녀의 지젤을 반대
했다.[51] 그녀가 포킨 발레의 뛰어난 해설자인 점을 생각하면 그의
반대는 상당히 놀랍다. 포킨이 반대하는 이유는 카르사비나가 오
직 자기의 작품을 추기를 바랐거나 자신의 작품에 더 맞다는 이
유인 것 같은데, 두 사람의 개인 관계와도 연관이 있다고 본다. 포
킨은 베라와 결혼을 함으로써 자신의 과거 애인을 깎아내리는 경
향이 있었다. 타마라 카르사비나를 알면 알수록 브누아는 그녀의
캐릭터에 완전히 매료되었다. "타토치카Tatochka•는 이제 진실로
우리의 일원이 되었다. 그녀는 우리 주요 예술가들의 가장 믿을
만한 친구였으며 완벽히 우리 작품에 어울리는 사람이었다. (…)
타마라 플라토노브나는 아름다우면 최고로 품격이 있음은 물론
이거니와 그녀 개인으로도 실력이 뛰어난 예술가이며 인간성도

---

• 타마라 카르사비나의 애칭•

참으로 매력적이었다. 그녀는 다양한 분야에 관심을 두고 있었으며 그녀 동료 중에 어떤 사람보다 대단히 지성적이다." '교태 부리는 발레 의상 이외에는 대화를 이어갈 수가 없는 파블로바와는 달리 카르사비나는 심각한 대화도 같이 이어나갈 수 있다'는 사실을 친구들이 다 알고 있으니 얼마나 다행인가![52]

카르사비나는 영국 부두에서 멀리 떨어진 자미아틴 페레울록 Zamiatin Pereulok에 있는 댜길레프의 집에 그녀도 출입이 허락된 사실을 알고 기뻐했다.

댜길레프의 작은 집에서는 어마어마한 기획의 맥박이 펄떡이고 있었다. 한쪽에는 그의 독창성에 대한 전략적 행동과 대응책, 계획, 예산, 음악이 있고, 다른 한쪽에서는 토론이 벌어진다. 두 개의 방이라는 제한된 공간인데 한쪽은 예술단의 행정과 실질적인 법규를 다루는 공간, 또 다른 한쪽은 예술의 중심지인 작은 파르나소스Parnassus*였다. 각 프로덕션의 전체 윤곽이 가장 먼저 정해진다. 테이블 주위에는 똑똑한 남자들이 둘러 앉아 있다. 부드러운 차를 마시면서 과감한 아이디어를 창안해 내는 예술 위원회 (…) 브누아는 상급재판소를 관장하고 있다. (…) 브누아는 인자함으로 가득했다. 그리고 그의 학식은 특별했다. 실제와 환상을 절묘하게 섞는 그의 솜씨는 가장 단순한 수단으로 마술 같은 효과를 내기 때문에 더 놀라웠다. (…) 박스트의 재능과는 완전히 다른 자산이었다. 박스트의 디자인은 한쪽 끝에서 다른 끝으로 이국적이면서 환상적으로 이어졌다.

---

• 그리스 신화에서 아폴로와 뮤즈가 살았다는 성산*

《지젤》 2막에서 니진스키 (베르 사진)

동양의 자극적이면서 침울한 분위기, 고대 유산에서 느끼는 고요한 초탈함이 물씬 풍겼다. 레리흐, 그는 전부 미스터리였다. 선지자. 그는 자신이 약속했던 것보다 무한정으로 더 많이 실행할 수 있었다. (…) 그들이 한방에 앉아 있을 때 스트라빈스키와 포킨은 악보를 가지고 작업을 하며 빠르기에 대해 모든 부분에서 서로 의견이 충돌하면 댜길레프에게 호소했다. (…) 댜길레프는 모든 의심에 대해 빠르고 주저함이 없이 결정했다. 그는 극장에 대해 불가사의할 정도로 모든 것을 알았다. 댜길레프는 그의 일에 빠져 있을 때조차도 조금도 방심하지 않고 그의 협력자들을 쳐다보았다. 그는 때때로 "여러분, 지금 당신들은 요점에서 벗어났습니다"라고 말하면서 구석에서 일어섰다. 지속해서 다양한 상황들이 일어났다. 배달원이 갑자기 들어오고 놀라운 뉴스가 도착했다. 만약 아니스펠트가 그 자리에 캔버스를 더 가지고 있지 않았다면 그는 그림을 완성하지 못했을 것이다.[53]

건스부르그가 댜길레프를 도와주기 위해 기꺼이 내놓은 자금에는 명백히 한계가 있었다. 왜냐하면 댜길레프는 러시아에서 다가오는 시즌의 후원금 모금에 실패하였고 부활절에는 파리를 향해 떠나야 했기 때문이다.[54] 브누아에게 댜길레프가 보낸 절망적인 전보를 보면 그의 계획 차질과 절망감을 그대로 묘사하고 있어서 친구들은 그가 자살할지도 모른다고 두려워했다.[55] 이번 시즌은 저주를 받은 듯했다.

3월 5일 파블로프Pavlov 홀에서 잡지 『사티리콘Satyricon』이 주최하는 무도회가 개최되었다. 두 명의 젊은이들, 후일 이 잡지 편집장이 되는 미하일 코른펠트Mikhail Kornfeld, 젊어서 죽은 유명한 시인 파벨 파티옴킨Pavel Patiomkin이 포킨에게 와서 이 무도회에서 공연할 발레를 의뢰했다. 포킨은 슈만의 《카니발》이 아주 적절하다면서 추천하였는데 그는 오래전부터 이 음악으로 작품을 만들고 싶었다. 두 젊은이는 열띤 호응을 보였다. 포킨은 자신의 즐거운 발레가 어떻게 작품으로 만들어졌는지를 묘사했다.

우리는 슈만의 독일어 전기를 가지고 앉았다. 코른펠트는 나에게 슈만 사생활과 연관이 있는 《카니발》의 적절한 부분을 번역해서 읽어주었다. (…) 이 번역의 낭독에서부터, 그리고 음악에 등장하는 '아를르캥Harlequin', '콜럼바인Columbine', '판탈롱Pantalon', '피에로Pierrot', '파피용Papillon' 같은 이름에서 나는 즉시 장면을 떠올릴 수 있었고 발레의 그림을 구성할 수 있었다. 흩어져 있는 등장인물의 시리즈를 여기에서 저기로 연결했다. 널리 아는 대로 불행한 피에로, 장난기 많은 판탈롱, 아를르캥은 언제나 무모한 짓을 하다가도 의기양양하게 등장하고 콜럼바인과 아를르캥 사이의 사랑을 둘러싼 가벼운 구성. 운이 없는 피에로와 판탈롱의 춤은 리허설 동안 말 그대로 즉흥적으로 안무했다. 발레는 세 번 리허설하고 무대에 올랐는데 세 번째 리허설은 무도회가 개최되기 (…) 수 분 전에 했다. 『사티리콘』 잡지 관계자들은 망치를 두드리고, 자기들끼리 소리 지르면서 논쟁하고 사다리에 올라가서 옷과 화환을 걸면서 무도회 장식을 끝내고 있었다. 이 모든 소동과 소음 속에서 나는 피날레를 창조했다.[56]

배우 메이예르홀트Meyerhold를 제외하면 《카니발》에 참여한 모든 무용수는 황실 발레단 단원들이었다. 그러나 이들은 마린스키 극장의 발레와 오페라 시즌 동안에는 다른 곳에서 공연하는 것은 금지되어 있었으므로 익명으로 춤을 추었고 모두 가면을 썼다. 그 자리에 참석한 황실 극장 이사회 멤버들을 포함한 모든 사람은 그들이 누구인지 알았다. 그러나 가면이라는 예의 바른 변장을 했기에 규정을 어기지 않았다고 말할 수 있었다.[57]•

포킨은 다음과 같이 썼다.

《카니발》은 다음과 같은 방법으로 안무했다. 무대 위에서 발레가 시작하여 전개되면서 관객들이 에워싸고 있는 중간에서 계속되었다. (…) 슈만의 「프로메나드Promenade」가 연주되는 동안 무용수들은 무대를 떠났다. 그리고 피날레Finale는 관객들의 한가운데서 춤을 추었다. 그러다가 맨 마지막에 무용수들이 무대로 뛰어 돌아갔다. 끝나기 바로 전 아를르캥과 콜럼바인은 피에로의 긴 소매로 피에로와 판탈롱을 묶었다. 이 두 사람이 결국은 어찌어찌하여 소매를 풀고 무대 위로 달려갔을 때 무대 위에는 그들만 남겨지고 그들의 코앞에서 커튼이 내려왔다.

피날레 춤은 모든 것이 뛰는 동작으로 이루어졌다. 플로레스탄Florestan은 에스트렐라Estrella를, 오이제비우스Eusebius는 키아리나Chiarina를, 피에로와 판탈롱은 파피용을 쫓아다녔다. 모두가 객석을

---

• 메이예르홀트의 경우는 1908년 9월부터 알렉산드린스키 극장의 제작자로 일하고 있었다. 이 공연이 있은 지 얼마 지나지 않아 황실 극장 감독 텔리아콥스키로부터 개인적인 공연 활동을 할 때는 가명을 사용해 달라는 요청을 받았다. 메이예르홀트는 모스크바의 스타니스랍스키Stanislavsky 극장과 페테르부르크의 코미사르옙스카야Komisarjevskaya에서 작업을 하다가 결별을 한 후 알렉산드린스키로 옮겼다.

들락날락했고, 무용수들은 관객들과 섞였다. 이 작품은 새롭고 즐거웠다. 그러나 쉽지는 않았다. 왜냐하면 가면을 쓴 무용수들은 정확한 위치를 찾고 서로를 구분하는 것이 힘들었기 때문이다.[58]

무용수들은 자신들의 신분 때문에 어쩔 수 없이 익명으로 등장했다. 이는 그들의 이름이 언론에도 언급되지 못한다는 것을 뜻했다. 이런 점은 공연에 대한 글에서 정확한 캐스팅에 대해 혼란을 야기했으며 나도 정확히 구분하는 데 어려움이 있었다. 포킨의 자서전 영어 버전에서는 아를르캥을 레온티예프가 추었다고 쓰여 있다. 마담 카르사비나는 포킨이 아를르캥을 추었다고 말했다. 브로니슬라바 니진스카는 그녀의 오빠가 추었다고 말했다.

나는 안무가의 아들 비탈레 포킨에게 이 점에 대해 편지를 보냈다. 비탈레 포킨이 나에게 알려준 내용은, 그가 아버지 미하일 포킨의 자서전을 러시아판으로 준비할 때 레닌그라드에 있던 포킨 연구자들이 밝혀낸 바에 의하면 실제로 아를르캥은 레온티예프가 추었으며 니진스키는 플로레스탄을 추었다는 것이었다. (포킨 책의 영어 버전에는 플로레스탄은 바실리 키셀레프Vassili Kiselev라고 적혀 있다.) 카르사비나는 콜럼바인, 베라 포키나는 키아리나, 루드밀라 숄라는 에스트렐라, 알렉산더 키리아이예프Alexander Chiriaiev는 오이제비우스, 브로니슬라바 니진스카는 파피용, 알프레드 베케피Alfred Bekefi는 판탈론, 배우 겸 감독인 프세볼로드 메이예르홀트(당시에도 이미 그의 실험적 작품들로 유명했음)는 피에로였다. 음악은 슈만이 작곡한 피아노 조곡을 피아노 반주 그대로 사용했다.*

포킨은 시간이 부족하여 무용수들에게 전체적인 그들의 동작과 타이밍을 보여 준 것만 제외하고 다른 상세한 사항은 무용수들 각자가 채우도록 남겨 두었다. 브로니슬라바가 그녀의 나비 춤을 연습할 때 그 춤을 창안하고 가르친 것은 바슬라프였다. 바슬라프는 마치 나비가 날아다니듯이 팔을 빠르게 변화하는 포지션으로 그 춤을 고안하여 여동생에게 가르쳤다. 오늘날 관객들에게는 포킨의 유명하고 사랑스러운 이 발레에서 앞으로 뒤로 동시에 파닥거리는 손과 멈춤이 없는 동작은 필수적인 특징들로 알려져 있다. 우리는 요염한 표정을 지으며 방 안에서 이리저리 돌아다니면서 여동생의 포즈를 고쳐 주는 오빠를 상상할 수 있다. 브로니아는 오빠가 자기에게 보여 준 제스처를 완벽하게 할 때까지 연습하느라 거울 앞에서 밤의 절반을 보냈다.[59] 니진스키는 안무에 대해 최초로 효과적인 시도를 포킨의 작품 속에 각인시켰다. 이는 마치 레오나르도Leonardo의 천사가 내셔널 갤러리에 있는 베

---

* 시릴 보몬트는 저서 『미셸 포킨Michel Fokine』과 『완결본Complete Book』에서 플로레스탄 역은 I. 크체신스키I. Kchessinsky가 맡았다고 했다. 포킨의 회고록 영어판에서는 플로레스탄은 바실리 키셀레프 였다고 적혀 있다. 그리고리예프는 저서 『댜길레프 발레단The Diaghilev Ballet』에서 콜럼바인과 아를르캥 배역에 대해 언급했다. 댜길레프 발레단이 베를린에서 1910년 5월 20일 처음 《카니발》을 공연할 때 카르사비나와 니진스키가 추었다고 한다. 그러나 카르사비나는 이때 런던 콜리세움에 있었고, 베를린과 파리 초연 때에는 로포호바가 콜럼바인을 추었다. 로포호바는 그때 아를르캥은 레온티예프라고 확인해 주었다. 아널드 하스켈은 저서 『댜길레프Diaghileff』에서 위와 같은 실수를 하지 않았다. 오히려 반대로 하스켈은 슈만의 음악을 네 명의 작곡가에게 오케스트레이션을 해 달라고 의뢰한 사람은 댜길레프였다고 언급하였다. 그러나 하스켈은 림스키코르사코프가 사후에라도 그의 공적을 인정받았어야 했던 부분은 간과했다. 보몬트의 『완결본』에서는 서유럽에서 《카니발》의 첫 공연이 파리라고 잘못 적어 두었다. 니진스키는 1911년이 되어서야 아를르캥 역을 맡았다.

로키오Verocchio의「마돈나 Madonna」그림 구석에서 미소 짓고 있는 것과 같다. 바슬라프의 마음은 이미 댜길레프의 영향을 받아 아마도 지난여름부터 안무에 대한 구상으로 가득했을지도 모른다. 《카니발》에 대해 댜길레프에게 말한 이는 그리고리예프였다.

댜길레프는 그의 연습장에서 눈을 떼고는 자기는 특별히 슈만을 좋아하지는 않는다고 말했다. 그리고 본인이 포킨의 그 발레를 본 적은 없지만 오로지 소규모 무용수들을 위해 안무했다고 들었으며 그런 까닭에 큰 무대 공연에는 적절치 않겠다고 댜길레프가 말했다. 그러나 그 이야기를 할 때 브누아가 도착을 해서 나의 제안을 듣고는 내 의견을 지지했다.[60]

우연히도 슈만의 조곡은 림스키코르사코프, 리아도프, 글라주노프와 체렙닌이 나누어 관현악으로 편곡을 해 두었다. 1902년 안톤 루빈스타인의 추모 음악회를 위해 그렇게 했다.

《오리엔탈Les Orientales》이라는 짧은 디베르티스망 작품의 경우는 댜길레프 자신이[61] 글라주노프, 신딩Sinding, 아렌스키의 음악을 발췌하고 스트라빈스키에게 그리그 음악을 오케스트레이션해 달라고 의뢰했다(이때 스트라빈스키는 75루블을 편곡료로 받았다). 이제 이 시즌의 레퍼토리를 완성했다.

아스트뤽의 도움으로 댜길레프는 어찌 되었건 파리 시즌이 가능하도록 대책을 마련했다. 재정적인 책임은 모두 댜길레프에게 있었다. 댜길레프의 경제 사정상 할 수 있던 부분은 오로지 파리 오페라 극장 공연장 자체를 여러 날 빌린 것뿐이었다.[62] 입장권 판매대금으로 그 시즌의 경비를 치를 수 있기를 희망했다. 이제는 너무나 당연하게 아스트뤽은 이번 시즌의 성공을 누구보다 걱정하는 사람이었다. 이 시즌은 아스트뤽의 샤틀레 극장 오페라 시즌과 경쟁이 됨에도 불구하고 파리 오페라 시즌에서도 자신의 몫을 가져가게 되어 있었다. 그는 앞으로 자기가 가져갈 몫을 생각하여 티켓 판매 금액을 위해 모금하는 것을 도왔다. 말할 필요도 없이 이런 모든 협상에는 미샤, 그레필, 세비니, 베랑, 에프루시와 그 외 다른 친구들이 각자의 몫을 담당했다.

댜길레프가 파리에서 돌아온 후 즉시 카르사비나는 런던을 향해 떠나야 했다. 그녀는 여름에 콜리세움으로 다시 돌아오겠다는 조건을 걸면서 콜리세움에서 휴가를 얻어 가능한 한 빨리 파리 시즌에 합류하기 위해 최선을 다하겠다고 약속했다.[63] 젊은 리디아 로포호바는 베를린과 파리의 오프닝에서 콜럼바인 역을 추었다. 그리고 《지젤》과 《불새》는 카르사비나가 도착할 때까지 연기되었다.

카르사비나는 다음과 같이 썼다.

댜길레프는 우리와 논쟁하지 않았다. 그는 단지 계속 생각을 했다. 런던으로 떠나기 전날 밤 '여기 와서 이야기 좀 하자'는 압력이 보통 때보다 더함을 느끼고는 결국 댜길레프의 집으로 다시 갔다. 그는 내가 그의 영향력에서 도망갈 수 있기 전에 나에게 거의 최면에 가까운 힘을 다시 발휘하고 싶어 했다. 분위기는 너무 긴장되었다. 모든 신경이 마모되었다. 보통 때처럼 달리 준비할 사항도 없었고 시간은 너무 짧았다. 그는 나를 자기 방으로 데리고 갔다. 유일하게 누구의 침략도 받지 않은 곳 (…) 댜길레프는 나에게 약속을 다시 상기시켰다. 만약 투쟁이 있었다면, 우리 둘 다 이 투쟁에서 살아남아야 했다. 서로 간의 걱정은 우리를 더욱더 가깝게 했다. 댜길레프는 다정하게 말했고 우리는 울었다. 나는 주변을 둘러보았다. 램프가 켜졌고 댜길레프는 몹시 지쳐 보였다. 그도 한 인간일 뿐이었다. 방은 아무런 꾸밈이 없었다. 나는 방이 세심하게 꾸며져 있을 거라고 예상했다. 화려함을 선호하는 그의 개성은 상상력을 발휘해야 하는 창작 작업에 모두 소진한다는 것을 그때는 나도 알 수가 없었다. 그의 부드러운 말에서는 거의 체념의 기운이 느껴졌다. 그는 자신의 앞길에 거의 제거되지 않은 장애물이 도사리고 있고 또 다른 장애물이 생기리라는 것을 알고 있었다.[64]

5월 7일 영국의 에드워드 왕이 서거했다. 1910 런던 시즌에 대한 모든 희망이 수포가 되었다. 이 사건은 너무나 쓰라린 타격이었다.[65]

최종적인 문제는 베를린과 파리로 가는 예술가들의 기차 푯값을 지불할 돈을 구해야 하는 것이었다. 배후 조종이 심할수록 설득 요법도 더 강해지는 것, 재정 장관 코코브초프Kokovtsov 백작*은 차르에게 진언하여 댜길레프에게 1만 루블 보조금을 주자고 했다. 차르는 그 보고서에 서명했다. 친구들은 이 소식을 오후 세 시

---

• 다음 해 스톨리핀이 암살당하자 그의 뒤를 이어 러시아 제국의 수상이 되었다.

에 들었다. 발레단이 페테르부르크를 떠나기 하루인가 이틀 전이었다. 다길레프는 은행가 친구한테 달려가서 차르의 명령을 담보삼아 며칠 동안만 1만 루블을 빌려 달라고 했다. 기차 표는 샀다. 그러나 차르는 그리 약속을 지키는 명예로운 인물이 아니었다. 어떤 압력을 받았는지 추측건대 세르게이 미하일로비치 대공이 다길레프 발레단은 퇴폐적이라고 차르를 설득했을 것이고 차르는 얼마 안 되는 보조금을 취소했다. 은행가에게 돈을 갚아야했다. 아르구틴스키 공작과 다른 신의가 깊은 친구 라트코프로그네프Ratkov-Rognev가 돈을 갚는 데 필요한 계산서에 서명해 주었다. 이 돈은 나중에 파리에서 판 티켓 대금에서 그들에게 돌려주었다. 그런데 차르는 유럽의 러시아 대사관에 다길레프의 기획에 대한 모든 지원을 거절하라는 명령을 하달했다.[66]

순하고 다정한 성격의 브누아는 이따금 울컥하고 뾰로통해지고, 어떨 때는 화를 내기도 했다. 그는 적어도 1년에 한 번은 다길레프와 심각한 다툼을 하게 되었다. 그의 '제자'였던 다길레프는 이제 지휘를 맡았는데 그는 고압적이고 독선적인 면이 있었다. 다길레프는 화가들, 작곡가들, 안무가들 그리고 무용수들이 그들의 작업을 행복하게 이어 갈 수 있도록 모든 힘든 일을 스스로 다 떠맡아서 하면서 권리도 행사했다. 발레단이 아직 떠나기 전 어느 날 브누아는 독일과 프랑스 여행을 위해 필요한 자신의 여권을 수령하러 여권 국에 갔다. 가서 보니 브누아가 여행하는데 필요한 조치를 다길레프가 취해 놓지 않았음을 알게 되었다. 그리하여 그는 출국이 이틀 지연이 되었고 발레단과 함께 여행하는 즐거움도 누리지 못하게 되었다. 많이 힘들었던 지난 몇 주 동안 댜길레프는 자신의 오랜 친구(브누아)가 점점 괴팍해지는 것을 알게 되었고 그가 없이 며칠이라도 지낼 수 있었으면 하고 바랐다. 브누아는 집으로 돌아와서 거의 화가 나서 미칠 지경이 되었다. 자신의 오른쪽 주먹으로 창문 유리를 쳤고 동맥에 심한 손상을 입었다. 브누아는 까딱 잘못했으면 손을 사용하지 못할 뻔했다. 그러나 페테르부르크에서 수술 후에 한 달 동안 팔에 깁스해서 회복을 했다. 그는 가족들과 함께 루가노로 떠났다. 이런 이유로 브누아는 베를린과 파리 오프닝에는 참석하지 못했다.[67]

5월 중순 러시아 발레단은 베를린에 도착했다. 그들은 샤로텐부르그Charlottenburg에 있는 서편 극장Theatre des Westens에서 공연할 예정이었다. 이 공연장은 프로이센 왕이 만든 격식을 갖춘 정원과 궁전을 중심으로 형성된 베를린의 조용한 서부 교외에 있었다. 모스크바에서 오는 무용수들은 며칠 뒤에 도착했다. 카랄리는 다시 계약하지 않았다. 소피 페오도로바는 다시 발레단으로 돌아와서 본래 그녀가 추던《이고르 공》,《향연》의 배역뿐 아니라 《셰에라자드》에 나오는 세 명의 오달리스크 중 한 명으로 춤을 추었다. 그녀는 이미 페테르부르크에서부터 리허설에 참여했다. 모스크바의 가장 유명한 발레리나는 예카테리나 겔처Ekaterina Gelzer였다. 게스트 아티스트로 참여하여《향연》과《오리엔탈》에서 춤을 추었다. 통통하고 예쁘며 흥분을 곧잘 하는 그녀는 클래식 테크닉에서 아주 강한 면모를 보였지만 다른 작품에서는 별 볼일이 없었다.[68] 그녀와 동행한 알렉산더 볼리닌Alexander Volinine은 모스크바 거상의 아들[69]이었으며 그의 부모는 1910년 당시 무용수를 위해서 혼치 않은 부모였다. 볼리닌은 조용하고 쾌활하며 좋은 파트너였다.[70]

새로운 발레 중에서는 오직 《카니발》만이 베를린에서 공연했다. 런던 공연 때문에 카르사비나가 없어서 콜럼바인 역은 활력 넘치고 유쾌한 리디아 로푸호바가 맡았다. 알아차릴 정도로 티가 나지는 않았지만, 로푸호바의 경우 "젊음의 미숙함 때문에" 발레 기교는 뒤떨어졌다.[71] 레온티에프는 그녀의 아를르캥이었다. 독일에서 슈만의 발레를 공연하는 것은 적절한 시기에 필수적인 것으로 여겨졌다. 5월 20일 시즌 오프닝 날 《카니발》 공연을 했으며 엄청난 인기를 끌게 되었다.

《카니발》의 무대 세팅은 박스트가 디자인했는데 오늘날 우리에게는 너무나 익숙하다. 하지만 1910년대 그 시절에는 너무 단순한 무대로 여겨졌고, 이런 점이 공연 마니아들을 깜짝 놀라게 했다는 사실은 오늘날 우리가 잊기 쉬운 점이다. 어두운 푸른색 커튼은 시적인 모호함을 가지고 있었다. 이 커튼은 두 가지를 한꺼번에 상징하는데 하나는 파티가 벌어지고 있는 텐트이며 또 다른 하나는 〈코메디아 델라르테Commedia dell'Arte〉*의 주역들이 관객들을 맞이하는 부스였다. 커튼의 맨 윗부분을 쭉 따라 정형화된 붉은, 검정, 금색 양귀비가 벽의 아래와 윗부분이 다르게 그려져 있다. 무대에서 유일한 다른 장식은 붉은색과 검은색 줄무늬에

---

• 16세기에서 17세기 사이에 이탈리아에서 유행한 가면 희극*

동그랗게 말린 팔걸이가 있는 두 개의 소파였다. 작품의 배경은
비엔나 비더마이어Biedermeyer 시대인 1840년이다. 슈만이 작곡한
이 음악에 대해 포킨은 아주 자세히 살폈는데 이 곡은 작곡가의
연애 사건을 참고하여 구성된 음악이었다. 포킨은 이탈리아 코미
디를 프랑스풍으로 수정한 주인공들인 아를르캥, 콜럼바인, 피에
로, 판탈롱뿐 아니라 슈만의 자전적인 암시도 담았다. 에스트렐
라를 쫓아다니는 플로레스탄은 슈만의 고집불통이고 충동적인
면을 상징했다. 키아리나와 사랑에 빠진 내성적이고 겸손한 오이
제비우스는 고독하고 몽상에 잠긴 낭만적인 슈만을 상징한다. 에
스트렐라는 작곡가가 한때 사랑에 빠졌던 에르네스틴 폰 프리켄
Ernestine von Fricken을 상징하며, 키아리나는 슈만이 나중에 결혼하
는 15세의 피아니스트 클라라 비크Clara Wieck를 상징했다.

소녀들은 모두 보닛 혹은 프릴 달린 모자를 쓰고 주름 장식을
댄 크리놀린 치마를 입었다. 일부는 흰색과 노란색, 키아리나는
하얀색 재킷과 술이 달린 푸른 스커트, 파피용의 흰색 드레스는
더 짧은데, 조그만 날개가 그려진 의상과 팔목에는 한 묶음의 리
본을 부착하고 있으며 다른 무용수들의 의상보다 좀 더 유치하
다. 콜럼바인의 큰 흰색 스커트는 물결 모양의 프릴이 수없이 달
려 있는데 그중에 둥글게 한 줄에는 체리 무늬가 그려져 있으며
그녀는 검은색 실크 발레 슈즈를 신고 있다. 남성들은 거의 모두
정장용 모자를 쓰고 있으며 깃이 높은 칼라와 갈색 혹은 진녹색
의 프록코트를 입었다. 프록코트는 허리가 잘록하고 엉덩이를 덮
는 풍성한 스커트로 처리되어 있으며 신발은 펌프스를 신었다.

바지는 담황색 또는 줄무늬의 팽이 모양 바지를 입었다. 판탈롱은 수염을 염색하고 녹색 장갑을 끼고 연한 적갈색 옷을 입고 지나치게 멋을 부렸다. 마치 시인처럼 검은 머리를 길게 기른 오이제비우스는 다른 등장인물보다 더 짧은 카네이션 분홍색 재킷과 검정 줄무늬 바지를 입었다. 피에로는 전통 복장으로 풍성한 배기 스타일의 흰색 바지를 입고 상의는 검은색 주름의 칼라로 장식되어 있으며 녹색 방울 단추가 달려 있고 손이 가려질 정도로 길게 장식된 소매가 달려 있다. 아를르캥의 바지는 마름모꼴 무늬의 꼭 끼는 디자인이며 밝은 녹황색, 주황색, 흰색으로 콜럼바인의 체리 무늬와 맞춘 것이다. 그는 풍성한 실크 셔츠를 입고 검은색 테두리 없는 베레모와 검은색 슈즈를 신고, 검은색으로 만든 눈과 그 사이의 공간만을 가리는 작고 둥근 도미노 마스크를 하고 있다.

포킨 안무의 이 작품이 가지는 매력은 무용에 관심을 두기에 충분한 정도의 내용이며 음악 자체가 지닌 스토리 이상도 이하도 아니었다. 포킨은 이 작품에서 반전의 요소 혹은 줄거리를 더 삽입할 필요가 없었다. 댜길레프는 원곡을 짜깁기하기로 유명한데 《카니발》에서는 짤막한 「응답Réplique」만 삭제했다. 이 작품은 우아하고, 예쁘지만 애상적인 요소와 희극에 양념을 첨가한 잔인함도 슬쩍 엿보이는 풍자적인 부분도 있다. 아를르캥은 세상을 비웃고 사랑은 오로지 농담으로만 한다. 오이제비우스의 어리석은 갈망, 피에로의 분노와 판탈롱의 망령 난 바람 피우기에 대한 우리의 관점을 포킨의 시각과 안무를 통해 보는 듯하다.

서두의 장엄한 화음이 연주된 후에, 한 무리의 소녀들은 무대를 가로지르고, 그들의 연인들은 그녀들을 쫓아간다. 발에 걸려서 넘어지고 추월을 당할 위험에 놓이고 남자들의 참을성 없음과 여성들의 도발이 전개된다. 이들 무용수는 슈만의 「서곡Préambule」에 등장하는 화려한 왈츠에 맞추어 파티로 가는 중일까? 아니면 무도회장을 떠나 정원의 비밀스러운 장소로 가는 중일까? 처음에 관객들은 에스트렐라를 쫓아가는 오이제비우스의 모습을 보게 된다. 그다음 오이제비우스가 키아리나를 향해 진심 어린 탄식을 한 후 활기찬 걸음은 점점 아주 빨라진다.

피에로는 피곤함에 절은 처진 눈썹을 하고 커튼 사이에서 발끝으로 걸어 들어오면서 사랑이 없는 삶을 슬퍼한다. 축 늘어진 소매의 옷을 입은 그의 팔은 위를 향해 확장한다. 그러나 다른 인간과 의사소통이 불가능함을 깨닫는 순간 피에로의 희망의 불꽃은 즉시 꺼져 버린다. 깡충거리는 왈츠에 맞추어 신나게 노는 아를르캥은 자유분방한 자신의 성격을 그대로 드러내면서 피에로에게는 우정이 있는 척 가장하며 접근한다. 그는 피에로 주위를 돌면서 춤을 추고 조소하면서 피에로에게 손가락질하고 그의 소매를 당기고 그러다가 결국은 그를 넘어뜨리고 도망가 버린다. 다음 몇 작품이 공연될 동안 피에로는 낙담하여 무대와 객석의 경계 사이에 누워 있다. 뒤이어 「우아한 왈츠Valse Noble」가 흐르고 여섯 커플이 등장한다. 그때 들어온 오이제비우스는 소파 위에서 사랑의 꿈을 꾼다. 오이제비우스의 나른한 곡조를 오케스트라가 연주할 때 클라리넷이 부는 일곱 개의 음을 같이 연주한다. 이

때 그를 넘어뜨리고 싶어 하는 듯이 현악이 두 개의 음을 연주한다. 키아리나가 오이제비우스 앞에 등장하여 그에게 장미를 주고 그는 키아리나에게 완전히 빠진다. 이들에 비해 열정적인 왈츠에 맞추어 플로레스탄의 활기 넘치는 접근과 에스트렐라의 속도 빠른 사랑놀이는 얼마나 생생하게 대비되는가! 플로레스탄의 선율은 그가 그녀를 쫓아 재빠른 속도로 뛰어나가면서 중간에 끊어진다. 이렇게 춤추는 동안 피에로 역시 에스트렐라를 갈망하다가 끝에는 달려 나간다. 「바람기 있는 여자Coquette」라는 음악에 맞추어 오이제비우스와 키아리나는 낭만적인 분위기의 걸음으로 지나가며 그녀는 그에게 꽃을 던진다. 그런 후 파피용이 손은 팔랑거리고 발은 뛰어다니면서 휙 스친다. 이 장면에서 아주 빠르게 플롯과 피콜로가 바이올린들과 번갈아 16분음표를 연주한다. 피에로가 그녀를 괴롭혀서 그녀는 잠시도 쉴 수가 없다. 그가 파피용을 잡아서 자신의 원뿔 모양 흰색의 모자에 가두어 버려야지 하고 생각했을 때 그녀는 커튼 속으로 사라진다. 또 다른 빠른 왈츠인 「문자의 춤Lettres Dansantes」에 맞추어 피에로가 가슴 두근거려하면서 온전히 자신만의 것으로 모자 속에 넣어 둔 나비를 발견할 기대감과 자신의 모자 속이 텅 비어 있음을 발견했을 때, 음악조차 중간에서 선율이 끝나면서 그의 실망감을 표현하는 장면을 관객들을 지켜볼 수 있다. 키아리나는 현악이 연주하는 강한 리듬의 선율과 함께 열정적인 솔로를 춘다. '쇼팽'이라는 선율에 맞추어 그녀와 두 친구는 삼미신 같이 발끝으로 서서 팔을 들고 손을 마주 잡고 안에서 밖으로, 둥글게 돌고 돌면서 에스트렐라를 쫓아다니는 플로레스탄을 방해하면서 "처녀들의 비밀병기인 무자비함을 공유한다." 그런 후 클라리넷, 하프, 현악기들이 연주하는 장엄한 고별의 녹턴에 맞추어 소녀 시절의 신비함은 이제 세 소녀에게서 물러나고 여전히 발끝으로 선 채 운명에 이끌려 각자 세 방향으로 간다. 우리는 키아리나의 손끝이 커튼의 갈라진 사이로 뒤로 사라지는 것을 볼 수 있다. 그러고는 바로 이어 에스트렐라가 빠른 속도로 등장한다.

르네상스 음악에 맞추어 콜럼바인과 아를르캥이 서로 이어서 들어왔을 때 아를르캥은 활기찬 멜로디에 맞추어 높이 뛰고 무릎을 올리는 스텝을 구사했다. 음악은 플루트와 클라리넷으로 연주되었으며, 콜럼바인은 16분음표를 스타카토로 연주하는 바이올린 반주에 맞추어 메아리처럼 빠른 파 드 부레로 춤을 추었다. 콜럼바인과 아를르캥은 무대를 돌고 키스를 한다. 판탈롱은 콜럼바인과 약속 시각에 늦을까봐 슈만의 무궁동 음악에 맞추어 부산스럽고 시끌벅적하게 서둘러 온다. 그는 자신의 시계를 보면서 소파에 앉아서 그녀의 편지를 다시 읽는다. 콜럼바인은 그의 뒤로 살짝 몰래 접근하여 그녀의 손으로 그의 눈을 가릴 때 아를르캥은 그 편지를 낚아챈다. 콜럼바인이 아를르캥을 늙은 남자에게 소개하고 늙은 남자는 아를르캥에게 악수를 청한다. 그러나 아를르캥은 편지를 흔들어 댄다. 그러고는 그는 앙트르샤를 구사하면

---

• 나는 아드리안 스톡스Adrian Stocks의 이 문장을 차용하지 않을 수 없었다. 그런데 이 문장은 《카니발》의 최초 버전이 아닌 이후 버전에 적용되는 표현이다. (『투나잇 발레Tonight the Ballet』 41쪽)

서 자신의 머리를 그로테스크하게 흔들면서 그 편지를 갈가리 찢고는 공중에 뿌려 버린다. 콜럼바인은 「독일식 무곡Valse allemande」에 맞추어, 기분이 상한 판탈롱 주위를 빙글빙글 돌면서 그를 아를르캥과 추는 춤에 끌어들이려고 한다. 그러나 종국에 가서는 둘은 판탈롱을 장난스럽게 밀어 버린다. 「파가니니Paganini」 음악에 맞추어 추는 아를르캥의 승리의 솔로는 카브리올, 앙트르샤, 피루엣으로 구성되어 있으며 머리 위로 빠르게 손뼉을 친다. 맨 끝에 아를르캥은 그랑 피루엣 알 라 스콩드grande pirouette à la seconde●를 구사하면서 점점 속도를 늦추어 그는 앉은 포지션까지 가라앉고 바닥에 책상다리를 하고 앉는다. 「고백Aveu」 음악이 흐르면 무대 반대편에 마주하고 있는 연인들은 누가 건너가야 하나에 대해 서로 논쟁을 벌이는 사랑스러운 한숨 소리 같은 선율에 맞추어 아를르캥은 상징적인 하트를 콜럼바인의 발치에 놓는다. 느린 「산책Promenade」 음악에 맞추어 다른 커플들이 서서히 들어와서 무대를 채운다. 그들은 콜럼바인이 소파에 누워 있고 아를르캥은 무대에 뻗어 있으면서 그녀에게 속삭이고 있는 모습을 보게 된다. 약혼한 커플에게 모두 축하를 한다. 모든 남자는 콜럼바인의 손에 키스한다. 모두가 축하한다. 피에로에 쫓기는 파피용은 휙 스치듯 지나간다. 젊은 무용수들은 우산을 들고 가는 늙은 속물들 그룹(슈만의 마음속에는 이들을 음악적으로 반동분자들이라고 여김)에 반대하는 행진을 한다. 판탈롱과 피에로는 빙글빙글 돌면

● 한쪽 다리를 수평으로 올린 포지션에서 회전하는 피루엣*

서 억지로 포옹을 하게 되었다가 피에로의 소매 때문에 아예 둘이 한데 묶여 버린다. 그러나 판탈롱과 피에로는 마지막에 마음을 누그러뜨리고 콜럼바인, 아를르캉과 같이 손을 잡았다.

포킨의 《카니발》에는 일부 기발한 아이디어들이 번뜩였다. 포킨은 1년 후 니진스키에게 가장 인상적인 역할 중의 하나를 안무해 준다. 그는 키아리나가 친구 두 명과 추는 본래의 삼인무와 장면, 콜럼바인과 아를르캉의 등장, 아를르캉의 솔로 춤에서 니진스키가 천재성을 발현할 수 있는 간결함을 지닌 작품을 만들었다.

격식을 차리면서 낭만적인 나른함을 지닌 베라 포키나, 속도와 힘을 지닌 브로니슬라바 니진스카는 키아리나와 파피용 역에 완벽하게 어울렸다. 마에스트로 체케티는 마임에 경험이 풍부했기에 판탈롱이라는 비중이 적은 역도 걸작을 만들어 냈다. 관객들은 볼름이 연기한 피에로의 깊이 있는 움직임을 발견하고는 희극에 또 다른 특별한 차원의 깊이를 부여했다. 콜럼바인을 맡은 로푸호바는 거부할 수 없는 매력을 발산했다.

발레단은 6월 초 파리에 도착했다. 로푸호바는 그녀가 실신할 정도로 파리 북역의 아름다움에 매료되었다.[72]

파리 오페라 극장은 무대의 기계 장치가 샤틀레보다 정교하지 못했다. 무대 스텝들은 《보리스 고두노프》를 공연할 때와 마찬가지로 전혀 협조를 안 하고 있었다. 러시아 발레단이 무대에서 리허설 할 때 이 점이 가장 큰 어려움이었다. 그리고 《셰에라자드》의 경우는 아직 무대 장면이 걸린 것을 아무도 본 적이 없었고 여전히 제작 중이었다. 그러다 보니 드레스 리허설은 엉망으로 진행되었다.[73] 그러나 발레단은 거대한 금박을 입힌 궁전이 등장하자 매우 만족했으며 명예로움까지 느꼈다. 물론 이 무대 세트가 좀 허름하고 다시 손질해야 하는 부분도 있어 보였다.[74] 하지만 끝없이 넓어 보이는 무대 뒤 복도들 그리고 넓고 안락한 분장실에는 파리 오페라 소속 상주 예술가들이 필요한 가구를 들여놓았고 각 개인의 생활 편의시설을 구비해 두었다. 이런 시설들은 러시아에서 무용수들이 사용하던 것보다 월등히 좋았다.[75]

오페라와 샬랴핀이 없이, 파블로바가 없이, 더욱이 오프닝 공연 때는 카르사비나도 없이, 파리 관객들을 또다시 사로잡을 수 있을까? 파리 관객들이 변덕스러워서 파리 오페라 공연장을 찾지 않는다면 혹은 샤틀레 극장에서 공연하는 메트로폴리탄 오페라 공연에 관객들을 다 뺏긴다면 러시아 시즌은 다시는 열리지 않았을 것이다. 포킨, 니진스키와 다른 무용수들은 황실 소속의 안전한 마린스키 극장으로 다시 돌아왔을 것이다. 박스트와 브누아는 무대 디자인만으로 온전히 살지도 않았을 것이다. 그들은 화가로서 예술가로서 명성과 생계를 계속 이어 나갈 수가 있었다. 그러나 댜길레프는? 러시아 시즌이 실패한다면 그의 미래는? 그는 엉망이 되고 이를 기뻐할 사람이 많았을 것이다. 여태까지처럼 겉으로는 월등한 자신감을 지닌 듯이 보였겠지만, 내심 걱정과 의심이 댜길레프를 집어삼켰을 것이다

하지만 아직은 걱정할 필요가 없었다. 파리 오페라 공연 티켓은 매진이었다. 니진스키는《셰에라자드》와《지젤》에서 그가 가진

다양성을 발현했다. 체구가 작은 리디아 로푸호바는 칭찬을 받았다. 카르사비나는 《불새》에서 엄청난 승리를 거두었다. 《셰에라자드》는 관객들을 놀라게 했으며 유럽과 미국에서 공연을 통해 당대 여인들의 치장과 거실의 외관을 바꿀 정도였다. 용감무쌍한 세르게이 파블로비치는 자신이 의뢰하여 최초로 만든 '댜길레프 발레'인 《불새》에서 우리 시대의 가장 위대한 작곡가를 분명 보여 주었다. 시련 후의 영광!

6월 4일 오프닝 프로그램은 《카니발》, 《셰에라자드》, 《향연》 그리고 《이고르 공》 중에서 폴로베치안 댄스였다.

두 해 전 여름에 세상을 떠난 림스키코르사코프가 죽기 6개월 전, 이사도라 덩컨에 대해 글을 썼다. "내가 그녀에 대해 싫어하는 점은 나의 소중한 음악 작품과 그녀의 예술을 연결한 것이다. (…) 내가 만약 덩컨이 나의 《셰에라자드》 음악에 맞추어 춤을 추고 연기한 것을 알았다면 얼마나 괴로웠을까."[76] 댜길레프 역시 림스키코르사코프가 죽은 뒤 부인을 설득하여 심포닉 교향시를 댄스 드라마 — 이는 명백히 발레는 아니다 — 로 공연할 수 있도록 허락을 받아내는 데 아주 어려움을 겪었다. 작곡가가 포킨의 프로덕션을 보았다면 그가 언짢아했을 것은 거의 명백하게 추측할 수 있다. 훗날, 드뷔시와 스트라빈스키가 그들이 발레를 위해 새로 작곡한 음악 반주에 맞춘 춤을 보았을 때 충격을 받은 것을 생각해 보면, 림스키코르사코프가 자신의 《셰에라자드》에게 일어난 작업에 대해 기뻐했을 것은 상상도 할 수 없는 듯하다. 《셰에라자드》의 경우는 피아노를 위해 작곡한 것을 관현악으로 수정하여

《셰에라자드》에 출연한 니진스키 (드 마이어 남작 사진)

발레로 만든 슈만이나 쇼팽 음악보다 훨씬 더 충격을 받는 경우였다. 포킨이 이사도라 춤에서 착안하여 쇼팽 음악에 맞추어 발레 안무를 했을 때, 발레 마스터로서 포킨은 새로운 영역을 개척한 것이었다. 그러나 《레 실피드》는 스토리가 없다. 각각의 왈츠와 마주르카를 위한 하나하나의 춤이다. 브누아와 박스트의 도움을 받아 관심을 집중시키면서 정교한 교향시에 맞춘 열정적인 드라마가 그 자체로 완성되었고 포킨과 그의 협력자들은 더 나아갔다 — 아마도 다른 방향으로. 지금은 교향곡, 협주곡, 4중주, 그리고 스토리 발레의 원작으로 많이 사용되는 오페라 파트를 포함한 여러 음악을 발레 음악으로 사용한다는 사실에 비추어 보면, 그 당시 이 작품의 대본가와 안무가가 직면한 문제는 어쩌면 이런 관행으로는 처음 발생하는 경우여서 흥밋거리가 될 것이다.

림스키코르사코프는 자서전에 이렇게 썼다.

내가 《셰에라자드》를 작곡하면서 참고로 한 대상은 『아라비안 나이트』였다. 이 음악은 여기에 등장하는 독립된 에피소드들과 장면들로 구성되어 있으며 이들은 내 조곡의 전 4악장에 흩어져 있다. 바다와 신바드의 배, 칼렌더 왕자의 신비한 이야기, 왕자와 공주, 바그다드 축제와 청동 기마병이 있던 바위에 부딪히는 배다. 전체로 연결되는 구성은 짧은 서주와 1악장, 2악장, 4악장 그리고 3악장 간주곡이다. 바이올린 솔로로 연주하는 간주곡은 셰에라자드가 가혹한 술탄에게 재미난 이야기를 말하고 있는 모습을 묘사한다. 4악장의 결론 또한 예술적인 목표는 똑같다. 사람들은 내 조곡을 가지고 어떤 주된 동기가 지속해서 시적인 아이디어와 음악적인 개념으로 연결된다고 생각하여 그 동기를 헛되게 찾고 있다. (…) 이 조곡이 처음 시작할 때 등장하는, 셰에라자드의 근엄한 배우자를 묘사하는 듯한 결같은 동음의 구절은 칼렌더 왕자의 이야기에서 기준점으로 등장한다. 그러나 왕자의 이야기에서는 술탄 샤흐리어에 대한 언급은 전혀 없다.[77]

곡 전체를 연결하는 내용의 가닥을 잡은 브누아, 댜길레프 그리고 포킨은 가냘픈 바이올린 독주로 연주되는 덩굴처럼 감기는 듯한 환상적인 곡을 셰에라자드 혹은 이 작품에서는 술탄 부인 조베이다의 테마로 삼았다. 원곡의 중후한 오프닝 테마 — 림스키코르사코프는 이 부분을 "동음의 구절"이라고 부름 — 는 발레에서는 술탄(Sultan, 샤Shah 혹은 왕)의 테마로 사용할 수밖에 없었다.

그리하여 1악장은 서곡이 되었고 3악장은 생략되었다. 발레는 조베이다Zobeida가 물결 모양으로 사람을 유혹하는 포즈로 시작된다. 인도 왕 샤흐리어는 그의 동생인 제만Zeman 페르시아 왕(형을 방문하러 옴)이 자기 부인들이 모두 바람을 피운다는 말을 들었기에 기분이 언짢다. 긴 의자에 책상다리를 하고 있는 샤는 자신의 왕비가 교태 부리는 모습을 보고 있다. 그러는 동안 샤의 왼쪽에 앉아있던 제만이 긴 담뱃대를 문 채로, 소곤소곤 속삭이며 얘기하고 있는 하렘 쪽을 의심스러운 눈길로 쳐다본다. 나이든 뚱뚱한 환관이 등장한다. 세 명의 여자 노예들이 앉아서 8분의 3박자 안단티노 음악에 맞추어 팔을 흔들면서 춤을 추지만 샤의 언짢은 기분을 풀지는 못한다. 이 춤이 끝나면서 그는 일어나

《셰에라자드》에 출연한 니진스키 (밸런타인 그로스 드로잉)

서 (최저 음의 퉁명스러운 화성으로 곡이 연주될 때) 매력적인 조베이다에게 물러가라고 손짓하고 자신은 사냥을 하러 가겠다고 알린다. 트럼펫 팡파르가 샤의 결정을 확인해주고 있다. 사냥 준비를 하는 동안 샤는 동생과 얘기를 나눈다. 조베이다는 왕에게 가지 말 것을 간청하는데 그때 음악은 바이올린으로 연주하는 조베이다의 테마인 독주 카덴차가 아니라 클라리넷으로 연주하는 룰라드roulade*다. 팡파르와 행진곡이 다양하게 울려 퍼진다. 왕의 사냥 일행이 더 안보이기까지는 상당히 시간이 걸렸다. 왕은 무장해야 했고 사냥꾼과 군인들도 모두 왕을 수행해야 했으며 드디어 행진했다. 환관이 등장할 때 바순 솔로가 흐른다. 하렘의 여인들은 환관에게 자신들의 흑인 애인들이 하렘에 들어 올 수 있도록 열쇠를 열어 달라고 애원한다. 이때 등장하는 음악은 목관악기가 높은 음을 재잘거리듯 연주한다. 그러나 조베이다의 애인인 황금 노예의 테마는 없다. 그리고 점점 빠르게 이 악장의 피날레로 가는 동안 샤의 테마가 뒤에서 재등장하는데 이는 샤의 부재를 표현함이 틀림없다. 그러나 샤의 테마가 재등장하는 것은 여왕 또는 환관의 마음속에 어마어마한 위협 혹은 죄책감을 표현한다.

림스키코르사코프가 "바그다드에서 축제: 바다"라고 부른 마지막 악장은 발레에서는 "떠들썩한 연회: 학살"이라고 다시 이름 붙일 수 있을 것이다. 발레에서는 쉼 없이 마지막 악장으로 넘

---

• 장식음으로서 삽입된 신속한 연속음*

어간다. 시작 부분에서 샤 테마의 확실한 등장은 설명이 좀 필요하다. 샤가 사냥을 나간 이후 떠들썩한 축제가 클라이맥스에 닿기 전 샤의 테마는 두 번 재등장한다. 이는 샤의 귀환을 암시한다. 이런 암시는 노예들이 샤의 개인 영역으로 들어왔을 때 노예들의 긴장된 경계심을 더욱 극적으로 만드는 데 확실히 도움이 된다. 솔로 바이올린이 조베이다의 테마를 연주할 때 조베이다와 그녀의 노예는 사랑을 나눈다. 폭풍과 난파선을 표현한 밀려오는 듯, 무시무시한 음악은 샤가 돌아와서 자기 부인들이 그들의 애인과 즐거운 한때를 보내고 있는 모습을 보았을 때 그의 분노를 표현하는 데 감탄스러울 만큼 도움이 된다. 샤의 선율은 학살이 일어나는 동안 트롬본과 튜바가 폭발하듯 강하게 연주되며 그 학살이 끝날 때는 첼로와 베이스가 부드럽게 연주한다. 마지막 부분에서 부드럽게 연주되는 부분은 말할 것도 없이 림스키코르사코프가 마음속으로 폭풍우 다음의 고요함뿐 아니라 『천일야화』에서 처형 선고가 사라지는 행복한 결말을 표현한 것이었다. 그러나 댄스 드라마 《셰에라자드》에서 이 부드러운 선율이 자연스럽게 받아들여진 이유는 샤의 상처받은 마음을 잘 표현했기 때문이다. 조베이다의 마지막 바이올린 카덴차가 흐르고 그녀는 자신의 목숨을 구해달라고 샤에게 빈다. 마지막에 그녀는 자살한다. 침묵 속에 커튼이 떨어지며 샤는 눈물을 흘린다.

박스트가 《셰에라자드》 무대 디자인을 하면서, 자신의 정신적 고향이라고 할 수 있는 원시적이고 관능적인 동양에 대한 환상에 푹 빠져들어 창작한 결과물들은 그 시대의 가장 유명한 무대 디자인이 되었다. 작품 속의 하렘은 일종의 건축물이라 할 수 있다. 이 하렘은 이스파한Isfahan에 있는 샤 압바스Abbas의 모스크 및 파빌리온들과 관련이 있음을 알 수 있다. 푸른색과 녹색의 타일로 만든 벽과 바둑판 모양의 무늬로 칠해진 천장은 한편으로는 오히려 일정 형식이 없고 색채에 흠뻑 젖어 몬티셀리Adolph Monticelli*의 인상주의를 창조했다고도 볼 수 있다. 어떻든 노예들의 거처로 통하는 세 개의 푸른색 문이 있는 무대 뒷막의 건축은 보랏빛 황혼 속으로 빠져들어 갔다. 이 무대 세트에서 가장 압도적인 존재는 거대한 고리 모양의 커튼이었다. 이 커튼은 무대 맨 위부터 왼편으로 틀을 형성하고 있다. 커튼에는 분홍장미가 점점이 그려져 있고 검정과 금색으로 큰 둥근 무늬도 그려져 있으며 푸른 하늘에는 밝은 녹황색 줄무늬가 그려져 있다. 무대 위에 황금색 램프가 달려 있다. 녹색과 푸른색이 무대 디자인의 주조를 이루고 있다. 여기서 강렬한 공작 깃털의 녹색과 푸른색(1910년 그 당시는 이런 색깔의 대비는 전대미문이었다. 이 색감은 카르티에에게 영감을 주어 역사상 처음으로 에메랄드와 사파이어를 같이 세팅했다)은 푸른색과 장밋빛 러그들이 그려진 주홍색 카펫과 대조를 이루고 있으며 수많은 쿠션과 베개 받침이 쌓여 있는 모습을 그려 넣어 장식했다. 왼쪽에 높이 위치한 샤의 긴 의자 뒤로 거대한 커튼이 바닥까지 처져 있다. 샤의 긴 의자는 도저히 실제로 있을 것 같지 않은, 인도풍을 연상시키는 여인상 기둥의 어깨가 지지하고 있다. 가파른

---

• 프랑스 출신의 화가*

계단이 의자 옆에 있는데 이는 오로지 흑인 노예 중 한 명인 무용수 오를로프Orlov가 추는 대담하고 끈질긴 춤 솜씨를 보여 주기 위한 장치다. 이 드라마 제일 끝에 그는 샤의 경비병들에 의해 단 위에서 살해당하며 그런 후 "계단 위에서 팔다리를 벌린 채 머리를 아래로 거꾸로 매달려 있어야 했으며 커튼이 내려올 때까지 고통스럽지만 가장 효과적인 이 자세를 취하고 있어야 했다."[78] 박스트의 창작을 묘사하는 것은 그의 작업을 하찮게 만드는 것이다. 왜냐하면 이 디자인은 단순히 건축. 조명, 가구 설치 같은 작업에 한정된 것이 아니었으며, 북극광 같은 아름다운 빛, 환상적인 음악의 조화, 사람을 빠져들게 하는 새 시대의 분위기를 발산하고 있기 때문이다.

박스트는 아마도 무대보다 의상에서 더 천재적인 디자이너였을 수 있다. 그가 창안한 무늬와 색채의 환상적인 병렬은 그 누구도 능가할 수 없다. 푸른색과 진홍색 터번을 쓴 왕들, 주홍색 옷을 입은 환관들, 오렌지(주홍, 황색) 노랑의 창이 높은 모자를 쓴 왕의 친위 경비대들, 로즈핑크와 녹색 옷을 입은 오달리스크Odalisque들•, 그리고 속이 비치는 천에 보석과 구슬 등을 작은 반점처럼 단 옷을 입은 하렘의 여인들, 수가 새겨진 특이한 브래지어 모양 옷과 메탈 금은 실로 짠 천으로 만든 바지에 진주로 만든 로프로 장식한 흑인 노예들의 복장 등에서 보여 준 박스트의 솜씨는 《클레오파트라》에서 보여 준 그의 환상적인 천재적 창의력

---

• 여자 노예•

보다 한발 더 나아간 것을 보여 주었다. 《세에라자드》의 광휘는 《카니발》의 기발한 단순성과 비교해 보면 그를 세계에서 가장 위대한 디자이너라고 부르는 것을 누가 의심할 수 있겠는가?

그런데도 림스키코르사코프의 음악과 박스트의 무대 및 의상은 포킨이 고안한 드라마와 조베이다 역에 이다 루빈스타인, 샤흐리어 역에 불가코프, 황금 노예 역에 니진스키와 함께 연상되었다.

그리고리예프는 난잡한 잔치에서 앙상블 댄스 안무에 대해 이렇게 썼다.

포킨은 정교하게 진화시킨 동작을 가지고 다양한 무용수 그룹에 수많은 개개인의 동작을 부여했고, 풍부하게 다양한 동작을 삽입하여 클라이맥스가 최고조에 달하도록 고안했다. 가장 강렬한 안무의 순간은 각 그룹이 모두 다른 포즈를 취하면서 하나로 연결하는 중에 포킨은 음악이 갑자기 멈추는 순간을 이용하여 동작도 멈추게 했을 때였다. 그런 후에는 속도가 점점 빨라지면서 인간관계의 엉킴을 풀어낸다. 효과는 압도적이었다. 관객은 우레와 같은 박수를 보냈다.[79]

여기서 포킨이 이다 루빈스타인의 조베이다 역을 어떻게 생각하는지 살펴보자.

등장인물에 대한 나의 창작 (…) 그리고 그녀의 연기는 가장 효과적인 수단으로 강렬한 인상을 남기는 데 뛰어난 역할을 했다. 모든 것은 단일 포즈, 단일 동작, 한 번의 머리 회전으로 표현했다. 그런데도 모든 윤곽이 드러났고 명백히 그려졌다. 단 하나의 동작도 심사숙고해서 고안했고 느낌이 오는지를 살폈다. 그녀는 남편이 떠나는 것이 마땅치가 않았고 그녀의 이런 기분을 왕이 떠날 때 조베이다에게 작별 키스를 하려 했으나 머리를 돌려 거절하는 하나의 동작으로 표현했다. 그녀는 애인이 곧 등장할 문 앞에 서 있었다. 그녀는 그를 향한 기다림을 온몸으로 표현했다. 그런 후 (나에게는 가장 극적인 장면으로 여겨지는) 학살이 벌어지는데도 그녀는 미동도 하지 않은 채 앉아 있다. 그녀에게 죽음이 다가왔지만, 공포나 두려움은 없었다. 그녀는 당당하게 미동도 하지 않은 채 자신의 운명을 기다렸다. 움직임이 없이 가장 표현력 있는 것, 나는 이 장면이 새로운 발레에 대한 나의 이상 중에서 가장 성공한 업적 중 하나라고 생각한다.[80]

키가 크고 안색이 하얗고 창백하며 검은 수염을 기른 불가코프를 브누아는 "머리끝부터 발끝까지 왕"이라고 여겼다.[81]

이제 황금 노예 니진스키에 대한 몇 사람의 의견을 들어 보자.

포킨: 이 뛰어난 무용수에게 독특한 점은 남성성의 결여이며 이런 점은 일부 역할들은 (예를 들면 〈폴로베치안 댄스〉에서 전사의 리더 같은 역) 그에게 맞지 않았고 흑인 노예 역은 아주 적합했다. 그는 원시 야만인을 닮았는데 이는 분장한 그의 피부색뿐 아니라 그의 동작에서도 닮았다. 어떨 때는 그는 반인 반고양이과 동물로 부드럽게 멀리 도약을 하며, 어떨 때는 종마가 되어 콧구멍을 벌리고 모든 에너지를 가지고 힘이 넘쳐나고 있으며 그의 발은 조바심을 내며 바닥을 긁고 있다.[82]

제프리 위트워스: 그가 등장하는 그 순간부터 드라마는 새롭고 소름 끼치는 의미를 지니게 된다. 어둡고 젊은 물체는 여기저기를 스치면서 사랑놀이에 굶주린 술탄의 부인들을 위해 먹잇감이 된 노예들 사이를 북적거리며 지나간다. (…) 그는 그녀를 곧 발견한다. 그는 호색적인 손길로 그녀의 몸을 애무하고 마지막으로 포옹하는 듯이 보인다. 그러고는 바로 그녀를 두고 열정적인 무용수들 사이를 누비다가, 정욕의 불꽃이 타다가 가라앉았지만 사라지지는 않은 듯 부드러운 쿠션 위에 눕는다. 이제 그는 다시 축제에 가담한다. 그가 공기 속으로 뛰어오르는 모습을 보라. 그는 사람이 아닌 악마의 모습이다.[83]

브누아: 반은 고양이, 반은 뱀, 극도로 민첩한, 여성스러우면서도 완전히 끔찍하다.[84]

보두아이에: 그는 파충류처럼 몸을 물결 모양으로 화려하게 움직였다.[85]

브로니슬라바 니진스카: 무대에 등장하는 첫 도약부터 흑인 노예로 완전히 특징 지어져서 등장했다. 처음에는 뱀으로, 그 후는 흑표범으로.[86]

에스트라데 게라Estrade Guerra: 그가 어떻게 앞으로 떨어져서 머리를 중심축으로 회전을 하였고 그러고는 어떻게 다른 편의 뒤로 떨어졌는지. 그의 팔과 다리는 얼마나 완벽하게 느슨한 동작을 취했는지를 잘 기억하고 있다. (…) 마치 사냥꾼의 총에 맞은 상처 입은 토끼

같아 보였고 마지막 최후를 맞이하기 전의 소생 같아 보였다.[87]

프란시스 드 미오만드레Francis de Miomandre: 동작의 이동, 현기증이 날 만큼의 회전, 압도적인 열정은 높은 수위에 이르렀다. 사형집행인의 칼이 최후의 소란에서 그를 찔렀을 때 우리는 그가 복수의 칼에 항복한 것인지, 아니면 세 번의 격렬한 공중제비를 할 만큼 빠져든 환희에 대해 샤 부하들이 견디기 어려운 폭력을 행사하여 결국 이에 항복을 한 것인지 알 수가 없었다.[88]

콕토: 보트 바닥에 있는 물고기처럼 그는 무대를 두드렸다.[89]

야만인, 악마, 종마, 고양이, 뱀, 토끼, 흑표범, 물고기!

파리 오페라에서 대단한 공연을 이룬 첫날 밤은 로포호바의 《카니발》로 시작하여 니진스키와 루빈스타인의 《셰에라자드》, 그리고 마지막에는 《향연》과 포킨의 《이고르 공》으로 프로그램이 꾸며졌다. 볼리닌과 파트너로 춤을 춘 겔처가 러시아 귀족 춤에서 오히려 저속했는데[90] 어쨌든 그녀는 무언가 다른 것을 보여주어야만 했다.

마르셀 프루스트는 장루이 보두아이에, 레이날도 안과 함께 《셰에라자드》의 첫 공연을 보러 갔다. 마르셀은 며칠 후 『르 저널 Le Journal』에 실린 레이날도의 기사에 다음과 같이 항의하는 주석을 달았다. "나는 당신이 니진스키가 마임 하는 것을 어떻게 볼 수 있었는지 모르겠다. 니진스키 앞에서 2백 명의 사람이 계속 춤을 추고 있었기 때문이다." 그리고 그가 덧붙이기를 "나는 그렇게 아름다운 광경을 결코 보지 못했다."[91]

  카르사비나는 콜리세움의 행정 담당자들을 겨우 설득하여 휴가를 얻어 이틀 후 발레단에 합류했다. 카르사비나는 시설이 좋은 분장실을 보고 너무나 기뻐했다. 그 분장실 문에는 '마드모아젤 르그랑Mlle Legrand'• 이 그려져 있었다.[92]

  흥미롭게도 카르사비나가 런던 콜리세움에서 코슬로프, 발디나와 함께 저녁 공연으로 두 번을 춘 발레는 모스크바 버전의 《지젤》2막이었고[93] (카르사비나는 그녀의 역할에서는 페테르부르크 버전을 따라 추었음) 런던 공연의 광고에는 "지젤라Gisella" 혹은 "라실피드"라고 적혀 있었다. 이제 그녀는 페테르부르크 버전으로 니진스키와 전막 발레를 리허설 해야 했고 《지젤》의 초연이 이루어졌던 파리라는 곳에서 공연을 앞두고 있다. 당시 파리에서는 1868년 아델라 그란초바Adela Grantsova 주연의 《지젤》 공연을 마지막으로 이후 한 번도 공연되지 않고 있었다.

  테오필 고티에와 베르노이 드 생조르주Vernoy de Saint-Georges가 카를로타 그리시의 재능을 광범위하게 자랑하려고 낭만 발레 《지젤》을 만들었으며 이 작품에서는 남성 무용수의 역할도 큰 비중을 차지했다. 《지젤》의 안무가 쥘 페로는 무용수로서도 기민한 만큼 마임도 생동감 넘쳤다. 지젤은 근심 걱정 없고 사랑스러운 마을 소녀로 처음 등장하였지만, 그녀는 자신의 젊은 구혼자가 변장한 공작이며 공주와 약혼한 사실을 알고 벨리니 혹은 도니제티

---

• 르노와르의 그림 「르그랑의 초상」에 등장하는 르그랑•

의 여주인공들처럼 미쳐서 죽는다. 2막에서 그녀는 육신을 떠난 영혼으로 무시무시한 숲의 요정인 윌리들 중 한 명으로 다시 등장한다. 지젤 역은 테크닉이 능란하여, 죽을 때까지 춤을 추어야 하는 그녀의 애인을 구할 정도가 되어야 함은 물론이며 무덤까지 이어지는 순수한 사랑을 전달할 표현력이 있어야 한다. 알브레히트 백작은 오필리아에게 햄릿이 (비록 고의는 아니라 할지라도) 끼친 행동처럼 지젤에게는 왕자이면서 농부임에 틀림없다. 그는 2막에서 앙트르샤, 카브리올, 피루엣, 투르 앙 레르tours en l'air* 등이 이어지는 극한의 춤 실력을 발휘해야 하며 이어서 무대 바닥에 조용히 쓰러져야 한다(그러나 소리가 나면 안 된다). 그리고 알브레히트는 이렇게 고난도 기교의 춤을 추는 동안 회한과 가슴의 상처는 그대로 표현해야 한다. 이는 모두 그 시대의 스타일이었음이 틀림없다.

니진스키의 가장 큰 걱정은 전통적인 마임이었던 것으로 보아 그의 신중함을 알 수 있는 대목이다. 마린스키의 전통 레퍼토리의 일부분으로 이런 종류의 과거 발레에서 춤을 추는 것은 포킨 발레로만 전적으로 레퍼토리를 구성하여 공연하는 것과는 다르다. 포킨은 전통 클래식 발레의 수화를 모두 없애 버렸다. 사실을 말하자면 《카니발》에서 아를르캥이 콜럼바인의 발치에 그의 심장을 내려놓는 아주 미미한 부분에서 존재하기는 했지만 이것은

---

* '공중에서의 회전'. 몸을 곧게 하고 공중으로 솟구쳐서 두 번 이상 회전한 다음 제자리로 내려 서는 스텝*

《코메디아 델라르테》의 등장인물들과 보조를 맞추기 위해서였다. 《클레오파트라》에서 아문은 처음에 여왕을 위해 자신의 사랑을 먼저 선언하지 않았다. 그는 자기 자신을 먼저 가리키고 그다음에 자신의 심장에 두 손을 얹고 클레오파트라를 가리킨다. 그는 그녀를 열정적인 찬탄의 눈길로 바라본다.[94] 《셰에라자드》에서 샤는 조베이다를 자신의 다른 부인들과 함께 죽일 것인지 말 것인지를 두고 고민할 때 복수심에 불타는 샤의 동생은 장광설을 늘어놓지 않고 다음과 같은 마임을 했다. 들어봐(손을 샤에게 뻗치면서). 그냥 생각해봐(그의 이마를 두드리면서) 당신의 여왕(조베이다를 가리키고는 그 후 동생 자신의 머리 위에 왕관을 그려 넣으면서)이 흑인(무섭게 얼굴을 찡그리며 어둠을 전하기 위해 그의 얼굴 앞에 손을 그늘처럼 내려놓는다)과 사랑을 나눈다. (동생 자신의 두 팔로 자신의 몸을 꼭 껴안는다) 안 돼, 페르시아의 왕은 칼자루에 손을 얹고 무대 앞으로 천천히 걸어 나와서 한 다리로 니그로의 몸을 뒤집어 그 얼굴이 위로 보게 했다.[95] 카르사비나는 클래식 발레에 등장하는 과거 수화, 즉 과거 시대의 전통과 《지젤》 원작을 상기시키는 요소의 매력을 매우 잘 이해하고 있다.[96] 그러나 니진스키는 포킨의 새로운 조류에 완전 심취해 있었기에 진심 어린 마음으로 만족스럽게 과거 발레의 스타일을 다시 받아들이는 방법을 알 수가 없었다.* 어느 날 리허설에서 댜길레프는 니진스키가 카르사비나의 광란의 장면에서 가만히 서서 아무것도 하지 않은 것에

---

* 전반적으로 관객들, 특히 런던 관객들은 니진스키와 같은 혼란을 겪게 된다.

대해 불평했다. 바슬라프는 "나는 내 눈빛으로 연기를 하고 있다"고 답했다.[97] 그는 자신의 노트에 이 발레에 대한 자신 생각을 가득 적었는데, 다양한 순간에 알브레히트가 어떻게 반응했는지에 대한 분석이 실려 있다. 또한 그가 포킨의 댄스 드라마에서처럼 마임을 하다가 어떻게 하면 자연스럽게 춤으로 변환할 수 있을까 하는 내용도 실려 있었다. 안무가 자신도 니진스키와 같은 불만이 있었다. 이런 불만이 있던 포킨의 경우는 댜길레프가 제2의 발레단 책임자로서 계약 건을 내세워 거의 반강제로 그를 설득하여 《지젤》리허설을 성사시켰다.[98] 쇼팽, 보로딘, 슈만, 림스키코르사코프의 음악으로 발레를 만든 후에 순전히 발레를 위해서만 작곡된 아돌프 아당의 1841년 음악은 이들이 듣기에는 지독히 무미하다고 생각했다.

카르사비나는 지젤 역을 그녀의 스승인 마담 소콜로바Sokolova에게서 배웠다. 페테르부르크에서 지젤 역은 파블로바만을 위한 특별한 배역이었다. 파블로바는 그녀에게 큰 도움을 줄 수도 있었으나 그러지 않았다.* 카르사비나는 마린스키 극장에서는 이 역을 춘 적이 없었다. 마린스키에서는 오로지 파블로바만이 이 역을 추었으나 카르사비나는 적어도 2막의 무용 스텝들은 런던 무대에서 공연한 적이 있었기에 익숙했다. 카르사비나는 이렇게 썼다.

니진스키와 나는 걸작을 만들기 위해 지젤에서 각각의 배역에 완전

---

• 내가 카르사비나에게 파블로바가 도와주었느냐고 물으니 "절대 안 도와줬어요!"라고 외쳤다.

히 몰두하여 각자의 개성을 서로에게 받아들이도록 강요하면서 격렬한 장면으로 이끌었다. 우리 무대에서 《지젤》은 신성한 작품이었다. 단 하나의 스텝도 바꿀 수가 없는 (…) 나는 이 작품의 모든 것을 사랑했다. 내가 춤을 추고 마임을 하고 완전히 넋이 나가서 아파죽을 지경일 때조차도 니진스키가 아무 반응이 없어서 너무 슬펐다. 그는 수심에 잠겨 서서 손톱을 물어뜯고 있었다. "지금은 당신이 나에게로 와야 해요" 하고 내가 말하자 니진스키는 "내가 무엇을 해야 하는지를 알고 있어요"라는 무뚝뚝한 대답을 할 뿐이었다. 아무 효과도 없는 노력을 한 후에 그런 대화를 겪고 보니 너무 속이 상해서 울었다. 니진스키는 당황해하면서도 무감정하게 쳐다보았다. 댜길레프는 나를 무대 구석으로 데려가서 눈물을 닦으라고 손수건을 건네주면서 나에게 다정하게 말했다. "당신은 그가 이 역할에 대해 몇 권의 책을 썼는지, 그 해석에 관해 얼마나 많은 글을 써 두었는지 모르고 있어."[99]

책 몇 권을 썼다는 말은 물론 과장이다! 그리고 역을 연구하는 것, 니진스키가 억지로라도 그렇게 하려고 노력을 했다손 치더라고 그에게 적절한 방법은 아니었다. 그 배역에 대해 느껴야 하고 그 느낌은 그에게 오로지 갑자기 강렬하게, 결정적인 마지막 순간에 오는 것이었다.[100] 이렇게 직설적인 왕자 풍의 역할은 낭만적이든 영웅적이든 사실은 니진스키의 스타일은 아니었다. 대부분의 남자 무용수들은 그들의 무대 인생을 바로 이 왕자 역으로 영위하며 그렇지 못하면 아무것도 아니었다. 기사들은 언제나 발레리나들을 들어 올리는 부차적인 역할이었다. 하지만 니진스키는 좀 더 멋진 역할들로 특화되어 무대 생활을 시작했다. 니진스키는 일상적인 남녀관계가 등장하는 역할에 대해서는 곤혹스러워하는 점이 있었다.《셰에라자드》에서 그는 정욕의 상징이지만 어떤 면에서는 이다 루빈스타인보다 훨씬 더 여성적이었다.

카르사비나는 이렇게 썼다. "그때부터 댜길레프는 우리 사이에서 완충 역할을 했다. 우리는 둘 다 격앙되어 있었고《지젤》을 배운다는 것은 눈물 없이는 불가능했으며 많은 눈물이 필요로 했다. 결국, 역에 대해 이해가 되었다. 우리는 서로 잘 조율하게 되었다. 전해 들은 바에 의하면《지젤》은 주역들에게 개인적으로 엄청난 성공을 안겨 주었다고 했다. 그보다 더한 작품은 없었다."[101]

아마도 댜길레프가 파리사람들이 자신들의 오래전 발레를 러시아인들이 추는 공연에 흥미를 느낄까 하고 의문스러워했던 점이 옳았는지도 모르겠다. 브누아의 향수를 불러일으키는 무대 세트, 즉 처음 무대 장면은 저 멀리 언덕 꼭대기에 성과 돌출한 바위가 보이는 가을 풍경, 두 번째 장면은 어두운 푸른색 달빛 아래 숲속이었다. 이 숲속 장면은 고티에의 꿈들을 훌륭하게 소환했다. 브누아는 여러 해에 걸쳐서 고티에와 협력할 운명이 주어진 듯이 보였다. 브누아는 이 프로덕션을 드디어 보았을 때 카르사비나의 춤이 "거의 파블로바를 능가한다"[102]고 판단했다. 스베틀로프는 카르사비나와 '극적인 파블로바'를 비교하면서 다음과 같은 생각을 했다.

그녀는 또 다른 해석으로 춤을 추었다. 그녀의 해석은 아주 깊은 비극을 느끼지 않은 채 시작된다. 오히려 반대로 여인의 절망, 슬픔, 시성을 서정적인 노래로 표현했다. 연민을 자아내는 그녀의 연기는 부드러우면서 절제되어 있다. 광란의 장면에서도 거의 용기를 내지 못하는 불평 정도였다. 윌리가 등장하는 막에서 그녀는 모든 춤에서 상대를 달래는 듯 오히려 만족하면서 운명에 수긍하고 더 행복한 미래를 위한 희망의 기미를 보였다.[103]

알브레히트 백작으로 분한 니진스키의 사진을 보면 그의 눈은 빛이 나고 그의 가발은 마치 진짜인 것처럼 보인다.

이제 카르사비나와 포킨, 로포호바와 레온티예프는 《카니발》의 콜럼바인과 아를르캥의 역할을 번갈아 교대로 춤을 추게 되었다. 카르사비나에 대해 스베틀로프는 이렇게 썼다. "슈만의 《카니발》에 등장하는 교묘한 풍자와 상냥한 미소는 카르사비나의 춤과 어우러져서 음악을 배경으로 가시적인 조형 동작이 되어 등장한다."[104]

브누아는 루가노에서 가족들과 함께 있었다. 그렇지만 브누아는 파리 시즌의 흥분된 분위기를 함께 나누고 싶었다. 그는 댜길레프의 계속되는 편지에 대한 답으로 열두 시간이 걸리는 여행길에 나섰다. 그가 도착하자 친구들인 미샤, 세르트, 보두아이에와 화가 데토마스Dethomas가 그를 무척 반겼다. 그러나 또 다른 충격이 그를 기다리고 있었다.

파리 오페라 객석의 내 자리에 앉았을 때 즐거움은 얼마나 컸는지, 그리고 나는 프로그램을 펼쳐서 《셰에라자드》라는 제목 아래 "박스트 발레"라는 단어를 보았다. 나는 너무 놀라서 내 눈을 의심했다. 그러나 오케스트라에서 첫 음악이 들리고 커튼이 오르니 모든 것을 잊고 공연의 강렬한 기쁨 속으로 완전히 빠져들었다. 나의 열정은 너무나 커서 공연 후 박스트와 댜길레프를 포옹하려고 무대 위에 올라갔을 때도 나는 그들에게서 받은 상처를 거의 의식하지 못했다. 그러나 호텔로 돌아와 다시 프로그램을 읽은 후에야 비로소 이 제목 아래 프린트된 단어가 무엇을 의미하는지를 의식하게 되었다. 나의 마음은 쓰라림과 분노로 가득했다. 이런 실망은 실질적인 부분과는 아무 상관이 없었다. 그런 요소들은 내 머릿속에 들어오지도 않았다. 마흔 살이나 된 내 나이에도 불구하고 '저작권료'에 대해서는 매우 불분명하게 자리 잡고 있을 뿐이었다. (…) 다음 날 어떻게 된 일이냐는 세료자에게 물었을 때 그의 답을 듣고는 폭발했다. "무엇을 원하세요? 박스트도 뭔가 보답을 받아야 합니다. 당신은《아르미드의 관》을 가졌고《셰에라자드》는 그의 몫이 될 것입니다."[105]

댜길레프는 자신을 위해 작품에 대한 명예를 탐하는 일은 절대 하지 않았다. 하지만 브누아는 새로운 러시아 발레단에서 내쳐진 상황이 되어 버렸다. 댜길레프는 자신에 대한 콤플렉스를 이미 가지고 있던 친구의 마음이 어땠을지를 보살피지 않아 실수한 것이었다. 어찌 되었건 브누아는 발레단 창설에 가장 근원적인 역할을 한 사람이었다. 댜길레프는 친구들이 아이디어를 같이 창안하였고 그 결과물에 대한 영예 또한 같이 누려야 한다고 생각했다. 만약 박스트가 저작권 및 작품에 대한 저작권료도 받을 수 있다면, 박스트가 디자인한 많은 작품에 대해 얼마 안 되는 금액으로 혹은 후불 방식으로 그와 조정해 볼 수가 있었다.[106] 《셰에라자드》는 브누아의 대본보다 무대 디자인과 의상이 훨씬 더 획기적인 결과물이었다. 루가노로 돌아온 브누아는 댜길레프에게 "영원히 결별한다"는 편지를 보냈다.[107]

댜길레프는 너무 바빠서 그 일에 신경 쓸 겨를이 없었다. 댜길레프는 마치 퍼뱅크Firbank의 소설 『피렐리 추기경 Cardinal Pirelli』에 등장하는 교황처럼 그는 '왜 그들은 다들 예의 바르게 처신하지 못할까?' 하고 생각했을 수도 있다. 댜길레프는 생각뿐 아니라 말로도 브누아에게 혹독하게 대했다. 그가 다시 브누아가 필요해질 때까지는 브누아를 자신의 인생에서 배제하려 했던 점에 대해 증거가 있다.[108] 그러나 브누아는 박스트의 훌륭한 무대 장식에 대해 러시아의 잡지 『담화Rech』에 기사를 썼다.[109]

《지젤》은 파리 유명 인사들의 구미를 맞추기에는 너무나 미묘한 맛을 지니고 있다 하더라도 마르셀 프루스트에게는 헛된 시간이 아니었다. 7월 카부르Cabourg에서 프루스트는 "유명하지만 지루한 《지젤》"이라고 쓴 레이날도를 비난했다.[110] 그리고 프루스트가 「꽃피는 아가씨들 그늘에」*를 그해 여름 집필하기 시작했는데 이 소설은 카부르에 있는 발벡Balbec의 호텔, 카지노, 바닷가 등에 대한 묘사로 시작한다. 프루스트는 소설 속에서 알베르틴Albertine의 소규모 밴드에 속한 소녀 중 한 명의 이름은 '지젤레Gisèle'로 지었다.[111]

---

• 『잃어버린 시간을 찾아서』의 3부*

댜길레프와 니진스키가 그들의 친구들과 발레 공연이 끝난 후 라루에서 저녁을 먹을 때면 프루스트는 종종 구석에 앉아 초콜릿 음료를 마시면서 편지를 썼다. 프루스트는 니진스키가 무대 밖에서는 재미가 없음을 알게 되었다.

《불새》리허설을 하는 동안 카르사비나가 대단한 성공을 거둘 것임이 분명해졌다. 댜길레프는 이런 성공을 니진스키가 거두었으면 하는 바람이 있었고 댜길레프는 당장 다음 해에 니진스키를 위한 작품 제작을 실행으로 옮길 결심을 하게 되었다. 콕토와 레이날도 안이 고안한 발레는 오리엔탈 테마였음이 확실했다. 왜냐하면 오리엔탈 테마가 당시에 대유행이었기 때문이다. 박스트가 신작에서 디자인한 무대와 의상은《셰에라자드》의 그것보다 훨씬 더 눈에 들어왔다. 카르사비나가 불새 역을 맡은 것처럼 니진스키도 그의 실력을 확실히 보여 줄 수 있는, 니진스키를 다른 배역들과는 거리를 둔, 그리고 다른 배역들보다 월등히 우월한 역할을 갖게 해야 한다고 댜길레프는 생각했다. 그는 초자연적인 존재이면서 데우스 엑스 마키나<sub>deus ex machina</sub>* 같은 역할로 발레리나를 서포트 하지 않고, 또 어떤 발레리나도 조역이 될 수밖에 없는 그런 역을 니진스키에게 주고 싶었다. 사실 포킨의 작품이건 니진스키의 작품이건 니진스키가 발레리나를 다시 '서포트'— 어떤 의미에서 짐꾼 같은 역할 — 하는 발레는 없었다. 《장미의 정령》에서 니진스키는 아라베스크를 구사하는 카르사비나를 서포트 했으

---

• 절박한 장면을 해결하기 위해 내세운 초자연적인 힘, 인물, 신을 뜻함*

나 그녀를 들어 올리는 장면은 거의 없다.《페트루슈카》에서 발레리나를 서포트 하는 이는 무어인이었다. 그리스 테마 발레에서는 그들 동작의 성격상 남성 배역이 여성 무용수를 서포트 하는가, 아닌가 하는 점은 아예 관심의 대상이 되지를 않았다.)

콕토는 카르사비나에게《불새》의 줄거리를 자신에게 이야기해 달라고 부탁했다. 그러고는 카르사비나의 이야기에서 몇 가지 요소를《푸른 왕》의 대본에 포함했다.[112]

브누아는《불새》의 이야기가 빈약하다고 생각했으며 친구들이 "어른들을 위한 동화가 아니라 오로지 아동들을 위한 또 다른 요정 동화(「곱사등이 망아지」처럼)를 창작하는 것에 성공했다고 생각했다."

이 작품에서 가장 부족한 점은 남자주인공 이반 왕자와 아름다운 공주가 언제나 관객에게서 멀리 떨어져 있는 것이다. 관객은 그들의 존재를 믿지 않는다. 그런 까닭에 그들과 고통을 나누는 것은 불가능하다. 카체이Kastei의 모습으로 구현된 악마의 존재는 훨씬 더 생동감 있고 설득력 있다. (…) 그러나 카체이는 너무 늦게 등장하여 너무 빨리 사라져 버린다.

브누아는 발레 작품이 한 시간 이상 지속되어서는 안 된다는 댜길레프의 원칙은 포킨과 스트라빈스키에게도 적용되었고, 이로 인해 연기의 비중이 크게 작용하였으며 극적인 요소는 작품을 표피적으로 만드는 결과를 가져왔다고 생각했다.[113] 내용 면에서 조화가 안 되고 특이한 점은 인정한다고 하더라도,《불새》를 더 길게 만든다거나 등장인물들을 더 심도 있게 묘사하기는 어렵다는 것을 알게 되었다. 화려한 극으로서, 언제나 변화무쌍한 태피스트리 발레가 만족스러웠다.《불새》의 모순적인 면은 공주가 추어야 할 중요한 춤을 불새가 춘다는 사실이었다. 불새가 추는 중요한 춤은 가장 길고 이 작품에서 가장 어려운 솔로 춤 중의 하나였다. 관객이 이반 왕자를 제대로 볼 수도 없을 때, 그리고 연기가 제대로 시작되기 전 처음에 이 춤이 등장했다. 특이한 점은 행진하는 마지막 피날레에서 춤이 하나도 없다는 점이다. 무대 위에서 어려운 춤은 사라졌다. 마술적인 서두 이후에 곧이어 불새의 번쩍이는 망령이 등장하여 관객들을 깜짝 놀라게 했다. 물론 악의 힘을 잠재우기 위해 나중에 불새는 돌아온다. 결혼식 행렬과 이반 왕자 및 공주가 장엄한 모습으로 미동을 하지 않은 마지막 장면은 웅장하며 감동적이다.

브누아는 골로빈의 무대 세팅이 아름답기는 하지만 드라마에 도움이 된다고는 생각지 않았다. 댜길레프는 본래 브루벨Vrubel이 발레 디자인을 하기 원했다. 그러나 브루벨은 죽어 가거나 미쳐 가고 있었기에[114] 브루벨 대신에 골로빈을 선택했다. 브누아는 이렇게 썼다. "고대 러시아 예술 애호가인 골로빈은 월등하게 색채를 잘 다루었지만 유감스럽게도 자기 자신에게만 진실한 채로 남아 있었다." 브누아 글의 의미는 골로빈의 섬세한 디자인은 전형적인 '골로빈' 스타일이었고 작품의 드라마 전개에는 별다른 도움이 되질 못 했다는 것이다. "힌두교의 탑같이 보이는 독버섯 무리는 카체이의 거주지를 상징하고 있었다. 독버섯 아래는 층층이 여러 가지 다른 색깔로 그려져 윤곽을 드러내고 있는데, 이들은 마치 습지에 서로 밀접하게 달라붙은 녹색의 부드러운 덤불이 무성하게 자라난 것을 연상시켰다." 포로가 된 공주를 구출하려고 하던 한 무리의 기사들이 악마 카체이 때문에 겁에 질린 모습을 하고 있다. "이는 마치 색채감은 원색으로 맹렬하지만 어떠한 깊이도 느낄 수 없는 거대한 체크무늬 카펫 같았다. 아무도 그 숲을 — 사실 숲이라고 부르기에는 전혀 어울리지 않는 — 뚫고 들어가지 못했다."[115] 브누아의 판단이 옳았을 수도 있다. 그러나 일종의 고대 점묘법 스타일의 골로빈 디자인은 오늘날 우리가 보기로는 상당히 근사하게 보인다. 반semi구상주의 모자이크는 녹색, 황금색 그리고 은색 딱정벌레들로 이루어져 있다.

골로빈의 의상은 무대처럼 풍부함을 지녔고 광채가 나는 의상은 무대 세트와 잘 어우러졌다.

카체이의 하인들과 추종자들은 정교하게 의상을 입었다. 그러나 그들의 의상은 두렵게 보이거나 강압적으로 보이지 않았다. (…) 리허설 때 연습복을 입은 무용수들이 공연한 포킨의 안무는 환상적이면서 괴이하게 보였다. 그러나 무대에서 모든 것은 한결같이 화려하고 사치스러운 분위기를 창출했다. 키키모라Kikimora●들은 시동 같아 보였고 벨리보스키Bellyboshky들은 터키 친위 보병 같이 보였다. 무용수가 무서운 제스처와 분장을 했음에도 불구하고 카체이 자신조차도

---

● 슬라브 신화에 나오는 가정의 여자 정령*

별로 무서워 보이지 않았다. (…) 이반 왕자는 이런 카체이의 외모를 보고는, 대본에서 요구하는 대로, 순전히 혐오감 때문에 침을 뱉지는 않았을 것이다.[116]

댜길레프는 골로빈이 디자인한 불새, 왕자와 공주의 의상이 마음에 들지 않았다. 그리하여 박스트가 이들을 위해 새로이 디자인했다.[117]

자신이 파리에 왔다는 사실에 스트라빈스키는 흥분했으나 그는 자신의 음악과 포킨이 무대 위에서 하는 안무 방식에 대해 의구심을 가졌다. 지휘자는 가브리엘 피에르네Gabriel Pierne였고 작곡가는 어두운 극장에 서서 여덟 번의 리허설을 모두 지켜보았다.

드디어 6월 25일이 되었다. 이날은 스트라빈스키의 발레가 처음으로 파리 오페라 극장에서 공연되는 날이었으며 그의 음악이 서유럽에서 처음으로 연주되는 날이었다. 작곡가는 언제나 기억하기를 관객들의 화려한 광채와 무대의 화려한 광채가 서로 경쟁을 벌였다는 것이다.[118]

커튼이 올라가기 전에 연주된 서주는 작품의 분위기를 알려주었다. 밤에 고대 숲속의 으스스한 분위기와 악의 기운이 지배하는 집이다. 「베오울프Beowulf」•에 나오는 그렌델Grendel••의 호수와 같은 분위기다.

---

• 고대 영어로 쓴 작자 미상의 영웅 서사시•

악마가 잠든 궁정은 무서운 적막감에 빠져 있다. 그러나 관객은 카체이의 혐오스러운 보초병 몇 명의 발걸음 소리를 들을 수 있다. 커튼이 오르면 《불새》의 열정적인 곡이 연주되고, 어두운 무대를 가로지르는 야광의 화살을 볼 수 있다. 카르사비나는 튀튀를 입지 않았고 속이 비치는 동양풍의 푸른빛이 나는 녹색 판탈롱, 일렁이는 주름들, 황금색으로 땋은 머리채, 타는 듯한 붉은 색의 타조 털과 공작 털로 꾸민 의상, 보석으로 만들어진 머리 장식으로 분장했다. 민요 가락의 음조는 관객이 본대로 이반이 살짝 몰래 들어가는 것을 표현하며 왕자의 머리가 벽 위로 등장하면서 그동안 불새에게 몰래 접근했음을 알 수 있다. 포킨은 황금과 보석으로 치장된 중세 러시아 왕자의 의상과 챙이 위로 향한 모자를 썼다. 불새는 정원의 나무에서 황금 사과를 따며 즐겁게 놀고 있다. 불새의 음악은 무시무시한 불꽃놀이 음악이다. 이반은 그녀를 사로잡기로 하면서 화살을 내려놓는다. 카르사비나의 크고 까만 눈동자는 두려움에 떨면서 그녀의 어깨 너머로 왕자를 쳐다본다. 그녀는 날개를 퍼덕거리면서 두려움에 두근거린다. 애원하는 그녀의 춤은 파 닥시옹이다. 왕자는 그녀의 허리춤을 잡았다. 그녀는 이제 공포에 떨면서 앞가슴에 두 손을 교차하여 포개고 있다가, 그다음에는 퍼덕거리는 날개처럼 팔을 뻗다가 그다음에는 머리를 꼭 감싼다. 그녀는 푸앵트로 춤을 추는데

---

•• 「베오울프」에 나오는 반은 짐승, 반은 인간인 괴물. 밤마다 왕궁을 덮쳐 잠자는 사람을 잡아먹었으나 베오울프에게 퇴치되었다.*

그녀의 동작은 수많은 주테를 구사해야 하는 고난이도의 테크닉을 필요로 하는 어려운 춤이다. 클래식 발레에서 전통적인 고난이도 스텝하고는 다르다. 이 춤에는 앙트르샤, 바트망, 프레파라시옹, 턴아웃turn-out•이 없다. 그녀의 애원은 흡사 셰에라자드와 같이 들린다. 이반 왕자 — 기독교를 믿는 왕자였음 — 는 불새가 불쌍하다는 생각이 들었고 결국에는 이 불새가 왕자를 구원하게 된다. 왜냐하면 불새가 왕자에게 마법의 깃털을 주었기 때문이다. 왕자는 불새를 놓아 주었고 불새는 크게 기뻐하면서 쏜살같이 달려갔다.

이반은 혼자가 되었고 우리가 상상한 대로 새가 왕자의 머리 위로 나무 꼭대기에서 섬광처럼 휙 지나가는 것을 왕자는 쳐다보았다. 철저히 도의적인 인간인 왕자의 테마는 카체이의 무시무시한 위협을 표현하는 세 개의 바순이 연주하는 사악한 반음계 음악과는 완전히 대조를 이룬다. 맨발의 열두 명 공주는 하얀색 바탕에 수가 놓인 나이트가운을 입고 그들의 긴 머리 위로는 달빛이 비치는 가운데 성에서부터 이어지는 경사면을 내려온다. 열세 번째로 베라 포키나가 분한 아름다운 차레브나Tsarevna 공주는 다른 공주들보다 훨씬 더 멋진 가운을 입고 등장한다. 재기 넘치는 스케르초에 맞추어 그들은 춤을 추고 황금사과를 가지고 캐치볼을 한다. 이반 왕자는 격식을 차리고 인사를 하면서 자신을 소개하고 열세 번째로 등장한 공주도 예의 바르고 기품 넘치는 인사로 왕

---

• 발과 다리를 엉덩이 관절에서부터 바깥쪽으로 향하게 하는 것을 일컫는다.•

자를 맞이한다. 다른 공주들도 모두 천천히 합류하여 우아하게 원을 그리며 춤을 추거나 호로보드Khorovod˙를 춘다. 돌림노래 형식으로 두 대의 플루트가 속삭이듯 짧은 연주를 한 후 음악은 노브고로드 지방의 전통 민요로 이어진다. 「정원에서」를 오보에가 먼저 연주하고, 그다음에는 클라리넷과 바순이 칸타빌레를 연주한다. 이 음악 다음에는 현악으로 다른 민요 가락을 조금 더 빠르게 연주하는 음악이 이어진다. 그리고 춤은 왕자와 공주가 서로 얼굴을 맞대면서 끝이 난다. 관객들은 그들이 서로 사랑하게 되었음을 알게 된다. 관객이 볼 수 없는 무대 뒤에서 새벽을 알리는 트럼펫 소리가 들린다. 공주는 두려움에 떨면서 급히 떠나는데 아름다운 공주는 뒤를 돌아보면서 그리움에 가득한 시선을 보낸다. 절망에 빠진 왕자는 성을 혼자서 공격하기로 한다.

왕자가 성문을 두드리자 괴기 서린 편종이 갑자기 폭발하듯이 소리를 내고, 하프와 첼레스타가 연주를 시작하면서 비올라가 술 폰티첼로sul ponticello˙˙방식으로 반음계의 떨림을 연주한다. 이 악장에서 목관, 금관 그리고 피아노가 합류하여 포르티시모의 클라이맥스까지 연주한다. 트롬본은 돌림노래 방식으로 《지옥의 춤 Infernal Dance》의 메인 테마를 연주한다. 이전에는 파리 오페라에서 이렇게 엄청난 사운드를 들어 본 적이 없었다. 카체이의 궁정에 사는 괴물 같은 부하들인 키키모라와 벨리보시키들은 무대에

---

˙ 러시아 민속춤의 일종*
˙˙ 활을 브리지에 가깝게 또는 닿을 정도로 연주하는 현악기의 특수 주법*

올라가서 기어 다니고 껑충거리며 뛰어올랐다. 이반은 싸웠으나 죄수가 되고 말았다. 여섯 마디의 불길한 음악은 오케스트라에서 모두 저음 악기들(바순, 콘트라바순, 호른, 트롬본, 튜바, 베이스)이 연주했고 이 음악들은 날카로운 스타카토 화음으로 연결되었다. 카체이가 등장했다. 창백한 얼굴에 구레나룻 수염을 기르고, 황금빛 피부를 통해 뼈가 다 보이는 구부러진 육신과 뿔 모양으로 튀어나온 그의 어깨, 해골 같은 손에 긴 손톱을 한 모습이다. 그러고는 영웅과 악당 사이에 음악으로 대화가 뒤따른다. 카체이는 분노하고 공주는 헛되이 그에게 사정한다. 음악은 높은 음에서 낮은 음까지 시끄러운 반음계 스케일로 왔다 갔다 하며 현으로 연주하는 가장 작은 소리의 떨리는 음과 번갈아 소리를 낸다. 사람 잡아먹는 괴물은 이반 왕자를 돌로 만들기 위한 주문을 시작한다. 하프와 호른이 연주하는 글리산도 주법의 울림은 거칠고 높은 음역을 풍성하게 사용하는 목관악기의 연주와 연결되면서 충돌로 끝난다. 이 공식이 세 번 반복되기 전에 이반은 그가 지닌 마법의 깃털을 흔든다. 그리고 윙 하는 날갯소리와 함께 불새가 나타난다. 불새는 멈출 수 없는 춤을 카체이에게 억지로 추게 한다. 처음에는 조용히 잉글리시 호른이 연주하다가 바이올린이 신경질적으로 돌아가는 선율을 시작한다. 관악 파트, 그다음에는 오케스트라 전체가 반쯤 미친 카체이의 수행원들이 지옥의 춤을 시작할 때까지 연주한다. 낮게 깔리는 디에스 이레dies irae•의 선율은 들쭉

---

• '분노의 날(또는 진노의 날)'이라는 뜻으로 레퀴엠 가운데 부속가를 이르는 말*

날쭉 하는 관악기 구절과 번갈아 등장한다. 동양풍 멜로디의 여러 단면은 바이올린 군이 연주한다. 자일로폰과 목관악기가 「죽음의 무도danse macabre」* 연주에 합류한다. 플루트는 한층 더 부드럽게 연주하지만 그 잠시의 한숨 돌리는 시간도 얼마 못 간다. 가차 없이 디에스 이레 선율이 돌아온다. 공주의 선율을 일관되게 연주하는 현악기 군과 함께 금관 팡파르 연주는 악마적인 피날레로 이어진다. 춤은 거의 광란에 이른다. 현을 위한 조용한 스타카토는 전체 오케스트라의 포르티시모까지 발전한다. 관악기가 높낮이를 왔다 갔다 하면서 카체이의 추종자들이 탈진하여 땅에 쓰러져 가라앉는 마지막 날카로운 화음까지 날카로운 소리를 낸다.

이제 불새의 자장가가 시작된다. 폐부를 찌르는 아름다운 선율은 바순이 연주하며 간간이 오보에가 탄식한다. 현악기 군이 조용히 기다리다가 대위법의 높은 선율로 연주한다. 바순이 다시 시작하고 바이올린은 불새의 모티프를 하강 코드로 연주한다. 오보에는 서서히 사라지게 연주한다. 카르사비나가 팔을 뻗치고 파드 부레로 무대를 둥글게 돌 때 관객들은 조용히 잠에 빠져드는 분위기다. 카체이가 깨어났다. 그러나 이반 왕자는 카체이의 영혼을 담을 함, 즉 거대한 알을 발견했다. 이반이 알을 던질 때 카체이는 두려움에 좌우로 떨었다. 결국에는 알이 바닥에 내동댕이쳤다. 무대는 암흑 속에 빠져들었다.

---

* 한밤중에 묘지에서 죽은 사람의 해골이 나타나 무도회를 연다는 유럽 전설을 소재로 만든 묘사적인 춤곡*

마지막 음악은 또 다른 민요를 추수감사절의 찬가로 바꾸었는데 이는 이반 왕자와 공주의 결혼 행렬이 되었다. 공주들과 그들의 기사들은 더 겁에 질리지도 않았고 천천히 줄지어 갔다. 귀족들이 연달아 등장하면서 무대 위는 사람들로 붐빈다. 왕관을 쓰고 왕권을 이어받은 왕자와 공주는 긴 행렬을 보여 주기 위해 돌아섰다. 그러고는 장엄하게 군중들 한가운데서 마치 우상처럼 그들의 자리로 나아갔다. 불새는 그들을 축복하기 위해 휙 지나간다. 활기차고 멋진 리듬과 함께 발레는 해피엔딩으로 막을 내린다.

얼마나 영광스러운 일인가. 포킨, 무용수이며 안무가이자 개척자인 그는 자기 옆에 부인이 함께 서 있고 뒤에는 자랑스러운 발레단이 있는 이 상황은 얼마나 영광스러운가. 그리고 자신의 발레와 스트라빈스키의 음악에 엄청난 찬사를 보내고 있는 파리! 그리고 카르사비나, 포킨이 그녀를 조련하여 처음으로 큰 역을 맡아 그녀에게 안겨 준 승리!

스트라빈스키는 댜길레프의 박스에 앉아서 모든 유명인사, 발레 애호가들을 다 만났다. 그리고 이후 이어지는 밤에 스트라빈스키는 프루스트, 장 지로두Jean Giraudoux, 폴 모랑Paul Morand, 세인트 존 페르스St. John Perse, 폴 클로델Paul Claudel 그리고 사라 베르나르를 소개받았다. "나는 마지막에 인사하기 위해 무대에 불려 나갔다. 그러고는 또 몇 번이나 나갔다. 나는 마지막 무대 커튼이 내려왔을 때도 여전히 무대에 있었다. 나에게로 오는 댜길레프를 보았다. 댜길레프가 데리고 와서 나에게 소개해 준 사람은 이마가 넓은 어두운 인상의 남자였는데 클로드 드뷔시였다. 위대한 작곡가는 음악에 대해 친절하게 말을 했다. 그러면서 나를 저녁 식사에 초대한다는 말을 마지막에 했다."[119]

동양풍이 대유행이었다. 거의 100년 전 빅토르 위고의 초창기 시절처럼.《불새》다음에는 이 시즌의 마지막 신작인 디베르티스망《오리엔탈》이었다. 위고의 두 번째 시집 『동방 시집Les Orientales』과 제목이 똑같았다. 이 작품에서 겔처와 볼리닌이 등장했고 니진스키는 두 작품에 출연했다. 하나는《코볼드Kobold》로 같은 이름의 그리그 피아노곡에 맞춘 발레였다. 이 피아노곡은 스트라빈스키가 관현악으로 편곡했다.* 이 작품에서 니진스키는 반짝이는 금속 조각을 붙인 녹색을 띤 푸른색 전신 타이츠를 입고 얼굴에까지 전부 장식했다. 그의 역은 신나게 뛰어다니는 마귀였다. 이 작품에 대해 남아 있는 것은 뉴욕 공연예술 박물관과 도서관에 보관된 세 장의 사진뿐이다. 다른 한 작품은 좀 더 정적인 춤으로 대부분의 동작이 시암 스타일Siamese style**로 구성된 춤이었다. 포킨은 몇 년 전 페테르부르크에서 시암 무용수 그룹 공연을 본 적이 있다. 그 공연에는 기억할 만한 요소들이 많이 있었다. 드루에Druet와 마이어 남작은 니진스키의 사진을 찍었고 자크에밀 블랑슈, 장 콕토, 조르주 바르비에George Barbier 외 다른 사람들은 니진스키를 그렸다.

---

* 그리고리예프는 이 작품이 니진스키 안무라고 했는데 니진스카는 포킨 안무라고 했다.
** 시암은 태국의 옛 이름*

스튜디오로 사진을 찍으러 갈 때 카르사비나는 자신의 불새 의상을 갖고 갔으며 니진스키는 금과 보석으로 치장된 자신의 시암 스타일 의상과 헬멧을 가지고 파시에 있던 자크에밀 블랑슈의 스튜디오로 사진을 찍으러 갔다. 블랑슈는 이들이 포즈를 취해야 하는 시간, 그리고 드루에의 사진을 위해서도 포즈를 취해야 했던 시간을 절약해 주고 싶었다. 햇살이 찬란한 일요일 아침이었고 이 모임의 일정을 '조율하는 사람(마담 블랑슈가 드루에를 그렇게 불렀다)'은 한 시에 도착했다.[120]

밤나무, 개오동나무와 영국식 잔디가 있는 블랑슈의 정원은 어느 폭풍이 몰아치는 저녁에 드뷔시에게 영감을 주어 「비 오는 날의 정원Jardin sous la pluie」을 작곡했다. 이 곡은 드뷔시의 피아노 앨범 중 한 곡으로 삽입이 되었고 드뷔시는 사교적인 이 화가에게 이 작품을 헌정했다.[121] 니진스키는 스튜디오에서는 물론 잔디밭 위에서도 자세를 취했다. 그는 — 반은 뱀, 반은 호랑이처럼 바닥을 기거나 서서 기울인 턱에 손끝을 갖다 댄 — 자세를 취하고 공연에서 한 점프를 그대로 재현한 사진은 니진스키 경력의 초창기에 찍은 사진이었다. 공중에서 다리를 교차하면서 두 손을 머리 위에 모은 자세는 시암 댄스에 나오는 장면이라는 것을 알 수 있다. 니진스키가 한 것처럼 카르사비나도 집 주인의 고급스러운 흑단으로 만든 스크린 앞에서 자세를 취했다. 지금도 남아 있는 이때 찍은 사진 중 일부는 그녀의 행동에서 전혀 불새답지 않게 깔깔거리는 웃음소리가 들리는 듯하다. 이는 이 사진 찍는 장면을 보기 위해 도착한 콕토의 탓이기도 하다. 콕토는 계속 재미난 포즈를 취하고 사진 찍던 스튜디오 위층의 갤러리에서 뛰어 돌아다니면서 재미난 웃기는 얘기를 했다.[122] 콕토는 니진스키의 시암 스타일 포즈를 스케치했다.

블랑슈가 그린 카르사비나의 쉬르 레 푸앵트 모습은 아주 도도하게 팔을 쭉 뻗고 있으며 매우 강렬하지만, 결코 스케치 단계를 벗어나지는 않았다. 이 그림은 파리 오페라 박물관Musée de l'Opéra에 있다. 니진스키의 큰 그림은 에드몽 드 폴리냑 공주가 샀으며 그녀의 사후 몇 년간은 영국 뉴베리Newbury 근처 도닝턴 프라이어리Donnington Priory에 걸려 있었다. 여기는 폴리냑 공주의 조카 레지날드 펠로우즈Reginald Fellowes의 집이며 조카는 1954~1955년 댜길레프 전시회 할 때 나에게 이 장소를 빌려주었다. 그러나 드루에의 사진 작업을 할 때 블랑슈만 있었던 것이 아니다. 몇 년 후 니진스키의 알려지지 않은 어느 찬미자가 박스트에게 니진스키 그림을 의뢰했다. 박스트는 드루에 사진 중에 기어가는 포즈를 찍은 사진을 복사했고 의상은 박스트 자신이 디자인한 의상(박스트는 《푸른 왕》을 할 때 바지 의상을 입은 것으로 그렸는데 금속 조각 장식은 없애 버렸다)을 좀 더 간결하게 했고 얼굴은 좀 더 변화를 주어 사진보다 훨씬 생동감 있게 보이도록 그렸다. 이 그림은 다시는 전시되거나 복제되지 않았다가 — 사실 세상으로부터 숨겨져 왔다 — 1969년 워싱턴에서 소더비 경매의 타실로 폰 바츠도르프Tassilo von Watzdorf 남작이 발견했다. 그해 7월 경매 시장에 나왔을 때 이 그림은 당시까지 경매된 박스트 그림 중에 최고가인 1만 1천4백 파운드에 낙찰되었다. 이는 파시에서 행복하게 사진 찍는 여유를 가졌고 사진 작업이 완료된 후에는 늦었지만 맛난 점심을 먹었던 행복했던 그날의 결과였다.

니진스키와 카르사비나는 또 다른 일요일과 그다음 시즌에도 블랑슈를 위해 포즈를 취하려고 이 스튜디오를 방문했으며 카르사비나는 종종 그녀의 친구들을 데려와서 그 작업을 보게 했다. 블랑슈는 조베이다 의상을 입은 이다 루빈스타인도 그렸다. 이다는 검정과 금색 옻칠을 한 스크린을 배경으로 쿠션에 비스듬히 누운 포즈를 취했고 블랑슈는 귀족다운 셈족의 옆모습을 그렸다.

루빈스타인은 세로프를 위해서 한때 수도원이었던 앵발리드 Invalides 거리의 어느 빌딩에서 포즈를 취했다.[123] 세로프는 그녀가 앙상한 뼈가 보이는 등을 돌리고 머리는 오른편 어깨 쪽으로 살짝 비튼 나체로 쿠션 위에 앉아 있는 모습을 그렸다. 몽테스키외뿐 아니라 단눈치오까지 그녀를 위해 봉사하는 기사가 되어 있었다. 그녀는 관심 끄는 것을 매우 좋아했다. 유명한 남자들이 그녀를 향해 찬사를 보내자 그녀는 우쭐거렸다.[124] 그녀는 새끼 호랑이를 샀고 댜길레프에게는 마임뿐 아니라 춤도 추고 싶다고 말했다. 이는 명백히 불가능한 이야기였다. 사람들은 그녀가 흰 백합꽃에다 샴페인을 부어 마시는 줄 알고 있었다. 그러나 이렇게 황당하게 떠도는 이야기들은 이다 루빈스타인에 대해 고의로 신비감을 조성하려고 홍보한 결과의 한 부분인 듯했다.[125]

스트라빈스키는 당시 가난했다. 댜길레프는 신인 작곡가에 불과한 그에게 《불새》의 작곡료를 1천5백 루블 지급했다. 하지만 작곡가는 자신의 발레 성공에 기분이 고무되었고 댜길레프와 협업할 황금빛 미래에 대한 확신이 섰으므로 재빨리 부인과 자식들을 데리러 러시아로 갔다.[126] 《불새》의 마지막 공연은 6월 24일이었고 스트라빈스키는 부인이 이 음악을 꼭 들어야 한다고 생각했다. 두 달 전 스트라빈스키가 오케스트레이션을 완성했을 때 이미 새로운 발레에 대한 구상이 머릿속에 떠올랐다. "나는 제물로 선택된 처녀가 죽을 때까지 춤을 추는 고대 이교도들의 제 의식 장면 꿈을 꾸었다. 그 환영이 구체적인 음악적 아이디어로 연결되지는 않았다. 그러나……."[127] 스트라빈스키가 페테르부르크에서 파리로 떠나기 전에 레리흐에게 이 내용을 이야기했다. 레리흐는 고대 러시아의 신화학자였으며 스트라빈스키의 이야기를 듣자 같이 대본을 적기로 합의했다. 이제 스트라빈스키는 페테르부르크에서 남쪽으로 이틀 반이 걸리는 가족의 집이 있는 우스틸로크Ustilog에서 레리흐에게 편지를 쓰기 시작하여 10일 후 프랑스에서 완료했다.

스트라빈스키가 레리흐에게, 1910년 7월 19일
친애하는 니콜라이 콘스탄티노비치에게,
(…) 나의 《불새》는 파리에서 대성공을 거두었지만, 음악이 연주하기 어렵다고 입증이 되어 올해는 다른 어느 곳에서도 공연이 어렵게 되었습니다. 이 곡은 최소한 9회의 리허설이 필요하니 이런 점만 보더라도 다른 오케스트라가 연주하도록 시도하는 것은 생각도 할 수 없는 것임을 보여 줍니다. 이런 이유로 우리는 여기에서 공연 횟수를 두 배로 늘리기를 원했으나 이는 여러 가지 이유로 불가능했고 이미 예매가 끝난 3회 공연 이후 앞으로 7월 22일과 24일(다음 주 화

요일과 목요일) 2회의 공연만 더 하기로 했습니다. 저는 말한 대로 목요일 공연에 맞추어 도착할 것입니다.

당연히도《불새》의 성공은 댜길레프에게 앞으로 프로젝트를 준비하도록 용기를 주었으며 조만간 우리는 댜길레프에게《위대한 희생 Great Sacrifice》에 관해 이야기해야겠습니다. 실은 그가 이미 나에게 새로운 발레 작곡을 의뢰하였습니다. 저는 이미 작곡을 하고 있는데 아직은 말하고 싶지 않다고 말했더니 예상대로 댜길레프는 폭발했습니다. "뭐라고? 당신이 나에게 비밀로 한다고? 나는 당신을 위해 최선을 다한 사람 아닌가? 포킨, 당신, 모두가 나에게는 비밀로 하고 있어" 등등. 물론 나는 댜길레프에게 말을 해야 했지만 그 이야기를 반복하지 말아 달라고 부탁했습니다. 내가 댜길레프와 박스트와 같이 작업을 할 것이라는 말을 하자마자 기분이 풀렸고 박스트는 우리의 아이디어가 고귀하다고 생각했습니다. 그들은 나의 비밀이 브누아와는 관계가 없다는 이야기를 듣고는 명백하게 안도했습니다. 댜길레프는 브누아와 연관이 있었다면 아마 아주 크게 기분 나빠했을 것입니다.(…)

그 후에 저는 라볼레에서 이 편지를 완성해야 했습니다. 파리에서는 편지 쓸 시간이 없었고 우리는 겨우 3일 지냈습니다. 또다시《불새》는 굉장한 성공을 거두었고 저는 너무나 기쁩니다. 하지만 골로빈이 디자인한 작품의 일부와 조명의 일부는 별로 운이 없었습니다. 저는 처음부터 그렇게 생각했습니다. 골로빈의 의상과 아름다운 무대 세트를 본 순간부터 그가 으스스한 분위기의 카체이 춤을 위해 만족할 만한 의상을 디자인하는 데는 실패했다고 생각했습니다. 이 의견은 안드레 림스키코르사코프André Rimsky-Korsakov•와 콜랴 리히터Kolya Richter도 같은 의견이었습니다. 이 둘은 마지막 공연을 보러 왔습니다. 음악과 의상은 이 장면에서 어울리지 않았고 무용수들은 잘 차려입은 배우들 같아 보였습니다. 댜길레프는 조명을 본인이 맡았는데 결과는 완벽하지 못했고 종종 심각하게 어긋나는 경우가 생겼습니다. 발레단의 이런 실수에 더하여 그랜드 오페라(파리 오페라)의 행정부와 감독 쪽에서는 우리를 방해하고 불리하게 만들기 위해 모든 일을 다 했습니다. 그들은 러시아 예술단에 극장을 빌려주는 자체를 반대하기 시작했지만 오로지 그뤼펠 백작부인과 다른 몇몇 사람들 때문에 우리는 극장을 빌릴 수가 있었습니다. 정확한 이유는 모르지만 댜길레프와 포킨 간의 다툼이 시작되었는데 이는 《불새》를 제작하면서 생긴 많은 어려움 때문이라고 들었습니다. 이 복잡한 상황에서 좀 떨어져 있는 것이 낫겠습니다. 댜길레프가 우리의 《위대한 희생》에 포킨이 참여하는 것은 오로지 돈 때문이라고 저에게 고자질하는 것도 듣기가 힘들었습니다. (댜길레프는 한순간이라도 우리가 포킨과 작업을 원한다는 생각은 전혀 하지 않는다는 사실에 주목해야 합니다!) 포킨과의 불화가 빨리 진정되지 않으면 댜길레프는 우리가 고르스키Alexander Gorsky라는 사람과 작업을 해야 한다고 생각하고 있습니다. 나는 고르스키에 대해 아는 바가 없습니다. 지금 알고 보니 고르스키는 대단한 천재입니다만, 댜길레프는 허풍을 치고 있기도 하고 포킨 때문에 정말 기분이 상해 있습니다.

당신도 아시다시피 저는 지금 대서양 연안의 라볼레에 살고 있습니다. 모든 연령대의 어린이들이 지금도 붐비는 조그만 도시입니다. 우스틸로크에서 파리로 여행하는 동안 당신에 대해 종종 생각했습니다. 바르샤바와 베를린을 거쳐 파리로 가라고 했던 당신의 충고

---

• 음악학자이며, 니콜라이 림스키코르사코프의 아들*

가 얼마나 옳았는지요. 전화로 나눈 저의 마지막 말은 양해해 주십시오.

이제 지금《위대한 희생》의 대본을 적어둔 종이를 찾을 수가 없습니다. 내가 당신과 헤어질 때 깜빡하고 남겨 둔 소량의 원고지 다발을 제발 나에게 보내 주십시오. 당신이 합살Hapsal의 주소를 알려주지 않으셔서 당신의 상트페테르부르크 주소로 편지를 보냅니다. 당신의 답신을 기다리며 당신에게 악수와 세 번의 키스를 보냅니다.

정성을 담아서,

이고르 스트라빈스키[128]


아스트뤽이 잘 운용하고 새로운 발레들의 인기 덕분에 1910년 시즌은 1909년보다 재정적으로 훨씬 더 큰 성공을 거두었다.[129] 몇 번의 앙코르 공연이 더 추진되었다. 그러나 비록 2회 공연밖에 안 되지만 브뤼셀에서 공연 약속이 먼저 이행되어야 했다. 카르사비나는 런던 콜리세움에서《지젤》공연을 더 하기 위해 돌아가야 했다. 콜리세움에서는 카르사비나가 없는 동안은 코슬로프Koslov 무용단이 동양풍의 발레《살람보Salammbo》를 공연하고 있었다. 겔처는《레 실피드》에서 카르사비나가 추던 왈츠를 연습했고, 포킨은 어렵게 댜길레프를 설득하여《카니발》에서 이미 성공을 거둔 바 있는 로포호바를《불새》에서 카르사비나 대신 출연시켰다.[130] 로포호바의 정교한 엘레바시옹과 함께 그녀는 성공적으로 역할을 해냈지만, 그녀의 춤은 근본적으로 카르사비나와는 너무나 달랐다. 카르사비나가 불사조라면 로포호바는 벌새였다.[131]

런던 뮤직홀이라는 강력한 미래의 경쟁 상대에게 카르사비나를 빼앗기지 않기 위해 댜길레프는 카르사비나에게 5월 1일부터 8월 말까지 마린스키 극장이 문 닫는 동안 자신을 위해 춤추는 것으로 2년 계약을 하자고 했다.[132] 그녀는 모든 휴가와 자신의 개인 생활을 포기해야 하는 상황 때문에 머뭇거렸다. 댜길레프는 그녀가 뮤직홀에 등장함으로써 "그녀는 예술을 팔고 있다"고 분노했다. 댜길레프는 워낙 독점욕이 강해서 질투도 대단했다. "나는 당신의 가족들이 모두 싫어. 그들은 당신을 나한테서 빼앗아 가. 왜 포킨과 결혼할 수 없었어? 그랬으면 당신 두 사람 모두 나에게 속했을 텐데."[133] 그러면서 동시에 댜길레프는 포킨의 안무가 구시대적이며 이미 한물 지나갔다고 불만을 털어놓았다. 《불새》를 무대에 올리면서 둘 사이에 계속 불협화음이 일었다. 댜길레프는 자아가 너무 강한 포킨을 좋아하지 않았다. 포킨은 댜길레프와 친구들의 도움 없이도 그의 새로운 신념을 맘대로 표현했다. 새로움에 대한 댜길레프의 욕구(이런 점은 나이가 들수록 점점 더 눈에 띄게 된다)와 함께 그는 이미 포킨의 민속 스타일의 접근법, 특정 지방색과 특정 시대를 중심으로 한 스타일에 한계를 느끼기 시작했다. 댜길레프는 포킨을 대신할 더욱더 새로운 아이디어를 지닌 그 누군가를, 혹은 댜길레프가 그런 능력을 키우는 데 도움을 줄 수 있는 누군가를 찾는 중이었다. 모스크바에는 고르스키가 있었다. 그리고 니진스키가 있다. 카르사비나는 놀랐다. 폴로베치안 댄스와 《클레오파트라》의 신선함으로 파리 관객들을 사로잡은 지 겨우 1년 1개월이 지났을 뿐이다. 그런데 여기서 벌써 댜길레프는 포킨을 무시했다. 그와 동시에 카르사비나는 댜길레프가 지금 자기를 시험해 보는 중이라는 느낌이 들었다. 그녀가 과연 믿고 자기를 따라서 자신의 예술적인 모험에 동참할 것인지 혹은 그녀가 파블로바 같이 떨어져 나갈 것인지? "그렇다면 당신은 포킨의 발레 작품을 어떻게 할 작정이세요, 세르게이 파블로비치?", "오, 아직은 모르겠어. 아마도 몽땅 팔게 되겠지." 그녀는 충격을 받았지만 그와 함께하겠다는 점을 확실히 했다.[134]

런던의 카르사비나에게 댜길레프는 빗발치는 전보를 보냈고, 한참 동안 고통을 받던 카르사비나는 오즈월드 스톨에게 그럭저럭 휴가를 좀 더 받아내어 브뤼셀에서의 2회 공연 중에 한 번은 출연했다. 벨기에 왕족들이 참여한 공연에서 열광적인 찬사를 받았다. 댜길레프는 카르사비나를 마치 "애지중지하는 아버지" 같이 환영했고 "그가 기뻐하는 모습은 감동적이었다." 그녀의 공연이 있던 날, 댜길레프, 니진스키와 카르사비나는 함께 점심을 먹었는데 이때 댜길레프는 겔처가《레 실피드》에서 그녀의 역을 추는 것에 신경 쓰지 말라고 부탁했다. 그는 겔처가 카르사비나 부재 시에 그를 돕기 위해 출연했기 때문에 이제 와서 그 역을 추지 말라고 할 수는 없다고 설명했다. 1년 반 전 카르사비나만 해도 댜길레프 앞에서 너무 부끄러워 입을 벌리지도 못했다. 댜길레프는 "자신이 원하는 바를 이루기 위해 겉으로 격노하고 난리를 피웠다." 그날 저녁 카르사비나가 분장을 할 때 거울을 통해 댜길레프를 보았다. 그는 절대 방문을 노크하지 않았다. 그녀는 더 화를 내지 않았지만 자신의 품위가 손상되었다는 점 때문에 그를 노려

보았다.[135] 댜길레프는 "당신이 한쪽 빰을 때리는군. 여기 다른 빰도 때려"라고 말했다. 그러고는 그가 슬프게 덧붙였다. "타타, 나는 심각한 사랑에 빠졌어." "누구랑요?", "그녀는 중국 황제보다도 나를 좋아하지 않아."[136]

마지막 파리 공연 후 '댜길레프 발레단'은 또다시 해체되었다. 또 다른 파리 시즌을 위한 협상뿐 아니라 런던과 뉴욕에서 시즌을 계획하고 있던 큰 성공을 이룬 창조자는 그리고리예프에게 작별 인사를 하면서 다음 해에는 더 오랫동안 일을 하게 될 것이라고 말했다. 그리고리예프와 마린스키 발레단의 다른 단원들은 4개월간의 휴가를 온전히 댜길레프를 위해 공연을 했기 때문에 발레단 관리자인 그리고리예프는 댜길레프가 말하는 뜻을 언뜻 이해하기 어려웠다.[137] 그러나 댜길레프는 차르에게서 독립한, 자신의 발레단을 조직하려는 꿈을 가지고 있었다. 문제는 황실 발레단 무용수들은 발레 학교에서 8년간 배우고 훈련하고 8년간 기숙사에서 거주하며 의식주를 제공해 준 비용에 대한 보답으로 그들이 학교를 졸업한 후 최소 5년간은 발레단에서 춤을 추어야 했다. 이것은 공정한 처사였다. 만약 발레단에 몸담은 지 5년이 지나고, 무용수들이 연금을 포기한다면 발레단을 떠나는 것은 자유였다. 그러나 니진스키와 그의 동년배 무용수들은 그렇지가 않은 상황이었다. 그들은 5년간의 의무연한을 다 채우지 못했다.

하지만 리디아 로푸호바는 조국과 완전히 단절한다는 마음으로 발레단을 그만두었다. 이렇게 의무연한을 채우기 전에 그만둔 무용수로는 로푸호바가 처음이었다. 그녀는 미국에서 춤을 추기로 계약을 했고 결코 러시아로 돌아가지 않을 예정이었다. 그녀는 제1차 세계 대전 중에 댜길레프 발레단에 다시 합류하여 발레 뤼스에서 춤을 추게 되었다.[138] 그러는 사이 이다 루빈스타인은 마임만 하는 것에 싫증이 나서 춤추고, 노래하고, 말을 하면서 연기하고, 가능하다면 노래까지 부르고 싶은 욕망이 꿈틀거렸다. 그녀는 당연히 황실 극장과는 아무런 관련이 없었다. 그녀는 댜길레프를 떠나 자신의 자금과 그녀의 영국인 애인인 월터 기네스 Walter Guiness의 자금으로 그녀 자신의 거대한 볼거리 작품을 만들었다. 그 순간부터 그녀는 웃음거리가 되었다.

1910년 여름. 친구들은 흩어졌다. 그들의 '휴가'는 생산적이었고 다시 만났을 때 결과물이 있었다. 스트라빈스키는 브리타니 Brittany 지방의 바닷가 라볼레 — 그는 댜길레프가 파리로 오라는 것을 차비가 없다는 이유로 거절하고,[139] 「베를렌Verlaine에 의한 두 개의 시」를 작곡했다 — 에서 가족들과 같이 지낸 뒤 스위스로 옮겼다.[140] 댜길레프와 니진스키는 스위스 루가노 근처 몬타뇰라Montagnola로 가서 며칠 동안 브누아를 방문하여 화해하고, 둘은 베네치아로 향했다.[141] 박스트와 세로프는 오랫동안 갈망하던 그리스와 크레타 섬을 여행했다.[142] 바슬라프는 안무의 새로운 방식 고안에 대해 계속 연구했다. 니진스키의 이러한 생각들과 박스트의 고대 그리스 유적들에 대한 열정의 결과로《목신의 오후 L'Apres-midi d'un faune》가 탄생했다. 스트라빈스키는 스위스에 머물때《봄의 제전》을 위한 사전 스케치 작업을 일단 중단하기로 하고 라볼레에서 「소협주곡Konzertstück」 작곡을 시작했는데 이 곡이 나중에 《페트루슈카》가 된다.

스트라빈스키 가족은 브베Vevey에 있는 작은 호텔에서 로잔에 있는 병원으로 옮겼고 9월 23일 작곡가의 둘째 아들이 태어났다. 작곡가는 병원 길 건너에 자신이 일할 다락방 스튜디오를 빌렸다. 여기서 그는 피아노 협주곡이 될 작품의 작곡을 시작했다. 이 작품의 시작은 아마도 작곡가가 C 장조와 F 샵(#) 장조의 화음이 겹칠 때 발생하는 불협화음에 매력을 느낀 때부터였던 것 같다. 이 불협화음을 오케스트라와 피아노 사이의 경쟁과 토론으로 발전시켰다. 댜길레프와 니진스키는 베네치아에서 6주를 보내고 9월 말에 《봄의 제전》의 음악이 어떻게 되어가고 있는가 하고 들으러 왔을 때 스트라빈스키는 그들에게 자신의 새로운, 거의 완성이 된 작품을 연주했다. 그즈음 작곡가는 이 작품의 제목을 "페트루슈카의 눈물"이라고 정했다.[143]•

스트라빈스키와 댜길레프는 둘 다 페테르부르크에서 사순절 전에 하는 버터 위크Butter Week 축제••를 알고 있었다. 이 페스티벌 때는 겨울 궁전 광장 앞에 목조로 만든 임시 가설극장이 들어서고 롤러코스터, 회전목마 같은 놀이기구가 설치되었다. 두 사람은 또 영국의 익살극인 〈펀치와 주디 쇼Punch-and-Judy show〉 같은 러시아의 익살극인 인형극 〈페트루슈카의 모험〉이 있다는 것을

---

• 리파르에 의하면 이 음악을 페트루슈카와 연관 지은 것은 댜길레프라고 했다. 스트라빈스키는 이를 부인했고, 클라렌스Clarens에 있는 호숫가에서 아이디어가 떠올랐다고 했다.

•• 가톨릭교 국가에서 사순절이 시작되기 직전의 3~7일 동안 열리는 축제. 가면을 쓰고 행렬하거나 연극과 놀이로 즐긴다. 마슬레니차Maslenitsa라고도 한다.*

기억했다. 페트루슈카는 사실상 러시아의 펀치에 해당한다. 그는 부인을 때리고 사람들을 죽이다가 결국에는 악마에 의해 지옥으로 끌려간다. 한 사람이 숨어서 인형을 조정하는 동안 손풍금 연주자는 연주하면서 대사를 읊어야 한다. 그가 계속해서 페트루슈카에게 "조심해! 너 고생할 거야"라고 경고하면 페트루슈카는 그냥 "헤, 헤, 헤!"라고 악을 쓰면서 웃기만 한다. 페트루슈카의 대사를 말할 때 손풍금 연주자는 "그의 목소리에 콧소리를 더해서 조금 부자연스러운 소리"를 낸다. 여기서 나오는 이상한 소리는 댜길레프가 들은 신작에 등장하고 있었다.•

스트라빈스키가 첫 작품의 짝으로 계획했던 피아노와 오케스트라를 위해 또 다른 곡의 몇 소절을 두 사람에게 연주했을 때, 댜길레프는 즉시 이 두 곡을 러시아 카니발에 관한 발레의 기초로 사용할 생각을 하게 되었다. 이는 댜길레프가 스트라빈스키의 연주를 들으면서 즉시, 혹은 하룻밤을 지내면서 고안해 낸 아이디어였다. 친구들 모두 이 음악으로 작품을 만드는 데 동의했다. 특히 브누아는 과거 페테르부르크의 건축과 전통에 대해 향수를 지니고 있어서 그가 대본을 집필하고 무대 디자인을 맡게 된다. 댜길레프는 페테르부르크에서 하루 혹은 이틀 뒤에 편지를 썼다.[144] 몬타뇰라에서 브누아와 댜길레프가 화해를 하기는

---

• 나는 피터 리븐 공작이 연극 〈페트루슈카〉에 대해 간단히 적어둔 부분의 글을 인용했다. 그러나 공작은 페트루슈카의 비명이 작곡에 영감을 주었다고 했는데 이는 잘못된 내용이다. 우리가 앞에서 살펴본 바대로 페트루슈카와 연결시키는 아이디어를 누군가가 생각해 내기 전에 벌써 작곡되었다.

했지만 브누아는 여전히 댜길레프와 발레 협업은 더 하지 않겠다고 고집했다. 브누아는 자신의 걸작이 탄생할 것이라는 사실을 거의 짐작 못 하고 있었다! 이제 그는 설득을 당할 수밖에 없었다. 댜길레프는 브누아에게 과거의 섭섭했던 일을 잊어 달라고 부탁하면서 스트라빈스키와 함께 새로운 걸작을 창조하자고 그에게 부탁했다. 사실 댜길레프의 그런 제안은 브누아가 도저히 거부할 수가 없었다.

브누아는 이렇게 회상했다.

페트루슈카, 러시아의 기뇰Guignol 혹은 펀치Punch*는 아를르캥과 마찬가지로 나의 어린 시절 친구였다. 소리 높여 "페트루슈카가 왔습니다! 좋아하는 사람들과 함께 와서 쇼를 보세요!"라고 외치면서 돌아다니는 쇼맨들의 소리를 들을 때마다 슬슬 흥분되고 그 황홀한 쇼에 빠져들었다. (…) 페트루슈카에 대해서라면 생생했고 즉시 나의 오랜 친구를 실제 무대에서 영원하게 만드는 것이 나의 임무라는 생각이 갑자기 들었다. 지금도 버터 위크 축제를 묘사하는 아이디어는 아주 매력적으로 다가온다. (…) 사랑스러운 축제 부스들은 어린 시절의 즐거움이었고, 내 이전에 나의 아버지의 즐거움이기도 했다, 10여 년 동안 축제 부스가 존재하지 않았다는 사실은 그들을 기념할 만한 뭔가를 만들어야겠다는 아이디어가 되어 여전히 더욱 유혹적으로 다가왔다.[145]

---

• 기뇰과 펀치는 인형극 중의 어릿광대명*

그리하여 브누아는 행복한 마음으로 대본의 가능성에 대해 검토하기 시작했다. 스트라빈스키는 클라렌스로 옮겼는데 여기의 또 다른 다락방에서 작곡가는 러시아 댄스를 완성했다.[146] 그리고 댜길레프는 아스트뤽과 논의하기 위해 파리로 갔다가 조셉 비참Joseph Beecham 경과 다음 해 시즌에 대해 논의하러 런던으로 갔다.[147] 댜길레프가 아스트뤽에게 보낸 전보의 날짜를 보면 10월 10일 댜길레프는 런던에 있었다는 것을 알 수 있다.[148] 댜길레프는 스크리브Scribe 호텔에서 바슬라프와 헤어진 듯했다. 그러나 그 다음 봉함엽서에 찍힌 우체국 소인을 보면 27일에는 둘이 다시 같이 만났다는 것을 증명한다. 즐겁게 점심을 먹은 뒤《푸른 왕》의 구성에 대해 논의했고, 협력자들은 혹시 그들의 신작에 대한 비밀이 새어 나가서 작품이 만들어지는 데 방해가 되는 일이 생길까 봐 갑자기 두려움에 사로잡혔다. 그리하여 그들은 생 오노레St-Honoré가 275번지, 르 그랑 바텔Le Grand Vatel 레스토랑에서 아스트뤽에게 편지를 보냈다. "당신이 소중하게 여기는 모든 것의 이름을 걸고 우리가 계획하는 발레에 대해 누구에게도 말하지 않겠다고 맹세해 주십시오. 특히 대관식에 이 작품이 포함될 가능성에 대해서도 더욱 조심해 주십시오. 그럼 이만. 레이날도 안, 세르게이 댜길레프, 레온 박스트, 장 콕토, 니진스키."[149] 니진스키는 마린스키 극장 시즌에 두 달 늦게 갈 예정이었으며 이 때문에 니진스키가 곤란을 겪게 된다.[150] 니진스키가 텔리아콥스키를 고의로 화나게 해서 그를 해고하도록 부추기려고 애를 썼던 걸까?

《불새》의 경우는 포킨이 스트라빈스키에게《불새》(나중에 약간 수정만 했을 뿐임)의 완성된 시나리오를 건넸고 음악은 그 당시 대본에 맞게 이미 작곡을 했다. 반면《페트루슈카》의 경우 브누아는 이미 작곡되어 있는 음악으로 대본을 집필했다. 특히 두 번째 장면에서 페트루슈카가 어두운 방에서 고독과 밀실 공포증의 두려움을 느끼는 장면의 표현을 스트라빈스키는 이미 스타카토와 거의 폭력적일 정도로 거친 '피아노 협주곡'으로 작곡을 해 둔 상황이라 음악과 대본의 차례가 거꾸로 된 것이 완전히 적용되는 경우였다. 발레 전체로 봤을 때 일부는 음악 작곡 이후 대본 집필이 되는 순서가 적용되지만 전부 다 그런 것은 아니었다. 스트라빈스키와 브누아가 만나기 전에 더 많은 음악이 작곡되었고 더 많은 이야기가 삽입되었지만 두 사람이 만나서는 점점 더 서로 아이디어와 음악을 주고받는 식으로 길이를 늘여 갔다.[151]

스트라빈스키가 11월 페테르부르크로 돌아왔을 때 그는 음악에 대해 브누아에게 더 많은 이야기를 하였고 두 사람은 상의하기 시작했다.[152] 박스트는 파리에서 '배신 행위'를 하면서 이다 루빈스타인, 단눈치오, 드뷔시와 함께《세바스찬의 순교Les Martyre de St Sebastien》작품에 대해 계획하고 있었다. 이 단계에서는 아직 포킨과는 관련이 없었고 조금 더 계획이 진행된 다음 포킨이 합류하게 된다. 한편 암묵적으로 친구 멤버로 받아들여진 니진스키와 다른 핵심 친구들은 자유롭게 활발한 논의를 추진했다.

우리는 자미아틴 가에 있는 댜길레프의 집에서 늘 해왔던 케이크를 곁들인 저녁 차 모임을 열면서 매일 만났다. (…)《페트루슈카》의 윤곽이 드러나고 최종적으로 가운데 쉬는 시간 없이 네 개의 짧은 막으로 구성하기로 했다. 첫 번째 막과 네 번째 막은 카니발 축제를 배경으로 했다. 가운데 두 개의 막은 마법의 극장 내부에서 일어나는 것으로 했다. 첫 번째 막부터 마법사의 주문으로 인형들에게 생명을 부여하기로 했다. 생명을 얻은 인형들은 그들 자신의 거처에서는 실제 인간처럼 계속 지냈고, 그곳에서 연애 사건도 벌어졌다.

브누아는 벌써 못생긴 페트루슈카가 사랑하는 예쁘고 아무 생각 없는 발레리나와 발레리나가 좋아하는 멋진 무어인을 상상했다. "《페트루슈카》의 거리 공연에서는 막과 막 사이에 삽입되어 장면을 분리하는 간주곡이 있다. 금장식의 벨벳 의상을 입은 두 명의 무어인이 등장하여 막대기를 들고 나무로 만든 서로의 머리를 사정없이 때리는 것으로 시작된다." 브누아는 페트루슈카에게 영혼을 불어넣었다. 그는 이제 과장된 행동으로 상대를 괴롭히는 펀치가 아니고 애처로운 피에로였다. 상상이 가능하며 사랑과 슬픔을 느끼는 인형들 사이의 햄릿과 같은 존재였다.

페트루슈카가 영혼을 지닌 인간으로서 인간성이 고통받는 존재였다면—또는 이를 두고 시적인 원리라고 부를 것인가?—그의 숙녀 콜럼바인은 영원한 여성상의 재현이라고 할 것이다. 멋진 무어인은 말할 필요도 없이 매력적이고, 근육질의 힘찬 남성의 모습과 분에 넘칠 만큼의 의기양양함을 지닌 모든 것을 갖춘 존재로 등장한다.

10월 스트라빈스키 가족은 니스 근처 볼리유Beaulieu로 이사했다. 그는 여기서 더 많은 음악을 작곡했다. 12월 스트라빈스키는 어머니를 보러 페테르부르크에 짧게 다녀왔는데 이 여행에서 이 도시가 서글프게도 "몹시 작고 시골스러운 분위기"임을 알게 되었다.[153] 브누아는 최종적으로 작곡된 부분을 들을 수 있었다. 브누아는 이렇게 썼다. "이고르는 마지막 작곡 부분을 나의 조그맣고 어두운 푸른빛이 감도는 거실에서 연주해 주었다. 피아노는 오래되었지만 아주 튼튼한 겐치Gentsch였다. (…) 내가 지금 듣는 음악은 나의 기대치를 훨씬 넘어섰다."[154] 그들은 구성에 대해 상의하고 스트라빈스키가 볼리유•로 돌아가서는 서로 편지를 주고받으며 계속 상의했다. 스트라빈스키의 페테르부르크 여행 전후로 작곡가는 러시아 춤을 시작점으로 첫째 장면을 완성했다. 그러고는 세 번째 무어인의 방과 네 번째 막이 거의 대부분 작곡되었다. 발레는 봄에 로마에서 친구들이 만났을 때 거의 완성단계였다. 그때가 되어서야 포킨을 불렀다.[155]

니진스키는 포킨에게 음악을 들려주기 전에 스트라빈스키 악보의 일부를 — 특히 모든 것이 사실상 자신의 긴 솔로 춤을 위한 것으로 판단한 두 번째 장면 — 여러 번 들었다. 페트루슈카의 전형적인 포즈, 즉 비스듬히 서서 경련을 일으키는 손의 움직임과 그의 속사포 같은 걸음은 니진스키 자신의 창작이었을 가능성이 높다.••

스트라빈스키가 볼리유로 돌아가서 얼마 지나지 않아 니코틴

---

• 브누아는 자신의 회상록에서 "스위스"라고 잘못 썼다.

중독을 앓았다. 작곡가는 허리가 두 배로 굽었고 몇 달간 많이 허약해졌다. 그런데도 스트라빈스키는 계속 작곡을 했다. 두 명의 거리 무용수 중 한 명을 위해 인기 많은 러시아 노래 음악이 필요해서 안드레 림스키코르사코프에게 노래의 악보 복사본을 부탁하는 편지를 썼다. 이 편지를 받은 안드레는 이 노래에 조소하는 우스꽝스러운 표현을 써 넣었다. 그러고는 안드레는 이고르에게 이런 쓰레기 같은 음악을 어떻게 사용할 거냐고 물었다. 또 다른 한 명의 거리 무용수를 위한 음악은 다른 곳에서 구했다. 스트라빈스키는 볼리유에서 자신의 창문 바깥에서 매일 연주되는 손풍금 소리를 들었는데 여기서 흘러나오는 음악이 자신이 목적에 꼭 맞는 가락이어서 이를 차용했다. 이 음악의 작곡가가 살아 있을지도 모른다는 생각을 스트라빈스키는 하지 않았다. 당시에 스트라빈스키와 같이 있었던 프랑스 작곡가 모리스 들라주Maurice Delage는 이 가락이 아주 옛날부터 전해 내려오는 것이라고 생각했다. 1911년《페트루슈카》가 초연된 후 스트라빈스키는 이 선율의 제목이 "그녀는 나무다리를 가졌다네Elle avait une jamb'en bois"라는 것과 에밀 스펜서Emile Spencer가 작곡한 작품이며 그는 프랑스에 아직 살고 있다는 사실을 몇 달 안에 알게 되었다. 그때부터 스펜서와 그의 상속자들은《페트루슈카》 저작권료에 대한 지분을 받게

---

•• 이에 대한 나의 생각을 니진스카와 스트라빈스키 두 사람에게 털어놓았다. 두 사람 모두 내 추측이 사실일 가능성이 높다고 했다. 하지만 그 당시 적어도 하루나 이틀 정도는 그 대단한 니진스키가 못생긴 페트루슈카 역에 적절치 않다고 여겨진 것은 흥미로운 사실이다. 『댜길레프의 검정 노트』(141쪽)에는 레온티예프를 페트루슈카로 캐스팅하는 것으로 적혀 있다. 그리고 니진스키는 마술사 정도로 캐스팅을 생각하고 있었다.

되었다.[156]

페테르부르크에서 브누아는 신작 발레를 위해 그의 무대와 의상 디자인에 착수했다. 본래 작품 배경은 자신의 어린 시절인 1870년대로, 브누아가 처음으로 이동하는 인형극 쇼와 사순절 이전에 개최되는 축제를 보았던 시기였다. 그러나 브누아는 1870년대 대신 그보다 40년 빠른 시기로 브누아 아버지의 후원자였던 니콜라스 1세 차르 시절을 배경으로 했다. 브누아가 가장 최근에 살았던 집은 보브린스키Bobrinsky 백작의 궁전 근처였다. 그가 작업하는 방은 백작의 마부들이 사용하는 숙소 바로 위였다. "온종일 왁자지껄하게 춤추고 놀고 떠들며 발랄라이카balalaika•와 유쾌한 숙녀들의 웃음소리가 끊이지를 않았다. 어떤 경우에는 이런 소리가 작업에 몹시 방해가 되기도 했다. 그러나 현재로서는 소음, 고함과 발 구르는 소리가 나에게 필요한 영감을 주고 있다. 이는 거의 신의 선물이었다."[157]

겨울에 아스트뤽은 댜길레프에게서 거의 폭풍 수준의 전보를 계속 받았다. 파리에 돔브롭스카Dombrovska라는 무용수가 있었다. 아스트뤽이 그녀와 계약을 했는가?[158] 아스트뤽은 샬랴핀에게서 소식을 들었나?[159] 샬랴핀은 봄에 파리에서 러시아 오페라 시즌에 노래할 계획이라는 뉴스에 대해 극렬히 부인하고 있었다. 만약 레이날도 안이 계약조건을 받아들이지 않는다면 댜길레프는 《푸른 왕》 제작을 포기해야 할 것이다.[160] 그 뒤 크리스마스이브••

---

• 삼각형 몸통에 줄이 두서너 개 있는 기타 비슷한 악기. 특히 러시아에서 많이 쓴다.*

에 아스트뤽이 라이벌 공연단체의 강점에 대해 댜길레프에게 물어봤을 때 댜길레프는 "무엇보다도 경쟁. 댜길레프"라는 거만한 투의 답을 보냈다. 이 전보를 보낼 때까지만 해도 댜길레프의 답이 사실이었다.[161]

•• 여기서는 신력으로 크리스마스를 뜻하며 러시아 크리스마스는 이보다 13일 뒤였다.

제4장

**1911**

니진스키는 안무를 하고 싶어 했고 댜길레프도 그가 안무하기를 원했다. 어떤 형식을 취할 것인가? 포킨이 튀튀, 턴 아웃을 없애고 비르투오소 그 자체를 위한 테크닉도 배제하면서 아카데믹 댄스에 반기를 들었을 때 두 사람은 각각 다른 이유로 포킨의 발레 혁신 결과에 대해 불만스러워했다. 그들의 불만은 서로 다른 형태를 띠었으며 정확히 정의할 수만 있다면 불만을 표현하는 방법도 당연히 달랐다.[1] 댜길레프는 각국의 색채를 뚜렷이 하고 과거 시대나 먼 이국을 환기하는 발레의 막다른 한계를 예견했다. 또한 그는 발레에서 줄거리와 극적인 요소에 대해 편견이 있었다.[2] 브누아와 박스트의 확실한 부추김을 받은 포킨은 베르사유 시절과 낭만 시대를 상기시키는 작품을 만들었다. 그는 이집트, 폴로베치안, 페르시아, 러시아 발레를 박스트, 레리흐와 골로빈의 도움으로 만들었다. 라벨의 《다프니스》를 준비할 때 그는 의심할 여지

없이 그리스 발레를 만들었고 레이날도 안의 《푸른 왕》에서는 인도 발레를 만들었다. 이런 동화는 이제 '모더니즘'에 대해 깨닫기 시작하는 세상의 사람들에게 뭐라고 설명을 할 수 있을까? 과거 시대를 일깨우는 것보다 더 나은 것은 명백하게 그것들을 재해석하거나 안무가 자신의 언어로 표현하는 것이다. 댜길레프는 유럽 전체가 새로운 시대를 맞이하여 새로운 형식을 추구하는 예술가들의 새로운 정신의 변혁을 확실히 느끼고 있었다.

무용수로서 니진스키에게는 아마도 포킨 안무에 대한 불만이 다른 형식으로 다가왔을 것이다. 《셰에라자드》 중 황금 노예 같은 역에서 표현해야 할 요소가 분명히 있다. 그러나 이 등장인물은 흥청망청하는 축제에서 사랑을 나누고, 소파에 웅크리고, 공중제비 같은 재주를 부리고 결국에는 죽임을 당해야 하는 눈에 띄는 존재일 뿐이다. 이런 것이 춤인가? 지나치게 격식을 갖춘 전통 발레는 비록 다른 요소가 없다 하더라도 형식이 있었다. 포킨은 표현력을 얻게 되었지만 너무나 많은 것을 버렸다. 나는 니진스키의 감정이 몇십 년 전의 세잔과 심경과 비슷했을 거라고 믿는다. 세잔은 과거 대가들의 예술처럼 견고한 예술성을 지닌 인상주의를 창조하고 싶다고 말했었다.

그러나 어떻게? 이 세기의 모든 재능 있는 젊은 예술가들은 이전에 만들어졌거나 글로 남겨진 작품을 자신들이 다시 글로 적거나 만들기를 주저했다. 이 시대의 젊은이들은 그 이전 시대의 젊은이들보다 훨씬 더 명백히 데자뷔déjàvu*를 두려워했다. 지난 과거 시절에는 모든 사람이 그의 스승을 모방하면서 시작했다. 이제는 그렇게는 불가능해 보였다. 온전히 자기 자신이 되기 위해 전적으로 독창적이 되기 위해 누구의 것도 모방하지 않은 것, 그것이 중요했다. 젊은이로서는 안간힘을 다해야 하는 일이었다. 어떤 형식이 파격이었는가? 어떤 사람이 글을 적기 시작하는 데 망설이는 시간이 몇 년 걸린다고 해도 놀랄 일이 아니다. 그러니 스물세 살의 무용수가 직면한 어려움에 대해 사람들이 말할 수 있는 것이 아무것도 없다는 사실이다.

그러면 댜길레프는 어떤가? 춤을 추거나 도약하는 동작을 배워 보거나 혹은 신체는 어디까지 몸을 움직일 능력이 있는지, 옳고 그른 것을 느끼는 것, 신체가 받아들일 수 있는 리듬과 거부하는 리듬, 어느 때는 묵직하게, 어느 때는 가볍게 추어야 가치가 있는 춤인가에 대해 댜길레프는 어떤가? 그는 니진스키가 동작의 새로운 시스템을 고안하도록 어떻게 도울 수 있는가? 댜길레프는 니진스키를 갤러리에 데리고 다니고 조각을 보여 주고 음악을 들려주면서 그 결과로 어떤 마법과 같은 과정이 일어나기를 바랐다. 그것이 전부였다.

이사도라는 이 세기 초엽에 처음 파리에 와서 자신의 예술을 발전시킬 때, 몇 시간 동안 명치에 손을 얹고 자연스러운 동작의 잊힌 근원을 파헤치면서 어둠 속에 서 있었다.[3] 10년 전의 이사도라처럼, 사반세기 후의 마사 그라함처럼, 니진스키는 자신이 배웠던 모든 것을 한쪽으로 거두어 내야 했고 자신만의 방식으로 진

---

• 체험하지 못한 상황 앞에서 이미 체험한 것처럼 느껴지는 현상*

실을 표현하는 방법을 고안해야 했다.

그전 해 여름 동안 파리 공연에서 위대한 순간이 일어났다. 우리는 그 상황을 계시의 순간이라고 부를 수가 없다. 왜냐하면 안무에 대한 니진스키의 첫 에세이를 보면 그는 자신이 할 수 있는 예술 작업의 일부를 겨우 시작했을 뿐이었다. 하지만 그 일부를 드러내었다. 움직이는 부조 같은 '발레'를 창작하기 위해, 그리스와 이집트의 부조와 루브르에 전시된 그리스 화병에 그려진 인물들을 움직이게 하기 위해 클래식 발레에서는 금지된 동작을 무시해야겠다고 생각하게 된다. 왜냐하면 당시 그는 클래식 발레에 의존한 것이 아무것도 없었고 이사도라나 포킨이 이전에 한 창작과도 무관했기 때문이다. 그는 오로지 옆모습만 보이는 인물에게 타당한 방법으로 적당한 동작을 구사하게 하는 방식을 본능적으로 알았으며, 그의 무용수들이 정지된 그룹에서 다음 그룹으로 지나가도록 하는 방법을 실험했다. 니진스키는 자신이 추상주의 첫발을 내디디고 있다는 사실을 알았을까? 피카소가 3년 전 자신의 최초 입체파 그림들을 그렸을 때 피카소가 내디딘 그 길을 니진스키가 가고 있는 것이었다.

몇 년 후 미하일 라리오노프는 댜길레프가 틀림없이 반복했던 그 이야기를 농담 삼아 말했다. 그 내용인즉슨, 박스트와 니진스키가 루브르 박물관의 고대 조각 전시관에서 만나기로 했다는 것이었다. 화가는 그리스관에서 헛되이 기다리다가 무용수를 만나지 못하고 갔는데 그 무용수는 한층 아래 이집트 부조 관에서 넋을 잃고 부조들을 감상하고 있었다.[4]

무용수, 해석자, 창조자. 니진스키는 페티파의 작품을 그 이전의 누구도 출 수 없을 만큼 잘 추었다. 또한 포킨의 작품에서는 천재적인 배우처럼 새로운 댄스 드라마를 해석했다. 그는 오로지 춤추고 해석하면서, 명예와 부, 그리고 후세인들에게 추앙받으면서 자신이 활동할 수 있는 남은 생애를 보낼 수도 있었다. 하지만 그는 힘들고 가장 불확실한 길, 가파른 모퉁이를 돌고 경사진 계단과 창작의 험난한 가시밭길을 내딛기 시작했다.

1911년 새해 첫 사건들 중 하나는 율동체조의 창시자 에밀 자크달크로즈Emile Jaques-Dalcroze가 페테르부르크를 방문한 것이었다. 볼콘스키 공작이 자크달크로즈를 초청했는데 1월 동안 자크달크로즈 학생으로 구성된 율동 체조팀이 시범 공연을 보이도록 했다. 댜길레프와 니진스키가 이 시스템에 흥미를 가지게 된 것에는 의심할 여지가 없었다. 두 사람은 나중에 독일에 있는 자크달크로즈의 본부를 방문하게 된다.

1910년 12월 말 박스트가 페테르부르크에 도착하고[5] 며칠 뒤, 아마도 1911년이 시작되자마자 바슬라프와 브로니슬라바는 빅스테이블Big Stables 거리의 그들 집에서 박스트와 댜길레프에게 움직이는 그리스 부조를 묘사하는 방법을 보여 준 것 같다.[6] 포킨은 창조적인 스텝이 없이 발레를 창작했다. 니진스키의 창작에는 한 번의 점프가 있었을 뿐 걷는 것 이외에는 아무것도 없었다. 하지만 가득 메운 청중들 앞에서 몸통으로 모든 것이 행해졌으며 머리, 팔과 다리는 옆모습으로 보였고 새로운 방식으로 걷는 동작을 창작했다. 무용수들은 개성이 없는 똑같은 인간의 모습으로 등장했다. 무용수들은 안무를 구성하는 요소였다. 그렇다면 안무에서 옆모습으로 말하고자 하는 내용은 무엇인가? 전달하고자하는 패턴은 어떤 분위기인가? 어떤 음악으로 춤을 추어야 하는가? 니진스키는 발레 음악으로 사용할 음악을 고르느라 몇몇 악보를 보았지만 모두 마음에 들지 않았다. 그 후 드뷔시가 말라르메의 시에 영감을 받아 약 20년 전에 작곡한 「목신의 오후」를 사용하자고 안을 낸 것은 아마도 다길레프일 가능성이 크다. 니진스키가 고안한 동작은 이 음악과는 관계가 없었다. 아마도 안무 스타일을 고안한 이후에 음악이 선택되었을 가능성이 크며 이 악보를 발레의 배경음악으로 삼았다.[7] 이 새로운 스텝은 음악과 무용의 관계에서 새로운 역사를 쓰기 시작한다. 불현듯 음악과 대조적인 춤을 상상했을 가능성도 있다. 또는 전혀 관계없을 수도 있다.

다길레프는 뭔가 새로운 것을 요청했고 니진스키는 그 요청을 적극적으로 받아들였다. 그가 충격을 받았을까? 그는 두려웠을까? 만약 그렇다면 그에게 불안감을 가득 안겨 준 동작과 음악의 괴리감 때문이었을 수도 있다. 1911년 1월 춤이 아직 드뷔시 작품의 길이에 맞추어 재단되지 않았지만 몇 군데 주요한 지점에서 무용과 음악이 놀랄 만큼 일치했다면 이 작업이 곧 이루어질 것이며 놀라우리만치 성공적인 결합이 일어나게 될 것이었다.[8] 다길레프는 기쁘다고 공언했다. 오빠가 창작한 작품에 대해 확실한 믿음을 가지고 있던 브로니아는 다길레프 위원회의 보수파이자 발레 애호가들인 이들이 다길레프를 설득하여 니진스키의 딱딱한 동작을 수정하도록 하려고 무척 노력했을 것이라고 추측했다. 베소브라소프는 이전에 포킨에게 너무 과격한 의상 개혁은 삼가고 《유니스》에서 발레리나의 비르투오소 솔로를 자제하라고 했으며 나중에는 《이고르 공》조차도 누그러뜨려 달라고 부탁했다. 브로니아가 "그들이 원하는 대로 바꾸지 않을 거지?"라고 묻자 니진스키는 손을 올려 엄지와 검지 사이의 아주 작은 공간을 보여 주면서 "그렇게 많이 바꾸지는 않을 거야"라고 대답했다.[9]

다길레프는 신작에 대해 신경이 곤두서 있었을 것이며 발레 애호가들은 그에게 덤벼들었을 수도 있다. 드뷔시는 자신의 음악을 사용하는 것을 반대했을 수도 있다. 하여간 어떻든 간에 포킨이 안무하고 체렙닌이 작곡한 《나르시스》가 아직 공연이 되지 않고 있었기 때문에 공연이 가능한 그리스 주제의 신작 발레가 두 작품이 되는 셈이었다. 그러나 무엇보다 《목신의 오후》를 연기해야 하는 중요한 이유는 포킨이 다음 시즌에 필요한 발레를 완성도 하지 않고 그냥 나가 버릴 경우를 우려하는 다길레프와 니진스키의 두려움 때문이었다.[10]

페테르부르크에서 다길레프가 파리의 아스트뤽에게,
1911년 2월 10일
(…) 드뷔시의 발레는 《장미의 정령Spectre de la Rose》」으로 대체함. 테오필 고티에, 음악 베버, 니진스키와 카르사비나의 춤. 고티에 기념일.[11]

후에 아주 유명해지는 발레《장미의 정령》은 발레《카니발》에서 키아리나가 오이제비우스에게 던지는 장미에서 비롯된 작품이다. 장 루이 보두아이에가 발레《카니발》에 대해『파리의 잡지 La Revue de Paris』에 실을 글(그것도 부정적인 글)을 쓰는 와중에 그는 갑작스럽게 충동을 느껴 고티에의 시《장미의 정령》에 나오는 두 줄의 시구를 자신의 글머리에 삽입했다.

나는 장미의 정령,
그대가 어제 무도회에 달고 다녔던.*

보두아이에의 이 글은 파리 시즌이 막바지에 이르렀던 1910년 7월 출판되었고[12] 보두아이에는 갑자기 이 시와 연관 지어서 베버의 「무도회의 권유」 음악을 떠올렸다. 칼 마리아 폰 베버는 고티에가 특별히 존경하는 작곡가였다. 베버의 이 피아노 소품은 베를리오즈가 일찍이 관현악으로 편곡을 해 두었다. 보두아이에는 박스트에게 이것을 짧은 발레로 만들 것을 추천했다.[13] 아마도 시기적으로 보아 박스트는 보두아이에의 이 편지를 그리스에서 돌아와서 받아 보았을 것이고 페테르부르크에 도착해서 친구들과 의논했을 것이다. 포킨은 파드되로 2~3회 정도 리허설을 하

---

• 대부분 작가는 고티에의 원문을 "Je suis le spectre de la rose"라고 옮겨 적었는데, 이는 잘못 인용했다. 고티에의 원글은 "Je suis le spectre d'une rose"이다.
이 두 문장은 de la/d'une 관사의 차이인데 전자는 전체 종류로서, 혹은 이미 문맥에서 등장한 rose를 가리킨다면, 후자는 일반명사나 혹은 처음으로 언급되는 명사로서 의미로 볼 수 있으며 둘 다 우리말로는 '장미의 정령'이라고 해도 큰 무리가 없다.*

면서 매우 빠르게 즉흥적으로 안무했다. 발레단이 보통 리허설을 했던 캐서린 운하에 위치한 캐서린 홀(흔히 '비뚤어진 거울'이라고 알려짐)의 무대가 아닌 극장의 레스토랑에 위치한 더 작은 무대에서 리허설을 했다.[14] 박스트는 리허설을 지켜보았고 무대 세트로 어떤 것이 어울릴지 알게 되었다.[15]

이제 다길레프는 1년 내내 공연을 할 수 있는 자신의 발레단을 조직하는 문제를 해결해야 하는 상황이었다. 그는 페테르부르크와 모스크바의 황실 극장에서 휴가 기간에만 무용수를 빌려 오는 것으로는 더 이상 충분치 못했다. 카르사비나는 최소한 문제만 해결하면 되었다. 왜냐하면 그녀는 이제 마린스키 발레단에서 수석발레리나로 승급을 하여 다길레프의 공연 스케줄에 맞추어 마린스키 발레단에서 출연해야 하는 많지 않은 공연들을 조정할 수 있게 되었다. 그녀는 런던 뮤직홀에서의 수익성 좋은 출연도 포기하고 끊임없이 계속되는 공연 여행을 운명이라고 체념하기로 했다.[16]

1904년 발레 학교를 졸업한 볼름은 황실 발레단의 의무연한 5년을 넘겼기에 그는 자유롭게 황실 발레단 측에 사의를 표명할 수 있었다. 볼름은 지적인 사람이어서 마린스키의 레퍼토리보다는 포킨의 새로운 발레들이 훨씬 더 많은 흥미로운 기회를 안겨다 줄 것이라는 사실을 알게 되었다. 그는 더 넓은 세상을 보기 위해 연금이라는 확고한 생활 보장을 포기했으며 그가《이고르 공》에서 획득한 것처럼 그는 더 많은 월계관을 찾아 나섰다. 모스크바 출신의 소피 페오도로바는 다길레프에게 자신의 운명을 맡겼다. 당연히도 댜길레프는 황실 극장보다 더 많은 급여를 제시해야 했다.[17] 그러나 댜길레프를 도와 그룹을 모으고 계약을 준비하는 일을 하고 있던 그리고리예프는 몇몇 수석 무용수를 안전하게 확보하는 것보다 군무들을 확보하는 것이 더 힘들다고 생각했다.[18] 베소브라소프 장군은 바르샤바에 무용수들을 모집하러 파견되었다.[19] 그리고 댜길레프는 아스트룩에게 파리에 있을 것으로 예상하는 몰로드소프Molodsov 형제들이 이끄는 투어링 그룹에 대해 전보를 쳤다. 포킨은 이들에 대해 미심쩍게 생각했다.[20] 아마도 댜길레프는 니진스키가 고안한 새로움이 무엇이든 간에 그는 일을 천천히 하는 타입이고 1년에 4편의 발레를 안무할 수 없다는 것을 알고 있었을 것이다. 그래서 포킨하고는 재계약을 했지만 안무가로서만 계약을 했다. 왜냐하면 댜길레프는 니진스키가 수석 무용수로서 다른 누구와도 경쟁하기를 원치 않았기 때문이었다. 포킨은 자신이 춤을 출 권리에 대해 끈질기게 싸웠지만, 마린스키 무대를 포기하는 대신 엄청난 액수의 급여와 안무 감독이라는 타이틀을 거머쥐게 된 것으로 만족해야 했다.[21] 브누아는 예술 감독이라고 불렀다.[22]

그러면 니진스키는 어떤가? 5년의 의무연한까지는 아직 2년이 더 남았다. 그가 새로운 댜길레프 발레단에서 공연하지 않는다는 것은 상상도 할 수 없었다. 1년 내도록 그를 주역으로 돌아갈 발레단인데, 도대체 이 일을 어떻게 해결해야 하나? 이 문제에 관한 한 운명은 댜길레프의 수중에서 놀아났지만 운명이 매끄럽게 흘러갈 것 같았다.

1월 말 마린스키 극장에서 니진스키는 처음으로 카르사비나와 함께 《지젤》을 추게 되었다. 니진스키는 파리 공연을 위해 브누아가 디자인해 준 그 의상을 입고 마린스키 무대에서 공연하기로 했다. 첫 막의 의상은 허벅지를 덮는 초기 르네상스 스타일의 튜닉이었는데 댜길레프는 2인치 더 짧게 만들도록 했다. 이는 줄페로가 원래 프로덕션에서 입었던 의상과 아주 흡사했다. 그러나 러시아에서는 낭만주의 이후로 발레 의상이 많이 변해서 중세혹은 르네상스 스타일 발레 작품에서는 타이츠 위에 트렁크를 입는 것이 일반화되어 있었다. 브누아는 그의 스케치에 이 트렁크를 포함하지 않았는데 이는 아마도 댜길레프와 의논을 거쳐 트렁크가 신체 라인을 훼손시킨다고 생각했던 것 같다. 트렁크를 입지 않은 니진스키의 모습은 거의 누드처럼 보였다. (일부 작가들이 추측한 것처럼 니진스키가 클래식 발레에서 남성 무용수들이 착용하지 않으면 매우 어색하게 느끼는 국부 보호대 혹은 운동용 보호대를 제거한 것이 틀림없었다.)[23] 프로덕션을 책임지고 있던 관리는 커튼이 오르기 전에 니진스키에게 항의했다. 그러나 무용수는 파리에서 입었던 의상에 어떤 것도 더하는 것을 거부했다.[24]

이때 극장장 텔리아콥스키는 멀리 있었지만 황태후는 참석했다. 그리고 불가피하게도, 적이 많았다. 휴식 시간에 카르사비나는 황후의 부름을 받고 가서 런던(뮤직홀)에서 그녀의 성공에 대해 축하를 받았고,[25] 크체신스카야의 두 친구는 전화를 여러 통하면서 서로를 이간질했다.[26] 그 동기에는 언제나 많은 것이 혼재되어 있다. 남이 못되기를 바라는 사람들은 그들 마음대로 함으로써 의도했던 것과는 정반대의 결과를 얻는 경우를 종종 발견하게 된다. 질투에 눈이 먼 크체신스카야가 인기 있는 자신의 경쟁자를 따돌릴 기회를 잡기 위해서건, 혹은 크루펜스키가 그의 적 댜길레프의 연인에게 복수하기 위해서건 혹은 대공이 댜길레프의 기획을 폄하하려고 명령을 내렸건 그런 것들은 중요하지 않다. 다음 날 니진스키는 사과하든지 사임을 하든지 하라는 말을 들었다. 니진스키는 사과하기를 거절했으며 황실 극장에서 해고당했다. 그러나 거의 즉시 황실 극장의 행정부에서는 그들이 — 아마도 텔리아콥스키가 돌아와서 크루펜스키가 한 짓을 인정하지 않은 듯 — 누구를 잃었는지를 알게 되었던 것 같고 니진스키에게 발레단에 다시 들어올 기회를 주었지만 니진스키는 거절했다.[27]

1월 26일 『페테르부르크 신문Petersburgskaya Gazeta』에서는 니진스키의 해고 소식을 알렸다. 그다음 날 신문에는 니진스키와의 긴 인터뷰 기사가 실렸다. 그는 기자에게 파리에서 공연할 때 입었던 브누아 디자인의 알브레히트 의상을 입게 해 달라는 요청을 했다고 말했다. 이는 합의된 사항이었다. 그러나 그가 첫 막에서 의상을 입었을 때 너무 노출이 심하다는 이야기를 들었다. 그런데도 크루펜스키, 골로빈 그리고 다른 극장의 관리들은 그가 공연에 출연하는 것을 아무도 말리지 않았다. 다음 날 아침 그는 극장 감독에게 불려갔고 첫 막의 의상 때문에 황실 극장에서 해고되었다는 이야기를 들었다. 니진스키는 이렇게 말했다.

나는 그 문제에 대해 왈가왈부하는 것을 원하지 않습니다. 내가 오직 말할 수 있는 사항은 만약 황실 극장 감독이 내가 계속 황실 극장 소속으로 남기를 원했다면 그들에게는 두 가지 선택권이 있었습니다. 나에게 극장이 보유하고 있는 의상으로 바꿔 입으라고 명령을 하든지 아니면 내 역할을 레가트 혹은 안드리아노프Andrianov 같은 다른 무용수로 대체해야 했습니다. 그들 둘 다 무대에 있었고 두 사람 모두 그 역할을 한 번 이상 추었습니다. 내가 왜 다른 사람의 행동에 대해서 답을 해야 하는지 모르겠습니다. 발레 학교에서 오랜 세월의 코스 동안, 그리고 극장에서 짧았던 세 시즌 동안 훈련할 때 높은 기준에 맞추어 우리 예술을 빛내기 위해 나의 실력을 향상하는 데 모든 에너지를 쏟아부었습니다. 처음에는 러시아에서 그리고 외국에서. 그에 대한 보상으로 24시간 전에 해고 통고를 받는 것이었습니다. 개인적인 의견을 말하자면 훨씬 더 심각한 잘못을 저지른 하인을 해고할 때조차도 그러지는 않습니다.

해가 지나기 전에 크체신스카야는 런던에서 니진스키와 춤을 추게 될 예정이었다. 댜길레프의 발레단 창설은 신빙성이 있었다. 무엇보다 가장 중요한 것은 댜길레프가 가장 원하던 바를 얻었다는 사실이었다. 니진스키는 이제 준비만 되면 자유롭게 세상을 정복하게 될 것이다.

댜길레프가 자신의 발레단을 조직하기로 한 최종 결정은 니진스키가 해고된 다음에 결정했다고 추측하는 게 합리적일 것이다. 그러나 이는 사실이 아니었다. 그는 1910년 12월 1일부터 다른 무용수들과 계약을 체결하기 시작했다.[28]

다길레프는 너무나 기뻤기에 니진스키가 분노를 하나도 남김없이 표출하도록 했다. 그리고 다길레프는 이 사실을 자신의 발레단 홍보에 이용할 결심을 했다. 목요일 오후 니진스키가 해고된 것이 완전히 확실해졌을 때 그는 아스트뤽에게 전보를 쳤다.

페테르부르크의 다길레프가 파리의 아스트뤽에게,
1911년 2월 10일
페테르부르크에서 성공적인 데뷔를 한 후 베스트리스는 24시간도 안 되어 해고당했다. 이유는 박스트가 디자인한 카르파초Carpaccio* 의상이었다. 흉측한 음모. 아침에 언론 분개. 감독 인터뷰에서 베스트리스에게 돌아오라고 했는데 베스트리스는 거절. 소름 끼치는 스캔들. 홍보에 이용. 수신 확인. 세르게이.[29]

아스트뤽으로서는 이 내용을 당연히 믿을 수가 없었고 다길레프가 정확한 사실을 이야기하는지 아닌지를 의심할 수밖에 없었다. 특히 니진스키의 의상 때문이라고 써 두면서 브누아 디자인을 박스트 디자인이라고 적어서 더욱 의심할 수밖에 없었다. 다길레프는 《셰에라자드》의 저작권 경우처럼 이런 식의 저작에 대한 실수는 습관이 되어가고 있었다. (만약 실수가 아니라면 다길레프가 이렇게 이름을 달리한 이유를 추측해 보건대 유일하게 생각해 볼 수 있는 점은 박스트의 이름이 파리에서는 훨씬 홍보 가치가 높다는 정도였다.) 아스트뤽은 건스부르그에게 전보를 보내 사실을 확인했

---

• 발레 의상을 만드는 유명 회사*

다. 그날 저녁 건스부르그는 답을 보냈다.

페테르부르크의 건스부르그가 파리의 아스트뤽에게,
1911년 2월 12일
노출이 심한 의상* 그러나 감독의 책임. 해외 공연 예약하는 것은 어려움 없지만, 런던 갈라는 문제의 가능성이 예견됨.[30]

그는 황태후와 황후의 관계를 언급했다. 황실 극장 측에서는 황후 마리아 페오도로브나가 니진스키의 모습 때문에 충격을 받았다고 고백하면서 그의 해고를 요청했다는 소문을 퍼뜨렸다. 그녀는 나중에 이런 소문을 부인했다.[31]
금요일에 댜길레프가 다시 전보를 보냈다.

페테르부르크의 댜길레프가 파리의 아스트뤽에게,
1911년 2월 13일
니진스키와 그의 말도 안 되는 해고 소식에 대해 덩컨과 잠벨리가 한 인터뷰 혹은 글을 어떻게든 구해서 나에게 즉시 보내 주시오. 답 기다림.[32]

그러고는 그다음 날 다시.

---

* 건스부르그가 "Costume décolleté(음란한 의상)"라고 프랑스어로 표현했는데 이는 다소 부적절한 묘사였다.

페테르부르크의 댜길레프가 파리의 아스트뤽에게,
1911년 2월 14일
문제의 의상은 카르파초에서 제작한 파리《지젤》공연 의상과 같음.
감독이 황후가 해고를 요구했다고 말을 지어낸 것에 대해 우려. 큰
파장*을 불러일으킵시다.[33]

한 시간 뒤.

페테르부르크의 댜길레프가 파리의 아스트뤽에게,
1911년 2월 14일
온 가족이 박수갈채 보냄. 처음 본 어머니는 이런 공연을 본 적이 없
다고 단언했다. 다음 날 감독은 어머니가 충격받아서 해고를 고집
했다고 발표함. 수신 확인. 나에게 언론 인터뷰 보내 줄 것.[34]**

아스트뤽은 토요일 자신의 사무실을 떠나기 전에 답장을 썼다.

파리의 아스트뤽이 페테르부르크의 댜길레프에게,
1911년 2월 14일 (등기)
친애하는 친구,
나는 니진스키 사건에 대해 오늘 아침에 신문에 실린 모든 기사를
동봉합니다.
당신의 전보를 받고 더 많은 걱정거리가 생겼음을 고백해야 하겠습

---

* 'Moussons'라는 프랑스어의 간결한 표현을 번역할 수가 없다.
** '온 가족'은 황실 가족, '어머니'는 황태후를 가리킴*

니다. 나는 왜 당신이 '지젤-브누아'로 해야 하는 표현을 '카르파초-박스트'로 하기를 원하는지 이유를 알 수 없습니다. 당신은 당신대로 이유가 분명히 있을 것입니다. 그러나 나는 프랑스 언론에 니진스키와 브누아가 러시아 언론(『뉴 타임스Novoye Vremya』, 『상트페테르부르크 저널St. Peterburg Journal』)에서 상세하게 말한 내용과 다른 정보를 줄 수는 없습니다.

아무튼 당신은 나의 전보를 받으면 30분도 안 되어 내가 아주 성공하고 있다는 사실을 알게 될 것입니다. 파리는 들끓고 있습니다. 파리의 모든 칼럼니스트와 발레 애호가들은 파비용 드 아노브르Pavillon de Hanovre*에 도착했습니다. 우리가 가진 기사들(기사의 목록들은 다음과 같음) (…)

나는 당신의 프로그램에 관한 상세한 정보를 몹시 받고 싶습니다. (…) 당신이 발레단의 투어를 어떻게 진행할지 그리고 당신이 한 약속을 지킬 수 있는 상황인지 나에게 알려 주십시오.[35]


브누아는 《페트루슈카》를 위해 여러 벌의 의상을 디자인했다. 멀리 볼리유에서 스트라빈스키는 작곡에 박차를 가하고 있었다. 체렙닌은 《나르시스》를 거의 끝내 가고 있었고 박스트는 전원풍경과 멋진 의상을 디자인했다. 다른 여러 예술가가 디자인한 수많은 무대 세트를 그렸던 아니스펠트는 이제 《사드코》의 수중 장면이 등장하는 막의 작업을 할 차례였다. 바다 괴물이 등장하는 장면인데 아니스펠트 혼자 작업을 다 해야 했다.

---

• 아스트뤽의 사무실이 있는 곳*

파리에서 라벨은 아직도 《다프니스》를 완성하지 못했다. 물론 영국의 작가 아널드 베넷Arnold Bennett이 2월 마지막 날 작곡가를 방문했을 때 곡의 축약본을 들려줄 정도는 했다.[36] 레이날도 안은 《푸른 왕》을 계속 작곡 중이었고 댜길레프는 이제 그를 페테르부르크로 초청하여 환대하려던 참이었다. 2월 28일 댜길레프는 안을 위해 쿠바트에서 거대한 만찬을 개최했다. 그 만찬에는 글라주노프, 리아도프, 체렙닌, 다비도프Davidov, 세로프, 박스트, 솔로빈, 레리흐, 카르사비나, 니진스키, 미하일과 베라 포키나, 솔라, 볼름, 벤켄도르프 Benkendorff 남작, 건스부르그와 그 외 유명인들이 참가했다. (크체신스카야는 그녀의 무대 데뷔 20주년을 맞이하여 마린스키 극장에서 3일 동안 축하 공연을 했다. 게르트, 니콜라스 레가트, 그리고 차르와 두 명의 황후가 이 갈라 공연에 참석했다. 이 행사 때문에 크체신스카야는 댜길레프의 만찬에 참석하지 않았다.)[37] 이 만찬 이후 안과 콘서바토리의 메뎀Medem 남작은 《푸른 왕》을 포핸즈four hands로 피아노 연주를 하여 갈채를 받았다. 우연하게도 이날 연주는 댜길레프가 페테르부르크에서 자신의 작품 중 가장 최근의 것을 선보인 경우였다. 이날의 만찬이 댜길레프와 니진스키가 쿠바트에서 함께 한 마지막 자리였다. 만찬은 안이 자신의 반주로 자신의 노래를 부르고 글라주노프는 안의 피아노곡 몇 작품을 연주하는 것으로 끝이 났다. 이날 만찬은 정복자 댜길레프를 위한 자그마한 축하 자리였다. 그는 러시아 예술을 유럽에 보여 주었을 뿐 아니라 그의 새로운 발레단을 위한 작품을 이제 프랑스 작곡가에게 의뢰하고 있었다. 그는 친구들에게 둘러싸여 득

의만만했다. 불과 2년 전에 알게 된 니진스키 앞에서 그가 얼마나 행복한 만찬을 즐겼을까! 댜길레프는 "항고할 수 있는 권리도 없이" 황실 극장에서 해고당했었고 브누아의 《아르미드의 관》리허설에서는 쫓겨났다. 텔리아콥스키, 크루펜스키 그리고 크세신스카야와 황실 가족들의 외면으로 훼방을 받았고, 그다음 차례로는 자신의 연인이 마린스키에서 해고당했다. 댜길레프는 이제 곧 유럽 예술계의 차르로 인정받게 될 것이었다. 댜길레프는 서둘러 아스트뤽에게 전보를 쳐서 만찬에 대한 소식을 알려 주고 이를 공연의 홍보로 사용하도록 했다.[38]

　그는 《푸른 왕》이 1911년 공연되지 못할 것을 예견할 수 없었다. 또한 1912년 초연을 했지만 이 공연은 실패였다. 또한 친한 친구 발렌틴 세로프가 1년이 안 되어 세상을 떠날 줄은 예견하지 못했다. 세로프는 페르시아풍에 열광했었고 영감을 받아 《셰에라자드》를 위해 아름다운 무대 앞 커튼*을 그렸었다. 한 달도 채 지나지 않아 니진스키가 영원히 러시아를 떠나게 될 줄도 몰랐으며 3년이 채 안 되어 그와 니진스키가 영원히 갈라설 줄도 몰랐다!

　댜길레프는 몬테카를로에서 오페라 겨울 시즌이 끝난 후 그의 발레단이 공연할 것을 계약했으며 로마에서는 예술 세계 박람회 World Exhibition of Art 기간 동안 공연도 계약했다. 파리 시즌은 다음 6월로 계약했다 그리고 그는 런던에서 대관식 시즌과 미국 투어를 협의 중이었다.

---

* 이 작품은 1968년 7월 17일 소더비 경매에서 팔렸다.

몬테카를로 시즌을 시작하기 5주 전, 1909년처럼 샤틀레 극장에서 공연하기로 한 파리 시즌을 시작하기 두 달 전에 댜길레프가 제안한 프로그램은 다음과 같았다. 《불새》, 《셰에라자드》, 《나르시스》, 《페트루슈카》, 《사드코》, 《푸른 왕》, 《장미의 정령》 그리고 리스트의 「14번 광시곡」에 맞춘 신작 발레 등이었다.[39] 이 프로그램에서 영원히 만들어지지 못하는 마지막 작품의 경우는 파리에서 오픈하기 3주 전에도 계속 협의 중이었다.

또 다른 신작이 구상 중이었다. 고티에와 마찬가지로 리스트의 탄생 100주년이 되는 1911년이었으므로 댜길레프는 리스트의 「오르페우스」를 교향적 막간 곡으로 연주할 계획을 세웠다. 그 곡이 연주되는 동안 관객들이 박스트가 디자인한 거대한 장식용 커튼을 감상하게 하는 계획을 짰다.[40] 이 건은 결국 실행되지 못했지만 이와 비슷한 프로젝트를 성사시켰다. 림스키코르사코프의 오페라 《그라드 키테즈Grad Kitej》 중에 나오는 「케르예네츠의 전투the Battle of Kerjenez」가 연주될 때, 레리흐는 그 음악에 맞게 "슬라브와 몽골의 전투를 표현한 새빨간 색과 녹색의 관객 감상용 커튼"을 만들었다.[41]•

발레단은 소집되었다. 레퍼토리는 윤곽이 잡혔다. 체렙닌은 몬테카를로 공연 지휘를 맡기로 했다. 댜길레프는 파리 시즌을 위해 두 명의 지휘자를 확보해야 했다. 그는 모스크바의 에밀 쿠퍼

---

• 이 커튼은 나중에 러시아에서 다시 사들였다. 피터 리븐 공작의 말에 의하면 이 작품은 모스크바 카잔스키Kasansky 기차역에 걸려 있었다고 한다.

Emile Cooper와 아스트뤽를 통해서 파리의 가브리엘 피에르네와 계속 협상 중이었다.[42] 결국 발레에는 초심자인 피에르 몽퇴Pierre Monteux가《페트루슈카》를 지휘하기로 했다.

3월 13일 박스트는《푸른 왕》과《장미의 정령》무대 세트를 제 작하기 위해 파리에 도착했다.[43] 15일 댜길레프가 아스트뤽에게 전보를 쳐서 일요일에 도착한다고 알렸다. 아스트뤽에게 그들이 점심을 함께하고 그날 오후에 있는 콜론 음악회를 위해 특별석 두 매를 예약할 수 있는지 물었다.[44] 3월 15일 토요일 댜길레프와 니진스키는 넓은 칸의 호화 열차를 타고 떠났다. 그날 밤 니진스 키는 러시아-독일 국경을 인생에서 마지막으로 넘었다.

두 사람은 일요일과 월요일만 파리에서 보냈는데 그동안 아스 트뤽의 소개로 프랑스 작곡가 폴 뒤카Paul Dukas의 신곡「라 페리 La Péri」를 알게 되어 관심을 가졌다. 댜길레프는 음악을 듣고는 좋 은 발레를 만들 수 있겠다고 생각했다.[45] 드뷔시가 댜길레프를 위 해 음악을 작곡하기 전에 이다 루빈스타인을 위해「세바스찬의 순교Le martyre de St. Sébastien」를 작곡한 사실에 그는 질투했다. 그러 면서도 댜길레프는 포킨에게는 그녀의 프로덕션을 위해 춤을 안 무하도록 허락했다. 드뷔시에 대한 질투심 때문에 댜길레프는 또 다른 유명한 프랑스 작곡가의 음악을 접하고 즉시 관심을 가진 것이다. 아스트뤽이 가운데서 조율을 하였고 댜길레프는 파리에 서《라 페리》를 공연하기를 원했다.

3월 21일 화요일 아침 니스에 도착하여 바슬라프는 베네치아 와는 너무나 다른 지중해의 해안을 보게 되었다. 두 사람은 해안선을 따라 기차를 타고 붉은 바위를 뚫은 터널을 지났고 예전 그 대로의 조악한 어촌 마을을 거쳐 마을과 정원들이 거의 없는 앙 티브Antibes와 페라Ferrat 곶을 지났다. 그들은 바로 몬테카를로로 가지 않고 볼리유에서 내려 스트라빈스키를 만났고 《페트루슈 카》의 가장 최근에 작곡한 부분을 들었다.[46] 여기서 두 사람은 브 리스톨 호텔에서 이삼일 정도 보냈다. 그동안 댜길레프는 20분 거리의 볼리유와 몬테카를로 사이를 왕래했다. 댜길레프는 몬테 카를로 오페라의 감독인 라울 갱스부르를 만나 발레 클래스와 리 허설을 위해 사용하지 않는 극장, 태양의 궁전Palais du Soleil을 빌리 고 그와 바슬라프를 위해 호텔을 예약했는데 카지노 맞은편에 있 는 파리 호텔은 아니었다. 파리 호텔은 제1차 세계 대전 후에는 항상 댜길레프가 머물게 되는 곳이었다. 그가 예약한 호텔은 몬 테카를로 위쪽 가파른 산길을 올라가서 보솔레이Beausoleil에 위치 한 리비에라 팰리스Riviera Palace였다. 이 호텔은 프랑스령이었고 모 나코가 아니었다. 여기로 가는 수단은 후니쿨라funicular* 아니면 지그재그로 난 산길뿐이었다.[47]

이제 발레 단원들은 페테르부르크, 모스크바, 바르샤바와 파리 에서 도착했다. 북쪽에 살던 사람들, 그중에는 바다를 처음 본 사 람들도 있었는데 그들이 협죽도와 분꽃 그리고 분홍과 빨강 제 라늄이 바위를 타고 폭포수처럼 흐드러지게 핀 광경이 펼쳐지는 '지중해' 도로들을 보았을 때 얼마나 즐거웠을지는 충분히 상상

---

* 등산이나 관광의 목적으로 사용되는 케이블 철도*

할 수 있다. 하지만 그들에게는 할 일이 많았다. 시즌 오픈 때까지는 2주밖에 시간이 없었다.

마에스트로 체케티는 여기저기서 모집한 무용수들을 모양 나게 하나로 교육해야 했다. 이들 중에서 오로지 페테르부르크에서 온 무용수들만이 그의 클래스가 얼마나 철통같이 엄격한지를 경험했을 뿐이었고 그 외 다른 무용수들은 그와 함께 수업해 본 적이 없었다. 그리고리예프는 이렇게 썼다. "우리가 도착한 날부터 시작된 이렇게 훌륭한 레슨은 모든 무용수에게 도움이 되었을 뿐 아니라 황실 극장 출신이 아닌 무용수들에게 즉시 새로운 스타일과 자세를 도입했다. 특히 포킨에게 도움이 되는 것은 체케티가 발레단 전체를 바로 훈련시켜서 넘겨주는 작업이었다."[48] 포킨은 여러 다양한 그룹의 무용수들과 리허설을 해야 했다. 그들 중 대부분은 포킨의 발레《레 실피드》,《아르미드》,《이고르 공》,《셰에라자드》,《클레오파트라》,《카니발》,《지젤》 등에 익숙하지 않았다. 여기에다가 신작 두 개까지 합해야 몬테카를로를 위한 레퍼토리가 구성되었다.

포킨은 그가 누렸어야 하는 만큼의 행복을 누리지 못했다. 새로운 발레단의 안무 감독이라는 위치가 마린스키에서 금지당했던 모든 범위의 예술 작업을 가능하게 해 주었다. 게다가 이다 루빈스타인이 제작한《성 세바스찬》에 등장하는 춤을 안무도 할 수 있을 정도로 대우받았다. 그러나 그가 이 모든 일을 감당하기 위해 필요한 시간이 너무 부족했다. 그는 이번 시즌에 고대 그리스에 대한 자신의 모든 꿈을 투영하여《다프니스》를 창작하고 공연하는 작업에 기대하고 있었다. 그러나 라벨은 아직 음악도 완성을 못 하고 있는 상황이었다. 댜길레프는 자신에게 체렙닌이 서둘러 작곡한 다른 그리스 발레의 안무를 지시했고 박스트는 《다프니스》를 위해 창작한 아이디어의 일부를 《나르시스》에 전용했다.[49] 포킨은 4월 9일 시즌이 오픈된 후에 《나르시스》의 리허설을 시작했다.[50] 적어도 《장미의 정령》은 페테르부르크에서 완성했다. 《페트루슈카》의 경우에는 비무용적인 요소[51]에 대해 포킨은 여전히 납득하기가 힘들었지만 로마에서 리허설 해야 했다. 그리고 이런 상황에서 댜길레프가 파리에서 공연하기를 희망하는 《푸른 왕》과 다른 작품들을 안무할 시간이 언제 생길까?

그리고리예프가 쓰기를 "댜길레프는 우리의 모든 진행 과정을 면밀히 지켜보았다"[52]라고 했다. 그는 그 어느 때보다 외견상으로는 확신에 차 있고 차분했다. 마음속에는 무슨 생각을 품고 있을까? 자신이 발레단을 가진 지금 그는 무용수들을 계속 고용해야 했다. 니진스키와 몇몇 뛰어난 수석 무용수들 — 카르사비나와 프레오브라옌스카야는 3월 말 페테르부르크에서 합류하기로 함[53] — 이 있는데도 불구하고 지금은 그가 지난 2년 동안 데리고 왔던 그 발레단만큼 실력이 뛰어나지 않다는 것을 잘 알고 있었다. 주역들은 완벽한 무용수임이 틀림없다. 그리고 그들은 그만큼 대가를 받아야 했다. 적어도 드미트리 건스부르그는 위급할 경우 댜길레프의 편이었다. 댜길레프는 로마와 런던에서 계약한 극장 집행부로부터 받아야 하는 선금이 있다. 니진스키와 카르사비나의 무용을 지켜보는 것 외에 그의 주된 관심사는 새로운 예술 작품의 창조였다. 그가 만약 드뷔시, 스트라빈스키, 라벨 그리고 다른 작곡가들에게 계속 음악을 의뢰할 수 있다면 인생이 아주 가치 있게 될 것이다.

다음 두 달 동안 아스트뤽에게 보내는 전보의 대부분은 《라 페리》에 관련된 사항이었다. 이 발레에서 전체적으로 골칫거리는 무용수인 폴 뒤카의 애인 트루하노바Trouhanova였다. 그녀는 통통하고 춤 수준은 아마추어 정도였다. 뒤카는 그녀가 자기 음악으로 춤추기를 원했다. 이런 바람조차 댜길레프는 어떤 특정한 조건이었으면 동의할 수도 있었을 것이다. 댜길레프가 남쪽에 도착한 하루 뒤 볼리유에서 전보를 받았다. 포킨은 《라 페리》에 대해 뒤카가 지휘한다면 원칙적으로 동의했다. 스트라빈스키는 《페트루슈카》의 피아노 파트를 자신이 치기로 합의했다(1911년 3월 23일). 뒤카 문제는 즉시 처리되어야 했다. 뒤카는 4번 지휘에 6천 프랑으로 합의를 보았다. 이에 대한 효과는 지극히 중요했으며 무용수들은 좋아했다(1911년 3월 25일). 그 후 보솔레이에서 온 전보에서 댜길레프는 이번 파리 시즌 후에 《라 페리》에 대한 저작권을 자신이 가지게 된다면 트루하노바가 주역을 맡아야 한다는 조건은 받아들일 수 있다고 했다. 니진스키도 뒤카가 지휘하는 조건으로 춤추는 것을 동의했다. 이렇게 할 수 없다면 《라 페리》는 리스트의 14번 광시곡으로 대체되어야 했다(1911년 4월 3일).[54]

리스트의 광시곡은 처음에는 피아노곡으로, 그다음에는 오케스트라와 피아노를 위한 곡으로 편곡하고, 그 후 오케스트라 버전으로 편곡(이는 종종 「헝가리 환상곡Hungarian Fantasia」이라고 불린다)하였는데 이 곡을 오늘날 들어보면서, 만약 이 작품이 만들어졌다면 어떤 종류의 발레로 만들어졌을지 추측해 보는 것도 재미있다. 이 음악의 길이와 특성을 고려해 보건데 아마 두 사람을 위한 춤이 되지 않았을까 한다. 바람처럼 변하는 분위기는 종말을 암시하는 듯하고, 강렬한 애국심이 느껴지고, 부드럽고, 변덕스럽고, 집시풍의, 강렬하고 현기증이 나며, 어느 순간 마지막 부분이 아주 부드러우면서 눈부실 만큼 화려하게 끝이 나는 음악을 들으면 카르사비나와 니진스키가 빨간 부츠를 신고 헝가리의 색채를 드러내면서 열정적인 연기가 가미된 춤을 출 수 있도록 만든 곡이라는 것이 틀림없다.

니진스키로 봐서는 발레단의 다른 단원들에 비해 그렇게 바쁘지 않으면서 생활이 규칙적이고 즐거웠다. 어떻든 그는 클래스와 리허설 시간이 가장 행복했다. 그는 전체 레퍼토리를 알았고 페테르부르크에서 《장미의 정령》은 배웠으니 카르사비나와 완벽히 호흡을 맞추는 일만 남았다. 몬테카를로 시즌이 오픈 한 이후에는 그가 배워야 할 역은 오로지 '나르시스' 역 하나밖에 없었다. 그리하여 그는 다시 브로니아와 같이 자신의 그리스 발레를 개인적으로 작업하기 시작했다. 이 작품의 존재는 포킨이나 다른 단원들에게는 비밀이었다.[55]

박스트는 파리에서 이다 루빈스타인의 거대한 프로덕션에 참여하느라 바빠서 《장미의 정령》을 위해 공연 시간에 겨우 맞추어 등장했다. 하지만 다른 친구들 그룹은 댜길레프 발레단이 초연하는 일을 돕기 위해 모두 모였다. 스베틀로프는 러시아에서 파견대를 이끌고 왔으며[56] 베소브라소프는 폴란드에서 한 부대를 몰고 왔다.[57] 댜길레프의 상냥하고 친절한 사촌인 파프카 코리부트 쿠비토비치가 하는 일은 특이했다.[58] 스트라빈스키는 《페트루슈카》 작곡에서 겨우 벗어날 수 있게 되자 공연 준비를 보기 위해 볼리유에서 도착했다.[59] 브누아는 프로덕션의 상세한 부분을 감독하기 위해 왔다.[60] 쾌활하고 빈틈없는 건스부르그는 발레단의 자금줄을 어렴풋이 쥐고 있었다.[61] 보트킨 자매들, 박스트의 조카들은 그곳에서 재미를 즐기고 있었다.[62] 몬테카를로에서 발레 시즌 전에 하는 오페라 시즌에 출연하고 있던 샬랴핀은 휴식을 취하기 위해 어슬렁거리면서 카페 드 파리Cafe de Paris에서 밝은 햇살 아래에서 러시아 예술가들과 술을 같이 마셨다.[63] 아가 칸Aga Khan*은 몬테카를로에 빌라를 가지고 있었고 카르사비나를 흠모했다. 하지만 그녀의 완강한 도덕적 순수성 때문에 칸은 금발의 좀 더 나긋나긋한 코발렙스카Kovalevska로 위안을 삼아야 했다. 댜길레프는 아가 칸이 재정적인 도움을 줄 수 있을 거라는 희망을 하고 있었기에 종종 칸을 회의에 끌어들였다.[64] 모나코 왕실의 그리말디 가문은 바로 이웃의 궁전에서 댜길레프의 기획을 당연히 보호자와 같은 시선으로 바라보았다.[65]

몬테카를로 극장은 1878년 샤를 가르니에Charles Garnier가 매우 서둘러서 지었는데 바다로 돌출한 테라스 위에 지었다. 시내에서 극장으로 가기 위해 지나가는 정원에는 야자수와 큰 목련 나무가

---

• 인도의 이슬람교 이스마일파 교주의 세습 칭호(세계적인 부호로 유명함)*

있다. 극장 쪽으로 접근하면 두 개의 첨탑 모양 돔이 얹혀 있는 아이보리 색깔의 로코코 양식을 정면으로 보게 된다. 두 개의 첨탑 사이로 시계가 있는데 청동 녹색으로 되어 있고 주변에는 젊은이들이 앉아 있다. 극장을 마주하고 왼쪽에는 카페 드 파리가 테라스와 함께 있으며 오른쪽은 파리 호텔이 있다. 극장과 연결이 되어 있는 카지노는 왼쪽으로 뻗어 있다. 세 개의 문이 있는 곳까지 계단을 올라가서 문으로 들어가면 대리석 각주와 함께 갈색으로 장식된 현관이다. 이 현관은 왼쪽의 카지노와 극장의 대기실로 같이 사용된다. 객석은 작지만, 금빛으로 화려하게 장식되어 있다. 오크나무로 만든 팔걸이의자는 붉은색 고급 천으로 덮어 씌워져 있다. 객석은 직사각형 모양으로 가장자리에 박스 석은 없으며 거대한 거울로 벽은 장식되어 있다.* 모나코의 군주를 위한 중앙 좌석은 위에 덮개가 씌워져 있다. 무대 위는 산들바람이 부는 야외에서 구성이 기묘한 오케스트라를 지휘하는 천사의 그림이다. 당연히 자랑할 만한 날짜인 "1878년 7월 시작-1879년 1월 19일 완성"이라고 라틴어로 새겨져 있다. 금박을 입힌 휘장과 야자나무 잎사귀로 장식된 네 명의 아르누보풍 숙녀들은 사각형 돔을 떠받치고 있었으며 천장 처마 돌림대 주위로 더욱 아름다운 운동선수들이 빙 둘러앉아 있다.

극장과 파리 호텔 사이로 계단을 따라 내려가면 왼쪽은 대공이 박스 석으로 가는 개인 출입구를 지나고, 오른쪽은 루셀Roussel

---

* 지금은 커튼으로 가려져 있다.

이 조각한 베를리오즈의 멋진 흉상이 흰색과 분홍빛 베고니아 화단 위에 세워져 있다. 이 흉상을 지나면 바다가 보이는 넓은 테라스에 도착한다. 베를리오즈 흉상의 바닥에는 파우스트, 메피스토펠레스, 마르게리타를 묘사한 부조로 장식되어 있다. 베를리오즈의《파우스트의 겁벌 La Damnation de Faust》을 1893년 5월 18일 오페라*로 초연한 곳이 몬테 카를로 극장이었다. 이 극장에서 댜길레프 발레단이 1911년 4월 9일 발레《장미의 정령》을 초연했다. 이 발레 작품의 음악은 베버 작곡의 「무도회의 권유」였다. 베버의 피아노 음악이 초연된 후 10일 뒤에 베를리오즈가 관현악 버전으로 편곡했다.

그러는 동안 파리에서 아스트뤽은 샤틀레 시즌을 위한 멋진 포스터 제작에 고심하면서 박스트에게 부탁을 했다. 그러나 이 화가는 너무 바빠서 열외로 부탁하는 이 포스터를 디자인할 수가 없었을 수도 있고, 또는 화가가 생각하기에 자신의 디자인은 너무 디테일이 복잡하고 색채가 다양해서 포스터로 사용하기에는 부적당하다고 생각했던 것도 같다. 박스트는 다른 제안을 했다.

박스트가 아스트뤽에게, 1911년 3월 29일
베버,
로얄가, 파리
친애하는 나의 친구여,

---

* 본래 이 작품은 오라토리오 형식으로 작곡되었고 1846년 12월 6일 파리 오페라 코미크에서 오라토리오로 초연되었다.

당신에게 필요한 포스터에 대해 생각을 했는데 좋은 아이디어가 떠
올랐습니다. 콕토에게 그 포스터 디자인을 부탁하십시오. 그는 드
로잉에 매우 뛰어날 뿐 아니라 당신에게 놀라울 만큼 멋진 니진스키
의 그림을 그려 줄 것입니다. 콕토는 이미 니진스키 스케치를 많이
했습니다. 내 생각에 댜길레프도 동의할 것입니다. 당신의 의견은
어떠신가요?
곧 만납시다.

레온 박스트[66]

박스트는 베버에서 이 글을 썼다. 베버는 그가 자주 드나드는
카페 겸 레스토랑이었으며 말셰르브Malesherbes 대로에 있던 박스
트의 스튜디오에서 멀지 않은 곳이었다. 이 장소 이름이 「무도회
의 권유」 작곡가 이름과 같다는 것은 순전히 우연의 일치였다! 아
스트뤽은 포스터를 칼라 프린팅으로 제작하려면 시간이 촉박하
여, 지체없이 콕토의 잠재력에 대해 댜길레프의 의견을 물었다.
댜길레프는 3월 31일 "러시아 화가의 포스터를 사용합시다"라고
전보를 보내 왔는데 아마도 파블로바를 그린 세로프의 포스터를
의미하는 듯했다.[67] 그러나 논리적인 아스트뤽은 브누아의 《지
젤》 저작권을 박스트에게 주려고 했을 때도 따지면서 저항했다.
그리고 이번 건도 파블로바가 발레 뤼스에서 춤을 추지도 않는데
발레단 광고를 하는 포스터에 그녀의 그림을 사용하는 것은 대중
을 속이는 것이라고 판단했다. 아스트뤽은 콕토에게 테스트용으
로 몇 점의 스케치를 요청했다. 콕토의 처음 의견 중 하나는 자신

이 파시의 블랑슈 스튜디오에서 《오리엔탈》 중의 니진스키를 그린 것을 포스터로 사용하면 어떨까 하는 것이었다. 콕토는 니진스키가 한쪽 다리를 구부린 채 서서 있는 모습을 대담한 라인으로 스케치했다. 또 다른 하나는 (드루에가 찍은 기울어진 모습의 사진처럼) 다리를 교차하고 있는 스케치였으며 오른쪽에 크게 대문자로 "NIJINSKI(니진스키)"라고 적혀 있었다. 그러나 콕토는 얼굴 옆모습이 마음에 들지를 않았던 것 같고, 그리하여 얼굴에다가 종이를 부치고 다시 그렸다.[68] 아마도 아스트뤽이 콕토에게 무용수가 이번의 새로운 프로덕션 중 하나의 모습으로 등장하는 게 더 낫다고 조언을 한 듯했다. 이 상황에서 콕토는 박스트가 디자인한 장미 의상을 익히기 위해 박스트, 혹은 의상 제작자에게 갔음이 분명했다. 의상에 대해 콕토가 메모를 해 와서 《오리엔탈》의 니진스키 모습을 그림에 적용했다. 오른쪽 팔을 어깨 뒤쪽으로 젖히고 다리를 뒤쪽으로 구부려서 클래식 발레의 아라베스크 포즈가 되도록 했다. 하지만 머리와 뒤로 뻗은 왼쪽 팔의 아래쪽 기울기는 거의 변경하지 않고 유지했다.[69] 콕토가 몬테카를로에 가지 않고 니진스키가 《장미의 정령》에서 추는 춤을 보지 않고 지금은 유명해진 최종 결과물을 그린 것은 분명했다. 같은 발레에서 파트너 카르사비나도 그렸던 이 포스터가 1911년 샤틀레 시즌의 광고에 사용되었는지는 불분명했다. 콕토의 디자인들은 프로그램에 다시 실렸다. 현재 남아 있는 콕토의 포스터 몇 점은 1913년 샹젤리제 시즌에 사용되었다.[70]

4월 5일 댜길레프는 아스트뤽과 파리에서 발레 준비 상황을 위해 여기저기 둘러보고는 밤 기차로 다시 몬테카를로로 돌아왔다. 댜길레프는 파리 시즌을 앞두고 아스트뤽과 여러 문제를 결정해야 하는 일도 중요했지만 박스트를 설득하여 몬테카를로에서 《장미의 정령》을 세팅하는 데 이틀을 보내도록 해야 했다. 그러기 위해서는 댜길레프가 루빈스타인을 위해 하는 일을 잠시 멈추라고 박스트를 설득해야 하는 상황이었다. 그리고 아마도 댜길레프는 아스트뤽 사무실에서 콕토의 스케치를 보았을 것이다. 그는 이날 너무 바쁘고 할 일이 많아서 아스트뤽의 사무실에 몬테카를로에서 필요한 베르Bert가 찍은 사진 꾸러미를 두고 왔다.[71] 4월 6일 금요일 댜길레프는 몬테카를로에서 드레스 리허설을 가졌다. 일요일 몬테카를로 초연에서 반복될 프로그램은 《지젤》과 《셰에라자드》였다. 지금의 발레 단원들 중 오로지 10명만이 2년 전 샤틀레 공연 때 함께한 무용수들이었다. 그 이름을 열거해 보자면 니진스키, 카르사비나, 볼름, 숄라, 로사이, 바실리예바, 니진스카, 그리고리예프, 알렉산드로프, 세메노프였다. 크렘네프와 오를로프 같은 오랜 동료들은 나중에 합류할 예정이었다(베소브라소프의 친구이기도 한 알렉산드라 바실리예바, 미하일 알렉산드로프, 이 두 무용수는 1908년 공연에도 함께 참여해서 《보리스 고두노프》중 폴란드 장면에 등장하는 폴로네이즈에서 프랑스 무용수들의 리더가 되어 공연했다). 체케티는 1910년에는 댜길레프와 함께 있었지만 1909년에는 아니었다.

프로그램은 훌륭했다. 두 개의 작품은 완전히 대비되었고 두 명의 스타는 자신들의 다양성을 과시할 수 있었다. 카르사비나는 지젤 역 뿐 아니라 처음으로 조베이다를 맡게 되었다. 본래는 이다 루빈스타인이 파리에서 와서 몬테카를로에서 하는 처음 두 번의 정식 공연인 월(4월 9일), 화(4월 10일)에 참여하기로 되어 있었다. 그러나 그녀는 드레스 리허설을 하는 당일에 못하겠다고 통보했다.[72] (그녀는 23일 등장하여 댜길레프가 계약을 어기는 상황을 피할 수 있게 되었다. 댜길레프와 몬테카를로 측의 계약에는 이다 루빈스타인을 포함한 몇몇 특정 무용수들이 꼭 참가해야 한다는 조항이 명기되어 있었다.) 그런 까닭에 카르사비나는 의상을 자신에게 맞게 고칠 시간조차 거의 없었다.[73]

숄라는 미르타, 윌리들의 여왕이고 볼름은 힐러리온, 지젤을 사랑하는 라이벌 청년인데 프로그램에서 '산림 파수꾼'이라고 불리었다. 지젤 엄마 역은 다름 아닌 체케티가 직접 맡았다. 《셰에라자드》에서 볼름은 샤 역을, 그리고리예프는 적의에 가득한 샤의 동생 역을 맡았다.

금요일 총 리허설과 월요일 초연 사이에 신생 발레단에 암울한 그림자를 던지는 사고가 났다. 《아르미드의 관》 리허설이 진행 중인데 누비아족 시동들이 장면 전환 중에 부채를 갖고 등장하는 작은 문이 열려 있었다. 예전에는 성악가였으며 지금은 극장의 상주 무대 매니저인 무오라토리Muoratori가 자신을 제지하는 체케티를 무시하고 무대 측면에서 무대로 나왔다가 트랩으로 빠져 수십 피트 아래의 지하실로 곤두박질쳤다. 충격이 너무 강해서 그의 손가락에 끼고 있던 반지가 다 빠졌고 그는 그 자리에서 즉사했다. 댜길레프는 이 사고사에 대해 깊이 슬퍼했고 그는 이 사고

를 악의 징조로 받아들였다.[74]

이는 오로지 행복한 봄 시즌을 방해하는 구름 정도일 뿐이며 이후 일어날 수많은 사건 중 하나일 뿐이라는 사실을 그때는 아무도 몰랐다. 댜길레프는 《라 페리》에 대해 포킨의 리허설 시간 부족을 걱정하였고 박스트의 부재와 '배신'에 대해 매우 언짢아했다. 그러나 댜길레프는 아스트뤽의 전보를 받으면 화를 잘 내는 그의 성미가 해소되곤 했다. 희망과 작품 제작을 위한 막간 휴식이었다. 하루의 작업을 하고 나면 바슬라프와 댜길레프는 카르사비나와 샬랴핀과 카페 드 파리에서 저녁을 먹었고 그 식사 자리는 친구들로 북적거렸다.[75] 4월은 대공들의 시즌이었다. 어느 날 저녁에는 네 명의 대공, 세르주, 보리스, 앙드레 그리고 조지 등이 파리 호텔에서 함께 저녁을 먹었다.[76] 그리고 물론 크체신스카야도 그 테이블에서 대공들을 즐겁게 하고 있었다.[77] 아마도 파리 호텔에는 잠재적인 적들이 어디에나 있다는 것을 알고서 댜길레프는 언덕 위의 호텔로 결정한 것 같다. 댜길레프, 니진스키, 카르사비나에게 소중한 친구가 되고 향후 몇 년간 발레단에 실질적인 도움을 주는 방문자는 레이디 줄리엣 더프였다. 그녀는 남편과 함께 《장미의 정령》 초연을 보기 위해 정확한 때에 맞추어 몬테카를로로 왔다.[78] 리비에라 팰리스 호텔에서 4월 15일[79] 일요일 즐거운 점심 파티 후에 베소브라소프가 찍은 사진이 남아 있는데 코리부트쿠비토비치, 니진스키, 스트라빈스키, 브누아 그리고 큰 모자를 쓴 카르사비나와 보트킨 자매, 그 사이에서 앞을 응시하는 댜길레프가 찍힌 사진이 있다.[80] 니진스키의 헤어스타일은 학교를 졸업하기 전처럼 앞머리를 내렸다. 그는 신비하고 관능적인 목신牧神의 얼굴이 아니라 조그만 장난꾸러기 요정 퍽Puck의 얼굴을 하고 있다.

보솔레이에서 점심을 먹은 지 3일 후《장미의 정령》(이하 정령) 초연이 열렸다.

이 발레는 1830년대 낭만주의 시대가 배경인데 박스트가 창안한 가구는 샤를 10세Charles X 시대의 가구라기보다는 단순하고 깔끔한 비더마이어Biedermeyer풍이었다. 흰색 옷을 입은 소녀는 사랑을 꿈꾸며 그녀의 첫 무도회에서 돌아왔다. 그녀는 안락의자에 깊숙이 앉아 그녀의 가슴에 장미를 품고, 향기를 맡으면서 눈을 감았다. 그녀는 잠이 들면서 장미꽃을 바닥에 떨어뜨렸다. 그러자 장미의 정령이 창문에서 도약해 들어와서 방 주위를 신나게 뛰어다니다가 잠든 소녀를 일으켜 세워서 같이 춤을 춘다. 끝에는 정령이 소녀를 다시 의자에서 잠들게 두고 정령은 창문 밖으로 사라진다. 소녀는 잠에서 깨어나 바닥에 떨어진 장미꽃을 발견하고 그것을 주워 가슴 가까이 댄다.

이 소품 발레로 인해 몇몇 범상치 않은 일이 있었다. 이로 인해 이 발레는 아주 유명하게 되었는데 1911년 초연 당시 이런 요소들이 얼마나 새롭고 독창적으로 보였는지 우리는 상상하기 어렵다. 첫째는 박스트의 무대 세트다. 벽지, 커튼이 드리워진 침대, 프랑스 스타일의 열려 있는 창문, 보가 씌워진 테이블과 화병, 소파, 화장대, 전등 갓, 새장 그리고 수놓아진 액자가 등장하는데 이는 러시아 발레의 무대 세트라기보다는 뮈세Alfred de Musset의 연극

(왼쪽부터) 보솔레이에서 모자를 쓴
보트킨 자매, 파벨 코리부트쿠비토비치,
타마라 카르사비나, 니진스키, 이고르
스트라빈스키, 알렉산드르 브누아,
세르게이 댜길레프, 앞에 앉아 있는
알렉산드라 바실리예바와 함께
(니콜라스 베소브라소프 사진, 위)
이졸라 벨라에서 니진스키
(세르게이 댜길레프 사진, 아래)

에 나오는 장면 같다. 두 번째는 주로 남성 무용수의 솔로가 많이 등장하는 파드되인데 이는 그때까지 창작된 작품 중에 가장 긴 파드되였다. 세 번째는 장미의 정령으로서 춤을 춘 니진스키의 춤 때문이었다.

음악은 첼로와 목관의 연주로 시작하면서 카르사비나는 걸어서 무대에 등장한다. 그녀는 춤을 추며 등장하지 않았다. 왈츠 음악의 처음 휘몰아침이 연주되면서 니진스키가 우측 창문을 통해 바람에 날린 나뭇잎처럼 날아 들어온다. 니진스키는 빠르고 활기찬 리듬에 맞추어 끊임없이 방안에서 도약하고 빙글빙글 돈다. 가볍게 흔들리는 왈츠가 펼쳐지자 그는 의자에 계속 잠들어 있는 카르사비나를 일으켜 세워서 바닥을 가로질러 그녀를 끌고 온다. 다채로운 왈츠 멜로디에 맞추어 정령과 추는 그녀의 춤 전체는 파 드 부레로 구성되어 있다. 다시 말해 그녀의 발가락 끝으로 구사하는 경쾌한 스텝으로 이루어졌는데 이때는 명백히 그녀가 눈을 감은 채 춤을 춘다. 마침내 니진스키는 그녀에게 허리를 굽혀 키스하면서 그의 뒤에서 다리 한쪽을 아라베스크 자세로 길게 펼친 그녀를 의자 뒤로 리드한다. 처음에 등장한 빠른 왈츠가 지금도 계속 반복되었다. 니진스키는 빙글빙글, 왕복으로 이리저리 소용돌이처럼 일렁이는 팔을 구사하면서 껑충거리고 춤을 추었다. 음악이 끝날 때 그가 카르사비나의 발밑에 비스듬히 누워서 그녀를 향해 열정적인 찬사를 보내느라 그의 어깨 너머로 팔을 길게 뻗친다. 그러고는 한 구절의 음악이 더 흐르고 그는 무대를 비스듬히 달려서 가로지른 후 왼쪽 창문으로 솟구쳤다. 마치 밤의 허공 속으로 날아간 듯이 보였다. 솔로 첼로가 연주하는 조용하고 느린 패시지에 맞추어 그 후 카르사비나는 소녀가 잠에서 깨어나고 바닥에 떨어진 장미를 발견하는 연기를 한다.

브로니슬라바 니진스카는 페테르부르크에서 《정령》을 포킨이 안무할 때 보았다. 이때 그녀는 포킨의 진부한 클래식 발레의 앙쉐느망enchainement •들을 보고는 우울했었다. 그러나 리허설 과정에서 그녀의 오빠는 그가 맡은 역을 완전히 변화시켰다.[81] 그는 남자가 장미 꽃잎이 달린 의상을 입어야 하고 쉬지 않고 아찔할 정도로 춤을 추어야 함을 본능적으로 감지했다. 니진스키는 이 작품 처음과 끝에서처럼 혼자 왈츠를 추는 것은 터무니없다고 여겼다. 니진스키가 생각하기에 무성의 인간은 등장해서 춤출 때는 다른 방식이어야 한다고 생각했다. 그는 클래식 발레에서 구사한 포르 드 브라의 정확성을 모두 없애 버렸다. 얼굴 주변으로 팔을 말아 올리고 그 자세를 지탱한 채 변칙적인 손목과 동그랗게 말아 올린 손가락들로 쭉 뻗었을 때 니진스키는 아르누보 스타일의 덩굴손이 되었다. 박스트는 천을 염색하여 분홍빛 나는 보라색의 레오타드에 분홍, 빨강, 그리고 보라색의 하늘거리는 실크 꽃잎을 달았다. 티파니 유리 ••의 색깔처럼 이들 색깔은 각각이 한데 어우러졌고 이 꽃잎들은 신체의 선을 없애고 성의 특징을 숨겨 주었다. 얼굴 분장은 니진스키 자신이 고안했다. "그의 얼굴은 천상

---

• '사슬로 엮는다'라는 뜻으로 발레에서는 파(par, 스텝)의 연결을 말한다. 음악의 한 악구에 해당하는 파의 연속이다.*
•• 티파니Tiffany가 개발한 착색유리 공예품*

에 존재하는 곤충 같아 보였다. 그의 눈썹은 장미의 심장 가장 가까운 곳을 찾아낼 수 있을 듯이 보이는 아름다운 딱정벌레를 암시하는 듯했으며 그의 입은 장미 꽃잎 같았다."[82] 의상과 분장을 하면 언제나 니진스키는 관객들을 끌어당긴다. 그가 공기 속으로 덧없이 사라질 화환을 만들면서 영원히 이어질 듯이 춤을 출 때, 잠시라도 쉴 새 없이 그의 입술은 황홀감으로 벌어지고 그는 마치 향내 나는 눈빛을 뿜어내는 듯이 보였다. 이 공연에 관한 사진들은 여러 장 있다. 드레스 리허설 때는 안절부절못하게 하는 상황이 없지 않았다. 니진스키의 의상이 마지막에 도착했는데 의상 제작자가 제대로 만들지 못했다는 것이 밝혀졌다. 브누아는 이때를 나중에 다음과 같이 회상했다.

중요한 수정이 여기저기에 가해져야 했다. 당시로써는 실크 장미 꽃잎을 연한 주황색의 천에 바로 바느질을 하는 수밖에 없었다. 그런 작업 때문에 당연히도 핀에 찔리거나 긁혔고 바슬라프는 고통으로 꼼지락거리고 비명을 지를 수밖에 없었다. 이브닝드레스와 높은 모자까지 갖추어 쓴 댜길레프는 매우 거만하고 엄숙해 보였다. 그는 공연의 모든 초연을 볼 때 서서, 점점 화를 내면서 지시를 내렸다. 의상 제작자의 역할을 풍경화가이자 우리의 무대 매니저인 O. P. 알레그리O. P. Allegri가 즉흥적으로 대신하는 동안 전문 의상 제작자는 아무 소용이 없어 보였다. 그는 입에 핀을 한껏 물고 무대 위에서 무릎을 꿇고 있었으며 알레그리는 현명하게 살아 있는 몸에다가 의상을 수정하는 복잡하고도 책임이 막중한 작업을 수행했다.[83]

첫 공연을 위해 박스트가 도착했다. 그는 열린 창문 중 하나에 걸려 있던 새장이 니진스키가 도약하는 데 방해가 되었기 때문에 제거된 것을 발견했다. 그는 무대 세트를 돌아보면서 새장을 달 만 한 장소를 찾으려고 애를 썼다. 다길레프가 소리쳤다. "레브슈카, 제발, 카나리아는 포기해. 관객들은 점점 짜증을 내고 있어. 오, 웃기지 마. 카나리아들이 서랍장 위에 서 있지는 않을 거야", "당신은 이해 못 해, 세료자. 우리는 새들이 있을 만한 환경을 만들어 줘야 해." 박스트는 중간 휴식 시간이 아슬아슬하도록 시간을 끌었는데 카르사비나가 기억하기를 결국 박스트는 새장을 처마 바로 밑에 높이 매달게 했다.[84]

《정령》의 제작은 순조롭게 진행이 되었고 사소한 계기로 시작된 작품이었다. 좀 더 정교하고 이국적이며 장대한 작품으로 관객들을 감동을 주는 데 주력을 하던 다길레프와 그의 친구들은 다소 예외적인 성공에 깜짝 놀랐다. 점차 레퍼토리 중에 가장 인기 있는 발레임이 차차 분명해지게 되었다.《정령》에서 포킨의 테마로 바리아시옹을 고안했고 니진스키는 그의 가장 유명한 역이 되는 발레를 창조한 것이다,

이다 루빈스타인은《세에라자드》2회 공연과《클레오파트라》2회 공연에 출연하기 위해 4월 23일 파리에서 출발했다.《클레오파트라》에서는 프레오브라엔스카야가 파블로바가 맡았던 타호르 역을 맡았다.[85] 니진스키는 자신의 그리스 발레에서 루빈스타인이 주역 님프 역을 맡아 주었으면 했다.[86] 그러나 루빈스타인은 이때 조베이다 역으로 다길레프 발레단에서의 공연은 마지막이

되었다. 그때부터 해마다 루빈스타인이 제작하여 공연하는 스펙터클 시리즈는 모두 박스트가 디자인했는데 최초 작품은《세바스찬의 순교》였다. 이 작품은 몬테카를로 공연이 있고 난 한 달 뒤에 공연했으며 그녀는 댜길레프의 라이벌이 된다. 호화로운 작품이었지만 깊이가 있는 작품은 아니었다. 그녀는 몬테카를로에서 5일을 머물렀는데 그동안 포킨은 성 세바스찬 역할에서 그녀가 출 춤을 안무했다.[87]

마지못해 포킨은《나르시스》리허설을 시작했다. 박스트가 이 주제를 고집했고, 그러다 보니 댜길레프의 남색적인 면(3세기 전화가 카라바조Caravaggio의 경우와 마찬가지로)에 호소하게 된 이 테마가 브누아는 마음에 들지 않았다. 브누아는 전체적으로 이 주제는 발레에 맞지 않는다고 판단했다.[88] 브누아는 에코Echo와 나르시스라는 캐릭터는 "그리스 신화에서 가장 정적"이었다. "그녀의 동굴에 갇혀 있는" 에코와 "자신의 아름다움에 매혹당해서 움직이지 않는" 나르시스. 이런 이유와 또 다른 이유 때문에《나르시스》는 음악도 매력적이었고 훌륭한 무대와 카르사비나, 니진스키의 연기에도 불구하고 댜길레프가 반쯤 실패한 작품이 된다.

체렙닌은 삼림지대를 묘사한 서주를 작곡했는데 이는 들리브의《실비아》를 생각나게 했다. 커튼이 오르기 전에 백스테이지에서 입을 다문 합창단이 노래를 부르고 있다. 이 윙윙거리는 합창소리는 에코의 상징으로 작품에서 사용된다. 박스트의 무대는 파란 하늘을 배경으로 춤추듯 움직이는 구름, 수양버들이 가득한 녹음의 경치에, 앞쪽은 시냇물이 흐르고, 뒤쪽은 아치형 암석이

보인다. 시냇물과 암석 사이로 목초지가 보이며 그 너머에는 님
프 에코가 이따금 더 높은 쪽에서 움직이고 있다. (그녀는 실제로
'동굴에 갇혀 있지' 않고, 움직이는 위치가 한정되어 있는 것도 아니며,
다리까지 다른 무용수들과 같은 수준으로 아래 내려온다.) 오른쪽에는
포모나Pomona* 동상이 있다.

　뿔이 달리고, 길고 뾰족한 귀와 꼬리를 가진 녹색 털이 많은 조
그만 생명체인 나무의 정령들이 무대를 돌아다닌다. (오로지 등장
만 하는 이 부끄러움 타는 생명체에 대한 아이디어는 주위에 사람이 없
을 때는 매력적일 수도 있지만, 브누아가 지적한 대로,[89] 이들이 무대에
등장했을 때 우스꽝스럽게 보일 위험은 언제든지 있다. 《불새》에서도 이
들을 보았고 《푸른 왕》에서도 다시 보게 될 것이다.) 포모나 제전을 축
하하기 위해 한 무리의 베오티아Beotia** 농부들이 도착하자 그 생
명체들은 사라졌다. 농부들은 물을 첨벙거리고 그늘에 여기저기
흩어져 있다. 농부들이 입은 단순한 작업복은 당밀색, 레몬색, 오
렌지색, 적갈색과 암갈색의 대담한 줄무늬, 동그라미와 체크무늬
가 있는데 이 의상은 박스트가 가장 맘에 들어 하는 디자인에 속
한다. 농부들 등장 장면에 이어 바커스 신의 사제인 브로니슬라
바 니진스카가 등장한다. 니진스카는 주황 분홍색 옷을 입고 항
아리와 컵을 나르면서 로열 블루 색 숄을 손목에 두르고 등장했
다. 그녀는 두 명의 사티로스satyr*** 사이에서 급속도로 빨리 태어

---

* 과일나무의 여신*
** 코린토스만 동북쪽에 있는 그리스의 지방 이름*
*** 고대 그리스 신화에서 숲의 신. 남자의 얼굴과 몸에 염소의 다리와 뿔을 가진 모습*

났는데, 그녀는 뒤로 기대어 그녀의 다리를 공중에 높이 찬다. 점프와 회전으로 구성된 그녀의 춤은 극도로 격렬했다. 청자색 옷을 입은 다른 바커스 신의 사제들이 그녀와 만나고 그들 춤의 클라이맥스에 그들 모두 바닥에 쓰러진다. 멀리서 나르시스의 목소리가 들려오고 에코가 반복한다. 그리고 니진스키가 도약하고 그 뒤를 두 명의 사랑스러운 님프들이 따른다. 흰색 망토를 입고 긴 금발 가발을 쓰고 트릴로 연주되는 4박자의 완만한 모데라토 선율에 맞추어 즐겁게 등장한다. 무대 위의 모든 소녀가 그를 흠모하여 동작을 그대로 따라 한다. 슬픈 에코 역의 카르사비나는 미끄럽게 찰랑거리는 긴 검정 머리에 은색 스텐실로 입힌 보라색 비단 휘장을 두르고 다리 위에 등장한다. 그녀는 내려와서 니진스키의 발치에 흠모하는 몸짓으로 엎드린다. 찬사받기를 좋아하는 그는 그녀를 일으켜 그녀의 눈을 응시한다. 그들이 함께하는 춤은 비극적인 시다. 이때 음악은 꼭 다문 입으로 노래하는 음악이 흐른다. 질투 많은 님프들이 등장할 때 나오는 음악은 흡사 메사제 작곡의 「두 마리의 비둘기 Les Deux Pigeons」에 등장하는 집시들의 음악을 떠올리게 한다. 이 님프들이 에코는 자신이 말할 능력이 없고 오로지 다른 사람의 말을 반복할 뿐이라고 설명한다. 나르시스는 에코를 시험해 본다. 그가 춤을 출 때 몇 스텝마다 에코는 마지막 구절을 반복한다. 나르시스는 즉석에서 더 빨리, 더 어려운 스텝들과 제스처를 취하며 춤을 추면서 에코를 놀리다가 너무 빤한 게임에 싫증을 내고는 그만둔다. 나르시스는 에코의 동료들과 함께 숲속으로 달려간다. 혼자 남은 에코는 포모나 여신에게 나르시스도 짝사랑으로 고통 받게 해 달라고 빌고는 무대를 떠난다. 나르시스는 물을 먹기 위해 연못으로 돌아왔는데 물에 비친 자신의 모습에 반한다. 나르시스는 그의 포즈를 아름답게 취해 물속에 있는 낯선 사람을 끌어당기려고 노력한다. 에코가 돌아와서 나르시스와 다시 처음부터 사랑을 시작해 보려고 하지만 그는 다른 무엇에게는 눈길조차 주지 않고 오로지 연못에 비친 자신의 모습에만 빠져 있다. 포킨은 브누아가 생각하는 "끝없이 이어지는 안무적인 독백"을 다양하게 표현하는 데 어려움을 겪었다. 그리고 "에코가 풍겨야 하는 슬픈 분위기는 지루해지는 것을 막을 수가 없었다. 카르사비나의 아름다움과 그녀의 완벽한 클래식 포즈조차도 이를 막지 못했다. 두 무용수가 엉뚱한 공상의 희생자가 된 듯하고 (대본가 박스트는) 그들에게 미안한 감정을 느꼈다."[90] 카르사비나는 자리를 떠난다. 니진스키는 연못에 빠진다. 아래에 열려 있는 작은 문으로. 그러고는 거대한 인공으로 만든 수선화가 바닥에서 솟아올라 나르시스가 있던 자리를 차지하는데 그러는 동안 숲속의 생명체들은 그들의 구멍을 통해 새로운 현상을 훔쳐보게 된다. 카르사비나는 슬퍼하면서 다리를 지나 바위가 있는 풍경 속으로 하나가 되고 합창단은 애도하면서 울부짖는 소리를 다시 내고 있다.

이 발레는 여러 가지 좋은 요소들을 많이 지니고 있었다. 그러나 에피소드들이 서로 얽혀 있었지만 한 작품으로서 통일감을 지니지 못했다.[91] 슬퍼하는 자세가 확실히 너무 많았다. 도깨비들과 인공 수선화는 바라던 대로 효과를 내지 못했다. 이번만은 댜

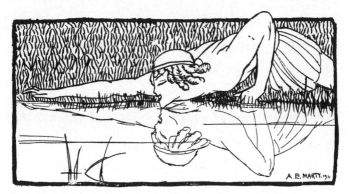

《나르시스》에 출연한 니진스키 (앙드레 에두아르 마티 드로잉)

길레프의 손길도 통하지 않았다. 그러나 그는 카르사비나에게 그녀가 결코 잊을 수 없는 상당히 도움이 되는 충고를 했다. "우아한 님프처럼 가볍게 달리지 마라. 나는 오히려 그대의 에코 속에서 대단한 존재, 비극적인 표정의 니오베*를 본다." 카르사비나는 "내 관점에서 보면 그 비극적인 이름은 잠 못 이루는 메아리의 애절한 발자취가 되었다"라고 적고 있다.[92]

댜길레프는 발레단에 앞서 5일 토요일 바슬라프와 로마에 먼저 가 있었다.[93] 발레 단원들은 피에몬테Piedmont와 투스카니Tuscany의 해안을 따라 여행의 즐거움을 누리면서 로마로 갔다. 댜길레프와 니진스키는 번화한 비아 베네토Via Veneto의 끝자락에 위치한 대규모 현대식 엑셀시오르Excelsior 호텔에 묵었다.[94] 브누아와 스트라빈스키는 콰트로 폰타네Quattro Fontane[95] 근처 알베르고 이탈리아Albergo Italia라는 좀 더 작고 조용한 호텔에 묵었다. 이 호텔은 댜길레프의 호텔과 발레 공연을 할 코스탄지 극장Teatro Costanzi 중간에 위치했다. 그들의 방에서 바르베리니 정원Barberini Gardens이 내다보였다. 그들은 정원 분수의 물을 내뿜는 소리를 들으면서 《페트루슈카》의 마지막 페이지를 완성하게 된다. '예술 세계' 운동의 정점으로 평가받을 수 있는 위대한 발레는 축복받은 삶의 도시 페테르부르크에서 디자인되었고, 제네바 호숫가와 지중해 해안에서 대부분 작곡되었고 그 마지막 완성과 안무는 로마에서 이루어졌으며 파리에서 완벽한 작품으로 등장했다. 브누아 부인

---

• 그리스 신화에 등장하는 여인. 신에 대한 불경죄로 14명의 자식을 잃고 비탄 속에 지내는 여자*

은 남편과 합류하기 위해 루가노에서 로마로 왔다. 더욱이 『예술세계』시절의 오랜 동지였던 누롭뿐 아니라 세로프 부부도 로마에 있어서 친구들이 모두 모여 기쁨은 배가 되었다. 세로프는 로마 국제박람회의 러시아 섹션의 책임을 지고 있었다.[96] 카르사비나는 오빠 부부를 로마에서 만났다. 레프 카르사빈Lev Karsavin은 철학을 공부하고 있었다.[97] 결국에 마에스트로 체케티는 자신의 조국에서 자기 분야로 들어왔다.[98] 브누아는 이렇게 썼다.

실로 우리는 모두 너무나 행복했다. 멀리서 바라다보아도 그들은 나의 행복한 어린 시절처럼, 시성이 가장 풍부하던 나의 젊은 시절처럼 빛이 나는 듯 보였다. 우리가 모두 완벽히 느끼고 있는 실로 중요한 작업을 하면서 완벽한 우정과 조화의 분위기에서 작업하는 것은 진정 멋진 일이었다. 이렇게 낯설지만 아름다운 환경에서 우리의 작업을 완성하는 것은 정말 근사한 일이었다. (…) 우리는 교회, 박물관 그리고 세계 예술 박람회장을 방문하면서 도시를 배회했다. 세계 예술 박람회는 세로프가 널리 알려진 승리를 거두고 있었으며 러시아 섹션 오프닝 때는 이탈리아의 국왕 부처가 방문하여 우리가 영접했다. (…) 티볼리Tivoli와 알바노Albano로 갔던 우리의 소풍은 평생 잊을 수 없다. 나는 이미 이 장소들을 잘 알고 있었다. 그러나 나는 정신적인 환희의 상태로 빠져들었으며 모든 것이 새로워 보였다.[99]

물론 현실의 문제도 있었다. 세계 박람회 감독 산마르티노San Martino 백작의 호의적인 태도에도 불구하고 코스탄지 극장의 행정부와 무대 스텝들은 적의가 가득했다. 리허설을 위해 무대를 빌리는 것은 불가능했다. (파리 오페라의 경우와 똑같이 반복되었다.) "극장에 접근하는 것조차 어려웠다. 현관 경비원은 입구 바깥쪽에 있었다. 누가 무대 출입구 쪽으로 접근을 하려면 경비원이 항상 활발하고 요란한 몸짓을 하는데 마치 극적인 테너의 모양새 같았다. 복도에서는 더욱 조용히 하라고 그리고 모두 발끝으로 걸어야 했다. 토스카니니가 리허설 중이라고 했다."[100]

포킨은 파리의 레퍼토리를 댜길레프와 의논하려고 발레단보다 먼저 도착했다. 이는 댜길레프를 아주 불쾌하게 만들었다.[101] 파리 초연까지 한 달이 남아 있고 댜길레프는 포킨이 《페트루슈카》뿐 아니라 《사드코》, 《라 페리》 그리고 《푸른 왕》 안무에 《불새》의 리허설까지 하기를 기대하고 있었다. 《불새》의 경우는 기존 작품이지만, 현재 단원들에게는 대부분이 생소한 작품이었다. 극단적으로 고집이 센 두 남자 간의 의지력 싸움이었으며 누가 더 고집이 세나 겨루는 싸움이었다. 아마도 댜길레프의 요구가 불가능한 수준만 아니었어도 그가 포킨을 이겼을 것이다. 그리고리예프가 포킨과 로마 시즌의 리허설에 대해 의논하러 왔을 때 포킨은 화가 나서 그와 말하기를 거부했다. 댜길레프가 《페트루슈카》와 《사드코》를 동시에 작업해야 한다고 제안했을 때의 상황을 그리고리예프는 글로 남겼다.

그는 여전히 짜증을 냈고 오로지 작품에 대해서만 나와 의논하겠다고 말했다. 나는 그를 진정시키려고 최선을 다했지만, 그가 지금은 《페트루슈카》 같은 발레의 안무에 도전할 상황이 아니라는 것을 나는 잘 알았다. 《페트루슈카》는 음악이 어려울 뿐 아니라 시나리오의 부분에서 특히 중간 장면은 아직 제대로 완성도 안 된 상태였다. 하지만 그가 바로 안무를 시작했을 때 작품에 대한 아이디어로 가득 차 있음이 밝혀졌다. 그리고 리허설은 빠른 속도로 진행되었다. 단지 무어인이 잠깐 혼자 남겨지는 세 번째 장면에서의 포킨 안무는 실패였다. 그는 무어인을 어떻게 해야 할지 생각을 할 수가 없었다. 그는 화가 나서 악보를 바닥에 던지고 리허설 장을 나가 버렸다. 그러나 다음 날 그는 훨씬 더 행복한 표정으로 돌아와서는 저주받은 무어인을 위한 안무를 생각했다고 말했다. 그는 무어인에게 코코넛을 주면서 가지고 놀도록 했다. 이렇게 하여 적어도 장면의 첫 부분은 처리되었다.[102]

일부 남은 음악들이 작곡되었다.

리허설은 극장 지하의 간이식당에서 이루어졌다. 그곳 바닥에는 다 낡아빠진 더러운 주홍색 카펫이 깔려 있었다. 이런 곳에서 무용수들은 춤을 추고 심지어는 드러눕기까지 해야 했다. 날씨는 숨이 턱턱 막히고 통풍구는 아예 없었다. 피아노에 앉아 있던 스트라빈스키는 숙녀들에게 양해를 구하고 자신의 코트를 벗었다.[103] 댜길레프는 지쳐 보이기는 했으나 흠잡을 데 없이 옷을 갖추어 입고 딱딱한 의자에 앉아서 이 위대한 발레가 이루어지는 과정을 지켜보고 있었다. 브누아는 이들을 스케치했다. 작곡가를 그린 그림의 가장자리에 이 디자이너는 그들의 안무가에 대해 썼다. "포킨은 마부의 춤 리듬을 전혀 이해하지 못한다!" 그리고 덧붙이기를 "끔찍한 더위!"

발레는 5월 15일《아르미드의 관》,《레 실피드》,《이고르 공》으로 오픈 공연을 했으며 열렬한 환영을 받았다. 댜길레프는 아스트뤽에게 관객들이 무척 우아했으며 열여섯 번의 커튼콜을 했다는 소식을 실은 전보를 칠 시간이 없었다. 이탈리아의 왕과 왕비, 왕의 모후는 두 번째 공연에 참석했고 두 번째 공연은 "끝없는 갈채"로 찬사를 받았다.[104]

로마 공연 승리와《페트루슈카》의 제작 진행과 함께 댜길레프의 기분도 한결 나아졌다.[105] 카르사비나는 보르게제Borghese 정원 근처 왕의 모후가 거처하는 궁전의 맞은편 호텔에 있었다.[106] 카르사비나의 글을 보자.

댜길레프는 코스탄지 극장 가는 길에 나를 데리러 아침에 오고는 했다. "마에스트로가 이야기하던가? 나이 든 사람이 기다릴 거라고. 이런 아침에 실내에만 있는 것은 죄악이야." 그리고 그는 니진스키와 나를 데리고 아치형 건축물, 경치, 기념비를 여기저기 가리키며 황홀한 드라이브에 나섰다. 그는 우리를 마에스트로에게 데려다주면서 그의 아이들이 늦었다고 혼내지 말 것을 당부한다. 마에스트로는 특별히 친절하게 시간을 어긴 그의 학생들을 용서한다. 그는 지나간 시간을 메꿀 수 있음을 알고 있었다. (⋯) 그런데도 규칙 그 자체를 위해 마에스트로는 늦게 온 학생들을 꾸짖는 신호를 보낸다. 그는 지팡이를 휘두르고 빠져나갈 시간을 주면서 지팡이를 내 발치에 던진다. 시간을 잘 맞춘 폴짝 뜀으로 이 지팡이를 피할 수가 있다. (⋯) 그는 가르치는 데 열과 성을 다했으며 니진스키와 나 자신도 그에게 매료되어 똑같이 배움에 빠져들었다.


　다른 한편으로는 그들이 수업에 일찍 도착하더라도 나이 든 선생님은 여전히 먼저 도착해 있다.

　시간은 점점 다가오고 파리 시즌의 레퍼토리 전쟁이 시작되었다. 댜길레프는 파리에서 가능한 한 새롭고 다채로운 프로그램을 원했다. 물론 결국은 각각 네 개의 작품으로 이루어진 프로그램 중에서 두 개만 신작을 할 수밖에 없었다.《푸른 왕》,《라 페리》그리고《불새》의 리바이벌을 알리면서 그는 자신이 할 수 있는 그 이상의 작품을 약속했음을 깨달았다.[107] 그렇게 서둘러서는 일을 할 수가 없다는 포킨과 스케줄대로 발레를 공연해야 한다는 아스트뤽 사이에서 고민하다가 댜길레프는 외교력을 최대한 발휘하면서 어느 정도까지 이 사태를 조정할 수 있는지를 시험해야 할 지경에 이르렀다. 댜길레프는 한편으로는 포킨이 최대한 많은 일을 해내도록 투쟁하면서, 어떤 발레라도 공연되지 못한다면 아스트뤽과 박스트의 탓으로 돌리기로 했다. 5월 22일 그는 다음과 같은 글을 썼다.


　　로마의 댜길레프가 파리의 아스트뤽에게,
　　1911년 5월 22일(타자로 침)
　　친애하는 아스트뤽,
　　지금 상황이 이렇습니다. 파리 오프닝까지 14일이 남았습니다. 그
　　리고 나와 나의 발레단과는 전혀 무관한 이유로 두 작품은 아직 손

도 대지 못하고 있습니다.

첫째, 《페리》. 나는 아직 트루하노바의 서명이 된 계약서를 받지 못하고 있습니다. 당신은 그녀 출연에 동의할 수 없는 요소들이 여전히 있다고 나에게 말했습니다. 공연하지 못할 작품에 대해 내가 시작할 수 없다는 사실을 당신도 알 것입니다. 그리고 몬테카를로에 온다고 약속한 트루하노바는 우리가 거기 있던 두 달 동안* 오지 않았습니다. 이제 그녀의 리사이틀이 끝나고도 그녀는 여전히 살았는지 죽었는지 소식이 없습니다. 분명한 사실은 주요한 해석자의 협업이 없이는 우리가 작업을 진행할 수 없다는 것입니다.

나는 피아노 악보(여기에는 명백한 실수가 몇 군데 있습니다)를 분명히 받았습니다. 그러나 지금은 위에서 언급한 이유로 인해서 소용이 없으며 내가 지금 당신에게 진지하게 말하려고 하는 다음 이유로 인해 소용이 없습니다.

당신은 나의 작업을 5년간 지켜보았으니 작업의 기본 원칙을 아실 것입니다. 나는 전문적인 기획자가 아니며 나의 전문 분야는 화가들, 음악가들, 시인들과 무용수들을 함께 작업하도록 모으는 것입니다.

나의 모든 협력자 중에 가장 없어서 안 될 존재는 언제나 레온 박스트였습니다. 그는 나의 어린 시절 친구**이며 나의 모든 기획에 참여했었습니다. 그가 파리에서 얻은 명성은 당신도 아시다시피 온전히 제가 초인적인 노력을 기울려야 했던 러시아 시즌들 덕분입니다.

올해 그에게 네 개의 프로덕션을 맡아 달라고 했습니다. 하나는 《나르시스》, 우리는 모두 서로 협업해서 잘 마쳤습니다. 두 번째 《장미

---

* 다시 말해 6주 조금 안 되는 기간
** 두 사람은 1890년 만났고 그때 댜길레프는 18세, 박스트는 24세였다.

의 정령》의 경우에는 박스트가 페테르부르크에서 리허설을 보았고 안무하는 것을 지켜보았습니다. 그리하여 그는 미리 만들어진 작품에 그의 무대 장식을 맞추기만 하면 되었습니다.

《푸른 왕》과 무엇보다 《페리》에 대해 말씀드리자면 우리는 애매모호한 제안과 적당한 처리들 이외에는 더 이상, 심지어 연필 몽타주조차도 가지고 있지 않습니다. 《푸른 왕》의 무대 세트는 사원이어야 한다고 생각하는데 나는 그것이 어떻게 어디에 있는지 모릅니다. 사원의 내부인지 혹은 사원 바깥의 광장인지도 모릅니다. 리브레토에 명시된 연못과 석쇠가 어디에 있는지 모르겠습니다. 요약하자면 무대 세트에 관한 아이디어 혹은 제작에 대해 아는 것이 아무것도 없습니다. 이런 조건에서 포킨, 브누아와 내가 프로덕션을 어떻게 구상할 수 있겠습니까?

《페리》에 대해서도 말하자면 상황이 아주 우스꽝스럽게 되었습니다. 왜냐하면 작품의 배경이 궁전인지, 산꼭대기인지 혹은 구름 위인지 아무것도 아는 것이 없습니다. 지금은 첫 공연 2주 전입니다. 박스트는 우리가 자신의 작품에 대한 믿음이 부족하다고 주장합니다. 그러나 그가 우리와 거래를 할 때 모든 예술적, 미학적 원칙에서 이렇게 놀라운 배신을 목격한 적이 없다고 말해야겠습니다. 박스트는 성 세바스찬의 프로덕션을 맡고 있으면서 나에게 결코 자신이 더 소중하게 여기는 우리의 작업을 방해하는 일이 없을 것이라고 맹세를 했습니다. 지금 나는 루빈스타인과 단눈치오의 작품 때문에 완전히 희생당했음을 선언합니다. 우리는 그를 너무나 신뢰했기에 희생자가 되었습니다. 단언컨대, 크체신스카야도 이번 교섭에서 당신이 한 것처럼. 그렇게 더러운 속임수로 우리를 가지고 놀지는 않았습니다. 당신도 기억하겠지만 나는 그 교섭을 기꺼이 도왔습니다.

크체신스카야는 우리가 맡고 있는 일에 대해 어느 것도 포기하라고 강요하지는 않습니다. 이제 당신과 박스트 때문에 시즌을 시작하기 2주 전, 마지막 순간에 본래 계획했던 두 가지 프로덕션을 포기해야만 하는 상황에 놓였습니다. 나는 당신에게 그 결과에 대해 책임을 져야 한다고 경고합니다.

《푸른 왕》의 총 리허설을 포기함으로써 우리는 십만 프랑을 거의 잃게 되었다는 점은 내가 당신에게 상기시킬 필요는 없습니다. 그러나 나에게 가장 상처를 준 것은 우리가 계획했던 훌륭한 레퍼토리를 파리 관객들에게 보여 주지 못한다는 점입니다. 그리고 당신도 알다시피 이 점이 가장 많이 신경이 쓰이는 점입니다.

이번 일에 대해 누가 비난을 받아야 할지에 대한 판단은 당신에게 맡깁니다. 내가 파리까지 가서 박스트에게 사정을 해서 몬테카를로에 이틀만이라도 와 달라고 했던 것이 허사는 아니었습니다. 지금 나는 뒤카와 더욱이 레이날도 안에 대해서 가장 곤란한 처지에 있습니다. 안은 페테르부르크까지 오는 수고를 했었습니다. 나는 당신에게 어떻게 된 일이지 당신의 해명을 요구하며 이렇게 늦어지게 된 이유를 설명하라고 요청합니다. 나는 당신과 박스트가 나에게 끼친 재정적, 도덕적 걱정 때문에 너무 많은 고통을 받았습니다.

이만 줄입니다.

(서명) 세르게이 댜길레프

추신: (원고 그대로) 이 편지의 복사본은 박스트와 레이날도 안에게도 보냄.[108]

이 편지는 틀림없이 아스트뤽과 박스트의 아침 식탁에 배달되었을 것이다. 루빈스타인의《성 세바스티안》에 관한 언론 기사와 동시에 전달되도록 시간이 맞추어졌을 것이다. 따라서 반역자들이 처벌받는다.

박스트는 즉시 전보를 쳤다.

파리에서 박스트가 로마에 댜길레프에게, 1911년 5월 24일
(…) 당신이 나한테 미루려는 책임에 격렬히 항의합니다. 지난달 몬테카를로로 보낸《페리》의 두 스케치와 농장들(설명들?)은 배달되지 않은 채 파리로 돌아왔습니다. 그런데도 무대 뒷막을 그리기 시작했습니다. 의상들은 무엘르Muelle에게 다 보냈습니다.《페리》에서 니진스키 의상을 브룬호프Brunhoff 출판사의 프로그램 표지로 사용했습니다. 나는 전보를 쳐서 포킨과 브누아 프로덕션《푸른 왕》을 작업하겠다고 적었습니다. 답이 없었습니다. 절망하면서 페테르부르크를 떠나기 전날 밤에 포킨의 무대 구성을 적용했습니다.《푸른 왕》스케치는 끝났고 의상은 디자인되었습니다.

박스트[109]

아스트뤽은 알려진 프로그램의 어떤 변화에도 반대하면서 격렬하게 항의를 한 듯하다. 25일 밤 댜길레프. 브누아, 포킨과 그리고리예프는 새벽까지 앉아서 가능성에 대해 논의했다. 그리고 다음 날 댜길레프는 아스트뤽에게 전보를 쳤다.

로마의 댜길레프가 파리의 아스트뤽에게, 1911년 5월 26일
밤새도록 논의한 결과《불새》리바이벌은 확정적으로 포기하며 다

음 프로그램을 공연하겠습니다. 첫 번째로 니진스키가 아를르캥을 맡은《카니발》,《나르시스》,《장미의 정령》,《사드코》. 두 번째로《셰에라자드》,《페리》,《케르예네츠》,《장미의 정령》,《페트루슈카》. 무대 감독 알레그리는 음악 담당자와 함께 일요일에 파리 도착. (…) 리허설은 월요일 시작.[110]

댜길레프는 극도로 복잡한《푸른 왕》공연의 가능성을 거의 포기했고 그는 아마도《라 페리》역시 포기하는 게 낫다고 생각한 듯하다. 그러나 댜길레프는 그 주말에 아스트뤽에게 다른 전략을 시도하는 편지를 보냈다.

로마에서 댜길레프가 파리의 아스트뤽에게, 1911년 5월 27일
친애하는 아스트뤽,
비참하고 부도덕하고 개탄스러운 당신의 전보는 나의 신경을 건드리고 있군요. 당신은 우리 시즌의 재앙에 대해 기꺼이 받아들이고 있는 듯합니다. (…) 박스트와 트루하노바가 몬테카를로에 단 며칠이라도 왔으면《페리》는 벌써 작품이 제작되었을 것이라는 사실은 명백합니다.
이제 이 말썽꾸러기 발레에 대해 만장일치로 반란이 일어나서 상황이 최고조에 달했습니다. 카르사비나는 트루하노바와 나란히 춤을 추기 위해 파리로 오는 것을 거절합니다. 포킨은 어제 페리에서 트루하노바와 공연한다면 그가 자초한 가장 어리석은 일이 될 것이며 절대 자신을 용서할 수 없는 어떤 사건이 될 것이라고 단언했습니다. 브누아는 이렇게 비예술적인 작업에 대한 모든 책임을 거부한다고 합니다. 예술가들은 질려 합니다. 베소브라소프와 건스부르그에

게는 말을 안 했습니다.

그들은 이번 프로젝트를 즐기게 된 유일한 요소는 내가 《라 페리》를 공연하기로 한 점이라고 합니다.

어제 음악을 들은 후 포킨은 적어도 이 작품의 안무에는 오케스트라와 함께하는 리허설을 제외하고 12번의 리허설이 필요하다고 단언했습니다!!

그는 대본이 상당히 불충분하여 이 작품을 어떻게 안무해야 할지 모르겠기에 이 작품을 시작할 준비가 아직 되지 않았다고 느끼고 있습니다.

이런 상황에서 우리가 페리를 공연한다면 《불새》의 리바이벌은 육체적으로 불가능합니다. 《불새》는 우리 작품 중 가장 복잡하며 우리 발레단이 1년 이상 추지 않은 작품이기도 합니다. 나는 두 작품 중에서 선택해야 했고 《불새》의 리바이벌에 쏟아부어야 할 작업을 포기하기로 했습니다.

나의 모든 동료의 반대에도 불구하고 당신이 끝없이 계속 보내는 전보에 등장하는 모욕적인 말을 들은 결과로 이런 결정을 내리게 되었습니다.

그리고 지금 나는 《불새》의 취소가 개탄스럽다는 말을 또 당신에게서 듣고 있습니다,

자, 나는 완전히 길을 잃고 무엇을 해야 할지를 모르겠습니다.

나는 당신의 이 전보를 모든 사람에게 보여 주어야 합니다. 남부끄러운 꼴들이 다시 시작될 것이고 이전의 어떤 경우보다 상황은 더 악화될 것입니다. 당신은 내가 약속을 해 놓고 그것을 할 수 없다고 말했다는 그 단순한 이유로 이번 결정에서는 당신조차도 나를 지지하지 않는다고 했습니다. 정말 너무 심한 경우입니다.

당신한테 꼭 요청해야 할 사항이 하나 있습니다. 당신의 친구 박스트를 만나서 나에게 당신 두 사람의 어떤 계획이 나의 명성과 재정적인 전망에 해를 덜 끼칠 것인 지에 대해 두 사람이 합의한 사항을 전보로 알려 주십시오.

나는 파리에서 6번째가 되는 이 시즌을 더 관리할 수 없습니다. 나의 발레단과 나의 후원자들에게 알려야 할 의무가 있기 때문에 나는 나의 친구 박스트와 아스트뤽의 결정을 전부 그들에게 보고해야 합니다. 만약 다른 시즌까지, 예를 들어 런던 시즌이나 미국 시즌까지 연기가 가능하다면 나는 《불새》의 리바이벌 작업을 재개할 것입니다. 그러나 나는 늦어도 월요일까지는 알아야 합니다.

그런 까닭에 당신이 결정하는 대로 즉시 나에게 전보 쳐 주시오.

당신의 벗,
세르게이 댜길레프[111]


사실 《불새》를 공연할 필요는 없었다. 그리고, 무엇을 발표했든 지 간에 두 번째 프로그램은 《라 페리》 없이도 충분히 공연 길이가 된다. 인정하건대 조금 난감한 점이 있다면 트루하노바는 박스트의 의상을 입고 이미 프로그램을 위해 사진도 다 찍었고, 박스트는 그녀와 니진스키를 위한 의상 디자인을 해서 의상이 만들어졌다는 것이다. 무대 장면은 모두 그려졌다. (이는 6년 뒤 브라질 상파울루에서 《클레오파트라》의 박스트 무대 세팅이 철도 터널에서 불에 탔을 때 모든 장소에서 유용하게 사용된다!)[112] 언론에서 프로그램이 바뀐 것에 대해 일부 불만들이 있었지만[113] 새로운 프로덕션이 대성공을 거두는 바람에 이런 불만은 모두 사라졌다. 31일 댜길레프는 체렙닌이 처음 프로그램을, 몽퇴가 두 번째 프로그램을 지휘한다고 전보를 쳤다. 댜길레프는 20명의 남자, 20명의 여자와 8명의 어린이가 통행인 역으로 필요했다.(《페트루슈카》에서 군중 장면에 출연할 사람들이다.) 종종 하루에 세 번씩도 리허설을 했기 때문에 샤틀레 극장 무대 옆에 여분의 리허설 룸이 필요했다. 발레단은 금요일 아침 파리에 도착하여 즉시 샤틀레 극장에서 리허설을 시작했다.[114]

세르게이 댜길레프의 발레 뤼스는 파리 시즌 첫 공연을 위해 로마에서 밤기차를 타고 출발하여 6월 1일 금요일 아침 도착했다. 분주한 주말이 시작되었다. 오프닝 공연은 화요일이었다.

《카니발》에서 니진스키가 아를르캥으로 처음 출연하는 공연은 샤틀레 극장에서 이루어졌다. 포킨도, 레온티예프도 같은 역을 했지만 니진스키는 아무도 흉내 낼 수 없는 그만의 역을 창조했다. 점점 그런 경우가 늘어났다. 니진스키는 발레를 마법으로 변환시키는 특별하고도 전혀 예상치 못한 무언가를 자신이 장차 맡을 역에 직접적으로 부여하고 있었다. 관객들은 니진스키가 《아르미드의 관》에서 마치 다른 세상에 사는 생명체 같이 보이는 아르미드의 노예 역을 추면서 클래식 발레의 앙쉐느망 동작에서조차 분위기를 창조함을 보아 왔다. 그는 단지 한 인간으로만 머무는 캐릭터가 아님을 그의 수많은 역에서 보아 오지 않았던가! 그는 공중제비, 무릎 들어올리기, 머리 흔들기, 손가락질, 손뼉치기를 하는 아를르캥이 되어 고양이처럼 등장했다. "잊지 못할 역할"이라고 제프리 위트워스는 썼다,

큰소리치거나 으스대는 이탈리아 코미디의 아를르캥이 전혀 아니다. 교활한 사람, 교묘하게 붙임성을 발휘하여 환심을 사고, 장난스럽게 친한 척하는 인물로 등장한다. 그는 항상 콜럼바인에게 은밀한 비밀을 살짝 알려 준다. 확실한 장난기로 인해 그가 심술 맞은 것은 용서를 받는다. 니진스키가 맡았던 역할 중에 가장 비인간적이며 가장 기묘한 역임은 확실하다. 이런 역을 하기 위해서 아를르캥은 장난꾸러기 바로 그 자체(반은 픽 같은)이지만 픽은 달구어진 강철로 만든 철사 같은 몸과 침을 가지고 있다.[115]

모든 공연에 참석하여 어둠 속에서 소묘를 그린 젊은 화가 밸런타인 그로스는 다음과 같이 썼다.

그의 머리는 테두리 없는 검은색 베레모보다 훨씬 작아 보였다. 검은색 도미노 마스크Domino mask*는 그의 얼굴 하단부를 전부 가려 주고, 관자놀이까지 길게 찢어진 눈은 고양이의 눈처럼 반짝거리면서 신비함을 지니고 있다. 나는 결코 니진스키가 표현하는 생동감과 동등한 춤을 본 적이 없으며, 그처럼 근육을 정확하게 컨트롤하는 무용수를 본 적이 없다. 어느 순간에 그는 곤충처럼 빠른 몸짓으로 편지를 산산조각 찢는데 이는 마치 하얀 나비들이 날아다니는 것 같이 보인다. 그러는 순간에도 좌우로 흔드는 머리는 속도가 너무 빨라서 거의 보이지가 않을 정도였다. (…) 공기 속으로 도약하여 실행한 그 유명한 10번의 앙트르샤entrechat-dix**는 우아함과 위트 넘치게, 그러나 너무나 침착하게 구사했다.[116]

---

* 눈과 숨 쉴 구멍만 제외하고 얼굴을 모두 덮은 둥근 가면*
** 공중에서 양발의 교차를 좌우 합하여 10회 실행하는 것*

니진스키가 아를르캥을 처음 추고 난 후 바로 《나르시스》와 《장미의 정령》을 추어야 했다는 사실이 오늘날 우리에게는 정말 대단하게 여겨진다. 《장미의 정령》 공연에 대한 장 콕토의 묘사를 살펴보자.

아마도 최근에 춤추었던 파트너의 모습을 알고 있었을 '소녀' 뒤에 꽃잎이 달린 의상을 입은 그가 따뜻한 6월의 밤공기를 가르면서 푸른색 모슬린 커튼 사이로 들어온다. (어떤 이들은 불가능하다고 생각할 수도 있는데) 그는 한편으로는 애상적이면서 한편으로 거만한 분위기를 전한다. 그는 장밋빛 행복감에 의기양양해하면서 마치 모슬린 커튼 속으로 황홀함이 스며들게 하는 듯이 보이면서 꿈꾸는 소녀를 끌어당긴다. 이 모습이 가장 뛰어난 춤이다. 마법으로 그는 소녀를 꿈꾸게 하고 그녀는 춤을 추고 무도회의 모든 즐거움을 다시 떠올린다. 그는 자신의 희생자에게 마지막 작별을 고하고, 높이 둥글게 궤적을 그리면서 너무나 적절히, 비행과 균형의 모든 규칙에 반하는 점프를 하여 창문 밖으로 사라진다. 나는 장미꽃 향기를 맡을 때면 언제나 내 앞에 등장했던 지울 수 없는 영령을 떠올린다.[117]

이 황홀한 밤은 림스키코르사코프의 《사드코》 수중 막으로 종료가 되었다. 이 막은 파리 사람들이 러시아 사람들에게 기대했던 이국적인 음악에 이국적인 볼거리 장면이 등장했다. 아니스펠트의 녹색 바다 괴물들은 멋진 수상음악에 맞추어 포킨이 안무한 기발하고 독창적인 파도를 표현했다. 사드코 역은 이사첸코 Issatchenko, 바다 왕의 역은 자포로예츠가 노래했다. 첫 프로그램은

4회씩 반복했는데 그 뒤의 공연에서는 레온티예프가 아를르캥
역을 맡았다.[118]

프랑스 관객들은 하룻밤에 니진스키의 가장 위대한 역할 중 두
역할에 그가 등장하는 공연을 보았다. 그러나 비평가들은 그 전
해 슈만의 피아노 음악《카니발》을 오케스트라 버전으로 바꾸어
춤추는 것을 신성모독이라고 꼬투리 잡기를 좋아했는데 그들은
그전 해에 이어 또 그런 말을 반복했다. 적어도 한 사람의 비평가
는 베버의 피아노 음악을 베를리오즈가 오케스트라 버전으로 만
든 음악에 춤을 춘 것에 대해 똑같은 말을 되풀이했다. 그는《장미
의 정령》을 위한 새로운 음악을 의뢰하지 않은 것은 댜길레프의
게으름이라고 생각했다![119]

파리 공연 오프닝 전날《장미의 정령》리허설 후 카르사비나는
쉬는 시간 중에 그녀의 거의 공식적인 찬미자가 되는 새로운 친
구를 알게 되었다.[120]

젊은 두 남자 모두 키가 크고 체크무늬의 바지를 입고 있었다. 그날
아침 리허설 후 나에게 축하를 했다. 그중 한 사람은 작가였다. 나는
나중에야 두 사람이 누가 누구인지 겨우 알게 되었다. 그리하여 진
심으로 나에게 이런 기회를 줘서 고맙다고 정중하게 감사를 표했는
데 나중에 알고 보니 내가 엉뚱하게 두 사람 중에 작가를 잘못 알아
본 것이다. 나는 한참 동안 진짜 시인이 냉소의 빛을 띠고 있었기 때
문에 그를 인정하지 않았다. 하지만 우리 사이가 가까워지면서 그
시인은 냉소가 아니라 진지하고 교양을 갖춘 마음으로 가장 매혹적
인 농담을 던지고 있었음이 입증되었다.[121]

물론 이 작가는 장 루이 보두아이에였다.

오케스트라가《페트루슈카》의 악보로 연습을 시작했을 때, 그들은 웃음을 터뜨렸다. 몽퇴는 단원들에게 스트라빈스키의 음악이 장난이 아니라는 사실을 설득하는 데 어려움을 겪었다.[122] (포킨조차 이 음악을 제대로 평가하는 데는 몇 년이 걸렸다.) 브누아의 무대 장면과 의상은 페테르부르크에서 도착했다. 포킨이 오케스트라와 드레스 리허설 전에 프랑스에서 구한 통행인들을 포함한 군중들과 함께하는 리허설은 두 시간짜리 한 번밖에 없었다.[123] 댜길레프는 군중들의 최종 리허설 동안 일어났던 한 가지 사고를 항상 기억했다. 마술사 역의 체케티가 인형들이 움직이기 전에 플루트 솔로에 맞추어 마임을 할 때 군중 속의 소녀 한 명이 말 그대로 최면을 거는 음악에 완전히 매료되어 자기도 모르게 무대 중간의 아무도 없는 장소로 걸어 나왔다. 포킨은 이를 그대로 유지하도록 두었다.[124]

몸이 좋지 않았던 브누아는 자신의 발레를 무대에 올린다는 사실에 너무나 들떠서 볼썽사나운 장면을 연출했다. 브누아는 이렇게 썼다.

《페트루슈카》는 치유되지 않고 덮어 두었던《셰에라자드》사건의 상처를 다시 건드리게 된 격이었다. 페트루슈카 방의 장식은 페테르부르크에서 가지고 오는 동안 심하게 망가졌는데 특히 복도 중간을 차지하고 있던 마법사의 초상화가 상당한 손상을 입었다. 내 의도에 의하면 이 초상화는 드라마에 있어서 중요한 부분이었다. 마법사가 그렇게 중앙에 걸려 있으면서 이 초상화는 지속해서 페트루슈카에게 그가 주인(마법사)의 휘하에 있음을 상기시켜 주었고 그러므로 페트루슈카는 순종적이고 겸손해야 했다. 그러나 이 주인의 초상화는 페트루슈카가 독방에 감금되어있을 때 그에게 분노를 일으키게도 했다. 페트루슈카는 그의 주인에게 주먹을 흔들고 저주와 악담을 퍼붓기도 했다. 그 초상화를 가능한 한 빨리 복구하는 것이 중요했다. 그러나 나는 불행하게도 팔에 종기가 나서 집에 있어야 했다. 박스트가 친절하게도 초상화를 수선한다고 했을 때 나는 기꺼이 동의했으며 그가 완벽하게 본래의 모습으로 그려 둘 것을 의심하지 않았다.

내가 그린 마법사의 초상화와 완전히 다른, 마법사가 곁눈질하고 있는 옆모습의 초상화를 이틀 후 드레스 리허설에서 보았을 때 나의 놀라움이 얼마나 컸겠는가! 내가 건강만 허락했더라도 당연히 나는 전부 우호적인 방식으로 이를 수습하려고 노력했을 것이다. 박스트가 고의적인 악의가 있었다고는 생각지 않았고 단지 그가 너무 열성을 보인 것이다. 그러나 내가 종기 때문에 팔에서 열이 나는 참을 수 없는 고통을 안고 극장에 왔는데 리허설의 분위기는 긴장감이 감돌았다. 요약하면 내가 그린 초상화를 바꾸어 놓은 것은 예술가로서, 이 작품에 대한 전체 구상을 한 나를 반대하는 용서할 수 없는 짓거리로 간주했다. 지난해의 모욕이 즉시 생각났다. 나는 선별된 수준 높은 관객들이 가득 찬 극장 안에서 전부 다 들리도록 소리를 질렀다. "나는 이를 절대 받아들일 수 없다. 즉시 끌어내려라! 나는 참을 수가 없다!" 드로잉으로 가득한 나의 작품 전체 포트폴리오를 바닥에 집어 던진 후 거리로 뛰쳐나가 집으로 갔다. (…)

나의 이런 분노는 이틀간 지속되었다. 세로프가 즉시 원래대로 초상화 복원을 제의하고 빨리 초상화를 그리겠다는 제의를 했지만 허사였다. 누벨은 내가 오해라며 상황을 설명하러 왔고 세료자와 박스트는 일어난 일에 대해 매우 유감이라고 설명하러 왔지만 허사였다. 나는 그들의 말이 들리지도 않았고 설득당하지도 않았다. 의사가 수술할 때까지 내 팔의 통증도 가시지 않았다.

나는 예술 감독이라는 직위를 포기하면서 세료자에게 사표를 제출했으며 런던에 가지 않겠다고 알렸다.[125]

파리 시즌의 두 번째 프로그램은 첫 공연한 지 1주 뒤인 6월 13일 화요일에 시작했다. 《셰에라자드》로 시작하였으며 카르사비나가 루빈스타인의 역을 맡았다. 카르사비나답게 아름답고 열정적이면서 감동적이었다. 가학적인 이 발레는 각자 마임의 비인간적이고 차가운 요소가 주는 효과에 덕을 크게 보았지만 루비스타인이 없는 지금은 굳이 그와 똑같을 이유는 없었다. 카르사비나와 니진스키는 한 번 더 파트너가 되었고 세 작품에서 같이 춤을 추었다. 「그라드 키테츠」에 나오는 관현악 막간 곡은 레리흐가 그린 전투 장면을 보여 주면서 연주되었고 이 사이에 《장미의 정령》을 위해 의상을 갈아입었다. 《페트루슈카》는 그다음에 공연되었다.

《페트루슈카》를 무대에 올리자는 브누아의 아이디어는 분명히 누군가의 작품을 보고 떠올린 것임이 틀림없었다. 브누아의 책에서는 이 사실을 인정하지 않았지만, 확실히 메이예르홀트의 프로덕션에서 착안했다.* (그와 메이예르홀트는 언제나 서로를 비판하였다.) 1910년 10월 9일 메이예르홀트는 카바레 레스토랑인 인터루드 하우스Interlude House에서 아르투어 슈니츨러Arthur Schnizler 원작의 《피레트의 베일Veil of Pierrette》을 포함한 프로그램을 공연했다. 《피레트의 베일》은 《콜럼바인의 스카프》의 원제목이었으며 도흐나니Dohnanyi 음악, 사푸노프Sapunov가 무대 장식을 맡았다. 이 작품도 《페트루슈카》처럼 호프만 스타일의 괴기스러운 작품이다. 콜롬바인과 동반 자살을 하기로 한 사랑에 애태우는 피에로는 고통받는 페트루슈카와 흡사하다. 콜럼바인은 자살에 실패한다. 예식을 주관하는 마스터는 큰 머리를 지닌 지휘자이며 높은 의자에 앉아서 등장인물들의 운명을 좌지우지한다. 그러고는 콜럼바인이 피에로 옆에 쓰러져 죽자, 종국에는 마치 자신의 죄를 알고 있

---

• 수명이 짧은 공연계에서 그전 해의 공연을 보고 영감을 받아 구상한 좋은 아이디어는 당해 프로덕션에 적용하는 것이 너무나 자연스러운 일이다. 메이예르홀트가 연출과 피에로 역을 맡은 《콜럼바인의 스카프Columbine's scarf》에 등장하는 피에로의 팔랑거리는 흰색 소매는 1910년 같은 해 2월에 먼저 공연한 포킨의 《카니발》을 연상시키는 디자인이었다. 물론 피에로의 전통적인 복장이기는 했지만. 그러나 이번에 포킨의 《페트루슈카》는 메이예르홀트의 프로덕션 《발라간Balagan》에서 부분적으로 영감을 받은 것이 아닐까? 또한 《발라간》은 1906년 12월 30일 상트페테르부르크 베라 코미사르옙스카야Vera Komisarjevskaya 극장에서 공연한 알렉산더 블록Alexander Blok의 작품 《축제 부스The Fairground Booth》에서 영감을 받은 것은 아닐까? 메이예르홀트는 이 작품을 위해 "무대의 측면과 후면에 파란색 커튼을 걸었으며" 피에로는 "한숨을 쉬면서 팔을 펄럭거렸다." (메이예르홀트: 『테아트르O Teatre』, 198쪽, 에드워드 브라운Edward Braun: 『연극에서 메이예르홀트Meyerhold on Theatre』, 71쪽 메이예르홀트의 글을 인용). '발라간'은 《페트루슈카》 제목을 지을 때 고려한 이름 중 하나이었으나 채택되지는 않았다. '발라간' 이외에도 '마슬라네차Maslanetsa', '버터 위크Butter-week', '마르디그라스Mardi-Gras', '참회의 화요일Shrove Tuesday' 등의 제목을 고려했었다. 이런 상황은 대대적인 광고로 알려졌다. 말할 필요도 없이 스트라빈스키 혹은 브누아 혹은 댜길레프는 《페트루슈카》의 세 장면을 연결하기 위해 한 무리의 북 치는 군인들을 등장시켜 장면 전환을 감추기로 했을 때 앞선 작품들을 당연히 기억했다.

는 듯이 큰머리 지휘자는 공포에 떨며 객석을 통해 도망간다. 이는 마치 브누아의 플루트 부는 마법사가 페트루슈카의 영혼을 보고 두려움에 떨다가 마지막으로 도망가는 장면의 예고편 같다.[126]

커튼이 오르고 브누아의 《페트루슈카》 무대 세트에서 프랑스 관객들은 오래전 러시아의 겨울, 즉 1812년* 그들의 선조를 무찌른 무서운 적을 본다. 그러나 브누아는 화려한 색채와 눈이 쌓인 한가운데 즐거움을 창조했다. 사순절 화요일, 사순절이 시작되기 전날이다. 때는 1830년대 나폴레옹의 동지이자 적이었던 알렉산더의 손아래 동생 니콜라스 1세 통치 시절이다. 축제의 부스와 깃발 위로 해군성의 빛바랜 금빛 첨탑이 솟아 있다. 보이지 않는 먼 곳에는 얼어붙은 네바강과 푸시킨이 운명의 결투를 했던 섬이 있다. 어느 쪽이든 가설 건물 혹은 임시 목조 극장이 있는데 페인트 칠한 간판이 달려 있고 왼쪽에는 노란색 발코니가 있다. 그 발코니에는 노인들이나 축제를 주관하는 어른이 자신의 가짜 긴 수염을 매달아 놓을 것이다. 발코니 아래는 빨간색과 회색 줄무늬 커튼이 쳐져 있다. 중심의 바로 오른쪽에 반쯤은 숨겨진 회전목마와 나선형 미끄럼틀이 튀어나와 있고 러시아의 〈펀치와 주디 Punch-and-Judy〉 혹은 《페트루슈카》를 공연하는 부스는 커튼이 쳐져 있다. 쇠스랑을 든 악마가 페트루슈카를 지옥으로 넣으려 하는 간판을 보여주고 있다. 공연 부스는 말 그대로 무대 속의 무대다. 군중들이 아무렇게나 그들 주위를 돌아다니는 사이에 마법사

---
* 나폴레옹이 러시아 침공한 해*

의 인형들이 드라마를 펼치는 무대다. 그러나 마법사의 주인이며 인형의 주인인 브누아는 전형적인 호프만 스타일의 유머(혹은 피란델로Pirandello* 스타일, 그리고 브누아는 이들의 유머는 시문학과 동등하다고 인정)를 지니면서 더 큰 극장의 아치 속에 축제 장소의 틀을 마련했다. 그림으로 그려진 박스의 창문 사이로 사람들이 쳐다본다. 제일 바깥 극장은 실제 우리의 하늘처럼 푸른 색깔이며, 좁은 틈새가 드러나 있는데 이 천장은 노란색 태양으로 장식되어 있다. 이 태양은 앞 무대의 금테를 입힌 커튼레일 덮개 바로 위에 잘못된 원근법으로 그려져 있다. 이들은 모두 우연의 일치일까? 박스 안의 박스, 세상 위의 세상. 예술가들은 우리를 놀리고 있다. 붐비는 축제에서 진짜 사람은 부스 커튼 뒤에 톱밥으로 만든 형상에 그림을 그려서 만든 인형만큼 많다고, 혹은 한술 더 떠서 무대 너머 안전하게 앉아 있는 관객도 인형이라고 말하면서 우리를 놀리고 있다. 예술가는 마치 오마르 하이얌Omar Khayyam**과 함께 "누가 도예가며, 누가 기도를 하며, 어느 것이 항아리인가?" 하고 묻는 듯하다.

　무대는 순회하는 사람들로 꽉 차 있으며 브누아는 나중에 이렇게 '생동감' 있게 만들기 위해 어떤 노력을 했는지를 묘사했다.

　나는 리허설 동안 통행인 역을 맡은 모든 등장인물이 주어진 파트를

---

* 이탈리아의 문학가 피란델로의 작품 역시 호프만처럼 괴기와 광기를 지녔다.*
** 11세기에 활동한 페르시아의 시인. 다음 문장은 그의 시 「항아리는 도예가를 비판한다The Pots Criticize the Potter」에 나오는 구절 "Who is the Potter, pray, and who the Pot?"을 인용했다.*

제대로 소화하고 있는지를 주의 깊게 지켜보았다. 다양한 특징들을 섞어 둠으로써 삶의 환상적인 면을 표현하고 있었다. 선한 사회의 사람들은 예의 바른 매너를 보여 주었으며, 군인들은 니콜라스 1세 시대의 진짜 군인과 장교처럼 보였다. 행상인들은 자신들이 진짜로 물건을 팔려고 내놓은 것처럼 보였다. 남녀 농부들은 실제 제정 러시아 시대의 농부들 같이 보였다. 나는 누구도 즉석에서 연기한다든지 지나친 연기를 하는 것을 용납하지 않았다.[127]

팔짱을 낀 귀족 커플이 있고, 그들 뒤를 코케이드cockad•를 단 하인이 여분의 코트를 들고 따르고 있다. 말 사육사들과 마부들은 술을 마시고 사관생도들은 장교들에게 경례한다. "한 사람은 사모바르 주전자를 보고 감탄하고 다른 사람은 노인과 별 의미 없는 수다를 떨고 있고, 젊은이는 하모니카를 불고, 소년들은 프레첼을 잡으려고 손을 뻗치고 소녀들은 이로 해바라기 씨를 잘게 부수고 있다."[128] 선원들은 풍차같이 큰 바퀴를 돌리고 어린이들은 회전목마를 타고 있다.

브누아가 쓰기를 "회전목마는 나폴레옹 3세 시대의 어느 축제에서 있음직한 것을 생각해 내었다."[129]••

스트라빈스키는 축제에서 귀에 거슬리는 소리와 부산스러움을 자신의 음악에서는 플루트에 맞추어 날카로운 소리를 내는 인

---

• 계급·소속 정당 등을 나타내기 위해 모자에 다는 표지*
•• 이 회전목마는 지금은 (우루과이와 아르헨티나 사이에 있는) 라 플라타 강바닥에 있다(남미 투어 중). 부에노스아이레스에서 발레단의 짐을 하역할 때 크레인에서 떨어져 강으로 빠졌다(브누아: 『회고록』 335쪽 각주).

물로 표현했다. 또 작곡가는 변화무쌍하고 셰익스피어의 극처럼 다양성을 부여하기 위해 여러 멜로디를 차용했는데 종종 조급한 리듬에 맞추어 쿵쾅거리도록 하여 이런 다양한 멜로디를 방해하면서 축제의 부산스러움을 표현했다. 동시에 시끄럽게 흥청거리는 사람의 급작스러운 등장에서도 이런 리듬으로 표현했다.

사순절과 부활절은 인기 있는 종교적인 소재일 뿐 아니라 그 시기도 바로 붙어 있다. 서주부의 처음 시작 순간에, 러시아인들처럼 우리들도 알아들을 수 있는 두 기념일을 암시하는 선율이 등장한다. 비록 우리가 스몰렌스크Smolensk 지방에서 마을마다 농부들의 밴드가 결성되어 부활절에 노래하고는 했다는 사실까지는 모르기는 하여도. 거리의 악사는 손풍금을 들고 등장하는데 이 음악은 클라리넷으로 표현된다. 여기서 거리의 악사는 거리의 무희인 숄라가 춤을 추도록 반주를 한다. 여기서 등장하는 흐느껴 우는 선율은 스트라빈스키가 앙드레 림스키코르사코프에게 부탁했다. 숄라는 그녀의 조그만 네모 카펫을 깔고 「그녀는 나무다리를 지니고 있다네」 선율에 맞추어 춤을 추기 시작한다. 두 번째 절에서 거리의 악사는 코넷 오블리가토obbligato•를 덧붙인다. 라이벌 무용수 니진스카가 이제 등장하고 그녀의 매니저는 뮤직 박스의 핸들을 돌리며, 그동안 거리의 무희는 롱 드 장브 rond de jambe••를 시연해 보이고 트라이앵글을 친다. 한순간에 두

---

• 피아노 또는 관현악 따위의 반주가 있는 독창곡에 독주적 성질을 가진 다른 악기를 곁들이는 연주법•
•• 한쪽 발로 서서 다른 한쪽 발로 마루 위에 반원형을 그리는 동작을 말한다.•

무용수의 선율이 겹쳐지고 두 무용수는 서로 관심을 끌기 위해 경쟁한다. 군중들의 발 구르는 소리와 부활절 노래의 선율이 이들을 압도해 버린다. 마법사의 조수인 두 명의 드럼 주자는 인형극 공연을 위해 장소를 정리하고 마법사 체케티는 부스의 커튼 사이로 그의 머리를 내민다. 침묵과 의심의 순간이 지나가고 그는 자신의 뒤에 있는 커튼을 닫으면서 등장한다. 그는 점성술 무늬가 그려진 망토를 입고 어찌 보면 교황이 쓰는 것 같은 모자를 썼는데 이는 그가 생명을 부여한 인형들에 대해 도덕적으로 엄격한 폭군처럼 군다는 암시다. 그의 악마적인 면은 특이한 반음계 꾸밈음으로 표현했다. 그는 베버 스타일의 정교한 플루트 솔로 연주가 흐르면서 관람객 끌기를 진행하고 있다. 비 러시아적인 스타일로 정교하게 치장한 마법사는 거칠게 떠들썩거리는 사람들에게 완전히 신비하고 이국적인 존재로 비치도록 계산했다. 갑자기 마법사는 팔 아래 철사 줄로 매단 세 개의 인형을 보여 주기 위해 커튼을 연다. 그는 마술 피리를 불면서 인형들을 차례로 건드린다. 맥박이 뛰는 것처럼 시계 장치 리듬이 등장하면 그들의 다리는 충격을 받아 생명을 얻게 되고 발뒤꿈치로 춤을 추며 움직인다. 왼쪽은 검정 얼굴에 터번을 쓴 멋진 외모의 '무어인', 오를로프Orlov는 금색의 기다란 나무 단추와 고리로 이뤄진 외투 단추로 장식되어 있는 에메랄드빛 녹색 벨벳 튜닉을 입고 있다. 중간에는 '발레리나', 카르사비나가 인형의 눈썹에 장밋빛 뺨, 가장자리가 털로 장식된 주홍색 빵모자를 쓰고 주홍색 니트로 만든 보디스를 입고 분홍 스커트와 가장자리가 레이스로 장식된 판탈롱을 입고 있다. 오른쪽 니진스키의 《페트루슈카》는 나무 막대기에 그림을 그려놓은 듯이 아무 반응이 없는 인형이다. 주황과 흰색의 보닛을 쓰고, 흰색 벨트가 달린 헐렁하고 기다란 셔츠, 빨강과 녹색의 체크무늬가 있는 바지를 입고, 속수무책의 검은색 벙어리 장갑을 끼고 검정 부츠를 신은 발은 안쪽으로 향하고 있다. 인형들은 각자 자신들의 위치에 섰고 무대의 중심에 자리 잡았다. 상스러운 마임이 뒤이어 진행되고 페트루슈카가 발레리나를 사랑하며, 발레리나는 페트루슈카의 발작적인 경련에 혐오감을 느끼며, 아무런 생각이 없지만, 외모가 멋진 무어인을 더 좋아한다.

장면 2로 바뀌는 동안 군대식 드럼의 연주는 긴장감을 유지한다. 이번에는 페트루슈카의 방 혹은 박스가 배경이다. 공연 중간에 늙은 마법사가 그를 내동댕이쳤다. 관객들이 비스듬히 볼 수 있는 이 우울한 방의 검은색 벽은 천장 위에 흰색 구름과 그 아래는 별들로 같은 벽이라도 아래위가 나뉘어 있다. 아래위가 각기 다른 분위기의 그림이 그려져 있어 분위기가 약간 부드러워지는 정도다. 문에는 악마가 그려져 있는데 이 악마가 문을 지키고 있다. 아마도 여기는 북극 지옥인 듯하다. 그리고 오른쪽 벽에는 마법사의 초상화가 있다. 독재자의 눈이 그대에게 쏠리고 있다. 이 장면을 위한 음악은 스트라빈스키가 원래 작곡하려 했던 피아노와 오케스트라를 위한 협주곡을 사용했다. 페트루슈카의 이중적인 기질, 반은 인형, 반은 인간인 이 이중성은 목관악기로 복조성의 곡을 연주하면서 표현한다. 이 이중성 또한 (손가락이 없는) 벙

어리 장갑을 낀 채 갑자기 옆으로 홱 젖히고, 위로 뻣뻣하게 쳐들면서 그의 제스처와 연관되어 무자비한 분위기가 된다. 그의 두려움은 쿵쾅거리며 돌아다니는 제스처로 묘사되는데 이는 피아노가 계속 연주한다. "오케스트라에서 여러 악기는 그의 불쌍한 운명과 무기력한 분노"를 위로하려고 애를 쓴다. 그는 자신의 주인인 마법사를 저주하다가 가혹한 팡파르를 듣고는 갑자기 멈춘다. 그는 부끄러워서 무릎이 안으로 굽고 그의 팔은 창피한 몸을 감추면서 춤을 추려고 애를 쓴다. (포킨에 의하면) "페트루슈카가 풀 죽어하면서 자신의 보기 흉하고 측은한 모습을 면밀히 살펴보는 그 순간이다. 그는 자신의 바지를 무릎 높이까지 끌어올렸다. 그러나 그가 자신을 오른쪽으로 끌어당겼을 때 양쪽 무릎 모두 오른쪽으로 움직였다. 그러고는 다른 쪽에서 자신의 모습을 보기 위해 바지를 왼쪽으로 끌어당겼다."[130] 다소 예배음악 같은 선율이 흐르고 발레리나는 그를 방문하러 왔다. 페트루슈카의 열정과 희망에 도취한 모습을 보고 발레리나는 겁을 먹고 가 버린다. 그는 피아노 카덴차에 맞추어 그의 감옥 같은 방을 둥글게 휙휙 움직이면서 분노의 춤을 춘다. 그러고는 거친 팡파르 소리가 다시 들렸을 때, 그는 종이로 된 방의 벽을 팔로 후려쳐서 구멍을 낸다. 그러고는 반은 들어와 있고 반은 바깥에 나가 있는 몸 상태로 다리는 매달려 있다.

세 번째 장면은 무어인의 아파트에서 일어난다. 이곳 역시 비스듬히 보여 준다. 그러나 장식은 페트루슈카의 방과는 극단적인 대조를 이룬다. 벽은 원색의 정글로 그려져 있고 정글에는 주홍색 하늘과 대비되는 녹색 코코넛 나무 아래 풀 위를 돌아다니는 하얀색 토끼들이 그려져 있다. 쿠션이 있는 긴 의자가 있다. 우리를 서성거리는 야수는 동양풍의 음악으로 표현하며 피아노와 현악의 상향 아르페지오 음악이 흐르는 가운데 관객은 호랑이 꼬리의 요동치는 소리를 들을 수 있다. 무어인의 모든 동작은 페트루슈카의 그것과는 완전 반대로 대담하며 잔인하며 과단성 있음이 밝혀진다. 무어인은 쿵쿵거리며 돌아다니고 무릎을 구부려 넓게 갈라지게 하고 마치 어린이들이 놀랐을 때처럼 팔을 들어 올린다. 이 장면에서 포킨의 요청으로 에피소드 하나가 삽입된다. 무어인이 코코넛 나무속에 유액이 흐르는 소리를 듣고는 자신의 언월도를 가지고 그 코코넛을 공격한다. 코코넛에게 강한 인상을 심어주는 데 실패하고 나니, 오히려 그가 무릎을 구부려서 코코넛을 경배한다. 드럼 소리가 울리고 발레리나의 등장을 알린다. 그녀는 무어인의 흥겨움에 맞추어 코넷을 입에 물고 뻣뻣한 종군 여자 상인vivandière의 춤을 춘다. 그런 후 그녀는 하프 연주에 맞추어 왈츠를 추고, 그 왈츠를 바리아시옹으로 추다가 다른 왈츠를 춘다. 이때 선율은 요셉 라너Josepf Lanner의 선율을 차용했다. 이제 무어인은 다리를 벌리고 쿵쾅거리면서 발레리나와 같이 그 전의 선율에 맞추어 함께 춤을 춘다. 그때 무어인은 발레리나의 허리를 잡는데 3박자의 경쾌한 그녀의 발걸음과 그의 춤이 어색한 대위법을 이룬다. 갑자기 페트루슈카의 울음소리가 들린다. 상사병을 앓고 있던 페트루슈카는 불협화음의 팡파르에 맞추어 아무 효과도 없는 제스처를 취하면서 무어인 방에 위협적으로 쳐들어온다. 발레리나는 자극적인 자세로 기절을 한다. 무어인은 페트루 슈카를 그의 언월도로 쫓아내고 긴 의자에 앉아 발레리나를 자신의 무릎 위에 앉힌다. 무어인이 입을 크게 벌리고 이를 가는 것으로 판단해 보건대 무어인은 발레리나가 매력적이라고 생각하는 듯이 보인다.

네 번째 장면은 다시 축제 장소다. 밤이 깊어지자 흥청망청하는 파티는 더욱 요란스러워졌다. 이 장면에 등장하는 복잡한 음악은 진정 천재적인 기적의 오케스트레이션이다. 처음에 팅하고 튕기는 현악기의 현 소리, 관악기 소리, 딸랑거리는 소리, 나팔 부는 소리가 연주되며 전통적인 장식의 유모 복장을 한 무용수들이 유모의 춤을 춘다. 이들은 미끄러지듯 가볍게 무릎을 꿇는 스텝과 손을 허리에 대고 팔꿈치를 양쪽으로 펴거나 그들의 가슴을 접어서 겹치는 동작을 한다. 이때 음악은 두 개의 민속 선율인 「나는 축제에 참가했어요」와 「오 나의 방, 나의 작은 방」을 바탕으로 한다. 그다음에는 곰과 사육사가 등장한다. 그들 주위에 두려움 반, 놀림 반으로 군중들이 둘러싸고 사육사는 그의 파이프를 연주하는데 이때 클라리넷이 실제로 연주하며 느릿느릿한 곰의 움직임은 튜바가 연주한다. 다시 아코디언이 연주하는 맥박이 뛰는 듯한 단조로운 호흡은 모든 것을 덮어 버리는 추위를 암시한다. 지그재그로 걷는 술 취한 상인 쿠소프Kussov는 탬버린을 든 집시 소녀 두 명과 함께 등장한다. 그러고는 쿠소프는 군중들에게 동전을 집어 던진다. 그때 로사이와 오클리크Orlik가 부츠를 신은 마부들로 등장하여 발을 구르면서 다가온다. 이 둘은 「나는 언덕에 오르고 있어요」라는 또 다른 민요 선율에 맞춘 뚜렷한 리듬으로 웅크린 자세, 발을 차는 자세로 춤을 춘다. 한 무리의 홍청거리는 사람들이 길게 흔들거리는 목의 끝부분에 양, 학, 악마의 가면을 달고는 갑자기 들이닥친다. 첫 번째 장면에서 나왔던 부활절 곡이 다시 연주된다. 군중들은 발을 구르면서 각자의 팔을 십자 모양으로 가슴에 두르고 몸을 따뜻하게 한다. 군중들은 부스의 커튼 안에서 무어인이 페트루슈카를 쫓아 가느라고 부스가 뒤흔들리고 있는 줄도 모른다. 페트루슈카의 비명이 들리고 그는 부스에서 튕겨 나와 발끝으로 달리는데 그의 손은 그의 다리 사이에 꼭 끼워져 있고 무장한 무어인은 맹렬히 추격한다. 발레리나는 무어인이 페트루슈카를 때려눕혔을 때 공포에 질려 그녀의 손으로 귀를 막고 있었다. 페트루슈카의 급작스러운 죽음 장면을 보기 위해 주위에 모여든 군중들은 페트루슈카의 마지막 비극적인 울음소리를 듣고 그가 마지막으로 애원하는 제스처를 본다. 야경꾼은 이때 다과 가판대에 높은 모자를 쓰고 등장한 마법사를 데리고 온다. 군중 중 몇몇은 위협적인 제스처를 취한다. 마법사는 니진스키 대신 절뚝거리는 인형을 들어 올린다(이때는 니진스키 대신에 인형이며 니진스키는 군중들의 비호 아래 오른쪽으로 도망갔다). 나무와 톱밥으로 만든 페트루슈카 인형을 보여 주면서 흔든다. 군중들은 흩어지고 아코디언 소리는 겨울밤의 황량함을 다시 강조한다. 혼자 남은 마법사는 인형을 질질 끌면서 천천히 무대의 왼쪽으로 가로지르면서 지나간다. 갑자기 페트루슈카의 끽소리 나는 비명이 들리고, 인형의 영혼으로 분한 니진스키는 "미친 듯이 팔을 흔들면서" 자신에게 슬픔을 안겨 주었던 그 부스 위에 위협적으로 등장한다.[131] 그의 영혼이 존재하는 것일까? 겁이 난 마법사는 슬그머니 도망치고 페트루슈카의 영혼은 앞으로 고꾸라져서 부스 꼭대기 위로 흔들리는 팔이 매달려 있고 음악은 현악기를 퉁기면서 호기심 가득한 물음표와 함께 끝이 난다.

브누아는 댜길레프에게 말을 하지는 않았지만, 그는 파리를 떠나기 전에 공연을 두 번 보았다. 그러고는 "두 번의 공연에서 상당한 즐거움을 맛보았다."[132] 우리가 아는 바대로 《페트루슈카》는 러시아 발레에서 가장 유명한 작품 중의 하나가 되었다. 그러나 스트라빈스키는 당시에 포킨이 음악을 제대로 이해하지 못했기 때문에[133] 항상 포킨이 발레를 전부 잘못[134] 안무했다고 여겼다. 또한 작곡자는 브누아도 마법사와 무어인의 의상에서 일부는 잘못 디자인[135]했다고 생각했다. 그러나 한편으로 브누아는 자신의 《페트루슈카》 첫 번째 프로덕션을 완벽했다고 회상하고 있다.[136] 브누아는 이후 레닌그라드, 코펜하겐, 파리, 밀라노, 런던 등 다섯 군데에서 이 작품을 제작했는데 이는 각각이 전부 원작의 변주에 해당한다.

포킨은 훗날 결국에는 《페트루슈카》에 대한 글을 썼다. 포킨이 적은 그 글 속에는 카르사비나와 니진스키 공연에 대한 언급이 있다.

발레리나 역은 매력적이지만 매우 아둔한 인형이어야 했다. 타마라 카르사비나는 이 역에 정확하게 내가 그녀를 위해 안무한 꼭 그대로

아주 잘했기 때문에 — 그녀 이후 누구도 그녀처럼 하지는 못했다
— 이 작품에서 그녀는 상당히 많은 찬사를 받았다. 나는 그녀의 노
력에 대해 진심으로 감사한다. 하지만 나는 여전히 이 발레리나 역
이 그렇게 어려운 역으로 평가받는 것은 이해할 수가 없었다. 그녀
는 이 역에 요구되는 모든 제스처를 연기했으며 그녀의 눈꺼풀 위에
인형 같은 속눈썹을 부착했다.• 그리고 볼은 마치 두 개의 빨간 사과
를 얹어 놓은 것처럼 붉게 분장했다. 더 창조할 특징은 없었다. 단 하
나의 동작도 바꾸거나 잊어버리지 않고 그녀에게는 이 역이 남아 있
었다. 나는 후일 《페트루슈카》에서 수많은 인형을 보았지만, 그들
중 누구도 카르사비나의 처음 해석에 근접할 수 있는 무용수는 없었
다. 나 자신에게 이 질문을 던진다. "왜 그들은 카르사비나가 한 방
식으로 공연을 하지 않은 것일까? 그녀는 너무 쉽게 공연하는 듯이
보이는데." 그러나 그들은 그냥 그렇게 할 수 없었다.[137]

포킨이 니진스키에 관해 쓴 글. "나는 진심으로 그의 모든 동작
에 대해 찬사를 보낸다. (…) 그는 자신의 역할을 너무나 뛰어나
게 잘했다. (…) 나는 그런 뛰어난 페트루슈카를 다시는 볼 수 없
었다."[138]

브누아가 쓴 글을 보자.

나는 《페트루슈카》 첫 공연에서 특히 니진스키에게 매혹되었다. 사
실 그가 리허설 할 때는 이 역할을 그렇게 잘하지 못했고 내가 보기
에는 그가 공연에서 필요로 하는 바를 완전히 이해하지 못한 것처럼

_____

• 내 생각에 그녀는 눈에서 뿜어져 나오는 검은 광선을 듬성듬성 그렸던 것 같다.

보였다. 그는 나에게 자신의 역할에 관해 설명해 달라고 부탁까지 했는데 이런 경우는 니진스키에게는 아주 드물었다. 그러나 결국 니진스키는《아르미드의 관》,《레 실피드》,《셰에라자드》,《지젤》에서와 같이 우리 모두를 놀라게 했다. 이번에도 그가 의상을 입고 얼굴에 분장했을 때 역시 변용이 일어났다. 그 어느 때보다 더욱더 놀라웠다. 나는 바슬라프가 초연한 모든 공연에서 성공한 후, 공포감을 주는 반은 인형, 반은 인간의 그로테스크한 모습으로 등장하는 용기에 감탄했다. 페트루슈카 역의 큰 어려움은 불쌍하게 억압받음과 인형이 됨을 지속해서 연기하면서도 인간의 존엄성을 얻으려는 가망 없는 노력을 동시에 표현해야 한다는 점이다. 그러는 중에도 음악과 대본에서는 예고 없이 간간이 발작적으로 상상 속에서 느끼는 즐거움과 미칠 것 같은 절망감이 불쑥 등장하여 위의 연기를 방해한다. 페트루슈카에게는 관객들에게 매력적으로 보일 수 있는 어떤 스텝이나 장식도 주어지지 않았다. 그리고 반드시 기억해야 하는 점은 니진스키는 그 당시 혈기 왕성한 젊은이였고 "관객들에게 매력적으로 보이고 싶은" 유혹이 나이 든 무용수보다 훨씬 더 강하게 작용했을 수밖에 없다는 것이다.[139]

로베르 브뤼셀은 『르 피가로』에 실은 글에서 신작 발레를 칭찬했다. 스트라빈스키의 "특출나게 매력적이고 다양하고 창의적인 오케스트레이션"을 칭찬했고 카르사비나도 칭찬을 했으며 니진스키의 인형은 "순수함과 외로운 비애"의 절정이라고 생각했다.[140] 관객들은 열광했다. 사실《장미의 정령》과《페트루슈카》때문에 댜길레프의 파리에서의 세 번째 짧은 시즌은 그 이전보다 훨씬 더 성공을 거두었다.

니진스키는 런던(실제로 그는 영국에서 처음으로 5주간 머물렀다)에서 첫날밤은 올드위치Aldwichy 거리의 월도프Waldorf 호텔에서 지냈다. 그다음 방문 때부터 니진스키와 댜길레프는 월도프 호텔에서 걸어서 몇 분 거리이며 스트랜드Strand 거리와 템스강 사이에 있는 더 좋은 사보이Savoy 호텔에서 항상 묵었다. 댜길레프가 1911년 6월 룸을 예약하려고 노력했다면 틀림없이 실패했을 것이다. 당시 런던은 황실과 외국 고위 관료 유력자들로 꽉 찼기 때문이다. 건물 뒤편이 볼록하게 설계된 월도르프 호텔은 드루리 레인 Drury Lane의 지붕들이 바라다 보이는 곳으로 코번트 가든에 도착하기는 가장 가까운 호텔이다. 월도프 호텔은 3년 전 문을 열었는데 킹스웨이Kingsway와 올드위치 사이 슬럼가 정비 개발의 일부로 지어진 호텔이다. 양쪽 끝에 쌍둥이처럼 스트랜드 극장과 올드윅 극장이 있는 구역에서, 이 호텔은 웅장한 돌로 만들어진 중심 건물이다. 호텔 건축물은 양쪽 끝이 프랑스식 이중 경사가 진 파빌리온 지붕, 가운데는 돌기둥이 떠받들고 있는 전통적인 양식이 섞인 디자인이었다. 이 건물은 런던에 세워진 최초의 철제프레임 빌딩 중 하나였으며 유리 지붕에 야자수 나무가 있는 널찍한 팜 코트도 있었다.[141]•

올드위치는 에드워드 국왕이 죽지 않았다면 1910년 러시아 예

---

• 에르네스트 앙세르메는 죽기 3개월 전 필자에게 댜길레프와 니진스키에 관한 이야기를 해 주었고 그중에 속하는 내용이다.

술단이 공연했을 극장이었으며 1912년 바슬라프가 《봄의 제전》
리허설을 한 곳이었다. 맞은편 게이어티 극장Gaiety Theatre을 포함
한 수많은 런던의 극장들처럼 올드위치 극장도 브누아와 친분이
많은 조지 에드워즈George Edwardes가 좌지우지했다. 게이어티 극
장에서는 조지 그로스미스George Grossmith의 〈페기Peggy〉가 당시 공
연되고 있었다. 스트랜드 거리를 쭉 따라가면 있는 아델피 극장
Adelphi Theatre에서는 〈퀘이커교 소녀The Quaker Girl〉가 공연 중이었
다. 이웃에 위치한 리세움Lyceum에서는 마틴 하비Martin Harvey가
〈온리 웨이The Only Way〉에서 시드니 카턴Sidney Carton 역으로 출연
하고 있었다. 사보이 호텔에서는 디킨슨 작품을 각색한 공연 페
스티벌이 열렸다. 버나드 쇼George Bernard Shaw의 〈파니의 첫 연주
Fanny's First Play〉은 당시 존John 스트리트에 있던 리틀 아델피Little
Adelphi에서 공연 중이었다.

  런던 공연계에서 더욱더 놀라운 존재는 러시아 출신의 발레리
나였다. 1909년 카르사비나가 처음 콜리세움 무대에 섬으로써 전
체 공연의 질을 변화시킨 것을 보면 어느 정도인지 증명이 되었
다. 당시에 러시아 발레리나들은 콜리세움을 제외하고 모든 대형
뮤직홀에서 한 명씩은 꼭 출연했다. 콜리세움의 경우는 런던에서
수년간 무용계의 여왕으로 군림했던 덴마크 발레리나 아들린 지
니Adeline Genée가 보루를 지키고 있었다. 파블로바는 팰리스Palace
극장에서 춤을 추었다. 겔처와 티호미로프Tikhomirov는 알람브라
Alhambra에서 춤을 추었다. "러시아에서 온 최초 성악가이자 무용
수인 마담 소비노프"는 히포드롬Hippodrome에서, 카르사비나의 오

랜 친구 리디아 크야시트는 필리스 베델스Phyllis Bedells, 프레드 파렌Fred Farren과 함께 엠파이어Empire 극장에서 들리브의 《실비아》 축약 버전을 공연했다. 크야시트는 1910년 처음 런던을 방문했을 때 줄리엣 더프의 삼촌인 론스데일Lonsdale 백작이 그녀에게 완전히 반해서 세인트 존(St. John)의 숲속에 안락한 보금자리를 지어 줬다.[142]

이제 카르사비나는 경험 있는 런던 사람이 되었다. 그녀는 엘사 윌Elsa Will과 함께 베이커Baker 거리에 있는 아파트를 구했다.[143] 건스부르그는 헤이마켓Haymarket에 있는 칼턴Carlton에 머물렀다.[144] 칼턴 호텔은 트리Tree가 운영하는 히즈 마제스티 극장His Majesty's Theatre과 같은 블록에 위치했다. 나머지 발레 단원들은 블룸즈버리Bloomsbury의 조그만 호텔에 나누어 투숙했다. 러시아인들은 평범한 벽돌로 18세기에 조성된 광장과 런던 중심가의 테라스를 보고 놀랐다. 러시아인들은 페테르부르크의 색칠된 석고 테라스와 파리의 회색 돌, 로마의 대리석에 익숙해 있었다.

그리고리예프의 글을 보자.

우리는 너무나 단순한 건축물에 놀랐다. 런던의 주택들은 우리가 보기에는 지나칠 정도로 평범했다. 우리는 대영박물관 근처에 숙박을 잡았다. (…) 그러나 여기에 광장의 정원들은 모두 문이 잠겨 있고 거주자들만이 문의 열쇠를 가지고 있었다. (…) 신기한 이륜 교통 수단은 전에는 어디에서도 한 번도 보지 못한 것이었다. 이륜 교통 수단은 핸섬 캡hansom cab이라고 부르는데 운전자가 뒤에 타고 승객이 앞에 탄다. 그러나 무엇보다 우리를 놀라게 한 것은 코벤트 가든에 있는 왕립 극장Theatre Royal(오페라 하우스)이었다. 극장은 채소 시장 가운데 위치했으며 청과물 상인들의 물류창고가 있었고 수많은 과일과 양배추, 감자, 당근들이 산같이 높은 단으로 쌓여 있다. (…) 이와는 반대로 공연장의 내부 장식은 뛰어났다. (…) 우리의 입장에서 보자면 그 무대는 확실히 한 가지 단점이 있다. 무대가 경사지지 않고 평평했다. 우리 무용수들은 경사진 무대에 익숙하였기에 평평한 무대를 만나서 다소 당황했다.[145]

댜길레프, 니진스키와 카르사비나는 레이디 리펀과 그녀의 딸인 레이디 줄리엣 더프 등 오랜 친구들의 환영을 받았다. 레이디 리펀은 러시아에서도 발레를 보았고 댜길레프 발레단이 대관식 갈라 공연 프로그램에 꼭 포함되어야 한다고 생각해서 런던 공연을 주선한 장본인이다. 댜길레프 발레단이 아니었으면 전부 오페라로 채워질 프로그램이었다.[146] 앞에서 본 바대로 줄리엣 더프는 봄에 몬테카를로에도 왔었다. 글라디스 리펀은 시드니 허버트Sidney Herbert(레아의 허버트 경 작위를 받았다)의 딸이다. 시드니 허버트는 전쟁 장관으로 플로렌스 나이팅게일을 도와 터키 스쿠타리Scutari에 병원을 세우도록 도왔다. 시드니 허버트의 모친 레이디 펨브로크Lady Pembroke는 보론초프Woronzov 가문의 딸이었기에 그의 딸 글라디스는 4분의 1이 러시아인이며 아마도 멀게는 댜길레프와 인척 간이었을 수도 있다. 그녀는 론스데일의 제4대 백작과 결혼했다. 그러나 이 백작은 체질적으로 자신과 비슷한 계층의 여성과는 어울릴 만한 사람이 못 되었다. 그런고로 이 부부 사이에서 유일한 자식 줄리엣은 당연히 글라디스 론스데일의 수많은 애인 중 한 명과의 사이에서 태어났다. 혹자들은 줄리엣 더프의 아버지가 미하엘 대공Grand Duke Michael이라고도 한다. 미하엘 대공은 당시 귀천 상혼한 토비Torby 백작부인과 켄우드에 망명해서 살고 있었다. 말들은 그리하지만 줄리엣 더프의 생부는 애널리 경Lord Annaly이 거의 확실했다.[147] 1882년 론스데일 경의 죽음(단골로 다니던 개인 사창가에서 죽었다) 이후 백작 작위는 그의 남동생에게 전해졌다. 그는 나중에 스포츠 후원자로 이름을 날렸다. 글라디스 론스데일은 그레이 경Lord de Grey과 재혼했는데 그레이 경은 부유한 리펀 후작의 상속자였다. 레이디 드 그레이 시절, 글라디스는 오스카 와일드가 망명하도록 도왔으며, 와일드는 자신이 어려울 때 도와준 그녀에게 감사의 뜻으로 그의 희곡 〈하찮은 여인A woman of No Importance〉의 인쇄본을 그녀에게 헌정했다. 그녀의 시아버지가 1909년 세상을 떠나자 그녀는 레이디 리펀이 되었다. 그녀는 예술에 진정한 관심을 지닌 에드워드 시대의 몇 명 안 되는 구성원 중 한 사람이었다. 퀸 알렉산드라Queen Alexandra(에드워드 7세 왕비)는 매우 아름답지만, 머리에 든 것은 없고, 남의 말에 귀를 기울이지도 않고, 사람도 가까이하지 않은 스타일인데 왕후는 골치 아픈 일을 잠시나마 잊기 위해 레이디 리펀에게 크게 의지했다. 레이디 리펀은 자신의 스캔들 이후 사회적으로 따돌림 당할 뻔도 했지만, 왕후의 우정 덕분에 이런 일을 잘 넘겼다.[148] 레이디 란돌프 처칠Randolph Churchill은 그녀를 "완벽한 매너에 화려하고, 친절한 성품과 의무에 대해서도 적절한 감각을 지닌 여인"으로 묘사했다.[149] 레이디 리펀은

1911년 칼턴 하우스 테라스Carlton House Terrace에 있는 그녀의 넓은 집을 포기하고 교외의 큰 별장 빌라 쿰Coombe을 택했다. 런던에서 운전하여 한 시간 거리이며 서리Surrey의 킹스턴Kingston과 가까웠고 레이날도 안은 이곳을 "담으로 둘러싸인 마당"이라고 불렀다.[150] 줄리엣은 근위 기병연대의 로빈 더프Robin Duff와 1904년 결혼해서 딸과 아들을 한 명씩 낳고 하이드파크와 그로스브너 광장 사이의 어퍼 브룩Upper Brook 거리에서 살았는데 줄리엣은 엄마와도 많은 시간을 함께했다.

뮤직홀에서 스타 혼자 공연하는 것과는 다른 러시아 발레단 공연에 대해 융통성 없고 청교도적이며 보수적이고 예술에 대해 교양이 없는 영국인들이 어떻게 반응했을까? 키플링Rudyard Kipling과 엘가Edward Elgar의 세계(W. S 길버트W.S. Gilbert는 그전 달에 세상을 떠났다)에서,* 그리고 스트랜드 거리의 영국의학협회 빌딩 앞에 젊은 엡스타인Epstein의 누드 조각을 보고 충격을 받은 것이 불과 3년밖에 안 된 런던 사회에서 포킨의 이국적인 레퍼토리가 어떻게 받아졌을까? 댜길레프는 자신의 경험으로 판단하건대 발레 뤼스의 작품에 열광적인 레이디 리펀과 그녀의 딸은 런던의 전형적인 관객들과는 다르다는 사실을 충분히 알고 있었다. 그는 카르사비나, 파블로바, 크야시트와 프레오브라엔스카야가 뮤직홀에서 찬사를 받는 것도 알았다. 그러나 그들은 과거 클래식발레 레퍼토리의 한 토막을 춤추는 것이고 그런 까닭에 춤의 내용 면에서 수

---

• 모두 19세기 중반부터 20세기 초중반 정도에 활동했던 영국의 문학가 혹은 음악가*

년간 뮤직홀 관객들의 연인이 되어온 아들린 지니와는 다르게 보일 수가 없었다. 공연의 안전성을 확보하기 위해 댜길레프는 런던 레퍼토리에는 스트라빈스키 발레가 아닌 작품들도 포함했다. 《불새》는 어차피 리허설 할 시간이 없었다. 그는 《페트루슈카》를 공연할 수 있었지만 하지 않았다. 그는 우선 런던 관객들에게 원시적인 러시아 음악을 바탕으로 한 《이고르 공》, 《클레오파트라》, 《세에라자드》 등을 시험 삼아 공연하기로 했다. 《아르미드의 관》, 《레 실피드》, 《카니발》, 《장미의 정령》은 그가 판단하기에는 상당히 안전한 작품들이었다. 《나르시스》와 《사드코》 또한 다음으로 미루어졌다.

처음 런던 시즌 동안 발레는 이탈리아 오페라와 번갈아 공연하기로 했다. 16회 공연 중 6회는 오페라단과 함께 공연했다. 예를 들면 《팔리아치Pagliacci》는 《카니발》, 《장미의 정령》과 《이고르 공》(6월 24일), 《레 실피드》와 《아르미드의 관》(6월 30일) 혹은 《레 실피드》, 《정령》 그리고 《이고르 공》(7월 3일) 등의 발레 프로그램들 앞에 먼저 공연되었다. 오페라 《수잔나의 비밀Il Segreto di Susanna》*은 《클레오파트라》와 《카니발》 사이(7월 11일), 《레 실피드》와 《클레오파트라》 사이(7월 17일), 《세에라자드》, 《장미의 정령》과 《이고르 공》 사이(7월 26일)에 공연되었다. 《레 실피드》는 10회 공연, 《이고르 공》 8회, 《아르미드의 관》 7회, 《카니발》과 《세에라자드》 6회, 《장미의 정령》 5회, 《클레오파트라》 4회 공연

---

• 볼프 페라리의 오페라*

이었다.[151]

6월 20일 화요일 오후 드레스 리허설을 했다. 소규모의 댜길레프 친구들이 리허설을 보기 위해 모여들었다. 그러나 의상 팀은 포크스톤Folkestone의 출입국 관리한테 붙잡혀 있었다. 댜길레프는 그들이 발레단의 계약된 공연을 한 후에 영국을 떠날 것이라는 보증을 할 수 있는지를 물어 오는 전보를 받았다. 코번트 가든의 감독은 자신의 보증서를 전보했다. 하지만 지금 당장 그들이 없으니 누구도 복잡한 의상, 머리 장식, 부츠, 보석과 액세서리를 선별할 수가 없었다. 평상복을 입고 리허설을 하는 발레단을 두고 댜길레프의 친구들은 흩어졌다.[152] 출입국관리는 러시아 테러리스트들과 혁명분자들을 감시하고 있었음이 틀림없었다. (레닌이 참석한 사회민주주의의 5번째 의회가 4년 전에 런던에서 개최되었다.)

댜길레프 발레단은 6월 21일 코번트 가든에서 오프닝 공연을 했다. 이날 프로그램은 《아르미드의 관》, 《카니발》, 《이고르 공》이었다. 카르사비나, 니진스키와 볼름이 《아르미드의 관》에서 춤을 추었다. 영국인들이 《카니발》에서 처음 본 콜럼바인은 엘사 윌이었다. 아를르캥은 니진스키, 키아리나는 포키나, 에스트렐라는 숄라, 파피용은 니진스카, 피에로는 볼름, 판탈롱은 체케티, 플로레스탄은 세메노프Semenov, 오이제비우스는 이반 쿠소프Ivan Kussov가 공연했다. 이반 쿠소프는 파리에서 캐릭터 수석 무용수(그리고 《페트루슈카》에서 술에 취한 상인 역을 맡아 왔다)로 발레단에 합류했다. 《이고르 공》의 경우 2년 전 처음 공연했을 때처럼 볼름은 전사들의 군무, 페오도로바는 소녀들의 춤, 그리고 로사이는 소년들의 춤을 이끌었다. 신입 단원 안나 가쳅스카Anna Gachevska는 중요한 노예 포로 역을 맡았다. 페트렌코Petrenko와 자포로예츠Zaporojetz는 파리에서와 마찬가지로 콘차코브나 역과 칸 콘차크 역을 불렀다. 이사첸코는 스미르노프가 맡았던 블라디미르 역을 맡았고 이고르 역은 묵 역으로 축소했다. 댜길레프에 의하면 "비록《이고르 공》춤이 진행될 동안 관객의 절반이 집으로 돌아갔지만 발레단은 대단한 성공을 거두었다. 적어도 수백 명의 나이 든 숙녀들은 마치 자신들이 아이콘인 것처럼 다이아몬드를 주렁주렁 달고는 얼굴에 역겨운 표정을 잔뜩 짓고는 나를 지나갔다. 비즈니스 매니저가 나한테 달려오더니 외치기를 '당신은 이렇게 훌륭한 오프닝 공연을 끝에 가서 야만인들의 두려움이 무대를 차지하게 해서 다 망쳤어요. 이건 춤이 아니에요. 그냥 야만적인 껑충거림입니다.'"[153]• 다음 날은 조지 5세의 대관식이 거행되어 러시아에서 온 천둥 번개에 대한 관심은 대중들에게서 살짝 벗어났다. 코번트 가든의 공연이 없었다.

러던의 댜길레프가 파리의 아스트뤽에게, 1911년 6월 23일

비교할 수 없을 정도로 성공했음을 알립니다. (…) 관객들은 말로 표현할 수 없을 만큼 훌륭함. 런던은 니진스키를 알아보았고 카르사

---

• 1926년 적은 글에서, 댜길레프는 그의 발레단이 대관식 갈라 공연하기 전에 두 번 공연한 것을 잊어버렸다. 그가 적기를 '갈라 공연 후' 다음 날 저녁 우리 발레단은 실제로 초연을 했다. (…)' 그리고리예프도 같은 실수를 반복했다. (67쪽) 나는 당황스러워하던 노부인들에 대한 댜길레프의 이야기를, 댜길레프와 그리고리예프가 잘못 적은 그날이 아닌, 러시아 발레단의 실제 '초연 날의 상황'으로 옮겨 썼다.

비나, 윌, 포킨, 체렙닌을 따뜻하게 환영함.[154]

러시아 예술가들은 사실 영국의 관객들에게는 하나의 계시였
다. 6월 22일 목요일 댜길레프 발레단에 대해 『타임스』에 처음으
로 글이 실렸다. 익명으로 처리된 이 글을 쓴 이는 비평가 조지 칼
데론George Calderon이었다.

수년간 러시아 무용수들이 세계에서 가장 이상적인 무용수라는 사
실을 명백히 보여 주었다 (…) 리듬의 정확성에서는 그들 모두가 뛰
어난 듯하다. 그들은 리듬에 따라 타이밍에 맞추어 움직이는 것이
아니라 마치 그들이 리듬을 창조한 듯했다. (…) 마담 카르사비나의
경우. (…) 어떠한 글로도 그녀의 실제 춤을 제대로 평가할 수는 없
다. 게다가 그녀의 얼굴이 너무나 표현력이 뛰어나서 관객들은 그녀
의 발놀림에 대해 모두 잊고 있다. 니진스키는 어쩌면 모르드킨 만
큼 완벽하게 페이디아스Pheidias•의 이상을 깨닫게 하지는 못했을지
도 모른다. 그러나 그의 도약은 월등한 높이 일 뿐 아니라 그의 하강
또한 완벽하게 타이밍을 맞추어 모든 점프는 각각이 최고의 기쁨을
선사하면서 그의 테크닉은 훨씬 더 확실하다. (…) 슈만의《카니발》
은 처음부터 끝까지 완전무결한 즐거움이었다. 이 음악이 발레라
는 다른 장르와 함께 공연된다고 느낄 때가 한순간도 없었고 오로
지 완벽한 공감만이 느낄 뿐이다. (…) 니진스키는《카니발》중에서
파가니니 음악 동안 놀라운 비르투오소를 선보인다. 페달을 능숙하
게 사용하여 E 플랫의 제5도 음이 7번 등장하는 멋진 지점에서 무용

---

• 고대 그리스의 조각가로 BC 5세기 고전 전기의 숭고양식을 대표하는 거장이다.•

수는 갑자기 주저앉음으로 절대적인 완벽한 효과를 나타낸다. (…)
전체 무대 세트는 여태까지 본 무대 중에서 가장 순수하게 예술적인
무대에 속했다.[155]

6월 24일 토요일 대관식 이틀 후 러시아 발레단은 두 번째 공연
을 했다. 이때 《장미의 정령》이 영국에서 처음 공연되었다. 한 비
평가는 이 작품을 "완벽히 아름다운, 하지만 모든 것이 너무나 빨
리 끝난 꿈"이라고 묘사했다.[156] 《카니발》의 아를르캥 역에서 댜
길레프는 우려하여 포킨과 레온티에프는 발목 위에 단추가 있는
무늬가 그려진 바지를 입도록 했다. 하지만 니진스키는 그가 늘
입던 마름모꼴 무늬가 있는 타이츠를 입고 공연했다. 『타임스』
는 아를르캥의 의상에 대해 "완전히 전통적인 의상은 아니지만,
전에 의상보다 훨씬 더 효과적"이라는 것을 알아보았다. 《이고르
공》은 노래 없이 공연했다.[157]

그날 아침 『타임스』는 새로운 예술 형식이 제공하는 "새롭고
매혹적인 즐거움"에 대해 장문의 심도 있는 기사를 실었다. 이 글
의 첫 문단에서 작가는 영국의 예술가들이 자신들의 무대에서 이
들을 모방하는 단계에 도달할지도 모를 시대를 예상한 것은 흥미
롭다. 사려 깊은 평론가는 다음과 같이 썼다.

그렇다면 러시아 발레 예술과 우리가 영국에서 알아 온 예술을 차이
나게 하는 가장 중요한 요소는 무엇인가? 그들이 춤을 더 잘 춘다는
언급은 가장 간단한 설명인데 사실은 가장 잘못된 오해 중 하나이

다. 가장 이해하기 어려운 차이는 테크닉에 있는 것이 아니다. 물론 확실히 그들의 테크닉은 뛰어나다. 그들 모두 전혀 힘들어하는 표식 없이 가장 뛰어나게 춤을 춘다. 그리고 여러 장르의 춤을 멋지게 춘다. 그러나 테크닉은 회화, 음악 혹은 다른 예술 장르에서처럼 춤에서도 더 고차원의 즐거움을 주는 근원이 아니다. 소통의 도구다. 테크닉은 예술적인 아이디어가 창조자의 마음에서 관람자의 감각으로 통하는 도구다. 사실 러시아인들은 오래전부터 춤에 대한 테크닉, 그들의 사지와 몸통을 사용하는 구사력과 균형에 대한 본능 등을 키워서 힘들이지 않고 에너지를 발산할 수 있다. 그들은 가장 고도의 단계까지 안무 아이디어를 표현할 수 있는 테크닉이 존재하는 예술로 발레를 발전시켜 왔다. 러시아 발레는 한순간도 아이디어에 의존하지 않은 적이 없다. 그리고 러시아 발레는 예술적 아이디어, 즉 감정이 풍부한 지성의 가장 고차원적인 단계에서 아이디어를 생성하고 있다.

그리고 이제 우리는 우리 앞에 갑자기 브누아와 포킨의 천재적인 창의력으로 제작된 풍부한 프로그램, 발틱해 너머에 있는 우리에게는 알려지지 않았지만 지속해서 발전해왔던 위대한 전통의 계승자들 그리고 니진스키, 카르사비나, 옐사 윌 같은 해석의 천재들이 등장했을 때 우리가 그렇게 욕심을 부리면서 빠져드는 것이 의아한 일일까? 이들의 공연을 보면서 우리는 이전에 결코 만나 본 적이 없는 광범위한 창작 작품들을 알게 되었다.[158]

어느 비평가는 파블로바에 대해 진심 어린 찬사를 보냈다. 그러나 그는 그녀 공연의 부족한 점을 깨달았다.

발레 마스터의 작품이 단품으로 분리되어 공연되었을 때 얼마나 더 초라해지는가는, 팰리스 극장에서 공연하는 파블로바와 그녀의 발레단 공연을 보면 알 수 있다. 파블로바 공연에서는 작품과 아무 연관이 없는 순수한 '장식'으로만 존재하는 배경 막 앞에서 따로 분리된 '턴turns'을 할 때의 효과와 코번트 가든에서 전체 작품으로 공연되는 《카니발》을 비교해 보면 알 수 있을 것이다. 《카니발》은 처음에 키아리나와 에스트렐라가 등장하여 내숭 떠는 듯하다가 날쌔게 움직이고 숨고 하는 장면부터 위선자들의 뒤를 쫓으면서 그려 내는 자유로운 큰 회전까지 극도로 우아하고 예술적인 통일성을 지닌다. 그러면서도 그 과정에서 어떤 세부 사항도 생략하지 않는다. 벽면 아래위로, 한 부분은 거대한 황금 튤립이 그려져 있고 다른 한 부분은 소파 위에서 벽판에 기대어 웅크리고 있는 악동 같은 모습의 피에로 인형 두 개가 그려진 검정 벽, 이 벽의 그림은 처음부터 전체 의도가 공허한 조롱이라고 경고하고 있다. 이 모든 섬세한 장면의 통합은 우리에게 슈만 음악에 대해 새롭고도 멋진 환상을 남겨 주었다. 이런 점은 작품에 있을지 모르는 독일적인 심각함을 모두 제거하게 되었다.

비평가는 러시아 예술이 어떻게 안무가와 무용수들 간에 협업으로 이루어졌는지를 이해했다.

모든 발레에서는 인간을 매개체로 정신성과 환상적인 면을 재현하기 위해 힘든 시도가 있다. 발끝으로 서고 몸을 위로 리프팅 하는 여성들은 그 자체만으로도 천상적인 것을 암시한다. 그러나 러시아인들의 우아함과 완벽함은 여성 무용수들을 더 높이 완벽한 지점까지 올라갈 수 있게 했다. 그리하여 그들은 나르는 동작, 수영하는 동작, 포즈를 취하거나 바람에 날아가는 모습 등을 표현하면서 인간이라는 특질을 모두 함께 잊게 했다. 무용수들은 새로운 가능성을 차례로 제시하는 발레 마스터를 위해 그가 창안하는 예술을 그대로 표현할 수 있다. 예를 들면 카르사비나의 경우, 마치 식물이 균형을 맞추듯이 그녀의 사지를 본능적으로 균형 있게 맞추었다. 그리고 니진스키는 그 반대로 머리와 사지가 상반되는 움직임을 구사하면서 믿기지 않을 정도로 뛰어난 감각과 추상적인 그로테스크함을 창조할 수 있었다.

러시아인들의 자제력을 칭찬하면서, 그는 또 "아르미드 궁전의 춤에서 깃털로 만든 부채를 가지고 얼마나 뛰어나고 분별 있게 흔드는가" 하는 섬세함에도 주목했다. 그는 《이고르 공》에서 "자신은 전혀 의식도 하지 않으면서 기어 다니고, 솟아오르고, 느릿하게 길게 쭉 펴는 사지, 그러고는 종국에 춤이 끝날 때는 자신들의 몸을 던져가면서 엎드려서 끝을 맺는 모습에 감탄했다. 남자들의 원시적인 기쁨의 표현과 검은 표범을 무색하게 하는 도약, 발 구르기, 안절부절못할 정도로 빠른 드럼의 두드림, 그 무엇보다 가장 위협적인 것은 자신도 모르게 미래의 추격을 준비하는 새끼 고양이들처럼 뛰어다니는 소년들." 그는 《카니발》에 관해 매력적으로 썼다.

《카니발》에서 두 송이 장미를 쥐고 추는 코케트Coquette 춤은 가장 앙증맞게 초기 빅토리아 시대의 우아함을 보여 준다. 그러나 관객은 늘 그녀가 자신을 믿는 어리석은 사람들을 놀리고 있다고 추측한다. (…) 발끝으로 고독하게 서 있는 숙녀들, 혹은 요정 같은 생명체에게 반해 사랑에 목숨을 건 불쌍한 신사들을 위해 눈물을 흘릴 필요는 없다. 기억해야 할 점은 발레는 부셰Boucher•, 보마르셰 Beaumarchais•• 같은 이들이 집착하였던 귀족적인 전통, 다시 말해 흥미 있어 하고, 짓궂으며 빈정거리기 좋아하는 그런 전통의 산물이다. 발레는 예술로서 엄청나게 심각하지만, 결코 한순간이라도 삶에서는 심각한 적이 없다.[159]

다음 날 『선데이 타임스』의 비평가가 "비할 데 없는 니진스키"라는 글을 썼다.

그의 춤에 대해서 절반도 알려지지 않았다고 말하는 것은 과장된 경향이 있는 표현일 것이다. 그러나 그의 처음 등장이 확실히 거창하지는 않았다. 그는 대단한 매력을 지닌 사람이다. 종종 남성 무용수를 나타내는 윤곽과 라인의 관능미는 남성 무용수가 드물기에 눈에 띈다. 그의 모든 동작은 자연스러우면서 우아하고 본능적이다. 그는 분명히 공기보다 가볍다. 왜냐하면 그가 도약할 때는 노력하는 흔적이 전혀 없고 도약하는 동안 무대에 그가 닿았는지를 의심하게 된다. 정확한 동작을 구사하는 그는 흠이라고는 한 군데도 없다. 그의 테크닉은 기량이 풍부한 만큼 우아하고 세련되었다.[160]

---

• 로코코 양식으로 작업한 프랑스의 화가, 소묘가, 판화가이며 18세기에 가장 유명하고 장식적인 예술가였다.•

•• 프랑스 출신으로 18세기에 활동한 궁정 감독관·궁정악사·작가·출판업자•

다길레프 발레단의 파급효과에 대해 적어도 영국인 무용수 한 사람은 알고 있다는 점이 흥미롭다. 17세의 필리스 베델스Phillis Bedells, 그녀는 엠파이어 극장에서 크야시트가 이끄는 발레단의 《실비아》 공연에 출연하고 있었다. 그리고 전에 카르사비나의 춤을 본 적이 있었지만, 그녀가 다길레프 발레단 공연을 보는 것은 완전히 대단하고 새로운 경험이었다. 그녀는 수년 뒤에 글로 이때 상황에 대해 남겼다.

다길레프 발레단 전체가 코번트 가든에 처음 등장했을 때 마티네 공연이 없었기 때문에 공연을 볼 수가 없다는 사실은 미칠 지경이었다.* 모든 런던 사람은 이들의 성공에 열광하였고 결국 나는 엠파이어 극장 감독에게 가서 나의 발레 공부를 위해서라도 그들의 공연을 꼭 볼 기회가 있어야 한다고 말했다. 그는 마지못해서 내가 하룻밤 휴가받는 것을 허락했다. 아프지 않은 경우인데 이렇게 휴가는 거의 처음 있는 경우였다. 나는 원형관람석을 오직 한 좌석 예약했다. 나의 적은 급여로는 다른 사람의 티켓을 사 줄 여유는 없었다. 나의 아버지는 나를 극장에 데려다주셨고 공연 후에는 나를 데리러 오셨다. 내 생애 처음으로 나는 그랜드 오페라 공연을 보았다. 발레 프로그램은 《팔리아치》 뒤에 시작되었다. 《팔리아치》에는 에미 데스틴 Emmy Destinn, 사마르코Sammarco, 로버트 마틴Robert Martin이 출연했다. 그러고는 커튼이 오르고 《카니발》이 시작되었다. (…) 이어 《이고르 공》 춤이었다. 내가 살아 있는 동안은 그날 밤을 잊을 수가 없을 것

---

* 그러나 러시아 발레단 공연이 대성공을 거두었기에 마티네 공연은 시즌 시작 후 곧 열리게 되었다. 코번트 가든 프로그램을 보면 알 수 있다.

이다. 나는 니진스키에 대해 적을 수가 없다. 아무 소용이 없는 일이
었다. 그때 그는 최고 정점에 달했다. 내 자리에 앉아 그의 춤을 볼
때 숨을 쉴 수가 없었다.[161]

런던에서 러시아 발레단의 공연에 깊은 인상을 받은 일군의
비전문가 애호가 그룹이 있었는데 그들 중 러틀랜드 공작부인
Duchess of Rutland의 반응을 보면 러시아 발레단이 그녀에게 어떤
인상을 심어 줬는지 판단을 할 수 있다. 러틀랜드 공작부인의 막
내딸 다이애나 매너스Diana Manners가 이 시즌에 사교계에 데뷔할
예정이었다. 공작부인은 재능 있는 예술가였으며 고상한 지성
인 사교 그룹 '소울스Souls'의 멤버였다. 여기 멤버로는 윈덤 가문
Wyndhams, 호너 가문Horners, 엘코 가문Elchos, 그렌펠 가문Grenfells, 아
스퀴스 가문Asquiths의 일원들과 A. J. 밸포어A. J. Balfore, 커즌Curzon
경 등이었다. 이들은 에드워드 시대 속물근성의 사회에 매우 반
기를 든 사람들이었다. 러틀랜드 공작부인은 언제나 발레를 싫
어했다. 그녀가 생각하는 발레는 예술과는 관련이 없으며 그녀
가 가장 싫어하는 타입의 남성들을 위한 단순한 오락이라고 생각
했다. 그녀의 변화는 사도 바울의 마음만큼이나 급작스럽게 변했
다. 1910년 카르사비나의 공연을 처음 본 것은 그녀에게 하나의
계시로 다가왔다. 그리하여 이제 그녀는 댜길레프 발레 공연을
본 후부터 새로운 예술의 열정적인 헌신자로 변했다.[162]

6월 26일 대관식 갈라를 위해 오페라 하우스는 10만 송이의 장
미로 장식되었으며, 댜길레프에 의하면 박스 석에는 수많은 인도

제후들로 거의 다 찼다고 한다.[163] 꽃송이들 사이에는 왕이나 황
제가 다스리는 나라의 이름들이 새겨진 명판이 있었고 로열박스
바로 아래 중앙은 인도국 좌석이 차지했다. "관객들은 일곱 시경
모이기 시작했다. 레이디 리펀과 그녀의 딸 레이디 줄리엣 더프
는 매우 일찍 나타났다." 한편 위층에서 "관객들은 무대가 더 잘
보이는 갤러리 석을 더 많이 원했다." 퀸 메리Queen Mary는 거대한
컬리넌 다이아몬드와 스타 오브 아프리카Cullinan diamond•를 드레
스 상의에 달았다.[164]

데스틴Destinn과 커크비 런Kirkby Lunn은 《아이다》에서 2중창, 멜
바Melba는 구노의 《로미오와 줄리엣》 중 2막 아리아, 테트라치니
Tetrazzini, 비발Béval, 말라테스타Malatesta, 존 맥코맥John McCormack은
《세빌리아의 이발사》 중 3막의 장면을 불렀지만 "박수는 절제되
어 있었다."[165] 하기야 수많은 인도의 제후들에게서 무엇을 기대
할 수 있겠는가? 『데일리 메일』의 비평가는 이 상황에 대해 가만
히 있지 않았다.

장엄한 볼거리는 여태까지 본 어느 무대보다 더 매혹적인 장면 중
하나로 끝을 맺었다. (이는 《아르미드의 관》 중 두 번째 장면인 고블린들
의 디베르티스망이었다.) (…) 국왕 부처는 자유롭게 오페라글라스를
사용했으며 전체 객석은 흥분으로 들떠 있었다. 다양한 춤이 이어

---

• 세계 최대의 다이아몬드. 1905년 남아프리카공화국의 프레미어 광산에서 발견된 세계 최대의
다이아몬드. 3106캐럿을 대형 9개와 소형 96개로 컷하였고, 이 중 가장 크게 커팅한 것이 the
Star of Africa 다이아몬드*

지고 박수갈채를 받기 위한 시간이 잠시 있었지만, 처음에는 조용했다. 놀랄 만한 발레가 계속되고 우아한 카르사비나, 신선한 즐거움의 현신으로 보이는 니진스키, 광대와 그 외 다른 발레 단원들의 놀라운 기량에 점점 찬사가 이어졌다.[166]

그러나 댜길레프의 마음은 귀족적인 관객들의 겁쟁이 같은 반응에 점점 더 기가 꺾였음이 틀림없었다. 그날 저녁에 대한 댜길레프의 기억은 우울했다. "우리 공연에 대한 반응은 냉담했고 카르사비나의 바리아시옹이나 니진스키의 춤에서조차 (…) 최소한의 박수도 받지 못했다. 단지 광대들의 춤 이후 아주 이상한 소리가 들렸다. 관객들은 장갑을 낀 손으로 점잖게 손뼉을 치고 있었다."[167]

댜길레프와 니진스키가 공연장에서 영국인들이 보여 준 "자연스러운 거만함"에 익숙해지긴 했지만 다른 공연들에서 런던 관객들의 반응은 매우 달랐다. 러시아 발레단의 매표수익이 높았고 이에 조셉 비참Joseph Beecham 경의 결정에 따라 발레단은 파리보다 런던에서 확실하게 더 긴 시즌을 계획할 수 있게 되었다. 그들은 10월에 다시 런던에 와서 공연하도록 기획했다.

신문들은 댜길레프 발레단이 예상을 훨씬 능가한 대성공을 이룬 것에 대해 곧 기록했다. "한 세대 동안 러시아 발레의 유행과 같은 경우는 없었다. 너무 매력적인 이 공연은 많은 사람이 이 공연을 보기 위해 이 도시를 떠날 계획을 연기했다. 런던의 날씨는 한창 삼복더위이긴 했어도 시즌 마지막까지 '티아라'를 쓴 귀족

부인들이 객석을 채웠다."[168]

　7월 27일 《레 실피드》가 공연되었다. 카르사비나와 니진스키의 필연적인 배역, 브로니슬라바 니진스카가 파블로바가 추던 마주르카를, 월은 프렐류드를 추었다. 『데일리 메일』의 음악 평론가 리처드 카펠은 "영원한 작곡가 쇼팽의 걸작을 마음대로 편곡한 사실에 대해 음악 애호가들이 미심쩍은 눈길로 바라보는 것도 당연하지만, 가늠하기가 불가능한 카르사비나는 무대를 가로지르면서 또다시 떠다니고 평론가는 완전히 매료당했다"라고 적고 있다.[169] 카르사비나는 《카니발》의 콜럼바인 역을 월과 번갈아 맡았다. 7월 11일 《클레오파트라》는 클레오파트라 역에 세라핀 아스타피예바Seraphine Astafieva가 맡았다. 파블로바가 맡았던 타호르 역은 소피 페오도로바가 맡고, 월은 카르사비나가 맡았던 니진스키의 파트너 노예 역을 맡았다. 7월 20일 런던에서 처음으로 《셰에라자드》를 공연했다. 카르사비나, 니진스키 그리고 샤 역을 볼름이 맡았다. 시즌의 마지막 날인 7월 31일 아마도 좀 이상하게 보였을 수도 있는데 《클레오파트라》와 《셰에라자드》가 같이 광고가 나갔고 그 중간에 《레 실피드》가 공연되었다. 엘사 월은 사정상 공연에 참여하지 못해서 숄라가 월 대신 프렐류드를 추었고, 카르사비나는 《클레오파트라》에서 본래 그녀가 맡았던 단역을 맡았으며 림스키코르사코프의 음악에서는 조베이다 역을 맡았다.

　시즌이 끝나기도 전에 니진스키의 이름은 모든 사람의 입에 오르내렸고 또 다른 러시아 예술가 레온 박스트가 더욱 파급력 있는 영향을 끼쳤음이 증명되었다. 레온 박스트의 무대는 당시 에드워드 시대에 인기 있던 흰색, 크림색, 회색과 옅은 자주색을 의류점과 가구점에서 영원히 몰아내었다. 하비 니콜스Harvey Nichols•의 창문들은 보라색과 붉은색으로 칠해졌다.[170] 정확하게 말하자면, 박스트는 근년에 영국에서 단지 상상력이 풍부한 극장 디자이너라고 한정할 수 없을 만큼 더 영향력이 컸던 극장 예술의 선구자가 있었음을 인정해야 한다. 고든 크레이그Gordon Graig••는 멜로 드라마풍의 작품들(언제나 네 기둥이 있는 침대가 포함됨)을 시작점으로 지난 10년간 여러 개의 프로덕션을 디자인했다 (그리고 9월에 레스터Leicester 갤러리에서 전시회를 계획했다). 비어즐리Beardsley••는 박스트에게 영향을 준 것처럼, 찰스 리케츠Charles Ricketts에게도 영향을 끼쳤다. 리케츠는 예이츠Yeats, 버나드 쇼 Bernard Shaw의 연극을 위해 환상적인 디자인을 했다. 리케츠는 스트랜드 거리와 템스강 사이에 위치한 리틀 시어터Little Theatre를 아주 성공적으로 운영하면서 〈파니의 첫 연극〉 프로덕션을 고안했다. 리케츠 자신은 화가, 일러스트레이터, 출판인, 감식가 및 수집가였으며 러시아 발레에 대해 가장 열성적인 찬미자 중 한 사람이 되었다.[171]

처음 런던 시즌이 끝난 후 레이디 리펀은 댜길레프에게 검정 진주로 된 장식 단추를 선물했다. 몇 년 뒤 이 선물이 사라졌는데 이

---

• 영국의 고급백화점*
•• 무대미술가 겸 화가*
••• 영국 태생의 삽화가 및 작가. 유미주의 운동의 핵심적 인물로, 아르누보 및 포스터 양식의 개발에 크게 공헌했다.*

또한 힘든 시절에 대한 전조가 되었다.[172] 바슬라프, 브로니아 그리고 카르사비나도 선물을 받았다.

스트라빈스키는 발레단과 함께 런던에 있지 않았고 러시아에서 레리흐와《봄의 제전》에 대한 작업을 하고 있었다. 스트라빈스키의 글을 보자.

1911년 7월《페트루슈카》첫 공연 이후 나는 레리흐를 만나《봄의 제전》시나리오를 의논하기 위해 스몰렌스크 근처에 있는 테니셰바 공주의 장원을 여행하게 되었다. 레리흐는 공주를 잘 알았고 그는 나에게 공주의 러시아 민속 예술품 컬렉션을 꼭 보여 주고 싶어 했다. 나는 우스틸루크에서 브레스트리톱스크Brest-litovsk까지 여행했는데 브레스트리톱스크에 도착하고 보니 스몰렌스크로 가는 다음 기차는 이틀을 기다려야 했다. 나는 하는 수 없이 화물 기차 승무원에게 뇌물을 주어 화물칸에 탔는데, 타고 보니 황소하고 나, 단둘이었다! 그 황소는 전혀 튼튼해 보이지 않은 한 줄로 된 밧줄에 묶여 있었다. 게다가 이 황소가 노발대발하여 내가 가진 조그만 짐 가방을 가지고 나 자신을 방어하기 시작했다. 투우를 하다시피 하면서 기차를 타고 도착해서 나의 값나가는 (아니, 적어도 부랑자가 들고 다니는 가방으로는 아니게 보이는) 조그만 백을 챙기고 내 옷과 모자를 털고는 계단을 내려왔을 때, 스몰렌스크의 낯선 광경을 확실히 보았다. 하지만 내가 안도의 표정도 확실히 지었음이 틀림없다. 테니셰바 공주는 멋진 흰색 제복에 빨간 벨트와 검정 부츠를 신은 하인들이 관리하는 게스트하우스를 내주었다. 나는 레리흐와 작업을 시작했다. 며칠 안 되어 연기에 대한 계획과 춤의 제목들을 정했다. 우리가 같이 있을 때 레리흐는 그의 유명한 폴로베치안 타입의 무대 뒤 배경까지 스케치하였으며 공주의 컬렉션에 있던 진짜 의상을 본 후 의상 디자인도 했다.

우스틸루크로 돌아온 후 즉시 《봄의 제전》을 위한 테마를 생각하기 시작했다. 내가 작곡한 처음 춤인 봄의 태동에 관한 테마였다. 가을에 스위스로 돌아와서 나는 가족들을 데리고 클라렌스에 있는 펜션으로 이사하고 계속 작곡을 했다. 《봄의 제전》 대부분의 음악이 이 집의 내 작은 방, 가로세로 약 2.4미터 크기의 방에서 작곡되었다. 이 방의 가구라고는 소리가 안 나게 해 둔 조그만 업라이트 피아노 한 대(나는 언제나 음소거가 된 피아노에 앉아 작곡한다), 테이블 하나, 의자 두 개가 전부다. '봄의 예감' 부분부터 첫 번째 파트 끝까지 작곡하고 그 후에 전주곡을 작곡했다. 전주곡은 자연의 깨어남, 야수와 새들이 흔적을 내고 갉고 꿈틀거리는 것을 묘사해야 한다고 생각했다. 두 번째 파트의 춤은 등장하는 순서대로 작곡되었다. 착상이 떠오르는 대로 내가 연주할 수 있는 희생의 춤까지 아주 빠른 속도로 작곡했다. 그러나 처음에는 어떻게 작곡을 해야 할지 몰랐다.[173]

다음 해 연초에 이 대단한 작품은 디테일한 몇 부분만 제외하고는 작곡이 거의 다 완성되었다.

스트라빈스키의 음악으로 영국 사람들을 놀라게 할 위험은 감히 시도하지 않았던 댜길레프는 클래식 발레를 가지고 와야 한다는 예감이 들었다. (그는 영국인들이 30년 안에 클래식 발레를 받아들이게 될 것이라고 예상했다.) 그가 계획한 가을과 겨울 동안 두 번째 런던 시즌에서는 《지젤》과 마리우스 페티파 안무의 《백조의 호수》를 공연하기로 했다. 두 번째 런던 시즌이 시작하는 10월에 카르사비나는 마린스키의 중요한 공연 때문에 페테르부르크로 가서 몇 주 지내다가 마린스키 시즌이 끝나는 12월에 돌아와서 런던 시즌 마지막 공연에 출연할 예정이었다. 카르사비나가 맡았던 지젤 역에는 중간 시즌에 파블로바가 출연해야 했다.《백조》는 마틸다 크체신스카야가 출 예정이었다. 세 명의 발레리나가 전부 니진스키의 파트너로 출연하게 되었다.

댜길레프는 페테르부르크에 급한 용무가 있었다. 그는 자신의 발레단이 페테르부르크에서 공연하기를 원했다. 이 공연이 가능한 곳은 오로지 나로드니 돔Narodny Dom•밖에 없었다. 이곳은 큰 건물이기만 한, 매력적이지도 아름답지도 않은 공연장이었지만 달리 도리가 없었다. 9월 29일 댜길레프는 아스트뤽에게 전보를 쳐서 12월 29일부터 2월 1일까지 나로드니 돔에서 12~15회 공연을 하는 정도로 시즌을 운영해 달라고 제안했다.[174] 그러나 아스트뤽은 그 작업을 어떻게 착수해야 할지 알 수가 없었다. 그럼에도 댜길레프는 자신이 산파 역할을 하여 러시아가 낳은 새로운 예술을 보여 주겠다는 기대를 하고 있었다.

그리고리예프는《백조》같은 큰 프로덕션, 비록 2막으로 축약을 한다고는 하지만 대규모 공연을 위해 의상과 무대를 어떻게 할 것인지가 궁금했다. 그러나 댜길레프는 1901년 골로빈과 코로빈이 디자인한 모스크바 프로덕션을 통째로 사는 것으로 협의 중

---

• People's Palace. 중산층의 인텔리겐차, 학생, 군인, 노동자들이 문화예술을 즐길 수 있도록 지은 곳으로 공연장 등이 있는 복합 문화예술 공간*

이었다.[175] 브누아는 질투심이 엿보이는 글을 썼다. "세료자는 백조 같은 감상적인 구시대 발레를 우리 레퍼토리에 넣어서 크체신스카야가 빛이 날 기회를 주기로 했다. 그는 모스크바 프로덕션을 위해 제작된 무대와 《카르파초》 의상에 대해 진심으로 감탄하고 있기 때문이었다."[176]

댜길레프는 10월 7일 페테르부르크로 떠났다가 10일 런던으로 돌아왔다.[177] 런던 시즌을 지휘할 몽퇴와 계약 건, 그리고 카르사비나를 대체할 파블로바가 안 한다고 할 경우를 대비해서 파리 오페라 발레단의 잠벨리Zambelli를 안전하게 확보하는 건 등 두 가지 문제가 생겼다.[178] 댜길레프는 10월 14일이 포함되는 그 주초에는 파리에 있었다.[179] 그러나 곧 런던 사보이 호텔로 돌아와서 10월 16일 두 번째 런던 시즌이 시작되는 코번트 가든 오프닝 공연에 참석했다.[180] 발레단에 약간의 변화가 있었다. 엘사 윌이 떠났다. 키가 크고 당당하게 아름다운 마리아 필츠가 바르샤바에서 고용되었다. 바슬라프의 학교 친구인 아나톨 부르만이 러시아에서 도착했다.* 그리고 지난봄 시즌부터 발레단에 여동생이 입단한 막스 프로만Max Frohman이 모스크바에서 도착했다. 프로만은 갸름한 얼굴에 클래식한 몸매를 가진 진짜 미남자였다. 댜길레프가 "그에게 관심을 기울이는 데"는 오랜 시간이 걸리지 않았다.[181]

처음 런던 시즌 동안 조악한 무대 조명은 색깔을 망쳐 놓아 전

---

* 부르만에 의하면 그는 브로니슬라바 니진스카를 알렉산드린스키 극장에서 우연히 마주쳤고, 그녀가 댜길레프를 설득하여 부르만을 고용하도록 했다고 했다. 그러나 니진스카는 부르만 얘기는 순전히 지어낸 거짓말이라고 했다.

체 무대를 돋보이게 하는 데 방해가 되었음이 알려졌다. 공연을 본 사람이 적기를 "순수 빨강, 녹색, 파란색은 자신들의 정확한 색을 내기 위해 용감히 투쟁하는 가운데 그 중간에 거대한 그림자가 무대 앞에 가로놓여 있었다. (…) 형편없이 우중충한 앞 무대 양쪽 윙은 마치 색채의 가치를 모두 삼키려는 괴물처럼 버티고 있었다."[182] 두 번째 시즌을 위해 코번트 가든 측에서 좀 더 나은 개선책을 마련했다. 앞쪽 무대의 측면과 윗면은 검은색 천으로 프레임을 설치했다. 무대 앞쪽의 양쪽 바닥에 설치된 조명은 더 낮추었으며 무대 앞 일등석은 그 자리에서 무대를 바라보는 시야를 개선하기 위해 좌석을 좀 더 높였다. 객석 위쪽 갤러리에 조명 렌즈를 갈아 끼우면서 돌출 조명을 사용할 수 있게 설치했다. 이 조명 덕분에 전체를 밝게 하는 조명과 스포트라이트를 번갈아 사용할 수 있게 되었다.[183] 특별히 발레단을 위해 유압식 커튼을 설치했고 무대는 오크나무로 새로이 공사했다.[184]

첫날 니진스키와 카르사비나는 《지젤》, 《셰에라자드》를 추었다. 런던은 카르사비나가 콜리세움에서 코슬로프 무용단과 추는 《지젤》의 2막을 보아 왔다. 그러나 니진스키의 알브레히트는 본 적이 없었다. 감동적인 이 발레 작품은 이제 처음 전막으로 영국 관객들에게 보여 주면서 생생한 기억을 남겼다.[185]

댜길레프의 예상은 빗나갔다. 런던 관객들은 그가 예상한 것보다 클래식을 즉시 받아들이지 않았다. 『타임스』의 글을 보면 "첫 막에서 니진스키의 솔로 춤은 가장 각인되는 춤이었으며 가장 갈채를 많이 받은 춤이었다. 막의 처음 부분에서 관객들은 거의 무슨 의미인지를 이해하지 못했다."[186] 리처드 카펠이 『데일리 메일』에 쓴 글. "만약 춤이 완벽하지 않았다면 솔직히 말해서 《지젤》은 지루했을 것이다. (…) 러시아 무용가들은 처음으로 어울리지 않는 공연을 했다. 그들이 공연한 다른 모든 작품에서 춤은 전체적인 조화로움 속에 부분 부분을 보여 주었다. 《지젤》에서 우리는 이렇게 뛰어난 무용수들조차 항상 과거의 오래된 발레를 웃음거리로 만들었던 그 부조화를 피할 수는 없었다." 카펠은 카르사비나는 "진정 비극적"이며 니진스키의 나르는 도약과 앙트르샤를 찬탄했고, 볼름은 거절당한 연인으로 "철저한 악당"의 연기를 했으며 지젤 엄마 역을 맡은 체케티를 보면서 사악하고 두드러진 배우로서 역할도 보았다. 그러나 카펠은 클래식 발레 스타일에 대해 동작과 연관해서 "순수한 우아함보다는 오히려 아크로바틱한" 면과 결부를 지었다. 아당의 음악에 대해서는 오페라 혹은 콘서트 룸에서 연주하기에 오히려 적당하며 발레 음악으로서는 지겹고 하찮은 수준이라고 생각했다.[187] 『선데이 타임스』의 비평가는 카르사비나에 대해 "장면 처음 부분에서 빛이 나도록 밝고 자연스러웠으며, 광란의 장면에서 마음이 혼란스러운 것을 예리하게 암시했다"고 썼다. 니진스키는 "마지막 장면에서 연기는 드물게 다정한 감정을 표현하면서 연기했다."[188] 그러나 『옵서버』의 글에서는 "이렇게 뛰어난 무용수들임에도 맡은 역할에서 얼마나 매력적이었던가를 알기가 쉽지 않은 작품이다", "《지젤》은 예술 작품이 아니며 결코 예술 작품이 될 수가 없다"[189]라고 했다. 그다음에는 《셰에라자드》 공연이었다. 카펠은 서곡이 연주되는 동안 떠드는 관객들을 신랄하게 비판했다. 물론 이때 관객들의 대화 주제는 서곡이 나올 동안 걸려 있던 세로프의 「페르시아 미니어처Persian miniature」가 그려진 커튼의 도발적인 관점에 관한 내용이긴 했다. "포킨의 드라마에서 발견할 수 있었던 것은 그 드라마의 골격에 어울리지 않는 몸짓이나 동작이 아니었다. 작품의 화려하고도 잔인한 광경이 엄청난 효과를 낳았다. 오리엔트의 모든 감미로운 시와 화려한 축제는 주홍금빛 옷을 입은 젊은이들이 과일을 높이 쌓은 접시를 들고 뽐내면서 지나가는 한순간으로 요약한 것 같다."[190] 『선데이 타임스』의 음악 비평가는 이렇게 썼다. "억눌린 열정을 멋지고 자유스럽게 표현하는 (⋯) 그리고 모든 구성요소가 하나로 통일이 되는 (⋯) 《셰에라자드》는 독특하다. 볼 때마다 작품의 인상은 더 깊이 각인될 것이다."[191]

10월 17일 둘째 날 밤, 카르사비나와 니진스키는 《아르미드의 관》, 《카니발》, 《셰에라자드》 등 그날 프로그램 세 작품 모두에서 춤을 추는 힘든 날이었다. 그러나 볼름과 마에스트로 체케티도 마찬가지였다. 볼름은 르네, 피에로, 샤 역으로, 체케티는 히드라오트 왕, 판탈롱, 환관 역으로 각각 출연했다. 필츠는 이날 아르미드의 친한 친구 역으로 발레 뤼스에서 데뷔했다. 니진스카, 숄라, 바실리엡스카야 등도 친한 친구 역을 맡았고, 필츠는 《카니발》에서 키아리나 역으로도 출연했다.

다섯 개 프로그램에 출연한 카르사비나는 페테르부르크로 떠나야 했다. 10월 28일 토요일 파블로바는 한 번 더 댜길레프 발레단에 출연했다. 그녀는 니진스키와 《지젤》을 추었고 《클레오파트라》에서는 본래 자기가 추던 절망에 빠진 거절당한 애인 타호르가 아닌 니진스키의 동료 노예인 스카프를 두른 무용수 역으로 출연했다. 이날 공연에서 타호르 역은 소피 페오도로바가 출연했다. 『타임스』의 평론가가 쓴 글에서 《지젤》과 《클레오파트라》에서 파블로바의 역할들은 "그녀에게 적절한 기회가 아니었다"라면서 타호르로 그녀를 보지 못한 것은 실망스럽다고 표현했다. 하지만 그는 통찰력 있는 칭찬으로 위의 말에 대한 근거를 제시했다. "파블로바에 관한 한 가장 중요한 사실은 그녀가 춤을 출 때, 그녀의 모든 춤에서 (…) 그녀는 발, 손가락, 목(그녀의 머리를 다양한 각도로 기울여서 얼마나 수많은 표현을 이루던가), 미소, 눈빛, 의상과 함께 춤을 춘다는 것이다. 그녀 자체가 전부 춤이며 동시에 전부가 드라마가 된다. 맹렬히 뛰어다닌 후 그녀와 니진스키는 즉시 완벽한 균형으로 멈추고 가만히 서 있거나 다시 어떤 방향으로든 춤을 다시 시작할 준비를 하고 있다." 그는 이런 지젤과 "그녀의 나이 든 엄마 체케티"가 어떻게 그렇게 조그만 오두막에서 살 수 있는지에 대해 의문을 제기했다. 또한 "윌리들은 뱀파이어가 되든지 아니면 애처롭고 불쌍해야 한다"고 결론을 내렸다.[192] 『데일리 메일』의 평론가는 파블로바가 "능숙한 표현력으로 춤을 추며, 1막 마지막 지젤의 죽음 장면에서 그녀의 연기는 정말 압권이다"라고 생각했다. 동시에 그 평론가는 니진스키가 로이스-알브레히트로 어떻게 춤을 추었는지에 대해 암시를 했다. "귀신들 속에 길을 잃고 헤매던 어느 슬라브족 이상 국가에서 온 젊은 목신은 그녀가 꿈꾸던 환영 속의 기사였다."[193]

파블로바는 이때 발레 뤼스의 《아르미드의 관》, 《레 실피드》, 《불새》에 계속 출연을 했다. 파블로바가 출연한 《불새》는 모두 포킨의 작품이 아니고 1909년 발레단이 《파랑새》 파드되를 공연할 때 제목을 《불새》라고 붙였는데 파블로바가 출연한 작품은 이 "불새"를 말한다. 11월 6일 파블로바는 처음으로 《카니발》에서 콜럼바인 역을 추었고 그다음 날 공연에서도 추었는데 이때가 파블로바의 마지막 콜럼바인 춤이었다. (이 두 공연은 수집가들의 진귀한 아이템이 될 것이다!) 댜길레프 발레단과 그녀의 마지막 공연, 아마도 니진스키와도 마지막 공연은 11월 11일 《아르미드의 관》, 《레 실피드》, 《불새》였다.

《불새》 혹은 《황금 새》(노스클리프 경의 신문*에서는 이렇게 표현함)는 오래된 목재로 건축된 모스크바 궁전을 배경으로 한 코로빈의 무대 세팅이었다. 이 배경은 오페라 《루슬란과 루드밀라》, 발레 《향연》에서도 같은 배경이었다. 이 평론가의 묘사에 의하면 니진스키는 적갈색 그린의 모스크바 왕자 의상을 입고 과감한 보석을 달았다. 파블로바는 레몬색 튀튀와 오렌지색 코사지, 주홍색의 대담한 깃 장식과 노란 타조 털, 수많은 보석으로 온몸을 휘어 감았고, 관객들이 이들을 제대로 알아보기도 전에 공연이 끝날 만큼 많이 치장했다.[194] 그나마 다행스럽게도 1909년 같은 춤에 주역이었던 니진스키와 카르사비나를 위해 박스트가 디자인했던 의상을 제대로 알아볼 수는 있었다.

---

* 노스클리프Northcliffe가 창간한 『데일리 메일』을 말한다.*

이탈리아에 살고 있던 고든 크레이그는 그의 프로덕션《햄릿》을 모스크바 예술극단에서 공연하려던 참이었는데 잠시 런던에 와 있었다. 그는 웨스트민스터Westminster, 스미스 광장 7번가에 숙소를 정했다. 크레이그는 여기서 자신이 디자인한 넓은 무대의 모델을 준비하고 배우들과 극장 관계자들을 초청하여 움직이는 스크린으로 제작된 자신의 시스템을 시범으로 보여 주었다. 댜길레프와 니진스키는 하리 케슬러Harry Kessler 백작과 함께 크레이그의 행사에 참석했다. 하리 케슬러는 발레 뤼스의 독일 쪽 극장 후원자였다. 그러나 댜길레프는 크레이그의 시연이 계속 진행되는데도 이야기를 계속했다. 그 모습에 비위가 상한 크레이그는 조명의 스위치를 끄고 이 쇼의 진행을 거부했다.[195] 물론 이 사건만이 크레이그가 러시아 발레단에 대해 적의를 품게 된 유일한 이유는 아닐 수 있다. 하지만 크레이그가 이때부터 생긴 러시아 발레단에 대한 적의를 거둔 것은 1928년 파리에서 발란친 안무의《아폴로Apollo》를 보고 나서였다.

레이디 리펀은 바슬라프를 데리고 첼시의 타이트Tite 거리에 있는 존 사전트John Sargent의 스튜디오로 갔다. 사전트는《아르미드의 관》에 나오는 보석으로 만든 초커와 터번을 쓰고 있는 그의 진회색 두상을 그렸다. 이 그림에서 보면 니진스키의 목길이가 과장되어 있으며 그가 발레에서 남긴 특이한 인상, 마치 다른 세상에서 온 듯이 신비한 느낌이지만 무성의 생물체 같은 모습을 기록하고 있다(제프리 위트워스와 그 외 많은 이들이 니진스키의 작품 속 모습을 묘사하려고 노력한 것을 앞에서 보았다). 니진스키의 머리는 거만하게 뒤로 약간 젖혀져 있고 눈은 반쯤 감겨 있으며 입술은 신들의 조롱거리가 되기도 하고 동시에 신들을 자극하기도 하는 듯이 갈라져 있다.

크체신스카야가 도착했다! 역시 그녀는 동행인들이 있었다. 그녀의 아들 보바Vova, "여행 중에 아픈 보바를 위해" 동행한 밀크Milk 박사, 그녀의 심복이고 종종 여성 흉내를 내던 고치Gotch 남작,* 그녀의 시녀, 그녀의 의상 담당자와 앙드레 블라디미로치 대공이 함께 왔다. 그들은 사보이 호텔에서 머물렀다. 그녀는 자기 짐 가방 열쇠를 페테르부르크에 두고 왔다. 그러나 "그들은 내가 누군지를 알았을 때 세관 관리들이 매우 공손하게 그리고 특별히 호의를 베풀어 짐 가방의 내용물에 대해 내가 말하는 것을 그대로 믿고 우리가 짐을 가지고 떠나도록 허락했다." 그녀의 보석은 나뉘어서 여행 중이었다.

나의 다이아몬드와 그 외 귀중한 보석들은 너무 진귀한 것들이어서 사소한 문제를 일으켰다. 우리의 유명한 친구 중 한 명인 저명한 보석상의 아들 아가톤 파베르지Agathon Faberge의 조언에 따라, 그의 확답을 받고 나는 그의 회사 런던 지점에 내가 도착할 때까지 그 보석들을 돌봐 달라고 맡겼다. 두 개의 카탈로그가 제작되었고 각각이 보석마다 번호가 매겨졌다. 내가 저녁마다 필요한 보석의 번호만 알면 더 자세한 설명을 할 필요가 없었다. 보석 회사의 감시원이기도

---

* 크체신스카야에게서 이야기를 들은 프랑소와즈 레이스에 의하면 고치 남작은 알렉산드로프와 같이 니진스키를 류보프 공작에게 소개한 인물이라 한다. 레이스: 『니진스키*Nijinsky*』 (51쪽)

한 회사의 관리가 약속한 시각에 나의 분장실로 그것을 가져왔고 신분이 보장 안 된 사람은 출입이 금지되었다. 공연이 끝나면 그는 보석을 다시 가져갔다. 나도 역시 매일 착용할 많은 보석을 가지고 있었다. 호텔 측에서는 밤에는 그들의 금고에 보관해 둘 것을 요청했다. 호텔에서 대규모 파티가 열리던 어느 날 나는 파베르지에게 아주 귀중한 나의 왕관을 가져다 달라고 요청했다. 보석회사 관리가 가져왔고 나는 호텔 측에 알려 줘야 했다. 호텔 측에서는 안전장치를 위해 평복을 입은 경관을 나의 테이블 근처에 배치할 것이라고 알려 왔다. 나는 그들이 등장했을 때 전혀 놀라지 않았다. 연미복을 입은 두 젊은 영국 남자들은 파티가 열리는 저녁 내내 나를 그림자처럼 따라다녔다. 이들은 워낙 능숙하고 비밀스럽게 행동을 하여 호텔 측을 제외하고는 아무도 그들이 사보이 호텔의 우아한 손님들과 다르다는 것을 눈치 채지 못했다.[196]

11월 14일 화요일 "러시아 황제에게 영예를 안겨 주는 무용수" 크체신스카야가 니진스키와 《잠자는 미녀La belle au bois dormant》 중 그랑 파드되(당시 제목은 "오로라와 왕자Aurore et le Prince")로 런던 무대에 데뷔했다. 댜길레프가 크체신스카야의 의상을 직접 "매우 아름다운 푸른색 의상"으로 골랐고 그녀가 어떤 보석을 할 것인지에 대해서도 상의를 했다. 발레리나가 판단하기로는 "내가 첫 공연에서 누구도 도저히 부인할 수 없는 성공을 거두었다는 댜길레프의 주장에도 불구하고 나는 원하는 만큼 대단한 성공을 거두지는 않았다. 황실 발레단의 수석 발레리나이고 유명 발레리나이기 때문에 전문가들의 의례적인 호평이 좀 더 보태진 정도였다."[197] 『데일리 메일』은 은색과 담자주색의 그녀 스커트를 묘사할 때 일종의 푸른빛이 도는 연보라라고 했음이 틀림없다. 아마도 드레스 상의는 다이아몬드로 뒤덮여서 무슨 색인지 보이지 않았을 것이다. 니진스키는 족제비 털로 가장자리가 장식된 검정과 오렌지색의 러시아 의상을 입었는데 이는 그녀의 의상 색깔을 돋보이게 하기 위해서였다.[198]

같은 프로그램의 마지막에 크체신스카야는 《카니발》에서 콜럼바인 역으로 추었다. 이 역은 우리도 쉽게 상상할 수 있는데 포킨의 발레 중 크체신스카야에게 잘 어울리는 몇 안 되는 배역 중 하나였다. 왜냐하면 활기 가득한 흥겨움은 그녀의 가장 매력적인 특징이었다. 그러나 댜길레프 서클의 친구들은 유명한 이 발레리나에게 별로 찬사를 보내지 않았고 그녀를 오히려 비웃었다. 박스트는 레이디 줄리엣 더프의 박스 석에 안드레 대공과 함께 있었다. 박스트는 카르사비나를 그리워하는 듯이 보였다. 그래봤자 크체신스카야의 나이는 마흔이었다. 레이디 줄리엣은 박스트가 안드레 대공에게 크체신스카야에 대해 좋은 말을 하도록 유도했다. 그러나 기껏 박스트가 한 말은 "전하, 그녀의 드레스가 새것처럼 보입니다"라는 말이었다.[199]

그날 밤과 이후 세 차례에 걸쳐, 마린스키에서 공연 중이던 카르사비나를 대신하여 《셰에라자드》 중 조베이다 역을 맡은 무용수는 로샤나라Roshanara*라는 신비한 숙녀였다. 그녀는 팰리스 극장Palace Theatre에서 파블로바 무용단과 함께 오리엔탈 독무 역을 계속 공연하고 있었다. 『데일리 메일』은 그녀의 춤에 대해 "뛰어난 배우이지만 그녀는 마담 카르사비나의 강렬함과 동정을 자아내게 하는 표현을 이루지는 못했다"고 평가했다.[200] 마지막 세 번의 공연에서 크체신스카야는 《아르미드의 관》을 추었다. 『타임스』는 세 명의 아르미드를 비교했다. "카르사비나임에도 불구하고 그것은 여전히 약간 칙칙했다. 파블로바는 다소 활력이 부족한 작품 내용에 진정한 아름다움과 흥미로움을 부여하면서 그녀의 재능을 과시했다. 크체신스카야는 (…) 뛰어난 테크닉을 보여주었다. 하지만 그녀는 전임자가 공연했을 때보다 개인적인 매력이 없었다. 그런데도 그녀는 자신이 프리마 발레리나라는 사실을 결코 잊게 하지 않았다."[201]

두 번째 런던 시즌 시작 때부터 발레 단원들은 관객들 앞에서 공연하는 것을 행복하게 고대하고 있었으며 크리스마스 이후에는 페테르부르크에서 찬사받을 것이라는 기대를 하고 있었다. 그러나 이 해 연말에 공연 계약에 차질이 생겼다. 그리하여 댜길레프는 해협을 건너 11월 17일 파리에서 아스트뤽을 만나 공연 계약이 가능할지에 대해 알아보았다.[202] 공연 계약은 암스테르담, 비엔나, 부다페스트 그리고 12월 말 파리 오페라에서 3회 공연이

---

• 1910년 파블로바의 영국 지방 공연 투어 프로그램(월포드 하이든Walford Hyden: 『파블로바Pav-lova』 43쪽)에 로샤나라는 황실 발레단 단원으로 쓰여 있었다. 그러나 1911년 7월 7일 『스케치』에 실린 기사에는 그녀는 캘커타 태생이며, "예술 분야에 대해 어떤 수업도 받은 적이 없었기 때문에 그녀는 춤도 거의 본능적으로 시작했다"고 적혀 있다. 그녀는 인도 궁전에서 춤을 추었다. 그러나 대중적인 무대는 오스카 애쉬Oscar Ashe와 릴리 브레이톤Lily Brayton이 그녀를 영국으로 데려와서 개릭Garrick 시어터에서 《운명Kismet》 중 오리엔탈 댄스를 추도록 했을 때가 처음이었다. 댜길레프는 루빈스타인을 대신할 사람을 찾던 중이었는데 그녀의 이런 배경은 댜길레프에게 아주 매력적이었다.

계약되었다. 파리 오페라 공연은 새해 전날 개최되는 특별 갈라 공연으로 프랑스 항공 산업을 돕기 위한 행사였고 베를린 시즌은 1월 계약되었다.

《백조의 호수》첫 프로덕션의 리허설이 시작되었다. 이번《백조의 호수》는 러시아 바깥에서는 차이콥스키 생존 시 프라하에서 한 번 한 것을 제외하고는 최초였다.* 11월 30일 첫 공연을 예정하고 있었다. 댜길레프는 4막을 2막으로 축약했다. 하지만 댜길레프가《백조의 호수》에서 최고라고 판단하는 페티파와 이바노프의 패시지들은 그대로 간직했다. 댜길레프의 버전에서 내용은 다음과 같이 축약되었다.[203] 1막: 밤의 호숫가. 왕자는 그의 동료들과 사냥을 하러 온다. 그들은 악마 제니어스Genius의 마법에 걸려 낮에는 백조로 변신하는 한 무리의 소녀들을 만난다. 왕자는 그들의 리더 백조 여왕과 사랑에 빠진다. 으스스하게 보이는 악마 제니어스가 나무 사이에서 등장했을 때 왕자는 그의 화살로 악마를 쏘려고 한다. 그러나 악마의 마법에 걸려 힘을 잃고 만다. 새벽이 되자 소녀들은 춤을 출 수가 없다. 그들은 다시 백조가 되어 수영하면서 사라진다. 2막 1장: 성의 무도회장. 여왕은 파티를 열어 아들과 이웃 나라 공주의 약혼을 축하한다. 여덟 커플이 왈츠를 춘 후 축하 파티의 관리자가 악의 기운이 흐르는 낯선 사람을 안내한다. 악마 제니어스가 변장한 것이다. 그는 백조 여왕을

---

* 그리고 숄라와 조지 크야시트(리디아 크야시트의 남형제)는 그전 해에 런던의 히포드롬에서 축약 버전을 공연했다.

데리고 등장한다. 그들에게 인사를 하던 왕자는 자신이 사랑하는 사람의 눈을 응시하고 있음을 깨닫고 깜짝 놀란다. 그녀는 악마를 따라가고 왕자는 자리에 앉는다. 스페인 춤, 차르다시, 마주르카 춤이 이어져도 왕자의 관심을 끌 수가 없고 왕자는 깊은 상념에 빠진다. 백조 여왕이 다시 나타나서 솔로를 추면서 다시 왕자를 유혹한다. 그녀가 떠나갔지만, 그녀의 뒤를 이어 왕자는 신나게 춤을 추게 되고 클라이맥스에 그녀가 다시 등장한다. 두 사람의 파드되가 포옹으로 끝이 났을 때 궁정은 온통 스캔들로 들썩인다. 여왕은 당황하고, 왕자의 약혼자는 분해한다. 악마 제니어스는 백조 여왕을 낚아채서 어깨에 메었다. 여왕의 사정에도 아랑곳없이 왕자는 군중들을 헤집고 그들을 따라간다. 2막 2장: 다시 호숫가. 악마 제니어스는 백조 여왕을 끌고 오고 왕자는 뒤쫓아 온다. 그러나 다시 새벽이 오고 또다시 연인은 사라지고 왕관을 쓴 백조 한 마리가 호수를 가로질러 미끄러지듯 가는 모습이 보인다. 왕자는 쓰러져 죽는다.

댜길레프의 버전과 페테르부르크《백조의 호수》버전 사이에 가장 중요한 차이는 첫 막의 생략과 4막에 등장하는 정교하고 아름다운 백조 춤 전부를 생략한 점이다. 세르게예프Sergueev는 1930년대 영국에서 페테르부르크 버전을 본보기로 대본을 써 그가 다시 제작한 버전을 공연했다. 그리고 왕자의 장래 신붓감 대신 왕자의 약혼자가 등장하는 점도 차이다. 세르게예프 버전은 궁정에 왕자의 환심을 사기 위해 경쟁하러 오는 미래의 신붓감들이 있었고  미래의 신붓감들은 단지 그들의 노력이 무시당했을 뿐이었다.

코로빈의 호수가 무대는 분홍 연보라빛 다소 선명하지 못한 풍경이며 전경에는 전나무가 있고 호수 너머는 벌거벗은 언덕이 보인다. 왕자의 동료들을 위해 골로빈은 벨벳과 스웨이드로 만든 섬세하고 우아한 '카르파초'풍의 의상을 디자인했으며 그중 일부는 짧은 망토도 디자인했다. 골로빈이 디자인한 궁중 장면은 금색이 주조를 이루는 중세 러시아 궁전이며 넓고 평평한 아치를 통해 귀족 문장으로 장식된 반원형의 부분이 보인다. 디베르티스망을 보기 위해 둘러 서 있는 궁중 사람들(대부분 통행인 역)의 의상은 두꺼운 비단으로 만든 가운 혹은 튜닉 이거나 석류나 적갈색 색상의 길고 조개같이 팔목 부분이 넓어지는 소매로 된 하이웨이스트 스타일의 벨벳 드레스를 입었는데 매우 고급스럽게 보였다.•

크체신스카야가 쓰기를 "나는 무도회 장면에서 제대로 성공을 거두기를 기대하면서 카들레츠Kadletz 음악으로 클래식 솔로 춤을 삽입하기로 굳게 결심을 했다. (…) 댜길레프는 이 계획에 동의했다."[204] 댜길레프에게는 다른 선택의 여지가 없었다. 댜길레프가 100여 벌이 넘는 의상과 함께 모스크바 프로덕션을 산 것은 세 번의 공연에서 이 유명한 무용수를 자랑하기 위함이었기에 그는 그녀가 공연을 거절할 위험이 있는 명분을 줄 수가 없었다. 호수 장면에서 파드되와 크체신스카야가 삽입하길 원했던 카들레츠의 음악은 바이올린 솔로 연주였고 이 연주를 위해 그녀가 미샤 엘

---

• 이 의상은 모두 1901년에 제작되었으나 1911년 당시에도 아주 상태가 좋았다.

만Mischa Elman을 따로 고용했다. 미샤 엘만은 그 당시 퀸스 홀에서 공연 때문에 런던에 와 있었다.* 엘만은 아우어Auer의 제자였는데 아우어는 마린스키 극장에서 차이콥스키의 이 아다주adage를 곧잘 연주하고는 했다. 아다주는 코번트 가든에서 발레단 전체가 보는 가운데 니진스키와 리허설을 했다. 그러나 엘만이 몹시 불안해했던 카들레츠 음악을 반주로 하는 크체신스카야 솔로는 사보이 호텔에서 다른 관객 아무도 없이 안드레 대공만 참석한 가운데 카메라를 준비했다.²⁰⁵ 그것도 강이 내려다보이는 스위트룸에서, 이렇게 드문 행사가 일어나다니! 엘만은 감탄했다.

댜길레프의 희망과는 반대로 영국 사람들에게 과거 클래식 발레 작품은 크게 감동을 주지 않았음이 언론의 글에서 더욱 명백해졌다. 대중들이 포킨의 새로운 예술 형식을 열광적으로 받아들이는 이 시점에 과거 클래식 발레를 공연하는 것은 적절한 시기가 아니었다. 우리가 본 대로《지젤》의 1막에서 런던 관객들은 "무엇을 찾아봐야 할지를 거의 몰랐다."《셰에라자드》의 열정적인 연기 뒤에, 백조 여왕이 왕자에게 그녀의 사연을 이야기하는 과거의 수화는 관객들에게는 완전히 뒤통수치는 격이었다. 영국은 아직 차이콥스키의 긴 전막 발레를 볼 수 있는 준비가 안 되어 있었다. 차이콥스키의 발레들은 20세기 중반에 오면 놀랄 만

---

* 하스켈이 말한 이 내용은 크체신스카야의 회고록에도 반복해서 언급하고 있다. 내용은 엘만은 그날 런던의 앨버트 홀에서 그의 콘서트가 있었고 중간 휴식 시간 동안 그녀를 위해 연주하려고 런던 시내를 가로질러 코번트 가든으로 왔다. 하지만 이 내용은 출처가 불분명하며 사실이 아닐 가능성도 있다.

큼 인기를 얻게 된다. 하지만 1921년경까지만 해도 차이콥스키의 발레를 볼 준비는 안 되어 있었다. 1921년 댜길레프는《잠자는 미녀》를 런던에서 공연함으로써 그의 전체 기획은 거의 파산에 이르게 되었다. 인생 말기에 그는 이렇게 썼다. "차이콥스키는 서방에서는 결코 이해할 수 없을 것이다. (…) 나는 그의 작품을 너무 서둘렀고 잘못된 방식으로 공연했다."[206] 그는 이런 상황을 알고 있었을 수도!

《백조의 호수》에서 니진스키에 대한 묘사는 거의 없다. 1911년 세 번 공연하고 1912년 두 번 공연했기에 어떻든 영국에서 많은 이가 보지는 못했을 것이다. 두 편의 글이 남아 있다. 영국에서 러시아 발레에 대해 제1차 세계 대전 전에 세 권의 책이 출판되었는데 그중 한 권의 작가가 A. E. 존슨A. E. Johnson이었다. (나머지 두 권은 엘렌 테리Ellen Terry의 에세이와 제프리 위트워스의 니진스키에 관한 책이다.) 존슨의 글은 다음과 같다.

발레는 작품 속의 역할에서 아돌프 볼름과 확실하게 연관 지어 니진스키를 보여 주며, 그 두 예술가의 본질적인 차이점을 강조한 것은 매우 흥미롭다. 볼름은 발레의 장면에서 필요할 때 춤을 출 수 있는 배우다. 니진스키는 배우로서 연기해야 하는 부분에서 걸음걸이에 속도를 맞추어 자신의 동작을 제한할 수밖에 없을 때는 거의 아파 보이기까지 하는 무용수다. 니진스키의 경우는 궁정 장면에서 무용수로서 그의 진가를 발현시키기 위해《아르미다의 관》에서처럼 그에게 어울리는 역을 하나 만들어 출연하게 했다면 관객은 볼름이 왕자 역을 맡아서 하는 공연을 더 좋아했을 것이다.[207]

이는 흥미로운 관찰이다. 우리는 이전 챕터에서 니진스키가 《지젤》에서 알브레히트 역할에 자신을 집중시키는 데 얼마나 어려움을 겪었는지를 보았다. 왕자, 기사, 남자다운 연인, 이들은 모두 구시대 발레의 전통적인 영웅이다. 니진스키는 발레리나를 확고히 서포트 하는 것은 물론 발레리나가 필요로 하는 모든 것을 행하는 전통적인 발레의 남자주인공 역은 마린스키에서 하지 않았다. 이런 전통적인 역할은 도도한 자세와 신사적인 예의를 지녔다. 니진스키는 영령, 인형, 반인반수의 생명체, 목신, 코메디아 델 아르테에 등장하는 주역, 혹은 자신과 사랑에 빠진 그리스 시대의 소년이 되는 것이 훨씬 수월했다. 그는 가면이 필요했다.

사람들이 생각하기에 니진스키는 섬뜩하고 유령이 나오는 특이한 요소를 그의 춤에 도입할 수 있는 무용수였기에, 전통적인 왕자 역할은 훨씬 쉬웠을 거라고 예상한다. (이런 점은 배리Barrie의 연극 〈매리 로즈Mary Rose〉에 등장하는 배우 어니스트 더시거Ernest Thesiger와 흡사하다. 〈매리 로즈〉는 1920년 만들어졌는데 그 일부는 《백조의 호수》에서 영감을 받았다.) 하지만 무도장 장면에서 뛰어난 솔로와 위에서 언급한 요소들을 조화시키기가 쉽지 않다는 것은 거의 30년 후 적힌 묘사에서 드러난다.

왕자는 그의 친구와 함께 숲속으로 들어갔다. 니진스키는 꼭 끼는 상의와 바지를 입었다. 그의 머리는 긴 깃털로 장식된 모자를 썼다. 의상은 바지를 제외하고는 모두 검정이었다. 바지는 분홍 수직 줄무늬가 있었다. 니진스키의 비스듬히 치켜 올라간 눈과 창백한 분장은 그의 검정 상의와 비교가 되어 더욱 창백하게 보였다. 이러한 대비로 인해 그는 신비한 분위기가 풍겼고 누군가를 다시 보고 싶어 하는 환영에 시달리는 남자의 모습으로 보였다. 그가 나무 꼭대기를 응시하거나 고요한 물을 바라다보면서 호수가 근처를 걸었을 때 그는 자기 콧구멍의 수축과 팽창으로, 그리고 마치 안개가 스치듯 거의 감지할 수 없는 그의 미세한 손 움직임으로 관객들이 안개의 존재를 알 수 있도록 했다.

두 번째 장면에서 나는 그가 테이블에 앉아서 무용수들이 춤추는 모습을 지켜보는 모습을 보았다. 그러나 그의 눈은 무용수를 넘어 오로지 그에게만 일렁거리는 백조 공주의 소중한 형상을 본 듯했다.[208]

니진스키의 솔로를 위한 음악은 댜길레프가 《호두까기 인형》 중에서 골랐다.[209] 첼레스타와 함께 연주되는 사탕 요정의 딸랑딸랑 울리는 선율이었다. 이런 여성적인 음악에 맞추어 안무가 가능한 남성 무용수의 춤을 상상하기는 어렵다.* 하지만 실은 니진스키가 창조하려고 애쓰는 상사병을 앓고 있는 비현실적인 면을 지닌 왕자의 모습을 표현하기에는 어떤 음악도 이보다 더 적합할 수가 없었다.

크세친스카야는 만족했다. "진짜 축제였다. 미샤 엘만이 발레

---

* 어느 날 밤에 나는 세 명의 안무가와 저녁식사를 같이 하면서 이 음악으로 남성 무용수가 추는 춤을 상상할 수 있느냐고 물었다. 애시턴Ashton, 타라스Taras, 누레예프Nureyev 모두 그것은 불가능하다고 답했다. 『선데이 타임스』(1911년 12월 3일자)는 니진스키의 "사탕 요정의 멜로디에 맞추어 우아한 도약으로 이루어진 니진스키 특유의 춤"에 대해 언급하고 있다.

반주는 처음 했지만, 그는 역시 위대한 대가답게 했다. 백조 장면의 아다지오가 관객들을 기쁘게 했다면 이는 나의 클래식 솔로 덕분이다. 내가 꿈꾸던 완전한 성공을 확보해 준 솔로였다."[210] 물론 이 장면 뒤에 코다 부분에서 그녀의 유명한 32회전 푸에테 fouettés*를 구사했다. 엘만은 그녀를 위해 12월 5일 다시 반주했다. 그러나 이 발레의 마지막 공연은 12월 7일이었다.

크세신스카야가 춤추는 무대는 언제든지 거대한 부케들로 뒤덮였다. 그녀에 의하면 다음과 같다.

니진스키는 그가 춤을 출 때는 자기 자신 이외에 다른 누구라도 기립박수 받는 것을 좋아하지 않았다. 그의 자존심은 상처받았고 그는 댜길레프에게 다시는 나와 춤을 추지 않겠다고 협박을 하면서 질투의 장면을 내보였다. 그는 화가 나서 그의 의상을 찢어 버렸다는 말까지 들었다. 그러나 댜길레프는 추문을 피하는 데 능숙했고 가장 흥미진진한 사건조차 그는 빨리 흥분을 가라앉히고 조용히 수습하면서 종국에는 모든 것이, 모든 이들이 만족할 수 있도록 재빨리 정돈했다.[211]

우리는 해가 거듭될수록 니진스키가 버릇없이 굴었다는 증거를 가지고 있긴 하지만 그는 질투하는 스타일은 아니었다. 게다가 젊은 남자가 자기보다 나이가 거의 두 배가 많은 유명한 발레

---

• 한 발로 다른 다리를 차는 듯한 느낌이 들게 빠르게 움직이면서 도는 동작*

리나를 향해 질투가 폭발하여 폭력을 행사했었을 수도 있다는 말은 아마도 사실일 것 같지는 않다. 댜길레프가 그녀의 성공이 진짜라는 확신을 그녀에게 심어 주기 위해 그녀를 기쁘게 하는 이런 이야기를 지어내었을 가능성도 있다. 결과적으로 보면 젊은 신이 그녀를 질투해야 할 정도로 성공을 했다는 사실만큼 그녀를 더 기분 좋게 할 것이 어디 있겠는가?

이 발레에 대한 언론의 첫 반응은 어땠는가? 지금은 영국 언론의 공연계 소식란에《피터 팬》,《찰리의 아줌마》혹은 사보이에서 공연하는 오페라 공연과 나란히 정기적으로 발레 글도 실린다. 저 유명한 이바노프의 호숫가 장면은 이들을 지겹게 했다.『타임스』의 평론가는 "처음의 일부 춤은 극도로 지루했고 (…) 불필요한 군더더기로 가득했다"고 했다. 음악에 대해서는 "2막이 되어서 발레《호두까기 인형》에 나오는 짤막한 걸작 음악을 접할 때까지 그에 필적할 감동적인 음악은 없었다"라고 했다.[212] "음악은 그다지 중요하지 않다. (…) 파블로바의 마법 같은 춤《백조》와 이 춤을 비교하도록 공연한 것은 심술궂다(『데일리 메일』)."[213] 크체신스카야는 이렇게 말했다. "특별한 축제 같은 흥겨운 춤을 정교하게 정확히 계산된 안무로 추었다. 그리고 미적 감각뿐 아니라 유머 감각까지 갖춘 뛰어난 철학자에 의해 움직이는 한 쌍의 마법의 컴퍼스를 암시하는 듯한 수학적인 정확성도 갖추었다(『타임스』)."[214] 민속춤은 "매력적"이었다(『데일리 메일』).[215] "니진스키 (…) 언제나처럼 뛰어난 테크닉뿐 아니라 배역을 표현하는 섬세한 연기를 월등하고 아름답게 춤으로 구현했다. 두 번째 장면

에서 그는 자기 머리에 공작 깃털을 달아 함께 물결치면서 크림
색, 황금색과 오렌지색의 옷을 입고 눈부신 존재가 되었다(『타임
스』).″216

크체신스카야는 그녀 마음대로 수많은 비법을 동원하여 언제
나 극도로 동료 무용수들에게 친절했다. 어느 일요일 그녀는 대
공과 댜길레프와 함께 니진스키와 주역 무용수들을 위해 윈저
Windsor 성으로 야유회를 기획했다. 패딩턴Paddington에서 기차에
여분의 열차 칸을 부착했고 윈저역에서는 그들 일행을 맞이할 버
스가 기다리도록 준비했다. 그러나 그들이 성에 도착했을 때 오
늘날과 마찬가지로 많은 일요일 방문객들이 있었고 차가 들어갈
수 없게 성문은 닫혀 있었다. 그날도 당연히 비가 오고 있었지만,
이들 일행은 성문을 열게 하여 정원을 운전하여 지나갔고 컴버미
르 기지Combermere Barracks•의 창문에서 경비병을 바라볼 수 있었다.
그녀는 사보이 호텔에서 팬케이크와 캐비어로 무용수들을 위
해 만찬을 준비했고, 이때 레이날도 안도 참석했다. 그녀는 러시
아로 돌아가기 전에 전체 발레단을 초청하여 오찬을 했다.217

카르사비나는 11월 28일 니진스키와 《레 실피드》를 추기 위해
정확한 시간에 페테르부르크에서 돌아왔다. 이날이 그녀와 크체
신스카야가 같은 프로그램에 출연한 유일한 공연이었다. 카르사
비나는 크체신스카야가 《카니발》의 콜럼바인 역으로 자신의 친
구와 춤추는 것을 지켜볼 수 있었다.

---

• 윈저성에 있는 영국 왕의 근위부대•

12월 7일 카르사비나, 니진스키, 파리에서 막 돌아온 댜길레프는[218] 레이디 줄리엣 더프와 어퍼 브룩Upper Brook 거리에서 점심을 같이하고 줄리엣 더프의 생일기록장에 이들은 서명했다. 댜길레프는 서명한 후 "신들의 친구"라고 썼다. 니진스키는 훨씬 더 겸손하면서 돋보이도록 "장미의 정령"이라고 썼다.[219]

　　런던 시즌은 12월 9일 카르사비나와 니진스키가 춤춘《카니발》,《레 실피드》,《장미의 정령》《셰에라자드》공연으로 끝났다. 대단한 저녁!《레 실피드》중 C 샵(#) 단조 왈츠 파드되에서 카르사비나와 니진스키에게 너무나 많은 박수가 쏟아져서 한 번 더 되풀이해서 춤을 출 수밖에 없었다. 이 앙코르는 두 번째 런던 시즌에서 처음 한 앙코르 공연이었다.[220] 누가 이렇게 폭풍 같은 박수를 이끈 것일까? 무대 디자이너이면서 열렬한 예술 애호가인 찰스 리케츠는 이 공연을 본 후 며칠 뒤에 친구에게 보내는 편지에서 이날의 황홀함을 묘사했다. "나는 씁쓸하고 우울하다. (…) 러시아 발레단이 이제 떠난다니! (…) 마지막 날 저녁 그들은 오로지 천국에서나 출수 있는 춤을 추었다. 카르사비나는 차르가 카르사비나의 라이벌에게 준 모든 다이아몬드를 산산조각 내 버렸다! (나는 그녀의 이름을 잊어버렸다.) 그리고 니진스키는 결코 한 번도 바닥을 디디지 않고 허공의 한가운데서 우리의 슬픔과 열정을 조롱하는 듯이 보였다. 쇼팽의 아이러니하면서 영원한 왈츠에 맞춘 앙코르를 볼 수 있었다."[221]

　　『데일리 메일』의 헌신적인 리처드 카펠은 "우리에게 새로운 예술을 보여 준 러시아 시즌의 한 가지 슬픈 면"이라고 하면서 "낙

후퇴 예술에서 변신하고 소생한 발레 무용은 상상조차 할 수 없는 즐거움을 가져다주었으며 적어도 십만 명의 관객은 — 이 관객 수도 너무 적기는 하지만 — 이 아름다운 공연을 볼 자격이 있었다"고 반추했다. 그는《세에라자드》에 대해 이렇게 표현했다. "예술역사 중에서 우리 시대만이 이런 대단한 무대예술을 제작할 수 있었다는 것을 반영해볼 때 러시아 발레는 현대인의 삶에서 일부 우울한 상황에 대한 보상이다."[222] 그는 의식적으로 노란 실크가 삶의 모든 불행에 대한 위로라고 말한 오스카의 말을 다시 반복하고 있는 것일까?

세 개의 신작 공연 후 "천둥과 같은 박수"가 있었다.[223] 황홀했던 그날 밤《세에라자드》의 드라마는 거의 관객들을 감동의 도가니 속에 빠뜨렸다. 최후의 학살에 관해 리케츠가 적은 글. "그들은 대단한 아름다움을 죽음 속에 함께 포개었고 우리는 죽음을 연모하게 되었다. 내 뒤에 앉은 어느 유대인은 '오! 하느님'이라고 소리쳤다. 관객들은 겁을 먹고 묵묵히 손뼉을 쳤다. 프랑스 지휘자가 「신이여 왕을 지켜주소서 God save the King」를 시작하면서 박수 소리는 잦아들었다. 이 곡은 영국인들의 모든 것, 복장, 모자, 교외선 열차 등을 연상시킨다. 불쌍한 몽퇴는 아마도 공연이 길어진 이날 저녁 그가 지휘한 오케스트라는 참지 못하고 가 버렸다는 사실을 알았을 것이다. 리케츠는 절대 물러서지 않았다. 몽퇴가 멈춘 순간 나는 화가 나서 새하얗게 질렸다. 나는 목청을 최고로 높여 '카르사비나'를 두 번 외쳤다. 갑자기 잠깐 멈추더니, 바로 다음 위쪽 갤러리에서 엄청난 소리가 들렸다. 마치 저 멀리서

《장미의 정령》 공연 후 무대 윙에 있는 니진스키 (장 콕토 캐리커처)
(왼쪽부터) 박스트, 미상의 인물, 댜길레프, 미샤 에드워즈, 바실리, 세르트, 니진스키

들리는 총성 같았다. 그리고 객석에서 20여 분간 박수 소리가 이어졌다."[224] 리차드 카펠은 자신의 기사를 적기 위해 플리트Fleet 거리로 가야 했었지만 손뼉을 치기 위해 그 시간까지 공연장에 머물렀다. "특별석 앞쪽의 관객들부터 갤러리 뒤쪽 어두운 곳에서 있던 열광적인 관객들까지 손뼉치고 환호하고 손수건을 흔들면서 온전히 20분 동안 찬사를 보냈다. 무용수들은 선물도 많이 받았다. 그중에는 카르사비나의 이름이 새겨진 발레 슈즈 모양의 금으로 된 장식품과 꽃다발들도 있었고 니진스키를 위해서는 영국인들이 좋아하는 색깔로 만들어진 거대한 월계관도 있었다. 이것들은 코번트 가든 갤러리에 자주 오는 정기권 관객들이 많이 사 가기도 한 기념품이었다."[225]

다음 날 댜길레프는 니진스키를 어머니와 여동생과 함께 남겨두고 자신은 파리 크리용 호텔에서 두 시간 동안 파리 오페라와 계약을 했다.[226] 파리에 있을 때 댜길레프는 파블로바의 소재를 알기 위해 런던으로 전보를 쳤다.[227] 그리고 그는 1월 시즌 발레단 계약을 마무리하기 위해 바로 베를린 가는 밤 기차를 탔다.[228] 15일 그는 페테르부르크에 있으면서 파리의 아스트뤽에게 전보를 쳐서 카르사비나가 다음 날 러시아 오는 것을 오지 못하게 하라고 했다. 당시 카르사비나는 파리 와그람Wagram 호텔에 묵고 있었다.[229] 댜길레프는 크리스마스 때 집으로 가기를 원하는 숄라를 대신할 무용수를 찾아야만 했다. 그는 나딘 바라노비치Nadine Baranovitch와 계약했다.[230] 카르사비나의 참가 여부가 불투명해서 엘사 윌과 계약을 했다. 윌은 콜럼바인 역으로 이 해 초에 발레 뤼

스에서 공연을 했다.[231]

  댜길레프는 12월 24일 파리 오페라에서 첫 공연 일에 맞추어 파리로 돌아왔다. 이날 공연과 이어진 세 공연은 크게 성공을 거두었다. 이 공연들 중 하루는 니진스키와 카르사비나가 너무 많은 환호를 받아서《장미의 정령》을 처음부터 끝까지 앙코르 공연을 했다.[232] 그날 카르사비나는 연설을 했다. "댜길레프는 막이 오르기 전에 나에게 연설하라는 메시지를 전했다. 나는 우리가 앙코르를 함으로써 우리의 관객들을 기쁘게 하고 싶으며 곧 시작할 자선 모금이 성공리에 진행되기를 희망한다는 최초의 연설을 했다." 이 날 공연은 콕토에게 영감을 주어 바슬라프의 캐리커쳐를 그리게 되었다. 이 그림에서 바슬라프는 링의 구석에 권투 선수처럼 앉아 있고 바실리는 타월로 부채질을 하고 있으며 이런 모습을 댜길레프는 온화하면서도 걱정스럽게 쳐다보고 있다. 레이디 리펀은 줄리엣 더프와 함께 뉴욕으로 가는 중에 파리에 들렀다. 줄리엣 더프는《장미의 정령》이 초연되는 순간부터 9개월간 세 개의 도시에서 바슬라프의 춤을 본 기록을 세웠다. 댜길레프 발레단의 첫해는 영광스러웠다. 레이디 리펀은 리츠 호텔에서 1912년 새해 첫날을 위해 친구들을 초청하여 파티를 열었다. 콕토는 그녀를 위해《정령》에서의 니진스키를 그려 주면서 다음과 같은 글을 썼다. "리펀 후작부인, 존경스럽고 매력적인, 자연스러운 파티의 설계자." 그리고 바슬라프도 서명했다.[233] 레이디 리펀과 그녀의 딸은 바슬라프를 따라다니던 최초의 사교계 여성들이었다.

제5장

**1912**

1912년 1~8월

파리의 러시아인들을 위해 여명이 밝은 1912년은 레이날도 안, 드뷔시와 라벨 같은 프랑스 작곡가들의 해가 되었다. 니진스키가 처음으로 안무를 하였고 포킨이 발레단을 떠난 해이기도 했다. 토마스 니진스키가 세상을 떠나고 브로니슬라바가 결혼을 한 해이기도 했다.

스트라빈스키는 댜길레프가 《봄의 제전》(이하 제전)을 봄에 공연하기 위해서 이를 마무리하는 데 총력을 기울였는데 오케스트레이션은 아직 안 한 상황이었다. 하지만 이 작품은 1912년에 공연하지 않았다.

스트라빈스키는 다음과 같이 썼다.

1월 말 나는 댜길레프와 공연 논의를 하려고 발레 뤼스가 공연 중이던 베를린으로 갔다. 댜길레프는 니진스키의 건강 때문에 매우 걱정스러워했다. 그런데도 그는 지속해서 니진스키에 관해 이야기하였고, 《제전》에 관해 그가 말했던 내용은 1912년에는 이 작품을 공연하지 못한다는 것이었다. 그는 내가 실망하는 것을 알아채고 위로차원에서 발레단이 공연할 부다페스트, 런던, 베네치아와 그다음 공연지(아마도 비엔나, 부다페스트, 런던)에 같이 가자고 초청을 했다. 나는 그와 이 도시들을 함께 여행했고, 당시 이 세 도시는 내가 한 번도가 본 적이 없는 곳이었는데 이때 방문 이후 사랑하는 도시가 되었다. 내가 《제전》의 연기를 쉽게 받아들일 수 있었던 진짜 이유는 이미 그때부터 《결혼Les Noces》에 관해 구상하고 있었기 때문이었다. 그때 베를린에서 댜길레프는 다음 시즌에는 발레 반주하는 오케스트라의 규모가 크게 확장될 것임을 약속하면서 《제전》을 위해 거대한오케스트라를 동원할 수 있다고 나를 위로했다. 당시에 나는 《제전》의 오케스트라가 그렇게까지 확장될 것이라는 확신은 없었다.[1]

니진스키는 유행성 감기에 잘 걸렸다.[2] 그의 건강에 영향을 끼친 요소 중 하나는 아마도 과로한 것일 수 있다. 베를린 프로그램에는 2년 전 이 도시에서 공연했던 《레 실피드》,《카니발》,《클레오파트라》는 물론 《셰에라자드》,《이고르 공》, 엄청난 인기를 누리는 《장미의 정령》,《아르미다의 관》,《지젤》,《백조의 호수》가포함되었다. 이때 《백조의 호수》에 카르사비나가 처음 출연했는데 댜길레프는 이 공연을 보고 그녀의 비르투오소 테크닉이 엄청나게 늘었다는 사실을 확인하면서 매우 기뻐했다.[3]• 그녀와 니진

---

• 그리고리예프는 카르사비나가 댜길레프 발레단에서 《백조의 호수》를 춘 것에 대해 언급하지 않았다.

스키는 베를린 프로그램 중《이고르 공》을 제외하고는 모든 레퍼토리의 작품에서 같이 춤을 추었다.

《푸른 왕》이 드디어 무대에 오르게 되었다. 포킨은 베를린 공연 중에 이 복잡한 작품의 안무를 시작했다. 이 작품에서 포킨은 몇 년 전 페테르부르크에서 공연했던 시암 무용단Siamese Troupe의 춤사위를 포함했다.

댜길레프는 베를린 기획자와 1912년 동안 베를린에서 53회의 공연을 하기로 계약했다.[4] 발레단은 한 번은 연초, 한 번은 연말, 이렇게 두 시즌에 나누어 공연하기로 했다. 댜길레프 발레단의 1월 베를린 공연이 끝나면 페테르부르크의 나로드니 돔에서 공연할 예정인데 댜길레프는 이 시즌을 엄청나게 기다리고 기대했다. 나로드니 돔 시즌은 처음 계획한 시기보다 늦어져서 2월 24일 시작하여 3월까지 할 예정이었다.[5] 1월 초 댜길레프는 카이 저호프 호텔에서 페테르부르크의 크체신스카야에게 전보를 쳐서 필츠가 자기 발레단에서 한 번 더 공연을 할 수 있는지를 물어보았다.[6] 그리고 댜길레프는《푸른 왕》에서 여신과 소녀 역을 맡겼으면 하고 생각하는 두 명의 이국적인 무용수 나피에르콥스카야Napierkovskaya와 마타 하리Mata Hari(후일 악명 높은 스파이로 총살당한다)와도 연락을 취했다. 두 사람은 주로 단독 공연을 하고 있었고 페테르부르크에서는 새로 선보이게 되는 무용수였다. 이는 댜길레프의 초기 이국적인 발레 작품에서 이다 루빈스타인이 일으킨 선풍적 인기를 반복하고자 하는 그의 절실한 시도였다. 댜길레프는 마타 하리와 7회 공연에 3천 프랑과 그녀의 여행비용 지급으로 계약했지만 나피에르콥스카야와 6주간 6천 프랑으로 계약을 확보하는 데는 실패했다.[7] 그의 발레단 출연진을 강화하기 위해 파리 오페라 발레단의 주역 카를로타 잠벨리와 계약을 체결했다. 잠벨리는 일곱 번의 공연에 2만 프랑과 그녀의 여행경비 지급하는 조건이었다. 잠벨리는 《지젤》, 《장미의 정령》, 《불새》와 서로 협의로 다른 한 작품에 더 출연하는 것으로 정해졌다. 이는 아마도 카르사비나가 마린스키 무대에서 춤을 춰야 하는 날짜에 해당하는 작품에 잠벨리가 출연하는 것으로 계약한 듯하다.[8]

그러는 중에 러시아 발레단이 노르망디의 새로운 휴가지 도빌에서 8월에 공연할 계획이 진행되고 있었다. 이 공연의 후원자인 위젠 코르누시 Eugène Cornuché•가 겨울과 봄에 몬테카를로가 귀족 상류층들의 휴양지가 되어 있는 것에 착안하여 그 라이벌 여름 휴양지로 도빌Deauville에 가장 우아하고 고급스러운 백만장자들의 놀이터를 만들기로 했다. 그러나 이 이벤트는 1년 연기되었다.

한편 1월 20일 큰 사건이 터졌다. 나로드니 돔이 완전 불에 타버렸다.[9]•• 댜길레프는 자신의 러시아 시즌을 위해 다른 공연장을 구해 보려고 백방으로 수소문했지만 허사였다. 그는 잠벨리, 마타 하리와 계약을 포기해야 했을 뿐 아니라[10] 4월 몬테카를로 시즌을 오픈하기 전까지 발레단이 공연할 계약을 찾아야만 했다.

---

• 파리 레스토랑업계의 거물, '파리 막심'의 주인*
•• 그리고리예프는 크리스마스 직전 런던에서 파리에 도착했을 때 댜길레프가 나로드니 돔 화재를 그에게 알려준 사실뿐 아니라 자신과 댜길레프의 당시 심적인 상황, 즉 "나는 매우 낙담했고 댜길레프 또한 실망이 이만저만이 아니었다"고까지 언급하고 있다. 그런데 이 시기는 나로드니 돔 화재가 일어나기 한 달 전이다. (70쪽)

전보가 미친 듯이 오고 갔다. 독일 기획사가 작업에 들어갔다. 기적적으로 드레스덴에서 3일 공연, 비엔나에서 2주간 8회 공연, 부다페스트에서 1주 공연이 성사되었다. 절망적인 상황에서 한숨 돌리게 되었다.

그러나 카르사비나는 러시아로 돌아갈 시기였다. 그녀는 나로드니 돔에서 발레 뤼스 공연에 참가하면서 마린스키 극장에서 자신의 의무 공연 횟수를 채울 예정이었다. 나로드니 돔의 공연이 취소되더라도 마린스키 극장의 공연 때문에 돌아가야 하는 카르사비나였다. 그녀는 다음과 같이 썼다.

너무나 아무렇지도 않게 댜길레프는 말했다. "당신은 우리를 떠나지 않겠지, 타타. 그들은 당신이 출연하는 규정을 만들었어." "제 휴가는 끝나갑니다, 세르게이 파블로비치." "말도 안 돼, 지금은 카니발 기간이야. 마린스키에는 수염도 안 난 어린애들 말고는 아무도 없어. 전보를 쳐서 휴가 연장을 요청해." 이때는 발레 학교를 위한 마티네 공연에 참여하는 문제였긴 한데 발레단 측에서는 휴가 연장에 대한 나의 요청을 거절했다. 댜길레프는 다른 여러 통로를 통해 나의 휴가 문제를 페테르부르크의 상류층에 알렸지만, 소용이 없었다. 텔리아콥스키는 완강했다. 내가 공연하는 것 이외에 대안은 없었다. 용기가 무너져 버린 상황에서 운이 좋게도 스베틀로프가 내 편이 되어 주었다. 그는 매우 자주 우리와 함께했던 아주 소중한 친구였다. 나에게는 누구의 도움도 없이 견뎌야 하는 상황을 헤쳐 나갈 수 있는 강인함이 없었다. 베를린에서 마지막 10일 동안 주로 전화통을 붙잡고 눈물로 보낸 비참한 나날들이었다. 댜길레프는 자주

나를 불러냈다. 매일 저녁 그는 나를 붙잡고 "상황에 관해 이야기" 했다. 그 과정에서 내가 만약 공연을 못 하면 그가 맺은 계약이 모두 취소될 위험이 있다는 것을 알게 되었다. 그의 주장도 고갈되었고 그도 불가피한 상황을 받아들일 수밖에 없었다. 그의 절망적인 얼굴을 보는 것이 너무나 가슴이 아팠다. 그는 마지막 날 나의 분장실에 앉아 있었다. 나의 눈꺼풀은 계속 너무 많이 울어서 퉁퉁 부어 두 개의 조그만 빨간 소시지 같아 보였다. 댜길레프는 자기의 지팡이 손잡이를 만졌는데, 이는 그가 우울할 때 하는 행동이었다. 그리고 매우 지쳐 보였고 혹시나 하는 기대를 하며 그가 말했다 "처음부터 짚어 보자." 그러고는 그가 드레스덴 공연 후 밤 기차를 타면 내가 페테르부르크의 마티네 공연이 있는 새벽에 도착할 수 있다고 그가 시간을 계산했다. 하늘이 내려 준 해결책 같았다.[11]

발레단이 베를린에 머무르는 동안[12] 바슬라프와 브로니아는 어머니에게서 아버지의 부고를 전해 들었다. 아버지는 우크라이나의 하르코프Kharkov에서 투어 중이었다. 그들은 자신들에게 거의 낯선 이방인 한 사람이 세상을 떠난 것이었다. 이 소식에 깊은 슬픔을 느낄 수는 없었다. 그러나 발레단 동료 중 적어도 한 사람은 바슬라프가 거의 슬퍼하지 않음에 대해 깜짝 놀랐다. 볼름은 클래스룸을 가로질러 바슬라프에게 조의를 표했는데 니진스키가 웃으면서 고맙다고 하는 모습을 보고 충격을 받았다.[13] 댜길레프는 미사를 위해 바흐 곡을 연주하였고 바슬라프와 브로니아는 아버지 영혼의 명복을 비는 노래를 했다.[14]

그해 겨울, 발레단과 매우 친했으며 많은 감동을 안겨 주었던 사람 중에 두 사람이 유명을 달리했다. 세로프도 그중 한 명인데 다길레프는 며칠간이나 많이 울었다.[15] 그리고 또 한 명은 니진스키의 클래스메이트였던 로사이가 폐렴에 걸려 세상을 떠났다.

발레단이 방문하는 거의 모든 도시에서 니진스키, 카르사비나와 볼름은 이들을 그리고 조각하고 싶어 하는 예술가를 만나게 되었다. 루트비히 카이너Ludwig Kainer의 경우는 생생한 스케치를 여러 점 그렸고 나중에 석판화 시리즈로 작업했다.[16] 드레스덴에서는 아주 예쁜 바로크 양식의 왕립 극장Royal Theatre에서 공연했다. 세 사람은 라파엘Raphael이 그린 《시스틴 마돈나Sistine Madonna》[17]를 보러 갔고 카이너는 그들을 스케치했다. 그리고 마이센Meissen 도자기 공장의 유명한 교수인 파울 쇼이리히Paul Scheurich는 이 스케치를 모델로 삼아 《카니발》에 등장하는 주인공 도자기 세트를 제작했다. 이 세트는 박스트의 오리지널 디자인을 바탕으로 로코코의 화려함에 모던 터치를 가미하고 색상도 아주 다양하게 변용하여 시장에서 영원히 팔리는 작품이 되었다.[18]

드레스덴에 머무를 동안 다길레프와 니진스키는 헬레라우Hellerau 근처에 위치한 자크달크로즈의 율동체조 학교를 한두 번 방문했다.[19] 두 사람은 춤의 언어 확장, 그리고 음악과 관련하여 다양한 가능성을 위해 끊임없이 탐구했다. 그리고 드레스덴에서 그리고리예프는 브로니슬라바 아니면 바실리엡스카에게서 다른 소녀가 니진스키와 작업을 한다는 이야기와 《목신의 오후》를 작업하는 곳에서 비밀리에 작품 리허설을 한다는 소식도 같이 들었다.

그리고리예프는 다음과 같이 썼다.

이 활동이 비밀에 붙은 이유는 다길레프의 니진스키에 대한 특별한
관심 때문에 다길레프와 포킨의 사이가 점점 악화하는 중이었기 때
문이다. 그리고 이 작품이 알려지기 전에 다길레프는 이 실험이 성
공할 거라는 확신을 얻기 원해서였다. 나는 이 사실을 알고 나니 포
킨이 이 사실을 알게 되는 때 무슨 일이 벌어질지 예견이 되어서 상
당히 불안했음을 고백할 수밖에 없다. 그러나 나는 이 비밀 때문에
오랫동안 괴로워하지는 않을 것이었다. 마린스키 극장에서 얻은 나
의 휴가가 가을이 되면 여하튼 끝이 나고 그때면 다길레프 발레단에
서 나의 일도 끝이 나게 되어 있었다.[20]•

다길레프가 카르사비나를 위해 찾아낸 기차는 "하느님이 보낸
해결책"이었다. 그러나 카르사비나는 다길레프가 고려하지 않은
요소까지 겪게 되었다.

나는 드레스덴에서 춤을 추고 공연이 끝난 후 즉시 무대에서 나와
나의 곱슬머리 가발 위에 숄을 던져두고 이집트 스타일의 의상 위
에 코트를 걸쳐 입고 마지막 기차를 타기 위해 제시간에 역에 도착
했다. 객실에 들어가서야 이집트 여인의 밤색 피부 색조의 분장을
지울 수 있었다. 급행열차는 둘째 날까지 속력을 내었는데 거대한

---

• 그리고리예프는 《목신의 오후》가 이보다 1년 전에 어느 정도 완성되었다고 그의 책에 쓴 것을
보면 사실을 듣지 못했거나 잊어버렸다. 또한 그리고리예프는 자크달크로즈의 원칙과 완전히
반대되는 것을 연결하는 오류도 범했다.

'목신' 역의 니진스키. 우나 트루브리지 동판화. 셰니스 거리의 리허설 룸에서
흉상을 스케치한 것 (위 왼쪽)
연습복을 입은 니진스키 (막심 드토마 드로잉, 위 오른쪽)
리도섬에서 니진스키 (레온 박스트 페인팅, 아래 왼쪽)
니진스키 (오스카어 코코슈카 드로잉, 아래 오른쪽)

눈더미를 만나 여섯 시간이 지체되었다. 역에서 극장으로 바로 달려갔다. 나의 대역이 준비하고 있었다. 그러나 아직도 10분의 휴식 시간이 있었다. 사탕 요정의 의상을 입고 내가 무대에 등장하자 서곡이 막 끝나고 커튼이 올랐다. 텔리아콥스키는 내가 잘했다고 생각했다.[21]

댜길레프는 여러 통의 전보를 보내서 설득한 결과 페테르부르크에서는 크체신스카야를, 런던에서는 크야시트를 잘 구슬렸다. 이 두 사람은 비엔나와 부다페스트에서 카르사비나의 역할에 나누어 출연하기로 했다.[22]

비엔나 시즌은 호프오퍼Hofoper에서 2월 19일 월요일에 시작되어 2주 반 동안 계속되었다. 러시아 발레는 인기를 끌었다.[23] 스트라빈스키는 댜길레프와 함께 투어를 하면서 그가 다른 나라 수도의 공연계를 어떻게 평정하는지를 지켜보는 증인이 되었을 뿐 아니라 브누아가 또다시 댜길레프와 화해하고 드뷔시 음악의 발레 신작《향연Les Fêtes》프로젝트를 논의하기 위해 소환되는 모습도 보게 된다. 이 신작은 파리공연을 위해 준비하는 것이었다. 브누아는 이 작품을 베네치아 궁전의 베로네제 스타일처럼 화려하게 디자인하자고 제안했다《향연》은 우리가 앞으로 알게 되겠지만 결국 무위로 돌아갔다. 댜길레프는 베로네제 아이디어를 다른 작품에 적용했다. 이 과정에서 댜길레프는 그의 오랜 친구를 얼마나 고압적으로 대하는지를 또다시 보여 주었다. 댜길레프는 하리 케슬러 백작, 리하르트 슈트라우스의 대본가인 후고 폰 호프만스탈과 함께 니진스키가 안무할 발레를 위해 리하르트 슈트라우스가 음악을 작곡할 가능성이 있는지를 논의했다.

비엔나에서 호프만스탈이 가르미슈에 있는 슈트라우스에게,
1912년 8월 3일
(…) 친애하는 슈트라우스, 당신은 고대 비극에서 중심 사건이 되는 오레스테스와 복수의 여신들을 상상하여, 그들에게서 영감을 받아 30~35분 정도 길이, 기껏해야 40분 정도 길이의 교향곡을 작곡할 의향이 있는지요? 동봉한 스케치를 읽어보고 이것이 멋지고, 우수에 차면서 웅장한, 그리고 당신의 교향곡들과 두 편의 비극 오페라를 합성한 것 같은 음악을 작곡할 기회가 될지, 아닐지를 저에게 말해 주십시오. 《오레스테스》는 니진스키가 안무하는 것으로 알고 있으면 됩니다. 그는 현재 무대에서 가장 위대한 마임의 천재(거의 두세Eleonora Duse*와 버금가는, 그리고 마임 연기에서는 두세를 능가함)입니다. 당신이 교향곡을 작곡할 때 상상에 기반을 두고, 그로부터 발전시켜 음악을 작곡하는 것처럼, 이번 발레 작품은 당신의 음악을 원작으로 판토마임, 장면, 그림 등 작품에 등장하는 모든 것이 만들어질 것입니다. 이번 건에 대해 생각을 해 보고 제발 거절하지 마시기를……
(…) 작품 전체 윤곽을 포함한 메모가 동봉되어 있으며, 러시아 발레단 예술 감독인 댜길레프는 복수의 여신 부분의 작곡은 당신이 원하는 대로 할 수 있다고 합니다.[24]

• 당시 활약하던 이탈리아 출신 유명 여배우*

그러나 슈트라우스는 이 안을 좋아하지 않았다,

발레단의 비엔나 시즌 마지막 공연일인 3월 5일 니진스키는 아팠다. 그런데도 그는 발레단과 함께 부다페스트로 갔다. '치메네 Chimène'*와 댜길레프는 논의하느라 비엔나에서 하루 혹은 이틀을 더 머무르게 되었다.[25] 부다페스트에서 그리고리예프는 곤경에 처했다.

우리가 공연할 극장은 매우 넓은 객석에 비해 무대는 작고 불편했다. 우리 무대를 책임지고 있던 무대 매니저는 이런 작은 공간에 우리 무대를 절대 설치하지 못하며 우리는 공연을 할 수 없다고 선언했다. 그러나 우리가 옥신각신하는 동안 우리 공연을 위한 티켓은 팔려 나가고 있었다. 경영진은 취소하지 않으려고 했다. 그런 까닭에 나는 무대 전체를 면밀히 점검했고 우리의 무대를 수정하여 공연할 장소에 설치하기로 했다. 그러나 무대 문제가 간신히 해결되었나 싶었는데 댜길레프의 폴란드 출신 비서인 트루베키Trubecki**가 달려와서 니진스키가 아파서 공연을 못 한다고 이야기했다. 이는 더 심한 타격이었다. 니진스키가 아프다는 것은 일절 알려지지 않았고 실제로 누군가가 그를 대신한다는 것이 불가능했다.*** 그리하여 나는 트루베키 보고 댜길레프에게 이 사실을 전화로 알리도록 했다. (…) 하지만 다행히 그다음 날 아침에 니진스키는 많이 좋아졌다. 나는 온종일 작은 무대 사이즈에 맞게 무대 장치 맞추는 작업을 계속 진

---

• 남미사람 키아치Ciacchi의 애칭. 코르네유의 《르 시드Le Cid》에 등장하는 여주인공 이름*

•• 로몰라 니진스키와 그리고리예프는 이 사람을 드로베츠키Drobetsky라고 불렀다. 그러나 아스트뤽에게 보낸 전보에 등장하는 그의 이름과 그가 적은 철자를 따랐다.

•* 우리가 본 대로 1909년 파리에서도 니진스키가 아팠고 불과 몇 주 전 베를린에서도 아팠다.

행했다. 무대 장치와 관련된 기술적인 많은 문제를 극복하였고 그리하여 우리는 저녁에 공연할 준비가 되었다. (…)

이 무대 감독은 다리를 절뚝거리는 통통한 중년 남자였다. 그는 불분명한 색조의 아무런 디자인이 없는 가운을 입고 있었으며 며칠 동안 면도를 하지 않았음이 분명했다. 그러나 이 사람은 강철 같은 의지의 소유자였다. 그는 공연이 한 시간도 남지 않은 상황에서 무대 한가운데 높은 의자에 앉아 이발사에게 면도를 하게 하면서 무대 기술자들에게 마지막 명령을 내리고 있었다. 이따금 그는 걸상에서 내려와 비눗방울이 묻은 볼을 하고 무대를 쿵쾅거리며 돌아다녔다. 볼 만한 광경이었다. 공연이 끝난 후 이제는 단정하게 옷을 차려입은 그가 나에게 절뚝거리면서 다가와서 큰 봉투를 쥐어 주면서 프랑스어로 자칫 불가능할 뻔한 공연을 가능하게 한 것에 대해 극장 경영진이 감사의 뜻으로 마련한 것이라고 했다. 내가 공손하지만 단호하게 이 선물을 거절하자 그는 매우 당황했다. 극장 경영진이 나의 노고를 평가해서 보상하려고 한 사실을 알게 된 것은 흥미로웠다.[26]

비엔나에서 크체신스카야는 《백조의 호수》, 《카니발》에서 이미 익숙한 역할로 춤을 추었다. 부다페스트에서 그녀는 《장미의 정령》 중에서 소녀 역을 맡았다.[27] 니진스키는 결국 오프닝 공연에서는 춤을 추지 못했다.[28] 그런데도 러시아 발레단의 예술성 높은 공연은 헝가리의 똑똑하고 부유하고 지성적이며 비판적인 관객들을 감동하게 했다. 이 공연의 관객이었던 21세의 소녀가 나중에 이 공연에 대해 쓴 글이다.

극장을 떠나면서 나는 이 발레단의 가장 뛰어난 스타가 몸이 아파서 오늘 출연하지 못했음을 알게 되었다. 이 발레단의 모든 공연을 보기로 했다. 다음 날도 다시 공연장에 왔다. 그날 프로그램은 《클레오파트라》, 슈만의 《카니발》 그리고 《이고르 공》이었다. 또다시 눈부신 관객들이었다. 《클레오파트라》를 두 번째 보는데 아스타피에바, 페오도로바, 볼름의 춤을 완벽하게 더 잘 감상할 수 있었다. 슈만의 《카니발》에 사용된 장면은 장미꽃 화환이 아름답게 그려진 로열블루의 두꺼운 벨벳 커튼이었다. 의상은 사랑스러운 비더마이어 스타일이었다. 관객들은 즉시 화사한 즐거움을 느낄 수 있었다. 피에로, 파피용, 판탈롱이 무대를 휘젓고 다니면서 시시덕거렸는데 마치 작은 소용돌이가 수없이 돌아다닌 듯했다. 갑자기 날렵하고 나긋하고 고양이 같이 민첩한 아를르캥이 무대에 등장했다. 그의 얼굴은 마스크 뒤에 가려져 있었지만 그의 신체 표현과 아름다움은 관객들이 천재를 마주하고 있음을 깨닫게 해 주었다. 모든 관객은 마치 전기에 감전된 듯했다. 그의 춤에 중독된 듯, 황홀경에 취해 숨을 헐떡거리면서 우리는 이 초인간적인 존재, 아를르캥의 화신이 된 이 정령을 따라갔다. 힘차지만 장난기 가득하고 사랑스러운 존재. 깃털만큼 가벼우면서도 강철 같은 단단함, 동작의 풍부함, 도약에 대한 놀라운 재능, 공기 속에 머무르는 순간들 그리고 자연스러운 하강은 그가 도약할 때 시간보다 두 배는 천천히 하강하면서 모든 중력의 법칙을 거스르고 있었다. 가장 어려운 피루엣과 투르 앙 레르를 너무나 아무렇지도 않은 듯, 명백히 아무런 어려운 기색 하나도 없이 실행하였고 이런 특별한 현상을 행하면서 그가 춤의 영혼임을 증명하였다. 흥에 겨워 관중들은 마치 한 사람이 행동하듯 똑같이 일어서서 소리치고, 울고, 무대 위로 꽃, 장갑, 부채, 프로그램 등을 무질서

하게 집어 던졌고 열광의 도가니에 빠졌다. 이 감동적인 장면의 주
인공은 니진스키였다.[29]


이렇게 열정적으로 글을 쓴 이는 로몰라 드 풀츠키Romola de
Pulszky였다. 로몰라는 이 두 번째 날 공연에 가면서 유명한 발레리
나의 이름이 니진스키인 줄 알고 갔었고[30] 그녀는 니진스키의 부
인이 된다. 그녀는 즉시 발레단의 일부 멤버들과 사귀기 시작했
고 볼름도 소개받았다. 그녀가 생각하기에 "볼름은 힘이 넘치는
무용수였을 뿐 아니라 매우 사교적이며 아주 세련되고 교양 있으
며 박식하고 음악적인 감각도 지닌 사람이었다. 그는 황실 오케
스트라 악장의 아들이었다. 우리는 그를 환영했고 그에게 부다
페스트를 구경시켜 주었다. 그리고 그를 통해 나는 발레단의 많
은 멤버들을 사귀게 되었는데 볼름은 매우 인기가 있어 보였다.
나는 니진스키를 만날 기회를 포착할 수가 없었다. 내가 그를 알
고 싶은지 아닌지도 확신할 수 없었다. 나는 그의 천재성에 깜짝
놀랐지만 동시에 묘한 불안감을 느꼈다. 볼름은 니진스키에 대해
거의 목사가 신에 대해 설교할 때와 같은 수준으로 정말 좋게 이
야기해 주었다."[31]
러시아 발레단의 부다페스트에서의 첫 시즌은 3월 초 1주 동안
이었다. 만약 우리가 아나톨 부르만의 말을 액면 그대로 받아들
인다면《장미의 정령》공연을 끝내고 파트너 크체신스카야는 자
신의 분장실로 갔고 니진스키 혼자 관객들의 환호에 답을 한 일
때문에 스캔들이 있었다고 한다.[32] 하지만 당시 상황을 추측해 보

《장미의 정령》에 출연한 카르사비나와 니진스키 (베르 사진)

건대 니진스키가 그렇게 할 수는 있었지만 그랬을 것 같지는 않았다. 다만 이런 이야기가 나온다는 자체가 발레 뤼스 공연에서 남성 무용수의 위상이 바뀌었다는 징후이기도 했다. 댜길레프는 강력한 의지로 니진스키의 천재성을 발현하도록 지원하였고 니진스키가 모든 발레리나보다 우위에서 발군의 실력을 발휘하도록 기회를 주었다. 아마도 이날 크체신스카야는 한바탕 성질을 부리면서 즉시 러시아로 떠나겠다고 위협했을 것이다. 부르만은 니진스키에게 중요한 일이 일어날 때마다 자신이 그 자리에 있었다고 주장했다. 류보프 공작 및 댜길레프와 처음 만났을 때, 니진스키가 해고를 당했을 때, 또한 그의 일생에서 우리가 추측할 수 있는 모든 시도를 했을 때 부르만은 니진스키와 같이 있었다고 하는데 이는 터무니없는 빈도수였다. 그렇다고 그가 그의 책에 적어 둔 모든 상황을 지어냈다고 추측할 필요는 없다. 니진스키에게 있었던 자잘한 사건들은 그가 같이 경험한 적도 많았다. 그런데 이를 언론계 협력자들의 도움으로 큰 관심을 끄는 드라마로 부풀렸다. 크체신스카야는 이 사건에 대해 언급하지 않았다. 단지 댜길레프가 자신을 시즌의 마지막 공연에 참여를 안 시켰기에 자신의 명명 일인 3월 15일(신력)에 러시아의 집에 있을 수 있었다고 회상했다.[33] 발레단은 크체신스카야 없이 몬테카를로로 갔다. 오프닝까지 리허설 시간이 3주 남았고 크체신스카야는 첫날 돌아올 예정이었다.

댜길레프와 니진스키는 바다가 훤히 보이는 보솔레이에 위치한 리비에라 팰리스 호텔로 돌아갔다.[34] 엘레오노라는 브로니아와 함께 그 아래 호텔에서 묵었다. 푸치니가《서부의 아가씨》[35] 리허설을 하러 도착했고, 아가 칸은 파리 호텔에서 묵었으며[36] 유명한 영국인 방문자들이 많았다. 커즌Curzon 경은 미하엘 대공의 빌라 카즈벡Kazbeck,[37] 던세이니Dunsany경 부처는 저지Jearsy의 빌라 카포 디 몬테Capo di Monte,[38] 조셉 체임벌린Joseph Chamberlain 가족은 빌라 빅토리아[39]에서 묵었다. 3개월 동안 즐거운 일이 없었던 레이디 리펀과 줄리엣 더프 모녀는 리비에라 펠리스에서 친구들과 조우했다.[40]

카르사비나는 아직 러시아에 있었지만, 새로이 만드는 발레《타마르Thamar》는 발라키레프Balakirev의 동명의 교향시로 음악을 사용하기로 했으며 주역은 카르사비나로 확정이 되었다. 포킨은 이 발레의 대부분을 차지하는 코카서스 춤 리허설을 시작했다.[41] 이 작품에는 발레단 대부분이 출연하는데 니진스키가《목신의 오후》리허설을 할 때 여자 무용수 일부가 필요해지면서 문제가 발생했다.[42] 여러 사람이 이 짧은 발레를 제작하면서 너무 많은 리허설을 필요로 했던 점을 지적하고 있다. 하지만 이 문제를 해결했던 브로니슬라바 니진스카는 다른 무용수들이 배우기 시작한 때보다 1년 전에 이미 이 작품은 완성되어 존재하고 있었다는 사실을 증명하는 인물이었다. 그리고 유별나게 작업 시간이 길었다고 많이들 말했다. 하지만 이는 니진스키의 불확실성 때문이거나 요령이 없기 때문이 아니었다. 무용수들이 자신들의 신체를 완전히 새로운 형식의 동작에 맞추는 것과 이 작품에서 정립되는 음악과 무용의 새로운 관계를 마음으로 받아들이기를 매우 어려워했기 때문이었다.[43] 인정하건대 니진스키는 리허설 할 때 무용수들에게 말로 분석해서 설명하기보다는 무용수들이 해야 할 동작을 자신이 시범 보이는 것을 훨씬 더 잘했다.[44] 니진스키는 리더 격인 님프가 키가 크고 옆모습이 눈에 띄는 무용수를 원했기 때문에 브로니아는 리더 님프로 출연하지 않았다.[45] 리디아 넬리도바Lydia Nelidova가 모스크바에서 이 역을 하기 위해 왔다. 그녀는 마타 하리가 맡기로 했던 포킨 안무의《푸른 왕》에서 여신 역도 맡았다. 그녀는 높은 코를 가졌지만 그 외에는 평범한 외모였다. 그녀는 니진스키의 실험에 전적으로 동의하지 않았고, 다소 기이하다고 여겼지만[46] 니진스키의 안무 능력을 표현해 냈다. 다른 여섯 명의 님프는 브로니아, 체레파노바Tcherepanova, 호흘로바Khokhlova, 마이체르스카Maicherska, 클레멘토비치, 코피신스카Kopyshinska였다. 이제 니진스키의 첫 안무가 거의 완성 단계에 이른 사실에 대해 더 이상 포킨에게 숨기려고는 하지 않았다. 그러나 리허설은 여전히 비공개로 진행되었다.[47] 포킨은 자신 이외에 다른 안무가를 보유한 발레단은 상상도 할 수가 없었다. 그는《지젤》,《백조의 호수》같은 과거 클래식 발레를 발레단에서 올릴 때도 이런 레퍼토리들이 자신의 새로운 레퍼토리와 어울리지 않는다고 보았다. 우리는 포킨 부부가 틀림없이 나누었을 긴 대화를 상상해 볼 수 있다.

이때까지만 해도《봄의 제전》안무는 포킨이 하는 것으로 예정되어 있었다. 스트라빈스키는 어머니한테 아래와 같이 편지를 보냈다.

몬테카를로에서 스트라빈스키가

러시아의 안나 스트라빈스키에게, 1912년 4월 어느 날

(…) 댜길레프와 니진스키는 나의 새 작품 《봄의 제전》에 열광합니다. 한 가지 언짢은 점은 제가 판단하기로는 이미 예술성이 고갈된 포킨이 이 작품의 안무를 할 것이라는 사실입니다. 포킨은 빠르게 자신의 방식으로 작품을 만들어 왔고 모든 신작에서 그의 아이디어를 모두 소진하여 창작열이 고갈된 사람입니다. 《셰에라자드》는 창작력의 정점에 도달한 동시에 사양길로 접어든 시작점이기도 합니다. 저는 《셰에라자드》(다시 말하면 《나르시스》, 《사드코》, 《장미의 정령》, 《페트루슈카》)부터 그의 모든 발레를 보아 왔고 그들 모두는 헤아릴 수 없을 만큼 열등하고 작품성은 더 빈약해집니다. 《셰에라자드》는 탁월하게 장대한 작품이었습니다만 (…) 새로운 형식이 창조되어야 합니다. 하지만 지독하고 재능 있고 욕심 많은 포킨은 그 점에 대해서는 꿈도 꾸지 않고 있습니다. 그가 경력을 시작할 때 그는 월등하게 혁신적으로 등장했습니다. 그러나 이제 그의 작품을 알면 알수록 그의 작품에서는 새로운 점을 전혀 찾을 수 없음을 점점 더 많이 보게 되었습니다. 단지 번득이는 재치만으로는 작품을 구제할 수가 없습니다. 기교를 부리는 사람이 아니라 천재가 필요합니다.[48]

마틸다 크체신스카야가 몬테카를로에 도착했다. 그녀는 안드레 대공과 함께 칸Cannes 뒤편에 위치한 자신들의 빌라에 머무르고 있었다. 그런데 그녀가 도착한 후부터 아들이 아팠고 아들을 돌보는데 그녀는 시간을 거의 다 보냈다.[49] 이는 그녀가 공연이 끝난 후 몬테카를로에서 밤에 머무를 수 없음을 의미한다. 몬테카

를로에서 그녀의 집까지 해안선을 따라 자동차로 가도 최소 한 시간 반이 걸렸다. 그러나 그녀는 댜길레프를 실망하게 하지 않았고 그녀 아들이 점차 상태가 좋아지고 있었다.

이런 모든 걱정과 카르사비나의 부재에도 불구하고 댜길레프와 니진스키는 같은 호텔에 레이디 리펀과 그녀의 딸이 있어서 편히 지냈다. 4월 8일 월요일 카지노에 위치한 몬테카를로 극장에서 발레 뤼스의 공연에 당연히 이 모녀는 참석했다. 이날 프로그램은 《카니발》, 《장미의 정령》, 《이고르 공》, 《셰에라자드》였다.

포킨이 발레단의 유일한 안무가이며 발레 마스터로서 권위를 도전받았기에 매우 언짢다는 것은 이해할 만하며 니진스키가 그의 옛 스승으로부터 어떤 식으로든 약간의 격려를 받았으리라는 것도 쉽게 추측할 수 있다. 포킨이 처음 안무를 시작할 때부터 카르사비나와 함께 포킨 작품에 주요 배역을 계속 추어 온 니진스키였다. 그러나 이번에는 상황이 달랐다. 까다로운 포킨은 춤의 본성에서 하나의 혁신을 이루어 왔다. 그는 20세기에 삶과 예술이 얼마나 빠른 속도로 변하고 있는지에 대해 몰랐다. 공직에 있는 자유주의자들은 더 광범위한 개혁을 부르짖는 사람들이 단지 무정부주의자들같이 보일 뿐이었다. 니진스키는 포킨의 발레에서 고분고분하게 자신의 역을 배우고 연습하였지만 서로 언짢은 라이벌 의식은 두 사람의 마음 한구석을 차지하고 있었다. 댜길레프는 무한한 외교 능력으로 이 상황을 용케 떨쳐 버릴 수 있었다. 그러나 댜길레프의 성격 중에는 자신의 협력 예술가들끼리 서로 잘 맞지 않을 때를 반기는 성향도 있었다. 우리는 앞에서 박스트와 브누아 사이에서 서로를 어떻게 반목하게 만드는지를 보았다(그리고 이 해는 발레단의 예술 감독이 박스트였다).[50] 댜길레프는 자신이 두 예술가 사이의 유일한 중개인이 되는 것을 좋아했다. 분할 통치.[51]

포킨을 더욱 기분 나쁘게 만드는 요소는 《다프니스》 작품 제작건이었다. 포킨은 오랫동안 《다프니스》를 자신의 걸작으로 만들고 싶어 했다. 그런데 이 《다프니스》가 니진스키의 그리스 테마 발레 《목신의 오후》 다음으로 공연이 되는 것이었다. 1904년 초부터[52] 이 주제를 구상하여 시나리오를 계획한 포킨으로서는 이 작품의 창시자가 자신이라고 생각했기 때문에 《다프니스》는 포킨에게 많은 의미가 있었다. 그러나 라벨은 작곡*하는 데 너무 시간이 오래 걸려서 같은 그리스 테마인 《나르시스》를 지난 시즌에 《다프니스》 대신 공연했었다. 정확히 확인된 사실은 아니지만 포킨의 주장으로는 이렇게 작품이 늦어지다 보니 박스트는 《다프니스》를 위해 디자인해 두었던 무대 세트를 《나르시스》[53]에 사용했고 결국에는 연기된 더 중요한 작품 《다프니스》의 성공을 《나르시스》가 가로챘다는 것이었다. 다른 것은 몰라도 신들과 님프들의 조각뿐 아니라 양들의 등장은 적어도 포킨의 주장이 사실이었다.

《푸른 왕》,《타마르》를 위한 포킨의 작업과 니진스키 발레의 리허설 시간과 공간이 필요하기 때문에 《다프니스》는 마지막에 준

---

• 제1조곡으로 알려진 「다프니스와 클로에」의 부분은 4월 2일 콜론 콘서트에서 연주되었다.

비되었고 파리 시즌 끝나기 직전에 겨우 초연을 했다. 댜길레프와 길고도 격렬한 토론 끝에 포킨은 이 작품이 만들어지는 즉시 사표를 내기로 했다.[54] 그리하여 결국 니진스키가《봄의 제전》의 안무가가 된 것이다!

그리고리예프는 다음과 같이 썼다.

이제 포킨은 6월에 발레단을 떠나기로 했다. 그는 점점 더 쉴 수도 없었고 신경은 극도로 날카로워져서 그와 같이 작업을 한다는 것은 거의 불가능해졌다. 그는 댜길레프 옆에 있는 모든 사람, 심지어는 나까지도 자신의 적이라고 의심했다. 나는 댜길레프에게 발레단 일에 대해 계속 언급할 의무가 있었다. 이런 나의 업무는 포킨의 분노를 불러일으켰다. 그는 나를 배신자라고 비난하기 시작했다. 그리고 특히 우리 둘 사이를 마지막으로 끝장나게 하였던 고통스러운 사건이 있었다. 댜길레프는《목신의 오후》를 위해 니진스키가 수많은 리허설을 하도록 고집했다. 그러나 내가 아무리 노력을 했어도 한 무용수가 동시에 양쪽에서 리허설을 할 수는 없었기에 포킨의 거절을 피하기는 불가능했다. 포킨의 분노는 나를 향했다. 그렇게 촉발된 싸움으로 결국 우리의 우정을 끝장나게 되었다. 수많은 세월 동안 그렇게도 가까운 친구였는데. 나는 너무나 속이 상해서 댜길레프에게 이 일을 안 하게 해 달라고 요청했다. 물론 그가 나의 요청은 거부했지만 그는 모스크바에서 온 무대 감독 N. 세메노프N. Semenov를 나의 조수로 붙여 주었다. 조수가 생겨서 나의 여러 업무 중 일부에서는 자유로워졌다.[55]

한편 4월 16일 파리에서는 다가오는 러시아 발레단 시즌에 관해 『르 피가로』에 기사가 실렸다. 이 기사에서 프로그램을 소개하는 중에 포킨이 창조한《목신의 오후》라고 발표한 것처럼 적었다.* 어쨌든 댜길레프가 니진스키에게 첫 번째 발레를 창작하도록 하고, 이 공연에 관해 최대한 홍보를 하기 위해 열성적으로 노력했지만 이것은 너무 지나쳤다. 기사가 잘못 나간 것이었다. 폭풍이 불어 닥쳤다.

보솔레이에서 댜길레프가 파리의 아스트뤽에게, 1912년 4월 17일 포킨이《목신의 오후》를 안무한다고 알린 『르 피가로』의 첫 페이지 기사를 읽은 후 니진스키는 파리 시즌의 참여를 완전히 거부했습니다. 그렇게 단호하고 비이성적인 모습의 니진스키를 본 적이 없습니다. 그를 대신하는 건에 대해 박스트에게 글을 썼습니다. 이런 상황을 손꼽아 기다리는 어떤 부류의 계획을 생각하면 위험하다는 말보다 더한 상황입니다. 당신의 관심 부족에 대해 어떤 비난도 부족할 것입니다. 댜길레프.[56]

댜길레프는 자신이 원할 때는 극도로 예의가 없었으며 신경질적으로 행동할 수도 있었다. '어떤 부류'라 하면 포킨 혹은 뉴욕에 있는 오스카 해머스타인Oscar Hammerstein을 지칭했을 수도 있다.[57] 오스카 해머스타인은 오랫동안 니진스키를 유혹하려는 계획을 하고 있었고, 건스부르그 혹은 또 다른 기획자들일 수도 있다. 그

---

* 이 기사의 흔적을 찾을 수가 없다. 아마도 추측해서 쓴 기사로 보인다.

러나 설사 니진스키가 진짜로 완전히 성질을 부렸다고 해도 댜길레프는 적절한 시기에 니진스키를 진정시키는 방법을 알았음이 틀림없다. 그 전보는 아마도 니진스키의 분노만큼이나 댜길레프의 무례한 태도로 뒤덮인 내용을 담았다. 아스트뤽는 이런 모욕에 익숙했다. 그는 달래기 전술을 채택했다. 그리고 댜길레프의 모욕 때문에 고통을 겪고 있는 동료 박스트에게는 폭군의 마음을 푸는 데 도움을 주기 위해 전화를 했다.[58]

파리에서 박스트가 보솔레이의 댜길레프에게, 1912년 4월 19일

파리에 있는 우리의 모든 친구는 애타게 기다리고 있는《목신의 오후》에 대해서만 이야기함, 무대 세트는 잘 진행되고 있음. 박스트.[59]

한편《페트루슈카》가 레퍼토리에 등장했다. 4월 18일 브로니슬라바 니진스카는 카르사비나가 추던 발레리나 역을 추었다. 이 프로그램은 5월 2일에도 공연이 되었다. 이제 카르사비나가 러시아에서 돌아와서 시즌의 마지막인《불새》의 3회 공연에 출연할 수 있었다.[60] 댜길레프는 5월 27일 샤틀레 극장에서 하는 트루하노바Trouhanova의 리사이틀 시리즈 중 한 공연을 보기 위해 파리로 여행을 계획했다. 이 리사이틀은 22일 시작했으나 댜길레프는 일정을 연기했다.[61] 루빈스타인처럼 트루하노바는 댜길레프 발레단의 성공을 미리 훔치는 격이었다. 그녀는 프랑스 작곡가들의 음악으로 춤을 추면서 러시아 발레단보다 한발 앞서 공연을 한 것이다. 루빈스타인은 드뷔시 음악의《성 세바스찬》을 그전

해 무대에 올렸다. 올해는 트루하노바가 춤을 춘다. 아니 오히려 춤이라기보다 포즈를 취한다. 그녀가 공연한 작품의 음악은 라벨의 「우아하고 감상적인 왈츠Valse nobles et sentimentales」, 무용 작품 명은《아델라이데 혹은 꽃의 언어Adélaide ou le langage des fleurs》, 댕디 d'Indy의《이스타르Istar》, 뒤카의《라 페리》, 플로렌트 슈미트Florent Schmitt의《살로메의 비극La Tragédie de Salomé》등이었다.《라 페리》는 댜길레프가 1911년 올리려다가 이루어지지 못했고,《살로메의 비극》은 다음 해 댜길레프가 카르사비나를 위해 발레를 만들게 된다.『코메디아 일러스트레』에 이 공연에 대한 글을 적은 칼보코 레시는 통통한 몸매의 그녀 공연에서 음악이 제일 좋았다고 정중하게 묘사했다.[62] 그래도 그녀의 동작은 확실히 너무 산만하지는 않았다.

엘레오노라 니진스키는 체케티 부부와 댜길레프의 새로 온 비서인 폴란드인 트루베키과 수다도 떨면서 지중해에서 즐겁게 지냈다. 엘레오노라는 체케티가 바르샤바에서 발레 마스터를 하던 시절부터 알고 지냈다. 트루베키는 소피 플란츠의 남편이었다. 어느 날 바슬라프는 어머니와 함께 니스로 가서 실컷 쇼핑했다. 그녀는 여러 벌의 실크 드레스와 유행과는 상관없는 털 달린 모자들을 한가득 사서 돌아왔다. 하지만 그녀의 아들은 재치 있게 엄마가 산 것들에 대해 아무 말도 하지 않았다. 그런데도 엘레오노라는 자신의 젊은 시절 시련을 기억하면서 바슬라프가 영원히 공연 여행을 다녀야 하는 것을 탐탁지 않게 생각했으며 마린스키에서 안정되게 자리 잡는 것이 훨씬 더 낫다고 생각했다.[63]

《페트루슈카》에 출연한 타마라
카르사비나와 니진스키
(밸런타인 그로스 드로잉)

발레단은 5월 6일 몬테카를로를 떠나 파리로 향했다.[64]• 흰색 양복을 입은 베소브라소프는 발레 단원들에게 잘 가라고 손을 흔들었다. 발레 단원들은 결코 그를 다시 보지 못한다. 그는 당뇨병으로 곧 몬테카를로에서 세상을 떠난다.[65] 그는 1909년 발레와 오페라 시즌을 기획했던 댜길레프의 친한 친구 그룹에서 세 번째로 세상을 떠났다. 보트킨과 세로프가 그에 앞서 세상을 떠났다.

그러나 스베틀로프는 여전히 댜길레프가 발레단을 꾸려 나가는 것을 돕고 있었으며 그의 멋진 에세이집은 그 해에 페테르부르크와 파리(프랑스어 번역본은 칼보코레시가 번역)에서 동시에 출간되었다. 란서레이가 표지를 맡았고 책의 장식은 박스트가 했는데 이는 마치 『예술 세계』와 1912년을 연결해 주는 다리 같이 보였다. 여러 아름다운 삽화들, 다양한 색채 등으로 발레가 서구의 비주얼 예술 분야에서 가지는 위력에 대한 증거물이라고도 할 수 있다. 박스트, 브누아, 레리흐, 골로빈, 코로빈이 디자인한 무대와 의상들, 세로프와 쿠스토디에프Koustodiev가 그린 댜길레프와 포킨, 그리고 다른 디자이너들의 초상화들, 예술가들 서로 간에 그려준 그림들, 그리고 주역 무용수들의 사진들뿐 아니라 르네 레롱Rene Lelong이 《불새》, 《셰에라자드》를 보면서 그린 작품들, 그리고 데토마스와 폴 이리베Paul Iribe가 소묘한 니진스키의 모습 등이 실렸다. 이 책의 제목은 "동시대 발레Le Ballet contemporain".

샤틀레 극장에서 세 번째 시즌이 시작되었다(1911년 파리 오페

---

• 그리고리예프는 5월 5일이라고 말했다.

라에서의 몇 공연까지 포함한다면 발레단의 다섯 번째 시즌이지만 댜길레프는 '일곱 번째 러시아 시즌'으로 홍보했다).**66•**

아스트뤽이 『코메디아 일러스트레』의 한 페이지 전면에 실은 이번 파리 시즌의 열여섯 개 공연 내용을 살펴보면, 네 개의 프로그램으로 나뉘어 있다. 프로그램마다 신작이 하나씩 포함되어있고, 클래식 발레라고 부를 수 있는 작품은 《장미의 정령》이 유일한 아주 특별한 경우였다. 1909년 이후 포킨의 개혁은 러시아 발레단의 양상을 변화시켜서 신작의 모든 발레는 발레의 비르투오소보다 이국적 색채, 즉 그리스, 러시아, 동양풍의 비중이 더 큰 작품들이었다. 두 번의 사소한 예외는 있었지만, 이 파리 시즌 동안 푸앵트를 구사한 유일한 여성 무용수는 《장미의 정령》, 《불새》, 《페트루슈카》에서의 카르사비나뿐이었다. 두 번의 예외란 《페트루슈카》에서 두 명의 거리 무용수로 등장한 니진스카와 숄라였다.

5월 13일 파리 시즌에서 초연하는 날에 《불새》, 《장미의 정령》, 《이고르 공》 그리고 드디어 《푸른 왕》을 공연하게 되었다.

콕토가 집필한 《푸른 왕》의 대본에서는 흔히 콕토의 전형적인 자질들이라고 여기는 동시대의 정신과 일상생활을 가지고 변형하는 솜씨는 찾아볼 수가 없다! 콕토는 자신이 집필한 대본이 이

---

• 댜길레프가 일곱 번째 러시아 시즌이라고 홍보한 것에는 정확한 근거가 있다. 댜길레프가 러시아 예술을 최초로 서양에 소개한 것은 〈러시아 회화전〉(1906: 파리추계미술전), 두 번째는 〈러시아 로서트 시리즈〉(1907: 파리 오페라), 세 번째는 《보리스 고두노프》(1908: 파리 오페라), 네 번째는 1909년부터의 발레 뤼스 공연이었다.*

미 과거 러시아 발레 시즌에 속하는 스타일이라는 것을 스스로 알았을까? (정확히 5년 이내에 콕토는 사티, 피카소와 협업하여 같은 극장에서 《퍼레이드》를 초연하게 된다.) 레이날도 안에게 음악 의뢰는 얼마나 큰 실수였는지! 파리의 거실과 대로변의 흥청거리는 그런 분위기가 담겨 있는 노래들을 가장 시적이고 위트 있게 표현하는 작곡가에게 오리엔탈 드라마를 작곡해 달라고 했으니, 기껏해야 마스네와 들리브 정도의 음악을 상기시키는 수준으로 평가를 받을 뿐이었다. 힌두-시암 스타일을 닮은 동작 때문에 포킨의 창작 과정도 쉽지 않고 춤추는 주역 무용수들도 힘들어했다. 그 당시 발레단 내에서 박스트 혼자만 제일 권력을 쥐고 있던 시절이라 태평하게 특별한 무대와 의상을 제작했다. 그러나 이 무대와 의상은 아무리 박스트가 즐기면서 푹 빠져서 디자인한 것이라고는 하지만 지나치게 화려했다.

거대한 절벽 사이의 갈라진 틈에 위치한 성스러운 장소는 중앙에 못을 이루는 샘물 때문에 신의 사당으로 선택되었을 것이다. 왼쪽에 깎아 지르는 듯한 절벽은 그늘이 드리워져 있고, 무대의 중앙과 오른쪽은 햇살이 내리쬐는 오렌지색 산이 차지하고 있다. 이 절벽과 산 사이에 새파란 하늘이 브이v자로 내려와 있고 저 멀리 바닥에는 뿔 모양의 탑이 보인다. 왼쪽의 오렌지색 바위는 나무줄기에서 나온 꽃봉오리로 조각되어 있다. 오른쪽에는 괴물 같은 뱀들이 뒤엉켜 있는 모습을 과장되게 표현하여 양쪽이 극과 극의 모습이다. 이보다 더하게 이국주의의 신비로움과 두려움을 나타낸 모습은 없었다.

의상에 대해 이야기해 보자면 압도적으로 흰색이 많았으나 검정빛 회색이 도는 푸른색, 보라, 다홍, 노랑, 초록 등의 색깔로 삼각형, 마름모, 지그재그 모양. 혹은 공작 눈 모양 등 다양한 무늬의 아플리케 천에 어디에서도 볼 수 없는 금과 진주의 자수를 정교하게 놓았다. 또한 터번은 실을 꼬고 어지러울 정도로 빙빙 둘러 올려 만들었고, 구슬이 꿰매진 천으로 장식되거나 혹은 주름 잡힌 얇은 천이 장식으로 달린 터번!

승려들과 사원의 시종들이 입장 장면에서는 특이한 음계를 지닌 반음계의 동양풍 선율이 연주된다. 젊은 남자(미남 막스 프로만)가 승려로 등장한다. 그는 화려한 의상 위에\* 단순하고 하얀

---

• 이 발레 의상의 정교함이 어느 정도인가 하는 보기로서, 프로만의 의상에 대해 묘사한 나의 글을 첨부한다. 1968년 7월 17일 소더비에서 댜길레프 발레단의 일부 의상을 판매할 때 판매 카탈로그에 실린 글이다. 지금 이 의상은 시어터 뮤지엄 소유다.
  "기본 의상은 팔목 길이의 소매가 달린 스커트형 튜닉이다. 상의 부분은 자개가 수놓인 칼라가 달린 선명한 황색 실크 옷이다. 가슴 부위는 중간에 루비가 박혀 있고 그 주위를 하얀색 구슬로 테가 둘러진 자홍과 은색 법랑 위에 공작새 눈 모양의 큼지막한 브로치가 있다. 소매는 살색의 물결무늬 실크로 만들었는데 은색 장식용 수술이 달려 있고 천에는 수가 놓였다. 스커트는 살색의 물결무늬 실크로 만들었는데 양옆이 트였고 앞쪽은 곡선형으로 처리된 앞치마 모양이다. 치마는 은색테로 둘러져 있으며 치마 앞면은 직사각형 모양이며 자홍색 실크에 수가 놓였다.
  이 위에 덧입는 코트는 허리길이이며 소매 덮게는 길게 매달려 출렁인다. 앞부분의 낮은 고리에 걸려 있는 무릎까지 오는 '깃'은 벌어져서 자홍색 실크 치마 앞면을 보이게 한다. 재킷의 소매 덮개는 외관은 정형화된 꽃무늬로 수놓은 자홍색 실크로 되어 있다. 재킷의 끝은 자홍색 실크 띠와 은색 장식용 수술로 테를 둘러 마무리되어 있다. 소매는 연회색 실크와 은색 수술, 은색 자수와 자개로 만든 라즈베리가 달린 살구빛 물결무늬 실크로 만든 정교한 끝동으로 마감 처리했다. 칼라는 은색 수술, 흰 구슬, 보라색 벨벳으로 만든 띠에 애플리케 장식을 하여 가장자리를 두른 선명한 황색 실크로 만들었다. 애플리케 장식은 은색 레이스 바탕에 자개로 만든 라즈베리를 둘러싸면서 원을 이루고 있는 진주로 바깥 천을 거의 덮었다.
  발목 길이의 바지는 보라색 새틴으로 만들었는데, 이 바지는 조개로 수 놓은 흰색 실크로 바지 끝동 마무리를 장식했다. 바지 전체는 금색 스팽글과 애플리케로 장식되어 있다. 애플리케 장식은 진한 황색 실크로 만든 마름모꼴 장식, 스텐실을 가지고 손으로 짠 더 작은 주홍색 마름모꼴

예복을 덧입었다. 악사들, 성스러운 연꽃의 무희들과 제물을 운반하는 이들의 춤이 서로 이어진다. 그런 후 젊은 남자는 성소 앞에 서서 심사숙고 중일 때 요가 수행자들의 춤이 등장한다. 이들 춤은 모자에 긴 밧줄을 매달고 빙빙 돌며, 회전할 때 공중에서 보면 원반을 형성하는 것처럼 둥글게 보일 만큼 어깨를 돌린다.[67]
여기서 제 의식에 훼방꾼이 등장한다. 날개가 달린 머리 장식과 뻣뻣한 천으로 넓게 퍼지게 한 스커트를 입은 '소녀(카르사비나)'가 경비병을 뚫고 등장하여 이제 갓 사제가 된 사람 발치에 몸을 던진다. 젊은 사제의 애인이었던 그녀는 그에게 자신과 속세를 떠나지 말아 달라고 애원하는데, 이때 현악기가 트레몰로를 연주한다. 젊은 남자는 부드럽게 그녀의 청을 거절한다. 그녀는 순진한 애덤의 음악 같은 선율에 맞추어 탄원의 춤을 춘다. 승려들의 분노에도 아랑곳하지 않고 소녀는 그들의 과거 행복했던 이야기를 춤으로 표현했다. 그녀를 쳐다보던 젊은 남자의 마음에는 갈등이 일어나고 그는 승려 직에 대해 의심이 일어나기 시작한다. 아주 전통적인 왈츠 선율에 맞추어 소녀의 동작은 점점 빨라지며 점점 더 유혹적으로 된다. 스캔들! 고승(페오도로프)이 소녀에게 무서운 죽음을 선고하는 동안 젊은 남자는 체포되어 잡혀간다. 군중들은 행렬을 지어 떠나고 소녀는 홀로 남겨진다. 밤

---

장식과 금색 수술이 달려 있었다. 또한 총독들이 쓰던 스타일의 모자는 조개로 만든 테가 처진 물결무늬 살색 핑크로 만들어졌다. 모자는 소나무 모양과 진주가 섞인 황금빛 레이스의 아라베스크 문양으로 장식되었다. 앞부분의 은색 문장은 인모로 만든 수술이 달려 있고 양쪽 귀 아래로 은색 실타래가 늘어뜨려져 있다.
의상에는 프로만 이름이 새겨져 있었고, 볼름의 의상 역시 이름이 새겨져 있었다."

이 되었다. 달빛에 어울리는 음악이 흐른다. 은하수가 하늘 위에서 반짝인다. (이 장면은 콕토의 작품이다.) 소녀는 빠져나갈 길을 찾는다. 그리고 문이 열리면서 괴물과 악마가 떼를 지어 등장한다. 《불새》를 연상시키는 장면.) 그들은 쿵쾅거리는 음악에 맞추어 소녀 주위에 원을 그린다. 소녀는 성스러운 연꽃 앞에 자신을 내던지면서 구원의 기도를 한다. 빛이 변하면서 괴물들은 웅크리고 못은 환하게 보인다. 원뿔형의 금색 샴 헬멧을 쓰고 금빛 옷을 입은 여신(넬리도바)이 연못에서 솟아올라 앉는다. 그녀는 푸른 신의 등장을 알리는 전령사일 뿐이었다. 성직자의 자세를 갖춘 니진스키가 이제 물에서 솟아오른다. 그의 살갗은 푸른색이며 그는 반짝거리는 왕관을 썼다.• 여신은 그에게 곤경에 처한 소녀를 가리킨다. 그는 괴물을 마법으로 사로잡기 시작했다. 콕토는 다음과 같이 썼다.

그의 제스처는 부드러움과 광란의 모습이 교차한다. 그는 유연하면

---

• 니진스키의 이 의상은 1967년 6월 13일 소더비 경매에서 팔렸다. 그리고 지금은 런던 로열 오페라 하우스에 전시되어 있는데, 이 의상은 나중에 시어터 뮤지엄에서 전시하게 된다. 프로만과 니진스키의 의상이 똑같이 정교하게 만들어졌는데도 니진스키의 의상은 프로만의 의상보다 짧게 묘사되었다.
"반팔로 된 윗도리와 스커트로 된 동양풍의 의상이었다. 옷은 물결무늬의 노란색 실크로 만들었으며 보라, 파랑, 흰색의 무늬가 있는 면과 실크로 만든 천조각으로 장식되었다. 초록색 벨벳으로 만든 끈에는 초록색 스톤이 박혀 있다. 초록, 파랑, 노랑, 검정과 금색으로 수놓여 있다. 스커트 가장자리에는 분홍과 흰색의 스톤이 박혀 있다. 노란색 모직으로 만든 판탈룽은 가장자리에 흰색 수를 놓아 장식했다. 철망에다가 황금색 망사 천을 씌워 만든 머리 장식은 진주와 장미를 수놓아서 장식했다. 나는 카르사비나에게 배꼽 위에 진주로 박힌 허리 장식은 사라졌다고 지적했다. '하지만 그 장식 때문에 얼마나 많이 긁혔는지요!'라고 그녀가 말했다."

서도 놀라운 걸음으로 여기저기로 도약한다. 그는 기어 다니는 무리 사이에서 미끄러지듯이 움직인다. 이제 그는 신비스러운 포즈로 괴물들을 사로잡는다. 이제 그들을 고압적인 위협으로 두렵게 만든다. 괴물들은 그를 끌어내리려고 애를 썼으나 그는 그들을 피해간다. 그들이 점프할 때 푸른 신은 웅크리고 그들이 웅크릴 때 신은 공중에서 훨훨 날아다닌다. 그의 명령으로 정글 식물들의 덩굴손은 괴물들을 감아 결박하고 꽃의 향기로 그들을 압도한다.[68]

푸른 신은 미소를 지으며 여신에게 그가 한 것을 보여 준다. 여신은 플루트로 사용할 연꽃 줄기를 그에게 뽑아 준다. 이어 신성한 황홀감을 표현하는 춤이 등장한다. 플루트 솔로는 신조차 천상의 황홀경에 빠지도록 만든다. 마지막에 그는 의기양양하게 이제는 조용하게 길들어진 괴물들 가운데를 점령한다.

빛! 빛! 왁자지껄한 소리. 불안한 승려들의 등장. 기적의 장면을 보고 승려들은 부복했다. 여신은 승려들에게 소녀를 석방하라고 명령한다. 두려움에 떨면서 그들은 여신의 말에 복종한다. "이 장면은 불교의 자비심이 가득하다."[69] 두 연인은 재결합했다. 젊은 남자는 그의 하얀 승복을 찢어 버렸고 소녀는 자신의 시련을 이야기하고 환희의 춤을 춘다. 여신은 거대한 금빛 계단을 만들어 천상의 푸른 빛 하늘로 뻗어 있게 한다. 그러고는 여신은 연꽃의 한가운데 서서 젊은 커플을 축복하고 푸른 신은 하늘로 올라간다.

《푸른 왕》은 댜길레프가 예상하는 만큼의 대성공을 거두지는

《푸른 왕》에 출연한 니진스키 (베르 사진)

못했다. 그러나 브뤼셀은 『르 피가로』에 실은 글에서 하나도 흠 잡을 데가 없다고 했다. 모차르트 애호가인 작곡가는 "점점 더 단순하게 음악을 작곡하는 경향이 있었다." 디자이너의 작품은 "장식예술의 백미"였다. 포킨의 무대는 《불새》만큼이나 훌륭했다. 그리고 포킨이 안무한 신이 괴물들을 길들이는 장면은 안무가가 "과거에 종종 시도했으나 성공을 거두지 못한 장면이었지만 이 작품에서는 원작, 창조와 조형미의 성공"을 이루었다. 그는 황홀하게 무희의 춤을 춘 니진스카를 칭찬했다. 이 공연에서 파리 데뷔를 한 넬리도바의 개성을 칭찬하고 카르사비나의 예술은 순수한 영혼의 표현이라고 지적하면서 그녀의 무한한 변신을 찬미했다. 그리고 니진스키는 이 역에서 그의 재능에 가장 걸맞았고 이보다 더 놀라움을 보여 준 역은 없었다고 생각했다.[70]

시즌의 두 번째 신작은 5월 20일 초연한 《타마르》였다. 이 발레는 걸작 러시아 곡을 연주할 기회를 주었고 박스트는 특출 난 무대 장식을 디자인했다. 《타마르》는 카르사비나를 위한 작품으로 그녀가 최고로 독보적인 역할을 한 작품 중 하나였다. 무대 장면은 서까래가 보이는 탑의 내부, 주홍과 보라색 벽돌이 아찔한 전망이 되도록 쌓아져 높이 올라가 있다. 쿠션 더미 위에 조지아Georgia의 색광녀 여왕은 시녀들에게 둘러싸여 그녀가 사랑을 나누고 죽일 여행객이 지나가기를 기다리고 있다. 음악은 오리엔트 분위기의 나른한 선율에서 코카서스 춤의 활기찬 선율로 바뀌면서 드라마와 춤이 하나가 된다. 이 춤은 부츠 바닥의 앞부분으로 춤을 추고 그들이 지닌 단도를 바닥에 던지면서 소용돌이치듯 추는 춤이었다. 이방인 왕자 볼름이 도착하여 여왕과 사랑을 나누고 춤추기를 종용당하고 칼에 찔리고 작은 문을 통해 시체는 강 아래로 던져진다. 여왕은 그다음에 지나가는 기수가 눈에 보일 때까지 잔다. 냉혹한 요부 역의 카르사비나는 댜길레프의 제안으로 하얀 얼굴에 눈썹은 양쪽을 붙여 일자로 그렸다.[71] 이 모습은 글린 필폿Glyn Philpot이 그림으로 기록해 두었다.

댜길레프는 니진스키의 첫 작품을 위해 우호적인 분위기를 조성하려고 비용과 수고를 아끼지 않았다. 총 리허설 이후 포킨에 의하면 관객들이 조용히 받아들여서 무대 뒤에서 급히 회의한 후 아스트릭이 커튼 앞에 나와 "이번 신작의 경우는 한 번만 보아서는 이해를 하기 어렵기 때문에 발레를 한 번 반복합니다"라고 알렸다고 했다. 로비에서 샴페인과 캐비어로 비평가들과 지지자들을 접대했다. 그전에는 절대 없던 경우였다.[72]

《목신의 오후》를 위한 박스트의 무대는 풍경을 표현하는 데 있어서 《나르시스》, 《다프니스와 클로에》보다 직접적으로 묘사한 부분이 훨씬 적었다. 박스트는 얼룩덜룩한 반점이 있고, 줄무늬를 회색, 적갈색과 녹색으로 디자인했다. 드뷔시의 음악으로 만들어진 이 작품에서 박스트는 나비파Nabi*의 관점에서 음악과 동등한 무늬와 색채로 디자인하려고 큰 노력을 기울였다. 《목신의 오후》 디자인의 경우 박스트의 그 어떠한 작품보다도 깔개, 고양이, 벽지와 사람이 얼룩덜룩한 색깔의 구성요소로서 똑같이 취급

---

* 19세기 말의 프랑스 상징주의 예술유파*

받는 뷔야르Édouard Vuillard•의 그림 분위기와 흡사했다.

발레의 모든 연기는 무대 앞의 좁고 기다란 장소에서 일어났다. 무용수들은 병렬로 움직이면서 등장하고 무대 뒷막은 두 번째 윙까지 앞당겨 설치되었다. 바닥은 왼쪽에 목신牧神의 연단까지 검은 천으로 깔았다. 조명은 무용수들을 가능한 한 납작하게 2차원으로 보이게 만들었다.[73]

박스트 의상을 입은 무용수들은 변장하지 않았다. 그들은 부조의 효과를 주기 위해 한눈에 알아볼 수 있어야 했다. 님프들은 흰색 모슬린으로 만든 길고 주름진 튜닉을 입었는데 그 의상은 줄무늬, 물결무늬, 잎사귀 혹은 체크무늬로 가장자리를 두른 파란색, 구릿빛이 감도는 빨간색 의상이었다. 무용수들의 발은 맨발이었고 하얀색을 칠하고 그 위에 발톱은 빨강으로 칠했다. 그들의 머리는 긴 머리 타래가 늘어져 있는 듯이 보이는 금색 로프의 꼭 끼는 가발을 쓰고 있었다. 그들은 얼굴 분장은 거의 하지 않았다.[74] 박스트는 그들의 눈을 "흰색에 가까운 분홍빛으로 마치 비둘기 같이 칠했다."[75] 니진스키는 크림색으로 된 아래위가 달린 꼭 끼는 옷에 어깨 주위와 팔꿈치, 양쪽 측면, 엉덩이 그리고 무릎에 어두운 밤색으로 큰 얼룩점을 그렸다. 이는 마치 송아지 가죽같이 보였다. 그는 조그만 꼬리를 달고 녹색 포도나무 잎사귀가 한 줄기 그의 허리에 둘레를 치고 있다. 그는 님프들처럼 황금색 머리에 실로 짠 모자를 쓰고 있었으며 두 개의 황금색 뿔은 눕혀

---

• 나비파의 대표적인 화가•

서 각각 머리 양쪽 측면에 달았다.

그의 얼굴 분장은 완전히 그의 얼굴 골격을 바꾸어 놓았다. 그는 눈의 경사짐을 강조했고 이는 뭔가 나른한 분위기를 표현했다. 그의 입 모양은 원래 조각으로 깎은 듯이 생겼는데 그러한 그의 입술은 그를 더 묵직하게 보이도록 했다. 또한 그는 무한한 나른함과 동물 같은 신체 라인을 보여 주었다. 광대뼈가 위로 치켜 올라간 그의 얼굴은 변신하는 데 감탄스러울 정도로 도움이 되었다. 연주황색 왁스로 분장하여 길게 만든 그의 귀는 말의 귀처럼 뾰족하게 보였다. 그는 다른 대상을 따라 모방하지 않았다. 그는 단지 거의 인간에 가까운 영리한 동물의 인상을 표출했다.[76]

니진스키와 키 큰 님프인 넬리도바만이 도금한 샌들을 신었다. 《목신의 오후》 초연은 5월 29일 화요일이었다.

드뷔시의 음악에 등장하는 회오리치는 듯한 선율이, 자작나무 숲에서 일렁이는 미풍을 표현한 것이든(그러나 아마도 고대 그리스에는 자작나무가 없었을 것이다), 나뭇잎과 일렁이는 물에 쏟아지는 햇볕을 묘사한 것이든, 모네가 그렸던 미루나무 위에 쏟아지는 빛을 묘사한 것이든, 르누아르의 「뱃놀이 일행의 오찬Le Déjeuner des Canotiers」에서 표현한 젊음의 희열을 묘사한 것이건 간에, 이 곡은 어떤 면에서든지 목신과 님프들이 여름날 오후 나른한 황홀감에 젖어 있는 분위기를 표현한 것만은 틀림없다. 그러나 도시 근교의 센 강, 노르망디 지방 혹은 러시아의 자작나무 숲에서의 오후는 아니다. 심지어는 아테네Athene 근방의 숲도 아니다. 왜냐하면 곡이 연주되면서 관객은 이국적인 특성을 감지하게 된다. 이 곡은 비밀스러운 환희가 함께하는 사이프러스Cyprus 혹은 크레타 Crete, 혹은 다프네Daphne •가 거닐었던 안티오크Antioch 근교 사랑의 숲, 혹은 바쿠스의 행렬이 아시아에서 와인이라는 위험한 선물을 가지고 올 때 틀림없이 지나쳤을 테살리아Thessaly 지방에서 유래된 곡임에 틀림없는 듯하다.

이런 숲속의 작은 쉼터에 드뷔시는 파이프(플루트로 재현)를 든 말라르메의 목신을 등장시킨다. 처음부터 나무 우거진 숲 장면을 재현하는 데 도움이 된다. 이어 뒤따르는 음의 고조는 이교도 생명체의 마음속에서 요동치는 욕망의 맥박과 여름의 기쁨을 전해 준다. 이 부분은 종종걸음 같은 음악적인 표현으로 숲속에서 소소한 만남과 은밀한 사라짐을 표현한 것과도 같다.

니진스키는 말라르메의 시[77]를 읽은 적이 없다. 그러나 그가 창안한 움직이는 벽면 장식 같은 동작으로 등장, 맞섬, 갑작스러운 침입과 허둥거리면서 출구 찾기 등 작품 전개를 위한 적절한 실마리를 찾으면서 드뷔시 음악에 잘 어울렸다.

발레는 숨소리가 섞인 재잘거림 같은 플루트 음악에 맞추어 시작되었다. 커튼이 천천히 오르면 목신은 자신의 언덕 위에 앉아 있다. 그는 왼손으로는 자신의 몸을 지탱하고 오른쪽 무릎은 세워 두고 머리는 뒤로 비스듬히 젖혀 있고 입술로 파이프를 물고 있다. 글리산도 주법으로 연주하는 하프 연주 중 일부를 호른이

---

• 그리스 로마 신화에 등장하는 요정*

되풀이한 뒤 플루트가 이 부분을 반복했다. 판은 경직되고 정형화된 방식으로 처음에 자신의 얼굴에 한 송이의 포도를 쥐어짜면서 움직이기 시작한다. 플루트 연주 구절이 세 번째 반복되자 세 명의 님프가 왼쪽에서 천천히 등장한다. 그들 뒤로 두 명이 더 따라 나온다. 두 대의 플루트에 하프 연주, 이어지는 현악기 반주에 맞추어 길게 이어지는 덩굴 모양의 아라베스크를 구사하는 과정에서 여섯 번째 님프(니진스카)가 무대 중앙으로 빠르게 등장하여 포즈를 취한다. 그러고는 일곱 번째 님프(넬리도바)가 등장했을 때 그녀는 네 번째, 다섯 번째 님프들 뒤에 가서 합류한다. 키가 큰 님프가 한쪽 팔을 대각선으로 가슴에 얹고 빠른 속도의 기계적인 스텝으로 무대를 가로지를 때까지 처음 등장한 여섯 명의 님프는 동작이 없이 정지 상태로 있다. 일곱 번째 님프가 어깨의 걸쇠를 풀어 바깥 베일이 벗겨지자 짧은 금빛 속옷이 드러났다. 그런 후 그들은 움직였다.

목신은 처음 여섯 명의 님프가 들어올 때는 아무런 동요를 일으키지 않았다. 키가 큰 님프가 등장하자 판은 눈길로 그녀를 뒤쫓는다. 새가 지저귀는 듯한 클라리넷 연주에 맞추어 그의 머리를 움직이며 활을 퉁기는 듯한 첼로 연주가 등장하자 그는 일어선다. 님프들은 무릎을 꿇거나 팔꿈치를 옆으로 내밀고 서 있고 손은 그들의 허리나 머리 위를 가리키면서 흥미로운 패턴을 이루고 있다. 그들은 안팎으로 움직이면서 키가 큰 님프를 상상 계곡에서 목욕시키는데 이때 오보에가 동경하는 선율을 연주한다. 바이올린이 오보에 구절을 다시 연주한다. 크레셴도의 음악이 흐르자 판은 자신의 영역에서 경사진 면을 내려와 다른 사람들과 같은 높이에 서게 된다. 템포는 빨라진다. 네 번째, 다섯 번째 님프가 하나의 베일을 오른쪽에 둔다. 첫 번째, 두 번째, 세 번째 님프도 다른 베일을 왼쪽에 둔다. 음악은 클라리넷 솔로로 잦아들지만 표현은 풍부하다. 여섯 번째 님프가 무대 중앙으로 와서 판을 등지고 섰다. 그녀는 뒤로 돌아 목신을 쳐다보면서 놀랐다는 듯이 손가락을 벌여서 두 손을 어깨높이까지 올렸다가 바로 종종걸음으로 무대를 나간다. 목신과 일곱 번째 님프는 아무런 동작 없이 남아 있다. 이때는 목관악기가 극도의 기쁨을 표현하는 새로운 테마를 연주한다. 느슨한 셋잇단음표 테마에서 갑작스럽게 크레셴도로 음악이 바뀐다. 하프가 물결 소리 같은 연주를 할 때 바이올린 군은 새로운 선율을 선사한다. 날카로운 폭발음 속에서 목신은 점프로 님프를 유혹하고 방향을 바꾼다. 그의 점프는 무대 뒤쪽 배경 속의 폭포로부터 흘러내리는 상상의 시냇물을 건넌다.[78] 그들은 팔을 연결하여 팔꿈치를 단단히 걸었지만, 키가 큰 님프는 목신을 피해 달아나고 목신은 화가 나서 왼쪽으로 사라져 버린다. 음악은 포르테시모로 상승하다가 다시 노래하는 듯 하강한다. 그리고 다른 님프들이 짝을 지어, 두고 간 베일을 가지러 다시 등장한다. 솔로 바이올린 연주는 호른과 플루트, 클라리넷이 반주로 받쳐 준다. 목신은 뒤로 머리를 젖히고 미소 짓듯이 이를 드러낸다. 그러고는 베일을 집어서 옆모습을 보이면서 황홀감에 젖어 떠나간 님프를 생각한다. 하프의 아르페지오네 반주로 플루트는 원래 선율을 연주한다. 오보에 소리가 멀어진다. 목관악기로 스타카토 화음을 낮은음으로 밀어내듯 연주할 때 세 명의 님 프는 목신을 놀리려고 미끄러지듯 들어온다. 오보에가 선율을 연 주하자 님프들은 손을 들고 황급히 달아난다. 잉글리시 호른과 플루트가 연주할 때 여섯 번째 님프(니진스카)가 오른쪽에서 걸 어 들어오고, 불만스러운 눈길로 쳐다보는 목신과 정면으로 마주 친다. 목신은 계면쩍은 듯이 가 버린다. 다시 플루트는 잔잔한 현 악기 군과 앤티크 심벌즈Cymbales antiques*(이 악기는 이미 앞에서 님프 들이 함께 손을 닦는 마임을 할 때 연주되었다)의 울림 반주로 그들의 선율을 되풀이한다. 다시 혼자가 된 판은 베일 위로 머리를 끄덕 이면서 천천히 절벽의 바위 위로 올라간다. 첼로 독주에 플루트 와 하프 연주가 어우러진다. 익숙한 멜로디가 흐른다. 목신은 베 일을 들고 코를 비비고 그러고는 그 베일을 바닥에 길게 펴고는 자신을 그 베일 위로 몸을 낮추어 머리를 숙였다. 플루트의 화성 위로 부드러운 호른과 하프의 조화가 안무 시의 마지막을 장식하 고 있다. 판은 발작적인 움직임으로 바닥 위에 팽팽히 맞닿으면 서 그의 관계를 완성했다. 관객들은 이 장면이 그의 첫 성 경험으 로 상상해 볼 수 있다.[79]

관객들은 침묵 속에 신작을 보고 있었다. 그러나 마지막에 야 유와 찬사가 뒤섞인 엄청난 아우성이 일어난다. 칭찬과 비난 중 어느 쪽이 우세한지를 판가름하기는 불가능했다.[80] 과거에 러시 아 발레단이 공연했던 몇 작품들은 다른 작품보다 냉담한 반응을

---

• 음높이가 정해져 있는 심벌즈Cymbals류의 금속 타악기*

얻은 적은 있었다. 예를 들면 런던에서 《이고르 공》 초연 시 두 왕비가 싫어하는 기색을 본 적은 있는 정도였지만[81] 그렇다고 누구도 야유를 보내지는 않았다. 댜길레프는 "눈에 띄게 안 좋아 보였다."[82] 그는 무대 위로 갔다. 니진스키는 자신의 작품이 실패라고 확신했다. 그러고는 커튼을 통해 발레단의 지지자들이 모두 함께 "한 번 더!"라고 외치는 소리를 들을 수 있었다.[83] 일각에서는 러시아 발레단의 헌신적인 지지자인 밸런타인 그로스와 그녀의 친구들이 이를 획책했다고 의심하기도 했다. 댜길레프는 12분짜리 이 발레를 한 번 더 하라고 지시했다. 이런 조치에 대해 일각에서는 승리를 굳히기 위해서 뿐 아니라 니진스키를 행복하게 해 주기 위해, 그리고 그에게 이 작품을 싫어하는 사람보다 인정하는 사람이 더 많다는 것을 확인시켜 주기 위해서 댜길레프가 그런 지시를 내렸다고 판단했다.[84]

물론 파리 사람들에게 《목신의 오후》 음악은 너무나 익숙하다. 그리고 일부 평론가들과 관객 중에는 기존의 유명한 음악을 가지고 발레 작품의 음악을 사용하는 것을 싫어하는 부류가 있다는 것은 예상한 일이었다. 댜길레프는 쇼팽, 슈만, 림스키코르사코프의 음악을 희생시켜 발레로 만든 전력이 있었고 이에 대해 비난을 받은 적이 있었다. 그러나 이 작곡가들 중에는 아무도 프랑스인이 없다. 니진스키는 이 작업으로 인해 음악과 춤의 관계를 그 이전보다 좀 더 자유롭게 정립하는 한편으로는, 음악에 새로운 춤(이런 방식에 대해 정당하다고 생각했던 일부 사람들조차 이 작품은 춤이라고 생각하지 않았다)을 안무했어야 했다. 이런 요소들로 인해 그와 댜길레프가 이 공연에 대해 적대적인 반응을 우려한 것은 당연했다. 그렇기는 해도 그들은 깜짝 놀랐다. 즉, 만약 관객이 걸작의 초월적인 아름다움을 보고 있다는 생각이 들지 않는다면 모든 사람이 이 작품에서 싫어할 요소가 있다. 음악가들은 신성 모독이라고, 발레 애호가들은 형식을 와해시켰다고, 점잖은 사람들에게는 비도덕적이라고 주장할 수 있었다. 일부 관중들의 적의에 찬 반응은 음악 혹은 안무에 반대하는 것인지, 마지막에 목신의 오르가슴을 표현한 그 동작 때문인지에 대해 이들 각각이 어느 정도의 비율을 차지하는지는 알기가 불가능하다. 그러나 발레 공연이 시작되었을 때 작품을 좋아하지 않았던 관객은 끝까지 보았을 때는 발레가 더욱더 마음에 들지 않았을 것은 명백했다.

역사가들은 니진스키의 마지막에 취한 에로틱한 장면의 정확한 본질에 대해 의견이 일치하지 않았다. 어떻든 첫 공연 이후 이 마지막 장면은 약간 수정되었다. 그리고리예프는 마지막 리허설에서 초연 공연 그대로 정확하게 보여 주었다고 확인하고 있다. 댜길레프는 충격적이라고 경고를 받았지만 수정을 거부했다.[85] 피터 리븐 공작은 아르구틴스키 공작에게서 들은 정보를 바탕으로, 니진스키의 마지막 동작은 첫날 공연에서 니진스키의 타이츠에 붙어 있는 유리 포도 한 다발* 중의 하나가 깨진 사고 때문에 어쩔 수 없이 만들어진 동작이라고 주장했는데 이는 확실히 말이

---

* L. 자린L. Zarine 영역본에서 그가 표현한 실제 구절은 내가 판단하기로는 포도를 의미하는 '포도 송이vine clusters'였다.

안 되는 헛소리였다.* 그러나 리븐의 이 이야기는 댜길레프가 듣는 이에게 오해를 불러일으킬 내용을 즉흥적으로 발설한 것에서 비롯된 내용인 듯싶다.[86] 마리 램버트가 니진스키 안무의 《목신의 오후》를 작품으로 만들어 우리에게 전해져 온다. 그 작품에서 판은 베일 위에 자신의 몸을 낮추었고, 그의 팔을 자신의 허리 부근 아래로 미끄러지듯 늘어뜨렸고, 그의 골반으로 거의 감지 할 수 없을 정도의 미는 힘을 만들었다. 드 마이어 남작이 집필한 정말 소중한 책 『목신의 오후 전주곡Le Prélude à l'Après-midi d'un faune』(파울 이리브, 1914)에 실린 최종 사진을 보면, 내가 보기에는 첫날 니진스키는 자위를 암시하는 방법으로 그의 손을 그의 몸통 아래로 넣은 것이 명백해 보인다. 밸런타인 그로스의 미발표 수채화를 보면 니진스키가 취한 마지막 동작의 훨씬 더 이후 단계를 그리고 있다. 니진스키의 최종 제스처는 발레 예술의 특징인 비재현적인 안무와는 약간 다를 수 있고 이후 공연에서 가해진 수정은 아마도 훨씬 더 개선된 것 같다.

언론은 호의적인 평이 주를 이루었고 파리와 다른 지역의 모든 공연계 소식을 다루는 일간지 『코메디아』는 제1면에 발레 뤼스의 열렬한 지지자인 편집장 가스통 드 파블롭스키Gaston de Pawlowski가 무용수들의 사진들과 말라르메의 시에서 인용한 구절들, 세 개의 마네(오히려 그림이 빈약할 정도였음) 삽화를 나란히 실었다. 두 번

---

• 아르구틴스키 공작은 피터 리븐 공작에게, 니진스키 몸을 장식한 포도송이가 유리로 만들어졌는데, 이 중 하나가 깨어져서 그 유리조각에 다치지 않으려고 니진스키가 즉각적으로 포즈를 취하지 못해서 생긴 동작이라고 했다. (『발레 뤼스의 탄생The Birth of the Ballets-Russes』, 176쪽)*

째 신문 페이지에는 무대 전체가 나온 또 다른 사진이 실려 있는데 박스트의 무대 장식과 8명의 무용수, 그리고 루이 비유맹Louis Vuillemin, 루이 슈나이더Louis Schneider가 적은 두 편의 글이 실려 있었다. 이들은 모두 만장일치로 칭찬을 하고 있었다.[87]

이른 아침 새들의 지저귐 같이 이 발레 작품을 인정하는 글들이 많았지만, 천둥 같은 예외가 있었다.『르 피가로』의 영향력 강한 편집장 칼메트는 너무나 큰 충격을 받았다고 고백했다. 브뤼셀의 기사를 싣는 대신에『르 피가로』의 제1면에 발레 그 자체를 맹렬히 공격했다.

『르 피가로』의 칼메트, 1912년 5월 30일
잘못된 스텝*
우리의 독자들은 극장가 소식란에 나의 존경하는 동료 로베르 브뤼셀이 쓰는 니진스키 안무의《목신의 오후》초연에 관한 글을 보통 때처럼 접하지는 못할 것이다. 이 놀라운 예술가는 안무하고 춤을 추었다.
나는 브뤼셀의 이번 글을 신문에 싣지 않겠다. 여기는 드뷔시 음악의 가치를 평가하는 곳은 아니다. (⋯)
그러나 한 가지 확신하는 것은 어제 샤틀레 극장에 있었던 우리의 독자들이라면 누구라도 나와 함께 이 특이한 표현에 반대하는 항의에 동참하리라 확신한다. 그들은 예술의 모든 고귀함과 상상력으로 치장을 하고 심각한 예술 작품이라는 탈을 쓰고, 우리 앞에 이 특이

---
• 말 그대로 '잘못된 스텝'

한 표현을 내놓는 뻔뻔함을 가지고 있다.

이번 프로덕션에 대해 보자마자 바로 '예술'과 '상상'이라는 단어를 언급하는 누구라도 우리에게 조롱을 당할 것이다. 이는 아름다운 전원극도 아니고 깊은 의미를 지닌 작품도 아니다. 우리는 단지 호색적인 목신을 보았을 뿐이다. 에로티시즘에서 비롯된 판의 동작은 더럽고 짐승 같았고 제스처는 외설스럽기 짝이 없다. 이것이 전부다. 기형의 짐승 흉내를 지나치게 내는 것을 전부 보고 나면 혐오스럽다. 그리고 더욱더 혐오스러운 것은 옆모습을 보여 줄 때다.[•] 이 작품이 야유를 받은 것은 너무나 당연하다.

품위 있는 사람들은 결코 이런 짐승의 리얼리즘을 받아들이지 않을 것이다.

니진스키는 그 역에 어울리지 않았고 관객들의 그런 반응에는 전혀 익숙하지 않았을 것이다. 그는 15분 후 장 루이 보두아이에가 착안한 발레 《장미의 정령》에서 눈부신 춤으로 엄청난 찬사를 받으면서 앙갚음을 했다.

이런 작품이 관객들에게 보여 주어야 할 공연이다. 우아하고 고급스럽고, 프랑스의 정서가 가득한 (…).[88]


댜길레프는 반격을 위해 그의 세력을 모았다. 같은 날 댜길레프는 칼메트에게 두 개의 봉인물이 담긴 답장을 보낼 수 있었다. 공정함 때문이든 논쟁이 촉발되는 것을 피할 이유가 하나도 없어

---

• 칼메트는, 이 나라에서 우리가 이미 익숙한 저속한 컬럼니스트들이 글을 적는 방식으로, 자신이 말하고자 하는 내용, 즉 니진스키가 음란한 공연을 했다고 넌지시 암시하려고 애를 쓰는 듯하다. 이런 컬럼니스트들은 도덕이라는 명분을 내세워 맹렬히 어느 대상을 비난하면서 사람들을 자극한다.

서 그랬든 『르 피가로』의 편집장은 다음 날 아침 신문에 아래와
같은 글을 실었다.

『르 피가로』의 칼메트, 1912년 5월 31일
샤틀레 극장의 문제를 다시 언급하는 것을 예상치 않았지만 나의 독
자들이 나에게 격려의 글을 보내고 나를 매우 기쁘게 한 수백 통의
편지 중에 러시아 발레 시즌의 감독 댜길레프에게서 온 한 통의 편
지도 있었다. 나는 공정한 일 처리를 하고자 신문에 싣는다.

파리 1912년 5월 30일
칼메트 씨,
나는 여러 연구를 거쳐 다년간 작업의 결실인 발레를 단지 몇 줄로
는 옹호할 수가 없습니다.
화요일에 당신이 제작하여 독자들에게 배포한 자크 에밀 블랑슈가
적은 기사의 관점은 단순해 보입니다. 우리 시대의 가장 위대한 예
술가 오귀스트 로댕의 의견과 스테판 말라르메Stéphane Mallarmé의 절
친한 친구였던 또 다른 거장 오딜롱 르동M.Odilon Redon의 의견을 같
이 첨부합니다.
무엇보다 여기에 내가 오딜롱 르동에게서 받은 편지가 있습니다.

댜길레프 씨,
기쁨은 종종 슬픔을 동반하기도 합니다. 저는 단지 발레단의 오늘
저녁 공연에서 기쁘기 한량없었지만, 한편으로는 나의 가장 뛰어난
친구 스테판 말라르메가 같이하지 못함에 대해 애석하기 그지없습
니다. 그는 누구보다도 자기 생각을 너무나 훌륭하게 일깨운 발레

작품에 감사할 것입니다. (…) 말라르메는 항상 춤과 음악을 그의 대화 속에서 주제로 삼아 이야기했습니다. 그가 알았더라면 얼마나 기뻐했을지, 우리가 지금 보았던 살아 있는 부조 속에서 그의 판은 완벽했으며 시인의 상상 속 창조물이 드뷔시의 음악으로 퍼져 나가고 니진스키의 안무와 박스트의 열정적인 색채로 생명을 얻었습니다. (…)

오딜롱 르동

여기에 또 『르 마탱Le Matin』에 실린 오귀스트 로댕의 글 중에서 중요한 내용이 있습니다:

니진스키가 맡은 최근 역할 중에 이렇게 감탄스러웠던 적이 없다. 점프도 더 없다. 오로지 반 의식적인 동물의 제스처와 포즈뿐이었다. 그는 드러눕고 그의 팔꿈치로 기대고, 무릎을 구부려 걷고 앞으로 나아가고 뒤로 물러나고 때로는 천천히, 때로는 갑자기 움직이면서 각진 동작을 선보인다. 눈을 깜빡거리고, 팔을 길게 뻗고, 손과 손가락을 같이 넓게 벌린다. 그는 머리를 돌리면서도 언뜻 자연스러운 몸짓처럼 보이지만 의도적인 거북함을 내보이면서 자신의 욕망을 계속 표현하고 있다. 그의 마음을 온전히 표현하는 신체 안에서 동작의 형식과 그 의미는 불가분하게 하나로 결합한다. (…) 그의 아름다움은 고대 프레스코화와 조각의 아름다움이다. 그는 예술가들이 그리고 싶고 조각하고 싶어 하는 이상적인 모델이다. 커튼이 올라가고 그가 한쪽 무릎은 올리고 입에는 파이프를 물고 바닥에 비스듬히 누워 있는 모습을 드러냈을 때 관객들은 그가 조각상인 줄 알았을 것이다. 클라이맥스에서 니진스키가 감추어둔 베일에 얼굴을 맞대고 키스하고 욕정을 포기하면서 베일을 보듬는 모습이 주는 충격보다 더 획기적인 장면은 불가능하다. (…)

이렇게 고귀한 노력은 그 전체로 이해되기를 바란다. 그리고 갈라 공연과는 별개로 샤틀레 극장은 우리 예술가들이 영감을 얻고 미에 관한 토론을 하기 위해 공연 관람이 가능하도록 《목신의 오후》를 볼 수 있는 또 다른 기회를 주선해 주기 바란다.

오귀스트 로댕


나는 권위 있는 이런 의견과 우리의 힘든 실험에 대해, 다시 말해 그 정점이 《목신의 오후》이며 우리의 작품들이 적들에게조차 존경받을 수 있는 가치를 지니고 있다는 믿음에 관심을 기울이게 되었습니다.

영광입니다, 로댕 씨,
세르게이 댜길레프


(칼메트의 글이 이어진다.) 나는 댜길레프와 더 논쟁하기를 원하지 않는다. 그는 사업하는 기획자이며 그가 선택한 프로그램은 매우 좋다는 것을 알 수 있다. 이 프로그램에 아름다운 작품들이 포함되어 있다는 것을 나는 인정한다. 그리고 우리는 오로지 '잘못된 스텝faux pas' 하나에만 국한한 예를 들었을 뿐이다. 이번 '잘못된 스텝'에 관해 더 이상 논쟁하지 않겠다.


칼메트는 말라르메가 '땅속 깊은 곳에 죽은 자가 휴식'하는 곳으로 간 이후 르동의 의견이 유일하게 자신의 의견과 부합한다고 결론을 지었다. 이제 칼메트는 공격의 화살을 로댕에게로 돌렸다. 특히 로댕이 오래된 비롱 관Hôtel Biron(로댕이 죽을 때까지 스튜디오로 사용할 수 있도록 한 곳)•에서 납세자들의 세금으로 사는 점에 대해 비난을 퍼부었다. 또한 로댕은 그를 쫓아다니는 여성 찬미자들과 자기만족의 속물들에 둘러싸여 오텔 비롱에 붙어 있는, 이전에 사크레쾨르Sacré Cœur 성당의 부속 예배당이었던 곳에서 외설적인 드로잉 전시를 한다고 비난했다. "이런 짓거리야말로 진짜 스캔들이며 정부는 로댕이 그런 짓을 하지 못하도록 막아야 한다!"고 결론지었다.[89]

《목신의 오후》에서 시작된 논쟁은 정치적으로 바뀌었다. 돌아가는 모든 상황에 대해 정확한 설명을 찾기 좋아하는 의심 많은 파리 사람은 칼메트가 공격하는 진짜 목표는 러시아-프랑스 동맹Franco-Russian Alliance••이라는 결론을 내렸다. 니진스키는 자신의 발레가 초연된 다음 며칠 동안의 흥분에 대해 언제나 기억했다.

다길레프의 친구들과 발레 애호가들뿐 아니라 러시아 발레의 개인적인 찬미자들은 즉시 크리용으로 모였다. 편안한 휴식이 필요했던 니진스키가 늦잠에서 깨어나 세르게이 파블로비치의 방에 왔을 때 무엇을 해야 가장 적절한지를 모두가 모여 논의했다. 모든 방면으로 생각을 했다. 추종자들과 신문 기자들이 칼메트의 공격에 대

---

• 1900년대 초 프랑스 정부가 관리하던 비롱 관館은 로댕이 처음에는 작업실로 세 들어 사용하면서 정부와 협상하여 로댕의 컬렉션을 기탁하는 조건으로 로댕이 계속 기거했으며 자신의 사후 박물관을 만들기로 했다. 지금은 로댕 미술관이 되었다.*
•• 프랑스 제3공화국과 러시아 제국 사이에 1892년부터 1917년까지 성립된 군사 동맹*

해 댜길레프와 니진스키가 어떻게 생각하는지 알고 싶어서 전화하거나, 호텔로 와서 댜길레프와 말하거나 니진스키를 만나려고 애를 썼다. 러시아 대사관의 멤버들이 와서 그들이 확신하는 점을 설명했다. 내용은 칼메트는 표면적으로는《목신의 오후》를 내세웠지만, 그가 공격하는 원 목표는 프랑스-러시아 간에 연합과 우정을 강화하려고 애를 쓰고 있던 프랑스 외무부의 푸앵카레Poincaré와 주불 러시아 대사 이스볼스키Isvolsky의 정책 공격이라는 것이다. 『르 피가로』와 이 신문을 대표하는 정치 그룹은 정치적인 측면과 러시아 발레단 자체를 공격하는 것은 다른 태도를 취했다. 사실 러시아 발레단에 대한 공격은 프랑스에서 러시아를 가장 강력한 선전을 해 주는 셈이었다. 그들은 프랑스와 러시아의 화해 자체를 공격했다.

파리 경찰은《목신의 오후》의 외설성을 이유로 공연 중지를 요청했다. 이 뉴스는 삽시간에 파리 전역에 퍼졌으며 파리시 전체를 완전히 흥분의 도가니에 빠뜨렸다. (…)

엄청난 술렁임과 소문은 반복되고 확대 재생산되었다. 『르 골루아 Le Gaulois』에서는 이번 사태에 대해 대중들에게 사과해야 한다는 기사를 내보냈다.《목신의 오후》의 반대자들이 승리를 얻는 듯이 보였다. 지금 모든 대중을 들쑤셔서 순수한 예술성의 문제를 가지고 뭘 해야 하는가? (…) 칼메트가 경찰에게서《목신의 오후》공연을 더 하지 못하도록 하는 명령서를 얻었다는 것만 알게 되었고 저녁 무렵에도 확실한 사안을 아무것도 없었다.* 공연에 관한 요구서가 즉시 작성되었다. 경찰에서는 댜길레프에게 목신이 베일에 눕는 마지막 장면만 금지하라고 요청사항을 전했다. 세르게이 파블로비치와 다

---

• 《목신의 오후》두 번째 공연은 5월 31일이었다. 3, 4번째 공연은 6월 1, 3일로 정해져 있었다.

른 관계자들은 눈속임을 고안했다. 그들은 니진스키에게 마지막 동작을 변경해야 한다고 말했다. 그러나 니진스키는 자신의 의견으로는 관객들의 도덕성을 침해하는 어떤 장면도 없다고 말하면서 거절했다. 그런데도 1회 혹은 2회의 공연에서 마지막 장면은 약간 수정했지만, 주목할 만큼의 차이는 없었다.

세상을 떠들썩하게 했던 논쟁이 촉발되었다. 폭풍 같은 항의가 칼메트에게 쏟아졌다. 로댕 찬미자들은 반기를 들었다.『질 블라스Gil Blas』편집장 피에르 모르티어M. Pierre Mortier는 로댕을 옹호하기 위해 당장, 이 논쟁에 뛰어들어서 《목신의 오후》는 로댕 예술의 중심 사상이다. 칼메트가 제안한 대로 로댕을 비롱에서 쫓아내는 것이 아니라 국가에서는 평생 비롱에서 로댕을 살게 하고 나중에는 만약 그가 작품을 프랑스에 남기고 떠난다면 로댕 박물관으로 만들어야 한다"고 지적했다. 이는 나중에 실제로 실현되었다.

프랑스의 예술계, 문학계, 정치계의 유명 인사들이 총망라되어 로댕을 지지하는 캠페인이 시작되었다. (…) 그런 후 나머지 파리 시민들은 지성계의 그 밑바닥까지 흔들어 놓고 있는 이 물음에 대해 스스로 판단하고 싶어서 《목신의 오후》 공연을 보려고 난리였다. 러시아 시즌의 티켓은 이미 몇 주 전에 모두 팔렸기 때문에 이 공연을 보는 자체가 진정한 역작이었다. 사람들은 이 공연을 보기 위해 모든 영향력과 정치력 있는 인사들에게 샤틀레 극장의 표를 얻으려고 동분서주했다.

『르 피가로』에서는 포랭Forain의 거대한 캐리커처[90]를 실었다. 비롱관 정원에 있는 그의 스튜디오에 로댕이 보인다. 모델이 그녀의 팔에 드레스를 걸치고 들어간다.

"오, 선생님. 제가 자세를 취할 때 이 옷을 어디에다 두면 좋을까요?"

로댕: "그냥 저기 예배당 안에 두시오."

이 캐리커처는 파리 근교의 성직자들이 로댕에게 적의를 불러일으키도록 교묘하게 디자인되었다. 새로운 지지자들이 로댕 측으로 구름 같이 몰려들었다. 새로운 지지자 청원에 러시아 대사 이스볼스키가 서명했다. 그 외에도 상원의원들 뒤보스트Dubost, 데스투르넬 드 콩스탕d'Estournelles de Constant, 가스통 므니에Gaston Menier, 에드몽 아라쿠어Edmond Haraucourt, 피에르 드 놀야크Pierre de Nolhac, 마담 알퐁스 도데Alphonse Daudet, 마담 루시 펠릭스포레Lucie Felix-Faure 등이 서명했다. 비평가 루이 보셀Louis Vauxcelles은 만화가 포랭에게 애당초 캐리커처를 그리기 위해 자신을 비하하여 미학적인 자존심이 부족하다고 비판을 가했다. 정부 위원회는 공화국 대통령과 수상 양쪽이 모두 마음에 들어 할 보고서를 제출하라는 요청을 받았다.

『르 피가로』, 『르 골루아』, 『라 리베르테La Liberté』과 같은 《목신의 오후》 공연을 반대하는 신문들은 침묵했다.

경찰이 나타나서 공연을 보았고 그들은 대중의 여론 쪽으로 기울어 《목신의 오후》는 공연 금지가 되지 않았다.[91]


포킨은 마지막 리허설에서 니진스키 발레의 마지막 에로틱한 장면을 보고 충격을 받았다. 이 안무에 대한 그의 언급은 흥미롭다. 그는 제일 먼저 이 안무가 표절이라고 비난했다. 포킨의 주장은 니진스키가 자신의 프로덕션인 오페라 《탄호이저》 중에서 베누스베르크 장면에서 세 가지 점을 도용했다는 것인데, 이 장면에서 니진스키는 뛰어난 춤을 선보였다. 그 세 가지란 먼저 목신의 걸음으로 "손바닥을 넓고 평평하게 펴서 관객들에게 돌아서는 장면", 판이 베일을 쥘 때 팔꿈치를 가리키는 것, 맨 마지막에 베일 위로 천천히 몸을 낮출 때라고 주장했다.《탄호이저》에서는 무용수가 스카프 위가 아니라 여성 무용수 위에 누웠다.[92] 이 동작은 무용수 파트너와는 충분히 사전에 교감이 되어야 하지만 스카프 위에서 그와 같은 행위를 했을 때는 포킨의 표현 그대로 빌리자면 "포르노 같은 역겨움"[93]으로 봐 주기가 힘들다고 했다.

포킨이 생각하기로는 니진스키가 고안한 동작 스타일은 막다른 골목이라고 판단했다. 그 자체 내에서는 어쩌면 포킨의 판단이 맞을 수도 있다. 한편으로 포킨은 음악이 흥분한 움직임*을 요구하는 그 순간에도 가만히 서 있을 수 있는 용기를 지닌 젊은 안무가를 칭찬했다. 포킨의 결론은 "전반적으로 고대 풍의 각진 동작을 가지고 표현한 니진스키의 안무는 드뷔시 음악에 잘 어울린다"[94]였다. 이 평은 상당히 양보한 것이다. 내가 생각하기로는 포킨이 사용한 "어울린다"는 표현은 각진 동작이 유연한 흐름의 음악과 날카로운 대조를 보이는 이 작품에서, 상응하거나 필적한다는 의미를 나타내는 적절한 표현이라고는 생각하지 않는다. 이 발레의 마법은 정확한 대비에 있다. 이는 니진스키의 본능에다가 약간의 행운이 합쳐져서 그가 이런 놀라운 안무 동작을 창작하게 이끌었다.

포킨의《다프니스와 클로에》(이하 다프니스) 초연은《목신의 오후》초연 일주일 후인 6월 5일로 예정되어 있었고 이번 파리 시즌

---

* 목신과 프린시펄 님프가 마주하는 장면을 말한다.

의 네 번째 프로그램에 속했으며 앞서 공연한 다른 세 종류 프로그램처럼 4회 공연이었다. 이 시즌은 6월 10일 종료되었다. 니진스키 발레를 초연하기 며칠 전에 포킨은 이미 자신의 신작 발레를 파이널 댄스 이외에는 모두 완성한 상태였다. 일단 《목신의 오후》가 끝나고 《다프니스》 공연까지 일주일이 남아 있었다. 3일은 휴식으로 공연이 없었다.* 이 작품의 초연 이전에 미스터리, 스캔들 그리고 대실패의 분위기가 가실 만한 시간이 충분했다(충분해야 했다). 이 발레는 20세기 프랑스의 가장 유명한 관현악 작곡가 중 한 사람이 작곡했으며, 게다가 포킨이 니진스키를 위해 안무한 마지막 작품이 되었다. 포킨이 생각하기로는 댜길레프가 라벨의 발레를 취소하려고 애를 썼을 뿐 아니라 베라에게 편지를 써서 이번 작품이 성공하기가 거의 불가능한 점을 미셸에게 설득해달라고 애를 썼지만 그렇게 하기에는 너무 시간이 촉박했다.

나의 베라는 '나에게 영향을 주기 위해' 애를 썼지만, 그 일은 불가능했다. 대신 나는 폭발했다. "당신은 댜길레프 편이야?" 하고 나는 소리쳤다. "당신은 신작 발레에 대한 나의 첫 꿈인 작품을 그만두고 그렇게 해서 내가 창조한 작품을 무대에서 볼 수 없게 되거나 혹은 내 발레를 다른 안무가가 무대에 올리는 모습을 지켜보길 원하는 거야?"

그녀가 답했다. "그러나 오직 3일밖에 안 남았어요. 여전히 안무할 20페이지의 작곡 분량이 남아 있어요. 게다가 그 20페이지에 달하

---

* 5월 30일, 6월 2일 그리고 6월 4일

는 나머지 분량은 리허설까지 필요해요. 다 하지도 못한 작품을 올리는 것보다는 공연하지 않은 편이 더 낫지 않을까요?"

말할 필요도 없이 나의 작품이 베라에게도 너무나 소중하며 댜길레프와는 상관도 없다. 그러나 그 순간에는 베라가 댜길레프의 옹호자로 보였다. 그녀가 이 공연을 포기하도록 설득하려고 애를 쓰면 쓸수록 스케줄대로 이 발레를 공연해야겠다는 나의 결정은 더욱 완강해졌다. 내 생각: 마지막 20페이지와 매우 특이한 템포인 4분의 5박자. 그래, 그녀 말에 일리가 있다!

이 곤란한 상황을 해결할 방법을 어떻게 찾아야 할지 몰랐다. 그러나 나는 어떻게든 해야 한다는 것을 알고 있었다.

"나를 혼자 내버려 둬"라고 울고 있는 베라에게 말했다. 나는 거의 울먹이며 라벨의 악보 앞에 앉았다.

연기하는 것은 불가능했다. 영감이 오도록 앉아서 기다릴 시간이 없었다. 내가 부당하게 비난한 아내를 위로할 시간도 없었다.

곧 리허설 하러 갈 시간이며 무용수들이 배울 스텝을 보여 줘야 할 시간이다.[95]


포킨의 이 글이 정확하다면 포킨 부부의 대화는 6월 2일 혹은 3일 정도에 일어났다.[96] 만약 그렇다면 신문의 논쟁을 제외하고라도, 발레단이 작업하는 것을 막지 말았어야 하는 지난 며칠간 무슨 일이 일어났는가? 여러 가지 이유로 포킨은 《다프니스》 안무를 완성하기 위해서 오로지 3일 밖에 없다고 할지라도 20페이지 분량의 악보는 몇 분 정도밖에 안 걸리는 연주 시간일 뿐이다. 《이고르 공》을 거의 단숨에 안무하고, 《레 실피드》의 일부 그루핑은 커튼 올라가기 직전에 안무하고《장미의 정령》의 경우는 두서너 번 리허설로 끝을 낸 이 남자에게 이 정도 분량의 안무는 거의 어린아이 놀잇감 수준이었다.

우리는 다음에 열거하는 이유 중 하나 혹은 그중에 여러 개의 문제가 모두 합해져서 이런 문제가 발생했다고 추측할 수 있다. 댜길레프는《다프니스》악보에 대해 몇 달 동안 비록 그가 위촉한 작곡가 중에 가장 위대한 작곡가 중 한 명인 라벨의 음악일지라도 음악 완성도를 의심하고 있었다. 그리고 그는 진정으로 이 작품의 공연을 원치 않았다. 그는 이 음악을 나중에 니진스키를 위해 아껴 두기를 원했다. 또한《목신의 오후》가 엄청난 관심을 일으키고 있는 상황에서《목신의 오후》의 엑스트라 공연을 원했다. 그는 비평가들이 "이제, 또 다른 고대 그리스 작품이군!"이라고 말할 기회가 생기는 그리스 테마 발레가 너무 빨리, 바로 다음 프로그램에서 공연이 되어 니진스키 발레의 영향을 사라지게 하고 싶지 않았다. 또한 그는《목신의 오후》직후 새로운 역을 하게 하여 니진스키가 너무 피곤해지는 것도 원하지 않았다. 달리 생각하면 댜길레프는 포킨의 안무가 그냥 무조건 싫었거나, 상황이 매끄럽지 못해 제시간에 완성하기가 어렵다고 생각했을 수도 있다.

댜길레프가 반대하는 이유가 무엇이든 간에, 파리 시즌의 빛나는 성공에 유명한 프랑스 작곡가의 음악으로 만든 또 다른 신작을 더함으로써 더욱 풍부하게 만들겠다는 누군가의 야망은 이 모든 반대의 요소를 반드시 극복하게 만들었다. 포킨은《다프니스》

를 취소하려는 댜길레프의 소망이 순전한 악의에서 비롯되었다고는 믿기 어려웠다. 여태까지 경험으로 보아 프로그램을 바꾼다는 공지를 내보내는 것이 얼마나 곤란하고 힘든 상황인지를 포킨은 잘 알고 있었다.

그러나 포킨의 월등한 재능은 그런 상황을 잘 마무리할 만했다.

나는 리허설 장에 도착해서 안무를 완성할 때 특이한 방법을 택했다. 나는 처음에 바쿠스 신의 여사제 한 명이, 그다음 다른 여사제가, 그다음에는 한 번에 두 명의 여사제가 무대를 가로지르게 했다. 그러고는 그리스 부조를 연상시키도록 팔을 엇갈리게 잡고 전체 그룹이 무대를 가로지르게 했다. 그들은 빠르게 무대를 다시 가로지르고 혼자서 혹은 무리를 지어 가로질렀다. 나는 모든 무용수에게 각자 짧지만 다른 조합의 스텝을 가르쳤다. 각각의 무용수들은 그녀 자신의 패시지를 익혀야 했다.

그러고 나서 무용수들을 무대 한쪽 끝에서 다른 쪽 끝으로 가도록 무대 안쪽으로 이끈 뒤에, 나머지 무용수들은 무대 앞쪽 끝에서 그 모습이 드러나도록 했다. 전체 앙상블은 군무의 소용돌이 속에서 함께 휘청거리며 춤을 추도록 했다. 가장 힘들었던 피날레의 가장 큰 부분을 완료했다! 이제는 다프니스와 클로에를 위한 짧은 패시지, 다르콘Darkon을 위한 솔로 그리고 군무의 마지막 부분만 남았다. 내가 할 수 있음은 분명했다. 나는 댜길레프를 쳐다보았다. "그래, 당신은 매우 빨리 제대로 작업을 했군." 말은 그렇게 했지만 그는 명백히 실망한 표정이었다.[97]

카르사비나는 이렇게 회상했다.

《다프니스》음악에는 수많은 걸림돌이 있었다. 소리의 울림은 상냥
하고 우아하고 수정 같은 봄처럼 명징했지만 안무가로서는 몇몇 끔
찍한 함정이 도사리고 있었다. 내가 추어야 할 부분의 음악은 악보
의 마디들이 끊임없이 변화하는 리듬의 변덕스러운 마침을 따른다.
포킨은 시간에 쫓겨서 너무 화가 나 있었으므로 나에게 관심을 기울
이지 못했다. 공연하는 날 아침에도 마지막 막은 아직 끝이 나지 않
았다. 라벨과 나는 무대 뒤쪽에서 박자를 세다가 결국은 세는 것을
포기하고 음악의 양식에 따랐다.[98]

그러나 초연은 8일로 연기되었다. 7일에 공연이 있었기에 정기
적으로 하던 총 리허설을 할 수가 없었다. 그리고 9일이 휴관 일
이고 10일 공연이 시즌 종료였다. 《다프니스》는 겨우 두 번 공연
이 가능했다. 라벨은 짜증이 났다.[99]

결국 최악의 경우가 오고야 말았다. 댜길레프는 본래 신작 발
레를 언제나 프로그램의 가운데 배치하는데 《다프니스》는 제일
처음 공연하고 그 뒤에 《셰에라자드》와 《타마르》가 공연되도록
했다. 또한 댜길레프는 이날 공연을 보통 때보다 30분 일찍 시작
하는 것으로 예정을 잡았다.[100]• 포킨은 신작 발레를 텅 빈 객석을
두고 공연하게 하려는 댜길레프의 의도를 확실히 알아챘다.

---

• 이 내용은 믿기가 어렵다. 나는 포킨의 이야기가 사실인지를 확인할 방법이 없었다.

너무 심한 경우였다. 나는 아무것도 멈추지 않기로 했다. 마지막 리허설 후 객석에서 댜길레프와 아주 심한 언쟁을 했다. 나는 니진스키와 그의 관계를 아주 명료하게 언급하는 말을 사용했다. 나는 발레단이 순수예술에서 변태적인 퇴보로 변하고 있다는 등등 소리를 쳤다.

끝에 나는 덧붙였다. 나의 신작이 개막작품으로 공연된다면 나는 무대에 올라가서 관객들에게 상황을 설명하는 연설을 할 것이라고 했다. 댜길레프가 강제로 나를 무대에서 끌어 내리도록 내버려 두었다. 이것이 그를 위해 발레의 모든 레퍼토리를 무대에 올린 나에 대한 감사의 아름다운 표현이란 말인가![101]

그리고 이 저주받은 발레 초연 일, 4년 전에 의뢰한 음악에서 시작된 이 발레가 드디어 공연하게 되었다. 행복한 사람은 아무도 없었다. 포킨의 글을 보자.

내가 극장에 도착했을 때 《세에라자드》의 무대가 설치되어 있음을 알았다. 댜길레프가 굴복한 것이다. 《다프니스》는 두 번째 공연이다. 관객들은 더 일찍 시작하는 공연에 관해 관심이 없다고 주장한 나의 말이 옳았음은 아래에 언급하는 특이한 사건으로 입증될 수 있다.

나는 한 손에 오페라 모자를 들고 연미복 차림으로 무대 위에 서 있었다. 심하게 긴장 상태여서 그 모자를 계속 열었다 닫았다 하면서 계속 만지작거렸다. 오케스트라는 《세에라자드》 서곡을 연주하고 있었다. 오케스트라 악보의 처음 부분을 다 차지하고 있는 긴 서곡이었다. 끝날 무렵에 가서 무용수들은 무대 위에 자신들의 위치를 잡았다. 나는 오리엔탈 의상을 입지 않은 누군가에게 말을 했다. 소도구 담당자는 쿠션을 준비하고 오리엔트 스타일의 물 담뱃대를 가져왔다. 갑자기 커튼이 올랐다. 고의로 누군가 명령을 내렸다. 나는 객석을 보았고 하렘을 통해 천천히 무대를 가로질러 가서 무대 담당자에게 커튼을 내리라고 했다. 객석에 아무도 없었기 때문에 내가 천천히 갔다. 댜길레프는 나의 신작 발레 초연을 이렇게 텅 빈 객석에서 하기를 원했다.[102]•

댜길레프는 포킨이 니진스키에 대해 기분 나쁘게 말했다고 주장하면서 이런 장난을 친 듯했다. 어떻든 포킨이 댜길레프를 모욕한 후 서로 예의를 지키는 것은 불가능하게 되었다. 발레단은 포킨과 니진스키파로 둘로 갈라졌다. 포킨은 몬테카를로 공연 이후부터 자신의 오랜 친구이며 제작 진행 등 발레단의 관리를 맡은 그리고리예프에게조차 말을 하지 않아서 일은 더욱더 어렵게 되었다.[103] 조용한 성격의 니진스키는 그를 위해 많은 훌륭한 역할을 만들어 준 사람과 좋은 관계로 헤어지기를 갈망했을 것이다. 그러나 "속삭이는 혀는 진실을 독살할 수 있다. (…) 젊음은 헛된 것이다. 우리가 사랑하는 누군가에게 격노하는 것은 뇌 속의 광기처럼 작용하는 것이다."••

다시 포킨의 글을 보자.

---

• 포킨에 의하면 1912년 파리에서는 불과 2년 전에 초연했던 《셰에라자드》를 보기 원하는 관객들은 아무도 없었다고 했다. 이는 참으로 믿기 어려운 말이다. 도대체 밸런타인 그로스는 어디에 있었나?
•• 바이런이 부인과 헤어지면서 보낸 시 「최후까지Fare Thee Well」에 등장하는 구절이다.*

공연을 하는 동안 무대 양쪽 가장자리에서, 그리고 커튼 닫고 휴식 시간 동안 봉기가 일어나고 있었다. 니진스키를 추종하는 일부 무용수들은 내가 그들의 감독뿐 아니라 발레단 전체를 모욕했다고 말했다. 나의 편인 일부 무용수들은 음모에 관해 말했다. (…) 이날이 수년간 일한 발레단에서 마지막 날이었기 때문에 나는 꽃과 선물을 받게 되어 있었다. 일부 발레 단원들은 선물 증정에 대해 항의를 했다. 그 뒤에 밝혀진 바에 의하면 니진스키가 발레 단원들이 나에게 선물하는 것을 금지했다고 한다.*

휴식 시간 동안 역시 또 다른 언쟁이 있었다. 나는 화를 내고 위협하는 무용수들에게 둘러싸여 있었다. 다른 무용수들은 내 주위에 더 가깝게 둥글게 서서 혹시 필요하다면 나를 방어해 주려고 했다. 가장 결정적인 순간에 서곡이 끝나고 누군가가 "커튼"이라고 소리쳤다. 양쪽 패는 모두 무대 가장자리로 뛰쳐 가서 자신들이 있어야 할 곳에서 자리를 잡았다. 나는 공연 지휘를 위해 먼저 무대 끝으로 갔다. 커튼이 올랐다. 《다프니스》 초연은 객석을 가득 채우고 시작했다. 발레는 나의 편인 무용수와 나의 적인 무용수들 전부 똑같이 완벽하게 공연했다. 양들이 무대를 가로질러 걸어 나온다. 양들은 남녀 양치기들이 돌보고 있다. 님프들에게 바칠 꽃과 화관을 준비한 기도하는 사람들, 경배하는 춤, 전원의 평화, 조화로움. 적대적인 분위기와 아슬하게 피한 폭동의 조짐은 불과 얼마 전 똑같은 무대에서 있었는데 이 얼마나 다른 광경인가![104]

---

* 이 부분은 순수하게 포킨의 말을 인용한 것임을 강조해야겠다. 로몰라 니진스키는 타이프로 친 원고의 이 문장에 의문부호를 표시했다. 이 책을 읽는 누구나 니진스키가 자기 성격에 맞지 않는 이런 행동을 한 것을 믿어야 한다는 사실에 대해 그녀가 놀라움을 표시한 듯하다.

다길레프가《다프니스》를 싫어할 만한 또 한 가지 이유는 라벨이 자신의 음악에 대해 아무리 조그만 부분이라도 일절 손을 대지 못하게 한 것이다. 또 합창단에 큰 비용이 드는 점은 그렇다고 치더라도 이 작품은 과거 황실의 클래식 발레들과《아르미드의 관》을 제외하고는 그가 공연한 작품 중에서 시공간의 조화가 제대로 이루어지지 않은 첫 작품이었다.《아르미드의 관》은 어떤 식으로든 과거 발레의 한 종류라고 봐야 한다.《다프니스》의 경우 작품의 진행이 발레를 공연하는 시간 내에 이루어지지 않았음은 물론이고 24시간 내에도 이루어지지 않았다. 그리고 장면은 신성한 숲에서 해적 진지로 바뀌었다가 다시 돌아왔다. 다길레프는 가능한 스토리가 적은 발레를 선호했고[105] 작품에서 스토리 삽입은 단지 작품 배경의 분위기만 나타내는 정도를 좋아했다.《다프니스》의 이야기는 라이벌 연인들, 춤 경연, 해적들의 맹공, 포로가 되는 클로에, 목신에 의해 구출되는 클로에, 그녀의 연인과 재회 등으로 이야기가 연결된다. 다길레프의 입장에서 이런 내용은 그의 그룹의 모든 예술운동의 시발점이 된 과거 5막짜리 발레와 너무 흡사하게 보였음이 틀림없다. 그리고 과거 발레에서는 적어도 남자주인공이라면 자신의 백조 신부를 위해 사냥을 하러 가거나 혹은 자신의 잠자는 미녀를 다시 소생시키기 위해 덤불을 헤쳐 나갔다. 하지만 유약한 다프니스는 납치당한 클로에가 초자연적인 수단을 통해 돌아올 때까지 기절해서 누워 있었다. 중간 부분은 전부 해적들과 함께 있는 클로에의 장면이다. 그러다 보니 카르사비나는 니진스키와 균형이 맞지 않게 모든 영광을 차지한다.

포킨의 그리스 전원극이 니진스키의 작품 규모보다 얼마나 더 큰지는 꼭 기억해야 할 부분이다. 이 작품은 발레단 전체가 출연해야 했고 적어도 80명 이상의 오케스트라 규모에 합창단까지 필요한 규모였다. 3장으로 구성되어 공연 시간이 거의 한 시간이 걸렸다. 니진스키의 《목신의 오후》는 12분에 여덟 명의 무용수가 필요했을 뿐이다.

성스러운 숲을 위한 박스트의 디자인은 셀 수 없이 많은 상록수로 그려진 세로줄 무늬가 있는 바위투성이의 풍경에 단조로운 초록빛 구덩이처럼 디자인했다. 왼쪽에 나무들 사이 뒤편으로 고대 스타일로 세 명의 님프 조각상이 있다. 그러나 팔은 그들 앞으로 뻗어 있다. 그 아래 있는 바위에는 화환과 다른 봉헌 제물들이 널려 있다. 멀리 언덕에는 구름 낀 하늘과 대조적으로 자그마한 황금빛 성지가 어렴풋이 보인다.•

무대는 비어 있는 채로 음악은 부드럽게 시작되며 지속적인 화음으로 연주하고 있다. 무대 밖의 합창단이 허밍으로 멋진 노래를 마치 자장가처럼 부르고 있는 동안 플루트는 다급히 뭔가를 갈구하는 듯이 선율을 연주한다. 젊은 남자들과 아가씨들이 행렬을 이루어 님프에게 바칠 제물을 가지고 오른쪽에서 왼쪽으로 지나간다. 다프니스의 주제는 호른으로 연주하는데 메사저의 《두 마리 비둘기Deux Pigeon》에서 들은 듯한 음악이다. 젊은이들이 성

---

• 하늘 위로 황갈색 바위와 초록색 관목들로 테두리가 쳐져 있다. 나는 어떤 가능성, 원근법 혹은 디자인을 감안하더라도 받아들일 수가 없는 배경이다.

지 앞에서 무릎을 꿇고 있을 때 음악은 크레셴도로 진행되다가 서서히 잦아든다. 현악기로 연주하다가 목관이 연주하면서 들려주는 선율에 맞추어 장엄한 종교 춤이 등장한다. 다프니스(니진스키)는 금발의 단발머리 가발을 쓰고, 그 머리를 가는 끈으로 둘렀으며 순백색의 짧은 주름 스커트를 입었다. 양들과 함께 그가 등장한 이후 꽃무늬의 옷을 입은 클로에(카르사비나)가 등장한다. 둘은 함께 사라진다. 종교 춤을 위한 선율이 크게 울리다가 사라진다. 다프니스와 클로에는 다프니스의 선율에 맞추어 등장하여 님프 앞에 둘은 엎드린다. 트럼펫 연주로 첫 부분이 시작하여 솔로 바이올린이 연주하는 패시지는 더욱 격렬한 4분의 7박자 춤으로 유도한다. 다프니스는 일부 소녀들과 춤을 추고 이에 클로에는 다소 원망스러워한다. 그러고는 현악기 군이 단독으로 연주를 하고 소녀들은 클로에를 춤에 끌어들인다. 소치는 사람(볼름) 다르콘Darkon이 클로에에게 관심을 가진다. 다르콘은 강제로 클로에에게 키스를 하려고 하지만 다프니스가 그를 밀쳐 낸다, 마을 사람들은 연인들을 갈라서게 하고, 다프니스와 다르콘이 춤 경연 대회를 벌이자고 제안한다. 이긴 사람은 상으로 클로에로부터 키스를 받는 것이다. 빠른 팀파니와 끙끙거리는 바순이 연주하는 곡에 맞추어 다르콘의 그로테스크한 춤이 소개된다. 포킨은 이 춤에서 다른 무용수들의 춤보다 더욱 고대 풍이며 각진 방식으로 춤을 안무했다. 트롬본의 글리산도로 끝을 맺은 그의 기이한 춤은 구경꾼들이 흉내를 내며 조롱할 정도로 놀림을 받다가 결국 모두 웃음을 터뜨린다(스타카토로 연주하는 목관 화음). 이제 다프니스가 춤을 춘다. 그는 자신의 팔로 어깨 위에 놓인 지팡이를 휘감고는, 도약을 위해 잠깐 멈추었다가 곧이어 현에서 손가락을 신속히 미끄러지듯 놀리는 하프와 플루트가 함께 느린 8분의 6박자로 연주하는 음악에 맞추어 춤을 춘다. 다프니스는 애처로운 오보에 독주(클로에의 선율)에 맞추어 클로에의 키스를 받고 다르콘은 쫓겨난다. 두 연인이 포옹할 때《두 마리 비둘기》가락이 반주하며 가수들의 허밍 노랫소리가 들려온다. 클라리넷이 지저귀듯이 연주하는 곡에 맞추어 리시온Lyceion(마르그리트 프로만Marguerite Frohman)이 등장한다. 리시온은 지방 도시에서 일찍 결혼한 숙녀다. 그녀는 하프 반주에 플루트가 앞의 같은 선율을 연주하는 경쾌한 연주에 맞추어 춤을 춘다. 그녀는 베일을 떨어뜨리고 다프니스는 흥분된 마음으로 이 베일을 줍는데 이때 음악은 점점 빨라진다. 그녀는 클라리넷 연주에 맞추어 도발적인 몸짓으로 달아난다. 잉글리시 호른을 부는 인물이 해적의 침입을 알리고 해적들이 소녀들을 쫓아다니는 모습이 보인다. 클로에는 님프의 제단에 몸을 맡기지만 해적의 무리한테 잡혀간다. 현악과 목관이 분노의 아르페지오를 연주한다. 다프니스는 클로에가 떨어뜨리고 간 샌들을 찾는다. 님프를 저주한다. (오케스트라 전체가 포르테시모의 곡을 연주한다.) 다프니스는 기절한다. 밤이 되었다. 처음부터 그리움이 가득한 선율이 플루트로 연주된다. 고요한 호른, 그리고 다시 조용한 트레몰로로 연주하는 현악기와 대비되는 클라리넷 연주가 들린다. 님프들은 생명을 얻어 세 명이 사제 같은 춤을 춘다. 바람 소리를 내는 장치와 전체적인 분위기를 나타내는 오케스트라의 연주. 님프들은 다프니스를 일으켜서 그를 바위로 데려가면서 목신에게 호른을 불게 한다. 목신이 천천히 크레셴도에 맞추어 등장하는데 베이스 호른과 최저 음의 종이 연주된다. 커튼이 내려올 때 다프니스는 목신 앞에 무릎을 꿇는다.

장면이 전환될 때 비통해하는 허밍 코러스가 연주된다. 저 멀리서 들리는 트럼펫과 뿔피리 소리는 해적의 캠프임을 알려 준다. 샤틀레 극장에서 러시아 시즌 전에 공연한 루빈스타인이 만든 《스파르타의 헬렌Hélène de Sparte》을 본 적이 있는 사람에게는 두 번째 장면의 오렌지색 바위가 오히려 익숙하게 보일 것이다(실제로 그 바위들은 《푸른 왕》의 바위들과도 흡사하다). 그러나 여기서는 《스파르타의 헬렌》처럼 집과 사원들이 함께 있는 사람이 사는 곳은 아니다. 구름이 떠다니는 흐릿하게 푸르스름한 하늘을 배경으로 황갈색 돌들이 거대한 이빨처럼 치솟아 있는 음산한 만. 짙은 청록색 에게해와 검정과 오렌지색으로 칠해진 해적선이 비밀의 만에 정박해 있는 모습이 보인다. 해적들의 의상은 원색적인 색깔에 동그라미, 체크, 줄무늬, 지그재그 무늬 등을 넣어 대담하면서도 조악한 무늬의 천으로 만든 작업복, 망토, 외투, 거친 재질의 판초 등이다. 해적들은 소용돌이치는 목관의 음계와 트럼펫의 스타카토 곡이 연주될 때 최저 음의 뚜렷한 리듬에 맞춰 거친 춤을 춘다. 그 후 목관으로 오리엔탈 선율과 함께 조용한 패시지가 연주된 후 속도가 빨라진다. 합창은 그리움을 담은 열정으로 노래하고 세 개의 연이은 크레셴도는 마지막에 굉음을 낸다. 그리고 남자들은 지쳐서 쓰러진다. 클로에가 묶인 채 끌려왔고 해적 대장(페오도로프) 브리악시스Bryaxis는 그녀에게 춤을 추도록 명령했다. 하프가 현에서 손가락을 신속히 미끄러지듯 놀리는 주법으로 연주된 후 불길한 화음이 들린다. 카르사비나의 솔로는 잉글리시 호른이 연주하는 애원하는 듯한 슬픈 선율에 맞추어 탄원하는 춤이며 탈출을 시도하면서 춤이 끝난다. 그녀의 춤은 다프니스의 테마로 대표되는 그의 상심을 표현하고 있었다.

음악은 점점 빨라지고 브리악시스는 거칠게 클로에를 잡고 자신의 어깨너머로 그녀를 내동댕이친다(시끄러운 트럼펫 팡파르 소리). 갑자기 장면이 어두워지고 음악은 현악기 군의 트레몰로와 목관악기의 듀엣으로 음산하게 흐른다. 번득이는 불길에 앞서 하프가 먼저 연주되고 기이한 사티로스들이 등장하여, 공포에 떨면서 자기들끼리 서로 싸우고 있는 해적들 사이를 휙 내달린다. 활기찬 스타카토 구절이 트럼펫과 목관 사이에서 점점 빠르고 시끄럽게 서로 주고받는다. 짤막하게 멈추었다가 징이 울리는 소리가 나면서 땅이 갑자기 열리고 목신의 거대한 그림자가 보인다. 해적들은 도망가고, 지속적인 화음을 배경으로 하프와 현악기들이 연주하는 동안 클로에는 머리에 왕관을 쓰고 혼자 남겨졌다.

장면 3에서 다시 배경은 성스러운 숲이다. 무대에는 다프니스가 엎드려 있는 모습 말고 아무것도 없다. 이때 라벨의 훌륭한 새벽 음악이 들려온다. "바위에서 흘러내린 이슬로 형성된 실개천의 물소리"[106]는 목관, 하프와 첼레스타가 연주하는 아라비아풍의 환상적인 음악으로 표현했다. 새들은 노래하고 양치기들은 양들과 함께 지나간다. 관현악의 조화가 더욱 어우러지면서 합창단들은 떠오르는 해 장면에서 허밍으로 경배의 노래를 부른다. 양치기는 다프니스를 발견하고 여자 양치기는 클로에를 다시 그에게 데려온다(플루트와 하프로 연주하는 다프니스의 선율). 그는 클로에의 왕관을 보고는 목신이 그녀를 구출했음을 알았다. 나이 든 목동(체케티)은 목신이 시링크스에 대한 자신의 뼈아픈 사랑을 기억하면서 클로에를 구해 다프니스에게 데려온 것이라고 설명했다. 다프니스와 클로에는 갈대피리의 솔로 (여기서 실제 연주는 부드러운 플루트 연주로 진행됨) 연주에 맞추어 판이 시링크스에게 구애하는 장면을 마임으로 훌륭하게 표현했다. 두 사람의 결혼식에 이어 탬버린 반주에 맞춘 활기찬 바카날(《셰에라자드》를 연상시킨다) 장면이 등장한다. 마지막에 음악은 극도로 흥분된 4분의 5박자로 바뀌고 발레는 긴 광란의 춤으로 끝난다.

그다음 날 아침 신문에 라벨의 걸작, 포킨의 안무와 예술가들의 표현 등에 대한 칭찬 일색인 로베르 브뤼셀의 글(칼메트가 글을 싣도록 함)을 인용해 보면 이렇다. "작품은 엄청난 환호를 받았다. 포킨과 그의 무용수들은 몇 번이나 불려 나왔다. 그러나 모리스 라벨은 겸손하게 기립박수를 피했다."[107]

포킨은 이 발레가 "대단한 성공"을 거두었다고 판단했다.[108] 어느 비평가가 불만스럽게 지적했듯이[109] 안무에서 명료함이 부족했다면 이 점은 시간만 주었다면 충분히 해결할 수 있었을 것이다. 특히 《다프니스》에서 일부 군무 의상으로 《나르시스》에서 이미 사용했던 베오티안 의상을 가져다 사용함으로써, 이 작품만의 명료함이 뒤떨어지기도 했다.[110] 《나르시스》의 새로운 무대에 알

맞은 의상을 모두 다 새로 제작하지는 않았다. 2년 후 이 발레가 리바이벌되었을 때, 박스트가 일부 의상을 새로이 디자인하여 이런 문제는 바로 잡았다.[111]

포킨은 다음과 같이 썼다.

아무에게도 작별 인사를 하지 않고 나는 극장과 나의 최신작과 이별했다. 나는 다시는 댜길레프 발레단을 위해 작업을 하지 않을 것이고 아마 나의 발레를 다시는 볼 수 없을 것이라고 확신했다. 아내와 나는 저녁을 먹으러 갔다. 우리는 말없이 앉아 있었고 음식을 먹을 수가 없었다.

아주 늦게 우리는 오페라 거리에 있는 되 몽드Deux Mondes 호텔로 갔다. 호텔에 들어가다가 우리를 기다리고 있는 한 무리의 무용수들을 만났다. 그들의 팔에는 꽃과 화병이 있었다.

"미하일 미하일로비치, 우리는 무대 위에서 당신에게 작별 인사를 하지 못하도록 명령을 받았습니다. 그래서 당신에게 주려고 이것을 가져왔습니다."

나는 깊이 감동해서 쳐다보았다. 이 용감한 사람들이 누구인가? 황실극장 발레 학교에서 나의 클래스에서 공부하고 최근에 졸업한 나의 이전 학생들 그룹, 모스크바에서 온 여러 명의 무용수, 상트페테르부르크에서 온 여러 명의 무용수 그룹이었다. 폴란드 사람은 아무도 없었다. 인생 전체가 나의 발레와 뒤얽혀 버린 세르주 그리고 리예프, 나의 친구이며 아끼던 사람, 그도 역시 없었다. 늦은 밤 호텔 앞에서 나에게 신의를 지킨 용감한 무용수들과 나는 서로 작별의 인사를 나누었다. 이들 무용수는 나의 모든 레퍼토리에서 춤을 추었고 나는 이들과 즐겁게, 열정적으로, 그리고 때로는 새로운 러시아

발레를 창조하기 위해 즐거운 방식으로 같이 작업한 무용수들이다. 그리고 나는 댜길레프를 떠났다.[112]


이 슬픈 이별은 《다프니스와 클로에》 초연 후, 혹은 두 번째 공연 후, 혹은 두 밤을 자고 난 뒤인지는 불분명하다. 그나마 샤틀레 극장에서 러시아 발레단 다음 공연으로는 포킨이 안무한 이다 루빈스타인의 《살로메의 비극》이었다. 그녀의 춤을 보는 것이 이 위대한 안무가에게 자그마한 위안이 되었을 수도 있다. 포킨 없이 발레단은 런던으로 떠났다.* 포킨 발레의 처음 두 공연 이후 니진스키는 다프니스를 다시는 추지 않았다.**

런던의 레퍼토리는 파리보다는 훨씬 클래식에 가까운 작품들이었다. 《카니발》, 《레 실피드》, 《장미의 정령》, 《아르미드의 관》 그리고 드디어 《백조의 호수》가 포함되었다. 《이고르 공》, 《셰에라자드》 이외에도 2년 된 신작 《불새》, 1년 된 신작 《나르시스》 그리고 최신작 《타마르》 등이 포함되었다. 볼름은 영국에서 처음으로 이반 왕자 역을 맡았다. 필츠는 포키나가 맡았던 배역인 아름다운 차레비나와 키아리나를 맡았다. 카르사비나는 처음으로 백조 여왕을 맡았다. 황실 학교에서 니진스키보다 한해 아래인 피에르 블라디미로프가 파리에서 발레단에 합류하여 니진스키와 번갈아 《레 실피드》의 주역으로 춤을 추었다. 블라디미로프는 우

---

* 그리고리예프는 포킨이 런던 시즌 중간에 떠났다고 적어 두었는데 이는 명백한 실수다.
** 다소 의문스러운 이 사실에 대해서는 이전에는 어느 누구도 언급하지 않았던 것으로 나는 믿고 있다.

아한 외모에 일급 클래식 무용수였고 정통 클래식 발레 무용수였다. 블라디미로프는 바슬라프의 배역 중《레 실피드》와 과거 레퍼토리의 왕자 역 이외에는 대신할 수 있는 배역이 없었다.[113] 볼름이 바슬라프를 대신할 수 있는 역은 오로지《셰에라자드》에서의 역뿐인 것처럼.

파리에서 공연 이후 영국 관객들이《타마르》,《나르시스》를 좋아할까, 혹은《불새》의 스트라빈스키 음악을 처음 듣고 충격을 받지 않을까 하는 문제 이외에는 걱정할 것이 없었다. 파리에서 바슬라프는 자신이 시험 중에 있다고 느꼈다. 반면 런던에서 그의 관객들은 언제나 자신에게 충실하고 감상을 즐겼고 바슬라프 자신 또한 다른 곳에 비해 상대적으로 아주 편했다.[114]

러시아 발레단의 영국 친구들과 멀리서 그들을 흠모하는 것에 만족해야 했던 많은 다른 사람들은 이들의 시즌을 열렬히 기다렸다. 찰스 리케츠가 시인 고든 보텀리Gordon Bottomley에게 보낸 글.

우리 둘(자기 자신과 찰스 섀넌Charles Shannon을 뜻함)은 러시아 무용수들을 기다리고 있습니다. 지난 시즌 동안 그들은 열정의 대상 그 자체가 되었습니다. (…)《카니발》속에는 보라색 커튼 앞에 크리놀린 드레스와 반코트를 입고 실제로 눈물을 머금고 끝부분이 리본으로 갈라지는 구겨진 장갑을 낀 무용수들이 등장합니다. 쇼팽「왈츠(Op. 64, 2번)」, 이는 말로는 도저히 설명할 수 없는 아름다움과 상냥한 아이러니의 불가사의한 세계로 들어갑니다. 빠른 부분은 약음기로 연주하며 소리 없이 추는 춤은 너무 빨라서 신체가 없는 것 같습니다. 왕후 혹은 그 외 귀부인들한테 유혹을 받았던 유명한 남성 무용수들에 대한 고대의 이야기는 생각하고 말하는 것 모두 참으로 진실입니다. 니진스키는 열정, 아름다움, 사람을 끄는 매력 등 모든 면에서 카르사비나가 할 수 있는 것을 능가합니다. 그녀는 하나의 뮤즈, 혹은 여러 뮤즈를 연기하고, 멜랑콜리 한 뮤즈, 변덕스러운 뮤즈이며 비극을 표현할 수 있고 심지어는 육감적이면서 동시에 순수한 모습도 표현할 수 있습니다. 소박함에서 오는 야성과 욕망의 쓰라림. 그녀는 모든 감정을 표현할 수 있는 완벽한 매개체입니다. 니진스키는 살아 있는 불꽃이며, 헤르메스Hermes*의 아들이거나 아니면 아마도 로지Logi**입니다. 누구도 그의 어머니를 상상할 수가 없습니다. 아마도 어느 고대 발레리나가 그 답일 것입니다. 나는 그가 일종의 저절로 태어난 예수 탄생처럼 세상에 온 것이라고 믿고 싶으며, 기껏해야 지나가는 구름이 어떤 환상적이고 변덕이 심한 신에게 매력을 느껴 끌어당겼을지도 모른다는 생각입니다.[115]

『타임스』의 비평가에 의하면 6월 12일 화요일 코번트 가든에서 막이 올랐을 때는 이러했다.

두 개의 로코코 양식의 소파가 놓인 익숙한 광경이 펼쳐졌다(이 해에는 빨강과 파랑 대신에 빨강과 크림색 소파였다). 녹색 커튼(이 해에는 보라색 대신 초록)에 대한 유일한 기록, 즐거움의 황홀감이 극장 안을 휘감는다. 세상은 또다시 피에로가 울면서 정신없이 소매를 흔들고, 아를르캥은 웃고 있는 콜럼바인 앞에서 번개 같은 피루엣을 구사하

---

• 그리스 신화에 나오는 신. 신들의 사자使者*
•• 불의 화신*

는 환상의 세계이다. 그러나 눈물도 웃음도 무용수들이 표현하는 감정만큼 관객이 즐기도록 했으며, 그들이 표현하는 표피적인 감정놀음보다 더하게 관객의 마음이 아프도록 내버려 두지는 않았다.[116]

진실하게 감상을 즐기는 『데일리 메일』의 리처드 카펠Richard Capell은 승리의 찬가를 불렀다. "러시아인들이 코벤트 가든으로 돌아왔다. 이는 1912년 런던에 사는 사람들이 네로Nero와 사르다나팔루스Sardanapalus*의 명령으로 만들어진 것 같은 완전하고 화려한 아름다움을 지닌 팬터마임과 대단한 볼거리의 안무 작품들이 줄줄이 공연되고 이를 볼 수 있음을 의미한다. 러시아 발레단은 무용, 회화, 음악이라는 세 종류의 위대한 예술로 모두 최대한 대담하고 풍부한 표현을 했다. 이들은 어떤 요소와도 비교할 수 없을 만큼 공연에 가장 큰 공헌을 했다." 카펠은 《카니발》을 파리와 런던에서 서른 번 정도 본 적이 있는데 이전과 다름없이 어젯밤 공연도 너무나 환상적이었다고 인정했다. 그는 에스트렐라와 키아리나의 푸른색 스커트와 새로이 제작한 녹색 커튼은 어울리지 않는다고 불평했다. 그는 카르사비나의 《타마르》에 대해서도 썼다. "무시무시할 만큼 창백한 얼굴과 환상적인 라일락색의 옷을 입은 카르사비나의 유연함, 그녀 자신의 관능적인 욕구에 대한 잔인한 희생자."[117]

《불새》는 한 번 연기된 이후, 6월 18일 화요일에 처음 공연했다.

---

• 아시리아의 왕*

과거에 러시아 예술가들에 대해 언제나 고루한 의견을 내놓았고, 토리당Tory*처럼 새로운 것에 대해 언제나 의심하고 싫어했던 『모닝 포스트』조차 감탄하는 기색이다. "영국에서 볼 수 있었던 이런 종류 작품 중에서 가장 훌륭한 작품 중 하나 (…) 완벽한 조화 (…) 대단히 만족스러운 (…) 완벽한 새로움 (…) 의상들의 화려하고 다양한 색상만큼이나 다양한 관현악의 색채."[118]

『타임스』는 이렇게 썼다. "극도로 생기 넘치고 대단히 색채감 있는, 그리고 비록 선율적으로 흥미가 있는 것은 아니지만 확실하고 기민하며 예리하게 정의된 리듬 (…) 카르사비나는 이미 앞서 두 발레에 출연했지만 동작의 민첩함, 우아함, 고혹적인 아름다움에서 그녀 자신을 능가하고 있었다."[119] 토마스 비참 경이 직접 지휘하기로 예정된 이 공연에 대해 며칠 전까지만 해도 믿기 어려워했던[120] 『데일리 익스프레스』는 비참이 《엘렉트라》를 포함하여 여태 내가 지휘하느라 씨름을 한 모든 작품 중에서 가장 어려운 것이 스트라빈스키의 음악!"[121]이라고 한 말을 전했다. 『데일리 메일』의 리처드 카펠은 "소중하고 황홀한 판타지"라고 썼다. 아마도 "화려함과 위트, 특이한 우아함으로 이루어진 소규모의 걸작 (…) 음악에서 뭔가 새로운 요소"를 중요한 매력으로 평가하면서 음악에 대한 찬사가 이어지는 동안 그는 카르사비나가 비교할 수 없는 예술가임을 발견했다. "불새가 대담한 왕자에게 잡혔을 때 (…) 하얀 팔의 떨림, 깃털이 달린 볏과 유린당한 깃

---

• 영국의 보수정당 이름*

616

털의 떨림, 새의 펄떡거리는 심장, 겁에 질려 애정 표시를 거절하는 여인과 무모하게 시도하는 도망."[122]

이날 공연에 빨간 머리를 한 21세의 새로운 인물이 왔다. 그는 화학 연구원으로 교육을 받았지만, 모형 극장과 실제 극장 공연에 열정을 지닌 청년이었다. 그는 뮤직홀에서 이미 카르사비나, 파블로바, 모르드킨 등의 공연을 보고 자신의 진로를 바꾸었고, 그 결과 채링 크로스Charing Cross가 75번지에 조그만 서점을 열기로 했다. 그가 댜길레프 발레단 공연을 처음 본 날 그의 인생 행로는 바뀌게 된다. 그의 이름은 시릴 보몬트였다.• 보몬트가 쓴 글.

《타마르》는 훌륭한 드라마 개념을 지니고 있으며 발라키레프 음악의 시작하는 음들은 발레를 위한 분위기가 물씬 풍긴다. 무겁고 어두운 극장은 일순간 불길한 예감으로 가득한 듯한 분위기였다. 애석하고 비극적인 분위기가 거의 반반 섞여 있는 선율은 저변에 흐르는 고동치는 음악 위로 연주되며, 이는 바위산 허리를 휘감은 강물의 빠른 흐름을 암시하고 있다. 그러고는 커튼이 천천히 오르면서 박스트의 무대가 등장한다. 연보라와 진보라색 벽과 비스듬하게 녹색 천장을 가진 거대한 방이 등장한다. 조명이 잦아들면서 꺼져가는 불꽃의 희미한 빛이 되살아난다. 이 장면은 저 멀리 벽을 배경으로 거대한 긴 의자가 압도한다. 긴 의자 위에는 조지아의 여왕 타마르 역의 카르사비나가 휴식을 취하고 있다. 전신으로 길게 뻗어 자는 동안 가끔 편하지 않은 듯 약간씩 움직인다. 시녀는 그녀 근처에

---

• 《백조의 호수》 공연에 대해 시릴 보몬트가 적은 묘사는 지난 챕터에서 소개했다.

앉아 있다. 다른 신하들은 그늘 속에 서 있는데 그들의 태도는 경직되고 경계를 하는 듯 보인다.

그 장면의 분위기를 아직도 기억한다. 위협이 다시 시작되려 함을 감지할 수 있는 긴장감은 뒤로하고 마치 어떤 끔찍한 위협이 멈춘 것 같다. 말없이 지켜보는 사람들뿐이다. 잠이 들었으나 가만 있지 않고 동요하는 여자로 인해 모든 것이 잠잠해 있다. 그러나 호기심은 강렬하게 일어난다. 도대체 무슨 일이 일어나려는 것일까? 카르사비나는 휘황찬란한 타마르였다. 그녀는 위험하고 교활한 생물체였다. 그녀가 느긋하게 긴 의자에서 몸을 뻗고 있을 때 그녀의 음울하고 창백한 모습은 그녀의 이마에 일자로 그려진 어두운 눈썹으로 인해 더욱 악마적으로 보이게 했다.[123]

《레 실피드》에서 니진스키에 관해 보몬트가 나중에 쓴 글이다.

그날 저녁 전까지는 가장 뛰어난 남성 무용수는 페이디아스Pheidias* 를 기쁘게 할 신체를 지닌 화려하고 남성적인 무용수인 모르드킨이라고 생각했다. 그날 이후로 니진스키는 그때도 지금도 여전히 나의 이상형이다. 28년간 발레를 보러 다녔지만, 나의 의견은 변한 것이 없다. (…)《레 실피드》의 독무에서 그는 월등했다. (…) 본질적으로 그의 춤의 특성은 선율을 상징적으로 표현하는 것이다. 어느 위대한 바이올리니스트가 연주하는 것을 볼 때 팽팽한 현 위로 미끄러지는 활이 불러내는 소중한 선율에 대해 악기의 공명판 만 반응하는 것이 아니고 연주하는 바이올리니스트의 바로 그 몸이 그의 음악에

---

• 유명한 고대그리스 조각가*

반응하는 것 같다. 니진스키의 춤은 발레에서 바이올린 연주와 똑같은 방식으로 가득하다. 그는 사지만이 아니라 전체 몸으로 춤을 추며 춤을 구성하는 동작의 장면들이 한 동작에서 다른 동작으로 옮겨갈 때마다 선율이 표현하는 대로 자연스럽고 유연하게 빠르고, 느리고, 느려지다가 다시 속도가 붙는 동작으로 흘러간다. 그러하기에 나는 그가 돌면서 팔을 확장할 때 그의 실크 소매가 물결처럼 움직였던 것을 기억한다. 그리고 데벨로페développé*에서 다리를 확장할 때 그의 손이 허벅지에서 정강이로 우아하게 쓸려 내려가면서 애무를 암시할 만큼 우아하고 섬세한 동작을 구사한다. 그리고 다시 피루엣의 동작에서는 마치 그 탄력이 소진된 바퀴처럼 그는 부드럽게 와서 천천히 정지한다. 나는 언제나 카르사비나와 니진스키를 완벽한 커플이라고 여긴다. (…) 이 두 사람은 필멸의 존재가 아니다. 죽은 애인의 영혼과 함께, 자신이 불멸의 시를 짓도록 영감을 주었던 달빛 흐르는 숲을 방문한 시인의 영혼이었다.[124]

그러나 이 새로운 발레 애호가는 발레 역사가로서 이전의 누구보다 더 많은 발레 책을 집필하게 되지만 그렇게 발레에 심취했어도 비판적인 견지를 잃지 않았다. 《불새》에 대해 스트라빈스키의 음악, 마법적인 분위기, 카르사비나와 볼름의 만남 등에 대해서는 격한 찬사를 보냈지만, 그는 여전히 "문을 닫아 공주를 받아들이지 않는 그 순간부터 발레는 부자연스러웠다. 악마들과 카체이(비록 체케티가 출연했지만), 불새가 악마들과 그들의 리더를 억

---

• '펼치다, 벌리다.'라는 뜻. 한쪽 발을 천천히 올려 펴서 완벽한 균형을 이루는 동작*

지로 춤추게 하여 완전히 지쳐 나가떨어지도록 하기까지의 춤은 너무 결말이 뻔해 보였다. 연극으로서는 좋았지만, 발레로서 더 이상 안무 시가 될 수는 없다"라고 썼다.[125]

니진스키는 파리에서 잠깐 오톨린 모렐을 만났다. 그녀는 따뜻하고 통찰력 있는 친구가 되었다. 그녀는 인간에 대한 사랑, 그들의 어려움과 보살핌이 필요한 사항에 대한 관심을 지닌 열정적인 이상주의자였다. 이런 그녀의 성품으로 그녀는 당대의 최고의 화가와 작가 대부분에게 안주인, 친구, 또는 거의 엄마 같은 존재가 되었다. 그녀는 널리 알려져 있다시피 블룸즈버리에 정착했다. 모렐의 도움을 많이 받았던 이들 중 상당수가 그녀의 뒤에서 그녀를 놀리는 나쁜 습성이 있었다. 그녀의 보살핌에 가장 의존했던 리턴 스트래치Lytton Strachey*조차 그랬다. 오거스터스 존Augustus John, 헨리 램Henry Lamb**이 적은 그녀에 대한 많은 기록에서 보면 그녀는 키가 크고 아주 멋진 옷을 입고 다녔기 때문에 눈에 띄는 외모였고 이런 점은 오히려 키가 작고 다부진 체격의 니진스키와 기이한 대조를 이루었다. 그리하여 평범한 일반 외출복을 입은 니진스키는 눈에 들어오지 않았다. 그러나 그녀는 그를 관찰하는 눈과 이해할 수 있는 마음을 가지고 있었다. 그녀가 니진스키에 관해 남긴 글은 우리가 오늘날 읽을 수 있는 니진스키에 관한 글 중에 가장 공감할 수 있는 글에 속한다. 그녀는 이렇게 썼다. "리

---

• 영국 작가이자 비평가. 블룸즈버리 그룹의 창립 멤버*
•• 두 사람 모두 영국 화가*

턴과 나의 친구 대부분은 니진스키의 열렬한 찬미자들이었기에 나는 오히려 반대로 그에 대해 콧방귀를 뀌었다. 그러나 나는 그가 춤추는 것을 볼 때면 나의 태도는 완전히 달라졌다. 왜냐하면 완벽하게 자신을 내려놓고 작품에 몰입하는 그와 같은 사람은 단순히 훌륭한 무용수가 아니라 (더 이상 그가 니진스키로 보이는 것이 아니라) 그가 표현하고자 하는 대상 그 자체가 되어가는 것으로 보였기 때문이다."[126]

레이디 오톨린은 공작의 딸이었다. 그녀는 레이디 리펀이 초대해서 댜길레프와 니진스키와 함께 쿰Coombe에서 점심을 먹기 위해 차를 타고 갔을 때 다소 수줍음을 느꼈다. 그녀와 레이디 리펀은 두 사람 모두 예술에 헌신적이었다. 그러나 레이디 리펀은 레이디 오톨린이 떨쳐 버리고 나왔던 사치스럽고 쾌락을 즐기는 세계에 발을 단단히 박고 있었다. 글래디스 리펀Gwladys Ripon(레이디 리펀)의 친구들은 '똑똑한 예술계 무리'였으며 그 반면 자유주의자 오톨린 모렐의 친구들은 리펀의 친구들보다 보헤미안적이었다.

오톨린은 점심을 먹으면서 니진스키의 옆에 있었고 그들은 처음부터 잘 맞았다. 오톨린은 "그는 매우 조용하고 오히려 못생겼다고 할 수 있다. 그러나 그를 보면 즉시 그의 내부에서는 천재의 불꽃이 타오르고 있음을 알아볼 수 있다"라는 글을 썼다. 그녀는 그를 베드퍼드Bedford 광장으로 초청했다.[127]

레이디 줄리엣 더프와 니진스키는 종종 식사 시간에 나란히 앉을 때가 있었고 그들은 더프가 러시아 말을 몇 마디밖에 못 했지만 그럭저럭 대화를 나누었다고 더프가 회상했다.

저녁 시간을 잘 보내는 한 가지 방식은 웃음소리가 크게 나도록 하
는 것이다. 문자 그대로 니진스키는 영어를 단 두 마디밖에 못 했다.
하나는 그가 '피카딜Piccadill'이라고 부르는 런던의 주요 도로의 이
름, 또 하나는 '리틀러Littler'였다. 그가 말하는 '리틀러'는 (…) 리틀
티치Little Tich라는 런던과 파리에서 유명한 특이한 무용수였다. (…)
그는 과장되다 싶을 정도로 긴 부츠를 신고 그의 턴 중 하나는 바닥
에 이마를 대고 물구나무를 서서 쿵쿵거리며 도는 것이었다. 니진스
키는 런던에 도착할 때마다 호기심 가득하게 '리틀러'에 관해 물어
왔다. 그의 우상이 공연한다면 즉시 자리를 예약하여 그와 댜길레프
는 자리에 앉아 넋을 잃고 쳐다보았다. 리틀러는 리틀러 대로 댜길
레프와 니진스키가 자신의 공연을 보러 와서 이들을 보는 것에서 즐
거움을 얻었고 이 두 사람은 리틀러의 익살스러운 공연에서 즐거움
을 얻었다.[128]

바슬라프가 7월 1일 리틀 티치(그리고 파블로바)가 출연하는 팰
리스 시어터의 어전 공연을 보러 갈 기회가 생겼다. 코번트 가든
에서 오페라를 공연하느라 발레 공연이 없었기 때문이다.
오톨린은 어느 날 오후 니진스키와 박스트가 왔을 때를 회상했
다. "덩컨 그랜트Duncan Grant•와 몇몇 친구들이 베드퍼드 광장 정
원에서 테니스를 치고 있는데, 두 사람은 집을 배경으로 한 키 큰

---

• 스코틀랜드 출신 화가•

나무와 사람들이 테니스를 친다고 훨훨 뛰어다니는 모습에 완전히 반해서 그들은 기쁨에 넘쳐 '멋진 (무대) 장식!'이라고 외쳤다."[129]

몇 년간 나는 박스트가 니진스키의 발레《유희Jeux》의 무대 디자인을 한 배경이 된 집에 대해 궁금해했다.《유희》는 오토린이 위와 같이 회상하던 그다음 해 초연된 작품이다.[130] 프랑스의 시골집 같지도 않았고 보솔레이에 위치한 리비에라 팰리스 호텔 같이 작은 창문들이 쭉 열을 지어 있는 배경은 더욱 아니었다. "꿈속에 등장하는 정원의 나무들"임에도 불구하고 교도소 같이 간결했다. 나무의 절반은 숨겨진 모습이었다. 갑자기 레이디 오톨린의 위 인용구를 서너 번 반복해서 읽으면서 나를 궁금하게 했던 건축물이 블룸즈버리 광장의 정원과 비슷한 버전임을 깨닫게 되었다. 런던의 여름날 오후를 연상시키는 장면이었다. 그리고 발레의 주제조차도 테니스 파티에서 암시를 받은 듯하다.•

레이디 오톨린은 다음과 같이 썼다.

---

• 1913년 5월 20일 『질 블라스』에 실린 에밀 드플린Emil Deflin과의 인터뷰에서 니진스키는《유희》가 그전 해 도빌에서 본 테니스 게임에서 착안한 작품이라고 말했다(699쪽에 인용됨). 물론 도빌 시즌은 런던 시즌 바로 그다음이었다. 아마도 이는 그의 작품이 영국에서 기원한 것에 반대되게 프랑스 언론에 흘렸을 수도 있다. 니진스키의 이런 말은 런던에 오는 방문자들이 단지 의례적으로 우리 경찰력이 좋다고 칭찬하는 것과 마찬가지인 외교적인 언사를 한 것으로 생각이 든다. 니진스키는 자신의 일기에 이 작품에 대해 글을 썼다. "이 발레의 이야기는 서로 사랑하는 세 남자의 이야기다. (…)《유희》는 댜길레프가 동경하던 생활이었다. 그는 연인으로서 언제나 두 명의 소년을 두고 싶어 했다. (…) 발레에서, 두 소녀는 두 소년을 대신했으며 젊은 남자는 댜길레프를 상징했다(147,148쪽)." 나는 이를 심각하게 받아들이지 않았다.《유희》에 대한 아이디어는 볼로뉴 숲의 야외 레스토랑 테이블에서 램프 주위에 몰려드는 나방을 보면서 착안한 이야기이기도 하다. 물론 예술 작품에 대한 기원은 여러 가지가 될 수 있다.

그는 극도로 예민하고 신경질적이었다. 그리고 그의 지킴이이며 교도소장인 댜길레프는 그를 피곤하게 하거나 기분 나쁘게 하는 사교 모임에는 나가지 못하도록 했다. 나는 댜길레프가 모여서 놀아도 되는 몇 안 되는 사람 중 한 명이었다. 내 집에서는 그는 조용히 지낼 수 있었으며 오직 다른 예술가들만 만났다. 나는 웃으면서 리턴에게 "그는 마치 기수 같아"라고 말했다. 나는 근육으로 이루어진 긴 목과 창백한 몽골인 같은 얼굴을 한 이 조그만 사람이 정말 좋아졌다. 그의 손은 아주 표현력이 풍부하면서 예민했다. 그의 관찰력은 아주 뛰어나고 매우 빨랐지만 마치 다른 세계에서 온 방문자 같았고 항상 바깥세상에서 길을 잃은 것처럼 보였다. 방에 들어가자마자 그는 걸려있는 모든 그림을 몇 분 만에 보았다. 그는 영어를 몰랐고 그의 프랑스어도 불분명해서 그와 대화를 나누기가 쉽지는 않았지만 우리는 서로를 그럭저럭 이해하고 있었다. 그리고 내가 생각하기에 그는 자신의 심각한 작품에 대해 제대로 이해하고 감상하는 것을 매우 기뻐했다. 어느 날 나 자신이 작품을 창조할 수 없는 것에 대해 개탄을 하니까 그는 재빨리 "오, 마담, 그렇지만 당신은 우리 젊은 예술가들이 창조 작업을 할 수 있도록 도와줍니다"라고 했다.

그 당시 그에 대해 믿기지 않는 이야기들이 있었다. 그가 매우 방탕했다는 둥, 인도 왕자가 그에게 선물한 에메랄드와 다이아몬드로 만든 허리띠를 하고 다닌다는 둥. 그러나 그렇게 알려진 것과는 달리 나는 그가 예술에 대한 집중력을 떨어뜨리거나 방해하는 그 어떤 소유물도 싫어한다는 것을 알게 되었다. 그는 끊임없이 새로운 스텝, 새로운 발레에 대해 연구했다. 또한 그는 《봄의 제전》에서 한 것처럼 오래전부터 전해오는 러시아 신화와 종교를 테마로 한 작품을 만들기 위해 열중하고 있었다. 《장미의 정령》과 같은 작품은 이미 그의 관심에서 멀어졌다. 그는 이 작품이 과하게 예쁘다고 표현했다. 이 작품에 대해 사람들이 보내는 찬사를 오히려 귀찮게 생각했다. 그는 나에게 두 장의 사진을 주었다. 하나는 일상적인 모습을 담은 사진이었으며 또 다른 하나는 《페트루슈카》 공연 때 찍은 사진이었다.● 그는 페트루슈카 역을 과거 러시아의 전통적인 인물로 표현했다고 말했다. "삶이 고통스럽고 연민을 자아내게 하는 일들로 가득한 가공의 버림받은 자, 그는 벽을 자신의 손으로 치기도 하지만 언제나 속아 넘어가고 무시당하고 혼자 버림받는 존재." 아마도 도스토옙스키가 『백치』로 집필한 그 신화일 것이다. 몇 년 뒤 나는 찰리 채플린에게서 니진스키에게 존재하는 것과 똑같은, 강렬하게 가슴 아프게 하는 무언가를 발견했다.[131]

"저급한 취향"[132]이 종종 번득이던, 세상 이치에 밝은 자크에밀 블랑슈는 그해 7월 레이디 오톨린이 니진스키에게 품었던 마음과 니진스키를 힘들게 하던 창작에 관한 논쟁들에 대해 그녀보다 훨씬 덜 공감했다.

블랑슈는 다음과 같이 썼다.

어느 날 샬랴핀이 사보이 호텔의 큰 홀에서 레이디 리펀에게 점심을 접대했다. 그리고 나는 게스트 중 한 사람이었다. 웨이터가 나에게 댜길레프에게서 온 쪽지를 건네주었다. 나는 편지를 열어서 읽었다. "친애하는 친구, 우리는 그릴 룸에 박스트와 함께 있습니다. 바슬라

---

● 니진스키가 자신의 서명을 담아 오톨린에게 준 이 사진들은 1968년 7월 18일 소더비 경매에서 각각 150파운드에 팔렸다.

프가 당신을 보고 싶어 합니다. 그는 당신에게 엉뚱한 계획을 말하고 싶어 하는데 당신은 그가 하고 싶어 하는 것을 알고 있습니다. 그는 우리가《게임들games》의 대본을 협업하고 드뷔시가 음악을 작곡하기를 원합니다. 즉시 우리한테로 와 주십시오. 네 시에 극장에서 리허설이 있습니다." 내가 도착했을 때 바슬라프는 테이블보에다가 그림을 그리고 있었다. 댜길레프는 기분이 언짢아 보였고 그는 손가락을 뜯고 있었다. 박스트는 놀란 표정으로 테이블보 위의 그림을 보고 있었다. 그러나 니진스키는 오로지 러시아어만 이해했고 그리하여 내가 무슨 일이 일어난 지를 이해하는 데 시간이 좀 걸렸다. '입체파' 발레 —《유희》가 되는 — 는 정원에서 테니스 게임이 주제였다. 그러나 박스트 스타일의 낭만적인 무대 세트는 전혀 없었다! 군무도, 앙상블도, 바리아시옹도, 파드되도 있으면 안 되었고 오로지 플란넬 옷을 입은 소녀들과 소년들, 그리고 그들의 율동적인 동작만이 있어야 했다. 무대 위에서 한 무리는 분수를 묘사하고, 테니스 게임(부도덕한 모티프와 함께)은 비행기가 추락하면서 방해를 받는 것이었다. 이 얼마나 유치한 아이디어인가!【133】

사실 세 명의 무용수가 분수를 표현하는 것보다 더 매력적인 아이디어를 상상하기는 어렵다. 비행기에 대해 말해 보자면 댜길레프 발레에서 비행기가 착륙하는 것(그것도 무대에서는 보이지 않은 곳에서)은 1926년《로미오와 줄리엣》에 가서야 등장한다!

블랑슈는 이렇게 썼다. "나는 이 계획을 드뷔시에게 보냈다. 그의 답은 '안 됩니다. 멍청하고 음악적인 요소가 하나도 없어요. 나는 악보 작곡을 절대 하지 않을 겁니다'였다. 댜길레프는 드뷔시의 거절을 기뻐했다. 니진스키는 완강했고 런던에서 더 이상 춤을 추지 않겠다고 위협했다. 드뷔시에게 다시 전보를 쳤다. 그의 작곡료는 두 배로 올랐다." 블랑슈는《유희》를 그다음 해에 보고 들었을 때 "시원찮은 음악"이라고 생각했다![134]

다길레프가 니진스키를 실험이라는 미지의 영역으로 끌어들였지만 이와는 별개로 1912년 당시 니진스키의 창작 아이디어는 이미 다길레프를 앞서가고 있었다. 둘 사이의 조화와 이해의 부족은 둘의 관계를 첨예하게 만들었다. 그리고 줄리엣 더프가 살펴본 바에 의하면 다길레프는 "무자비함과 취약함이 기이하게 혼재되어 있다. 그는 다른 사람들을 울게 만들기도 하지만 그 자신이 울 수도 있다. 내가 기억하기로, 어느 날 킹스턴 힐Kingston Hill의 엄마 댁에 다길레프와 니진스키가 함께 오기로 했다. 그러나 둘의 의견이 맞지 않아 니진스키가 같이 오기를 거부했는데 다길레프는 정원에서 눈물을 흘리고 있었으며 안절부절못하고 있었다."[135]

1912년 당시 오톨린 모렐 앞이니까 다길레프가 자신의 남자친구(바슬라프)가 불친절하다고 울 수 있었지, 모렐 말고 영국의 사교계 다른 숙녀 중에 누구 앞에서 울 수가 있었을까?

레이디 줄리엣이 니진스키에 관해 쓴 글을 보자.

무대 밖에서 그 당시 니진스키는 번득이는 인지력과 위트를 재치 있게 발현하여 일행들을 종종 즐겁게 하거나 놀라게 하는 발육이 느

《페트루슈카》에 출연한 니진스키. 1913년 니진스키가
오톨린 모렐 부인에게 사인해서 준 사진

린 아이 같았다. 어느 날 사보이 호텔에서 점심을 먹는데 댜길레프가 다소 긴 일화를 이야기하기 시작했다. 니진스키는 지겨움을 숨기지 않았고 결국 끝에 가서는 댜길레프를 쳐다보며 단호하고 최후통첩 식으로 "길기만 하고 형편없는 이야기"라고 내뱉었다. 다른 경우에도 우리는 사람들의 동물과 새에 관한 기호에 관해 토론을 하고 있었다. 니진스키가 앉아서 매부리코인 어머니를 빤히 쳐다보더니 "당신은 앵무새"라고 말했다. 내가 알고 있는 그 누구보다 기꺼이 자기 자신(그녀는 매우 키가 컸고, 허리가 살짝 굽었다)을 잘 놀리기도 하는 어머니는 "'당신은 낙타'라고 하지 않은 것이 다행이구나"라고 나에게 더듬거리며 말씀하셨다.[136]•

그러는 동안 호프만스탈은 슈트라우스에게 편지를 썼다.

로다운Rodaun에서 호프만스탈이
가르미슈Garmisch에 있는 슈트라우스에게, 1912년 6월 23일
(…) 당신에게 《오레스테스》 제안을 했을 때 당신은 반대하였고 나는 신속하게 기꺼이 그 반대를 받아들이면서, 발레 제작에 관해 필요한 모든 것을 당신에게 말했습니다. 당신은 모든 것을 꺼리지는 않습니다. (…) 가장 풍부하고 명확한 디자이너의 상상력을 지닌 케슬러와 함께 나는 러시아인들을 위해 《이집트의 요셉Joseph in Egypt》이라는 짧은 발레를 만들고 있습니다. 이 작품은 포티파르 부인 이야기이며, 물론 요셉 부분은 오늘날 무대에서 가장 뛰어난 특

---

• 이 이야기에 관한 스트라빈스키의 버전(『회고록』 36, 37쪽)에서는 니진스키가 "당신은 낙타"라고 말했다고 한다.

징을 보이는 니진스키를 위한 역할입니다.

내일, 혹은 그다음 날 나는 당신에게 작품 스케치를 타자로 쳐서 보내겠습니다. (…)

(…) 당신이 이 작품을 음악으로 작곡하는 것에 대해 마음에 내키지는 않는다고 하더라도 나는 러시아 사람들(댜길레프와 니진스키는 이 작품의 스케치를 알고 있습니다!)에게서 의뢰받은 작품을 연달아 취소할 수는 없습니다. 댜길레프가 선택하는 러시아 혹은 프랑스 작곡가와 나는 가능한 협력 하고 조정하여, 내가 음악가가 누구인지에 관해 관심을 갖는 것이 아니고 오직 무용수에게 도움이 되는 것에 관심이 있음을 명백하게 할 것입니다.[137]

로다운의 호프만스탈이 가르미슈의 슈트라우스에게,
1912년 6월 28일

(…) 나는 당신이 《요셉의 전설》에 대한 아이디어를 잠정적인 작업으로 받아들여서 기쁩니다. (…) 댜길레프는 이번 작업에 대해 사업적인 측면에서 매듭짓기 위해서 런던에서 가르미슈로 방문할 것입니다. 그러나 그는 사전에 당신에게 이 토론을 언제 하면 좋을지 물을 것입니다. 그는 가장 매력적인 러시아인입니다. 매니저라기보다는 오히려 시골 신사에 훨씬 더 가깝습니다.[138]

케슬러는 댜길레프와 함께 슈트라우스를 보러 8월 3일 가기로 정했다.[139]

이해 여름은 러시아 무용수들이 파티에서 춤추는 것이 대유행이었다. 7월 내내 니진스키는 카르사비나, 잠벨리와 함께 리츠 호텔에서 개최된 아가 칸의 파티에서 춤을 추었다.[140] 크야시트와 볼리닌은 리젠트Regent 파크에 위치한 세인트 던스턴St.Dunstan에서 론데스보로Londesborough 부부를 위해 춤을 추었다.[141] 파블로바는 노비코프Novikov와 파트너로 스트로베리 힐에 있는 레이디 미켈럼Michelham의 집에서 춤을 추었다.[142] 니진스키와 카르사비나는 레이디 리펀이 쿰에서 알렉산드라 왕비를 위해 개최한 파티에서 춤을 추었다.[143]

파블로바는 다시 팰리스 극장에서, 아들린 지니는 콜리세움에서 공연을 했다. 지니는 5월에 새로운 발레 《라 카마르고La Camargo》로 그녀의 시즌을 열었다. 이 작품은 그녀 자신이 안무했으며 자신이 18세기의 유명한 무용수 카마르고로 분했다. 디자이너 C. 빌헬름C. Wilhelm은 무대 세트를 위해 실제 그 시대의 가구를 구하느라 큰 노력을 기울였다. 그러나 그 시대의 병풍을 찾지는 못하고 임시방편으로 즉석에서 만들어야 했다. 댜길레프는 런던에 도착하자마자 런던의 에이전트 에릭 볼하임Eric Wolheim과 함께 이 발레를 보러 갔고 그의 눈에는 즉시 가짜 병풍이 눈에 띄었다. 그건 그렇지만 지니의 춤은 댜길레프에게 깊은 인상을 남겼다. 댜길레프는 카르사비나와 니진스키를 데리고 7월에 콜리세움의 마티네 공연을 보러 갔다. "이 극장에는 편안한 좌석이 남아 있지 않았다. 공연을 보기 위해 목을 길게 빼야 하는 가장자리에 세 좌석이 비어 있는 갤러리로 올라갔다. 그러나 이들의 이런 노고는 지니가 등장하면서 즉시 보상받았다. 댜길레프는 어린아이처럼 흥분했고 그의 입에서는 최상의 칭찬이 터져 나왔다." 그는 다음

런던 시즌에서 이 발레리나를 출연시키고 싶어 했다. 그러나 이 작업은 성사되지 못했다.[144]

《나르시스》는 7월 9일 공연되었고 파리보다 훨씬 더 좋은 평을 받았다. 『타임스』의 비평가는 "나르시스 주위를 둘러싼, 그리고 말 그대로 그의 발밑에 드러누운 님프의 매력에 대해 무감각한 나르시스에게서 짜증나는 면"을 발견했고 님프들이 "발레에서 계속되는 장면 모음"으로 작품을 약화한다고 생각을 했지만 베오티안 남자들과 소녀들의 그루핑, 바쿠스 여사제들의 춤, 나르시스가 처음 등장하여 추는 "순수한 기쁨을 표현하는 춤과 그가 그 기쁨을 완벽하게 재현해 냄"에 대해 칭찬했다. 그는 "러시아인이 우리에게 보여 준 그 어떤 작품보다 매력적"이라고 생각했다. 새로운 발레는 아주 찬사를 받았다고 썼다.[145]

『모닝 포스트』는 니진스키가 "단지 육체적인 움직임만 구사하는 것과는 차별화되어 우아한 동작을 이렇게 광범위하게 구사한 적은 그 이전에는 없었다"고 밝혔다.[146] 『데일리 익스프레스』는 《나르시스》에서 니진스키가 "또 하나의 승리"를 일구어 냈다고 판단하면서 "공연한 즉시 확실한 성공"임을 알았다고 썼다.[147] 『데일리 메일』에서 리처드 카펠은 "고대의 세계를 바라봄, 마치 데오크리투스의 목가Theocritan idyll°가 펼치는 환영", 그리고 "니진스키의 역은 그가 런던에서 보여 주었던 역할 중 가장 정교하며 공연은 호기심을 충족시키면서 멋졌다. 그러나 한 송이 수선화라

---

• 테오크리투스는 기원전 3세기 전반에 활약했던 목가적인 전원시의 창시자°

기보다는 희귀한 난초 같이 보였다"[148]고 썼다.『선데이 타임스』의 비평가는 니진스키의 공연에 대해 이렇게 썼다. "모든 포즈, 모든 동작, 모든 제스처가 중성의 무감각과 공허한 안일함을 본능적으로 담고 있다. 아마도 관객은 나르시스가 받은 처벌이 그가 저지른 잘못에 적절하다고 느낄 것이다."[149]

시릴 보몬트 또한 모든 사람처럼 브로니슬라바 니진스카의 바커스 여사제의 모습에 충격을 받았으며 맨 마지막에 연못에서 피어오르는 인공으로 만든 꽃은 싫어했다. 그는 니진스키의 마지막 포즈에 감탄했다. "그가 연못 가장자리에 쪼그리고 앉아 물 표면 아래로 사라질 때까지 무한한 우아함을 지니고 물속으로 더욱 가까이 몸을 굽히면서 물에 비친 자신의 이미지를 넋을 잃고 쳐다본다."[150]

찰스 리케츠는 두 명의 친구들 각자에게 발레에 대한 자신의 감상을 적어 보냈다. 한 친구에게 적은 글. "고백하건대 러시아 발레는 춤의 완벽함과 무대의 아름다움으로 인해 언제나처럼 나를 끌어당기고 나의 뇌리에서 떠나지를 않는다. 에코 역의 카르사비나는 감동적이고 사랑스러운 역할을 이행하는데 필요한 시적 통찰력으로 새로운 승리를 거머쥐었다. 그녀의 타마르는 또 다른 방향으로 승리를 일구었다."[151]

7월 15일 브로니슬라바 니진스카는 엄마, 오빠가 참석한 가운데 무용수 알렉산더 코체톱스키Alexander Kotchetovsky와 버킹엄 팰리스 로드에 있는 러시아 정교 교회에서 결혼식을 올렸다. 다길레프는 아버지를 대신하여 그녀를 신랑에게 인도하고 그는 사파이어와 다이아몬드로 된 반지 세트를 선물했다. 댜길레프는 니진스카가 코체톱스키와 결혼했다기보다는 "그녀는 자기의 예술과 결혼했다"고 확고하게 선언했다. (그녀는 러시아 혁명 기간에 이 반지를 팔아야 했다.)[152]

　영국인들은《나르시스》에서 니진스키가 그들이 여태 본 그의 어떤 작품보다 광범위하고 힘든 역이라는 것을 느꼈다는 점이 흥미롭다. 그 이유는 영국 관객들이 아직《페트루슈카》를 보지 못한 상황이었다. 이 걸작에 대한 뉴스는 미들턴 머리Middleton Murry, 캐서린 맨스필드Katherine Mansfield가 편집하는『리듬Rhythm』잡지 7월호에 인상적인 삽화와 함께 열광적인 기사의 내용을 담아 해협을 건너면서 런던에 서서히 알려졌다.[153] 재능 있는 젊은 프랑스 조각가 앙리 고디에Henri Gaudier는『리듬』잡지 초창기에 드로잉을 그려 잡지 발간에 기여했다. 앙리 고디에는 자신보다 20년 연상인 여자 친구 소피 브르제스카Sophie Brzeska*의 성을 자신의 성Gaudier-Brzeska에 붙였다. 그녀는 화가에게 기이하게 굴고 고통을 안겨 주었던 여인이었다.[154] 그리고 고디에는 그해 여름 니진스키는 단독**으로, 카르사비나와 볼름은《불새》의 장면으로 조각을 만들었다.*** 카르사비나와 볼름의 조각은 줄리언 루사다

---

* 폴란드 출신 여류소설가, 소설가로서보다는 앙리 고디에와의 관계 때문에 더 유명했다.*

** 나는 이 조각상을 찾을 수가 없었다. 그러나 고디에에 관한 권위자인 에드Ede는 조각가가 상상 속의 무용수 모습을 조각한 뒤 조각의 이름을 '니진스키'라고 붙인 것이라고 추측했다.

*** 이 조각의 주물 중 하나는 헤어우드Harewood경의 콜렉션에 있다. 다른 것이 존재하는지는 모른다.

《나르시스》에 출연한 니진스키.
이 발레에서 니진스키를 찍은
세 장의 사진 중 하나
(발로그 사진, 위)
《오리엔탈》에 출연한 니진스키
(아래)

Julian Lousada가 비용을 지불했다. 줄리언 루사다는 법률가 앤서니Anthony의 아들이며 훗날 테이트Tate 갤러리의 이사회 의장이 된다. 이때 받은 비용이 고디에가 살아생전 받은 가장 높은 액수의 금액으로 20파운드였다.[155] 니진스키가 이 외롭고, 가난하고 기이한 커플과 우정을 나누었을 확률은 상당히 높다. 아마도 이들이 만나던 장소는 사보이 호텔이었을 가능성이 높다.

젊은 시인 루퍼트 브룩도 그해 여름 러시아 발레와 사랑에 빠졌다. 그는 종종 제프리 케인스와 코번트 가든에 공연을 보러 갔다.[156] 때로는 그가 사랑하는 여배우 캐슬린 네스비트와 함께 가기도 했다. 이 여배우는 어느 날 그들이 극장을 떠나면서 브룩이 한 말을 잊지 않았다. "당신이 기적을 본 사실을 알겠어? 니진스키는 공중에 그냥 멈추었어."[157] 몇 달 후 브룩은 발레단에 대한 글을 썼다. "할 수만 있다면 그들은 우리 문화를 구원한다. 나는 발레 디자이너가 되기 위해 모든 것을 다 쏟아부을 것이다."[158] 이때 그가 말한 발레 디자이너ballet-designer는 안무가를 뜻한다.

니진스키를 위해 행복한 시간이었어야 했다. 그가 춤을 추는 모든 공연은 완전한 승리였다. 편안한 8월을 앞두고 있고 도빌에서 《레 실피드》, 《향연》, 《카니발》, 《장미의 정령》을 프로그램으로 간헐적인 공연을 했다.• 니진스키는 댜길레프와 스트라빈스키와 함께 바이로이트를 방문하여 《파르지팔》을 들었다.[159] 그리고는 9월에 베네치아로 갔다.[160] 그러나 그의 마음속에는 춤에 대한 새

---

• 8월 6일부터 8월 22일까지 5회 공연이었다.

로운 표현법을 창조하기 위한 엄청난 내적 투쟁이 전개되고 있었다. 그는 이러한 산고 때문에 짜증이 나고 힘들었다.

제6장

**1912~1913**

1912년 가을~1913년 9월

앞에서 살펴본 바와 같이 소년 니진스키는 친구가 없었다.[1] 그는 선천적으로 외로운 존재였고 학교에서의 환경 또한 그를 외톨이로 만들었다. 1908년 졸업 후 어느 순간 그는 갑자기 소년에서 남성이 되었으며, 사실 처음에는 류보프 공작, 그다음에는 댜길레프가 그를 받아들였다. 그에게 신뢰를 주고 안정감을 주는 이런 나이 든 남자들과의 관계는 분명히 니진스키와 같은 성격을 지닌 사람에게는 이상적이었다. 말할 수 있는 최악의 상황을 언급하자면, 목신牧神은 종종 그를 길들이는 압도적인 성격에서 잠깐이라도 도망 나와서 숲속으로 도망갈 필요가 있었을 것이다. 그는 때때로 예쁜 소녀와 사랑을 나누고 추파를 던지기도 하는 다른 관계를 꿈꾸었을 것이다. 그러나 그에게는 예쁨만으로는 충분하지 않았다. 공감은 필수적이었고 이는 발레 예술이라는 주제에 온전히 집중할 수 있는 공감이었다.[2] 어느 소녀가 무용가와 안무가라는 직업의 성스러움을 느낄 수 있겠으며 니진스키가 필요하고 요구하는 만큼의 헌신적인 이해를 주겠는가? 어중간하게 이해하는 건 아예 모르는 것보다 더 나쁘다.

러시아 발레단의 다른 멤버들과 달리 그는 완전히 열외로 되어 있었다. 그들은 그의 동료였고 그의 예술을 표현하는 매개체였다. 물론 니진스키만큼은 아니라고 하더라도 그들은 열심히 했다.[*] 그리고 일부는 웬만큼 지적이고 교육도 잘 받았다. 여성 무용수들의 대부분은 예뻤고, 대부분은 애인이 있었다. 어떻든 댜길레프와 밀접한 그는 그들과 거리가 있을 수밖에 없었다. 남자 무용수 중에 누군가와의 우정을 쌓는 것은 여성 무용수들 중의 누군가와 연애를 하는 것만큼이나 불가능해 보였다. 바람기 많은 부르만은 학창 시절의 친밀함을 가지고 주제넘게 니진스키에게 이런 연애를 부추겼을 수 있다.

그에게는 파트너 카르사비나가 있다. 1918년에 쓴 니진스키의 일기를 보면 카르사비나에 대한 비밀스러운 열정에 관해 적은 부분이 있다.[3] 나는 이를 심각하게 받아들이지 않는다. 그리고 만약에 심각했었다 하더라도 몇 주, 며칠 정도이며 그것도 발레리나는 결코 알지도 못했다. 그녀는 자신을 짝사랑하는 많은 남자가 있어서 사랑의 열병을 앓고 있는 징후에 대해 경계했다.[4] 진실을 말하자면 그녀는 범접 불가능이었다. 속물적 견지에서가 아니라

---

[*] 블라디미로프는 니진스키가 저녁 공연이 끝난 후에도 수평봉을 잡고 연습하는 것을 보았다고 말했다. 그런 모습에서 그는 호감을 느꼈다.

매우 진지한 견지에서 판단하건대 니진스키가 완전히 그의 아래에 있는 발레단의 다른 멤버들에게 느끼는 감정은 카르사비나도 마찬가지였다. 카르사비나는 니진스키만큼 예술에 헌신하는 예술가이며 온전히 다른 구성원들 위에 있었다. 자신과 같은 타고난 특색, 예의와 정신의 고귀함을 동료 무용수에게서 발견한다는 것은 그 반대되는 사람을 발견하는 것만큼이나 당혹스러웠다. 또한 그녀는 매우 지적이었다. 또한 그녀는 발레 창작을 직접 하기를 원치 않았다 하더라도 작품에 대한 이해력은 니진스키보다 더 빨랐다. 최종적으로는 그녀의 눈부신 미모였다. 왕자부터 시인까지 그녀를 사랑했다. 사생활 면에서는 도저히 그녀와 경쟁할 수가 없었다. 오로지 춤만이 두 사람을 연결해 주는 고리였다.

그의 여동생 브로니아는 그의 가장 가까운 친구였다. 그의 어머니와 댜길레프도 니진스키를 이해하고 사랑했다. 그러나 니진스키의 안무적인 구상과 작업을 이해하고 그의 깊은 심중을 가장 잘 이해하는 유일한 사람이 브로니아였다. 발레와 발레를 대하는 그들의 태도와 생각은 마치 쌍둥이 같았고 의무와 특권을 똑같이 품고 있었다. 브로니아가 지닌 남성 못지않은 지성과 솔직함, 대범함을 가진 그녀가 니진스키의 동생이고 여성이라는 점이 당혹스럽기도 할 정도였다. 니진스키와 댜길레프의 관계가 깊어질수록 니진스키와 누이동생이 매일 접촉하여 여러 얘기를 나누는 것이 어려워졌다. 그들은 클래스와 리허설에서 같이 작업을 했다. 그러나 브로니아가 코체톱스키와 결혼함으로 그들 사이에는 또 다른 장벽이 놓인 셈이다.[5] 그들은 이제 이전처럼 가깝지가 않았

다. 만약 브로니아가 멀리 떠난다면 댜길레프가 유일한 친구가
될 것이다.

1912~1913년 겨울, 상황을 변화시킬 만한 사건이 일어난다.

도빌에서 시즌과 여름휴가가 끝나고 댜길레프는 《유희》 작곡
을 질질 끌고 있던 드뷔시가 빨리 완성하도록 설득하기 위해 파
리를 급히 방문했다.[6] 드뷔시는 9월 12일 이미 자크 듀랑Jacques
Durand에게 보내는 편지에서 작곡하는 데 있어 다소 부당한 상황
을 받아들여야 했다면서 불만을 늘어놓았다. 그러나 그는 "발레
에서 풍기 문란함은 무용수들의 다리를 통해 사라지고 피루엣으
로 끝난다"고 말했다. 그때까지 댜길레프와 니진스키는 작품에
서 연기와 안무에 대해 어느 정도 세세하게 구상한 것이 틀림없
었다. 댜길레프는 파리에 새로운 전율을 일으키게 할 테마인 스
포츠와 연애의 문학적인 면에 더 관심을 가졌을 것이고 니진스키
는 발레의 추상적인 면과 조형적인 면에 대해 최대한 구상을 했
을 것이라고 우리는 충분히 유추해 볼 수 있다. 이제 둘은 발레의
이야기를 무대 위에서 공이 통통 튀게 하여 금지된 게임을 즐기
고 있는 어린이들을 방해하는 시작 장면과 끝 장면이 똑같이 순
환되도록 해야 한다고 결정했다. 그리하여 드뷔시는 10월 31일
오프닝의 전주곡에서 화음이 끝에 다시 반복되도록 해 달라는 요
청을 받았다. 드뷔시는 화음의 반복을 미묘하게 변주시킨 오케스
트레이션으로 다소 엉뚱하게 마지막 부분을 삽입했다.

독일 투어는 10월 30일 쾰른 시립극장Stadttheater에서 시작했다.
(그리고 우연하게도 이 투어의 첫 달은 그리고리예프가 댜길레프 발레

단과 20년간 같이 하면서 유일하게 발레단을 떠나 있던 때였다. 그리고 리예프는 페테르부르크에서 그가 마린스키 극장을 그만두고 1년 내내 댜길레프 발레단에 전념해야 할지 어떻게 해야 할지를 결정하지 못하고 있었다. 그는 계속해서 휴가의 연장을 받아 복귀를 미루고 있었지만, 이제는 판단해서 결정해야 할 때가 온 것이다. 자기 성찰의 시기를 가지고 난 후 그는 댜길레프 발레단에 다시 합류했다.[7]

니진스키는 언론가와 인터뷰를 했고 그가 한 인터뷰는 다음과 같이 언론에 실렸다. "이 도시에서 저 도시로 우리는 침대칸에서 잠을 자며 여행하는 방랑하는 유대인들 같다. 우리는 역에 도착하면 친구들과 악수를 하고 바보 같은 인터뷰를 한다. 도시로 차가 진입하면 우리는 성당, 성 그리고 오랜 건물들, 바지선이 그림같이 떠 있는 강, 우리가 다시 보고 싶은 거리의 외관들을 힐끗 본다. 관객들은 우리가 방문한 마지막 도시와는 다르게 보인다. 내일 답사할 장소를 결정한다. (…) 우리는 팰리스 호텔에 도착한다. 큰 입구 홀, 승강기, 수많은 문들, 우리에게 따뜻하게 악수를 청하는, 언제든지 예상할 수 있는 낯선 사람들. 작년에는 나에게 돌진하는 뚱뚱한 숙녀가 있었다. 모든 호텔에서 나에 대한 찬사를 늘어놓았다. 세 번째 마주친 경우에 나는 그녀의 이름을 물었고 그 이름을 기록해 두었다. 다음 도시에서 그녀를 또 만났고 그녀는 또 같은 찬사를 늘어놓았다. 그러나 다른 이름의 그녀다. 모든 팰리스 호텔에는 그녀와 같은 사람이 한 명은 있다. 그러나 가장 염려스러운 순간은 우리가 그 이전에 춤을 춰 보지 않았던 극장을 둘러볼 때다. 극장을 둘러보는 작업은 언제나 아침에 한다. 아침에 극장은 어둡고 황량하다. 오로지 햇빛만이 복도와 분장실을 비춘다. 조명이 없는 극장은 볼 수 없는 미인이며 물이 없는 호수다. 드디어 우리가 작업을 시작하고 리허설을 하고 무대에 오르고 우리는 공연을 한다. 우리는 필멸의 존재이면서 사랑하는 족쇄들과 함께 영원한 임무에 묶여 있다. 영원한 과업은 우리 전부를, 육신과 정신 모두를 소유한다."[8]

발레단의 다음 투어 장소는 프랑크푸르트와 뮌헨, 그리고 11월 베를린에 도착했다. 베를린 시즌은 12월 11일 첫 공연《목신의 오후》로 시작했다. 언제나 홍보에 신경을 쓰는 댜길레프는 아스트뢱에게 전보를 쳤다.

베를린에서 댜길레프가 파리의 아스트뢱에게, 1912년 12월 12일
어제 뉴 로열 오페라 하우스에서 첫 공연을 했음. 판은 앙코르 공연을 했음. 10번 커튼콜. 항의하는 사람 없음. 베를린의 모든 인사 참석. 슈트라우스, 호프만스탈, 라인하르트, 니키시, 분리파 그룹 전원, 포르투갈 왕, 대사들과 궁정 인사들. 니진스키를 위한 화관과 꽃들. 언론 열광. 조간신문에 호프만스탈의 긴 기사. 황제, 황후, 왕자들 일요일 발레 보러 옴. 발레단에 감사하고 공연에 기뻐하는 황제와 오랜 이야기. 큰 성공.[9]

다음 날 호프만스탈은 슈트라우스에게 그가 니진스키와 대화한 내용에 대한 편지를 썼다.

다름슈타트에서 호프만스탈이

가르미슈의 리하르트 슈트라우스에게, 1912년 12월 13일

(…) 발레음악은 리듬을 강조해야 하는 필요가 있다는 개념 때문에 당신을 오도하고 혼란스럽게 만들었을까 봐 걱정입니다. 그런 까닭에 그 부분에 대해 내가 니진스키를 대신해서 이야기하겠습니다. 그는 당신에게 세상에서 가장 거리낌 없고, 가장 무용 음악 같지 않은 음악을 작곡해 달라고 부탁을 했습니다. 중력의 법칙을 거스르는, 신에 대해 투쟁을 하느라 구사하는 이 도약을 위해 순수한 슈트라우스 음악, 그 자체를 작곡해 달라고 부탁합니다. 인습의 한계를 넘어 당신이 작곡한 음악으로 작품을 안무하고 싶은 것이 정확히 니진스키가 바라는 바입니다. 결국 그는 진정한 천재이며 아무도 가지 않았던 바로 그곳에서 그는 자신이 할 수 있는 작품을 보여 주고 싶어 하며 그 영역은 당신이 《엘렉트라》로 시작한 그 지점과 같습니다.[10]


건스부르그가 파리 클레베르Kléber 거리의 마제스틱Majestic 호텔에 있었고 발레단을 위해 활동하고 있었다. 12월 15일 그는 런던에 전보를 쳐서 여름 동안 런던에서 오디션을 본 듯한 영국 소녀 힐다 베윅을 고용했다.[11] 그녀는 댜길레프를 위해 춤을 춘 수많은 무용수 중 최초의 영국 출신 무용수였다.

댜길레프는 비록 속으로만 간직하고 있었지만, 점점 걱정이 깊어 갔다. 니진스키가 안무를 시작하려고 보니 스트라빈스키의 《봄의 제전》 악보로 공연하기가 너무 어려웠다. 그들이 11월 베를린에 있을 때 댜길레프는 니진스키와 함께 헬레라우에 있는 달크로즈 아카데미를 다시 방문할 기회가 있었다. 베를린에서 두

시간 거리였다. 자크달크로즈는 무용수들을 훈련하려는 의도는 없었다. 그의 학생들은 몸동작의 새로운 시스템으로 음악을 분석하는 법을 배웠다. 그들 중에는 미리엄 람베르그라는 20세의 지성적인 러시아-폴란드계 소녀가 있었다. 미리엄은 바르샤바 오페라의 슬로바츠키Slovatsky의 문하에서 발레를 배운 적이 있었다. 자크달크로즈의 학생들은 발레는 경박하고 그저 예쁘게만 하려는 예술로 간주하여 경멸했다. 이들은 발레에 대해 조롱하는 듯한 운율을 만들어내고 발레리나들을 코믹하게 흉내 내면서 경멸했다.[12] 자크달크로즈는 람베르그가 일찌감치 발레 교육을 받았기에 공연을 하고 싶어 한다는 사실을 알게 되었다. 자크달크로즈는 "너는 너무 외향적이구나"라고 그녀에게 말했다.

조금 살집 있어 보이는 당당한 러시아 신사와 키가 작고 광대뼈가 튀어나온 동행자가 자신들의 클래스에 나타났을 때 자크달크로즈 학생 중 누구도, 람베르그조차도 아무런 인상을 받지 못했다. 학생들은 이들이 누구인지 몰랐다. 댜길레프는 《봄의 제전》(이하 제전)의 음악에 맞추어 니진스키를 도울 누군가를 고용하기 원했다. 이때 작고 왜소한 람베르그가 댜길레프의 눈에 들어왔다. 아마도 그녀가 다른 사람들보다 훨씬 더 무용수 같이 동작했기 때문일 것이다. 댜길레프는 자크달크로즈에게 그녀의 성격과 배경에 대해 질문을 했다. 그녀는 까불거나 연애하는 데 빠져 있다기보다 그녀의 작업을 훨씬 더 심각하게 받아들이고 있는 그런 부류의 아가씨였다. 언어도 폴란드어, 러시아어, 독일어, 프랑스어를 했고 영어도 조금 할 줄 알았다. 람베르그는 아주 제대로 교육을 받은 여성이었다. 그녀는 모스크바와 페테르부르크의 친척 집에 머물렀었고 러시아 문학의 걸작들도 잘 알았다.

며칠 후 자크달크로즈는 람베르그에게 댜길레프가 그녀에게 관심을 두고 있다고 말했다. 그녀는 베를린으로 갔다. 댜길레프 는 그녀에게 발레 공연 티켓을 주면서 공연을 보도록 했다. 그녀 는 공연 후 댜길레프, 니진스키와 함께하는 저녁 식사 자리에 초 대를 받았다. 그리하여 람베르그가 러시아 발레를 처음 본 곳은 베를린 크롤 오페라 하우스Kroll Opera House였다. 그녀가 본 첫 프 로그램인《클레오파트라》에 넬리도바가 출연했으며 파드되에 서 니진스키를 겨우 알아봤다. 그러나 박스트의 아름다운 무대는 매우 마음에 들었다. 그다음 작품으로 그녀는 니진스키의《목신 의 오후》를 보았고 음악과 동작 사이에서 이분법에 대해 궁금했 다. 크야시트와 니진스키가 추는《카니발》은 그녀를 황홀하게 만 들었다. 그리고《이고르 공》에서 폴로베치안 춤 장면에서도 감동 했다. 저녁을 먹으면서 댜길레프가 그녀의 의견을 물어보았을 때 (그녀의 자신 표현에 의하면) "버릇없이 자란 아이처럼" 그녀는 감 히 비판했다. "클레오파트라의 가마로 그녀를 옮길 때 에스코트 하는 여인들은 왜 음악의 박자에 맞추어 걷지 않나요? 그들은 구 부정하게 축 늘어져 있네요" 하고 그녀가 물었다. 포킨이 안무할 때 이 엑스트라 출연자들이 박자에 맞추어 행진하도록 한 것은 아니었지만 댜길레프는 그녀의 의견에 동의했다. "그래, 저들은 마치 요리사 같구나"라고 댜길레프가 말했다. 그녀는 또《목신의 오후》에서 음악이 두세 군데 장면만 안무와 일치한다고 항의를 했을 때, 니진스키는 아무 말 안 하고 가만히 앉아 있었다. 당시 그녀는 인상주의 스타일의 음악과《목신의 오후》의 추상적인 춤 사이에 극단적인 대비가 있는 관점을 이해하지 못했다. 후일 그녀는 열정적으로《목신의 오후》를 좋아하게 된다. 그녀의 이러한 독립적인 태도에도 불구하고 혹은 그런 태도 때문에 댜길레프와 니진스키는 그녀가 자신들의 창조 작업에 유용하겠다는 결론을 내렸고 그녀는 며칠 뒤에 자신이 고용되었다는 연락을 받았다.

람베르그가 러시아 발레단에 합류한 때는 1912년 크리스마스 날 부다페스트에서였다. 그리고 1913년 새해가 시작되었을 때 그녀는 발레단과 함께 비엔나에 있었다. 그녀가 해야 하는 첫 번째 일은 자크달크로즈 클래스를 발레 단원들에게 교육하는 것이었다. 그러나 작업 분량이 너무 많은 무용수는 이 수업을 빼먹는 경우가 있었다. 그러자 그리고리예프는 댜길레프에게 제안하기를 무용수들이 요청하면 그들의 역할을 분석하고 배우는 것을 람베르그가 돕게 하자고 했다. 그렇게 하기로 합의되었다.

그렇게, 니진스키 인생에서 가장 중요한 해가 시작되면서 그에게 새로운 동료가 생겼다.

니진스키를 아주 잘 이해했고 기회가 주어졌다면 어쩌면 부인이 되었을 수도 있었을 람베르그를 만난 지 며칠 만에 그가 다른 젊은 여자의 영향권으로 들어온 것은 정말 특별했다. 그 젊은 여성은 나중에 니진스키와 결혼을 하게 된다. 로몰라 드 풀츠키 Romola de Pulszky, 그녀는 전에 부다페스트에 발레단이 투어 왔을 때 니진스키에게 완전히 반했다. 그녀는 18세기 초 헝가리로 넘어

온 폴란드의 유명한 가문의 딸이었다. 그녀의 증조할아버지는 오스트리아 압제에 반대하여 헝가리에서 반란이 일어났을 때 코슈트Kossuth*의 지휘 하에 지도자로서 큰 활약을 했다. 그는 영국에서는 코슈트를 대신하여 활약했고 반란이 진압된 이후에는 그는 영국에서 망명자로 남았다. 그리하여 로몰라의 아버지는 런던의 하이게이트Highgate에서 태어났다. 그녀의 가까운 선조 중 한 사람이 모리스 벤욥스키Morice Benyovsky 백작이었다. 그는 유명한 여행가였으며 마다가스카르를 통치한 초대 군주Prince of Madagascar였다. 로몰라의 아버지 카롤리Karoly는 가리발디 장군이 그의 대부였다. 카롤리는 정치, 예술 과학 분야에서 유명했던 여러 형제가 있었다. 그는 헝가리에서 최고 여배우였던 에밀리아 마르쿠스Emilia Markus와 결혼을 했다. 로스탕Rostand**은 〈시라노Cyrano〉에서의 록산 역은 마르쿠스가 베르나르Bernhardt, 두세Duse와 동급이라고 생각할 정도였다. 에밀리아는 단추 제조업자의 일곱 번째 자식으로 태어나 13세에 리스트에게 가르침을 받았다. 14세에 연극예술 아카데미Academy of Dramatic Arts에 입학했고 16세에 줄리엣 역을 연기했다. 그녀는 '감탄스러운 금발 여배우'로 알려졌으며 많은 사람이 역사상 가장 위대한 여배우라고 생각했다.[13]

에스테르하지Esterhazy 공작과 함께 카롤리 드 풀츠키는 헝가리 국립미술관을 설립해서 총 책임자가 되었다. 둘째 딸인 로몰라는

---

• 헝가리의 정치가*
•• 프랑스의 극작가*

1891년 태어났다. 어린 시절부터 그녀는 예술에 관심이 많았다. 그녀의 아버지는 어린 딸에게 많은 이야기를 들려주었는데 그 내용은 동화가 아니라 르네상스 시절의 위대한 화가들에 관한 이야기였다. 그녀는 자라면서 그녀 시대의 바사리Vasari•가 되고 싶다는 야망을 가지게 되었다. 그러나 카롤리 드 풀츠키는 형인 당시 법무부 장관 아우구스트August에 반대하여 정치적 음모의 희생양이 되었다. 카롤리는 형이 이탈리아에서 모조품 그림 산 것을 비난했었다. 카롤리는 오스트레일리아로 갔다. 1899년 46세 때 브리스베인에서 권총 자살로 생을 마감했다. 에밀리아 마르쿠스는 재혼했다. 그녀의 두 번째 남편은 오스카르 파르다니Oskar Pardany라는 유대인으로 에밀리아와 결혼을 위해 기독교로 개종했고 로몰라는 파르다니의 대모가 되었다. 로몰라는 두 명의 영국인 가정교사가 있었고 파리 페늘롱Fénelon 고등학교에서 공부했다. 두 번째 가정교사 마벨 존슨Mabel Johnson과 함께 영국에서 1년 넘게 머물렀는데 대부분은 영국의 동남부 이스트본Eastbourne에서 살았다. 그들은 1909년 8월 러시아의 차르가 영국 군함 시찰을 하러 왔을 때 포츠머스 근교에 머무르고 있었다. 로몰라와 그의 언니 테사Tessa는 연기를 공부했고 르 바르지와 레잔Le Bargy & Réjane••에게서 배우 수업을 받았다. 테사는 비엔나 부르그테아터Burgtheater 무대에 등장했으나 덴마크 테너 에릭 슈메데스Erik Schmedes와 결혼

---

• 이탈리아의 화가·건축가·미술사가*
•• 프랑스의 유명 배우들*

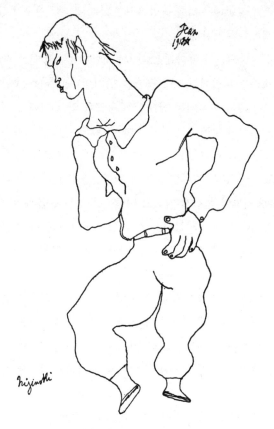

클래스 중인 니진스키 (장 콕토 캐리커처)

하면서 무대를 포기했다. 로몰라는 부다페스트 오페라에서 게라 Guerra에게서 발레 수업을 받았다.[14] 그녀는 금발에 얼굴이 하얗고 파란 눈동자를 가졌다.

러시아 발레단이 부다페스트에서 지난번 1주 공연을 하고 간 후 로몰라는 파리에서 그들 공연을 또 보았다. 그녀는 공연에 너무나 감동해서 어떻게든 발레단 사람들과 알고 지내고 싶었다. 그녀는 러시아 발레단 공연에서 마치 제2의 르네상스 같은 새로운 형식을 발견했다. 그녀가 공연의 연대기 기록자가 될 수 있을까 하고 궁금했다. 발레단의 일부 단원들은 그녀의 어머니 집에 2월에 초청받아 즐겁게 지냈고 이때 로몰라는 볼름과 마에스트로 체케티를 사귀게 되었다. 그러나 그녀는 댜길레프와 니진스키를 만나지는 못했다. 로몰라는 마에스트로 체케티에 대해 "순수한 존경심"을 지니고 있었으며 몇 년 뒤에 이렇게 적었다. "그러나 나는 발레단과 계속 동행할 수 있도록 하는 나의 목적을 달성하기 위해 그를 이용했어야 했다."[15] 그러나 니진스키를 처음 로몰라에게 소개한 사람은 체케티가 아니었고 여성 언론인이었다.

로몰라는 처음 니진스키를 만났을 때를 이렇게 기록했다.

리허설 때 나는 항상 극장의 구석진 어두운 곳에 숨어 있었다. 눈에 띄면 나가라고 할 것 같은 두려움 때문이었다. 내가 신문사 여기자와 함께 객석의 뒤쪽에 같이 앉아 있을 때 일이 일어났다. (⋯) 그녀는 니진스키에 대해 계속 떠들었다. 난 더 참지 못하고 그녀의 찬가를 툭 끊으면서 "당신이 '대단한 무용수'를 그렇게 잘 안다면 지금 즉시 나에게 그를 소개해 주세요"라고 했다. 우리는 니진스키가 댜 길레프와 이야기를 나누고 있던 한 무리의 남자들 쪽으로 갔다. 흥 분되는 순간이었다. 타타르인의 얼굴과 그다지 어울리지 않는 유럽 의복을 입은 일본 학생의 외모를 한 이렇게 겸손한 젊은 남자가 전 세계를 감동하게 한 그 놀라운 영령, 그 사람이었다. 실제로 소개가 있었다. 소개 다음에 이루어진 대화에서는 약간의 혼동이 있었는데 나는 다양한 언어를 구사하면서 크게 도움을 받았다. 니진스키는 내가 누구인지를 잘못 알아들어서 헝가리 오페라 하우스의 프리마 발레리나인 줄 알았다. 대화 중에 그 발레리나의 이름이 등장했다. (…) 아마도 그의 실수로 잘못 생각한 것 같고, 그랬기에 나에게 너 무나 우아하고 존경을 담아 정중하게 인사를 한 것인 듯했다. 내가 그에게 처음 소개된 이후 여러 번, 아주 여러 번 그에게 다시 나를 소 개했지만, 결코 처음처럼 그렇게 공손하지도 않았고 결코 나를 알아 보지도 못했던 스쳐 지나가는 소개였다.[16]

열 살 때부터 훈련을 받는 전문적인 무용수들과 비교하면 로몰 라는 결코 춤을 잘 추지 않았다. 그녀가 발레단에 합류하려면 체 케티에게 뇌물을 주거나 댜길레프가 사회 저명인사에게서 압력 을 받거나 해야 가능한 경우였다. 댜길레프는 천성적으로 각국의 영향력 있는 저명인사들과 친하게 지내는 것을 좋아했다. 발레단 은 비엔나로 떠났고 로몰라는 그들을 따라갔다. 황실 가족들의 기록보관소 책임자였던 그녀의 대부와 형부 슈메데스를 통해 그 는 언제나 오페라 하우스에 들어가는 것이 허용되었다.

비엔나 시즌은 대단히 화려했다. 그러나 댜길레프에게 아무런 문제가 없는 것이 아니었다. 우선 부다페스트에서 합류한 카르사비나는 발레단의 화려함에 그녀의 눈부신 매력을 더하고《타마르》에서 승리를 거두려 하고 있었다.[17] 다른 한편으로는 오페라 오케스트라가《페트루슈카》음악을 고약하다고 선언하면서 처음에는 연주를 거부했다. 바이올린 주자들은 리허설에서 그들의 활을 내려놓았다. 댜길레프는 오케스트라 자리로 가서 "신사 여러분, 당신들은 10년 안에 스트라빈스키 곡을 연주한 최초의 오스트리아 사람들이라는 사실이 자랑스러울 것입니다"라고 설득했다. 연주자들은 겨우 두 번 연주할 때도 고의로 방해하려 했다. 그리하여 리허설 때 참석한 스트라빈스키가 모차르트의 도시에서 모욕을 당했다.[18] 니진스키는 차이콥스키의《잠자는 미녀》중에 나오는《파랑새》파드되에 출연했다. 이 파드되 4년 전《향연》에 포함되어 공연할 때는《불새》라고 제목을 붙였고 이때는《마법에 걸린 공주 La Princesse enchantée》[19]라는 이름으로 공연했다. 한편《목신의 오후》는 비엔나에서 반응이 별로였다.[20] 대부분의 비평가는 러시아 발레에 대해 칭찬을 많이 했지만, 음악 비평가 루트비히 카르파트 Ludwig Karpath 는 의구심을 가지고 유보하고 있었다.[21]

그런데도 로몰라가 잘 알았던 카르파트였기에 그녀는 카르파트에게 댜길레프를 인터뷰하자고 설득했으며 인터뷰할 때 자기도 같이 데려가 달라고 설득했다. 사실 댜길레프로서는 뚱뚱하고 나이 든 비평가가 자신의 발레단에 대해 적의에 찬 글로 비평을 해 놓고 인터뷰하자고 자신을 괴롭히는 것이 당혹스러웠을 것이다. 그러나 로몰라는 카르파트에게 또다시 도움을 주고는 그가 그녀의 압력을 도저히 거부하지 못하도록 했다.

로몰라는 다음과 같이 썼다.

우리가 댜길레프를 만나러 갔을 때 나는 두렵지도 않았고 놀랍지도 않았다. 나는 댜길레프에게 점수를 얻기로 했고 나의 마음이 완전히 정해지자 아무것도, 누구도 문제가 되지 않았다. 댜길레프는 오후에 브리스톨 호텔의 텅 빈 리셉션 룸에서 우리를 만났다. 그가 들어오자마자 우리는 그의 압도적인 성격을 금방 느낄 수 있었다. 우리는 귀찮은 존재로 냉대받을 것을 예상하고 갔다. 그러나 댜길레프는 거부할 수 없는 매력과 황제 같은 우월함이 풍겨 나오는 제스처와 말을 동시에 표현하면서도, 우리 요청을 받아들이는 따뜻한 관심을 보여 카르파트와 나는 혼란스러워졌다. 그는 우리를 편하게 해주었으며 그의 최고 관심사는 내가 무용수가 되고 싶어 하는 점이라는 것을 확실히 알 수 있었다. (⋯) 그가 판단하기로는 명백하게 사교계의 어린 소녀가 위대한 예술 기획자에게 부탁하러 온 것이었다. 실제로는 두 엄청난 적들이 처음으로 격돌한 것이다. 댜길레프는 내가 가장 원하는 것을 가지고 있었다 — 니진스키.* 그리고 그는 예리한 본능으로 즉각 다가오는 위험에 대해 잠재적으로 알아챘다. 그가 내 마음을 알아내기 원한다는 것을 나도 금세 알아챘다. (⋯)
"볼름이 당신에게 비젠탈 자매Wiesenthals**한테 찾아가 보라고 조언

---

* 로몰라는 니진스키를 쫓아다니는 과정에서 그와 결혼할 가능성을 전혀 몰랐다고 늘 나에게 주장해 왔듯이, 남편의 인생에 관한 책(1933년 출간)에서 그 반대를 암시하는 구절 또한 낭만적인 과장이라고 봐야 한다.
** 당시 비엔나에서 활동하던 무용가 자매*

한 것은 틀렸다고 생각해요"라고 댜길레프가 말했다. 한 가지를 생각하다 보면 다른 아이디어도 요란하게 따라온다. "당신에게 가장 이상적인 방법은 페테르부르크에 있는 황실 발레 학교의 학생이 되는 것입니다. 그러나 물론 최대한 노력을 한다 해도 그 안은 실현 가능성이 없어요. 왜냐하면 우선 당신은 러시아인이 아니고 입학 연령을 이미 오래전에 지났고…… 내 생각에 당신에게 가장 좋은 방법은 페테르부르크에 있는 포킨한테 개인 레슨을 받는 것 같습니다."

나는 이 제안에 엄청 기쁜 듯이 펄쩍 뛰었다.

"너무 좋은 제안이에요." 나는 고의로 그가 잘못 알도록 했다. "러시아에 가 보는 것이 저의 오랜 꿈이에요."

그는 나에게 자신 발레단의 다른 발레 작품과 예술가들에 대해 느낌을 물어보았다. 내 대답이 정확했음이 틀림없다. 그는 내 말을 인정한다는 듯이 미소를 지었다. 그와 대화를 나눈 시간 동안 나는 점점 그의 마력에 빨려 들어가는 기분이 들었다. 나는 그의 마력에 대항하여 끌려들어 가지 않도록 애를 썼다. 필사적인 노력으로 나는 볼름에 대해 예술가가 아닌 남자로서 엄청난 찬사를 늘어놓았다. 마치 동요하기 쉬운 어린 여자애들처럼. 그러고 나자 댜길레프는 전혀 생각지도 않은 전략으로 돌아서 나에게 '니진스키는 어떻게 생각하느냐'고 물었다.

나는 망설임 없이 대답했다. "오, 니진스키는 천재예요. 예술가로서 그는 누구와도 비교할 수 없어요. 그렇지만 볼름은 한 인간으로 저에게 다가옵니다." 그러고 나서 나는 볼름에 대해 찬사를 늘어놓았다. 이렇게 되자 그는 나의 신념을 확실히 믿고서 운명을 가르는 말을 내뱉게 된다.

"내가 마에스트로 체케티에게 말을 해 두겠습니다. 그는 우리의 위대한 예술가들을 모두 가르치고 있습니다. 내가 확신하건대 그는 당신을 특별히 개인 레슨을 하는 학생으로 받아 줄 겁니다. 이 방식은 당신이 뛰어난 교사에게서 발레를 배우는 것뿐 아니라 우리와 여행도 같이 하게 되고 가까이서 우리 작품을 공부할 수 있음을 의미합니다."

나는 그에게 기꺼이 고맙다고 인사를 했다. 그러고는 우리의 인터뷰는 끝이 났다. 처음 전투에서 내가 승리했다. 댜길레프 같이 상상할 수 없을 정도로 영리한 사람을 내가 속이는 것에 성공했다는 사실을 거의 믿을 수가 없었다.

그날 저녁 내가 무대 뒤로 갔을 때 마에스트로는 저 멀리서 열정적인 제스처로 나에게 반가움을 표시하면서 이탈리아인 특유의 기쁨에 찬 큰 소리를 내뱉었다. "세르게이 파블로비치가 당신이 나와 함께 공부해야 한다고 결정했어요. 나는 너무 기뻐요, 어린 숙녀." 그는 나를 포옹하면서 양 볼에 키스를 했다. 그는 어린 소녀들에게 키스하는 것을 좋아했다. (…) 우리는 내가 어디서부터 시작하고 언제 수업을 할지를 정했다. 나는 2월 4일 런던에서 그들과 합류하기로 했다.[22]

런던 가는 길에 발레단은 프라하에서 두 번, 라이프치히에서 두 번, 드레스덴에서 한 번 공연했다. 댜길레프는 급히 페테르부르크로 갔다.[23] 1월 27일 드레스덴에서 니진스키가 아스트뤽에게 전보를 쳐서 새로 짓는 샹젤리제 극장의 무대 계획서를 요청했다.[24] 샹젤리제 극장은 3월 31일 베를리오즈의 《벤베누토 첼리니 Benvenuto Cellini》 공연으로 오픈 예정이었다. 런던에서 리허설은 비참이 빌린 올드위치 극장Aldwych Theatre에서 이루어졌으며[25] 니진스키가《제전》* 안무도 여기서 시작했다.

코번트 가든 시즌 오프닝에서 영국 관객들에게는 처음으로 《페트루슈카》를 보여 주었다. 시릴 보몬트는 "관객들의 얼굴에서 놀라운 표정들"을 감지했다. 그리고 그 자신은 또한 놀랍도록 거칠고 무례한 소리를 들려주는 스트라빈스키의 음악에 깜짝 놀랐다. 그러나 그는 곧 매료되었다. 그는 특히 니진스키가 부스 안에서 철제 스탠드에 받치고 있을 때 "발, 다리와 허벅지가 엉덩이에 달린 끈에 실이 있다는 것을 암시하는 느슨한 자세로 다리 움직임을 기가 막히게 구사"하는 방법에 감탄했다. "그의 동작에는 신기할 정도로 적합한 자질이 있었고, 사지에 전류가 흘러 반사작용을 하는 것처럼 경련이 일어난 듯이 뛰거나 비틀리거나 쿵쾅거리고" 있었다. 니진스키의 분장에 대한 보몬트의 묘사 또한 흥미롭다.

그의 얼굴은 일종의 하얀 납색으로 분장되어 있으며, 아마도 목각인형을 암시하는 것으로 추측된다. 그의 코는 더 두꺼운 베이스 위에 세워져 있다. 그의 본래 눈썹은 안 보이게 칠하고 본래 눈썹보다 반인치 더 높여 물결 모양 선으로 대체되었다. 그의 입술은 아래위가 같이 압축되어 붙어 있다. 그의 눈은 눈꺼풀과 눈구멍이 없는 것 같

---

• 그리고리예프의 글: "비엔나에서 우리 시즌이 끝난 후 독일에서 한 도시 혹은 두 도시에서 공연을 하고 발레단은 런던 시즌 시작하기 6주 전에 도착했다(89쪽)." 비엔나 시즌이 1월 16일 끝났고 그다음 라이프치히, 드레스덴 공연을 한 후, 이는 부정확하기는 한데 니진스키는 런던 시즌 오픈이 2월 4일이라 일주일도 안 남았는데 1월 27일에도 여전히 드레스덴에 있었다.

앉고, 한 쌍의 구두 단추 혹은 검은 페인트 두 방울 같아 보였다. 볼에는 빨간색이 칠해져 있다. 그는 불행하고 슬픈 표정을 짓고 있다. 이 표정은 작품 전체에 지속해서 남아 있다.[26]

『타임스』는 이 작품이 "새롭고 참신하게 러시아적"이라는 것을 알아보았다.[27] 공연 후 커튼콜을 하였던 스트라빈스키는 『데일리 메일』과의 인터뷰에서 《페트루슈카》와 《불새》는 토마스 비참의 오케스트라가 지휘하는 연주가 프랑스, 오스트리아, 독일과 헝가리에서 연주보다 더 좋았다고 말했다.[28]

젊은 작가 오스버트 시트웰Osbert Sitwell은 러시아 발레에 완전히 빠져들었고 스트라빈스키, 댜길레프, 카르사비나, 포킨과 니진스키 등 이 작품에 참여한 모든 사람이 천재라고 여겼다. 그의 글을 보면 "페트루슈카 역은 니진스키가 마임, 제스처, 드라마에서 거장임을 보여 주었다"라고 했다. 나중에 회고하면서 그는 포킨의 작품을 "(불길한) 전조"로 판단했다. "이 발레는 예술 작품이라는 관점에서, 범세계적이다. 미노타우로스의 전설*이 몇 세대에 걸친 그리스의 남녀 젊은이들의 운명을 하나로 요약해서 알려 주었듯이 유럽의 현 세대에게 예정된 운명을 예언하고 그것을 극으로 만들어 공연했다. 단지 미노타우로스의 전설은 그 일이 생기고 난 이후에 운명을 알려준 것이고, 페트루슈카는 앞으로의 운명을 알려 준다는 차이가 있다."[29]

---

* 미궁에 사는 반인반소의 괴물 미노타우로스에게 9년마다 그리스의 젊은 남녀 일곱 명씩을 재물로 바쳐야 했다. 아테네의 왕자 테세우스가 이 괴물을 처치했다.*

2월 11일, 남극에서 스콧 선장*의 죽음을 알려 온 그날, 시릴 보몬트는 니진스키와 카르사비나가 《파랑새》파드되를 추는 것을 처음으로 보았다. 이 파드되는 댜길레프가 여러 개의 제목을 사용했는데 이 공연에서는 '새와 왕자'라고 했다. 마지막 대각선의 코다를 추는 동안 "그는 바닥에 닿지를 않고 공기 속에서 앞으로 미끄러져 나가는 듯이 보였다. 브리제와 카브리올의 화려함 속에서 그의 발은 앞뒤로 왔다 갔다 하면서 반짝거렸다."[30]

《목신의 오후》는 2월 11일 영국에서 첫 공연을 했다. 비록 야유가 조금 있기는 했으나 대다수의 사람은 환호를 보냈고 파리와 베를린처럼 반복해서 공연했다. 『타임스』의 비평에서는 작품을 아주 진지하게 받아들이고 상당히 자세하게 글을 실었다. 니진스키의 "뻣뻣한 포즈, 그리고 특히 스카프를 옆에 두고 누워서 꿈을 꾸었을 때 그의 마지막 동작 (…) 매우 표현력이 뛰어났다." 이 글의 결론에서는 신예 안무가를 칭찬했다. "발레로 만들 수 있는 주제가 무궁무진함을 다시 알게 되었다. 우리가 여태 보아 온 레퍼토리에서 다루어오던 주제들과는 전혀 다른 경로를 통해 창조된 예술이 우리에게 매력적으로 다가오는 또 다른 국면이 펼쳐졌기 때문이다."[31] 리처드 카펠은 『데일리 메일』에 다음과 같이 썼다.

이 작품의 기적은 니진스키에게 있다. 놀라운 니진스키, 판이 춤을 추지 않아도 비길 데가 없는 무용수, 이 작품에서 그가 섬세하고 범

---

* 스콧 선장의 부인 레이디 케넷Kennet이 1946년 카르사비나를 나에게 소개해 주었다.

접하기 어려운 마임을 위해 두 가지 영감을 받은 요소는 대영박물관에 전시된 그리스 도자기와 샤모아(영양의 일종)나 염소의 깡충거림에 관한 연구일 것이다. 그는 얼룩덜룩하고 다소 까칠까칠한 어린 송아지 가죽과 비슷한 의상을 입었다. 정말 감탄스럽다. 그의 동작은 갑작스럽거나 아주 은밀하다. 그는 한번 도약한다. 이 한 번의 도약은 경이로움이며 광채로 빛난다. 이는 소년이기도 하고 짐승이기도 한 완벽하고 또한 불가사의한 존재를 완전히 드러나게 한다.[32]

알렉산드라 왕비가 2월 19일 앙코르로 다시 공연한《목신의 오후》를 보았다.[33] 21일자『데일리 메일』에 실린 글.

니진스키는 작곡가 드뷔시에게 전보를 쳐서 새로운 발레《목신의 오후》(이제는 정기적으로 앙코르 공연을 하는)가 코번트 가든에서 성공한 뉴스를 전했다. 드뷔시는 다음과 같은 답을 보냈다. "나에게 금빛으로 빛나는 승리의 나팔처럼 빛이 나는 그 찬사들을 전보로 보내줘서 고마워요, 친애하는 니진스키! 당신은 나의《목신의 오후》전주곡의 아라베스크 리듬에 새로운 매력을 부여했으며 그 음악에 맞춘 그 제스처는 당신의 특별한 천재성 덕분입니다. 영국인들이 작품을 잘 이해해서 축하할 일입니다."[34]

혹자는 댜길레프가 이 전보를 바꿔치기했다고 의심한다.

러시아 발레단은 이미 한 명의 영국인 무용수 힐다 베윅이 있다. 이제 몇 사람의 무용수를 충원해야 했다. 타라소프Tarasov라는 젊은이는 지난 시즌에 댜길레프가 발레단에 데리고 왔는데 지금은 콜리세움의 코슬로프 무용단과 춤을 추고 있다. 타라소프는 그의 동료 몇 명을 데리고 와서 러시아 발레단의 오디션을 볼 수 있도록 다리를 놓았다. 영국 소녀 힐다 무닝스Hilda Munnings가 이 일들을 기록했다.[35]

즈베레프, 타라소프와 함께 우리 소녀 중 네 명의 실력을 보여야 하는 오디션 일정이 정해졌다. 하지만 아무리 오디션이라 하더라도 월요일 아침 열 시라는 난감한 시간으로 정해졌다. 그리하여 그때까지 내 생애 중 가장 힘든 시련을 맞이했다. 우리는 연습복으로 갈아입고 멍청하게도 새로 산 발레 슈즈를 신었다. 우리는 심사위원들 앞에 서야 했는데 이는 첫날 밤 공연할 때 관객을 마주하는 것보다 더 무서웠다. 그들은 코번트 가든 로열 오페라 하우스 무대 위에 우뚝 솟은 안전 커튼에 등을 대고 앉아 있었다. 댜길레프는 물론 있었고 니진스키, 체케티 부부, 그리고리예프가 있었다. 우리는 음악도 없고 준비된 작품도 없었다. 우리 소녀들은 《셰에라자드》에서 춤을 추기 위해 줄을 섰다. 우리가 막 시작하는데 나는 나의 불편한 신발 속에 뭔가가 밟히는 것을 감지했다. 쾅하고 바닥에 넘어졌다. 무대는 미끄러웠고 내 발은 새 신발에 익숙하지 않았다. 우리가 끝나기 전에 나는 세 번 넘어졌다. 마지막에 댜길레프는 체케티보고 우리에게 클래스룸 스텝을 시범하도록 해야 한다고 제안했는데 여기서 나는 훨씬 좋아졌다. 나는 다른 소녀들이 어떻게 춤을 추었는지 기억하지 못한다. 그러나 즈베레프가 점프하고 눈부신 앙트르샤와 피루엣 하는 것은 기억했는데 즈베레프 덕분에 이 난감한 상황이 좀 구제되는 듯싶었다. 여전히 우리는 희망이 별로 없었고 코번트 가든을 살금살금 빠져나왔다. 헨리에타Henrietta 거리로 내려가서 콜리세움까지 걸어갔다. 그날 저녁 우리가 공연하는 동안 우리 중 다섯 명이 합격했다는 소식을 들었다. 안나 브룸헤드Anna Broomhead (브로모바Bromova로 이름을 바꿨다), 도리스 페이스풀Doris Faithful, 즈베레프, 타라소프 그리고 나.

미리엄 람베르그는 이미 스트라빈스키의 악보로 니진스키와 함께《제전》의 작업을 시작했다. 그녀조차도 어디서 한 구절이 끝나고 어디서 다시 시작되는지를 구분하기가 어려웠다. 너무나 참신하고, 뜻밖에 중단되고, 낯설게도 겹친 것이 스트라빈스키의 리듬이었다. 둘은 하루의 작업 분량을 어디서 멈추어야 할지도 결정하기가 어려웠다. 안무에서 람베르그의 협력은 말할 필요가 없다. 그녀는 니진스키의 원시시대 러시아에 대한 환영을 존중했다. 그가 클래식 발레와는 완전 거리가 먼 기이한 포즈들을 창작하여 무용수들을 그룹 지어 적용할 때 그녀는 감탄했다. 람베르그는 조심스럽게 그때의 기억을 떠올렸다. 람베르그는 어느 날 안무 분야에서 유일하게 (순수하게 음악적인 분석은 열외로 하고) 제안을 하게 되었다. 니진스키가 "여기서 나는 큰 원을 만들겠어요. 당신은 어떻게 생각하세요? 할 말이 있으면 하세요"라고 말하자 람베르그가 말했다. "변화를 주는 의미에서 작은 원을 몇 개 만드는 것은 어떨까요?" 니진스키는 그렇게 했다.

니진스키가 안무할 때 비르투오소를 삽입하거나 화려한 스텝들을 과시하는 작업은 그의 머릿속에는 아예 없었다. 자기 자신을 위한 발레를 안무할 때조차 없었다. 그는 처음에는 기본 포지션을 연구했고 그다음에 작품 전체를 안무하는 동안에도 그 기본 포지션을 제대로 유지했다.《목신의 오후》같은 경우 몸통 전체와 머리, 손, 그리고 다리를 옆모습으로 해서 이집트 스타일의 결합이 이루어졌다.《유희》에서는 그가 계획한 대로 테니스 치는 사람들의 희롱에 관한 발레였다. 그것은 몸을 가로지르는 두 팔을 옆으로 그리고 위로 휘두르는 것이었다. 이는 일종의 종합 스포츠 동작이다. (사실 테니스 선수는 두 손이 아니라 한 손을 사용하기 때문에《유희》에서 등장하는 동작은 골프에 더 가깝다. 그러나 니진스키는 당시에 두 게임의 차이를 거의 몰랐다.)《제전》에서 축 늘어진 머리를 반쯤 받치고 있는 어색하게 꽉 쥔 주먹들, 안으로 휘어진 무릎과 발(페트루슈카의 모습을 연상시킨다)은 날씨, 수확, 그리고 그들 자신이 무서운 미신에 좌우되는 선사시대의 인간임을 알게 해 주었다.[36]

《목신의 오후》때와 마찬가지로 니진스키는 자신의 의도를 발레 단원들에게 전달하는 과정에서 심각한 어려움을 겪고 있었다. 반면 발레 단원들 입장에서는 동작에 대한 니진스키의 실험뿐 아니라 무용수로서 그들을 대하는 태도에도 불만이 많았다. 포킨이 스텝을 창작할 때는, 아무리 창의적인 스텝이라 할지라도 그 스텝들은 언제나 클래식 발레 안무의 이론을 따랐다. 그 창의적인 스텝들은 자연스러운 흐름을 지니고 있었다. 반면 니진스키와의 작업에서는 신체가 하나의 통일된 표현 수단이 아니라 네 개로 나뉘었다. 니진스키가 창작한 동작의 차례에서는 연속성이 없어 보였고 그러하니 무용수들이 작품에 임하면서 온전히 심취할 수가 없었다. 안무할 때 포킨은 종종 카르사비나 같은 예술가에게 그의 신념을 이야기하면서 "당신은 이점에 대해 어떻게 생각하느냐?"고 묻곤 했다. 무용수들도 그에게 질문을 할 수 있었고 그는 무용수들에게 해석에 대해 어느 정도의 자유를 허락했다. 니진스키는 아주 어렸다.[37] 그 이전에는 24세의 발레 마스터가 있어 본 적이 없었다. 인간의 사지를 실험의 대상으로 삼는 그의 창의적인 감각, 그리고 댜길레프와의 특수한 관계뿐 아니라 예술에 대한 절대적인 헌신 때문에 그는 리허설을 할 때 무용수들을 마치 그의 창작을 해석하여 표현하는 것 이외에는 삶의 목적이 없는 인형인 듯이 취급했다. 인간관계가 정지된 상태였다. 니진스키가 무언가를 창작했을 때 카르사비나는 자신이 포킨에게 질문했던 것과 같은 종류의 질문을 그에게 했는데 니진스키는 분노했다. 그리고 그는 무용수들에게 춤추어야 하는 부문에 대해 동작을 분석하거나 혹은 설명하기보다는 오히려 시범을 보여 주기를 더 좋아했다. 그는 무용수들이 자신을 그대로 따라 하기를 기대했다.

무용수들이 니진스키의 실험에서 최초의 도구로서 역할을 내켜 하지 않았던 면을 생각해 보면 니진스키와 무용수들이 다 같이 그런 놀라운 결과물을 생성해 냈다는 것은 참으로 기적에 가까운 일이었다. 넬리도바의 경우 《목신의 오후》에서 수석 님프 역할을 맡았다. 그녀는 이 작품을 싫어하여 모스크바로 돌아가기를 갈망했다. "내가 이런 작품을 추려고 이렇게 먼 데까지 온 것인가?" 하고 그녀는 종종 소리쳤다. 그러나 니진스키는 끈질기게 그

녀의 클래식 발레 테크닉과 그녀의 특징을 제거해서 람베르그의
표현에 의하면 아테네 여신 같이 그녀를 주조했다.

니진스키는 아주 진지했지만 람베르그가 알게 된 바에 의하면
그렇다고 유머를 모르는 것은 아니었다. 그녀가 니진스키에게 넬
리도바가 여신이 되는 것을 자랑스러워했는가를 물어보니 그는
"전혀. 그녀는 내가 그녀를 위해 소품의 스페인 춤을 안무하면 더
좋아할 거예요. 이 사이에 카네이션을 꽂고 귀 뒤에다가 장미를
꽂고 추는 그 춤 말이예요"라고 말했다. (그는 엉덩이에다가 손을 얹
고 우스꽝스러운 방법으로 그녀의 흉내를 내었다.)

그의 익살맞은 논평에 대한 또 다른 예로는 람베르그가 그에게
트루베키가 어떤 사람이냐고 물었을 때였다. 트루베키는 흐리멍
덩하고 능력이 부족한 폴란드인으로 일이 잘 안 풀릴 때는 신경
질적인 상태로 몹시 흥분하곤 했다. 댜길레프는 트루베키를 자신
의 개인비서로 채용했다. 그는 발레단의 회계 담당을 했으며 무
용수 소피 플란츠의 남편이었다. 니진스키가 말했다. "그가 지금
아무도 모르게 『바르샤바 쿠리어Warsaw Courier』•에 「그녀의 작은
앞치마Her little pinafore」(폴란드어로 Fartoushek) 같은 제목의 글을 쓰
고 있다는 사실을 알면 그가 어떤 사람인지를 판단할 수 있을 것
입니다." (우연히도 니진스키가 람베르그에게 폴란드어로 말했는데, 두
사람은 언제나 러시아어로 대화를 했으며 폴란드어를 사용한 것은 이때
가 유일했다.)

---

• 1821~1939년 사이 바르샤바에서 발행되던 일간지*

발레단에서는 브로니아를 제외하면, 카르사비나조차도 아무도 니진스키의 이런 모습을 본 적이 없었다. 람베르그는 니진스키와 따로 있을 때 훨씬 대화를 나누기가 수월하다는 것을 알았다. 그녀는 니진스키가 창작에 대해 고뇌를 하고 있을 때 그의 입장에서 바라보았고 이런 면이 서로 교감을 나누기에 용이했다. 갑자기 니진스키는 자신을 이해해 주는 누군가를 만난 것이다. 그러나 이 관계는 인간적인 따뜻한 감정이 아니라 지성적으로 나누는 우정이었다.

런던에서 몬테카를로로 가는 길에 발레단은 리옹에서 1회 공연을 했다. 《레 실피드》, 《클레오파트라》, 《카니발》, 《이고르 공》이었다.[38] 발레단은 3월 15일 몬테카를로에 도착했다. 발레 단원들은 처음에 람베르그가 합류했을 때 놀리는 의미에서 "리드미치카Rithmitchka"라고 부르면서 싫어했다. 하지만 이즈음에는 람베르그도 안정이 되고 발레 단원들도 그녀를 받아들였다. 발레단 내에서 블라디미르 로마노프Vladimir Romanov는 람베르그를 사모했다. 하지만 그녀는 그에게서 전혀 매력을 느끼지 못했고 오히려 《셰에라자드》에서 그와 함께 쿠션 위에서 뒹구는 장면 때는 그 순간을 싫어하기까지 했다. 그녀의 지성과 활달함은 발레단 내에서 상대적으로 좀 더 교육을 많이 받은 힐다 베윅[39]과 올가 호흘로바Olga Khokhlova 같은 지성적인 무용수들에게서 더욱 인정을 받았다. 어느 날 람베르그는 분장실에서 사라 베르나르의 흉내를 내고 있었는데 나이 든 의상담당자가 문 쪽으로 보면서 "사라 같이 보여요!" 하고 소리를 쳤다. 람베르그의 친구들은 그녀를 '미미'라고 불렀다.

포킨이 떠나고 니진스키는 안무가로서 일의 속도가 느린 편이었기에 댜길레프는 러시아로 가서 보리스 로마노프Boris Romanov, 알렉산더 고르스키Alexander Gorsky에게 도움을 요청했다.[40] 니진스키는 몬테카를로에 남았다. 그리고 지난 2년간처럼 보솔레이의 리비에라 팰리스 호텔에서 묵으면서 푸니쿨라 혹은 차로 왕래를 했다. 바슬라프와 람베르그는 카지노 안에 있는 클래스 룸에서 《제전》에 대해 계속 같이 작업을 했다. 그들은 4월 9일 시작하는 시즌까지 3주의 시간이 있었다. 두 사람은 댜길레프가 고용한 뚱뚱한 독일인 피아니스트와 같이 작업을 했다. 이 작업 기간 동안 바실리는 핑계를 대면서 종종 연습실에 왔다. 찬바람이 불어 니진스키를 보호하기 위해 창문을 닫아 주러 왔다거나 그의 어깨에 카디건을 걸쳐 주러 왔다는 등 핑계를 댔다. 하지만 실제로는 댜길레프의 지시에 의해 니진스키와 람베르그가 남녀관계로 발전할까 봐 감시하러온 것이다. 그런데도 댜길레프가 없었기 때문에 미미 람베르그는 그 이전보다 니진스키를 훨씬 더 많이 보게 되었다.[41] 엘레오노라 니진스카야는 람베르그와 그녀의 아들이 점점 친해지는 것을 알았고 아들에게 미미가 너에게 끌리는 것 같다고 경고했다. 그러나 바슬라프는 그럴 리가 없다고 일축했다.[42]

《유희》에서는 카르사비나, 니진스카 그리고 바슬라프가 춤을 추었다. 카르사비나는 런던 시즌 이후 페테르부르크로 돌아가야 했으므로 니진스키는 고갱의 그림 복제품을 자기 앞에 펼쳐 놓고 발레 안무를 하는 동안 바실리엡스카야가 카르사비나를 대신

했다.[43]

니진스키와 람베르그는 오후 작업을 함께 한 후 둘은 카페 파스키에Pasquier에서 만나는 경우가 종종 생겼다. 여기는 무용수들이 초콜릿 음료를 마시고 케이크를 먹는 테라스가 달린 카페였다. 어두워질 때까지 그들은 대화를 나누고 각자의 호텔로 돌아가곤 했다. 어느 날 저녁 니진스키는 인공의 녹색 조명이 비추고 있는 나무를 가리키면서 말했다. "저 모습이 내가 좋아하는 나무들의 광경이고, 《유희》에서도 저 나무들이 저 광경으로 있기를 바라요." 그는 람베르그에게 요셉과 포티파르 부인의 발레에 대해 자신의 아이디어 일부를 말했다. 댜길레프가 결국 어마어마한 작품료를 지불하고 리하르트 슈트라우스가 작곡해 주기로 한 음악이다. 연회 장면에서 니진스키는 부패한 사회의 경박함을 암시하기 위해 연회의 게스트들이 가상의 칼과 포크를 가지고 춤을 추는 장면을 구상했다. (이 아이디어는 1917년 마신의 안무 《유쾌한 숙녀들》에서 사용되었는데 아마도 댜길레프가 니진스키의 계승자였던 마신에게 니진스키의 유산이나 마찬가지인 이 안무 구상에 관해 이야기를 해 준 것 같다.)

니진스키가 구상한 《요셉》은 결국에 포킨이 안무하게 된 작품보다 훨씬 원작에 가까웠다.

두 사람은 포킨의 발레에 대해 논의했다.

람베르그: 《페트루슈카》가 포킨의 걸작이라 생각하지 않아요?
니진스키: (약간 미심쩍은 듯) 으으음, 그래요.

람베르그: 당신은 별로 그렇게 생각하지 않는 것처럼 들리는군요. 그 작품에서 마음에 들지 않는 부분은 뭔가요?

니진스키: 인형 세 개가 등장하는 것은 확실히 좋습니다.

람베르그: 그러면 유모들도…….

니진스키: 그래요. 하지만 이해할 수 없는 부분은, 그가 군중으로 등장하는 한 단원한테 "이 선율을 따라 하라"고 하면서 즉흥적으로 춤추게 한 점입니다. 안무가는 안무의 디테일한 부분까지 다 감독해야지, 다른 여지를 남겨 두어서는 안 됩니다.

니진스키는 《셰에라자드》에서 포킨이 한 안무를 비웃었다. 제일 높은 환관인 체케티가 문을 열고 니그로들이 달려들 때 (앞에서 본 바와 같이) 니그로들이 여자를 한 명씩 잡아채서 쿠션 위에서 열정적으로 애무하기 시작한다. 그들은 포옹과 사랑을 나누는 연기를 각자 알아서 즉석에서 해야 했는데, 이런 안무에 실망한 람베르그가 니진스키에게 물었다. "그건 어떤 방식의 안무인가요?" 그러자 니진스키가 말했다. "안무는 정확해야 합니다."[44] 실제로도 니진스키는 모든 세세한 사항까지 정확하게 지시하는 최초의 안무가였다.[45] 이런 점은 당시 무용수들에게는 지나치게 규칙을 찾고 자신들을 속박하는 것으로 받아들여졌음이 틀림없으나 오늘날에는 너무나 당연한 일이다.

리허설을 하고 있던 어느 날 니진스키는 힘든 동작을 시범으로

---

• 항상 포킨을 옹호하는 카르사비나는 이 말에 동의하지 않았다.

보이고 난 뒤 의자를 찾아 주위를 둘러보았다.[46] 람베르그가 일어나서 자신의 의자를 니진스키에게 가져다주었다. 이 행동 때문에 그녀는 발레 단원들에게 무자비하게 놀림을 당했다. 람베르그는 여자로서 자존감이 없다는 말까지 들었다. 그녀가 니진스키를 사랑한 것은 너무 당연했다. 이 사랑이 그녀에게 어떤 결과를 가져다줄지라도.

어느 날 저녁 카페 파스키에에 미미 람베르그가 혼자 앉아 있는데 니진스키가 왔다. 니진스키는 화가 나서 새하얗게 질려서 부들부들 떨고 있었다. 니진스키는 "나는 지금 어떤 남자를 거의 죽일 뻔했어요"라고 말했다. 그가 언급한 남자는 그의 매제인 코체톱스키였다. "브로니아는《목신의 오후》에 출연하지 못하고 나의 새 발레에도 춤을 추지 못하게 되었어요. 그 남자가 그녀를 출연하지 못하도록 했습니다." 람베르그는 니진스키를 진정시키기 위해 니진스키와 정원을 걸으면서 에드거 앨런 포의 시 「애너벨 리 Annabel Lee」를 번역해서 낭송했다.

그러고 나서 람베르그는 무보에 관한 이야기를 했다. 포이에 Feuillet•의 『안무 Chorégraphie』 복사본이 그녀의 호텔에 있다고 니진스키에게 말했다. 니진스키는 람베르그와 함께 라벨 호텔로 갔는데 그곳에는 발레 단원들 대부분이 묵고 있었다. 그녀는 침대에 앉아서 책을 읽었다. 그 시절 젊은 러시아인들과 폴란드인들 사이에서 소녀가 소년을 자신의 방으로 데려오는 것은 지극히 정상

---

• 프랑스 출판업자, 무보 기록자, 안무가. 저서 『안무』가 유명하다.*

적인 일이었다. 특히 자기 방 이외에 다른 공간을 갖고 있지 않은 학생들의 경우에는 더욱 그랬다. 그러나 니진스키가 떠날 때 다른 발레 단원들을 많이 마주치게 되었고 니진스키와 람베르그가 연애한다는 의심은 확신으로 변했다. 니진스키의 누이가 왜 그의 작품에서 춤을 추지 못하게 된 것인지 그 이유를 미미가 알게 된 것은 바로 다음 날이었다. 니진스키는 너무 화가 나서 단지 동생의 남편이 동생을 춤추지 못하게 했다고만 하고 이유를 제대로 설명하지 않았다. 브로니아는 임신을 한 것이었다. 니진스키는 예술 작품의 운명이 경각에 매달린 때라 그것조차 도저히 용서가 안 되었던 것이다.

《목신의 오후》는 물론 여전히 프로그램에 포함되어 있었다. 여섯 번째 님프를 대신할 무용수를 구해서 리허설을 해야 했다. 여섯 번째 님프는 베윅으로 정해졌다. 작품의 마지막에 그녀가 목신에 맞서기 위해 홀로 손을 들고 걷는 장면에서 그녀는 두려운 듯한 표정을 지었다. 니진스키는 그녀를 혼내면서 "당신, 표정을 왜 그렇게 지어요?"라고 물었다. 그녀는 "여기선 두려운 듯 연기해야 한다고 생각했어요"라고 답했다. 니진스키가 말했다. "당신 생각은 잊어요. 내가 지시하는 대로만 하시오. 안무에 모든 게 들어 있으니까."[47]

그러는 동안 댜길레프와 카르사비나가 페테르부르크에서 함께 돌아왔다. 카르사비나가 돌아오자 《유희》에 대한 리허설이 시작되었다. 브로니아 대신에 숄라가 그 역을 맡았다. 니진스키는 자신의 작품에 푸앵트로 춤추는 것을 구상하고 있어서 자신이 여

《목신의 오후》에 출연한 니진스키 (베르 사진)

《목신의 오후》에 출연한 니진스키 (드 마이어 남작 사진)

《목신의 오후》에 출연한 니진스키, 리디아 넬리도바, 여섯 님프 중 다섯 님프.
사라진 한 명의 님프는 브로니슬라바 니진스카다. (드 마이어 남작 사진)

성 발레슈즈를 신고 연습을 했고 이런 모습은 그로스의 《셰에라자드》와 《페트루슈카》 스케치에 등장한다. 그러나 이것은 얼마 지나지 않아 계속하지 않기로 했고 자신의 일상적인 슬리퍼를 신었다. 《유희》를 리허설 하는 동안 람베르그는 니진스키가 분노하는 또 다른 경우를 목격하게 된다. 카르사비나가 그에게 질문하자 그는 완전히 이성을 잃을 정도로 화가 나서 미친 듯이 악을 쓰기 시작했다. 그녀는 한마디도 하지 않고 방을 나갔다. 니진스키는 댜길레프에게 카르사비나가 프리마 발레리나의 사고방식을 가진 것에 대해 불만을 늘어놓았다. 람베르그는 댜길레프가 화가 나서 니진스키에게 퍼붓는 욕설을 들었다. "그녀는 단지 발레리나만이 아니야. 그녀는 지성과 사리 분별이 뛰어난 여인이다. 너는 예의 없는 부랑아야." 댜길레프는 가끔 이런 식의 분노를 터뜨린다. 니진스키는 댜길레프에게 사과했고 용서를 받았다.[48]

스트라빈스키가 스위스에서 도착했다. 그와 라벨은 댜길레프의 파리 시즌을 위해 《호반시치나》의 오케스트레이션 작업을 스위스에서 같이 하던 중이었다. 그는 《제전》의 안무 장면을 처음으로 보았고 엄청난 논쟁이 벌어졌다. 스트라빈스키 음악의 일부 템포로 니진스키가 창안한 스텝의 일부를 아무도 춤을 출 수가 없었다. 그리하여 니진스키는 음악의 빠르기를 좀 늦추었다. 작곡가는 불같이 화를 내면서 쿵쾅거리다가 피아노 뚜껑을 쾅 하고 닫았다.[49] 나중에 스트라빈스키가 책 『내 인생의 연대기』에서 니진스키는 음악적으로 너무 무식해서 음악과 안무를 맞출 수가 없었다고 썼다. 그러나 그 책은 월터 누벨이 대필한 것이었다. 스트라빈스키는 만년에 이 말을 취소했다. 《제전》의 안무에 대해 그가 무엇을 생각했든지 간에 그 당시에 스트라빈스키는 《목신의 오후》를 매우 좋아했다. 아마도 누군가가 자신의 음악을 동작으로 표현한 장면을 보면 마치 자신의 초상화를 보는 기분일 것이다. 인간은 자신의 친구들과 닮은 점을 포착한 초상화를 보면 그 예술가의 재능을 존경하지만, 자신을 희화화한 캐리커처를 보면 소름 끼쳐 한다. 드뷔시 또한 말할 필요도 없이 니진스키 안무의 《제전》을 자신의 음악으로 만든 《목신의 오후》, 《유희》보다 훨씬 좋아했다. 드뷔시는 자신의 음악으로 만든 두 작품을 다 싫어했다.

브로니아 대신 《제전》에서 선택된 처녀로 춤을 추기로 한 마리아 필츠는 슬라브족의 외모에 키가 크고 멋있는 소녀였다. 그녀의 희생의 춤은 원시적인 《제전》의 압도적인 클라이맥스가 된다. 그러나 군무 단원들처럼 그녀 역시 니진스키의 새로운 동작이 그녀가 이전에 추었던 모든 역할과는 너무 이질적이어서 그의 의도를 쉽게 이해하지 못한다는 사실을 알게 되었다. 어느 날 오후 니진스키는 오직 람베르그만 참석한 가운데 필츠 혼자 연습을 시켰다. 람베르그는 아무 말 없이 갈피를 못 잡는 그녀의 모습을 보고 있었다. 필츠는 이 역에서 요구되는 것이 무엇인지를 몰랐다. 니진스키는 그녀에게 춤을 보여 주었다. 람베르그는 이를 지켜보면서 만약 그가 이 역을 맡을 수 있다면, 만약 추수의 신의 분노를 남성의 희생물로 달랠 수만 있다면 이는 니진스키의 최고로 훌륭한 배역이 될 것이라는 생각을 했다. 그는 주먹 쥔 손으로 얼굴을 가로지르며 두려움과 슬픔 때문에 발작적으로 허공 속에 자기 자신을 내던졌다. 근육의 동작은 정형화되어 있고 절제되어 있지만 비극의 엄청난 파워를 전달했다. 이는 창작을 한 예술가에 의해 행해지는 솔로의 특별한 춤이며 이 춤은 영원히 기억될 것이다. 필츠가 관객들 앞에서 이 역을 출 때 니진스키의 공연 골격을 지켰다. 하지만 람베르그의 말에 의하면 필츠의 춤은 니진스키가 그날 오후 시범을 보인 그 춤을 엽서 복제품 같이 아주 조잡하게 흉내낸 춤이었다. 그렇다 하더라도 필츠는 관객들에게 깊은 인상을 심어 주었다.[50]

런던에서 오디션을 본 몇몇 무용수 그룹은 러시아 출신 두 명의 남자 무용수와 영국 출신 세 명의 소녀들이었고 이들은 발레단에 합류하기 위해 도착했다. 힐다 무닝스는 댜길레프 발레단에 대한 첫인상을 글로 남겼다.

발레단에 대한 나의 첫인상은 풍부하고 사치스럽다는 것이다. 발레 슈즈와 의상은 물론이며 무용수들이 입고 있는 일상복의 모자, 신발, 장갑까지 모든 것이 풍요롭게 보였다. 영국인 소녀 세 명은 블라우스와 스커트를 입었는데 아주 볼품없게 느껴졌다. 여성 무용수들 대부분은 아주 예뻤고 특히 폴란드 소녀 한 명은 더욱더 예뻤다. 그시절에 여성들은 모두 긴 머리를 했고 발레단의 대부분은 머리 색깔이 검은빛이었다. 그러나 올가 호홀로바는 어두운 적갈색의 윤기 나는 머리였다. 나는 발레단에 거의 없던 금발 머리였다.
매일 아침 아홉 시에 마에스트로 체케티의 클래스가 시작됐다. (…) 우리는 흰색 튀튀와 분홍색 실크 타이츠를 입었다. 바로 이어서 행해지는 리허설을 위해 주름진 두꺼운 비단 드레스를 입었는데 이 드

《카니발》을 위해 분장하는 니진스키와 이를 쳐다보는 이고르 스트라빈스키 (장 콕토 캐리커처)

레스는 만드는 데 3미터 50센티미터의 천이 필요한 드레스였다. 이 드레스는 가슴과 허벅지 주위에 신축성 있는 소량의 고무줄이 부착되어 있었고 무릎 바로 아래 예쁜 주름이 가지런히 달려 있었다. 드레스 속에 뭔가가 잔뜩 들어 있었지만 움직이기가 편했다. 그리고 모두 다른 색으로 만들어져서 아주 아름다운 광경이 연출될 것임이 틀림없었다. 리허설은 우리의 무대 매니저 겸 무대 감독인 세르게이 그리고리예프가 관리했다. 그는 서른쯤 되어 보였는데 우리 영국 소녀들에게는 키가 크고 무서워 보였다. 그는 끊임없이 걱정스러운 얼굴이었으며 거의 웃지 않았다. 뭔가 기쁜 일이 있을 때는 짧고 큰 소리로 웃었다. 그가 지시하는 많은 부분을 이해하지 못했다. 그는 항상 불만스러워하는 것 같았다. (…) 어떤 설명을 했는데 우리가 이해를 못 하면 점점 짜증을 내고 소리를 지르기 시작했으며 그의 침이 우리에게 샤워처럼 튀었다. 신경이 날카로워지면서 침을 닦아야 할지 그대로 두어야 할지를 나는 몰랐다. (…) 처음에 나는 엄청나게 이래라저래라 지시를 받으면서 당했다. 발레 작품도 모르고 러시아 말도 할 줄 모르고 (…) 폴란드 출신 소녀들은 나를 괴롭혔고 "거들 먹거리고…… 엉망이네"라고 말하면서 무대에서는 나를 밀쳤다. 댜길레프가 처음으로 우리 리허설을 보러 왔을 때 나는 너무 두려워서 뻣뻣해졌다. 그의 존재는 경외심을 불러일으켰고 마치 왕족처럼 자기 확신이 내뿜어져 나왔다. 몸집이 좀 있고 약간의 수염에 외눈박이 안경을 쓰고 그는 한 무리의 친구들을 대동하고 룸으로 들어왔다. 앉아 있던 모든 사람들이 일어났고 조용해졌다. 1~2미터 정도 떨어져서 그리고리예프가 조용하게 뒤따라오고 댜길레프는 무용수들이 모여 있는 곳을 지나가면서 여기저기서 멈추고는 인사를 교환했다. 그가 말을 건 남성 무용수는 누구든 발뒤꿈치로 딸각하는

소리를 내면서 인사를 했다.[51]

힐다는 니진스키를 관찰했다.

외모로 보면 니진스키는 목신 그 자체 같았다. 사회 속에 갇혀 있는 거친 생명체인 그는 항상 불편해했다. 말을 할 때면 그는 자신의 머리를 살며시 돌리는데 그때는 마치 그가 갑자기 상대의 배를 들이받을 것처럼 쳐다본다. 그는 계속 엄지발가락을 움직였다. 그의 예민한 에너지는 잠시도 가만히 있지 못하고 출구를 찾았다. 앉아 있을 때 그는 손가락을 비틀거나 혹은 구두로 장난을 쳤다. 그는 다른 사람과 거의 이야기를 하지 않았으며 마치 다른 세상에서 온 사람 같았다. 춤추기 전에는 마치 넋이 나간 영혼처럼 더욱 말수가 줄었다. 나는 그가 퍼스트 포지션에서 손을 재빨리 움직이면서 놀라운 점프를 연습하는 것을 보고는 했다. 나는 그와 같은 사람을 본 적이 없다.[52]

로몰라 드 풀츠키는 발레단의 클래스가 끝나는 열한 시에 체케티에게 개인 레슨을 받았다. 니진스키와 카르사비나는 열두 시에 왔다. 하루는 로몰라가 발목을 삐었다. 그러나 마에스트로는 그녀에게 계속 연습하도록 했다. 조금 일찍 도착한 바슬라프는 그의 손으로 그녀의 발을 잡고 발목을 보더니 체케티에게 그녀를 집으로 돌려보내서 쉬게 해야 한다고 말했다. 니진스키가 아무리 냉담하다 해도 그녀의 존재를 몰랐을 리가 없다.[53] 로몰라는 미미와 니진스키의 우정을 질투하고 있었다. 그러나 그녀는 니진스키에 대한 유용한 정보를 얻거나 그에게 접근할 기회를 얻고 싶어서 자신의 인맥을 자꾸 넓혀 나갔다.[54] 람베르그의 입장에서는 가장 매력적이고 호감 가는 어린 헝가리 여자를 알게 되었다.[55] 그녀는 옷도 잘 입고 애교 있는 예의와 담배 피우는 모습으로 사람을 사로잡는 여자였다. 그 시절에는 허무주의자들과 가장 세련된 사람들만이 담배를 피웠는데, 당연히 로몰라는 허무주의자가 아니었다. 발레단이 파리로 옮겼을 때 두 여자는 계속 만났다. 미미는 전통 있고 역사가 깊은 마레Marais 지역의 숙모 집을 떠나 로몰라와 저녁을 먹기 위해 그녀의 호텔로 갔다. 로몰라는 파시 가는 길에 있는 최신 유행 구역의 디에나d'Iena 호텔에 묵고 있었다. 람베르그는 헝가리 여자의 마음을 아무것도 몰랐다. 그녀는 로몰라가 니진스키를 쫓아다니는 것을 전혀 눈치 채지 못했다. 그러나 그때는 람베르그도 니진스키에 대한 자신의 감정을 분석할 수가 없었다. 람베르그는 당시 니진스키를 천재적인 예술가와 창조자로서 찬미하는 마음으로 압도되어 있었다.

상황은 아이러니했다. 로몰라는 람베르그와 우정을 쌓으면서 니진스키가 어떤 사람인지, 그의 이상, 그의 작업 방식, 그의 정신이 어떻게 작용하는지, 그를 즐겁게 하는 것, 그에게 충격을 주는 것, 그를 기쁘게 하는 것이 무엇인지 등 니진스키의 모든 것을 알게 되었다. 미미는 으쓱했고 이 세련된 라이벌에게 매혹되었다. 람베르그는 로몰라를 깊이 신뢰하게 되어 그녀의 매력을 돋보이게 하는 데까지 갔다. 로몰라는 결국에 니진스키와 단둘이 있게 되었을 때 람베르그의 자신에 대한 깊은 신뢰가 니진스키에게 작용해서 그를 로몰라 쪽으로 끌어당겼음을 알았다. 람베르그는 추호의 의심도 없었다.

몬테카를로 시즌은 5월 6일에 끝났다. 댜길레프는 파리 오페라에서 봄 시즌을 위해 발레단을 데리고 파리로 갔다. 그러나 아스트뤽은 그가 매니저로 있는 신축한 샹젤리제 극장Théâtre de Champs-Elysées에서 공연하기를 원했다. 아스트뤽은 댜길레프에게 파리 오페라에서 얼마를 제시했느냐고 물었다. "통상적인 가격인 1회 공연에 1만 2천 프랑 그대로인가?" 댜길레프는 "그렇습니다"라고 대답했다. "그러나 사람들은 아스트뤽이 러시아 발레를 창안했다고 말합니다. 존경하는 친구, 당신은 그 점을 고려해야 합니다." 아스트뤽은 하는 수 없이 한 공연에 2만 5천 프랑으로 결정했다. 아스트뤽이 쓰기를 "내가 저지른 이 어리석음 때문에《제전》의 창작을 가능하게 했지만《제전》은 기획자로서 나의 생명을 앗아 갔다."[56]• 실제로 그는 얼마 지나지 않아 파산했다. 샹젤리제 극장은 샹젤리제 거리가 아니라 몽테뉴 가Avenue Montaigne에 있으며 알마 광장Place de l'Alma과 센강 근처에 있다. 샹젤리제 극장은 크고 화려하고 웅장한 최신식 공연장으로 페레Perret가 지은 건축물이다. 외벽에는 부르델Bourdell이 만든 조각 부조로 장식되어 있고 객석은 모리스 드니Maurice Denis가 그린 그림으로 장식되어 있다. 이 그림은 이사도라의 디오니소스 춤에서 영감을 받아 그린 것이다.

댜길레프는 자신의 발레단과 함께 — 소피 페오도로바와 루드

---

• 아스트뤽은 지나치게 단순하게 표현했지만 다른 여러 요소도 함께 작용했다. 화려한 극장은 경제적으로 채산성이 맞는 곳이 아니었다.

밀라 숄라만 게스트 아티스트[57] —《보리스 고두노프》와《호반시치나》에 황실 극장의 가수들을 출연시키기로 되어 있었다. 그러나 그들이 5월 18일에야 도착했으므로 발레로 시즌을 시작했다. 15일 첫 공연에는《유희》가 포함되어 있었다. 그러나 니진스키와 댜길레프가 파리에 도착했을 당시에는 니진스키가《유희》의 안무를 다 끝내지 않았다. 그들은 엘리제 팔라스Elysée Palace 호텔에 묵었다. 댜길레프는 너무 걱정되어서 발레는 차질 없이 완성되어야 한다고 니진스키에게 말했다. 리허설은 새 극장에서 하기로 했는데 이 날은 니진스키에게는 아주 안 좋은 하루였다. 그리고리예프의 글을 보면 "그는 연습실 가운데 서 있었다. 그의 정신은 명백히 넋이 나간 듯이 보였다. 나는 상황이 절망적임을 감지했다. 나는 이미 안무된 부분을 다시 하도록 제시하면서 혹시라도 그의 창작력에 자극을 줄 수 있기를 희망했다. 다행히 이 작업은 원하던 효과를 가져왔다."[58]

파리에서 댜길레프와 니진스키가 처음 방문한 사람은 라벨이었다. 그들은 스트라빈스키와 브로니아를 같이 데려갔다. 이때 스트라빈스키는 라벨과 니진스키가 네 손으로 연주하는 모습을 사진에 담았고 또한 집의 발코니에서 에투알the Étoile 근처의 카르노가Avenue Carnot를 내려다보는 사진도 찍었다. 라벨은 스트라빈스키의《제전》에 대해 극찬을 아끼지 않았고 라벨이 생각하기로는《제전》의 초연은 "《펠리아스》만큼이나 대단한 사건임"을 증명하리라고 생각했다.[59] 스트라빈스키에 의하면 "라벨은《봄의 제전》을 즉각 이해한 유일한 음악가였다."[60]

《목신의 오후》가 얕은 부조가 새겨진 프리즈 혹은 꽃병 그림이라고 한다면,《유희》에 관해 지금 남아 있는 몇몇 사진들이나 밸런타인 그로스가 그린 일곱 장의 파스텔화에서 받은 인상은 부조가 더욱 대담해졌다는 점이다. 비록《유희》가 고갱의 그림에서 일부는 영감을 받았다 하더라도 안무가는 클래식 발레에서 넓게 확장하는 아라베스크, 애티튜드, 포르 드 브라와는 정반대로 작고 밀폐된 조각 형태를 목표로 하고 있던 것으로 보인다. 작고 밀폐된 형태는 우리도 알다시피 조각에는 어울리지 않는다. 물론 고갱보다 그림이 더 평면적이고 장식하기 좋은 그림을 그린 화가는 거의 없다. 안무가는 화가가 사용한 총천연색 부분에 감탄했다. 그러면서 니진스키가 지난 몇 년간 살펴봤던 마욜Aristide Maillol, 르누아르Auguste Renoir, 로댕Auguste Rodin의 기념비적인 일부 조각품에서 느낀 예술가들의 깨달음에 대해, 인간의 신체적인 동작으로 다시 표현하는 것을 목표로 했다는 점은 거의 역설적으로 보인다. 스포츠와 사랑의 삼각관계로 외양을 꾸민 그의 발레이지만 스포츠 동작에 대해서도, 인간의 감정에 대해서도, 격식을 갖춘 줄거리와도 전혀 관련 없는 실제로는 추상 발레여야 했다.

니진스키가 드뷔시의 음악에 '양식화된 제스처stylized gesture' — 새로운 무용 종류를 위한 명칭 — 를 어떻게 결합했는지에 대해 우리는 결코 알지 못할 것이다. 작곡가는 춤의 어떤 부분에서는 너무 상상력이 부족하며 다른 요소와 무관하다고 생각했다. 밸런타인 그로스는 니진스키가 감탄할 만큼 음악을 잘 따라갔지만 너무 음악과 밀착되어서 추었다고 생각했다. 그리고 동작과 악보의

라벨의 파리 집 발코니에서 (왼쪽부터) 모리스 라벨, 니진스키,
브로니슬라바 니진스카 (이고르 스트라빈스키 사진)

피아노를 치는 라벨과 니진스키 (이고르 스트라빈스키 사진)

본질에 나타나는 일정한 격차는 리허설을 할 때 피아노 반주로만 해서 그렇다고 생각했다.[61]

그룹 중에서 가장 조각처럼 보이는 것은 카르사비나가 숄라를 포옹할 때였다.* 숄라는 오른쪽 발을 살짝 앞으로 내밀어서 관객을 마주 보고 서 있으며 손은 둥글게 주먹을 쥐고 아래로 늘어뜨렸다. 그녀는 왼손 위에 오른손을 놓았으며 머리는 왼쪽 어깨 쪽으로 기울이고 있는 모습이다. 카르사비나는 드미 푸앵트로 한 걸음 한 걸음 걸을 때마다 저지당했다. 그녀는 허리에서부터 약간 앞으로 기울였고, 오른쪽 팔은 비스듬히 숄라의 몸통 앞으로 가로지르며 그녀를 왼쪽 팔꿈치 위에까지 잡고 있으며, 왼쪽 팔은 그녀의 목을 두르고 카르사비나의 주먹 쥔 손은 숄라의 왼쪽 어깨 위에서 보인다. 이 그림의 가장 눈에 띄는 면은 카르사비나의 머리카락 아래로 해서 등으로 계속 연결되어 스커트를 타고 그녀의 발아래까지 형성되는 라인이다. 아주 만족스럽게 연결이 되며 카르사비나의 제스처는 루브르에 있는 다빈치의 그림 「성녀 안나, 성모마리아, 갓난아기 예수」의 모습에 등장하는 성모마리아의 제스처를 연상하게 한다.

니진스키가 가운데 있고 세 명의 무용수가 열을 지어 서 있는 것은 삼미신 버전이다. 이 안무는 니진스키가 두 여성 무용수를 보고 있는 동안 약간 몸을 숙인 카르사비나는 숄라에게 초점을 맞추고 있다. 숄라는 앉아서 그녀 아래 무릎을 감싸면서 한 손은 그

---

* 《유희》에 대해 남아 있는 몇몇 기록은 699~700쪽의 삽화와 연결 지어 이해될 수 있을 것이다.

녀의 무릎에, 다른 한 손은 그녀의 가슴에, 그녀의 머리는 슬픈 듯이 기울이고 있는데 이 안무가 이 작품에 등장하는 그루핑 중에서 가장 고갱을 연상시키고 있다. 니진스키가 두 소녀를 협박하는 듯이 등장하는 그룹에서 오른 팔뚝을 치켜올리고 왼손을 이 허리띠 옆구리를 꽉 움켜쥔 그의 포즈는 창과 방패를 든 에트루리아의 전사들을 묘사한 동상 중 하나같이 보였다. 단지 무용수의 머리가 기울어져 있고 반항하기보다는 현명하게 맞설 준비를 하는 점이 전사들의 동상과 다른 점이다. 이와 비슷한 포즈에서 니진스키는 왼쪽 다리에 무게를 싣고 오른쪽 주먹을 그의 이마에 갖다 대고 있는 모습에서는 고대 로마 운동선수들의 조각을 연상시킨다.

처음 총 리허설 때 박스트의 무대 디자인이 공개되었다. 해 질 녘에 짙은 여름 나무들이 마치 전기조명으로 채색한 빛의 조각처럼 보였다. 나무들 뒤에는 조그만 창문들이 열을 지어 있는 크고 하얀 건물이 어렴풋이 보인다. 우리가 앞에서 언급한 대로 블룸즈버리의 건물에서 영감을 받은 듯하다. 녹색 바닥보에는 네 개의 원형 화단이 그려져 있다. 브로니슬라바 니진스카는 그 배경이 너무 많은 공간을 두고 있으며 이 안무에는 좀 더 구체적으로 한정하는 무대가 필요하다고 생각했다. 옳건 그르건 박스트의 의도는 무용수를 왜소하게 보이도록 하고 그들이 더욱 어린이처럼 보이도록 한 것으로 보인다. 댜길레프는 화단의 가운데 앉았다. 빨간 가발, 말아 올린 셔츠 소매, 붉은색 넥타이와 가장자리를 빨간색으로 처리한 무릎길이의 바지, 빨간 멜빵, 하얀 스타킹과 빨간 윗도리를 입은 니진스키가 등장하자 댜길레프는 폭발했다.

"안 돼, 안 돼, 이런 것으로 공연이 불가능해!" 박스트는 화단의 왼쪽에 있었다. "뭐가 문제지, 세료자? 이것은 아주 어울리는 의상이야." "미안해, 나의 레브슈카." 댜길레프의 답은 확고하지만 부드러웠다. "이 옷으로는 할 수 없어. 우스꽝스러워 보여." 논쟁은 가장 신사적인 매너로 계속되었지만 댜길레프는 완강했다. 댜길레프는 니진스키의 의상을 스스로 다시 디자인했다.[62] 흰 셔츠와 빨간 타이는 그대로 두고, 하지만 무용수에게 무릎 아래로 내려갈 수록 좁아지는 종아리 부분이 딱 맞고 발목 바로 위까지 오는 바지였다. 여자 무용수들의 흰색 드레스는 상의가 꽉 끼고 무릎길이의 스커트로 디자인한 것으로 파캥Paquin이 만들었다. 박스트의 원래 디자인에서 니진스키의 의상은 축구 선수용이며, 그의 발치에 있는 공은 축구용이라는 것이 명백했다. 무대로 튀어 들어오는 공이 모티프가 되어 발레가 시작되었다. 튀어 들어온 테니스공은 크기 때문에 파리 관객들은 낄낄거렸고 영국 관객들도 한마디 하게 만들었다. 그리고 앞에서 본 바와 같이 안무가가 구상한 동작은 골프에서 온 것이다. 당시 러시아인들은 사라 베르나르처럼 골프와 테니스 게임을 잘 구분하지 못한 것 같다. 사라 베르나르의 경우 맨체스터 근교에서 축구를 보기 위해 그녀의 차를 세웠는데 완전히 반해서 경기를 보면서 "크리켓, 이 운동이 너무 좋아. 대단한 영국이다"라고 외쳤다.[63]

《유희》의 음악은 1913년에는 거의 인정받지 못했고 최근*에 와

---

* 버클은 이 책의 초판본을 1971년 발행했다.*

《유희》에 출연한 타마라 카르사비나, 루드밀라 숄라, 니진스키 (밸런타인 그로스 파스텔화)

《유희》에 출연한 타마라 카르사비나, 루드밀라 솔라, 니진스키 (게르셸 사진)

서야 드뷔시의 가장 훌륭한 작품 중 하나로 인정받고 있다. 작곡가 자신의 고백을 들어 보자. "이 발레를 작곡하기 전에 나는 안무가가 뭐하는 사람인지를 몰랐습니다. 이제는 알고 있습니다. 그는 매우 강직하며 아주 정확한 신사입니다."[64] 처음에는 안무가를 몰랐다고 하지만, 드뷔시의 전반적인 음악 계획은 겉으로 보기보다 훨씬 더 안무가의 의견을 수용했다. 시나리오의 모든 춤 에피소드는 마법의 공명 때문에 옅게 가려졌다.

| 오케스트라 악보 | 연기 | 음악 |
|---|---|---|
| 매우 느리게 | | 현악기의 지속적인 옥타브와는 대조적으로, 하프는 목관악기가 꿈꾸듯 연주하는 「피아니시모」의 멜로디로 연주를 시작한다. |
| [1]* 해학적으로 | | 작품 전체를 구성하는 짧은 멜로디의 첫 부분을 첼로와 바순이 연주한다. |
| [5] 전주곡의 동작 | | 오프닝 음악으로 다시 돌아간다, 더 빼곡히 악보가 적혀 있다. |
| [6] 처음 템포 | 테니스공이 무대에 던져졌다, 테니스복을 입은 젊은 남자가 라켓을 허공에 높이 들고서 도약하여 무대를 가로지르고는 사라진다. | 적당히 해학적으로 시작한다. 클라리넷은 이미 "어디서 연기를 해야 하는가?"라고 말하는 듯한 중요한 두 마디 악구를 이미 들었던 일부 구절에 더해 연주했다. 신기하게도 처음 네 음표는 슈베르트의 「미완성 교향곡」의 오프닝에 나오는 그 음이 틀림없다. |

* [숫자]는 리허설 번호*

| | 부끄럼을 타면서도 호기심 많은 두 소녀가 등장한다. 그들은 서로에게 털어놓을 이야기가 있었고 대화할 수 있는 적당한 구석진 장소를 물색 중이다. | 드뷔시 관현악의 미묘하지만, 상투적 음악 주법인 갑작스러운 글리산도, 트릴, 트레몰로 음을 무한정으로 유연하게 적용하여 이를 배경 삼아 이런저런 아이디어가 음악으로 전개된다. |
|---|---|---|
| [14] 동작 | 춤을 시작하는데 처음에 한 명, 그다음에 다른 한 명이 춘다. | |
| [24] 몹시 표시 나게 | 나뭇잎이 바스락거리는 소리에 의해 그들은 춤을 갑자기 멈춘다. 젊은 남자가 나뭇가지 사이로 그들을 보고 있다. 그들은 멀리 달아나려고 했지만 젊은 남자가 그들을 다시 돌아오게 하여 그중 한 소녀를 설득하여 춤을 같이 춘다. | 큰 트럼펫 소리, 현악기 군의 퉁명스러운 화음이 연주된다. 제일 처음 기존 스타일의 춤은 끝이 났다. 그다음 차이콥스키풍의 마임 장면과 거의 유사한 드뷔시의 음악이 이어진다. 음악은 아주 우아하게 동작을 따른다. 악보에는 '조금만 더 다가갈 것', '절제하여', '양보하여', '동작' 등 템포와 지시 사항이 온통 가득하다. 부드럽게 지속하던 선율은 여성의 당황함을 표현하는 어쩔 줄 몰라하는 멜로디로 바뀌었다. |
| [32] 열정적으로 | 그는 소녀와 슬쩍 키스했는데 이는 갑자기 다른 소녀의 질투심을 유발하게 했다. 다른 소녀는 흉내 내는 춤으로 자신의 마음을 표현한다. 이 춤으로 인해 다른 소녀는 | |

| | | |
|---|---|---|
| [33] 아주 생기 있게, 빈정거리듯이 가볍게. | 젊은 남자의 관심을 끄는 데 성공하였고 젊은 남자는 소녀에게 왈츠 스텝을 가르치려고 애쓴다. 소녀는 처음에는 젊은 남자의 춤을 모방하지만 결국은 잘 추게 된다. | |
| [34] 동작 | | 목관은 4분의 2박자의 삐죽거리는 피치카토 화음과 조소하는 듯한 반음계 선율을 연주한다. |
| [38] 왈츠 동작 | | 현악기들이 8분의 3박자의 들쭉날쭉한 변형 박자의 리듬을 연주(?《다프니스와 클로에》에 대한 드뷔시의 헌사). 클라리넷은 처음에 두 번은 연주를 잘못했지만, 그 후로는 제대로 된 선율을 연주한다. |
| [41] 행복 | 그들은 같이 춤을 춘다. | 다른 목관 악기들은 계속 연주한다. |
| [43] 템포 | 그녀의 버림받은 친구는 이제 떠나려고 하지만 느린 패시지에 맞추어 다른 소녀가 그 친구를 붙잡는다. | 4분의 3박자의 하향하는 글리산도 연주. 짤막하게 애원하는 선율을 담고 있는 낮은 현악기 음의 트레몰로 연주. |
| [44] 왈츠의 움직임으로 점차 돌아오다. | 세 사람은 함께 삼인무를 춘다. | 마지막 기성 형식의 곡은 8분의 3박자 재잘거리는 목관의 연주로 소개한다, |
| [48] 이후 8마디 연주 | 몇몇 사건이 춤추는 것을 방해한다. | 힘찬 바이올린 연주는 피아니시모로 멈출 때까지 미끄러지듯이 연주한다. 클라리넷은 처음 시작할 때의 현학적인 선율을 연상시키는 연주를 한다. |
| [51] 처음 동작으로 | 춤은 계속된다. | 목관은 첼레스타와 자일로폰을 반주로 재잘거리는 연주를 한다. 잉글리시 호른은 아쉬운 듯이 다시 처음 선율을 |

| | | 연주한다. 점점 더 강렬하게 처음 등장하는 그리고 이전에 나왔던 선율이 단속적으로 서로 주고받는다. 남성적인 요소와 여성적인 요소가 점차 하나로 통합되는 듯하다. |
|---|---|---|
| [78] 지극히 완만하게 | 클라이맥스. 다른 잃어버렸던 테니스공이 무대 위로 떨어진다. | 오케스트라 전체가 오프닝 선율의 처음 네 음표를 크게 연주한다. 큰 음향은 재빨리 사라지고 이어지는 바이올린의 연주는 《셰에라자드》음악을 생각나게 한다. 목관악기는 마지막 혼란을 표현한다. |
| [80] | 놀던 사람들은 도망간다. | |
| [81] 전주곡에 맞춘 동작 | | 이 짧은 섹션은 댜길레프의 요청으로 첨가된 부분. 다시 편곡한 처음 선율이 천천히 연주된다. 4개의 마지막 마디는 발레 뤼스 감독에게 다음과 같이 말하는 듯하다. "이것이 《페트루슈카》가 끝맺는 한 방법입니다. 이제 당신은 이마저도 바꾸고 싶어 하고요!"[65] |

이틀 후 『르 피가로』에 앙리 퀴타드Henri Quittard의 《유희》에 대한 글이 다음과 같이 실렸다.

드뷔시는 음악 작곡을 거절하지 않았다. (…) 그런 유치한 대본임에도 불구하고, 허세로 가득한 이 무계획한 에세이는 보기에 우아하거나 예쁜 무언가를 제공할 수 있으리라고 생각했다. 그러나 니진스키가 선구적 역할을 한 새로운 예술은 소소한 것조차 불합리하게 만들 수 있었다. 이 영리한 탐미주의자가 고안한, 단순히 의미 없고 가식적인 왜곡보다 훨씬 더 불쾌하게 보일 수 있는 것은 무엇이 될까. 작년《목신의 오후》공연에서 그리스 화병의 그림에 영감을 받아 고안한 포즈가 우리를 놀라게 했던 것과는 달리, 이 작품의 현대적인 의상이 무용수들의 포즈를 더 예술적으로 보이게 하지 않음은 언급할 필요도 없다. 게다가 소위 말하는 개혁적인 안무는 작품을 일부러 지루하게 만들려고 한 것은 아니지만 가장 구식의 전통적인 제스처와 마임에 의존하고 있다.

들은 바로는 니진스키의 의도는 조형적 움직임으로 1913년을 사는 남자들을 위한 옹호를 표현하고자 함이었다고 한다. 만약 이 작품이 그렇다면 우리는 자부심을 느껴야 할 것이 아무것도 없다. 오히려 짜증스러움이다. 어떤 악마적인 주문 때문에 그 아름다운 카르사비나와 숄라를 뻣뻣하고 기이한 인형으로 만드는 데 거의 성공할 뻔한 것은 사실이다. 거슬리는 장면이 꽤 여러 번 표시나게 등장하는 것과는 별도로, 관객들은 이러한 어리둥절함에 대해 유쾌하게 받아들였다. 관객들이 단지 음악을 듣는 것으로 만족했음은 의심의 여지가 없었다. 작곡가와 안무가는 분명히 이 발레에서 서로 교감하지 않았다. 음악에 대해서도 서로가 마찬가지였다.[66]

『독립 음악 협회 게시판』에 '스위프트Swift'라는 서명으로 실린 기사는 비록 대중들에게 많이 읽히지는 않았겠지만 인용할 정도로 재미난 글이다. "여름 스포츠, 수많은 독자는 러시아의 테니스 룰에 대해 문의를 한다. 올 시즌에는 시골집 파티의 열풍이 불 것 같다. 그들은 다음과 같다. 게임은 조명등이 비추고 있는 화단에서 벌어지고 있다. 오로지 세 명의 선수만 있으며 네트는 필요가 없고 테니스공은 축구공으로 대신할 것이며 라켓 사용은 금지되어 있다. 코트 가장자리의 숨겨진 구멍에서 오케스트라는 경기를 반주한다. 이 스포츠의 목적은 목, 손목 그리고 발목을 유연하게 발전시키는 것이다. 의학 아카데미의 축복을 받을 것이다."

5월 20일 에밀 드플린Emil Deflin이 니진스키와 인터뷰한 기사를 『질 블라스』에 실었다.

드뷔시 음악의 발레를 출 무용수들의 분장실로는 물랭 드 라 갈레트 Moulin de la Galett*에서처럼 바로 들어갈 수가 없다. 나는 목신의 둥지에 들어가기 위해 조금 교활한 수법을 사용해야 했다. 나의 친구 로베르 드 토마즈Robert de Tomaz는 파리에 사는 대부분의 슬라브인 국외 거주자들처럼 톨스토이 작품을 스테판 말라르메의 작품처럼 쉽게 읽었다. 운이 좋은 녀석은 그의 카드에다가 러시아어 몇 마디를 휘갈겨 적었고 그러자 문은 마치 비밀번호가 바뀐 것처럼 '열려라 참깨' 같이 문이 활짝 열렸다. '툴롱', '크론슈타트!'**
분장실에서 향기가 어렴풋이 났다. 그러나 그 향은 화려한 것이 아니고 깔끔한 향이었다. 그 많은 무용수의 사진은 어디에도 보이지 않았고 오로지 박스트가 디자인한 몇몇 작품들과 로댕의 몇몇 스케치만 보였다. 꽃도 없었다. 의상에 달린 화환이 전부였다. 스프링이 고장 난 오래된 긴 의자에 푹 꺼지게 앉아서 니진스키는 몸을 닦고 있었다. 그의 흰색 플란넬 셔츠는 허리까지 열려 있었고 테니스 벨

---

• 파리의 유명한 카바레*
•• 프랑스와 러시아간의 상호외교 방문지가 툴롱Toulon과 크론슈타트Kronstadt. 프랑스 해군은 1891년 7월 23일 핀란드만의 크론슈타트를 방문했고, 러시아 해군은 1893년 10월 13일 툴롱을 방문했다.*

트는 풀려서 느슨하게 걸려 있었다. 굵은 땀방울이 그의 광대뼈의 경사진 윤곽을 따라 흐른다. 그는 방금 《유희》를 추었다. 우리가 니진스키에게 소개된 후 니진스키는 약간 힘들게 프랑스 말을 시작했다. 그러나 로베르 드 토마즈가 통역해 주었고 그때부터 우리의 대화는 낭랑하게 울려 퍼졌다.[67]

다음의 인터뷰를 읽고서, 오랫동안 대화를 나누는 것이 니진스키의 전형적인 인터뷰 스타일이라고 상상해서는 안 된다. 그의 말은 언론가에 의해 편집되었으며 '산문'으로 수정되었다.

무용수는 웃으면서 말했다. "나는 《유희》에 대한 관객들의 반응 때문에 오히려 놀랐고 슬펐습니다. 그러나 절망하지 않습니다. 관객들은 내가 표현하려고 한 것을 이해했다고 믿으며 나는 그들이 정형화된 제스처로 표현한 나의 실험에 대하여 비웃을 것이라고는 예상하지 않았습니다. 당신은 아마도 알고 있을 겁니다. 작년에 도빌에서 테니스를 보는 동안 나는 특정한 포즈와 동작의 아름다움에 반했습니다. 그러고는 그것들을 예술 작품에 함께 녹일 아이디어를 가지게 되었습니다. 말하자면 그들을 조화롭게 다루면서요. (…) 드뷔시의 음악은 나의 목적을 이루는 데 큰 도움을 주었습니다. 내 작품에 대해 굳은 신념을 가지고 있습니다. 앞에서 말한 대로 이 발레에 대한 시원찮은 반응에 나는 실망하지 않습니다. 왜냐하면 많은 사람이 인정하지 않는다고 하더라도 내가 한 일을 좋아하는 사람들이 한두 명은 있고 나는 그들의 판단에 가치를 둡니다. 나의 실험을 프랑스에서 제일 먼저 보여 주길 원했습니다. 왜냐하면 프랑스 관객들이 가장 예술 수준이 높다고 언제나 생각했기 때문입니다. 지난겨울 오랜 기간 춤을 추었던 영국의 경우 춤에 대해, 특히 클래식 발레에 대해 대단한 이해를 지니고 있었습니다. 그와는 달리 프랑스 관객들은 훨씬 더 예민한 직감을 가지고 뭔가 새로운 것을 더 잘 판단한다고 생각합니다. 정형화된 제스처로 표현한 나의 실험적인 작품들에 대해 프랑스 관객들이 여전히 흥미를 느끼기 희망합니다. 작업이 힘든 것은 두렵지 않습니다. 나는 계속 좋은 작품을 만들기 위해 노력할 것입니다."[68]

드뷔시는 니진스키의 발레를 좋아하지 않았다. 6월 9일 작곡가는 로베르 고데Robert Godet에게 다음과 같은 글을 썼다.

최근의 무의미한 일 중에는《유희》라는 발레 작품을 꼭 포함해야 합니다.《유희》는 니진스키의 고집 센 천재성이 독특한 종류의 셈법에 빠져드는 기회를 준 작품입니다. 이 친구는 그의 발로 삼중 뜨개질하는 것처럼 꼬고 그의 팔로 그 자세를 확인합니다. 그러고는 갑자기 거의 마비된 것 같이 동작하다가 그는 음악이 지나가는 것을 시무룩하게 서서 지켜보고 있습니다. 정말 끔찍했습니다. 더 정확히 말하면 자크달크로즈 스타일입니다. 나는 자크달크로즈 씨를 음악의 가장 강력한 적 중 한 명이라고 생각하기 때문이며 자크달크로즈의 방법이 니진스키와 같은 혈기왕성한 젊은이의 마음에 어떤 재앙을 일으킬 수 있는지 당신은 상상할 수 있을 것입니다![69]

오늘날 드뷔시의 멋진 음악을 들어 보자면, 니진스키가 최소한 음악을 듣는 동안 바라볼 수 있는 장면 정도로서 받아들일 만한 동작도 — 그 동작이 음악과 일치하지 않거나 조화를 이루지는 않는다고 해도 — 구상하지 못했을 것이라는 점은 우리의 마음에 얼른 납득이 가지 않는다. 니진스키가 대담한 안무를 추구한 것은 명백하다. 밸런타인 그로스의 파스텔화에서 감상적으로 표현된 박스트의 무대 장식과 오리지널 캐스트로 드뷔시의 음악에 맞춘 그의 안무가 되살아나는 것을 보기 위해서라면 우리는 모든 것을 다 할 수 있다! 그렇기 때문에 댜길레프는 그러한 음악을 의뢰했어야 했으며(작곡가는 이런 음악을 작곡하는 것을 내켜하지 않았다), 그는 니진스키가 그 음악으로 리허설을 할 수 있도록 해야 했다. 니진스키의 대담한 실험을 접하면서 더욱 그에게 감탄하게 된다. 그러한 음악을 작곡한 드뷔시는 무용이라는 다른 장르에서 시도하는 새로운 분야를 조롱했고, 비평가와 관객들이 작곡가의 의견에 공감했다는 점을 고려하면 영웅적인 댜길레프와 니진스키에게 더욱 동정표를 던지게 되면서 생각나는 구절이 있다. 이사도라가 자신의 춤의 가치를 전혀 모르는 시골 관객들 앞에서 아름다움을 낭비하고 있던 투르크스탄에서 보내온 절망적인 편지의 추신에 적힌 구절이 떠오른다. "어쨌든 지옥 같은 인생."[70]

이제 《봄의 제전》을 위한 때가 다가왔다.

니진스키는 자기 자신과 안무 혁신에 대해 얼마나 확신했는가? 《유희》에 대한 냉담한 반응을 겪으면서 자신에게 의문이 들었을까? 확신 혹은 의심, 그의 보호자와 밤을 새우면서 전투를 벌이고 그 자신이 만족할 때까지 견뎌 나간 예술가는 상대적으로 그의 작품이 받을 반응에 대해 의식하지 않았음이 틀림없다. 관객을 사로잡은 부문은 100점 만점에 5점뿐이다. 물론 니진스키는 댜길레프, 스트라빈스키, 박스트 — 비록 제전의 무대와 의상은 레리흐가 디자인했지만 박스트는 니진스키의 초창기 멘토였다 — 그리고 아마도 브로니아의 승인이 필요했다. 돈을 벌기 위해 관객들을 즐겁게 하는 문제는, 설사 소년 시절에는 그가 염두에 둔 문제라고 하더라도 이미 오래전부터 안중에 없었다. 댜길레프는 세상의 여러 문제를 니진스키가 신경 쓰지 않도록 완벽하게 분리했다. 자크 리비에르Jacques Rivière가 기록한 일화를 보면 그 전투가 벌어진 날 저녁에 니진스키의 심리 상태를 알 수 있는 중심 요소가 있을 뿐 아니라 니진스키의 악동 같은 유머 감각도 묘사하고 있다. 지인이 그에게 《제전》이 어땠냐고 물었다. 안무가는 "오, 당신은 그 작품을 안 좋아할 겁니다"라고 말했다. 그러고는 목신이 비스듬히 옆으로 눕는 제스처를 취하면서 "이것보다 더한 작품입니다"라고 덧붙였다.[71] 자신에 대해 확신하지 못하는 사람들은 그들의 걸작에 대해 농담을 하지 않는다.

첫째로는 《제전》이라는 발레 작품 그 자체. 음악과 안무에 대해 먼저 생각해 보자. 둘째로는 가장 지적인 비평가이며 『누벨 르뷔 프랑세즈La Nouvelle Revue Fraçaise』에 이 작품에 대한 긴 에세이를 썼던 자크 리비에르의 관점에서 생각해 보자. 셋째로 오프닝 날 관객들의 반응을 생각해 보자. 마지막으로 언론에서 다룬 방식에 대해 생각해 보자.

《제전》음악에 대한 새로움을 몇 마디로 표현하기는 불가능하다. 그 새로움이 《제전》을 걸작으로 만드는 데 어느 정도까지 영향을 끼쳤는지를 판단하기도 불가능하다. 일종의 새롭고 놀라운 이 괴물은 제우스의 이마에서 아무런 경고도 없이 불쑥 튀어나왔다. 의사들은 그 개념, 출생, 그리고 마법의 해부학에 대한 설명을 미처 하지 못하고 보류해 두고 있다. 첫째, 새로운 리듬이다. 스트라빈스키는 전체 리듬 체계를 완전히 뒤집어 놓았다. 혹은 오히려 새로운 리듬을 고안해 내었다. 마디마다 다른 박자표가 있다. 작곡가 자신도 마지막 '희생의 춤Danse Sacrale'을 어떻게 써야 할지에 대해 고심하고 있었다. 두 번째, 발레 음악이 극단적인 음역에서 현악기와 관악기가 동시에 사용되는 것은 새로운 경우다. 물론 댜길레프의 특별한 요청으로 예외적일 만큼 대편성 오케스트라를 위한 음악이 작곡되었다(호른이 여덟 개 있었다). 이 곡의 특이함은 특별한 악기의 효과, 예를 들면 하모닉스harmonics*, 콜 레뇨col legno**, 플루트 연주 시에 혀를 떠는 주법, 프렌치 혼으로 연주하는 종소리 등과 같이 악기들의 특성을 살려 효과적인 연주법들이 축적되어 형성되었다.

니진스키는 안무 언어로 이 거대한 음악과 동등한 혹은 평행을 이루는 엄청난 작업을 하는 것이다. 그러나 우리가 알다시피, 이미 마음속에 그가 하고 싶은 새로운 작업이 있었다. 그리고 그의 새로운 조형적 동작이 작곡가의 새로운 곡과 어느 정도까지 잘 맞아떨어지느냐가 문제임이 틀림없었다. 그가 창작한 조형 동작

* 현악기에서 줄 위에 손가락을 가볍게 대고 진동의 마디를 만들어 배음을 얻는데 피리처럼 부드럽고 투명한 음색을 나타낼 수 있다.*
** 현악기 연주 때 활등 부분의 나무로 현을 두드리는 것처럼 해서 타악기의 효과를 내는 주법*

에서 가장 중요한 새로움은 발레 마스터의 시각만큼이나 화가나 조각가, 극작가의 시각에서 착상되었다는 점이다. 그는 새로운 종류의 포즈, 동작, 그루핑을 상상해 내야만 했다. 그는 클래식 비르투오지는 적용하지 않았다. 그러나 정확하게 니진스키가 원하는 대로 실행하기가 너무 어려워 발레 교육을 제대로 받은 발레 무용수들만이 오로지 그 동작을 구사할 수 있었다. 그리하여 그는 《목신의 오후》에서와 마찬가지로, 아니 그보다 더욱더 다르게 생각하고, 박자를 세고, 움직이도록 무용수들을 훈련했다. 그는 이런 안무에 대해 무용수들이 내켜 하지 않은 마음과 저항하는 신체를 극복해야만 했다. 결국 그는 이 불가해한 음악에 맞는 동작의 키를 찾아야만 했다. 이런 부분은 가장 경험 많은 안무가, 가장 전문적인 음악가조차도 혼란스럽게 하는 임무였다. 니진스키는 둘 다 아니었다. 그는 오로지 환영과 천재성을 지니고 있을 뿐이었다.

서주부의 가장 높은 음역에서 연주하는 기이한 바순의 비음 솔로 — 뒤에는 호른 연주가 합쳐진다 — 는 원시시대 러시아의 봄에 일어남 직한 혼란을 연상시킨다. 다른 관악기들이 불쑥 아르페지오네 연주로 끼어들면서 어둠이라는 자궁 속에서 동식물 모두가 갑작스러운 성장의 용솟음을 암시한다. 제1바이올린의 피치카토 연주는 「봄의 징조Augurs of Spring」로 이끌어 가는 오프닝 춤을 엄격한 빠르기로 반주한다.[72] 무대는 레리흐가 그린 구름 낀 하늘 아래 호수와 자작나무가 있는 초록색 배경이다. 헐렁한 작업복 같은 셔츠를 입은 소년들은 당김음 박자를 강조하면서 일정하게 맞춘 하모니 속에서 8개의 호른이 받쳐 주는 두툼한 현악 화음의 고정적인 리듬에 맞추어 둥글게 원을 만들어 아래위로 뛰고 있다. 소년들은 나이 든 여인에게서 가르침을 받고 있다. 이 늙은 여인은 매년 봄마다 어떤 주문을 외우고 점을 쳐야 하는데 이 부분은 프렌치 호른과 피치카토 첼로가 계속 반주처럼 받쳐 주는 바순의 반복적인 연주 형태로 표현된다. 앞날의 예측에 관한 문제이다. 목관의 높은음이 꽥꽥거리는 소리는 마치 인간의 의식을 통해 발생하는 자연의 경련과도 같이 들린다. 마치 씨앗에서 천배나 확장되어야 하는 식물의 고통인 듯이 들린다. 각 그룹은 춤과 앉는 자세를 교대로 취한다. 알토 플롯이 단순한 그리스 춤곡 선율을 연주하고 뒤이어 네 대의 트럼펫이 러시아 합창곡 같은 선율을 연주한다. 무용 선율의 이 변주는 오케스트라 전체가 연주될 때만 바이올린과 피콜로에 의해 믿을 수 없을 정도로 계속 연주되는데, 이는 마치 술 취한 이들의 열광에 자신을 내맡긴 듯하다. 그 후 무용수들이 바닥에 쓰러질 때, 이 변주는 「납치 의식Ritual of Abduction」의 빠른 템포로 번져나간다. 붉은 옷을 입은 소녀들이 두 그룹으로 나뉘어 현악 화음과 축약된 드럼 소리에 맞추어 잇달아 들어온다. 소년들의 시선은 소녀들에게 성적인 공포심을 유발하고, 시끄러운 금관 소리와 지저귀는 목관악기 소리로 이를 표현한다. 도전하는 남자들의 집단(광적인 호른 소리로 표현)과 발로 밟고 뛰는 여자들은 무대의 반대쪽에서 서로 마주 본다. 오케스트라가 짧은 스타카토를 연주할 때, 그 외침은 매번 무거운 한 번의 일격에 의해 중단되었고, 드럼이 전면에 나섰고, 나중에 두 배의 큰 소리가 되어 음악을 이어받았다. 금관의 이러한 충돌에 맞추어 남자들은 정형화된 강간의 제스처를 취하며 여자들을 붙잡는다. 전체 동작이 끝나기 전에 두 쌍의 무용수들이 이 부분을 짧막하지만 더욱 정교하게 묘사한다.

「봄의 윤무Spring Rounds」는 앞서 들었을 때 일종의 주문을 외는 것처럼 보였으나 지금은 플루트로 연주되는데 기대가 가득한 트릴에 의해 봄의 윤무가 소개된다. 알토 플루트는 엄청나게 효과적으로 음악을 확장한다. 이와는 반대로 클라리넷은 원시적인 선율의 순서처럼 들릴 정도로 단순하다. 춤은 독특하게 느릿한 리듬감으로 적절하게 시작되는데 계속 반복된다. 러시아 합창 선율은 약간 변형된 형식으로 다시 등장하는데 일부가 선율을 따라 하는 동안 일부는 기본 리듬을 계속 따라 한다. 전체 오케스트라는 엄숙한 곡조를 위협적으로 연주했다. 남자와 소녀들은 정렬하여 따로 나누어진 원을 그리며 돈다. 제의식을 하기 위해 두 부족이 자리를 잡았다. 오프닝 마디들의 반복되는 음악으로 춤은 조용하게 끝이 났다. 「적대하는 두 부족의 의식Games of the Rival Tribes」은 금관악기로 으스대며 전투를 벌이는 구절로 시작한다. 이런 거친 구절은 작품 전체적으로 좀 더 서정적인 분위기의 곡들과 번갈아 등장한다. 남자들 사이의 짧은 전투와 손뼉을 치고 흔들면서 탄원하는 여인들, 그리고 그들의 경쟁적인 춤이 번갈아 등장한다. 이미 정해진 결론에서 튜바가 연주하는 원시적인 선율은 기본적인 바탕을 이루면서 광란을 표현하는 관현악을 받쳐 주고는 「현자의 행렬the Procession of the Sage」로 곧장 이어진다. 두려움에 떠는 화음에 맞추어 종족의 원로들은 긴 하얀 수염이 달린 그들의 현자 혹은 고승들을 이끈다. 부족 집단은 종교적인 경외심으로 덜덜 떤다. 고요한 간주곡이 흐른 후 원로들이 지지하는 현자는 사지를 크게 벌려 무대 바닥에 눕는다. 이는「대지에 대한 찬양 the Adoration of the Earth」이다. 길조가 보인다. 음악은 어떻게든 신의 존재를 암시하는 현악기의 가늘고 긴 화음 연주로 끝이 난다. 사람들은 부족의 화합을 상징하는 사각형 대열을 형성하기 위해 뛰어간다.

첫 번째 장면의 마지막을 장식하는「대지의 춤 The Dance of the Earth」은 사람들이 봄의 기운에 취해 벌이는 광란의 축하연이다. 드럼 한 대가 셋잇단음표 리듬을 연주하고 다른 한 대의 드럼이 네잇단음표를 연주하며 합류한다. 운율이 대비되는 연주는 음악에 거친 리듬을 부여한다. 금관이 중요한 상징적인 장면의 잔상들을 연주하면서 스타카토는 전체 오케스트라에서 폭발적으로 분출시키고는 파격적인 화음은 제거한다. 호른의 연주가 압도적으로 들리는 더 조용한 구절은 어두운 소용돌이의 시작과 같이 들린다. 끈질기게 더블 드럼의 리듬이 연주되다가 전체 오케스트라의 연주로 다양하게 변용되어 연주된다. 금관과 목관의 당김음 연주는 비명을 내면서 소용돌이는 펄펄 끓는 가마솥처럼 되어가고 무용수들은 서로 다른 비대칭적인 무리 속에서 발작적으로 뛰고 넘어지면서 장면이 끝난다. 서주의 두 번째 파트는 조그만 생물체와 시냇물이 흐르는 멜랑콜리한 황혼 풍경을 그리고 있다. 약음기를 댄 트럼펫의 기이한 음색과 아득히 멀리 있는 듯한 신비한 약음기를 댄 호른 소리에 의해 황량한 느낌이 전해진다. 클라리넷과 현악기가 연주하는 E 플랫의 아르페지오 연주는 바위 사이에서 물 떨어지는 소리를 암시한다. 러시아적인 선율은 알토 플루트로 매우 부드럽게 등장하며 솔로 바이올린은 이런 풍경 속에 사람이 살고 있음을 의미한다.

레리흐의 두 번째 장면은 신에게 봉헌된 동물 가죽과 뿔이 달린 막대기 세 개가 있는 어둑어둑한 언덕 꼭대기다. 「어린 소녀들의 신비한 모임Mystic Circles of Young Girls」이라고 부르는 곡에서는 운명에 맡기는 춤을 통해 태양신에게 바쳐질 제물로 처녀 중 한 명이 선택될 것이다. 커튼이 오르면 모든 소녀가 바깥쪽으로 향하여 덜덜 떨면서 하나의 그룹으로 뭉쳐 서 있다. 그들의 오른쪽 주먹은 옆으로 기울어진 머리를 받치면서 그들의 발가락은 안쪽으로 굽어져 있다. 그들의 무릎은 굽어져 있으며 그들의 오른쪽 팔꿈치는 왼쪽 주먹 위에 놓여 있다. 남자들과 원로들은 그들을 바라보고 있다. 첼로의 피치카토 연주를 배경으로 여섯 대의 비올라가 느릿한 레가토 주법으로 연주하고 소녀들이 형성한 원은 빙글빙글 움직인다. 전체 그룹은 발끝을 세워 일어선다. 그들의 오른손을 옆으로 떨어뜨리고 그들의 머리를 왼쪽으로 홱 돌린다. 이 동작 전체 그룹 모두 한 번씩 행했을 때 모든 소녀는 원에서 뛰쳐나왔다가 다시 돌아간다. 분출하는 듯한 클라리넷의 트릴 연주와 바이올린이 연주하는 반음계의 트레몰로 구절은 알토 플루트가 낭만적인 러시아 선율을 연주하도록 유도한다. (《불새》에서 공주의 회상 장면을 떠올리게 한다.) 소녀들은 종이 흔들거리는 모양의 제스처로 걷다가 멈추다가를 반복한다. 그들 중 한 명이 선택된다. 비올라와 첼로의 연주인데 마치 기타가 연주하는 듯한 피치카토 화음은 새로운 색채를 부여한다. 두 대의 솔로 비올라를 위한 짧은 구절은 플루트 연주가 이어지면서 두 배 길이가 되었고 플루트 연주는 이 구절을 한층 더 감각적으로 들리게 한다. 러시아 선율이 발전하여 약음기 달린 호른이 연주하는 힘찬 화음은 점점 빨라지면서 커진다. 네 파트의 팀파니 화음이 반주로 깔리고 열한 대의 현악기 화음이 연주되면서 다음 곡으로 넘어간다.

이제 무아지경에 빠진 「선택된 처녀의 영광Glorification of the Chosen Virgin」이다. 남녀 무용수들은 관악기로 연주되는 황홀한 비명에 맞추어 다섯 그룹으로 나누어져서 통통거리고 분절된 리듬에 맞추어 발작적으로 뛰고 굴린다. 무용수들이 선택된 처녀에게 다가가서 둘러싸자 그녀의 감정은 목관과 금관의 높은 소리로 연주하는 발작하는 듯한 분출 음으로 표현된다.

「조상에 대한 초혼The Evocation of the Ancestors」은 드럼과 베이스가 번갈아 3음씩 연주하면서 웅변조의 팡파르로 시작한다. 저 멀리서 관악과 드럼에 의해 메아리처럼 반복되어 울려 온다. 「조상에 대한 제의식the Ritual of the Ancestor」을 축하하기 위해 원로들은 동물 가죽으로 만든 옷을 입고 등장하여 선택된 처녀 주위를 행렬한다. 불규칙한 팀파니와 탬버린이 함께하는 브라스 드럼이 천천히 연주하면서 동양풍의 선율이 흐른다. 부족들은 천천히 회고조의 춤을 추면서 그들의 조상을 회고한다. 새롭게 속삭이는 춤 선율은 알토 플루트가 연주하며, 약음기를 단 트럼펫이 연주하는 반대되는 선율과 합해진다. 이 트럼펫은 성큼성큼 걷는 듯, 쿵쾅거리는 리듬인 것처럼 연주한다. 동양풍의 선율과 작품 초기 리듬의 조화로 다시 돌아간다. 서사적인 클라리넷의 연주는 희생의 춤으로 돌입하는 자그마한 경고음을 알려 준다.

스타카토로 표현하는 비명과 충격적인 화음에 맞추어 부족들이 선택된 처녀를 둘러싸고 발을 구르면서 마지막 제의식이 시작된다. 선택된 처녀가 탈진하여 추는 춤이 이 무용극의 절정이 될 것이다. 그런 후 현악이 멈추었다가 발작적인 리듬이 끈질기게 연주된다. 선택된 처녀는 자신의 희생을 축하하는 잔치에 먼저 끌려가면서 동료들이 따라오도록 도와준다. 그러는 사이에 피가 얼어붙는 듯한 비명이 들린다. 이 소리는 마치 자연의 분출하는 힘이 알리는 경고 내지 위협으로 들릴 듯하다. 이 소리는 먼저 약음기를 단 트롬본이 크게 연주를 하고, 그에 맞추어 약음기를 단 트럼펫 두 대가 크게 화답 연주를 하고, 그다음에 피콜로, 그다음에 E 플랫 클라리넷이 연주하고 D 트럼펫 소리가 두 번 울린다. 음이 상승하는 피콜로 소리는 마치 악몽 같은 느낌이며, 더욱 증강되는 바이올린이 연주하는 히스테리컬한 트릴은 이 작품의 처음에 등장하는 거칠고 혼란스러운 리듬으로 다시 돌아간다. 이들은 더욱 복잡해지고 조화를 이루지 않게 된다. 부족의 구성원들은 같은 점프를 반복한다. 왼쪽으로, 오른쪽으로 돌면서 제의식의 절망 속으로 빠져든다. 반면 선택된 처녀는 점점 더 심해지는 광기로 뛰는데 더욱 활기차다. 그러다가 결국 그녀는 지쳐서 쓰러졌다. 그녀는 일어나려고 애를 썼지만, 소용이 없었다. 신의 오르가슴이기도 한 그녀의 마지막 숨결은 수액이 흐르는 소리같이 꼬르륵거리는데 이는 플루트가 상승 음을 내면서 표현한다. 짧은 침묵이 흐르고 그러고는 마지막 마무리하는 화음은 전체 오케스트라가 아닌 첼로, 베이스, 호른, 트롬본 그리고 튜바가 아주 크게 연주를 하고 그녀는 죽음을 맞이한다. 여섯 명의 남자가 그들의 머리 위로 팔 길이만큼 높이 그녀를 들어 올린다.

자크 리비에라는《제전》의 음악과 안무에 대한 새로움은 '소스'와 '드레싱'의 부족으로 이루어져 있다고 주방 식품으로 비유했다. '소스'로 표현한 것을 음악적인 관점에서 보면 분위기, 즉 일렁거리는 듯한 오케스트레이션이 지니는 드뷔시 스타일의 인상주의 분위기가 없다는 의미다. 춤에서는 두 가지를 의미할 수 있다. 첫째는 무용수를 흐릿한 색채의 안개 속에서 하나로 통합시키는 (또다시 드뷔시풍이 언급된다) 로이 풀러Loie Fuller•의 베일과 조명의 역할을 의미했다. 발레 뤼스의 러시아 무용가들은 발레 학교에서 오랜 교육을 받았기 때문에 클래식 발레의 기하학적인 구조가 몸에 배어서 언제나 분위기라고 부르는 애매모호함을 삼간다. 두 번째는 니진스키의《장미의 정령》과 같이 춤의 현혹 그 자체다. 이런 작품은 비르투오소와 신체 동작의 마법으로 부족한 의미와 내적 진실을 가려 준다. 리비에르는 포킨 안무에서 가장 월등하게 춤을 추던 니진스키는 포킨의 춤을 추는 동안 점점 자

---

• 미국의 현대 무용가·안무가(1862~1928). 새로운 의상은 물론 기계 장치, 조명 효과 등을 활용하여 자유롭고 개성적인 표현력을 강조했다.*

《봄의 제전》에 출연한 마리아 필츠 (밸런타인 그로스 드로잉)

의식이 자라나면서 내부에서 진정으로 불만을 느끼기 시작한 점을 제대로 집어냈다. 리비에르는 니진스키가 포킨의 안무에 대해 비판한 것을 들은 적이 없다. 그러나 람베르그는 들었다. "그 순간부터 그는 자신을 최종적으로 안무하는 기구 쪽으로 방향을 잡고서 안무 기구의 나사를 조여서 완벽하게 작동할 때까지 쉬지를 않았다." 리비에르는 24세의 청년 니진스키가 포킨보다 훨씬 뛰어나다는 사실과 전체 러시아 발레 작품 중에서 가장 위대한 작품을 만들 것이라는 사실을 한순간도 의심하지 않았다.

포킨의 발레에서 무용수들은 대칭적인 그룹으로 배치되었다. 이는 당시 파리 오페라 발레단에서 공연하는 작품처럼 우스꽝스러운 대칭은 아니었지만 군무의 틀에 박힌 배치였다. (⋯) 이 균형감은 정지된 포즈에서만 적용되는 것이 아니었다. 춤을 아무리 배제했다고 하더라도 춤동작 전체에 균형 감각이 적용되었다. (⋯) 춤의 모든 패턴은 주고받고 하는 그 원리에 의해 고안되었다. 무용수들이 제스처를 취하여, 무도회에서 춤을 추듯이 그 제스처를 지속해서 앞뒤로 이 사람에게서 저 사람에게로 나아가게 했다. 맞은편 그룹의 동작에 대한 응답으로 하는 동작 이외에는 그룹의 다른 움직임은 없었다. (⋯) 얼마 지나지 않아서부터 포킨은 주제와 소품을 바꾸는 것 외에는 독창적인 다른 방법이 없었다. 《불새》에서 황금 사과는 《타마르》에서는 단검으로, 《다프니스와 클로에》에서는 지팡이로 부질없이 대신했을 뿐이었다. 이미 진 싸움이었다. 모든 다양성의 근원을 재발견하는 유일한 방법은 우선 일반화를 잊고 특정한 것에서 다시 시작하는 것이었다. 니진스키는 이 작업을 한 것이다. 각 그룹을 따로 분리한 것 (…) 그는 세포가 형성되는 것을 연구하였고 그들이 탄생하는 그 순간에 대한 본질을 기록했다. 그는 관찰자가 되었고 최소한의 자극으로 역사학자가 되었다. 각 그룹의 춤은 다른 그룹과는 별개로 마치 건초더미에서 자발적으로 일어나는 불처럼 생겨난 동작으로 구성되어 있다.《제전》작품 전체를 지배하는 극도의 불균형이 작품의 바로 가장 중요한 점 (…) 안무에서 부족한 점은 없다. 그와 반대로 이 기이한 사람들의 만남, 도전, 싸움, 갈등 속에서 상상할 수 있는 가장 섬세한 구성이 있다. 그러나 구성은 세부 사항보다 우선하지 않으며, 구성에 조건을 달지도 않았다. 다양한 요소들을 한데 묶어 최대한 활용했다. 주어진 상황에서 거주자들은 돌아다니고, 지나치고, 접근하고, 서로 헤어지고, 각각 자기 일에 몰두하고, 이웃들을 당연하게 여겼기에 그들을 상관하지 않은 장면을 지켜봄으로써 우리는 작품의 통일성을 감상하고 즐겼다. (…)

'소스'를 포기하면서 니진스키는 어떤 이득을 얻었을까? 그는 어떤 목적을 위해 움직임의 흐름을 깨고 안무 앙상블을 파괴했는가? 이 여유롭지만 제약이 많은 춤 속에 어떤 아름다움이 숨겨져 있는가?《제전》주제에 이보다 더 훌륭하게 어울리는 춤이 없다고 주장하는 것 말고(주장하지 않아도), 나는 포킨의 작품을 능가하는 니진스키의 안무 방식이 눈에 들어온다. 포킨은 기본적으로 감정 표현에는 어울리지 않았다. 포킨의 작품 속에서 읽을 수 있는 모든 것은 모호하고 순전히 육체적이며 정체성이 없는 환락이다. (…) 동작을 분해하고, 단순한 제스처로 돌아감으로써 니진스키는 무용의 표현력을 회복시켰다. 이 안무의 각진 동작과 당황스러움 속에는 느낌이 표현되어 있다. 동작은 그 느낌을 에워싸고, 붙잡아서 포함한다. 그리고 지속해서 방향을 변화시켜서 모든 가능한 출구를 봉쇄한다. (…) 신체

《봄의 제전》에 출연한 세 명의 남성 무용수

《봄의 제전》에 출연한 여섯 명의 여성 무용수. (왼쪽부터) 율리츠카, 람베르그(마리 램버트),
예예르스카, 보니, 보니예카, 페이스풀
이 사진들은 니진스키의 《봄의 제전》을 찍은 현존하는 5장의 사진 중 4장이다. 벽지를 배경으로
찍었으나 보정되었다. 실제 의상은 살아남아서 대부분 런던 시어터 뮤지엄에 소장되어 있다.

는 더 이상 영혼을 위해 탈출하는 도구가 아니다. 반대로 영혼을 품어 안으려고 신체는 같이 한데 모인다. 포킨의 안무는 표현력 자체가 너무 부족하여 관객들에게 공연자들이 흉내를 내거나, 인상을 쓰거나 미소 짓거나 하여 변화시킨 분위기를 전달할 뿐이다. 무용수들의 제스처에 이런 변화를 첨가한다거나 덧입힌다는 자체가, 무용수의 제스처만으로는 작품이 원하는 만큼 표현을 하고 있지 못함을 입증하는 것이다. 위와 같은 작업은 안무의 빈약함을 메우기 위해 다른 장르의 수단을 차용한 보강물이었다. 그러나 니진스키의 안무에서는 얼굴이 독립적인 역할을 하지 않는다. 얼굴은 신체의 연장이며 신체의 가장 아름다운 부분이다. 니진스키는 신체 그 자체로 말을 하게 했다. 하나의 덩어리로 움직이며 벌린 팔과 다리로 갑자기 뛴다든지, 혹은 구부린 무릎으로 옆으로 뛴다든지 어깨 위로 머리를 젖힌다든지 하는 것으로 무용언어를 표현한다. 처음에 보면 조금은 숙련되지 못하고, 다양성도 부족한 듯하고 지성적인 분위기도 많이 모자란 듯하다. 그래도 대대적인 이동과 갑작스러운 반전, 제자리에서 미친 듯이 떨기 시작하는 때는 이동하지 않았다. 이 방식은 길고 지루하며, 안이하면서도 매력 있는 포킨의 수다보다 훨씬 더 효과적임을 알 수 있다. 니진스키의 안무 언어는 무한대로 섬세하다. 의미 없이 대충 하는 것은 아무것도 없다. 구석구석까지 뚫고 들어간다. 말을 하는 존재도 없고 피루엣도 없고 생략된 암시도 없다. 안무가의 대수롭지 않은 영감에 의해 두둥실 떠다니지 않는다. 그는 공중에 도약하면서 마치 공기처럼 주위의 세계를 가볍게 스치는 동작은 더 하지 않고, 자신의 무게를 최대한 발휘하여 그 위에 떨어져 넘어지는 흔적을 남긴다. (…) 그는 더 이상 어떤 제스처를 다른 제스처와 연결이 되게 하거나 혹은 제스처에 이어서 동작을 취하는 무용수들과 연결을 염두에 둘 필요가 없었기 때문에 그 어떤 표현도 변환을 위해 유보해 두지 않는다.

아라베스크와 대칭을 동반한 우아함과 연결하는 작업을 멈출 수밖에 없다면 우리는《제전》의 모든 장면에서, 즉 몸통 전체와 대조되는 옆모습의 머리에서, 허리를 껴안은 팔꿈치에서, 수평으로 정렬한 팔뚝에서, 뻣뻣하게 벌려진 손에서, 머리부터 발끝까지 무용수들을 관통하는 진동과 같은 파도 속에서, 두 번째 장면에 등장하는 시무룩한 소녀들의 단순하고 신비한 퍼레이드에서 우아함을 찾을 수 있을 것이다. 우리는 또한 선택된 처녀의 춤에서도 찾을 수 있다. 빠르고 어색한 발작, 그녀의 당혹스러움, 끔찍한 기다림, 짓눌리고 뒤틀린 자세, 그리고 머리 위로 뻣뻣하게 하늘을 향해 들고 있는 그녀의 팔, 두려움과 자기방어 속에서 도움을 갈구하는 춤에서 우아함을 찾을 수 있다. (…)

이 작품은 생물학적인 발레다. 단지 가장 원시적인 인간들의 춤만이 아니다. 이는 인간 이전의 춤이다. (…) 스트라빈스키는 봄의 용솟음을 표현하기를 원했다고 했다. 그러나 이 작품은 시인들이 노래하는 미풍이 불고 새가 지저귀고 연푸른 하늘빛과 부드러운 연둣빛의 일상적인 봄이 아니다. 여기에서는 오로지 성장을 위한 치열한 전투, 수액의 상승으로 인한 무시무시한 공포, 세포의 무서운 재편성만이 있다. 내부로부터 다가오는 봄은 폭력, 경련과 핵분열을 동반한다. 우리는 마치 현미경으로 이 모습을 보는 듯하다.[73]


1861년 르 펠르티에Le Peletier 거리에 있던 예전 파리 오페라에서 초연된《탄호이저Tannhäuser》, 혹은 1830년 코메디 프랑세즈 Comédie Française에서 초연된 위고Victor Hugo의《에르나니Hernani》이후로, 신축한 샹젤리제 극장에서 1913년 5월 29일 《봄의 제전》 초연 때처럼 격한 전투는 없었다. 위고 연극 초연 때는 자유석 블록을 예술과 건축 전공하는 학생들과 시인들에게 나누어 주었다. 이들은 위고의 열성적인 지지자들이며 젊은 낭만주의자들로 머리도 길게 기르고 이국적인 옷차림을 한 무리였다. 그리고 위고는 커튼의 구멍을 통해 본 광경을 묘사하고 있다. "극장 바닥에서 천정까지 실크, 보석, 꽃과 훤히 드러난 어깨들로 가득했다. 이런 화려함의 한가운데 극장 아래층과 2층 발코니석에는 머리카락이 거대한 갈기 갈기로 물결치는 남성들이 앉아 있음을 볼 수 있었다."[74] 《제전》의 첫날 상당히 유사한 상황이 일어났다. 러시아 발레에 대한 그림 1백 점(니진스키를 그린 50점의 그림을 포함하여)을 그려서 공연장 로비에 전시 중이던 화가 밸런타인 그로스•는 이에 대해 잘 묘사했다.

그날의 함성에 대해 기쁜 마음으로 뒤돌아본다. 그 당시 신축 극장에서는 꽃바구니 장식의 박스 석들과•• 큰 박스 석 사이 이동 통로가 있었다. 그 시절에 접는 의자는 없었다. 이 이동 장소에 화가들, 시인들, 언론인들 그리고 댜길레프의 친구들인 음악가들. 그 놀라운 시절 새로운 아이디어와 새로운 사조를 대표하는 이들이 모두 서 있었다. 아폴로의 사도들은 다이아몬드와 진주로 번쩍거리게 치장한 박스 석 성곽들 사이로 고요하게 흐르는 매혹적인 강과 같았다. 나는

---

• 밸런타인 그로스는 위고의 증손자이자 상속자인 장 위고와 결혼했다.
•• 새로 지은 샹젤리제 극장은 이 특별석 앞이 교회 의자처럼 나누어져 있었다. 말발굽 모양의 객석은 그 전체가 어느 정도 이 특별석 뒤에 있는 격이었다.

《봄의 제전》 1막과 2막 군무 (밸런타인 그로스 파스텔화)

이미 이 발레의 음악이 그 이전에 경험했던 위험한 실험과 폭력성을 능가한다는 것을 알고 있었다. 또한, 이 안무가는 엄청난 작업량이 필요했으며 니진스키는 셀 수도 없을 정도로 많은 횟수와 힘든 리허설 동안 지독한 결단력을 보여 주었다. 극장에서 리허설 하던 어느날 그가 단원들에게 발레를 가르치다가 완전히 자제력을 잃고 정말글자 그대로 그는 리허설 룸의 천장을 칠 뻔했다. 그러나 나는 그렇게 위대한 예술 작품도, 엄청난 스캔들도 예견하지는 않았다.

《제전》초연 날 전투에 관해 적은 글 중에서 정확히 어떤 일이 일어났는지에 대해 적은 글은 없다. 극장은 지진이 일어난 것처럼 흔들렸다. 전율한 듯했다. 관객들은 모욕적인 말로 소리 지르고 울부짖고, 휘파람 불고 음악이 잘 들리지도 않을 정도였다. 이 장면을 말로 표현하는 것은 불가능하다. 공연장 내 조명이 갑자기 꺼졌을 때 잠시 다시 조용해졌다. 그날 내가 가장 재미나게 본 것은 어느 박스에 있던 사람들이 어둠 속에서는 시끄럽고 악의적으로 소리를 내지르다가 불이 들어오자 어떻게나 조용해지던지. 내가 또 인정할 수밖에 없었던 광경은 우리의 고요하던 강물이 분노의 역류로 바뀐 사실이다. 나는 화가 나서 얼굴이 비트같이 벌겋게 된 모리스 들라주, 싸움닭 같이 공격적인 조그만 라벨, 야유하는 박스 석을 향해 거친 말을 쏟아내는 레옹폴 파르게Léon-Paul Fargue를 볼 수 있었다. 1913년 당시 관객들이 그렇게 어렵다고 판단한 이 발레가 어떻게 그렇게 소란을 피우는 와중에도 끝까지 춤을 추게 되었는지는 나로서는 알 수가 없었다. 무용수들은 음악을 들을 수가 없었다. (…) 댜길레프는 자신의 자리에서 큰 소리로 호통치듯 지시를 했다. (…) 나는 무대 위, 그리고 무대 바깥 어디서든 일어나는 모든 일을 하나도 놓치지 않았다. 중간에 위치한 두 개 박스 사이에 서서 친구들과 함께 손뼉을 치면서 대혼란의 심장에서 편안함을 느꼈다. 이 난리 속에 보이지 않는 안무가의 법칙에 순종하면서 연주를 들을 수 없는 음악가들과 귀가 먹먹해진 무용수들을 함께 묶어 두기 위해 진행되어 왔던 그동안의 리허설 과정은 틀림없이 거대한 투쟁이었고 뭔가 멋진 것이 존재한다고 생각했다. 발레는 감탄스러울 만큼 아름다웠다.[75]

장 콕토는 관객들의 그런 반응은 불가피했다고 생각했다.

추문의 모든 요소가 존재했다. 연미복과 튤 드레스, 다이아몬드, 숙녀 모자의 깃털 장식과 맵시 있게 차려입은 청중들 사이에 정장을 입거나 앞가리마를 탄 헤어스타일의 심미안을 갖춘 관객들이 흩어져 배치되어 있었다. 후자는 순전히 박스 석에 있는 사람들에 대한 경멸을 보여 주기 위해서 새로움에 박수를 보낼 것이다. (…) 속물, 슈퍼-속물, 역 속물주의•의 셀 수 없이 많은 영혼이 참석했는데 그들도 자신들의 사건이 필요했을 것이다. (…) 관객들은 그 사건에 필요한 역할을 했다.[76]

두 장면 사이 쉬는 시간에 댜길레프는 경찰에게 가장 폭력적인 데모꾼들을 찾아내어 쫓아내게 하였다. 그러나 이 방책도 허사였다. 두 번째 막이 오르면서 덜덜 떠는 소녀들이 자신들의 손등으로 기울어진 머리를 받쳐 든 모습으로 등장하자마자 "의사다"라고 외치는 소리가 들렸고 또 다른 관객은 "치과의사다"라고, 뒤를

---

• 상류 사회를 무조건 백안시하고 낮은 사회 계층에 자부심을 갖는 태도*

이은 또 다른 관객은 "두 명의 치과의사!"[77]라고 소리치며 휘파람을 부는 비웃는 자가 있었다. 그러고는 다시 전투가 재개되었다. 오케스트라 박스 석에 있던 어느 멋쟁이 숙녀는 일어서서 옆 박스 석에 앉아 야유하던 남자의 뺨을 때렸다. 그녀의 동반자는 일어섰고 두 남자는 명함을 주고받으며 다음 날 결투할 것을 정했다. 다른 사교계 여성은 데모꾼 중 한 명의 얼굴에 침을 뱉었다.[78] 얼간이 같은 자존심을 표현한 사진이 남아있는 르네 드 푸흐탈레 René de Pourtalès 백작부인*은 삐딱하게 티아라를 쓰고 그녀의 박스에서 일어나 "내 나이가 예순 살이다. 감히 나를 이렇게 놀리는 경우는 처음이다!"[79] 플로렌트 슈미트는 박스 석에 대고 "닥쳐! 16번째 박스 석에 앉은 것들!"이라고 소리쳤다. 런던이었으면 "입 닥쳐, 너희 켄싱턴의 몹쓸 여자들" 정도의 표현이 되겠다. 어느 여인은 라벨을 보고 "더러운 유대인"이라고 불렀다.[80] 칼 반 베흐텐 Carl van Vechten의 묘사. "내 박스 석 뒤에 앉아 있던 젊은 남자는 발레 공연 내내 서서 보아서 그는 훨씬 더 선명히 잘 볼 수 있었다. 그는 자신의 강한 흥분을 억제하려고 애를 썼지만 결국에는 그가 주먹으로 내 머리 꼭대기를 리듬에 맞춰 두드리기 시작했을 때 그의 본심이 드러나고 말았다. 나는 공연에 너무 반한 상황이어서 처음 얼마간은 그가 나를 치고 있는 것조차 몰랐다."[81] 무용수들은 댜길레프가 갤러리 석으로 올라가서 "제발. 공연 좀 끝내게 해 주시오!"[82]라고 외치는 목소리를 저 아득히 먼 곳에서 들을 수

---

* 로몰라 니진스키는 그녀를 'P 공주'라고 불렀다.

있었다. 아스트뤽은 자신의 박스 석에서 몸을 내밀어 "먼저 음악을 들어보고 그다음에 휘파람을 부시오"[83]라고 외쳤다.

다음은 스트라빈스키의 글이다.

나는 오른쪽 네 번째인가 다섯 번째 줄에 앉아 있었다. 몽퇴의 등 이미지는 내가 생각하기에 무대 위의 광경보다 훨씬 더 부산하게 움직이고 있었다. 그는 공연장 내의 분위기에 전혀 개의치 않고 악어처럼 무신경하게 지휘를 했다. 나는 지금도 그때 몽퇴가 끝까지 오케스트라를 끌고 지휘한 것이 대단하다고 생각한다. 내가 자리를 떠날 때 소음은 다시 시작되었다. 가벼운 소음은 처음 시작할 때부터 있었다. 나는 오른쪽 윙에 있는 니진스키 뒤의 백스테이지로 갔다. 니진스키는 청중의 시야에서 살짝 벗어나 의자 위에 서서 무용수들에게 박자를 소리쳐서 세어 주고 있었다. 나는 이 숫자들이 도대체 음악과 무슨 관계가 있는지 궁금했다. 왜냐하면 스코어의 운율 체계에는 '13', '17' 같은 숫자가 없기 때문이다.[84]

브로니아는 오빠 옆에 서 있었다. 엘레오노라는 앞줄에 앉아 있었다.[85]

로몰라는 첫 번째 파트가 끝난 후 무대 뒤로 달려갔는데 눈물을 터뜨리기 직전의 무용수들을 발견했다. 샹젤리제 극장은 분장실과 무대로 향하는 문으로 가는 길이 무대·뒤 왼편에 있었다. 무대 양쪽에는 흥분한 러시아인들이 엄청나게 붐비고 있었다. 극장에는 무용수들뿐 아니라 성악가들도 있었다. 이날 마지막 프로그램은《이고르 공》이었기 때문이다. 로몰라는 그 많은 러시아인을 뚫고 그녀의 자리로 돌아갈 수가 없었다. 그리고리예프와 크렘네프는 헛되이 이 인파를 뚫으려고 애를 쓰고 있었다. 배경 막 뒤쪽에도 비슷한 인파가 있었는데 바실리는 니진스키를 위해 어떻게든 길을 뚫어야 했다. 그는 연습복을 입고 있었고 《제전》의 다음 작품인 《장미의 정령》을 위한 분장이나 의상을 아무것도 하지 못한 상황이었다. "그의 얼굴은 중국산 실크로 만든 그의 무용복만큼이나 창백했다. 그는 양손으로 주먹을 쥐고 무용수들에게 '하나, 둘, 셋' 하고 소리를 지르면서 리듬을 맞추었다. 음악은 들을 수가 없었다. (…) 그의 얼굴은 격앙된 감정으로 떨고 있었다. 나는 그가 너무 안쓰럽게 느껴졌다."[86]

"우리의 가장 친한 친구들이 어려움에 부닥쳤을 때, 항상 우리를 언짢게 하는 무언가를 발견하게 된다"라고 라 로슈푸코La Rochefoucauld는 썼다. 스트라빈스키와 니진스키에 대해 밸런타인 그로스 같은 가장 따뜻한 찬미자 중 일부는 이 전투를 즐겼다. 이 사건은 하나의 경험이었고 말할 거리를 만들어 주었다. 심지어는 댜길레프조차, 혹은 댜길레프의 다른 한쪽은 이 스캔들이 '새로운 가치'가 없지 않다는 것을 의식했음은 틀림없다. 댜길레프와 스트라빈스키는 그들의 친구들에게서 위로를 받을 수 있었다. 하지만 니진스키는 《제전》의 그 소동 직후에 바로 다음 작품으로 의상을 갈아입고 분장을 하고 《장미의 정령》을 추어야 했다. 그리고 군무들은 《이고르 공》 공연 준비를 해야 했다. 어떻든 거의 불가능하다고 할 만큼 잘 짜인 프로그램 순서였다.

《제전》 초연 일은 《목신의 오후》 초연 일과 같다. 이는 미신을 잘 믿는 댜길레프가 일부러 이렇게 정한 것이다. 니진스키의 세 번째 발레 작품에 대한 관객들의 반응을 고려해 보면 무관심만이 스캔들에 대응하는 유일한 방법인지 궁금했음이 틀림없다.

스트라빈스키는 이렇게 회상했다.

'공연' 후 우리는 흥분되고 화도 났고 구역질이 나기도 했다. (…) 그리고 행복했다. 나는 댜길레프, 니진스키와 함께 레스토랑에 갔다. 전설처럼 전해지는 볼로뉴 공원에서 눈물을 흘리며 푸시킨의 시를 낭송한 것은 전혀 아니며* 우리가 같이 가면서 댜길레프가 한 유일한 말은 "정확히 내가 원하는 바대로 이루어졌어"였다. 확실히 그는 매우 만족한 듯이 보였다. 어느 누구도 오늘 이 사건에 대한 광고의 가치를 그보다 더 빨리 알아차릴 수는 없었다. 그는 오늘 사건이 이런 면에서 매우 도움 된다는 사실을 즉각 이해했다. 어쩌면 그는 몇 달 전 내가 베네치아의 그랜드호텔 동관 그라운드 룸에서 그에게 피아노로 이 곡을 연주했을 그때 이런 스캔들의 가능성을 이미 예견했는지도 모르겠다.[87]

물론 댜길레프의 실제 감정이 어떠했든지 간에 그는 니진스키가 자신이 힘들게 만든 창작품의 결과에 대해 조금이라도 자랑스러움을 갖게 하려고 애를 썼다.《제전》이라는 작품의 시작은 스트라빈스키와 레리흐에 의해서였지만 댜길레프와 니진스키의 사랑의 결실이었다.

---

* 콕토가 여러 번 인용한 이야기

레리흐의 무대는 아주 혁신적이지는 않았다. 무대 장치는 음악과 안무보다 상대적으로 관심을 덜 받았다. 발레 역사가들이《제전》에 관해 일반적으로 내리는 결과, 다시 말해 모든 예술이 함께 보조를 맞추었다는 점을 뒷받침하기 위해서는 니진스키 발레의 디자인은 피카소에 의해 이루어졌어야 했다. 그러나 프루스트, 레이날도 안, 자크에밀 블랑슈와 함께 러시아 발레의 세계에서 피카소라는 이름이 거론되려면 아직 멀었다. 콕토가 추천한 젊은 입체파 화가가 발레 뤼스의 작업에 참여하려면 아직 4년을 기다려야 했다. 레리흐는 발레 뤼스에서 그다지 중시되지 않았고 러시아로 돌아왔다. 레리흐는 그가 마땅히 받아야 할 관심을 받지 못했다고 느꼈다.[88] (그는 나중에 히말라야산맥에서 은자의 삶을 살다가 1947년 세상을 떠났다.)

그전 해《목신의 오후》에 대한 칼메트의 공격과 로댕이 니진스키의 편을 들어 주면서 촉발된 논쟁 이후 『르 피가로』에서 젊은 안무가의 새로운 작품에 호평을 주는 비평을 기대하기는 어려웠다. 앙리 퀴타드는《유희》에 대해 아주 경멸하는 글을 썼고《제전》은 모욕적으로 아예 무시했다.

우리는 니진스키라는 제정신이 아닌 초심자가 새로 발견했다는 천재의 증거로 내놓은 안무와 창작물을 무시해도 된다고 생각한다. (…) 관객을 조롱하는 것이 단 한 번에 그치는 것이 아니라 가혹한 방식으로 다시 반복되는 것은 고급스러운 취향은 아닐 것이다. 유감스럽게도 니진스키는 분명히 진지했다. 그는 틀림없이 인내할 것이며 그리고 그의 창작품이 매일 더욱더 우스꽝스럽게 등장한다면 그도 어쩔 수가 없을 것이다. (…) 대단하지는 않지만 이번 새로운 예술 형식은 이미 찬미자들을 가지고 있다. 그들의 열정이 덜 시끄럽기만 해도 좋을 텐데!《제전》은 어제 상당히 나쁜 평을 받았고 관객들은 웃음을 참기가 어려웠다. 그러므로 만약《제전》의 찬미자들(그들의 숫자가 많지는 않음)이 무대 위의 예술가들에게 조금이라도 손뼉 치는 것을 자제했더라면 더 나은 상황이 되지 않았을까 한다. 대부분의 관객은 이 작품이 무례할 뿐만 아니라 터무니없다는 것을 알게 되었다.[89] •

퀴타드는 니진스키의 찬미자들이 그들의 지지를 표현할 권리에 대해 부인했다. 그러나 그런 편협함은 계속될 수 없었다.

1909년에 드뷔시, 니진스키와 함께 협력하기를 원했으나 지금은 변절자가 된 루이 랄로이가 쓴 글. "무대의 볼거리를 가지고 어떻게든 음악을 구하고 싶어 하는 우리 중 몇몇은 스트라빈스키가 그의 모든 힘을 기울여 작곡한 이 음악을 반대하지 않았다. 작곡가는 안무가 그가 원하는 그대로이며 그의 기대 이상이었다고 주장했다. 그의 신의는 칭찬받아 마땅하다. 그러나 그 결과는 처참했다."[90] 그는 『프랑스 음악 리뷰La Revue française de la musique』에 실은 글에서 그의 관점을 상세히 설명하기로 되어 있었다. 모든 평론가가 "봄의 학살"이라고 거의 놀리는 수준을 되풀이하는 상황에서 랄루아는 이렇게 썼다.

---

• 스트라빈스키는 초연 후 자신이 관객의 환호에 답했다는 것을 부인했다.

학살, 첫째로 우리는 음악을 거의 듣지 못했기 때문이다. (…) 니진스키의 발작적인 안무와 불협화음이 난무하는 음악으로 봄을 축하해야 한다는 한 사람의 공연 광보다 훨씬 더 많은 관객이 이 작품을 섬뜩하게 느꼈기 때문이다. (…) 춤은 모순적이다. 이 작품에서 누구와도 비교할 수 없는 엘레바시옹의 아크로바틱한 기교를 지닌 니진스키의 춤 솜씨를 충분히 보여 주는 것이 아니었고 발레 마스터가 아이디어는 물론 상식조차 부족함을 드러내면서 현악기의 반주로 한 시간 반(원문대로)* 동안 질질 끄는 꼭두각시의 안무는 불쾌한 농담처럼 보일 것이다. (…) 스트라빈스키가 작곡한 이 음악은 1940년 즈음은 되어야 우리가 들을 준비가 될 것이다.[91]

조르주 피오시Georges Pioch는 『질 블라스』에 다음과 같은 글을 실었다.

한 번도 현악기 소리를 들을 수가 없었다. 관악기가 압도적인 전주곡에 귀를 기울였다. 우리는 서로 "무슨 악기가 이런 소리를 내지?" 하고 물었다. 나는 "오보에"라고 말했다. 내 오른쪽 옆자리에 앉은 위대한 작곡가는 약음기를 단 트럼펫 소리라고 주장했다. 내 왼쪽 옆에는 음악학자 못지않은 지식을 가진 이가 앉아 있었는데 그는 "클라리넷이라는 사실을 알아챘어야 했어"라고 분명히 말했다. 휴식 시간에 지휘자에게 물어보았더니 심금을 울리던 그 악기가 바순이라고 답해 주었다. (…) 누구보다 월등히 뛰어난 무용수인 니진스키가 자신이 천재라는 사실을 언젠가는 알았어야 했다는 것, 그 공

---

• 《봄의 제전》 곡 길이는 35분 정도*

연장에 있었던 누구나가 오랜 세월 동안 그와 같은 생각을 했음이 얼마나 안타까운 일인가를 나는 계속 생각해야 했다. 니진스키가 행한 지금까지 그의 실험들은 러시아 발레에 계속 상처를 주어 왔다. 우리에게 보여 준 이 발레단의 놀라운 모든 작품은 안무가로 만족하던 포킨의 작품이었다.[92]

스트라빈스키와 인터뷰한 앙리 포스텔 듀 마Henry Postel du Mas는 이렇게 썼다. "니진스키의 프로덕션은 음악과는 반대라는 면에서 비판을 받아 왔다. 그러나 이는 사실이 아니다. 니진스키는 뛰어난 예술가이며 발레라는 예술 전체에 새로운 생명력을 부여할 수 있는 능력을 지니고 있다. 우리는 조금이라도 기존의 작품과 같은 선상에서 판단하기를 멈추어야 한다. 당신들은 그가 한 것을 나중에 알게 될 것이다. 그는 단지 월등한 무용수이기만 한 것이 아니다. 그는 창조와 혁신이 가능한 예술가다. 그는 《제전》 협업에서 매우 주요한 부분을 맡았다." 그러나 듀 마는 작곡가 부분에 대해서는 동의하지 않았다. "'제전'을 '봄의 학살'로 만드는 그에 대해서는 포기하자."[93]

『르 몽드 뮤지컬Le Monde Musical』의 오귀스트 망조Auguste Mangeot는 "이번 안무는 《유희》의 안무와는 다르다. 흥미롭다. 그로테스크하고 모순적인 장면들이 있지만 신기할 정도로 인상적이었다"고 썼다.[94]

그러나 『코메디아』의 편집장 가스통 드 파블롭스키Gaston de Pawlowski는 31일자 신문 첫 페이지 기사로 관객들의 관람 태도를 혹평하고 그 예술가의 실험권을 확신하면서 길고 상세히 묘사한 글을 올렸다. "어디에서 이런 비열한 녀석들•이 튀어나왔는가?" 그는 '제전'이 아니라 '봄의 학살'이었던 그날의 "우아하고 기념비적인" 저녁 공연에 대해 들은 것 중 좀 더 공손한 표현을 골라 하나를 인용했다. 그는 니진스키의 "추한" 동작이 너무 길다고 생각했으며 낭만 발레의 더 "아름다운" 동작과 대비될 수 있었을 것으로 생각했다. 그러나 그는 총명하게도 그 동작들에게서 일종의 반사 작용을 알아보았다. 그리하여 그는 니진스키가 잡아챈 새로운 진실, 즉 니진스키에게 떠올랐던 감정을 표현하는 새로운 방법을 알아보았다.[95]

파리에서 《제전》은 네 번 공연되었다. 밸런타인 그로스는 매번 갔다. 그녀는 파란색 펜으로 속기로 그린 자그마한 드로잉으로 이어지는 공연을 계속 그렸고 그 드로잉들은 남아 있다. 첫날에는 그 그림을 그릴 수가 없었다. 나머지 세 번의 공연에서 몇몇 야유 소리가 들리긴 했지만, 그날의 전투가 반복되지는 않았다.[96]

곧이어 공연된 오페라 《호반시치나》에서 샬랴핀은 대성공했다. 댜길레프는 림스키코르사코프의 오케스트레이션 전부를 마음에 안 들어 했기 때문에 이 오페라의 몇 부분들은 스트라빈스키와 라벨이 다시 오케스트레이션을 수정했다. 모스크바 출신의 화가 페오도롭스키Feodorovsky는 화려한 디자인을 만들었다. 볼름은 페르시아 춤을 안무했다. 서방에서 최초로 공연된 무소르그스

---

• salauds(비열한 녀석)

키의 두 번째 오페라 《호반시치나》는 1908년 《보리스 고두노프》 만큼 대성공을 거두었다.

이 시즌의 세 번째 신작은 《살로메의 비극La Tragédie de Salomé》으로 플로렌트 슈미트의 음악으로 제작한 발레였다. 안무는 보리스 로마노프, 무대 장식은 세르게이 주데이킨Sergei Sudeikine이 담당했다. 이 작품은 특별히 카르사비나를 위한 발레였다. 카르사니바는 최근 들어 니진스키에게 밀려 2인자 역할을 하고 있다는 생각이 들었다. 댜길레프는 그녀를 위해 그녀만을 위한 작품을 만들었다. 이 작품에서 가장 눈에 띄는 부분은 오브리 비어즐리에게서 영향을 받은 젊은 러시아 디자이너의 무대 장식이었다. 물론 비어즐리처럼 흑백을 사용한 것은 아니고 화려한 보라와 황금색을 사용한 무대였다. 카르사비나는 오른쪽 무릎 위에 장미 문양을 그렸고 짧은 의상을 입었다. 카르사비나 무릎의 장미 문양은 공연 때마다 드미트리 건스부르그가 그렸다. 건스부르그는 화가로서 자신의 실력을 과시하고 싶어 했다.[97]

《살로메의 비극》은 안무 내용이 헤로드, 헤로디아스, 살로메와 세례요한의 이야기가 아니다. 성 요한의 목은 쟁반 위에 있다. 그러나 이 작품에서는 흑인 노예들과 사형집행인들을 제외하고는 그녀가 유일한 등장인물이다. 공주는 지옥의 변방(림보)에서 속죄하는 의미로 미친 듯이 춤을 추게 되어 있다. 흑인 노예들이 그 전에 먼저 미친 듯이 뛰어다닌 후에 카르사비나는 계단의 맨 꼭대기에서 등장하여 내려오는데 그녀 뒤로 드레스에 달린 검은색과 황금색의 끝이 없는 드레스 자락이 펼쳐진다. 그 뒤 그녀는 특이한 솔로 춤을 춘다. 이것이 전부다.[98] 포킨의 제자였던 실험정신 충만한, 새내기 안무가 로마노프의 작품은 어느 정도 인정받을 만했다. 그러나 카르사비나의 역할 중에 그녀의 뛰어난 발레 실력을 과시하지 못한, 가장 실패한 작품 중 하나였다. 이 작품은 어떠한 성과도 없었다. 그녀는 이 공연에 관해 냉담한 태도를 보이려고 애썼는데, 이러한 태도는 그녀가 마음속으로 떠올리는 만큼 춤을 추지 않았다는 미묘한 암시이기도 했다.[99]

《살로메의 비극》을 성공이라고 말할 수는 없었다. 이는 시즌의 새로운 세 작품 모두 관객들과 언론에서 실패라고 평했다. 이 작품들이 모두 공연된 뒤 특히 《제전》에 대해 댜길레프는 씁쓸한 실망을 하였다. 신작들이 런던에서 더 좋은 호평을 받을 것이라는 희망을 품으면서 댜길레프는 오페라에 대한 홍보에 주력했다.[100]

밸런타인 그로스는 예술을 배우는 학생 시절, 갤러리 좌석에서 공연을 보기 시작했던 1909년 이후 파리에서 공연되는 러시아 발레의 모든 공연을 보았다. 어둠 속에서 낙서하듯 그렸고, 그 후에 스케치를 그렸고, 그들을 다시 작업하여 파스텔과 펜으로 그린 완성된 그림으로 제작했다. 그녀는 니진스키의 거의 모든 역을 그려서 기록했다.* 그녀는 아카데믹한 예술가였다. 그녀는 그렇게 모든 공연을 그리려고까지 한 것은 아니었지만 그녀의 충실한 눈과 신중한 손은 우리에게 러시아 발레단에 대한 가장 광범위한

---

* 나는 《아르미드의 관》, 《클레오파트라》, 《파랑새》 파드되에서의 니진스키 모습을 그린 그녀의 그림은 본 적이 없다.

자료를 남겨 주었다. 우리가 살펴본 바대로 이 파리 시즌 동안 그녀는 극장의 위층 로비에 그녀의 작품을 전시했었다. 이 시즌이 그녀가 그렇게나 좋아하던 니진스키의 춤을 마지막으로 볼 기회였다는 것을 알 도리가 없었다. 그러나 그녀는 자신의 긴 인생 말년까지 니진스키의 천재성을 증명했다. 발레단이 런던으로 떠나기 바로 직전 어느 저녁, 그녀는《장미의 정령》공연이 끝나자마자 무대 윙으로 왔다. 그녀는 니진스키가 마치 둥지에서 떨어진 새같이 혼자 몸을 웅크리고 무대 바닥에서 헐떡이면서 있는 것을 보고 깜짝 놀랐다. 그는 손으로 자신의 가슴을 움켜잡고 있었다. 그녀는 멀리서 천둥 같은 박수 소리가 울려 퍼짐에도 그의 심장 박동을 들을 수 있을 정도였다.

그는 마치 고통으로 뒤틀린 장미 같았으며 그의 곁에 아무도 없었다. 나는 너무나 감동해서 그를 홀로 둔 채 아무 말도 하지 않았다. 그때 그가 나를 보았고 마치 화들짝 놀란 아이들처럼 펄쩍 뛰어올랐다. 그리고 나에게 미소를 지었다. 그는 땀에 젖은 보랏빛 장미꽃잎이 달린 레오타드를 입은 채 내 곁에 섰을 때 그는 마치 산 채로 가죽이 벗겨져 피를 흘리고 있는 성 세바스찬 같이 보였다. 그는 멈칫거리기는 했으나 정확한 프랑스어로 그는 내가 파스텔화로 그린 여러 점의《유희》그림을 보고 얼마나 기뻤는지를 이야기하기 시작했으며 내가 『코메디아 일러스트레』에 쓴 기사에 대해 무척 감사하다고 말했다. 나는 그의 안무를 제대로 평가한 거의 유일한 사람이었다. 내가 작별 인사를 하자 그는 너무나 매력적인 방법으로 내 두 손을 자신의 두 손으로 가져갔기 때문에 나는 저녁 내내 감탄하면서

내 손을 내려다보았다. 이 손이 기적 같은 무용수와 접촉하여 땀으로 뒤덮인 손이구나.[101]

댜길레프는 발레단보다 앞서 런던으로 갔다. 니진스키와 누벨은 발레단과는 따로 여행했고 로몰라는 이들과 같은 배와 기차를 탔다. 파리에서 런던으로 가는 여행 하는 동안 그녀는 니진스키와 누벨이 함께 사용하는 기차 칸 문밖 복도에 서서 니진스키와 몇 마디 대화를 나눌 수 있었다. 그녀는 바람과 날씨를 무릅쓰고 갑판 위에서 니진스키 근처에 자리를 잡았다. 그는 여전히 프랑스어가 서툴고 로몰라는 러시아어를 거의 하지 못했다. 그러나 판토마임은 이들에게 유용했다. 바슬라프는 그녀가 그를 쫓아다닌다는 사실을 그때쯤은 알 수밖에 없었을 것이다. 로몰라가 이 사실을 알아채지 못했다고 하더라도, 그녀가 그를 쫓아다닌 몇 주 동안 만약 그가 그녀를 알거나 알아채는 기미를 거의 보이지 않았다면, 니진스키의 영민한 사교 능력과 그의 성향, 그녀의 성격과 매력에 대한 의구심 등이 혼재되어 그랬는지도 모른다. 밀짚모자를 쓴 댜길레프가 빅토리아역에서 니진스키를 만났다. 댜길레프와 만난 자리에서 니진스키가 자신의 모자를 들면서 로몰라에게 작별 인사를 하였고 로몰라는 니진스키의 용기에 깜짝 놀랐다.

로몰라는 세인트 제임스 궁 부근의 스타트포드 호텔*에 묵었

---

* 로몰라 니진스키는 그녀의 책 172쪽에 "성 제임스 궁 뒤쪽에 위치한 메이페어Mayfair에 있는 작지만 깔끔한 호텔"이라고 적었다. 물론 성 제임스 궁은 메이페어에 있지 않다. 그녀는 나와 대화하는 동안 그 호텔은 스타포드Stafford 호텔임을 확인해 주었다.

다. 그러나 로몰라는 다길레프가 사보이 호텔의 그릴 벽난로 옆 테이블에서 지인들을 만나고 연회를 베푼다는 것을 알았다. 그녀는 사보이 호텔에서 점심이나 저녁을 먹을 기회가 생기면 무조건 응했다.[102]

런던 시즌은 처음으로 로열 드루리 레인 극장Theatre Royal Drury Lane에서 공연했다. 이 시즌은 한 번 더 조셉 비참 경이 후원을 했다. 발레는 몽퇴가 지휘하였고 오페라는 에밀 쿠퍼가 지휘했다. 하지만 몽퇴가 강제로 불참함으로써 신참 지휘자 르네 바톤Rhene Baton이 마지막 발레 공연을 지휘하게 되었다. 이 시즌이 역사적인 의미가 있는 이유는 런던 관객들이 러시아 오페라 공연을 처음 보는 것이었기 때문이다. 무소륵스키의 서사 오페라를 듣고 스트라빈스키-니진스키의 《봄의 제전》을 경험하는 것(《유희》와 《목신의 오후》는 언급되지 않음), 하루는 샬랴핀의 노래를 듣고, 그다음 날은 카르사비나와 니진스키의 춤을 보는 것, 이 공연이 런던에서 7월 동안 벌어지고 있었다. 다길레프와 니진스키 입장에서는 파리 시즌이 끝나면 긴장이 덜해지고 편해졌다. 사보이 호텔은 그들에게 집과 같았다. 그리고 두 사람은 레이디 리펀, 레이디 줄리엣 더프 그리고 레이디 오톨린 모렐을 다시 만나는 것이 행복했다.

누구도 러시아 이름이라고 속아 넘어가지 않을 무닝소바*라는

---

* 다길레프는 러시아 출신이 아닌 무용수를 고용하면, 이름의 어미를 러시아식으로 변화시키든지, 아예 완전히 다른 러시아 이름을 붙여 주든지 했다. 힐다 무닝스Hilda Munnings의 경우 처음에는 무닝소바Muningsova로 고쳤다가 뒤에는 리디아 소콜로바라는 러시아의 전설적인 무용수 이름을 붙여 주었다. 또한 러시아 출신 무용수들의 이름 중에 너무 긴 것은 서구에서 잘 외울 수 있도록 간결하게 만들었다. 발란치바드제를 발란친으로 고친 것이 대표적인 경우다.*

우스꽝스러운 이름이 붙여진 힐다 무닝스는 그 대단한 시즌의 인상에 대해 일부를 글로 남겼다. 이 시즌은 그녀가 처음으로 자신의 고향에서 댜길레프 발레단 공연에 등장했던 시즌이었다. 게다가 이 시즌의 무대는 무닝스가 어린 시절 단 레노Dan Leno•의 공연을 본 그 무대이기도 했다.

급료를 받는 날—2주에 한 번 급료를 준다—이면, 우리는 드루리레인 무대 뒤에 있는 녹색 방에서 줄을 선다. 그리고리예프는 테이블에 앉아 있다. 테이블 위에는 1파운드 금화, 반 파운드 금화, 5실링 은화 크라운, 2.5실링 은화 크라운, 6펜스 은화, 3펜스 동전이 수북이 쌓여 있다. 급여 날에 댜길레프 발레단은 항상 프랑스의 프랑으로 계산했다. 그리고리예프가 급여를 각각의 무용수에게 나누어 주기가 쉽지 않았다. 이때는 우리 발레단은 볼만한 광경을 연출한다. 모두 우아하게 차려입고 수북이 쌓인 금화와 은화를 받기 위해 줄을 서 있다가 급여를 받고 거래명세 원장에 서명을 한다. 나의 급여인 15파운드 금화와 약간의 은화를 받으면 크라수스만큼 부자가 된 기분으로 러셀 거리의 햇살 속으로 걸어 나갔다.
발레 클래스는 토트넘 코트Tottenham Court 거리에서 벗어나 체니스 Chenies 스트릿에 있는 홀Territorial Drill Hall에서 진행되었다. 클래스는 언제나 아홉 시에 시작했고 늦는 사람은 아주 곤혹스럽게 된다. 우리는 클래스에 도착하면 무슨 멜로디인지는 알 수가 없는 선율을 흥얼거리면서 바닥에 물을 뿌리고 있는 마에스트로 체케티를 보게 된다. 그가 상대에게 말을 할 때는 재미난 방법으로 휘파람을 분다.

---

• 영국의 코미디언, 뮤지컬 배우*

댜길레프는 우리가 클래스를 할 때 몇 명의 화가와 조각가들이 참관하도록 허락했다. 그들 중에는 로라 나이트Laura Knight, 목신으로 분장한 니진스키 두상을 조각한 우나 트루브리지Una Troubridge도 있었다. 트루브리지의 조각은 판신으로 분장한 니진스키 두상이었다. 이 작품은 로댕의 작은 조각상을 제외하고는 니진스키에 관한 유일한 조각상이다. 나는 40년 후 중고가게에서 이 조각상을 발견했다. 니진스키는 모든 예술가의 중요한 타깃이었다. 때로는 그가 점심시간에 체케티와 개인적으로 작업을 할 때도 그들은 머물러서 스케치하도록 허락받았다. 언제나 앉아서 말없이 참관하는 한 소녀가 있었다. 우리가 하는 체케티 클래스에 그녀가 참여하도록 허락받은 것을 알고 우리는 놀랐다. 그녀는 우리 발레단의 정규 멤버가 아니었고 이런 경우는 매우 예외적이었다. 우리는 그녀가 유명한 헝가리 여배우의 딸이라는 것을 알게 되었다. 영향력 있는 사람들과 관계 맺는 기회를 절대 놓치지 않던 댜길레프는 그녀가 비록 실제 무용수는 아니더라도 우리와 함께 레슨을 받도록 허락했다. 그녀의 이름은 로몰라 드 풀츠키였다. 그녀는 영어를 했고 분장실의 군무 단원들과 같이 있다가 나에게 말을 걸고는 했다.

니진스키는 항상 사람들에게 에워싸여 있었지만 언제나 혼자 있는 듯이 보였다. 그는 어쨌든 잘 섞이지 않았다. 그가 대화한다면 그 상대는 그와 춤을 같이 추는 누군가였다. 그리고 그는 상대방을 쳐다보지 않고 수줍어하면서 부드럽게 말을 했으며 가능한 한 빨리 사라졌다. 그는 클래스 시작 전 발끝으로 많이 걸어 다녔다. 그는 오른쪽으로 몇 스텝 움직이고 그 후 왼쪽으로 몇 스텝 움직이는데 특이한 방식으로 두 손을 들어 올려 손등을 뺨에 갖다 대고 머리는 아래쪽으로 기울였다. 그는 퍼스트 포지션에서 점프를 많이 하고는 했다. 점점 높이 올라갔다. 그러고는 서서히 내려왔다. 이는 점프 연습을 하는 데 아주 좋은 방식이었다. 그래서 나는 언제나 그를 따라 했다.[103]

런던 시즌은 6월 24일《보리스 고두노프》공연으로 시작했다. 무소륵스키의 작품과 샬랴핀은 새로운 관객들에게도 엄청난 환호를 받았다.

『타임스』의 평론가가 쓴 글을 보자.

각 장면에서 몰입이 되어 관객은 즉시 작품의 분위기에 사로잡혔다. 작품은 매우 사실적이었다. 심지어 막이 내리자마자 음악이 끝나기도 전에 손뼉을 치겠다고 고집하는 무지한 관객들도 많았고, 또 장면 사이에 괴로울 정도로 긴 휴지 시간 때조차도 오페라가 보여 준 사실적인 감각이 줄어들지 않을 정도였다. 무소륵스키의 음악, 월등히 뛰어난 샬랴핀의 연기와 노래, 다른 주역들, 뛰어난 가창력, 그리고 군중들의 자연스러운 연기, 무대 장면의 아름다움, 이들 중에 누가, 어느 파트가 얼마만큼 감동적인 이 공연에 기여했는지는 말하기가 어렵다. 공연 전체의 결과에서 그들은 모두 하나가 되어 역할을 했다.[104]

두 번째 날 영국에서는 '놀이시간Playtime'이라는 제목으로 소개된《유희》를 공연했다. 『데일리 메일』에 실린 리처드 카펠의 글은 혼란스러워하는 듯했지만 발레 뤼스에 대해 신의를 지키려고 노력했다.

신작《놀이시간》은 드뷔시의 음악처럼 당황스럽기도 하고 유쾌하
면서 분별 있게 즐거움을 주는 작품이다. (…) 춤은 고대 회화에서
영감을 받은 듯하지만 아마도 '미래파 스타일'이라고 불러야 할 것
이다. 니진스키의 최초 안무작에서 적용이 제대로 잘된 것으로 보였
던 고대 예술의 경직성이 이 작품에서 어떤 역할을 하는가? 사실상
이 작품은《목신의 오후》의 패러디 작품으로 떠오른다. 이 작품이
공연되는 동안 관객들은 익숙하지 않은 방식이었지만 재미있어했
다. 게다가 공연이 끝난 후 성공을 부인할 수 없을 만큼 많은 박수가
쏟아졌다.[105]

『타임스』의 평론가와 마찬가지로 『모닝 포스트』의 비평가도
이 작품을 어떻게 평가해야 하는지 확신이 서지 않았다. 그는 전
날 밤 러시아 오페라 공연 때보다 더 많은 관객이 발레 공연에 몰
렸다는 사실을 언급하면서 (이는 러시아 오페라가 전혀 알려지지 않
았기에 이해할 수 있는 상황) 그는《유희》에 대해 썼다.

특이한 녹색과 빨간색 배경 앞에 무대 여기저기 전기조명을 상징하
는 하얀색 둥근 반점들이 보이면서 매우 인상적인 무대로 효과를 낸
다. (…) 그들(무용수들)의 연기는 가장 진기하다. 그들은 테니스로
인한 손목 부상으로 고통받고 있음을 작품 전체에서 암시하고 있
다. 시계에 표시된 숫자의 각도로 무용수들이 움직인다. 모든 것이
비스듬하다. 작품 중에 유일한 곡선 모양은 잃어버린 공이다. (…)
모두 둔각, 직각, 예각 등 각들, 물론 삼각형도 포함하여 이들로 표현
한다. 이 작품은 큐비스트의 성향이 내포되어 있다. 각의 승리다. 드

뷔시 음악과 잘 어울렸으며 안무는 전체적으로 음악에 잘 맞추었다. (…) 전혀 무의미한 반복되는 리듬은 비슷한 특징의 연기와 잘 어울렸다. 카르사비나, 숄라와 니진스키는 자신들을 성공적으로 시계의 숫자처럼 회전했다. 《페트루슈카》에서처럼 인형 같은 의상을 입고 나왔으면 더 큰 효과를 내었을 것이다. 왜냐하면 테니스를 잘 아는 지역에서는 테니스와 관련하여 이런 주인공들이 등장하는 것은 실제 테니스장과는 다른 우스꽝스러운 장면임이 명백하기 때문이다. 관객들은 처음에는 웃다가 나중에는 손뼉을 쳤다.[106]

다길레프는 런던의 관객들이 《제전》을 잘 받아들일 수 있도록 매우 노력했다. 긴 시나리오를 프린트해서 에드윈 에번스Edwin Evans가 무대에서 작품을 소개하고 발레를 설명했다.[107] 영국인들은 열광적이지는 않았지만 이 작품을 존경심을 가지고 받아들였다.

7월 11일 《제전》 첫날 공연에 대해 『타임스』는 다음과 같이 묘사했다.

런던은 파리보다는 훨씬 조용하게 즐거움과 고통을 맛보았다. 니진스키와 스트라빈스키가 협력한 가장 최근 시작한 발레 《봄의 제전》이 어제 드루리 레인에서 영국 최초로 공연되었을 때 박수도 많이 나왔지만 야유도 있었다. 막이 오르기 전 에번스가 설명을 좀 더 간단하게 해야 했던 것은 사실이다. 그리고 공연하는 동안 휘파람은 어느 정도 자제했지만 웃음소리가 들렸다. 그러나 아마도 놀라운 경우는 아니었다. 왜냐하면 에번스는 극장에 모인 관객들이 강연을 들으러 온 것이 아니고 발레를 보러 온 것이라는 사실을 잊었기 때문이다. 새로운 작품이 공연되었을 때, 특히 작품의 가장 유별난 특징들이 의도적인 것인지 혹은 우연히 생겨난 기괴함인지에 대해 확실하지 않을 때 영국 관객들이 견딜 수 있는 것도 한계가 있다. 그러나 이런 혼재된 반응에 대해 크게 불만을 가지지 않았던 니진스키, 작품이 공연되는 동안 대부분 무대 위에 있으면서 가장 난해한 역을 감내해야 했던 필츠, 그리고 지휘를 끝까지 해낸 기적을 이룬 몽퇴 역시 따뜻한 박수를 받았다. 이 음악은, 어느 정도는 화성적인 면에서 완벽하게 일관된 면을 지니고 있지만《페트루슈카》의 혁신성보다 훨씬 앞섰기에, 파리에서 먼저 연주된 이 음악에 대해 런던 관객들은 의견을 달리한다. 이는 적어도 고든 크레이그가 최근 우리에게 말한 것처럼, 러시아 발레단이 과거의 극장에 속해 있다고 해도 음악이 항상 복고적이지는 않다는 사실을 그에게 확인시켜 주었다. (⋯) 작품의 대부분에서 어린 소녀들이나 야만인들을 보기보다는 마리오네트를 보는 것 같았다. 그리고 멈출 수 없는 규칙에 의해, 엄격하고 보이지 않는 손이 인형을 움직인 결과처럼 보인다. 하지만 어느 특정한 순간에는 사람으로 보인다.[108]

『모닝 포스트』는 적대적이었다. "수 세기 후에 그림 같은 옷을 입은, 무대에 등장하는 유사 이전의 사람들은 '당시의' 것으로 여겨지는 제스처에 빠져든다. 그들의 제스처는 체육 수업을 더 잘 표현한다. (⋯) 공연 후 지휘자 몽퇴는 무대로 불려 나왔으며 니진스키 또한 무대에 나왔는데 관객들의 무관심한 태도에 안도의 한숨을 쉬는 듯이 보였다."[109] 『데일리 메일』에 리처드 카펠의 글은 없었다. 아마도 그는 휴가를 떠난 듯했다. 몽퇴 대신 르네 바통이 지휘한 23일 《제전》의 세 번째 공연 후 『타임스』는 스트라빈스키와 니진스키가 "작품의 결점에도 불구하고 음악과 무용의 진정한 결합에 한 걸음 더 가까이 가는 업적을 이루었다"[110]고 결론을 내렸다.

사보이 호텔에서 박스트는 아스트뤽에게 런던 시즌의 "환상적인 성공"을 묘사하고 러시아 오페라가 발레만큼 인기가 많다는 내용의 글을 띄웠다. "그것이 파리와 런던 관객의 차이입니다. 아름다운 날씨, 활기찬 생활, 사실 런던은 정말 멋진 곳입니다. 그러나 애통하게도! 물가가 너무 비싸네요." 박스트는 아스트뤽에게 돈이 필요하다고 썼다.[111] 그러나 당당하고 대담한 아스트뤽은 그의 샹젤리제 극장을 꾸려나가지 못했고 10월 중순 파산하게 된다. 포레의 《페넬로페》, 《호반시치나》 그리고 《봄의 제전》을 공연하는 길이 남을 영광을 얻은 대가로 치러야 했던 재정적인 대가가 너무나도 컸다.[112]

런던은 니진스키가 댜길레프 발레단과 함께 춤추는 모습을 마지막으로 보게 된다. 댜길레프 발레단은 그의 명예를 높여 주었고 그와 카르사비나가 공연한 발레 예술은 그 이전에 얻었던 발레 예술의 명성보다 훨씬 더 높은 단계로 끌어올려 주었다. 그리고 니진스키가 춤추던 《레 실피드》, 《카니발》, 《아르미드의 관》, 《장미의 정령》, 《셰에라자드》 공연을 관람했던 헌신적인 영국인 찬미자들(비평가들, 예술가들, 작가들, 귀족 숙녀들)인 리처드 카펠, 시릴 보몬트, 찰스 리케츠, 오스버트 시트웰, 루퍼트 브룩, 리턴

스트레이치, 덩컨 그랜트, 오톨린 모렐, 바이올렛 러틀랜드, 글라디스 리펀, 줄리엣 더프는 더 이상 이런 작품에서 니진스키를 볼 수 없게 된다.*

　니진스키의《제전》은 파리에서 4회 공연하고 런던에서 3회 공연을 했다. 모두 합해서 7회 공연이었다. 댜길레프가 7년 후에 이 작품을 다시 공연하려고 했을 때 아무도 안무를 기억할 수가 없었다. 그리하여 마신은 처음부터 다시 시작해야 했다. 우리는 스트라빈스키가 주석을 달아 놓았던 악보를 1967년 발견했다. 그 악보는 니진스키가《제전》의 협력 예술가들과 같이 고안했던 특정 동작의 박자를 상기시켜 주었다 그때까지 발표되지 않았던 밸런타인 그로스의 파스텔화 몇 점이 그녀 사후** 서류 더미에서 발견되었다. 마리 램버트와 소콜로바의 기억들, 발레 역사가들 한두 명의 기록들도 나란히 놓고 본다. 이 모든 것들과 함께 자크 리비에르의 어마어마한 에세이를 더해 우리는 발레가 어떠했는지를 어느 정도 구체화시킬 수가 있다. 내가 확신하기로는 댜길레프와 스트라빈스키조차도 니진스키가 블레이크William Blake 스타일*의 환상을 구체적인 표현으로 만든 능력과 그가 얼마나 시대를 앞서갔는지를 제대로 모두 이해했다고는 생각지 않는다. 그리고 나는《제전》이 니진스키 경력의 절정일 때 창조된 걸작으로

---

• 그러나 그들은 새로운 버전의《레 실피드》에서 니진스키의 춤은 보게 된다.
•• 밸런타인 그로스는 1968년 3월 세상을 떠났다.*
•* 신비로운 신화적 체험을 예술 작품으로 승화시켰는데 그 내용의 표현형식은 스스로 창조해 낸 양식으로 표현했다.*

서뿐 아니라 세기의 발레로 무용 역사에서 전환점을 이루는 중요 작품이라고 생각한다. 이사도라가 니진스키에게 둘 사이에 아이를 갖자고 했을 때 니진스키는 거절했지만 그들의 자손은 너무나 많다. 마사 그라함을 필두로 하여 기나긴 리스트가 있다.

그렇다고 해도 7월 스트라빈스키는 막시밀리안 스타인버그에게 편지를 썼다.

나는 두 다리로 파리처럼 걸어 다니면서 점차 이 끔찍한 병(티푸스)에서 회복하고 있습니다. 모든 일이 계획대로 진행이 된다면 나는 금요일에 우스틸루크로 떠날 것입니다. 《봄의 제전》을 위한 니진스키의 안무는 그 어떤 것과도 비교할 수 없습니다. 몇 가지 예외적인 상황이 있기는 하지만 모든 것이 내가 원하는 그대로입니다. 그러나 대중들이 우리의 언어에 익숙해지는 것을 보기 위해서는 오랜 세월을 기다려야 합니다. 우리가 이미 이룩한 것의 가치에 대해 나는 확신합니다. 그리고 그 가치는 나에게 미래에 작곡할 작품을 위한 동력을 가져다줍니다.[113]

여러 시즌 중에 가장 눈부신 공연을 이룬 후 발레단은 겨우 2주의 휴가를 보낸 다음 남미 투어를 위해 항해를 해야 했다. 로몰라 드 풀츠키는 서식스Sussex 지방에서 그녀의 어릴 적 가정교사와 함께 영국의 햇살을 즐겼다. 다길레프, 누벨과 바슬라프는 바덴바덴으로 여행하여 다시 스테파니 호텔에 머물렀다. 거기에서 브누아와 합류했다. 바흐 음악으로 "야외극, 불꽃놀이 조명의 화려함 등 로코코 시절 궁정 페스티벌의 정교한 광휘를 담은 발레 작품을 만들 계획을 했다." 브누아는 벌써 어떤 작품들을 포함할 것인지를 결정했지만 친구들과 다 같이 바덴바덴에서 자리를 잡고 체계적으로 바흐 작품을 살펴보았다. 그러고는 독일인 피아니스트를 고용하여 호텔에 구비된 보잘것없는 피아노로 바흐의 수많은 작품을 치게 했다. 누벨이 사이사이에 독일인 피아니스트를 대신하여 연주했다. 댜길레프와 니진스키는 다른 사람들과 합류하여 발레를 만들기 위해 작품을 어떻게 조합하면 될지를 의논했다. 일주일 만에 음악은 선택되었다. 선택된 작품은 영국 조곡, 피아노 작품, 프렐류드, 푸가, 평균율 곡 등이었다. (솔로, 파드되, 남성과 여성 그리고 농부들을 위한 춤과 발레단 군무를 위한 음악의 전체 리스트는 파리의 파리 오페라 박물관에 보존되어 있다.) 그다음 작업으로는 바슬라프가 안무하는 데 도움이 되고 시대 스타일을 아는 데 도움이 되는 책들을 구비했다. 남미에서 그들이 돌아오면 댜길레프는 니진스키를 데리고 파리에 있는 판화 작업실과 베네치아에 있는 코레 박물관Museo Correr에 데리고 가려고 한 점은 충분히 납득이 간다. 그러는 중에 브누아는 니진스키를 데리고 바덴바덴 근처에 있는 로코코 궁전과 교회를 보여 주었다. 둘은 뷔르츠부르크Würzburg에 있는 피어젠하일리겐 교회Vierzehnheiligen, 브루흐잘Bruchsal과 주교 궁전Archbishop's palace을 방문했다. 이 방문지들은 "18세기 음악이 매혹적인 건축 양식으로 표현되어 결정체를 이루고 있는 장소들"이었다.[114] 바슬라프가 대서양을 건너기 전에 눈여겨본 마지막 위대한 예술품은 티에폴로Tiepolo의 걸작이었다. 뷔르츠부르크 주교 궁 계단 위 천정에 그려진 티에폴로 그림은 올

림퍼스 산정을 묘사했으며 카이저잘Kaisersaal의 천정에 현기증 날만큼 현란하게 아폴로의 승리를 그려 둔 티에폴로 그림이었다.

두 사람이 바흐의 음악을 듣고 무지개 프레스코화를 살펴보기 위해 목을 길게 빼고 했을 때 그들이 다시는 함께하지 못할 것이라는 말을 들었다면 얼마나 믿을 수 없다고 여겼을까! 그러나 댜길레프는 배로 대양 건너는 것을 두려워했다. 그는 전적으로 남미에는 관심이 없었다. 아마도 그림 전시장, 박물관 혹은 주교 궁 같은 건물이 없었기 때문이었을 것이다. 그는 의심할 여지도 없이 남은 8월과 9월을 아마도 어여쁜 짙은 빛의 눈동자를 가진 소년들이 그를 기다리는 베네치아에서 보내고 싶어 했다. 그는 유럽에 남기로 했다.

C. E. D. 다운C. E. D. Down 선장이 이끄는 11,073톤급 여객선 S. S. 에이번S. S. Avon호는 8월 15일[115] 사우샘프턴에서 항해를 시작했다. 이때 로몰라 드 풀츠키는 니진스키가 다른 발레 단원들과 함께 배를 탄 것이 아니라는 사실을 알고 난 후 매우 실망했다. 하지만 니진스키가 댜길레프 없이 다음 날 셰르부르Cherbourg에서 이 배를 탄다는 소식을 듣고는 환희로 바뀌었다. 이 배에는 발레단 멤버 중에 같이 타지 않은 무용수들이 있었다. 긴 항해를 두려워하는 카르사비나는 고속선으로 남미를 향했다.[116] 브로니슬라바 니진스카는 두 달 후에 아기를 낳을 예정이라 어머니와 함께 페테르부르크에 있었다. 필츠 역시 임신을 해서 남미 투어에 함께하지 못했다.[117]• 로몰라 드 풀츠키 혹은 미리암 람베르그, 그 누구

라도 니진스키와 결혼하기를 원했다면 그 상황을 멈추어 자멸을 초래하는 일을 막을 수 있는 유일한 사람은 댜길레프의 시종 바실리였다.

그러나 람베르그는 아래층 데크의 이등칸 객실에 머물렀고 힐다 무닝소바와 같은 룸을 사용하고 있었다. 로몰라는 이등칸 객실에서 하녀 안나와 함께 사용했지만 자신의 돈으로 일등칸 티켓을 샀다. 일등칸의 개인 전용실은 니진스키의 가시권에 있는 객실이었다.[118]

에이번호는 여름 날씨에 프랑스의 서쪽 해안을 따라 내려갔다. "매혹적인 파도에 고요한 새들이 생각에 잠긴 듯 앉아 있었다." 이 이야기는 일종의 드라마처럼 믿기지 않는다. 사람들이 신비한 숲속에서 자신들의 본성을 바꾸거나 사막 섬에서 역량을 발휘하는 베리Barrie** 의 판타지 소설들에서나 일어날 법한 이야기다. 혹은 여러 이질적인 집단들이 눈보라가 몰아치는 날씨에, 혹은 난파되어 고장 난 구명정에서, 혹은 공항 대기실이나 산속의 고립된 호텔 같은 좀 더 비현실적인 상황에 모여 일어난 드라마와 같다.

대양을 건너는 호화로운 여객선에서의 생활은 발레단에게는 일종의 휴가와 같았으며 여태까지 이보다 더 상류사회 생활을 해왔던 로몰라도 처음 경험하는 여행이었다. 오로지 무닝소바만 무

---

• 로몰라 니진스키는 필츠가 남미 투어에 함께한 것처럼 적었는데 이는 아마도 플란츠Pflanz와 필츠를 혼동한 것 같다.
•• 『피터 팬』의 저자*

닝소바로 이름 바꾸기 전인 힐다 무닝스 시절에 미국에서 춤을 추기 위해 대서양을 건넌 경험이 있었다.[119] 이 항해는 21일간 계속되었다. 에이번호는 비고, 리스본, 마데이라를 들렀는데 이 배가 유럽의 대양을 떠날 때까지 선상 생활의 규칙이 아직 정해지지 않았다. 그러나 항해하는 동안 세 가지 변하지 않는 요소가 있었다. 올가 호흘로바는 매일 아팠다.[120] 람베르그는 더위를 싫어했고 때로는 더위 때문에 기절했다. 그리하여 자신의 컨디션을 향상하는 데 집중하면서 자신의 룸에서 혼자 클래스를 했다.[121] 로몰라 드 풀츠키는 그녀의 내성적인 사냥감을 쫓기 위해 일정하게 데크를 돌면서 — 비록 그녀는 걷는 것을 싫어했지만 — 니진스키에게 접근하기 위해 이용할 만한 사람에게 매력적으로 보이려고 애를 썼다.[122]

우리 자신을 로몰라의 입장으로 놓고, 그 이후에 벌어진 일에 대해서는 생각하지 말고 판단해 보자. 기본적으로 로몰라가 니진스키를 쫓아다닌 것에는 아무 잘못도 없음을 인정할 수밖에 없다. 따지고 보면 남자들은 여배우 혹은 무용수들의 아름다움이나 재능에 반해서 전 세계를 쫓아다니면서 사랑, 섹스, 우정 혹은 아주 조그만 관심이라도 끌기를 원한다. 꼭 사랑에 빠져서 이런 식으로 행동하는 것이라기보다는 스타의 개성에 의해 무대에 빠져들거나 스타에게 반할 뿐이다. 누구도 그렇게 쫓아다니는 사람들을 비난할 수는 없다. 한 여자가 어느 천재를 쫓아다닐 권리를 부인하는 사람이 있다면 그야말로 정말 완고한 반여성주의자anti-feminist다. 로몰라가 니진스키를 사랑하지 않으면서도 그에게 빠져든 것은 특이한 경우지만 그것이 잘못된 일은 아니다. 그녀는 23세였고 결단력이 있었으며 그것은 모험이었다. 그녀는 니진스키의 천재성을 찬미할 정도로 좋은 취향을 가졌다. 댜길레프에게서 니진스키를 떼어 놓아 러시아 발레에 어떤 결과를 초래한 결과를 그녀가 어떻게 따져 볼 수 있었겠는가, 혹은 그것이 바슬라프에게 미칠 영향을 어떻게 예견할 수 있었겠는가? 젊은이들은 앞날을 예견하지 않는다. 그녀는 비록 의지가 강했지만 남미 땅에 발을 내딛기 전에 니진스키와 약혼할 수 있을 거라고는 믿지 않았다. 그것은 스스로 불가능한 테스트에 응한, 그녀 자신을 위한 일종의 게임이었다. 우리가 인도를 정복하기 위해 앞으로 나아간 마케도니아의 알렉산더 대왕을 존경한다면 로몰라 드 풀츠키의 가상한 정신에 어느 정도는 찬사를 보내야 한다. (그녀의 할아버지는 합스부르크 왕가에 반기를 들었고 그녀의 삼촌은 마다가스카르를 진압했다.) 로몰라의 정신은 다른 무엇보다도 존경했던 예술가들과 어떤 식으로든 자신을 연결하도록 자극했다.

그리고 더운 날 이렇게 긴 항해를 시작할 때 니진스키는 무슨 생각을 하고 있었을까? 자신이 결혼할 것이라고는 생각하지 않았고 댜길레프를 떠날 생각이 전혀 없었음은 확실했다. 그의 삶 전부가 러시아 발레단이었으며 그는 일을 사랑했다. 그는 자신에게 훌륭한 배역과 작품 창조의 기회를 안겨 주고 이로 인해 유럽 세계에서 우상 같은 존재가 되게 해 준 댜길레프를 존경하지 않을 수 없었다. 비록 육체적으로는 그에게 끌리지 않았다고 하더라도 그는 세상의 놀라운 무대를 자신 앞에 펼쳐 주면서 격려하는 스승 덕분에 성공한 학생이 지니는 사랑을 느꼈던 게 틀림없다. 그의 모든 행동은 댜길레프의 인정을 받기 위해 짜인 것도 틀림없다. 그러나 그는 24세였다. 그는 바다 위에 있었고 태양은 밝게 빛났다. 그는 사랑하기를 원했고 사랑이 필요했다.

개인 전용실에 혼자 머물며 그가 남자 파트너를 꿈꿨는지 여자 파트너를 꿈꿨는지는 중요하지 않다. 아마도 어느 쪽이든 상관없었을 것이다. (그런데 여성과의 연애 사건이 있다면 댜길레프 발레단에서 전혀 일하지 못하게 되진 않겠지만 — 실제로는 그렇지도 않았지만 — 다른 남자와의 연애 관계는 불가능했다. 댜길레프의 질투심이 그런 연애 사건을 그냥 보고 넘길 수가 없었다.) 내 생각에 이 항해에서 그는 댜길레프와 떨어져서 자신과 사랑에 빠진 다른 젊은이의 유혹을 받았을 수도 있고 심지어는 그와 사랑에 빠졌을 수도 있다. 그러나 그의 마음은 소녀들에게 더 가 있었을 것이다.

그러나 말수가 적고 일벌레며 은둔자 같은 이 젊은 남자가 소녀들과 접촉하기에는 문제가 있었다. 그의 특별한 위치 때문에 그와 다른 무용수들 사이에는 장벽이 놓여 있었다. 예를 들어 그는 이등칸에 타고 있던 적갈색 머리의 사랑스러운 호흘로바, 또는 금발의 무닝소바, 혹은 영리한 베윅에게 연애를 걸어서 논평이나 가십, 조롱에 자신을 노출할 수 없었다! 그는 아주 반듯하게 자란 소년이었고 너무 섬세하고 신사다운 원칙을 지니고 있어서 바람피우듯이 하는 연애는 비도덕적이고 아주 천박한 것으로 보았다. 아름다운 로맨스에만 성관계나 결혼이 허용되었다. 만약 그가 댜길레프를 실망시킬 각오가 되었다 하더라도, 어떻게 이런 일이 일어날 수 있었을까? 니진스키가 사랑을 나누기는 매우 어려웠다.

그러나 눈먼 중매쟁이 '조물주'는 이런 예외적인 상황을 만들었다. 프루스트의 「소돔과 고모라」 오프닝 장면을 보면, M. 드 샤를뤼스는 병 때문에 마담 드 빌파리지de Villeparisis를 방문한다. 아침 열 시라는 애매한 시간에 그녀를 방문하는데, 운 좋게도 재단사 쥐피엥Jupien을 만난다•. 쥐피엥은 나이 든 남자만을 좋아하는 특이한 취향을 가진 동성애자로, 그 시간에 아직 출근하지 않고 있었다. 만약 그렇지 않았다면 난초는 불임 선고를 받았을 것이다. 공작부인의 진귀한 난초를 수정시키기 위해 도저히 불가능해 보이는데도 꽃가루를 날라다 온 꿀벌처럼 '조물주'는 이 진귀한 난초와 같은 무용수 가까이 다가갔던 것이다. 이 무용수는 자신의 발레단 멤버 중에서 사랑하는 사람을 찾을 수가 없었고, 발레단 바깥 사회에서 연인을 찾을 기회도 시간도 없었다. 발레단과 함께 온 젊은 여인은 아직은 단원은 아니었지만 무용수가 되었고 다른 무용수들에게 적용되던 규칙에서 예외가 될 수 있었다. 이 매력적인 소녀는 예술과 공연계의 유명한 가문 출신이었고 용기 있는 선조들의 정신을 물려받았으며 그녀의 미래 파트너가 지니지 못한 용기를 가지고 앞장섰다. 프루스트는 샤를뤼스와 난초의 행운에 대해 다음과 같이 썼다. 그것은 "기적이라고 부를 수 있는 것 같지는 않고 하나의 사고였다." '조물주'의 장난

---

• 마르셀 프루스트의 『잃어버린 시간을 찾아서』 7편인 「소돔과 고모라」 첫 부분을 빗댄 것이다.•

으로 보든지, 아니면 우연의 속임수로 보든지, 거기에는 아름다운 것이 있었다.

'조물주'만이 유일한 중매쟁이는 아니었다. 이 연극의 주제가 발표되었을 때 에이번호에는, 자신들에게 맡겨진 역할을 수행하는 것을 너무나 즐거워하는 사람들이 있었다. 건스부르그, 그의 중년 애인인 예카테리나 오블로코바Ekaterina Oblokova, 군무 단원이었던 그녀의 친구인 예쁘고 멋을 부리는, 그리고 아가 칸과 함께 살고 있던 요세피나 코발렙스카가 있었다.[123] 만약 건스부르그가 댜길레프 없이 발레단을 운영하겠다는 계획을 이미 애매하게나마 피력했다 하더라도[124]—그의 말을 믿고 판단해 보면, 그가 댜길레프의 어떤 기획도 발레단 운영 자금을 해결하지는 못할 것이라고 믿을 만한 충분한 이유가 있었다 — 항해를 시작했을 때는 댜길레프에게서 니진스키를 떼어 낼 수 있다고 상상할 수 있었던 것은 절대 아닌 듯하다. 더군다나 여자가 생겨서 그런 경우는 더욱 생각할 수가 없었다. 당시 이성애자의 순진함을 지니고 있던 건스부르그는 니진스키가 댜길레프와 함께 살고 있었기 때문에 니진스키를 동성애자로 생각한 것도 어찌 보면 당연했을 것이다. 동성끼리 살고 있다면 동성애자로 생각했고 건스부르그의 그러한 생각은 변하지 않았다.

발레단의 몇 명만이 일등칸에서 항해했다. 식사 시간에 니진스키와 지휘자 바통Baton 부부는 선장의 테이블에 앉았다. 건스부르그와 오블로코바는 코발렙스카와 같이 테이블에 앉았다. 로몰라는 트루베키, 그의 부인 플란츠, 볼름과 샤베즈Chavez와 같이 앉았다. 샤베즈는 프랑스-아르헨티나계 재봉사였다.[125] 그러나 에이번 호가 셰르부르를 떠난 그 날부터 이등칸에서 여행하던 발레단의 주요 멤버들은 1층으로 올라와서 일등칸에 머무르는 동료들을 방문할 수 있었다. 로몰라는 니진스키가 바통 부부와 만나는 것을 목격했다. 르네 바통은 드루리 레인 시즌에 마지막 5회 공연의 지휘를 몽퇴에게서 이어받았다. 그러나 바통은 무대에서 이외에는 니진스키와 접촉이 없었음이 명백했다. 지휘자는 니진스키의 예술에 대해 찬사를 쏟아놓기 시작했고 바통 부인도 합류했다. 그러나 니진스키의 프랑스어는 그 당시 아주 제한된 범위에서만 의사소통이 가능했다. 그리고 그는 "아뇨, 아뇨, 저는 이해를 못 해요. 저는 꼬마 흑인 노예를 이야기하고 있답니다"라고 말하면서 고개를 세차게 흔들었다. 니진스키의 순수함에 감동을 한 바통은 니진스키를 껴안으면서 자신을 니진스키의 보호자로 선언하면서 항해하는 동안 니진스키를 돌보아 주었다.[126] 17일 에이번호는 비고에 몇 시간 정박했다.[127] 다음 날 로몰라는 친구들과 니진스키, 바통 부부, 샤베즈와 함께 리스본 해안가로 놀러 갔다.[128] 20일 마데이라에 정박하면 바닷가로 놀러 가기로 했는데 그 일행 중에는 바통과 니진스키가 포함되어 있지 않아서 실망했다. 대신 그녀는 건스부르그, 오블로코바, 트루베키, 플란츠, 볼름, 코발렙스카. 샤베즈와 함께 갔다. 그들은 마지막 보트를 놓쳐 하마터면 뒤처질 뻔했다. 그녀는 바슬라프와 알게 되는 기회를 날려 버릴 뻔했다. 다음 배는 3주 뒤에 출발했다. 오블로코바와 코발렙스카는 그들의 옷도 없이 발이 묶여 있을 것을 짐작하고 절망에 빠졌다. 볼름은 발레단이 자기 없이《이고르 공》,《타마르》공연이 가능할지 걱정했다. 그러나 노 젓는 보트를 빌려서 에이번 호에 도착하게 되어 같이 떠났다. 그들은 구제되었다.[129] 그리고 일주일간 육지를 보지 못했다.

로몰라는 니진스키가 갑판 의자에 앉아 책을 읽고 있는 모습을 지나가면서 보았는데 니진스키는 그녀를 쳐다보지도 않았고 그녀를 알아보지도 못하는 듯이 보였다. 그는 톨스토이와 도스토옙스키에 관한 메레콥스키Merejkovski의 에세이를 읽고 있었다.[130] 오후에는 대부분의 승객이 태양 아래 누워 책을 읽거나 선실에서 낮잠을 잘 때 니진스키는 계단이 식당으로 통하는 C 데크에 있는 자그마한 홀에서 바통의 피아노 반주에 맞추어 창작 작업을 했다. 그는 바흐 발레에 대한 작업을 했다. 로몰라는 이 모습을 지켜보기로 하고 계단에 앉았지만, 승무원이 그녀에게 떠나라고 요청했다. 다음 날 그녀가 돌아왔을 때, 이번에는 바통이 그녀에게 나가라고 요구했다. 갑자기 니진스키가 그의 노트를 보다가 쳐다보면서 그녀가 머물러도 된다고 제스처를 했다.[131] 그가 수 주일 동안 그녀가 쫓아다니는 것을 의식했다면 이날의 이 몸짓이 그녀의 노력에 대한 첫 대답이었는가? 혹은 그녀가 그의 작품에 흥미를 느낀 것을 보고 니진스키가 그녀에 대해 여성으로서 관심을 가지게 되었나? 모종의 접촉이 다시 이루어졌다.

바통은 피아노를 치고 니진스키는 그의 옆에 서 있었다. 종종 그는 눈을 감고 전체 안무 테마에 대해 좀 더 집중하려고 하는 느낌이 들었다. 혹은 그는 손가락으로 바통이 연주할 동안 그가 안무한 전체 바리아시옹을 구사했다. 그는 갑자기 멈추거나 혹은 바통에게 같은 마디를 여러 번 치도록 했다. 그쪽에 서 있는 동안 계속 그는 자신이 고안한 스텝으로 춤을 추고 있음을 알 수 있었다. 그리고 나는 눈앞에서 발레 작품 전체가 창조되는 과정을 감탄스럽게 바라보았다. 때때로 그는 바통과 함께 몇 시간 동안 적당한 샤콘 혹은 프렐류드를 찾았다. 그는 때때로 "더 빨리"라고 말하면서 바통의 연주를 멈추게 하였고 바통은 웃으면서 "옳은 지적입니다. 내가 실수했어요. 더 빨라야 합니다"라고 말했다. (…) 바통은 나에게 니진스키가 바흐 음악으로 새로운 발레를 안무한다면서 이 발레는 바흐 음악의 순수함 만큼이나 순수한 춤이 될 것이라고 했다. 니진스키는 화성과 동작의 기초적인 진실을 규정하고 싶어 했다. (…) 바통이 니진스키의 말을 이해하지 못했을 때는 언제나 건스부르그가 통역자로 소환되었다. 나는 곧 그들이 나를 좋아할 수 있도록 노력했다. 나는 파리에서 교육을 받았고 모국어처럼 프랑스어를 말했기 때문에 바통 부인의 마음을 금세 사로잡을 수 있었다. 나는 이 부부가 두 사람 다 좋았다. 그들은 마음이 따뜻한 사람들이었다. 우리는 러시아인들 사이에서 조그만 서유럽의 영역을 형성했다. 물론 내가 안무하는 것을 지켜볼 수 있도록 허락받은 사실은 아무도 알지 못했다. 나는 종종 내가 왜 그랬는지 의문이 들기도 했다.[132]

바슬라프는 혼자 있을 때 로몰라에 관해 생각했음이 틀림없었다. 만약 니진스키가 바통과 건스부르그에게 그녀에 대해 말을 했다면 그들의 마음속에 외로운 니진스키와 예쁜 헝가리 여자를 엮어 주자는 생각이 자연스럽지 못한 것일까? 건스부르그가 오블로코바와 의논하지 않았을까? 오블로코바와 코발렙스카, 두 명의 멋 부리기 좋아하는 보석으로 치장한 여자 둘이 머리를 맞대고 의논하지 않았을까? 그리고 이들은 재봉사 샤베즈와 낭만적인 관계의 가능성에 관한 가십거리를 즐기지 않았을까?

로몰라는 왜 니진스키가 아침 열한 시까지 갑판에 올라오지 않는지 궁금했다. (그는 평상복으로 밝은색의 수트 혹은 네이비-블루 색의 상의 재킷과 흰 바지를 입었다.) 로몰라는 평소보다 일찍 일어난 어느 날 그가 배의 우현에서 한 무리의 영국인들이 감탄하며 쳐다보는 와중에 연습하고 있는 모습을 발견했다. 그 무리 속에는 바실리와 안마사 윌리엄스도 있었다. 로몰라는 이제 윌리엄스와 친구로 사귀기 시작했다. 윌리엄스는 이제 아무리 가장 강한 권투선수라도 확실하게 마사지를 할 수 있다면서 니진스키의 근육은 쇳덩어리와 같아서 그의 근육을 한 시간 마사지하고 나면 완전히 지친다고 이야기했다.[133]

람베르그는 잘생긴 블라디미르 로마노프의 관심을 피하려고 애를 썼다. 그녀에게는 또 다른 찬미자가 있었는데 로보이코 Loboiko라는 젊은 폴란드 소년이었다. 리용에서 그는 람베르그에게 몬테카를로에서 자신과 같이 살아야 한다고 말했다. 람베르그가 왜 그렇게 해야 하느냐고 물어보자 "그러면 돈을 더 절약할 수 있어"라고 솔직하게 답했다. 람베르그의 친구 중에는 생기발랄하고 자그마한 폴란드 소녀가 있었다. 람베르그보다 더 키가 작은 예예르스카였는데 그녀는 《제전》에서 람베르그와 같은 그룹에서 춤을 추었다. 그들은 함께 웃을 때가 많았다. 그리고 아주 예쁜 또 다른 폴란드 소녀는 마이체르스카Maicherska였다. 그녀는 페오 도로로프의 애인이었다. 람베르그는 또한 오블로코바, 코발렙스카, 플란츠와도 사귀었고 이들과 갑판에서 같이 사진도 찍었다. 그녀 는 코발렙스카의 단순함을 놀렸다. 파리 시즌 중에 무용수 그룹 이 그녀의 분장실로 가서 "너 끔찍한 뉴스 들었니? 나폴레옹이 죽 었대"라고 말했다. 그녀는 손거울을 놓고 너무 놀라 하면서 그들 은 쳐다보면서 "파리에게는 정말 불운이구나!" 하고 외쳤다. 댜 길레프는 아가 칸이 코발렙스카에게 돈과 보석을 주는 것을 막을 수가 없었다. 실은 댜길레프는 그의 무용수들이 유명인의 애인이 되는 것을 오히려 좋아했다. 그러나 댜길레프는 영향력 있는 인 사들이 자기 애인인 무용수의 실력 한계를 넘어서는 역할을 요구 하는 압력에는 확고하게 거절했다. 그나마 댜길레프가 유일하게 양보한 경우는 아가 칸이 코발렙스카가 《클레오파트라》에서 유 대인 여자 춤을 출 때 흰색 의상 대신 검정 의상 입게 해 달라는 부 탁을 들어준 정도였다. 코발렙스카가 아가 칸에게 버림받을 때 아마도 연금조로 돈을 받고 관계는 끝이 났다. 그녀는 람베르그 에게 "두세Doucet*에서 내 옷을 맞추었는데 이제는 루브르 백화점 Magasin du Louvre에 쇼핑을 하러 가야 해!"라고 울면서 불평했다.

미미는 니진스키를 종종 보았고 그와 함께 메레시콥스키의 에 세이에 대해 논의했다. 그는 그녀에게 『예술 세계』 몇 권을 빌려 주었다. 미미는 바통 내외를 알게 되었고 그들을 좋아하게 되었

---

• 그 당시 파리에서 가장 유명한 패션 하우스*

다. 미미의 즐거움 중의 하나는 로몰라의 룸을 방문하는 것이었
다. 왜냐하면 그녀의 방보다 훨씬 시원했기 때문이다. 그들은 안
나가 로몰라의 아름답고 긴 머리를 빗겨 주는 동안 이야기를 나
누었다. 로몰라는 자신을 아름답게 보이려고 무척 애를 썼다. 어
느 날 그녀는 두세에서 맞춘 어두운 파란색 레이스로 가장자리
를 장식한 드레스를 입었는데 드레스의 하의는 호블 스커트hobble
skirt* 스타일이며 허리 뒤에는 당시 유행하던 일본풍으로 만들어
진 대형 나비매듭을 달았다.[134]

점심 먹기 전 니진스키가 그의 갑판 의자에 앉아 책을 읽고 있
을 때 로몰라가 그에게 인사를 하려 했다. 두 사람이 제대로 된 실
제 대화를 나누기도 전에 긴 항해는 반 넘게 지나고 있었다. 어느
달이 비치던 밤에 샤베즈가 그녀를 니진스키에게 다시 소개했다.
이는 로몰라로서는 굴욕적인 일이었다.

니진스키는 철책에 반쯤 기대고 금색으로 칠해진 장미로 장식된 조
그만 검은색 부채를 가지고서 '담배'를 피우고 있었다. 그는 빠르게
부채질을 하고 있었다. 그는 낯설게 보였다. 그의 눈은 반쯤 감겨 있
었는데 오! 정말 비스듬히 기울어진 눈 모양! 그는 부드럽고 듣기 좋
은 목소리로 코발렙스카와 폴란드어로 대화를 나누고 있었다. 나는
샤베즈가 "니진스키 씨, 풀츠키 양을 소개합니다"라고 말할 때 덜덜
떨렸다. 그는 움직이지 않았다. 감지할 수 없는 뉘앙스로 그는 눈을
감았다. 그러고는 그는 자기 머리를 살짝 옆으로 기울였다. 코발렙

---

* 1910년대 초반 유행하였던 발목 길이의 통이 좁은 스커트*

스카는 다시 그에게 내가 누군지를 설명하기 시작했다.

그가 그녀를 아주 잘 알고 있다는 것, 그리고 그가 오랫동안 갈망하고 신이 보내 주기를 원하던 여인을 위해 불가사의하고 매력적인 목신의 얼굴을 하고 있음을 그녀는 본능적으로 알지 않았을까?

나는 샤베즈와 코발렙스카 두 사람 모두 내가 무언가를 말하기를 기다리고 있음을 느꼈다. 그러나 갑자기 나는 아무 생각도 할 수가 없었다. 감정의 혼란을 느꼈고, 아무 말도 할 수 없었으며 니진스키의 어둡고 우아한 실루엣과 그의 매력적인 눈 이외 아무도 보이지가 않았다. 갑자기 내가 말하는 것을 들었다. "당신이 발레를 다른 예술과 같은 수준으로 끌어올려 주어서 감사를 표하고 싶습니다." 코발렙스카가 번역해서 전했다. 그는 움직이지 않았다. 갑자기 그는 내가 끼고 있던 작은 반지를 쳐다보았다. 나는 그의 눈빛을 따라가면서 나의 반지를 빼서 그에게 주면서 설명했다. "나의 아버지가 이집트에서 사다 주신 반지입니다. 이 반지는 나에게 행운을 가져다주는 부적입니다. 나의 어머니는 내가 러시아 발레단과 함께 떠날 때 이 반지를 주셨습니다." 녹색 금으로 만든 뱀 모양인데 뱀의 머리 부분에는 풍뎅이*가 박혀 있었다. 이 반지는 특이한 디자인이었다. 니진스키는 일순간 그 반지를 쥐었다. 그러고는 그 반지를 내 손에 끼워주면서 "이 반지는 당연히 당신에게 행복을 가져다줄 것입니다"라고 말했다. 우리 네 사람이 함께 갑판을 돌아다녔다. 갑자

---

• 장수의 상징으로 고대 이집트인이 신성시한 풍뎅이*

기 니진스키가 멈추고는 인광을 내는 파도를 쳐다보았다. 그날 밤의 파도는 내가 이전에 보았을 때보다 유난히 빛이 나고 있었다. 나는 그가 바다의 움직임에 매혹당한 것을 보았다. 그는 보고 또 보았다. 한참 동안 우리는 침묵 속에 바라보았다. 그러고는 나는 프랑스어로 가장 쉬운 단어를 선택해서 무용, 음악, 내가 가장 우상시하는 바그너의 작품들, (…) 바이로이트와 나의 어린 시절, 나의 언니와 형부와 함께 바이로이트 축제극장에 있는 리허설 장과 반프리드에서 보내던 시절을 이야기했다. 나는 그가 나의 이야기를 어느 정도 알아듣는지를 몰랐다. 그러나 그는 나의 이야기를 주의 깊게 듣고 있었다. (…) 그러고는 샤베즈가 우리를 불렀다. "이리 와요, 이리 와서 새로운 별자리를 보세요. 북반구에서는 볼 수 없는 별자리입니다." 우리는 하늘을 쳐다보았고 화려하게 광채가 나는 남십자성을 모두 쳐다보았다.[135]

건스부르그와 볼름은 재미난 일을 계획하는 데 열심이었다. 가면무도회가 열렸다. 건스부르그는 로몰라에게 소년의 모습으로 변장을 해야 하기 때문에 자신의 녹색 실크 파자마를 그녀가 입어야 한다고 말했다. 이것은 니진스키의 관심을 끌 수 있는 가장 좋은 방법일까? 하지만 그녀는 마지막에 마음을 바꾸어서 칼로 자매가 디자인한 드레스를 입고 참석했다. 그녀가 파티장에 들어가자 그녀의 친구들은 실망의 탄성을 질렀지만 니진스키의 눈에는 안도가 역력히 보였다. 그는 승무원들을 제외하고는 멋지게 옷을 차려입지 않은 유일한 사람이었다.[136] 상상해 보건대, 니진스키에게 의상은 그의 신체와 마찬가지로 정신도 변화해야 하고 관객의 기대에 부응해야 하는 마법의 물건이었다. 이 배가 적도를 지나는 8월 28일 밤에 열린 파티였다.[137] 3급 선실에서 열린 무도회에서 니진스키는 플라멩코 춤을 보면서 즐겁게 지냈다.[138] 발레단 클래스가 열렸다.[139] 코발렙스카는 로몰라에게 그녀가 군무로 춤을 추어야 하는 몇 가지 역을 가르쳤다.[140] 불행한 호흘로바만 제외하고 인생은 모두 즐겁게 흘러갔다. 호흘로바는 계속 아팠고 람베르그처럼 더위를 잘 견디지 못했다.

에이번호가 페르남부코Pernambuco에서 하루 정박을 한 후 브라질의 해안을 따라 계속 남하했다.[141] 바슬라프와 로몰라가 데크에 같이 앉아 몸동작으로 표현하는 대화를 나누는 것이 여러 번 목격되었다.[142] 니진스키가 몸동작을 취하는 경우는 드물었고 말수도 언제나 적었다. 그러나 로몰라가 대화를 촉발했으며 그렇게 대화할 때 니진스키의 짧은 프랑스어 때문에 몸동작의 도움을 받아야 했다. 그가 기뻐하는 표현은 모든 이들이 다 알 수 있었고 두 사람은 점점 잘 어울렸다. 발레 단원들은 놀랐다. 건스부르그, 오블로코바, 코발렙스카는 다른 단원들보다는 덜 놀랐을 것이다. 건스부르그가 만약 니진스키를 리더로 자신의 발레단을 조직할 계획을 했다면 지금 자신의 역량을 최대한 발휘하여 바슬라프와 로몰라가 한데 결합하도록 하는데 이 계획의 성패가 달려 있었다. 발레단은 이 놀라운 상황에 대해 논의하기 시작했다.[143] 볼름은 그들 사이에 뭔가가 이루어질 수도 있다는 것을 믿을 수가 없었다.[144]

니진스키는 람베르그에게 로몰라와 사랑에 빠졌다고 말했다.

람베르그는 니진스키의 말을 심각하게 받아들이지 않았다. 댜길레프가 니진스키에게 헌신하는 만큼 그도 댜길레프에게 헌신한다고 그녀는 확신했다. 그리고 이번 관계도 항해 중에 일어난 단순한 연애 사건이라고 생각했다. 람베르그는 "그런데 당신은 그녀와 어떻게 대화할 수 있나요?" 하고 물었다. 그는 애매하게 대답했다. "아, 글쎄…… 그녀는 이해해요."[145] 언제나 남들보다 앞서 세 번의 점프를 하듯이, 그는 상상 속에서, 의심할 여지도 없이 이미 대가족과 행복한 결혼 생활을 하는 자신을 보았다.

에이번호는 8월 29일 바이아Bahia에서 잠깐 정박했고[146] 8월 30일 토요일 브라질 해안을 따라 남하하면서 이틀 후에는 리우데자네이루에 정박할 예정이었다. 로몰라는 바에서 점심 전에 바통 부부, 코발렙스카, 그리고 몇몇 다른 사람들과 앉아 있었다. 이때 건스부르그가 로몰라에게 와서 개인적으로 해야 할 말이 있다고 했다. 그녀는 바짝 긴장했다. 클래스를 맡고 있던 그리고리예프 혹은 크렘네프가 로몰라가 연습에 최선을 다하지 않는다고 보고했을 수도 있다고 생각하면서 그녀는 건스부르그와 함께 데크로 갔다. "그는 데크에 서서 심각하게 정색을 한 얼굴로 말했다. '로몰라 카를로브나, 니진스키가 당신에게 자신이 직접 말을 할 수가 없기 때문에 나에게 대신 당신에게 청혼해 달라고 요청했습니다.' 우리는 서로 쳐다보았다. 나는 말했다. '아뇨, 사실, 드미트리 니콜라이비치, 이건 엄청난 일이에요. 당신이라면 할 수 있나요?' 나는 얼굴이 새빨개졌고 거의 울면서 가장 빠른 속도로 내 방으로 달려가서 그날 계속 방문을 잠그고 있었다."

자신의 소원이 이루어졌다는 것을 믿을 수가 없었던 로몰라는 그의 친구들이 그녀를 놀리느라 음모를 꾸민 것으로 생각했다. 그녀는 머리가 아픈 체하면서 안나와 코발렙스카조차 들어오지 못하게 하고 선실 문을 잠그고 있었다. 그러나 저녁때 그녀는 건스부르그에게서 쪽지를 받았다. 그는 니진스키를 더 기다리게 할 수 없다고 하면서 그의 프러포즈에 대한 답을 요구했다. 그녀는 옷을 차려입고 데크로 갔다. 열한 시가 넘은 시각이었다

예기치 않게 갑자기 불쑥 등장한 니진스키는 팬터마임으로 왼손의 네 번째 손가락을 가리키면서 "아가씨, 당신과 내가 함께하는 것을 원하세요?"라고 물었다. 나는 고개를 끄덕였고 양손은 흔들면서 "예, 예, 예"라고 말했다.

그는 매우 부드럽게 나의 손을 잡더니 아무 말도 없이 나를 데리고 위층 갑판으로 갔다. 그곳에는 아무도 없었다. 그는 선장 연단 밑으로 두 개의 데크 의자를 끌어 왔고 우리는 말없이 앉았다. 배에서 일하는 직원들의 리드미컬한 발소리, 파도 소리, 굴뚝에서는 하얀 연기가 이어져 나왔다. 수많은 별이 뒤덮고 있는 맑은 밤하늘에 나부끼는 어두운 리본들. 뱃고동 소리가 쉴 새 없이 울렸고 나의 심장도 거칠게 쿵쾅거리며 뛰었지만 나는 편안함을 느꼈다. 열대지방의 밤은 모든 것이 평화로워 보였다. 니진스키도 나와 똑같이 느낀다는 것을 알았다. 새하얀 배가 엔진의 떨림을 숨긴 채 잔잔히 항해하면서 무한하게 펼쳐진 광활한 대양의 거대함 속에서 자기 목적지를 향해 가는 동안 우리도 우리의 운명을 향해 나아가고 있었다.[147]

다음 날 아침 발레 단원의 대부분은 아침 햇살이 비치는 슈거로 프산Sugar Loaf Mountain이 있는 환상적인 리우 항구를 보기 위해 여섯 시에 일어났다. 이 광경은 람베르그 생애에서 바다를 처음 보았을 때, 북독일 해안에서 영원의 느낌이 들었을 때, 스위스 몽블랑의 정상에 도착하여 황금빛 구름을 보았을 때와 같이 잊을 수 없는 순간 중 하나였다.[148] 요세피나 코발렙스카는 모닝 커피를 마신 뒤 바로 로몰라의 방에 도착했다.

　요세피나 코발렙스카: 아, 로몰라 카를로브나, 나는 너무 행복해. 너무 행복해! 이는 놀라운 뉴스야. 나는 진심으로 너의 결정을 축하해. 믿을 수가 없어. 그러나 바슬라프 포미치는 사람들이 말하는 것과 다르다는 것도 알고 있었어.[149]

　가장 현명하게 대응하는 방법은 아니라고 생각할 수도 있는데, 실제로 상황은 매우 예외적이었다. 발레단은 믿기지 않은 당황스러움으로 가득한 이 뉴스에 대해서 정중하고 품위 있게 반응하기 위해 가능한 모든 재치 있는 방법을 동원해야 했다. "오, 단원들이 이 소식을 들었을 때 서로의 얼굴을 쳐다보았어"라고 코발렙스카는 외쳤다. 그러나 바통의 부인이 람베르그의 방으로 뛰어 들어가 이 놀라운 소식을 알렸다.

　바통 부인: 믿을 수 없는 뉴스! 니진스키가 로몰라와 약혼을 했어요!

그 말을 들었을 때 람베르그는 바통 부인의 얼굴을 쳐다볼 수가 없었다. 왜냐하면 미미는 갑자기 섬광처럼 이 소식을 들었을 때의 상실감과 함께 자신이 바슬라프를 사랑하고 있었다는 사실을 깨달았기 때문이다. 그녀는 눈물을 감추기 위해 허리를 구부려 자신의 침대 아래에 놓아 둔 여행가방에서 무언가를 찾는 척해야 했다.

곰 같은 바통은 데크 위로 올라와서 이 행복한 커플에게 축하 인사를 건넸을 때 그가 너무 흥분하여 그녀의 손을 꽉 잡아서 바슬라프가 "손을 잡을 수는 있지만 부러뜨리지는 마세요!"[150] 라고 말해 줘야 할 정도였다.

에이번호는 31일 저녁 리우에 도착해서 다음 날 오후 5시 45분에 다시 출항하기로 되어 있었다.[151] 소풍이 계획되었다. 사람들에게 자신들의 생활에서 오로지 완벽한 행복을 누릴 수 있는 며칠이 허용되었다. 자기 자신의 행복에 대해 뒤돌아보는 것이 행복한 것처럼 다른 사람의 행복에 대해 생각하는 것 또한 즐거움이었다. 바슬라프와 로몰라는 약혼 첫날, 바다에서 오랜 시간을 보낸 후 해안으로 간다는 흥분뿐만 아니라 신세계의 새로운 대륙에 발을 디딘다는 흥분, 리우데자네이루의 만을 보고 주변의 산들을 탐험하는 흥분에 들떴다. 성가신 파리들, 더위, 부끄러움, 통역자로서 코발렙스카의 존재 이런 요소들이 그들의 완벽한 만족을 저해했을까? 6개월 동안 로몰라는 끈기를 발휘하여 자신이 바라던 것을 얻었다. 신은 바슬라프를 그녀에게 보낸 것이다. 두 사람의 사랑이 완성될 시간은 얼마 남지 않았다. 야외로 나가기 전에 그들은 보석상에게 갔고 바슬라프는 두 개의 결혼반지를 사면서 그들의 이름과 날짜를 새겨 달라고 주문했다. 그리고 그들은 열대 야자수 숲 가운데 멋진 호텔이 있는 실베스터 산으로 가서 점심을 먹었다. 이때가 처음으로 바슬라프와 로몰라가 같은 테이블에 앉았던 때였다. 그들은 오후에 난초가 우거진 나무 아래로 산속 드라이브를 했다. 여학교 시절 일요일에 느끼는 즐거움을 느낀 로몰라는 무용의 신과 아가 칸Aga Khan의 과거 애인 사이에서 앉아 있었다. 반지를 찾은 후에 그들은 배로 돌아왔고 두 사람은 더욱더 많은 이들부터 축하를 받았다. 그날 밤 로몰라는 선장 테이블에서 니진스키 옆 좌석에 앉았다.

그날 저녁을 먹은 후 볼름은 로몰라를 한쪽으로 데려갔다. 발레단의 많은 단원은 재앙을 예견했다. 그렇지만 볼름만이 그 배에 같이 항해하던 발레단의 주요단원 중에서 두 사람을 중매하는 미친 짓에 연루되지 않았다. 로몰라와의 우정, 그리고 그의 발레단에서 위치로 인해 볼름은 로몰라에게 말할 용기를 얻었다. 또한 그는 발레단에 끼치는 영향을 생각해서 이들의 결합에 간섭할 만한 유일한 사람이었다.


아돌프 볼름: 로몰라 카를로브나, 나는 아직도 믿을 수가 없는데 당신과 니진스키에 관한 이야기를 들었습니다. 상상할 수가 없어요. 당신은 그에게 관심을 보이지 않는 것 같았습니다. 두 사람 사이에 무슨 일이 있었나요?

로몰라 드 풀츠키: 음, 글쎄요. 내가 생각하고 느낀 것을 항상

말하지는 않습니다.

아돌프 볼름: 결국 결혼한다는 것, 당신이 알지 못하는 남자, 완전히 낯선 남자, 당신이 직접 말조차 할 수 없는 남자와 결혼한다는 거군요.

로몰라 드 풀츠키: 그러나 나는 니진스키를 알고 있습니다. 나는 그가 공연하는 것을 수없이 보아 왔습니다. 나는 그의 천재성, 그의 기질, 모든 것을 압니다,

아돌프 볼름: 당신은 어린아이군요. 당신은 그를 예술가로서 알고 있는 것이지 남자로서 알고 있는 것이 아닙니다. 그는 친절한 젊은 남자이며 매력적인 동료이지만 나는 당신에게 그가 완전히 냉혹한 사람이라는 것을 경고할 수밖에 없습니다.

볼름은 니진스키가 아버지 토마스 니진스키의 죽음에 대해 보인 반응 — 혹은 반응에 대한 부재 — 에 대해 이야기해 주면서 바슬라프는 정상적인 인간의 감정이 없음이 틀림없다고 말해 주었다.

로몰라 드 풀츠키: 반드시 그렇지만은 않습니다. 아뇨, 아뇨, 나는 그가 따뜻한 마음을 지녔다고 확신합니다. 그와 같이 춤을 추는 누구라도 반드시 그리 생각할 것입니다. 그리고 나는 그가 어떻든 상관없습니다.

아돌프 볼름: 로몰라, 나는 당신에게 경고해야만 합니다. 나는 당신의 부모님을 압니다. 나는 당신의 가족들에게서 환대를 받았기 때문에 당신에게 이런 말을 할 의무가 있어요. 댜길레프와 니진스키의 우정은, 아마도 당신은 이해를 못할 수도 있는데, 당

신도 알다시피 단순한 우정 이상입니다. 그가 당신에게 관심을 가질 수가 없습니다. 그리고 이 결혼은 당신의 인생을 망칠 것입니다.

로몰라 드 풀츠키: (매우 단호하게) 감사해요. 당신이 말하는 뜻을 잘 알겠습니다. 그러나 비록 당신의 말이 옳다고 하더라도, 이런 모든 것에도 불구하고 그와 결혼할 것입니다. 니진스키 없이 행복한 것보다는 니진스키가 천재성을 발현하도록 옆에서 도우면서 불행한 것이 더 낫습니다.

볼름은 아주 공손하게 인사하고는 가 버렸다.[152]

선장과 건스부르그는 선상에서 결혼식을 준비하려 했으나 니진스키는 "교회에서 예배를 드리며 올리는 결혼식"을 원했다.[153] 신랑과 신부, 두 사람은 당연히 가톨릭교도였다. 그날 밤 바슬라프가 로몰라를 그녀의 선실에 데려다주었을 때 그녀는 그가 선실에 들어오기를 기대했다. 헝가리에서 약혼반지는 혼전 성관계에 대한 권리를 부여하는 것이었다. 그러나 바슬라프는 그녀의 손에 웃으면서 키스를 하고 작별 인사를 했다. 여기까지 와서도 니진스키는 모든 것에 적절한 과정을 밟기 원했다. 그녀는 우쭐해져야 할지, 기분이 상해야 할지를 확신하지 못했다. 심지어는 볼름이 옳을지도 모른다는 생각마저 들었다.[154]

다음 날 로몰라는 발레 단원들의 축하를 받았다. 그리고 댜길레프가 없으면 오히려 더 독재적이 되던 그리고리예프의 경우는 비굴할 정도로 공손하게 태도가 변했음을 알게 되었다.[155] 그녀는 자신이 러시아 발레단을 갈라놓으리라는 것을 그때는 눈치도 채지 못했다. 그녀는 자신이 니진스키를 얼마나 사랑하게 될지,[156] 혹은 고통의 긴 세월을 맞이하게 될지 예견하지 못했다. 그녀가 소유하고 있었으나 발휘할 기회가 없었던 영웅적인 기질이 이런 시련을 겪으면서 드러나게 될 줄도 몰랐다.

건스부르그는 니진스키가 로몰라에게 구혼하는 것과 관련하여 에밀리아 마르쿠스에게 친 전보에서 최고의 문학적인 프랑스어 표현을 적어 두었다.[157]

건스부르그는 2일 밤에 약혼을 축하하기 위해 선상에 갈라 디너를 열었다. 그러나 에이번호는 폭풍우로 악명 높은 캐서린만을 지나가면서 심하게 요동쳤고 발레 단원 중 한 명은 황급히 식당을 떠났다.[158]

미미 람베르그는 뱃머리에서 거친 파도를 내려다보면서 서 있었다. 그녀의 주위로 거친 바람이 그녀의 머리와 치마를 때리면서 감쌀 때 혼잣말처럼 울부짖었다. "빠져 죽고 싶어! 나는 빠져 죽고 싶어!" 그녀가 불행에 빠져 정말 자신의 목숨을 스스로 끝냈을지도 모르는 순간 누군가가 자신의 어깨에 손을 얹는 것을 느꼈다. 그녀의 찬미자 블라디미르 로마노프였다.[159] 그녀에 대한 동정심에서건, 니진스키를 잃은 그녀가 상실감으로 자신을 택할지도 모른다는 희망에서건, 그날 밤 로마노프는 그녀와 그녀의 미래를 구하려고 바깥으로 나왔던 것이다.

에이번호는 산토스Santos와 몬테비데오Montevideo를 지나, 라플라타 강Rio la Plata 위쪽으로 항해를 했다. 6일 토요일[160] 배에서 많은 승객이 내렸다. 그 항해로 인해 더 좋아지건, 더 나빠지건 간에 몇몇 사람의 삶은 돌이킬 수 없을 정도로 변했다. 니진스키와 로몰라는 마제스틱 호텔에 머물렀다. 그는 1층 스위트룸, 그녀는 3층의 객실에 묵었다. 일요일 날 니진스키는 콜론 극장의 무대를 살펴보러 갔고 극장의 무대는 넓고 화려하다는 것을 알게 되었다. 로몰라는 바통 내외와 팔레르모 파크에 관광을 하러 갔다. 그들은 카르사비나와 함께하는 디너에서 서로 다시 만나기로 했다. 카르사비나는 에이번호 일행들보다 먼저 부에노스아이레스에 도착해 있었다. 누구나 알고 있듯이 카르사비나가 매력적임을 로몰라도 알게 되었다.[161] 이미 기정사실이 되어 버린 니진스키의 결혼 확정으로 인해 카르사비나는 자신이 가장 싫어하는, 이런 사안에 대한 간섭을 해야 하는지 말아야 하는지를 선택해야 하는 공포스러운 상황에 모면하게 되었다. 이제 그녀는 가능한 한 잘 대해 주고 모든 것이 최상이 되도록 바라기만 하면 되었다. 그녀는 만약 자신이 에이번호에 타고 있었다면 이 결혼은 러시아 발레에 재앙이 될 것임이 명백하다고 니진스키를 설득하려고 애를 썼을까 하는 의문이 들었다. 그녀는 자신이 무엇을 해야 하는지 결정할 수가 없었다.[162]

9월 8일 월요일, 발레단이 첫 리허설을 했다. 그리고리예프는 로몰라에게 《이고르 공》, 《클레오파트라》, 《셰에라자드》에서 군무 역을 하라고 했다. 그때 그녀는 약혼자의 새로운 면모를 조금 보게 된다.

니진스키는 연습을 하고 있었는데, 나에게 레슨을 할 테니 계속 무용복을 입고 있으라는 메시지를 보냈다. 나는 완전히 겁에 질렸다. 어떻게든 피해 보려고 노력했지만 그럴 수가 없었다. 나는 덜덜 떨면서, 거의 울다시피 하며 그에게 갔고 수평봉을 잡았다. 나는 그를 쳐다보았다. 낯선 사람이 내 앞에 서 있었다. 그의 얼굴에는 도저히 나를 알아보는 기색이 없었다. 학생 앞에 서 있는 선생의 무표정한 얼굴. 나는 그 순간 그의 약혼자가 아니라 그저 일개 무용수였다. 그가 보통 마에스트로가 하듯이 소리치고 혼낼 줄 알았다. 그러나 그는 한없는 인내를 보여 주었다. (…) 내가 어떤 동작을 더 힘주어 하기를 원할 때마다 그는 나를 멈추었다.[163]

처음에 결혼식이 9월 19일 금요일에 행해져야 한다고 결정되었다. 왜냐하면 결혼식 초대장에 그 날짜가 찍혀 있었다. 그러나 결혼식은 10일로 앞당겨졌다. 왜? 바슬라프, 로몰라, 건스부르그 중 누군가는 분명히 결혼식이 일어나는 것을 방해하는 사건이 생길 수도 있다고 생각했다. 무슨 일이 일어날 것은 너무나 명백했다. 19일 결혼식이 거행된다는 초대장이 나간 후에 그 극장의 게시판에 앞당긴 결혼식 날짜에 대한 안내문이 게재되었음이 틀림없다.[164]

오블로코바가 신부에게 필요한 물품을 사러 나간 동안 건스부르그는 수요일까지 결혼에 대한 형식상의 절차를 추려 내느라 바빴다. 니진스키는 러시아인이며 로몰라는 오스트리아 국적이어서 복잡했다. 화요일에 건스부르그는 그들을 데리고 고해성사를 하러 교회로 갔다. 니진스키는 러시아어 혹은 폴란드어를 할 줄 모르는 신부에게 고해성사했고 로몰라는 그녀의 미래 남편이 '부도덕한'《셰에라자드》같은 작품에서 춤을 추지 못하도록 노력을 하겠다고 약속했다. 민간 결혼식이 9월 10일 화요일 오후 1시 시청에서 몇몇 친구들만이 참석한 채 거행되었다. 로몰라는 허리에 분홍색 장미가 달린 어두운 푸른색 주름진 호박단 드레스를 입었다. 그녀가 쓴 검은색 분리파 스타일의 모자는 가장자리 챙이 곡선이었으며 푸른 리본으로 장식되었다.[165] 그들은 정교한 두루마리 서류에 서명했고 이제 부부가 되었다.[166]

발레단 전체 단원들이 마제스틱 호텔에서 아침에 벌어진 결혼 피로연에 참석했다. 무닝소바는 이 일을 몇 년 뒤에 다음과 같이 회상했다. "이 피로연은 지극히 곤란한 경우였다. 건스부르그 한 사람만이 (…) 솔직하게 신랑과 신부를 축하할 수 있었다."[167] 당시 무닝소바가 이 약혼이 어떻게 성사가 된 건지를 알았더라면 오블로코바와 코발렙스카도 제외를 시켰어야 했다. 절대 생각 없이 아무 일이나 하지 않는 카르사비나는 아름다운 연설을 했다. 볼름 또한 축사에서 "니진스키는 그의 생애에서 뛰어난 점프를 수없이 많이 했습니다. 그러나 그가 오늘 한 점프보다 더 뛰어난 점프는 없습니다"라고 했다. 이날 저녁에 교회에서 결혼식이 있었을 뿐 아니라 드레스 리허설 또한 같이 행해졌다. 대단한 날! 로몰라는 피곤했고 테이블을 떠나면서 미미에게 함께 위층으로 올라가자고 부탁했다. 미미는 이제 훨씬 침착해져서 이 모든 상황을 체념했다. 니진스키는 로몰라를 위해 웨딩 케이크를 한 조각 가지고 곧 그들을 따라 올라왔고 그녀는 침대에 앉아서 케이크를 먹었다. 바슬라프는 그녀의 손가락에서 부스러기를 떼어내고 그가 늘 하듯이 그들에게 한 명씩 키스를 했다.[168]

교회 결혼식을 위해 산 미구엘 교회에 갈 때 로몰라는 아이보리색 실크 드레스를 입고 그날 오후에 산 튤 터번을 쓰고 흰색 구두를 신었다. 그녀가 늦게 도착하자 니진스키의 얼굴에는 실망한 빛이 역력했다. 잘 차려입은 성직자들과 엄청나게 멋을 부린 뚱뚱한 숙녀들이 가득 찬 아르헨티나 교회에서 오스트리아-헝가리 출신의 신부는 러시아계 유대인 친구의 팔을 잡고 바그너의 「로엔그린」 음악에 맞추어 복도를 걸어가서, 그녀가 이해하지 못하는 언어를 사용하는 러시아-폴란드인과 하나가 되었다. 이 결혼식은 라틴어와 스페인어로 진행되었으며 두 사람 중 누구도 이 예식에서 진행되는 말을 알아듣지 못했다. 거기에서 사진사들이 기다리고 있던 호텔로 마차를 타고 왔다. 로몰라는 노랑-분홍색 진주를 선물로 받았다. 그러고는 신부는 드레스 리허설 장으로 가서 술타나 발밑에서 웅크리고 흑인 노예 역을 하면서 술타나 얼굴 위로 쓰러지는 남편의 예리한 눈앞에서 《세에라자드》중 무회를 추어야 했다. 로몰라에게 결국 가장 큰 시련은 호텔 침실에서 저녁을 먹은 뒤 침묵이 어색하게 흐르고, 앞으로 무슨 일이 일어날지 의심이 든다는 것이었다.[169] 여행은 연인의 만남으로 끝났다. 그렇다, 니진스키는 결국 한 소녀를 얻었고 (만약 그것이 그가 원하는 것이었다면) 로몰라는 야망을 이루었다. 이렇게 고된 하루를 지낸 후에도 그의 성적인 충동이 살아남을 수 있을까? 그녀가 추구하고 이룬 야망이 그녀에게 결국 가치가 있을까? "우리는 침

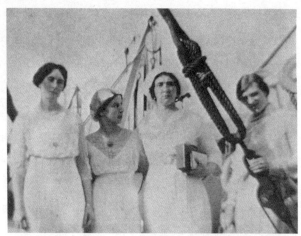

(왼쪽부터) 요세피나 코발렙스카,
미리엄 람베르그(마리 램버트),
예카테리나 오블로코바, 소피 플란츠,
에이번호 선상에서 (위)
마제스틱 호텔에서 로몰라와
니진스키, 부에노스아이레스,
결혼식 후 (아래)

묵 속에 식사를 했다. (…) 그는 미소를 지었고 나를 세심하게 배려했다. 우리 둘은 서로 너무 쑥스러워 몸동작으로도 대화를 나눌 수 없었다. 저녁을 먹은 뒤 니진스키는 내 손에 키스하고 떠났을 때 나는 너무나 다행스럽고 고마워서 거의 울 뻔했다."[170]

에이번호의 항해에 함께했던 몇몇 사람들은 이 책에 다시 등장하지 않을 것이므로, 그 후 그들에게 무슨 일이 일어났는지 먼저 알아보자. 건스부르그는 1914~1918년 전쟁에서 코카서스 지방에 파견되었다. 그는 코카서스에서 코사크 반란군에 의해 살해당했고 다시는 돌아오지 못했다. 르네 바통은 파스델루프 오케스트라Orchestre Pasdeloup의 감독이 되었고 작곡가로서도 어느 정도 경력을 즐기면서 살다가 1940년 세상을 떠났다. 볼름은 미국의 두 번째 전시 투어 때까지 러시아 발레단에 남아 있었다. 그 후 그는 미국에 남아서 안무가, 교사로 역할을 했으며 1951년 할리우드에서 세상을 떠났다. 그리고리예프와 그의 부인은 댜길레프가 세상을 떠날 때까지 함께했다. 그리고리예프의 부인 체르니체바는 댜길레프 발레단의 주역 여성 무용수가 되었다. 무닝소바가 그 유명한 리디아 소콜로바Lydia Sokolova다. 마이체르스카의 연인 페오도로프는 댜길레프 발레단에 끝까지 남아 있었으며 1929년 댜길레프 마지막 시즌에 발란친의 《탕아》에서 마임 역인 아버지로 출연했다. 그러나 후에 파리에서 그는 자신이 저축한 모든 돈을 도둑맞았고 목을 매달아 자살했다. 힐다 베윅은 유명한 페르시아 군인이며 외교관이 아르파Arfa 장군과 결혼했다. 올가 호홀로바는 피카소와 결혼했다.

마리 램버트가 된 미리암 람베르그에게 무슨 일이 있었는지는 모든 사람이 안다. 그러나 니진스키가 그녀의 운명에 어떤 역할을 했는지는 모두가 알지 못한다. 일반인들의 추론력 대신에 '조물주'는 니진스키에게 어떤 신비하고 마력적인 본능을 부여했다. 그는 람베르그에게 충고했다. "댜길레프 발레단에 머물지 마세요. 여기는 당신에게 맞는 곳이 아닙니다. 당신이 해야 할 일은 다른 곳에 있습니다." 람베르그는 남미 투어 이후에 평생 다시는 그와 말을 섞지 않았다. 그러나 그녀는 그의 충고를 받아들였다. 그녀는 댜길레프를 떠났고 영국 발레를 일으켰다.

제7장

**1913~1917**

1913년 9월~1917년 11월

니진스키가 결혼할 당시 그는 자신의 유명한 역할들을 모두 창조했다. 그가 그 역할들을 어떻게 추었는가 하는 방식에 대해 내가 찾아낼 수 있었던 증거들을 여기에 공개한다. 앞에서 예외적일 정도로 다양한 역을 소화해 냈던 니진스키에 대해 언급했다. 피에르 블라디미로프는 자신이 니진스키 역 중에서 대신할 수 있는 배역은 오로지 하나, 《레 실피드》 중에 시인 역할이라고 나에게 말했다. (내가 생각하기에는 그가 그렇게까지 겸손하지 않았다면 《백조의 호수》 중 지크프리트 왕자역도 덧붙일 수 있었을 것이다.) 그렇다면 니진스키는 발레 학교 클래스룸의 기준으로 보아서 어떤 종류의 무용수였던가?

　노베르는 남성 무용수를 '자레테jarreté '•'와 '아르케arque '••'라는

---

• 양 무릎이 붙고 발바닥끼리는 붙지 않는 X형의 모양을 말한다.*

두 카테고리로 나누었다. 이 단어는 모욕적인 기분이 들기도 하지만 누군가는 '밭장다리', '안짱다리'라고 번역을 해야 한다. 키가 크고 우아한, 긴 다리와 쭉 뻗은 신체 라인을 가진 무용수, 즉 당쇠르 노브르danseur noble들은 처음 그룹에 속한다. 작고, 강하고, 다부지고 회전과 도약을 잘하는 캐릭터 무용수 혹은 드미 캬락테르demi-caractère•• 무용수가 두 번째 그룹에 속한다. 노베르의 시대 이후로 남성 무용수들은 많은 변화와 발전이 있었다. 그들은 훨씬 더 월등한 테크닉으로 훈련을 받아왔으며 대개는 무용 표현에서 더 넓은 영역으로 발전시켜 왔다. 물론 두 카테고리의 차이는 지금도 엄연히 존재하기는 하지만 두 카테고리는 통합되는 경향이 있다. 오늘날 우리 시대에서 보자면 에릭 브룬Erik Bruhn은 당쇠르 노브르의 가장 뛰어난 보기로 알려져 있고 알렉산더 그란트 Alexander Grant는 눈부신 드미 캬락테르 무용수이며 루돌프 누레예프는 이 두 카테고리가 합쳐지는 경우이다.

니진스키는 극단적인 아르케 스타일의 무용수였다. 물론 그의 부인이 남편을 완벽한 형상이라고 표현한 것은 충분히 이해할 만하지만, 그는 매우 작고, 긴 목, 경사진 어깨, 딱 벌어진 몸통, 엄청나게 발달한 허벅지와 툭 튀어나온 종아리를 가지고 있었다. 그의 동료 로사이도 니진스키처럼 작고 딱 벌어진 체형이었다. 하지만 로사이는 《아르미드의 관》에서 등장하는 광대, 《페트루슈

---
•• 흔히 '안짱다리'라고 하는 O자형의 다리를 말한다.*
:• 연기력이 있어야 하는 개성 있는 무용수*

카》에 등장하는 두 명의 마부 중의 한 명 역할 같은 그로테스크한 역할에 고정된 무용수였으며 이 범위를 벗어나 다른 역할에 대한 기대를 한 번도 가질 수 없는 무용수였다. 니진스키는 우아함, 유연함을 지니고 있었고 자신의 신체 스타일로 인해 정해지는 카테고리를 뛰어넘을 수 있는 무용수였다. 이는 그의 긴 목, 그가 받은 뛰어난 페테르부르크의 발레 교육, 그만이 지니는 도저히 말로는 설명할 수 없는 마력이 모두 일정 부분 작용하여 가능해진 것이다. 키가 작은 아르케 스타일의 무용수는 통상 조역을 맡는다. 주역은 키 큰 왕자 역으로 발레리나의 파트너 역이다. 니진스키의 실력을 보면 그가 주역으로 춤을 추어야 했지만, 그의 작은 키는 결코 그를 이상적인 파트너 혹은 왕자로 만들 수가 없었다. 그래서 그를 위해 특별한 역할이 창조되어야 했다.《카니발》의 아를르캉 같은 다른 무용수를 위한 역을 춤출 때조차 그는 이 역할을 완전히 자기만의 것으로 만들어 버렸다.

그는 아르케 무용수의 가벼움도 지니고 자레테 무용수의 신체 선도 지니고 있었다. 혹은 그가 자신의 본능적인 예술성을 통해 이상적인 신체 라인의 환영을 창조한 것일까? 알렉산더 블랜드는 흥미로운 이론을 가지고 있다. 블랜드가 생각하기에 니진스키의 작은 키와 짧은 허벅지, 다리는 "늘씬하게 뻗은 무용수보다 오히려 더욱 조각 같은 느낌을 그에게 부여했다. 계속되는 회전과 비틀기에 의해, 멈추지 않은 지속적인 움직임에 의해, 그의 월등한 목과 팔을 강조함으로써, 그는 특출한 표현력을 지닌 조형적인 스타일로 발전했다. 이런 점은 그의 콤플렉스를 관객들을 매료시키는 신비함으로 바꾸었고 그의 신체적인 핸디캡은 아름다움에 대한 관점을 새롭게 바꾸어 놓으면서 그를 위대한 무용수로 만든 그만의 방식이라고 부르는 것이다."[1] 에드윈 덴비는 니진스키의 사진을 보고 쓴 에세이에서 니진스키가 목을 역할에 따라 다르게 사용하는 방식에 대해 아주 흥미로운 관찰을 기록하고 있다.[2]

레베카 웨스트는 이렇게 썼다. "그의 예술의 절정은 점프다. 그는 공기 속으로 높이 오른다. 그리고 몇 초 동안 공기 속에 머무르는 듯이 보인다. 그의 얼굴과 신체는 더 높이 올라갈 수 있음을 암시한다. 그는 인디아 밧줄 묘기Indian rope trick*를 부리는 것처럼 보이지 않는 천장을 뚫고 공중으로 몸을 던지더니 사라진다. 그러나 그 후 그는 다시 내려온다. 여기서 두 번째 기적이 일어난다. 그가 올라갔을 때보다 더 천천히 마치 눈으로 만들어진 장벽을 치우는 사슴과 같이 부드럽게 착지하면서 내려온다."[3]

최종적으로 언급하고 싶은 부분은 니진스키는 명백하게 가장 음악성이 뛰어난 무용수였다는 사실이다. 이는 단지 '박자를 맞춘다'는 문제가 아니라 오선지의 음표에 의해서만 측정할 수 없는 선율의 형태까지도 감지했다. 뛰어난 무용수 중에는 음악성이 부족하여 그들이 음악을 제대로 맞추지 못하는 예도 있다. 덴비는 이렇게 썼다. "그가 춤을 출 때, 지속해서 리듬감을 살리기 위해 동작을 시작해야 하는 그 순간에 대해 정확한 본능을 가졌음

---

• 밧줄이 공중으로 솟아 올라가고 남자가 그것을 타고 올라갔다는 인도의 기술奇術*

이 틀림없다. 그리하여 작품 전체 시퀀스가 지속적으로 유연하게 흐르면서 다음 동작으로 음악 반주처럼 정확하게 넘어간다. (…) 《목신의 오후》의 안무는 니진스키의 타고난 음악적 인지력이 얼마나 깊은지를 증명해 준다. 그의 첫 안무 작품인 《목신의 오후》에서 그는 배경이 되는 시대 혹은 춤의 방식이 아니라 음악적 인지력에 맞춘 음악의 표현적인 흐름으로 안무한 것이 명백하다."[4]

부에노스아이레스는 무용수들이 보기에는 좁은 길, 평범한 집들이 늘어선 도시였다. 그리고리예프의 글. "거리는 사람들로 붐볐다. 그러나 오직 남자들만 득실거렸다. 여자들은 거의 보이지 않았다. 우리가 나중에 알게 된 사실은 여자들은 걸어서 다니는 경우가 거의 없고 대부분 마차를 타고 다닌다고 했다."[5] 외국에서 바깥에 걸어 다니면 여자 무용수들이 납치되어 노예로 팔릴 수도 있다는 경고에도 불구하고 여성 무용수들은 거리 산책이 허용되었다. 그 도시의 사람들은 놀라운 눈으로 이들을 보았으며 무용수들은 자신들이 묵을 숙소를 찾아 돌아다녔다. 기숙할 곳을 고르려고 돌아다니던 람베르그는 우연히 일종의 사창가 같은 곳을 들르게 되었는데 거기서 에이번호에서 보았던 어느 남자가 그녀에게 접근하기도 했다.[6]

발레단의 첫 공연 —《아르미드의 관》,《셰에라자드》,《장미의 정령》,《이고르 공》— 은 9월 11일이었다. 총 18회 공연이었다. 그중 2회는 콜론 극장의 오페라 시즌 정기권 관객을 위한 자선 공연이었다. 이 공연이 이 도시에서 행해진 최초의 발레 공연이었다. 멋쟁이 관객들은 처음에는 예의 바른 관심을 보이더니 곧이어 열

광으로 변했다.[7]

로몰라는 개인적으로 마에스트로와 코발렙스카에게 그녀가 출연할 《이고르 공》, 《셰에라자드》, 《클레오파트라》의 교습을 받았다. 그러나 그녀의 발레단 첫 공식적인 데뷔는 《백조의 호수》에서 왕자의 약혼녀로 마임만 하는 역이었다. 이때 그녀가 지닌 극도의 두려움은 다행히도 왕자 역을 맡아 그녀와 무대 위에서 이야기를 나눌 수 있었던 볼름 덕분에 좀 누그러졌다. 그러나 니진스키가 이 역을 추었을 때는 그는 "더 이상 내 남편이 아니고 왕자 그 자체였다." 역으로 인해 두 사람이 주고받아야 하는 의사소통 이외는 두 사람 사이에 어떠한 교류도 없었다. 예술과 개인 생활에 대해 바슬라프는 절대적인 구분을 했다. 그런 점은 공연 전 그녀가 니진스키의 분장실 앞에서 부드럽게 거절당하는 자신을 발견했을 때 더욱더 강력하게 느꼈다. 니진스키가 작품 속의 어느 역이 되는 순간에는 로몰라는 이미 남편과 자신 사이에 도저히 말로는 표현할 수 없는 거리를 인식하게 되었다.[8]

그러나 호텔에서 니진스키는 유쾌하고 장난꾸러기 같았다. 그는 인상을 찌푸리고 있던 바실리를 시켜 아침마다 그녀에게 장미를 보냈다. 대화의 속도는 느렸다. 그러나 건스부르그에게서 뼈를 깎는 수업을 받은 덕분에 니진스키는 자신의 부인 앞에 자신과 댜길레프의 관계에 대한 본질과 그의 형 스타니슬라프에 대한 이야기, 즉 "형은 미쳤어. 당신은 그것을 알아야 해" 같은 고백과 비밀을 털어놓았다. 그는 댜길레프에게 자신의 결혼을 알리는 편지를 보냈다. 그리고 자신의 발레에 대한 헌신과 댜길레프와의 변치 않은 우정에 대해서도 강조했다. 니진스키는 순진하게도 댜길레프가 모두 이해하고 자기 부부에게 축복을 내리리라 생각했다.[9] 그 점에 대해 로몰라는 확신이 서지 않았다.[10] 그러나 그녀는 니진스키가 없는 러시아 발레단을 상상할 수 없었다. 그러나 그가 없는 러시아 발레단이 가능했다. 댜길레프는 니진스키의 결혼 소식을 바실리 주이코프에게서 전보로 제일 처음 들었다.[11]

그 뉴스를 들었을 때 댜길레프는 베네치아에 있었다. 미샤 세르트는 마침 그날 댜길레프에게 도착한 새 악보를 연주하기 위해 그의 방에 오기로 되어 있었다. 미샤는 댜길레프가 잠옷용 셔츠와 슬리퍼를 신고 있는 것을 발견했다. "그는 호텔 방을 가로질러 큰 풍접초를 흉내내면서 나의 파라솔을 잡아서 열었다. 나는 장난을 그만두게 하면서 실내에서 파라솔을 켜는 것은 불운을 가져온다고 말했고 그는 미신을 지나치게 믿어서 당장 그만두었다. 내가 경고의 말을 거의 마치기도 전에 누군가 방문을 두드렸다. 전보 (…) 댜길레프는 분노에 사로잡혔다."

극도로 신경질적으로 댜길레프는 세르트, 박스트와 그 외 친구들을 불렀다. "전쟁 고문단이 모두 소집되었을 때 끔찍한 사건은 훨씬 더 침착하게 논의되었다. 그가 떠날 때 니진스키의 정신 상태가 어떠했는가? 그가 누군가에게 사로잡혔는가? 전혀 아니다. 상태가 안 좋았는가? 전혀 아니다." 댜길레프는 최종적으로 전보를 쳐서 그 결혼 공고에 의문을 제기하기로 했다. "유감스럽게도 결혼을 확인할 수 있는 수많은 상황이 속속 도착했다. 결혼식은 이미 거행되었고 돌이킬 수 없었다. 우리는 즉시 슬픔과 분노에 휩싸인 댜길레프를 데리고 나폴리로 가서 그를 위로하기 위해 떠들썩한 술잔치를 벌였다. 그러나 그는 위로받을 수가 없었다."[12]•

연인으로서의 실망, 발레단과 안무가로서 니진스키의 미래를 위한 희망이 모두 무너진 건 그렇다고 치더라도 위대한 댜길레프가 23세의 소녀에게 속아서 뒤통수를 크게 한 대 맞은 것이 그에게 제일 큰 충격이었다. 하지만 아무리 그렇다고 하더라도 댜길레프는 술수가 능한 외교관이라서 투어 중간에 니진스키와 러시아 발레단의 연결고리를 끝장내는 전보를 보내지는 않을 만큼 자제력은 있었다. (내가 추측하듯) 댜길레프가 이 소식을 들었을 때는 이미 손을 쓸 수 없게 하려고 로몰라가 결혼을 서둘렀다면, 그녀는 댜길레프의 사업 감각과 발레단에 대한 의무를 과소평가한 것이다. 만약 니진스키가 남미 투어 중에 춤추는 것을 멈췄다면 발레단의 계약은 모두 깨지고 발레단은 공연이 없어졌을 것이다. 댜길레프는 어떤 행동도 취하지 않았다.

니진스키의 결혼에 대한 보고서는 언론에 등장하기 시작했다. "파리풍의 멋진 결혼식"이라고 프랑스의 어느 신문은 냉소적인 헤드라인을 실었다. "무용수의 결혼"이라고 외친 또 다른 언론은 니진스키의 학생인 로몰라 드 풀츠키가 이제는 니진스키의 스타가 되었다고 썼다. 브누아는 페테르부르크에서 스위스의 스트라

---

• 스트라빈스키는 댜길레프가 니진스키의 결혼 소식을 접했을 때 같이 있었다(『회고록』 135쪽, 각주2)고 기억했다. (그러나 그는 그때 몽트로이 팰리스 호텔에 있었다.) "(…) 나는 댜길레프가 우리 부부에게 자기를 혼자 내버려 두지 말라고 사정하면서 거의 미친 사람으로 변하는 것을 지켜보아야 했다."

빈스키에게 글을 썼다

페테르부르크에서 브누아가 스위스의 스트라빈스키에게.
1913년 9월 (날짜 미상)
(…) 세료자는 악마가 어디 있는지 알고 있습니다. 바덴에서 나와 바흐 발레에 관한 토론을 한 후, 그는 루가노에 나를 만나러 와서 함께 라벨에게 가기로 했습니다. 그러나 나는 그 이후 그에게서 아무런 소식을 못 받았습니다. 그리고 그는 한마디도 없이 사라졌으므로 나는 당시 돌던 아주 그럴싸한 소문(그 뉴스는 아마 당신에게도 전달되었을 겁니다)을 믿게 되었습니다. 바슬라프가 헝가리의 대부호 여성과 결혼을 하였고 슬픔에 잠긴 세르게이는 발레단을 기획자에게 팔았다는 소문이었습니다. 우리의 자포자기한 천재 세르게이의 소식에 대해 당신은 들은 것이 있나요? 파리로 간 발레치카(자신의 운명을 저주하고 있는 불쌍한 친구)는 아무것도 모릅니다.

스트라빈스키는 그 소문을 확인해 주었다.

페테르부르크에서 브누아가 스위스의 스트라빈스키에게,
1913년 9월 28일
친애하는 이고르 페오도로비치,
나는 모스크바에 있었고 집에 돌아와서 당신의 편지를 읽었습니다. 니진스키의 결혼에 관한 뉴스는 나에게는 벼락같은 충격입니다. 언제 그런 일이 일어났나요? 우리 친구들은 아무도 이 도시에 없었고 나는 스베틀로프 같은 낯선 사람하고는 얘기하고 싶지도 않았기 때문에 누구도 나에게 그에 관한 정보를 알려 주지 않았습니다. 나는 바슬라프가 아르헨티나로 떠나기 거의 바로 전날 밤에 세르게이와 바슬라프를 보았습니다. 그때는 이런 사건이 벌어질 아무런 낌새도 없었습니다. 니진스키는 매우 주의 깊게 바흐 발레를 준비하면서 우리와 바흐에 관해 공부했습니다. 그때는 그도 몰랐다는 것이 가능할까요? 친절을 베풀어 나에게 한 가지만 알려 주십시오. 세르게이는 정말 완전히 놀라기만 한 건가요? 아니면 그도 이 일을 어느 정도 예감했나요? 그의 충격이 어느 정도인가요? 그들의 로맨스는 끝을 향하고 있었으니 그가 정말로 상심했는지 궁금합니다. 만약 그가 괴로워한다면 그에게 너무 심한 충격이 아니길 희망합니다. 그러나 발레단의 리더로서 그의 위치에서는 당황스러울 것이 확실하다고 생각합니다. 그런데 니진스키가 발레단 마스터로 있으면서 헝가리 백만장자와 결혼하면 왜 안 되는 걸까요. 내가 때때로 꿈속에서 읽은 것을 믿는 어리석은 인간이라는 생각을 했던 기억이 마치 주마등 같이 스쳐 지나갑니다.[13]

댜길레프가 절망을 했다 하더라도 그는 일을 계속했다. 후고 폰 호프만스탈이 베네치아에 있었고 슈트라우스 발레에 대한 논의가 계속 이루어져야 했다. 비록 니진스키가 더 이상 이 작품의 안무가가 안 된다고 할지라도.

뮌헨에서 호프만스탈이 가르미슈의 슈트라우스에게,
1913년 9월 30일
베네치아에서 나는 댜길레프, 박스트와 매우 매력적인 레이디 리펀을 여러 번 만나 《요셉의 전설》에 관한 대화를 계속 나누었습니다. (…) 나는 댜길레프가 발레단의 감독으로서 니진스키 대신 포킨을

고용하겠다는 의도를 전적으로 지지합니다.[14]

파리에서 샹젤리제 극장을 건립하고 오프닝 시즌을 거창하게 열었던 아스트뤽의 대단한 모험은 실패로 끝났다. 샹젤리제 극장 첫 시즌을 위해 그가 고용했던 예술가들은 음악, 오페라, 발레를 위한 그의 고귀한 노력을 모두 인식했다. 11월 6일《보리스 고두노프》의 마지막 공연은 전부 무료로 예술가들이 참여하여 공연했다. 댜길레프는 아마도 나폴리에서 위로 파티를 멈추고 이 공연에 참석한 듯했다.[15] 그리고는 그는 페테르부르크로 갔다. 11월 17일 아스트뤽의 예술단은 모두 해체되었다.[16]

로몰라는 니진스키의 주의 깊은 가르침으로 자신의 춤이 나아짐을 깨달았다. 니진스키는 그녀에게 전통적인 레슨과 그가 고안한 레슨을 함께 시켰다. "내가 주의 깊게 그의 동작을 흉내 내면 가장 어려운 스텝이 쉬워졌다. 동작에서 조화에 대한 감각이 주요한 요소였다." 그녀는 예민하게 긴장하는 부분을 많이 극복했다. 그녀는《목신의 오후》에서 님프 중의 한 명으로 출연했는데 그녀의 춤은 니진스키를 기쁘게 했다. 그러나 니진스키가 출연하지 않는《이고르 공》에 그녀가 출연할 때는 남편이 지켜보지 않도록 설득하려고 애썼다. 그는 자신이 전체 공연을 판단해야 하기 때문에 공연을 보아야 한다고 고집했다. 예술가로 돌아갔을 때의 니진스키에 대한 로몰라의 두려움. "무대 위에 있는 그를 보았을 때 나는 완전 공황 상태에 빠져 무대에서 도망쳐 나왔다!" 이 사건으로 유감스럽지만 그녀는 일주일간 공연 출연 금지를 당했다. 그리고 그녀가 니진스키에게 춤에 관해 상의했을 때 그는 로몰라가 완벽한 테크닉을 갖추기에는 이미 너무 늦었다고 말했다. "그러나 내가 당신을 위해 안무할 특정 춤은 매우 아름답게 출 수 있어."

로몰라는 남편에게 레슨을 계속 받지만, 결코 대중들 앞에는 서지 않겠다는 사리 분별 있는 결정을 했다. 그녀는 자신이 무용수로 출연하면서 생기는 문제 때문에 남편이 더 신경 쓰지 않도록 돕는 것이 낫다고 판단했다.[17] 그런데 이 결정은 그녀가 발레단 생활에서 더욱 고립을 자초하는 결과가 되었다. 그리고 그녀가 발레 단원들과 점점 멀어지게 될수록 바슬라프도 그들과 멀어지는 결과가 되었다.

건스부르그를 통해 로몰라는 남편과 아이 문제를 상의했고 건스부르그는 로몰라에게 니진스키의 결심을 전해 주었다. "앞으로 5년간 우리는 예술과 우리의 사랑을 위해 살 것이야. 그러나 인생과 결혼에서 가장 큰 행복과 완성은 아기를 가지는 것이지. 5년 후에 우리는 영원한 보금자리에서 살 것이며, 우리는 하나가 될 거야."[18]

부에노스아이레스에서 한 달 공연 후 발레단은 몬테비데오로 옮겨 갔다. 이곳의 관객들은 훨씬 더 공연을 좋아했지만 여기서는 오직 2회 공연만 했다. 리우데자네이루까지는 배를 타고 갔으며 10월 17일 첫 공연이 이루어질 예정이었다. 이 투어는 11월 초에 끝이 났다. 로몰라는 몬테비데오에서는 몸이 좋지 않았다. 그러나 리우에서 그녀와 니진스키는 숲으로 드라이브를 하러 가서

《카니발》에 출연한 니진스키 (장 콕토 드로잉)

새들, 나비들, 꽃들, 여기저기 다니는 작은 원숭이들을 보고 즐겁게 지냈다. 그들은 자신들이 묵는 언덕 꼭대기에 있는 호텔에 가끔 나타나는 뱀은 싫어했다.[19]

　그리고리예프 말에 의하면 어느 날 니진스키가 저녁에 춤을 추지 않겠다고 하는 말을 건스부르그가 들었다는 것이다. 남작은 이 점에 대해 그리고리예프에게 지적을 하면서 무용수가 계약을 깨는 것이라고 했다. 게다가 더 문제는 이날 저녁에 공연될 《카니발》의 아를르캥 역을 위한 대역이 없었다.[20] 니진스키는 계약서가 없다는 것을 두 사람 모두 몰랐는가?[21] 그리고리예프는 즉시 가브릴로프Gavrilov에게 니진스키의 역을 연습시켰다. 그러고는 그리고리예프는 니진스키와 로몰라를 찾아갔다. 그리고리예프의 경고에도 불구하고 그날 저녁 니진스키가 춤을 추어서는 안 된다는 점에서 두 사람은 완강했다. 니진스키는 자신의 행위에 대한 설명이 없었고 그다음 날은 보통 때처럼 춤을 추었다. 건스부르그는 이 일을 댜길레프에게 알렸다. 여기까지는 그리고리예프의 이야기다. 로몰라 니진스키는 니진스키가 공연하지 않았다는 것을 부인했다. 댜길레프가 그리고리예프를 시켜 페테르부르크에서 보낸 전보에 적힌 니진스키의 해고 사유는 계약 위반이었다. 그러나 니진스키는 1909년 이후 계약을 하지 않았다. 그리고리예프는 자신이 이 사건을 처리했고, 유럽으로 돌아오는 배에서 니진스키의 결혼 문제에 대해 많은 생각을 했다고 썼다.


　내 생각으로는 발레단과 니진스키는 거의 불가분의 관계로 보였다.

우리의 당시 레퍼토리는 대부분 니진스키를 중심으로 구성되어 있었다. 댜길레프는 발레단 홍보를 언제나 니진스키를 중심으로 하였으며 대중들의 인식에 발레단과 니진스키가 동일시되는 결과를 가져왔다. 게다가 수없이 이야기하고 글에 적힌 대로 니진스키와 댜길레프의 협력으로 안무에서 새로운 동작이 시작되었다. 요약하면 니진스키를 누가 대신할 수 있을지 생각할 수가 없었다. 그리고 댜길레프와 5년간 함께하면서 그의 복잡한 성격을 이해하기 시작했다. 그는 다른 사람에게 의지하는 스타일이 아니다. 비록 그에게 다른 사람이 필요한 것처럼 보일지라도 이제 니진스키가 결혼했기 때문에 그 둘의 협력을 지속할지는 알 수 없다. 하지만 댜길레프의 능력이 대단하다는 점을 나는 믿고 있으며, 그는 어떻게든 이 문제에 대한 해결책을 찾을 것이다.[22]

니진스키와 로몰라는 발레단과 같이 유럽으로 배를 타고 왔다.[*] 로몰라는 여러 복잡한 상황에도 불구하고 브라질에서 임신한 것을 알게 되었다. 그녀는 뱃멀미가 심했으며 아기를 낳는 것을 두려워했다. 바슬라프는 남미를 기억하여 태중의 아기를 "어린 니그로"라고 부르면서 이 아기는 장차 대단한 무용수가 될 것이라고 로몰라를 즐겁게 했다. 그들은 이제 점차 서툰 러시아어와 프랑스어로 대화하기 시작했다. 그러나 니진스키의 인생 말년에는 로몰라가 러시아어로 그에게 이야기하고 바슬라프는 프랑스어로 대답했다.[23] 로몰라는 아름다운 드레스, 모자, 보석에 대해,

---

[*] 그리고리예프의 글(99쪽)에 의하면 그들은 다른 배를 타고 왔다고 한다.

그리고 위대한 무용수와 결혼한 지금에야 비로소 자연스레 느꼈던, 당연히 그녀가 누려야 하는 사교생활에 대해 신이 나서 떠들었다. 그러나 곧 그녀는 니진스키가 그녀의 세속적인 즐거움에 관해 관심이 없음을 알게 되었다. "나는 예술가이지 왕자가 아니야. 그러나 내가 가진 모든 것은 당신 것이야. 그런 물건들이 당신을 행복하게 해 준다면 나는 당신에게 그런 것들을 주겠어."[24] 배는 카디즈에 정박했고 니진스키 부부는 파리까지 기차로 여행하기로 했다. 나머지 발레 단원들을 셰르부르까지 계속 배로 갔다.

이 부부의 계획은 니진스키가 로몰라의 어머니를 만나기를 원했기에 며칠간 부다페스트를 방문하고 페테르부르크로 가서 엘레오노라를 만나는 것이었다. 브로니아의 아기 이리나가 10월에 태어났다. 그러나 무엇보다 그들은 파리에서 댜길레프를 만나기를 원했다.

우리가 국경이 있는 엉데를 지나는 동안 저녁을 먹기 위해 식당 칸에 앉아 있을 때 바슬라프는 갑자기 화를 내고 벌떡 일어나더니 나가 버렸다. 나는 그를 뒤쫓아 가서 우리 칸에서 그를 발견했는데 기절해 있었다. 나는 즉시 의사를 부르려고 했지만 그 기차에는 의사가 아무도 없었다. 열차의 요리사가 얼음과 의식이 희미해졌을 때 냄새 맡게 하는 약을 가지고 왔다. 그러자 바슬라프는 의식이 돌아왔고 심한 두통을 호소했다. 그는 기차 여행을 오래 하면 종종 그런 증세를 나타냈다. 그때부터 바슬라프가 담배 냄새조차 견디지 못해서 나는 담배를 끊었다.[25]

댜길레프는 파리에 없었다. 니진스키 부부는 잠시 파리에 머무는 동안 즐거웠다. 다음 여행지는 비엔나로, 이들 부부는 로몰라의 언니를 만났다. 그런 다음 에밀리아 마르쿠스가 파티를 준비하고 언론계 사진기자들도 불러놓은 부다페스트로 갔다. 이런 식으로 자신을 명사 취급하는 것이 니진스키에게는 스트레스가 되었다.

에밀리아 마르쿠스와 의사는 로몰라에게 아기를 가지지 말라고 당부했다. 그러나 최후의 순간에 그녀는 비록 아기를 낳다가 죽더라도 낙태는 시키지 않기로 결심했다. 바슬라프는 행복했다. "그의 얼굴에는 큰 안도와 기쁨이 가득했다. 그는 부드럽게 나에게 키스하면서 속삭였다. '하나님 감사합니다. 그분이 주신 아기, 누구도 망가뜨릴 권리는 없습니다.'"[26] 로몰라는 그들이 결혼하기 전에 니진스키를 사랑한다기보다 완전히 집착하고 있었고, 이제는 그의 선함 때문에 진정으로 점점 사랑하게 되었다.[27]

니진스키는 작업하고 있던 두 발레 작품, 《요셉의 전설》과 바흐 발레의 완성에 대해 걱정이 커졌다. 사전에 준비해야 할 작업은 마무리를 했다(이 중 일부는 에이번호에서 했다). 그러나 남미에서는 너무 더워서 리허설을 하는 것은 불가능했으며 리우를 떠난 이후 니진스키의 건강이 정말 좋지 않았다.[28] 부다페스트에 도착해서 그는 댜길레프에게 전보를 쳐서 리허설을 언제 시작할 수 있는지, 그가 새로운 발레에 대한 작업을 언제 시작할 수 있는지를 물었고, 다른 발레 단원들도 리허설 기간에는 다른 일정을 취소해 달라고 요구했다.[29] 답을 기다리는 동안 바슬라프는 그의 가

족과 함께 크리스마스를 보낼 준비를 했다.[30]

그리고리예프와 나머지 발레 단원들이 셰르부르에 도착하니 댜길레프에게서 환영 전보가 와 있었다. 그리고리예프가 페테르부르크에 도착하자마자 댜길레프가 그를 불러서 니진스키에게서 온 전보를 보여 주었다. 그러고는 그의 손으로 전보를 덮으면서 — 이것은 "그를 짜증나게 하는 문제에 관해 대화를 나눌 때 언제나 하는 행동"이었다 — 그리고리예프에게 서명을 하고 답을 보내라고 했다. 그리고리예프는 이제 댜길레프의 원한에 대해 자신이 초기에 두려워했던 사항들이 근거가 있다는 것을 알게 되었다. "니진스키의 전보에 대한 답을 내가 보내게 한 이유는 두 사람의 이전 우정은 이제 아무 소용이 없으며 그들의 관계는 순전히 공적이었음을 보여 주기 위해서였다."[31]

이 전보는 니진스키가 러시아로 떠나려고 예정한 날의 이틀 전에 부다페스트에 도착했다.[32]

페테르부르크에서 그리고리예프가
부다페스트의 니진스키에게(인용문), 1913년 12월 3일
댜길레프 씨에게 보낸 당신의 전보에 대한 답으로 나는 당신에게 다음과 같이 알리고자 합니다. 댜길레프 씨는 리우에서 공연에 불참하고 발레 《카니발》에서 춤추기를 거부한 것에 대해 당신이 계약을 지키지 않은 것으로 판단합니다. 그런 까닭에 댜길레프 씨는 더 이상 발레단에서 당신의 활약을 필요로 하지 않을 것입니다. 세르게이 그리고리예프, 댜길레프 발레단의 관리자.[33]

댜길레프가 니진스키는 계약이 따로 없다는 것(그런 고로 계약 위반이 불가능함)을 완벽히 잘 알고 있다는 사실의 관점에서 보자. 그리고리예프는 비록 그 점까지는 몰랐다고 하더라도, 니진스키가 불참한 후자의 이야기와 니진스키 해고를 위한 구실이라고 하는 말이 완전히 꾸며 낸 이야기일 가능성도 배제할 수는 없다. 그러나 해고한다는 메시지는 정확히 전달되었다. 이 내용에 대한 니진스키의 처음 반응은 그 표현이 무엇이든 간에 믿을 수가 없었다. 그의 부인은 눈물을 터뜨렸다. "처음으로 내가 실수를 저질렀는지도 모른다는 생각이 들기 시작했어요. 내가 돕고 싶어 했던 일을 망치고 말았어요." 그러나 바슬라프는 그녀를 위로했다. "너무 슬퍼하지 마. 뭔가 오해가 있을 거야. 이것이 만약 사실이라면 나는 예술가이고 나 혼자서 작업을 할 수 있어."[34] 니진스키는 아스트뤽에게 도전적인 전보를 보냈다.

부다페스트에서 니진스키가 파리의 아스트뤽에게,
1913년 12월 5일
언론에 내가 더 이상 댜길레프와 함께 작업을 하지 않을 것이라는
사실을 알리세요.[35]

한동안 니진스키는 자신이 해고되었다는 사실에 관해 믿기를 거부하면서 댜길레프 서클에 속한 그의 이전 협력자들을 찾으려고 노력했다. 며칠 후에 니진스키는 스트라빈스키에게 글을 썼다. (니진스키는《제전》이후 아직 한 번도 스트라빈스키를 만나지 않았다.)

부다페스트에서 니진스키가 스트라빈스키에게, 1913년 12월 9일
친애하는 이고르,

나는 부다페스트에서 아내와 함께 처가댁에 머무르고 있습니다. 거기서 나는 세르게이에게 우리가 언제 만날 수 있는지를 물어보는 전보를 보냈습니다. 그 전보에 대한 답은 (…) 그리고리예프에게서 왔는데 이번 시즌에 내가 만드는 어떤 발레도 공연하지 않을 것이며 예술가로서 더 이상 내가 필요치 않다는 내용이었습니다. 이 내용이 사실인지 알려 주십시오. 나는 세르게이가 나에게 그렇게 행동한 것을 믿을 수가 없습니다. 세르게이는 나에게 줘야 하는 돈도 많습니다. 지난 2년간 내가 주역으로 춤을 춘 대가는 물론 《목신의 오후》, 《유희》, 《봄의 제전》에 대한 안무료까지 아무런 돈을 받지 않았습니다. 나는 아무런 계약 없이 발레단과 작업했습니다. 세르게이가 나와 함께 일하기를 원치 않는 것이 사실이라면, 그렇다면 나는 모든 것을 잃게 됩니다. 당신은 내가 처한 상황을 이해할 것입니다, 무슨 일이 일어났는지, 그가 이렇게 행동하는 이유가 뭔지를 상상조차 할수 없습니다. 세르게이에게 도대체 무슨 일이냐고 물어보고 그 내용을 나에게 알려 주십시오. 독일, 파리와 런던 등의 모든 신문이 내가 더 이상 댜길레프와 작업을 하지 않을 것이라고 말합니다. 그러나 모든 언론(문예란 포함)은 그의 결정에 반대하고 있습니다. 그들은 내가 발레단을 조직하고 있다고 말합니다. 사실 나는 여러 군데서 제의를 받고 있습니다. 그중에 가장 큰 건으로, 또 하나의 새로운 댜길레프 러시아 발레단 (원문 그대로임) 조직을 위해 100만 프랑을 제의한 매우 부유한 사업가가 있습니다. 그들은 나에게 유일한 예술감독직과 무대와 음악 등을 의뢰할 수 있는 많은 돈을 제시했습니다. 그러나 나는 당신에게 소식을 듣기 전까지는 명확하게 그들에게

답을 하지 않을 것입니다.

나의 수많은 친구가 나에게 편지를 보내서 댜길레프의 처사에 분노를 표했습니다. 그리고 나를 돕겠다는 제안과 나의 새로운 기획에 함께하겠다는 제안을 주고 있습니다. 당신이 나를 잊지 않고 내 편지에 대해 즉시 답을 주기를 희망합니다.

당신의 친애하는,
바슬라프[36]

이 편지는 러시아로 보냈지만 스트라빈스키는 이때 스위스에 있었기에 나중에 편지를 받았다. 그는 "놀라울 정도로 솔직한 문서라고 느꼈다. 만약 니진스키가 이 글을 쓰지 않았다면 나는 오로지 도스토옙스키의 글에서만 풍기는 특징이라고 생각했을 것이다. 그가 정치 역학 관계와 성적인 질투심, 발레단 내의 여러 움직임에 대해 전혀 몰랐다는 사실이 드러나는 글이었고 그 점이 나로서는 믿기지 않았다."[37] 댜길레프가 자신의 결혼을 받아들일 것이라는 니진스키의 신념은 명백하게 전혀 흔들리지 않았다. 자신의 해고와 결혼 사이의 상관관계를 전혀 인식하지 못했다. 로몰라가 그에 대해 모든 것을 알아야 한다는 마음으로 그녀에게 댜길레프와의 관계를 고백했음에도 불구하고, 또한 그가 나중에 일기장에 쓴 내용에도 불구하고, 이때만 해도 그는 자신의 결혼을 댜길레프와의 지속적인 우정을 방해하는 장애물로 보지 않았다.

페테르부르크에서 그리고리예프는 "댜길레프의 반응이 아주 거칠게 나온 이유는 니진스키의 최근 신작 두 편이 실패한 것도 한 부분을 차지한다고 생각했다. 댜길레프는 이미 니진스키가 대안무가가 될 말한 자질이 없다고 결정"했을 것으로 추측했다.[38] 그리고리예프는 니진스키 예술의 진가를 제대로 볼 줄 모르는 무능함과 댜길레프에 대한 충성심이 합해져서 이 이슈의 본연의 모습을 보지 못하고 있었다. 그런데도 포킨을 다시 설득하여 발레단에 영입할 거라는 댜길레프의 말을 들었을 때는 정말 놀랐다. "포킨은 뛰어난 무용수이며 뛰어난 안무가다. 시도를 못 할 이유가 없잖아?" 그는 포킨에게 전화를 걸어 대화를 나누었다. 그리고리예프의 글에 "자그마치 다섯 시간이나 통화는 계속되었다"고 적혀 있다. (카르사비나는 위기의 순간에 댜길레프에게서 네 시간 정도 이어진 전화를 여러 통 받았다.)

포킨은 단호하게 발레단과는 더 이상 일하지 않는다고 거절했다. 그러나 댜길레프는 포기하지 않았다. 그는 포킨에게 원하는 것을 모두 말하라고 하면서 때를 기다렸다가 포킨의 비난에 항의하고, 자신의 관점을 옹호하고 그만이 아는 방식으로 설득에 착수했다. 그 결과 포킨의 강한 고집(포킨은 굉장히 다루기 힘든 성격이었다)에도 불구하고 댜길레프가 그를 녹아떨어지게 한 쉴 새 없는 다섯 시간의 통화 후에 다음 날 다시 방문하겠다는 약속을 받아냈다. 그는 수화기를 내려놓으면서 안도의 한숨을 쉬었다. "자, 내가 생각한 대로 되었어" 하고 그가 말했다. "그렇지만 그는 여전히 다루기 어려운 사람이야!"[39]

포킨은 이 전화에서 오간 대화 내용에 대해서는 아무런 언급도 하지 않는다. 포킨의 기록에 의하면 이때 스베틀로프는 포킨을 설득하여 그의 집에서 댜길레프를 맞이하도록 했다. 댜길레프가 도착하여 "가장 설득력 있는 언변으로 나를 믿게 하려고 애를 썼으며, 그는 이제 온전히 나의 편이며 니진스키에 대한 집착은 이제 오래전에 잊혔다. 나 혼자만이 내가 창조했고 이제는 위험에 직면한 러시아 발레단의 예술을 구할 수 있다고 했다." 포킨은 설득당했다. 포킨은 그의 과거 작품들을 다시 무대에 올릴 뿐만 아니라 신작을 일곱 개 창작하기로 했는데 리하르트 슈트라우스의 작품이 그 첫 번째 신작이 될 예정이었다. 그는 계약하면서 니진스키가 안무한 작품은 어떤 것도 그가 발레 마스터로 있는 한은 올릴 수 없음을 고집했다. 포킨은 또한 수석 무용수가 되었다. 게다가 계약서에 니진스키와의 재계약은 배제하는 문구를 특별히 삽입했다.[40]

그리고리예프와 다른 발레 단원들은 그전 해에 포킨이 떠날 때 모두 적의를 갖고 있었음에도 불구하고, 포킨이 돌아오게 된 것을 모두 기뻐했다. 포킨은 그리고리예프를 해고해야 한다고 요구했지만 댜길레프는 그에 대해서는 동의할 수가 없었다. 그리고리예프에 의하면 "누구도 안무가로서 니진스키의 시대를 인정하지 않았다. 니진스키 시절에는 우리가 어디로 이끌려 가고 있는지를 모르는 듯했다. 포킨의 귀환은 성공에 대한 새로운 희망을 품게 했다."[41] 예술성에 대한 그리고리예프의 관점은 한계를 지니고 있었다. 오페라와 발레가 포함된 다가올 런던 시즌을 위한 레퍼토리로 인해서 해야 할 일들이 많았다. 그러나 그리고리 예프의 글에는 "참으로 이상하게도, 댜길레프는 짐을 덜어내었고 마침내 자유롭게 숨을 쉴 수 있는 사람처럼 보였다"라고 쓰여 있다.[42]

12월 하순경 댜길레프는 오페라와 관련한 일을 보기 위해 모스크바로 갔고 그리고리예프도 따라갔다. 볼쇼이 극장을 방문했는데 댜길레프는 레오니드 미아신Leonid Miassine이라는 젊은 무용수의 외모에 사로잡혔다. 레오니드는 《백조의 호수》에서 타란텔라 춤, 《돈 키호테》에서 달의 기사 역을 추고 있었다.[43] 댜길레프는 볼쇼이 발레단의 군무 단원이며 그전 해 발레 뤼스에서 춤을 춘 적이 있는 미하일 사비츠키Mikhail Savitsky를 레오니드에게 보내서 자기가 그를 만나고 싶어 한다고 전하게 했다. 미아신은 우쭐해졌고 다음 날 오후 메트로폴 호텔로 댜길레프를 찾아갔다. 댜길레프는 그에게 포킨이 허락한다면, 레오니드가 《요셉의 전설》에서 주역을 추도록 하고 싶다고 이야기했다. 이 역은 본래 니진스키가 추게 되어 있었다. 미아신은 다음 날까지 결정해야 했다. 미아신은 어안이 벙벙하면서 당황스러웠다. 그는 이때 무용을 포기하고 배우를 시작하려던 참이었다. 그의 친구들은 댜길레프의 유혹적인 제안을 받아들이면 모스크바에서 무대 경력을 상실할 수 있다면서 그가 계획 바꾸려는 것을 반대했다. 그리하여 그는 다음 날 댜길레프의 호텔로 가서 거절하기로 했다. 그러나 다른 대부분의 경우처럼 댜길레프의 매력이 미아신에게도 작용했다. "나는 그에게 제의를 받아들일 수 없다고 말하려 했으나 '예,

당신의 발레단에 합류하게 되어 기쁩니다'라고 말하는 나의 목소리가 들렸다."[44] 미아신은 볼쇼이 극장에 두 달의 휴가를 신청했다. 그러고는 그는 볼쇼이를 영원히 떠났다.[45] 그는 즉시 댜길레프와 함께 페테르부르크로 가서 포킨 앞에서 오디션을 받았다. 이는 완전히 공적인 오디션이었다. 미아신은 그의 테크닉(당시는 그리 잘하지 못함)을 선보였다. 그리고 다음 날 그는 드디어 발레단에 고용되었다.[46] 미아신은 18세였다. 그리고리예프는 미아신이 출중하게 잘생겼다고 생각했다. 댜길레프는 당연히 그가 아직 무용수로는 많이 부족하다는 것을 알았다. 댜길레프가 덧붙이기를 "물론 그는 오히려 촌스러워. 그러나 우리는 그 촌스러움을 곧 벗게 할 거야."[47] 그 순간부터 미아신은 댜길레프의 변함없는 동반자가 되었다. 댜길레프는 미아신을 데리고 바로 에르미타주로 가서 회화를 보여 주었다. 미아신에 대한 '교육'은 지체 없이 시작되었다.[48]

니진스키는 오로지 댜길레프 발레단으로 돌아가기만을 원했다. 그러나 페테르부르크에는 화해의 징후가 없었다. 니진스키는 그에게 들어온 어떠한 제의이건 심각한 예술적인 목표가 있어야 한다고 결심했다. 그의 예술, 창작할 기회가 가장 중요했다. 그리고 그는 뮤직홀 공연은 염두에 두지도 않았다. 흥행사들은 헛되이 그의 출연을 원했고 높은 개런티를 제시했다. 에이전트들은 그에게 헛되이 편지를 보냈고 부다페스트로 방문했다. 파리 오페라의 신임감독 로셰Rouché는 그에게 발레 마스터 겸 수석 무용수 직으로 연간 금화 10만 프랑의 조건을 제시했으나 그는 파리 오페라의 레퍼토리가 한정적이라는 이유로 거절했다. 로몰라는 바슬라프가 가장 원하는 것은 댜길레프의 지원을 받아 그가 안무한 《제전》같은 추상 무용의 새로운 발레를 창작하는 것이라는 것을 알았다.[49] 그러나 만약 그가 발레단을 조직한다면 자신이 춤을 추고 안무를 하는 것은 기본이고 그 외에도 운영, 훈련, 리허설 그리고 모든 공연 계약까지도 해야 한다는 사실을 인정할 수밖에 없었다.

지속적으로 간섭하는 로몰라의 어머니와 계부를 피하고자 나진스키 부부는 비엔나로 떠났다. 비엔나에서 어느 기획자가 니진스키를 성가실 정도로 조른 것이 성공했다. 런던 팰리스 극장의 소유주인 앨프레드 버트Alfred Butt는 바슬라프에게 발레단을 조직하고 스스로 레퍼토리를 기획하는 조건으로 1914년 봄 8주 공연 계약을 제시했다. 로몰라에 의하면 "바슬라프는 이 극장이 버라이어티 쇼를 하는 극장이 아니고 코번트 가든이나 드루리 레인과 동급인 런던에서 가장 뛰어난 오페라 하우스 중 하나"인 줄 알았고, 그래서 니진스키는 계약서에 서명했다.[50] 로몰라는 이 사건을 과장했다. 니진스키는 팰리스 극장이 버라이어티 쇼를 하는 극장이라는 사실을 모를 수가 없었다. 프로그램의 표지에도 인쇄되어 있었다. 그리고 파블로바는 몇 년간 이 극장에서 공연을 해 왔다. 니진스키는 아마도 이 극장이 버라이어티 쇼를 하는 극장 중에 가장 좋은 것으로 알았던 것 같고 그의 발레단에게 주당 1,000파운드를 제시했기 때문에 망설이다가 계약을 한 것 같다.

브로니아는 남편 알렉산더 코체톱스키와 함께 오빠에게 동조하는 의미에서 댜길레프 발레단을 그만두었고, 니진스키를 만나기 위해 러시아에서 파리로 와서 그들의 계획을 논의했다. 니진스키는 32명의 무용수를 고용하여 《장미의 정령》, 《파랑새 파드 되La Princesse enchantée》, 《레 실피드》를 포함하여 새로운 작품을 창작하려 했다.

니진스키의 계획을 실행에 옮기기 위해서는 새로운 배경과 의상이 필요했다. 박스트에게 제일 먼저 연락을 했다. 그러나 그는 댜길레프에 대한 두려움 때문에 니진스키와 협력을 할 수 없었거나 하고 싶지 않았던 것 같고 니진스키의 제의를 거절했다.* 그러나 무대 장면 화가이며 《사드코》의 디자이너였던 보리스 아니스펠트Boris Anisfeld와 발레 뤼스 의상 제작자 무엘르는 니진스키의 제의를 받아들였다. 라벨 역시 니진스키와 협업하여 그가 새로운 《레 실피드》를 창작할 때 기존의 음악과는 약간 다른 조합의 쇼팽을 위한 새로운 오케스트레이션은 물론 음악을 고르는 것도 도왔다. 발레단을 위한 무용수 모집은 브로니아 부부가 맡았고 그 일을 수행하기 위해 러시아로 돌아갔다. 니진스키가 비엔나와 파리에서 오디션을 본 무용수 중에서는 어느 무용수도 적합하지 않았다. 다행히도 브로니아는 니진스키에게 동조적인 황실 발레 학교 졸업생 중에서 선택한 그룹을 데리고 왔다. 그들은 1년 계약을 했다.[51] 이 발레단은 남자 무용수 니진스키와 그의 제부 알렉

---

* 니진스키 부부는 이 일이 있었던 직후 사보이 호텔 근방에서 박스트와 우연히 마주쳤다. 박스트가 니진스키에게 "당신과 이야기하는 것이 금지되어 있어!"라고 소리쳤다(로몰라 니진스키와의 대화).

산더 코체톱스키, 두 사람만 있는 특이한 구성이었다. 니진스카가 프리마 발레리나였으며 다른 솔리스트는 보니Boni(댜길레프 발레단에서 춤을 추었음), 이바노바Jvanova, 드린스카Drinska, 야코블레바Jakovleva, 크라스니츠카Krasnitska, 라리오노바Larionova, 포엘지치Poeltzich, 프티첸코Ptitsenko, 타라소바Tarassova 였다.[52]

그러는 사이 댜길레프는 슈트라우스와의 계약을 완료했다.

로다운에서 호프만스탈이 가르미슈의 슈트라우스에게,
1914년 1월 31일
《요셉의 전설》 계약이 마무리되었다는 좋은 소식과 당신의 편지에 정말 감사합니다. 파리에서 댜길레프가 같은 내용으로 전보를 보냈는데 매우 기뻐하고 있었으며 이다 루빈스타인이 확실하게 여성 파트를 맡을 것이라고 저에게 알려 주었습니다. 정말 잘되었습니다![53]


2월 댜길레프 발레단은 프라하에서 모였고 발레단의 대부분 무용수는 그때 처음으로 니진스키의 해고와 포킨의 복귀에 대해 알게 되었다. 독일 투어는 슈투트가르트, 쾰른, 함부르크, 라이프치히, 하노버, 브레슬라우, 베를린, 스위스는 취리히에서 공연을 하면서 투어를 끝냈다. 투어를 하는 동안 포킨은 미아신을 데리고 《요셉의 전설》을 연습시켰고 미아신은 체케티와 계속 클래스를 했다. 포킨은 미아신 때문에 요셉의 역을 단순하게 안무했다.[54] 미래의 주역 무용수 겸 안무가는 《페트루슈카》의 경비원 역으로 발레단에 데뷔했다. 포킨은 니진스키 역할의 일부를 추었다. 하지만 발레단은 주역 남성 무용수들이 부족했다. 댜길레프는 생전에 마지막으로 러시아를 방문하게 된다. 러시아에서 그는 두 명의 유명한 남성 무용수와 재계약을 했다. 피에르 블라디미로프는 마린스키 발레단의 수석 무용수로 1912년 런던 투어 때 발레 뤼스에서 《레 실피드》의 니진스키 역을 두 번 추었다. 그리고 알렉시스 불가코프의 경우 댜길레프 발레단과는 관련이 있는 마임 무용수로, 그 이야기는 1909년으로 거슬러 올라간다. 그는 《금계》에서 차르 도돈 역으로 공연했었다. 포티파르 부인 역에는 본래 계획했던 이다 루빈스타인이 아니라 오페라 가수인 마리아 쿠츠네초바Maria Kuznetsova가 루빈스타인 스타일의 마임을 추도록 고용되었다.[55]

파리에서 니진스키와 브로니아는 런던 시즌을 위해 리허설을 시작했다. 로몰라는 그녀의 시누이가 자신을 싫어한다고 느꼈다. "그녀는 일어난 모든 일을 원망하고 나를 탓하는 것 같았다. 나는 러시아 발레와 그의 가족들에게 침입자였다."[56] 니진스키 부부는 2월 런던에 도착했는데 이들의 소식은 엄청나게 알려져 있었다. 레이디 오톨린 모렐은 한 아름의 꽃다발을 가지고 사보이 호텔에서 그들을 맞이했다. 레이디 리펀은 그들의 결혼을 진심으로 축하했는데, 리펀은 로몰라에게 "바슬라프가 결혼하는 것이 내 소원이었으며 과거에 나는 바슬라프에게 적당한 숙녀를 찾아주려고 무척 노력했다"고 말했다.[57] 글래디스 리펀은 미샤 세르트에게 "니진스키가 결혼하니 이곳의 모든 사람은 그의 편이 되었다"고 편지를 보냈다.[58] 미샤는 오스카 와일드의 논쟁에 대한 기억이 아직도 생생한 사회에서 니진스키가 결혼함으로써 "청교도인들이 대거 인정"하도록 하는 기류가 형성되었다고 말했다.[59]

니진스키의 시즌 준비 기간이 2주 남았으며 티켓은 이미 완전히 매진되었다. 그러나 일은 잘못되어가고 있었다. 일부 문제들은 댜길레프 때문에 발생했다. 댜길레프는 브로니아가 바슬라프의 행동에 동조하고 그녀의 체형이 바슬라프와 똑같은 것에 대해서는 불만스러워했지만,[60] 그는 브로니아가 매우 뛰어난 예술가라는 점도 잘 알고 있었다. 댜길레프는 포킨을 설득해서 자신의 발레단에서 브로니아의 배역을 제외하지 않도록 했고 이제 그는 댜길레프 발레단에서 그녀의 사의를 받아들이지 않았기 때문에 그녀가 니진스키의 무대에서 공연하지 못하도록 해 달라는 주장을 법정에까지 끌고 갔다. 이 사건은 오랜 기간 법정 공방과 여러 가지 문제를 일으키다가 결국 댜길레프가 패소했다.[61] 브로니아 역시 이 사건 때문에 리허설을 할 동안에도 안정되게 할 수가 없었다. 이를 본 니진스키는 그녀를 비난했고 브로니아의 남편 코체톱스키는 니진스키를 모욕적으로 응대했다. 또한 경영상에도 문제가 발생했다. 알프레드 버트가 니진스키에게 자신의 사무실로 오라고 했다. 그러나 니진스키는 — 아니면 로몰라의 생각일 수도 있다 — 버트가 그에게 와야 한다고 생각했다.[62] 버트와 이런 오해는 여러 다른 건들 중에 처음 시작에 불과했다. 어떤 경우에는 니진스키가 테이블을 부수기도 했다.[63] 이미 신경이 날카로워질 때로 날카로워진 니진스키에게는 뮤직홀의 분위기에서 작업하는 자체가 모욕이었다. 첫날인 3월 2일, 로몰라는 "광대극과 대중 가수 노래 사이에, 니진스키의 월등한 프로그램으로 바슬라프가 추는 춤을 보고는 눈물이 앞을 가렸다"고 했다.[64] 프로그램은《레 실피드》,《댄스 오리엔탈》,《장미의 정령》으로 구성되었다.《레 실피드》의 경우에는 쇼팽 음악 중에 원작품에 사용된 일부 음악과 새로 선정하여 라벨이 오케스트레이션 한 음악으로 다시 안무했다. 무대는 아니스펠트가 열대식물로 꾸민 너무나 어울리지 않은 무대 장치였다. 신딩Sinding의 음악에 안무한《댄스 오리엔탈》의 경우에는 니진스키가 본래《오리엔탈Les Orientales》에서 추었던 솔로 춤을 코체톱스키가 여기서 춤을 추었다. 시릴 보몬트는 객석에 있었고 그는 신작《레 실피드》의 구조를 기록했다. "신작은 에튀드를 서곡으로 사용했다. 그다음 녹턴(니진스카, 니진스키 그리고 군무), 마주르카(니진스키), 에튀드(보니), 마주르카(니진스카), 에튀드(지바노바), 마주르카(니진스카, 니진스키), 녹턴(니진스카, 니진스키, 군무)."

보몬트는 "애타게 막이 오르기를 기다렸다. 그러나 무대가 등장하고 발레가 진행될수록 나는 새로운 무대 장면, 다른 음악, 혹은 바뀐 안무에 적응하기가 힘들었다. 그리고 니진스키 자신이 춤을 출 때 실망으로 인한 고통이 엄습함을 고백하지 않을 수 없다. 그는 여전히 춤을 추고 있지만 엘르바시옹도 드물고 신체의 선과 스타일의 느낌이 (…) 그는 더 이상 신과 같이 춤을 추지 않았다. 예전의《레 실피드》에서 춤출 때 그에게서 풍겨 나오던 신비한 향취는 이제 사라졌다."

코체톱스키가 추는 솔로에서 "쉬르 플라스sur place•를 완전히 구사했고, 한정되긴 했지만 감탄스러울 만큼 조화롭게 춤을 추었다. 한정적이기는 하지만, 자바의 전통 무용에 영감을 받은 것이 명백해 보이는 머리, 몸통, 사지의 동작들"은 많은 찬사를 받았다. 그리고 《장미의 정령》은 검정 벨벳 커튼을 배경으로 춤을 추었다. "니진스키와 그의 누이는 월등한 춤을 선보였다. 그러나 과거 공연에서 보여 주었던 마법은 일부 사라졌다."[65]

『타임스』의 평론은 위의 두 작품에서 니진스키와 니진스카의 춤을 모두 칭찬했으며 《장미의 정령》은 오리지널 프로덕션과 버금간다고 보았다. 그러나 이 비평가에게는 비록 니진스키의 아름다운 예술적 취향과 음악적 해석의 미묘한 솜씨를 드러내는 새로운 《실피드》였지만 "널리 인정받고 있는 걸작"인 원작과 비교해 보건대 작품의 음악, 안무와 무대의 조화로움은 "즉각 성공이라고 말하기에는 부족했다"고 적어 두었다.[66]

보몬트가 느끼기에 관객들의 반응은 공연이 진행될수록 차분하고 점점 차가워졌다. 이런 분위기는 부분적으로는 두 장면이 바뀌는 동안 니진스키가 객석을 어둡게 그대로 두기를 원했기 때문이기도 했고, 또 다른 이유로는 극장 매니저 모리스 볼니Maurice Volny가 쉬는 시간 동안 연주를 허락하지 않은 이유도 있었다. 객석에는 코번트 가든과 드루리 레인에서 러시아 발레 공연을 정기적으로 보던 수많은 사람이 있었음에도 여전히 뮤직홀 후원자들

---

• '바로 그 자리'라는 의미. 어떤 지점에서 연기된 하나의 스텝이나 전체가 하나로 이어지는 연속 스텝을 말한다.*

도 객석에 많았다. 이들은 저쪽 관객들에게 좌석을 빼앗기는 것도 못마땅해했고, 객석의 분위기는 점점 차가워졌다. 니진스키는 자신이 원하는 바를 고수하기 위해 무대 윙을 바꾸었다. 두 번째 날 그가 분장실로 갔을 때, 볼니의 지시로 오케스트라는 차이콥스키 작품을 연주했다. 이 음악은 지휘자 헤르만 핀크Herman Finck 가 파블로바 레퍼토리에서 고른 작품이었다. 바슬라프는 이 음악을 듣자마자 신경질적으로 변했다. 그래도《장미의 정령》은 정상적으로 공연이 되었지만, 니진스키는 다음 날 아침에도 격렬하게 항의를 계속했다.[67]

둘째 주 프로그램에서는《폴로베치안 춤》공연을 했다. 셋째 주 새로운 프로그램은《카니발》,《불새와 왕자》,《그리스풍의 춤 Danse Grecque》으로 구성되었다. 그러나 16일 저녁 온종일 리허설을 한 뒤 니진스키가 갑자기 독감에 걸렸고[68] 버트는 니진스키가 너무 아파서 춤을 출 수가 없다고 알려야 했다. 일련의 보드빌 작품들이 재빨리 발레를 대신하여 공연되었다.[69] 로몰라는 급히 남편에게 아스피린을 먹였는데 레이디 리펀이 보내준 의사가 진찰을 하고서는 "니진스키는 운동선수의 심장을 지녔으며 지금 극도로 위험한 컨디션이기 때문에 이 독감이 거의 니진스키를 죽게 할 수도 있다"고 했다. 니진스키가 극장 행정부와 맺은 계약에 의하면 니진스키가 만약 3일 연달아 공연에 나오지 못하면 계약을 어기는 것이라는 강제 조항이 포함되어 있었다. 하지만 그는 무대로 돌아올 수 있는 상황이 아니었다. 시즌은 갑자기 종료되었고 무대 장치, 음악, 무용수들 급여 등은 니진스키 개인 돈으로 모두 지급해야 했다. 새로운 계약을 위한 협상은 실패했다. 양쪽은 상대방의 행동을 서로 못마땅하게 생각했다. 니진스키는 런던에서 마지막 춤을 추었다. 그를 따르던 발레 단원들은 그들이 여태까지 받은 급료에 만족하며 러시아로 돌아갈 여비만 챙겨 달라고 했지만 니진스키는 32명의 무용수들에게 1년 치 봉급을 자신의 저축한 돈에서 모두 내어주었다.[70] 댜길레프는 니진스키에게 급료를 주지 않았기 때문에 니진스키가 가진 돈은 어떻게 나온 돈이냐고 궁금해할 수 있다. 답은 개인 파티에서 받은 출연료였다. 아가 칸 같은 사람의 개인 파티에서 춤을 추면 어마어마한 개런티를 받았다. 댜길레프가 언제나 니진스키의 호텔 비용, 음식과 옷, 그의 어머니에게 들어가는 비용을 모두 처리했기 때문에 니진스키가 이런 곳에서 버는 돈을 쓸 일이 없었다.[71]

코미디언 프레드 엠니Fred Emney가 팰리스 극장에서 러시아 사람들을 대신했다.

이런 사건들이 일어나고 있을 때, 더 행복했던 시절을 기억하는 사람이 런던의 본드 거리에 위치한 미술협회Fine Art Society에서 니진스키의 유명한 역할을 그린 초상화 전시회를 마련했다.《아를르캥》,《페트루슈카》,《목신의 오후》,《장미의 정령》등은 밸런타인 그로스의 그림.《아르미드의 관》은 사전트의 그림.《목신의 오후》공연 후 커튼콜 하는 장면을 그린 글린 필포트Glyn Philpot의 그림 등이었다.《댄스 오리엔탈》의 무대 의상, 동판화와 작은 조각품은 우나 트루브리지.《유희》에서의 니진스키를 그린 드로잉 두 점은 오브리 비어즐리 스타일로 알베르토 몬테네그로Alberto

Montenegro가 그렸다. 그런데 이 그림에 대해『데일리 텔레그라프』의 평론가는 혐오스러우며 이 전람회의 오점이라고 평가했다. (앞의 글과 같은 필자인) 비평가 클로드 필립스Claude Phillips는 박스트와 로댕이 그린 니진스키 그림이 없어서 안타까워했다.[72]

레이디 리펀은 미샤 세르트에게 니진스키에 대한 글을 적어 보냈다. "니진스키가 러시아 발레로 돌아가기를 원치 않는다고 믿는 사람들도 있습니다. 그러나 그는 여기에 있을 때 모든 사람에게 자신이 해고당하여 얼마나 불행한지를 털어놓았습니다. 그가 원하는 것을 오로지 발레단으로 다시 돌아가는 것입니다." 레이디 리펀은 주변 친구들에게서 댜길레프를 설득하여 니진스키가 다시 러시아 발레단에 돌아갈 수 있도록 해 달라고 압력을 받았다. 그녀는 자신의 애정을 둘로 나눈다고 하더라도 예술적인 면에서는 니진스키보다 포킨이 발레단을 위해서 더 낫다고 생각했다. 왜냐하면 그녀는 니진스키의 발레에서 "군무는 너무 조직력이 없어서 구분을 잘할 수가 없다고 생각을 했기 때문이다."[73] 그렇다고 해도 니진스키에 대한 그녀 개인의 헌신은 정말 광범위했다. 그녀는 명백히 니진스키의 대담한 실험적인 작품보다는 《장미의 정령》같은 작품을 더 좋아하는 사람이었다. 댜길레프와 니진스키의 계약 건에 관해 그녀가 적은 글을 보면 "댜길레프는 자신에게 유리한 사항이면 어떤 것이라도 지금 당신에게 말하고 있다!"라고 했다. 그녀는 또 미샤에게서 댜길레프가 "블라디미로프와 얼마나 관계되어 있는지"를 듣고 싶어 안달이었다. 그녀는 댜길레프의 '새로운 친구(미아신)'에 관한 소문 역시 알고 있었다. 그녀는 니진스키가 "안무가가 되고 싶은 욕망은 조금도 없고 포킨과 번갈아 춤을 추려 한다"고 믿는 것 같았다. 아니면 믿는 척했다. 만약 댜길레프와 니진스키를 같이 하게 할 무언가가 없다면 레이디 리펀은 오로지 돌아오는 시즌에는 걱정만 점점 늘어날 뿐이고, 차라리 멀리 다른 곳, 공연장이 없는 곳으로 가고 싶을 뿐이었다. 왜냐하면 예술이 인간관계 때문에 희생을 당하기 시작하면, 예술과 더욱더 관련이 있는 모든 희망을 앗아 가기 때문이다.[74]

니진스키는 약 두 달간 아팠다. 그가 이제 건강이 좋아져서 일을 다시 할 수 있게 되었을 때 니진스키는 춤만 추어야 하며 행정 일은 절대 금지하라고 충고를 받았다. 그는 회복 기간에 로몰라와 리치먼드 공원을 오래 산책하고는 했다. 아기가 태어날 때가 가까워오자 다른 사람들의 눈을 피해 조용히 있는 것이 필요하다고 판단하여 니진스키 부부는 오스트리아 제메링Semmering으로 갔다가 비엔나로 갔다.[75]

이때 댜길레프 발레단의 파리와 런던 시즌의 레퍼토리는 거의 완성 단계에 이르렀다. 니진스키 없이 처음으로 맞이하는 발레단 시즌이었다. 런던에서 샬랴핀이 출연할 러시아 오페라들을 비롯하여 스트라빈스키의 오페라 《나이팅게일Le Rossignol》— 안데르센 동화를 원작으로 함 — 은 브누아가 중국풍으로 디자인했다. 이 작품을 위한 안무는 보리스 로마노프가 맡았다. 포킨의 업무량을 덜어 주려는 목적도 있었지만 포킨이 또 스트라빈스키 음악으로 더 이상 작품을 안무하고 싶어 하지 않았던 이유도 있다.[76]

림스키코르사코프의 오페라《5월의 밤Une Nuit de mai》또한 준비 중이었다. 포킨은 총 네 작품을 안무했다. 슈트라우스의《요셉의 전설》은 호세마리아 세르트가 베로네제 스타일의 화려한 무대 장식을 했고 박스트가 의상 디자인을 했으며 미아신은 최초로 주요 배역을 맡아 출연했다.《파피용》은 슈만의 피아노 음악을 체렙닌이 관현악으로 편곡한 음악을 사용했다. 무대 장식은 도부진스키, 의상은 박스트가 맡았다.《미다스Midas》는 막시밀리안 스타인베르그가 음악, 도부진스키가 무대 디자인을 맡았다. 그리고《금계Coq d'or》가 있었다. 체렙닌이 본래 작곡하기로 했던《붉은 가면들The Red Masks》은 작곡을 완성하지 못했기 때문에 1914년을 위해 다른 신작 발레가 필요했다.《붉은 가면들》은 본래 고르스키가 안무할 예정이었다. 포킨은 2년 전 파블로바를 위한 발레 모음으로 창작했던《금계》의 제작을 원했다. 파블로바는 2년 전 만들었던 그 작품이 자신에게 어울리지 않는다고 생각했다. 포킨은 댜길레프에게 체렙닌이 작곡하지 못한 그 작품을 대신하여《금계》를 만들자고 제안했다. 댜길레프는《금계》를 오페라-발레로 제작하기로 했다.[77] 브누아의 제안으로 댜길레프는《금계》의 무대 장식과 의상을 모스크바 출신의 화가 나탈리 곤차로바Natalie Gontcharova에게 의뢰했다.《금계》에서 브누아의 역할은 무척 컸다. 그는 1909년 이 작품에 대해 처음 들은 이후로 이 작품을 계속 제작하기를 갈망했다. 하지만 가수들이 좀처럼 설득력 있게 연기 동작을 할 수가 없었기 때문에 브누아는 성악가들은 무대에서 내려오도록 하고 무용수들이 마임으로 연기를 하도록 하자고 제안했다. 댜길레프와 포킨은 브누아의 아이디어를 받아들였다. 포킨은 이 아이디어를 자기가 먼저 제안했다고 주장했다. 그러나 오케스트라 자리에는 볼쇼이 오페라단의 솔리스트와 합창단이 들어갈 공간이 없었다. 브누아는 아이디어를 짜내어 합창단과 솔리스트들을 무대 양쪽 계단에 똑같은 의상을 입혀서 배치했다.[78]

러시아 발레단은 4월 몬테카를로에 도착했다. 16일《파피용》의 첫 공연을 했다. 두 명의 소녀 역은 카르사비나와 숄라가 맡았고 포킨은 피에로 역이었다. 포킨은 초연 때 소홀히 했던《다프니스와 클로에》를 지체없이 다시 손을 보았고 자신이 카르사비나와 파트너로 춤을 추었다.《살로메의 비극》역시 리바이벌되었지만 성공하지 못했다. 댜길레프는 몬테카를로 시즌이 끝나기 전에 러시아에서 도착하여 발레단과 합류했다.[79]

니진스키는 마드리드에 있는 미국 대사관에서 개최되는 커미트 루즈벨트Kermit Roosvelt의 결혼 리셉션에 초청받아 스페인 국왕 부처를 위해 춤을 추기로 하고 3,000달러의 출연료를 받았다. 그는 로몰라의 계부와 함께 갔으며 따뜻한 환대를 받았다. 로몰라는 니진스키로부터 매일 편지를 받았다. "내가 알기로 바슬라프는 그의 엄마한테 말고는 아무에게도 편지를 적지 않은 것으로 알고 있기 때문에 너무나 으쓱했다. 그는 나를 '펨카Femmka' 혹은 '로마Roma'라고 불렀다."[80] 비엔나로 돌아오는 길에 그는 파리에 들러 파리 오페라에서 공연하는 러시아 발레 초연을 보았다. 이때는 5월 14일 목요일, 이날《요셉의 전설》초연도 포함되어 있었다. 언론계에서는 재빨리 그를 알아보았고, 니진스키의 자리 쪽으로 동시에 수많은 안경이 고개를 돌렸다. 비록 그가 러시아 발레단과 더 이상 춤을 출 수는 없었지만 "그는 완전히 편안하게 보였다"고 어느 목격자가 증언하고 있다. "로비에 모인 사람들은 언제나처럼 매력적이었다."[81] 로몰라에 의하면 니진스키는 휴식 시간에 미샤 세르트의 박스로 갔고 콕토를 비롯한 그녀의 손님들은 니진스키에 냉담한 반응을 보였다.[82] 파리를 떠나기 전에 니진스키는 체케티에게 레슨을 받았다. 댜길레프는 미아신을 체케티에게 레슨을 받으라고 보냈는데 이때 미아신은 니진스키가 수업하는 모습을 보았다. 맨 위 손잡이 부분이 황금으로 처리된, 몇 년 전 니진스키가 선물했던 그 지팡이를 사용하고 있던 마에스트로는 니진스키의 팔 동작을 고치고 있었다. "위쪽으로 구부리지 말고 아래쪽으로." 미아신은 바슬라프가 마에스트로의 지적에 대해 한 번도 대꾸하지 않고 그대로 받아들이는 모습을 지켜보았다.[83]

《요셉의 전설》은 리하르트 슈트라우스 자신이 직접 지휘하여 《파피용》과 새로운 버전의 《셰에라자드》 사이에 초연을 했다. 《파피용》의 경우 비평가들은 실망했다. (그리고 슈만의 피아노 작품을 관현악으로 또다시 편곡한 점에 대해 졸렬한 모방이라고 생각했다.) 새 버전의 《셰에라자드》는 3악장을 복원했고 카르사비나, 포킨, 막스 프로만, 체케티가 출연했다. 《요셉의 전설》은 기대한 만큼 성공을 거두지 못했다. 작품의 여러 협력자는 여러 면에서 합의하지 못했고 포킨의 안무는 진부했다. 미아신은 극도로 긴장했으나 이를 극복하였고 공연하는 내내 긴장감을 떨치려고 엄청나게 노력했다.[84] 그가 무용의 테크닉에서 부족한 점을 그의 무대 존재감과 아름다운 외모로 보충했다. 호프만스탈이 생각하기에 쿠츠네초바를 내세운 포티파르 부인은 실패라고 판단했다.[85] 《금계》의 초연은 5월 21일로 예정되어 있었다. 그러나 러시아로부터 의상이 늦게 도착하는 바람에 초연은 4일 뒤인 일요일에 이루어졌다.* 카르사비나는 세마칸 여왕(노래 도브로볼스카Dobrovolska), 예예르스카는 아멜파 역(노래 페트렌코), 불가코프는 도돈왕(노래 페트로프), 체케티는 점성술사(노래 알쳅스키Altchevsky), 코발스키는 폴칸 장군(노래 벨리아닌Belianine). 니콜라예바는 어린 수탉을 노래했고 막스 프로만과 그리고리예프는 아프로네와 귀도네, 두 왕자 역을 맡았다. 강렬한 빨강과 노란빛의 무대를 배경으로 한《금계》는 파리 시즌에 크게 히트한 작품이었다. 다만 오페라를 공연하는 새로운 방식이 성공적인가에 대해서는 의견이 갈라졌다. 피에르 랄로Pierre Lalo는 성악가들을 무대 가장자리로 내몰아 꼼짝도 못 하게 하면서 대신 무용수들을 내세워 도돈과 여왕이 춤을 추도록 하는 것에 대한 근거가 충분치 않다고 판단했다.[86] 《나이팅게일》은 5월 26일 공연되었다. 그리고 마지막 신작《미다스》는 상당히 모순된 작품이었는데 6월 2일 초연했다. 블라디미로프는 그날 프로그램에서《클레오파트라》중에 아몬 역을 맡았다.

《요셉의 전설》에 관한 리뷰 중에서 평론가 알프레드 브런컨

---

* 포킨의 글에서는 연기된 사실을 잊었는지, 본래 광고된 날짜에 초연한 것으로 적어 두었다(223쪽). 그리고리예프는 25일로 썼다(271쪽).

Alfred Bruncan이 쓴 글. "그의 수준 높은 식견으로 포킨은 니진스키가 그로테스크한 아이디어로 망실하려고 했던 조화로운 제스처와 우아한 자태를 돌아오게 했다."[87] 그러나 이 파리 시즌은 대체적으로는 실망스러웠다는 것이 중론이었다. 러시아 발레의 굳건한 지지자인 자크 리비에르는 니진스키가 떠난 사실을 강력하게 비판하면서 "엄청난 공허감을 남겼다. 누군가는 용감하게 말을 해야 한다. 러시아 발레단은 니진스키 그 자체였다. 그가 홀로 전체 발레단에 생명을 불어넣었다."[88]

파리 시즌은 6월 초에 끝났고 발레단은 즉시 런던으로 떠났다. 런던에서는 독일-러시아 오페라 시즌이 5월 20일부터 드루리 레인에서 이미 공연 중이었다. 《장미의 기사》, 《마술 피리》 그리고 그전 해와 마찬가지로 샬랴핀이 주역으로 나오는 《보리스 고두노프》, 《이반 뇌제》가 공연 중이었다. 샬랴핀은 《이고르 공》에서도 노래를 불렀는데 6월 8일 《이고르 공》 전막 공연이 영국에서 초연되었다. 러시아 발레단은 그날 밤 오페라단과 함께 시즌 처음에 등장했다. 체르니체바, 포키나, 볼름은 폴로베치안 춤을 리드했으며 레온 스타인베르그Leon Steinberg가 지휘를 했다. 발레로만 구성된 프로그램의 첫 공연은 다음 날이었다. 《타마르》에는 카르사비나와 볼름, 《다프니스와 클로에》에는 카르사비나와 포킨, 《셰에라자드》에는 포키나와 포킨, 불가코프, 페오도르프, 체케티가 출연했다. 이번 시즌은 포킨이 런던에서 춤을 춘 유일한 시즌이었다.

《다프니스》 초연 날 아침 『타임스』는 파리에서 라벨이 보낸 편지를 실었다. 라벨의 편지 내용은 드루리 레인에서 합창 부분 없이 공연되는 버전은 "댜길레프의 특별 요청으로 특정 소규모 공연장에서 공연하기에 용이하도록 동의한 임시방편의 편곡이었다"는 것이었다. 댜길레프는 런던에서 공연하는 이 버전을 "매우 긍정적으로 평가했음에도" 라벨은 댜길레프의 이런 행동을 "작곡가뿐 아니라 런던 관객들을 우롱하는 처사"라고 생각했다.[89] 라벨은 언제나 지독할 정도로 자신의 요구에 정확했으며 비단 이 음악의 문제가 아니더라도 그는 니진스키와 자신의 우정으로 가능하면 댜길레프를 힘들게 만들려고 했다. 댜길레프는 『타임스』에 난 기사에 대해 다음 날 답했다. 그는 1912년 합창이 포함된 파리 프로덕션은 한 번의 '실험'이었으며 "합창이 포함되는 음악은 쓸모가 없을 뿐 아니라 실제로 아무런 도움이 되지 않았다"는 답을 내놓았다. 그는 또 당시 라벨에게 "협력자 모두의 동의하에" 4월 몬테카를로에서 공연한 개정된 버전으로 작곡을 수정해 달라고 요청했다. 그는 "언제나 찬사와 감사를 보내는 런던 관객들에게 가장 완벽한 방식으로 공연하려고 모든 노력을 기울였다"고 했다.[90]•

카르사비나는 이 공연에서 클로에 역을 맡았다. 포키나는 《셰에라자드》의 조베이다 역을 할 때처럼 그녀와 번갈아 이 역을 맡았다. 포킨은 다프니스, 볼름은 다르콘으로 출연했다. 런던 관객

---

• 그리고리예프는 모스크바 합창단이 《다프니스》에 참가한 사실을 언급했다. "특히 마지막 장면은 깊은 인상"을 남겼다고 했다(110쪽). 하지만 이는 명백하게 진실이 아니다.

들은 열광했다. 11일은《페트루슈카》와 같이《파피용》이 공연되었는데 지난 시즌 인기가 많았던《카니발》의 기억을 되살렸다. 그러나 시릴 보몬트에게는 "이 작품은 그저 앙증맞은 사소한 것에 지나지 않았다. 분위기는 확실히 매력적이고 시성과 서정주의가 작품 전반에 깔려 있다. 그러나 큰 무대에서 공연하기에는 너무 가볍고, 너무 섬세하고, 너무 사적인 분위기이며 결과적으로 깊은 인상을 남기는 데는 실패했다." 그러나 카르사비나의 춤은 보몬트가 기억할 만했다. 그는 그전 해부터 카르사비나와 볼름을 알고 지내는 사이였고 이제 그녀에 관한 책을 쓰려고 결심했다. 그녀가 묵고 있던 사보이 호텔로 방문했더니 철저하게 일하는 사람의 전형대로, 이미 그를 위해 자신의 경력에 대한 연대기를 준비하고 있었다. 인터뷰는 순조롭게 진행되었다. 그러나 제1차 세계대전이 터졌고, 결국 보몬트가 출간한 책은 스베틀로프가 집필한 발레리나에 관한 에세이였다.[91]

6월 15일《금계》에서 카르사비나는 세마칸 여왕, 볼름은 도돈 왕을 추었다. 놀라운 일도 아니지만, 런던 관객들은 오페라-발레에 많은 찬사를 보냈다. 찰스 리케츠는 자신의 저널에 새로운 프로덕션이 "모든 이유를 막론하고" 자기에게 기쁨은 안겨 주었다고 적었다. "그리스 비극에서 탄생했기에 지켜야 할 장르의 원칙, 그리고 일본의 노 춤Japanese No Dances에서 차용한 원칙을 가장 생생하게 해석하여 풀어 놓았다. 이 해석은 훌륭했다. 카르사비나는 매혹적인 힌두 우상같이 보였고 그녀의 춤과 마임은 누구와도 견줄 수가 없었다."[92] 오스버트 시트웰은 다음과 같은 글을 썼다.

오페라계에서는 절대로 꿈도 꿀 수 없는 프로덕션 (…) 가장 드라마틱하고 지난 세기를 생각나게 하는 음악 중 일부를 우리 앞에 보여 준 것과는 별개로《금계》는 대규모의 풍자로 구성되어 있다. 거대한 꽃과 밝은 색조의 건물들을 배경으로 펼쳐지는 과장한 듯하면서 꿈결 같은 리듬 속에서, 왕의 죽음에서 일종의 즐거움과 위대함에 대한 조롱을 느낄 수 있었다. 다행스럽게도 대성공을 하였고 상류층 관객들은 작품의 의미나 함축에 너무 집중하지 않으면서도 작품의 아름다움과 특이함을 즐길 수 있었다.[93]

거의 관심을 불러일으키지 못한《나이팅게일》과《미다스》가 초연한 지 3일 후, 시트웰은 스트라빈스키를 곱지 않은 시선으로 언급했다. 작곡가는 "흰 장갑을 끼고 티아라를 착용하고 고개를 끄덕이면서 그에게 충분히 예의 바르게 박수를 보내고 있는 청중들"에게 인사하면서도 "현실적인 판단이 빠른 듯이 보이기도 하고 멍한 표정이기도 하고, 약간 화가 난 듯한 태도"를 보였다고 적고 있다.[94]

비엔나에서 바슬라프와 로몰라는 예정일을 넘겼는데도 아직 나오지 않고 있는 그들의 아기 이름을 짓느라고 골몰하고 있었다. 니진스키는 아기가 아들이라고 확신을 했고 아기를 블라디슬라프Vladislav라고 부르기를 원했는데 로몰라도 동의했다. 궁정 장관인 몬테누오보Montenuovo 공작은 6월 18일 호프오퍼Hofoper에서 열리는 리하르트 슈트라우스의 오페라《엘렉트라》첫날 공연에 부부를 초청했다. 이때 몬테누오보 공작은 농담 삼아 "이런 현대 음악을 듣고도 아기가 나오지 않는다면, 그러면 절대 나오지 않을 것 같다"고 말했다. 그들은 공연 후 돌아갔고 그다음 날 아기가 태어났다. 로몰라의 언니 테사가 그녀에게 전해 준 말에 의하면 "간호사가 니진스키에게 '여자아이예요. 건강한 아기입니다'라고 알려 주었을 때 바슬라프는 잠시 자제력을 잃고 그의 장갑을 바닥에 팽개쳤다"고 했다. 그러나 그 후 바로 니진스키는 실망한 로몰라를 위로하고 즉시 딸을 정성을 다해 돌보았다. 아이의 이름은 키라Kyra라고 지었다.[95]

《요셉의 전설》드레스 리허설에서 찰스 리케츠가 쓴 글. "런던의 축소판을 보는 듯했다. (…) 레이디 다이애나 매너즈는 황홀해하는 관객들이 보는 앞에서 이 박스 석에서 저 박스 석으로 발코니를 넘어 다녔다."[96] 런던 관객들은 이 새로운 작품은 물론 미아신의 데뷔까지도 환영할 준비를 했고 23일 초연 때는 파리보다 훨씬 더 좋은 반응을 보였다. 미아신의 춤은 "니진스키의 계승자로 기대를 했던" 관객들에게는 실망이었다, 그러나 요셉 역은 대부분 마임이었고 배우로서 미아신은 웬만큼 인상을 남겼다.[97] 미아신은 훗날 이렇게 회상했다. "나는 이제 요셉 역으로 인해 더욱 더 행복을 느꼈고 첫날 춤을 춘 후 따뜻한 환영을 받아서 많은 용기가 생겼다."[98] 카르사비나는 미아신의 공연에 대해 "꽤 잘했다. 그 시절에 미아신의 테크닉 부족은 그가 창조한 이미지, 젊고 순수한 이미지에 더해 연민을 자아내게 했다"고 했다.[99] 카르사비나는 이제 포티파르 부인 역을 처음으로 췄는데 "내가 이 역에 맞는가 하는 일상적인 의문을 가지지도 않고 이 역을 받아들였다"고

소회를 썼다. 런던에서 슈트라우스는 자신의 발레를 지휘했고 작곡가는 스트라빈스키와 카르사비나가 참석한 가운데 21일, 그의 50회 생일 리셉션을 음악 클럽에서 개최하여 축하했다. 슈트라우스는 리허설을 할 때 카르사비나에게 역에 대해 많은 조언을 해주었고 그녀의 공연을 아주 기쁘게 보았다. 슈트라우스는 나중에 비엔나에서 이 발레를 공연할 때마다 그녀에게 포티파르 역을 추게 하려고 애를 썼다.[100]

로몰라는 레이디 리펀이 "니진스키가 사귄 친구 중에 가장 믿을 만한 친구임을 증명했다"고 썼다. 그녀는 런던에서 '러시아 발레 공연 프로덕션 위원회Production Committee of the Russian Ballet Performances'의 발제자로서 그녀의 영향력을 사용하여 댜길레프가 시즌이 취소되는 경우가 아니면 자신의 발레단 공연에 의무적으로 니진스키를 출연시키도록 했다. 이 일을 마무리하자 레이디 리펀은 바슬라프에게 즉시 런던으로 오라고 했다. 니진스키는 기뻐하며 6월 말 런던으로 떠났다. 니진스키가 《장미의 정령》과 다른 작품에서 세 번 추게 되어 있었다. 그러나 그가 런던에 도착하고 보니 레이디 리펀, 건스부르그, 트루베키만이 자신의 편이었고 대부분의 발레 단원들은 그를 싸늘한 눈초리로 바라보았다. 그는 이런 상황을 더는 견딜 수가 없어서 레이디 리펀에게 감사와 사과의 글을 적어 보내고 즉시 비엔나로 떠났다. "왜냐하면 그가 만약 후작부인을 만난다면 그녀의 간청에 굴복할 것 같았기 때문이다."[101]•

6월 28일 프란츠 페르디난도 대공이 사라예보에서 암살된 1차

826

대전을 촉발하는 사건은 바슬라프가 런던으로 가는 도중에 일어났다. 7월 초 그가 비엔나로 돌아간 이후 레이디 리펀은 그에게 편지와 전보를 계속 보내서 가족들을 데리고 런던으로 오라고 사정을 했다. 니진스키 부부는 레이디 리펀이 여전히 댜길레프와 니진스키를 화해시키려고 이런다고 믿었다. 이 부부는 나중에 그들 부부 보고 오라고 한 진짜 이유가 전쟁 때문이라는 것을 알게 되었다. 로몰라의 주치의의 충고로 니진스키는 비엔나에 7월 말까지는 머무르기로 했다. 그러고는 그들은 부다페스트를 거쳐 러시아로 가려고 했다.[102]

7월 25일 런던 시즌의 마지막 날이었다. 《파피용》,《요셉의 전설》,《페트루슈카》가 마지막 프로그램이었다. 기립박수가 엄청나게 울려 퍼지면서 길게 이어졌다. 무용수들은 조셉 비참 경을 커튼 앞으로 데리고 나와서 그에게 금박으로 만든 월계관을 씌워 주었다.[103] 방화 막 커튼이 아래로 내려온 후에도 박수는 계속되었고 댜길레프는 분장실에서 이미 옷을 갈아입기 시작한 카르사비나에게 몇 번 더 커튼콜을 하든지, 아니면 커튼을 돌아 객석으로 들어가든지 하도록 했다. "나는 거기 잠시 서 있었는데, 특이하게 혼란스러웠다. 내가 마치 극장의 규칙을 어기고 있는 듯한 기분이었다. 흥분한 관객들이 앞으로 돌진했다. 나는 돌아서서 도

---

• 누벨에게 보낸 그리고리예프의 편지에 따르면(하스킬의 『댜길레프』 259, 260쪽에서 인용) 레이디 리펀은 오로지 화해의 기회를 찾으려고 니진스키를 설득했다. 포킨의 계약은 니진스키가 발레단에서 춤을 출 수 없도록 했다. 니진스키가 이렇게 빨리 런던을 떠난 이유는 아마도 그가 이 내용을 알게 되었기 때문으로 추정된다.

망갔다."[104] 리케츠는 러시아 발레단의 마지막 공연 모습에 관해 그의 저널에 "카르사비나에게 감동한 관객들의 작별 인사"[105]라고 실었다. 그러고는 고든 보텀리에게 이렇게 써서 보냈다. "신작 발레들은 모두 찬탄스러울 정도였으며 니진스키의 부재를 메꾸었다."[106]

《요셉의 전설》공연 첫날 밤 발레의 공동 대본가 하리 케슬러 백작은 지금 예정된 독일 투어를 못할 수도 있다고 댜길레프에게 넌지시 암시를 했지만, 댜길레프는 은근한 이 경고를 완전히 무시했다.[107] 1914년임에도 전쟁의 위협에 대해 많은 사람이 귀를 닫고 있었다는 사실 자체가 놀랍다. 그리고 그들은 전쟁이 발발했을 때조차 몇 달이면 끝날 것이라고 예상했다. 카르사비나는 시즌이 끝나갈 때 즈음 뭔가 마음이 편하지를 않았고 "집에 가고 싶은 간절함"을 경험했다.[108] 그러나 댜길레프는 그녀에게 하루만 더 머물러 달라면서 그녀와 의논할 것이 있다고 말했다. 그녀에게 지난 2년간 출연료를 한 푼도 주지 못했다. 그는 이 사실을 조셉 비참에게 조심스럽게 언급했고 그 결과 비참은 어느 날 저녁 카르사비나의 분장실에 와서 그녀에게 2천 파운드를 수표로 주었다. 이는 댜길레프가 비참에게 말했기 때문임은 말할 것도 없었다. 댜길레프는 카르사비나에게서 4백 파운드를 빌리기를 원했다. 그러기 위해서는 카르사비나가 은행 업무를 봐야 했고 그러다 보니 러시아로 출발을 하루 연기해야 했다.[109] 발레단은 휴일에 들어갔고 모두 흩어졌으며 10월 1일 독일 투어를 위해 베를린에서 만나기로 했다. 8월 4일 전쟁이 선언되었을 때 그리고리예프는 페테르부르크에 방금 도착한 때였다. 포킨 부부는 파리에, 미아신은 댜길레프와 합류하기 위해 밀라노에 있었고 체케티는 비아레조에 있었다. 런던에서 카르사비나가 출발이 늦어짐으로써 카르사비나는 독일과 러시아 국경에서 다시 돌아오는 결과가 되었다. 그녀는 네덜란드를 거쳐 영국으로 돌아왔다. 그러고는 결국 몇 주 뒤에 "다양한 이동 수단"을 통해 페테르부르크에 도착했다.[110] 그녀는 완곡하게 이 여행에 대해 묘사했다. 그녀의 이런 시련들은 신문에서 다루어졌고 8월 27일 찰스 리케츠는 그의 저널에 글을 실었다. "불쌍하고 조그만 카르사비나에 대한 신문의 글을 읽어 보라. 감탄스럽고 비교 불가한 마임의 소유자인 그녀는 다른 러시아 난민들과 함께 물건 싣는 트럭을 타고 독일을 통과해야만 했고 도살장에 갇혀 있어야 했다."[111]

니진스키 가족은 에밀리아 마르쿠스와 일주일을 보낸 뒤 부다페스트를 떠날 준비를 하고 있었는데 러시아 국경이 봉쇄되었음을 알게 되었다. 도시는 행진하는 군대로 가득했다. 바슬리프는 "죽음의 전장으로 가는 이 젊은이들은 도대체 무엇을 위해?"라면서 탄식했다. 오로지 자신들의 어려움만 생각할 수밖에 없는 로몰라는 니진스키가 다른 사람 걱정하는 것이 의아했다. 그들은 기차를 놓쳤고 이제는 로몰라 삼촌의 도움을 받아 이탈리아로 밀입국할 수 있는 희망이 남아 있었다. 그러나 이 일이 진척되기 전에 그들은 적성국 국민이라는 이유로 가족 세 명 모두 체포되었다. 그들은 전쟁포로로서 그 기간에 구금될 것이라는 말을 들었다. 그들은 에밀리아 마르쿠스의 집으로 거주가 한정되며 매주

경찰에게 보고하라는 명령을 받았다.[112]

댜길레프는 오토 칸과 미국 시즌을 위해 계약에 서명했다. 오토 칸은 뉴욕 메트로폴리탄 오페라 하우스 이사회 의장이었다. 칸의 조건은 두 가지였다. 첫째는 댜길레프가 반드시 발레단과 함께 와야 하며, 둘째는 카르사비나와 니진스키, 그 외 자신이 지정한 무용수들이 발레단 주역을 해야 한다는 것이었다. 댜길레프와 니진스키는 그 필요성 때문에 화해가 가능한 듯이 보였다. 그러나 처음에 댜길레프는 니진스키 가족이 전범이라는 사실을 이해하지 못했다. 바슬라프는 그에게 "전쟁 때문에 부다페스트를 떠날 권리가 없다"고 소식을 전했다.[113]

플로렌스에서 댜길레프가 스위스의 스트라빈스키에게,
1914년 11월 25일
니진스키는 어리석게 행동하는군. 그는 나의 세부 사항에 대답도 하지 않았고, 나의 판단으로는 공정한 편지와 그가 그것을 받았는지 답변을 요구하는 회신료가 선불된 나의 겸손한 전보에 오로지 다음과 같은 대답만 했다. "편지 받았음. 갈 수 없음." 확신하건대, 그의 부인이 그를 부다페스트 오페라의 최초 발레 마스터로 만들려고 바쁜가 봐. (…) 나는 그에게 두 번째 편지를 쓸 것인데 이제는 덜 겸손하고 덜 합리적으로 편지를 보내려고 해. 이 불쌍한 인간이 이제는 농담이 아니라는 것을 이해할 걸세.[114]

그리고리예프는 댜길레프가 니진스키의 안무에 대해 신뢰를 잃었다고 한 판단은 잘못 내린 것이었다. 스트라빈스키에게 보낸 위의 그 편지에서 댜길레프는 스트라빈스키가 작곡하고 있는 작품으로 또 다른 안무를 언급하고 있다. "《결혼》에 관한 안무 동작의 창안은 확실히 니진스키만이 가능하다. 그러나 나는 그와는 앞으로 몇 달간은 아직 그 문제에 대해 논의하지 않을 작정이다."[115]

처음 충격을 받은 이후, 로몰라가 고위층 친척들의 도움을 받아 헝가리에서 출국하려던 다양한 계획들은 실패했다. 니진스키 가족은 짧은 전쟁 기간에만 자유가 제한된다는 것을 확신하면서 안정을 취했다. 전쟁은 연말이 되면 중단될 것이 확실했다. 로몰라는 어느 고위 관료로부터 니진스키가 적성국 시민이기 때문에 그녀가 취할 수 있는 가장 현명한 행동은 이혼하는 것이라는 말을 들었다. 로몰라에 의하면 에밀리아 마르쿠스도 비슷한 의견을 가지고 있었다. 그녀 가족 중에, 그리고 그녀의 집에 러시아인이 있다는 것은 에밀리아 자신과 그녀의 남편으로서도 곤란했다. 그녀는 위대한 예술가이며 천재로서 그녀의 사위를 좋아했다. 그러나 사위는 지금 일을 하지 않고 있으며 당장은 일을 언제하게 될지도 모르는 상황이었다. 그리하여 에밀리아는 딸 가족을 부양하고 있었다. 파르다니(로몰라의 계부)는 눈치 없이 러시아에 대한 승리를 떠들었다. 이는 니진스키를 불안하게 했으며 로몰라를 짜증나게 했다. 키라에 대한 에밀리아의 걱정도 로몰라가 느끼기에는 간섭으로 받아들여졌다. 그리하여 니진스키 가족은 점점 그 집에서 자기들이 머무는 영역에서만 한정되게 살았다.

로몰라는 "우리는 바깥세상으로부터 완전히 단절되었다. 바슬라프와 나는 우리끼리 충분히 만족하며 살았다. 나는 그가 결혼에 만족한다는 것을 알았다. 그리고 그는 결혼 후 일어난 어떤 일에 대해서도 나를 원망하지 않았다"고 썼다. 겨울 동안 그들은 톨스토이, 체홉, 푸시킨을 읽었다. 니진스키는 이 작품들에 대해 부인에게 설명해 주었다. 그들이 도스토옙스키의 『죽은 자의 집』을 읽었을 때 로몰라는 "아마도 내가 니진스키에게 비슷한 운명을 가져온 것이 아닌가 하는 느낌을 가지지 않을 수 없었다. (…) 내가 그 점에 대해 말을 하니 바슬라프는 대담하게 '다른 사람들은 죽어가고 있고 훨씬 더 큰 고통을 받고 있어. 나는 영혼 속에 나의 예술을 갖고 있어. 그것은 누구도, 그 어떤 것도 빼앗을 수가 없어. 행복은 우리 안에 있어. 우리가 어디를 가든 우리가 행복을 가지고 다니면 돼'라고 말했다." 봄이 되자 그들은 더 오랫동안 산책할 수 있었다. 니진스키는 자연에서 위안을 찾았다. 그는 억류된 이후부터는 발레를 연습할 기회가 없었다. 연습할 수 있는 시설 사용이 금지되었고 여름에도 에밀리아 집의 바닥이 딱딱한 테라스로 만족해야 했다. 그러나 피아니스트인 로몰라의 사촌 릴리 드 마르쿠스가 니진스키를 위해 매일 피아노를 치기 시작했다. 니진스키는 한참 전부터 창작을 원했던 중세를 테마로 한 발레를 안무하기 시작했다. 그리고 릴리가 슈트라우스의 교향시 「틸 오일렌슈피겔의 유쾌한 장난」을 연주했을 때 바슬라프는 아이디어를 떠올리기 시작했다. 바슬라프는 로빈 후드Robin Hood와 로빈 굿펠로우Robin Goodfellow를 섞어놓은 듯한 13세기 플레미시 지방의 영웅, 틸에 관해 찾을 수 있는 모든 자료를 읽었다. 틸에 관해서는 광범위하게 다양한 버전의 신화가 있다. 틸의 다양한 버전을 원작으로, 그의 콘셉트에서는 부자를 놀리고 가난한 사람들을 선동해서 반란을 일으키는 틸을 가지고 안무적인 에피소드를 구성했다. 그는 《제전》을 할 때 그의 작품을 발전시킨 방식으로 "그들이 마치 하나인 것처럼 20명이 같은 동작을 구사하도록" 그룹의 동작을 고안했다. 이 작품에서 재미 삼아 그는 로몰라와 그의 사촌을 위해 러시아 집시 댄스 춤을 추었다. 그는 한순간에 거칠고 사납고 야만적인 소녀로 변해서 그의 손가락 끝에서부터 그의 발끝까지 전체로 몸을 떨면서 어깨는 마치 나머지 몸통과는 독립적인 듯이 흔들었다. 그러고는 그는 마린스키 발레단의 다른 발레리나 흉내를 내었다. "우리는 종종 그에게 크체신스카야가 어떻게 춤을 추는지 보여 달라고 졸랐다. 그가 우리한테 농촌 여인들이 춤추는 동안 어떻게 교태를 부리는지를 보여 주었고, 우리는 그 장면을 제일 좋아했다. 그는 매혹적인 시선을 던지고, 관객의 감각을 거의 열광시킬 정도로 유혹하는 태도로 흔들어대는 비할 데 없는 방법을 가지고 있었다."

동시에 니진스키는 지난 몇 년 동안 몰두했던 무용의 안무를 기록하기 위해 무보舞譜를 고안하기 시작했다. 그는 이 작업이 진행되는 대로 로몰라에게 가르쳤다.•

로몰라는 어머니와의 생활이 점점 더 참을 수가 없게 되었다. 그녀는 빈으로 가서 전시내각의 일원이던 그녀의 삼촌에게 자기

---

• 그러나 그녀는 내용을 기억하지 못했다.

부부를 강제 수용소로 보내 달라고 간청을 했다. 하지만 이는 로몰라의 삼촌도 할 수 없는 일이었다. 삼촌은 조카에게 참으라고 달래면서 국제 적십자사를 통해 러시아에 포로로 잡혀 있는 오스트리아군 장교 다섯 명과 바슬라프를 교환하는 작업을 추진할 계획이라고 조카에게 말했다. 그녀는 새로운 희망을 품고 부다페스트로 돌아왔다.

키라는 이제 걷고 뛰고 손풍금으로 치는 음악에 맞추어 춤까지 출 정도였다. 바슬라프는 그녀가 무용할 것이라고 확신했다. 딸을 돌보는 일은 니진스키에게 가장 큰 위안이 되었다. 레이디 리편에게서 소식이 왔으며 로몰라의 숙모에게서 소식이 왔는데 그들은 바슬라프의 자유를 위해 작업을 하고 있었다. 댜길레프와 그의 인생에 관해 토론할 때도 바슬라프는 "내가 한 어떤 일도 절대 후회하지 않을 것입니다. 왜냐하면 인생에서 모든 경험은, 진실을 찾기 위한 목적이 있다면 행복을 가져다주니까요. 후회하지 않아요. 나는 결코 세르게이 파블로비치와 나의 관계도 후회하지 않습니다. 설사 윤리적으로 비난받을지라도"라고 말했다. 그는 댜길레프에 대한 그의 사랑을 의심하기 시작했다. 에이번호에서 그는 로몰라에게 그 말을 했고 시베리아에서 설교하는 수도사가 될 것을 생각했다. 니진스키는 부다페스트에서 그녀가 자신의 리허설을 몰두하여 보고 있을 때 그녀를 처음 본 이야기를 했다. 그는 계속 그녀를 "사교계의 버릇없는 소녀, 하지만 그녀는 영혼을 지니고 있다"고 판단했다. 니진스키는 로몰라에게 더 사랑하는 누군가를 만난다면 자신에게 말하라고 하면서 대화를 끝냈다. 그녀의 행복은 그에게 가장 중요했다.

에밀리아 마르쿠스가 로몰라와 니진스키에게서 벗어나기 위한 부린 교묘한 술책은 경찰 조사로 그 정점을 찍었다. 당국에 니진스키가 군사 '계획'에 대해 수학적인 기호로 기록하는 작업을 한다는 보고가 들어왔다. 며칠간의 조사 이후 경찰은 그 '계획'이 니진스키의 무보 작업임을 인정했다. 그들은 니진스키에게 무보 작업을 이룬 것에 대해 축하를 했다. 경찰서장은 니진스키 가족의 곤경에 대해 가장 동정적이었다. 그리하여 1915년 가을에 바슬라프는 헝가리인 기획자의 방문을 맞이할 수 있었다. 그는 댜길레프가 러시아 발레단을 데리고 북미 투어를 떠날 예정이며 니진스키가 그 투어에 필요하다는 소식을 전해 주었다. 얼마 지나지 않아 소식이 오기를 경찰이 보헤미아의 칼즈배드에서 세 명의 포로와 교환할 계획이라는 답을 들었다. 경찰서장은 니진스키 가족이 로몰라가 비엔나에 의사 만나러 가는 여행을 중단해야 한다고 제안했다. "그는 우리가 자유로워지는 방법을 제시한 것으로 우리는 이해했다."[116]

그러는 사이 비아레조에서 댜길레프는 자신의 발레단을 소집하고 앞으로의 시즌을 기획하느라 바삐 움직이고 있었다. 트루베키는 무용수를 모집하는 의무를 띄고 폴란드로 갔다. 댜길레프는 스트라빈스키의 음악과 18세기 작곡가들의 음악으로 새로운 발레를 만들려고 구상하고 있었다. 이 신작의 무대는 곤차로바와 라리오노프에게 맡길 계획이었다. 1915년 8월 댜길레프와 미아신은 플로렌스로 가서 같이 그림을 둘러보았다.

미아신은 다음과 같이 썼다.

종종 댜길레프는 특정한 그림들, 특히 틴토레토, 티치아노와 미켈란젤로*의 그림들 속에 등장하는 인물의 동작과 위치를 재현해 보도록 나에게 용기를 주었다. 우피치 박물관에서 어느 날 오후 내가 프라 필리포 리피Fra Filippo Lippi의 「마돈나와 아기」 그림을 보고 있을 때, 댜길레프가 나에게 다음과 같은 말을 했다. "네가 발레를 안무할 수 있을 것 같아?", "아뇨." 나는 생각할 필요도 없이 대답했다. "나는 절대 하지 못할 것이 확실합니다." 그러고는 우리가 다른 방으로 들어갔는데 시몬느 마르티니Simone Martini가 그린 「수태고지 Annunciation」의 선명한 색감이 눈에 들어왔다. 천사 가브리엘과 성모 마리아의 섬세한 동작을 살펴보면서 내가 플로렌스에서 본 모든 것은 결국, 이 그림으로 귀결되는 듯이 느꼈다. 이 그림은 나에게 결국은 내가 가야 할 길로 따라오라고 손짓하며 미지의 세계로 들어가는 열쇠를 쥐어주는 듯했다. 나는 댜길레프에게 "예, 나는 발레를 창작할 수 있을 것 같아요. 하나가 아니라 1백 편의 작품을, 당신께 약속합니다"라고 했다.[117]

댜길레프는 곧 그에게 기회를 주었다.

댜아길레프는 미아신을 데리고 플로렌스에서 로마로 갔다. 그러고는 세르트, 미샤와 함께 그들은 차로 스위스에 갔다. 로잔 근처 우시에 있는 빌라 벨레리브Villa Bellerive에 정착했다. 여기가 한

---

• 미켈란젤로의 그림은 플로렌스 다음으로 갔던 로마에서 본 것 같다. 플로렌스에는 미켈란젤로의 조각이 많이 있다.

동안 댜길레프의 본부가 되었다. 러시아에 있던 그리고리예프를 불렀다. 그는 핀란드, 스웨덴, 노르웨이, 영국, 프랑스를 거쳐 댜길레프의 빌라에 당도했다. 그가 도착해 보니 댜길레프 주위에는 새로운 예술 '위원회'가 형성되어 있었다. 그 멤버로는 스트라빈스키, 박스트, 라리오노프, 곤차로바, 미아신, 스위스 출신 지휘자 에르네스트 앙세르메. 그리고리예프는 발레단을 모으기 위해 즉시 올 때와 같은 우회로를 통해 러시아로 돌아갔다.[118] 댜길레프는 미아신을 잘 교육하면 위대한 안무가가 될 수 있다고 확신을 했다. 그는 라리오노프에게 미아신이 안무하는《전례Liturgie》를 돕도록 했는데 음악이 없는 미사 버전(댜길레프가 처음에 원했던 형식)이지만《제전》과 같은 동작을 적용했다. 여러 개의 에피소드로 리허설이 시작되었고 곤차로바와 라리오노프는 디자인을 시작했다. 그러나 댜길레프는 곧 이 작업을 포기했다.[119] 다음 작품으로 댜길레프는 미아신에게 림스키코르사코프의 「스노우 메이든Snow maiden」 음악을 가지고 안무하기를 권했다. 이번에도 이 발레를 디자인하는 라리오노프가 미아신의 안무를 돕도록 하면서 작업에 들어갔다. 이 발레가《자정의 태양Le Soleil de nuit》이다.

무용수들이 로잔에 도착하고 리허설이 진행되었다. 런던 뮤직홀에서 춤을 추고 있던 무닝소바와 크렘네프. 멋지게 생긴 폴란드 출신의 젊은 무용수 스타니슬라스 이드지돕스키Stanislas Idzidovsky는 크렘네프가 런던에서 만나 그리고리예프에게 오디션을 받도록 소개하여 통과해서 합류하게 된 무용수였다. 바르샤바에서 온 보이치콥스키Woizikovsky, 슬라빈스키Slavinsky, 두 사람은 트루베키가 스위스에서 폐렴 치료를 한다는 명분으로 폴란드에서 데리고 나왔다. 체르니체바, 볼름, 가브릴로프, 즈베레프. 세 쌍의 자매들—베라와 리다 넴치노바Vera & Lida Nemchinova, 마리아와 갈라 샤벨스카Maria & Gala Chabelska, 루바와 누라 수마로코바Luba & Nura Soumarokova.[120] 그리고리예프는 몇 번이나 영국과 핀란드를 거치는 용감무쌍한 여행을 하면서 러시아에서 모집한 무용수들을 여러 그룹으로 댜길레프에게 보냈다. 그는 포킨과 카르사비나가 전쟁 기간에 러시아를 떠나 발레단에 합류하도록 하는 데는 실패했다. 댜길레프는 당시 니진스키의 억류가 풀리기를 희망했기 때문에 포킨 없이 시작하는 미국 계약 건은 크게 걱정하지 않았다. 그러나 발레단은 뛰어난 발레리나가 없이는 이끌어 갈 수가 없었다. 올가 스페시브체바Olga Spessivtseva는 러시아에서 오지 않았다. 그 대신 그리고리예프는 모스크바에서 제니아 마클레초바Xenia Makletsova를 데리고 왔다.[121]

무닝소바가 도착하자 바로 직후에 댜길레프는 그녀가 《카니발》의 파피용 역을 포함한 솔로 배역을 추어야 한다고 말하면서 그녀의 이름을 리디아 소콜로바로 다시 지어 주었다. "나는 너가 소콜로바라는 이름에 걸맞는 활동을 하기를 희망한다. 소콜로바는 러시아에서 위대한 발레리나였다. 지금부터는 네가 러시아인이라는 것 이외에 다른 사항은 모두 잊기를 바란다."[122] 그리고리예프가 다시 로잔으로 돌아왔을 때는 대부분의 무용수들이 모였다. 리디아 로푸호바는 러시아 발레단을 떠난 이후 미국에 있었는데 뉴욕에서 다시 합류했다. 로푸호바와 마클레초바는 카르사비나의 배역을 맡았다. 댜길레프는 이다 루빈스타인이 맡았던 조베이다, 클레오파트라, 타마르 역을 맡을 계승자를 찾아야 했다. 그동안 로샤나라Roshanara, 아스타피에바, 카르사비나가 여태 이 역들을 번갈아 했었고 마타 하리는 거의 할 뻔했다. 댜길레프는 임시변통이긴 했지만 박스트가 추천한 키가 크고 인상적인 프랑스 출신 오페라 가수 플로르 르발르Flore Revalles를 고용했다.[123] 박스트는 제네바에서 공연하는《토스카》에서 그녀를 보았다.[124] 그녀는 미국에서 인기가 많았다. 댜길레프는 이제 발레단을 모두 꾸렸다. 하지만 뉴욕 공연을 위해 오토 칸이 꼭 출연시켜야 한다는 무용수 중에는 볼름을 제외하고는 아무도 출연시킬 수가 없었다. 댜길레프의 유일한 희망은 니진스키였지만 지금 댜길레프가 알게 된 사실은 니진스키는 전쟁포로라는 것이었다.

전쟁 전의 모든 것이 호화롭던 발레단 시절은 비록 끝이 났다고는 하지만 소콜로바는 발레 뤼스에서 활동하던 시절 중에서 스위스에서 보낸 6개월이 가장 행복했다고 믿었다. 그녀가 느끼기로는 댜길레프가 비록 자금 조달 때문에 파리를 자주 방문하기는 했지만, 그도 역시 행복해했다. "우리는 댜길레프가 파리 방문 후 목적을 달성하고 왔을 때는 언제인지를 알 수 있었다. 왜냐하면 성공했을 때는 마신이 그의 작은 손가락에 또 다른 사파이어 반지를 끼고 있기 때문이었다. 니진스키처럼 마신도 반지를 여러 개 모았다. 그러나 니진스키는 금으로 세팅이 되어 있었고 마신은 백금으로 세팅된 것이 달랐다."[125] 댜길레프는 위대한 안무가가 될 자질이 보이는 미아신을 발굴했다는 확신이 들면서 가장 큰 용기가 생겼다. 그리고 《자정의 태양》은 한창 작업 중이었으며, 12월에 적십자 자선 마티네 공연에 두 번 하기로 계약을 맺었다. 20일 제네바에서 미아신의 발레를 초연했다. 보빌 역에 즈베레프, 자정의 태양 역에 미아신이 맡았다. 라리오노프가 화려한 색감이지만 무거운 의상을 디자인해서 동작이 제한적일 수밖에 없었지만 무용수들은 열정적으로 공연했고 공연은 성공했다. 이드지콥스키, 마클레초바, 소콜로바는 《카니발》을 추었고, 마클레초바와 볼름은 《파랑새》 파드되를 추었다. 《카니발》 대신 《셰에라자드》에서 르발르가 데뷔했는데 이 프로그램은 29일 파리 오페라 무대에서 다시 공연했다. 이때 지휘는 에르네스트 앙세르메였다. 댜길레프는 그가 키운 미아신의 첫 발레가 성공한 것이 기뻤다. 댜길레프는 스베틀로프에게 "보다시피 재능만 있으면 순식간에 안무가를 만들 수 있어!"라고 말했다.[126]

1916년 새해 첫날, 발레단은 보르도에서 배를 타고 뉴욕으로 향했다. 바슬라프와 로몰라는 1월초 비엔나에 도착했다. 그들은 자신들이 얼마나 오랫동안 포로로 남아 있어야 하는지를 몰랐다. 그러나 그들은 아주 정중한 예우로 대접받았고 브리스톨 호텔에서 묵었다. 칼즈배드로 떠나는 것은 무기한 연기되었다. 니진스키의 포로 교환을 위한 오스트리아 측 조건은 교환이 불가능하게 되어 있었다. 레이디 리펀과 그레퓔 백작부인은 니진스키를 위한 지지자들의 리스트를 작성했다. 알렉산드라 왕비와 황후 마리 페오도로브나, 오스트리아 황제 프란츠 요셉에게 탄원을 요청했다. 스페인 왕을 통한 교황의 지지까지 얻었다.[127] 이들이 니진스키의 석방을 요청했다. 처칠의 비서이며 영국 작가인 에드워드 마시Edward Marsh는 "전쟁 중에 그가 한 일 중 최고 잘한 일"이라고 썼다.[128] 댜길레프가 비록 봄까지는 안된다고 하더라도 니진스키의 석방을 기대한 것은 이해가 된다.[129] 니진스키 부부는 소식을 기다리는 동안 거의 일상적인 생활을 할 수 있었다. 니진스키는 비엔나 오페라 하우스를 맘대로 들락거릴 수 있는 통행권을 받았고 테아터 안 데어 빈Theatre an der Wien의 무대에서 연습할 수 있도록 사용 허가를 받았다. 여기서 니진스키는 안무 시《메피스토 왈츠Mephisto Valse》에 대한 작업을 했다. 이 작품은 클래식 무용이며 중세 정신이 표현되는 것으로, 리스트의 음악으로 안무한 작품이었다. 이 작품은 모두 마흔다섯 명의 댄서를 필요로 했고, 니진스키가 춤추는 모든 역은 각각 완벽한 특징이 부여되었다. 동시에 그는 로몰라의 형부(니진스키의 손위 동서)인 유명한 테너 에릭 슈메데스Erik Schmedes와 함께 작업했다. 니진스키는 바그너 오페라를 위한 춤의 안무도 구상하면서 전쟁이 끝나면 바이로이트에서 실현되기를 희망했다. 니진스키는 자신을 그린 화가 코코슈카Kokoschka를 만났다. 그리고 그는 자신이 아는 작품인 「달에 홀린 피에로Pierrot Lunaire」의 작곡가 아놀드 쇤베르크를 하이칭Heitzing에 있는 빌라로 방문했다. 그의 음악과 자신의 춤을 주제로 논의했다. 니진스키는 비엔나에서 리하르트 슈트라우스를 만났다. 슈트라우스는 바슬라프가 자기 음악 「틸 오일렌슈피겔」로 안무한 것에 대해 매우 기뻐했다. 작곡가는 자신의 악보를 무용에 맞추어 수정하는 것까지도 제안했지만, 니진스키는 원 악보에 충실하게 맞추어 안무했다.《메피스토 왈츠》를 완성한 후 그는 일본풍의 발레를 작업하기 시작했다. 그러나 이 작품은 완성되지 못했다.[130]

댜길레프 발레단은 1916년 1월 12일 뉴욕에 도착하여 즉시 강도 높은 리허설을 일주일간 했다. 뉴욕에서 처음 2주의 공연은 센트럴 파크 웨스트에 위치한 조그만 센추리 시어터Century Theatre에서 공연했다. 마클레초바는《불새》와《마법에 걸린 공주》에서 발레리나 역을 맡았다. 로푸호바는 이제 발레단에 합류하였고 한동안 연기를 하다가 다시 발레로 돌아왔다. 댜길레프는 미아신의 이름을 더 간단히 마신이라고 지었으며 마신은 로푸호바를 위해 그의 작품에 새로운 춤을 삽입했다. 르발르는 조베이다, 체르니체바는《불새》에서 공주 역을 맡았다. 니진스키 역은 재분배되었다. 볼름은《셰에라자드》의 흑인 노예(전에도 볼름이 춘 적이 있다),《마법에 걸린 공주》에서 왕자 역(볼름과는 정말 맞지 않은 배역)을 맡았다. 마신은 목신, 페트루슈카 역을 했고 후에는 역할을 배워서 아몬과 니그로 역을 맡았다. 마지막 순간에 큰 사건이 터진 듯했다. 볼름이 며칠간 아팠고 일요일 저녁에 예정된 사설 공연에서 춤을 출 수가 없었다. 첫날 발레 뤼스 공연에서도 볼름의 건강 상태는 회복되지 않았다.[131]

17일 월요일 오프닝 프로그램은《불새》,《셰에라자드》,《마법에 걸린 공주》,《자정의 태양》이었다. 마신은 관객들의 반응이 실망스러웠다. 그리고 댜길레프는 뉴욕 사람들이 자신들의 작품을 감상할 정도가 되는지 의심스러웠다. 마신은 댜길레프가 자신에게 이런 말을 했다고 썼다. "미국인들은 여전히 발레를 가벼운 여흥 거리 정도로 생각하는 것 같다. 열심히 일하고 난 다음 즐기는 쇼 정도로 생각하는 듯해!"[132] 다음 날 아침 리뷰 글은 댜길레프가 의구심을 가진 문제들을 알고는 있었으나 아주 높게 찬사를 보냈다.『통상 신문Journal of Commerce』에서는 안나 파블로바와 그녀의 무용수들에게 익숙한 뉴욕 관객들은 댜길레프의 레퍼토리를 감상할 준비가 아직 안 되어 있었다고 지적했다. "지금 공연하는 발레는 다른 방식, 다른 감각으로 작품의 특징이 매력 있다. 작품의 매력이라기보다 표현 능력이 훨씬 풍부하다. 과거 클래식 발레에 익숙한 사람들은 새로운 레퍼토리를 감상하기 위해서는 공부가 필요하다. 흔히 해외에서 발레 뤼스 관객들은 이런 작품을 즐기는 방법을 배웠다고 말들을 한다. 미국 관객들이 발레 뤼스의 작품을 즉각 받아들일 만큼 예술에 대한 식견이 풍부한지는 의문스럽다."[133] 관객들은 파블로바와 모르드킨이 공연하는 것처럼 클래식 발레에 익숙했고 그들은 포킨 발레의 완전히 새로운 경험에 익숙하기 위해 큰 폭의 적응이 필요했다. 런던에서 댜길레프는 반대의 문제에 직면했었다. 포킨의 짤막한 발레에 그의 관객들을 적응시켜 왔고 그러다 보니《지젤》,《백조의 호수》를 제대로 감상하지 못하는 것을 보아 왔다. 스트라빈스키의 새로운 음악과 박스트의 선명한 색채감은 미국 관객들을 놀라게 하면서 관객들은 찬사와 존경으로 반응했다. 그러나 마클레초바, 볼름과 마신이 아무리 찬사를 받는다 해도 카르사비나와 니진스키의 부재로 인한 부족함은 느껴지지 않을 수가 없었다. 특히 니진스키가 그러했다. 어느 칼럼니스트는 이렇게 썼다. "러시아 발레단 군무의 뛰어남을 아는 수백 명의 관객이 있는 곳에는 니진스키의 천재성을 알고 있는 수천 명의 관객이 있다. 정치, 사업, 예술에서 유명 인사를 가장 주요하게 생각하는 나라에서 순회 공연을 하는 발레단이 갑자기 두 명의 주역을 잃은 것은 가장 심각한 불운이었다." 이 사람은 또 볼름이 연기한 '황금 노예'에서는 니진스키의 전설적인 도약이 없었음을 지적했다. 그러나 이런 부족함은 "이전에 니진스키의 춤을 본 적이 없는 관객들에게는 보이지 않을 것이다." 모든 발레 작품에서 러시아 발레단은 월등한 군무의 배치를 선보이고 있었다. 이 평론가는 또한 이렇게 썼다. "우리는 예술의 업적이라는 면에서만 생각해 보면 러시아 발레단을 떠올리지 않을 수가 없다. 이는 일종의 신조이며 철학이다."[134]

미국 언론들의 찬사와는 반대되는 의견이 『뉴욕 타임스』의 파리 주재원이었던 음악 비평가 칼 반 베치튼Carl van Vechten에게서 나왔다. 그는 유럽에서 러시아 발레단의 공연을 종종 보았고 《제전》의 첫날에도 샹젤리제 극장의 객석에 있었다. 그가 아는 '스타들' 중에 아무도 춤을 추지 않았다는 사실, 그럼으로써 공연은 큰 차이가 있다는 사실을 알게 되었다. "이 새롭고 멋진 발레 공연에서 사소한 부분이라고 할 수도 있겠지만, 종종 우리는 주역이 춤을 잘 추기를 강력히 원했다. 그러나 이제 뉴욕 공연을 본 우리는 이 공연물의 궁극적인 매력이 더 이상 즐겁고 화려한 주역이 아닌 군무를 얼마나 잘하느냐에 있음을 시인하지 않을 수 없다." 그가 느끼기에는 마신은 위대한 무용수도 아니었고 마임을 잘하는 것도 아니었다. 그는 니진스키가 아니었다. 볼름은 "활력 넘치고 풍부한 에너지"를 가졌지만, 그만의 특징을 지니는 테크닉이 있는 것은 아니었다. 가브릴로프의 춤 역시 볼름과 같은 부족한 점이 있어 그의 춤에도 한계가 있기는 했지만, 그래도 상당히 빛나는 춤이었다. 마클레초바는 테크닉적으로 모두 익힌 숙련된 춤이었지만 시성 혹은 해석하는 힘이 부족했다. "《불새》의 경우 그녀는 정말 관객들의 눈을 버리게 했다. 발레를 해석하는 표현력과는 동떨어져서 그녀는 이렇게 추면 안 된다는 것을 관객들에게 보여주었다." 로포호바는 매력적이고 악동 같은 자태를 지녔다. 하지만 순수하게 발레리나의 입장에서 보면 테크닉이 부족했기 때문에 "그녀는 자기 역할에서 대책 없이 벗어나서 허우적거렸다." 체르니체바는 주로 흉내 내는 동작인 자신에게 주어진 기회를 최대한 이용했다. 르발르는 더 못했다. "그녀의 클레오파트라는 내가 보기에는 이집트의 여왕이라기보다는 파리의 창녀 같아 보였다." 그러나 이런 부정적인 의견에도 불구하고 반 베치튼이 느끼기에 댜길레프는 "뉴욕에서 행해진 그 어떤 공연보다 더욱 수준 높은 무대 예술을 선사했다."[135] 반 베치튼의 이 관점은 정확히 댜길레프의 관점과 일치했다. 또한 언론에 실린 모든 글의 취지 또한 이와 같았다.

《불새》(왕자는 마신, 카체이는 체케티), 《셰에라자드》, 《마법에 걸린 공주》, 《자정의 태양》, 이외에도 네 개의 발레가 투어 첫 주에 공연되었다. 《레 실피드》에는 로포호바, 체르니체바, 볼름, 《목신의 오후》에는 마신, 《카니발》에는 로포호바와 볼름, 《이고르 공》

에는 볼름이 출연했다. 《셰에라자드》는 토요일 마티네 공연에서 《목신의 오후》와 함께 다시 공연했다. 《목신의 오후》는 첫 공연 이후 접수된 항의의 결과로 경찰 측 증인들이 객석에서 공연을 보았다. 존 브라운John Brown 메트로폴리탄 비즈니스 매니저는 발레가 다시 공연되기 전에 일부 장면을 수정하라는 명령을 받았다.[136] 검열에 대한 논란이 신문에 실렸다. 《목신의 오후》문제가 불거지면서 파리의 스캔들이 신문에 실리고 미국인들이 분노를 표출하는 근거가 준비되었다. 그러나 《셰에라자드》에서는 이런 마찰이 더 깊이, 미국의 가정까지 파고들었다. '백인(비록 동양쪽이기는 하지만)' 여성이 흑인 노예와 사랑에 빠진다는 그 설정 자체를 너무 혐오스럽게 받아들였다. 그리고 반 베치튼은 "하렘에는 백인들에게서 흑인들을 분리하는 '짐 크로Jim Crow'• 공연에 대한 논의가 있었다"고 썼다.[137] 경찰이 조처를 하는 동안 가톨릭 극장 운동Catholic Theatre Movement은 러시아 발레단에 반대하는 회보를 돌리느라 바빴다.[138]••

둘째 주에 공연되는 프로덕션은 《아르미드의 관》에 마클레초바, 볼름, 체케티, 《페트루슈카》에 마신, 로포호바, 볼름, 체케티, 《타마르》에 볼름와 르발르였다. 이로써 뉴욕의 레퍼토리는 모두

---

• '짐 크로'의 유래는 1830년대 미국 코미디 뮤지컬에서 백인 배우가 연기해 유명해진 바보 흑인 캐릭터 이름에서 따온 것으로, 흑인을 경멸하는 의미로 사용되었다.*

•• 로몰라는 미국 투어 동안 순조로운 진행을 방해한 모든 장애물을 메트 총 매니저 가티카사자와 공연계에 포진한 그의 이탈리아 패거리들의 반감, 그리고 오토 칸이 계약한 발레 공연 탓으로 돌렸다.

공연했고 계약은 29일로 끝났다. 이제 발레단은 투어를 떠났다. 그들은 보스턴에서 10일 있었는데 보스턴이 투어 중 가장 길게 머문 도시였다. 여기서 마클레초바는 발레단을 떠났다.[139] 발레단은 그다음에 알바니와 디트로이트 공연을 했다. 그다음 공연지는 시카고였고, 이 도시에서《클레오파트라》는 르발르와 볼름,《장미의 정령》은 가브릴로프가 추면서 첫 공연을 했다.

　러시아 발레단의 두 번째 뉴욕 시즌을 위해 니진스키가 제시간에 도착할 수 있는지에 대해 미국의 신문들은 그가 겪고 있는 우여곡절의 근황을 가끔 신문에 실었다. 2월 1일 니진스키와 로몰라는 비엔나 주재 미국대사관에 불려갔다. 미국 대사는 니진스키가 '가석방' 중에 미국으로 가서 댜길레프와 합류할 수 있도록 허가를 받는 데 성공했다고 알려 주었다. 그러나 조건이 있었다. 니진스키는 러시아로 돌아가면 안 되고 로몰라와 키라는 인질로 남아 있어야 한다는 것이다. 니진스키는 후자를 거부했다. 후자의 조건은 미국 대사가 보증을 서고 없는 것으로 했다. 다음 날 그들은 베른으로 떠났다. 스위스 국경에서 그들은 수색을 받느라고 일주일을 지체했다. 그러고는 그들은 베르너호프 호텔에 도착했다. 공관에서 그들을 위한 만찬이 개최되었고 그들은 외교관 여권을 받았다. 이틀 후 로잔에서 니진스키는 메트로폴리탄 오페라 하우스와 댜길레프의 계약에 있는 자신의 역을 알게되었다. 니진스키는 비록 댜길레프와 관계가 불편하기는 하지만 자신의 자유를 위해 이렇게 애써 준 나라에서 기꺼이 춤을 추겠다고 의사 표현을 했다. 또한 그는 댜길레프가 그에게 빚진 돈에

대해 런던에서 법정에 고소했는데 니진스키가 승소했다는 소식도 들었다.[•]

바슬라프와 로몰라가 로잔에 있는 동안 그들에게 스위스 모르주Morges 근처에 살고 있던 스트라빈스키가 찾아왔다. 그들은 열띤 이야기를 나누었다. 스트라빈스키는 댜길레프가 메트로폴리탄 오페라 하우스로부터 러시아 발레단 공연 지휘를 위한 공식적인 초청장을 받도록 해 주겠다고 약속했는데 그 약속을 잊어버렸기에 불만이 쌓여 있었다.[140] 니진스키는 나중에 일기에 스트라빈스키와의 마지막 만남에 대해 묘사를 해 두었다. (누구 못지않게 스트라빈스키를 알고 있던 로버트 크래프트는 스트라빈스키가 "생시몽Saint-Simon[••]의 그 어떤 이론보다도 빈틈없다고 생각했다.")[141]

스트라빈스키는 여러 사건에 대해 감지하고 있었다. 그는 나의 친구가 아니다. 그러나 그의 마음 깊은 곳에서는 나를 사랑한다. (…) 댜길레프는 마신을 사랑한다. 나를 사랑하지 않는다. 그 점이 스트라빈스키로서는 곤혹스러웠다. 스트라빈스키는 그의 아내가 자신의 변덕에 모두 맞추도록 했다. (…) 그의 부인은 그를 사랑한다. 내가 느끼기에 그는 그녀를 그렇게 사랑하지 않는다. 그러나 그는 자식들을 사랑한다. 그는 자식들을 이상하게 사랑하며 자식들을 그림으로써 자신의 사랑을 표현한다. (…) 그는 마치 황제 같다. 그의 아이들과 부인은 하녀와 군인 같다. 스트라빈스키를 보면 나는 차르

---

[•] 로몰라에 의하면 50만 골드 프랑의 돈이었다고 했다. 댜길레프는 미국에서 그 돈을 니진스키에게 갚았다.
[••] 프랑스의 철학자이며 사회주의 사상가*

파벨 1세Tsar Paul*가 기억난다. 그러나 그는 목이 졸리지는 않을 것이다. 왜냐하면 그는 차르보다 영리하기 때문이다. 댜길레프는 여러 번 그의 목을 조르기를 원했다. 그러나 스트라빈스키는 교활하다. (댜길레프는) 스트라빈스키 없이 존재하지 않으며 스트라빈스키도 댜길레프 없이는 존재하지 않는다.

헝가리에서 자유롭게 된 이후 나는 모르주로 스트라빈스키를 만나러 갔다. 내가 원하는 바를 거절하지 않을 것이라고 확신하면서 우리가 미국에 가 있을 때 키라를 맡아 줄 수 있느냐고 그에게 물었다. 그는 아이들이 많고 내 생각에 키라가 그 아이들과 있으면 안전할 것 같았다. 나는 스트라빈스키에게 나의 키라를 맡아 달라고 부탁했으나 그의 부인은 거의 울음을 터뜨릴 것 같았다. 스트라빈스키는 매우 미안하지만, 아이를 맡는 그런 책임을 질 수는 없다고 말했다. 나는 그에게 감사하면서 더 이상 말을 하지 않았다. 안쓰러운 마음으로 그의 부인을 쳐다보았는데 나는 부인도 같은 답을 할 것이라고 느꼈다. 여자이기 때문에 그녀는 어린아이를 데리고 이 기차에서 저 기차, 이곳에서 저곳으로 아이를 데리고 다니는 것이 어떤 의미인지를 잘 안다. 그녀는 나에게 몹시 미안해했다. 그러나 그가 워낙 빠르고 단호하게 내 딸을 맡기를 원하지 않는다는 사실을 그녀에게 이해시켰다. 나는 그에게 키라를 데리고 있을 때의 모든 비용을 주겠다고 했다. 그러나 그는 그것도 동의하지 않았다.

스트라빈스키는 기차역까지 우리를 배웅하러 나왔는데 나는 매우 차갑게 그에게 악수를 청했다. 그가 싫어졌고 그것을 표현하고 싶었다. 그러나 그는 그렇게 느끼지 않았는지 나에게 키스를 했다. 역겨

---

• 근위대의 쿠데타로 스카프로 교살당했다.*

웠다.[142]

베른에서 2월이 끝나가고 있었다. 아스트뤽이 전보 형식으로
니진스키에게 소식을 보냈다.

파리의 아스트뤽이 베른의 니진스키에게, 1916년 3월 1일
스페인 대사관 참사관 다니엘 데 프라데레 백작Comte Daniel de Pradère
과 즉시 연락하시오. 그가 당신이 미국으로 출발할 수 있도록 도와
줄 것입니다.[143]

최종 준비가 완료되었고 3월 24일 니진스키 부부는 파리에 도
착했다. 그들은 미국행 배를 타기 전 하루의 은총 받은 시간이 있
었다. 그레퓔 백작부인은 이들에게 필요한 모든 것을 준비해 두
었고 로몰라는 미국에서 필요한 물품을 준비했다.

바슬라프와 함께 그녀는 유명한 디자이너와 모자 숍을 순례했다. 아
무도 우리가 24시간 후에는 기차를 타러 오르세 거리로 가야 하는지
를 몰랐다. 우리는 우아한 옷차림에 열여섯 개의 트렁크, 가득한 꽃
다발, 하녀와 유모, 메트로폴리탄에서 보낸 러셀을 동반했다. 바슬
라프의 오랜 친구들과 찬미자들은 우리에게 작별 인사를 했다.[144]

보르도에서 니진스키는 "진심으로 모든 감사를 드립니다"라
는 카드를 꽃다발과 함께[145] 아스트뤽에게 보냈고 이들 일행은 프
랑스 국적선 에스파냐 호를 탔다. 니진스키 부부는 볼름의 약혼

자를 데리고 탔다. 니진스키는 항해하는 동안 잘 돌보겠다고 볼름에게 약속을 했었다. 항해하는 동안 니진스키는 배의 의사이며 유명한 동판 화가이기도 한 루이 모레Louis Moret를 만났다. 루이는 니진스키의 무보 시스템에 각별한 관심을 보였다.[146]

러시아 발레단은 보스턴에서부터 서쪽 끝 캔자스시티까지 열여섯 개 도시를 순회했다. 그들은 풀만Pullman 사가 특별히 마련한 기차로 오케스트라와 무대 기술진들을 데리고 투어를 다녔다. 하루 공연을 하는 곳에서는 무용수들은 새롭고 불편한 경험을 했는데 기차 안에서 잠을 잤다. 그러나 디트로이트, 시카고, 인디애나폴리스, 신시내티, 클리블랜드, 피츠버그, 워싱턴 같이 며칠을 공연하는 도시에서는 호텔에서 잠을 잤다.[147] 3월 23일 워싱턴에서 공연하는 첫날 우드로 윌슨 대통령이 공연에 참석하여 큰 화젯거리가 되었다.[148] 니진스키가 프랑스를 떠났고 뉴욕 메트로폴리탄 시즌에 발레단과 합류할 것이라는 소식이 발레단에도 알려졌다.[149]

그러나 니진스키는 메트로폴리탄의 첫 공연인 4월 3일에는 도착하지 못했다. 그의 배가 그다음 날 뉴욕에 도착했다. 메트로폴리탄의 오프닝 프로그램은 《장미의 정령》, 《레 실피드》, 《페트루슈카》, 《이고르 공》로 구성되어 있다. 이 프로그램 중 《장미의 정령》은 뉴욕에서 처음 공연하는 것이었는데 로푸호바와 니진스키 대신 가브릴로프가 공연했다. 『뮤지컬 아메리칸Musical American』의 심술궂은 비평가는 "가르치는 사람으로서 니진스키의 교습법은 그의 춤 실력에 비례하지는 않는다. 왜냐하면 그의 제자는 춤에서 탁월함이나 우아함은 느낄 수가 없었고 매우 심하다 싶을 정도로 자기 마음대로 춤을 추었다." 그리고 같은 비평가는 센추리 극장에서 2주 공연은 "명백히 겉만 번지르르한 장식을 하고, 많은 양의 금을 문질러 발랐다. 메트로폴리탄의 월요일 밤에는 몰려드는 지지자들이 없었으며 한정된 범위에서의 감동만이 있었다."[150]라고 지적했다. 두 번째 뉴욕 시즌은 이미 언론에서 어느 정도 불만이 제기되었다. 왜냐하면 오페라 정기권 관객들을 위한 시즌 동안 발레를 공연했기 때문이다. 계속 반복되는 발레 공연은 일부 관객들을 속이는 듯이 보였다. 사실 레퍼토리는 거의 바뀐 것이 없고 다만 니진스키가 출연함으로써 춤추는 주역이 바뀌었다. 메트로폴리탄 오페라 총 매니저 줄리오 가티카사자는 본래 카루소가 등장하는 이탈리아 오페라를 주 레퍼토리로 생각했고 발레 공연에는 그다지 협조를 하지 않았다. 그리고 계약서가 체결되기도 전에 "회계 장부의 문제점과 관련하여 진보 성향의 인물이 연루되어 있을 것이다"라는 기사가 신문에 실렸다. 시즌은 은밀히 축소되었고 시즌의 입장료를 인상한다 해도 "손해를 보지 않도록 안전장치"를 제공하는 것은 아니었다.[151]

에스파냐호는 4월 4일 뉴욕에 입항했는데 도착하자마자 그 배는 즉시 언론 기자들과 카메라맨들이 접수했다. 니진스키는 기자들에게 완전히 둘러싸였고, 그의 영향력이 확실히 느껴졌다. 그는 전쟁, 그의 파트너들, 그의 예술, 심지어는 라스푸틴에 대한 질문까지 받았다. 기자들과 이민국 관리에게서 겨우 자유로워지자 그는 메트로폴리탄 대표들, 발레단 단원들, 댜길레프와 마신을 만났다. 댜길레프는 로몰라에게 꽃다발을 주면서 반갑게 인사했고, 바슬라프가 댜길레프에게 자신의 딸을 품에 안겼을 때 댜길레프는 니진스키의 양 볼에 키스를 했다. 그들은 함께 걸어갔다.[152]

그러나 이제는 마신이 댜길레프와 리츠Ritz 호텔에서 머무르고 바슬라프와 로몰라는 클라리지Claridge 호텔에서 머물렀다. 댜길레프와 니진스키 사이에 진정으로 우호적인 관계가 다시 형성되지는 않았다. 사실, 불쑥 튀어나온 첫 번째 문제는 댜길레프의 부채였다. 니진스키는 이번 공연에서 발레단과 함께 춤을 추기 전에 해결하라고 주장했다. 며칠 안에 니진스키의 개인 공연에 대해 메트로폴리탄과 계약을 맺어 11회 공연에 출연하기로 했다. 그리고 매주 댜길레프는 티켓 판매에 따라 오페라 하우스를 통해 니진스키에게 진 빚의 일부를 갚기로 했다.[153] 언론은 두 사람 사이의 문제가 해결되었다고 알렸다. 댜길레프가 아무리 니진스키라고 해도 주당 3천 달러는 너무 많다고 항의한 사실도 알렸다.[154] 4월 9일 리디아 소콜로바는 집에 보낸 편지에서 발레단에 영향을 준 니진스키를 둘러싼 분열과 술수를 묘사해 두었다. "니진스키가 여기 있어서 떠들썩해요. 엄청난 돈이 아니었으면 그는 나타나지 않았을 것이고 신문에 발레단에 대해 불쾌한 이야기를 하고 있어요. 자신들에게 명성을 가져다준 사람에게 어떻게 등을 돌리는지 아시잖아요."[155] 물론 그녀는 당시 니진스키가 몇 년간 아무것도 할 수 없는 상황이었음을 알 수 있는 위치는 아니었다.

니진스키의 미국 데뷔는 4월 12일 수요일로 결정되었다. 댜길레프는 그를 위해 오케스트라 리허설을 포함하여 가능한 많은 리허설을 마련했다.[156] 니진스키는 인터뷰에서 자신은 "최상의 컨디션이며 그렇게 판단된다"고 선언했다.[157] 그러나 소콜로바는 "그는 몸이 더 무거워졌고 매우 슬퍼 보였다. (…) 그는 다른 누구에게 한마디도 하지 않았으며 이전보다 훨씬 많이 손거스러미를 뜯고 있었다."[158] 그리고리예프 역시 그의 "모호함과 비사교성"에 대해 글을 남겼다.[159] 로몰라가 적은 글에는 발레 단원들은 자기들 부부를 매우 예의 있게 대했으나 많은 단원이 진심으로 친절하지는 않았다고 했다. 볼름은 "이런 옹졸한 음모에 무관심한 몇 안 되는 단원들 중 한 명"이었으며 그는 언제나 니진스키에게 마음을 다했다.[160] 그런데 메트로폴리탄에서의 첫 주에 볼름이 힘줄을 다쳐서 프로그램을 바꾸어야 했다. 소콜로바는 계속 집으로 편지를 보냈다. "어제 볼름은 《페트루슈카》 춤을 출 수가 없어서 크렘네프가 공연 전 30분 동안 리허설을 했고 주역 파트를 맡았어요.* (…) 우리가 듣기로는 댜길레프는 니진스키가 여기 왔기 때문에 볼름을 따돌리고 싶어 한다고 해요. 그래서 니진스키가 자신의 역할 중 하고 싶어 하지 않는 배역을 크렘네프가 받을 듯 (…)"[161] 소콜로바는 그렇게 말을 했지만 사실 볼름 또한 상당한 매력을 지녔고 곧 춤을 출 수 있게 되었다.

소콜로바는 젊은 마신이 수석 안무가로 그의 뒤를 이어 교육받은 가운데 니진스키가 수석 무용수로 돌아오는 것은 어떤 요소보

---

* 실제로는 무어인 역이었다(『뮤지컬 쿠리어』 1916년 4월호).

다도 쉽지 않다고 생각했다.[162] 그러나 마신은 그렇게 느끼지도 않았고 니진스키의 춤에 실망하지도 않았다. 그는 또한 니진스키의 신중한 표현에서 그가 과거 겪었던 어려움의 증거를 보았다. "그러나 나는 그가 추는 춤을 보았을 때, 니진스키라는 인간 자체가 무대 위의 존재로 변환되는 방법을 보고 감탄했다. 그는 자신의 몸을 본능적으로 별다른 노력 없이 컨트롤하고 있었다. 그의 모든 제스처는 가장 부드러우면서도 복잡 미묘한 감정을 표현했다. (…) 니진스키가 추는 춤을 보고 나니 내가 진정 천재를 보았다는 것을 깨달았다."[163]

4월 12일 마티네 프로그램은 《세에라자드》, 《장미의 정령》, 《이고르 공》, 《페트루슈카》로 예정되어 있었으나 플로르 르발르에게 경미한 사고가 있어서 첫 번째와 세 번째 작품을 바꾸었다. 르발르는 그녀가 키우는 애완용 뱀 때문에 많은 이들의 관심을 끌고 있었다. 애완용 뱀은 《클레오파트라》를 할 때 그녀와 함께 무대에 섰고, 그러지 않을 때는 애완용 뱀을 새장에 넣어 두든지 손가락에 칭칭 감고 다녔다. 르발르는 공연 전에 카이저의 사촌이 서명한 편지를 받았는데 편지를 열자 몸에 바르는 분인 텔컴 파우더가 확 쏟아져서 그녀의 눈에 들어갔다.[164] 이 사건으로 프로그램 순서를 바꾸어 그녀가 평정을 되찾고 난 다음 조베이다 역을 할 수 있었다. 그녀의 연기는 인상적이었다. 그러나 어느 비평가가 언급했듯이 그녀는 만약 그 사건이 없었다면 "니진스키의 데뷔에 즈음하여 어느 신문에도 그녀에 대해 한마디도 언급되지 못했을 최악의 위험에 처했을 것이다."[165]

니진스키는 로푸호바와《장미의 정령》,《페트루슈카》에서 춤을 추었다. 로몰라가 적은 글을 보면 "오페라 하우스의 다이아몬드 말발굽의 객석은 가득 찼다. 그리고 관객들은 대단했던 파리 갈라처럼 화려했다"[166]•고 했다. 니진스키가 무대에 등장하자 전원 기립박수가 이어졌으며 장미 꽃잎의 세례가 이어졌다(아마도 행정부에서 준비한 듯).『뮤지컬 쿠리어』의 비평가는 니진스키는 모든 남성 무용수 중에서 가장 위대함에 의심의 여지가 없다고 했다. "니진스키는 작품의 완벽한 마지막 동작 라인에서 동료 무용수들 모두를 능가하는 모습을 보여 준다. 결코 멈추거나 비스듬해지지 않는다. 니진스키의 춤은 반주하는 음악의 리드미컬한 동작과 선율의 움직임을 완벽하게 구체화하고 있다."[167]『글로브Globe』의 음악 편집자이면서 평론가인 피츠 샌본Pitts Sanborn이 내린 결론은 니진스키는 "지상의 존재"가 아니라는 것이었다. 그리고 덧붙이기를《장미의 정령》에서 니진스키가 "파블로바나 카르사비나를 파트너로 추었으면 인간의 표현이 아니라 천사들의 언어로 표현한 춤이 되었을 것이다"[168]라고 했다.『뮤지컬 쿠리어』의 비평가는《장미의 정령》에서 그는 경쟁을 할 수 있는 대상이 없었고,《페트루슈카》에서 "똑같은 배역에서 마신의 뛰어난 춤 때문에 아주 가혹한 비교를 당해야만 했다. 니진스키는 인형의 영혼에 더 많은 관심을 기울였다. 그는 마신보다 더 인간에 가까운 표현을 했다. 이런 컨셉을 좋아하는 이들은 니진스키를

---

• 추측하건대, 마티네 공연이라 관객들이 다이아몬드로 치장하지는 않았을 것이다.

더 좋아할 것이다. 또한 마신 같이 페트루슈카가 인형이라는 사실을 강조하는 춤을 더 좋아하는 사람들은 마신 춤을 더 좋아할 것이다. 두 명 모두 각각 특징에서 아주 뛰어난 춤을 선보이고 있다."[169] 마신은 수년 후에 다음과 같은 글을 썼다. "비록 내가 페트루슈카로 분장을 했지만 나는 금세 그 역은 니진스키에게 훨씬 더 자연스러운 역임을 알게 되었다."[170] 음악 비평가들은 니진스키가 다시 이 역을 맡음으로써 동작, 박자 등에서 "오케스트라 반주에 미묘한 차이"가 생겼음을 알 수 있었다.[171]

그날 저녁 공연에서《타마르》는《클레오파트라》의 뉴욕 초연 때와 같은 방식으로 홍보했고 르발르와 볼름이 공연했다. 니진스키의 다음 공연은 이틀 뒤《카니발》과《레 실피드》였다.《카니발》에서는 66세의 체케티가 아픈 볼름을 대신하여 피에로 역을 추었다.《레 실피드》에 관한『뮤지컬 쿠리어』의 글에 따르면 "곱슬머리를 계속 쓰다듬는 그의 연기는 여성적인 분위기를 가미했다. (…) 그런 분위기를 많은 관객이 즐기지는 않았다."[172] 리디아 소콜로바는 그다음 주에 공연한《카니발》과《나르시스》에서 브로니슬라바 니진스카의 역을 맡았다(미국에서《나르시스》의 공연은 뉴욕뿐이었다). 4월 15일 토요일 니진스키는《마법에 걸린 공주》,《셰에라자드》를 추었다. 마신은《마법에 걸린 공주》에서 니진스키의 "비교 불가한" 춤에 대해 글을 남겼다. "새의 날개의 떨림을 표현하기 위해 그는 자기 손을 놀라운 속도로 퍼덕거렸으며 그 손들은 정확히 벌새의 팔딱거리는 동작과 똑같았다. 나중에 나는 그가 이 동작을 위해 팔목 동작의 속도를 두 배로 올렸다는 것을 알게 되었다."[173] 《셰에라자드》에서 니진스키의 춤에 대해 어느 평론가가 쓴 리뷰는 인종적인 감정을 드러냈다. "공주와 사랑을 나누는 니그로 파트는 역겹다. 그러나 그는 그런 불쾌함의 일부를 누그러뜨렸다. 무대에 뛰어올라 그를 매질하고 싶은 충동을 억제해야 했다."[174]

리디아 소콜로바는 니진스키의 춤 실력이 떨어졌다고 생각했다.[175] 그리고리예프는 니진스키가 점점 더 좋아지고 있다고 썼다.[176] 그러나 니진스키가 처음 등장하기 전까지 불안해했던 칼반 베치튼은 "그는 자신의 모든 능력을 그대로 지니고 있음을 보여 주었다. 그뿐 아니라 자신의 스타일을 더욱 정제하고 빛이 나도록 했다. 니진스키 춤의 완벽함은 세월이 흐르면서 다져진 완성이라고 칭한다. 왜냐하면 그는 가장 최근에 그의 라이벌을 훨씬 능가했으며, 이제 그는 이전의 자신을 능가했다."《장미의 정령》에 대해 베치튼이 적은 글에서는 다양한 면으로 발현하는 니진스키의 천재성이 최고 수준으로 드러난 것으로 생각했다. 베치튼은 다음과 같이 말했다.

그의 춤은 포즈와 제스처 사이의 단절되는 순간이 없이 유연한 신체 라인으로 이루어진다. 이런 그의 신체 라인은 모든 초보자는 물론, 거의 모든 다른 거장들이 절망을 느낄 수밖에 없는 부분이다. 특별히 어려운 도약이나 토스를 다리 혹은 팔로 취한 후에도 자신의 자세를 다시 정비하려는 아주 잠깐의 멈춤도 없이 그는 리드미컬하게 다음 제스처를 취한다. 그의 춤은 멜로디가 흐르는 음악같이 끊어

짐이 없고, 위대한 회화에서 볼 수 있는 균형이 있으며 수준 높은 문학이 주는 의미를 지녔고 이 모든 예술에 깃든 내재된 감정이 있다. (…) 이는 대부분의 다른 무용수들에게 부족한, 수준 높은 상상력을 한데 끌어모을 수 있는 마지막의 감동적인 표현만이 아니다. 이는 또한 근육의 조절이다. 《장미의 정령》에서 가브릴로프를 관찰해 보면 그는 니진스키의 전체적인 스타일을 제대로 흉내 내고 있지만, 관객들은 가브릴로프가 리드미컬하게 동작을 연속적으로 유지하지 못함을 알 수 있다.[177]

반 베치튼은 《셰에라자드》에서 니진스키의 공연은 "이국적인 에로티시즘이 매우 높은 수준으로 표현되어 그 공연 자체가 우리 청교도풍의 무대에 놀라운 공연으로 받아들여졌다"고 썼다. 그러다 보니 이전에 등장했던 반대 의견은 다음과 같은 찬사로 인해 웬만큼 잊혔다.

(…) 생소하고, 호기심 가득한, 머리를 흔들면서 원인류 같은 생물체, 인간이라고 하기에는 너무나 낯선 이 생물체는 그의 자취를 따라 연속적으로 욕정과 공포를 남기면서 이 작품 내내 꿈틀거렸다. 그러나 그는 한두 번 미심쩍은 듯이 모자에 매달린 술에 집착하면서 자신의 섬세하고 육감적인 손가락은 그녀의 살에 가깝게 나부꼈다. 술탄의 병사들이 창으로 노예를 찔렀을 때 노예의 죽음에 대한 투쟁은 혐오스럽고 섬뜩했을지도 모른다. 죽음과 투쟁하는 대신 니진스키는 공중에서 높이 두 번 연속 동작을 취할 때 아주 잠깐 다리의 균형을 잡으면서 끝이 뾰족한 발과 함께 눈을 빠르게 위로 옮겼다. 이

는 혐오감을 다시 불러일으키면서도 단지 너무 눈부시게 빠른 동작이 가져다준 미학적 효과가 성공적으로 표현이 되면서 기력이 떨어져 죽음을 맞이했을 뿐이었다. 이는 연기이며, 역할을 특징 지었다. 그리하여 단지 여러 의도의 조합을 표현한 것이 아니라 완전히 리듬에 통합했고 그 결과 완벽한 전체가 되었다. 이는 배우--무용수의 작품이 낳은 결과였다.[178]

메트로폴리탄 시즌 동안 바슬라프와 로몰라는 매우 바쁜 사교 활동을 했다. 니진스키는 특별히 베네치아 홍수 피해 구제를 돕기 위한 이탈리아 거장 풍의 활인화 자선공연에서 검은색과 금색의 "카르파초 곤돌라 의상"을 입고 춤을 추었다. 사교계의 많은 여성은 니진스키의 속옷 대부분을 기념품으로 훔쳤다.[179] 이 행사는 밴더빌트Vanderbilt 부인이 개최했다. 미국의 모든 유명 가문에서는 바슬라프를 환영했다. 댜길레프와의 관계는 이제는 온전히 공식적인 관계만 유지되었고 둘은 종종 다투기도 했다. 로몰라는 댜길레프가 니진스키가 살이 점점 찌고 성미가 까다롭다는 말을 모든 사람에게 고의로 하고 다니면서 남편을 괴롭히고 있다고 확신했다. 또한 댜길레프는《틸 오일렌슈피겔》(이하 틸)과《메피스토 왈츠》[180] 창작에 대한 니진스키의 계획에 관심을 보이지 않았다. 그 이유는, 의심할 여지 없이, 한편으로는 이 작품들은 댜길레프와는 상관없이 독자적으로 안무 계획을 한 작품이라는 점, 그리고 또 한편으로는 지금은 그의 모든 희망이 마신에게 있다는 점이었다. 둘 사이에 더욱 일치점은 보지 못하는 문제는《목신의 오후》에서 야기되었다. 이 작품에서 마신은 그리고리예프와 다른 무용수들의 가르침을 받아 춤을 추었다. 이는 니진스키가 안무한 대로 정확한 것이 아니었다. 그래서 니진스키는 리허설을 제안했다. 그는 또 예전에 체르니체바가 맡았던 최고 님프 역에는 르발르가 대신하기를 희망했다. 댜길레프는 이런 제안 중 어느 것도 고려하지 않았다. 결국 니진스키는 댜길레프에게 이번 뉴욕 시즌의 마지막 주에 공연하기로 광고한 《목신의 오후》 공연 취소를 요구했다. 이때 뉴욕 관객들은 니진스키 본인의 안무 작품에서 니진스키가 춤을 추는 것을 처음 보게 될 예정이었다.[181] 시즌의 마지막 날인 4월 29일 토요일, 니진스키는 마티네에서 《장미의 정령》, 저녁 공연에서는 《마법에 걸린 공주》, 《셰에라자드》에서 춤을 추었다. 마지막 날 댜길레프는 8피트 높이의 꽃 화환을 오케스트라에 선물하면서 특별히 선발된 80명 오케스트라 단원의 연주를 높이 평가했다. 그 후 오케스트라는 해산되었다.

댜길레프는 유럽의 여러 나라에서 전쟁 때문에 투어를 하지 못하는 상황이었기에 두 번째 미국 투어에 관심이 많았다. 그는 신문 기사에 신경을 많이 썼으며 자신이 미국을 좋아하게 되었고 왜 그전에는 미국에 관심을 가지지 않았는지가 의문스럽다는 식으로 기사를 흘렸다. 또한 미국 관객들의 감상 수준을 매우 칭찬했다.[182] 오토 칸은 발레 뤼스가 대륙 횡단하는 투어를 원했다. 그리고 로몰라에 의하면 "비록 적자가 나더라도 그는 개의치 않았다. 왜냐하면 그는 미국 관객들을 교육하고 싶어 했기 때문이다."[183] 사실 그는 미국 사교계에 진출하고 싶어 했다.[184] 그는 니

진스키가 발레단을 이끌어야 할 뿐 아니라 다음 계약 시에는 댜
길레프와 니진스키의 지속적인 갈등 때문에 공연이 방해받으면
안 된다고 결정했다. 그런 이유로 해서 칸은 댜길레프의 존재가
필요치 않다면서 바슬라프가 예술 감독이 되어야 한다고 설득했
다.[185] 그리하여 투어 기간 발레단을 댜길레프에게서 빌리는 형식
을 취하게 되었는데 조건은 댜길레프가 미국 바깥에 머물러야 한
다는 것이었다.[186] 소콜로바의 글. "칸, 니진스키, 로몰라를 제외
한 모든 사람은 이것이 미친 짓이라는 것을 알았다."[187] 그러나 댜
길레프는 동의할 수밖에 없었다. 댜길레프는 스페인 왕의 초청으
로 발레단이 마드리드의 레알 극장에서 공연하는 것을 수락했다.
그리고 스페인에 있는 동안 그는 마신과 새로운 레퍼토리에 대해
작업을 할 수 있었다. 5월 6일 바슬라프, 로몰라, 플로르 르발르는
뉴욕에 남고 댜길레프와 나머지 발레단원들은 단테 알리기에리
호를 타고 카디즈항을 향해 떠났다. 그 배에는 비명을 지르는 말
들이 가득 실려 있었는데 항해 도중에 많이 죽었다.[188]

니진스키 가족은 마제스틱 호텔로 옮겼다. 그들이 쉬는 시간에
는 카루소와 새로운 친구들과 함께 보냈다. 그러나 바슬라프의
가장 큰 즐거움은 브로드웨이 거리를 걷거나 영화들을 보는 것이
었다. 한번은 니진스키와 아주 특이한 남미 여행에서 막 돌아온
이사도라 덩컨을 위한 점심 파티가 열렸다.[189] 이사도라는 당시
그녀를 위해 매디슨 스퀘어 가든을 사 주겠다며[190] 프러포즈를 한
패리스 싱어Paris Singer와 재결합을 한 때였다. 그때 이사도라는 바
슬라프에게 둘 사이에 아기를 가져야 한다고 제안했을 때를 상기

시켰다. 이사도라는 "그런데 나의 아이디어에 대해 당신은 별로 관심이 없어 보였어요. 당신이 이제는 변한 것을 내가 알겠군요. 당신은 여자에 대해 너그러운 사람입니다"라고 말했다. 바슬라프는 "나는 변하지 않았습니다. 나는 예수가 그랬듯이 모든 사람을 사랑합니다"라고 말했다.[191] 이 말이 사실 그대로 보도된 것이라면 그것은 오히려 짜증 나는 발언이었다.

뉴욕에서 니진스키의 존재는 신문에서는 지속적인 가십과 뉴스거리를 만들었다. 이들 중에는 상상으로 지어낸 것들도 있다. 예를 들면 5월 31일자 『뉴욕 리뷰New York Review』에서는 '다이빙 비너스Diving Venus'로 알려진 아네트 켈러만Annette Kellerman●이 니진스키에게 새로운 아쿠아틱 프로덕션을 함께 해야 한다는 제안을 하였고 이에 대해 니진스키는 "고려하는 중"이라고 했다.[192] 그러나 니진스키는 온전히 자신의 신작 두 작품과 자기 혼자 예술감독을 맡아야 하는 러시아 발레의 다음 시즌을 위해 몰두하고 있었다. 한 가지 문제가 발레단의 프리마 발레리나를 구해야 하는 것이었다. 그리하여 메트로폴리탄에서 러시아에 프리마 발레리나를 물색하러 갔다. 그다음 문제는《틸》과《메피스토》의 무대 디자인이 문제였다. 니진스키가 편하게 논의할 수 있는 브누아와 주데이킨은 전쟁 중이라 러시아를 떠날 수가 없었다. 결국 메트로폴리탄 감독 중 한 사람인 로린스 코트넷Rawlins Cottenet[193]이 바슬라프와 로몰라를 위해 그리니치빌리지로 가서 촉망받는 젊은 화가 로버

---

● 호주 출신의 수영선수, 보더빌 스타, 영화배우*

트 에드먼드 존스Robert Edmond Jones에게 문제를 상의했다. 존스는
베를린에서 막스 라인하르트와 작업을 한 경험이 있었다. "그는
키가 크고 수줍음이 많은 사람이지만 바슬라프에게서 확실한 영
감을 얻었다."[194] 존스는 이때 만난 니진스키를 인상적으로 묘사
했다.

그는 매우 예민했다. 그의 눈빛은 걱정스러워 보였다. 그는 열정적
이며 불안해했고 지나칠 만큼 지성적으로 보였다. 그는 피곤해 보였
고 싫증이 난 듯, 흥분한 듯한 이 모든 감정을 동시에 지니고 있는 듯
이 보였다. 나는 그가 오른쪽 엄지손가락 가장자리를 피가 날 때까
지 물어뜯는 아주 낭패스러운 습관이 있음을 알게 되었다. 이 위대
한 예술가에 대한 나의 모든 기억은 피가 나서 새빨개진 엄지손가락
의 반복되는 이미지가 쭉 관통한다. 그는 뭔가를 생각해 내고 꿈을
꾸며 몽상 속으로 날아갔다가 다시 돌아온다. 휴식 시간 동안 그의
얼굴은 짧지만 미소로 빛이 난다. 그의 태도는 간결하며 매력적이고
거의 겸손할 정도로 솔직했다.

대화는 서툰 프랑스어로 진행되었다. 그러나 니진스키는 디자
인에 관심이 많은 듯이 보였다. 그들이 대화를 나누었을 때 존스
가 느낀 것은 다음과 같았다.

내가 분명히 밝힐 수 있는 그의 예술영역의 수준 (…) 그는 최상의 기
준으로 지속해서 몰두하는데 이 기준은 너무 월등해서 사실 이 세상
의 영역이 아니다. (…) 그의 속에 내재해 있는 놀라운 추진력, 정신

의 동력, 너무나 강력한 힘을 가진 전력 질주는 (아마 지금까지도) 결국 최후의 정신분열로 갈 때까지 지속되었다.* 그런 점만 아니면 그에게는 어떠한 비정상적인 면도 없었다. 오로지 무언가에 대한 인상이 너무 강렬하고, 너무 화려하고. 신경의 떨림과 본성은 무자비할 만큼 강렬한 창조적 충동에 의해 가중되는 혼란으로 뒤틀렸다.

드로잉에 대한 니진스키의 반응은 간단하게 "매우 마음에 듭니다"였다.[195]

바슬라프는 어느 정도 운전을 배운 후에 차를 한 대 사서 로몰라와 키라를 태우고 드라이브하러 다녔다. 니진스키 가족은 당시 유행성 소아마비가 전염되던 때라 그를 피해 메인주 바 하버Bar Harbor로 이사를 했다. 근처에는 한두 명의 친구가 살고 있었고 니진스키 가족은 수영장을 이용했으며 여기서 사람들이 니진스키의 수영 솜씨를 목격했다. 언덕 위에는 대리석으로 지은 극장이 있었고 잔디밭에는 그리스식 원형경기장이 있었다. 바슬라프는 딸과 함께 잔디밭에서 놀고 그리스식 사원에서 그의 반주자와 연습을 했다. 여기서 그는 《유희》**에서 잘못 표현한 테니스 게임을 시험 삼아 해 보았다. 이때 그는 생애 처음으로 테니스를 해 보았고, 아주 잘하게 되었다. 일주일에 한 번은 이 극장에서 콘서트가 열렸고 뛰어난 음악가들이 연주했다. 니진스키는 몇몇 춤을 안무

---

* 존스는 니진스키의 정신분열이 발병한 뒤에 그 점에 대해 깨닫게 된 듯하다.
** 나는 또 다른 뛰어난 남성 무용수 에릭 브룬Erik Brun을 기억한다. 에든버러 근교의 머셀버러 Musselburgh에 있던 윌리엄 로William Low의 집에서 브룬은 어느 일요일 오후 테니스 게임을 알게 되었는데 그는 마치 물 만난 고기처럼 자연스럽게 테니스를 쳤다.

했으며 그중 하나가 드뷔시의 음악 「케이크워크Cake-walk」로 안무한《하얀 흑인Le Nègre Blanc》이었다.[196]

　로버트 에드먼드 존스는 그의 디자인을 가지고 바 하버Bar Harbor로 찾아갔다. 화가는 작품 의뢰에 매우 감격했고 니진스키의《틸》에 관한 콘셉트는 걸작이 될 것이며 안무가는 "그의 창작력이 절정에 달하는 작품"을 보여 주리라 생각했다.[197] 니진스키는 존스에게 작품의 배경이 되는 시대의 책으로 작업할 것을 요청하였고 생동감과 색채가 가득한 의상 스케치를 아주 마음에 들어 했다. 무대 디자인에 관한 존스의 오리지널 디자인은 바슬라프가 그다지 마음에 들어 하지 않았고 안무가는 자신이 원하는 디자인을 존스에게 설명했다.[198] 니진스키는 자신의 일기에 예술가는 "걱정하고 또 걱정했다. (…) 나는 그에게 '당신이 왜 두려워해야 하는가? 두려워해서는 안 된다'고 했다. 그러나 그는 여전히 걱정했다. 정확히 말하자면 그는 발레의 성공에 대해 걱정했다. 그는 나를 믿지 않았지만 나는 성공을 확신했다"[199]고 썼다. 그러나 내성적인 두 예술가는 함께 일하면서 마지막 디자인까지 전개해 나갔다. 존스는 다음과 같이 묘사했다. 무대 앞 커튼은 "《틸》의 올빼미와 거울 장치로 장식된 거대한 양피지 한 장인데 모두 흐릿하고 닳아서 마치 중세의 오랫동안 잊고 있던 원고에서 찢어진 페이지처럼 보였다." 무대 세트는 시청 앞 브룬스비크Brunswick 시장, "성당의 음울한 악마숭배 의식," 서로 비스듬히 왜곡된 모양으로 기대고 있는 건물들. 의상은 "장밋빛 뺨에 사과 파는 여인들이 사과를 가득 넣은 큰 바스켓을 들고 있다. 빨간색, 녹색, 적갈

로몰라와 니진스키, 자동차를 탄 모습 (뉴욕, 1916)

로몰라와 니진스키 (버지니아 워터, 서리에서, 1949)

색의 사과들. 그의 가게에서 천을 파는 상인. 긴 빵 덩어리를 들고
있는 뚱뚱한 금발의 빵장수. 빨간색과 흰색의 줄무늬가 그려진
페퍼민트 사탕을 앞에 늘어 두고 있는, 자기가 파는 캔디 중에 하
나처럼 보이는 삐쩍 마른 사탕 과자 장수, 이상하게 생긴 신발 걸
이를 나르고 있는 구두 수선공, 긴 예복과 챙 넓은 모자를 쓴 목사
와 교수, 도둑들. 거리의 개구쟁이들과 거지들. 세 명의 성주부인
들은 머리 위로 1.8미터 높이로 치솟은 원추형 뾰족한 모자를 쓰
고 산책을 한다. 수행원들은 성주부인들 3미터, 6미터, 9미터 뒤
에서 따라온다. (…) 그리고 틸은 도깨비 틸, 연인 틸, 학자 틸 등으
로 다양하게 변장한다. 틸은 죽음의 고통 속에서, 허우적거리고,
조롱하고, 애원하고, 몸부림친다."[200]

그러는 사이 로몰라는 뉴욕에서 3주 공연 후 40주 투어로 되어
있는 니진스키의 계약을 확인했다. 메트로폴리탄은 니진스키가
1주에 다섯 번 춤추기를 원했다. 로몰라는 이렇게 길고 빡빡한 스
케줄로 이어지는 투어에서는 니진스키가 일주일에 두 작품을 세
번 춤추고 다른 날은 저녁에 한 번 추는 것으로 매듭을 지었다.[201]
그러나 발레단을 감독하면서 이렇게 투어를 한다는 것은 바슬라
프에게 너무 큰 무리가 되었다.

6월 댜길레프는 마드리드에서 오토 칸에게 전보를 친다.

마드리드에서 댜길레프가 뉴욕의 칸에게, 1916년 6월 (날짜 미상)
시즌은 아주 훌륭하게 잘 끝났습니다. 국왕 부처는 모든 공연에 참
석했습니다. 로푸호바, 체르니체바, 볼름, 마신은 내가 국왕에게 소

개했습니다. 국왕은 열정적으로 그들을 칭찬했습니다. 국왕은 우리가 다음 해 봄에도 공연해 주기를 원했습니다. 그는 스트라빈스키를 두 번이나 접견했고 그에게 스페인 발레 주제를 작곡해 달라고 요청했습니다. 국왕은 우리가 8월 산 세바스티안San Sebastian에서 갈라 공연을 몇 번 해주기를 원했습니다. 댜길레프.[202]

산 세바스티안의 갈라 공연에서 마신은 라리오노프와 협력해서 스페인에서 창작한 두 작품을 공연하게 된다. 그중 하나는 프라도 미술관에서 벨라스케스의 그림을 보고 영감을 받아 포레의 「파반느」 음악으로 안무한 《시녀들Las Meninas》이었다. 의상은 호세 마리아 세르트가 벨라스케스 그림에서 착안하여 디자인했고 무대는 프랑스 화가 카를로 소크라테Carlo Socrate가 맡았다. 이 발레는 댜길레프가 스페인 관객들에게 감사를 표하는 헌정의 의미에서 만든 작품으로 8월 21일 빅토리아-에우헤니아Victoria-Eugenia 극장에서 초연되었다. 소콜로바, 호흘로바, 마신, 보이지콥스키가 주역으로 출연했으며 난쟁이 역은 엘레나 안토노바Elena Antonova가 맡았다. 마신이 안무한 또 다른 신작 《키키모라Kikimora》는 4일 뒤에 초연했는데 샤벨스카, 이드지콥스키가 출연했다. 리아도프 음악, 곤차로바와 라리오노프가 의상과 무대를 맡았다. 러시아 전래동화를 원작으로 한 이 소품은 1년 후에 《러시아 이야기Les Contes russes》의 첫 부분이 된다. 발레단이 스페인에서 창작한 세 번째 작품은 오페라 《사드코》에 나오는 춤 장면을 새로이 안무한 작품이다. 이 부분은 포킨이 1911년 안무한 것이 거의 잊혀서 댜길레프가 볼름에게 안무를 맡겼다. 이 작품은 빌바오에서 공연되었고 곤차로바가 의상, 아니스펠트가 무대를 담당했다.

니진스키는 지금 그의 발레 두 작품의 리허설 때문에 신경이 곤두서 있다. 그러나 댜길레프는 뉴욕 시즌 시작 5주 전까지는 발레단을 미국으로 보낼 수가 없었다. 댜길레프는 발레단의 핵심멤버들은 유럽에 남겨서 그와 함께 새로운 작품 계획을 하기로 마음을 먹었다. 그리하여 그리고리예프, 라리오노프, 곤차로바, 체케티부부, 마신과 16명의 무용수를 유럽에 남기기로 했다. 무용수들 중에는 체르니체바, 안토노바, 에비나Evina, 마리아 샤벨스카, 호흘로바, 보이지콥스키, 이드지콥스키, 노박Novak 등이 포함되어 있다. 댜길레프는 이들을 모두 데리고 로마로 갔다, 한편 발레단의 본진은 보르도에서 9월 8일 라파예트 호를 타고 미국으로 떠났다. 니진스키의 가장 큰 실수는, 모든 사람이 거의 같은 마음이었는데, 그리고리예프가 미국으로 돌아오면 안 된다고 주장한 점이었다. 그리고리예프는 발레단 경영에서 모든 실제적인 문제에 익숙한 사람이었다. 댜길레프는 그리고리예프 대신 니콜라스 크렘네프Nicolas Kremnev를 발레단 관리자로 승진을 시켜서 미국으로 보냈다. 크렘네프는 충동적이고 요령 없고 아직 철없는 소년 기질을 너무 많이 지니고 쓸데없는 권위를 부리는 스타일이었다. 경영의 사업적인 측면은 트루베키와 란돌포 바로키Randolfo Barocchi의 수중에 있었다. 트루베키는 댜길레프의 비서이면서 플란츠의 남편이었고, 바로키는 로푸호바의 남편이기는 했지만, 발레단에 대해 아는 것이 하나도 없었다.[203]

10월 16일 맨해튼 오페라 하우스Manhattan Opera House에서 시즌이 오픈하기로 되어 있다. 발레단이 미국에 도착했을 때 니진스키가 자신의 신작을 리허설 할 시간은 3주밖에 없었다. 그에 더해서 과거 레퍼토리들도 다시 연습을 시켜야 했다. 니진스키는 발레단이 도착했을 때 마중을 나가지 않았으며[204] 그랜드 센트럴 펠리스Grand Central Palace에 위치한 리허설장에서 아침에 단원들을 처음 만났다.[205] 러시아에서 모집한 가장 중요한 무용수 두 명은 마르게리트 프로만과 아름다운 올가 스페시브체바였다. 마르게리트는 막스 프로만과 남매로 전쟁 전에 댜길레프 발레단에서 춤을 춘 적이 있다. 스페시브체바는 바로 전 시즌에 그리고리예프가 러시아에서 데리고 나오는 것에 실패 했으나 이번 시즌에 합류한 것이었다.

《틸》의 탄생은 힘든 과정이었다. 리허설 할 때 니진스키는 신작의 시나리오와 전체 개요를 발레 단원에게 설명하는 과정을 로버트 존스에게 맡겼다.[206] 그러다 보니 단원들은 신작 배우는 속도가 매우 느렸다. 한때 무용수들은 바슬라프의 문제점과 경영진의 중재가 실패한 것에 매우 격분하여 이틀간의 파업을 계획했다.[207] 로몰라는 발레 단원들이 독일음악으로 춤추기를 거부했기 때문에 이런 문제가 발생했다고 판단했다. 그녀는 발레단 전체가 — 아마도 댜길레프의 지시를 받았을 것으로 추측하면서 — 니진스키의 작품에 대해 고의로 거부하려고 했다고 확신했다.[208] 로마에서 댜길레프와 그리고리예프는 미국에서 발레단의 이런 알력을 들었고, 바로키가 이 일을 전보로 보내줘서 확실히 알게 되었다. 더 많은 전보가 뒤따라왔고 니진스키조차도 그리고리예프를 뉴욕으로 보내 달라고 전보를 치는 지경에 이르렀다. 댜길레프의 승인 아래 그리고리예프는 답 전보를 다음과 같이 보냈다. "그리고리예프는 당신이 경영을 맡은 동안은 발레단에 합류하는 영광을 거절합니다."[209] 만약 그리고리예프의 이야기가 사실이라면 이는 매우 불손하며 도움이 안 되는 짓을 하고 있었다. 그러나 그리고리예프 입장에서는 애초에 니진스키가 유럽에 남아야 한다고 주장한 것을 반복한 것이었다.

안무가와 디자인 창작을 위한 예술가 사이의 협력에도 불구하고 작품 방향에 대해 또 불화가 생겼다. 무대의 축적 모형이 완성되었고 무대 화가들은 제작 스튜디오에서 배경 막 등을 수직으로 된 대형 이젤을 놓고 작업을 하기 시작했다. 무대 제작의 표준 방식은 영국과 미국이 같았다. 니진스키는 작업을 전통적인 러시아 방식으로 하기를 원했다. 러시아 방식이란 캔버스를 바닥에 깔고 화가들은 부드러운 슈즈를 신고 페인트 통과 긴 붓을 들고 캔버스 위를 걸어 다니면서 작업을 했다. 이 갈등은 양측에게 서로 상처를 남긴 후에야 겨우 해결되었다.[210] 이번 미국투어에서는 앙세르메 대신 피에르 몽퇴가 지휘하기로 했는데 공연하기 직전에 거절했다. 《틸》은 슈트라우스의 작품인데 슈트라우스는 프랑스에 반대하는 선언문에 서명한 작곡가이기 때문이었다. 이때 몽퇴는 군 복무 중이었고 메트로폴리탄에서 공연 지휘 때문에 6개월간의 휴가를 얻어 왔다. 지휘자는 몽퇴 대신 안젤름 괴츨Anselm Goetzl이 나서서 투어 동안에 지휘를 했다.[211] 로몰라는 몽퇴의 이런 행

동을 바슬라프에 대한 개인적인 공격으로 생각했다.[212]

《틸》의 의상은 니진스키를 기쁘게 했다. 소콜로바가 생각하기로는 너무나 눈에 띄는 의상이어서 이 자체만으로도 발레가 성공하겠다고 생각했다.[213] 그러나 무대 세트는 그렇지 않았다. 그것들은 높이가 충분치 않아서 니진스키가 원하는 빌딩들의 과장된 모습을 표현하기에는 모자랐다. 니진스키는 자신의 분장실로 존스를 불렀다. "이 벽들은 (…) 강렬한 빨간색 두 가지 색의 줄무늬로 도배되어 있었다. 긴 의자와 큰 거울이 있었다. 화장대 위에는 여러 개의 칼끝이 뾰족한 단도들이 가지런하게 놓여 있었다. 마에스트로는 불같이 화가 난 채로 나를 기다리고 있었다."[214]● 그의 분노가 다 소진된 후 니진스키는 무대로 돌아갔다. 그리고 무용수들을 가르치기 위해 바로 점프하는 시범을 보였다. 그리고 쓰러져서 발목을 다쳤다. 니진스키는 병원으로 가서 엑스레이를 찍었다. 그는 몇 주 휴식이 필요했다.

혼란이 일어났다. 《틸》을 위한 리허설은 계속되었지만 초연은 연기되었다. 니진스키는 자신이 투어 동안은 춤을 출 수 있을 것이라는 이야기를 들었다. 그렇지만 뉴욕에서는 불가능했다. 《메피스토 왈츠》의 공연은 존스가 이미 디자인을 했는데도 포기했다.[215]

---

● 존스가 표현한 전율이 일어났다는 생각은 당시 본인의 극도로 예민한 정신 상태도 같이 반영된 듯하다. "그의 입에서는 러시아어로 된 비난이 마구 쏟아졌다. 열린 문으로 러시아 무용수들의 찌푸린 얼굴이 가득히 보인다. 니진스키는 다시 서툰 프랑스어로 바꾸었다. 그는 통제 불능의 증오로 나에게 퍼부었다." 그러나 로몰라는 존스의 이 말이 "사실이 아니다"라고 하면서 "그 뾰족한 단도들"은 단지 라이흐너Leichner가 분장할 때 사용하는 막대기일 뿐이었다고 말했다.

안나 파블로바가 니진스키에게 꽃을 보냈다.[216] 그녀는 자신의 발레단을 이끌고 찰스 딜링햄Charles Dillingham이 《빅 쇼The Big Show》를 공연하는 브로드웨이 히포드롬Hippodrome에 등장했다. 그녀는 부채를 갖기 위해 5개월 동안 공연하는 계약을 맺었다. 여기서 그녀는 화려한 규모의 보드빌 쇼와 아이스 발레 사이에 샌드위치처럼 축약한 《잠자는 미녀》 버전을 공연했다. 이 보드빌 쇼는 웨스트포인트 생도들, 4백 명의 민스트럴minstrel•이 출연하는 공연물이었다. 이 쇼에 대해 "지나치게 화려하게 세팅한 보석"이라고 어느 평론가가 글을 남겼다. 시간이 지날수록 파블로바의 발레는 점점 더 축소되어 결국 15분짜리로 공연으로 축약했다. 박스트(이들 디자인 중 일부는 5년 후 댜길레프의 프로덕션에 적용하게 된다)가 디자인한 그녀의 의상은 번쩍거리는 다른 공연들과 경쟁하기 위해 스팽글을 달았다.[217] 파블로바로서는 이사도라와 니진스키가 뉴욕에 있다는 사실은 자신의 상황을 더 악화시키는 꼴이었다. 로몰라가 파블로바에게 니진스키의 발목은 부러진 것이 아니라 접질렸다고 말했을 때 "그녀의 목소리는 실망한 표시가 역력할 정도로 낮아졌다"라는 것은 어느 정도 이해할 만한 상황이다.[218]

시즌은 10월 16일 니진스키가 없이 시작되었는데 그의 부재는 매표 상황에서 실감이 났다. 레퍼토리는 이전과 같고 일부 달라진 부분은 《나르시스》, 《불새》, 《아르미드의 관》, 《자정의 태양》

---

• 흑인으로 분장하고 흑인 가곡 등을 부르는 백인 가수•

은《파피용》,《사드코》(볼름 안무),《틸》로 바뀌었다.《레 실피드》
는 로푸호바, 소콜로바, 바실리엡스카, 가브릴로프가 추었다. 소
피 플란츠와 볼름은 「폴로베치안 댄스」를 이끌었다. 르발르는 조
베이다와 클레오파트라(스페인에서는 체르니체바가 춤을 추었다)를
맡았고 이때 볼름은 아몬과 니그로를 맡았다. 소콜로바는 타호
르를 맡았다.《장미의 정령》은 다시 소콜로바와 가브릴로프가 추
었다.《카니발》에서는 가브릴로프가 아를르캥, 로포호바가 콜럼
바인, 플란츠가 치아리나, 소콜로바는 파피용, 볼름은 피에로, 즈
베레프는 오이제비우스, 크렘네프는 판탈롱, 그리고 플로레스탄
은 신입 단원인 미에치슬라브 피아놉스키Mieczslaw Pianowski가 맡았
다. 로포호바와 소콜로바, 볼름은《파피용》에서 주역을 추었다.
《파피용》은 첫 주의 마지막에 공연될 예정이었다. 그러나 로포호
바가 아픈 바람에 이 발레는《틸》의 초연날 밤으로 미루어졌다.
《틸》의 초연은 10월 23일로 예정되어 있었다. 시즌 첫 주에 신작
은 오로지 안무가가 주역으로 나온《사드코》뿐이었다.

　니진스키의 의사는 그가《틸》을 출 수 있는 상황이라고 결정했
다. 존스는 무대 세트의 문제를 해결했다. 군청색의 넓은 엷은 막
에 나뭇잎의 분위기를 주도록 칠한 약 3미터 높이의 캔버스를 기
존 배경 막의 받침에 덧붙였다. 오로지 무대 장면의 꼭대기에서
만 조명이 비쳤다. 비평가들은 이를 일부러 무대효과를 위해 이
렇게 한 것으로 생각했고 좋다고 판단했다.[219] 첫 공연 하는 날 드
레스 리허설이 열렸다. 이때 무용수들은 첫 막이 어떤지를 알게
되었고 순조롭게 진행되었다. 소콜로바는 "니진스키는 유쾌하게

미래에 대한 어떤 근심도 없이 춤을 추었다"고 썼다.[220] 존스는 무대에서 자신의 최종 무대 세트를 보고 감탄하고 있을 때 천정의 채광창으로부터 한 줄기 햇살이 들어왔다. 존스는 그 빛의 아름다움에 압도되어 기절했고 그는 무대 바깥으로 실려 나갔다.[221]• 소콜로바에 의하면 공연 후반은 "사실 더 이상 발레가 아니었다. 부족한 리허설로 인한 산만함 그 자체." 리허설 중에 언쟁이 벌어졌고 니진스키는 자리를 떠났다. 나머지 오후 시간에 발레단은 자신의 역할을 알고 있는 니진스키가 주도하여 공연 준비를 했다.[222] 그는 3년 뒤 그의 일기에서《틸》에 관해 쓰면서 이 점에 대해 인정했다. "익기 전에 '오븐에서 너무 빨리 꺼낸' 작품이었다. 그런 까닭에 제대로 가공되지 않았다. 미국 관객들은 '가공되지 않은' 이 작품을 좋아했다. 내가 마치 요리를 잘한 것처럼 맛있게 받아들였다. 나는 이 작품을 좋아하지 않았음에도 '좋은 작품'이라고 말했다."[223]

23일 관객들이 모였을 때 파블로바도 그중에 있었다.[224] 그날 공연은《파피용》으로 시작되었다.《파피용》의 무대는《레 실피드》에서 쓰지 않은 무대 세트로 장식했다.[225] 이 작품은 음악을 관현악으로 만든 버전이 너무 허접하였고 안무는 빈약했으며 의상은 전혀 상상력을 불러일으키지도 못하여 비평가들에게 별다른 인상을 심어 주지 못했다. '복원된' 나비의 날개는 내용에 따라 달

---

• 로몰라는 다음과 같이 썼다: "존스는 (…) 자신이 잘못 측정한 것을 깨달았을 때 기절했고 집으로 실려 가야 했다(274쪽)."

라졌는데, 날개가 고정되어 있지 않아 공연에 징크스를 안겨 주었다.《카니발》의 옅은 그림자 정도 되는 작품처럼 보였다.[226]

그다음이《틸》이었다. 몽퇴는 객석에 앉아 있었고 괴츨이 바톤을 잡았다.

《뉘른베르크의 명가수》처럼《틸》의 음악은 비독일적인 유머로 사람들을 놀라게 했다. 슈트라우스는 본래 이 작품을 오페라처럼 만들려는 의도를 가지고 있었다. 변화가 심한 음악의 테마, 소란하고 우스꽝스럽게 야단법석을 표현한 오케스트라의 효과, 유연하게 변용 가능한 구조, 명료한 스토리 라인은 영웅의 보편성 있는 호소력과 균형을 이루어 발레를 위해서는 이상적인 소재를 제공했다. 커튼이 오르면 늦가을 오후 브룬스비크의 시끌벅적한 시장 풍경이 등장한다.[227] 농부와 상인들은 광장에 모여 있는데 뒤 배경은 시청과 성당이 높이 솟아 있다. "폭동을 일으키고 있는 괴짜 부류들은 놀랄 만한 풍경 앞에 모여 있다. 중세의 마을이라고 되어 있지만 실존하지는 않았던 풍경이다. 이 마을은 괴상한 각도로 기울어진 작은 집의 뾰죽 지붕을 비추는 어스름한 몇 줄기 햇빛으로 장식되어 있고, 밤의 푸른색이 전체로 깔려 있다."[228] 등장인물 중에 20명은 그들의 생활과 방식이 어떤지를 알려 주는 과장된 의상을 입고 있다. 공증인, 목사, 상인, 거지, 성에 사는 숙녀, 누더기를 걸친 가난한 사람, 판매대에서 물건을 훔치는 어린이 등이다. 여기서 빵장수는 빵을 자신의 키만 한 바스켓에 담아 나르고 있고, 저쪽에서는 사과 파는 여인(소콜로바)이 있다. 이 여인은 뺨을 사과처럼 붉게 분장을 하고 농부 복을 입고 있으며 그

녀의 머리 위에 이고 있는 보따리 안에 과일을 쌓아 두고 있다. 두
명의 경찰관은 의심스러운 듯 순찰을 하고 있다.

갑자기 누더기의 담녹색 옷 — 타이츠를 신고, 셔츠와 상의와
조끼를 입고, 스카프와 끈을 두르고 — 을 입은 나긋나긋한 젊은
이가 헝클어진 머리로 광장으로 뛰어든다. 틸(니진스키)이다. 그
는 가난한 사람들이 굽실거리는 빵장수와 사과 장수를 때려눕히
고, 번개가 치듯 재빠르게 한 무리의 시민들을 강렬한 붉은 색 천
조각으로 묶었다. 틸이 그들을 자유롭게 풀어 주니 그들을 단번에
쓰러졌다. 틸은 왔을 때처럼 재빠르게 사라졌다. 그의 짓궂은 장
난으로 화가 난 희생자들은 불만을 쏟으면서 시청까지 행진한다.

소규모 행렬이 시장 광장에 들어선다. 고깔모자를 쓴 성직자 뒤
에는 귀족 숙녀들, 지식인들, 가난한 자들이 뒤따른다. 이들은 성
직자의 설교를 모두 경청하고 있다. 돈을 구걸하는 거지들에게
성직자는 인내심을 가지고 그들의 이야기를 들어 준다. 그러다가
갑자기 그의 빈 호주머니를 꺼내서 보여 주고는 자신이 틸이라는
것을 드러내기 위해 두건을 뒤로 젖힌 뒤에 줄행랑친다. 성직자
들은 정의를 위해 시청으로 향한다.

신도들이 성당을 떠난다. 그들 중에는 샤틀렌Châtelaine(르발르)
과 그녀의 일행 두 명이 있다. 그들은 가장 과장된 의상을 입고 있
다. 정교하면서 도톰한 실크로 만든 가운을 입었는데 옷자락이
정사각형으로 길게 늘어져 있다. 그리고 기이할 정도로 높은 머
리 장식을 하고 있는데 그 꼭대기에서부터 옷자락이 끝없이 이어
지는 것이다. 샤틀렌은 지금 망토를 입은 부유한 젊은 기사로부

터 구애를 받고 있다. 그 젊은이는 온통 깃털로 된 모자를 쓰고 그녀에게 조롱하는 듯이 절을 하고 있다. 그녀는 그에게 퇴짜를 놓는데, 그때 망토 아래 보이는 녹색 타이즈가 보이고 구경꾼들은 웃음을 터뜨린다. 숙녀들은 떠나고 그들의 신하들은 사기꾼을 비난하기 위해 시청으로 들어간다,

이제 등장한 예복을 입은 다섯 명은 대학교수들이다. 이들은 긴 수염, 사각의 큰 안경, 괴상하게 생긴 돈 바질리오Don Basilio의 모자, 턱밑에 양피지로 말아 올린 리본을 달아 멋을 부렸다. 이들은 한창 난해한 문제로 토의 중이다. 그들은 비슷한 예복을 입고 나타난 여섯 번째 등장인물 때문에 혼란에 빠졌다. 외국에서 온 학자. 그들은 그를 이해하기 위해 고투를 벌이지만 그는 그들을 놀리면서 그들에게 가난한 사람들이 광장에서 옹기종기 모여 있는 모습을 보여준다. 교수들은 항의하면서 차례로 시청으로 들어간다.

날이 어두워지자 틸의 노랫소리가 들린다. 그는 거리로 달려 나가 가난한 사람들에게 자신과 함께 춤을 추자고 소리친다. 혁명의 춤이다. 모두 동등하다. 군중들은 영웅을 어깨 위로 올리고는 그를 받치고는 시청으로 향한다. 그러나 드럼 소리가 들리고 군인들이 이들을 포위한다. 틸은 검은 옷을 입고 등에 흰 십자가를 달고, 뾰족한 모자를 쓴 조사관 앞에 끌려간다. 틸은 여전히 조롱한다. 그러나 모두(성직자, 상인, 성주, 숙녀와 교수들)가 그를 비난하면서 그는 유죄 선고를 받는다. 그의 웃음은 올가미가 씌워지자 멈추고 그의 형상은 "붉은 등불들 사이에 붉은색으로 빛나는

빛 속에 높이 걸려 있다.”

가난한 사람들은 틸이 사형당하도록 그대로 둔 자신들을 자책하면서 모여든다. 그러나 갑자기 슬퍼하는 한 무리의 여인들 사이에서 틸이 “장난감 풍선들이 날아오르듯이” 튀어 오른다. 그는 죽음조차도 속인 것이었다. 그의 영혼은 살아 있다.

니진스키의 안무는 슈트라우스의 음악과 밀접하게 연결되어 있다. 클라리넷으로 연주하는 틸의 악동 테마와 무대 위에서 익살스러운 짓 사이에 교감은 이 작품의 정신을 담고 있다. 그러나 니진스키는 틸의 행동에서 나타나는 혁명적인 면을 강조했다. 슈트라우스 음악의 진행에서 틸은 소외계층을 선동하여 폭동을 일으키기보다는 모든 이들을 조롱했다. 그리고 슈트라우스의 시놉시스는 일반 대중들에게 향수를 불러일으키면서 틸의 속임수를 회상하는 것으로 끝나는 반면 니진스키는 틸의 정신이 환생했음을 소개하는 것으로 끝을 맺었다. 그런 면에서 이 작품의 클라이맥스는 《페트루슈카》를 연상시킨다.

발레는 18분간 지속했다. 막이 내리자 폭풍과 같은 박수가 터져 나왔다. 니진스키가 무대에서 공연한 마지막 신작 발레였다. 꽃 더미 파묻혀서 안무가와 디자이너는 손을 잡고 함께 커튼콜에 답례했다. 열다섯 번의 커튼콜이었다.[229] “너무너무 행복해”라고 니진스키는 중얼거렸다.[230] 몽퇴조차도 그의 박스에서 손뼉을 쳤다. 로몰라는 《틸》이 바슬라프의 최고 작품이라고 생각했다.[231] 프로그램은 로푸호바와 가브릴로프가 춘 《장미의 정령》으로 이어졌다. 그리고 예고 없이 니진스키가 등장하여 황금 노예를 추

880

면서 《셰에라자드》로 끝이 났다.[232] 공연 후 기자들은 인용할 내용을 달라고 아우성치었다. 플로르 르발르는 성실하게 답변했다. "나는 그 어떤 작품에서보다 《틸》에서 춤추고 싶어요. 그리고 나의 의상이 몹시 마음에 듭니다." 니진스키는 다시 관대한 마음으로 돌아와서 로버트 에드몬드 존스는 "박스트보다 더 위대한 색채 예술가"라고 언급했다.[233]

『뮤지컬 아메리칸Musical American』의 국수적이며 안티 발레 뤼스 비평가는 초연 때부터 "이런 관심과 성공의 공적은 9할이 로버트 존스 덕분"이라고 언급했다. 니진스키가 "현명하고 뛰어난 판단"으로 무대와 의상을 로버트 존스에게 의뢰했다는 것이었다. 비평가는 "상상도 할 수 없을 만큼 형편없는 작품의 안무와 드라마적인 콘셉트는 콘서트홀에서 곡이 연주될 때 무한한 상상력을 펼치면서 벌어지는 라블레풍의 코미디와 대비된다. 원작의 정신은 보여 주기 위한 중세풍의 의복과 장신구로 인해 모두 사라졌다"[234]고 썼다. 그러나 다른 평론가는 훨씬 더 열광적이었다. 『보스턴 이브닝 트랜스크립트Boston Evening Transcript』의 H. T. 파커H. T. Parker는 내용과 방식에서 원작의 전래동화 풍취를 그대로 지니고 있다고 느꼈다.[235] 다른 의견으로는 발레는 "음악, 회화, 무용이 한데 어우러져서 그 자체로 타의 추종을 불허했다. 생생함, 색채의 깊이는 그 모든 것의 능숙한 만큼이나 놀라웠다."[236] 또 다른 이들은 "멋진 공연, 아마도 발레 뤼스가 미국에서 공연한 작품 중에 가장 뛰어난 작품이다. (⋯) 연출 기법과 안무의 승리." 또 다른 이는 "완전한 성공"이라고 했다. 니진스키의 공연은 그에게 가장 잘 어

《틸 오일렌슈피겔》에 출연한 니진스키 (위 왼쪽, 위 오른쪽)
《틸 오일렌슈피겔》에 출연한 리디아 소콜로바
(화이트 사진, 아래)

울리는 역할로 "뛰어나고 (…) 흉내를 낸 의인화 작품"으로 보였다.[237] 칼 반 베치튼은 "니진스키 해석의 가장 중요한 점은 흥겨움이다. 그는 작품 그 자체만큼이나 완전히 건달처럼 춤을 춘다. 그는 질 블라스• 영혼의 환생이었다"고 썼다.[238] 미국에서 이 작품이 최상으로 평가받는 이유 중 하나는 니진스키가 이 발레를 창작했고 자신이 직접 주인공이었을 뿐 아니라 댜길레프 발레 작품 중에 최초로 미국에서 초연한 발레라는 점도 작용했다.《틸》은 댜길레프가 자신의 발레단이 공연한 작품 중에서 보지 못한 유일한 작품이었다.

이 공연은 슈트라우스의 관점에서도 역시 주목할 만했다. 어느 칼럼니스트가 쓰기를 12년 전 이 도시에서 '슈트라우스 주간'을 가진 적이 있다고 했다. 지금은 또 다른 '슈트라우스 주간'이 열리고 있었다. 다음 목요일과 금요일에 슈트라우스의 「알프스 교향곡Alpine Symphony」 미국 초연과 그의 오페라《군트람Guntram》에서 발췌곡들이 카네기홀에서 필하모닉 오케스트라가 연주할 예정이었다. 그리고 한주 뒤에는 보스턴 심포니 오케스트라가《틸 오일렌슈피겔》을 카네기홀에서 연주할 예정이었다.

《틸》이《레 실피드》와 함께 오프닝 공연을 한 그날 밤,《레 실피드》에서는 마르게리트 프로만과 올가 스페시브체바가 미국 데뷔 공연을 했다. 그리고 니진스키는《목신의 오후》를 미국에서 처음

---

• 알랭르네 르사주Alain-René Lesage의 대표적인 피카레스크 소설《질 블라스 이야기》의 주인공, 이 이름을 딴 문예지도 파리에서 발간되었다.*

공연했다. 신문들은 파리와 런던 버전이 따로 있는 것처럼 뉴욕 버전으로 공연을 본 것에 대해 놀라워했다. 『뉴욕 선New York Sun』의 글에서는 이 발레에 대해 니진스키는 "무대 위에서 가장 대담한 무용수로서 그의 명성에 걸맞은 공연을 보여 주었다"고 했다. 그리고 많은 관객이 기대를 했다. 그러나 "니진스키는 지나간 일은 잊어버리자는 속담에 따르는 것 같다. (…) 어쨌든 그의 연기에는 얌전한 얼굴이 수치심으로 얼굴을 붉게 물들 만한 것이 아무것도 없었다. 그러나 그 굴절은 미묘하고 그 우아함은 뭐라고 꼬집어 말할 수 없는 니진스키 특유의 예술에서 의미와 풍부함으로 가득 차 있었다. 르발르는 님프로서 늘씬하고 사람의 이목을 확 끄는 외모이면서 그녀의 테크닉은 조형적인 포즈에 잘 맞았다."[239] 이 발레는 박스트의 무대를 그대로 사용했는데 이전보다는 조명이 조금 어두웠다.[240] 이날 프로그램은 《이고르 공》과 니진스키가 출연한 《페트루슈카》로 끝이 났다. 《틸》과 《목신의 오후》는 10월 28일 맨해튼 오페라 하우스 시즌이 끝나기 전에 다시 공연했다.•

이틀 후 발레단은 대륙을 횡단하면서 5개월 동안 지속하는 두 번째 미국 투어를 떠났다. 그들은 65명의 무용수, 60명의 오케스트라 단원, 수많은 무대 기술자가 다 같이 투어에 함께했다. 각각의 투어 장소에는 12칸의 기차로 이동하는 무용수들이 도착하기

---

• 소콜로바의 글에 의하면(『다길레프를 위해 춤추기』 91쪽), 《틸 오일렌슈피겔》은 더 이상 반복되지 않았다. 그러나 언론 기사에서는 발레가 뉴욕에서 두 번 더 공연되었음을 입증해 주고 있다. 그리고 그리고리예프의 글에도 이 투어 동안 20회 이상 공연했다고 적혀 있다.

《틸 오일렌슈피겔》의 캐리커처
(『뉴욕 이브닝 포스트』 1916, 위)
《틸 오일렌슈피겔》을 위해 니진스키가
무용수 분장을 해 주었다. (아래)

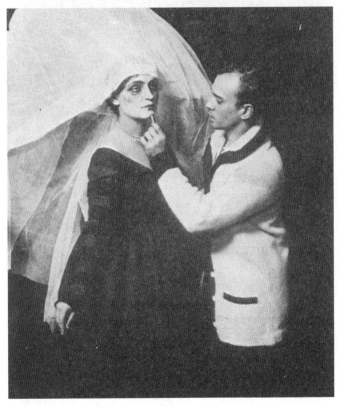

《틸 오일렌슈피겔》 악보를 보고 있는 니진스키

전에 무대, 소도구, 기술 장치와 의상 등은 언론홍보 담당 기자들과 먼저 공연지에 도착하여 공연할 수 있도록 무대 시설을 설치했다. 음악가들은 침대 위 칸에서 잠자기를 거부하여 기차는 본래 필요하다고 예상한 것보다 두 배나 칸이 늘어났다. 그러나 오토 칸은 비용을 아끼지 않았다.[241] 메트로폴리탄 행정부에서는 러시아 발레단에 대한 관심을 환기하기 위해 조처를 취했다. 공연지에서는 무용수들이 도착하기 전에 앞서서 러시아 발레단이 끼친 영향으로 탄생한 회화, 의상 전시회를 개최했는데 댜길레프는 이 소식을 듣고는 아주 싫어했다. 그라모폰 레코드에서는 러시아 발레단 오케스트라 연주로 《카니발》, 《셰에라자드》, 《레 실피드》의 음악 연주를 음반으로 제작했다. 발레단의 공연을 영화로 만드는 작업도 논의가 되었지만, 이는 실현되지 않았다.[242] 크렘네프는 자포자기한 심정으로 메트 측 대표에게 이 투어의 행정을 다 맡기려고 엄청 노력했지만 이는 몇 달 후에나 실현이 되었다. 크렘네프는 거의 매일 댜길레프와 그리고리예프에게 전보를 쳐서 점점 악화하는 발레단의 사기 저하에 관해 알렸다.[243]

발레단은 프로비덴스Providence, 뉴 헤이븐New Haven, 브루클린Brooklyn에서 공연했다. 스프링필드Springfield에서는 발레단이 풋볼을 관람했으며 니진스키는 풋볼과 댜길레프 발레단은 개인 공연자(선수)의 기량이 우수한 것보다 팀워크가 훨씬 더 중요하다는 점에서 공통점을 지녔다고 말했다.[244] 그다음 공연지는 보스턴으로 시즌은 11월 6일에 시작되었다. 니진스키가 도착하면서 러시아 군대 탈영병이라는 소문이 떠돌고 있었다. 이 소문은 신문에도 기사로 나왔는데 니진스키가 자신은 싸울 준비가 되어 있으며 예술가라고 군 면제가 되는 어떤 권리가 있다고는 믿지 않는다고 말한 내용이 기사에 나왔다.[245] 보스턴에는 니진스키의 친구들이 있었다. 그중에는 1911년 런던에서 니진스키를 그렸던 유명 화가 사전트가 있었다.[246] 《틸》의 초연 이후 사려 깊은 리뷰를 적었던 『보스턴 이브닝 트랜스크립트』의 H. T. 파커는 이제 러시아 발레단에 대해 자신의 홈그라운드에서 관심을 두게 되었다. 가장 주목할 만한 공연은 11월 9일 공연이었다.

《클레오파트라》에 대해 쓴 파커의 글은 오히려 과장될 정도로 극찬하고 있다.

아몬 역에서 볼름은 거의 멜로 드라마를 비극으로 끌어올린 최고의 상징, 강렬한 환상, 광범위한 방법으로, 노예의 운명을 대담하고 매력적으로 흉내 냈다. 거의 반은 춤인 소콜로바의 마임보다 볼름이 구사하는 구어체의 연기는 인간만이 가능한 유려한 말솜씨, 기쁨에 겨운 애정, 갑자기 경종을 울리고, 비명을 지르는 듯한 애원과 암담한 비애의 표현이 더 능숙했다. 《타마라》처럼 《클레오파트라》에서도 르발르의 개성이 드러나는데 그녀는 사악하고 육감적인 여왕의 포즈를 취했다. 그러나 그녀는 무용 테크닉이 부족했고 그녀가 맡은 역할로 자신을 변화시킬 때 전적으로 다양성이 부족했다. 하지만 이런 역할로 유명했던 루빈스타인도 이런 수준에서 벗어나지는 않았다.

일부 관객 중에서는 소콜로바의 공연에 완전히 열정적으로 심취하여 커튼콜에서 소리를 지르면서 소콜로바를 불렀지만, 이 커튼콜은 르발르와 볼름을 위해 정해져 있는 의전 절차였다.

파커는《장미의 정령》에서 니진스키의 춤에 대해 이렇게 썼다.

그의 절묘한 피루엣은 민첩성과 정확성의 솜씨보다 회오리치는 내면의 의기양양함이 더 빛났다. 섬세한 발의 부딪힘 속에 두 발이 만나고 떨어지고 할 때 순식간에 공기를 가르는 앙트르샤. 팔과 손의 사랑스럽고도 노련한 움직임, 조화와 리듬의 흐름에 따라 흠잡을 데 없는 머리와 신체, 작품 전체에서 풍기는 화려한 향기, 환상의 춤과 안개 낀 밤의 빛, 소녀 같은 몽상에서 감정을 승화시킨 춤. 하얀 불꽃은 로포호바 역시 빛나게 했다.

그리고 마지막에 보스턴 관객들은 니진스키가 출연한《목신의 오후》에서 "정확하고 예민한 마음과 감정"을 표현하는 그의 천재성에 대해 또 다른 면을 보게 되었다.

침묵처럼 거의 움직임이 없는 생경한 모습, 한편으로는 이교도적이고 원시적인, 또 다른 한편으로는 초현대적이고 약간은 심술궂은 환상. 창의력이 풍부한 니진스키가 광범위하면서도 절묘하게 균형을 맞추어 그러한 상상력, 실행력과 환상을 표현하는 솜씨로 작품을 이룬다. 이탈리아인들은 새로운 아름다움을 번성하도록 하였는데 그 아름다움을 형성하고 감상하는 수준을 표현하는 단어를 지니고 있다. '유연함morbidezza'이라는 단어다.[247]

보스턴에서 발레단은 이동했다. 우스터Worcester-하트퍼드 Hartford-브리지포트Bridgeport-애틀랜틱시티Atlantic City-볼티모어 Baltimore. 그리고 11월 말에 발레단은 또다시 워싱턴에서 대통령이 참석한 가운데 공연을 했다. 여기서 니진스키는 공식적으로 처음, 자신이 억류 상태에서 풀려나도록 미국이 일정 부분 역할을 해 준 것에 대해 감사를 표했다.[248] 필라델피아 공연에서 니진스키가 처음 출연한 작품은《틸》이었다. 무대와 의상은 깊은 인상을 남겼고 니진스키의 공연은 "마임 능력이 뛰어남을 보여 주었으며 이는 '말솜씨는 자기 생각을 감추기 위해 인간에게 주어진 것' 이라는 주장이 진리임을 강조하게 되었다." 그러나 윗글을 적은 같은 평론가는《마법에 걸린 공주》에서 니진스키의 춤에 대해서는 모르드킨이나 볼리닌의 춤보다 월등한 점은 없다고 지적했다. "그는 몸통이 매우 가볍고 잘 조련된 것에 비해 비정상적으로 굵은 다리를 지니고 있다."[249]

투어에서는 실망스러운 점이 드러나고 있었다. 니진스키에 대한 찬사는 끊임이 없었다. 그러나 그의 마음속에는 이들이 보내는 찬사는 단순히 자신의 월등한 무용 테크닉에 기인하는 것이지 발레라는 예술을 잘 이해해서가 아니라는 생각이 들었다. 11월 『워싱턴 스타』에 흥미로운 기사가 등장했다. 니진스키가 생각하는 이 점을 지적한 것이었다.

다길레프 발레단은 일군의 부유한 예술 감식가들의 놀잇감으로 이 나라에 처음 왔을 때 화려한 놀라움을 안겨 주었다. 하지만 댜길레프 발레단의 공연은 일반적인 순회공연의 경우와 비교해 보면 너무 규모가 커서 일주일 공연을 제안하기에는 불가능했다. 러시아 발레단은 통상적인 극장 순회공연 쪽으로 약간 방향을 틀었다. 그리고 최근 연극에서 매우 두드러진 경향을 보이는 스타 시스템을 무용 공연에 이식시켰다. 니진스키라는 이름은 너무나 유명하여 모든 관심을 압도한다. 무용에 대한 미국인의 취향은 주로 우아하고 익숙한 조화에 둘러싸여 있는 그림 같은 시적 분위기인데, 니진스키라는 무용 예술가의 미세한 표현을 이해할 정도로 충분히 분별력이 있는지는 확신할 수 없다. 남성 무용수는 유명한 여성 스타 무용수의 파트너로 등장할 때를 제외하고는 미국인들의 관심에서는 아직도 예외적인 존재다.

이 글의 비평가는 다음과 같이 결론을 내렸다. "관객들이 무용을 겉치레가 화려한 공연 작품, 이상을 표현하기보다 볼거리에 호소하는 공연으로 생각을 하는 한, 아무리 남성 무용수가 우아한 포즈와 섬세한 판토마임을 구사한다고 하는 월등한 스타라고 할지라도, 니진스키를 인정받은 예술적인 경이로 받아들이기보다는 예외적인 호기심의 대상으로 받아들이는 경향인 것 같다."[250]

투어 성공을 위해 필사적인 노력을 기울이던 메트 경영진에서는 12월에 신문처럼 꾸며서 「발레 뤼스 쿠리어Ballet Russe Courier」라는 광고 전단을 만들었다. 여기에는 지나간 공연에 대한 알림은 물론 앞으로 일어날 투어에 대한 정보도 싣고 무용수들에 대한 가십거리 — 그들의 이국적인 반려동물, 무용수들이 아름다움을 뽐내는 솜씨, 발음하기 어려운 그들의 이름 등 — 를 "박스테리컬 웃음Baksterical Laughter"라는 헤드라인 아래 일련의 말장난 코너로 실었으며 박스트 자신에 관한 기사도 실었다. 이런 내용 중 일부는 댜길레프를 혐오스럽게 했다. 그러나 투어의 스폰서들은 관객을 불러 모으기 위해, 그리고 발레단에 대한 좋은 반응을 확실히 하기 위해 모든 수단을 동원하기로 했다. 이 전단에서 한 항목은 의심의 여지 없이 리치먼드Richmond, 버지니아Virginia 같은 투어할 도시들의 상황을 나타내는 것이었다. "만약 티켓 판매액이 방문하는 발레단에게 약속한 경비를 충당하기에 모자랄 경우를 대비하여 음악을 사랑하고, 예술을 사랑하는 시민 열 명이 합쳐서 보증기금을 조성한다면 뛰어난 발레단과 함께 저녁을 보낼 것이다. 보증인들에게 적자 부분을 보충해 달라고 요구하지는 않을 것이다."[251]

시민들은 모여들었고 필라델피아로 떠나기 전에 리치먼드에서 러시아 발레단은 하룻밤 공연을 했다. 리치먼드 공연 이후 1회만 공연한 곳은 콜롬비아와 애틀랜타였다. 그리고 애틀랜타에서 니진스키는 페테르부르크의 군 당국으로 10일 이내에 오라는 소환장을 받게 된다. 이는 말도 안 되는 소리였고 불가능했다. 그러나 가브릴로프에게 한두 개 배역을 연습시킨 뒤 니진스키는 이 문제를 러시아 대사관에서 해결하기 위해 워싱턴으로 갔다. 그의 군 면제 건을 다시 확인했고 그는 12월 초 뉴올리언스에서 발레단에 합류했다.[252] 니진스키가 없는 동안 가브릴로프가《장미의 정령》을 니진스키 이름으로 추었다.[253]

뉴올리언스에서 로몰라는 호기심에 유명한 사창가 구경을 하기 원했다. 바슬라프는 "여성에 대한 존중심" 때문에 사창가 구경을 내키지 않아 했지만 로몰라는 고집을 피웠다. 니진스키는 사창가 사람들한테 가장 사려 깊게 대했다. "그는 그들에게 말을 걸었고 음료수를 권하기도 했다. 그들은 그가 그 외 다른 관심이 없다는 것을 알고는 모두 놀라워했다."[254] 〔니진스키는 나중에 그의 일기에 썼다. "나는 (취리히에서) 사창가에 가려고 했다. 창녀들을 이해하고 싶어서. 나는 창녀들의 심리를 이해하고 싶었다. (…) 나는 창녀들에게 돈은 주되 다른 관계는 맺지 않을 것이다."〕[255]

발레단의 레퍼토리는 종종 그 도시에서 특별히 원하는 작품으로 결정되었고 요청받은 순서대로 상황에 따라 차례가 바뀌었다. 미국 남부 지방 투어에서는《셰에라자드》는 불쾌감을 줄 우려 때문에 거의 공연되지 않았고 이는 놀라운 일이 아니었다.[256] 발레단은 이동했다. 휴스턴Houston - 오스틴Austin - 포트 워스Fort Worth - 댈러스Dallas - 털사Tulsa - 위치타Wichita - 캔자스시티Kansas City - 디 모인Des Moines - 오마하Omaha. 디모인에서는 공연장 콜리세움의 사이즈 때문에 박스트의 무대 세팅을 제대로 사용하지 못했다. 예를 들어《셰에라자드》는 무거운 휘장이 없이 공연되었다. 그러나 발레단은 "우아함, 밝음, 유연함, 권세, 격렬한 화려함으로 쉬이 시들지 않을 감동"을 선사했다.『디 모인 레지스터Des Moines Register』의 비평가는 니진스키의 아를르캥은 "그가 사람이라는 것을 관객들에게 확인시켜 줄" 필요가 있다고 느꼈다. 왜냐하면《셰에라자드》에서 그는 "유연하면서 힘찬 동물 (…) 팬더 같은 (…) 인간의 본성에서 끔찍한 면을 끄집어내어 체화하여 표현했다."

이 두 작품 사이에《레 실피드》에서는 로푸호바와 소콜로바와 같이 공연했다. "이 두 사람의 리디아는 미풍에 나부끼는 깃털처럼 가벼웠다." 극장이 꽉 다 찬 것은 아니지만 두 번째 발코니 석은 다 찼다. 더 좋은 좌석을 사려면 3.5달러를 더 줘야 하는데 이는 너무 비싸다는 것이 증명되었다.[257]

주역 무용수들이 해야 할 공연이 너무 많았다. 그리고 전체 발레단은 투어 환경 때문에 점점 지쳐 갔다. 본래 카르사비나와 니진스키만 쉬게 하는 것이 댜길레프의 관행이었다. 그러나 드물게 예외가 있었는데, 주역의 대역들은 예외였다. 가브릴로프는 이제 니진스키 다음가는 주역으로 확고해졌다. 바슬라프는 다른 무용수들에게 주역을 연습시키기 시작했다. 즈베레프와 크렘네프, 소콜로바와 넴치노바는 니진스키의 이런 방식으로 인해 새로운 기회가 생겼다.[258] 예를 들면 소콜로바는《장미의 정령》에서 소녀 역으로 캐스팅되었는데 그녀는 매우 영광스럽게 생각했다. 그녀로서 아쉬운 점은 소녀 역의 데뷔가 타호르 역을 맡은 뒤의 공연이었다. 그녀가 타호르 역을 위한 브라운색 분장을 너무 급히 지워야 해서 분장을 지우는 중에 커튼콜에 뛰쳐나가야 했다. 관객들은 열광했지만 그녀는 불안했다. "《장미의 정령》에서 니진스키와 파트너가 되어 춤을 추는 것은 매우 겁이 났다. 그는 항상 예상하지 못하는 무언가를 한다. 그는 공기 속으로 나를 던졌고 내가 내려올 때 그가 나를 잡거나, 아라베스크를 할 때 서포트를 하는 순간에 손을 치워 버린다. 그때 내가 만약 푸앵트를 하다가 잘못하면 그 장면과 분위기는 완전히 망가진다. 그는 또한 숨을 헐떡거렸다."259

발레 단원들에게 주어지는 역의 재배치는 니진스키가 점점 민주적인 방식으로 사고가 변해감에 따른 이유도 일부 있다. 뉴욕에서 소외계층의 반란을 주제로 한《틸》의 리허설 이후 드미트리 코스트롭스키Dmitri Kostrovsky, 니콜라 즈베레프Nicola Zverev가 발레단에 새로이 입단했다. 이 둘은 모두 톨스토이의 추종자들이었고 이는 니진스키의 관심을 끌었다. 특히 폴란드인 코스트롭스키는 발레 단원들에게 자신의 믿음을 설파하는 이외에도 니진스키와 매우 가깝게 지냈다. 두 무용수는 발레단 투어 동안 니진스키의 기차 칸에 와서 톨스토이의 철학을 설교했다. 로몰라는 매우 언짢게 생각했다. 니진스키는 셔츠와 타이 대신에 러시아 농부 복장인 둥근 칼라의 셔츠를 입기 시작했다.260 로몰라는 "그 러시아인들과 (그들의 출신 때문이 아니라 내가 그들에 대해 본능적으로 가지는 불신 때문에) 함께 있는 것보다 볼름, 혹은 황실 학교 출신들과 함께 있는 니진스키를 보고 싶었다."261 이유가 뭐였든지 간에 역할의 재배치는 단원들을 어리둥절하게 만들었다. 니진스키는 즈베레프에게《셰에라자드》중에 자신의 역할을 주었다. 그러고 난 후 보통 때 환관 대장Chief Eunuch 하든 무용수가 병이 났고 그역을 누가 맡을지 알려지지 않았다.262 로몰라는 객석에서 "늙은 환관(체케티는 그때 이탈리아에 있었음)의 뛰어난 마임에 깜짝 놀랐다. 나는 누가 저렇게 하는가 싶어 너무 궁금해서 무대 뒤로 갔는데 그 발표되지 않은 예술가는 (…) 바슬라프였다."263 오마하 다음 공연지인 덴버Denver에 도착할 즈음 발레단에서 부분적인 파업이 생겼다. 즈베레프는 이제 종종 가브릴로프가 니진스키가 워싱턴에 간 사이에 했듯이 니진스키의 이름으로 《장미의 정령》을 추었다.[264]

덴버에서 길은 솔트레이크시티Salt Lake City까지 눈을 뚫고 길이 나 있었다. 크리스마스 이브날, 아침 일찍 무용수들은 로스앤젤레스로 떠났는데 이때는 기차에 특별히 자동차 두 대를 싣고 갔다. 철도 회사에서 제공한 니진스키를 위한 개인용 차였다. 수하물차는 크리스마스 파티를 위해 장식을 했다. 파티에서 춤 반주는 메트로폴리탄 오케스트라가 반주했다.[265] 발레단원들은 니진스키의 기차 칸에 있는 크리스마스 나무에 매달린 선물을 전부 받았다. 눈을 뒤로 사라지고 이제 오렌지 나무들이 등장했다. 로스앤젤레스에서는 니진스키 가족은 콘서트 매니저 프레드 프래드킨Fred Fradkin 부부와 같이 기거할 집을 구했다.[266] 로스앤젤레스에서의 공연 계약은 12월 27일부터 12월 31일, 1917년 새해 전날까지였다. 니진스키는 찰리 채플린이 〈이지 스트리트Easy street〉를 촬영하고 있던 할리우드의 영화 스튜디오를 방문했다.* 채플린은 니진스키에 대해 이렇게 묘사했다. "진지한 사람, 아름다운 외모, 위로 불거져 나온 광대뼈, 평상복을 입은 수도승 같은 인상을 주는 슬픈 눈." 며칠간 니진스키는 영화를 보고 채플린에게 자신은 채플린을 존경하며 다시 오고 싶다는 말을 할 때조차도 절대 웃지 않았다. 채플린은 바슬라프가 자신의 익살스러운 연기에 반응

---

* 채플린은 〈치유〉라는 작품이라고 적었는데, 제목을 잘못 썼다(205쪽).

이 없자 불안해하며 카메라맨에게 필름을 사용하지 말라고 지시했다. 채플린은 발레 공연을 보러 가서 니진스키의 춤에 완전히 사로잡혔다. "나는 세상에 몇 안 되는 천재들을 보아 왔다. 니진스키는 그중 한 사람이다. 그는 최면을 거는 듯, 신과 같은, 그가 표현하는 슬픔은 마치 다른 세상의 분위기를 상징하는 듯하다. 모든 동작은 시적이며, 모든 도약은 환상의 세계로 날아가는 듯이 보인다." 채플린은 니진스키가《목신의 오후》* 분장을 하고 있을 때 분장실로 니진스키를 방문했다. 두 사람의 대화는 자꾸 중단되었다.[267]

발레단은 새해 전날 샌프란시스코에 도착했다. 호텔에서 파티를 할 동안 사람들 말에 의하면 예지력 있다고 하는 바로키가 모든 단원의 손금을 봐 주었다. 그는 로몰라의 손금을 봐 주면서 그녀는 장수하고 건강할 것이지만 5년 안에 바슬라프와 떨어져서 살게 될 것이라고 예견했다. 니진스키의 손금을 보더니 바로키는 누가 봐도 충격을 받은 것처럼 보였다. 바슬라프가 자신이 죽을 것인지 바로키에게 묻자 바로키가 말했다. "아뇨, 아뇨, 그건 절대 아니에요. 그러나…… 이것은 더 나빠요…… 더."[268]

샌프란시스코 시즌은 2주간 지속되었다. 2주 동안 바슬라프와 로몰라는 오클랜드 근처 호텔에서 살았다. 니진스키는 버클리대학을 방문하였고 여기서 처음 비행기를 탔다.

---

• 채플린에 의하면 다길레프가 이날 저녁 자신을 위해 특별히 공연을 하게 했다고 한다. 당시 다길레프는 멀리 있었고 아마도 매니지먼트 쪽에서 그렇게 했을 것이다.

톨스토이 추종자 두 사람은 이제 니진스키 근처에서 거의 벗어나지 않았다. 그들은 러시아어로 니진스키와 긴 대화를 나누었고 로몰라는 그 대화를 따라갈 수가 없었다. 그들은 자신들을 내치려는 모든 시도에 저항했다. 로몰라의 글을 보면 코스트롭스키, 즈베레프와 함께 있는 동안 니진스키는 "민감한 식물처럼 반응했으며 몸이 녹초가 되었다. 그는 점점 말이 없어지고, 명상적이며 거의 우울하게 변했다."[269] 코스트롭스키는 니진스키에게 자기처럼 채식주의자가 되라고 권했다. 로몰라는 니진스키가 춤을 출 때 힘이 점점 줄어든다고 확신했다.

1월에 발레단은 서부의 여러 주를 돌았다. 포틀랜드Portland – 밴쿠버Vancouver – 시애틀Seattle – 터코마Tacoma – 스포캔Spokane – 세인트 폴St Paul – 미니애폴리스Minneapolis – 밀워키Milwaukee. 이제 로몰라는 점점 약해지고, 짜증을 잘 내고, 무용을 포기하고 육지에서 일하자고 하는 톨스토이주의자들에게 설득을 당하는 니진스키를 참을 수가 없었다. 로몰라는 니진스키에게 자신의 모든 것을 그에게 바칠 수는 있지만, 그녀는 농부의 삶을 살기 위해 무용을 떠나겠다는 생각에는 동의할 수가 없다고 말했다. 1917년 1월 말 즈음 발레단이 시카고에 도착했을 때 이 문제는 부부 사이에서 완전히 수면 위로 올랐다. 로몰라는 뉴욕에 맡겨 둔 키라에게 가기로 했다. 투어는 인디애나폴리스Indianapolis – 세인트루이스St Louise – 멤피스Memphis – 버밍엄Birmingham – 녹스빌Knoxville – 내슈빌Nashville – 루이빌Louisville – 신시내티Cincinnati – 데이튼Dayton – 디트로이트Detroit – 톨레도Toledo – 그랜드래피즈Grand Rapids – 다시 시카고로 계속되었다. 니진스키 부부는 전보와 전화로 서로 연락을 했다. 2월 클리블랜드에서 니진스키는 로몰라에게 전화를 하여 댜길레프가 그에게 전보를 쳐서 발레단이 돌아오는 스페인으로 같이 오라고 초청했으며 두 번째 남미 투어에 초청을 했다고 전했다. 그녀는 남편에게 그가 뉴욕의 변호사와 상의하기 전까지는 결정을 미루라고 충고했다.[270]

다음 투어 장소는 피츠버그Pittsburgh, 시러큐스Syracuse였으며 미국에서 댜길레프 발레단의 마지막 공연지는 1917년 2월 24일 뉴욕주 올버니Albany, Harmanus Bleeker Hall였다. 프로그램은《클레오파트라》,《마법에 걸린 공주》,《셰에라자드》로 구성되었다.•

이제 바슬라프는 로몰라와 재회했다. 그녀는 니진스키가 결혼 반지를 그대로 끼고 있고 다시 실크 셔츠를 입고 있어서 안도했다. 그리고 그는 채식주의를 포기했다.[271] 발레 단원들은 각자 다양하게 배를 타고 유럽으로 향했다. 몇몇 예외가 있었는데 볼름의 경우는 이때 미국에 남아서 영원히 정착하게 되었다. 니진스키의 경우 석방 조건이 중립국에서만 춤을 출 수 있다는 것이었는데, 미국은 이제 전쟁 참여국이 되기 직전이었다. 발레단은 이탈리아에서 공연이 있는데 이탈리아는 연합국이기 때문에 니진스키는 춤을 출 수가 없었다. 그러나 그다음 계약은 중립국 스페인에서의 공연이었고 그가 발레단과 다시 재회하기로 한 곳도 스

---

• 소콜로바(93쪽)가 말하기를 『발레 뤼스 쿠리어』에서는 12월에 17주 동안 투어를 한다고 알렸지만 실제로는 16주 동안 했다고 한다. 코네티컷 주 스탬포드Stamford에서 3월 14일, 그리고 뉴욕 프린세스 극장에서 3월 15일 잠정 예약이 있었다.

페인이었다.

니진스키는 로몰라에게 더 많은 보석과 모피를 선물했다. 그들은 혹시라도 유럽으로 돌아가다가 어뢰를 맞을까 봐 두 사람 모두 유언장을 작성했다.[272] 코트넷Cottenet과 저녁을 하면서 바슬라프는 그가 미국에서 번 돈을 수표로 만들어 로몰라의 냅킨 밑에 선물로 놓아 두었다.[273] 이 일이 있었던 직후 니진스키 가족은 카디스로 향하는 배를 탔다.

발레단의 본진은 4월 초 카디스에 도착했다. 그리고리예프가 이들을 마중 나왔고 그들을 데리고 로마로 갔다. 로마에서는 댜길레프와 유럽에 남아 있던 발레 단원들이 4월 9일 콘스탄지Costanzi 극장에서 시즌 오프닝을 위한 리허설을 시작하기 위해 기다리고 있었다. 댜길레프와 마신, 그들의 친구들은 겨울 동안 열심히 작업하여 발레단의 새로운 시대가 시작되었다. 레퍼토리에는 여전히 포킨과 니진스키의 작품이 있지만, 이제 댜길레프는 안무가로서의 마신에게 모든 희망을 걸고 있었다. 그리고리예프에 따르면 "댜길레프는 마신이 예술에서 현대적인 모든 것의 화신, 바로 그 화신이 될 수 있다고 생각했다."[274] 로마에서 마신은 세 편의 발레 작품을 준비 중이었다. 첫 번째는《유쾌한 숙녀들Les Femmes de bonne humeur》로, 댜길레프가 마신에게 골도니Goldony의 동명의 문학작품을 원작으로 작업을 해 보라고 권했다. 댜길레프는 스카를라티Scarlatti의 음악으로 이 작품의 안무를 마신에게 제안했고 스카를라티의 소나타 1백여 곡 중에서 23개 작품을 골라서 빈첸조 토마시니Vincenzo Tommasini에게 오케스트레이션을 의뢰했다.

박스트는 정교한 18세기 베네치아풍의 의상을 디자인했으며 18세기 화가 과르디Guardi 스타일의 무대 세트도 디자인했다. 두 번째 작품은 마신과 라리오노프가 만든 1막짜리 발레《키키모라》를 좀 더 확장한 작품이었다. 이 작품 역시 댜길레프가 제안했는데 리아도프의 음악을 좀 더 사용하여 길이가 더 긴 러시아 민속 주제를 발레로 만든 것이다. 여러 전설과 전래동화에서 백조 공주와 바바야가Baba-Yaga의 이야기를 선택하여《키키모라》에 덧붙이고 작품의 제목을 "러시아 이야기"로 바꾸었다.

마신과 무용수들이 작업 중인 베네치아 광장의 스튜디오는 살롱이 되어 박스트, 스트라빈스키, 라리오노프, 곤차로바뿐 아니라 새로운 세대의 예술가들까지도 모여들었다. 새로운 세대의 예술가 중에는 마신이 안무한 발레《퍼레이드Parade》에서 함께 협업하게 되는 피카소Picasso도 포함되어 있으며 피카소는 여기서 그의 미래의 아내 올가 호흘로바를 만나게 된다.

코스탄지 극장에서 발레단은 네 편의 작품을 공연했으며 그중에는 4월 12일 초연한《유쾌한 숙녀들》의 초연도 포함된다. 로푸호바, 마신, 이드지콥스키, 체케티 부부, 체르니체바, 보이지콥스키, 샤벨스카, 안토노바, 호흘로바가 신작에 출연했으며 이 작품은 이탈리아 관객들이 무척 좋아했다. 이날 공연에서 스트라빈스키의 초기 교향시 「불꽃놀이Fireworks」가 연주되었고 무대 위에는 미래파 예술가 자코모 발라Giacomo Balla가 디자인한 구조물이 장식되었다. 이 구조물은 조명 효과를 내도록 고안한 무대 구조물이었는데 댜길레프가 이날 직접 조명을 껐다 켰다 했다.

발레단은 로마에서 나폴리로 향했다. 나폴리 산 카를로 극장Teatro San Carlo에서 네 번의 공연, 플로렌스에서 하루 공연, 그다음 파리 샤틀레 극장 시즌으로 계획되어 있었다. 샤틀레 극장에서 5월 11일 공연한《러시아 이야기》에는 체르니체바, 소콜로바, 보이지콥스키, 야스빈스키Jasvinsky, 이디콥스키, 크렘네프가 첫 공연에 출연했다.《불새》도 이날 같이 공연했으며 최근 러시아에서 일어난 자유주의 혁명에 대한 헌정으로 댜길레프는 발레의 마지막 장면에 이반 왕자가 왕관, 왕홀, 족제비 털로 장식된 망토를 받는 것이 아니라 붉은 예복, 자유를 상징하는 모자와 붉은 깃발을 받는 것으로 바꾸었다. 관객들은 매우 불쾌한 반응을 보였고 곧 본래대로 복원을 했다.[275] 18일 샤틀레 극장에서《퍼레이드》의 초연을 했다.

《퍼레이드》는 콕토의 아이디어로 시작된 작품이었다. 콕토는 작곡을 에릭 사티에게 의뢰하는 것으로 했는데 왜냐하면 그는 본질적으로 프랑스인이면서, 그의 음악은 여유롭고 선율미가 풍부하여 드뷔시 스타일의 음악에 대한 대체 수단이기 때문이었다. 화가 밸런타인 그로스가 시인과 작곡가를 소개했다. 그런 후 콕토는 큐비즘의 창시자 피카소를 방문했다. 작품의 배경은 서커스 부스의 바깥이다. 서커스 공연자들은 관객들을 안으로 끌어들이려고 차례로 등장한다, 제일 처음 중국인 마법사(마신)가 달걀로 묘기를 부린다. 그다음에는 조그만 미국 소녀(마리아 샤벨스카)는 야생마 타기, 자전거 타기, 래그타임 춤, 그리고 움직이는 사진들의 깜빡이는 모습을 흉내 냈다. 마지막으로 푸른색과 흰색 타이즈를 신은 아름다운 두 명의 곡예사(로푸호바와 즈베레프)가 등장하여 서정적인 아다지오에 맞추어 춤을 춘다. 무용수들의 여러 작품은 거대한 큐비스트 스타일의 구조물을 걸치고 우스꽝스러운 말을 탄 두 매니저의 익살스러운 행동으로 마무리된다. 작품 창작 과정에서 이견이 있었다. 콕토는 음악에 타자 치는 소리, 피스톨 쏘는 소리, 배의 사이렌 소리를 넣기를 원했지만, 사티는 이에 반대했다. 콕토는 큐비스트 매니저들에게 분개했다. 그러나 피카소의 아이디어는 사소한 것일 수도 있는 것을 기막힌 것으로 변화시켰다. 《퍼레이드》는 무용수들과 관객들 모두가 즐길 수 있는 작품이었다.[276] 이전의 러시아 발레단 작품과는 달랐다.

바슬라프와 로몰라는 13일간 춥고 거친 항해를 견뎌야 했다. 스페인 국적선에는 쥐가 들끓어 로몰라를 놀라게 했고 험한 날씨에도 불구하고 데크에서 잠을 잘 정도였다. 니진스키 부부는 마드리드에서 그들의 휴가를 보내면서 댜길레프를 기다리기로 했다. 로몰라는 이 도시에 처음 방문했다. 니진스키는 1914년 루스벨트 결혼식에서 춤을 추기 위해 초청을 받아 며칠 보낸 적이 있었다. 3월의 마드리드는 쌀쌀하고 바람이 많이 불었다. 그들은 리츠 호텔에 짐을 푼 즉시 교회, 프라도 미술관 등 거리 구경에 나섰다. 프라도 미술관에서 바슬라프는 고야의 작품에 반했다. 특히 니진스키는 로스 카프리초스Los Caprichos 판화집을 좋아했다.[277]

봄이 오자 프라도 미술관 정원에 앉아서 로몰라는 오스카 와일드와 라빈드라나트 타고르Rabindranath Tagore의 영어 시들을 바슬라프에게 번역해 주었다. 바슬라프는 1912년 런던에서 타고르를 만난 적이 있었고 그의 시작 중에 하나로 발레로 안무할 아이디어를 가지고 있었다.[278] 부부가 그러는 동안 키라는 아이리스 꽃밭에서 뛰어놀았다. 그들은 행복했다. 그리고 로몰라는 타고르가 톨스토이에 대한 좋은 대체 해독제라고 생각했다. 그러나 로몰라가 장롱 속에 넣어둔 그녀의 옷 일부를 쥐가 갉아먹은 것을 발견하여 속상해서 울고 있을 때 니진스키에게 끼친 톨스토이의 영향이 사라지지 않았음을 알게 되었다. 바슬라프는 부드럽게 그녀를 꾸짖었다. "나는 당신에게 모피와 보석, 당신이 원하는 것을 사 주었지만 그런 물건들에 대한 집착이 얼마나 어리석은 일인지 아직 모르겠어? 그리고 당신은 진주를 캐는 사람들이 얼마나 위험에 처해 있는지, 당신의 보석을 공급하기 위해 광부들이 얼마나 위험하게 작업을 하는지 모르겠어? 그들도 자녀들이 있는데 그런데도 여성들의 장신구를 위해 매일 위험을 감수해야 해."

그들은 집시 무용수들을 보았고 바슬라프는 그들의 꾸밈없는 동작에 깊은 인상을 받았다. 그는 그들을 흉내 냈고 금세 그는 플라멩코에 능숙하게 되었다.

바슬라프는 무보에 대한 작업을 계속하고 있었고 왕실 극장 Royal Theatre에서 연습했다. 삶은 일정했고 평화롭고 아름다운 날씨는 낙관적인 분위기를 만들고 있었다. 바슬라프는 댜길레프와의 불화가 끝이 났다고 생각하기 시작했다.

어느 날 로몰라가 신문을 집어 들고 와서 차르가 물러났고 3월 15일 케렌스키 정부가 구성된 것을 읽어 주었다. 니진스키는 혁명이 평화롭게 진행될 것으로 생각했으며 댜길레프가 파리의 무대에서 표현한 것처럼 그는 혁명에 찬성했다. 그는 혁명 후에도 러시아에서 예술계 생활이 다르지 않을 것으로 생각했고 댜길레프가 마린스키 극장 감독으로 임명될 것이라고 확신을 했다. 그는 페테르부르크의 집으로 돌아가 자신의 극장과 학교를 방문하는 꿈을 꾸었다.

6월 초 발레단이 도착했다.

세르게이 파블로비치는 리츠 호텔의 로비에 불쑥 나타나서 바슬라프를 반갑게 포옹했다. "다정한 바차, 어떻게 지냈어?"

둘의 인사는 마치 그들이 몇 시간 만에 만난 것처럼 다정했다. 그리고 오해가 일어날 일도 없었다. 지난날의 세르게이 파블로비치였다. 그들은 코너에 앉아 이야기하기 시작했다. 시간이 흐르고 마치 과거의 우정이 되살아난 듯이 보였다. 그날부터 우리는 실제로 댜길레프와 계속 같이 있던 셈이었다. 남미 투어를 위한 계약은 안중에도 없었고 세르게이 파블로비치는 간단하게 말했다. "우리는 마드리드 로열 극장에서 공연을 시작하며 그 후 바르셀로나로 가서 몇 차례 공연할 것이야. 마신은 새로운 발레를 몇 작품 안무했어. 바차, 나는 당신이 그 공연을 보고 나에게 당신의 의견을 알려 주기를 원해. 당신은 새로운 작품을 안무한 것이 있어? 나는 당신이 새 작품을 안무하기 바라."

러시아에서 최근 일어난 사건들에 대해서는 길게 대화를 나누었다. 바슬라프는 댜길레프에게 학교와 축제 극장에 대한 자신의 계획을 설명했다. 그러나 댜길레프는 반대였다. "왜 발레의 미래에 대해 생각하지? 그 부분은 우리의 임무가 아니야. 우리 발레단을 위해 춤추고 안무를 하자. 그리고 미래 세대들에게 발레를 돌보라고 남겨 두자. 나는 러시아로 돌아가기를 원하지 않아. 나는 너무 오랫동안 외국에서 일했어. 고국의 예술가들은 내가 고국에서 원하는 것이 뭐냐고 물어온다. 그들은 자신들이 쟁취하기 위해 싸워야 했던 자유 덕분에 새롭게 획득한 가능성을 내가 이용하기를 원한다고 말하고 있어. 그들은 한편으로는 '나는 과거의 사람이며 과거 왕조의 사람이다'라고도 말하고 있어. 나는 새로운 러시아에서 생존할 수가 없다. 나는 유럽에 머무는 것이 더 좋아."

그러나 바슬라프는 자신의 계획에 댜길레프가 함께 하도록 하는 생각을 포기하지 않았다. "우리가 영원히 집시들의 카라반 같이 세상을 떠돌 수는 없어요. 우리가 그렇게 떠돌면서는 진정한 예술 작품을 창조하기는 힘들 것입니다. 우리는 러시아에 속해 있습니다. 우리는 집으로 가서 거기서 작업을 하고 종종 서방으로 투어를 해야 합니다."

다른 곳처럼 여기에서도 댜길레프의 소규모 서클은 진보 그룹의 엘리트들로 형성되었다. 이 중에는 그 당시에는 거의 알려지지 않았던 피카소도 포함되어 있었는데 어느 날 우리에게 데리고 왔다. 그는 말수가 적었고 전형적인 스페인 사람처럼 생겼다. 그가 무언가를 설명하기 시작하면 잔뜩 흥분하여 테이블보, 메뉴판 그리고 세르게이 파블로비치의 아이보리 지팡이 맨 위 손잡이에까지 그림을 그리고는 했다. 댜길레프는 그 당시 나를 감싸주고 친근하고 자애롭게 대했다. 바슬라프는 의기양양하게 나에게 "그것 봐, 펨카.* 내가 항상 그는 우리의 친구라고 말했잖아"라고 말했다.

• 로몰라의 애칭*

바슬라프는 로몰라에게 댜길레프가 알렉시스 마브린과 올가 페오도로바를 어떻게 용서했는지를 이야기해 주었다. 로몰라는 지켜보았다. "바슬라프는 행복했고 그는 댜길레프를 기쁘게 하는 무슨 일이라도 했을 것이다." 그리고 계약에 대한 얘기는 없었다. 스트라빈스키 역시 도착했다. 로몰라는 다음과 같이 썼다.

어느 날 저녁 우리는 파스토라 임페리오Pastora Imperio의 리사이틀을 보러 극장에 갔다. 우리에게 그녀의 이름은 아무런 의미가 없었다. 우리가 듣기로는 그녀가 카디즈에서 온 집시 가수라고 했으며 그녀의 명성은 라틴 아메리카의 여러 나라에 널리 알려져 있다고 했다. 그녀는 스페인의 우상이었다. 그녀는 단순하게 커튼만 쳐져 있는 무대에 등장했을 때 깊은 인상을 주지는 않았다. 나이가 들어 보이는 몸집에 살이 붙은 남쪽 여인으로만 보였다. 그러나 그녀가 자신의 캐스터네츠 반주에 맞추어 동작을 하기 시작하자 우리는 그녀가 노래를 부르지 않고 있다는 사실을 잊어버렸다. 그녀는 단지 중년의 뚱뚱한 여인이었다. 하지만 몇몇 제스처만으로도 그녀는 스페인의 영혼과 역사를 보여 주었다. 바슬라프, 스트라빈스키, 댜길레프는 좌석에 얌전히 앉아 있을 수가 없었다. 마치 세 명의 학생 같이 나이를 초월하여 경이로운 분위기가 이끄는 대로 손뼉을 치고 웃고 소리치고 있었다.[279]

마드리드 시즌은 시작되었고 국왕 부처는 거의 매일 밤 발레를 보러왔다. 니진스키는《셰에라자드》,《카니발》,《장미의 정령》그리고《목신의 오후》에서 두 번을 추었다. 알폰소 국왕은 발레를 매우 좋아해서 발레단의 리허설에도 참가를 했다. 그러나 그때 국왕은 그리고리예프의 부인 류보프 체르니체바와 사랑에 빠졌다.[280] 로몰라가 왕의 사촌인 더칼 공작부인Duchess of Durcal에게서 전해들은 바에 의하면 왕은 종종 니진스키의 도약을 흉내 내려고 애를 쓴다고 했다. 이 숙녀는 바슬라프와 사랑에 빠졌다. 로몰라는 남편의 정신적인 면보다는 세속적인 면을 끄집어내고 싶은 욕망에 그녀와 니진스키 사이를 긍정적으로 격려했다.

공연이 시작되자 우리는 친구들과 함께할 시간이 줄어들었다. 그러나 나는 우리가 완전히 친구들을 포기하면 안 된다고 고집했다. 왜냐하면 나는 바슬라프가 세상의 나머지 부분들로부터 고립되어 오로지 댜길레프와 러시아 발레단을 위해 사는 것을 원하지 않았기 때문이다. 나는 과거에 일어났던 일들을 생각하면 그들을 신뢰할 수가 없었다. 코스트롭스키와 H*가 휴가에서 돌아와서 우리 아파트에 밤낮으로 진을 치고 있었다.

그들은 리허설 후에도 바슬라프 주위를 맴돌았다. (즈베레프는 베라 넴치코바에 대한) 구애를 잊은 듯이 보였고 코스트롭스키는 자신의 부인을 잊은 듯이 보였다. 코스트롭스키는 (즈베레프가) 감탄하면서 듣는 체하는 동안, 광기 가득하게 번쩍거리는 눈길로 분장실 한가운데 서서 이야기하고 있다. 두 문장마다 톨스토이의 인용문이 나왔고 바슬라프는 주의 깊게 듣고 있다. 코스트롭스키는 고의적이었든지, 아니면 불행히도 광신적일 뿐만 아니라 무지한 사람이었기 때문이었든지 톨스토이의 가르침을 뒤죽박죽으로 만들었다. 그는 예술

---

• 즈베레프: 로몰라는 그녀의 책에서 이름을 언급하지 않았다.

은 그 자체로 정당화될 수 있는 것이 아니라, 그 최종 지향점이 개인의 영적 발전에 있다고 설교를 했다. 코스트롭스키는 바슬라프에게 그를 필요로 하는 한은 러시아 발레단을 위해 일해야 하며 그 후 은퇴하여 톨스토이처럼 땅으로 돌아가야 한다는 점을 확실히 심어 주기를 원했다.

어느 날 저녁 로몰라는 무대 근처 어두운 구석에서 댜길레프가 즈베레프와 "고용인과 고용주로서가 아니라 두 명의 공범처럼 흥분하여 대화하는" 모습을 보았다. 그녀는 즉각 톨스토이자들의 설교 목적이 바슬라프와 그녀를 떼어 내놓으려는 것이 진정한 목적이며 이 모든 것은 댜길레프에 의해 기획된 것임을 확신했다.[281]

마드리드에서 머무는 기간은 니진스키 생애에 아주 중요한 시기였다. 사랑하는 부인과 아기, 친구로서 댜길레프, 댜길레프의 새로운 안무가 마신의 작품에 찬탄하면서 니진스키는 계약하지 않고도 앞으로 몇 년간 축복 속에 모든 이들과 함께 더 위대한 예술의 영광을 구현하면서 일을 할 수 있을 가능성을 생각했음이 틀림없다. 아마도 톨스토이의 원칙은 러시아 발레단과 결혼한 삶을 조화로이 함께할 수 있도록 했을 것이다. 로몰라가 예외적일 만큼 그렇게까지 강한 캐릭터만 아니었더라면 이는 실제로 행해질 수도 있었을 것이다. 그러나 그녀는 천성이 싸움꾼이었다. 로몰라는 농부라고 생각하는 두 명의 톨스토이주의자들과 남편을 공유할 수가 없었다. 게다가 이 모든 것이 댜길레프가 자신과 남편을 떼어 놓기 위해 기획한 일이라는 생각이 들면서 그녀는 분연히 일어날 기세였다. 항상 집에서 니진스키가 가장 중요하다는 것을 지켜나갔고 모든 중요한 결정은 니진스키가 했다. 그러나 이제 그녀는 다음 남미 투어에 니진스키가 발레단과 함께 가는 것은 적어도 막아야겠다고 결심했다. 앞으로 우리가 살펴보겠지만 남미로 가는 것을 니진스키가 꺼림으로써 댜길레프와 최종적으로 결별하는 상황으로 나아간다.

로몰라는 갈등하면서도 댜길레프가 옛 조건으로, 즉 계약 문제로 말썽을 일으키는 부인 없이 니진스키가 러시아 발레단으로 돌아오길 원했는지, 또는 댜길레프가 니진스키의 무용 경력을 끝장내기를 원했는지 확실히 알지 못했다. "바슬라프를 나와 멀어지게 하려는 계획을 조심스럽게 짜놓고 니진스키를 댜길레프의 수중으로 다시 데리고 가려 했다."

세르게이 파블로비치는 니진스키의 성격을 잘 알았다. 댜길레프는 오로지 이타주의만이 바슬라프를 결혼 생활, 일상적인 삶과 예술에서 떼어놓을 수 있다는 것, 그리고 바슬라프는 농부처럼 땅을 경작하기 위해 영원히 춤을 포기하게 할 수도 있다는 것을 알고 있었다. 나는 바슬라프를 위해 가능한 한 여기저기 다양한 관심거리를 만들려고 노력했다. 우리는 종종 더칼 공작부인과 함께 시간을 보냈다. 그녀는 바슬라프를 명백하게 사랑하고 있었으며 그는 내가 제안하는 대로 그녀와 둘만 나가는 것에 반대했다. 어느 날 우리는 자동차를 타고 에스코리알Escorial로 드라이브를 하러 갔다. 척박한 사막을 지나야 하는 지루한 여행이었으나 길의 마지막에 방향을 돌리면서 나오는 풍경에 우리는 감탄사를 연발하지 않을 수가 없었다. 왜냐하면 아무것도 없던 곳에서 마치 신기루처럼 갑자기 웅장하고 멋진 건축물이 등장하여 전체 지평선을 압도했다. 구조물의 정확하고 인상적인 라인은 감동적이었다. 찬탄하면서 바슬라프는 "스페인. 화강암으로 표현된 종교적 광신주의"라고 말했다.

그가 이단을 심문했던 우울하고 무자비한 건물로 들어가기 전, 찬란한 태양 아래서 너무나 왜소하지만, 확신에 가득 차서 서 있을 때 그 '선생들(톨스토이주의자들)'이 종교적인 광신주의를 통해서 그의 영혼을 사로잡고 그를 파괴하려고 얼마나 애를 쓰는지를 그가 어떻게 모를 수 있는지가 궁금했다. (…)

점심시간에 테라스에서 바슬라프는 다시 장난꾸러기 같은 기질을 회복한 듯이 보였다. 그는 나에게 "펨카, 제발 나를 그녀(공작부인)와 단둘이 너무 오래 있도록 하지 마!"라고 했다. 그는 그녀에게 마음을 주기에는 너무 신중했다. 또한 그는 너무 솔직해서 내가 조심해야 할 일도 없었다.[282]

댜길레프, 톨스토이주의자들, 아름답고 붉은 머리를 한 공작부인의[283] 존재에도 불구하고 로몰라는 자신의 결혼이 성공했으며 바슬라프를 언제나 더욱 사랑한다고 느꼈다.

우리의 내면적인 생활은 이상적이라 할 만큼 행복했다. 때때로 낯선 느낌이 나를 엄습할 때가 있는데 이는 신이 사랑하게 된 여성들, 신화에 등장하는 여성들이 나와 같은 감정이었을 것이라고 느꼈다. 바슬라프가 보통의 인간보다 훨씬 더 월등한 존재라는 아주 자랑스럽고 표현할 수가 없는 감정이었다. 예술과 마찬가지로 그가 사랑할 때 창조해 내는 그 최고의 기쁨은 순수, 그 자체였다. 그리고 인간이 결코 닿을 수 없는 그의 존재 안에는 만질 수도 없는 무엇인가가 있었다.[284]

그런데 평범한 야수 같은 인간들인 코스트롭스키와 즈베레프가 이 모든 것을 파괴하기 위해 등장했다!

바슬라프는 부부가 같이 사는 것이 아기가 태어나는 경우에만 정당화될 수 있는가에 대한 의문을 가지기 시작했다. 전에는 그는 동거를 나의 허약한 건강 상태와 혈통에 대한 의무로 생각했는데 이제는 금욕적인 삶이나 매년 아이를 한 명씩 낳는 것, 둘 중의 하나가 제대로 된 결혼 생활이라고 제안했다. 나는 그 말을 듣자마자 즉시 이는 나를 쫓아내기 위한 코스트롭스키의 생각이 틀림없다는 것을 알아챘다. 어느 날 밤 그들이 이 주제를 가지고 토론을 할 때 나는 이들과 전쟁을 선포했다.

새벽 세 시였다. 나는 그들이 교묘하게 우리의 행복을 파괴하려고 어떻게 애를 쓰는지를 몇 시간 동안 지켜보았다. 결국 나는 눈물을 터뜨리면서 외쳤다. "당신들은 왜 나의 남편을 가만두지 않나요? 당신들은 감히 그의 예술에 관해 논할 자격이 없어요. 당신들은 그에게 영향을 끼칠 수가 없는 주제에 대해서만 알고 있기 때문입니다. 당신들은 그의 친구가 아니고 적입니다. 당신들이 행복을 원한다면 먼저 당신들의 가정으로 돌아가시오. 코스트롭스키, 당신 부인은 불쌍합니다. 당신 아이들은 신발 살 돈도 없어요. 왜냐하면 당신이 돈을 이상한 사람들에게 다 나누어줘 버리기 때문이에요. 그리고 당신(즈베레프), 출세를 원한다면 왜 솔직히 요구하지 않나요? 바슬라프 포미치는 당신을 도와줄 겁니다. 나는 당신들이 우리 결혼 생활을 방해하지 못하도록 하겠어요. 우리끼리만 놔둬요. 이 장소는 바슬라프와 나를 위한 장소입니다."

바슬라프는 전에는 결코 본 적이 없는 눈길로 나를 바라봤다. 잠깐 그는 깜짝 놀랐다. 그러나 그 뒤 "제발, 펨카, 그들은 나의 친구들이야. 우리가 환대해 줘야지"라고 말했다.

코스트롭스키(그리고 즈베레프)는 무례하고 화난 얼굴로 상황이 어찌 되는지를 보기 위해 앉아서 기다렸다. 그러나 나는 돌아섰다. "바슬라프, 당신은 저 인간들의 악마적인 영향력과 나, 둘 중에서 선택을 해야 해요. 만약 30분이 지나도 저 인간들이 여기에 계속 있으면 나는 당신을 떠나겠어요."

나는 다른 방에서 기다렸다. 바슬라프는 나에게 와서 그들이 둘 다 선한 신념을 지녔다고 설득했다. 그러나 내 결심은 흔들리지 않았다. 30분이 지나서도 그들이 그 자리에 계속 있었고 나는 밤에 집을 나왔다.

다음 날 아침, 바슬라프는 프라도 미술관에서 나를 발견하고 나에게 돌아가자고 부탁하면서 "당신이 원하는 대로 하겠어"라고 말했다. 그날부터 코스트롭스키와 즈베레프는 더 이상 우리 집에 오지 않았다. 그러나 극장에서 여전히 그들은 바슬라프와 이야기할 기회를 엿보고 있었다.[285]


니진스키처럼 내성적인 성격의 마신은 니진스키가 《목신의 오후》 리허설을 하는 것을 보면서 다른 방식으로 생각했다. "나는 그가 시범을 보일 때 가장 섬세하게 제스처와 동작의 디테일을 잡아 주는 방식을 보면서 전율이 일어났다. 그는 말없이 조용하게 확신에 차서, 그리고 완전히 이해하면서 모든 무용수를 가르쳤다. 그는 특출한 안무가였다."[286] 바슬라프는《퍼레이드》의 경우는 모더니즘을 그 자체로 추구한 후 긴장감을 드러냈다고 판단했으나《유쾌한 숙녀들》작품에는 완전히 반했다. 마신 역시 새로운 동작을 창안했다. 점멸하거나 덜컥거리는 동작 안무는 일부는 스카를라티 소나타에서, 일부는 인형극, 찰리 채플린과 무성영화에서 영감을 받았다. 바슬라프는 돕고 싶어 했고 레오니드에게 아주 용기를 주었으며 마신의 분장실로 가서《유쾌한 숙녀들》중에 이드지콥스키가 추는 바티스타Battista 역을 추겠다고 제안하기도 했다.[287] 바슬라프는 또 이드지콥스키에게 개인적으로《장미의 정령》레슨을 해 주기도 했다.[288]

마드리드에서 열한 번의 공연이 끝난 뒤에 바르셀로나에서 여섯 번의 공연이 있었다. 바르셀로나는 러시아 발레단이 처음 공연하는 도시였다. 더칼 공작부인은 발레단을 따라왔고 로몰라는 "오히려 반겼다."

우리는 X 공작부인(더칼 공작부인)과 저녁을 보냈다. 그녀는 당시 절실하게 사랑에 빠졌고 바슬라프의 정부가 되기를 원했다. 나는 결코 질투하지 않았다. 나는 바슬라프가 보통 때보다 늦게 오는 날은 오히려 기뻤다. 그러나 이 무모한 장난은 오히려 내가 기대했던 것과는 다른 효과를 가져왔다. 그는 슬퍼했고 나에게 솔직하게 말을 했다. "펨카, 내가 한 짓에 대해 너무 미안해. 내가 그녀를 사랑하지 않기 때문에 그녀에게도 떳떳하지 못해. 그리고 아마도 당신은 내가

좀 많은 경험을 가지게 하려는 의도겠지만 그런 것은 우리에게 가치
가 없어."[289]

바슬라프는 댜길레프에게 자신은 남미에 가지 않겠다고 말을
했다. 그가 그렇게 결심한 이유는 휴가를 원하기 때문이라고 했
는데 전혀 사실처럼 들리지 않았다. 그는 스페인에서 오로지 16
회 공연을 했을 뿐이고 하루에 한 작품, 혹은 두 작품에서만 춤을
추었다. 예전처럼 하루에 네 번을 추지 않았다. 그리고 이마저도
두 달 휴가를 보낸 뒤에 공연한 것이었다.
　　로몰라는 다음과 같이 썼다.

어느 날 댜길레프와 점심을 먹는데 댜길레프가 우리의 남미 여행에
대해 이야기를 하기 시작했다. 그러나 바슬라프는 "내가 갈지는 확
실하지 않아요. 세르게이 파블로비치, 나는 휴식이 필요하고 전쟁
기간에 아이와 떨어져 있는 것은 내키지 않습니다. 남미 투어는 예술
적으로도 창조적인 작업을 할 수 있는 투어가 아닙니다"라고 했다.
싸늘한 미소를 지으면서 댜길레프는 "그러나 너는 가야 해. 계약했
으니까"라고 답했다.
"내가 가야 한다고요? 나는 계약한 적이 없습니다"라고 바슬라프가
말했다.
"미국에서 나에게 원칙적으로 동의하는 전보를 보냈잖아. 그게 계
약이야."
"하지만 그 문제에 대해 스페인에서 의논하자는 전보도 보냈잖아
요."

"그건 요지에 벗어난 말이지. 이 나라에서는 전보가 구속력 있는 계약이야." 그러고는 세르게이 파블로비치는 웃었다. "나는 네가 꼭 가게 할 거야."[290]

점심을 먹는 동안 대화는 점점 딱딱한 분위기로 흘러갔음이 틀림없다. 이 식사는 댜길레프와 니진스키가 함께한 마지막 식사가 되었다.

빠른 종말이었다.

오후에 바슬라프는 세르게이 파블로비치에게 계약한 적이 없음을 얘기한 후 그는 더 이상 러시아 발레단의 공연에 참여하지 않겠다고 알렸다. 그리고 우리는 역으로 떠났다. 그러나 우리가 마드리드로 가는 특급열차에 타자 두 남자가 바슬라프의 팔을 잡았다. "니진스키 씨 부부는 우리를 따라오시죠. 당신은 체포되었습니다." 우리는 깜짝 놀랐다.

"누구의 권한으로요?" 나는 조심스럽게 물었다.

"국왕의 이름으로, 카탈루냐 지사, Z. 후작 각하의 권한입니다."

우리는 경찰서로 갔다. 여러 명의 통역사 도움을 받아 그들이 설명하기를 우리는 댜길레프의 지시로 체포가 되었다고 했다. 바슬라프가 그와의 계약을 어겼다는 것이었다. 바슬라프가 만약 그날 밤 춤을 추지 않는다면 그는 감옥에 갈 것이라고 했다. 바슬라프는 하얗게 질렸지만 그는 결정했다. "잘 알겠습니다. 나를 감옥에 넣으십시오! 나는 계약을 하지 않았습니다. 어떤 경우라도 나는 지금 춤을 출 수가 없습니다. 너무 화가 나네요." 그는 앉았다.

"니진스키 씨, 제발 춤을 춘다고 약속해 주십시오. 그러면 나는 당신을 투옥할 필요가 없습니다."

"안 돼요. 나는 추지 않을 것입니다. 난 출 수가 없습니다."

"댜길레프가 가지고 있는 듯이 말하는 계약서를 우리에게 보여 주세요. 그러면 니진스키는 춤을 출 것입니다"라고 내가 말했다. "어떻든 당신은 나를 체포할 권한은 없어요. 나는 러시아 시민이며 러시아 발레단의 단원이 아닙니다. 당신이 지금 나를 풀어 주지 않으면 즉시 대사관에 불만을 제기하겠습니다."

경찰청장은 오히려 불안해졌고 그가 원하는 바와는 반대로 나를 풀어 주었다. 형사가 나를 따라왔고 나는 전화하러 가서 마드리드에 이는 더칼 공작에게 전화했다. 더칼 공작은 무슨 일이 있었는지를 당국에 알렸다. 한 시간이 안 되어 마드리드에서 연락이 닿았고 우리를 바로 풀어주었다. 시뇨레 캄보라는 유명한 스페인의 변호사가 도착하여 댜길레프와 관계된 우리 사건을 맡았다.

바르셀로나 당국은 이제 그들이 얼마나 큰 실수를 저질렀는지를 알게 되었고 그들은 변명하기에 여념이 없었다. 이미 기차를 타기에는 늦었고 우리는 호텔로 다시 돌아갔다. 호텔에서 (트루베키와) 스페인인 감독이 우리를 기다리고 있었다. 감독은 우리를 보자 바로 소리를 질렀다. "관객들은 실망했고 그들은 티켓을 수백 장 환불했습니다. 그들은 당신이 춤추는 것을 보기 원했어요. 나는 완전히 망했습니다. 무슨 일이 있어도 댜길레프에게 돈을 지급해야 해요. 그런데 지금 나는 1페소도 없습니다. 나의 마지막 시즌 역시 완전 실패입니다."

바슬라프는 그에게 미안해했다. "당신을 위해서 오늘밤 춤을 추겠습니다. 관객들에게 내가 늦은 이유를 말해 주세요."

다음 날 캄보는 우리와 상황을 논의했다. 스페인은 전보가 구속력이 있는 계약이 되는 유일한 나라였다. 그리하여 바슬라프는 남미로 가야 했다. 바슬라프는 이제 와서 로렌스 스타인하르트Laurence Steinhardt(니진스키의 미국 변호사)의 기민한 조언을 좀 더 주의 깊게 듣지 않은 것을 후회했다. 또 니진스키는 코스트롭스키와 즈베레프에 의해 초안이 작성된 정확한 전보를 그에게 보여 주지도 않은 점도 후회했다. 그러나 캄보는 댜길레프가 바슬라프의 요구 조건을 들어줄 수밖에 없을 것이라고 우리에게 장담했다. 그리하여 바슬라프는 계약서를 작성하고 남미 투어를 떠나게 된 것이다. 그 조건은 바슬라프의 출연료는 미국 투어 때와 같고 금 달러로 지급할 것이며 모든 공연 때마다 막이 오르기 한 시간 전에 지불해야 할 것 등이었다. 내가 계약서에 이런 문장을 더 넣어야 한다고 고집했다. 나는 나중에 법률문제를 일으키고 싶지 않았다. 이 구절이 이행되지 않으면 계약은 소용없었다. 패니 엘슬러Fanny Elssler*가 부정직한 기획자들 때문에 계속 속아 온 이후 그녀가 고안해서 작성한 문구였다. 바슬라프는 투어 공연 시에 처음 공연 때는 혼자서 춤을 추는 모든 부분에 출연하기로 동의했다. 계약을 이행하지 않았을 때 벌금은 20만 달러였다. 캄보와 나는 그 계약서를 들고 댜길레프에게 갔다. 댜길레프는 일상적인 스타일로 우리를 거실에서 맞이했다. 그는 등을 창문 쪽으로 돌리고 앉았다. 다른 사람들이 말해도 그는 듣고만 있었다. 그의 모든 규정을 충족시키는 동안에도 계약서가 워낙 빈틈없이 작성되어서 댜길레프가 바슬라프를 갖고 놀 가능성이 없었다. 댜길레프가 서명하는 동안 나는 몇 년 전 브리스톨 호텔에서 그와 만났을

---

• 낭만 발레 시절의 유명했던 오스트리아 출신 발레리나*

때를 떠올리면서 지금의 이 상황이 얼마나 다른가, 그리고 여전히 얼마나 같은가를 생각했다.[291]

이 사건에서 댜길레프가 비록 전혀 눈치 채지 못한 니진스키에게 전보를 미끼로 사용을 했더라도, 우리의 마음은 더 나이 든 쪽으로 기울면서 이해하게 되었다. 왜냐하면 댜길레프는 전쟁 기간에 자신의 발레단을 지키기 위해 한 일이기 때문이다. 이 일로 인해 두 사람의 유명한 관계는 완전히 끝장이 났다. 6월 30일 바르셀로나의 리세우 극장에서 댜길레프는 니진스키가 춤추는 것을 생애 마지막으로 보게 되었다.

바슬라프와 로몰라는 마드리드로 돌아와 며칠을 보내면서 키라는 로잔에 있는 어린이 돌보는 데 아주 전문적인 요양원으로 보냈다.[292]

로몰라, 바슬라프와 발레단이 7월 4일 레이나 빅토리아 에우헤니아Reina Victoria Eugenia호를 타고 남미로 향했으며 댜길레프, 마신과 16명의 무용수는 또다시 유럽에 남았다.

로몰라는 니진스키가 지난 며칠간 감정적인 엄청난 상처를 입어 지쳐 있음을 감지했다. 그는 이제 다시는 댜길레프와 작업을 하지 않을 것으로 여겨졌다. 그러나 바슬라프는 한시도 게을리 하지 않았다. 그는 자신이 연구하는 무보를 체케티와 의논했고 그 무보를 코트롭스키와 즈베레프에게 가르쳤다. 어느 날 코스트롭스키의 아내가 도움을 청하기 위해 바슬라프를 찾아왔다. 그녀의 남편은 뇌전증 발작이 있음이 판명되었다. 바슬라프는 남미에 도착했을 때 그를 의사에게 데려가기로 했다.

배에 같이 탄 조르주 드 쿠에바스Georges de Cuevas 라는 젊은 칠레인이 있었다. 로몰라가 보기에는 "전형적인 바람둥이며 극단적일 만큼 예의가 바르고 옷을 잘 입는" 남자였다. 그는 로몰라에게 시시덕거리고 니진스키를 흠모했다. 그는 니진스키 부부에게 어떤 자격으로도 좋으니 옆에서 시중들게 해 달라고 부탁을 했다. 이들 부부가 보기로는 그는 "완전히 파산"했고 상속녀를 찾고 있는 것처럼 보였다. 그러나 "그는 매우 유쾌하며, 브리지 게임을 기가 막히게 잘하고 탱고 솜씨 또한 뛰어났다." 쿠에바스가 추는 "바닥 문지르기"라고 부른 그리즐리 베어, 폭스트롯 같은 사교댄스에 대해서는 니진스키가 의미를 두지 않았다. 하지만 쿠에바스의 탱고 솜씨는 니진스키를 매우 즐겁게 하였고 쿠에바스에게서 탱고를 배워 "말로 할 수 없는 우아함과 유연함"으로 바슬라프는 탱고를 추었다.[293] 새로 사귄 이 친구는 나중에 록펠러 상속녀와 결혼을 하여 쿠에바스 후작Marquis de Cuevas이라고 불리면서 스페인의 타이틀까지 이어받았고 수년간을 유명한 발레단 운영도 했다.

스위스 시절 댜길레프 발레단에 입단한 폴란드 출신 자매 중 한 명인 마리아 샤벨스카는 언제나 책을 읽고 있었다. 어느 날 니진스키는 앙세르메와 배의 갑판 위를 산책하다가 그녀에게 말을 걸기 위해 멈추고는 "언제나 책을 읽고 있네요!"라고 말했다. 그가 그녀의 책을 쳐다보면서 깜짝 놀라 외치기를 "뉴턴! 떨어지는 사과를 보고 전력을 발명한 사람"이라고 했다. 앙세르메는 니진스키가 일상이나 일반적으로 용인된 진실을 받아들이는 것만으로는 만족할 수 없는 점이 니진스키 천재성의 일부분이라고 생각했다. 그의 정신은 언제나 좀 더 특별한 설명 혹은 결론으로 이미 저 멀리 가 있었다.[294]

무용수들은 중립국의 배를 타야 한다는 댜길레프의 고집 때문에 본래 계획대로 리우에 도착한 것이 아니라 몬테비데오에 도착했다. 기획자 모키Mocchi는 발레단을 리우로 데려가는 교통비를 지불해야 했다. 그리고리예프는 모키를 도와주기 위해 몬테비데오에서 무료로 몇 번의 공연을 하도록 했다. 니진스키는 워낙 출연료를 비싸게 줘야 해서 이 공연에서 춤을 추지 않았다.[295]•

---

• 이 항해와 투어에 대한 기억은 여러 다른 사건들처럼 로몰라와 그리고리예프 사이에 차이가 있었다. 그리고리예프는 니진스키 부부가 네덜란드 국적선을 타고 며칠 늦게 발레단을 뒤따라 남미로 왔다(135쪽)고 했다. 그러나 로몰라는 자신들이 빅토리아 에우헤니아 호를 타고 여행을 했으며 니진스키와 체케티, 코스트롭스키 등등과의 대화도 묘사했다(204~206쪽). 그녀는 리우에 가기 전에 몬테비데오에 들른 것에 대해서는 언급 하지 않았다. 그리고리예프는 몬테비데오에서 북쪽 리우까지 1천6백 킬로미터의 항해를 영국 국적선 아마존Amazon호를 타고 갔다고 썼다(그리고리예프, 136, 137쪽). 로몰라는 리우에서 상파울로까지 여행을 했고(306쪽) 거리는 320 킬로미터가 안 된다고 썼다. 그리고 상파울루는 어떻든 내륙 지방이다. (그리고리예프는 니진스키는 자동차로 갔고 발레단은 기차로 갔다고 썼다. 137쪽) 로몰라는 리우 다음으로 몬테비데오를 방문했다고 적고 있다(308, 309쪽). 나는 그녀가 말한 대로 니진스키 부부가 발레단과 같이 여행했다는 사실을 받아들이기로 했다. 여행의 순서는 그리고리예프가 적어둔 대로 당연히 받아들이기는 했으나 샤벨스카의 에피소드로 판단해 보건대 니진스키 부부가 발레단과 같이 배를 같이 탔다는 것은 확인할 수 있었다. 니진스키가 몬테비데오에서 춤을 추었는지 안 추었는지, 그리고 만약 추지 않았다면 왜 안 추었는지에 대한 답은 의문인 채로 남아 있다. 왜냐하면 니진스키 부부가 따로 떨어져서 여행을 하고 늦게 도착했다는 그 건 말고도 그리고리예프가 헷갈려한 부분들이 있다(136쪽). 그가 쓴 글. "니진스키는 몬테비데오에 늦게 도착했다. 우리가 정식 공연을 두 번 하고 엄청난 성공을 거둔 후에 도착했다. (다시 말해 우리가 본래 공연하기로 계약한 그 공연들을 말한다.) 모키는 리우로 갈 배가 늦게 도착하게 되었다고 우리에게 알려 주었다. 그러고는 우리가 즉시 세 번의 엑스트라 공연을 할 수 있도록 모키Mocchi가 계약을 했다. 여분의 공연을 할 수 있게 되었다는 것을 알았을 때 니진스키도 그 공연에 참가하고 싶다는 의사를 비쳤다. 그리하여 우리는 그가 춤을 추려면 이 공연은 본래 계약을 하지 않은 건이라 돈을 받지 않고 추어야 한다고 설명을 해야 했다. 그러나 니진스키 부부는 이 일을 믿지 않았고 뭔가 획책이 있을 것이라고 의심

몬테비데오*에서 코스트롭스키는 전문 의사에게 진찰을 받았다. 로몰라가 스페인어를 조금 할 줄 알았기에 그녀가 의사진단을 통역했는데 이 불행한 남자는 치유가 불가능하고 정신이상자가 될 위험이 있다는 진단이었다. 그는 러시아로 돌려보내졌다.[296] 이 진단이 만약 마드리드에서 이루어졌더라면 상황이 얼마나 달라졌을까 하고 추측해 볼 만한 가치가 있다. 아마 마드리드에서 코스트롭스키가 이런 진단을 받았다면 그는 러시아로 보내졌을 것이다. 로몰라는 이 톨스토이주의자가 동행하지 않는 남미 투어를 두려워할 이유가 없었고 니진스키가 남아메리카로 가도록 그녀 자신이 앞장섰을지도 모른다. 그랬다면 니진스키와 댜길레프가 의견이 달라지지도 않았을 것이고 그들이 완전히 결별할 일도 없었을 것이다. 니진스키는 러시아 발레단과 몇 년간 계속 일을 같이하면서 신작 발레를 여럿 만들었을 것이다. 그는 아마도《봄의 제전》도 리바이벌 공연을 했을 것이며 아마도 오늘날까지 원작 그대로 공연되고 있었을 것이다. 발레단과 계속 작업을 했으면 니진스키가 발병하지 않았거나 발병이 훨씬 늦추어졌을지도 모른다.

몬테비데오에서 머문 후 발레단은 영국 국적선 아마존Amazon 호를 타고 북쪽 리우로 약 1천6백 킬로미터 더 항해했다. 니진스

---

하여 거절했다." 발레단이 몬테비데오에 있지 않았다면 "우리의 정식 공연 중 두 공연"은 무슨 의미인가? 그리고리예프의 글로 판단하건대 나는 발레단이 몬테비데오에서 8회 공연한 것으로 추정했다. 왜냐하면 34편 발레 작품을 추었기 때문이다.
• 로몰라와의 대화에서 그들이 브라질을 먼저 방문하고 그 후 몬테비데오로 갔다고 했지만 이 일은 몬테비데오에서 일어났다고 했다. 리우에서 그녀는 포르투갈어를 통역해야 했다.

키와 로몰라는 약혼한 다음 날 코발렙스카와 점심을 같이 먹었던 실베스터 호텔로 차를 바로 몰고 갔다.

발레단은 라우에서 열두 번의 공연을 했다. 그리고리예프가 발레단을 책임졌다. 그는 댜길레프에 대한 충성심으로 니진스키 부부를 적으로 생각했고 그들을 아주 차갑게 대했다. 다른 단원들은 금세 그리고리예프를 따라 했다. 바슬라프는 발레 단원 대부분이 자기를 아주 냉정하게 대한다는 것을 알았다. 그는 자기 일을 정말 사랑했지만, 극장으로 가는 것을 싫어하기 시작했다.[297] 그리고리예프는 바로키가 니진스키를 담당해야 한다는 것에 불만을 품었다.[298] 사고가 생겼을 때 니진스키 부부는 댜길레프가 사주하여 고의로 니진스키에게 행한 공격일 것이라고 생각했다.[299] 발레 단원들은 이를 두고 피해망상 광증이라고 해석했다.[300] 사태는 점점 악화하여갔다. 그리고리예프와 새로 온 스위스인 지휘자 에르네스트 앙세르메 같은 다른 사람들은 로몰라를 싫어했고 이들은 나중에 이 투어에서 일어난 일련의 사건들을 생각해 볼 때 니진스키가 이 투어에서 정신병의 최초 징후를 보여주었다고 확신했다.[301] 그러나 이에 대해 로몰라 니진스키는 단호하게 부인한다.[302]

어느 날 바슬라프가 로몰라에게 《목신의 오후》(이하 목신)가 이틀 후에 공연이라고 발표되었다고 말했다. 니진스키는 마드리드에서 두 번 추었고 여전히 발레단의 행정담당 쪽에서는 이 투어에서 이 작품을 공연하려면 안무가 니진스키에게 허락을 얻어야 한다고 생각했다. 그리하여 친구의 도움을 받아서 그리고리예프에게 복수하는 방법을 구상했다. 그 계획은 퀸타나Quintana의 아이디어였다. 퀸타나는 아르헨티나 대통령의 아들이었으며 그 당시 리우에 있었다.

로몰라는 다음과 같이 썼다.

어느 날 저녁 공연은 매우 순조롭게 진행되었다. 막간 동안 화려한 관객들에게 감탄하고 있는 동안 그날따라 내가 느끼기에는 막간이 유난히 긴 듯했다. 프로그램에서 《목신》이 다음 차례였다. 관객들은 점점 동요하기 시작했다. 나는 무슨 일이 일어날 수 있을까 궁금했다. 바슬라프의 친구들이 마치 음모자들처럼 미소 짓고 있었다. 나는 무대 뒤로 갔다. 모든 것이 준비되어 있었다. 무대는 불이 켜졌으며 바슬라프는 자신의 위치에서 커튼이 올라가기를 기다렸다. 그러나 무대의 한쪽 편에서 몸짓하고 있는 그룹이 있었다. 기획자, 그리고리예프, 크렘네프가 미친 듯이 화가 나서 왔다 갔다 하고 있었다. (트루베키는) 미소를 숨기려고 애쓰고 있었다. 기획자는 두 명의 경관에게 가서 말을 하고 있었다. 무슨 일이지? 그들이 나에게 말했다. "《목신》의 안무가 니진스키가 《목신》의 공연을 금지하는 명령을 갖고 왔습니다. 왜냐하면 합법적으로 러시아 발레단에 속하는 작품이 아니기 때문입니다."
그러나 니진스키는 계약에 의해서 《목신》에서 그의 파트를 시작하기 위해 기다리면서 서 있다. "그러나 안무가 니진스키와 무용수 니진스키는 같은 사람입니다"라고 발레 단원 중 한 사람이 말했다. "유감스럽지만, 당신이 그 작품을 출 수 있다는 안무가의 허락을 담은 예 혹은 아니오로 표시된 증빙서류가 있나요?" 그리하여 《목신》은 취소해야 했다.[303]•

발레단 밖의 친구들에게 니진스키는 즐거운 동반자로 보였다. 리우에서 러시아 대사 체르바츠코이Tsherbatchkoi는 바슬라프와 로몰라를 매우 환대했고 그들을 데리고 차로 자신의 시골집으로 데려갔다. 미국대사 에드윈 모건Edwin Morgan은 또 다른 친구였다. 프랑스 대사는 다름 아닌 시인 폴 클로델Paul Claudel이었다.[304] 그는 니진스키가 추는 《세에라자드》를 본 후 완전히 반해서 니진스키를 소개받기 원했다. 그러나 그다음 날 바슬라프는 《레 실피드》를 추었다. 시인은 이 발레에서 과거 낭만주의 발레의 반향을 발견했다. 그는 당장 짧은 풍자시를 지었다. "나쁜 것보다 더 나쁜 것은 나쁜 가운데서도 완벽하다는 것이다." 나중에 프랑스 6인조 작곡가 중 한 사람이 되는 젊은 작곡가 다리우스 미요Darius Milhaud는 당시 클로델의 비서였다. 그들은 두 개의 발레, 《세계의 창조La Création du monde》와 《남자와 그의 욕망L'homme et son désir》을 같이 계획하면서 이들은 니진스키가 안무 맡기를 원했다.[305] 이 작품들은 나중에 스웨덴 발레단Ballet Suedois에서 장 보를린Jean Borlin이 안무하여 발레 작품으로 만든다. 미요는 1924년 댜길레프를 위해 「푸른 기차」를 작곡하게 된다.

클로델은 나중에 니진스키에 대한 글을 남긴다.

그는 호랑이 같이 움직였다. 그는 하나의 포즈에서 다른 포즈로 동작이 이어질 때 움직이는 무게의 변화가 없다. 마치 날개 달린 새처

---

• 그리고리예프의 글(그의 책에서가 아님)에서, 《목신의 오후》는 리우, 상파울로에서 각 1회씩, 부에노스아이레스에서 4회 공연한 것으로 쓰여 있다.

럼 그의 도약은 근육과 힘찬 에너지의 자신감 넘치는 파트너십으로 이루어졌다. 그의 몸은 나무의 몸통이나 조각과는 다르며, 힘과 동작의 유기적인 조직체였다. 제스처가 아니었다. 그는 아무리 사소한 제스처라고 할지라도 맹렬하면서 부드러운 활력, 그리고 놀라운 카리스마를 가지고 훌륭하게 성취해 내고 있었다. (예를 들어 그가 자신의 턱을 관객 쪽으로 돌릴 때, 긴 목 위에서 작은 머리를 회전하는 것처럼) 그가 춤을 추기 위해 제스처를 재배치한 것은 알아보기조차 어렵다. 한때 "여덟 개의 스프링"이라고 불렀던 마차를 화려하게 변신시키면 알아보기 힘든 것처럼.[306]

미요는 "그가 의자 뒤의 누군가에게 말을 하려고 몸을 돌렸을 때 그가 얼마나 아름다운가"를 알았다. "그는 머리를 돌릴 때는 아주 정확하고 재빠르게 머리만 돌려서 마치 근육이 하나도 움직이지 않는 듯이 보였다."[307]

니진스키 부부는 리우에서 젊은 커플을 친구로 사귀었다. 작곡가 에스트라데 게라Estrade Guerra와 그의 피아니스트 부인 니닌야Nininha 부부였다. 그들은 공연이 끝난 후 바슬라프의 분장실에서 이들 부부를 픽업하곤 했다. 게라는 바슬라프가 커튼이 내려온 이후에도 춤을 계속 추는 것을 알게 되었다. 로몰라는 게라에게 "걱정하지 말아요. 바슬라프는 미치지 않았어요. 바슬라프는 이렇게 공연에서 춤을 춘 후에는 갑자기 멈추지를 못합니다. 심장은 서서히 정상적인 리듬을 되찾아야 합니다"라고 말했다.[308] 몇 년 뒤 게라는 다음과 같이 회상했다.

니진스키는 프랑스어를 꽤 잘했다. 물론 완전히 능통하지는 못했지만, 대화하는 데는 문제가 없었다. 그는 부인과 아주 잘 맞는 듯이 보였다. 부인은 아주 호의적이고 호감 가는 타입이었다. 예쁘고, 연약한 체구에 아주 푸른 눈을 가졌다. 니진스키가 누구보다 찬사를 보내는 무용수가 두 명 있었는데 카르사비나와 그의 여동생인 브로니슬라바 니진스카였다. 그러나 그는 그 두 사람이 너무 다르기 때문에 비교하지는 않았다. 때때로 그에게는 뭔가 신비로움이 존재하는 듯이 느껴졌다. 그러나 그 신비로움이 나에게 이상하게 보이지는 않았다. 나는 슬라브 사람들의 전형적인 면이 아닐까 하고 생각했다. 그는 확실히 예민했지만, 예술가치고는 비정상적으로 그렇지는 않았다. 지성적인가? 분명히 그렇다. 그에게서 가장 친밀감이 느껴지는 면은 조금의 가식도 없이 타고난 천성이 어린아이와 같이 순수하다는 점이다. 그는 자신의 가치를 분명히 인식하고 있었으며 자신에 관해서 잘 알고 있었다. 그러나 그는 전체적으로 자만심이 없었다. 그는 무대에서건 사생활에서건 그의 행동에서 유약함이 없었다. 그는 러시아 발레단을 떠나겠다는 결정을 자신의 방식으로 표현했으며 어떤 경우라도 남미 투어가 마지막이라고 말했다. (⋯) 나중에 그가 정신이상자가 되었다는 이야기를 들었을 때 나는 믿을 수가 없었다. 브라질에서 우리가 만났을 때 그의 모습에서는 그가 정신이상자라는 징후는 전혀 보이지 않았다.[309]

리우에서 상파울루까지 여행은 기차로 했고 의상과 무대 세트는 기차 엔진 바로 뒤의 밴에 싣고 이동했다. 기차가 터널을 지날 동안 엔진이 마찰해서 일으키는 불꽃이 이 화물차에 붙었고《장미의 정령》,《클레오파트라》의 무대와 의상은 전소되었다.[310] 다행스럽게도 《장미의 정령》은 다시 제작하는 것이 간단했다. 그리고리예프는 《클레오파트라》의 경우는 《라 페리La Peri》를 위한 무대와 의상을 사용하기로 했다. 《라 페리》의 경우에는 그들이 작품으로 올리지는 않았지만 발레단에서 계속 그 작품의 무대 세트와 의상을 가지고 다녔다.[311]• 상파울루에서 니진스키는 《목신》의 중요한 비평가 칼메트의 형제인 연구소 소장 칼메트와 사귀게 되었다.[312] 리디아 소콜로바는 마드리드 무대에서 등장했을 때 임신 6개월이었다. 그런데도 이 투어에 포함이 되었다. 댜길레프가 특별히 봐 주어서 스텝 중의 한 사람으로 오게 된 것이다. 그녀는 9월 1일 조산으로 아주 힘들게 아기를 낳았다.[313]

발레단은 해안선을 따라 배를 타고 부에노스아이레스로 이동했다. 부에노스아이레스에서 바슬라프와 로몰라는 뉴 플라자 호텔에서 묵었다. 그들은 여기서도 친구들을 사귀었다. 그들은 발레단과 함께 남미 투어 중인 파블로바도 만났다. 9월 10일 그들의 네 번째 결혼기념일은 그들 결혼식에서 주례를 섰던 목사에게 점심 초청을 받아 축하했다.[314] 콜론 극장 시즌은 11일부터 시작되었다. 그리고리예프는 콜론 극장 시즌을 "내가 관리했던 것 중 가장 힘들었던 시즌 중 하나였음"이 판명되었다고 썼다. 여기서는 기획자와의 관계에서도 어려움이 있었다. 그리고리예프는 결국 공연 중 한 번은 거부하게 되었고, 또 한편으로는 박수가 거의 없

---

• 하스켈(『발레토매니아』 117쪽, 각주)에 의하면 《러시아 이야기》의 무대 세트와 《셰에라자드》의 문들도 모두 불탔다고 한다. 그리하여 "즈베레프가 새로운 무대를 그렸고 수년간 그 무대를 사용했다."

었다. 여기 관객들은 유럽화되어 있어서 손뼉 치는 것 자체를 매우 저속하다고 여겼다.[315] 또한 니진스키와 그리고리예프가 끊임없이 부딪혔다. 서로 싫어하는 것은 명백했다. 그리고리예프는 회상록에서 그때 이미 니진스키는 정신적으로 균형이 맞지 않은 상태였다고 주장했다. 그러나 로몰라는 이에 대해 극구 부인했다. 니진스키가 클로델, 미요, 게라 부부 그리고 그의 여러 외교관 친구들과의 행복한 관계만 보더라도 그건 말이 안 되는 소리라고 부인했다. 로몰라는 계속 사고를 유발하는 발레단의 일부 단원들을 비난했다. 로몰라는 그리고리예프를 직접 비난하지는 않았지만, 그가 모두 알고 있었음을 확신했다. 로몰라는 그들이 댜길레프의 사주를 받아 사건을 일으킨다고 믿었다.[316] 이런 주장 역시도 가능하지는 않게 들린다.

어느 날은 니진스키가 무대 위에 튀어나온 녹슨 못을 밟았다. 또 어느 날은 그는 무대 천장의 도구 조작하는 곳에서 떨어지는 무거운 쇳덩어리를 피해 뛰어내려야 했다. 《페트루슈카》는 부에노스아이레스에서 레퍼토리에 포함되어 있었는데 네 공연 중 한 번 공연에서 인형 부스가 제대로 안전하게 고정이 안 되어서 니진스키가 부스의 지붕에서 제스처를 취할 때 마술사 부스가 붕괴하여 니진스키는 체케티의 품으로 뛰어내려야 했다. 로몰라는 이런 모든 사건이 니진스키에게 그가 계약을 이행하지 못하면 내야 하는 2만 불의 벌금을 내도록 하려는 음모라고 생각했다. 바슬라프는 그의 적들을 — 만약 그들이 존재한다면 — 불쌍하게 생각했고 그들을 비난하지 않았다. 그러나 로몰라는 그녀의 친구인

변호사 퀸타나와 니진스키를 보호하기 위해 극장으로 형사를 보내도록 하는 문제를 논의했다.[317]

관객들은 무슨 일이 있었는지 모르고 넘어갔고 시즌은 성공했다. 니진스키는 자신의 일상적인 역할 《목신의 오후》, 《셰에라자드》, 《나르시스》, 《레 실피드》, 《장미의 정령》, 《페트루슈카》, 《클레오파트라》를 추었다. 그는 여전히 관객들을 사로잡았다. 그리고 그는 언제나 새로운 '일'을 고안해 내었다. 《셰에라자드》에서 이제 은회색 메이크업 분장을 하고 등장한 그가 흑인 노예의 마지막 죽음의 도약을 했을 때 "관객들은 비명을 지르면서 일어났다." 로몰라도 객석에 있었다. "바닥에 그의 머리를 아주 잠깐만 그치고, 목 근육의 작용에 의해 허공으로 몸을 내던지고 몸을 떨며 쓰러졌다. 나는 무대 뒤로 달려갔다. 그때 바슬라프는 앙트르샤를 연습하고 있었다! 우리 모두 다쳤을 것으로 생각했지만, 이 장면은 그의 춤 솜씨였다."[318]

1917년 9월 26일 부에노스아이레스에서 발레단의 마지막 23회* 공연을 했다. 니진스키는 《장미의 정령》, 《페트루슈카》로 러시아 발레단과 마지막 공연을 했다. 그는 게라에게 러시아 발레단을 떠날 것이라고 말했다. 앙세르메에 의하면 그와 로몰라는 남미에 정착하여 발레 학교를 시작할 생각도 있었다고 한다.[319] 그러나 그들은 키라가 너무 보고 싶었기에 스위스로 돌아가기로 했다. 돌아가기 전에 바슬라프는 몬테비데오에서 프랑스와 영국의 적십

---

• 프랑소아즈 레이스는 8회라고 했다(171쪽).

자를 돕는 갈라 마티네 공연에 참여하기로 했다. 이 공연 때문에 니진스키는 본래 계획보다 이 나라에서 한 달을 더 머무르게 되었다. 그는 유럽으로 떠나는 발레 단원들과 작별했다.[320]

적십자 갈라 공연에 참여하기로 한 후 니진스키는 새로운 외교관 친구인 안드레 드 바데Andre de Badet와 공연 프로그램을 짰다. 피아니스트 아르투르 루빈스타인Artur Rubinstein이 남미 공연 중이었다. 그를 초청하여 이 프로그램에 합류시켰다. 니진스키 발레의 반주는 그 지역 피아니스트 도밍고 덴테Domingo Dente가 맡았다. 바데Badet는 다음과 같이 썼다.

> 바슬라프는 갈라를 위해 몇 장면을 안무했다. 그의 무대 의상 중 일부만 사용할 수 있었기 때문에 그는 의상을 급조해야 했다. 검정 벨벳 튜닉과 흰 셔츠, 《레 실피드》 때 신었던 타이츠, 《장미의 정령》 때 신었던 핑크 슬리퍼를 신었다. (…) 그날 저녁 공연에서 그가 무대 옆 윙에서 등장하여 높이 솟아오르면서 넓은 무대를 대각선으로 가로질러 두 번의 엄청난 도약과 세 번째 도약으로 공기를 가르며 사라지는 모습을 어떻게 상상할 수 있겠는가. (…) 공기를 가르는 것이 일상적인 실피처럼 니진스키가 이 극장에서 마지막 춤을 추었다는 것을 상상이나 할 수 있겠는가. 그의 조그만, 오히려 아시아인 같은 머리는 당당하면서도 슬픈 듯이 차례로 포즈를 취했고 그의 목덜미는 마치 도나텔로의 조각 같은 근육을 가졌다. 도밍고 덴테Domingo Dente는 그를 위해 쇼팽 곡을 피아노 반주했고, 바슬라프는 하룻저녁 공연을 위해 천상적인 안무를 창조했다.[321]

그리하여 니진스키 생애에서 공식적인 무대를 위한 마지막 공연을 마쳤다. 그는 신이 내린 재능을 다치고 아픈 사람들을 위해 헌정했다.

제8장

**1917~1950**

1917년 11월~1950년 4월

29세의 니진스키는, 그 당시에는 비록 몰랐지만, 대중 앞에서 마지막으로 춤을 추었다. 그의 계획은 자신이 여전히 최고의 기량을 지닐 수 있다고 생각한 35세까지 춤을 추는 것이었다. 그 이후부터 니진스키는 오로지 캐릭터 역할만으로 무대에 서면서 자신은 안무에 집중하고, 재단을 설립하여 안무 학교를 운영하면서 다른 예술가들에게 안무를 가르치는 데 전념하기를 원했다. 그는 공짜로 모든 공연을 보여 주고 대규모 페스티벌을 개최할 수 있는 특별히 설계된 극장 건립을 꿈꾸었다.[1] 니진스키의 이러한 구상은 여러 다른 방면에서와 마찬가지로 시대를 앞서갔다. 그러나 그는 학교 교장이나 페스티벌 감독으로 기억될 운명이 아니었다.

누구도 그가 실력이 쇠퇴하여 완벽하지 못한 공연을 본 적이 없다. 비극이 그를 기다리고 있었지만, 이 비극은 종류가 다른 비극이었다. 육체의 힘이 떨어진다든지 영감이 시들었을 때 그가 피할 수 있는 그런 종류의 비극이 아니었다. 그는 무용에서 그 누구와도 비교될 수 없는 예술가로, 새로운 형식의 선구자로 기억되었다. 심신이 건강한 상태에서 춤추기를 멈추었다.

오랜 세월이 흐른 후 니진스키가 이미 비정상적인 정신병 징후를 보였다고 주장하거나, 정신병 발병 후를 고려하여 그런 주장을 펼쳤던 일부 사람들이 있다.[2] 그러나 그는 결코 다른 사람들과 같지 않았다. 그의 내성적 성격, 그의 예민함, 그의 톨스토이주의적인 경향 등을 초기 정신질환 증세라고 그의 적이나 라이벌 그룹들이 소문을 내는 것은 쉬운 일이다. 1950년대에 그리고리예프가 쓴 글에 따르면 부에노스아이레스에서 러시아 발레단과 니진스키가 한 마지막 공연을 보면서 그는 "미래를 위해 니진스키의 비교할 수 없는 춤을 기억해 두려고 무진장 노력했다. (…) 니진스키가 춤추는 모습을 다시는 보지 못할 것이라는 확신을 하면서."[3] 이는 거의 초능력적인 직감을 보여 주고 있다. 사실에 입각한 러시아어로 된 이야기를 영어로 번역하면서 편집자와 번역자가 내용을 더 다채롭게 만들고 싶어 삽입한 부분이 아닐까 하는 우리의 의심은 정당했다. (1909년 파리에서 러시아 시즌 오프닝 때 파블로바와 샬랴핀이 등장했다는 완전히 꾸며 낸 내용, 1910년《카니발》에서 아를르캥을 춘 니진스키가 이 역을 배우기 1년 전에 아를르캥을 추었다는 내용, 나로드니 돔의 화재로 댜길레프가 상심했다는 내용에서는 그 시기가 실제로 화재가 일어나기 한 달 전이라는 점, 그리고 니진스키가 존재하지도 않는 계약을 어겼다고 묘사했던 엉터리 내용에 대한 책임은 아마도 나의 오랜 친구인 편집자 베라 보웬Vera Bowen•에게 있을 것이다.)

비록 우리가 마지막 남미 투어에 같이 가지 않았지만, 로몰라 니진스키가 그 투어에서 일어난 여러 다양한 사건, 예를 들면 녹슨 못이 박혀 있다든지, 무대 세트가 무너진다든지[4] 했을 때 내린 판단을 이해할 수는 있다. 그러나 니진스키는 로몰라가 발레단 측의 공격[5]이라고 추측하여 법적인 도움을 구하고 경찰의 도움을 받으려 했던[6] 이 사건들에 대해 언급하지 않았다. 만약 이런 일련의 사건들이 진짜 우연히 발생한 사건이었다면, 그리고 고의로 니진스키를 공격하려 한 것이 아니었다면 피해망상 광은 니진스키의 부인이었지 니진스키가 아니었다. 어떻든 피해망상 광은 편집증이지 조현병과는 달랐다. 이로부터 1년 6개월 뒤부터 니진스키가 앓게 되는 병은 조현병이었다.

옳았든 틀렸든, 바슬라프와 로몰라는 이제 더 이상 러시아 발레단과 춤을 추는 것을 불가능하다고 느꼈다. 로몰라는 톨스토이주의자의 철학을 포함한 이 모든 공격은 댜길레프에 의해 꾸며졌다고 생각했다(그녀가 자신의 의견이라고 전제를 했지만, 댜길레프가 아무리 질투 때문이라 해도 황금알을 낳는 거위를 왜 죽이려 했느냐는 점에 대해서는 누구도 이해하기 어렵다). 바슬라프는 그의 경력과 그의 가족들에 관해 여전히 결정권을 가지고 있었다.[7] 그는 가정에서는 논란의 여지없는 가장이었다. 그가 댜길레프를 떠나고자 결심을 했다면 이는 아마도 댜길레프가 안무가로서뿐 아니라 개인적으로도 순전히 마신에게 몰입했기 때문으로 추측된다. 니진스키

---

• 그리고리예프의 책 『댜길레프 발레단 1909~1929』를 영어로 번역, 편집했다.*

가 안무가가 되도록 댜길레프가 많은 격려를 했을 때 포킨은 모든 중요한 기회는 더 젊은 남자(니진스키)에게 주어진다고 느꼈다. 이제 니진스키는 마신에 대해 똑같이 느꼈다. 대신 니진스키는 질투하지 않았고[8] 마신의 재능에 감탄했다.[9] 그러나 니진스키는 신작 발레를 창조하고 싶은 갈망이 컸다.

만약 니진스키가 남은 전쟁 기간 댜길레프와 함께하면서 스페인, 포르투갈에서 발레단과 같이 공연을 했더라면 댜길레프는 그에게 출연료를 주지 못했을 것은 확실하다. 왜냐하면 발레단은 공연 계약을 하기도 점점 어려운 상황이었기 때문이다. 1918년 오즈월드 스톨이 발레단을 런던 콜리세움으로 초청을 해 줘서 댜길레프와 발레단은 극심한 경제난에서 구제를 받았다. 이 당시 댜길레프는 경제 상황이 너무 어려워 발레단을 해체하기 일보 직전이었을 정도였다. 당시 상황으로 봐서 발레계로부터 니진스키가 완전히 고립된 것이 정신병 발병의 주요한 원인인 듯했다.[10]

댜길레프 발레단이 중립국의 반도에 남아 있는 동안 니진스키 부부는 남미에서 배를 타고 돌아온 후 중립국 스위스로 가서 처음으로 그들 자신의 집을 마련했다. 그러나 그들이 집을 구하기 전에 키라를 만나러 가야 했다. 로잔에 도착하여 그들은 즉시 키라가 머무는 요양원으로 갔다. 로몰라가 보기에는 "바슬라프가 방에 들어간 순간 이 아이가 어떻게 변하는지 정말 놀랄 일이다. 그 둘은 마치 한 사람이 둘로 쪼개져 있었던 것처럼 보였고 계속 다시 하나가 되기를 원하고 있는 듯이 느껴졌다. 종종 나는 부녀를 방해하는 듯한 기분이 들기도 했다."[11]

러시아에서 두 번째 혁명이 일어났다. 카르사비나는 이제 영국 외교관 헨리 브루스Henry Bruce와 결혼을 했고 페테르부르크에 있었다.

11월 8일 아침 나는 겨울 궁전 쪽으로 향하는 밀리오나야Millionaya 거리를 따라 내려가는 사관생도들의 행진을 보았다. 이들은 가장 나이가 많아 보여도 아마 18세 정도. 오후에 산발적인 총성이 울려 퍼지기 시작했다. 황실 군대가 겨울 광장을 지키면서 다른 쪽 방면에서 궁전의 접근을 막기 위해 바리케이드를 쳤다. 중요한 전투가 전화교환국 주위에서 일어났다. 몇 시간 동안 나는 수화기를 내 귀에 갖다 대고 있었다. (…) 나는 교환수가 여러 번 바뀌는 것을 알아챌 수 있었다. (…) 강의 다른 쪽은 완전 통행이 금지되었고 모든 다리는 거두어 올려서 건널 수가 없게 되었다. 구축함(오로라Aurora)은 네바 강에서 궁전과 마주했다. 요새는 볼셰비키 혁명가들의 수중에 떨어졌다. (…) 도시의 모든 와인 저장고는 약탈당했다. (…) 그날은 발레 공연일이었다. 나는 다섯 시가 지나서 집에서 나왔다. 길을 빙빙 둘러 극장에 도착하는 데 한 시간이나 걸렸다. 여덟 시가 되었는데 극장에는 단원의 5분의 1밖에 오지 않았다. 잠깐 논의한 후 우리는 공연을 하기로 했다. 거대한 무대에 몇 명뿐인 출연자들은 마치 조각 그림 맞추기를 하듯 여기 저기 몇몇 그룹이 띄엄띄엄 무리 지어 있었다. 우리는 무용수가 모두 있다고 상상력을 발휘해야 했다. 객석에는 무대의 무용수보다 더 적은 관객들이 앉아 있었다. 연이은 포격 소리가 무대에서도 희미하게 들렸고, 분장실에서는 꽤 선명하게 들렸다. 공연이 끝난 뒤 몇몇 친구들이 바깥에서 나를 기다렸다.

우리는 겨울 궁전 근처 내 집과는 반대편에 살고 있던 에드워드 큐나드Edward Cunard 와 저녁을 먹으러 갔다. 마린스키 광장은 통행할 수 있었다. 집에서 피켓이 우리의 거리를 가로막았다. 큐나드의 집은 내 집보다 밀리오나야 거리 더 위쪽에 있었고 궁전 광장에서 91미터 거리밖에 안 되었다. 기관총이 다시 힘차게 울리기 시작했다. 정강이뼈에 총을 맞을지도 모르겠다는 불길한 생각이 들었다. 저녁을 먹을 때 우리는 거의 말소리를 들을 수가 없었다. 야전포, 기관총, 소총 발사 소리 때문에 청각 장애가 올 지경이었다. 큐나드는 카드 한 꾸러미를 가져왔고 (…) 촛불은 다 타 버렸다. 음울한 겨울의 빛은 커튼 사이로 스며들어왔다. 전투는 잦아들었다. 오로지 총소리만 가끔 울릴 뿐이었다. 우리는 헤어졌고 남자들은 숙녀들을 각자의 집까지 데려다주었다. 내 집 창문에서 막사를 볼 수 있었다. 군인 제복을 입은 남자 한 명이 문의 그림자로부터 기어 나와 샹 드 마르스Champs de Mars 쪽으로 달리기 시작했다. 총소리가 들렸고 그는 눈 위에 쓰러졌다. 나는 커튼을 닫았다. 다음 날 아침 새로운 세상이 되었다. 레닌이 수상이 되었다.[12]

댜길레프는 발레단이 그해 겨울 공연할 리스본에서도 혁명이 한창 진행 중임을 알게 되었다. 리스본에서 공연은 곧 끝났다. 하지만 그들의 시즌에는 아주 부정적인 영향을 끼쳤다.[13]

바슬라프는 한 번도 레닌, 트로츠키에 대해 들은 바가 없었다. 그는 그렇게 오랫동안 외국에 나가 있던 남자들에게 정권이 넘어갔다는 것이 신기했다.[14]

1917년 12월 니진스키는 생모리츠 위의 산에 있는 빌라 과르다문트Guardamunt를 구입했다. 바슬라프는 키라를 데리러 혼자 로잔으로 갔다. 이렇게 혼자 하는 여행은 니진스키에게는 새로웠다. "호텔에서 방을 예약하고 철도 승차권을 사는 것은 그에게는 미지의 경험이었다." 그러나 "바슬라프는 매우 으쓱해했고 혼자 처음 여행을 시작하면서 모험심으로 가득했다."[15]

그가 없는 사이에 로몰라는 빌라 건을 처리했다

우리 집은 우리 물품들로 가득한 진짜 집처럼 보였다. 나는 모든 종류의 겨울 스포츠를 즐기기 결정했기에 현관에는 스키와 터보건*이 가득했다. 이 집에서는 생모리츠가 보였다. 우리 바로 아래는 호수, 맞은편에는 아름다운 로젝 알프스Roseg Alp, 마그나 봉Piz Margna이 있었다. 이들은 동쪽에서 불어오는 바람으로부터 우리를 보호해 주었다. 온 천지가 반짝이는 눈이었다. 약 2미터 높이로 쌓인 눈 덕분에 우리는 즐거운 겨울을 지낼 수가 있었다. 바슬라프와 키라가 도착했다. 며칠이 지나자 우리는 매일의 일상으로 돌아갔다. 나는 바슬라프를 위해 모든 것을 시중들어 주기를 원했다. 그러나 그는 거절했다. "남자는 부인의 시중을 받으면 안 돼, 펨카." 나이 든 하녀의 옷장은 더 이상 완벽하기 힘들 정도로 정돈이 잘되어 있어서 바슬라프가 자기 물건을 보관하는 것보다 더 깔끔하게 정리했다.

맨 아래층 발코니도 깨끗하게 정리되어 있다. 매일 아침 두 시간 동안 바슬라프는 연습을 하고 키라는 타타카보이Tatakaboy**의 연습하는 모습을 끈질기게 바라보았다. 그가 도약할 때 키라는 환호하면

---

• 앞쪽이 위로 구부러진, 좁고 길게 생긴 썰매*
•• 타타카보이는 키라가 아빠를 부르는 애칭이었다.

서 손뼉을 쳤다. 그러면 그는 칼 같이 지키는 규정을 잊고는 키라를 자신의 팔에 안아서 왈츠를 추며 노래를 불렀다. "그대의 상냥함이여, 나의 고양이, 나의 푼티키Funtyiki."•

키라 니진스키는 뉴욕 메트로폴리탄에서 춤추던 아버지를 기억했다. "달빛 아래 무대를 가로지르면서 날아다녔다. 어두운 푸른색 벨벳 의상에 마치 날개처럼 보였던 새틴으로 만든 흰색 옷소매(그녀가 세 살 때의 일이다)," 그리고 스위스에서 가족들이 함께 보낸 추억도 썼다.

나의 아버지는 빌라 과르다문트에 있던 우리 테라스에서 즐겁게 춤추고 도약을 했다. 그는 종종 나를 테라스 난간에서 높이 들어 올렸고 나에게 발레리나처럼 슈즈로 푸앵트 하는 방법을 가르쳐 주었다. 나의 아버지는 나를 "꼬마 카마르고Marie Camargo"••라고 불렀다. 왜냐하면 카마르고는 훌륭한 무용수일 뿐 아니라 연기도 뛰어났기 때문이었다.
아버지가 그의 방에서 그림을 그릴 때는 나도 아버지의 발아래 앉아서 컬러 크레용으로 그림을 그렸다. 아마도 이런 기억들은 후일 내가 무용수뿐 아니라 화가가 되는 것에 영향을 주었으리라 추측한다. 나는 어린 나이부터 성스러운 작업으로서 예술 창조를 존중했다. 그러나 이런 모든 기억은 지금에 와서야 떠오른다.

---

• 푼티키는 니진스키가 키라에게 붙여 준 애칭이었다.
•• 벨기에 태생의 프랑스 발레리나(1710~1770). 파리에서 활약하였으며, 짧은 스커트·발레 슈즈·타이츠를 처음으로 사용하고 빠른 스텝과 도약을 창시하여 의상과 기법 면에서 혁신을 이룩하였다.*

나는 아버지가 어린 시절부터 얼마나 나에게 잘해 주고 좋은 아버지
였는지를 기억한다. 그는 종종 내가 탄 유모차를 밀어 주었고 나를
씻기고, 나에게 우유병을 주고 계속 나하고 놀아 주었다. 훗날 내가
아버지에 대한 애착이 왜 이렇게 강한지 의문스러웠다. 그것은 아버
지에 대한 딸의 자연스러운 애정 그 이상이었다. 신이 내려 주신 방
법대로 어떤 영적인 힘이 우리를 함께 연결해 주었다. 꽃들이 온실
에서 사랑을 받고 자라는 것처럼 나는 아버지의 사랑을 받고 아버지
옆에서 자라난 것 같다. 아버지의 어린이 같이 순수한 마음은 해바
라기처럼 신을 향하고 있었다.[16]

로몰라는 다음과 같이 썼다.

그해 겨울은 매우 행복했다. 우리는 누구의 방해도 받지 않고 계속
함께 있으면서 엥가딘Engadine* 전역을 산책하고 다녔다. 내가 좋아
하는 딤슨 스켈레톤 런Dimson skeleton run** 연습을 했다. 이는 내가 가
장 좋아하는 스포츠였다. 바슬라프는 하인들을 매우 존중했다. 그
는 빌라로 올라가다가 요리사를 만나면 꾸러미를 들어 주었다. 석
탄이 너무 무거워서 불 위에 올려 놓기가 힘들 때는 하녀를 도와주
었다. 그는 나이 많은 세탁부에게는 농담도 하고 그녀의 고향 이탈
리아에 관해 이야기도 나누면서 키안티chianti 와인도 갖다 주었다.
그는 마을에 있는 모든 어린이와 같이 놀았다. 우리는 겨울 시즌 동
안 모든 사람이 가는 한젤만Hanselmann네 가게에서 점심을 먹기 전

---

* 스위스의 유명 휴양지*
** 엎드려서 타는 썰매*

에 반주를 마시기 위해 만나곤 하였다. 고향이 오스트리아인 한젤만은 생모리츠에서 잘 알려진 제과점 주인이었다. 그는 훌륭한 인품을 지녔고 생모리츠의 생활에서 주된 역할을 하고 있었다. 그는 니진스키의 든든한 친구가 되었다. 바슬라프는 그가 치즈로 만든 스틱을 매우 좋아했고 쿨레뱌크Koulibjak*의 요리법을 한젤만에게 가르쳐 주었다. 이들은 대화를 하다 보면 결국은 정치 문제로까지 옮아 갔다.

우리는 종종 베른하르트Dr.Bernhard 박사 집에도 갔다. 그의 집은 최첨단의 엥가딘 스타일이었다. 그곳은 수많은 흥미로운 스위스인들과 외국인들의 만남의 장소였다. 우리의 이웃 가르트만Gartmann 씨도 우리를 반겼다.

키라는 잘 자라고 있었다. 키라가 테디베어 옷을 입고 바슬라프 옆에서 걷는 모습은 사랑스러웠다. 아빠와 딸은 루지luge**를 타고 셀레리나Celerina까지 언덕을 매우 빠르게 내려갔다. 나는 무서웠다. "우리가 같이 있는 동안에는 나의 세심한 배려 덕분에 아무 일도 일어나지 않을 거야." 바슬라프는 이렇게 말하고는 했다. 저녁이면 우리는 조용히 집에서 책을 읽고 시간을 보냈다.

내가 스케이트를 탈 때 바슬라프는 나를 데려다주었다. 그는 겨울 스포츠 중에 어느 것에도 참여할 생각이 없었지만 나에게 기술과 균형에 대해 상당한 조언을 해 주었다. 그의 본능적인 지식은 놀라울 정도였다.

그러다 바슬라프는 자신이 몰 수 있는 썰매를 발견했다. 일주일에 두 번 아침에 우리 셋이 나가서 소풍을 가거나 점심을 먹으러 식당

---

• 밀가루 반죽 안에 여러 소를 넣어 오븐에 굽는 빵과 유사한 러시아 전통 요리 중 하나*
•• 경주용 썰매*

에 들렀다. 우리는 빙하도 보고 베르니나Bernina 호수에도 놀러 갔다. 시즌이 돌아옴으로써 우리 친구들 중 많은 이들이 파리에서 도착했다. 바슬라프는 편안해 보였고 주위 사람들의 따뜻한 마음씨에 마음이 안정되었다. 그는 나를 위한 깜짝 선물로 나의 언니와 형부 슈메데스를 초청했다. 에릭은 친절한 영혼의 소유자였으며 바슬라프는 그의 진실함을 잊지 않았다.

봄이 왔다. 외국인들은 떠났다. 꽤나 가부장적인 그 지역 사람들과 우리만 남았다. 5세기 전으로 다시 돌아간 듯 고립된 느낌이었다. 붐비던 스포츠 센터는 한산해졌다. 알프스 마을 역시 조용해졌다. 포스트 호텔에서 저녁때 공증인, 시장, 의사가 모여 어떻게 하면 이 조그만 시를 더 번영시킬지를 논의하고 있었다. 바슬라프는 그들이 토론할 때 듣기를 좋아했다. 이는 그에게 러시아에 대한 기억을 많이 상기시켰다. 우리는 생모리츠를 무척 사랑했고 단 하루라도 떠나기를 원하지 않았다.

첫 번째 봄의 전령사인 소심한 크로커스는 길을 따라 활짝 피었고 공식적으로 봄이 왔다. 그러나 눈이 녹아 급류가 흘렀고 이 때문에 우리는 집에만 있을 수밖에 없었다. 바슬라프는 나의 교습을 다시 시작했다. 그는 몸이 이전보다 더욱 가벼워진 듯했다. 그는 무한정으로 피루엣과 앙트르샤를 구사했다. 그가 바트망과 플리에를 하는 것을 보고 있으면 때때로 그가 눈꽃보다 더 가벼운 듯 보였다. 그러나 그의 힘은 강철 같았다. 그는 천연고무 같은 탄성으로 높이 뛰었다.

연습을 하거나 하지 않거나 이제는 전쟁포로가 아닌 니진스키에게 극장에서 공연이 없는 겨울을 보낸다는 것은 낯선 일이었다. 그의 마음에는 활력이 넘쳤고 그는 창조 작업을 하고 있었다.

그는 새로운 발레에 대한 아이디어로 꽉 차 있었다. 드뷔시의 가곡집 「빌리티스의 노래」를 가지고 마음에 드는 안무를 했다. 그는 말했다. "당신이 빌리티스를 추기를 원해. 당신을 위해 안무했어. 이작품은 《목신의 오후》때처럼 기본적으로 똑같은 안무 법칙을 지니고 있어." 이 작품은 모든 섬세한 느낌과 달콤한 심술궂음이 어우러져서 음악의 박자와 완벽하게 하모니가 이루어져 있었다. 이 발레는두 장면으로 구성되었다. 첫 장면은 그리스의 녹음이 우거진 섬에서 빌리티스와 그녀의 목동, 그들의 사랑, 그들의 젊음을 표현하고있었다. 두 번째는 빌리티스와 그녀의 소녀 연인이 등장하여 그녀의슬픔과 그녀의 기쁨을 함께 나누었다.

바슬라프의 다른 창작물은 그 자신의 생애를 안무시로 구상했다. 어느 젊은이가 자신의 생을 통해 진실을 추구했다. 처음에는 배우는 학생으로서 모든 예술적 상징에 이끌리고 삶과 사랑이 제공할 수 있는 모든 아름다움에 자신을 내맡겼다. 그 후 그의 여인, 그를 반하게 한 그의 배필에 대한 사랑이다. 그 후 그는 가장 왕성한 예술 작품의 시기에 들어선다. 작품의 배경은 전성기 르네상스였다. 젊은이는 화가다. 젊은이의 스승은 댜길레프가 키우고 싶어 한 니진스키의 모습처럼 당대에 가장 유명한 예술가 중 한 사람. 니진스키는 자신이 모던하게 무대와 의상을 디자인했지만, 시대적으로 너무 앞서갔다. "펨카, 당신도 알잖아, 원형은 완성된 완벽한 동작이야. 모든것은 원형을 바탕으로 하고 있어. 삶, 예술 그리고 틀림없는 우리의예술. 이는 완벽한 라인이야." 무보의 전체 시스템은 원형을 기본으로 했으며 그것이 발레였다. 이는 바슬라프의 이전 방식과도 일치했다. 그러나 《목신의 오후》, 《봄의 제전》과는 달리 원형이었다. 무대는 곡선으로 디자인되어 있다. 앞 무대 부분도 둥글었다. 바슬라프는 가장 조그만 섬세한 부분까지 파랑, 빨강 금색의 라파엘 스타일로 전체 디자인을 했다.

전쟁과 혁명이 맹위를 떨치고 있던 1918년 봄 그들은 산속에 고립되어 있음을 알게 되었다.

거의 하룻밤 사이에 우리의 환경이 변했다. 꽁꽁 얼었던 호수는 녹아서 균열이 일기 시작하고 알프스의 슬로프는 화려한 색채, 분홍색 알프스 장미, 보랏빛 바이올렛, 수레국화 용담꽃 등 향기로운 꽃들로 뒤덮였다. 눈은 우리에게 익숙하던 산꼭대기 아래로 물러났는데 달라진 이 각각의 풍경 또한 바슬라프에게는 의미가 있었다. 우리는 스키장Alp Giop까지 뛰어 올라가기도 했고 꽃들 사이로 우리는 사지를 벌리고 누웠다. 그리고 향기 나는 풀밭 위에 누워 있는 동안 우리는 수많은 이야기를 했다. 나는 바슬라프에게 부모님의 불행한 결혼에 대해 말했다. 그리고 나의 어머니를 비난했지만, 그는 나를 말렸다. "너무 그러지 마. 그녀가 그렇게 행동할 수밖에 없었던 상황을 당신은 모르잖아. 우리는 결코 다른 사람을 비난해서는 안 되며 우리에게는 타인을 판단할 권리가 없어." 나는 종종 전쟁 동안 헤쳐 나가야만 하는 어려운 시기에 대해 불평을 했지만 바슬라프는 "운이 더 좋은 사람을 부러워해서는 안 돼. 당신보다 더 힘든 사람들을 봐. 그리고 당신의 운명에 감사해야지"라고 말했다.

로몰라는 키라를 낳은 후 몸이 완전히 회복된 것은 아니었고 베른에 있는 병원에 가서 가벼운 수술을 받았다. 바슬라프는 병원에 오면서 한 아름의 장미를 가지고 왔으며 그녀 병실의 침대에서 2주를 보냈다. 베른에 있는 동안 바슬라프는 클로틸드Clothilde와 알렉산더 사하로프Alexander Sakharoff의 무용 공연을 보았다. 바슬라프는 로몰라에게 "당신이 놓친 것은 아무 것도 없어. 그들은 점잔만 빼고 있었고 춤이 전혀 아니야. 뮌헨 출신일 뿐이야"라고 했다. 로몰라는 니진스키가 새로이 발전한 무용을 보고 싶은 마음이 강렬했는데 실망만 느꼈다는 것을 알 수 있었다. 게다가 니진스키는 무용수들의 단독 공연을 본래 좋아하지 않았다. 1914년 니진스키 부부는 런던 사보이 극장에서 스페인 무용수의 솔로 공연을 본 적이 있었는데 그때 니진스키가 말했다. "혼자 하는 무용은 아무런 의미가 없어. 장면의 구조를 가져야 해. 설사 전지전능한 하느님이 이 땅에 와서 일곱 시부터 열한 시까지 춤을 춘다 해도 지겨울 거야."[17]

1918년 가을 집안 살림에 대한 가부장적인 바슬라프의 관심은 겨울을 나기 위해 충분한 연료를 비축하는 것으로 옮겨 가서 정원에서 나무 쪼개는 작업을 도왔다. 그는 항상 부엌을 들락거리면서 즐겁게 요리를 했다. 그는 소스 팬의 뚜껑을 들어 올렸을 때 케이크가 있으면 어렸을 때 했던 것처럼 그 케이크를 손가락으로 깨끗하게 다 집어 먹었다.

키라의 스위스인 보모 가정교사는 팰리스 호텔에서 근무하는 남자와 결혼을 했다. 어느 날 그녀는 남편을 보러 갔다가 돌아와서는 남편이 정신이상자로 선고를 받았고 정신이상자들에게 입히는 구속복을 입었다며, 무서움에 떨며 묘사했다. 그 남편은 밤에 몇 시간 동안 방을 빙빙 돌면서 걷는 것 이외에는 지극히 정상이었다. 로몰라는 니진스키에게 "그 남편이 이상할 정도로 말수가 적어졌고 표정이 어두워졌대요"라고 말하면서 그에게 일어난 일을 설명해 주었다. 그들은 새로운 가정교사를 구했는데 그녀는 스위스인이지만 영국에서 자랐고 인도에서 요가를 공부하면서 몇 년을 보낸 사람이었다. 이에 바슬라프는 탐구심이 일어서 굉장히 큰 관심을 보였다.

로몰라는 다음과 같이 썼다.

그해 겨울은 일찍 왔다. 눈이 오기 시작하자 며칠 밤낮 계속되었다. 행복하고 따뜻했다. 우리는 마치 잊힌 사람들처럼 세상과 동떨어져 있는 듯했다. 이렇게 고립된 알프스 마을이 주는 특이한 매력이 우리에게 점점 크게 다가왔다. 이렇게 고요하고 하얀 세상에 브로니아와 '할머니'에게서 첫 번째 소식이 도착했다. 그들은 잘 지내고 있으며 필요한 것은 없다고 했다. 그들은 바슬라프가 보낸 돈을 받았지만 11월 혁명이 일어나자 키예프로 도망쳤다.

로몰라에게 편지가 왔다. 브로니아가 보낸 것으로, 바슬라프에게 그의 형 스타니슬라프가 죽었다는 소식을 전해 달라고 했다. 그가 폐렴에 걸려 죽기 며칠 전 브로니아는 딸 이리나와 함께 정신병원에 있는 오빠를 방문했다.* 로몰라는 며칠 동안 하고 싶지 않은 이 말을 회피하면서 지냈다. 왜냐하면 바슬라프가 형을 얼마나 사랑하는지를 알기 때문이었다.

결국 나는 용기를 내어 바슬라프에게 갔다. 그때 그는 그림을 그리고 있었다. "이봐, 펨카, 이건 우리 주방 하녀고 이건 마리야." 그는 나에게 우리의 요리사와 하녀를 러시아 농부로 변장시켜 그린 그림과 키라를 그린 멋진 그림 등 두 점의 사랑스러운 파스텔화를 보여주었다. "이건 푼티키야. 그녀와 닮은 것 같지 않아?"
나는 그의 행복을 방해하기 싫었다. "바슬라프, 할 말이 있어요." 그는 안락의자에 앉았고 나는 가장자리에 앉았다. 그를 어루만지고 포옹하면서 나는 얼굴을 그의 어깨에 파묻었다. 그리고 재빨리 "스타니슬라프가 죽었어요"라고 말하자 긴 침묵이 이어졌다. 그가 나의 얼굴을 들더니 무슨 일이 있었느냐고 물었다. 나는 눈물을 흘리며 설명했다. 그는 미소를 지어 보였지만 낯설고 깊은 침묵이 잇달았다. "울지 마. 그는 미쳤어. 이렇게 되는 편이 나아." 그러고는 머리를 끄덕였다. 그는 아버지가 세상을 떠날 때 짓던 그 미소를 다시 지었다. 이제야 볼름이 실수한 것을 나는 알게 되었다. 바슬라프가 인간의 심장이 없는 것이 결코 아니었다. 오히려 그 반대였다. 그러나 나는 그것이 낯설게, 아주 낯설게 느껴졌다.

니진스키를 위한 공연 때문에 흥행사들이 생모리츠에 도착하

---

• 로몰라 니진스키는 편지를 상세하고 정확하게 이해하지 못했거나, 책을 쓸 당시에 그 내용을 잊어버렸다. 그녀의 책에는 소비에트 당국이 정신병원과 교도소 문을 개방했고 그때 스타니슬라프는 홀로 남겨져서 불에 타서 죽었다고 언급했다. 그러나 브로니아는 그녀의 오빠는 간 질환 때문에 침상에서 죽었다고 확인해 주었다.

여 여러 제안서를 내놓았다. 그러나 그들은 다시 짐을 싸서 돌아가야만 했다. 니진스키는 전쟁이 끝날 때까지는 춤을 추지 않을 생각이었고 자신이 원하는 대로 인생을 자유롭게 계획했다. 겨울이 돌아왔을 때 그는 안무와 디자인으로 바빴다. "그의 그림들은 모두 원형을 기반으로 하고 있었다. 그리고 몇몇 원형에서부터 초상화를 그리는 방식이 놀라운 테크닉으로 발전했다." 기나긴 겨울밤 동안 새로운 가정교사의 제안으로 그들은 테이블을 손에 얹어 움직이게 하는 게임을 시도했고 신기한 질문 주고받기도 이루어졌다. 이 놀이는 바슬라프를 즐겁게 했다.

그들은 팔 신호 시스템을 고안해 냈다. 로몰라는 시내에서 쇼핑하고 돌아오면서 전쟁에 관한 최신 뉴스를 그에게 전달했다. 드디어 11월, 어느 순간 예기치 않게, 갑자기 정전 선언이 되었다는 소식을 로몰라는 남편에게 전했다. 그녀는 신문을 가지고 빌라에 달려갔다. 그러나 바슬라프는 정전의 조건을 보더니, 머리를 흔들었다. "이런 조건으로는 진정한 평화가 올 수 없어. 전쟁은 또 일어날 것인데, 좀 더 은밀하게 다른 방법으로 일어날 거야." 뛰어난 본능과 앞을 내다보는 혜안을 보면 천재들은 역시 이런 면에서 공통점을 가지고 있다. 그는 정전의 기사를 본 즉시 앞으로 일어날 나치와 2차 세계 대전의 흥망을 예견한 것이다. 그와 로몰라는 그 전쟁 동안에도 살아야 했고 고통을 겪어야 했다.

댜길레프는 결국 성공했다. 스페인 알폰소 국왕의 중재로 그는 자신의 발레단을 스페인에서 런던까지 옮겨갈 수 있게 되었다. 그들은 런던 콜리세움에서 9월 5일 공연을 시작으로 6개월간 지속해서 공연하게 되었다. 댜길레프가 자신의 발레단 공연을 뮤직홀에서 하게 된 것은 이때가 처음이었다. 그들은 저녁 공연마다 한 작품씩 공연을 했고 희극배우 그록Grock*의 광대 공연과 다른 묘기 공연 중간에 샌드위치처럼 끼어서 공연했다.[18] 1917년 레이디 리펀은 세상을 떠났지만 줄리엣 더프와 레이디 오톨린은 런던에서 댜길레프를 반겼다. 이때 댜길레프는 아직도 근위보병 제1연대에 근무하고 있던 시트웰 형제와 많은 시간을 함께했다. 11월 11일 댜길레프와 마신은 첼시에 있는 스완 워커Swan Walk에서 오스버트 시트웰과 저녁을 함께했다. 저녁 먹은 후에 두 사람은 아델피에서 블룸즈버리 그룹이 참가하는 파티에 참여했다. 이 그룹에는 존 메이너드 케인스와 리디아 호푸호바를 포함하는데 이들은 나중에 결혼한다. 댜길레프 일행은 이 파티에 가기 위해 트래펄가Trafalgar 광장을 걸어가면서 런던 사람들이 평화를 자축하는 모습을 보게 된다. 시트웰이 쓴 글. "군중들은 4년 만에 처음으로 불을 켠 불빛 아래 춤을 추었다. 군중은 너무 많아 머리와 얼굴이 마치 어두컴컴한 바람 속에서 일렁이는 황금빛 옥수수 밭같이 보였다. (…) 이 군중 속에는 수많은 육군, 공군, 해군 등이 있었다. 군중들은 광장에서 내셔널 갤러리의 철책 선을 따라 세인트 마틴 인더필즈St. Martin-in-the-Fields의 얕은 계단을 다 쓸어내리면서 서로 손을 잡고 함께 뭉쳐서 마치 거대한 파도가 밀려들어 오는 듯했다." "그가 입은 모피 코트 때문에 마치 곰 같아 보이던" 댜길레

---

* 스위스 출신의 유명한 희극배우 겸 작곡가*

프는 "애수에 젖어 기진맥진한 기색으로" 이런 흥청망청하는 놀이를 보고 있었다.[19] 마신은 훗날 그날의 기분을 묘사했다. "열광하는 군중들에게 이리저리 밀리고 밀리는 중에 나는 신기할 만큼 움직이지 않고 가만히 있었다. 고요함이 나를 음습했다. 삶이 이제 정상적인 코스를 찾아갈 수 있겠구나 하고 느꼈다."[20]

일주일 뒤인 11월 18일 댜길레프 발레단은 1천 회 공연을 했다.

그해 겨울 니진스키는 독서를 많이 했는데 특히 마테를링크 Maurice Maeterlinck의 『죽음La Mort』과 니체의 『이 사람을 보라Ecce Homo』를 좋아했다. 니체는 생모리츠 근처 실스 마리아에서 이 책을 집필했다. 니진스키는 또 다른 신작 발레를 계획했다.

그것은 사창가를 배경으로 한 성생활의 풍속도였다. 주요 등장인물은 한때는 유명한 창녀였고 지금은 포주였다. 그녀는 젊은 날 방탕한 생활로 늙고 몸이 마비되었다. 그러나 비록 그녀의 몸이 망가졌어도 그녀의 정신은 사랑에 관해서는 꺼지지 않은 욕망을 지니고 있다. 그녀는 소녀와 소년들 팔기, 늙은이에게 젊은이 팔기, 여자에게 여자 팔기, 남자에게 남자 팔기 등 온갖 종류의 사랑을 상품으로 다루고 있다.

"그런데 바슬라프 당신은 이런 걸 어떻게 표현하려고 해요?" 그는 춤을 추면서 성생활의 전체 범위를 춤으로 표현하여 전달하는 데 성공했다. "나는 아름다움과 파괴적인 사랑을 보여 주기를 원해."

늙은 포주는 배우 레잔을 염두에 둔 배역이었다.

니진스키는 특이한 이 발레를 더욱더 특이한 방법으로 안무 스케치하기 시작했다. 그는 로몰라를 자신의 앞에 한동안 움직이지 않고 서 있게 했다. 바슬라프는 로몰라가 서 있는 동안 그녀가 모든 생각을 비운 채 춤추게 했다. 그녀가 놀란 점은 니진스키는 항상 즉흥적인 안무는 비예술적이라고 생각했는데 그런 방식을 도입하여 놀랐다. 그는 그녀에게 이 작품은 다를 것이라 확신을 심어 주었다. 바슬라프는 로몰라를 최면에 걸리게 했다. 언제나 심리적인 실험에 흥미 있어 하던 로몰라는 최면술을 적용하기에는 좋은 대상이 되었다. "얼마만큼 시간이 흐른 후 나는 춤을 추기 시작했고 나는 바슬라프의 비스듬한 눈매에 이상할 정도로 매혹되었다. 그는 마치 내 춤 외에는 다른 모든 것을 자기 자신에게서 차단하고 싶은 것처럼 눈을 거의 감고 있었다. 춤을 끝냈을 때 그가 새로이 안무한 발레의 모든 다른 부분에서 내가 놀라운 테크닉으로 춤을 추었다고 말했다. (…)" 로몰라는 자신이 춤을 추었다는 사실을 깨닫지 못했다. 그녀는 이 방법으로 니진스키와 작업을 하고 나면 언제나 마치 무아지경에서 빠져나온 듯했고 주위 사람들에게 짜증이 나는 것처럼 느껴졌다. 로몰라는 그에게 어떻게 발레 창작 작업을 하느냐고 물었는데 그는 대답 대신 깊은 침묵 속으로 빠져들었다. 그런데 그는 점점 저 자주 침묵 속으로 빠져들었다. 그리하여 니진스키의 마지막 발레의 초안은 오로지 안무가인 본인 앞에서 무의식적인 부인이 춤을 춘 것이다. 바슬라프가 정한 제목은 "밤나방들Les Papillons de nuit"이었다.[21]

니진스키는 러시아로 돌아가는 것이 불가능하다면 파리를 근거지로 하는 자신의 발레단은 조직하기로 결정했다. 그리고 마신을 자신의 발레단에 초청하기로 했다.[22] 한때 당대 예술의 연대기 작가였던 바사리Vasari*와 같은 존재가 되기를 열망했던 로몰라에게 니진스키는 그의 예술적 관점을 기록하도록 부탁했다.

그들은 평화의 시대에 맞이하는 첫 크리스마스를 멋지게 보내기로 했다.

12월 24일은 열기에 들떠 크리스마스 준비를 하느라고 지나갔다. 천장까지 올라간 소나무를 거실 벽난로 근처에 설치했다. 우리는 그 나무에 치장했다. 우리는 사탕, 장난감, 은색 나무 열매, 화관 등으로 나무에 가득 아름답게 치장했고 바슬라프는 '키로쉬카를 위한 나무' 꼭대기에 반짝거리는 은색 별을 달았다. 그는 면밀히 살펴보았다. 그는 나무가 매우 사랑스럽게 꾸며지기를 원했고 그렇게 만들었다. 우리는 크리스마스 준비를 즐겁게 했다. 바슬라프는 내가 은색 포장지로 선물 포장할 때 도와주었다. 가족들 모두에게 하나씩 선물을 준비했다. 또 바슬라프는 많은 아이와 마을에 아픈 사람들의 선물을 챙겼고 우리는 그 선물 꾸러미를 안고 돌아다녔다.

우리의 크리스마스이브는 매우 평화롭고 행복했다. 키라는 타타카 보이(키라가 부르는 아빠의 애칭)가 그녀를 위해 만든 아름답게 반짝거리는 크리스마스트리를 보고는 눈이 휘둥그레졌다. 다음 날 아침 늦잠을 잤는데 하녀가 얼굴이 백지장처럼 변해서 덜덜 떨면서 나를 깨웠다. "오, 부인. 제가 거실에 갔을 때 크리스마스트리가 바닥에 쓰러져 있었어요. 이는 불운을 뜻해요." 나는 떨었다. "펨카, 당신은

---

• 이탈리아 르네상스 시대의 화가이며 건축가, 미술사가인 바사리의 『미술가 열전』은 세계 최초의 본격적인 르네상스 미술사로 중요한 자료가 되고 있다.*

바보야. 그냥 균형을 잃어서 그렇게 된 거야. 한쪽에 너무 무게가 많이 실렸던 것이지. 왜 이렇게 되었는지 알 수가 없어. 내가 아주 주의 깊게 살펴보고 설치했거든." 우리는 쓰러진 나무를 보러 갔다. 나무는 바닥에 드러누워 있었다. 은색 나무 열매가 사방에 흩어져 있었고 은색 별은 두 조각 나 있었다. 우리는 나무를 다시 세우고 묶어서 바로 설치했다. 그리고 나는 이 사건을 잊으려고 노력했다.

니진스키는 부인과 아기와 산속의 안락한 집에서 편안한 생활을 하고 있었음에도 그의 마음은 복잡했다. 그는 갑자기 답이 없는 질문의 소용돌이 속에 휩쓸렸다. 삶의 목적이 무엇인가? 왜 태어났는가? 신은 왜 전쟁이 일어나도록 내버려 두었나? 그는 무대 위, 리허설 룸 혹은 클래스 룸에서 육체 활동과 전문적인 발레 작업을 정기적으로 할 수가 없었다. 그는 어머니와 누이, 러시아가 그리웠던 것일까? 그는 댜길레프의 보호해 주는 사랑을 갈망하는 것일까? 결혼이라는 상황이 자신을 우리 안에 가두어 두고 있는 느낌이었을까? 그는 발레, 관객, 환호를 그리워한 것일까? 일상의 자질구레한 즐거움은 의미가 없고 어리석은 듯이 보였다. 그가 오랜 기간 혼자서 산책을 할 때 그리고 밤늦게 홀로 앉아 있을 때, 지금 상황으로서는 극복이 안 되는 한계에 직면해 있었다.[23]

프로이트 학설의 분석자인 나의 친구 카스티요Castillo 박사는 그 당시 니진스키의 정신 상태에 대해 추측하여 요약한 글을 나에게 주었다. 요약하자면 그는 니진스키의 정신병은 몇 년간 내재하여 왔다고 주장했다(그의 형은 어린 시절부터 계속 정신병이 진행되어 왔다). 정신분열(혹은 조발성 치매, 조숙한 광기)은 청소년기부터 시작되는 병이다. 댜길레프는 수년간 니진스키가 실제 생활은 아무것도 신경을 쓰지 않도록 절대적으로 보호해 왔다. 청년기의 마지막에 그의 결혼과 함께, 그리고 댜길레프와 결별하면서 니진스키는 갑자기 여태까지 한 번도 맞닥뜨려 본 적이 없던 실제 세상과 마주하게 되었는데 이런 상황이 그를 미치게 했다. 나는 카스티요 박사의 진단을 부록에 전문으로 실었다.•

　니진스키의 마음은 극도로 분주했다. 그는 자동차 앞 유리 와이퍼와 샤프펜슬을 발명했다. 그는 기계에 관한 문제도 많이 생각했으며 그가 고안하는 무보 시스템도 가능한 한 단순하게 하려고 큰 노력을 했다. 그는 그림물감과 파스텔을 많이 샀다. 이런 모든 정신적인 활동을 해도 우울한 생각은 사라지지 않았다. 종종 그의 부인은 니진스키가 달리는 것을 보았는데 이런 고도에서 뛰면 심장에 무리가 가지 않을까 하고 생각했다. 니진스키는 마음속에 도사리고 있는 두려움에서 벗어나려고 그렇게 달렸을까?

　폭력적인 활동은 일시적으로 도움이 된다. 어느 일요일 가족이 말로야Maloja까지 썰매를 타고 가기로 했다. 로몰라가 적기를 "키라는 좋아했고 바슬라프도 그날 아침 매우 즐거워했다." 그러나

• 이번 번역본의 원문은 세 번째 판본이며, 여기에는 부록이 실리지 않았다. 두 번째 판본에 「니진스키의 정신질환에 대한 정신분석적 평가, 1949, 저자 F.G. 카스티요 박사A psycho-analytical appraisal of Nijinsky's mental illness in 1949 by Dr. F.G. Castillo」라는 제목의 부록이 539~543쪽에 실려 있다.•

그 소풍은 완전 엉망이 되었다. 이날의 사건은 로몰라에게 처음으로 뭔가가 심각하게 잘못되고 있다는 암시를 주었다.

말로야까지 세 시간이 걸렸고 나와 키라는 오랫동안 말이 끄는 썰매를 타느라고 매우 배가 고팠다. 우리가 가는 길은 엄청나게 눈이 오는 지역으로 필요한 만큼만 눈이 치워져 있었기 때문에 겨울에는 극도로 좁은 길이었다. 어떤 구간에서는 상대편에서 썰매가 오면 그 썰매가 지나가고 우리가 가야 할 정도의 폭밖에 안 되었다. 바슬라프는 보통 때는 매우 조심스러우면서도 뛰어난 마부였다. 그러나 그 일요일에 그는 상대편을 기다리지 않았다. 달려오는 썰매 쪽으로 무작정 그대로 썰매를 몰았다. 말들이 두려워했기 때문에 우리는 거의 뒤집힐 위험에 처했다. 저쪽에서 오는 마부들은 저주를 퍼부었다. 그렇지만 바슬라프의 운전에는 별다른 차이가 없었다. 키라는 비명을 질렀고 나는 바슬라프에게 더 조심하라고 간청했다. 더 나아가면 갈수록 다른 썰매들한테 위협적으로 맹렬하게 썰매를 몰았다. 나는 키라를 꽉 붙잡고 썰매에 몸을 밀착했다. 나는 매우 화가 났고 바슬라프에게 화를 냈다. 그는 갑자기 우리를 딱딱하고 냉정한 표정으로 쏘아보았는데, 이전에는 한 번도 본 적이 없는 표정이었다. 우리가 말로야에 도착했을 때 나는 음식을 시켰고 기다려야 했다. 바슬라프는 빵, 버터, 마카로니를 달라고 했다. '아, 다시 톨스토이주의'라고 나는 생각했다. 그러나 한마디도 하지 않은 채 입술을 깨물었다. 키라는 초조하게 스테이크를 기다리고 있었다. 그리고, 그녀 앞에 스테이크가 왔고 먹기 시작했다. 바슬라프는 재빨리 그 접시를 멀리 치워 버렸다. 키라는 실망하여 울기 시작했다. 나는 외쳤다. "바슬라프, 인제 와서 제발 터무니없이 톨스토이-코스트롭스키를 다시 시작하지 말아요. 그때 당신이 채식주의 음식 때문에 자신이 얼마나 굶주리고 약해졌는지를 기억하세요. 나는 당신이 그러는 것을 막을 방도가 없었어요. 그러나 당신이 키라에게 그러는 것은 절대 허용하지 않을 거예요. 아이는 적절히 먹어야 해요." 나는 키라와 함께 다른 룸으로 가서 우리끼리 외롭게 점심을 먹어야 했다. 우리는 한마디도 하지 않고 집으로 조용히 돌아왔다.

바슬라프는 겨울 스포츠에 참여하기로 했다. 로몰라의 글을 보자.

우리는 스키점프, 봅슬레이, 스켈레톤 레이스에 참가했다. 우리는 스포츠에 참가하러 다녔다. 첫 번째 레슨 때 바슬라프는 우리 선생 한테 멈추는 법을 보여 달라고 했다. 그는 같은 날 아침 벌써 텔레마크telemark ♦를 구사했다. 바슬라프가 슬로프를 내려갔을 때 "제대로 하시네요. 바깥 분은 약간의 수정만 필요할 뿐입니다"라고 선생이 말했다. "그는 완전히 숙련된 스키어네요." "무슨 말씀이세요! 그는 오늘 처음 스키를 타는 것입니다." "저 완벽한 균형감, 정말 뛰어납니다. 그는 노련한 스키어의 유연함으로 완벽하게 무릎을 구부립니다. 절 놀리지 마세요." 그러나 나는 바슬라프가 그렇게 잘하는 것에 놀라지 않았다. 그의 월등한 트레이닝은 모든 스포츠에 도움을 주었다.
(…) 바슬라프는 스켈레톤 러닝을 마음에 들어 했다. 물론 나는 이 스포츠가 너무 위험하다고 그에게 말을 했으나 그는 몇 시간 연습

---

♦ 스키 점프에서 한쪽 다리를 앞으로 내밀며 다리를 굽혀 회전·착지하는 기술*

후에 벌써 능숙하게 탔고 나는 더는 말을 할 수가 없었다. 스켈레톤 러닝은 알프스 슬로프 위에 위험한 커브를 배치하고 좁게 달릴 수 있도록 코스가 만들어져 있었다. 속도가 너무 빨랐다. 철로 만든 스켈레톤 위에 엎드려서 타는 사람은 균형의 이동으로 방향을 잡아간다. 바슬라프는 너무 잘했다. 얼마 지나지 않아 그는 나에게 그의 위에 짐처럼 누워서 같이 내려가겠느냐고 물어보았다. 나는 너무 좋았고 바슬라프를 믿었다. 하지만 그렇다 하더라도 나는 우리가 스켈레톤을 타고 날듯이 내려갈 때는 눈을 감아야 했다. 그는 종종 키라를 데리고 그렇게 태워서 내려갔다. 나는 오로지 그들이 무사히 계곡에 도착할 때까지 서서 기도할 뿐이었다.

그러나 니진스키는 내면의 우울에서 오랜 기간 도망을 칠 수가 없었다. 왜냐하면 그는 정신분열의 상태였기 때문이다. 로몰라와 산책을 하다가 그는 종종 멈추고는 그녀가 그에게 던진 어떤 질문도 무시한 채 오랫동안 생각에 잠겨 서 있었다.
어느 목요일, 가정교사와 하녀 모두 쉬는 날이었을 때 로몰라는 말로야에 갈 때보다 훨씬 더 위험한 경험을 했다.

내가 키라를 데리고 산책하러 나갈 준비를 하고 있었는데 바슬라프가 그의 방에서 갑자기 나오더니 매우 화가 나서 나를 쳐다보았다. "당신이 감히 이렇게 시끄럽게 행동을 해? 나는 일을 할 수가 없어." 나는 깜짝 놀라서 쳐다보았다. 그의 표정과 말하는 방식이 매우 낯설었다. 그는 나에게 이런 식으로 말한 적이 없었다. "미안해요. 우리가 그렇게 시끄럽게 굴었는지 미처 몰랐네요." 바슬라프는 내 어깨를 거칠게 잡더니 나를 흔들었다. 나는 내 팔로 키라를 아주 가까이 꽉 움켜잡았다. 그러고는 바슬라프가 힘찬 동작으로 나를 계단 아래로 밀었다. 나는 균형을 잃고는 비명을 지르기 시작하는 아이와 함께 밑으로 떨어졌다. 나는 무섭다기보다 너무 놀라서 일어섰다. 그에게 무슨 일이 있는가? 나는 뭐가 잘못되었는지를 몰랐다. 그는 여전히 위협적으로 서 있었다. 나는 돌아서서 "당신은 자신을 창피하게 여겨야 해요! 당신은 러시아 농군처럼 행동하는군요"라고 말했다. 우리가 다시 집으로 돌아왔을 때 아주 달라진 바슬라프를 발견했다. 보통 때처럼 가정적이고 친절한 바슬라프. 나는 그 사건에 대해 더는 그에게도, 다른 누구에게도 말하지 않았다.

니진스키는 그의 서재와 다른 방들의 바닥이 모두 어지럽게 될 때까지 엄청나게 빠른 속도로 그림을 그렸으며 솜씨가 늘어 갔다. 그가 그린 그림들은 이제는 초상화 혹은 무대 디자인이 아니었고 빨간빛과 검은색으로 그린 괴상한 눈동자들이었다. 로몰라가 "이건 무슨 가면인가요?"라고 물으니 "군인들의 얼굴이야. 전쟁!"이라고 했다.

그 후 그는 자기 생각을 일기로 적기 시작했다. 그는 일기를 로몰라에게 보여 주지 않았다.

어느 날 로몰라가 주방에 들어갔는데 세 명의 하인이 테이블에 둘러앉아 있다가 대화를 멈추고는 그녀를 이상한 듯이 쳐다보았다. "무슨 일이에요?" 하고 로몰라가 물었더니 보일러에 연료를 넣던 청년이 말했다. "부인, 용서하세요. 저가 틀렸을 수도 있습니다. 우리는 두 분을 모두 사랑해요. 제가 어릴 때 실스마리아에 있는 우리 집에서 종종 니체 씨에게 심부름을 하러 갔다고 당신께 말한 사실을 기억하시죠? 저는 그가 알프스로 집필을 하러 갈 때 그의 배낭을 들어 주었어요. 그가 미쳐 버리기 전에 쳐다보고 행동하던 방식이 지금 바깥분이 하시는 것과 꼭 같아요. 용서하세요." "무슨 뜻인가요?"라고 로몰라가 외쳤다. 세탁부 카티가 흥분하여 대화에 끼어들었다. "니진스키 씨가 넥타이 위에 금색 큰 십자가를 매고 마을을 돌아다닙니다. 그리고 거리에서 사람들을 붙잡고 미사에 참석하고 교회에 가 본 적이 있는지 물어봅니다. 저에게도 물어보았습니다." 로몰라가 마을로 달려 내려갔더니 바슬라프가 행인을 붙잡고 있는 모습을 볼 수 있었다.

로몰라는 다음과 같이 썼다.

나는 그의 손을 잡았다. 그는 나를 보더니, 당황하는 듯이 보였다. "당신 지금 뭐 하는 거예요? 이건 무슨 새로운 어리석은 짓이에요? 바슬라프, 늙어서 미친 톨스토이 흉내 내는 것을 멈출 수 없어요? 당신은 자신을 웃음거리로 만들고 있어요." 그는 매우 슬퍼 보였고 꾸중 듣고 있는 아이 같이 보였다. "하지만 펨카, 나는 잘못한 게 없어. 나는 그냥 그들이 교회에 갔는지를 묻고 싶었을 뿐이야." 나는 키라의 큰 플로렌스 십자가를 가리켰다. "그리고 이건 뭐예요?" "글쎄, 당신이 이걸 좋아하지 않는다면……." 그러고는 그 십자가를 벗었다. "세상이 나를 흉내 내고 있어. 바보 같은 모든 여자는 나의 발레 의상을 카피하고 있어. 그들은 나처럼 눈을 비스듬하게 보이도록 하고 있어. 그리고 그런 짓이 유행하고 있어. 내가 그들에게 좀 더 유용한 것을 가르쳐 주면 안 될까? 그들에게 하나님을 기억하도록 하면 왜 안 될까? 내가 유행을 몰고 왔으니 이제는 그들이 진실을 추구할 수 있도록 유행을 퍼뜨리면 왜 안 될까?"

로몰라는 이 논리를 알 수는 있었다. 그러나 그는 자신의 이상을 괴상한 방법으로 실천에 옮기려고 하고 있었다.

돌아올 때 그가 썰매를 너무 빨리 몰아서 썰매가 뒤집혔고 로몰라와 키라는 눈 속에 팽개쳐졌다. 로몰라는 화가 나서 그에게 불평을 하고 아이와 함께 걸어서 집으로 갔다.

물론 그는 우리보다 먼저 집에 와 있었다. 내가 집에 들어갔을 때, 바슬라프를 무척 존경하는 하인이 문을 열면서 말했다. "부인, 아무래도 니진스키 씨가 아픈 것 같습니다. 혹은 술을 많이 드신 듯합니다. 왜냐하면 그의 행동이 좀 이상합니다. 그의 목소리는 쉬어 있었고, 눈은 흐리멍덩했습니다. 저는 놀랐습니다." "어리석게 굴지 말아요, 마리. 당신도 잘 알다시피 그는 결코 술을 마시지 않아요. 예술가들은 기분에 따라 잘 변하기는 하는데 의사에게 전화를 걸어 키라를 위해 그가 필요하다고 말해 볼게요. 일단 키라는 바로 재우세요." 나는 침실로 갔다. 바슬라프는 옷을 완전히 차려입고 십자가를 가지고 침대에 누워 있었다. 눈을 감고 있어서 그는 잠이 든 것으로 보였다. 나는 조심해서 문 쪽으로 다시 갔다. 그런데 그가 굵은 눈물을 흘리고 있었다. "바차, 왜 그래요? 바차, 화내지 말아요." "아무것도 아냐. 자게 내버려 둬. 무지무지하게 머리가 아파." 그는 최근에 두통에 많이 시달렸다.

겁을 잔뜩 집어먹은 로몰라는 키라를 핑계 삼아 바슬라프와 차를 마시면서 이야기를 나누었던 의사에게 갔다. 그가 내린 진단은 '가벼운 히스테리'였고 의사는 니진스키를 살펴보기 위해 남자 간호사를 마사지사로 가장하여 보냈다. 로몰라가 이 남자를 니진스키에게 소개했을 때 남편은 그녀를 '이해하는 표정으로 쳐다보는 것'을 알았다. 그러나 이들은 금세 친해져서 같이 산책도 다니고 드라이버도 나갔다. 한동안 그는 더욱더 즐거워진 듯이 보였고 키라와 숨바꼭질을 하며 놀았고 정원에서 눈사람을 만들기도 했다.

그러나 어느 날 점심을 먹는데 그가 영원히 춤을 포기하고 러시아에서 농장을 경영하겠다는 결심을 알렸다. 로몰라의 글을 보자.

나는 이성을 잃었다. "가려면 당신 혼자 가세요. 나는 질렸어요. 나는 농부가 될 수 없어요. 나는 그렇게 태어난 사람이 아니에요. 당신을 사랑하지만 당신과 이혼할 것이며 다른 사업가와 결혼할 거예요." 그러고는 너무 화가 나서 결혼반지를 뺐다. 브라질에서 샀던 무거운 금반지를 무례하게 바슬라프 쪽으로 던졌다. 그는 매우 놀란 것 같았다. 오후에 나는 5백 송이 카네이션으로 된 아주 큰 꽃바구니를 받았고 그 속에 반지가 있었다.

니진스키의 제안으로 로몰라는 그녀의 언니 테사에게 좀 와 달라고 부탁했는데 그녀가 방문한다는 것은 사교생활의 범위가 넓어짐을 의미했다. 바슬라프는 향수, 구두, 스웨터에 몇 천 프랑의 돈을 썼으며 숙녀들을 에스코트해서 댄스파티, 만찬, 스키 레이스에 같이 갔다. 더칼 부부도 스페인에서 도착하여 차 모임에 그들을 초대했다. 바슬라프에게 최근에 한 일은 무엇이냐고 물었고 바슬라프는 세속적인 분위기를 풍기면서 태연하게 소파에 기대어 말했다. "음, 나는 두 개의 새로운 작품을 만들었고, 다음 파리 시즌을 위해 새로운 프로그램을 준비했습니다. 그리고 최근에 새로운 역할을 했었습니다. 당신도 알다시피 나는 예술가입니다. 지금은 나의 발레단이 없는데 무대가 그립습니다. 나는 오히려 내가 얼마나 연기를 잘할 수 있느냐를 알 수 있는 흥미로운 실험이라고 생각합니다. 6주 동안 미친 사람 역할을 했고 그리하여 마을 전체, 내 가족 그리고 심지어는 의사까지도 명백히 내가 미친 것으로 믿었습니다. 나를 지켜보기 위해 마사지사로 가장한 남자 간호사도 집에 있습니다." 로몰라는 분노와 안도심 사이에서 갈팡질팡하였으나 이내 극복했다. 남자 간호사가 온 지 10일 후에 자신의 오랜 경험으로 보아서 니진스키는 완벽하게 제정신이라고 확인해 주었다. 간호사는 그녀의 두려움이 근거 없다는 것을 확인해 주었다.

니진스키는 썰매에서 옆에 키라를 앉혀서 스케이팅 챔피언이 연습하는 것을 지켜보았다. 그때 니진스키는 젊은 낯선 이, 모리스 산도즈Maurice Sandoz(나중에 작가가 됨)와 대화를 하게 된다. 산도즈는 이를 기록했다. 니진스키는 검정 수트를 입고 있었고 목에는 큰 구리로 만든 십자가상을 걸고 물개 가죽으로 만든 모자를 쓰고 있었다. 그는 산도즈에게 물었다. "저 스케이터의 이름을 알려 줄 수 있나요?" "그는 바다스Vadas입니다. 부다페스트에서 왔어요." "그의 스케이트 솜씨는 선한 마음에서 우러나온 것입니다." "예, 스케이트 링크에는 그보다 뛰어난 비르투오소 실력을 갖춘 선수들이 있지만 아무도 그와 같은 기품을 지니지는 못합니다." "기품은 신으로부터 부여받습니다. 나머지는 연습으로 얻어질 수 있지요." "그러면 우아한 기품은 연습으로 얻을 수 없나요?" "배워서 익히는 우아함은 어느 정도까지는 갈 수 있지만, 그 이상은 안 됩니다. 천부적으로 타고난 우아함에는 한계가 없는 법이지요."[24]

프랑스어와 영어에서 은총die Gnade과 기품die Anmut은 같은 뜻으로 사용되는데, 이 때문에 니진스키 안에서도 두 단어가 하나로 존재하는 듯하다. 그에게 신의 은총은 레오나르도가 "사지 전체가 팔다리 각각에게 기품을 부여하는 것"이라고 적은 것과 동일한 수준이거나 관계가 있었다. 어쩌면 그가 옳았을 수도 있다.[25]

비엔나의 몇몇 친구가 도착했다. 그중에서도 특히 피아니스트인 베르타 아세오Bertha Asseo가 도착하면서 니진스키는 리사이틀을 열기로 작정했다. 이는 초청받은 관객들만 올 수 있는 공연이었으며, 적십자를 위한 모금 운동으로 이어지도록 했다. 모든 호텔의 연회장은 당연히 광택이 나는 나무 바닥으로 되어 있고 그런 까닭에 발레를 하기가 부적당했다. 그러나 수브레타 하우스Suvretta House 호텔에서 바슬라프는 공연하기에 적당한 룸을 찾았다. 로몰라는 소나무 숲에서 솟아 있는 이 호텔을 마법에 걸린 성

같다고 생각했다. 바슬라프는 어떤 작품을 출 것인지에 대해 일절 말을 하지 않았다. 단지 "새로운 창작품"이라고만 했다. 그러고는 이탈리아인 재봉사의 도움을 받아 의상을 만들기 시작했다.

1919년 1월 19일 리사이틀을 하는 날 다섯 시 직전에 바슬라프, 로몰라, 네그리Negri, 재봉사가 수브레타 호텔로 차를 타고 갔다.

극장에 가기 전에는 언제나 그렇듯 바슬라프는 말이 없었다. 나는 이 분위기를 잘 알고 있었고 존중했다. 수브레타 호텔에 도착하기 직전 나는 조심스럽게 물었다. "베르타 아세오가 당신을 위해 무슨 곡을 쳐야 하는지를 나에게 알려 주세요." "내가 그때 되면 그녀에게 말할게. 말하지 마. 조용!" 그는 나에게 소리쳤다. "이것은 신과의 결합이야." 약간의 불편함이 엄습했다. 모피 칼라가 달린 코트를 입고 러시아 스타일의 털모자를 쓴 바슬라프는 어둡고 무서워 보였다.

그의 마지막 리사이틀은 너무 당황스럽게 시작하여 모두 다르게 기억했고 계속 경각심을 갖게 되었는데 이 공연에서 니진스키는 그의 천재성과 정신착란 둘 다를 증명해 준 셈이 되었다. 아마도 공연 역사에서 이 두 부분이 서로 얼마나 가까운 영역인가를 이처럼 명료하게 증명해 준 예술가는 없을 것이다.

200명 정도의 관객이 있었고 초대받지 않은 관객도 있었다. 그들은 바슬라프가 춤추게 될 텅 빈 곳을 마주하면서 열을 지어 배치된 의자에 앉아 있었다. 베르타 아세오는 피아노 앞에 앉았다.

호텔에 머무르던 조그만 그리스 소년이 있었는데 소년의 어머니는 아이가 자선공연에서 관객들에게 다과를 나누어 줄 수 있도록 옷을 차려 입혔다. 이 소년은 조용히 서서 청중을 응시하고 있는 니진스키의 행동이 마치 몇 시간이나 지속될 것처럼 보였기 때문에 이로 인해 야기된 불안감과 당혹감을 결코 잊지 못했다. 이 소년은 코스타 아킬로풀로스Costa Achillopouls이며 훗날 유명한 사진작가이자 나의 친구가 되었다.[26]

일설에 의하면 니진스키는 처음에 반주자에게 "쇼팽을 연주해 주시오"라고 했다가 그 후 연주를 멈추게 하면서 "아니, 슈만 곡을 연주해 주시오"라고 했다고 한다.[27] 모리스 산도스는 다르게 묘사했다. 그는 니진스키가 쇼팽 프렐류드 20번 C 단조의 안무로 시작했다고 기억했다.

피아니스트가 치는 모든 화음에 맞춘 제스처를 니진스키는 구사했다. 처음에 니진스키는 마치 방어하듯이 두 팔을 쭉 뻗고는 손바닥을 수직으로 들었다. 그러고는 환영한다는 제스처로 두 팔을 벌렸다가, 애원하는 동작으로 팔을 올리고 그 후 네 번째, 다섯 번째 화음에 맞추고 마치 관절이 부러진 것처럼 팔을 요란스럽게 아래로 늘어뜨린다. (…) 그는 반복하여 모든 동작을 마지막 화음까지 되풀이한다.

그러고는 니진스키는 관객들이 기대하는 천상의 스타일로 춤을 추었다. 맨 마지막에 그의 손을 가슴에 얹으면서 "작은 말은 지쳤습니다"라고 말했다.[28]

로몰라에 의하면 다음과 같다.

그는 연습 복장으로 들어와서 관객들을 무시하고 베르타에게 갔다. 그리고 "무엇을 쳐야 할지 당신에게 말하겠습니다"라고 했다. 나는 피아노 근처에 서 있었다. 기대에 가득한 홀의 분위기였다. "저는 당신들에게 우리의 삶이 어떤지, 우리는 무엇으로 고통을 받는지, 우리 예술가들은 어떻게 창조하는지를 보여드리겠습니다." 그러고는 그는 의자를 하나 선택해서 관객을 마주 보며 의자에 앉았다. 그러고는 그들을 응시했다. 마치 그가 관객 각자의 생각을 읽기 원하는 듯이. 모든 사람은 마치 교회에 온 것처럼 조용히 기다렸다. 그들은 기다렸다. 시간은 지나갔다. 우리는 30분 정도는 족히 이렇게 앉아 있었음이 틀림없다. 관객들은 그들이 마치 바슬라프에게 최면이 걸린 것처럼 행동했다. 그들은 움직이지 않고 완벽하게 앉아 있었다. 뒤쪽에서 있던 베른하르트 박사를 힐끗 보았을 때 나는 긴장이 되었다. 박사의 표정을 보니 내가 의심하는 것이 당연하다는 강한 확신을 하게 되었다. 바슬라프의 모습은 다시 낯설고 어두운 분위기가 되었다. 베르타는 《레 실피드》에 나오는 프렐류드의 첫 몇 소절, 그리고 그다음에 《장미의 정령》의 음악을 치기 시작했다. 그녀는 바슬라프가 자신의 춤 중에 하나로 관심을 옮기기를 희망했다. 아마도 그 후 그는 동작을 시작했던 것으로 기억한다. 나는 상당히 기분이 언짢았고 긴장된 분위기를 부드럽게 하고 싶었다. 나는 바슬라프에게 갔다. "《레 실피드》춤을 다시 시작하지 않을 것인가요?" "감히 나를 방해하다니! 나는 기계가 아니야. 내가 추고 싶은 느낌이 있을 때 춤을 출 거야." 울지 않으려고 필사적으로 노력했다. 바슬라프가 결코 나에게 이런 식으로 말을 한 적이 없는데, 게다가 사람들 앞에서! 나는 참을 수가 없었다. 그래서 그 방을 떠났다. 아세오 씨와 나의 언니도 나왔다. "무슨 일이니? 니진스키에게 무슨 일이 있는 거니?" "나도 몰라. 나는 그를 집으로 데려갔으면 해. 어떻게 해야 할까?" 우리는 다시 들어갔다. 그러나 그때는 바슬라프가 춤을 추고 있었다. 훌륭하지만 공포감이 밀려왔다. 그는 몇 롤이나 되는 검은색과 흰색 벨벳을 가져와서 그 룸의 길이만큼 큰 십자가를 만들었다. 그는 그 맨 위쪽에서 팔을 벌리고 자기 자신이 살아 있는 십자가가 되어 서 있었다. "지금 나는 고통, 파괴 죽음을 수반하는 전쟁에 관해 춤을 추겠습니다. 당신들이 막지 못한 전쟁, 그렇기 때문에 당신들이 책임져야 할 전쟁." 겁이 났다.

바슬라프의 춤은 그 어느 때보다 뛰어났다. 그러나 달랐다. 종종 모호하긴 하지만 나는 인형이 자신의 운명에서 도망치려고 애쓰는 《페트루슈카》의 장면을 떠올렸다. 그는 공포에 질리고 고통에 신음하는 인간으로 그 방을 가득 채우는 듯이 보였다. 비극이었다. 그의 제스처는 모두 기념비적이었다. 그리고 그는 우리를 무아지경으로 만들어 거의 니진스키가 시체 위를 떠다니는 것처럼 보였다. 관객들은 숨도 쉬지 못한 채 두려움에 떨면서도 특이한 매력으로 빠져들면서 앉아 있었다. 그들은 겁에 질린 듯이 보였다. 그러나 우리는 바슬라프가 압도적인 힘으로 가득한 위압적인 생명체 중의 하나이며, 언제라도 우리를 파괴할 수 있는 정글에서 나온 호랑이와 같다고 느꼈다. 그는 춤을 계속 추었다. 그 공간 전체를 선회하면서 관객들을 그와 함께 불가피한 종말을 피하기 위해 전쟁, 파괴, 고통과 공포에 맞서도록 했으며, 강철 같은 근육, 민첩성, 번개 같은 재빠름, 천상의 존재로 그는 투쟁했다. 죽음에 맞서는 삶을 위한 춤이었다.

로몰라의 회상은 마리 램버트가 몬테카를로에서 《봄의 제전》 리허설을 할 때 니진스키가 필츠에게 《선택된 처녀》의 춤을 시범으로 보여 준 비극적인 파워를 연상시킨다.

니진스키가 최후의 춤을 춘 이후 차가 제공되었다.

그날 밤 그는 일기를 남겼다.

나는 오래 살고 싶고 아내는 나를 무척 사랑한다. 그녀는 오늘 나를 두려워했다. 내가 너무 예민하게 행동했다. 내가 떨고 있을 때 관객들은 나를 더 잘 이해하기 때문에 나는 그런 식으로 행동했다. 그들은 차분한 예술가들을 이해하지 못한다. 예술가는 예민해야 한다. 나는 피아니스트 겔바를 속상하게 했다. 그녀가 잘하기를 원했는데 내가 너무 예민하게 굴었다. 신은 관객들이 흥분 상태로 있기를 원했다. 관객들은 즐거워했고 그들은 내가 그들의 즐거움을 위해 춤을 춘다고 생각했다. 나의 춤은 무서웠다. 그들은 내가 그들을 죽이기를 원한다고 생각하면서 두려워했다. 나는 죽이기를 원하지 않았다. 나는 모든 사람을 사랑하지만 아무도 나를 사랑하지 않았고 나는 예민해졌고 흥분했다. 관객들은 나의 기분을 알아챘다. 그들은 나를 좋아하지 않았고 나가고 싶어 했다. 그래서 나는 즐겁고 유쾌한 춤을 추기 시작했고 그들은 춤을 즐기기 시작했다. 처음에 그들은 내가 따분한 배우라고 생각했지만, 그들에게 내가 유쾌한 춤을 출 수 있음을 보여 주었다. 내가 그런 춤을 추었을 때 관객들은 웃기 시작했다. 나는 춤을 추면서 웃었다. 관객들도 웃었다. 그들은 나의 춤을 이해했고 그들 역시 춤을 추고 싶어 했다.

나는 형편없이 춤을 추었다. 넘어지면 안 되는데 넘어졌다. 나의 춤이 아름다웠기 때문에 관객들은 전혀 개의치 않았다. 그들은 나의 기분을 같이 느꼈고 그들 스스로 즐겼다. 나는 계속 춤추기를 원했지만 신은 나에게 "충분하다"고 말했다. 나는 춤추기를 멈추었다.[29]

그날 이후부터 로몰라는 종말을 예견했다. 부부는 아기를 한 명 더 낳는 것이 적절한가에 관해 이야기를 나누었다. 둘은 아들을 원했다. "당신이 혹시 우리 둘 다를 검사할 수 있는 롬브로소Lombroso 같은 의사를 찾을 수 있겠어?" 바슬라프가 로몰라에게 물었다. 그는 육체적으로나 정신적으로 모두 건강한 아기가 태어날 수 있을지 확인받기를 원했다. 그리고 그는 자신의 머릿속에 있는 문제를 현명한 누군가와 논의해 볼 필요를 느꼈다. 이제 로몰라는 그에게 그녀가 롬브로소 같은 위대한 의학자 블로일러Bleuler 교수를 찾았다고 얘기했다. 블로일러 교수는 취리히에 있는 유명한 정신의학자였다. 로몰라는 약속을 잡았다. 그녀의 엄마와 계부가 부다페스트에서 왔다.

나는 취리히로 갈 참이다. 떠나기 전에 어떤 것도 하고 싶지 않다. 모든 사람이 예민해져 있다. 하녀들은 신을 느끼지 못하기 때문에 점점 어리석어지고 있다. 나는 그들과 사이가 나빠지고 싶지는 않지만, 진실은 말해 주고 싶었다. 오스카Oscar는 취리히에 전화를 한다. 그는 사람들이 자신의 이름을 알지 못할까 봐 두려워한다. 그는 그쪽에는 자신의 이름을 아무도 알지 못한다고 느꼈고 그래서 그는 그쪽 사람들에게 자신의 이름을 알리기를 원했다. 그의 이름은 파르다니Pardany이며, 그는 모든 음절에 악센트를 주면서 자신의 이름을 발음했다. 나는 사람들이 내 이름을 알든지 모르든지 상관하지 않는다. 나는 사람들이 내가 가난하다는 것을 알게 되면 나를 사랑하지 않을 것이라는 사실이 두렵지 않다.

나는 학교 다닐 때 종종 아픈 척하면서 집에만 틀어박혀서 독서를 했다. 나는 조용히 누워 있거나 독서를 하거나 했다. 취리히로 떠나는 것에 관해 쓰고 싶다. 나는 아무 관심도 없기 때문에 모든 사람이 예민해져 있다. 내가 생각하기로는 이 여행은 무의미하다. 그러나 신이 원하기 때문에 갈 것이다. 그러나 만약 신이 원하지 않는다면 나는 그대로 남아 있을 것이다. 나는 이제 신을 이해하기 시작했다. 신이 동작을 창안했다는 것을 알았으며 그러기에 신에게 나를 도와 달라고 부탁한다.

(…)

로몰라는 내가 돌아오지 않을 것이라는 사실을 키라에게 말하라고 한다. 로몰라는 눈물이 가득해서 덜덜 떨면서 자기는 나를 떠나지 않을 것이라고 말한다. 나는 울었다. 신은 우리가 헤어지기를 원하지 않는다, 나는 그녀에게 그렇게 말했다.

나는 로몰라가 나를 두려워하지만 않는다면 취리히에 남아 있지 않을 것이다. 그러나 그녀가 두려워한다면 나는 정신병원에 있을 것이다. 나는 두려운 것이 아무것도 없기 때문에. 그녀의 영혼은 울고 있다. 내 마음이 아픈 것을 느끼겠다. 나는 로몰라에게 나를 두려워하지 않으면 집으로 돌아올 것이라고 말했다. 그녀는 울기 시작했고 나에게 키스하면서 그녀와 키라는 어떠한 일이 생겨도 나를 떠나지 않을 것이라고 말했다. "잘 알았어"라고 나는 말했다. 그녀는 나를 이해했고 방을 나섰다. (…)

나는 취리히에 갈 것이고 상업지구가 있는 타운을 볼 것이다. 그리고 신은 나와 함께 있을 것이다.[30]


그들은 기차를 타고 취리히로 향했다. 로몰라의 글.

나는 혼자서 블로일러 교수를 만났다. 바슬라프는 나와 같이 가기를 원하지 않았다. 블로일러 교수는 나이가 든 분인데 그의 눈빛에서는 무한한 이해의 마음을 읽을 수 있었다. 나는 그에게 바슬라프, 자신, 우리의 결혼, 삶에 대해 거의 두 시간을 이야기했다. "매우, 매우 흥미롭습니다. 당신이 나에게 말한 모든 것이. 지금 내가 확실히 말할 수 있는 것은 당신과 관계되는 문제는 아무것도 없다는 것입니다. 어떻든 우리는 미치지 않았습니다. 우리는 그렇게 태어났습니다. 제가 말하는 것은 기질을 말하는 것입니다. 천재성과 광기, 이 둘은 가까이 있습니다. 정상과 비정상, 이 두 영역 사이의 경계는 거의 없습니다. 저는 당신의 남편을 만나고 싶습니다. 아주 흥미롭습니다. 만약 당신이 다른 어떠한 사람에 관해 이야기를 했다면 내가 걱정을 했을 겁니다. 그러나 당신이 예술가로서, 러시아인으로서 묘사한 징후들은 그 자체로는 어떠한 정신적인 문제도 증명해 보이는 것이 없습니다." 나는 안심했고 행복한 기분으로 집으로 돌아왔다. 나는 바슬라프에게 블로일러 박사가 얼마나 좋은 사람인지를 말했다. 또 블로일러 박사의 판단으로는 내가 건강해서 우리는 아들을 충분히 가질 수 있고 박사가 바슬라프를 만나기를 원한다고 말했다. 바슬라프는 동의했다. "물론 나도 만나고 싶어. 그는 흥미로운 사람 같다. 나는 모든 것이 잘될 거라고 확신해. 결국, 펨카, 나는 황실 발레 학교에서 공부를 했고 우리는 학교 다닐 때 계속 의학적으로 검사를 받아 왔어. 학교를 떠난 이후, 장티푸스에 걸린 경우를 제외하고는 심각하게 앓은 적이 없어." 행복한 분위기에서 우리는 쇼핑을 나갔다. 바슬라프는 유아용품이 진열된 큰 백화점의 쇼윈도 앞에서 멈추었다. 그는 웃고 있었다. 그리고 나는 그가 절실히 원하는 아들을 생각하고 있다는 것을 알고 있었다.

다음 날, 오후 세 시에 우리는 취리히 호수의 다리를 건너 언덕 쪽으로 차를 타고 갔다. 언덕의 숲에서 약간 떨어진 곳에는 스위스 국립 정신병원이 있었는데 철제 프레임으로 만든 유리창이 있는 크고 오래된 건물이었다. 그러나 미소 짓는 안내원과 블로일러 교수가 환자를 진찰하고 감독하는 건물 주위에 핀 꽃들은 딱딱한 건물이 주는 유쾌하지 못한 인상을 일소시켰다. 우리는 잠시 앉았다가 교수를 만났다. 나는 그에게 바슬라프를 소개하였고 그 둘은 교수의 서재로 사라졌다. 나는 주위에 있던 그림 잡지들을 차분히 살펴보았다. 『일러스트레이션Illustration』, 『스케치와 그래픽Sketch and Graphic』의 최신 호들. 나는 이 모든 불필요한 걱정들이 끝날 것이라고 마음을 가라앉혔다. 결국 모든 것이 다 잘 될 거야. 우리는 결혼하고 6년간 힘든 시절을 보냈다. 댜길레프와의 투쟁, 전쟁 포로, 그 모든 환멸. 이제는 드디어 행복한 시절이 시작될 거야. 10분이 채 안 되어 문이 열렸다. 교수가 바슬라프를 웃으면서 배웅했다. "다 괜찮습니다. 아주 훌륭해요. 잠깐만 들어오시겠어요? 내가 어제 약속한 처방전을 당신에게 줘야 하는데 잊어버렸네요." 나는 바슬라프에게 미소를 지으면서 그의 옆으로 지나갔다. 교수를 따라갔다. 내가 기억 못 하는 처방전이라니? 그가 바슬라프를 뒤에 두고 서재 문을 닫더니 나에게 강한 어조로 말했다. "이제, 부인. 매우 용감해져야 합니다. 당신은 아이를 지워야 합니다. 당신은 이혼해야 합니다. 불행하게도 내가 도울 것이 없습니다. 당신의 남편은 치유가 불가능한 정도로 정신이 나갔습니다." 나는 교수의 머리 위로 창문을 통해 들어오는 태양광선이 신기할 정도로 먼지가 가득하다고 생각했다. 그는 왜 방 한가운데 커다란 녹색 테이블을 가지고 있을까? 그리고 저 잉크통들은 짜증나게 전부 둥글다. 원. 오, 그래, 원. 저 무자비하고 자비심이라고는 하나 없는 불운의 원. 나는 희미하게 교수가 나에게 너무 심하게 말한 자기를 용서해 달라는 말을 들었다. "제가 틀림없이 잔인하게 느껴질 것입니다. 그러나 저는 당신과 당신의 아기, 두 사람의 생명을 구할 수 있기 때문에 그렇게 말을 해야 했습니다. 우리 의사들은 우리가 구할 수 있는 사람들을 구하려고 노력해야 합니다. 우리가 포기해야 하는 다른 사람들은 불행하게도 그들의 잔인한 운명에 맡겨야 합니다. 나는 나이가 들었습니다. 나는 50년간 그들을 구하기 위해 노력을 했습니다. 나는 연구하고 공부했습니다. 나는 증상들을 알고 있습니다. 나는 진단할 수 있습니다. 나는 도울 수 있기를 바라지만 도울 수 있을지는 모릅니다. 그러나 부인, 때때로 기적이 일어난다는 사실을 잊지 마십시오."

나는 듣지 않았다. 빨리 그곳을 벗어나야 했다. 그 장소는 나와 함께 점점 더 빠르게 원을 그리며 돌고 있었다. 나는 문을 나가서 바슬라프가 기다리는 곳으로 갔다. 그는 테이블 근처에서 아무 생각 없이 그림 잡지들을 보면서 서 있었는데 러시아 스타일의 털 코트와 코사크기병의 모자를 쓴 그는 창백하고 슬퍼 보였다. 나는 멈춰 서서 그를 쳐다보았다. 내 시선 아래 그의 얼굴은 더 길어지고 있는 듯이 보였다. 그는 천천히 말을 했다. "펨카, 당신은 나의 사형 집행 영장을 가져오고 있어."


니진스키의 상태는 정신분열이라고 진단을 받았다. 로몰라는 어떻게든지 니진스키를 정신병원에 입원시키지 않고 돌볼 방법을 찾으려고 애를 썼다.


바슬라프가 조현병이라고 진단을 받자 (나의 부모는) 완전히 이성을 잃었다. 그들은 나에게 이혼하라고 했으나 성공하지 못했고 그들은 우리의 삶을 그들의 수중에서 처리하기로 했다. 어머니가 나를 데리고 산책을 나와서 우리가 멀리 떨어져 있는 사이에 바슬라프는 여전히 침대에서 아침을 기다리고 있었다. 공황 상태에 빠진 나의 부모들은 경찰 앰뷸런스를 불렀다. 호텔 바우어 앙 빌Baur en Ville 측은 니진스키가 혹시라도 창문에서 뛰어내리는 시도를 할까 봐 건물 주변을 소방대가 둘러싸도록 했다. 경찰은 그의 방문을 두드렸다. 웨이터라고 생각한 바슬라프는 문을 열자 즉시 체포 되었다. 그들은 바슬라프를 잠옷 입은 채 끌고 가려고 했다. 매니저한테 들은 바로는 바슬라프가 "내가 무슨 짓을 했나요? 당신들은 나한테 뭘 원하나요? 내 아내는 어디에 있죠?"라고 했단다. 그들은 그를 데리고 가려 했지만 의사가 바슬라프의 침착함을 보고는 간호사에게 그를 풀어주라고 했다. 바슬라프는 그에게 고맙다고 하면서 "옷을 좀 입도록 해주세요. 그러면 당신들을 따라가겠습니다"라고 했다. 내가 정오경에 돌아왔을 때 그의 방은 비어 있었다.

나는 필사적으로 블로일러 교수에게 갔고 그는 내가 바슬라프를 찾도록 도와주었다. 바슬라프는 국립 정신병원에서 더러운 다른 환자들과 함께 있었다. 그러나 그 당시 바슬라프는 쇼크 때문에 최초로 긴장증Catatonic attack•이 왔다. 블로일러 교수는 이런 불행한 사건에 대해 아주 깊은 우려를 나타냈다. 이런 사건은 그의 병을 급격히 악화시키고, 다른 환경에서 움직이지 못한 채로 마비가 올 수 있다고 했다. 그의 충고를 받아들여 바슬라프는 벨뷰 크로이츠링엔 요양소Sanatorium Bellevue Kreuzlingen에 입원을 했다. 그 병원에서 바슬라

---

• 정신분열증으로 인해 오래 움직이지 못하는 증상*

프는 감탄스러울 정도로 수준 높은 보살핌을 받았다. 빈스방거Dr. Binswangers 가문이 운영하는 병원에서 마음이 아주 따뜻한 친구들을 사귀게 되었다.

블로일러 교수가 '조현병schizophrenia'이라는 용어를 처음 만들었다. 그는 1911년 "자폐적 사고가 특징"인 어떤 종류의 정신 장애를 묘사하는 것, 즉 환자가 현실에서 탈출하는 수단으로 희망 충족 환상에 빠져드는 상태로 묘사한 것이 '조현병'이라고 했다. 이 용어는 그 증세로 판단해 보건대 '조발성 치매dementia praecox'보다 더 적절한 것으로 인정받았다.[31]

댜길레프는 런던에서 니진스키의 병에 관한 뉴스를 접했다. 몇년 전 댜길레프가 닥터 보트킨에게 니진스키의 건강에 대해 상의를 했을 때부터 그는 정신병의 위협이 항상 바슬라프에게 도사리고 있다고 믿었다. 그러나 언제나처럼 단호하게 그는 이런 우려를 누구에게도 말하지 않았다. 이 소식을 듣고 댜길레프는 마신에게 그가 발병한 것은 하나도 놀랍지 않은데 다만 그 시기가 너무 빨리 왔다는 점은 놀랍다고 고백했다.[32] 전쟁 전부터 런던에 정착한 마리 램버트는 극작가 애슐리 듀크스Ashley Dukes와 결혼해서 살고 있었다. 램버트는 리츠 호텔에서 댜길레프, 마신과 함께 차를 마시다가 니진스키의 소식을 들었다. 댜길레프가 그녀에게 니진스키는 "네 발로 걷고 있다"고 말했을 때 고통에 대한 이해가 부족한 댜길레프 때문에 놀랐다.[33] 램버트는 언제나 감정에 대해 숨기지 않았다. 하지만 개인적으로 받은 충격을 수습하던 댜길레프는 램버트가 눈물을 흘릴 때 같이 눈물을 보이기는 싫었을 것임을 짐작할 수 있다.

이제 겨우 24세인 마신은 가장 독창적이고 다재다능한 안무가로 발전하고 있었다. 전쟁 동안 연구하고 작업한 결과물인 그의 발레 작품들은 전쟁 전 포킨의 레퍼토리와 함께 처음으로 런던에서 공연되었다. 마신의 작품은 콜리세움 뮤직홀 오후 공연에서 저녁 프로그램의 일부로 공연되었다. 댜길레프는 발레단이 이런 조건에서 공연하는 것을 꺼렸지만 살아남으려면 달리 선택권이 없었다. 그렇게 공연을 하여 러시아 발레단이 인기를 얻고 공연장을 가득 채우면서 새로운 관객들을 사로잡았다. 로푸호바는 이제 스타가 되었다. 그녀는 영국에서 마신의 이탈리아 발레《유쾌한 숙녀들》에서 마리우치아Mariuccia 역, 그리고《자정의 태양》에서 주역을 맡아 영국인들에게 인기가 많음이 증명되었다.《키키모라》에서 확장해 만든《어린이들의 이야기Children's Tales》(이는 영국에서의 공연 제목, 원제목은 "러시아 이야기")는 리아도프의 음악을 사용하여 세 개의 독립된 에피소드로 구성된 작품이었다. 소콜로바는 마녀 키키모라, 그녀의 고양이 역은 이드지콥스키, 크렘네프는 악마 바바야가Baba Yaga, 마신은 기사 보바 코랄레비치Bova Koralevitch, 체르니체바는 아름다운 백조 공주 역을 맡았다. 소콜로바는 이제 주역 무용수였으며 댜길레프가 이드지콥스키의 고양이 역을 볼 때마다 눈물을 흘릴 정도로 웃는 것을 보았다.[34] 이 발레는 워낙 인기가 많아서 스톨이 댜길레프에게 가능하면 좀 더 자주 공연해 달라고 요청할 정도였다.[35]

이탈리아 발레와 두 개의 러시아 민속 발레는 박스트와 좀 더 전위적인 라리오노프가 디자인을 했다. 댜길레프는 이제 작품의 무대를 위해 파리 스쿨의 화가들에게로 눈을 돌리기 시작했다. 1917년《퍼레이드》에서는 피카소가 처음 발레 뤼스 작품의 디자인을 맡았다. 이제 로베르 들로네Robert Delaunay가 디자인한 새로운 세트로 런던에서《클레오파트라》를 공연했다. 찰스 리케츠는 이를 못마땅해했다. "후기 인상파의 흉측스러운 무대 세팅은 휑하다. 분홍과 보라색 기둥, 연두색 하토르Hathor* 모양을 한 소, 그리고 붉은색 둥근 점과 초록 그림자를 지닌 노란색 피라미드 (…) 마신은 춤을 잘 추었다. 그는 멋진 수영복을 돋보이게 하려고 알몸뚱이를 하고 그의 배에는 커다란 검정 반점이 그려져 있었다. 그가 등장했을 때 갤러리에서 멍청한 두세 명의 소녀들이 웃으면서 소리를 지르고 있었다."[36]

봄에 댜길레프 발레단은 맨체스터에서 2주 공연을 한 후 런던으로 돌아와 제대로 공연을 하기 위해 레스터 광장의 알함브라 극장으로 공연장을 옮겼다. 여기서 마신은《신기한 장난감 가게 La Boutique fantasque》공연으로 그의 최고 히트 작품을 만들었다. 이 작품은 로시니의 밝은 선율, 앙드레 드랭Andre Derain의 소박한 무대 세트로 되어 있으며 마신과 로푸호바는 캉캉 춤을 추었다.

1918년 5월 15일《라 바야데르La Bayadere》공연은 카르사비나가 마린스키 극장에서 춘 마지막 공연이었다. 그녀는 위험을 무릅

---

• 고대 이집트의 사랑의 여신, 사자死者의 수호신*

쓰고 용감하게 남편과 함께 영국으로 도망쳐 나왔다. 그리하여 카르사비나 부부는 외교관 발령을 받아 탕헤르에서 9개월을 지냈다. 그 후 댜길레프와 카르사비나가 재회했다. 카르사비나는 1914년 시즌이 끝나고 댜길레프가 자신에게 런던에 머물러 달라고 부탁하여 고국으로 돌아가는 데 거의 한 달이라는 시간이 걸릴 정도로 둘러서 갔다는 얘기를 해 주었다.[37] 댜길레프는 플라멩코 무용수 펠릭스 페르난데스 가르시아Felix Fernandez Garcia를 스페인에서 고용했고 그는 마신에게 스페인 춤을 가르쳤다. 마신은 스페인 춤의 전문가가 되었고 그의 걸작 《삼각모자Le Tricorne》 작업을 하게 되었다. 이 작품은 카르사비나를 꼭 주역으로 추게 할 계획이었다. 카르사비나의 글. "《삼각모자》에서 우리가 처음 협력을 하였는데 그는 아주 정확한 스페인 춤의 대가임을 보여 주었다. (…) 러시아 무대에서 우리는 스페인 춤을 발레 스타일로 삽입한 춤을 종종 추었으며 달콤한 양념을 치는 듯이 삽입했다. 그러나 이 작품은 스페인 민속춤의 정수를 보여 주고 있다."[38] 니진스키가 이성을 잃은 바로 직후인 그해 여름 순진한 안달루시아 출신의 무용수 펠릭스도 정신이 돌아버렸으며 어느 날 밤 세인트 마틴 인 더 필즈의 제단 계단 위에서 춤추고 있는 것이 발견되었다. 펠릭스는 스페인 발레에서 파루카farucca를 추기 원했다. 그러나 그는 음악 악보의 엄격한 박자를 맞추지 못했고 발레단의 규칙적인 생활에 적응하지 못했다.[39] 카르사비나와 마신은 《삼각모자》에서 주역으로 춤을 추었다. 이 작품은 피카소가 디자인한 아름다운 무대 세트로 런던 알람브라 극장에서 7월 22일 초연되었다.

이제 로몰라에게 희망, 절망, 투쟁, 가난, 영웅적인 행위로 점철된 30년이 시작되었다. 6개월 동안 니진스키는 크로이츠링겐에 있었다. 그녀와 의사들은 그의 회복에 대한 희망을 품었지만, 그는 회복되지 않았다. 크로이츠링겐의 마지막 시기에는 점점 악화하였으며 환영을 보았고 폭력적이고 음식을 거부했다. 용감한 로몰라는 그를 데리고 집으로 와서 돌보는 시험을 하기로 했다. 바슬라프에게 익숙한 환경이 그에게 좋은 영향을 끼칠지도 모른다는 생각을 했다. 의사들의 지속적인 감독 하에 온종일 바슬라프를 돌볼 수 있는 간호사들이 필요했고 이는 많은 경비가 소요되었다. 바슬라프는 좋아졌을 때도 있고 나빠졌을 때도 있었지만 그의 상황이 실제로 개선되지는 않았다.

스위스에서 로몰라는 남편을 융Jung과 포렐Forel 교수에게 검사를 받으러 데리고 갔다. 이후 비엔나로 옮겨가서 그녀는 바그너야우레크Wagner-Jauregg 교수와 남편의 상태에 대해 상의를 했다. 바그너야우레크 교수는 "조현병 환자가 동요하는 한 정상인으로 개선될 희망이 있다"고 그녀에게 말했다. 지크문트 프로이트Siegmund Freud는 정신분석은 정신분열증 환자에게는 도움이 안 된다고 말했다. 로몰라는 비엔나의 집에서 지내는 시간의 대부분을 남편을 지키며 보냈다. 돌보기가 매우 어려운 증상이 나타날 때만 그녀는 스타인호프 요양원Steinghof Sanatorium으로 그를 데리고 갔다. 그녀가 잠시 해외에 갔을 때 그녀의 부모는 바슬라프를 부다페스트 교외의 국립 정신병원에 집어넣었는데 그 병원에서 바슬라프는 아주 심한 대우를 받았다. 로몰라는 서둘러 집으로 돌아와서 그를 다시 오스트리아로 데리고 왔다.

6월 14일 로몰라는 아기를 낳았다. 비엔나에 있는 키라가 태어났던 같은 병원, 같은 병실이었다. 둘째 딸이었으며 이름을 타마라로 지었다.[40]

1920년 댜길레프는《봄의 제전》을 리바이벌하기로 했다. 그는 여전히《봄의 제전》무대와 의상을 가지고 있었고 전쟁 전 겨우 일곱 번밖에 사용하지 않았다. 그러나 아무도 니진스키의 안무를 기억하지 못했다. 마신은 새로운 버전으로 안무했다. 이 버전에 대해 그리고리예프는 "니진스키의 안무와는 완전히 달랐고 비통함이 부족했다"고 썼다.[41] 소콜로바는《선택된 처녀》에서 힘찬 연기를 보였고 앙세르메가 지휘했다. 음악은 충분히 받아들일 만했고 존중받았다. 심지어는 클래식의 반열에 올랐음이 명백했다. 이 공연 직후 마신은 발레단에서 예쁘고 재능 많은 영국인 무용수 베라 사비나Vera Savina와 사랑에 빠졌다. 패턴은 반복되었다. 댜길레프는 7년 전 니진스키를 해고했듯이 마신을 해고했다.[42] 이는 자기의 발등을 찍는 짓이었다. 왜냐하면 러시아가 고립된 상태에서 포킨은 뉴욕에 있었고 니진스키는 미쳤고 댜길레프는 안무가가 없는 상황이었기 때문이다. 그는 자신의 여러 다른 실험들과 함께 다양한 실험을 하기로 했다. 이름하여 전통으로 돌아가기. 그는 구 클래식 전막 발레, 즉 여태까지 그가 이끌어 온 모든 운동에 반하는 클래식 전막 발레 중 한 작품을 올리기로 했다. 댜길레프는 페티파-차이콥스키 전막 발레《잠자는 미녀 La Belle au bois

dormant》를《잠자는 공주The Sleeping Princess》로 제목을 바꾸어 1921
년 겨울 런던 알람브라 극장에서 다시 공연하기로 했다. 댜길레
프는 당시 엄청난 인기를 끌던 뮤지컬 코미디《추친초Chu-chin-
chow》의 인기에 버금가는 공연을 기대하면서 결정했다. 박스트가
불려 왔고 그는 여러 개의 무대 세트와 몇 백 벌의 의상을 디자인
하기 시작했다.

이즈음 댜길레프는 젊은 러시아인 보리스 코흐노Boris Kochno를
만났다. 코호노는 댜길레프의 비서가 되었고 나중에는 댜길레프
발레단의 후기 발레 중 몇 작품의 대본을 집필하게 된다.[43]

브로니슬라바는 혁명 후에 키예프에서 발레학교를 운영하다
가 1921년 어머니와 아이들을 데리고 비엔나로 도망 나왔다. 엘
레오노라와 브로니아는 여기서 바슬라프를 다시 만났지만 그는
이들을 알아보지 못했다.

이때 브로니슬라바는 런던에 있던 댜길레프와 합류하여《잠
자는 공주》를 위해 새로운 춤을 몇 개 안무했다. 브로니아는 그
랑 파드되의 마지막 음악을 가지고《이반네The Ivans》를 안무했다.
브로니아는 3년간 댜길레프 발레단에서 안무가로 있었다. 차이
콥스키 발레의 화려한 프로덕션, 세 명의 망명한 뛰어난 발레리
나 스페시브체바, 트레필로바, 에고로바의 존재, 그뿐 아니라 오
로라 역의 춤을 번갈아 추었던 로푸호바가 있었고 피에르 블라디
미로프가 파트너로 공연했음에도 불구하고 정기적인 발레 관객
들은 실망했다. 일반 관객들은 점점 공연장을 찾지 않게 되었다.
《잠자는 공주》는 성공하지 못했고 105회 공연 이후 중단했다. 댜

길레프는 그가 사용할 수 있는 경비의 범위를 넘어 오즈월드 스톨의 돈을 많이 끌어다가 썼다. 스톨은《잠자는 공주》의 의상과 무대 세트를 차압해서 댜길레프가 파리 혹은 그 외의 장소에서 이 작품을 공연하지 못하도록 했다.

《잠자는 공주》공연의 후유증은 매우 컸다. 발레단이 도저히 존속할 수 없을 것 같던 위험에 처했을 때 수완이 좋은 댜길레프가 몬테카를로와 계약을 맺게 되었다. 그리하여 댜길레프가 세상을 떠날 때까지 몬테카를로가 발레단의 보금자리가 되었다. 매년 겨울 러시아 발레단은 몬테카를로 오페라 시즌을 위해 무용수들을 공급했다. 그들의 파리 시즌이 오픈되기 전에 몬테카를로에서 봄 발레 시즌을 개최했다. 발레단은 매년 몬테카를로에서 몇 개월 동안 안정되게 지내면서 신작을 만들 수 있는 여유를 가지게 되었다.

1923년 로몰라는 파리 에펠탑 근처 라 부르도네 애비뉴Avenue de la Bourdonnais 50번지에 집을 빌렸다. 로몰라는 바슬라프에게 연극, 발레, 나이트클럽에서 코사크 춤을 보여 주는 시도를 했다. 그러나 흥미를 보이는 듯하다가 금방 끝이 났고 그는 다시 침묵의 무기력 상태에 빠졌다. 로몰라가 집을 비울 때는 로몰라의 언니 테사가 바슬라프를 위해 집을 지켰다. 엘레오노라와 브로니슬라바도 역시 파리에서 집을 빌렸다.

댜길레프가 니진스키를 보러 왔다. 6년 전 바르셀로나에서 서로 분노에 가득한 채 헤어진 이후 처음으로 그와 눈을 마주했다. 댜길레프는 바슬라프의 초점이 없는 눈을 마주했다. "바차, 너는 지금 게으름 피우고 있어. 가자, 나는 네가 필요해. 너는 러시아 발레단과 나를 위해 다시 춤을 추어야 해." 바슬라프는 머리를 흔들었다. "나는 미쳤기 때문에 춤을 출 수가 없어요."

1923년 7월 13일 스트라빈스키가 음악을 작곡한 발레《결혼》이 초연되었다. 이 작품의 경우 스트라빈스키는 「봄의 제전」 악보의 잉크가 채 마르기도 전에 시작한 작곡인데 이때야 비로소 파리 게테 리리크La Gaîté Lyrique 극장 무대에 오르게 된 것이다. 그리고 안무는 니진스카가 맡았다. 이 음악을 처음 의뢰했을 당시 댜길레프는 니진스키에게 안무를 맡기려고 했으나 이제 불가능해졌기에 그의 누이가 창작했다.

스트라빈스키가 이 음악을 작곡하기 시작했던 1916년 당시로는 아주 특이한 콘셉트를 지닌 이 음악은 작곡가가 1918년에서 1923년 사이 작곡하는 동안 더욱더 독특한 음악이 되었으며 이 작품 이후로 전혀 비슷한 작품이 없다. 농부의 결혼식 준비와 초야를 주제로 그에 관한 내용을 하나하나 노래로 전달했다. 가사의 내용은 이제는 일상적이 되었고, 얼마든지 풍부하게 상상할 수 있는 내용을 담고 있다. 또한 성인들에게 하는 기도, 술김에 내지르는 감탄사들, 그리고 러시아 농촌의 결혼식에서 부모와 하객들이 신혼부부에게 하는 전통적인 덕담 등 일종의 없어서는 안 될 전례로 구성되어 있다. 슈비터스Kurt Schwitters●가 버스 티켓을 콜라주 기법으로 하여 훌륭한 작품을 만들었던 방식으로 스트라

---

● 독일의 화가·판화가·조각가, 콜라주 기법으로 유명하다.*

빈스키가 엄숙한 음악의 근본으로 이 진부한 횡설수설이 필요하다고 느낀 것은 얼마나 특이하면서도 우리가 사는 세기의 전형적인 모습이기도 한지! 19세기 결혼의 이상에 대한 씁쓸함과 달콤함을 이런 방법으로 표현하여 단번에 알 수 있도록 했다. 결혼은 죽음과 같다. 낭송과 노래의 가사는 본래 《봄의 제전》처럼 대 편성의 관현악으로 작곡할 의도였다. 하지만 작곡 기간이 길어지면서 오랜 숙고와 삭제의 과정을 거쳐 타악기, 네 대의 피아노, 맨 마지막에 울리는 큰 종과 함께하는 칸타타 형식으로 결론지었다. 곤차로바의 무대는 벽이 비어 있고 문을 통해 침대가 보이며 그 침대 위에는 베개가 쌓여 있다. 그녀가 디자인한 나무색과 흰색의 단순한 농부 복장은 두 가족과 그들의 친구들 모두의 보편성을 강조하고 있다. 니진스카는 서사적으로 표현된 사람들을 쌓아 올려 두고, 일종의 흔들림, 발구름과 비틀림의 동작으로 시작하여 바람에 휩쓸린 옥수수밭의 모양새 그대로 묘사했다. 이 캐릭터 발레의 원래 작품에서는 여성 무용수들은 푸앵트 슈즈를 신었다. 이 작품은 《페트루슈카》, 《봄의 제전》 같이 러시아 예술의 걸작 중 하나가 되었다.

그해 여름 로몰라는 기적을 바라면서 바슬라프를 데리고 루르드Lourdes*로 갔다. 그녀는 이렇게 썼다. "우리는 거기서 며칠을 보냈다. 나는 바슬라프를 데리고 동굴로 갔다. 나는 그곳 샘물로 바슬라프의 이마를 씻기고 기도했다. 나는 바라고 또 바랐다. 그러

---

• 프랑스 서남부의 도시, 가톨릭 순례지로서 부근의 동굴 위에 유명한 마리아 성당이 있다.*

나 그는 치유되지 않았다. 아마도 나의 믿음이 그를 치유할 만큼 깊지 않았던 것 같다."

댜길레프에게는 영국 출신의 젊은 무용수 안톤 돌린이라는 새로운 친구가 생겼다. 1924년 2월 몬테카를로에서 파리로 와서 두 사람은 같이 니진스키를 방문하러 갔다. 그 아파트는 회색 화강암으로 지어진 건물에서 3층인가 4층이었다. 그들은 러시아 남자 하인의 안내로 니진스키가 앉아 있던 거실로 안내되었다. 니진스키는 로몰라와 두 딸과 함께 있었다. 돌린의 글을 보자. "그는 거의 한마디도 하지 않았다. 그러나 니진스키의 얼굴에는 한 권의 책보다 더 많은 표정이 담겨 있었다. 사진에서 본 똑같은 눈매, 똑같은 아름다운 입, 입술 위로는 깔끔하게 면도가 되어 있었고 머리카락은 거의 없었다. 하얀 손은 절대 가만히 있지 않았다." 행복하면서 슬펐던 돌린에게는 사전트가 《아르미드의 관》에서 니진스키를 그린 그림과 지금 그의 외모가 비교되었다. 이 그림은 레이디 리펀의 유언에 의해 니진스키에게 남겨진 그림이었고[44] 벽에 다른 그림들과 함께 걸려 있었다. "댜길레프는 그에게 말을 시키려고 노력했지만 그는 한마디도 하지 않았다. 그는 앉아서 웃고만 있었다. 나는 그에게 뭔가를 물어보았고 그는 '나는 모르겠어요'라고 답했다. 나는 종종 댜길레프의 감정이 어떤지가 궁금했다. 그가 무엇을 느꼈든지 간에 그는 자신의 감정을 숨기는 데 성공했다. 차를 마시는 동안 니진스키는 마시지도, 먹지도 않았다. 그는 무언가를 할 힘이 없어 보였지만 우리처럼 건강해 보였다. 그런데도 그의 뇌는 일 하기를 거부하고 있었다. 그는 의자에 앉아 있었고 이해를 하려고 애를 썼다. 내 생각에 그는 많은 부분을 이해했다. 그러나 그의 뇌가 지쳐 있다는 생각이 들었다." 한 시간 후에 방문객들은 떠났다. "그는 우리를 배웅하러 문까지 나와서 러시아어로 '굿바이'라고 말했다. 그 후 댜길레프가 니진스키에게 우리가 다시 와야겠느냐고 물었다. 그는 머리를 끄덕였는데 마치 '나는 몹시 피곤해요'라고 말하는 듯이 애처롭게 보였다."[45]

브로니슬라바 니진스카는 그해에 몇 개의 신작 발레를 만들었다.《목동의 유혹Les Tentations de la Bergére》은 후안 그리Juan Gris의 무대, 몽클레어Monteclair 음악으로 안무한 베르사유풍의 발레다.《암사슴Les Biches》은 프란시스 풀랑크Francis Poulenc이 음악, 마리 로랑생Marie Laurencin이 무대와 의상 디자인을 맡았고 1920년대의 전형적인 가벼움을 표현한 걸작이다.《성가신 사람Les Fâcheux》은 조르주 오리크Georges Auric 음악, 조르주 브라크Georges Braque가 무대와 의상을 디자인한 몰리에르 Moliere 발레이고《민둥산의 하룻밤 Le nuit sur le Mont Chauve》은 무소륵스키가 음악을 맡았다. 바닷가에서 벌어지는 연애와 스포츠에 관한 발레《푸른 기차Le Train bleu》는 리우의 프랑스 대사관에서 일하던 시절부터 니진스키와 오랜 친구인 다리우스 미요가 음악을 맡고 조각가 앙리 로랑Henri Laurens이 무대 디자인을 했으며 달리고 있는 여자 거인들을 그린 무대 앞 커튼은 피카소의 그림으로 유명하다.《푸른 기차》의 리허설을 하는 동안 돌린은 가브리엘 샤넬이 디자인한 수영복 의상을 입고 볼거리 풍부한 아크로바틱한 무용 동작을 선보였다. 로몰라는 바슬라프를 데리고 모가도르 극장Theatre du Mogador으로 갔다. 그들은 브로니슬라바가 돌린에게 파드되에 관해 가르치고 있을 때 알리지 않고 들어갔다. 돌린은 후방낙법을 구사하고, 깡충깡충 뛰며, 옆으로 재주넘기 등을 하고 있었다. 그러나 니진스키는 아무런 반응이 없었다. 결국 로몰라는 그를 데리고 나왔다.[46]

전쟁과 혁명 기간 동안 에르미타주 박물관의 큐레이터를 지낸 브누아는 최근 러시아에서 파리로 왔다. 댜길레프는 몬테카를로에서 브누아에게 구노의 오페라《가짜 의사Le Médecin malgré lui》의 디자인을 맡겼다. 그러나 브누아는 새로운 출발로 인정받을 만큼 작품 수준이 미치지 못했다. 댜길레프는 이 작품을 보고 브누아 디자인은 이제 한물간 것이라는 것을 알았다.[47] 박스트는 아들을 남겨 두고 1924년 12월 세상을 떠났다. 누벨, 코리부트쿠비토비치는 여전히 남아서 댜길레프를 돕고 있었다. 그리고 스베틀로프는 트레필로바와 결혼하여 파리에서 살고 있었다.

댜길레프는 다른 에이전트를 통해 발레를 창작할 수 있었다. 그러나 그는 어떤 의미에서, 사람을 '키워야' 할 필요를 느꼈다. 댜길레프가 자신의 우정과 애정을 젊은 무용수에게 주게 되면 그 무용수는 예술적으로 교육받기를 원할 뿐 아니라 안무가가 되고 싶어 하게 만들었다. 그는 돌린이 안무에 관심 두도록 하는 데 실패했기 때문에, 그리고 또한 독립적인 영국인인 돌린은 언제나 자기 또래의 친구들과 즐겁게 어울리기 때문에 댜길레프는 그에 대한 흥미를 잃었다.[48] 댜길레프의 관심은 잘생기고 가냘픈 체격에 까만 눈동자를 지닌 러시아인 세르주 리파르Serge Lifar

에게로 향했다. 이 소년은 최근에 키예프에 있는 니진스카의 발레 학교에서 몇 명의 무용수와 함께 러시아를 탈출했다. 그는 비교적 미숙했지만 열심히 연습했다. 리파르는 다길레프의 관심을 끌기 위해 노력했고 다길레프가 관심을 가지게 되었다.[49] 브로니슬라바는 다길레프와 리파르가 비밀리에 신작 발레를 위한 실험을 하고 있다는 이야기를 들었을 때 짜증이 났다. 브로니슬라바는 자신의 학생이었던 리파르의 창작력에 대해서는 전혀 믿음이 가지를 않았다. 1912년 니진스키가 비밀리에 리허설하고 있다는 소식을 들었을 때 포킨이 그랬던 것처럼 그녀 또한 발레단을 떠나기로 했다.[50]

그러나 다길레프의 그다음 위대한 안무가는 리파르가 아니었다. 나는 '위대한'이라는 말을 함부로 사용하지 않는다. 1909년부터 1929년까지 다길레프의 전체 안무가들은 위대함과 독창성의 요소를 가지고 있었고 누구도 남과 같지 않았다는 것은 놀라운 사실이다. 포킨의 경우는 페티파의 고전주의에 대한 반동에서 출발하여 춤의 자연스럽고 표현적인 동작의 창안으로 결국 서유럽 무대를 장악할 수 있게 만들었다. 니진스키의 구상은 더욱 앞으로 쭉 나아갔고 그의 작품들은 자유로운 시대에 모던 댄스의 방대한 모든 실험에서 선구자였다. 마신의 경우는 다른 장르의 예술에서 영향을 많이 받은 잡동사니였으나 그 속에서 다시 새로운 동작을 찾아내고, 다른 요소 중에서도 발레에서 희극적인 방식을 발전시켰다. 다양한 스타일의 니진스카는《암 사슴》같이 멋지고 위트 넘치는 소품을 안무할 수 있었을 뿐 아니라 오빠가 지넸던 서사적인 환영도 지녔기에 스트라빈스키 음악이 이루는 장관에 걸맞은《결혼》같은 안무도 선보였다. 여기 언급한 안무가들 시리즈의 마지막은 젊은 조지아 인이었다. 그 역시 혁명 후 러시아에서 도망쳐 나와 1924~1925 시즌의 겨울, 런던 콜리세움 극장에서 발레단과 합류했다. 그의 이름은 유리 발란치바드제Yuri Balanchivadze, 나중에 간단하게 조지 발란친George Balanchine이라고 불렀다.

발란친이 1925년부터 댜길레프를 위해 안무한 여러 발레 작품들, 즉 코미디물, 디베르티스망, 영국풍의 무언극, 구성주의와 초현실주의의 실험 작품 혹은 영상물을 배경으로 한 작품 등의 실험 중에는 두 개의 서로 다른 걸작이 있었고 이는 오늘날까지 공연되는 작품들로, 스트라빈스키의 음악으로 안무한 신고전주의 발레《아폴로Apollon Musagete》(1928), 프로코피에프 음악으로 안무한 열정적이면서 특이한《탕아Le Fils prodigue》(1929)였다.

1926년 브로니슬라바 니진스카는 부에노스아이레스 콜론 극장의 발레 미스트리스가 되었으며 1932년과 1946년에 다시 맡게 된다. 그리고 그녀는 1928년과 1929년에는 이다 루빈스타인 발레단을 위해 파리에서 안무하게 되는데 그중에는 스트라빈스키 음악의《요정의 키스Le Baiser de la fée》와 라벨의 음악「라 발스La Valse」로 안무한 작품이 포함되어 있다.

불굴의 로몰라는 바슬라프를 회복시키겠다는 희망을 포기하지 않았다. 로몰라는 신앙치료법에 매달렸고 신앙요법을 행하는 사람들을 찾았다. 그녀는 낭시에 있는 쿠에Coué 박사를 찾아갔다.

1927년 그녀는 정신분열을 치료하기 위한 실험이 비엔나 국립병원에서 푀츨Poetzl 교수에 의해 행해지고 있다는 소식을 들었다. 그녀는 교수에게 편지를 썼다. 교수가 답하기를 지금 이 실험은 아직 너무 이른 단계여서 치료가 성공할 수 있을지 없을지는 말을 할 수가 없다고 했다. 로몰라는 몇 년 후 다시 요청해야만 했다.

카르사비나는《삼각모자》에서 주역으로 공연한 직후 외교관 남편과 함께 불가리아로 떠났었다. 카르사비나 부부가 다시 런던 돌아왔을 때 그들은 리젠트 파크 동물원 근처 앨버트 로드Albert Road에 집을 마련했다. 1926년 카르사비나는 댜길레프 발레단에서《로미오와 줄리엣Romeo and Juliet》(음악은 콘스탄트 램버트가 맡고 막스 에른스트와 후앙 미로가 무대를 맡았다)에서 리파르와 파트너로 춤을 추었으며《페트루슈카》에서도 예전에 맡았던 주역으로 출연했다.

댜길레프는 카르사비나가《페트루슈카》에서 추는 공연을 바슬라프가 보게 되면 혹시라도 정신이 돌아올지도 모르겠다는 생각을 했다. 발레단은 파리 오페라에서 공연하고 있었고 로몰라는 미국에 있었다. 그리하여 댜길레프는 로몰라의 언니 테사와 약속을 정했다. 1928년 12월 말 그는 리파르를 데리고 파시Passy의 니진스키 집으로 갔다. 바슬라프는 실내용 가운을 입고 낮은 메트리스가 놓인 침대 위에 누워 있었다. 리파르의 글을 보면 "그는 피가 날 때까지 손톱을 물어뜯고 있거나 아니면 자신의 손목으로 계속 장난을 치고 있었다." 리파르가 다가가서 그의 손에 키스했다. "잠깐 그는 이맛살을 찌푸리면서 마치 사냥하는 동물처럼 거칠고 미심쩍은 눈빛으로 노려보았다. 그 후 갑자기 그의 얼굴에 환한 미소가 번졌다. 나는 너무 친절하고, 어린 아기 같이 순수하고 선명하면서 환하게 미소 짓는 그에게 완전히 빠졌다." 그는 처음에 전혀 댜길레프에게 관심을 두지 않았다. 그러나 점점 그의 존재를 의식하기 시작했다. "종종 정상인들처럼 댜길레프의 말에 귀 기울이는 듯했다." 댜길레프는 리파르에게 니진스키를 극장에 데려가는 이유는 오로지 하나, 발레단과 사진을 찍기 위함이라고 말했다. 하지만 리파르는 댜길레프가 비정한 체하는 그 이면에의 그의 진짜 의도를 알 수가 있었다. "말은 그렇게 하였지만, 댜길레프의 눈은 빛났고 그가 사실은 기적을 얼마나 바라고 있는지를 알 수 있었다." 댜길레프는 리파르와 니진스키를 비교하여 키를 쟀는데 니진스키가 머리 반 정도 작았다. 바슬라프는 상반신을 구부리고 걸었다. "그의 다리는, 비록 지금은 근육이 너무 무기력해 보여서 어떻게 그의 몸을 지탱했을까 하는 궁금증이 들 정도였지만, 공 모양의 단단한 근육을 지닌 위대한 무용수의 다리였다." 리파르는 그를 면도해 주었다.[51]

파리 오페라에서 그날 저녁 댜길레프는 박스 석에 니진스키와 앉아 있었다. 수많은 과거의 동료들이 처음 쉬는 시간에 그에게 경의를 표했지만 바슬라프는 아무런 반응이 없었다. 두 번째 휴식 시간에 바슬라프와 댜길레프는 《페트루슈카》 무대 장치가 된 무대로 올라갔다. 카르사비나는 이 장면을 기록해 두었다.

댜길레프는 니진스키를 이끌면서 억지로 명랑한 척하며 말했다. 한 무리의 예술가들은 뒤로 물러났다. 수동적이면서 발을 질질 끄는 느릿한 걸음걸이와 공허한 눈동자를 나는 보았다. 니진스키에게 키스하기 위해 내가 앞으로 나갔다. 부끄러운 듯한 미소가 그의 얼굴을 빛나게 했다. 그의 눈은 나의 눈을 그대로 직시했다. 그는 나를 알아보고 있었다. 내가 말을 하면 그것이 바슬라프의 느리게 형성되는 생각을 방해할까 봐 말하는 것이 두려웠다. 그는 말이 없었다. 그때 나는 그의 애칭인 "바차"라고 불렀다. 그는 머리를 떨구더니 천천히 머리를 돌렸다. 니진스키는 사진사가 카메라를 설치해 둔 쪽으로 안내받으면서 얌전하게 갔다. 나는 그의 팔짱을 끼고는 그에게 카메라를 바라보라고 했는데 그의 동작은 볼 수가 없었다. 나는 사진사들이 주저하면서 주위를 둘러보는 것을 알았다. 니진스키가 앞으로 기울어서 나의 얼굴을 보고 있음을 알게 되었다. 그러나 내 눈과 마주치자 그는 다시 어린아이처럼 고개를 돌렸다. 마치 아이들이 눈물을 감추기 위해서 하는 것처럼. 비극적이며 부끄러워하는, 감당하기 힘든 그의 동작은 나의 심장을 관통하고 있었다.[52]

그날 사진을 보면 브누아와 그리고리예프는 야회복 정장 재킷을 입고 있었으며 카르사비나는 발레리나 의상을 입고 왼팔은 니진스키의 오른팔에 팔짱 끼고 있었다. 니진스키는 짙은 색 수트와 흰색 셔츠를 입었고 가슴에는 행커치프가 꽂혀 있었다. 연미복을 입은 댜길레프는 왼손을 니진스키의 어깨 위에 얹고 있으며 리파르는 무어인 복장을 하고 있다. 니진스키는 비스듬히 아래로 내려다보면서 카메라를 향해 웃고 있다. 댜길레프는 아래로 숙여서 바슬라프를 보고 자랑스러워하는 듯, 아버지 같은 미소로 쳐다보고 있다. 바슬라프가 박스 석으로 다시 갔을 때 그의 얼굴은 상기되어 있었다. 마지막에 그는 떠나기를 원하지 않았고 "싫어" 라고 소리치면서 이끌려 나갔다.[53] 기적은 일어나지 않았다.

마리 램버트는 극장 안에 있었다. 발레가 끝난 뒤 그녀는 백스 테이지로 급히 갔다. 램버트는 출연자들의 분장실이 있는 긴 복도에서 나와 계단의 맨 위에서 댜길레프가 니진스키를 차에 태우는 모습을 보았다. 그녀는 그 자리에서 멈추어서 바슬라프에게 다가가지 않았다.[54] 바슬라프의 또 다른 팔을 잡고 댜길레프와 같이 그를 부축한 사람은 하리 케슬러 백작이었다. 다음은 1928년 12월 27일 목요일 케슬러 백작이 일기에 쓴 글이다.

그날 저녁 오페라에 댜길레프 발레단이 공연하는 스트라빈스키의 《나이팅게일》과 《페트루슈카》 공연을 보러 갔다. 공연 후 나는 무대 위의 복도에서 댜길레프를 기다리고 있었는데 댜길레프는 낡은 코트를 입은 키가 작고 초췌한 젊은이와 함께 다가왔다. "누군지 못 알아보시겠어요?" 하고 댜길레프가 물었다. "모르겠습니다. 나는 도저히 기억이 나질 않습니다" 하고 대답했다. "하지만 니진스키인데요!" 니진스키! 나는 너무나 큰 충격을 받았다. 때로는 젊은 신과 같이 빛이 났던 수많은 사람에게 잊지 못할 기억을 안겨 준 그의 얼굴은 이제 잿빛이었고, 맥이 빠지고 무표정한 얼굴, 공허한 미소로 잠시만 빛이 났고, 깜박이는 불꽃처럼 순간적으로 반짝였다. 그의 입에서는 한마디도 나오지 않았다. 댜길레프는 한쪽 팔로 그를 잡았다. 세 번의 계단들을 내려가야 하는데 댜길레프는 나보고 니진스키의 다른 편을 도와 달라고 했다. 왜냐하면 그전에는 지붕 위로 도약올 할 수 있을 것 같이 보였던 니진스키는 이제 내려가는 계단을 불안하고 걱정스럽게 한 발씩 내디디고 있었기 때문이다. 나는 재빨리 그를 부축하고 그의 가는 손가락을 꼭 잡으면서 그에게 부드러운 말로 용기를 주려고 애를 썼다. 아름다운 눈으로 나를 보는 거의 표정은 마치 병든 동물의 표정 같았고 아무런 생각이 없어 보였지만 무한한 감동을 주었다.

천천히 무척 힘들게 우리는 그가 탈 차에 도착할 때까지 끝이 없어 보였던 계단을 내려왔다. 그는 한마디도 하지 않았다. 그를 돌보고 있는 두 여자 사이에 앉았다. 댜길레프는 그의 이마에 키스했다. 그의 차는 떠났다. 한때 그가 가장 잘했던 《페트루슈카》가 그날 그에게 어떤 의미가 있었는지는 아무도 알 수가 없었다. 그러나 댜길레프는 그가 극장을 떠나기를 원치 않은 아이처럼 굴었다고 말했다. 우리는 카페 드 라 페Cafe de la Paix에 갔다. 레스토랑에서 늦게까지 있으면서 카르사비나, 미샤 세르트, 크레이그, 앨프레드 사보아Alfred Savoir 등과 함께했다. 그러나 나는 그날 대화에는 별로 끼어들지 않았다. 니진스키와의 만남이 내 머릿속에서 떠나지를 않았다. 모든 것이 소진된 한 인간. 개인 간의 열정적인 관계가 모두 소진이 되고 오로지 희미한 깜박임만이 절망적이고 전혀 가망이 없는 잔해를 잠깐 비추었을 때의 그 장면은 아마도 훨씬 더 상상하기 어려운 경우일 것이다.[55]

한때 두 사람의 우정이 세상을 바꾸었으나 이것이 댜길레프와 니진스키의 마지막 만남이 되었다. 댜길레프는 다음 해 여름에 세상을 떠났다. 그는 당뇨병을 앓고 있었지만 병을 무시했다. 런던 시즌이 크게 성공을 하고 그의 발레단은 비시에서 마지막 공연을 하게 된다. 그 후 댜길레프는 그가 마지막으로 총애하게 되는 16세의 작곡가 이고르 마르케비치Igor Markevitch와 함께 뮌헨으로 갔다. 뮌헨에서 8월 1일 댜길레프는 그가 아주 좋아하는《트리스탄과 이졸데》를 보는데 이날 공연의 주역 가수는 오토 볼프Otto Wolf, 엘리자베스 옴스Elizabeth Ohms였다.[56] 그의 옆에는 오래전 바슬라프에게 주었던 사랑과 똑같은 사랑으로 아끼는 마르케비치가 있었다. 댜길레프의 이런 사랑은 그의 생에서 수많은 작품을 만들어 낼 수 있는 동력이었다. 댜길레프는 천상에서 울려 퍼질 법한「사랑의 죽음Libestod」을 마지막으로 들었다. 그리하여《트리스탄과 이졸데》는 댜길레프의 생애 마지막 오페라가 된 동시에 마르케비치의 생애 첫 오페라가 되었다.[57]• 댜길레프는 혼자 베네치아로 갔다. 그는 몸이 급격히 안 좋아져서 리파르와 코흐노에게 전보를 쳤고 며칠 앓다가 8월 19일 베니스 리도섬의 그랜드 호텔Grand Hôtel des Bains에서 8월 19일 세상을 떠났다. 미샤 세르트와 샤넬이 도착했고, 파벨 코리부트쿠비토비치는 베니스에 너무 늦게 도착했다.[58] 당시 발레단은 휴가였기 때문에 모두 흩어져 있었는데 단원들은 신문 기사로 난 댜길레프의 부고를 읽고 모두 두려움에 떨었다. 그들은 일자리를 모두 잃은 것이다. 댜길레프의 장례식은 카트린 데랑제Catherine D'Erlanger가 주관하여[59] 그리스 정교식으로 진행했다. 장례식에 관한 리파르의 글을 보자.

---

• 나는 14세 때 어머니와 사촌과 함께 오베라메르가우Oberammergau로 예수 수난극을 보러 가는 길에 생애 처음으로 오페라《발퀴레》를 들었다. 그때 그들이 본 그 극장에서 1년 후였다.

"장엄하고 고요한 아름다움 속에 검정과 금색으로 다시 꾸민 웅장한 곤돌라가 이끄는 행렬, 꽃으로 뒤덮인 관. 그 뒤를 파벨 게오르기비치, 미샤 세르트, 코코 샤넬, 코흐노와 나(리파르). 그리고 다른 사람들, 친구들과 애도자들이 뒤를 따랐다. 그 후 아드리아 해의 잔잔한 군청색 수면, 황금색으로 반짝이는 햇살, 산 미켈레섬으로 장례 행렬은 향했다. 우리는 그의 관을 무덤에 놓았다."[60] 리파르는 댜길레프의 묘지 비석에 말라르메 스타일의 문구를 각인했다.

베네치아, 우리가 휴식할 동안에도 영원히 활기를 주는 곳
세르게이 댜길레프
1872~1929

누구도 댜길레프 발레단을 맡을 수 없었고, 흔쾌히 맡고자 하는 사람이 없었다. 누벨, 그리고리예프, 코흐노, 리파르, 발란친 중에 그 누구도 댜길레프의 성향이나 의지, 위신이나 막강한 사교성, 권위를 지니지 못했다. 용감한 조타수에게 이끌려 수많은 우여곡절을 겪으면서 누구도 해낼 수 없었던 특별한 20년의 항해를 마친 후 그 배는 부서졌고, 이제 각자가 자기 일을 알아서 해야 하는 상황이 되었다. 댜길레프 그룹의 여러 멤버는 다른 방식으로 흩어졌거나 다시 그룹을 형성했다. 그들은 댜길레프 사후부터 전 세계 각지에서 발레에 대한 사랑과 지식을 널리 알리는 데 일조했으며 여섯 개 대륙에서 국립 혹은 공립 발레단을 설립하는

데 일조했다. 파블로바의 발레단은 댜길레프 발레단보다 2년 더 존속했다. 그녀는 1931년 세상을 떠났다.

1929년 로몰라 니진스키는 미국에서 일했다. 그녀는 남편을 데리고 미국에 올 수가 없었다. 그 당시 미국은 정신적으로 건강하지 않은 이민자는 받아들이지 않았기에 그녀는 애석하지만 어쩔 수 없이 남편을 다시 크로이츠링겐 병원에 입원시켰다. 여기는 환자를 잘 보살핀다는 것을 로몰라가 알고 있었다. 니진스키는 10년 동안 앓고 있었다. 그다음 10년은 스위스에 있는 정신병원에서 지내게 된다. 로몰라가 미국에서 강의 투어를 하는 동안 파리 콩세이에 콜리뇽Conseiller Collignon가에 있던 그들의 마지막 거처에는 도둑이 들어서 물건들을 훔쳐 갔다. 그중에는 존 사전트가《아르미드의 관》에 등장하는 니진스키의 모습을 그린 초상화도 있었다. 이 작품은 레이디 리펀이 니진스키에게 유산으로 남겨 준 작품이었다.[61]• 1932년 로몰라는 엘레오노라 니진스키가 파리에서 죽었다는 소식을 들었다. 그녀는 바슬라프에게 이 사실을 알리지 않았고 그 대신 종종 그에게 어머니가 너무 나이가 들어 당신을 보러 올 수가 없다고 말해 주었다.[62]

로몰라가 떠맡고 있는 일 중의 하나는 바슬라프와 그녀 자신이

---

• 이후 30년 동안 이 유명한 그림은 세상에서 잊혔다. 1958년 샌프란시스코의 보헤미안 클럽Bohemian Club에서 사전트 초상화 전시를 할 때 이 그림이 등장했다. 이 작품의 출처를 알아보니 이 클럽의 회원이었던 고故 펠란Phelan 상원의원이 보헤미안 클럽에 기증한 것이었다. 펠란 의원은 1954년 세상을 떠났으며 파리에서 살았고 오랫동안 발레 애호가였다. 로몰라 니진스키는 이 그림을 되찾아오려고 노력을 했으나 허사였다. 이 클럽 측에서는 그녀에게 복사본은 주겠다고 제의하였지만 로몰라가 거절했다.

지낼 수 있는 돈을 벌기 위해 남편의 인생에 관한 글을 적는 것이었다. 이 아이디어는 1928년부터 출판업자 하이네만Heinemann을 위해 일하고 있던 아널드 하스켈이 그녀에게 제안한 작업이었다. 그녀는 1930년 미국에서 링컨 커스틴이 도와줘서 책을 쓰기 시작하여 1932년 영국에서 완성했다. 하스켈은 이제 로몰라의 대리인이 되어 골란츠Gollancz사에 이 원고를 넘겼다.[63] 이후 얼마 지나지 않아 1933년 발란친은 '르 발레Les Ballets'라는 조그만 발레단을 꾸려서 틸리 로슈Tilly Losch, 어린 투마노바Toumanova와 함께 사보이 호텔에 나타났다. 사보이 호텔과 사보이 극장은 나란히 붙어 있는데 1913년 니진스키가 댜길레프, 스트라빈스키와 함께《길버트와 설리번》공연을 즐겁게 보았던 곳이다. 이 극장의 분장실에서 로몰라는 젊은 커스틴을 발란친에게 소개했다.[64] 커스틴은 미국에서 발레를 부흥시키고자 하는 열망이 가득했고 커스틴은 발란친을 미국으로 초청했다. 이 두 사람의 만남은 아메리칸 발레학교The School of American Ballet를 탄생시켰다. 그리고 여러 개의 발레단이 명멸한 후에 마지막으로 발란친의 뉴욕 시티 발레New York City Ballet가 탄생하게 되었으며 지금은 세계에서 가장 뛰어난 발레단 중 하나가 되어 있다.

니진스키의 부인인 로몰라 니진스키가 집필한 『니진스키Nijinsky』는 1933년 골란츠 출판사에서 펴냈다. 미국에서는 그다음 해 사이먼 앤드 슈스터Simon and Schuster 출판사에서 이 책을 펴냈다. 책에는 여러 인상적인 장면들이 등장했다. 댜길레프는 어쩔 수 없이 필연적으로 악당 역을 맡을 수밖에 없었으며 다채로운 내용과 생생한 글이 실려 있었다. 로몰라는 이 책이 영화로 만들어지기를 희망했다. 사실은 영국의 영화제작자 알렉산더 코다Alexander Korda는 니진스키 역에 존 길거드John Gielgud를 캐스팅하여 영화로 만들 아이디어를 갖고 있었지만, 실현이 되지는 않았다.[65]

1936년 초 키라 니진스키는 댜길레프가 마지막으로 아끼던 이고르 마르케비치와 부다페스트의 대관식 교회Coronation church에서 결혼했다. 바슬라프와 로몰라의 핏줄을 잇는 이 결혼에서 아들을 한 명 낳았다.

1936년 로몰라는 트렁크에서 발견한 니진스키의 일기를 영어로 번역하여 출간했다. 1918~1919년 사이 생모리츠에서 쓴 『바슬라프 니진스키의 일기The Diary of Vaslav Nijinsky』는 바슬라프가 온전한 정신과 정신병의 경계에 있던 시기에 쓴 일기였다. 이 일기는 가장 특이한 자료로 출간 즉시 전 세계를 충격에 빠뜨렸다.

그 해 로몰라는 쾨츨Poetzl 클리닉에서 조현병을 치료하는 실험들이 좋은 결과를 얻고 있다는 이야기를 들었다. 로몰라는 젊은 오스트리아인 자켈Sakel 박사에게 연락했다. 자켈 박사는 쇼크 치료법을 발견했다. 그녀는 자켈 박사와 니진스키가 입원해 있던 크로이츠링겐 정신병원에 있던 세 명의 유명한 스위스 의사들과 함께 만났다. 로몰라가 바슬라프에게 시키려고 하는 극단적인 새로운 치료법을 적용하려면 스위스 정부가 지정한 니진스키의 공식적인 관리자와 정신병원의 의료진들의 동의가 필요했다. 그녀는 이들을 설득하느라 애를 먹었다. 의사들은 니진스키의 신체적인 건강 상태는 좋다는 것을 알게 되었고 위험을 감수해야 한

다고 판단했다. 자켈 박사는 로몰라에게 이 치료를 해 보지 않는
다면 환자가 회복할 기회는 존재하지 않는다고 말했다. 이 치료
는 치료가 되든지 아니면 적어도 부분적으로 개선은 될 것으로
보았다. 로몰라가 적기를 "댜길레프와 바슬라프의 오랜 친구 중
많은 사람은 그를 지금 이대로 내버려두는 것이 더 낫다고 생각
했다. 그들은 그가 만약 회복한다면 매우 불행한 사람이 될 것이
라고 우려했다." 그런데도 로몰라는 위험을 감수하기로 했고 바
슬라프가 치료를 받을 준비가 되면 자켈 박사 본인이 이 치료를
모두 관리하는 것으로 준비했다.

　　1937년 5월 안톤 돌린은 런던의 히즈 마제스티His Majesty 극장에
서 마티네 공연으로 니진스키를 위해 기금 모금을 하기 위해 공
연을 기획했다. 레이디 줄리엣 더프와 레이디 다이애나 쿠퍼는
공연위원회에서 활동했다. 존 길거드는 프롤로그를 낭송하고 마
르티넬리Martinelli는 니진스키를 기리는 노래를 불렀다. 리파르는
《파랑새》 파드되를 프루던스 하이만Prudence Hyman과 추었고《목
신의 오후》주역도 맡았다. 마고 폰테인Margot Fonteyn과 돌린은《잠
자는 미녀》에서 오로라 파드되를 추었다. 모드 로이드Maude Lloyd
는 발레《폴리 베르제르 바에서Le Bar aux Folies-Bergére》에서 춤을 추
었고, 매리 호너Mary Honer, 해럴드 터너Harold Turner는《호두까기 인
형》에서 아다지오를 추었다. 몰리 레이크Molly Lake, 다이애나 굴드
Diana Gould, 프루던스 하이만, 캐슬린 크로프턴Kathleen Crofton은 키
스 레스터Keith Lester가 안무한《파 드 카트르》를 추었다. 리디아 소
콜로바와 돌린의 어린 제자인 벨리타 젭슨터너Belita Jepson-Turner 역

시 참가했다. 지휘는 콘스탄트 램버트가 맡았다. 카르사비나는 부다페스트에서 날아와 프로그램의 마지막에 니진스키에 관한 이야기를 했다. 카르사비나의 이 연설은 돌린에게 "무엇보다 가장 아름다운 순간"이었다.[66] 필요 경비를 제하고 니진스키를 위해 2천5백 파운드를 모금했다.[67] 니진스키 재단Nijinsky Foundation이라는 신탁 펀드가 설립되고 니진스키 치료를 위해 친구들이 펀드 설립에 많이 도왔다.

돌린이 기획한 갈라 공연 바로 직후 돌린은 차를 가지고 유럽을 순회하였는데 그때 그는 크로이츠링겐 정신병원에 있던 바슬라프와 로몰라를 방문했다. 니진스키는 다른 환자들처럼 풀밭에 앉아 있었다. 돌린은 "살이 찌고 풍채가 큰" 남자를 마주할 것으로 예상했으나 그는 "몸이 날씬한 중년의 남자가 의자에서 휴식을 취하고 있는 모습을 보았다. 방황하는 눈빛이었으나 절대 공허하지는 않은 눈빛으로 앞을 바라다보고 있었다." 처음에는 니진스키가 약간 불안해 보였으나 곧 편안해졌고 말하는 것을 전부 이해하는 듯했으며 때때로는 이야기를 하기도 했다. 돌린은 그에게 질문했다. "왜 당신은 춤을 추지 않습니까? 당신은 게을러요. 저를 위해 춤을 춰 주세요." 그는 천천히 대답을 했으나 확신하는 말투는 아니었다. "아뇨, 아뇨, 나는 지금 춤추고 싶지 않아요." 바슬라프는 돌린에게 자신의 방을 보여 주었다. 그림이 하나도 없었는데 로몰라의 말에 의하면 그가 분노를 참지 못할 때 그림들을 모두 부수기 때문이었다.[68]

1937년 11월 바슬라프의 드로잉, 수채화, 파스텔화 전시회가 피카딜리에 있는 스토란 갤러리Storran Gallery에서 개최되었다. 이 전시회는 니진스키 재단의 후원으로 그룹 시어터Group Theatre에서 주관한 전시였다. 허버트 리드Herbert Read는[•] 전시회 카탈로그에 바슬라프의 작품에 대해 다음과 같은 글을 실었다. "바슬라프의 이 그림들은 '소외된' 정신의 산물이며, 어린아이들 혹은 원시예술과 상통한다. 무의식적으로 표출되는 직접적인 혹은 자동적인 표현……. 그러나 이 그림들은 니진스키가 완전히 의식하고 있는 예술인, 그의 발레 작품들을 바로 암시하는 일반적인 특징을 지니고 있다. 그림에서 나타나는 리듬은 춤의 리듬이다."[69]

자켈 박사의 치료는 1938년 8월 크로이츠링겐에서 시작되었다.[70] 로몰라는 다음과 같이 썼다.

매일 아침 바슬라프는 간질 발작을 일으키는 인슐린 충격을 받았다. 이 치료는 심장과 전신에 큰 부담이었다. 매일 아주 큰 수술을 하는 듯했다. 몇 시간 동안 인슐린 쇼크로 자극을 받아 바슬라프는 깊은 혼수상태로 누워 있었다. 나는 말로 표현하기 어려운 고통을 겪었다. (…) 그러나 겉으로 보기에는 그가 치료를 잘 견뎌 내는 것처럼 보였다. 그리고 의식이 회복되었을 때 그는 뚜렷하게 답을 하고 자신에 관한 논리적인 질문도 했다. 그가 몇 년간 말을 하지 않은 것을 생각해 보면 이것만으로도 이미 개선이 된 상태였다. 자켈 박사는 나한테 이 치료는 심연으로 들어가는 길을 열어 주는 것이며, 진짜 필요한 작업은 오랫동안 깊이 묻혀 있던 그의 자아를 바깥세상

---

• 영국의 예술역사가, 시인, 문예 비평가

으로 나오게 해서 그대로의 실제 세상과 연결하는 작업이라고 설명해 주었다. 바슬라프의 수동적인 저항을 무너뜨리고 그의 분열된 자아를 하나로 합치는 것은 바슬라프를 사랑하고 그의 가까이에 있는 누군가에 의해 행해져야 했다. 그런 까닭에 내가 직접 이 의무를 짊어지기로 했다.

매일 오후 나는 바슬라프가 그의 예술, 그의 젊음, 그의 취미 등에 대한 사소하고 단순한 사건에 흥미를 느끼게 하려고 노력했다. 처음에는 너무나 힘들었다. 그는 자신 속으로 자꾸 파묻히는 경향이 있다. 그러나 나는 고집스럽게 그를 활동의 영역으로 끌고 나오려고 노력했다. 어떤 사안에 대해 그의 관심을 가질 수 있도록 하여 어느 정도 유지해야 했다. 그 대상은 내가 그에게 보여 주고 그가 모으도록 만들게 하는 정원에 있는 한 송이 장미꽃일 수도 있다. 그 외에도 나는 그에게 피아노 소리를 듣도록, 또는 테니스 게임을 보도록 격려를 했다. 좀 더 뒤에는 그를 데리고 도시에 산책하러 나갔다. 나는 그의 관심을 어린이들에게로 돌렸다. 개와 고양이는 바슬라프가 무서워했다.

1919년 제일 처음 바슬라프의 병을 진단했고 오래전에 은퇴를 했던 블로일러 교수가 이제 치료를 살펴보러 왔다. 크로이츠링겐의 의료진은 '정신분열'이라는 단어를 처음 만들어 낸 이 유명한 노인이 그들을 방문한 것에 깊은 인상을 받았다. 로몰라는 그를 20년 동안 만나지 않았다.

그는 아침 일찍 도착해서 바슬라프에게 인슐린 쇼크를 시행할 때 참가했다. 우리는 그후 빈스반거Binswanger 박사의 개인 집으로 모두 초대받아 점심을 먹으러 갔다. 벨뷰Bellevue 정신병원의 원장인 빈스반거 박사는 한때 블로일러 박사의 제자였고 이전의 스승을 만나는 것을 당연히 기뻐했다. 자켈 박사 역시 우리와 함께 자리했다.

그때 블로일러 박사는 나에게 말했다. "니진스키 부인, 오래전 나는 당신에게 사실을 알려야 하는 잔인한 일을 했습니다. 그 당시 의학적인 지식에 의하면 당신의 남편은 치유될 수 없는 정신이상자였습니다. 저는 오늘 당신에게 희망을 줄 수 있어서 너무나 기쁩니다." 그는 자켈 박사의 손을 잡으면서 말을 이었다. "나의 젊은 동료는 내가 헛되이 40년간 연구에 매달린 치료법을 찾아냈습니다. 나는 그가 너무나 자랑스럽습니다. 그리고 당신도 자랑스럽습니다. 내가 오래전에 한, 남편과 이혼하라는 충고를 따르지 않았기 때문입니다. 당신은 그가 정신질환을 앓고 있던 그 긴 세월을 그의 옆에 있었습니다. 당신은 이 끔찍한 병에 걸린 그를 도왔습니다. 이제 저는 당신이 보상받을 것이라고 믿습니다. 그는 다시 그 자신이 될 것입니다."

나는 눈물을 감추기 위해 고개를 돌려야만 했다.


바슬라프에게 휴식을 주기 위해 치료를 2개월간 멈추었다. 자켈 박사가 미국으로 간 후에는 뮌싱겐Münsingen에 있는 베른주 국립정신요양원State Asylum of the Canton Berne에서 3개월간 치료가 계속되었다.


아침마다 바슬라프는 의사들의 치료를 받았다. 그 이후는 내가 자켈 박사의 지시를 따라 그를 돌보았다. 여기서는 바슬라프가 한결 더 자유로웠다. 블로일러 교수를 따르는 뮐러 박사는 재교육에 대한 믿음이 강했다. 박사는 바슬라프가 일상생활을 하도록 모든 시도를 하게 용기를 주었으며 스스로 해 보도록 했다. 뮐러 박사의 충고에 따라 우리는 베른을 방문하여 머무는 시간이 점점 더 길어졌다. 개선되는 상황은 느렸지만 꾸준했고 눈에 뜨일 정도였다. 우리는 이제 바슬라프를 공공장소. 레스토랑. 콘서트. 극장 등에 데리고 가는 모험을 감행할 정도가 되었다. 극장에서는 스위스의 캐릭터 무용수인 트루디 스쿱Trudi Schoop의 공연도 보았다.

이렇게 바슬라프의 상황이 눈에 띄게 개선되자 뮐러 박사는 로몰라에게 그가 점차 일상생활에 적응할 수 있기를 바라면서 그를 산에 있는 호텔로도 데려가 보도록 했다. 로몰라의 헌신은 얼마만큼 보상을 받았고 새로운 치료법을 해 보기로 한 그녀의 용기가 옳았다.

우리는 약 1년간 알프스 높은 산맥의 베른 오베르란트Bernese Oberland에 있는 작은 호텔에서 또다시 살았다. 바슬라프는 다시 생모리츠에서 그가 했던 것처럼 알프스의 산에서 지나가는 사계절을 보았다. 두 장소는 매우 비슷했다. 우리가 희망했던 것보다 모든 것이 더 좋아졌다. 그리고 아주 진지하게 스위스에 우리의 집을 마련하는 것을 생각하기 시작했다.

1939년 6월 리파르는 댜길레프 서거 10주년을 기념하는 하기 위해 루브르에 있는 장식미술 박물관Musée des Arts Decoratifs에서 전시회를 기획했다. 그리고 그는 갈라 공연을 준비하여 바슬라프의 치료를 위한 모금을 준비하였고 바슬라프 부부를 초청하여 공연을 보게 했다.

리파르와 니진스키의 마지막 만남은 파리 오페라 무대에서 사진을 찍은 그때였다. 리파르는 바슬라프가 훨씬 더 몸이 건강해 보였고 좀 더 부드럽고 사교적이라는 것을 알게 되었다.

그의 얼굴에는 절망적일 정도로 소심하고 억압된 표정이 사라졌고 그는 순조롭게 물음에 답을 한다든지 말을 했다. 그는 더는 손톱을 빨리 물어뜯지 않았다. 손으로 하던 신경질적인 동작은 전혀 다른 표현 방식을 발견했다. 그 동작들은 일종의 춤, 종종 아름다움이 느껴지는 순수하게 춤과 관계된 동작 같았다. 그는 결코 손을 멈추는 법이 없이 움직였으며 머리를 중심으로 한 그의 동작은 때때로 시암 무용수들의 조형미를 연상시켰다. 하지만 그의 익살맞고 어린아이 같은 미소, 확신과 선량한 자비로움을 느끼게 하던 그 미소는 사라졌다. 그 대신 경련을 일으킬 만큼 깊고 목이 쉰 웃음이 그 자리를 차지했다. 그 웃음은 그의 온몸을 흔들어 날카롭고 각진 플라스틱 포즈를 만들어 냈다. 이런 동작에는 너무나 무용적인 요소들이 무의식적으로 표현이 된다.

우리가 그의 방에 들어갔을 때 니진스키는 혼자 말을 하고 있었다. 그는 항상 자신의 언어로 혼자 말을 하는데 다른 사람은 아예 알아들을 수가 없다. 러시아어, 프랑스어, 이탈리아어의 예상하기 힘든 언어의 조합이었다.

그에게 "당신은 댜길레프를 기억하시나요, 바차?" 하고 질문하니 니진스키는 즉각 대답했다. 그의 반사적인 반응은 놀랄 만큼 빨랐다. 정상인보다 훨씬 더 빨랐다. "기억해요……. 예, 예, 그…… 대단한…… 그가 어떻게……." 그러고는 갑자기 쉰 목소리의 무시무시한 웃음이 그의 몸 전체에 경련을 일으켰으며 몸을 신경질적으로 홱 움직여 날카로운 각도로 뒤틀었다.

그의 방에는 수평봉이 설치되어 있었다. 리파르는 고개를 끄덕이고, 발을 탕탕 두드리고 박자를 세는 니진스키 앞에서 연습했다. 리파르가《목신의 오후》의 한 파트를 추니까 바슬라프는 그를 옆으로 밀어 내고 동작을 고쳐 주었다. 다른 춤은 그가 손뼉을 쳤다.[71] 그러나 리파르가《장미의 정령》에서 일부분을 시연할 때는 마치 앙트르샤에 대한 반응인 듯, 니진스키는 준비 동작이나 플리에조차 하지 않고 바닥에서 높은 점프를 웃으면서 구사했다.[72] 사진사가 그 자리에 있었기에 비록 기대는 했지만 전혀 예상하지 못한 그의 발레 솜씨를 기록할 수 있었다.

갈라 쇼에는 이전에 댜길레프 발레 무용수들이었던 넴치노바, 돌린, 리파르, 체르카스Constantin Tcherkas, 스페인인 무용수 에스쿠데로Vincente Escudero, 인도인 무용수 람 고팔Ram Gopal, 그리고 파리 오페라의 예술가인 로르샤Suzanne Lorcia, 다르손발Lycette Darsonval, 슈바르츠Gerard Schwarz, 페레티Serge Peretti가 참여했다. 이 갈라로 벌어들인 3만 5천 프랑은 니진스키 재단에 기부했다.[73]

바슬라프는 정상적으로 행동하고 움직였다. 인슐린 쇼크 요법은 결정적으로 환각에서 그를 벗어나게 해 주었다. 지금은 그의 병의 징후는 오로지 너무 겁이 많고 말을 하지 않으려는 경향인 것뿐이었다. 그는 자신을 대화에 참여하게 하려는 시도를 무척 싫어했다. 오히려 누군가가 인내하면서 기다리면 더 대화에 관심을 가졌다. 그러나 바슬라프는 젊었을 때조차 말수가 적었고 의사는 그 점에 대해서는 걱정하지 않는 것이 더 낫다고 판단했다. 우리가 산산조각이 난 과거의 잔해들 사이에서 새로운 인생을 구축하려고 하는 동안 바깥세상에서 무슨 일이 일어나고 있는지에 관해 거의 관심을 가지지 못한 것은 당연했다. 어느 날 우리는 햇볕을 쬐면서 테라스에 앉아 알프스의 장엄한 산봉우리들을 보면서 감탄을 하고 있었는데 호텔 직원이 신문을 가져다주었다. 그는 약간 흥분한 듯이 보였다. 그는 독일이 러시아와 조약을 맺었다고 말했다. 내 기억이 맞는다면 1939년 8월이었다. 스위스의 산골 마을이 그 소식으로 인해 고요함이 방해받는 듯했다. 며칠이 지나자 방문객 중 일부가 급하게 짐을 싸서 그들의 조국으로 떠났다. 이렇게 고요하고 장엄한 풍경에 둘러싸여 있는 곳에서 약간은 우스꽝스럽게 보이는 어떤 두려움이 몰려왔다.

바슬라프는 오히려 그런 사람들의 모습을 지켜보는 것을 즐거워했다. 그가 젊은 시절에도 카페 드 라 페에서 박스트와 둘이 앉아 지나가는 사람들을 쳐다보곤 했다. 이제 우리는 매일 아침 우리 호텔에 있는 자그마한 바에 갔다. 우리는 바에 앉아 점심시간이 되기 전까지 걸어 들어오는 사람들 혹은 수영장에 있는 사람들을 바라보면서 오렌지 주스를 마셨다. 베로뮌스터Beromünster에 있는 스위스 무전국은 언제나 정오에 가장 최신 뉴스를 방송했다. 어느 날 독일이 단치히Danzig를 점령해서는 안 된다는 청원을 거절했다는 방송이 나왔을 때 말소리가 일순간 멈추었고 침묵이 흘렀다. (…)

그런 후 갑자기 느닷없이 바슬라프가 말했다.

"그래서 또다시 그들은 '독일, 독일, 무엇보다도 독일'을 주장했다. 이는 2막의 시작이다!"

스위스 호텔은 순식간에 텅 비었다. 그러나 로몰라는 그들이 무기한 체류해야 한다고 호텔 소유주와 합의했다. 바슬라프의 남자 시중꾼은 군대에 징집되었기에 뮐러 박사는 바슬라프를 돌볼 자격을 갖춘 여자를 보내기로 했다. 그러나 이는 이루어지지 못했다.

바슬라프는 신체적인 돌봄이 필요하지 않았다. 그는 내가 없을 때 옷 입고 벗는 것, 면도하는 것, 식사하는 것을 챙겨 주는 시종 노릇을 할 수 있고 같이 지낼 수 있는 동반자가 필요했다. 또한 무엇보다도 그는 자신이 존중하고, 동반자가 필요하다고 판단될 때 바슬라프에게 강하게 말하고 그를 제지할 수 있는 권위를 가진 사람이 필요했다. 이런 일들은 능력 있는 간호사라면 쉽게 할 수 있는 일이라고 판단했지만, 이는 나의 실수였다. 바슬라프는 즉각 적대적으로 변하여 한 간호사의 생명을 계속해서 위협하기 위해 그가 할 수 있는 일을 다 했다. 뛰어난 연기와 마임을 행하면서 강력하고 압도적인 우울한 표현으로 그는 간호사들을 공포에 떨게 하여 그들이 마지막 순간이 왔음을 확신하게 만들 정도였다. 그들은 감히 그와 단독으로 함께 있을 수가 없었으며 그에게 손대지도 못했다. 그리하여 다른 사람의 도움을 받고자 했던 희망은 포기해야 했다. 짓궂은 바슬라프는 그의 목표를 달성했다. 그가 원하는 것은 내가 밤이나 낮이나 그를 돌봐 주는 것, 그뿐이었다. 그는 나와 둘만 있기를 원했고 또 다시 자신의 가정에 보스가 되었다.

이런 점은 큰 진전을 보이는 신호로 그의 의료진과 나를 기쁘게 하는 건강하고 자연스러운 반응이었다. 그러나 나에게는 모든 책임을 다 떠맡아야 하는 너무나 힘든 일이었다. 그러나 나는 바슬라프의 신체적인 안전을 확인해야 했다. 나는 또한 사회에 대한 그의 행동에 관해 책임을 지고 있었다. 이는 대부분의 사람이 예측할 수 있는 평범한 존재의 보호자일 때와 정신분열증 환자를 돌봐야 할 때는 전혀 다른 문제다.

나는 이 문제를 뮐러 박사와 전화로 상의를 하였다. 박사는 그들의 존재만으로도 바슬라프를 힘들게 하는 간호사들을 해고하라고 조언했다. 뮐러 박사는 꺼리면서도 지금 이런 상황에서는 바슬라프를 자유롭게 놔두려고 했던 우리의 계획은 현재로서는 포기해야 한다고 말했다. 왜냐하면 뮐러 박사는 내가 휴식도 없이 그를 계속 돌보게 되었을 때 육체적인 고통을 견딜 수 있을지 의문스럽다고 했다. 전쟁이 끝날 때까지 그를 다시 정신병원에 입원시키는 것 말고는 다른 방법이 없다고 판단했다.

그러나 나는 포기하지 않고 불가능을 시도해 보기로 했다. 나는 우선 간호사에게 그녀가 근무하는 날은 산으로 산책하러 가든지, 방에서 책을 읽든지 시간을 보내라고 하고 내가 할 일을 혼자 다 떠맡았다.

처음에 바슬라프는 순했고 말을 잘 들었다. 내가 면도를 해 줄 때면 그는 얌전히 앉아 있었고 우리가 아침 산책을 떠나기 전에 나를 도와서 방도 정리하고 내가 쇼핑을 갈 때는 같이 가기도 했다. 내가 뜨개질을 할 때는 그는 털실을 잡고 있었다. 모든 것이 순조로운 듯했다. 뮐러 박사도 기뻐하면서 나를 축하해 주었다.

그러나 불굴의 로몰라에게 더 많은 시련이 기다리고 있었다.

아마도 바차는 해발 1.8킬로미터에 있는 이곳의 생활이 지루하다고 느꼈고 약간의 흥밋거리를 가질 때가 무르익은 듯했다. 우리가 산책하던 어느 날 높은 곳으로 올라갈 때, 그는 나를 갑자기 밀었는데 워낙 강한 힘이어서 나는 미처 발을 땅에 밟지 못해 비탈길에 착지했다. 불과 몇 분 전만 해도 바슬라프와 나는 비탈길을 따라 산책을 했는데 그가 나를 밀치다니! 나에게 무슨 일이 있었는지는 신만 알 것이다. 바슬라프가 미리 생각하고 그런 행동을 한 것인지 갑작스러운 반응으로 그리한 것인지 의문스러웠다. 나는 바슬라프의 성격이 부드러움 그 자체라는 것을 알고 있다. 그는 누구에게도 고의로 불친절하게 군 적이 없었다. 그러나 나는 정신분열 환자는 갑자기 억제할 수 없는 충동으로 행동하는 것을 알고 있었다. 그런 행동은 매우 위험하며 나는 그런 행동에 주의해야 했다. 바슬라프를 통제하는 것이 가능할까, 혹은 통제하도록 영향력을 끼치는 것이 가능할까? 힘을 사용하는 것은 불가능했다. 그의 발병 초기에 그 무자비한 의사들과 간호사들이 그에게 구속복을 입히고 철제 침대에 눕힐 때조차도 네 명의 남자 간호사와 그의 힘을 줄이는 주사가 필요했다. 그런데 그 결과는? 그는 파괴된 인간이 되었다. 그때 나는 내가 살아 있는 동안은 그가 무슨 일을 하더라도 다시는 그에게 그런 짓을 하도록 두지는 않겠다고 결심했다. 산에서 일어난 일을 누구에게도 발설하지 않았고 더욱 조심하기로 했다.

그 사고가 일어났을 때 나는 일어서서 웃으면서 스커트를 깨끗하게 털었다. 내가 "오 웃기기는, 바친코Vatzinko*"라고 말하면서 웃자 그도 함께 웃었고 나는 다시 활기차게 그와 팔짱을 꼈다. 그는 놀란 듯이 보였다. 내가 느끼기에는 나에게 그를 두려워하지 않는 당당함이 있는지를 궁금해하는 듯했다. 그가 나에게 겁을 주려고 애쓴 것을 이제는 이해한다. 나는 그와의 관계에서 우위를 유지해야 했으며 그렇지 않으면 게임에서 진다는 것을 알고 있었다.

수년 전 블로일러 교수가 나에게 충고했다. "정신질환자가 불안해하거나 폭력적으로 되었을 때 돌보는 이는 자신의 대담성을 상실하면 안 됩니다. 오히려 그 반대로 돌보는 이는 두려움이 없음을 확실히 보여줘야 합니다." 정신병원에서조차 몇 개 정도의 가벼운 가구들, 깨지지 않은 재질의 유리창, 자동으로 닫히는 문 등을 설치하여 환자의 이런 경우를 대비하여 실내 환경을 디자인하지만, 환자의 공격에 대응하기가 어렵다. 하물며 모든 물건이 누군가에게, 그리고 환자 자신에게도 신체적으로 해를 끼칠 수 있는 호텔에서 낯선 사람들이 정신질환자를 대응한다는 것은 얼마나 더 어렵겠는가.

다음 날 나는 늘 하던 대로 아침식사를 가지고 바차의 방으로 갔는데 그는 트레이를 바닥에 내동댕이쳤다. 나는 그때 차를 내리고 있었다. 스크램블 에그와 익힌 과일은 가구, 카펫, 방 안 구석까지 사방으로 흩어졌다. 바슬라프는 침대에서 의기양양하게 나를 바라보고 앉아 있었다. 나는 구부려서 깨지지 않은 접시와 컵을 주워서 다시 사용하려고 씻었다. 그러나 바차는 진짜 쇼를 보여 주기로 했다. 그는 나를 향해 의자를 던지고 그다음에는 침대 옆 작은 테이블 위를 장식하고 있던 대리석을 던졌다. 이런 행동조차도 나를 공포에 떨게 하면서, 자신을 혼자 두고 떠나게 하려던 그가 바라는 효과를 거두지 못하자, 그는 불길한 표정을 지으면서 그의 유명한 그랑 주테

• 바슬라프의 애칭*

Grand jeté를 구사하여 위협적인 제스처로 나보다 높은 곳에서 내 옆
으로 착지했다.

이 순간에 그는 이반 뇌제와 너무나 흡사했다. 나는 그가 베일에 가
려진 신비한 눈길 속에서 내 이야기를 듣고 이해하는, 그 이상의 것
을 보았다. 그의 감정은 격렬했다. 그러나 나는 동요하지 않았다. 나
는 침착하게 서서 단호하고 에너지 가득한 표정으로 그의 눈을 찬찬
히 들여다보았다. 그는 다시 응시했다. 잠깐의 순간이 지나갔다. 마
치 영원의 세월 같았다. 그런 후 그는 거의 알아차리기 힘들 정도로
살짝 눈길을 피했다. 지극히 얼마 안 되는 부분이었지만 나는 알아
차렸다. 내가 이겼다. 나는 알았다. 그리고 아주 부드럽고 굳건하게
나는 말했다. "바차, 앉으세요." 그는 그렇게 했다.


이렇게 바슬라프가 안정을 되찾은 후 그의 환영이 아주 덜해졌
다. 그는 평화롭게 보였고 로몰라가 이끄는 대로 자신을 맡기면
서 따라 했다. 그녀는 이제 결론을 내려야 할 때가 되었다. 그녀의
친구가 많고 돈을 벌 수 있고 게다가 바슬라프가 미국 병원에서
일하고 있는 자켈 박사 근처에서 살 수 있도록 미국으로 옮기는
것이 최선인가를 결정해야 했다. 로몰라는 미국의 변호사이자 친
구인 로렌스 스타인하트Laurence Steinhardt를 통해 바슬라프를 위한
방문자 비자를 신청했다. 그녀 자신의 비자는 1년 더 유효했다.
그녀가 이 결과를 기다리는 동안 그녀는 레이디 오톨린의 남편

---

• 한쪽에서 다른 쪽 다리로 발을 바꾸면서 점프하여, 다리를 공중에서 뻗는다. 남성 무용수의 스텝
인 주테 중에서도 가장 크게 도약하는 화려한 것으로 그 위력과 매력이 크게 과시된다.*

인 필립 모렐Philip Morell에게서 연락을 받았다. 그의 말에 의하면 현재의 통화 정책으로는 그가 영국의 니진스키 재단에서 더 이상 바슬라프에게 돈을 보낼 수가 없게 되어 있다는 것이었다. 니진스키 부부가 묵고 있는 호텔의 주인은 그들을 이미 호텔 꼭대기 층 뒤쪽에 있는 두 개의 작은 방으로 옮기도록 했다. 이제 호텔 주인은 방값이 지불되지 않았다는 것을 알게 되면 그들을 내쫓을 것이다. 미국 비자는 더욱 절실히 필요하게 되었다.

1940년 부활절에 너무나 기쁘게도 비자가 승인되었고 그녀가 취리히에 있는 미국 영사에게 가서 보고를 하라는 전보를 받았다. 그러나 불행하게도 니진스키가 미국으로 올 것이라는 정보가 『워싱턴 포스트』로 흘러나갔고 로몰라가 영사를 방문한 그 날 아침 스위스 신문에도 기사가 실렸다. 영사는 매우 화를 내면서 만약 비자 기간이 만료되었는데 전쟁이 끝나지 않는다면 바슬라프 부부는 비자 연장 신청을 할 것이고 그러면 영사는 그의 상관에게 책임 추궁을 당할 것이라고 말하면서 비자 발급을 거부하였다. 로몰라는 절박하게 미국으로 전보를 보냈다.

그러나 이제 가짜 전쟁은 끝나고 본격적인 전쟁이 시작될 즈음이었다. 로몰라는 그녀가 만약 미국 가는 비자를 얻기 전 — 그녀가 비자를 얻을 수 있다면 — 히틀러의 승리 군대가 전 유럽을 점령한다면 그녀와 남편은 스위스에서 한 푼도 없는 상태로 갇히게 된다는 것을 알았다. 현재 그들이 지닌 난센 여권Nansen passport•

---

• 제1차 세계대전 후 난민에게 국제 연맹에서 발행한 여권*

은 오로지 중립국에서만 살거나 여행할 수 있었다. 헝가리만이 대안인 듯했다. 만약 무솔리니가 연합국에 대해 선전포고를 한다면(1940년 7월 11일 선전포고함) 그들이 스위스를 빠져나갈 수 있는 루트인 이탈리아와 유고슬라비아를 통해 중립국 헝가리로 가는 길이 봉쇄될 것이었다. 로몰라는 바슬라프를 스위스 국립정신병원에 남겨두고 자신은 미국 비자를 사용하라는 조언을 받았다. 그러나 그녀는 지난 전쟁에서의 경험을 반복하고 싶지 않았으므로 그녀 부모의 도움에 기대기로 하고 헝가리로 갈 결정을 했다. 로몰라는 바슬라프의 모든 좋은 치료를 취소하는 위험을 감수하기보다는 미국에서 그녀 혼자만의 편안함과 안전함을 포기하는 편을 택했고 그의 곁에 있기로 했다. 이것은 아마도 그녀의 가장 자기희생적이며 과감한 결정이었을 것이다.

길고 지친 여행 끝에 두 사람은 7월의 어느 더운 여름날, 그녀가 1912년 봄, 그를 처음 보았던 도시로 돌아왔다.

"다뉴브강을 건너면서 우리는 쨍쨍 비추는 햇살 아래 눈에 띄는 도시의 상징물을 보았다. 도시를 빙 둘러 산이 이어져 있는 도시, 왕궁은 도시를 압도하는 언덕 위에 솟아 있으며, 국회의사당, 부다 구시가지Old Buda, 성 마르거리트섬Island of St-Marguerite, 한때 우리에게 친숙했던 광경들."

처음부터 로몰라는 그들이 자신의 부모에게 환영받지 못한다고 느꼈다. 그녀의 책을 보면 결국은 그녀의 모친에 대해 불편한 심경을 내보인다. 아무도 역에 이들 부부를 마중 나오지 않았다. 그녀가 리츠 호텔에서 친정에 전화했지만 어머지 에밀리아 마르쿠스와 계부 파르다니는 지금 시에 없다는 말을 들었다. 로몰라의 당황함을 알아챈 바슬라프는 친절하게 "걱정 마. 그들은 당신의 메시지를 제때 받지 못했을 거야"라고 말했다. 그녀의 부모는 언론에서 딸 부부에 가지는 관심보다 훨씬 덜 관심을 보였지만 결국 호텔로 와서 딸 부부를 집으로 오게 했다. 니진스키 부부는 그들이 1차 세계 대전 때 살았던 언덕 많은 교외의 큰 집에서 예전과 같이 2층에서 다시 살 게 되었다.

로몰라는 여전히 미국 비자를 얻을 수 있을지도 모른다는 희망을 품고 있었다. 그녀와 바슬라프가 유고슬라비아를 통해 그리스로 가서 미국으로 가는 화물선을 탈 수 있을지도 몰랐다. 그러나 몇 주가 흘렀고 그녀는 자기 변호사가 직면한 어려움을 듣게 되었다. 로몰라는 점점 희망을 포기하게 되었다. 니진스키 부부는 미국행은 포기하고 헝가리에 남기로 체념했다. 로몰라의 글.

내 가족은 우리가 편히 지낼 수 있도록 그냥 내버려 두지 않았다. 그들은 바슬라프를 미심쩍은 눈초리로 쳐다보았다. 누구도 바슬라프보다 더 순하고, 조용하고 선할 수가 없었다. 그런데도 바슬라프는 그들을 무장해제 시킬 수가 없었다. 나는 그가 과거에 깊은 상처를 받았던 내 친정집에 그를 데리고 온 것이 큰 실수임을 깨닫고는 깊이 걱정을 했다. 이러한 적대적인 환경에 그를 두게 됨으로써 나타나는 광범위한 결과와 그에 동반되는 불화와 의심. 특히 바슬라프가 인슐린 쇼크 요법으로 치료를 받고 난 후여서 더욱더 그러했다. 바슬라프는 지금 그를 이해해 주고 친절한 사람과 함께 있어야 할 필요가 있다. 그는 세상과 사회에 처음 접촉을 시작했을 당시의 어린애처럼 매우 겁 많고 소심했다. 그는 현실과 인간에 대해 다시 적응해야 했다.

1941년 3월 유고슬라비아는 히틀러와 관계를 끊었다. 독일군대는 부다페스트로 쏟아져 들어왔다. 한 달이 안 되어 독일군대는 그리스를 관통했다. 헝가리는 독일군대가 완전히 점령했고 사실상 독일 대사가 헝가리를 통치하는 상황에서 로몰라는 바슬라프의 생명을 위협받고 있다고 생각할 근거가 충분히 있었다. 독일은 정신질환자를 모두 몰살시켰다. 헝가리는 여전히 러시아와 전쟁 상황은 아니었다. 그리하여 로몰라는 러시아를 통해 미국 가는 비자를 얻을 희망을 안고 러시아 영사를 찾아갔다. 그러나 6월 독일은 러시아를 침공했다. 로몰라와 바슬라프가 부다페스트에 있을 때 그 뉴스를 들었다. 로몰라는 다음과 같이 썼다.

나는 너무 충격을 받아 꼼짝도 못 하고 서 있었다. 우리는 또다시 전쟁포로가 된다. "로마, 왜 그렇게 말이 없어? 무슨 일이야? 무슨 걱정을 하는 거야?"라고 바슬라프가 물었다. 나는 블로일러 교수가 몇 년 전 나에게 한 조언이 기억났다. 누군가는 진실을 말해 주어야 하며 말을 할 때는 친절하게 해야 한다는 그 충고. 그래서 나는 말했다. "독일 군대가 러시아를 침공했어요. 만약 헝가리가 러시아 편을 든다면 우리는 다시 억류될 것 같아요. 두려워하지 말아요. 우리는 함께 있으니까요."

로몰라는 돈을 벌기 위해 예술에 대한 글을 썼지만, 그녀는 그런 글들을 발표하기 위해 당국의 허락을 받기 전에 자신이 '순수 아리안' 혈통임을 문학평의회Literary Council에 입증해야 할 의무가 있었다. 그녀는『바슬라프 니진스키의 일기』헝가리판을 준비했다.

1941년 12월, 진주만 공습 이후, 헝가리는 영국, 미국과의 전쟁을 선포했다. 두 나라의 외교관들은 짐을 싸기 시작했고 로몰라는 그들에게 자신과 바슬라프를 데려가 달라고 애원을 했지만, 그들은 그렇게 할 수가 없었다. 로몰라의 부모는 이제 그녀에게 집을 떠나 달라고 요구했다. 그녀의 계부는 지금은 개종하긴 했지만, 유대인이었고 위험에 처했으며 에밀리아는 다른 유대인들을 집안에 숨겨 주기도 했다. 그러나 그 집이 지어진 땅은 로몰라의 어린 시절 그녀의 아버지가 샀고 그녀의 아버지가 그녀에게 남겨 준 땅이었다. 그녀는 옮겨 가는 것을 거절했다. 그러나 바슬라프는 이런 우울한 환경에 매우 민감했으므로 로몰라는 옮길 만한 집을 물색하고 있었다. 그녀의 사촌 파울 폰 보후스Paul von Bohus를 통해 벌러톤Balaton 호수 근처 시골의 오두막집을 구했다. 몇 달동안 바슬라프 부부는 평화롭게 수영도 하고 근처를 놀러 다니기도 했다. 그러던 어느 날 지방 경찰이 찾아와서 그들은 러시아 첩보원으로 의심받고 있는 사람을 찾고 있다고 말했다. 이 일이 있고 난 후 이들 부부는 부다페스트로 다시 돌아갔다.

로몰라는 부다페스트 근처의 스밥헤기Svabhegy 언덕에 있던 조그만 집을 구했다. 부부는 브린두스Brindus라는 착한 농부를 바슬라프를 돌보기 위해 고용했으며 그는 바슬라프에게 헌신적으로 했다. 문학평의회에서는 로몰라가 적은 글을 출판해도 된다는 허가를 철회했다. 바슬라프를 돌보기 위해서는 돈이 필요했고 로몰라는 어떤 일도 서슴지 않았다. 그녀는 부자들, 유명인들의 리스트를 작성하여 집마다 다니면서 『바슬라프 니진스키의 일기』 헝가리어판을 사 달라고 부탁을 했다. 이런 굴욕적이고 사심 없는 일을 하면서 로몰라를 진심으로 기쁘게 했던 경우는 헝가리 국립은행 총괄 매니저인 콴드Quand를 만났고 친구가 되었다는 사실이다. 그는 이후 몇 년간 로몰라에게 경제적인 도움을 주었다.

남편을 돌보는 내내 그녀는 바슬라프가 러시아인이기 때문에, 혹은 정신 병력으로 인해 당국에서 그를 처형시키려고 체포할까 봐 두려움에 사로잡혀 있었다. 그녀가 짊어져야 하는 이 무게란! 빌헬름 푸르트벵글러가 부다페스트에서 공연을 하기 위해 도착했다. 정신병원의 수감자들이 기차에 가득 실려 처형을 당하기 위해 가는 모습을 묘사한 푸르트벵글러의 말은 로몰라를 더욱 공포에 떨게 했다. 그녀는 바슬라프를 스위스로 보내려고 미친 듯이 노력했지만 허사였다.

1943년 2월 니진스키 부부는 스탈린그라드에서 3천2백 킬로미터를 걸어 온 젊은 헝가리 장교에게 숨을 곳을 제공했다. 그는 니진스키 부부에게 러시아의 견뎌 내는 힘과 독일군의 곤란함에 대해 상세히 알려 주었고 그들은 그 어느 때보다 연합국의 승리가 시간 문제임을 확신하게 되었다. 그러나 독일군이 퇴각을 할 즈음 헝가리에 대한 장악력이 강화되었다. 싸울 수 있는 남자는 모두 징집되었고 브린두스 역시 징집되었다. 교통편과 연료 수급은 점차 어려워졌고 유대인은 노란 빛깔의 큰 별을 착용하고 있어야 했다. 로몰라는 4월 러시아 공습이 한창 진행 중일 때 그녀의 친척인 궁전 의전을 담당하고 있는 사람을 만나러 궁전으로 갔다. 그녀는 스위스로 무사히 갈 수 있도록 해 달라는 부탁을 하러 간 것이었다. 그러나 그는 로몰라를 도울 만한 힘이 없다고 했다. 이런 일은 온전히 독일군의 수중에서 결정된다면서 다음과 같은 조언을 했다. "바슬라프와 비슷한 나이에 죽은 친척의 서류들(당신을 위해 신부님이 그런 정도는 해 줄 것입니다)을 가지고 오스트리아 국경, 사자굴 쪽으로 가세요. 그쪽으로 가면 더 안전할 것이며 그곳은 게슈타포의 통제가 덜한 곳입니다. 절대로 동쪽 혹은 유고슬라비아 쪽으로는 가면 안 됩니다. 그쪽은 훨씬 더 위험합니다. 우리 헝가리인들은 모른 척해 줄 것입니다." 로몰라는 그 서류들을 확보했다.

로몰라의 사촌 파울은 쇼프론Sopron 근처 숲속에 있는 숙박 시설을 찾아냈다. 쇼프론은 노이지들러Neusiedler 호수 변 오스트리아 국경 근처의 도시이며 그 시에서 집 소유자들은 사람들을 숨겨 주는 데 전문이고 그 일로 돈을 많이 벌었다. 여기서 니진스키 부부는 시골의 아름다운 풍경 속에서 산책을 즐겼다. 그리고 바슬라프는 그 시에 사는 집시 처녀에게서 춤을 몇 가지 배웠다. 1944년 8월 러시아인들이 루마니아에 들어왔으며 그들이 곧 헝가리에 올 것은 명백했다. 사람들은 도시를 가로질러 동쪽에서 쏟아져 들어오기 시작했다. 10월 15일 호르티Horthy 장군이 방송을 통해 헝가리는 전쟁에 졌으며 항복해야 한다는 방송을 했다. 호르티는 체포되었고 헝가리의 나치당 당수인 살라시Szalassy가 호르디의 후임이 되었다.

자신들을 알아볼지도 모른다는 두려움 때문에 로몰라와 사촌 파울은 다른 곳으로 이동하기로 했다. 두 사람은 근처 빌라에서 숙소를 찾았다. 이 빌라는 은퇴한 오페라 가수의 소유인데 이 여인은 자신의 집이 징발될까 봐 두려워하고 있었다. 집안일을 하고, 땔감을 가지고 오고, 숲에서 나무를 고르고 요리하면서 로몰라는 하루를 보냈다. 그녀는 또다시 돈이 떨어졌다. 그녀는 부다페스트에 가서 자신의 보석 일부를 팔기로 했다. 돌보는 이 없이 바슬라프를 혼자 둘 수가 없어서 내키지는 않았지만 로몰라는 바슬라프를 쇼프론 병원의 정신질환자들을 다루는 병동에 맡겼다. 그녀가 병원에 그를 맡기기로 했다는 소식을 바슬라프에게 전하자 그는 울었다.

계속되는 공습에도 불구하고 로몰라는 성공적으로 부다페스트에 도착했고 도망자들이 가득한 기차를 타고 돌아올 때 아우슈비츠로 향하는 봉인된 트럭이 지나가는 것을 보았다. 숙소로 돌아온 로몰라와 바슬라프 그리고 친구들은 라디오에서 〈미국의 소리〉 프로그램에 귀를 기울였다.

미군의 공습이 대대적으로 행해지던 눈이 오던 어느 날 아침 로몰라는 연료 허가증을 준비하기 위해 시내에 있었다. 심한 공습 때문에 저녁이 되어서야 그녀는 대피소를 떠날 수 있었다. 집에 돌아와 보니 바슬라프는 천장도 없는 방에서 먼지를 다 뒤집어쓰고 있었다. "그는 변함없이 고요하게 나를 쳐다보았다." 로몰라는 그를 다시 병원으로 데리고 갔고 적어도 지붕은 있는 방에서 있게 되었으며 그 병원은 대피소 근처였다. 헝가리 정부가 쇼프론에 도착했다. 이제는 유대인뿐 아니라 집시들도 캠프로 끌려갔다. 니진스키 집의 하녀와도 작별했다. 공습 중간에 로몰라는 병원이 폭격을 당했는지를 뛰어가서 살펴봐야 했다.

1945년 3월 12일 로몰라는 빨래를 널고 있었는데 굉음이 울리면서 집이 흔들렸다. 75킬로미터 떨어져 있던 빈 공습이었다. 로몰라는 다음과 같이 썼다.

저녁이 되어 가면서 눈이 엄청나게 내리기 시작했다. 기이한 정적이 감돌았다. 우리는 앉아서 저녁을 먹고 있었는데 누군가가 문을 두드렸다. 누구인가를 보러 가서 내가 문을 여니까 바슬라프가 그의 오래된 회색 코트를 입고 서 있었다. 그의 조그만 티롤 스타일의 모자를 쓰고 그의 물품과 옷가지들을 싼 뭉치를 들고 서 있었다. 그의 옆에는 그의 폴란드 출신 간병인 스탄이 함께 서 있었다. "바슬라프, 당신이 이렇게 오니 너무 기뻐요"라고 말하면서 나는 그에게 키스하고 그를 테이블로 데리고 왔다.
스탄이 나중에 우리에게 알려 주었다. "저는 니진스키 씨를 집으로 모시고 오지 않을 수 없었어요. 여기 폭격이 아무리 심하다 해도. 우리는 내일 아침까지 정신질환자들 모두를 처형하라는 명령을 받았습니다."

어느 날 오후 러시아 폭격기가 머리 위를 나르고 바로 앞 정원에 폭탄이 떨어졌다. 새벽 두 시경 멀리서 총소리가 들렸다. 로몰라는 바슬라프를 깨워 둘이 같이 숲속으로 도망갔다. 보름달이

환했다. 비행기는 머리 위로 나르고 폭탄이 투하되기 시작했다. 로몰라는 격자무늬의 담요를 바슬라프 머리 위에 덮고는 그가 그의 조국 사람들에 의해 죽지 않기를 기도했다. "그러나 바슬라프는 그 담요를 다시 걷었다. 그는 두 팔을 벌리고 무릎을 꿇고 러시아 비행기가 선회하는 파란 하늘을 쳐다보았다."

이제 여러 날 동안 로몰라와 바슬라프는 언덕 근처 동굴 속에 숨었다. 약 2천 명이 그렇게 숨었다. 홍역을 앓고 있던 사촌 파울과 함께. 이때가 그들이 겪은 모든 경험 중에 가장 힘든 경우였지만 바슬라프는 견뎌 냈다. 신에 해당하는 러시아 말은 '보그Bog'인데 바슬라프는 신을 위해 다른 별명을 사용했다. 로몰라는 바슬라프에게 "분덴카Bundenka는 항상 우리와 함께 있어요"라고 말하여 그를 진정시켰다.

일요일 부활절 이른 시간에 그들은 독일군이 완전히 물러났음이 틀림없다고 생각하여 이제 더는 폭격이 없을 것이라고 예상했다. 그리하여 빌라로 갔다.

자리를 잡자마자 바슬라프는 잠이 들었다. 기운 없이 무기력하게 홍역을 앓고 있는 폴이 잠자는 동안 다른 사람들은 씻으려고 노력했다.
계곡에서 우리는 마치 칭기즈칸의 선봉대처럼 소비에트 군인들이 서부 쪽으로 열을 지어 가는 것을 보았다. 가장 섬뜩하면서도 멋진 장관이었다. 수많은 탱크, 무거운 총들과 기갑 무대, 수백 대의 전투기들이 뒤덮여 청명한 녹색 봄의 시골 지역을 관통하면서 덜커덕거리며 가고 있었다.

몇 시간이 지나지 않아 시는 점령되었고 군인들은 숲과 집에 전부 들이닥쳤다. 러시안 군인들은 소규모 그룹으로 짜서 집에 들어왔다. 우리 문은 다 부수어졌고 세 명의 키 크고 어린 러시아 군인들이 자동소총을 매고 우리 집으로 들이닥쳤다.

"독일 사람, 독일 사람!"이라고 그들은 크게 외쳤다.

그 순간 집에 있던 모든 사람은 공포에 질려 커튼이나 침대 뒤로 모두 도망갔다. 내가 그의 옆에 서 있는 동안 바슬라프만이 그의 긴 의자에 조용하게 그대로 누워 있었다. 러시아 군인은 나에게 소리쳤다. "나치?"

바슬라프는 예기치 않게 더 크게 소리를 치면서 러시아어로 말했다. "조용히 해!"

군인들은 어안이 벙벙해서 서 있었다. 그러다 그들은 자동소총을 낮추었다. "러시아인? 그는 어떻게 여기에 오게 되었나요? 그는 죄수인가요?"

"예, 그는 나의 남편이며 예술가입니다." 나는 내가 그 말을 어떻게 발음했는지 모르겠다.


다음 날 아침 로몰라는 러시아 부대 지휘관에게 불려 갔다. 그는 그녀가 정부로부터 어떤 도움도 없이 그 오랜 세월 병든 남편을 돌봐야 했던 것만큼이나 그녀가 위대한 무용수의 아내라는 말을 듣고 놀랐다. 그는 그녀에게 공식적인 서류를 몇 장 주었다.

모든 집은 러시아인들로 가득 찼고 니진스키의 집에는 우호적인 장교가 한 명 배치되었다. 로몰라는 남편의 변화를 알 수 있었다.

바슬라프는 정원을 걸어 다니고는 했다. 무슨 일이 일어나는지를 쳐 다보고 궁금해하면서 정원의 의자에 눕기도 했다. 그는 결코 어떤 질문도 하지 않았고 듣고 또 들었다. 그러나 그의 눈은 점점 더 주위 상황에 대해 관심을 보였다. 그의 눈은 더 이상 지난 26년 동안처럼 꿈꾸는 듯, 먼 산을 쳐다보는 그런 눈이 아니었다. 오랜 그리고 깊은 잠에서 깨어난 듯이 보였다. 부끄러워하긴 하지만 그는 점점 더 군 인들에게 다가가고 그들 사이에 앉았다. 어떤 내적인 장벽을 허물고 그는 바깥세상을 향해 마음을 녹이는 듯이 보였다. 저녁 때마다 그 는 오랜 시간 동안 발라라이카의 애처롭고 노스텔지어를 일으키는 연주를 듣고 있었다.

1919년 이후 처음으로, 정신병 환자라고 그를 피하거나, 그를 빤히 쳐다보지 않는 사람들과 함께 지내게 되었다. 러시아 군인들은 일반 인을 대하듯이 아무렇지도 않게 바슬라프에게 말을 걸었다.

처음에 나는 그들에게 주의를 주었다. "바슬라프 포미치에게 말을 걸지 말고 그를 혼자 내버려 두세요. 그는 누가 말을 걸면 짜증을 내 며 참을성이 없어질지도 모릅니다. 그는 두려워합니다."

그러나 러시아 군인들은 웃으면서 "그는 우리를 전혀 두려워하지 않습니다. 그가 원하는 대로 하도록 내버려 두세요"라고 말했다.


로몰라는 다른 환자들과는 다르게 그를 치료했지만 그녀와 의 사들이 실수했을 수도 있겠다는 의문이 들기 시작했다. 만약 그 녀가 바슬라프가 처음 발병을 했을 때 러시아로 데려갈 수 있었 다면 그가 결코 이렇게까지 심각하게 앓지는 않았을 수도 있었겠 다는 생각이 들었다. 여기 순수한 러시아 군인들은 어떤 의사나

간호사보다 그와 더 잘 지내고 있었다. 바슬라프는 점점 태도도 편해졌고 말도 점점 많아졌다. 어느 날 저녁 병사들이 노래 부르고 춤을 추고 있을 때, 그가 갑자기 일어서더니 그들의 한가운데로 점프를 해 가서 춤을 추기 시작했다. 그 이후부터 병사들은 그에게 음식과 옷을 선물로 갖다주었다.

5월 5일 밤 러시아 장교가 로몰라를 깨웠다. "바슬라프 포미치에게 가셔서 우리 비행기가 왜 공중에 모두 떠 있는지 설명을 해 주십시오. 그가 두려워할 수도 있습니다. 우리는 모두 총을 쏠 예정입니다. 우리는 축하하고 있습니다. 전쟁이 끝났습니다."

로몰라는 비록 비엔나가 폐허가 되었다고 하더라도 그들 부부가 서구로 가는 여행의 첫 목적지는 비엔나여야 한다고 생각했다. 그녀와 파울은 시내까지 차를 타고 가서 상황을 정찰했다. 비엔나 시의 모든 대형 호텔들은 러시아군이 점령해 있었다. 그러나 상황 판단이 빠른 파울은 빗장을 질러둔 자허Sacher 호텔로 바로 쳐들어갔다. 몇몇 오랜 기간 고객이던 유명한 인사들을 대피시켜 준 자허호텔의 매니저는 지금 호텔 사정이 고객이 머무르기가 어렵다는 인상을 주려고 무진 애를 쓰고 있었지만, 니진스키라는 이름을 듣자 그는 문을 열어 주었다. 로몰라와 파울은 아주 힘들게 쇼프론으로 돌아와서 니진스키를 데리고 비엔나로 갔다. 1945년 6월 도자기로 장식된 으리으리한 스위트룸에 니진스키 부부는 묵게 되었다. 그러나 식량은 태부족이었으며 오로지 암시장에서나 구할 수 있을 뿐이었다. 이 일이 있고 난 뒤 얼마 지나지 않아 자허 호텔은 러시아군에게 징발되었다. 그러나 니진스키 부부는 계속 머무를 수 있도록 허락을 받았으며 그 후로 로몰라는 군인들처럼 줄을 서서 기다리면 풍부한 식사를 제공받을 수 있게 되었다.

8월이 되자 비엔나는 러시아인들뿐 아니라 미국, 영국, 프랑스인들이 모두 들어왔고 시는 여러 존으로 나누어졌다. 러시아인들의 본부는 호프부르크Hofburg로 도시의 가장 중심에 있는 왕궁Royal Palace에 위치했다. 영국의 본부는 비엔나 교외에 있는 쇤브룬 궁전Schönbrunn Palace이었다. 자허 호텔은 이제 영국인들의 손에 넘어갔다. 그러나 니진스키 부부는 다른 숙소를 구할 때까지 머물도록 허가를 해 주었다.

이제 이 어려운 시기에 니진스키 부부와 진심 어린 친구임을 증명해 보이는 영국 여성이 그들의 삶에 깊숙이 개입하게 되었다. 마거릿 파워Margaret Power, 그녀는 37세로 남편과 사별했으며 발레를 무척 사랑했고 가장 너그럽고 마음이 따뜻한 여인이었다. 그녀는 영국 외무부에서 근무하였으며 1945년 오스트리아에 있는 연합국 위원회로 발령을 받았다. 그녀가 런던을 떠나기 전에 시릴 보몬트가 그녀에게 니진스키 부부를 꼭 찾아야 한다면서 니진스키 펀드에 돈이 들어 있는데 그들은 아마 그 돈이 필요할 거라고 그녀에게 말을 해 주었다. 8월의 어느 날 파워는 그들을 찾기 위해 조그만 짐을 싸서 쇤부른 궁전을 나섰다. 그녀는 그들이 자허 호텔에 있는지를 몰랐다. 하지만 그녀는 전쟁 전의 상황을 기억해 내서 호텔의 짐 운반꾼들은 보통 비엔나에서 일어나는 모든 일을 다 알고 있던 것을 기억해 냈다. 그녀는 짐 운반꾼이 "그들은 위층에 있습니다. 비엔나에서 그들이 어디 다른 곳에 있겠습니까?"라고 말을 했을 때 뛸 듯이 기뻤다. 로몰라는 제복을 입은 낯선 사람으로부터 비축 식량이 든 꾸러미를 받았다. 마거릿이 쇤부른 궁으로 돌아가자마자 그 꾸러미 속의 내용물을 보고 로몰라가 얼마나 감탄했는지를 이야기하는 감사 전화를 받았다. 그 꾸러미 속에는 차, 비스킷, 초콜릿과 치약 등이 들어 있었다. 이 영국 여인이 얼마나 사려 깊게 꾸러미를 쌌는지를 알 수 있었다.

그 이후 마거릿은 종종 자허 호텔로 와서 거의 말이 없는 니진스키를 만나는 기쁨을 누렸다. 마거릿은 다음과 같이 회상했다.

9월의 어느 날 저녁 우리는 살롱에 앉아 있었고 바슬라프는 안락의자에 앉아 있었다. 나와 로몰라는 서신을 검토하고 있었는데 전기가 나갔다. 당시에는 이런 경우가 빈번했다. 러시아 측에서만 전력 공급을 관리할 수 있었는데 전력 수급이 원활히 되지를 않았다. 커튼이 드리워져 있을 때는 칠흑 같은 어둠이었다. 로몰라가 초를 찾는 동안 나에게 가만히 앉아 있으라고 말했다. 그녀는 러시아어로 바슬라프에게 몇 마디 한 후 문으로 향하는 길을 찾았다. 갑자기 나는 움직이는 소리를 들었고 손이 뻗치더니 팔로 나를 건드렸다. 바슬라프는 내가 알아들을 수 없는 뭔가 부드럽고 편한 말을 했다. 그는 내 손을 잡고 두드리면서 내 앞을 지나 소파에 앉았다. 그러고는 우리는 로몰라가 하인과 함께 불이 켜진 촛불을 들고 나타날 때까지 어둠 속에서 앉아 있었다. 나는 "니진스키가 나를 돌보아 주었어요"라고 말했다. 그녀가 답하기를 "그는 당신을 매우 좋아해요. 그는 당신을 영국 숙녀 군인이라고 부른답니다." 그 말을 듣고 나는 바슬라프의 눈을 똑바로 응시했다. 그전에는 감히 용기가 나질 않아서 그렇게 할 엄두를 내지 못했다. 그는 나를 보고 미소 지었고 뭐라고 중얼거리면서 내 손을 놓기 전까지 다시 내 손을 토닥거렸다. 우리는 그 이후로 오랫동안 손을 토닥거려 주는 사이로 남아 있었다. 하지만 우리는 한 번도 대화를 나눈 적은 없었다. 나는 영어 혹은 프랑스어로 그에게 수다를 떨었지만, 그는 결코 답을 하지 않았다. 나는 비엔나에서 그와 사랑에 빠졌으며 그 이후에도 계속 그러했다.[74]

어느 겨울날 로몰라와 바슬라프는 임페리얼 가든Imperial Garden에서 눈보라에 갇혔다. 그래서 비엔나 회화 컬렉션이 전시 중인 호프부르크로 피신을 가서 위안을 얻었다. 바슬라프는 마치 집에 온 것처럼 계단을 뛰어 올라갔다. 로몰라는 바슬라프가 소년 시절 엄마와 함께 에르미타주 박물관을 방문한 기억이 떠올랐음이 틀림없다고 판단했다. 그는 26년간 한 번도 박물관이나 회화 갤러리를 가지 않았다. 그러나 그는 회화 중 많은 작품, 벨라스케스, 라파엘과 다른 예술가들의 작품을 알아보았다. 일요일마다 그는 궁정 예배당Hofkapelle에서 하이든, 슈베르트, 모차르트의 미사곡을 들었고 얼굴에는 '황홀함의 표현'이 그대로 드러났다. 특히 이들 미사는 오페라 하우스의 솔리스트들과 빈 소년합창단에 의해 뛰어난 연주를 해 주었다. 그와 로몰라는 《스페이드의 여왕》 공연을 보러 갔다.

러시아인들은 니진스키가 고국으로 돌아오기를 희망하면서 니진스키 부부를 환영했다. 어느 날 저녁에는 니진스키에게 헌정하는 공연을 했다. 로몰라는 이 공연이 오페라인 줄 알았는데 발레였다. 바슬라프가 예전에 몸담았던 레닌그라드에서 온 발레 단으로, 오래전 바슬라프를 키워 준 전통을 그대로 간직한 발레 단이었다. 그들은 《호두까기 인형》, 디베르티스망과 포킨 안무 의 《레 실피드》를 추었다. 니진스키는 "주먹을 꽉 쥐고 몸으로 인 지할 수 있는 동작을 취하며 모든 스텝을 따라 했다." 차부키아니 Chabukiani, 세르게예프Sergeyev, 그리고 영혼이 담긴 울라노바Ulanova 가 춤을 추고 있었다. 그는 "감탄하는 어린 학생들처럼" 손뼉을 쳤다. 다음 날 울라노바의 호텔로 그녀를 방문한 니진스키는 한 아름의 장미꽃을 선물받았다.

1946년 3월 마거릿 파워의 편지에 대한 답으로 안톤 돌린은 시 애틀에서 글을 보내 왔다. 돌린은 니진스키 부부를 위해 4백 달러 를 확보해 두었으며 마거릿이 이 돈을 전달할 방법을 알아봐 줄 수 있는지를 물어 왔다. 돌린은 전쟁 전에 영국에서 했던 것처럼 미국에서 1년 동안 니진스키 부부를 위해 계속 모금을 했다.

영국은 자처 호텔을 자기들이 관리하고 싶어 안달이었다. 로몰 라는 군인들에 의해 계속 둘러 싸여 있는 상황이 바슬라프에게 심적인 부담을 주는 듯하여 그를 데리고 시골로 가야겠다고 생각 했다. 미국 헌병감 야보로Yarborough 대령은 미국 진영을 통과할 수 있는 출입 허가증을 제공했을 뿐 아니라 로몰라가 군 당국의 관 리 하에 있는 어느 성을 방문하여 살펴볼 수 있도록 주선했다. 그 리하여 1946년 7월 러시아와 미국 지대의 검문소에서 우려했던 순간을 넘긴 후 로몰라는 바슬라프를 데리고 처음에는 잘츠부르크로 갔다. 여기서 부부는 며칠을 보낸 뒤 키츠뷔엘Kitzbühel과 첼 암제Zell-am-See 사이의 산악지대 높은 곳에 있는 미테르질Mittersill 이라는 낭만적인 중세 성으로 가서 자리를 잡았다. 유럽에서 종 전되고 1년 이상이 지난 이제야 겨우 궁핍과 방황의 시간이 진정 으로 끝이 났음을 느낄 수 있었다.

바슬라프의 방은 제일 아래층에 있어서 중정으로 문을 열 수가 있었고 창문들로는 알프스 산들과 잘차흐Salzach 계곡을 내려다볼 수 있었다. 그는 성곽이며 정원에서 자유롭게 산책할 수 있었다. 마을에서 온 여자들이 일을 하고 임금 대신 식량을 받아 갔다. 그 리고 성을 방문하는 미국인, 프랑스인, 영국인 방문객 덕분에 음 식은 부족하지 않았다. 마을의 목사는 성의 예배당에서 미사를 집전했다. 비엔나에서 마거릿 파워가 와서 바슬라프와 탁구를 같 이 치기도 했다. 그녀가 기억하기로 "때때로 그는 내 볼에 키스했 는데 언제나 불쑥 그런 행동을 했다. 그렇다고 해서 내가 갔을 때 반가운 인사 혹은 작별 인사를 하는 적은 없었지만 언제나 애정 어린 행동이었다."[75]

로몰라는 다음과 같이 썼다.

계절이 지나가면서 우리는 이런 낭만적인 생활에 익숙해졌다. 그리 고 이 장소를 좋아하게 되었고 우리는 거의 과거를 잊고 있었다. 또 다시 바슬라프는 자유로워져서 자기가 좋아하는 곳을 어디든지 갈 수 있게 되었다. 그는 몇 시간 동안 공원이나 정원에 앉아 있었고 우 리는 그를 따라다니거나 감시할 필요가 없었다. 지금은 그에게 일어날 수 있는 가장 최고의 경우였다. 그는 몇 년 동안 간호받아야 하는 집에서 밤낮으로 감시를 받아 왔다. 이런 지속적인 보살핌과 감시를 통해 그는 동반자들에게 매우 의존적으로 되었다. 전쟁 기간의 후반에는 나는 모든 불쾌한 사건이나 위험을 피하려고 그와 계속 같이 있어야 했다. 이제 나는 그가 점점 더 독립적으로 되어서 그를 혼자 두어도 되도록 계속 노력을 했다. 몇 달 후 나의 방법이 발전적인 결과를 가져왔다. 지난 27년 동안 바슬라프는 그가 바라는 바를 표현하는 습관을 잊고 있었는데 이제는 아주 분명하게 그가 원하는 것과 원하지 않은 것을 이야기했다.

1946, 1947년 겨울 동안, 그리고 여름 동안 로몰라는 그녀에게 가장 큰 위안이 되는 파리와 런던을 여행했다. 그녀의 아버지는 하이 게이트High Gate에서 태어났고 아버지의 출생신고는 런던 서머싯 하우스Somerset House에서 이루어졌기 때문에 영국 외교부에서는 그녀에게 영국 여권을 발급해 주었다. 파리 주재 영국 대사 더프 쿠퍼Duff Cooper의 도움으로 로몰라는 바슬라프를 데리고 영국에서 살 수 있도록 허락을 받고 프랑스를 지나 여행을 할 수 있는 통과사증을 얻는 데 성공했다. 그녀는 취리히에서 예전에 검진을 받았던 로르Rohr 박사에게 바슬라프의 신체 컨디션을 검진할 수 있도록 예약을 했다. 1947년 11월 이런 일들이 일어났다. 식사에 관해서는 그의 고혈압에 적합한 처방을 받았다.

니진스키 부부와 파울은 스위스에서 칼레까지 아무 곳도 경유하지 않고 바로 왔으며 도버까지는 힘든 배 여행을 했다. 자동차를 갈아타느라 기다리는 동안 뱃멀미를 하지 않은 사람은 바슬라프뿐이었다. 도버에서 런던까지 짙은 안개 속에 자동차로 왔다.

그들은 런던에서 며칠을 보냈다. 바슬라프는 런던에 마지막으로 온 이후 35년이 지났다는 사실을 완전히 깨닫지 못하는 것 같았다. 런던에서 그는 오로지 행복했었고 성공했고 사람들이 그에게 잘해 주었고 그리하여 그는 자신이 돌아온 것을 기뻐하고 있다는 것을 느꼈다. 몇 년 동안 영국 당국은 사려 깊게 행동했다. 로몰라는 이렇게 생각했다. "바슬라프는 드디어 진정한 피난처와 완전한 자유를 찾았다. 아무도 그를 걱정하지 않았다. 그와 만나는 사람들은 그가 마치 정신병을 앓지 않았던 것처럼 그들이 알았던 그대로 그를 대했다. 그리고 바슬라프 또한 정상적인 반응을 그들에게 했다. 그가 런던에 머무는 동안 그는 결코 흥분하거나 우울해하지 않았다."

로몰라의 부다페스트 시절부터 오랜 친구인 알렉산더 코다는 그들이 그레이트 포스터즈Great Fosters 호텔에 머무를 수 있도록 주선했다. 이 호텔은 서리Surrey의 에그햄Egham 근처에 있는 고급 호텔로, 런던-엑서터Exeter 간의 도로가 버지니아 워터Virginia Water를 둘러 가는 곳에서 동쪽으로 약 1.6킬로미터 조금 넘는 거리에 있다. 건물은 예뻤고 후기 엘리자베스 시절의 벽돌집으로 그들은 크리스마스를 그 호텔에서 조용하게 보냈다. 그 이후 겨울에는 카드 게임, 혹은 체스를 하거나 그 지역 영화관에 영화를 보러 다니면서 평화롭게 지나갔다. 바슬라프가 특히 좋아했던 영화는 오스카 와일드의 원작『이상적인 남편*An Ideal Husband*』을 코르다가 동명의 영화로 만든 작품이었다. 그는 이전에 결코 본 적이 없는 컬러 영화에 감탄했으며 파울렛트 고다드Paulette Goddard에게 푹 빠져서 영화를 두 번이나 봐야 했다. 로몰라는 고다드에게 바슬라프가 서명한 사진들을 편지로 보냈다.

타마라 카르사비나와 나딘 니콜라예브나 레가트Nadine Nicolaevna Legat가 그들을 방문했다. 나딘 레가트는 바슬라프의 옛 스승인 니콜라이 레가트의 두 번째 부인이었으며 지금은 남편을 잃었고 켄트에서 발레 학교를 하고 있었다. 그는 나딘 레가트와 함께 황실 발레 학교와 마린스키 극장에 관해 얘기하면서 매우 즐거워했다.

1948년 봄, 로몰라는 버지니아 워터의 윈저 그레이트 파크 Windsor Great Park 모퉁이에 위치한 윈메드Whinmead라고 불리는 조그만 집을 구했다. 바슬라프는 운전을 즐겼고 공원을 산책하거나 혹은 앉아 있기를 좋아했다. 로몰라는 종종 그를 데리고 런던으로 가서 공연장에 갔다. 그는 아주 친밀하게 느끼던 람 고팔의 인디언 춤 공연을 보았으며 유연한 동작의 멕시코 태생 젊은 무용수 루이실로Luisillo에게도 큰 박수를 보냈다. 루이실로는 카르멘 아마야Carmen Amaya의 플라멩코 그룹과 함께 프린스 극장(지금은 새프츠베리Shaftesbury 극장)에서 공연도 했다.•

윈메드 정문에 못 박힌 말발굽의 추락은 불운의 연속을 예고하

---

• 내가 니진스키를 오로지 한 번 본 곳이 프린스 극장이었다. 그는 무대 왼쪽 박스 석에 앉아 있었다. 기획자 레온 헤프너Leon Hepner는 나에게 니진스키를 만나겠느냐고 물어보았지만 나는 너무 부끄러움이 많았다.

는 격이 되었다. 로몰라는 말에서 떨어졌고 인대가 찢어졌다. 그녀는 8주간 꼼짝도 못 하고 누워 있어야 했다. 그녀의 병 때문에 바슬라프는 쉬지도 못하고 신경이 예민해졌다. "그는 내 발을 그의 손으로 들고는 집중적으로 관찰했다." 그런 후 바슬라프가 좋아하던 간병인이 그만두게 되었는데 그 간병인을 대신할 사람을 찾기가 어려웠다. 알렉산더 코다는 로몰라의 이야기를 바탕으로 영화를 만들려고 했고 그는 니진스키 부부를 미국으로 데려가기로 약속했다. 하지만 그 후 그는 영화를 제작할 수 없다고 결정을 했고 로몰라는 보조금 지급 대상에서 제외되었다.

바슬라프는 젊은 폴란드 조각가를 위해 포즈를 취하고 앉아 있었는데 그는 흉상을 만드는 것 이외에도 그의 발의 본을 뜨고 있었다. 로몰라와 함께 바슬라프는 턴브리지 웰즈Tunbridge Wells에 있는 레가트 스쿨을 방문해서 젊은 무용수의 딸의 대부가 되었다. 마거릿 파워는 로몰라가 외출 중일 때는 종종 바슬라프와 함께 앉아 있었다. 그는 그림을 다시 그리기 시작했다. 고요한 생활이었다. 로몰라는 자신이 방에 들어왔을 때 그가 자신을 쳐다보면서 "부드럽고 매력적인" 미소를 짓는 것을 느꼈다. 그녀는 정말 드문 영혼의 소유자와 결혼을 했다. 그녀의 모든 투쟁과 고통은 당연히 그럴 가치가 있었다. "그와 함께 같은 방에서 고요하게 앉아 있으면 나는 가장 완벽한 행복을 느낀다. 보호받고 있다는 느낌이고 그의 존재 자체에 만족한다. 그는 따뜻하면서 무한한 선량함을 발산시키고 있다."

로몰라는 산책을 할 때 바슬라프가 종종 허리의 잘록한 부분위로 손을 갖다 대는 것을 알아챘다. 근처에 있던 윌슨 박사는 이에 대해 신경통 때문일 것이라고 진단했다. 바슬라프는 종종 발생하는 두통 말고는 자신의 건강에 대해 결코 불평스럽게 말하지 않았다. 그러나 1949년 가을 바슬라프는 심한 딸꾹질을 하면서 건강의 적신호를 알렸다. 로몰라는 그를 런던의 플레시Plesch 박사에게 데리고 갔다. 플레시 박사는 독일 출신의 유명한 내과의였고 지금은 은퇴하였는데 그의 진단으로는 신장에 이상이 있으며 더욱 엄격한 식단을 지키라고 지시했다.

크리스마스 날 로몰라는 어머니가 죽었다는 연락을 받았다. 89세, 버지니아 워터에 있는 집의 대여 만기가 1월 말이었고 집 주인은 갱신하기를 거절했다. 30일이 되어도 로몰라는 이사갈 집을 구하지 못했다. 그녀가 짐을 싸고 있으니까 바슬라프는 "집시들 같다"고 말했다. 그들은 며칠 동안 그레이트 포스터즈로 돌아갔다. 로몰라의 글. "그 후 여러 부동산 중개인들을 통해 우리의 어려움을 들었던 라이트 소령Major Wright이 나에게 전화를 했다. 우리는 그 사람을 정말 전혀 알지 못했으며 너무나 뜻밖의 전화였다. '바다 근처에 집이 있는데 애런델Arundel에서 멀지 않은 곳입니다. 중앙난방이 됩니다. 작은 집이지만 봄이 되면 매우 즐겁습니다. 니진스키 씨에게 이 집을 빌려 드리고 싶습니다.'" 그들은 휘몰아치는 강풍 속에 서식스Sussex의 러스팅턴Rustington으로 차를 몰고 왔다. 이사는 언제나 바슬라프를 예민하게 만들었다. 그러나 며칠이 지나자 그는 다시 안정을 찾았고 날씨가 좋을 때는 애런델 성에 있는 노퍽Norfolk 공작 공원에 산책하러 갔다. 그들은 로몰라가 소녀 시절에 가정교사 존슨과 공부를 하면서 머물렀던 곳에서 몇 킬로미터 떨어지지 않은 곳에 살게 되었다. 그러나 니진스키는 이전보다는 산책을 덜 좋아하는 듯이 보였다. 그의 얼굴은 때때로 홍조를 띠었고 그는 기회가 되는 대로 앉았다.

세르주 리파르가 파리에서 전화해서 자신이 6월에 갈라를 준비하는데 니진스키 부부가 참석하기를 희망한다면서 의논해 왔다. 마침 로몰라가 여름에 스위스로 바슬라프의 상태를 전문의에게 진찰을 받으러 갈 계획이어서 일정이 잘 맞았다. 리파르는 또한 파리 오페라 예술가들 몇 명과 TV 촬영을 위해 영국으로 오겠다면서 4월 2일 도착이라고 말했다. 로몰라는 바슬라프와 함께 리파르 일행의 도착일과 맞추어 그들을 보러 갈 계획을 세웠다. 그녀는 공항으로 리파르를 마중하러 갔고 4월 2일 일요일 오후 바슬라프와 워털루역에서 만났다. 그는 기차에서 그녀에게 즐겁게 손을 흔들었다. 그들은 웰백Welbeck 호텔에 묵었고 리파르와 그의 친구 장 보Jean Beau가 그들을 호텔로 방문했다. BBC 방송국에서 니진스키 부부를 초청하여 화요일에 프랑스 무용수들의 리허설을 보도록 했다.

그날 아침 바슬라프는 머리가 아프다고 불평을 했지만, 바깥으로 나가고 싶어 했다. 로몰라는 그를 데리고 월리스 콜렉션Wallace Collection 쪽으로 코너를 돌았다. 그는 그림을 주의 깊게 살펴봤다. 랑크레Lancret가 그린 카마르고 그림 앞에서 오랫동안 서 있었다. 점심 때 그는 농담도 하고 몇몇 사진에 사인도 해 주었다.

우리는 알렉산드라 궁Alexandra Palace에서 파리 오페라 발레단의 리허설을 지켜보면서 오후 내내 보냈다. 바슬라프는 모든 것에 엄청나게 관심을 가졌다. 그는 본래 기계 발명품을 좋아했다. 그 근처에 기술 책임자가 텔레비전 세트를 놓아 두고 그가 무대에서 춤을 보는 것과 동시에 TV를 통해 공연을 볼 수 있도록 했다.

그는 니나 비루보바Nina Vyroubova에게 많은 관심을 가졌다. 그녀는 롤랑 프티Roland Petit 버전의 과거 탈리오니 발레《라 실피드La Sylphide》를 췄다. 그녀는 불과 몇 달 전에 파리 오페라 발레단에 입단했다.

그녀의 춤은 바슬라프를 황홀하게 만들었다. 그는 춤을 보는 내내 그녀를 보면서 미소를 짓고 있었다.

BBC 텔레비전 부문 감독인 노만 콜린스Norman Collins는 우리와 차를 마시기 위해 리허설을 멈추게 했다. 세르주와 몇몇 발레단 관계자들이 참석했다. 바슬라프는 즐겁고 행복해 보였다.

저녁 때 우리가 집에 도착하자 바차는 바로 피곤해했고 저녁도 약간 먹었다. 그는 눈을 감았고 말하기를 원하지 않았다. 갑자기 그가 주먹을 쥐고 한 손의 손가락으로 어떤 무용 동작의 박자를 맞추고 있다는 것을 알았다. 이 행동은 그가 오래전 새로운 안무를 하고 집중을 할 때 했던 행동이었다. 너무 낯설다고 나는 생각을 했다. 그러고는 그가 왼팔을 들고《장미의 정령》춤을 출 때 했던 것처럼 머리 위로 둥글게 포르 드 브라를 구사했다.

화요일 아침 로몰라는 바슬라프의 상태가 걱정되어서 의사와 상의하기로 했다.

　나는 열 시경 그에게 전화해서 지금 즉시 와 달라고 부탁했다. 그러나 그는 그렇게 할 수가 없었다. 바슬라프는 열이 없었지만 먹기를 거부하고 침대에 누워 있었다. 그의 맥박은 평소보다는 약간 빨랐다. 나는 지인들에게 전화하여 믿을 만한 의사를 찾기 위해 노력을 했다. 이미 오후 세 시였다. 결국 매우 좋은 헝가리 의사를 추천받았다. 그는 독일에서 진료하다가 최근에 런던으로 왔다. 나는 그에게 전화해서 즉시 와 달라고 부탁했고 그는 곧 도착했다.
　그는 바슬라프의 높은 혈압에 불안해하면서 혈액 테스트를 했다. 그가 말하기를 이 혈액 테스트의 결과가 나오기 전까지는 잘못된 약을 투여할 위험이 있기 때문에 아무런 치료를 시작할 수 없다고 했다. 그는 바슬라프의 상태가 무슨 이유인지를 확인하지 못했다. 그가 말했다. "만약 바슬라프가 동맥경화증 때문에 고통을 받는 것이라면 몇 번의 주사만 맞으면 좋아질 것입니다. 그러나 만약 그 이유가 아니고 신장 때문에 고통을 받는 것이라면 우리는 상당히 어려운 경우에 직면할 것입니다."
　나는 지금 즉시 무슨 처치라도 해 달라고 부탁했지만 그는 그렇게 할 수 없다고 말했다. 나는 모든 의사에 대해 믿음을 잃기 시작했으며 취리히에 전화했지만 로르 박사는 전화를 받지 않았다. 그에게 전보를 쳤다. 시간은 지나갔다. 내가 미친 듯이 의사들의 도움을 받기 위해 전화를 돌리는 동안 바슬라프는 노곤하게 누워 있었다.
　(…) 헝가리 의사가 돌아왔다.* 그리고 혈액 검사 결과는 그가 예상한 것보다 더 나쁘다고 말했다. 우리는 바슬라프가 다음 날 처치받

을 수 있는 병원으로 가기로 결정했다. 그 의사는 바슬라프에게 내일 아침에 옷을 입히라고 지시하면서 그를 택시에 태워 가겠다고 했다. 그는 바슬라프를 놀라게 할 앰뷸런스는 피하기를 원했다. (…) 나는 여전히 바슬라프의 생명이 위험할 수도 있다는 것을 깨닫지 못했다. 덜덜 떨면서 그의 방으로 갔다. 그는 침대에 앉아 있었다. (…) 그림이 그려진 자료들을 웃으면서 쳐다보고 재미있어했다. 간병인과 나는 안심을 했다. 그러나 그는 잠을 못 이루었고 아침까지 휴식을 취하지 못했다. 그의 얼굴이 핼쑥해졌고 홍조를 띠었으며 우리의 어떠한 물음에도 답을 하지 않았다. 그는 멍해 보였다. 우리는 너무 걱정되어 앰뷸런스를 불렀다. 우리가 그를 어떻게 병원으로 데리고 왔는지를 결코 잊지 못할 것이다. 담요에 싸인 그의 모습은 마치 새로 태어난 아기처럼 무기력하고 속수무책으로 보였다.

목요일 온종일 로몰라는 취리히로부터 도움을 받으려고 노력을 했다. 그녀는 로르 교수가 부활절 휴가를 떠났고 그가 지금 어디 있는지는 아무도 모른다는 이야기를 들었다. "나는 그를 제일 신뢰했기 때문에 스위스 방송국에 전화를 걸어 로르 교수가 런던으로 와줄 것을 방송해 달라고 설득을 했지만 실패했다."

밤에 목사가 왔지만 로몰라는 바슬라프가 자신이 죽어가고 있음을 알게 될까 봐 그를 바슬라프 곁에 가지 못하도록 했다. 다음 날인 성금요일Good Friday의 아침, 니진스키는 혼수상태에 빠졌다. 의사들은 그를 스트렙토마이신으로 치료하기 시작했다. 의료진

---

• 니진스키의 마지막 병에 대한 사건의 순서는 로몰라 니진스키가 쓴 『니진스키의 마지막 나날들』에서는 약간 혼동이 있다. 로몰라의 도움을 받아 이 책에서는 사건의 순서를 다시 정렬했다.

은 로몰라에게 24시간 내에 바슬라프를 혼수상태에서 깨도록 하면 그의 생명을 구할 수 있다고 말했다. 그녀는 바슬라프가 "인간의 도움을 받을 수 없으며 바슬라프의 신장이 망가졌다"고 말하는 다른 상담사를 불렀다.

로몰라는 쇼크 상태였다.

나는 바차의 침대 옆에 서 있었다. 간병인은 붕대를 감고 있는 그의 왼손을 잡고, 음식과 약들을 정맥으로 끊임없이 투여했다. 그러나 그는 의식이 없었다. 그의 눈은 계속 감겨 있었다. (…) 바슬라프는 계속 신음했고 자유로운 한쪽 손으로 얼굴을 닦고 있었다. 밤이 지났다.
나는 떨었다. 내가 느낀 괴로움은 말로 표현할 수가 없다.

점점 좋아졌고 토요일 아침에는 더 나아졌다. "스트렙토마이신이 효과를 내기 시작했다. 그는 혼수상태에서 정신이 돌아왔고 그의 주위에서 어떤 일이 일어나는지를 이해했다. 우리는 모두 말하는 것을 조심해야 했다. (…) 그는 눈을 뜨고 있었다. 그의 눈은 맑고 사랑스러웠다. 그는 나를 부드럽고 사랑을 가득 담은 눈으로 쳐다보았다." 바슬라프는 앉을 수 있었고 밝아 보였으며 그의 간병인은 아침을 숟가락으로 떠서 그에게 먹였다. 모든 사람이 낙관적으로 느꼈다. 의사는 이제 병을 치료할 수 있는 희망이 있다고 말했다. 그러나 로몰라가 다른 방에서 수간호사와 이야기를 하고 있을 때 니진스키의 스위스인 간병사 슈나이더가 그녀를 불렀다. 니진스키가 베개에 기대어 쓰러졌다. 그의 표정이 달라졌다. 갑자기 그가 꼿꼿하게 앉아서 "어머니"라고 말했다.

그가 어머니를 불렀는지 나를 불렀는지 모르겠다. 그리고 그 후 그의 오른손을 나에게로 뻗었다. 나는 구부려서 키스했다. (…)
나는 간호사보고 그에게 산소 투여하는 주사를 놓으라고 했다. 바차는 딱 한 번 한숨을 쉬었다. 햇살이 창문을 통해 비추었다. 간병인이 바차를 다시 눕히는 동안 간호사들은 속수무책으로 서 있었다. 그의 눈과 입이 닫혔다.
수많은 생각과 감정들이 내 머릿속에서 흘렀다. 그러나 지속해서 떠오르는 생각은 이러했다. "너는 수많은 여성 중에서 특권을 부여받아 그의 인생을 함께하였으며 그를 보살폈다. 신은 그에게 너를 데려다주었다. 이제 신은 그를 다시 데리고 갔다."

그리하여 바슬라프 니진스키는 37년 동안 그와 함께했고, 30년 동안 그를 먹여 살렸고, 간호했으며 제2의 엄마 역할을 한 여인 앞에서 세상을 떠났다.

1950년 4월 8일 성토요일Holy Saturday 나는 새들러스 웰스Sadler's Wells에서 발레 마티네 공연을 보고 있었다. 내 옆에는 뉴욕 시티 발레단 감독 링컨 커스틴이 앉아 있었다. 커스틴은 1932년 로몰라를 도와 내 인생을 바꾼 책을 내도록 한 사람이다. 왜냐하면 나는 그 책을 알게 된 후에 잡지 『발레Ballet』를 설립하여 편집장을 몇 년째 하고 있었으며 『옵서버』의 발레 평론가로 활동하고 있었다. 처음 휴식 시간에 공연장 안내원이 나에게 전화가 와 있다고 알려주었다. 『옵서버』의 편집장이 니진스키가 죽었다고 말하면서 내가 빨리 일요일 신문에 실을 부고를 써야 한다고 말했다. 나는 무대 뒤로 가서 니넷 드 밸루아Ninette de Valois의 사무실에서 글을 쓰고 전화할 수 있도록 배려를 받았다. 만약에 댜길레프와 니진스키가 없었다면 나, 커스틴, 밸루아 모두 지금의 우리, 지금 우리가 하는 일이 존재하지 않았을 거라는 생각이 스치고 지나갔다. 새들러스 웰스 발레단도 여기서 공연하는 일도 없었을 테고, 얼마 후에 코번트 가든에서 처음 공연이 있을 예정인 발란친 감독 하의 뉴욕 시티 발레단도 없었을 것이다.

4월 12일 화요일 저녁 나는 코번트 가든에 있었다. 그 당시 얼굴 정도만 알고 있던 마거릿 파워가 쉬는 시간 동안 나에게 와서 영국 발레계와 관계되는 누구도 이틀 후에 치러질 니진스키의 장례식에서 관을 들겠다는 사람이 없어서 로몰라 니진스키는 매우 기분이 언짢은 상황이라고 알려 주었다. 나는 파워에게 영국 남자가 니진스키의 관을 드는 자체를 생각하지 못했기 때문이라면서 니진스키 부인에게 안심하라는 말을 전해 달라고 했다. 그리고 나는 그 문제를 해결하겠다고 약속했다.

장례미사는 4월 14일 금요일, 월리스 컬렉션 뒤에 있는 성 제임스St. James 성당의 스페인 플레이스에서 열렸다. 로몰라 니진스키는 물론 타마라 카르사비나, 마리 램버트, 리디아 소콜로바 등 과거의 수많은 동료가 참석했다. 관의 앞쪽이 제일 짧아서 크기에 따라 짝을 지어 관을 들도록 했다. 세르주 리파르와 안톤 돌린, 프레더릭 애슈턴과 나, 마이클 솜스와 시릴 보몬트. 우리 중에서 보몬트만이 니진스키의 영광된 시절을 볼 수 있었다. 보몬트는 나중에 관의 무게를 거의 견딜 수가 없었다고 고백했다. 우리는 관을 영구차에 실었다. 애슈턴과 나는 묘지에는 가지 않았다.

두 대의 차가 관을 따랐다. 첫 번째 차에는 로몰라, 카르사비나, 돌린, 리파르, 보몬트가 탔고 두 번째 차에는 마리 램버트, 프란시스 제임스Frances James, 마거릿 파워, 루퍼트 둔Rupert Doone이 탔다. 프란시스 제임스는 이전에 람버트 무용단원 중 한 명이었으며 루퍼트 둔은 댜길레프 발레단 말년의 단원이자 영국 발레의 선구자였다. 묘지는 핀칠리 가Finchley Road에 위치한 성 매릴르번 묘지St Marylebone Cemetry였다. 조문객들이 모두 돌아간 후 보몬트는 뒤를 돌아 무덤 옆에 새로운 인물이 서 있는 것을 보았다. 그는 힌두 무용수 람 고팔이었다.[76]

그러나 니진스키는 여기서 안식을 취할 수는 없었다, 집시처럼. 1953년 6월 리파르는 니진스키의 묘를 파리 몽마르트르Montmartre 묘지에 있는 오귀스트 베스트리스 묘소 근처로 옮겨와야 한다고 생각했다. 리파르는 나중에 자신도 여기에 묻혀야 한다고 생각했다. 관을 파내서 매릴르본 로드에 있는 예배당으로 옮겨 오고, 규정상 예배당에서 관 뚜껑을 열어 시신이 안에 있는지 확인을 해야 했다. 그다음 내부의 납으로 된 관은 새로운 나무 관으로 옮겨지고 이 관은 빅토리아역까지 옮겨졌다. 빅토리아역에는 나디아 레가트가 그녀의 제자들을 데리고 니진스키를 기리는 뜻에서 꽃을 한 아름씩 안고 기다리고 있었다. 마거릿 파워가 동행했다. 두 번째 장례식은 아침 열 시 다뤼Daru 가에 있는 러시아 정교 교회에서 치렀다. 브로니슬라바 니진스카는 바슬라프가 러시아 정교 구역에 묻혀야 한다고 주장했다. 로몰라는 그때 미국에 있었고 참석을 할 수 있는 상황이 아니었다. 프레오브라옌스카야와 에고로바, 리파르와 파리 오페라의 성악가들과 발레 단원들이 대거 참석했다. 프랑스 순수예술 분야 장관도 참석하여 추도사를 했다.[77] 1953년 6월 16일이었다. 이날은 영국의 엘리자베스 2세 여왕이 대관식을 한 지 2주가 지났을 때였다.

니진스키의 인생은 다음과 같이 요약될 수 있다. 10년은 자라고, 10년은 배우고, 10년은 춤을 추고, 30년 동안은 빛을 잃어 갔다. 통틀어 대략 60년의 인생. 우리가 단지 추측할 수밖에 없지만 인간의 마음속에 그에 대한 기억이 얼마나 오래 살아 있을까. 토마스 브라운Thomas Browne 경은 다음과 같이 썼다. "사이렌이 무슨 노래를 불렀으며, 아킬레스가 여자들 사이에 숨었을 때 어떤 이름을 사용했을까 하는 질문은 곤혹스럽기는 하지만 모든 추측의 범위를 넘어서진 않는다."

# 참고 문헌

Agate, James. *Ego*, Vol. III. Harrap, London, 1938.

Alexander Mikhailovitch, Grand Duke. *Once a Grand Duke*. Farrar & Rinehart, New York; Cassell, London, 1932.

Astruc, Gabriel. *Le Pavillon de fantômes*. Grasset, Paris, 1929.

  - 'Le Premier Feu d'Artifice', in *Revue Musicale*, 1 December, 1930. (Paris).

Barbier, George and Miomandre, Francis de. *Nijinsky*. Bernouard, Paris, 1912.

Beaumont, Cyril. *The Ballet called Giselle*. Beaumont, London, 1944.

  - *The Complete Book of Ballets*. Putnam, London, 1937. Revised 1949, 1951.

  - *The Diaghilev Ballet in London*. Putnam, London, 1940. [Beaumont: London]

  - 'The Funeral of Vaslav Nijinsky', in *The Ballet Annual*, Fifth Issue. A.&C. Black, London, 1951.

  - *Michel Fokine and his Ballets*. Beaumont, London, 1935.

  - *The Romantic Ballet as seen by Théophile Gautier*. Beaumont, London, 1932.

  - *Vaslav Nijinsky*. Beaumont, London, 1932.

Bedells, Phyllis. *My Dancing Days*. Phoenix House, London, 1954.

Bennett, Arnold. *The Journals of Arnold Bennett*, 1911-1921. Edited by Newman Flower. Cassell, London, 1932.

Benois, Alexandre. *Early Memories of Diaghilev*, introduction to the catalogue of the Diaghilev Exhibition, 1954.

  - *Memoirs*, Vol. II. Translated by Moura Budberg. Chatto & Windus, London, 1964.

  - *Reminiscences of the Russian Ballet*. Translated by Mary Britnieva. Putnam, London, 1941.

Blanche, Jacques-Emile. *Portraits of a Lifetie*. Dent, London, 1937.

Bourman, Anatole (with D. Lyman). *The Tragedy of Nijinsky*. Robert Hale, London, 1937.

Braun, Edward. *Meyerhold on Theatre*. Methuen, London, 1969.

Buckle, Richard. *In Search of Diaghilev*. Sidgwick & Jackson, London, 1955.

Calvocoressi, M. D. *Music and Ballet*. Faber & Faber, London, 1938.

Carter, Huntley. *The New Spirit in Drama and Art*. Frank Palmer, London, 1912.

Chaplin, Charles. *My Autobiography*. The Bodley Head, London, 1964.

Chujoy, Anatole. 'Russian Balletomania', in *Dance Index*, Vol. vii, no.3, March 1948 (new York).

Clarke, Mary. *Dancers of Mercury*. A. & C. Black, Lodon, 1962.

Cocteau, Jean. *Cock and Harlequin*. Translated by Rollo H. Myers. The Egoist Press, London, 1921.

- *Opium*. Stock, Paris, 1930.

- *La Difficulté d'Etre*. Paul Morihien, Paris, 1947.

Craig, Edward. *Gordon Craig*. Gollancz, London, 1968.

Dandré, V. *Anna Pavlova*. Cassell, London, 1932.

Debussy, Claude. *Lettres de Claude Debussy à son éditer*. Durand, Paris, 1927.

Denby, Edwin. 'Notes on Nijinsky Photographs', in *Dance Index*, Vol. II, No. 3, March 1943 (New York). Reprinted in Paul Magriel: *Nijinsky*. Henry Holt, New York, 1946.

Dolin, Anton. *Autobiography*. Oldbourne, London, 1960.

- *Ballet Go Round*. Michael Joseph, London, 1938.

Dumesnil, Maurice. *An Amazing Journey*. Ives Washburn, New York, 1932. Jarrolds, London, 1933.

Duncan, Irma and MacDougall, A.R. *Isadora Duncan's Russian Days*. Gollancz, London, 1929.

Duncan, Isadora. *My Life*. Gollancz, London, 1928. Sphere (paperback), London, 1968

Ede, H. S. *Savage Messiah*. Heinemann, London, 1931.

Fokine, Michel. *Against the Tide*. Leningrad and Moscow, 1962.

- *Memoirs of a Ballet Master*. Translated by Vitale Fokine; edited by Anatole Chujoy. Little, Brown, Boston & Constable, London, 1961.

Grigoriev, S. L. *The Diaghilev Ballet 1909-1929*. Constable, London, 1953. Penguin (paperback), London, 1960.

Guest, Ivor. *Adeline Genée*. A. & C. Black, London, 1958.

- 'Carlotta Zambelli. *La Revue d'Histoire de Théatre*, III. 1969.

Hahn, Reynaldo. Noes: *Journal d'un musicien*. Plon, Paris, 1933.

Harriman, P. L. *The New Dictionary of Psychology*. Vision Press; Peter Owen, London, 1952.

Harewood, The Earl of. *Kobbé's Complete Opera Book*. Putman, London, 1969.

Haskell, Arnold. *Balletomania*. Gollancz, London, 1934.

    - *Diaghileff*. Gollancz, London, 1935.

Hofmannsthal, Hugo von and Strauss, Richard. *Correspondence between Richard Strauss and Hugo von Hofmannsthal*. Collins, London, 1961. [Hofmannsthal-Strauss.]

Hugo, Victor. *A Life related by one who has witnessed it*, Vol. II. William H. Allen, London, 1863.

Hyden, Walford. *Pavlova*. Constable, London, 1931.

Jankélévitch, Vladimir. *Ravel*. Grove Press, New York, and Calder, London, 1959 (paperback).

Johnson, A. E. *The Russian Ballet*. Constable, London, 1913.

Jones, Robert Edmond. 'Nijinsky and Til Eulenspiegel', in *Dance Index*, Vol. IV, No. 4, April 1945 (New York). Reprinted in Paul Magriel: *Nijinsky*. Henry Holt, New York, 1946

Karsavina, Tamara. *Theatre Street*. Heinemann, London, 1930. Revised edition, Constable, London, 1948. Dutton (paperback), New York, 1961.

Kchessinskaya, M. F. *Dancing in St Petersbrg*. Gollancz, London, 1960

Kerensky, Oleg. *Anna Pavlova*. Hamish Hamilton, London, 1973.

Kessler, Count Harry. *The Diaries of a Cosmopolitan*. Translated and edited by Charles Kessler. Weidenfeld & Nicolson, London, 1971.

Khan, Aga. *The Memoir of Aga Khan*. Cassell and Constable, London, 1954.

Kirstein, Lincoln. *Fokine*. British-Continental Press, London, 1934.

Kochno, Boris. *Diaghilev and the Ballets Russes*. Translated by Adrienne Foulke. Haper & Row, New York, 1970; Allen Lane The Penguin Press, London, 1971.

    - *Le Ballet*. Hachette, Paris, 1954.

Legat, Nicolas. *Ballets Russes*. Methuen, London, 1939.

Lieven, Prince Peter. *The Birth of Ballets Russes*. Translated by L. Zarine. George Allen & Unwin, London, 1936. Dover (paperback), New York, 1973.

Lifar, Serge. *Serge Diaghilev*. Putnam, London, 1940.

Lockspeiser, Edward. *Debussy*. Dent, London, 1936. Revised 1951, 1963.

    - *Debussy, his life and mind*, Vol. II. Cassell, London, 1965.

Magriel, Paul. *Nijinsky*. Henry Holt, New York, 1946.

Macke, August. *Das Russische Ballett*. Edited By Günter Busch. Philipp Reclam Jun.,

Stuttgart, 1966.

Manuel, Roland. *Maurice Ravel*. Translated by Cynthia Jolly. Dobson, London, 1947.

Marsh, Edward. *A Number of People*. Heinemann and Hamish Hamilton, London, 1939.

   - *Rupert Brooke, A Memoir*. Sidgwick & Jackson, London, 1918.

Martin, Ralph G. *Lady Randolph Churchill*. Cassell, London, 1969.

Massie, Robert K. *Nicholas and Alexandra*. Gollancz, London, 1968.

Massine, Leonide. *My Life in Ballet*. Edited by Phyllis Hartnoll and Robert Rubens. Macmillan, London, 1968.

Morrell, Lady Ottoline. *Ottoline*. Edired by Robert Gathorne-Hardy. Faber & Faber, London, 1963.

Mossolov, A. A. *At the Court of the Last Tsar*. Translated by E. W. Dickes; edited by A. A. Pilenco. Methuen, London, 1935.

Nijinsky, Romola. *The Last Years of Nijinsky*. Gollancz, London, 1952.

   - *Nijinsky*. Gollancz, London, 1933. Penguin (paperback), London, 1960. Sphere (paperback), London, 1970 (pagination as in the Penguin edition). [Romola Nijinsky]

Nijinsky, Vaslav. *The Diary of Vaslav Nijinsky*. Translated and edited by Romola Nijinsky, Gollancz, London, 1937. Panther (paperback), London, 1962. [Diary].

Painter, G. D. *Marcel Proust*, Vol. II. Chatto & Windus, London, 1965.

Pevsner, Nicholas. *The Buildings of England*: London (1). Penguin, London, 1960; revised 1962.

Propert, W. A. *The Russian Ballet in Western Europe*, 1909-1920. The Bodley Head, London, 1921.

   - *The Russian Ballet*, 1921-1929. The Bodley Head, London, 1931. [Propert II].

Proust, Marcel. *Lettres à Reynaldo Hahn*. Edited by Philippe Kolb. Paris, 1956.

Reiss, Françoise. *Nijinsky*. A. & C. Black, London, 1939.

Ricketts, Charles. *Self-Portrait*. Peter Davies, London, 1939.

Rimsky-Korsakov, N. A. *My Musical Life*. Translated by J. A. Joffe; edited by Carl van Vechten. Secker, London, 1924.

Rivière, Jacques. 'Le Sacre du Printemps', in *Nouvelle Revue Française*, November 1913 (Paris).

Rosenthal, Harold. *Two Centuries of Opera at Covent Garden*. Putnam, London, 1958.

Sandoz, Maurice. *The Crystal Salt Cellar*. Guilford Press, London, 1954.

Schneider, Ilya Ilyitch. *Isadora Duncan*, The Russian Years. MacDonald, London, 1968.

Sert, Misia. *Two or Three Muses*. Museum Press, London, 1953.

Seton-Watson, Hugh. *The Decline of Imperial Russia*, 1855-1914. Methuen, London, 1952.

Sitwell, Osbert. *Great Morning*. Macmillan, London, 1948.

- *Laughter in the Next Room*. Macmillan, London, 1949.

Slonimsky, Yuri. 'Marius Petipa', edited by Anatole Chujoy, in *Dance Index*, Vol.vi, Nos.5 and 6, May-June 1947 (New York). [Slonimsky Chujoy].

Sokolova, Lydia. *Dancing for Dighilev*. Edited by Richard Buckle. John Murray, London, 1960.

Sotheby & Co. Catalogues of sales of material relating to the Diaghilev Ballet: 15 October, 1963; 26 May, 1964; 13 June, 1967; 16,17 and 18 July, 1968; 9 and 10 July, 1969; 15, 16 and 19 December, 1969.

Stier, Theodor. *With Pavlova round the World*. Hurst and Blackett, London, [1927].

Stokes, Adrian. *Tonight the Ballet*. Faber & Faber, London, 1934.

- *Russian Ballets. Faber & Faber, London, 1935.*

Stravinsky, Igor. *Chronicle of my Life*. Gollancz, London, 1936.

- *The Rite of Spring*, Sketches 1911-1913. Boosey & Hawkes, London, 1969.

- with Robert Craft. *Conversations*. Faber & Faber, London, 1959.

- with Robert Craft. *Expositions and Developments*. Faber & Faber, London, 1962.

- with Robert Craft. *Memories and Commentaries*. Faber & Faber, London, 1960.

Svetlov, Valerien. *Le Ballet contemporain*. Designed by Leon Bakst. Golicke and Willborg, St Petersburg; translated by M. D. Calvocoressi, Brunoff, Paris, 1912.

- *Thamar Karsavina*. Translated by H. de Vere Beauclerk and Nadia Evrenov; edited bu Ciril Beaumont. Beaumont, London, 1922.

Terry, Ellen. *The Russian Ballet*. Sidgwick & Jackson, London, 1913.

Van Vechten, Carl. 'Vaslav Nijinsky', in *Interpreters*. Alfred A. Knopf, New York, 1917. Reprinted in *Dance Index*, Vol I, Nos. 9-11, September-November 1942 (New York) and in Paul Magriel: *Nijinsky*. Henry Holt, New York, 1946.

Vaudoyer, Jean-Louis. 'Variations sur les Ballets Russes', in *La Revue de Paris*, July 1910 (Paris).

Vaughan, David. 'Pavlova's American "Beauty"', in *Ballet Review*, Vol. 3, No. 2, 1969 (New York).

Whitworth, Geoffrey. *The Art of Nijinsky*. Chatto & Windus, London, 1913.

Wilde, Oscar. *The Letters of Oscar Wilde*. Edited by Rupert Hart-Davis. Hart-Davis, London, 1962.

# 주석

## 제1장 1898~1908

1. Bronislava Nijinska conversations
2. 같은 글. 니진스카는 발레 학교 남학생 응시 인원을 100~150명 정도라고 했고 부르만은 23쪽에서 "몇 백 명", 24쪽에서는 "백 명"이라고 썼다.
3. Karsavina: *Theatre Street*, p.41 & p.102
4. Legat, p.51, 52
5. Bourman, p.19, 발레 학교 같은 반 친구들과 그들의 운명에 대해 열거했는데 페오도로프는 혁명 기간 동안 오해를 받아 살해당했다고 언급한다. 브로니슬라바 니진스카는 그의 사인을 폐렴이라고 말했다.
6. B. Nijinska conversations. 로몰라 니진스키는 엘레오노라 베레다의 아버지가 무용수였으며, 좋은 집안에서 태어났고 그가 권총 자살을 했다는 것은 잘못 알고 있는 사실이라고 했다.
7. 같은 글
8. 같은 글. 이전에 발간된 모든 니진스키 전기 작가들은 브로니슬라바가 태어난 해와 입학연도를 니진스키의 것인 줄 잘못 알고 틀리게 썼다. 그러다 보니 모두 2년 늦게 썼다.
9. Romola Nijinsky, p.25
10. B. Nijinska conversations
11. 같은 글
12. 같은 글
13. *Diary*, p.53, 54

14. B. Nijinska conversations

15. Bourman, p.26

16. 같은 책, p.27

17. B. Nijinska conversations

18. Legat, p.52

19. Bourman, p.34

20. Slonimsky-Chujoy, p.126

21. Benois: *Early Memories of Diaghilev*, introduction to the catalogue of the Diaghilev Exhibition

22. Benois: *Memoirs II*, p.61 & 63

23. Benois: *Reminiscence*, p.187-190

24. 같은 책, p.211, 212

25. 같은 책, p.213-218

26. Kchessinskaya, p.81, 82.

27. Karsavina: *Theatre Street*, p.133

28. Karsavina: 1954년 11월 런던 포브스 하우스 Forbes House에서 열린 다길레프 전시회 오프닝에서 한 연설 내용. 버클의 *In Search of Diaghilev*에도 인용된 글

29. Guest: *Zambelli*, p.220-227

30. Bourman, p.35

31. Benois: *Reminiscence*, p.222

32. 같은 책, p.187

33. Kchessinskaya, p.86, 87

34. Karsavina: *Theatre Street*, p.147

35. Kerensky, p.1-3

36. Karsavina conversations

37. Imperial Theatres: 나탈리아 두딘스카야가 정보를 주었으며 부르만 36쪽에서 언급했다.

38. Bourman, p.36

39. 같은 책, p.37

40. Vladimirov conversation

41. Bourman, p.56-9, 94-6. 이 내용은 부르만이 사실을 그대로 이야기한 내용 둘 중에 하나라고 니진스카가 확인해 주었다.

42. B. Nijinska conversations

43. Doubrovskaya conversation

44. Romola Nijinsky, p.36

45. Romola Nijinsky conversations

46. Karsavina: *Theatre Street*, p.135, 136

47. Slonimsky-Chujoy, p.125, 126

48. Teliakovsky Diary, Slonimsky-Chujoy 126쪽에서 인용했다.

49. Legat, p.31

50. Benois: *Reminiscence*, p.229, 230

51. Kchessinskaya, p.98

52. Bourman, p.82-84. Romola Nijinsky, p.41. 두 군데 모두 나오는 내용

53. Benois: *Memoirs II*, p.221, 222

54. Karsavina: *Theatre Street*, p.153, 154

55. Bourman, p.84

56. Duncan, p.118

57. Vera Krasovskaya가 알려 준 정보

58. Duncan, p.119, 120

59. 브라이케이비치 Braikeivitch가 작가에게 전한 말이다. 브라이케이비치는 댜길레프 전시회 당시에 수준 높은 러시아 무대 디자인과 그림 컬렉션을 애슈몰린 Ashmolean 미술관에 기증했다.

60. Benois: *Memoirs II*, p.223, 224

61. Sacheverell Sitwell, *Books and Bookmen*에 실린 초판본 *Nijinsky*에 관한 리뷰, 1971년 11월호

62. Benois: *Memoirs II*, p.234

63. 타우리드 궁전에서 개최된 전시회 때 댜길레프 연설이며 하스켈도 160, 161쪽에 인용. 하스켈은 필자에게 누벨에게서 이 연설의 원고를 받았다고 말해 주었다.

64. Bourman, p.90-93

65. 1926년 2월 17일 댜길레프가 프러퍼트 Propert에게 보낸 편지를 *Propert II*, p.87, 88에서 인용했다.

66. Fokine, p.87-90

67. Karsavina conversations

68. Karsavina: *Theatre Street*, p.158-160

69. Legat, p.45; Karsavina: *Theatre Street*, p.162: 외

70. Benois: *Memoirs II*, p.230, 231

71. Lifar, p.167, 168. 리파르는 그레핀에게서 받은 서류가 있다.

72. Bronislava Nijinska conversations

73. Vladimirov conversation

74. 같은 글

75. Karsavina: *Theatre Street*, p.151

76. 베라 크라솝스카가 마린스키 극장 기록보관소에서 찾아낸 정보

77. Bourman, p.100

78. 베라 크라솝스카가 마린스키 극장 기록보관소에서 찾아낸 정보

79. Fokine, p.90, 91

80. Fokine이 복사하여 실음: *Against the Tide*, p.166

81. Bronislava Nijinska conversations. 무용수들의 타이츠 위에 그림 그린 일은 포킨이 이야기했지만 타이츠를 신은 발톱 부분에 발톱 그림을 그린 것은 니진스카였으며, 자기 것을 그린 후에 다른 무용수들에게도 그림을 그려 주었다고 필자에게 말해 주었다.

82. Fokine, p.93-96

83. 같은 책, p.96, 97

84. 같은 책, p.101

85. 같은 책, p.102, 103

86. Benois: *Reminiscence*, p.25-227

87. 같은 책, p.106, 107

88. *Petersburgskaya*, No. 105, 1907년 4월 17일

89. *Theatre and Music*, No. 11170, 1907년 4월 17일

90. 크라솝스카야가 말해 준 정보

91. Schollar conversation

92. Bronislava Nijinska conversations

93. Bourman, p.104

94. 같은 책, p.106, 107

95. Diaghilev Memoirs

96. Benois: *Reminiscence*, p.240-266

97. Kchessinskaya, p.40-42

98. Bronislava Nijinska conversations

99. 같은 글

100. Bourman, p.117

101. Bronislava Nijinska conversations

102. *Diary*, p.74

103. Bronislava Nijinska conversations

104. Bourman, p.131

105. Bronislava Nijinska conversations

106. 같은 글

107. 같은 글

108. 같은 글

109. 같은 글

110. Bourman, p.133, 134

111. Bronislava Nijinska conversations

112. Imperial Theatres: 나탈리아 두딘스카야가 알려 준 정보

113. Karsavina: *Theatre Street*, p.152

114. Karsavina conversations

115. Scholla conversation

116. Imperial Theatres: 나탈리아 두딘스카야가 알려 준 정보

117. Benois: *Reminiscence*, p.243

118. 같은 책, p.245, 246

119. 같은 책, p.249-265

120. Imperial Theatres: 나탈리아 두딘스카야가 알려 준 정보

121. Fokine, p.129-133

122. Diaghilev Memoirs

123. 같은 글

124. Benois: *Memoirs II*, p.246

125. Benois: *Reminiscence*, p.268. & *Memoirs II*, p.247

126. Diaghilev Memoirs

127. Benois: *Memoirs II*, p.247

128. Grand Duke Alexander Mikhailovitch: *Once a Grand Duke*, p.137

129. 같은 책, p.138

130. Karsavina: *Theatre Street*, p.81, 82

131. Diaghilev Memoirs

132. 같은 책

133. Benois: *Memoirs II*, p.250, 251

134. Diaghilev Memoirs

135. Benois: *Memoirs II*, p.251

136. Karsavina conversations

137. Diaghilev Memoirs

138. Benois: *Memoirs II*, p.252

139. Diaghilev Memoirs

140. M.Sert, p.111, 112

141. Bourman, p.140

142. Reiss, p.51. 레이스가 마틸다 크체신스카야에게서 들은 정보

143. Bourman, p.141-144

144. Bronislava Nijinska conversations

145. Baroness Budberg conversation

146. Romola Nijinsky conversations

147. *Diary*, p.63

148. Bronislava Nijinska conversations

149. *Diary*, p.59

150. Bronislava Nijinska conversations

151. Bourman, p.151-155

152. *Diary*, p.59

153. 같은 책, p.80-83

## 제2장 1909

1. Romola Nijinsky, p.64

2. Dandré, p.206

3. Fokine, p.138

4. Astruc, *Revue Musicale*, 1930년 12월

5. 같은 책

6. Benois: *Reminiscence*, p.266; *Memoirs II*, p.240

7. Astruc, *Revue Musicale*, 1930년 12월

8. Astruc papers

9. Astruc, *Revue Musicale*, 1930년 12월

10. Astruc papers: 아스트뤽은 1909년 11월, 이 계약 건을 요약하여 차르에게 제출했다.

11. Grigoriev questionnaires

12. Karsavina conversations

13. 같은 글

14. 같은 글

15. 같은 글

16. 같은 글

17. Grigoriev, p.17

18. 같은 글, p.14, 15

19. 같은 글, p.15, 16

20. Grigoriev questionnaires

21. Grigoriev, p.18, 19

22. 같은 글, p.20

23. Stravinsky: *Exposition*, p.25

24. Kchessinskaya, p.111

25. Grigoriev, p.23

26. Astruc papers. 아스트뤽이 1909년 11월 차르에게 보낸 보고서

27. 같은 글. 견적서

28. Massine conversations

29. Grigoriev, p.24

30. 같은 글, p.23, 24

31. Lifar, p.181, 182

32. Astruc papers. 댜길레프가 아스트뤽에게 1909년 3월 12일에 보낸 전보

33. 같은 글. 댜길레프가 아스트뤽에게 1909년 3월 14일에 보낸 전보

34. Benois: *Reminiscence*, p.280, 281

35. Karsavina: *Theatre Street*, p.192

36. Benois: *Reminiscence*, p.281, 282

37. Grigoriev, p.25, 26

38. Fokine, p.149, 150

39. Grigoriev, p.26

40. Astruc papers. 댜길레프가 아스트뤽에게 1909년 3월 29일과 4월 3일 보낸 전보

41. 같은 글. 아스트뤽의 요청에 대한 댜길레프의 답만 남아 있음. 1909년 3월 10일에 보낸 전보

42. 같은 글. 댜길레프가 아스트뤽에게 1909년 3월 31일에 보낸 전보

43. 같은 글. 같은 전보

44. 같은 글. 댜길레프가 아스트뤽에게 1909년 4월 6일에 보낸 전보

45. 같은 글. 댜길레프가 아스트뤽에게 1909년 4월 7일에 보낸 전보

46. Grigoriev questionnaires

47. Benois: *Reminiscence*, p.283

48. 같은 책, p.283

49. Astruc papers. 댜길레프가 아스트뤽에게 1909년 4월 20일, 21일, 23일, 26일, 27일, 28일, 29일에 보낸 전보

50. Karsavina conversations

51. Bronislava Nijinska conversations

52. Astruc papers. 1909년 11월 차르에게 보낸 보고서

53. Karsavina: *Theatre Street*, p.193

54. Karsavina conversations

55. Astruc papers. 1909년 11월 차르에게 보낸 보고서

56. Grigoriev, p.27

57. Bronislava Nijinska conversations

58. Svetlov: *Le Ballet*, p.86

59. Benois: *Reminiscence*, p.287, 그리고 각주

60. Grigoriev, p.28, 29

61. Karsavina: *Theatre Street*, p.194

62. Karsavina conversations

63. Karsavina: *Theatre Street*, p.194, 195

64. Grigoriev questionnaires

65. Karsavina: *Theatre Street*, p.196

66. Svetlov: *Le Ballet*, p.86

67. Painter II, p.146

68. 같은 글, p.17, 18 외

69. 같은 글, p.10 외

70. 같은 글, p.3 외

71. French Press

72. 같은 글

73. *Le Figaro*, 1909년 5월 11일

74. Karsavina conversations

75. Grigoriev, p.29

76. Svetlov: *Le Ballet*, p.87

77. Le Figaro, 1909년 5월 17일

78. 장 위고가 작가에게 이렇게 말했는데 이는 널리 알려진 사실이다. 프루스트는 이 신문에 글을 게재했다.

79. *Le Figaro*, 1909년 5월 19일

80. Astruc, *Revue Musicale*, 1930년 12월

81. Benois: *Reminiscence*, p.289

82. Romola Nijinsky, p.72

83. Benois: *Reminiscence*, p.289, 290

84. 같은 책, p.292

85. 이 책의 하드커버 판에 실린 삽화 16, 17번과 브누아의 저서 *Reminiscence*의 297쪽과 마주하는 페이지에 실린 삽화를 비교해 볼 것.

86. Benois: *Reminiscence*, p.201

87. 같은 책, p.291

88. 같은 책, p.292

89. 《아르미드》에 대한 묘사는 주로 Karsavina conversations(그리고 실은 시범까지 보여 줌)을 기초로 브누아, 포킨, 제프리 위트워스와의 대화에서도 내용을 보충했다. 브라이언 블랙우드 Brian Blackwood가 나를 위해 피아노 악보를 보고 연주를 했으며 그들에게서 들은 설명을 끼워 맞추었다.

90. Benois: *Reminiscence*, p.244. 브누아가 과거 시제로 적은 글을 현재 시제로 바꾸었다.

91. Whitworth, p.40

92. Karsavina: *Theatre Street*, p.197

93. Romola Nijinsky, p.73

94. Whitworth, p.41, 42

95. Karsavina conversations

96. Karsavina: *Theatre Street*, p.198

97. Fokine, p.107

98. Karsavina conversations. 그녀의 실제 표현

99. 장 위고는 그 당시 사람들이 어떻게 행동했는지를 작가에게 묘사했다.

100. Astruc: *Revue Musicale*, 1930년 12월

101. Vaudoyer: 리파르가 개최한 전시회(Exposition des Ballets Russes de Serge Diaghilev, Musée des Arts Décoratifs, 1939) 카탈로그의 서문

102. Kochno: *Le Ballet*, p.142

103. Beaumont: *Complete Book*, p.685

104. Karsavina: *Theatre Street*, p.198

105. 같은 책, p.198

106. 장 위고가 작가에게 한 말

107. Karsavina: *Theatre Street*, p.198

108. 같은 책, p.198, 199

109. Le Figaro, 1909년 5월 19일

110. Le Figaro, 1909년 5월 20일

111. Le Figaro, 1909년 5월 15일

112. *Commedia*, 1909년 5월 20일

113. 같은 책

114. Astruc, p.133; Lieven, p.104

115. Karsavina conversations

116. Lieven, p.87, 88, 104

117. Karsavina conversations

118. Karsavina: *Theatre Street*, p.200

119. 같은 책, p.282, 283

120. Karsavina conversations. 카르사비나는 니진스키가 고갱의 그림을 본 곳이
     어느 집인지 기억하지 못했다. 작가의 친구 장 위고가 이 사항에 대해 파리에서
     탐문한 결과 엠마누엘 비베스코의 집일 수밖에 없었다고 한다. 이 사실은 마르트
     비베스코 Princess Marthe Bibesco가 확인해 줬다. 그녀는 엠마누엘이 고갱의 힘든
     시절에 용돈도 주었다고 덧붙였다.

121. 장 위고는 작가에게 자기 부친과 조키 클럽 회원들의 발레를 대하는 태도가
     어떠했는지를 이야기했다.

122. 1838년 5월 7일 *La Presse*에 실린 고티에의 글

123. Karsavina conversations

124. 같은 책

125. 같은 책

126. Benois: *Reminiscence*, p.291

127. Karsavina: *Theatre Street*, p.201

128. Benois: *Reminiscence*, p.294

129. Svetlov: *Le Ballet*, p.98, 99

130. Fokine, p.131

131. 같은 글, p.130

132. Stokes: *Russian Ballets*, p.89

133. Johnson, p.81, 82

134. Benois: *Reminiscence*, p.298

135. Lieven, p.80

136. Benois: *Reminiscence*, p.295, 297

137. *Complete Book*에 실린 보몬트의 《클레오파트라》와 존슨 Johnson의 글을 바탕으로

묘사했다.

138. Lieven, p.102. 그는 브누아의 글을 인용함
139. Karsavina conversations
140. Fokine, p.145
141. Karsavina conversations
142. Benois: *Reminiscence*, p.296
143. Fokine, p.146
144. 프랑스 언론에 발표한 소식
145. Karsavina conversations
146. Grigoriev, p.35
147. *Commedia*, 1909년 6월 22일
148. Karsavina conversations
149. *Diary*, p.141, 142
150. Svetlov: *Le Ballet*, p.103
151. Astruc papers. 1909년 6월 15일 아스트뤽이 댜길레프에게 보낸 편지
152. 같은 글. 1909년 11월 아스트뤽이 차르에게 보낸 보고서
153. 같은 글
154. 같은 글. 명예롭지 못했던 계산서가 남아 있다.
155. Kchessinskaya, p.113
156. Karsavina conversations.
157. Karsavina: *Theatre Street*, p.202
158. Svetlov: *Le Ballet*, p.104
159. Benois: *Reminiscence*, p.300
160. Romola Nijinsky, p.80
161. 같은 글, p.80, 81
162. Calvocoressi, p.136
163. *Revue de Musicologie* 1962년 7-12월, p.34
164. *Lockspeiser*, Vol. II, p.169
165. Astruc papers. 1909년 7월 19(?)일 댜길레프가 아스트뤽의 회사로 보낸 편지
166. 같은 글. 1909년 8월 6일 댜길레프가 아스트뤽의 회사로 보낸 편지
167. Romola Nijinsky, p.81, 82
168. Astruc Papers
169. 같은 글
170. 같은 글

171. 같은 글. 1909년 11월17일 모솔로프가 아스트뤽에게 보낸 편지

172. 같은 글. M. 몰로돕스키M. Molodovsky가 니콜라스 대공을 대신하여 아스트뤽에게
보낸 편지

173. 같은 글. F. 드 쿠베F. de Coubé가 안드레 대공을 대신하여 아스트뤽에게 보낸 편지

174. 같은 글

175. 같은 글

176. 같은 글. 1909년 12월 8일 마르탱이 아스트뤽에게 보낸 편지

177. 같은 글

178. 같은 글. 1910년 1월 8일부터 15일 사이에 브뤼셀이 아스트뤽에게, 아스트뤽이
브뤼셀에게, 아스트뤽이 엘터에게, 리트빈이 엘터에게, 아스트뤽이 샬랴핀에게
보낸 전보

## 제3장 1910

1. Grigoriev, p.43

2. Benois: *Reminiscence*, p.303

3. Fokine, p.158

4. Benois: *Reminiscence*, p.303, 304

5. Lieven, p.106, 107

6. Fokine, p.158, 159

7. Stravinsky: *Exposition*, p.129

8. Grigoriev, p.38

9. Benois: *Reminiscence*, p.304

10. Lieven, p.106. 브누아는 리븐이 책을 집필하는 데 영감을 주었다. 짐작건대 이
편지를 보낸 날짜를 1909년 9월 4일이라고 적어 둔 것을 보니 브누아는 리븐에게
댜길레프가 리아도프에게 보낸 편지의 복사본을 보여 준 듯하다. 댜길레프가
여전히 베네치아에 있었다면 그는 니진스키가 상트페테르부르크로 돌아간 뒤에도
계속 머물렀거나, 니진스키도 베네치아에 있었다면 그는 마린스키 시즌 오프닝에
출연하지 못했던 것이다.

11. Fokine, p.160

12. Stravinsky: *Expositions*, p.127

13. 같은 책, p.128

14. 같은 책, p.128, 129

15. Stravinsky: *Memories*, p.32

16. Fokine, p.159

17. 같은 책, p.159

18. Haskell, p.225, 226

19. Kirstein, p.39

20. Fokine, p.161

21. Stravinsky: *Expositions*, p.129

22. Grigoriev, p.40

23. Calvocoressi, p.220

24. Sotheby catalogues

25. Grigoriev, p.42

26. Imperial Theatres

27. Bronislava Nijinska conversations

28. Benois: *Reminiscence*, p.309, 310

29. 같은 책, p.310

30. 같은 책

31. 같은 책, 그리고 주석

32. 같은 책, p.311

33. Fokine, p.151

34. 같은 책, p.152

35. Grigoriev, p.42

36. Karsavina: *Theatre Street*, p.212, 213

37. Astruc papers. 이 날짜를 특정한 이유는 댜길레프가 아스트뤽에게 보낸 전보에서 아래 언급한 대로 《지젤》 대신에 《잠자는 미녀》를 대신 공연하는 것을 거론했기 때문이다.

38. Stravinsky: *Memories*, p.32

39. Astruc papers. 댜길레프가 아스트뤽에게 1910년 2월 2일, 2월 8일 보낸 전보, 아스트뤽이 댜길레프에게 1910년 2월 9일 보낸 전보, 댜길레프가 아스트뤽에게 1910년 2월 10일, 2월 11일 보낸 전보.

40. 림스키코르사코프 부인의 반대를 입증할 만한 자료는 가지고 있지 않지만 그녀가 이 프로덕션을 반대한 것은 의심할 여지가 없다. 이 사건 이후 그녀가 항의했다는 증거는 1910년 8월 7일 러시아 일간지 레흐에 실린 편지에 나타났다. 이 항의에 대해 댜길레프는 베네치아에서 답을 보냈고 1910년 9월 17일자 신문에 실렸다. 림스키코르사코프 부인의 두 번째 편지는 1910년 10월 12일자 신문에 실렸다.

41. Karsavina conversations

42. 같은 글

43. Benois: *Reminiscence*, p.312

44. Astruc papers. 1910년 2월 11일 스키들롭스키Schidlovsky가 아스트뤽에게 보낸 편지

45. 같은 글. 1910년 2월 15일 아스트뤽이 댜길레프에게 보낸 전보

46. 같은 글. 1910년 2월 16일 댜길레프가 아스트뤽에게 보낸 전보

47. Stravinsky: *Chronicle*, p.52

48. Astruc papers. 영수증이 남아 있다.

49. Benois: *Reminiscence*, p.312; Astruc papers에서 메트로폴리탄에 대한 언급: 1910년 3월 18일 댜길레프가 아스트뤽에게 보낸 전보

50. Benois: *Reminiscence*, p.312, 313

51. Lieven, p.112

52. Benois: *Reminiscence*, p.313

53. Karsavina: *Theatre Street*, p.213, 214

54. Lieven, p.115

55. Benois: *Reminiscence*, p.312

56. Fokine, p.134-136

57. Karsavina conversations

58. Fokine, p.136

59. Bronislava Nijinska conversations

60. Grigoriev, p.40

61. Diaghilev's Black Note-Book, p.15

62. Astruc papers

63. 같은 글. 계약서 초안이 남아 있다.

64. Karsavina: *Theatre Street*, p.215

65. 같은 책, p.214, 215

66. Lieven, p.116

67. Benois: *Reminiscence*, p.313, 314

68. Grigoriev, p.44, 47

69. Stier, p.237

70. Vaudoyer, p.26. 타마라 카르사비나가 번역

71. Karsavina: *Theatre Street*, p.219

72. Karsavina conversations

73. Grigoriev, p.44

74. 같은 글, p.44, 45

75. Karsavina conversations

76. Rimsky-Korsakov, p.446, 447

77. 같은 글, p.292, 293

78. Grigoriev, p.46

79. 같은 글, p.46

80. Fokine, p.155

81. Benois: *Reminiscence*, p.316

82. Fokine, p.155

83. Whitworth, p.57

84. Benois: *Reminiscence*, p.316

85. Vaudoyer: *Variations*

86. Bronislava Nijinska conversations

87. 에스트라데 게라와 F. 레이스 인터뷰. Reiss, p.78

88. 바르비에Barbier와 미오만드레, 미오만드레가 바르비에 그림을 소개하면서 세 번째와 네 번째 페이지에 숫자를 매기지 않았다.

89. Cocteau: *La Difficulté*, p.70

90. Grigoriev, p.47

91. Proust, p.188

92. Karsavina conversations

93. 같은 책

94. 작가의 결론: 97번 각주 볼 것

95. Fokine, p.153, 154

96. Karsavina conversations

97. Kochno: *Diaghilev*, p.48

98. Grigoriev, p.43. p.132 윗부분 볼 것

99. Karsavina: *Theatre Street*, p.220

100. Benois: *Reminiscence*, p.289, 290, 337, 338

101. Karsavina: *Theatre Street*, p.220

102. Benois: *Reminiscence*, p.313

103. Svetlov: *Karsavina*, p.97

104. 같은 책, p.47

105. Benois: *Reminiscence*, p.310, 311

106. 1910년 6월 19일 스트라빈스키가 레리흐에게 보낸 편지인데 작곡가가 가지고 있던

것을 복사했다.

107. Benois: *Reminiscence*, p.311
108. 1910년 6월 19일 스트라빈스키가 레리흐에게 보낸 편지
109. Benois: *Reminiscence*, p.314-316에서 인용
110. Painter II, p.164
111. 같은 글
112. Karsavina conversations
113. Benois: *Reminiscence*, p.304, 305
114. Stravinsky: *Conversations*, p.96; Lieven, p.246
115. Benois: *Reminiscence*, p.306, 307
116. 같은 책, p.246
117. Stravinsky: *Expositions*, p.129
118. 같은 책
119. 같은 책, p.130, 131
120. Karsavina conversations
121. Blanche, p.257
122. Karsavina conversations
123. Benois conversations
124. Karsavina conversations
125. 같은 글
126. 스트라빈스키가 레리흐에게 보낸 편지, 1910년 6월 19일
127. Stravinsky: *Expositions*, p.140
128. 스트라빈스키가 레리흐에게 보낸 편지, 1910년 6월 19일
129. Lieven, p.117
130. Grigoriev, p.51
131. Benois: *Reminiscence*, p.308
132. Karsavina: *Theatre Street*, p.221
133. 같은 책, p.284
134. 같은 책, p.286
135. 같은 책, p.285
136. Karsavina conversations
137. Grigoirev, p.52
138. 같은 글, p.51
139. 스트라빈스키가 레리흐에게 보낸 편지, 1910년 6월 19일. 이 편지는

우스틸루크에서 쓰기 시작하여 라 볼에서 완성했다. 그리고 1910년 7월 27일 보낸 또 다른 편지다.

140. Stravinsky: *Expositions*, p.67

141. Benois: *Reminiscence*, p.323

142. 이 여행에 대해 박스트가 적어 둔 책에서는 한 날짜를 특정하지 않았다.

143. Stravinsky: *Expositions*, p.134

144. Benois: *Reminiscence*, p.324

145. 같은 책, p.324, 325

146. Stravinsky: *Expositions*, p.134

147. Astruc papers. 베네치아에서 댜길레프가 파리에 있는 아스트뤽에게 1910년 9월 1일, 그리고 그다음에 늦어도 9월 10일에 보낸 전보

148. 같은 글. 1910년 10월 10일 런던에서 댜길레프가 파리에 있는 아스트뤽에게 보낸 전보

149. 1910년 10월 27일 루시안 아스트뤽의 소유였던 엽서

150. Bronislava Nijinska conversations

151. Lieven, p.142

152. Benois: *Reminiscence*, p.327

153. Stravinsky: *Expositions*, p.135

154. Benois: *Reminiscence*, p.327

155. Fokine, p.185

156. Stravinsky: *Memories*, p.96

157. Benois: *Reminiscence*, p.328, 주석

158. Astruc papers. 1910년 12월 14일 댜길레프가 아스트뤽에게 보낸 전보

159. 같은 글. 1910년 12월 15일 댜길레프가 아스트뤽에게 보낸 전보

160. 같은 글. 1910년 12월 22일 댜길레프가 아스트뤽에게 보낸 전보

161. 같은 글. 1910년 12월 22일 댜길레프가 아스트뤽에게 보낸 전보


## 제4장 1911

1. Karsavina: *Theatre Street*, p.286("댜길레프는 (…) 포킨의 안무가 과거에 속하는 것으로 판단했다.") Morell, p.227 ("그런 발레들(《장미의 정령》과 같은)은 (니진스키의) 흥미를 끌지 못했다. 니진스키는 이 작품이 지나치게 예쁜 작품이라고 말했으며 관객들이 찬사를 보낼 때 오히려 언짢아했다.")

2. Benois: *Reminiscence*, p.345. 댜길레프가「백조의 호수」를 자르고 편집하는 것이 그

예다.

3. Duncan, p.58

4. Reiss, p.102. 라리오노프와 그녀의 인터뷰

5. Bronislava Nijinska conversations 및 서신에서 유추한 사항

6. Bronislava Nijinska conversations

7. Romola Nijinsky, p.125. 1910년 9월 『댜길레프의 노트북 *Note-book*』에 드뷔시 음악에 대해 처음 언급되어 있다(123쪽).

8. Bronislava Nijinska conversations

9. 같은 글

10. 같은 글

11. Astruc papers. 1911년 2월 11일 댜길레프가 아스트뤽에게 보낸 전보

12. Vaudoyer: *Variations sur les Ballets Russes*, 1910년 7월 15일 *La Revue de Paris*에 실린 글

13. Lifar, p.252, 253. 보두아이에가 그에게 한 말을 인용했다.

14. Fokine, p.180

15. Astruc papers. 1911년 5월 22일 댜길레프가 아스트뤽에게 보낸 편지

16. Karsavina: *Theatre Street*, p.221, 222

17. Sotheby catalogues

18. Grigoriev, p.54

19. 같은 글, p.58

20. 같은 글, p.58

21. 같은 글, p.55

22. Benois: *Reminiscence*, p.343

23. Romola Nijinsky, p.102

24. 같은 글

25. Karsavina: *Theatre Street*, p.226

26. Bronislava Nijinska conversations

27. *Novoye Vremya* & *Le Journal de St Petersburg*에 실린 글, 1911년 2월 13일

28. Sotheby catalogues

29. Astruc papers. 1911년 2월 12일 댜길레프가 아스트뤽에게 보낸 전보

30. 같은 글. 1911년 2월 12일 건스부르그가 아스트뤽에게 보낸 전보

31. Romola Nijinsky, p.102

32. Astruc papers. 1911년 2월 13일 댜길레프가 아스트뤽에게 보낸 전보

33. 같은 글. 1911년 2월 14일 댜길레프가 아스트뤽에게 보낸 전보

34. 같은 글. 1911년 2월 14일 댜길레프가 아스트뤽에게 보낸 전보

35. 같은 글. 1911년 2월 14일 아스트뤽이 댜길레프에게 보낸 편지

36. Bennett: *Journal*, p.4

37. Kchessinskaya, p.123

38. Astruc papers. 1911년 3월 2일 댜길레프가 아스트뤽에게 보낸 전보

39. 같은 글. 1911년 2월 18일 댜길레프가 아스트뤽에게 보낸 전보

40. 같은 글

41. 같은 글. 댜길레프는 1911년 5월 26일 로마에서 보낸 전보에서 아스트뤽에게 처음 이 사실을 언급했다.

42. 같은 글. 1911년 3월 15일 댜길레프가 아스트뤽에게 보낸 전보.

43. 같은 글. 1911년 3월 12일 댜길레프가 아스트뤽에게 보낸 전보("박스트 곧 도착")

44. 같은 글. 1911년 3월 15일 댜길레프가 아스트뤽에게 보낸 전보

45. 같은 글. 내가 추측하기로는 댜길레프가 《라 페리》에 점차 관심을 갖게 되어 파리에 잠깐 다니러 온 것이다. 왜냐하면 아스트뤽과 주고받은 서신에서 이 작품에 대해 처음 언급했을 때는 그가 파리를 떠난 이틀 후인 1911년 3월 23일 볼리유에서 보낸 전보였기 때문이다.

46. 같은 글. 1911년 3월 23~25일에 보낸 전보는 볼리유에서 보냈다.

47. 같은 글. 1911년 3월 30일 댜길레프가 아스트뤽에게 전보를 보낸 곳은 보솔레이의 "확실히 리비에라 팰리스 호텔"이었다.

48. Grigoriev, p.59

49. Fokine, p.201

50. Grigoriev, p.60, 61

51. Fokine, p.188

52. Grigoriev, p.58

53. 같은 글, p.59, 60.

54. Astruc papers. 1911년 3월 23일 댜길레프가 아스트뤽에게 보낸 전보.

55. Bronislava Nijinska conversations

56. Grigoriev, p.59

57. 같은 글, p.58

58. 각주 59의 증거

59. 스트라빈스키가 몬테카를로로 왔던 증거는 사진이다. 이 책의 하드커버 본에는 41번 삽화로 수록되어 있다.

60. 브누아가 몬테카를로에 왔던 증거도 위의 59번 주석의 스트라빈스키와 같은 증거이다. Lieven, p.154를 찾아볼 것

61. Astruc papers. 최소한 건스부르그는 댜길레프가 아스트뤽에게 다음 날 파리 마제스틱 호텔에 잘 도착했다고 전보를 친 1911년 5월 1일까지는 그곳에 있었다.

62. 보트킨 자매들도 위 59번 주석에서 언급한 사진에 등장한다.

63. Karsavina: *Theatre Street*, p.233

64. Aga Khan, p.109

65. Karsavina conversations

66. Buckle collection. 1911년 3월 29일 박스트가 아스트뤽에게 보낸 편지

67. Astruc papers. 1911년 3월 31일 댜길레프가 아스트뤽에게 보낸 전보.

68. 루시엔느 아스트뤽 컬렉션에 포함된 드로잉. 복제품, 이 책의 하드커버 본 35번 삽화

69. 1911년 6월 15일 *Commoedia Illustré*에 실린 포스터 디자인을 복사했다.

70. Buckle collection과 아마도 다른 곳에서도 있을 가능성이 있는 출처가 불분명한 포스터

71. Astruc papers. 1911년 4월 5일 댜길레프가 아스트뤽에게 보낸 전보.

72. 같은 글. 1911년 4월 21일 댜길레프가 아스트뤽에게 보낸 전보인데 내용은 루빈스타인에게서 받은 다음의 전보 내용을 인용: "유감스럽지만 저가 일이 생겨 일요일에 가지 못하게 되었습니다. 23일에는 꼭 갈 것입니다. 안부를 전합니다."

73. Karsavina conversations

74. Lieven, p.163. 그리고리예프는 무오라토리를 "무대감독"이라고 불렀으며(60쪽) 리븐은 '무오라토레 Muratore '를 "전직 성악가…… 홍보 담당"이라고 불렀다(163쪽).

75. Karsavina conversations

76. *Le Monte Carlo*

77. Kchessinskaya, p.125

78. *Le Monte Carlo*

79. Stravinsky-Craft 질문서

80. 이 책의 하드커버 본 삽화 41번. 위에서 언급했다.

81. Bronislava Nijinska conversations

82. Romola Nijinsky, p.114, 115

83. Benois: *Reminiscence*, p.340

84. Karsavina: *Theatre Street*, p.240

85. Press; Grigoriev, p.60

86. *Diaghilev's Black Note-Book*, p.141

87. Astruc papers. 1911년 5월 27일 댜길레프가 아스트뤽에게 보낸 편지. "이 시기에 루빈스타인은 순교자 성 세바스찬의 복잡한 음악으로 무용 시리즈를 만드는 중이었는데도 5일간 시간을 내어 몬테카를로로 왔다. 그녀가 몬테카를로에 왔을

때는 발레 뤼스가 나르시스를 창작하느라 복잡한 상황이었지만 모두 다 제대로 이루어졌다."

88. Benois: *Reminiscence*, p.341
89. 같은 책, p.341, 342
90. 같은 책, p.341
91. 같은 책, p.342
92. Karsavina: *Theatre Street*, p.212
93. Astruc papers. 1911년 5월 5일 댜길레프가 아스트뤽에게 보낸 전보
94. 같은 글. 위와 같은 전보
95. Benois: *Reminiscence*, p.330, 331; Stravinsky: *Conversations*, p.98
96. Benois: *Reminiscence*, p.331
97. 같은 책, p.331; Karsavina: *Theatre Street*, p.234
98. Karsavina: *Theatre Street*, p.231
99. Benois: *Reminiscence*, p.330, 331
100. Karsavina: *Theatre Street*, p.231
101. Grigoriev, p.62
102. 같은 글, p.62
103. Benois: *Reminiscence*, p.332
104. Astruc papers. 1911년 5월 15일 댜길레프가 아스트뤽에게 보낸 전보. 로마의 전보 치는 사람은 프랑스 표현 'ovations infinies(끝없는 갈채)'를 'ovadons infibes'로 전달했다.
105. Grigoriev, p.62
106. Karsavina conversations .
107. Astruc papers. 1911년 5월 26일 댜길레프가 아스트뤽에게 보낸 전보
108. 같은 글. 1911년 5월 22일 댜길레프가 아스트뤽에게 보낸 전보
109. 같은 글. 1911년 5월 24일 박스트가 댜길레프에게 보낸 전보
110. 같은 글. 1911년 5월 26일 댜길레프가 아스트뤽에게 보낸 전보
111. 같은 글. 1911년 5월 27일 댜길레프가 아스트뤽에게 보낸 전보
112. Grigoriev, p.137
113. *Feuilleton du Journal des Débats*에 실린 아돌프 줄리엥Adolphe Jullien의 글, 1911년 6월 25일.
114. Astruc papers. 1911년 5월 31일 댜길레프가 아스트뤽에게 보낸 전보
115. Whitworth, p.46, 47
116. 밸런타인 그로스가 1951년 프랑스 국영 라디오 방송국에 나와서 한 말

117. *Commoedia Illustré*에 실린 콕토의 글, 1911년 6월 15일

118. 작가가 가지고 있는 1911년 6월 8일자 프로그램에는 그렇게 적혀 있다.

119. *Commoedia*에 실린 조르주 피오시George Pioch의 글, 1922년 6월 7일

120. Karsavina conversations

121. Karsavina: *Theatre Street*, p.241

122. Lieven, p.143

123. Fokine, p.190

124. Kochno: *Diaghilev*, p.68

125. Benois: *Reminiscence*, p.333-5

126. Braun, p.113, 114

127. Benois: *Reminiscence*, p.336

128. Fokine, p.187

129. Benois: *Reminiscence*, p.335, 각주

130. Fokine, p.193

131. 이름을 알 수 없는 언론에서 오려낸 글

132. Benois: *Reminiscence*, p.335

133. Stravinsky: *Memories*, p.33, 34

134. 같은 책

135. Fokine, p.184

136. Benois: *Reminiscence*, p.335

137. Fokine, p.191

138. 같은 글, p.194, 193

139. Benois: *Reminiscence*, p.337, 338

140. Le Figaro, 1911년 6월 17일.

141. Pevsner, p.314, 315

142. Juliet Duff conversations

143. Karsavina conversations

144. Astruc papers. 1911년 8월 3일 건스부르그가 아스트뤽에게 보낸 전보

145. Grigoriev, p.66

146. Juliet Duff conversations

147. Sir Michael Duff conversations. 이는 고인이 된 안토니오 간다릴라스의 편지에서 확인했다. 간다릴라스는 영국인보다 더 영국 사교계에 대해 정통한 인기 있는 칠레 사람이었다.

148. Juliet Duff conversations

149. Martin, p.151

150. Hahn, p.214

151. Covent Garden 프로그램.

152. *Daily Mail*, 1911년 6월 21일

153. Diaghilev Memoirs

154. Astruc papers. 1911년 6월 23일 댜길레프가 아스트뤽에게 보낸 전보

155. *The Times*, 1911년 6월 22일

156. *Observe*, 1911년 6월 25일.

157. *The Times*, 1911년 6월 26일.

158. 같은 글, 1911년 6월 24일

159. 같은 글

160. *Sunday Times*, 1911년 6월 25일,

161. Bedells, p.51, 52

162. Diana Cooper conversation and letter

163. Diaghilev Memoirs

164. *Daily Mail*, 1911년 6월 27일.

165. 같은 글

166. 같은 글

167. Diaghilev Memoirs

168. *Sunday Times*, 1911년 7월 23일

169. *Daily Mail*, 1911년 6월 28일

170. Juliet Duff conversations

171. Ricketts, 여러 곳에 나온다.

172. Juliet Duff, essay

173. Stravinsky: *Expositions*, p.140, 141

174. Astruc papers. 1911년 9월 1일 댜길레프가 아스트뤽에게 보낸 전보

175. Grigoriev, p.68

176. Benois: *Reminiscence*, p.345. 그러나 브누아 말로는 코로빈이 의상을 담당했다고
    한다. 프로그램에는 무대의 호수만 그가 디자인했고 궁전 장면과 모든 의상
    디자인은 골로빈이 했다고 적혀 있다.

177. Astruc papers. 1911년 9월 25일 댜길레프가 아스트뤽에게 보낸 전보

178. 같은 글. 1911년 10월 13일 댜길레프가 아스트뤽에게 보낸 전보

179. 같은 글. 1911년 10월 10일 댜길레프가 아스트뤽에게 보낸 전보

180. 같은 글. 1911년 10월 15일 댜길레프가 아스트뤽에게 보낸 전보

181. Karsavina conversations. 그녀의 문장

182. Carter, p.23

183. *Observe*, 1911년 10월 15일

184. Rosenthal, p.359

185. Beaumont: *The Ballet called Giselle*, p.127

186. *The Times*, 1911년 10월 17일

187. *Daily Mail*, 1911년 10월 17일

188. *Sunday Times*, 1911년 10월 22일.

189. *Observe*, 1911년 10월 22일

190. *Daily Mail*, 1911년 10월 17일

191. *Sunday Times*, 1911년 10월 22일

192. *The Times*, 1911년 10월 30일

193. *Daily Mail*, 1911년 10월 30일

194. 같은 신문, 1911년 11월 4일

195. Edward Craig의 컬렉션에 포함된 Gordon Craig's Day book

196. Kchessinskaya, p.132, 133

197. 같은 글, p.133

198. *Daily Mail*, 1911년 11월 15일

199. Juliet Duff conversations

200. *Daily Mail*, 1911년 11월 15일.

201. *The Times*, 1911년 11월 20일.

202. Astruc papers. 1911년 11월 15일 댜길레프가 아스트뤽에게 보낸 전보

203. Johnson, p.226. 필자도 유일하게 남아 있는 그의 설명을 따른다.

204. Kchessinskaya, p.134

205. 같은 글, p.134

206. Diaghilev Memoirs

207. Johnson, p.226~233

208. Beaumont: *London*, p.231

209. *Sunday Times*, 1911년 12월 3일(그리고 1912년 7월 28일); *The Times* 1911년 12월 1일; Daily Mail, 1911년 12월 1일

210. Kchessinskaya, p.134

211. 같은 글

212. *The Times*, 1911년 12월 1일.

213. *Daily Mail*, 1911년 12월 1일.

214. *The Times*, 1911년 12월 1일.

215. *Daily Mail*, 1911년 12월 1일

216. *The Times*, 1911년 12월 1일.

217. Kchessinskaya, p.135. 하지만 그녀는 브누아가 런던에 없던 시기인데도 그가 참석했다고 말했다.

218. Astruc papers. 1911년 12월 3일 댜길레프가 아스트뤽에게 보낸 전보

219. Lady Juliet Duff's 'Birthday Book'

220. *Daily Mail*, 1911년 12월 11일.

221. Ricketts, p.195

222. *Daily Mail*, 1911년 12월 11일

223. 같은 글

224. Ricketts, p.175

225. *Daily Mail*, 1911년 12월 11일.

226. Astruc papers. 1911년 12월 9일 댜길레프가 아스트뤽에게 보낸 전보

227. 같은 글. 1911년 12월 11일 댜길레프가 Keynote(에이전시?) 쪽에 보낸 전보 복사본

228. 같은 글. 1911년 12월 12일 댜길레프가 아스트뤽에게 보낸 전보

229. 같은 글. 1911년 12월 15일 댜길레프가 아스트뤽에게 보낸 전보

230. 같은 글. 1911년 12월 17일 댜길레프가 아스트뤽에게 보낸 전보

231. 같은 글. 1911년 12월 16일 댜길레프가 아스트뤽에게 보낸 전보

232. Karsavina: *Theatre Street*, p.240, 247. 그리고 Bourman, p.212

233. 고인이 된 줄리엣 더프의 컬렉션에 포함된 드로잉

## 제5장 1912

1. Stravinsky: *Exposition*, p.142

2. Romola Nijinsky conversations

3. Karsavina conversations

4. Astruc papers

5. 같은 글. 댜길레프가 아스트뤽에게 보낸 1911년 9월 21일, 1911년 12월 29일부터 1912년 2월 1일까지 전보

6. 같은 글. 1912년 1월 4일 댜길레프가 크체신스카야에게 보낸 전보

7. 같은 글. 1912년 1월 8일 댜길레프가 아스트뤽에게 보낸 전보와 다른 전보는 날짜를 알아볼 수가 없다.

8. 같은 글. 계약서 초안이 남아 있다.

9. 같은 글. 1912년 2월 9일 댜길레프가 아스트뤽에게 보낸 전보

10. 같은 글. 1912년 2월 9일 댜길레프가 아스트뤽에게 보낸 전보

11. Karsavina: *Theatre Street*, p.225

12. Bronislava Nijinska conversations

13. Romola Nijinsky, p.195. 볼름이 그녀에게 말해 준 이야기

14. Bronislava Nijinska conversations

15. Karsavina conversations

16. 이 책의 하드커버 본 삽화 49번을 볼 것

17. Grigoriev, p.72

18. *Ballet and Opera*에 그림이 나와 있다. 1948년 11월호.

19. Grigoriev, p.72

20. 같은 글, p.72, 73

21. Karsavina: *Theatre Street*, p.225, 226

22. Astruc papers. 1912년 2월 20일 댜길레프가 아스트뤽에게 보낸 전보

23. Grigoriev, p.73

24. Hofmannstahl-Strauss, p.121, 122

25. Astruc papers. 1912년 3월 6일 댜길레프가 아스트뤽에게 보낸 전보; Grigoriev, p.74

26. Grigoriev, p.73, 74

27. Kchessinskaya, p.137

28. Romola Nijinsky, p.12

29. 같은 글, p.12, 13

30. Romola Nijinsky conversations

31. Romola Nijinsky, p.13

32. Bourman, p.222

33. Kchessinskaya, p.138

34. Astruc papers. 1912년 3월 19일부터 보솔레이에서 보내기 시작하는 전보

35. *Le Monte Carlo*, 1912년 3월 31일

36. 같은 글, 1912년 4월 28일

37. 같은 글, 1912년 4월 7일

38. 같은 글, 1912년 3월 31일

39. 같은 글, 1912년 4월 7일

40. 같은 글, 1912년 4월 14일

41. Grigoriev, p.74

42. 같은 글, p.75, 76

43. Bronislava Nijinska conversations

44. Rambert conversations

45. 같은 글

46. 668쪽에 있는 람베르그의 일화를 읽어 볼 것

47. Grigoriev, p.75

48. 스트라빈스키가 안나 스트라빈스키에게 보낸 편지, 1912년 4월. 이 내용은 로버트 크래프트가 1974년 2월 21일 The New York Review에 실은 그의 리뷰 I. F. Stravinsky: Essay and Materials(Moscow, 1973)에 인용했다.

49. Kchessinskaya, p.138

50. Comoedia Illustré 1912년에 실린 파리의 공식 프로그램에 적혀 있다.

51. 댜길레프의 성격으로 판단해 보면, 작가는 어느 특정한 한 사람을 인용한 것이 아니고 여러 사람에게서 자신이 받은 인상을 요약한 것이다.

52. Fokine, p.71, 72

53. 같은 글, p.201

54. Grigoriev, p.75

55. 같은 글, p.76, 77

56. Astruc papers. 1912년 4월 18일 댜길레프가 아스트뤽에게 보낸 전보

57. 같은 글. 가티 카사자가 아스트뤽에게 보낸 전보

58. 전보를 가지고 작가가 추측했다. 61번 참조 글을 볼 것

59. Astruc papers. 1912년 4월 19일 박스트가 댜길레프에게 보낸 전보

60. Monte Carlo 프로그램

61. Astruc papers. 1912년 4월 25일, 27일 댜길레프가 아스트뤽에게 보낸 전보

62. Comoedia Illustré, 1912년 5월 15일, p.638, 639.

63. Romola Nijinsky, p.135

64. Astruc papers. 1912년 5월 2일 댜길레프가 아스트뤽에게 보낸 전보

65. Grigoriev, p.77

66. Comoedia Illustré에 실린 파리의 공식 프로그램에 적혀 있다.

67. Sokolova, p.37

68. 콕토가 음악 악보 위에 적어 두었다.

69. 음악 악보 위에 지시해 둔 사항

70. Le Figaro, 1912년 5월 14일

71. Karsavina: Theatre Street, p.212

72. Fokine, p.205

73. 니진스키가 안무 무보와 무대 지시 사항을 그려 둔 악보는 대영박물관에 있다.

74. Bronislava Nijinska conversations

75. Romola Nijinsky, p.141

76. 같은 글, p.141, 142

77. 같은 글, p.142, 각주

78. Bronislava Nijinska conversations. 브로니슬라바 니진스카가 왜 이 점프가
    필요한지에 대해 설명했을 때, 나는 무대 오른쪽에 있는 시냇물과 그림으로 그려진
    폭포와의 관계를 그녀에게 가르쳐 줄 수 있었다.

79. 같은 글

80. Grigoriev, p.79

81. p.235 볼 것

82. Grigoriev, p.79

83. 같은 글, p.79

84. 같은 글, p.79

85. 같은 글, p.78, 79

86. Lieven, p.176

87. *Commedia*, 1912년 5월 30일

88. *Le Figaro*, 1912년 5월 30일.

89. 같은 글, 1912년 5월 31일

90. 같은 글, 1912년 6월 3일

91. Romola Nijinsky, p.144-148

92. Fokine, p.204-209

93. 같은 글, p.204

94. 같은 글, p.209

95. 같은 글, p.209, 210

96. 같은 글, p.209

97. 같은 글, p.210

98. Karsavina: *Theatre Street*, p.238, 239

99. Grigoriev, p.80

100. Fokine, p.211

101. 같은 글, p.211

102. 같은 글, p.211, 212

103. Grigoriev, p.76

104. Fokine, p.212

105. Lieven, p.181. 브누아가 그에게 이렇게 말했다.

106. Jankélévitch, p.50

107. *Le Figaro*, 1912년 6월 9일

108. Fokine, p.214

109. *Feuilleton du temps*에 실린 피에르 랄로 Pierre Lalo 글, 1912년 6월 11일.

110. Fokine, p.201

111. 저자가 본 이후 역할이 변경된 특정 디자인에 대한 날짜

112. Fokine, p.214, 215

113. Vladimirov conversation

114. Romola Nijinsky conversations

115. Ricketts, p.176, 177

116. *The Times*, 1912년 6월 13일

117. *Daily Mail*, 1912년 6월 13일.

118. *Morning Post*, 1912년 6월 19일

119. *The Times*, 1912년 6월 19일.

120. *Daily Express*, 1912년 6월 10일

121. 같은 글, 1912년 6월 17일

122. *Daily Mail*, 1912년 6월 19일

123. Beaumont: *London*. p.9, 10

124. 같은 책, p.15-17

125. 같은 책, p.20

126. Morell, p.226, 227

127. 같은 글, p.227

128. Juliet Duff, essay

129. Morell, p.228

130. *Comoedia Illustré*에 실린 삽화, 1913년 6월 5일

131. Morell, p.227, 228

132. Augustus John: *Chiaroscuro*. 오스카 와일드가 요한에게 쓰도록 한 구절을 내가 슬쩍 가져다 사용했다.

133. Blanche, p.257, 258

134. 같은 글, p.258

135. Juliet Duff, essay

136. 같은 글

137. Hofmannsthal-Strauss, p.133, 134

138. 같은 글, p.136

139. 같은 글, p.139, 1912년 7월 21일 슈트라우스가 호프만스탈에게 보낸 편지

140. *The Sketch*, 1912년 7월 10일.

141. *The Times*, 1912년 7월 9일

142. 같은 글. 1912년 7월 18일

143. Juliet Duff, essay

144. Guest: *Adeline Genée*, p.125, 129. 그는 카르사비나의 설명을 인용했다.

145. *The Times*, 1912년 7월 10일

146. *Morning Post*, 1912년 7월 10일

147. *Daily Express*, 1912년 7월 10일

148. *Daily Mail*, 1912년 7월 10일

149. *Sunday Times*, 1912년 7월 14일

150. Beaumont: *London*, p.38

151. Rickettes, p.177, 178

152. B. Nijinska conversations

153. Rhythm, No. VI, 1912년 7월.

154. Ede: *Savage Messiah*, p.138-150

155. 같은 책, p.191 각주

156. Geoffrey Keynes, 작가에게 보낸 편지

157. Cathleen Nesbitt conversation

158. Marsh: *Brooke*, p.75. 편지 인용

159. Stravinsky: *Chronicle*, p.66-68(그러나 스트라빈스키는 니진스키를 언급하지 않았다.)

160. Astruc papers. 1912년 8월 30일 런던의 댜길레프가 파리의 아스트뤽에게 보낸 전보. 이 전보는 댜길레프가 아직 베네치아에 도착하지 않았음을 증명한다. 1912년 9월 21일 댜길레프는 베니스 리도 호텔에서 아스트뤽에게 9월 25일 파리에 도착할 것이라는 전보를 쳤다.

## 제6장 1912~1913

1. B. Nijinska conversations

2. 같은 글

3. *Diary*, p.146, 147

4. Karsavina conversations

5. B.Nijinska conversations

6. Debussy, p.111

7. Grigoriev, p.84, 85

8. 마케Macke와 인터뷰한 내용, p.4-6; 존 가이슬러와 리처드 버클이 번역

9. Astruc papers. 1912년 12월 12일 다길레프가 아스트뤽에게 보낸 전보.

10. Hofmannsthal-Strauss, p.150

11. Astruc papers. 1912년 12월 15일 건스부르그가 베윅에게 보낸 편지 복사본

12. Rambert conversations. 다음 4단락 — 실제로는 이 챕터의 많은 부분 — 의 정보는 같은 출처다. 에이번호 항해에 대한 마리의 회고 중 일부는 매리 클라크Mary Clarke의 저서 *Dancers of Mercury*에 포함된 내용이다. 그러나 마리는 내 친구이기 때문에 '대화' 중에 나에게 더 자세한 이야기를 많이 해 주었다.

13. Szakats conversation

14. Romola Nijinsky conversations. 이런 대화에서 그녀가 말한 사실 중 일부는 그녀의 저서 *Nijinsky*에 나오지 않았고 일부는 책과는 다르게 말했다.

15. Romola Nijinsky, p.14

16. 같은 글, p.15, 16

17. Grigoriev, p.88

18. Karsavina conversations

19. Grigoriev, p.88

20. 같은 글, p.88

21. Romola Nijinsky, p.19, 20

22. 같은 글, p.20-22

23. 전보, 1913년 1월 31일(?)

24. 니진스키가 아스트뤽에게 보낸 전보, 1913년 1월 27일

25. Grigoriev, p.89

26. Beaumont: *London*, p.42-5

27. *The Times*, 1913년 2월 5일

28. *Daily Mail*, 1913년 2월 6일.

29. Sitwell: *Great Morning*, p.242, 241

30. Beaumont: *London*, p.51

31. *The Times*, 1913년 2월 18일

32. *Daily Mail*, 1913년 2월 18일

33. 같은 글, 1913년 2월 20일과 21일

34. 같은 글, 1913년 2월 21일

35. Sokolova, p.31

36. Rambert conversations

37. 여기서 저자는 마리 램버트가 실제로 제시한 일련의 증거를 보면서 자신의 의견을 덧붙인다.

38. Grigoriev papers

39. Bewicke conversations

40. Grigoriev, p.90

41. Rambert conversations

42. B. Nijinska conversations

43. 같은 글

44. Rambert conversations

45. B. Nijinska conversations. 니진스카는 "아주 정확하게"라는 표현을 사용했다.

46. Rambert conversations

47. 같은 글

48. Rambert conversations

49. 같은 글

50. 같은 글

51. Sokolova, p.33, 34, 38, 39

52. 같은 글

53. Romola Nijinsky conversations

54. Romola Nijinsky-Kirstein MS

55. Rambert conversations

56. Astruc, p.287

57. Grigoriev, p.91

58. 같은 글, p.91

59. Manuel, p.74

60. Stravinsky: *Conversations*, p.62

61. Valentine Gross, 타자로 친 원고는 Theatre Museum, London 컬렉션에 포함되었다.

62. Rambert conversations

63. Agate, p.171

64. Debussy, 개인 컬렉션에 포함된 편지

65. 브라이언 블랙우드가 지켜본 것과 1914년 파리 콘서트 프로그램의 설명을 바탕으로 한 그의 분석은 Lockspeiser, p.202, 203에 인용되었다.

66. *Le Figaro*, 1913년 5월 17일

67. *Gil Blas*, 1913년 5월 20일

68. 같은 글

69. Lockspeiser, Vol. II, p.172

70. Duncan and MacDougall, p.260

71. Jacques Rivière, *Nouvelle Revue Française* 1913년 11월호

72. 다시 설명

73. Jacques Rivière, *Nouvelle Revue Française* 1913년 11월호

74. Victor Hugo, p.274

75. Valentine Gross, 방송

76. Cocteau: *Cock*, p.48, 49

77. Rambert conversations

78. Romola Nijinsky, p.166

79. 같은 글, p.166

80. Manuel, p.74

81. Romola Nijinsky, p.165, 166

82. Rambert conversations

83. Astruc, p.286

84. Stravinsky: *Conversations*, p.46

85. B. Nijinska conversations

86. Romola Nijinsky, p.166

87. Stravinsky: *Conversations*, 46, 47

88. Stravinsky–Craft questionnaires

89. *Le Figaro*, 1913년 5월 31일

90. Laloy, 출처가 불분명한 언론에서 오려 낸 기사

91. *La Revue française de la musique*, 1913년 4월

92. *Gil Blas*, 1913년 4월

93. *Arsenal*에 실린 날짜와 출처가 불분명한 기사를 인용

94. *Le Monde Musical*, 1913년 4월

95. *Le Monde musical*, 1913년 4월

96. Valentine Gross, 타자 친 원고

97. Karsavina conversations

98. Johnson, p.216–221

99. Svetlov: *Karsavina*, p.62

100. Grigoriev, p.94

101. Valentine Gross

102. Romola Nijinsky, p.169-172

103. Sokolova, p.45-47

104. *The Times*, 1913년 6월 25일

105. *Daily Mail*, 1913년 6월 26일

106. *Morning Post*, 1913년 6월 26일

107. *The Times*, 1913년 7월 12일

108. 같은 글

109. *Morning Post*, 1913년 7월 12일.

110. *The Times*, 1913년 7월 24일

111. 박스트가 아스트뤽에게 보낸 편지. 버클 컬렉션에 포함

112. Astruc, p.286

113. 1913년 7월 스트라빈스키가 막시밀리안 스타인베르크에게 보낸 편지. 이 내용은 로버트 크래프트가 1974년 2월 21일 *The New York Review*에 실은 리뷰 *I.F. Stravinsky: Essay and Materials*(Moscow,1973)에 인용했다.

114. Benois: *Reminiscences*, p.349-351

115. Royal Mail Steam Packet Company(현재 Royal Mail Lines, Ltd)의 기록

116. Grigoriev, p.95, 96

117. Rambert conversations

118. Romola Nijinsky, p.179

119. Sokolova, p.14 이하

120. Rambert conversations

121. Sokolova, p.48

122. Romola Nijinsky, p.185

123. Rambert conversations

124. Grigoriev, p.96

125. Romola Nijinsky, p.178, 179

126. 같은 글, p.180

127. RMSP Co.Royal Mail Steam Packet Company의 기록

128. Romola Nijinsky, p.181

129. 같은 글, p.182-184

130. Rambert conversations

131. Romola Nijinsky, p.181, 182

132. 같은 글, p.182

133. 같은 글, p.184, 185

134. Rambert conversations

135. Romola Nijinsky, p.188, 189

136. 같은 글, p.187, 188

137. 같은 글, p.188

138. 같은 글, p.190, 191. 해운회사에서 알려준 일지와 날짜를 맞추기 위해 로몰라 니진스키가 기록한 사건의 차례를 약간 수정했다.

139. 같은 글, p.186

140. 같은 글, p.186

141. RMSP Co.의 기록. 로몰라 니진스키는 페르남부코에 정박한 사실을 언급하지 않았다. 나는 로몰라가 니진스키와 가까워지는 데 얼마나 걸렸는지에 대한 그녀의 설명과 항해를 같이 했던 그리고리예프의 설명, "우리가 2주 정도 바다에서 지낸 후 (니진스키가) 로몰라와 활기차게 몸동작을 취하면서 소통하는 모습을 자주 볼 수 있었다"를 가지고 이 항해에서 일어난 사건들을 배열하는 데 나의 상상력을 동원해야 했다.

142. Grigoriev, p.96

143. Sokolova, p.48

144. Romola Nijinsky, p.195

145. Rambert conversations

146. RMSP Co.의 기록

147. Romola Nijinsky, p.191, 192

148. Rambert conversations

149. Romola Nijinsky, p.193

150. Rambert conversations

151. RMSP Co.의 기록

152. Romola Nijinsky, p.193-195

153. 같은 글, p.195

154. 같은 글, p.196

155. 같은 글, p.197

156. Romola Nijinsky conversations

157. Romola Nijinsky, p.196, 197

158. 같은 글, p.197

159. Rambert conversations

160. RMSP Co.의 기록

161. Romola Nijinsky, p.197, 198

162. Karsavina conversations

163. Romola Nijinsky, p.198

164. 로몰라 니진스키가 말한 결혼 날짜와 결혼 피로연 초청장에 적힌 날짜가 차이가 난다는 사실을 뒤늦게 알고 난 후 소콜로바와 대화를 하면서 결론을 내렸다. 이 결혼 초청장은 복사하여 이 책의 하드커버 본에 삽화 74로 실렸다.

165. Romola Nijinsky conversations

166. Romola Nijinsky, p.199, 200

167. Sokolova, p.49

168. Rambert conversations

169. Romola Nijinsky, p.200-202

170. 같은 글, p.202

## 제7장 1913~1917

1. *Observer* 1971년 11월 14일자에 실은 알렉산더 블랜드의 니진스키 초판 리뷰

2. Denby, *Dance Index*

3. *Sunday Telegraph* 1971년 11월 7일자에 실은 레베카 웨스트의 니진스키 초판 리뷰

4. Denby, *Dance Index*

5. Grigoriev, p.97

6. Rambert conversations

7. Grigoriev, p.97

8. Romola Nijinsky, p.202

9. 같은 글, p.203, 205

10. 같은 글, p.205

11. Haskell: *Diaghilev*, p.257

12. Misia Sert, p.120, 121

13. Stravinsky: *Memories*, p.134, 135. 편지 인용

14. Hofmannsthal-Strauss, p.176

15. Debussy가 Stravinsky에게 보낸 편지, 1913년 11월 9일.

16. 아스트뤽이 파산 관리인에게 보낸 편지

17. Romola Nijinsky, p.203, 206

18. 같은 글, p.206, 207

19. 같은 글, p.207

20. Grigoriev, p.98

21. B.Nijinska conversations와 Romola Nijinsky conversations

22. Grigoriev, p.98, 99

23. Romola Nijinsky conversations

24. Romola Nijinsky, p.207, 208

25. 같은 글, p.208

26. 같은 글, p.208, 209

27. Romola Nijinsky conversations

28. Stravinsky: *Memories*, 니진스키에게서 받은 편지를 38~40쪽에 인용

29. 같은 책, Grigoriev, p.100

30. Romola Nijinsky, p.209

31. Grigoriev, p.99, 100

32. Romola Nijinsky, p.209

33. Grigoriev, p.100. 이 날짜는 니진스키가 아스트뤽에게 보낸, 남아 있는 전보를 가지고 추측한 것이다.

34. Romola Nijinsky, p.210

35. Astruc papers. 1913년 12월 5일 니진스키가 아스트뤽에게 보낸 전보

36. Stravinsky: *Memories*, p.38-40의 글을 인용

37. Stravinsky: *Memories*, p.38

38. Grigoriev, p.101

39. 같은 글, p.102, 103

40. Fokine, p.204

41. Grigoriev, p.103

42. 같은 글, p.105

43. Massine conversations

44. Massine, p.41-43

45. Massine conversations

46. Massine, p.45, 46

47. Grigoriev, p.105

48. Massine conversations

49. Romola Nijinsky, p.210, 212

50. 같은 글, p.211

51. 같은 글, p.211, 212

52. Beaumont: *London*, p.189

53. Hofmannsthal-Strauss, p.189

54. Grigoriev, p.106

55. 같은 글, p.107

56. Romola Nijinsky, p.212

57. 같은 글, p.212, 213

58. Miais Sert, p.122

59. 같은 글, p.122

60. Stravinsky: *Memories*, p.41

61. Romola Nijinsky, p.213

62. 같은 글, p.213, 214

63. Beaumont: *London*, p.83

64. Romola Nijinsky, p.214

65. Beaumont: *London*, p.83

66. *The Times*, 1914년 3월 3일

67. Beaumont: *London*, p.80-82

68. Romola Nijinsky conversations; *Daily Telegraph*, 1914년 3월 17일

69. Beaumont: *London*, p.83

70. Romola Nijinsky, p.214, 215.

71. Romola Nijinsky conversations

72. *Daily Telegraph*, 1914년 3월

73. Misia Sert, p.122, 123

74. 같은 글, p.122-124.

75. Romola Nijinsky, p.215

76. Grigoriev, p.107

77. Fokine, p.226

78. Benois: *Reminiscences*, p.356

79. Grigoriev, p.108

80. Romola Nijinsky, p.215, 216

81. G. de Champdos, Arsenal 1914년 5월 16일, 출처가 불분명한 기사를 인용

82. Romola Nijinsky, p.218

83. Massine conversations

84. Massine, p.60

85. Hofmannsthal-Strauss, p.195, 1914년 5월 20일. Hofmannsthal이 Strauss에게 보낸 편지

86. Pierre Lalo *Le Temps*, 1914년 5월호에 적은 글

87. Bruncan, 출처 분분명한 언론에 실은 기사

88. *Nouvelle Revue Française*, 1914년 7월 1일

89. *The Times*, 1914년 6월 9일

90. 같은 신문, 1914년 6월 10일

91. Beaumont: *London*, p.90-93

92. Ricketts, p.199

93. Sitwell: *Great Morning*, p.244, 245

94. 같은 책, p.245

95. Romola Nijinsky, p.219

96. Ricketts, p.236

97. Beaumont: *London*, p.100

98. Massine, p.61

99. Karsavina: *Theatre Street*, p.245

100. 같은 책, p.245

101. Romola Nijinsky, p.220, 221

102. 같은 글, p.222, 223

103. Beaumont: *London*, p.101

104. Karsavina: *Theatre Street*, p.305(1935 에디션).

105. Ricketts, p.207

106. 같은 글, p.204

107. Grigoriev, p.111

108. Karsavina: *Theatre Street*, p.248

109. Karsavina conversations

110. Karsavina: *Theatre Street*, p.252

111. Ricketts, p.214

112. Romola Nijinsky, p.222-226

113. Stravinsky: *Memories*, p.48. 댜길레프가 보낸 편지 인용

114. 같은 책, p.50. 또 다른 편지 인용

115. 같은 책, p.50

116. Romola Nijinsky, p.226-239. (앞에 적은 6개 문단의 출처.)

117. Massine, p.70

118. Grigoriev, p.114

119. Massine, p.73-74; Grigoriev, p.114

120. Sokolova, p.69

121. Grigoriev, p.115

122. Sokolova, p.68, 69

123. Grigoriev, p.116

124. *Ballets Russes Courier*, Vol. I, No. 1, 1916년 12월호(메트로폴리탄 오페라 하우스의 광고출판물)

125. Sokolova, p.69, 71

126. Grigoriev, p.116-118

127. Romola Nijinsky, p.241, 242

128. Marsh, p.261

129. Grigoriev, p.120

130. Romola Nijinsky, p.242-246

131. *Journal of Commerce*, 1916년 1월 19일

132. Massine, p.80

133. *Journal of Commerce*, 1916년 1월 19일

134. *Boston Evening Transcript*, 1916년 1월 18일

135. Van Vechten, *Dance Index*

136. *New York Times*, 1916년 1월 25일

137. Van Vechten, *Dance Index*

138. *New York Times*, 1916년 1월 25일

139. Grigoriev, p.119

140. Romola Nijinsky, p.247~254

141. *The New York Review*, 1974년 2월 21일

142. *Diary*, p.50, 51

143. 1916년 3월 1일 아스트뤽이 니진스키에게 보낸 전보의 복사본, 버클 컬렉션에 포함

144. Romola Nijinsky, p.255

145. 니진스키의 서명이 들어 있는 명함. 버클 컬렉션에 포함

146. Romola Nijinsky, p.255, 256

147. Sokolova, p.76

148. *Toledo Times*, 1916년 4월 7일

149. *New York Sun*, 1916년 3월 30일

150. *Musical American*, 1916년 4월 9일

151. *Washington Star*, 1916년 3월 26일

152. Romola Nijinsky, p.257, 258

153. 같은 글, p.260.

154. *New York Telegraph*, 1916년 4월 10일

155. Sokolova, p.78. 소콜로바는 가족이 간직하고 있던, 그녀 자신이 보낸 편지에서 인용했다.

156. Grigoriev, p.120

157. *New York Evening Sun*, 1916년 1월 19일

158. Sokolova, p.77

159. Grigoriev, p.120

160. Romola Nijinsky, p.261.

161. Sokolova, p.79

162. 같은 글, p.77

163. Massine, p.78

164. *Globe*, 1916년 4월 13일

165. 같은 신문

166. Romola Nijinsky, p.261

167. *Musical Courier*, 1916년 4월

168. *Globe*,1916년 4월 13일.

169. *Musical Courier*, 1916년 4월.

170. Massine, p.87

171. *Globe*, 1916년 4월 13일

172. *Musical Courier*, 1916년 4월.

173. Massine, p.87

174. 뉴욕 공립 도서관에서 1916년 4월 17일로 적혀 있던 출처 불분명한 기사를 가져다 사용

175. Sokolova, p.77

176. Grigoriev, p.120

177. Van Vechten, *Dance Index*

178. 같은 책

179. Romola Nijinsky, p.263

180. 같은 글, p.262, 263

181. 같은 글, p.263, 264; 뉴욕 공립 도서관에서 1916년 4월호로 적혀 있던 출처 불분명한 기사를 가져다 사용

182. *New York Telegraph*, 1916년 5월 1일

183. Romola Nijinsky, p.265

184. Romola Nijinsky conversations

185. Romola Nijinsky, p.265

186. Grigoriev, p.121

187. Sokolova, p.80

188. 같은 글, p.80

189. Maurice Dumesnil, 여러 곳에서 등장하는 내용

190. Schneider, p.203; Duncan, p.235

191. Romola Nijinsky, p.266

192. *New York Review*, 1916년 5월 13일

193. Romola Nijinsky conversations

194. Romola Nijinsky, p.266

195. Jones, *Dance Index*

196. Romola Nijinsky, p.266-8

197. Jones, *Dance Index*

198. *Diary*, p.111; Romola Nijinsky, p.269

199. *Diary*, p.111

200. Jones, *Dance Index*

201. Romola Nijinsky, p.269

202. *New York Telegraph*, 1916년 6월 19일, 전보 인용

203. Sokolova, p.86, 87

204. 같은 글, p.87

205. Romola Nijinsky, p.270

206. Sokolova, p.89

207. 같은 글, p.90: Romola Nijinsky, p.270

208. Romola Nijinsky, p.270, 271

209. Grigoriev, p.124

210. Jones, *Dance Index*

211. *Ballet Russe Courier*, 1916년 12월

212. Romola Nijinsky, p.274

213. Sokolova, p.89

214. Jones, *Dance Index*

215. Romola Nijinsky, p.274

216. 같은 글, p.273

217. Vaughan, *Ballet Review*.

218. Romola Nijinsky, p.273

219. 같은 글, p.274

220. Sokolova, p.90

221. Jones, *Dance Index*

222. Sokolova, p.91

223. *Diary*, p.112

224. W.B. Chase 뉴욕 공립 도서관에서 1916년 4월호로 적혀 있던 출처 불분명한 기사를 사용

225. *Musical America*, 1916년 10월 28일

226. 뉴욕 공립 도서관에서 출처 불분명한 기사를 가져다 사용.

227. 여기 작품 묘사는 로몰라 니진스키 글 275~277쪽, 소콜로바 글 90쪽, *Boston Evening Transcript* 1916년 10월 24일자에 HTP(Parker) 서명의 리뷰 기사와 W. B. 체이스W. B. Chase의 출처가 모호한 리뷰를 모두 참조하여 적은 글

228. *Musical America*, 1916년 10월 28일

229. 뉴욕 공립 도서관에서 출처 불분명한 기사를 가져다 사용

230. Jones, *Dance Index*

231. Romola Nijinsky conversations.

232. 뉴욕 공립 도서관에서 출처 불분명한 기사를 가져다 사용

233. 같은 글

234. *Musical American*, 1916년 10월 28일

235. *Boston Evening Transcript*, 1916년 10월 24일

236. 뉴욕 공립 도서관에서 출처 불분명한 기사를 가져다 사용

237. *Theatre*, 1916년 12월

238. Van Vechten, *Dance Index*

239. *New York Sun*, 1916년 10월 27일

240. *Boston Evening Transcript*, 1916년 11월 10일

241. Romola Nijinsky conversations

242. *Ballet Russe Courier*, 1916년 12월

243. Sokolova, p.91

244. *Ballet Russe Courier*, 1916년 12월

245. 같은 글

246. Romola Nijinsky, p.278

247. *Boston Evening Transcript*, 1916년 11월 10일

248. Romola Nijinsky, p.278, 279

249. *Public Ledger*, 1916년 11월 24일

250. *Washington Star*, 1916년 11월 16일

251. *Ballet Russe Courier*, 1916년 12월

252. Romola Nijinsky, p.279

253. 같은 글, p.279

254. 같은 글, p.280

255. *Diary*, p.40

256. Romola Nijinsky, p.281

257. *Des Moines Register*, 1916년 12월

258. Romola Nijinsky, p.283, 284

259. Sokolova, p.92, 93

260. Romola Nijinsky conversations

261. Romola Nijinsky, p.282

262. Sokolova, p.93

263. Romola Nijinsky, p.283

264. 안톤 돌린이 즈베레프에게서 들은 말을 필자에게 전해 주었다.

265. Romola Nijinsky, p.285; *Los Angeles Examiner*, 1916년 12월 27일

266. Romola Nijinsky, p.285

267. Chaplin: *Autobiography*, p.205-207

268. Romola Nijinsky, p.288

269. 같은 글, p.286

270. 같은 글, p.289, 290

271. 같은 글, p.290

272. 같은 글, p.291

273. Romola Nijinsky conversations

274. Grigoriev, p.127

275. 같은 글, p.130, 131; Massine, p.110, 111

276. Sokolova, p.104

277. Romola Nijinsky, p.293

278. Romola Nijinsky conversations

279. Romola Nijinsky, p.293-296

280. 앤서니 디아만티디Anthony Diamantidi가 필자에게 말해 주었다.

281. Romola Nijinsky, p.298

282. 같은 글, p.298, 300

283. Romola Nijinsky conversations

284. Romola Nijinsky, p.300

285. 같은 글, p.300, 301

286. Massine, p.113

287. 같은 글, p.113

288. Idzikovsky coversations

289. Romola Nijinsky, p.302

290. 같은 글, p.302

291. 같은 글, p.302-304

292. Romola Nijinsky conversations

293. Romola Nijinsky, p.304, 305

294. Ansermet conversation; 또한 (이와는 별개로) 샤벨스카의 편지

295. Grigoriev, p.135, 136

296. Romola Nijinsky, p.309

297. 같은 글, p.312

298. Grigoriev, p.140

299. Romola Nijinsky, p.311, 313

300. Grigoriev, p.139; Sokolova, p.110

301. Ansermet conversation; Grigoriev, p.139; Sokolova, p.110

302. Romola Nijinsky conversations

303. Romola Nijinsky, p.306, 307

304. 같은 글, p.306-308

305. Ansermet conversation

306. Claudel: 로몰라 니진스키의 니진스키 프랑스어판 서문이며, Reiss p.167에 인용

307. Milhaud: *Notes sans musique*, Reiss p.168에 인용

308. 게라와의 인터뷰는 Reiss, p.168에 실렸다.

309. 같은 글, p.169

310. Grigoriev, p.137; Sokolova, p.108

311. Grigoriev, p.137

312. Romola Nijinsky, p.308

313. Sokolova, p.108, 109

314. Romola Nijinsky, p.311

315. Grigoriev, p.138

316. Romola Nijinsky conversations

317. Romola Nijinsky, p.311, 313

318. 같은 글, p.313

319. Ansermet conversation

320. Romola Nijinsky, p.314; Grigoriev, p.141

321. Reiss, p.172, 173에 인용


## 제8장 1917~1950

1. Romola Nijinsky, p.294, 295

2. Grigoriev, p.137, 139-141; Sokolova, p.110

3. Grigoriev, p.140

4. Romola Nijinsky, p.311, 313

5. 같은 글, p.313

6. 같은 글, p.313

7. Romola Nijinsky conversations

8. B. Nijinska conversations

9. Romola Nijinsky, p.297; Massine, p.113

10. B. Nijinska conversations. Romola Nijinsky: *Last Years*, p.107를 같이 읽어 볼 것

11. Romola Nijinsky, p.317

12. Karsavina: *Theatre Street*, p.263-5

13. Grigoriev, p.143; Massine, p.121

14. Romola Nijinsky, p.316

15. 같은 글, p.319. 이때부터 1919년이 시작할 때까지는 달리 언급한 사항을 제외하고는 니진스키 가족들의 생활에 대한 묘사의 바탕은 로몰라 니진스키가 쓴 니진스키를 통해 추정할 수 있다.

16. Kyra Nijinsky가 작가에게 보낸 편지

17. Romola Nijinsky conversations

18. Massine, p.129

19. Sitwell: *Laughter in the Next Room*, p.1, 3, 4

20. Massine, p.131

21. Romola Nijinsky conversations

22. *Diary*, p.99

23. 여기서 작가는 니진스키의 마음을 추측할 수 있다.

24. Sandoz, p.66, 67

25. 이 부분은 작가가 추측

26. Costa Achillopoulos, 작가에게 보낸 편지

27. Ansermet conversations. 그러나 앙세르메는 이 내용을 친구에게서 전해 들었다.

28. Sandoz, p.71, 72

29. *Diary*, p.167, 168

30. 같은 책, p.151-154, 161

31. P. L. Harriman: *The New Dictionary of Psycholigy*, p.297

32. Massine conversations

33. Rambert conversations

34. Sokolova conversations

35. Grigoriev, p.151

36. Ricketts, p.301

37. Karsavina: *Theatre Street*, p.247, 248

38. 같은 책, p.245, 246

39. Sokolova, p.134

40. Romola Nijinsky conversations

41. Grigoriev, p.167

42. Sokolova, p.170, 171

43. Grigoriev, p.172

44. 레이디 리펀의 유언장

45. Dolin: *Autobiography*, p.32, 34

46. 같은 책, p.36, 37

47. Benois: *Reminiscences*, p.376-382; Grigoriev, p.198

48. Haskell, p.334

49. Lifar, p.355

50. Grigoriev, p.205

51. Lifar, p.485-488

52. Karsavina: *Theatre Street*, p.243

53. Lifar, p.489

54. Rambert conversations

55. Kessler, p.355, 356

56. Munich programme

57. Markevitch conversation

58. Lifar, p.511-524

59. Misia Sert, p.164

60. Lifar, p.525, 526
61. Romola Nijinsky conversations
62. 같은 글
63. 같은 글
64. Lincoln Kirstein conversations
65. Dolin: *Autobiography*, p.61
66. 같은 책, p.72, 73
67. Doli conversation
68. Dolin: *Ballet Go Around*, p.243-245
69. Herbert Read: 니진스키가 그린 드로잉 카탈로그에 대한 소개 글
70. Romola Nijinsky: *Last Years*. 따로 언급하지 않는다면 앞으로 로몰라의 두 번째 책은 바슬라프와 로몰라 생활에 대해 전적으로 참고 문헌이 될 것이다.
71. Romola Nijinsky conversations
72. Lifar, p.529-532
73. 리파르가 레이디 줄리엣 더프에게 기념으로 간직하라고 보낸 갈라 프로그램의 뒷면에 꽂아 둔 종이 한 장에 리파르가 적어 둔 총액이다.
74. 마거릿 파워가 작가에게 보낸 편지
75. 같은 글
76. Beaumont, *The Ballet Anuual*
77. 마거릿 파워가 작가에게 보낸 편지

# 역자 후기

탈리오니식 백색 튀튀를 입고, 달빛 비치는 무덤가에서 공기처럼 사
뿐거리며 날아다니는 듯한 파블로바와 카르사비나, 마치 낙엽처럼
가볍게 땅 위로 내려오는 니진스키 (…) 그들은 쇼팽의 음악에 맞추
어, 깃털처럼 휙휙 스치면서 공기처럼 춤을 추었다. 소리 없는 도약,
유연함, 생명력이 배제된 듯한 우아함, 온몸은 행복으로 환해지고
그들의 영혼은 그 속에 살아 숨 쉬는 것처럼 보였다. — 발레리언 스
베틀로프

1909년 6월 파리 샤틀레 극장에서, 포킨이 안무한 낭만적 꿈의
현시 《레 실피드Les Sylphides》를 본 관객들은 넋이 빠져 그저 한숨과
신음을 토해 내면서 미동도 하지 않은 채 앉아 있었다. 객석에는
로댕, 라벨, 몽테스키외, 보두아이에 등을 위시한 파리의 모든 예
술 문화계 엘리트들과 정치 외교계, 재계 인사들이 다 모여 있었
다. 발레 뤼스Ballets Russes의 파리 첫 시즌은 유럽의 문화계를 강타
하면서 세계 발레사에 역사적인 전기를 가져온 기념비적인 사건

이었다.

당시 서유럽의 발레는 오페라의 부속물 정도로 전락했으며 겨우 명맥만 유지되고 있었다. 이미 일반 관객이 사라진 지 오래였고, 더는 예술로 인정받지 못하는 타락한 상황이었다. 1909년 발레 뤼스 첫 시즌은 당시 러시아 본토나 유럽 어디에서도 찾아볼 수 없었던 공연이었다. 발레 뤼스의 탄생은 19세기 중반부터 러시아에 불기 시작한 예술 부흥과 개혁적인 분위기를 토대로 하고 있었다. 또한 러시아 클래식 발레의 전통으로 다져진 완벽한 무용수들이 있었다. 이 중에는 발레 역사상 가장 위대한 무용수라고 불리는 니진스키, 뛰어난 발레리나 파블로바와 카르사비나도 포함된다.

그리고 알렉산드르 브누아를 중심으로 한 창조적인 재능을 지닌 열성적인 젊은 예술가 그룹, 미셸 포킨과 같은 재능 있고 대담한 안무가, 모든 어려움을 극복할 수 있는 천부적인 예술 감식가이며 기획자였던 세르게이 댜길레프. 댜길레프와 그의 그룹들 Diaghilevians은 이런 모든 요소를 합쳐 러시아의 한계를 넘어 새로운 그들의 예술을 창조하였고, 20세기 발레의 흐름을 바꾸어 놓았다. 이 역사적 공연의 중심에는 댜길레프와 니진스키가 있었다.

이 책의 끝에 리처드 버클은 니진스키의 생애에 대해 "10년은 자라고, 10년은 공부하고, 10년은 춤추고, 30년 동안 빛을 잃어 갔다"고 요약했다. 버클의 표현은 정확하다. 니진스키의 부모는 모두 폴란드 출신으로 바르샤바의 비엘키 극장에서도 활동한 발레 무용수였다. 아버지 토마스 니진스키는 도약이 남달랐던 워낙 뛰어난 무용수였으나 한곳에 얽매이는 생활을 견디지 못했다. 그는 무용수인 부인 엘레오노라 베레다와 어린 세 자녀를 데리고 무용단을 꾸려 러시아 전역을 다니면서 공연을 했다.

토마스는 주체할 수 없는 열정을 지닌 사람이었고 그럴 때는 정신이 나간 사람처럼 보일 때가 있었다. 외모가 출중했던 토마스는 가정에 충실하지 못했고, 부인과 어린 세 자녀만 상트페테르부르크로 와서 정착했다. 바슬라프는 황실 발레 학교 입학시험 때 이미 심사관의 눈에 들었고 발레 학교 시절부터 월등한 실력은 알려지기 시작했다. 니진스키는 1907년 가을 황실 발레단에 입단했는데 발레단 내의 공식적인 위치는 군무에 불과하였으나 그는 당시 러시아 발레계를 좌지우지하였던 발레리나 마틸다 크체신스카야의 눈에 들어 그녀의 공연 파트너가 되었고, 발레단 공연에서는 솔로이스트 배역으로 활동하게 되었다.

세르게이 댜길레프는 페름의 부유한 집안 출신이었다. 아버지는 고위 장교였으며 그의 가문은 선조 대대로 예술에 대한 열정으로 가득하여 페름의 본가는 "페름의 아테네"라고 불렸다. 댜길레프는 어린 시절부터 피아노와 노래 연주, 작곡, 회화 등의 수업을 받으며 모든 방면에 아마추어 정도는 넘어서는 실력을 갖추고 있었다. 댜길레프는 1890년 상트페테르부르크 법과대학에 진학했다. 그의 사촌 디마 필로소포프를 통해 상트페테르부르크 예술계의 유명한 가문 출신 브누아와 친분을 쌓게 되고 이들의 교류는 잡지 『예술 세계』 발간으로 발전하게 된다. 이런 작업을 통해 댜길레프는 공연예술계에 본격적으로 발을 딛게 된다.

1908년 11월경 니진스키는 당시 그의 보호자 겸 파트너였던 류보프 공작에게서 댜길레프를 소개받게 된다. 두 사람은 서로를 풍문으로 이미 알고 있었다. 댜길레프는 니진스키에게 상트페테르부르크라는 한정된 무대에서 세계의 무대를 펼쳐 주었다. 그들의 결합이 생물학적인 2세를 가질 수는 없었지만, 그 대신 발레의 걸작을 탄생시켰고 전 세계를 무대로 무용과 음악 그리고 회화의 역사를 변화시켰다.

니진스키는 특히 남성 무용수의 지위를 바꾸어 놓았다. 최초의 직업 무용수도 남성이었고, 발레를 연회에서 예술로 격상시킨 것도, 화려한 테크닉을 개발하고 극적인 예술성을 부여한 것도, 대중의 관심을 끌어낸 것도 남성 무용수였다. 하지만 1832년《라 실피드La Sylphide》에서 마치 봄바람에 실려 날아오듯 마리 탈리오니가 무대에 등장하는 그 순간부터 발레는 여성의 예술이 되어 버렸다. 남성의 활기찬 도약 대신 '푸앵트' 자세를 취하면서 천사가 지상에 내려오는 듯한 환상적인 모습의 여성 춤이 갈채를 받게 된 것이었다.

물론 오귀스트 베스트리스, 쥘 페로, 생 레옹 같은 뛰어난 남자 무용수가 있었지만 탈리오니와 같은 열풍을 몰고 오기에는 20세기 초 니진스키의 등장까지 기다려야만 했다. 러시아 황실 무대에서도 크리스티안 요한슨, 파벨 게르트, 레가트 형제 등 뛰어난 남성 무용수들은 언제나 존재하였지만 그들의 역할은 발레리나의 보조 역할에 머무르는 실정이었다. 니진스키는 남성 무용수의 역할을 여성 발레리나와 동등한 위치로 올려놓음으로써 발레 예술과 대본, 안무에 영향을 주었다. 이렇게 탄생한 대표적인 발레 뤼스 작품이 《장미의 정령 Le Spectre de la rose》, 《나르시스 Narcisse》, 《페트루슈카 Petrushka》, 《푸른 왕 Le Dieu bleu》 등이다.

니진스키의 황실 발레단 시절, 《아르미드의 관 Le Pavillon d'Armide》 같은 경우는 대본을 수정하여 작품에 없는 역을 니진스키를 위해 만들도록 했다. 중력의 법칙을 느낄 수 없는 월등한 발레 테크닉과 광범위한 연기력, 무대에서의 존재감을 겸비한 니진스키는 무용수로서는 이견의 여지가 없다. 그의 춤은 새가 지저귀듯이 노래하고, 낙엽처럼 가볍게 다니면서 마치 공중에 떠 있는 듯한 착시 효과를 일으킬 정도였다. 그는 작품의 의상을 입는 그 순간부터 인간 니진스키는 사라지고, 작품 속의 주인공이 되었다. 클래식 발레에서 혁신적인 드라마 위주의 창작품까지 전천후로 활약한 니진스키의 무대 활동 기간은 10년 남짓인데, 그를 가르쳤던 스승, 발레 단원, 비평가, 애호가, 후원가, 타 장르의 수많은 예술가 그리고 각계 유명인사가 포함된 발레 애호가가 쓴 글들이 남아 있으며 한결같이 니진스키에게 찬사를 보내고 있다.

안무가로서 니진스키는 《목신의 오후 L'Après-midi d'un faune》 (1912), 《유희 Jeux》(1913), 《봄의 제전 Le Sacre du printemps》(1913), 《틸 오일렌슈피겔 Till Eulenspiegel》(1916) 등 총 네 작품을 안무했다. 안무가로서의 그의 자질에 대해서는 찬반 여론이 있었지만, 한 가지 확실한 점은 니진스키가 발레 동작과 표현의 영역을 확장했다는 점이다. 첫 작품《목신의 오후》(음악: 클로드 드뷔시)는 완성된 클래식 발레 테크닉에서 진일보하면서 온전히 자신이 고안한 고대 이집트와 그리스 스타일의 스텝과 제스처로 발전시켰다. 즉 정지 동작을 작품 전면에 내세워 프로덕션의 주요한 요소로 등장시킨 것이다. 러시아 출신의 저명한 무용학자 겸 비평가 앙드레 레빈손은 이 작품을 보고 "발레 뤼스가 앞으로 나아갈 작품의 혁신적인 방향은《목신의 오후》에서 명백히 보여 주었다. 이제 발레 뤼스는 러시아 안무 무대의 전통과는 그 관계가 끝이 났다"라고 선언했다.

두 번째 안무작《유희》(음악: 클로드 드뷔시)에서 안무가는 테니스 게임을 모티프로 세 남녀의 연애 놀이를 묘사했다. 낭만적인 무대 장식이나 비르투오소 스텝은 하나도 없이 결론을 알기 힘든 간결한 끝맺음으로 관객을 어리둥절하게 했다. 시대를 앞서간 입체파 발레로서 오늘날에는 신고전주의 발레의 선구적 작품으로 인정받고 있다.《유희》와 같은 해 초연된 발레《봄의 제전》은 클래식 발레가 여태껏 존중하던 모든 방식에 반기를 든 니진스키의 안무로 발레 모더니즘의 이정표이며 20세기 발레의 물꼬를 튼 작품으로 평가받는다. 음악적으로도 스트라빈스키의《봄의 제전》은 유럽에서 수백 년간 지속해 온 선율과 화성의 시대를 마감하고 '리듬의 시대'를 활짝 열어젖힌 신호탄이었다.《봄의 제전》의 초연은 공연 역사를 통틀어 가장 유명한 스캔들 중 하나에 속한다. 니진스키가 스트라빈스키에 보낸 편지글처럼,《봄의 제전》은 발레 역사와 니진스키 개인에게 모두 '새로운 지평선'이 되는 작품이었다.《봄의 제전》초연 뒤 니진스키는 결혼함으로써 댜길레프에게 해고당했고 발레 뤼스와 결별했다.

그 후 1차 대전 중인 1916년 니진스키는 게스트로 발레 뤼스에 초청되어 미국 투어를 함께 할 때 그의 네 번째 작품인《틸 오일렌슈피겔》을 안무했다. 니진스키는 리하르트 슈트라우스 음악과 시나리오에 충실하게 안무하면서 틸의 혁명적인 사상을 강조하였다.《틸 오일렌슈피겔》은 발레 표현 방식에서 음악과 회화, 무용 예술의 결합이 완벽하게 이루어져서 그 자체만으로도 수준 높은 작품이라는 찬사를 받았다. 1917년 남미 투어 건으로 니진스키와 댜길레프가 크게 갈등을 겪었고, 계약 문제로 인해 니진스키는 억지로 그해 7월 남미 투어를 떠날 수밖에 없었다. 1917년 10월 우루과이 몬테비데오에서 출연한 자선 갈라가 니진스키의 공식적인 마지막 무대였다. 그의 나이 28세. 이후 니진스키는 스위스에서 정착했고 얼마 지나지 않아 조현병이 발병하여 무대로 영원히 돌아오지 못했다. 발레 무용수 및 안무가로서의 경력이 동시에 끝이 났다. 이후 30년간, 무대에서의 영광을 뒤로한 채, 절망과 광기로 점철된 생애를 살았다.

이 책의 저자 리처드 버클은 본래 니진스키의 발병 전까지만 다루려고 했다. 그는 무대에 오르지 못한 시기의 예술가 생애는 다루기 원하지 않았지만, 결국 광기의 30년도 다루게 되었다. 후반 30년은 니진스키의 투병 생활, 부인과 댜길레프를 포함한 발레계 동료 후배들, 니진스키의 오랜 친구들이자 그의 찬미자들, 당대

유수의 의학자들이 그의 치료를 돕기 위해 했던 노력과 그 과정을 담고 있다. 그러나 이미 너무 깊이 자신 속으로 숨어 버린 니진스키를 다시 바깥세상으로 데리고 나오기란 불가능했다. 아직도 니진스키가 정신병에 걸린 원인은 제대로 밝혀지지 않았다.

버클은 1933년 어느 날 리버풀 거리의 서점에 진열된 니진스키 전기의 표지 사진을 보고 반하여 그때부터 발레의 길로 접어든 사람이다. 버클은 1939년 잡지 『발레Ballet』를 창간하고 발레 뤼스에 관한 글, 『니진스키』(1971), 『댜길레프』(1979), 『조지 발란친』(1988, 존 타라스와 공저)에 대한 전기도 쓰고, 발레 뤼스의 무대예술에 관한 전시회를 기획하고, 공연 박물관(현재는 런던 빅토리아 앤드 앨버트 뮤지엄에 포함) 건립의 기틀을 마련하는 등 영국 발레에 무수한 영향을 끼쳤다. 이전에 나왔던 니진스키 전기물이 사실과 상상을 섞어, 자극적인 소재를 중심으로 독자들의 관심을 끄는 데 주력했다면, 버클의 『니진스키』는 사실 확인을 바탕으로 앞서 나온 전기물의 오류를 바로잡고 니진스키가 이룬 예술 업적을 썼다.

버클 이후 나온 니진스키의 전기로는 러시아의 유명한 발레 역사가 베라 크라솝스카야Vera Krasovskaya의 『니진스키Nijinsky』(1979: 러시아어로 된 최초의 니진스키 전기), 정신과 의사 피터 오스왈드Peter Ostwald의 『바슬라프 니진스키, 광기를 향한 도약Vaslav Nijinsky, A Leap Into Madness』(1991)을 대표적으로 들 수 있다. 오스왈드의 저서는 니진스키의 광증을 상트페테르부르크 시절부터 심도 있게 분석하여 다루었으며, 크라솝스카야는 예술 업적으로 중심으로 니진스키의 운명을 살펴보았다. 니진스키의 동생이며 예술 작업의 동반자였고, 위대한 안무가였던 브로니슬라바 니진스카가 쓴 『브로니슬라바 니진스카: 초기 회고록Bronislava Nijinska: Early Memoirs』에는 이들 남매의 어린 시절에서 시작하여, 제1차 세계 대전 발발로 서로 헤어졌다가 8년 만에 정신병을 앓고 있는 오빠를 만나는 지점에서 끝을 맺는다.

이 책의 번역 의뢰를 받았던 작년 하반기에, 나는 3년 반 동안 쓰고 있던 '발레 뤼스' 편의 총정리를 하고 있었다. 발레 뤼스 탄생의 한 축이 되었던 니진스키의 전기를 번역함으로써 댜길레프의 발레 뤼스 여정에 확실한 마침표를 찍는 기회를 가지게 되어 개인적으로 의미가 크다.

이 어려운 시기에, 쉽지 않은 출판계 현실에서 대중적인 주제가 아닌, 발레 무용수의 생애를 역서로 출판하기로 한 을유문화사에 깊은 감사를 드린다. 그리고 나에게 이런 기회를 연결해 준 유윤종 동아일보 문화전문 기자님, 러시아어 부분에서 많은 도움을 준 최정현 고려대 노문과 교수님께도 깊은 감사를 드린다.

2021년 2월
이희정

# 찾아보기

**지은이 리처드 버클**Richard Buckle
영국 출신의 발레 비평가. 니진스키와 댜길레프에 관한 세계적인 권위자로 통한다.
1939년 『발레Ballet』를 창간했으며, 『옵저버The Obsever』와 『선데이 타임스The Sunday
Times』에서도 발레 비평을 했다. 저서로 『어느 발레 비평가의 모험The Adventures of a Ballet Critic』,
『댜길레프를 찾아서In Search of Diaghilev』 외 다수가 있다.

**옮긴이 이희정**
이화여대 독문과 졸업. 월간 『무용과 오페라』의 발레 전문 필진으로서 발레의 역사와 작품,
발레 예술에 기여한 아티스트, 현대 오페라·발레 공연장의 현황에 대해 10년째 글을 쓰고 있다.

**현대 예술의 거장 시리즈**
우리에게 새로운 세상을 열어 준 위대한 인간과 예술 세계로의 오디세이

구스타프 말러 1·2, 프랭크 로이드 라이트, 알렉산더 맥퀸, 시나트라, 메이플소프, 빌 에반스,
앙리 카르티에 브레송, 조니 미첼, 짐 모리슨, 코코 샤넬, 스트라빈스키, 니진스키, 에릭 로메르,
자코메티, 프랭크 게리, 글렌 굴드, 루이스 부뉴엘, 트뤼포, 페기 구겐하임, 조지아 오키프,
에드워드 호퍼, 잉마르 베리만, 이브 생 로랑, 찰스 밍거스, 카라얀, 타르코프스키, 리게티,
에드바르트 뭉크, 마르셀 뒤샹 등

**현대 예술의 거장 시리즈는 계속 출간됩니다.**